纪念王渔洋诞辰380周年
全国学术研讨会论文集

山东省古典文学学会
王渔洋文化研究保护中心 编

齊魯書社

《纪念王渔洋诞辰380周年全国学术研讨会论文集》编委会

纪念王渔洋诞辰 380 周年全国学术研讨会开幕式

纪念王渔洋诞辰 380 周年全国学术研讨会现场

山东省古典文学学会会长王志民与山东省古典文学学会原会长、山东大学终身教授袁世硕为山东省古典文学学会王渔洋研究专业委员会揭牌

中国社会科学院文学所古代文学研究室主任蒋寅与中共桓台县委书记、县人大常委会主任王可杰为中国社会科学院古代文学研究室学术研究基地揭牌

山东省古典文学学会原会长、
山东大学终身教授袁世硕致辞

山东省古典文学学会会长王志民讲话

中国社会科学院文学所
古代文学研究室主任蒋寅致辞

中共桓台县委副书记、县长贾刚致辞

中国社会科学院文学所古代文学研究室研究员郑永晓在中国社会科学院古代文学研究室学术研究基地揭牌仪式上讲话

山东省王渔洋研究会会长宫晓卫在山东省王渔洋研究会成立大会上讲话

山东省古典文学学会王渔洋研究专业委员会（山东省王渔洋研究会）成立大会会场

山东省古典文学学会王渔洋研究专业委员会（山东省王渔洋研究会）召开第一次常务理事会

全体与会人员合影

在纪念王渔洋诞辰380周年全国学术研讨会上的讲话

王志民

在这酷暑刚过去、秋风送凉爽的宜人时节，来自海内外的百余位专家、学者齐聚王渔洋故乡——桓台，举行“纪念王渔洋诞辰380周年全国学术研讨会”。这是一次集纪念活动和学术研讨于一起的学术盛会。这次会议参会学者之众、层次之高，论文数量之多、质量之好，在近二十年来的王渔洋研究史上是空前的。昨天晚上，选举成立了山东省王渔洋研究专业委员会，为省内外的王渔洋研究设立了很好的平台；今天，又挂牌设立了中国社会科学院文学所古代文学研究室学术研究基地，与国内高端研究机构建立了稳定持久的合作渠道。这一切，都标志着这次会议是王渔洋研究史上的一个里程碑，是一次大力促进提升王渔洋研究，推动桓台县、淄博市乃至山东省地方文化建设的学术盛会。在此，我与参加本次会议的8位副会长一起，代表会议主办方之一山东省古典文学学会，对这次盛会的成功举办表示热烈祝贺！向各位学者专家表示诚挚的欢迎！也借此机会，向多年来一贯支持省古典文学学会建设、发展、学术研究的桓台县委、县政府和中国社会科学院文学所古代文学研究室，向为学会发展几十年呕心沥血的老会长袁世硕先生以及全国各地的学者同仁，表示真诚感谢和崇高敬意！

一

王渔洋是集名臣、学者、诗人于一身的历史文化巨人，是中国文学史上最具影响力的代表人物之一，被誉为“一代诗宗”。他以自己勤奋的著述，为我们留下了数量浩瀚的宝贵文化遗产，向来是古典文学研究的重点和热点之一。自清代以来，人们对王渔洋的研究绵延不断，代有其人。特别是改革开放以来，王渔洋研究进入了一个全新时期，成为古代文学研究尤其是清代文学研究的热点之一，学术成果层出不穷。在座的袁世硕先生、蒋寅先生、王小舒先生、宫晓卫先生等在王渔洋研究上都先后有力作推出，卓有建树。

今天我们召开这次研讨会，就是要在认真总结、学习先前研究成果的基础上，积极探索王渔洋研究的新思路、新方法，进一步推动这个课题的深入研究。山东省古典文学学会作为全省古典文学研究的学术团体，现有会员400余人，集中了全省各高校和科研单位古典文学研究的中坚力量和骨干。改革开放30余年来，在历届领导班子，尤其是袁世硕会长的领导下，在积极参与大力推动王渔洋研究上做了大量卓有成效的工作，参与主持召开了1986年“第一次全国王渔洋学术讨论会”、1988年“全国大专院校王渔洋学术研讨会”和1994年“桓台国际王渔洋学术研讨会”，得到了国内外学术界的广泛赞誉和响应，收到了很好的效果。这次研讨会，是时隔20年后召开的又一次高端盛会，中共桓台县委、桓台县人民政府对这次研讨会的召开高度重视，将其作为县里文化建设的一件大事，从早布局，周密安排，扎实准备，为会议的顺利圆满召开奠定了良好基础。中国社会科学院文学所古代文学研究室给予了强有力的支持，保证了学者的层次和论文水平。这次会议得到了海内外学者的广泛响应。出席今天会议的100多位学者，来自全国各地56所高校及社会科学研究机构，以及日本的学术机构。会议收到了90篇论文，这是前几次研讨会所没有的，从收到的论文看，内容丰富，涉及广泛，是一次全方位、多层次的王渔洋研讨会。我国台湾地区和日本学者的光临，带来了我国台湾地区和日本学者在王渔洋研究方面的最新研究成果和动态。这些都充分反映了王渔洋研究的规模和影响，也体现了这次研讨会的质量和成果。从这个意义上说，今天的会议就是王渔洋研究最新成果的一次集中展示，是王渔洋研究领域精英学者的一次大荟萃。

二

党的十八大以来，以习近平为总书记的党中央将弘扬优秀传统文化提高到前所未有的高度。2013年8月19日习总书记在全国宣传思想会议上的讲话，11月26日考察曲阜时的讲话，12月30日政治局集中学习时的讲话等，反复突出强调大力弘扬优秀传统文化，要做到"四个讲清楚"，这不仅为全国的文化建设、树立并践行社会主义核心价值体系指明了方向，也为传统文化和古典文学研究吹来了春风。中共桓台县委、桓台县人民政府认真贯彻落实习总书记讲话和中央精神，在王渔洋研究、故居保护等方面做了大量工作，这都为开创王渔洋研究新局面打好了基础。关于今后的王渔洋研究，结合山东省古典文学研究的实际，我讲以下几点不成熟的意见，希望大家批评指正，也供桓台县的领导同志参考：

第一，从继承弘扬优秀传统文化的角度，大力开拓对王渔洋的研究领域，要从"一代诗宗"王渔洋研究，拓展到王渔洋文化的全方位研究，充分吸收其当代价值。要从王渔洋诗文研究拓展到王渔洋其人研究。王渔洋官居一品，廉洁从政，生前身后，声名俱显。我们要充分挖掘这份文化资源，从文学王渔洋拓展到政治王渔洋、道德王渔洋、人才王渔洋，等等。将王渔洋的一生贡献和做官、做人、做文章的杰出表现转化为建设新时期文化的丰厚文化滋养。

第二，要充分认识王渔洋家族的文化地位，大力加强王氏家族文化的研究，将其作为今后王渔洋研究的重中之重，要做强做好。

我国在历史上是一个宗法制农业社会，建立在血缘婚姻基础上的家族是社会的基本细胞，也是立国之本。中华文明的发展传承，家族文化是一个重要载体；弘扬优秀传统文化，挖掘丰厚的历史文化资源，家族文化是一个宝库。王渔洋家族是明清时期最显赫的文化世家之一，是山东科举文化世家的标志，也是中国文化家族的突出代表之一。可以从以下几个方面的比较中考察王氏家族的文化地位。

2014年1月，中华书局出版发行了由我主编的《山东文化世家研究书系》(28种)，从汉代以后两千年发展历史看，山东文化世家在汉魏是一个高峰，在明清也是一个高峰，28家中明清占了16家。可见，清初"本朝诗人，山左为盛"是有家族文化基础的。16家中，以仕宦论，最突出的是新城王氏和诸城刘墉家族，都有官高一品、位极人臣者。但就规模论，王氏进士30人，刘氏进士11人，且文名不及王氏。以文学成就论，最显名者是新城王氏和临朐冯氏。但冯氏进士8人、举人11人，与王氏的进士30人、举人52人相比，也显势弱。且冯氏之文学家代表冯惟敏与王渔洋之成就与地位相比也是逊色一筹。从仕宦、文化、文学成就全面考察,新城王氏为山东明清文化世家之冠当无疑义。

20世纪90年代出版的《中华名门望族丛书》指出:安徽桐城张氏因张英、张廷玉父子宰相而闻名,是中国一门出进士最多的家族。可总算来看,张氏明清两朝共出进士28人,比新城王氏稍逊一筹,且张氏一门诗人、文人众多,但与一代诗坛领袖王渔洋相比较,亦可见出两个家族在文化上的伯仲之分。

我说以上比较,意在说明王渔洋家族理应受到特别重视,应作为我们今后研究的一个重点突破。

第三,王渔洋与王氏家族的研究要接地气。即要将研究与地方文化建设相结合,与建设社会主义核心价值体系相结合,与挖掘吸取王渔洋与王氏家族文化的当代价值相结合,使300多年前王渔洋及其家族文化的宝贵价值在当代、在未来继续发挥出它的无量价值和文化魅力。举例说,王氏家族家训、家规对我们今天的家风、社会风气建设就有重要借鉴意义和榜样典范价值。其家族人才辈出,王渔洋业绩光照千秋,与其家规、家训和家风的影响分不开,从王重光就定家规,到王之垣、王象晋、王渔洋,历代丰富、完善。从道德、修养、为官箴言到女性坤范、养生箴言,方方面面,皆可供后代学习遵循。拿到今天,仍然有很强的现实意义。王氏家族"贵为豪门,守礼遵法",也是为官和管好家庭的榜样。

希望山东省古典文学学会全体同志以及各位学者共同努力,努力开创王渔洋研究与古典文学研究的新局面。

谢谢大家!

(作者系山东省古典文学学会会长,山东师范大学教授、博士生导师)

在纪念王渔洋诞辰380周年全国学术研讨会上的致辞

袁世硕

我首先谈谈自己的一点感想，那就是，桓台有幸，出了一位中国历史上一流的大诗人、一位历史文化名人，这是桓台的大幸事，非常值得桓台人骄傲。同样，桓台作为王渔洋的故里，一直非常敬重、厚爱王渔洋，在传承、研究和弘扬王渔洋文化方面做了大量的工作。从这个角度上说，王渔洋有幸出生在桓台。中国有很多大诗人，甚至有超过王渔洋的大诗人，有很多文化名人都没有像王渔洋一样，在300多年后受到家乡的纪念、敬重和厚爱。可以说，在研究、保护、传承和弘扬王渔洋文化方面，桓台所做的工作无与伦比。

我参加过多次纪念王渔洋的活动。比如说，1986年，中共桓台县委、桓台县人民政府自发地组织了第一届全国王渔洋学术讨论会，邀请北京大学、山东大学、南开大学、山东师范大学等单位的50余位学者参加了会议。会后不久便编辑出版了《王渔洋研究文集》，收集了十年左右的关于王渔洋研究的论文。到了1994年8月，又举行了第二次国际性的学术研讨会，有日本、韩国、我国台湾等地的学者来参会，《王士禛志》对此次会议情况记录得比较详细。之后，桓台一直没有间断过对王渔洋的研究和弘扬。2009年，桓台县还创办了《王渔洋文化》，这个刊物虽然说是地方性的，从某种程度上说不是专业刊物，但是与渔洋文化有着密切关联。从这个意义上说，在王渔洋研究层面，地方上的研究与学术界的研究是紧密结合在一起的，地方研究促进了学术界的研究，并提供了新的资料和课题。此外，王渔洋的遗存、遗迹、文献也得到了很好的保护和传承，比如王渔洋故居和忠勤祠的开发和修复，都体现出了地方政府在这方面所做的大量工作。

我认为，地方学术研究和学术界的研究紧密结合，协同共进，促进了近三十年来的王渔洋研究。我将会议提交的近百篇论文通读了一遍，感觉论文研究面很广、很深、很细，已经超过了过去。通过这些论文可以得知，王渔洋的研究面进一步拓宽了，不仅仅局限于王渔洋诗歌研究、与赵执信的比较研究、王渔洋神韵说的研究，现在扩展到了王渔洋生平、家世、廉政思想的研究。同时，这些论文也充分肯定了王渔洋在诗歌评论方面的贡献。在诗歌评论方面研究王渔洋，拓宽了对王渔洋的认识和理解，以及对其诗歌的评论和研究。可以说，这三十年来的王渔洋研究，超过了以往数百年的成就。我认为，王渔洋的研究正在兴起，但不要指望成为显学。我希望，年轻的研究学者能够在正规的学术之风引领下，继续弘扬王渔洋诗歌，弘扬王渔洋文化，弘扬传统文化。

（作者系山东省古典文学学会原会长，山东大学终身教授）

在纪念王渔洋诞辰380周年全国学术研讨会上的致辞

蒋　寅

我已是第三次来桓台，每次来都有新鲜的感受，感受到桓台社会、经济的飞速发展，尤其是桓台县内的研究人员对王渔洋研究所做的努力，非常之好。这次举办全国王渔洋学术研讨会，中国社会科学院文学所古代文学研究室虽然是主办方之一，但只做了邀请代表、提供专家学者名单等工作，会议的筹备和王渔洋研究资料的整理都是由桓台县政府和文化部门承担的，桓台在王渔洋故居保护和王渔洋研究上所付出的努力大家有目共睹。

王渔洋是一位了不起的诗人，是桓台的骄傲。地方政府对王渔洋文化所做的研究和推广工作，都是非常值得的。王渔洋作为一个作家和诗人，已远远超出地域文学研究的价值。王渔洋不仅是一个了不起的诗人，也是传统的士大夫人格和文化的典范，他所倡导的神韵说凝聚了中国传统美学的精髓，同时他也是中国诗学和诗歌批评的集大成者。王渔洋还是家学文化和地域文化的典型代表。从这四个方面说，王渔洋文化非常值得研究和保护、承传。

一、王渔洋是传统士大夫的典范

王渔洋不仅是一名作家和诗人，他首先是一个传统的士大夫，他的一生非常平稳，除了晚年因牵涉宫廷权力之争被罢官，作为文学侍从，王渔洋非常成功。这一点在古代士大夫中是一个典范。在唐代也有这样的范例，但都没有达到王渔洋的成就。

在中国古代，以文才服务于朝廷，最后达到光宗耀祖的目的，是读书人最高的梦想。可以说，在王渔洋之后的很长一段时间里，他是很多文人的偶像。不仅如此，王渔洋在政治上也非常有作为，非常清廉，在45年的仕宦经历中，他任职翰林的时间并不长，担任多年的职务是在国子监、御史台、户部等重要部门，最后做到刑部尚书，王渔洋在每一个职位上都有所建树。可以说，王渔洋作为官吏也是非常称职的，前些年桓台编辑出版了《王渔洋廉政思想研究》一书，对王渔洋的廉政文化做了系统梳理。这启发我们，王渔洋研究还有许多文化内容有待于深入挖掘和突破。

二、王渔洋是中国诗学和诗歌批评的集大成者

在中国的历代诗人中，没有一个诗人像王渔洋一样阅读过那么多的诗集，评点过那么多的诗集。据我统计，王渔洋评点过的古今诗集有70多种，从他的序言和题跋的记载可知，他的阅读范围非常广泛。从古代到近代，我还没有看到有像王渔洋一样孜孜不倦、毕生用心阅读古今诗集的人。

王渔洋诗学不仅触及许多重要的理论命题，对诗歌声律学的探索更有着开山的意义。他阅读、评论过的古今诗集之富、诗人之众，古来无出其右，这一点尚未被学术界所注意。过去，中国传统的文论研究只讲理论，不讲批评。清代有很多诗话，但是像王渔洋诗话那样具有出色的审美判断力的很少，即使摘举前人的名言隽句，也很少有超过王渔洋的。在鉴赏力这一点上，王渔洋非常出色。

王渔洋以勤奋的写作留下了数量丰富的诗学著述，他撰写或口述的诗话多至七种，即《渔洋诗话》《五代诗话》《然灯记闻》《师友诗传录》《师友诗传续录》《古诗平仄论》《律诗定体》；编选古今诗词选集六种，即《唐诗神韵集》《唐贤三昧集》《十种唐诗选》《五七言古诗选》《感旧集》《倚声集》，编集、评点古今人诗集约七十余种，此外还撰有多种含有大量论诗文字的笔记、百余篇古今诗集序跋，仅以数量而言在古代也是首屈一指的，这还不包括失传的著述。

王渔洋倡导的神韵论是中国古代文学批评史上最后一个重要学说，他将明人隐约提到的“神韵”概念发展成一个与中国古典美学的核心价值和审美理想相联系的范畴，并通过自己对诗坛的巨大影响力使之深入人心，对后人认识和把握古典诗学和古典美学的传统产生了不可忽视的影响。因此我认为，无论从诗歌理论还是批评实践而言，王渔洋都是中国诗学史和批评史上的集大成者。

三、神韵说是中国传统美学精神的代表

清代有四大诗学理论，即神韵说、性灵说、格调说、肌理说。实际上肌理说是后人追认的，在当时并没有形成自己的诗歌理论体系，性灵说和格调说是明代就有的诗学理论，真正在清代形成的学说只有神韵说。从这个意义上说，神韵说是中国古代最后一个有理论体系的美学学说。

我认为，王渔洋的神韵观念及其背后的一套理论，凝聚了中国传统美学的精髓，真正代表了中国艺术的精神和美学风范。神韵给人的美感如同目光快速地扫过一幅绘画留下的印象——确实是印象，更多的是对作品情调和氛围的直接感受，如同欣赏中国的山水画一样，给人一种美妙的意境，这种美是不可言喻的，需要用心去慢慢体会。我认为，神韵说的清远之美恰是中国传统美学的精神内涵。

四、王渔洋是家学文化与地域文化的典型代表

我们知道，桓台在清代有四大家族，王氏与这些家族世代通婚，另外与博山赵家，邹平张家，淄川毕家、高家，益都孙家，都有世代通家之好。在科举制度臻于完善的明清时期，农耕起家的新城王氏崛起为一个历跨两朝、兴盛近三百年的仕宦望族和文化世家。

一个非常值得注意的学术现象是，不仅新城王氏家族人才辈出，与新城王氏有姻娅之好的赵家、张家、高家和毕家，都出现了很多历史文化名人，他们的文学成就同样也不逊色。从这个意义上说，王渔洋的家学文化又有着一个更广大的家族和地域文化背景，值得我们去深入研究。总之，王渔洋研究不止是一个地方文化的课题，它超越了地方文化，是整个中国封建社会晚期文化研究中一个具有典范性意义的个案，有着今天还难以一言蔽之的非常广阔的学术前景。

（作者系中国社会科学院文学所古代文学研究室主任）

在纪念王渔洋诞辰380周年全国学术研讨会上的致辞

贾　刚

由山东省古典文学学会、中国社会科学院文学研究所古代文学研究室、中共桓台县委、桓台县人民政府共同举办的纪念王渔洋诞辰380周年全国学术研讨会今天隆重开幕了。首先,我代表桓台县委、桓台县人民政府对本次研讨会的召开表示热烈的祝贺！向前来出席本次研讨会的各位领导、专家、来宾和新闻界的朋友们表示热烈的欢迎！

桓台属淄博市辖县,因境内有齐桓公戏马台得名。全县总面积509平方公里,人口49.87万。近年来,全县上下认真贯彻党的十八大和习近平总书记系列重要讲话精神,牢牢把握主题主线和稳中求进的工作总基调,强化发展、实干和以项目建设为纲的工作导向,紧紧围绕“打造实力桓台,建设幸福城乡”,统筹推进发展、改革、稳定各项工作,经济社会持续健康发展。连续七届跻身全国百强县,荣获全国文化先进县、全国文明县城、全国科技进步先进县、全国生态示范县、中国中小城市综合实力百强县、中国新型城镇化质量百强县、中国最关注民生的县等称号。

作为清初诗坛领袖王渔洋的故乡,桓台县高度重视历史文化的研究工作,始终坚持突出特色,多措并举,着力做强王渔洋文化品牌,使人文历史资源增添新优势,地方文化品牌建设取得新进展。忠勤祠、王渔洋故居分获第一届、第二届山东省十大精品陈列,新城古镇·王渔洋故里被评为国家AAA级旅游景点。为提高王渔洋学术研究水平,桓台县还成立了王渔洋文化研究的专门机构,全方位、多角度地加强对王渔洋文化及地方文化的发掘和宣传。与此同时,进一步加强了与省内外、境内外王渔洋研究专家、学者的联系,大大提高了王渔洋研究的水平和档次,扩大了王渔洋文化品牌的影响和辐射范围。

这次全国王渔洋学术研讨会在桓台召开,对于弘扬传统文化,进一步发掘桓台丰富的人文资源,促进王渔洋研究事业的发展,推进桓台文化强县建设进程,都具有重要的意义。在此,对各位专家、学者多年来致力于王渔洋研究付出的辛勤劳动表示衷心感谢！我们真诚期待,通过举办此次研讨会,让人们更多地关注桓台,了解王渔洋,推动王渔洋学术研究迈上新台阶。

我相信,这次高规格的学术研讨会,会成为诸多学者进行学术交流的坚实平台,必将在王渔洋研究史上留下浓墨重彩的一笔！我们能够为来自国内外的专家学者提供一个欢聚一堂、共叙友谊、交流学术成果的机会而深感荣幸,作为东道主,我们将尽心竭力做好各项服务工作！

最后,预祝大会取得圆满成功！祝大家身体健康,万事如意！

(作者系中共桓台县委副书记,桓台县人民政府县长)

在中国社会科学院古代文学研究室王渔洋学术研究基地揭牌时的讲话

郑永晓

王渔洋是清初杰出的诗人、文学家、文学批评家，也是书法家、藏书家，是一位成就卓著的历史文化伟人。他主盟诗坛数十年，门人弟子遍天下，名重一时，影响深远。

作为一名诗人，王渔洋一生赋诗四千余首，兼善众体，尤以绝句成就最为突出。

作为一名诗学理论家，王渔洋在总结继承前人相关理论的基础上，提出了以“神韵说”为中心的很多富有建设性的诗学思想。我国向被视为诗的国度，各种风格、各种流派的诗歌争奇斗艳。我个人认为，“神韵”理论是对中国诗歌史上占据主流地位的相当比例诗歌之特色的极好概括和总结。

作为一名词人，他在词的创作方面，也有相当的造诣。晚清四大词人之一朱祖谋（孝臧）曾有一首《望江南》词说：“消魂极，绝代阮亭诗。见说绿杨城郭畔，游人争唱冶春词。把笔尽凄迷。”对王渔洋的诗、词都给予了极高的评价。

清代是中国最后一个封建王朝，是一个总结性的时代，在文学创作和学术研究方面都取得了巨大成就。王渔洋作为一名对当时和后世产生重要影响的诗人、批评家，对他的研究不仅仅关系到他本人或者清代诗学，也需要追根溯源，需要在梳理中国诗学传统的基础上对他的成就和地位做出全面客观的评价。因此，研究王渔洋，可以以点带面地扩展到很多方面。

基于上述考虑，中国社会科学院文学所古代文学研究室与桓台县人民政府共同建设一个以王渔洋为主要研究对象的研究基地，我以为是非常有必要的。

中国社会科学院文学所古代文学研究室是一个有着比较悠久的历史和光荣传统的研究室。1953年在北大成立文学研究所时，古代文学研究室是首批成立的研究室之一。20世纪80年代中期，古代文学研究室有40余名学者。其中像著名红学家、一级研究员俞平伯先生，学贯中西的一级研究员钱锺书先生，著名古典文学研究专家余冠英先生、孙楷第先生、吴世昌先生、吴晓铃先生、陈友琴先生、范宁先生，等等，他们在全国文学研究界具有举足轻重的地位。他们之后的第二代学者也不乏学界翘楚，如曹道衡先生、蒋和森先生、陈毓罴先生、刘世德先生，等等。至今已经是第四代和第五代。而每一代的学者都取得了各自的成就。古代文学研究室历届室主任余冠英先生、邓绍基先生、沈玉成先生、石昌渝先生、刘扬忠先生等都是学界名流。现任室主任蒋寅先生是二级研究员、中国社会科学院长城学者。全室现有老中青学者20余人，具有较强的学术实力，可以为王渔洋学术研究贡献自己的力量。

古代文学研究室与桓台县人民政府共同建设王渔洋学术研究基地，我以为至少具有三个方面的意义：

第一，有助于推动王渔洋研究的可持续发展。王渔洋作为一位成就巨大、影响广泛的文坛宗主，我们对其研究还远远不够，仍然需要持续而深入的研究。

第二，有助于把学术研究建立在对研究对象的调查研究基础之上，这对于推动以王渔洋为个案的地域文学、家族文学研究具有重要意义。

第三，有助于促进双方的文化与学术交流，培养锻炼年轻学者增强对王渔洋研究的认知和兴趣，共同推动以王渔洋研究为中心的区域文化研究水平的提高。

总之，这个基地的建设对双方都非常有意义，是新形势下弘扬优秀文化传统、促进当代文化建设、增强区域文化软实力的重要举措。

祝愿这个基地在双方的共同浇灌、精心培养下，生根发芽，茁壮成长。

（作者系中国社会科学院文学所古代文学研究室研究员）

在山东省王渔洋研究会成立大会上的讲话

宫晓卫

首先对大家对我的鼓励和厚爱表示衷心感谢。

说心里话，担任会长这个职务，我心里总感觉有点儿惴惴不安。因为我是一个出版人，出版社改企后就是出版商，距离学者已经很远了；而且多年从事出版工作，很少再写学术文章，真的不是个研究王渔洋的专家。不敢冒充专家，就更不敢担任一个学术团体的负责人。开始时我并不同意担任这个职务，而且自己从事的出版工作也很繁忙，怕因为自己精力有限而耽误了研究会的工作。但后来还是接受了，一是桓台提出这件事情很长时间了，这期间山东省古典文学学会的老会长袁先生和会长志民主席交流过，提议成立渔洋学会并由我来任会长，志民主席还专门给我打了电话，碍于他们的情面，我接受了这个安排。另一个原因，是因为我和王渔洋的一段情结。我和王渔洋的渊源不短了，20世纪80年代初，我读研究生的时候，做导师布置的作业，就写过《渔洋精华录》版本方面的文章，从此与王渔洋就有了接触。后来毕业论文也写了王士禛。到出版社工作以后，又写了一本在上海古籍出版社出版的小册子《王士禛》，作为中国古典文学基础知识读本。然后在齐鲁书社牵头搞了《渔洋精华录集注》。再后来又给袁世硕先生主编的《王士禛全集》做责任编辑，并担任该书的副主编。《王士禛全集》从立项启动到最后出版经历了20多年，这期间我和王渔洋就没有断过关系。如果说我在问学这条路上和哪位古代文学作家纠结的时间最长，那就是王渔洋了，所以有一个王渔洋情结。记得1986年第一次在桓台召开全国王渔洋学术研讨会，当时罗竹风、袁行霈、何满子、萧涤非、蒋维崧等一些学界大佬都来了，有这么一批高层次的学者对王渔洋关注，也可见王渔洋是真值得人们去关注，值得有这么一份情结。

这几年学界对王渔洋的研究做了不少工作。特别是这次来参加会议，我看到会议收到了这么多的论文，十分难得。许多省外的学者也在关注王渔洋，取得了不少的学术成果。所以，从王渔洋的创作成就、文学地位和历史影响来说，是应该搭建这么一个学术平台，让大家继续围绕王渔洋多做些研究工作。由此，我也愿意为王渔洋多做些事情。还有，就是我看到的中共桓台县委、桓台县人民政府对王渔洋这位当地文化名人的关注和对于文化事业的支持。很多同样有文化资源的地方都做不到这一点，桓台县却给予了高度的重视和支持，这是大家都能感受到的。特别是这次会议，桓台县提供了很好的服务，我被他们的关注和支持感动，因此也乐意接受这项工作。

在这里表个态，我愿意与在座的各位一起，为王渔洋的深入研究做一些实质性的工作；愿意对王渔洋研究的相关成果给予更多的出版支持。学会成立了，当下的工作就是和各位当选理事一起商讨如何做好学会的工作，发挥大家的聪明才智，进一步推动王渔洋的研究再上一个新台阶。

再次谢谢大家！

（作者系山东省王渔洋研究会会长，齐鲁书社原社长）

在纪念王渔洋诞辰380周年全国学术研讨会上的学术总结

王小舒

这次王渔洋学术研讨会有百余名专家、学者来到桓台，荟萃一堂，可谓规模空前。回顾1986年召开的第一次王渔洋学术研讨会，到今天，已经快三十年了。袁世硕先生指出，一位作家（王渔洋）受到如此大的关注，在文学史上少有，这的确是事实，这也是王渔洋家乡的荣耀、山东的荣耀。

我在这里想引用蒋寅先生的话："我们研究的对象已经超出了个人和地域的范围。"对蒋寅先生的这句话我做些演绎。新城王氏的研究，这些年来，已经从个人延伸到家族，由王氏家族延伸到赵氏家族、孙氏家族，以及其他周边家族。再扩展开去，就是整个山东的文学家族、社会网络。这就是说，王渔洋不仅是单个作家，更是学术研究的一个关键点。这个关键点首先是文学研究的点，这里要借用张寅彭先生提出的一个观点，那就是：整个清代诗学可不可以用"渔洋"和"非渔洋"来定位。他的说法把整个清代诗学用一个新线索来加以贯穿和考释了。那么，王渔洋的意义，无论是"是渔洋"还是"非渔洋"，都和渔洋有关了。

再往前，新城王家上溯五辈到明代，从王重光开始，王之垣，王象晋，"象"字辈传到"与"字辈，然后再传到渔洋"士"字辈，明清诗歌转换的过程缩影般地集中在这个家族中。如此来讲，渔洋家族也成为明清诗歌嬗变的一个关键。我们再往前追溯，以陶渊明为代表的魏晋诗歌的接受，唐诗的经典化（我用吴光兴先生的话说）以及中国诗歌发展的整体脉络，王渔洋都是值得关注的一个点，这其中包括渔洋的《唐贤三昧集》及其《十种唐诗选》。众所周知，整个中国诗歌的经典化到明清也就到高潮了，王渔洋无疑在其中扮演着重要的角色。各位还知道，唐宋诗的纷争和融合乃是清代诗坛的重头戏，正如蒋寅先生《王渔洋与康熙诗坛》一书指出的，无论是宗唐派还是宗宋派，都和王渔洋有重要关系。

关于清代词学，马亚中先生在他的论文中提出"词论的分裂"的观点，主要指清人的南、北宋词两分法和婉约、豪放两分法，王渔洋在其中也是一个较为重要的点，他正式提出了词坛婉约、豪放两分说，这个贡献值得充分肯定。现在有些专家把小说也提出来了，小说领域的研究涉及王渔洋和蒲松龄的交游关系，另外还有王渔洋的小说跋文的文学史价值，等等，这也是一个不容忽视的点。

王渔洋研究绝不仅是一个作家研究的问题，他身上所负载的，他毕生所总结提炼的，是中国诗歌的精华和中国文学的精华。再进一步提炼的话，就是蒋寅先生说的"他超出了个人和地域的范围"。这句话的含义，就要看看中国诗学是不是可以总结出我们民族自己的东西了。蒋寅先生和中国社会科学院各位先生来到桓台,建立研究基地,这是一个远见卓识的决定。我个人认为,王渔洋所提倡的"神韵说"不仅属于他个人,也不仅属于清代,而是属于整个中国诗歌。从这个意义上说,我们中国诗歌是不是可以有自己的体系建构了?这个问题在王渔洋研究会议上提出来,很有意义。

此次会议也有专家提出王渔洋文化和战略发展的问题,也就是王渔洋和当代文化建设、地方文化建设的关系。从提供的论文来说,廉政文化更加受到地方政府和群众的关注,这是很值得重视的研究新动向。蒋寅先生又提出文人人格的问题。我认为这也属于王渔洋文化的一部分。有些遗憾的是,王渔洋与教育的关系这次没有人提出。实际上,从家风这个意义上说,中国的教育不是一个学校教育的概念,而是全方位的概念,其中家庭教育是重要的一环。这样看来,王渔洋就不仅是文学研究的一个关键点,也是文化研究的一个关键点。所以,王渔洋文化的价值还在不断展开的过程中。

这次百余名专家来到桓台,绝不是一个偶然的事件,从这次提供的论文质量来看,所涉及的方面和深度、扎实程度(其中相当一部分是国家社科基金的阶段性成果,是十年甚至数十年积累的成果),已经达到了前所未有的高度。因此,可以说,这次会议是王渔洋研究史上的一个里程碑。

如果说我们现在的成果可以称作辉煌的话,这个辉煌还是不够的,因为更大的辉煌还在未来。中国正在走向世界,现在的王渔洋研究正逢其时,我们是不是应该拿出点东西给中国人民了呢?刚才马亚中先生所讲的话我很欣赏,他说:"莫言是山东人,拿诺贝尔文学奖,了不起!莫言所代表的是大众文化,山东还有高雅文化。"马亚中还说:"王渔洋可说是代表了高雅文化的一面,我们中国也有高雅的东西。其实,神韵从某种意义上说,它不仅仅是诗歌,也是一种生活。"这句话点醒了我,神韵对世界的意义就在于,我们展示出一种中国生活,和自然和谐的,和家乡和谐的,和身边所有人和谐的高雅、美好的生活。从这个意义上说,王渔洋研究是永恒的,它的未来是极其辉煌的。

最后,我借用袁世硕先生在1984年时所说的八个字结束我的讲话:"学术不朽,友谊长存!"

(作者系山东大学文学院教授、博士生导师,山东省王渔洋研究会副会长兼秘书长)

在纪念王渔洋诞辰380周年全国学术研讨会闭幕式上的讲话

杜贵晨

纪念王渔洋诞辰380周年全国学术研讨会进行了一天半的时间，现在就要闭幕了，我受会议主办方的委托讲几句话。

这次会议是在一个特别的形势之下，就是举国上下大力反腐、贯彻落实八项规定和践行群众路线这样一个大好形势下召开的。又是这样一个美好的季节——用渔洋先生的诗来说就是“秋柳”时节，我们一百多位来自全国各地，各高校、科研机构以及地方有关部门的学者，包括几位尊贵的我国台湾地区和日本的学者，共聚一堂，纪念王渔洋这位伟大的先贤、伟大的诗人、伟大的学者诞辰380周年！这是桓台县的一件盛事，全国学术界的一件盛事！而我们的会议也开得很成功，成果丰富，包括以下几个方面：

一是通过参观考察王渔洋故居等古迹名胜，表达了对王渔洋的缅怀之情和纪念之意。同时我们看到和感受到了桓台县人民对其乡先贤王渔洋先生历久弥新的亲情，正在认真继承发扬渔洋文化，取得了有目共睹的巨大成就！在这一方面，我个人感动甚多，也受启发甚多，由此对王渔洋的研究、王渔洋文化的进一步发展更加充满了信心！

二是会议完成了文化建设的两项重要工作。即成立了山东省古典文学学会王渔洋研究专业委员会，也就是王渔洋研究会，同时我们共同见证了中国社会科学院文学所古代文学研究室在桓台县设立了王渔洋研究基地。这两个组织在桓台县的同时建立，为王渔洋研究提供了一个新的更高层次的平台，标志着王渔洋研究进入了一个新的阶段，是一个具有里程碑意义的事件。我同意王小舒教授所说，这标志着桓台以至全国对王渔洋研究的重视达到了前所未有的高度！

三是进行了高层次、高水平的学术交流。王小舒教授已经做了总结。我完全赞同，而意犹未尽，谈一点个人的感受。通过这次会议的讨论，我们大概有了一个共同的重要发现，即多位学者以不同形式郑重提出的认识，王渔洋这位文学家不仅仅是一位诗人，更不仅仅是一位诗论家，而且还是中国文化史上一位最有个性、最有特点、在某些方面无可代替并无可比拟的文化巨人！这样讲是不是夸张了呢？可以稍作辨析。

我们向来把王渔洋作为一位诗论家、一位诗人来研究，这个研究在古典文学领域不比其他任何研究逊色。因为事实上，王渔洋即使作为一个诗人、一个诗论家，他在中国的诗歌史以至文学史上亦如奇峰插天，非同一般。何以见得？可以从中国诗歌史、文学史的长河里来看。中国文学史上有伟大的文学家，但伟大的文学家往往不是伟大的诗论家；反之，伟大的诗论家又往往不是伟大的诗人。兼诗歌—文学创作和诗歌—文学理论两个方面都达到一个时代的高峰，这样的文学家中国上古未有，中古未有，大概到清代才开始出现。以我的陋见，有清一代这样的人物并层次相仿佛的，可能是先有王渔洋，后有袁枚。但是，对这两个人进行比较的话，可以清楚地看到，如果说他们在创作上主要是在诗歌创作上各有千秋，在理论上也可以说是各树一帜的话，那么袁枚为他的诗论树帜的主要就是他的一些诗论文章（如序、跋）和诗话，而王渔洋除了诗论文章和诗话外，还做过大量的诗歌选本，一时风行海内，这是袁枚没有做过的。这次会议上有学者撰文讨论王渔洋做诗歌选本的问题，所针对的就是渔洋文学成就的一个重要方面。选本的取舍和评语体现选家的理论与审美主张，等于为某种诗风树立典型、树立榜样，选家个人的主张也就随着选本的流传不胫而走，给阅读和创作以无形的影响。虽然袁枚也有其大过于人之处，但是仅从这一点上来说，王渔洋推广他的“神韵说”的手法就比袁枚多了一招。因此，我们是不是可以这样说，就文学创作与理论一时兼妙冠绝天下而言，王渔洋在中国文学史特别是清代文学史上是一个高峰、一个不可复制和未曾被超越的高峰。

这里，特别说一下我对王渔洋诗论价值与特点的看法。清代有三大诗论，一是沈德潜为代表讲格调的，大概主张诗要写家国情怀等；另外一个是袁枚为代表讲性灵即性情的，大概主张诗要写得比较私人化、随意化。两者虽有些势不两立，但风格上有一个共同的取向，都属于比较写实的诗。而王渔洋的“神韵说”主要不从写什么出发，而重在讲形式与风格，提倡清空婉妙，所谓“不着一字，尽得风流”“羚羊挂角，无迹可求”，可说属于写诗崇尚空灵的一派。而诗作为艺术固然源于生活，但不是或不仅是离生活越近越好，而是植根于生活，更要超越生活。因此，把这三大家做比较，就看得出来，“神韵说”更代表了真正诗的精神。这就好比在诸艺术门类中，音乐是最纯粹、最高层次的艺术！所以评价王渔洋单就诗论而言，我很同意蒋寅先生的说法，在三大或者四大诗论中，只有他的“神韵说”是独创的，基本上是前无古人的。当然这并不是说与前人没有任何联系和继承。但“神韵说”后有来者，当代曾风行一时的“朦胧诗”，是不是就与“神韵说”有点联系呢？

总之，在中国古代文学的领域里，王渔洋是一个很突出、很特别、很值得我们推崇的一位大家，是一位“伟大诗人”。说他是一位“伟大诗人”并不为过。这也不完全是我们会议上的发明，胡怀琛曾经说过中国历史上有八位诗人，王渔洋算一个，应该就在“伟大诗人”之列了。但胡怀琛确实没有说过王渔洋是一位“伟大诗人”这样的话。这个话是袁世硕先生在这次会上说的。我很赞成。古代诗歌研究的历史已经证明并将继续证明，王渔洋是中国古代一位“伟大诗人”，这个判断是正确的。他当之无愧！

在中国古代文学的领域里，王渔洋已经如此值得重视和研究了。然而，这还不是他的全部。王渔洋除了文学上的建树之外，其他多方面的成就与贡献也是独特的，有的甚至是无与伦比的，何以见得？我们知道，古代文学史上有一个被认为是规律的现象是“诗穷而后工”。这里的“穷”大概一是指没钱，二是指没有做官。其实那时文人的出路只是“读书做官”，没钱主要就是由于没做官，所以二者几乎就是一回事。但“诗穷而后工”主要是讲做诗与穷达的关系，大概是说一个人做官做得好，诗就写不好；如果他的诗写得好的话，官就做不好。这话流传千年，世世代代许许多多的人都信了，至今仍经常被学者引用，实在不是没有道理，这有万千事实证明。我们遍观古代的文人，大概都是如此，什么中国古代只有五个诗人或八个诗人，大体都是“穷”的，都是走写诗“哭穷途”的这一路。当然情况也千差万别，有的是一直“穷”，有的原来好一点，或曾经好过，后来“穷”不好过了，所以写得很好的诗；反过来一些人很有才华，曾经诗写得好，文章写得好，但是后来做了官，不

"穷"了,也渐渐就不像个诗人,不像个文学家了。这样的例子很多,古今都不乏其人。所以,从历史、文化史的经验来看,做诗—文学和做官这两样事情很难兼容,甚至做学问和做官这两样事情都很难兼擅。不是说一定做不到,但是一般人肯定做不到。王渔洋官做得好,诗歌文章和学问也都做得好,甚至更好,所以他不是一般的诗人、文学家和官员,而是诗人中的高官、好官,好官、高官中的大诗人。

这里特别要提出的是,王渔洋官做得好,不仅是说他官做得大,而且是说他在"伴君如伴虎"的位置上,能够把他的文学才华自由地抒发,乃至于他虽然一生未尝不有过若干蹉跎岁月,受到过一些小的挫折,但总体上来看,他一生是平顺的,死后也备极哀荣。这样一个人,有道德,有文章,又有事功,而且能享一定的高寿。这些都需要有极高的境界和极大的定力,以及得心应手、无过或不及的处世艺术。这样的艺术,王渔洋有之。他作为一个文学家和高级官员非常成功。他是中国历史和平发展时期(不说在战乱时间)文人之楷式、官员之模范!所以刚才会上工作人员邀我为会议留言,我写下八个字——"一代正宗,文官楷模"。就是说王渔洋为人的特点,是真正的既有"文"又有"官"的。从这里看去,可以扩大王渔洋研究的视野。这点王志民会长做了很好的阐发,我非常赞成。

那么第四点,就是本次会议提出了王渔洋研究的进一步目标和任务。这在前已有不少精当的论述,我很受启发。我个人的态度是勉力而为,追随诸贤,共赴前程!

总之,这次会议开得很成功、很圆满,是一次圆满成功的全国性学术大会。这次会议的圆满成功,得力于有关各方的通力合作,众志成城,才达到这样一个圆满的程度。为这次会议成功做出贡献的,包括来自全国各地的学者和日本的学者、会务工作者、新闻工作者、服务人员,他们方方面面的努力为会议的成功提供了有力保障。学者们除了撰写提交会议论文,还认真发言和倾听,更有部分学者主持了大会或小组的发言讨论,各尽心尽力,保证了会议内容的丰富充实以及在水平和质量上达到前所未有的高度。对于大家做出的贡献,让我们以热烈的掌声表示感谢!

其中又有两个方面尤其要提出感谢。首先,作为主办方之一的山东省古典文学学会,我们建立了自己的分支机构,我们也参与主办这次会议,我们能够分享这个荣幸,分享这份成绩,要衷心感谢中国社会科学院文学所古代文学研究室蒋寅主任及其所带领的学术团队。他们除了对会议在学术上、组织上做了重要贡献之外,还在这里设立了王渔洋研究基地。显然,这是一个国家级的研究机构,必将起到重要的学术支撑和引领作用,给我们极大的鼓舞。另外,在会议筹办期间,由于种种原因,我会主动联络较少,但蒋先生能够给予充分理解,配合默契,保证了此次会议筹备的顺利进行。山东省古典文学学会与中国社会科学院文学所古代文学研究室曾经在山东省淄博市博山区合作主办过"全国赵执信学术研讨会",这次会议是我们两个机构间的第二次合作,体现了我们在学术上志同道合的友谊。谨此对中国社会科学院文学所古代文学研究室蒋寅主任及其团队致以衷心感谢,愿合作继续,友谊长存!

其次,这次会能够开得成功,完全依赖于中共桓台县委、桓台县人民政府为我们提供了食宿、考察等开好会议的必要条件。从桓台县领导和各有关方面倾心倾力支持这次会议的召开,一方面见出了他们对王渔洋文化和桓台文化建设的高度责任心、境界和热情,另一方面也看出了在当今转变领导作风和发展文化产业方面,中共桓台县委、桓台县人民政府的大气魄、新思维、新形象。例如一般说在地方上成立学会,都要邀请当地领导做顾问,但桓台的县领导都谢绝了邀请,不做顾问,也不做学会领导班子成员,只是为学者服务,为会议服务。而且说到做到,县委书记、县长、宣传部长、副县长，有的始终参会，有的时常来会上探望，确实摆正了姿态，这是我看到的践行群众路线、贯彻落实中央八项规定以来，地方党政领导与学术圈联系与互动方面的一个很大的转变。另外，他们对于会议的支持可以说是无微不至，比如在参观考察的过程中随车人员递上来的小手绢，细微然而贴心。更值得赞赏的是，他们在会议内容的充实与创新方面提供的支持，比如说大家领到的影印王渔洋的《手镜》一函。这本书是王渔洋的儿子要去做官，他担心儿子做不好官，于是手书自己为官的准则经验送给儿子的。这是父与子、"老干部"与"新干部"间的"传、帮、带"。古为今用，《手镜》正是当今进行廉政建设、改正官场不良风气的一面镜子，是王渔洋研究的一个重要内容。习总书记说干部作风，要照镜子，桓台县委、县政府正是在对渔洋文化的挖掘中找到了这面古代的"镜子"，把它献给各位，既支持了本次会议，更是贯彻落实了习总书记指示的具体行动，值得充分肯定！我们相信桓台县有这样一个好的领导班子、好的政风、好的形势，锦绣大地必然再添新彩，渔洋文化必然大放光芒！让我们以热烈的掌声对桓台县委、县政府和桓台人民对本次会议的大力支持表示衷心感谢！

各位专家学者，月有圆缺，人有聚散，这次短暂、紧张、充实而愉快的会议即将结束，但有散有聚，我们完全有理由期待适当的时机再来桓台，或者在其他合适的地方再次召开王渔洋学术研讨会。本次会议的推动，各位进一步的努力，必将使王渔洋研究大上台阶，再创辉煌！

最后，祝各位返程顺利，旅途平安，万事如意！

谢谢大家！

（作者系山东省古典文学学会副会长、秘书长，山东师范大学教授）

山东省古典文学学会
关于设立山东省王渔洋研究专业委员会的决定

(2014.8.22)

山东省古典文学学会会员、各分支机构：

山东省古典文学学会王渔洋研究专业委员会已经正式成立。组织机构名单公布如下：

顾　　问：袁世硕　蒋　寅　张宇声

常务理事：（以姓氏笔画为序）

王　超　王小舒　孔令涛　石　玲　巩曰国　刘英波　张灿贤　陈艳华

周兴陆（特聘）　赵伯陶（特聘）　宫晓卫　曹瑞刚　魏恒远

会　　长：宫晓卫

副 会 长：王小舒　石　玲　张灿贤　曹瑞刚

秘 书 长：王小舒（兼）　魏恒远

副秘书长：刘玉林　刘英波　王　超　包泉敏

为便于工作，山东省古典文学学会王渔洋研究专业委员会秘书处设在山东省桓台县王渔洋文化研究保护中心，在日常学术交流中，可简称“山东省王渔洋研究会”。

目　录

目录

姚鼐与王渔洋诗学的承传

蒋　寅*

一、作为诗论家的姚鼐

桐城派的精神领袖远可上溯到明代归有光，后来名义上的领袖人物是方苞，但若就实际作用和影响而言，真正的领袖人物非姚鼐莫属。如果没有姚鼐，不仅桐城文学绝不会产生那么大的影响，甚至桐城古文也未必足以开宗立派。无论从哪方面说，姚鼐都是桐城派真正的缔造者。①

姚鼐（1731～1815），字姬传，一字梦谷，室名惜抱轩，世称惜抱先生。高祖姚文然，康熙间官至刑部尚书，有文名，而祖、父两代均微。姚鼐少从族伯姚范受经学，后又从刘大櫆学古文。乾隆二十八年（1763）中进士，由兵部主事升至刑部广东司郎中。乾隆三十八年（1773）诏开四库馆，姚鼐与戴震、程晋芳、任大椿等八人破格以非翰林馆职充任纂修官，时论荣之。然而因主宋学，在馆中颇受汉学家排斥，心境殊为抑郁，书成即乞养归里②，年仅44岁。之后历主江苏、安徽诸书院，汲汲以培养文学人才、传播桐城文学理论为己任，终以85岁高龄卒于金陵钟山书院。他的著述在乾嘉文人中不算太丰富，有《九经说》《春秋三传补注》《老子章义》《庄子章义》《法帖题跋》《惜抱轩诗文集》及《笔记》《书录》《尺牍》等，另编有《四书文选》《古文辞类纂》《五七言今体诗钞》《唐人绝句诗钞》《山谷诗钞》《明七子律诗选》。像师辈一样，他也留下了大量的典籍评点，与诗歌有关的是《毛诗故训传》《李善注文选》《黄山谷全集》《海峰诗集》，而最值得注意的是王士禛《渔洋精华录》及所选《古诗选》（闻人倓笺）、《唐贤三昧集》③。作为桐城派的核心人物，姚鼐的古文创作和理论一直为文章史研究所关注，近年他在诗学方面的业绩也有人做了研究，主要是联系其古文理论来看诗论的特色，同时涉及《今体诗钞》与当代诗歌批评④，但有关姚鼐诗学的基本品格及其学术渊源

---

* 作者简介：蒋寅，中国社科院文学所，研究员。

① 王达敏《姚鼐与乾嘉学派》第五章“桐城文统”对此有精彩剖析，可参见学苑出版社2007年版，第103～139页。

② 周中明：《姚鼐对人生道路的重大抉择——姚鼐中年主动辞官的原因辨析》，见《古籍研究》2007年卷上，安徽大学出版社2007年版。

③ 刘声木撰，徐天祥点校，吴孟复、贾文昭审订：《桐城文学撰述考》卷二，黄山书社1989年版，第431～432页。

④ 柳春蕊：《神、理、声、色——姚鼐的诗歌体性论》，载《北京大学学报》2004年第4期；王少仁：《雅而能正以文论诗——从姚鼐的古文理论中谈其诗学特色》，载《安徽文学》2007年第12期；史晶晶：《涵容与深刻——姚鼐“熔铸唐宋”的论诗宗旨》，载《绥化学院学报》2008年第1期；谢海林：《姚鼐融通诗学初探》，载《文学评论丛刊》2009年第1期；朱曙辉：《论姚鼐对厉鹗之诗学批评》，载《宿州学院学报》2011年第12期。

似乎还缺乏深入的探讨和清晰的认识。从桐城诗学的整体格局和历史进程两方面看，姚鼐诗学清晰显示出与王渔洋的渊源关系，值得我们做一番剖析。

姚鼐论诗一如论学，首先从辨析名理开始。论学先分义理、文章、考证，论诗则始于别天人。《敦拙堂诗集序》云："言而成节，合乎天地自然之节，则言贵矣。其贵也，有全乎天者焉，有因人而造乎天者焉。今夫六经之文，圣贤述作之文也。独至于诗，则成于田野闺闼无足称述之人，而语言微妙，后世能文之士，有莫能逮，非天为之乎？"如果由此推导出诗主天才说，那就是性灵论的立场，而姚鼐不这么主张，他说这只是"言诗之一端"，即一种片面的见解。从另一方面看，还有"道德修明而学术该备"的文王、周公之圣，大小雅之贤，不可与"列国风诗采于里巷者"相提并论。这样，他对诗歌乃至文学的看法只能是"夫文者艺也，道与艺合，天与人一，则为文之至"，所以"后世小士嵬士，天机间发，片言一章之工亦有之，而裒然成集，连牍殊体，累见诡出，闳丽璚变，则非钜才而深于其法者不能"。他心目中的理想典范，还是诗圣杜甫，"自秦汉以降，文士得《三百》之义者，莫如杜子美。子美之诗，其才天纵，而致学精思与之并至，故为古今诗人之冠"①。如此看来，姚鼐论诗首先是以天才、学力并重的。《荷塘诗集序》也告诫后学："夫诗之至善者，文与质备，道与艺合，心手之运，贯彻万物，而尽得乎人心之所欲出。"②这在当时或许旨在矫正性灵派独主天才的片面性。通常矫一偏之失，必出以融合、折中的思路，而从逻辑起点开始折中，往往决定了诗学整体上的包容性和兼综色彩。姚鼐诗学正是如此，从天人并重到阴柔、阳刚并举，从熔铸唐宋到古今体兼重，包容、折中的精神贯穿在他对诗歌的所有看法中。

于是，这就给姚鼐诗学带来一个问题，相对于它无可怀疑的影响力而言，其论诗倾向却显出一种难以简单归类的复杂性。首先，姚鼐与沈德潜门下的吴门七子，与袁枚等性灵派诗人都有很深的交往，所以他的诗学也依违其间，像他的经学一样，具有一定的折中倾向，具有开放和包容的特点，同时也显出一种说不清的矛盾态度。陈用光《姚先生行状》记载："当居钟山书院时，袁简斋以诗号召后进，先生与异趋而往来无间。"袁枚去世后，有人认为姚鼐不当为其作墓志，姚鼐说袁枚是朱彝尊、毛先舒一类人，其文采风流有可取③。相反，对厉鹗代表的浙派，本与宋学有较深的渊源，姚鼐却鄙其惟以诗人自居，仅以文学为立身之本，对其创作求新求奇而境界不广的缺陷提出严厉批评。要理解姚鼐及桐城诗学的这种多面性，或许需要从注重技术内涵、讲究实践效果的教学宗旨着眼——一个讲实效的教学体系，多少都会有点实用主义色彩，能够综合各家各派之所长，总结出一套切实可行的经验学说。刘大櫆因此而潜心钻研王渔洋诗学，姚鼐也同样如此，他甚至可以说是王渔洋诗学的一个重要传人。

二、姚鼐对王渔洋诗学的接受

在姚鼐之前，桐城文章之学的核心是方苞提倡的"义法"。而自姚鼐以后，"义法"似乎就被雪藏起来了。研究者发现，桐城"义法"虽然在刘大櫆和姚鼐的古文理论中遭到冷遇，却在姚鼐和方东树的诗论中得到成功的应用，因为他们都是"以文论诗"。姚鼐论诗虽同样不提"义法"，但他对杜诗结构脉络的分析明显带有"义法"色彩。④ 我也注意到，姚鼐论诗虽不讲神韵，但其诗学不仅精神上承传了

---

① 〔清〕姚鼐：《敦拙堂诗集序》，见《惜抱轩文集》卷四，《四部丛刊初编》本。

② 〔清〕姚鼐：《荷塘诗集序》，见《惜抱轩文集》卷四，《四部丛刊初编》本。

③ 参看陈用光《太乙舟文集》卷五《与伯芝书》、郭麐《樗余丛话》卷二。

④ 赵建章：《桐城派文学思想研究》，北京图书馆出版社2003年版，第249页。

王渔洋诗学的实践品格，崇尚清气逸韵的审美趣味也部分地吸取了渔洋神韵诗学的真髓。清末诗论家朱庭珍已注意到桐城古文与神韵诗论的联系，指出："近来古文，天下盛宗桐城一派。其持法最严，工于修饰字句，以清雅简净为主。大旨不外乎神韵之说，亦如王阮翁论诗，专主神韵，宗王、孟、韦、柳之意也。"①赖以庄批《带经堂诗话》"同年刘吏部"条，也说："惜抱默主此论而极阐之。"②他们都从神韵的角度看出桐城派与王渔洋诗学的关系，但在我看来，桐城诗学有取于王渔洋之处，更多的是在实践品格上。姑不论他人，姚鼐对王渔洋诗学的接受就确以技术层面的内容居多。

姚鼐甚至整个桐城派作家之所以都对王渔洋诗学感兴趣，实在是缘于两者论诗文有着相同的指向，即都着眼于指点后学，无论言神韵言义法，种种玄虚最后都落实到格调的实处。因此，与钱谦益对模拟的严厉抨击和排斥正相反，他们论诗文都从模拟开始。姚鼐与管同书说："近世人习闻钱受之偏论，轻讥明人之摹仿。文不经摹仿，亦安能脱化？"③又谕姚元之说："近人每云作诗不可摹拟，此似高而实欺人之言也。学诗文不摹拟，何由得入？须专摹拟一家，已得似后，再易一家。如是数番之后，自能镕铸古人，自成一体。若初学未能逼似，先求脱化，必全无成就。譬如学字而不临帖，可乎？"④这样的经验之谈，实为作文的切实可行之道，也是古代大作家的共同经历。姚鼐由此谆谆诱人，不作英雄欺人之谈，最见桐城派论诗文的立场和方式。关于姚鼐对模拟的重视，研究者已从现实取向、理论推演、实践经验和教学需要等方面作了很好的阐述⑤，这里不再展开。

"模拟以成真诣"的学诗路数，同时也是传授诗学的切实途径。学问传授的对象，通常为中人之资的学人，故尤其重视从具体的艺术技巧入手，俾其下学以臻上达。尽管中国诗学的传统观念通常认为："作诗一道，人各自写其性情，原无须多谈，学者自喻之耳。所能谈者声律、对偶、字句之工拙，体裁之异同，皆诗之绪余，古人之糟粕也。"⑥但论者仍不能不从这些糟粕谈起，王渔洋如此，姚鼐依然如此。姚鼐甚至更重视体制的揣摩、技巧的切磋和声律的运用，因为这些正是他理解的诗学的主要内容，也就是谕姚莹所说的"文章之精妙，不出字句声色之间，舍此便无可窥寻矣"⑦。确实，当他将学问作了义理、文章、考证的划分后，文学的能事就回到了它自身，不需要再到文学之外去寻找文学的价值。相比王渔洋诗论的空灵妙悟，姚鼐精心选择了八个概念，作为论文章的基本范畴，即《古文辞类纂·序目》所谓："凡文之体类十三，而所以为文者八：曰神、理、气、味、格、律、声、色。神、理、气、味者，文之精也；格、律、声、色者，文之粗也。"这八个概念较刘大櫆所言多了格、律二字，都是适用于所有文章的一般审美范畴，贯之以"始而遇其粗，中而遇其精，终则御其精者而遗其粗者"的宗旨⑧，姚鼐便建立起了他的古文美学。质言之，即由格、律、声、色之粗去求神、理、气、味之精，最终臻于"神妙"或"神妙之境"，也就是道与艺合、天与人一的艺术极境。⑨ 这些概念

---

① 〔清〕朱庭珍：《筱园诗话》卷四，见郭绍虞编选、富寿荪校点《清诗话续编》第4册，上海古籍出版社1983年版，第2412页。

② 张宗柟编：《带经堂诗话》，重庆北碚区图书馆藏赖以庄批本，第32页。

③ 〔清〕姚鼐：《与管异之同》其五，见《惜抱先生尺牍》卷四，宣统元年小万柳堂重刊本。

④ 〔清〕姚鼐：《与伯昂从侄孙》其三，见《惜抱先生尺牍》卷八，宣统元年小万柳堂重刊本。

⑤ 张徐芳：《"法"与"无法"之间：姚鼐"摹拟论"的现实取向》，载《南京晓庄学院学报》2004年第3期；单重阳：《谈艺不讥明七子——姚鼐诗法论初探》，载《安徽大学学报》2012年第6期。

⑥ 〔清〕马星翼：《东泉诗话》，道光刊本。

⑦ 〔清〕姚鼐：《与石甫侄孙莹》其一，见《惜抱先生尺牍》卷八，宣统元年小万柳堂重刊本。

⑧ 〔清〕姚鼐：《古文辞类纂·序目》，见《古文辞类纂》卷首，民国六年上海会文堂书局刊本。

⑨ 王达敏《姚鼐与乾嘉学派》第六章"神妙说发微"将"神妙说"视为姚鼐建立的较完备的古文新论，其说精确可据，见王达敏《姚鼐与乾嘉学派》，学苑出版社2007年版，第141页。

虽未必是姚鼐论诗的基本术语，但自然与诗学相通。所以按门人陈用光的理解，它们也可用于说诗："余尝闻古文法于姬传先生矣，曰所以为文者八，曰神、理、气、味、格、律、声、色。古文之格、律、声、色，诗之音节也。不求于是，何以为古文，何以为诗？"①

王达敏拈出的"神妙"二字，显然是姚鼐古文学中类似于王渔洋"神韵"的审美范畴。它虽未被用于诗论，但作为美学理想，提供了与诗学相通的艺术精神和风格样式。而他本人对神妙的阐释，更充分发挥了古文家以文论诗的特长。《复刘明东书》形容"诗境大处"，称"大约横空而来，意尽而止，而千形万态，随处溢出。此他人诗中所无有，惟韩文时有之，与子美诗同耳"②。这很接近苏东坡形容自己文章境界的体会，姚鼐是由杜诗、韩文悟出的。向来壁垒森严的诗论和文论在姚鼐这里臻于水乳交融、浑成无迹的境界。而《答苏园公书》论苏去疾诗的妙境，称"大抵高格清韵，自出胸臆，而远追古人不可到之境于空濛旷渺之区，会古人不易识之情于幽邃杳曲之路，使人初对或淡然无足赏，再三往复则为之欣忭恻怆，不能自已。此是诗家第一种怀抱，蓄无穷之义味者也"③。这很接近王渔洋"神韵"的风格印象，也寄托了姚鼐从古文写作中获得的美感经验。所以门人姚椿认为"此殆翁自言之，翁之古文意格略同"④。至于《复鲁絜非书》论文章阳刚、阴柔之美而偏主后者，评鉴与自运都崇尚风韵疏淡之境，更与王渔洋神韵说予人的审美印象如出一辙。难怪姚椿说"惜翁宗新城"⑤，桐城后学方宗诚也说"惜抱先生文以神韵为宗"⑥，而今更下一转语，也不妨说姚鼐就是古文中的王渔洋，神妙说就是古文学中的神韵论⑦。

事实上，姚鼐对神妙的阐释，清晰地显示出远溯严羽妙悟说、近承王渔洋神韵说的理论渊源。严羽的"妙悟"同时具有艺术境界和艺术思维双重含义，姚鼐的"神妙"也同样如此，一方面是高超的艺术境界，一方面又是艺术思维的一种类型，即可遇不可求的灵感。姚鼐论诗像王渔洋一样主兴会，而"诗人兴会随所至耳，岂有一定之主意、章法哉？"⑧因此神妙之境从根本上说，"又须于无意中忽然遇之，非可力探"。当然，也并不是随便即可遇的，须下真积力久的功夫，"非功力之深，终身必不遇此境也"⑨。这不正是严羽熟参前人，"久之自然悟入"⑩之说的回响吗？

像神韵一样，神妙的境界也是不可言喻的。在师者一方，"此如参禅，不能说破"⑪；在学者一方，"士苟非有天启，必不能尽其神妙"⑫。是故姚鼐也不得不像他的前辈们那样借助于禅喻的方式，谆谆训导后人："凡诗文事，与禅家相似，须由悟入，非语言所能传。然既悟后，则反观昔人所论文章之事，极是明了也。欲悟亦无他法，熟读精思而已。"⑬在这一点上，可以看出姚鼐诗学直接继

---

① 〔清〕陈用光：《吴兰雪游武夷诗序》，见《太乙舟文集》卷六。

② 〔清〕姚鼐：《复刘明东书》，见《惜抱轩文后集》卷三。

③ 〔清〕姚鼐：《答苏园公书》，见《惜抱轩文后集》卷三。

④ 〔清〕姚椿：《跋惜翁与苏园仲论诗书稿》，见《晚学斋文集》卷三，道光二十年刊本。

⑤ 〔清〕姚椿：《管侍御唐诗选书后》，见《晚学斋文集》卷三，道光二十年刊本。

⑥ 〔清〕方宗诚：《桐城文录序》，见《柏堂集次编》卷一，光绪六年刊本。

⑦ 关于姚鼐所受王渔洋神韵说的影响，王达敏《姚鼐与乾嘉学派》（学苑出版社2007年版）第142～146页有专门论述，本节多资参考。

⑧ 〔清〕姚鼐：《与陈硕士》其八十七，见《惜抱先生尺牍》卷七，宣统元年小万柳堂重刊本。

⑨ 〔清〕姚鼐：《与伯昂从侄孙》其一，见《惜抱先生尺牍》卷八，宣统元年小万柳堂重刊本。

⑩ 〔宋〕严羽：《沧浪诗话·诗辩》，见何文焕辑《历代诗话》，中华书局1981年版，第687页。

⑪ 〔清〕姚鼐：《与陈硕士》其三十六，见《惜抱先生尺牍》卷六，宣统元年小万柳堂重刊本。

⑫ 〔清〕姚鼐：《与陈硕士》其九，见《惜抱先生尺牍》卷五，宣统元年小万柳堂重刊本。

⑬ 〔清〕姚鼐：《与石甫侄孙莹》其八，见《惜抱先生尺牍》卷八，宣统元年小万柳堂重刊本。

承了王渔洋以活法示人的指授方式，略启门径而让学人自己悟入，力图超越表面的模仿而臻于深度的师古，即所谓“学古人在得其神理，不可袭其面目”①。为此他同时借鉴了王渔洋以禅喻诗的言说方式，在开示诗学知识的同时不忘告诫学人：可以说明的都只是粗浅的经验，真正精妙的心得绝不可言喻，只能靠自己去体悟。这就是致张德凤书说的：“超然自得，不从门径入，此非言说可喻，存乎妙悟矣。”②这样，文学的问题就清楚地分为两个层次，他在《答徐季雅》书中将两者的关系总结为：“夫文章之事，有可言喻者，有不可言喻者。不可言喻者，要必自可言喻者而入之。”③这正是桐城派诗学由格、律、声、色求神、理、气、味的理论起点。而由声调悟入又是最重要的步骤。据门人陈用光说：“姬传先生尝谓，义理、考据、辞章三者不可缺一，义理、考据其实也，辞章其声也。”④相对于义理、考据的内容而言，辞章不是泛指语言修辞艺术，而是特指声调，这不仅让我们对桐城古文理论最讲究的“因声求气”有了更深的印象，同时也让我们对其诗学格外重视音节更不感到奇怪了。姚鼐力主“诗古文各要从声音证入，不知声音，总为门外汉耳”⑤，表明他的诗学根本上没有脱离早年服习步趋的格调派路径，只不过不同于沈德潜的格调，而更接近经王渔洋改造的格调论而已。

承认模仿的必要性，立足于格律声色论诗，就无论如何也绕不开对明代格调派的评价。经过清初对格调派模拟之风的批判和王渔洋神韵诗学对格调派的吸收、改造，清人对明代格调派基本上已有较平允的认识。秦瀛《诗龛及见录序》回顾明清之际诗坛风会的变迁，说：

> 诗之为道莫盛于三唐，自言诗者祧唐祢宋，新城尚书乃选《唐贤三昧集》，其旨在标格神韵，而独取所谓淳古淡泊者。前明中叶，北地、信阳诸君子，以踔厉杰出之材，雄视一世，而高子业及四皇甫特标微尚，萧憀孤夐，有遗世之音，即何、李且无以脱之，何况叫嚣蹶张，纤丽姚冶？其所务为诗虽不同，要皆戾于唐贤之旨，而转厌薄三唐为不足为，岂足以与于斯道耶？⑥

这段议论的主旨是反对祧唐祢宋，既认同王渔洋《唐贤三昧集》独标淳古淡泊之旨，也欣赏高叔嗣、四皇甫兄弟的萧憀孤夐之趣，甚至对明七子也给予相当程度的肯定，作为姚鼐弟子的议论，可以由此间接体会桐城派诗学的趣尚。本来，在传承格调派的山东诗学土壤上孕育的神韵诗学，对明七子是殊有优容的，但自乾隆间袁枚性灵论风行于世，诗家益薄明诗，翁方纲也斥明七子是伪诗、貌袭，只有桐城姚范、刘大櫆、鲍皋三家矫矫不群，非但不一概鄙薄明诗，甚且还为之辩护。刘大櫆《唐诗正宗》刘长卿诗只选《献淮宁军节度李相公》一首，方东树说是“所以崇格也”，且认为“《正宗》之选，专取高华明丽，以接引明七子”⑦。姚鼐原本就“诗从明七子入，卒之兼体唐宋”⑧，夙以为“今人工诗者，非似李杜则似韩，不则似苏似黄，同于有所似，而非独创也”⑨，因而晚年论诗

---

① 〔清〕姚鼐：《江七峰诗卷》跋，见马其昶辑《姚惜抱题跋》，钞本。转引自王达敏《姚鼐与乾嘉学派》，学苑出版社2007年版，第156页。

② 〔清〕姚鼐：《与张梧冈德凤》，见《惜抱先生尺牍》卷二，宣统元年小万柳堂重刊本。原脱“径”字，据道光三年刊本补。

③ 〔清〕姚鼐：《答徐季雅》，见《惜抱先生尺牍》卷二，宣统元年小万柳堂重刊本。

④ 〔清〕陈用光：《与鲁宾之书》，见《太乙舟文集》卷五。

⑤ 〔清〕姚鼐：《与陈硕士》其八十，见《惜抱先生尺牍》卷七，宣统元年小万柳堂重刊本。

⑥ 〔清〕秦瀛：《小岘山人文集》卷三，嘉庆刊本。

⑦ 〔清〕方东树：《昭昧詹言》卷一八，人民文学出版社1961年版，第421页。

⑧ 〔清〕吴德旋：《姚惜抱先生墓表》，见《初月楼文续钞》卷八，道光二年花雨楼刊本。

⑨ 〔清〕翁方纲：《再与姬川论何李书》，见《复初斋文集》第1册，《清代稿本百种汇刊》本，台湾文海出版社1974年版。

兼取唐、明，指示门人辈学诗，或言“《崆峒集》亦正为子先导”①，或言“学诗不经明李何、王李路人，终不深入”②；又曾说“近日为诗，当先学七子，得其典雅严重，但勿沿习皮毛，使人生厌。复参以宋人坡、谷诸家，学问宏大，自能别开生面”③；还提到“近人为红豆老人（钱谦益）所误，随声诋明贤，乃是愚且妄耳。覃溪先生正有此病，不可信之也”④，这种态度在当时是非常独特的。据吴汝纶说，姚鼐还编有《明七子律诗选》，最便于初学。⑤ 由此看来，姚鼐的确可以说是“清代中叶乾嘉时期对明七子诗学有所吸取并加以维护的重要人物”⑥。不过他也告诫学人勿流于表面的模仿，而应以别开生面为追求的目标，在致姚元之书中又表述为“熔铸古人，自成一体”⑦。这已同袁枚性灵诗学的宗旨相沟通。陈平原曾就姚鼐《刘海峰先生八十寿序》“为文章者，有所法而后能，有所变而后大”一语，断言桐城派“教学有方，强调法的时候多，对变考虑得较少”⑧，恐未得姚鼐论诗之旨。姚鼐夙将学古分为三个阶段：“大抵学古人，必始而迷闷，苦毫无似处，久而能似之，又久而自得，不复似之。”⑨而他对自得的重视，只消看他评管同“诗句格近老成，此是进步，然于古人神奇超绝、转换变化处未得也”，便可明白。他曾举陆游“我昔学诗未有得，残余未免从人乞”两句为例，肯定“凡初学皆不能免此”，但同时更激励门人，“于此关不能跳过，则终是庸才矣！”针对管同对王士禛《古诗选》不收四杰、李贺、卢仝的非议，姚鼐表示只有李贺可取，说“长吉、子瞻皆出太白而全变其面貌，异之得此理，乃能善学太白矣”⑩。这看上去仍是明代格调派拟议以成其变化的宗旨，但明人停留在表面，而经过王渔洋的改造后，由模仿而达至变化，超越表面的模拟而求得古人之精神，已成为格调派的一般观念。

最后，作为桐城文派的实际缔造者，姚鼐如同王渔洋一样，在文学教学上也取得了可观的成绩，培养了大批人才。我曾将王渔洋指授后学的原则概括为从性之所近与就各体之宜，即在风格上以才性相近的诗人为仿效楷模，在体裁上以擅长该体式的经典作家为师法正宗。姚鼐指导学生，固然也重视就各体之宜，如指点姚元之学古诗，“须先读韩昌黎，然后上溯杜公，下采东坡，于此三家得门径寻入于中，贯通变化，又系各人天分”⑪；但相比王渔洋，他似乎更倾向于从性之所近，因材施教。针对姚元之学近体诗，诫其“必欲学此事，非取古大家正矩潜心一番，不能有所成就。近体只用吾选本，其间各家门径不同，随其天资所近，先取一家之诗熟读精思，必有所见”⑫；指导方东树作文，则训以“所示文虽不甚劣，然于成化乃无一毫近处。观足下乃是以才气见长者，只可学启、祯人作文，切勿躐等，致有寿陵孺子之诮耳”⑬；而指导陈用光作诗，又许其五言佳而七言落套，“盖石士天才，与此体不近，不必强之。大抵其才驰骤而炫耀者宜七言，深婉而澹远者宜五言”⑭。而最

---

① 〔清〕姚鼐：《与管异之同》其一，见《惜抱先生尺牍》卷四，宣统元年小万柳堂重刊本。

②④ 〔清〕姚鼐：《与陈硕士》其八十，见《惜抱先生尺牍》卷七，宣统元年小万柳堂重刊本。

③ 〔清〕郭麐：《樗园销夏录》卷下，嘉庆间家刊灵芬馆全集本。

⑤ 〔清〕吴汝纶：《与姚铁珊书》，见《吴汝纶全集》第3册，黄山书社2002年版，第555页。

⑥ 单重阳：《谈艺不讥明七子——姚鼐诗法论初探》，载《安徽大学学报》2012年第6期。

⑦ 〔清〕姚鼐：《与伯昂从侄孙》其三，见《惜抱先生尺牍》卷八，宣统元年小万柳堂重刊本。

⑧ 陈平原：《文派、文选与讲学——姚鼐的为人与为文》，载《学术界》2003年第5期。

⑨ 〔清〕姚鼐：《与方植之》其三，见《惜抱先生尺牍补编》卷二，光绪五年徐宗亮刊本。

⑩ 〔清〕姚鼐：《与管异之》，见《惜抱先生尺牍补编》卷一，光绪五年徐宗亮刊本。

⑪ 〔清〕姚鼐：《与伯昂从侄孙》其十四，见《惜抱先生尺牍》卷八，宣统元年小万柳堂重刊本。

⑫ 〔清〕姚鼐：《与伯昂从侄孙》其一，见《惜抱先生尺牍》卷八，宣统元年小万柳堂重刊本。

⑬ 〔清〕姚鼐：《与方植之》其五，见《惜抱先生尺牍补编》卷二，光绪五年徐宗亮刊本。

⑭ 〔清〕姚鼐：《与陈硕士》其三十五，见《惜抱先生尺牍》卷六，宣统元年小万柳堂重刊本。

汲汲于警诫后学的，在于雅俗之辨。即《与陈硕士》所说："大抵作诗古文，皆急须先辨雅俗，俗气不除尽，则无由入门，况求妙绝之境乎？"①我们知道，雅俗之辨乃是宋代文学理论的一个重要问题，黄庭坚论诗文书法，力戒尘俗，曾说："文章无他，但要直下道而语不粗俗耳。"②姚鼐对雅俗之辨的在意，显示出了其文学趣味与宋代文论尤其是与黄庭坚的联系。这的确是研究姚鼐诗学不能不注意的关节点，无论是桐城派的诗学观念还是黄庭坚的经典化问题都与此相关。

三、《今体诗钞》与《古诗选》的关系

姚鼐对王渔洋诗学的接受是全方位的，在诗歌教授方面，除了"教后学学诗，只用王阮亭《五七言古诗钞》"外③，又遴选近体诗的典范作品，编为《五七言今体诗钞》，以弥补王渔洋《古诗选》只选古诗的缺憾。梓行后不仅被桐城派奉为诗学圭臬，世间也甚为赞许，到同治间即有丹徒赵彦博为作注释，称其"遴择严审，核议精深，洵刁诗者之大宗也"④。近年的研究，从《今体诗钞》的编撰缘起到批评中的以文论诗倾向⑤，都有所探讨，但关于姚鼐评选显示出的诗学趣向还有进一步探讨的余地。

姚鼐《五七言今体诗钞》的编纂，与王渔洋《古诗选》有直接的关系。姚鼐曾评点渔洋《古诗选》，《惜抱轩笔记》卷八还留下了钻研该书的七则笔记。《今体诗钞》卷首的嘉庆三年(1798)自序，首先申明本书的编纂旨趣："论诗如渔洋之《古诗钞》，可谓当人心之大公者也。吾惜其论止古体而不及今体。至今日而为今体者，纷纭歧出，多趋讹谬。集十八卷，以尽渔洋之遗志。"虽然承认"吾观渔洋所取舍，要其大体雅正，足以维持诗学，导启后进"，但也强调渔洋论诗"亦时有不尽当吾心者"，所以他的评选力陈己见，自信虽"前未必尽合于渔洋，后未必尽当于学者，然而存古人之正轨，以正雅祛邪，则吾说有必不可易者"⑥。那么，其诗论与王渔洋的异同究竟在哪里呢？

大体上说，姚鼐论五律多与王渔洋合，同样认为盛唐人以五律为最，"此体中又当以王、孟为最，以禅家妙悟论诗者，正在此耳"。在他看来，盛唐人五律都如禅，只有李、杜两家特异。李白近于仙，"以飞动票姚之势，运旷远奇逸之思"，独成一境；至于杜甫，则"四十字中包涵万象，不可谓少；数十韵百韵中，运调变化如龙蛇，穿贯往复如一线，不觉其多。读五言至此，始无余憾"。逮及中唐大历诸贤，"尤刻意于五律，其体实宗王、孟，气则弱矣，而韵犹存。贞元以下，又失其韵。其有警拔，盖亦希矣"。而到晚唐，"才固愈衰，然五律有望见前人妙境者，转贤于长庆诸公，此不可以时代限也"⑦。如此把握唐代五律的流变，评价唐代五律的成就得失，不能不说是高屋建瓴的、很通达的识见。

看到论七律处，始多见姚鼐的独到见解。首先，"尤贵气健"的审美取向便不同于五律。不过这

---

① 〔清〕姚鼐：《与陈硕士》其三十五，见《惜抱先生尺牍》卷六，宣统元年小万柳堂重刊本。

② 〔北宋〕黄庭坚：《与元勋不伐书》其三，见郑永晓编《黄庭坚全集》中册，江西人民出版社2011年版，第1006页。

③ 〔清〕姚鼐：《与管异之同》其一，见《惜抱先生尺牍》卷四，宣统元年小万柳堂重刊本。

④ 赵彦博：《今体诗钞注略》序，同治刊本。

⑤ 邱瑰华：《从〈五七言今体诗钞〉看姚鼐的杜诗评选》，见《安徽省桐城派研究会成立大会暨第二届全国桐城派学术研讨会论文集》，2005年；韩胜：《从〈今体诗钞〉看姚鼐的诗歌批评》，载《安徽大学学报》2008年第3期；黄威、谢海林：《姚鼐〈今体诗钞〉的编撰缘起及其经典化考察》，载《新世纪图书馆》2011年第3期；李国国：《姚鼐〈五七言今体诗钞〉研究》，南京师范大学硕士学位论文，2011年。

⑥ 〔清〕姚鼐：《今体诗钞·序目》，上海古籍出版社1986年版，第1页。

⑦ 〔清〕姚鼐：《今体诗钞·序目》，上海古籍出版社1986年版，第2页。

一标准也并不是统摄全唐的,王维即以“能备三十二相而意兴超远”独冠盛唐。至于李攀龙、王渔洋推崇的李颀,他断言“此一个私好,非公论也”。论杜甫则称“含天地之元气,包古今之正变,不可以律缚,亦不可以盛唐限者”,肯定其超越时代的大家地位。最特异的地方,是对白居易和黄庭坚的看法:“至于长庆,香山以流易之体,极富赡之思,非独俗士夺魄,亦使胜流倾心。然滑俗之病,遂至滥恶,后皆以太傅为借口矣。非慎取之,何以维雅正哉?”这大体还不越传统评价的藩篱,而到论黄庭坚,就给出了远过于前人的肯定和好评,认为“山谷刻意少陵,虽不能到,然其兀傲磊落之气,足与古今作俗诗者澡濯胸胃,导启性灵”①。山谷七律选了25首,仅次于杜甫60首、李商隐32首、苏轼31首、陆游87首,列于第五位,评价不可谓不高。评《登快阁》诗,称“豪而有韵,此移太白歌行于七律内者”②;评《题落星寺》诗,称“此诗真所谓似不食烟火人语”③,见地甚为独到,不同于历来评论黄庭坚诗的着眼点。当然,他对山谷七律也不是一味称赞抬举,评《送彭南阳》诗,便认为“结太浅直,不为佳。江西社中诸公多为此等语所误”④,触及了黄庭坚对江西诗派的负面影响问题。

通过姚鼐对黄庭坚的评价,可以感觉到,桐城诗学到姚鼐这里出现一个转折,由独宗唐贤转向唐宋并举。因姚鼐曾语门人:“镕铸唐宋,则固是仆平生论诗宗旨耳。”⑤研究者都将熔铸唐宋作为他论诗的出发点乃至桐城诗学发展的一个关捩来看待⑥,但实际上,姚鼐论诗非但不像几位前辈那样以唐为本、兼取宋人,甚至还更偏爱宋诗一点,这可能与他早年从姚范学诗的经历有关,更与王渔洋对黄庭坚的推崇有直接的关系。王渔洋是清代最早推尊黄庭坚诗的人,他将程孟阳、钱谦益倡导的宋诗由苏、陆的软宋诗转向黄庭坚的硬宋诗,对黄庭坚地位的提升起了关键的作用。郭麐《樗园销夏录》称姚范诗在山谷、后山之间⑦,姚鼐晚年也很热衷于黄庭坚诗。郭麐说:“吾师姚姬传先生,以古文擅海内,诗亦兼备众长。七古沉雄廉悍,浩气孤行,无所依傍。七律初为盛唐,晚年喜称涪翁,尝谓麐曰:竹垞晚年七律颇学山谷,枯瘠无味,意欲矫新城之习耳。乃其诗云:‘江西诗派数流别,吾先无取黄涪翁。’此何为者耶!”⑧姚鼐还评点了山谷诗四卷⑨,足见下过一番钻研功夫,但所得如何,后人则见仁见智。沈曾植曾说:“江西派人说黄、陈,桐城派人说方、姚,皆耳根上难消受事。然与诋江西诟桐城之言较,其取舍居然又有雅言伧音之感。”⑩这是颇有保留的评价。但不可否认的是,“自姚姬传喜为山谷诗,而曾求阙祖其说,遂开清末西江一派”⑪。所以,无论就黄庭坚的经典化过程而言,还是就晚清同光体艺术宗旨的确立而言,姚鼐都是起了重要作用的人物。他的诗歌创作虽不太为后人所重视,然而他对黄庭坚的推崇通过桐城派的师承传授,成为同光体确立融杜、韩、黄为一体的艺术宗旨的重要驱动力。

---

① 〔清〕姚鼐:《今体诗钞·序目》,上海古籍出版社1986年版,第3~4页。
② 〔清〕姚鼐:《今体诗钞》,上海古籍出版社1986年版,第332页。
③ 〔清〕姚鼐:《今体诗钞》,上海古籍出版社1986年版,第338页。
④ 〔清〕姚鼐:《今体诗钞》,上海古籍出版社1986年版,第333~334页。
⑤ 〔清〕姚鼐:《与鲍双五》其三,见《惜抱先生尺牍》卷四,宣统元年小万柳堂重刊本。
⑥ 周明秀:《论桐城派诗论的主要内容及其形成过程》,载《文艺理论研究》2002年第4期。
⑦⑧ 〔清〕郭麐:《樗园销夏录》卷下,嘉庆间家刊灵芬馆全集本。
⑨ 〔清〕谭献《复堂日记补录》光绪五年四月十二日:“黄襄男有姚鼐郎中评山谷诗,欲为传刻。”
⑩ 沈曾植:《海日楼题跋》卷一,中华书局1962年版,第41页。
⑪ 钱仲联:《梦苕庵诗话》,齐鲁书社1986年版,第85页。

渔洋与非渔洋:清代诗学的主线脉之一

张寅彭*

王渔洋出生于崇祯七年(1634),影响力却一直保持到清末,可谓是一位终清之世始终“存活”在诗坛的人物。不过他又是在饱受争议中发挥这种影响力的,因此情况比较复杂。袁枚说他“一代正宗才力薄”,晚清的饱学之士李慈铭一方面说他“或歉读书”,一方面却服膺他的诗学是最精微的,所谓“虽取沧浪之悟,迥殊欧九之疏”。钱锺书也承认他集部的书是读得很充分的。所以渔洋对于清代诗学的贡献,就是处在这样一种既使人满足又不满足、亦正又反的状态下。他个人的性情好像也是这样,既有好名的俗气,但又不喜欢四平八稳,而他的立异之论往往看似偏颇,又具有启发性和合理性。所以他是被人谈论得最多的,也是引起争议最多的。这也就是本文论题中的“渔洋与非渔洋”之意,“非”有二义:一曰反对,一曰不同。下面拟分四点来谈。

一是清代侧重质实的诗风及诗学,是在清初反对渔洋诗风的声气中奠定基础的。二是乾隆时期的格调、肌理、性灵等说,都是由反对神韵说的偏重文饰而渐趋文质平衡的。三是他的《渔洋诗话》《五代诗话》、有关“声调谱”的一系列著作或想法,对诗学著作体例的继续发展,发挥了正面影响。四是他的《唐贤三昧集》《古诗选》等选本体现出来的诗体观,直接开启姚惜抱续编《今体诗钞》、沈归愚续编《古诗源》《唐诗别裁》等,连晚清曾湘乡编《十八家诗钞》,都与他有一定的关系。本文新材料不多,主要是重温常见书时形成的一些新想法。

一、清代侧重质实的诗风与渔洋诗风之正反关系

渔洋成名很早,早年即被钱牧斋视为传人。他的《渔洋诗集》前后集在康熙二十三年(1684)就编成出版了,集中了他的盛年菁华之作。这一年他五十岁。他是康熙诗坛的领袖人物,当年从者如风,这当然是没有疑义的。但比较吊诡的是,他同时也是康熙诗坛被批评得最多的人物,批评之声不绝。这当然不是树大招风的问题,否则也就不必讨论了。批评他的人认定他就是明七子在当代的翻版,火力十分猛烈。这在吴乔《围炉诗话》、赵执信《谈龙录》中可以看到。吴乔“清秀李于鳞”(《答万季野诗问》)这个比喻,就把清初诗学从钱牧斋以来一百年间批评的主要对象和议题贯通起来了。我们知道,清初钱牧斋《列朝诗集》系统地批评了前后七子,他的批评集中于二李“摹古以至失却本性”,十分奏效,这一批评一时成为清初诗坛的最强音。他全盘否定前后七子的立场,对于明诗史的建构,发挥的或许不是正面的建设性作用,但是从一开始就奠定了清代诗学的一个

* 作者简介:张寅彭,上海大学文学院,教授。

基本点。他这方面的言论很多，试举一条：

古云诗人，不人其诗而诗其人者，何也？人其诗，则其人与其诗二也，寻行而数墨，俪花而斗叶，其于诗犹无与也。诗其人，则其人之性情，诗也；形状，诗也；衣冠笑语，无一而非诗也。(《牧斋初学集》卷三二《邵幼青诗草序》)

"人其诗"还是"诗其人"，这一讲法很快就被吴乔接了过去：

问曰：先生每言诗中须有人，乃得成诗。此说前贤未有，何自而来？

答曰：禅者问答之语，其中必有人，不知禅者不觉耳。余以此知诗中亦有人也。人之境遇有穷通，而心之哀乐生焉。夫子言诗，亦不出于哀乐之情也。诗而有境有情，则自有人在其中。……荡妇、反贼诗，亦有人在其中。故读渊明、康乐、太白、子美集，皆可想见其心术行己、境遇学问。刘伯温、杨孟载之集亦然。惟弘、嘉诗派浓红重绿，陈言剿句，万篇一篇，万人一人，了不知作者为何等人，谓之诗家异物，非过也。(《围炉诗话》卷一)

吴乔(1611～1695)稍晚于牧斋，他是太仓人而入赘昆山。他在这里说他的"诗中须有人"的见解乃是出自释氏，这自然不无可能。因为吴修龄精于佛学。① 但吴氏此说也可能实际得自牧斋。昆山(太仓)毗邻常熟，他早年曾向牧斋请益，然未得响应，遂心怀不满而作《正钱录》一篇以泄愤。但这种小忿毕竟不敌学术之大公，所以他晚年在牧斋后人面前坦承前失，相与一笑而罢，表现出对牧斋实质上自始至终的尊重。②不言而喻，他自然也应该很熟悉和首肯牧斋诗学。③ 另外他还公开引牧斋高足冯班为自己的二三说诗之同道④，《围炉诗话》中大量摘引冯氏之语，表现出的也是一种与牧斋的间接联系。所以吴乔"诗中须有人"的说法，实质上与牧斋是一脉相承的。吴乔又是把这一说法从牧斋的批评明七子转而批评渔洋的第一人。

吴乔之后，批评渔洋的接力棒又传到赵执信手上：

昆山吴修龄乔论诗甚精。所著《围炉诗话》，余三客吴门，遍求之不可得。独见其与友人书一篇，中有云："诗之中须有人在。"余服膺以为名言。夫必使后世因其诗以知其人，而兼可以论其世，是又与于礼义之大者也。若言与心违，而又与其时与地不相蒙也，将安所得知之而论之？(《谈龙录》)

司寇(按即王士禛)昔以少詹事兼翰林侍讲学士，奉使祭告南海，著《南海集》。其首章《留别相送诸子》云："卢沟桥上望，落日风尘昏。万里自兹始，孤怀谁与论？"又云："此去珠江水，相思寄断猿。"不识谪宦迁客更作何语！其次章《与友夜话》云："寒宵共杯酒，一笑失穷途。"穷途定何许？非所谓"诗中无人"者耶？(《谈龙录》)

按今本《答万季野诗问》无此一句，但每以"其中有人""其中无人"来评诗，意思自无不同。这里我们看到，诗中"有人""无人"的标准，竟然先后被用于反对明七子和反对渔洋。秋谷据以揭示渔洋诗的虚矫之弊，诚为犀利。故《四库提要》有"使两家互救其短，乃可以各见所长"(《四库全书总目·谈龙录提要》)的意见。⑤ 赵秋谷在清代诗学中的地位向来被低估，这虽然有种种具体原因，但他批评渔洋诗风的言论，如果结合清代诗学作通盘考察的话，则具有指向未来的性质及意义。

---

①② 〔清〕钱陆灿：《汇刻列朝诗集小传序》，见〔清〕钱谦益著《列朝诗集小传》，上海古籍出版社2008年版。

③ 吴乔《答万季野诗问》(载《清诗话》)曾言及与牧斋攻驳七子之异同，可参看。

④ 《围炉诗话》自序："一生困厄，息交绝游，惟常熟冯定远班、金坛贺黄公裳，所见多合。"

⑤ 纪昀视秋谷与渔洋平起平坐，如云："明季诗庸音杂奏，故渔洋救之以清新；近人诗浮响日增，故秋谷救之以刻露。二家宗派当调停相济。"(《阅微草堂笔记·滦阳消夏录》)远较翁方纲等辈重视秋谷的作用。

钱谦益和吴乔都是吴人。康熙中王士禛成名后，诗坛中心遂由南北移，有所谓“山左诗派”之盛。① 赵执信也是山左人。当年他批评渔洋，还要到江南去找同道，山左诗派中如田雯等，虽与渔洋不合，但也不公开批评。乾隆时情况就不同了。乾隆初赵执信去世后，连渔洋的“老巢”中批评他的声音也越来越大，如当时山左诗人中与袁枚并称“南北随园”的边连宝，还有戈涛等，诗名都很大。边氏的诗学主张多载其《病余长语》一书中。书中批评渔洋的内容俯拾皆是，反映出了雍、乾之际山左地区持续批评渔洋的情景。试举其与戈涛谈诗的一则云：

芥舟（戈涛字）叙余诗，前幅极言何信阳之弊，其后乃云：“近日新城之学遍天下，余以为一信阳而已。信阳画自唐以上，新城则兼泛滥宋元以下。故每作一诗，胸中先据有一成诗，而后下笔追之，必求其肖而止。所作具在，可一一按也。余非敢瑕疵前人，然恐诗道坐敝于此，则明七子不独任咎。”余叙芥舟诗，其首段云：“自严沧浪以禅喻诗，创为‘不落言诠，不堕理障’‘如空中相，如镜中花’之说，其为风雅之祸者甚烈。而近世之劫持文柄者，复宗其说，而改其面目，谓诗当以神韵为主。于是天下学者靡然趋风，社稷而尸祝之。下者循吻希声，高者摹神追象，务为无所归存、不着痛痒之言以相高，以为不如此不足以为神韵也。于是乎诗道至此而大敝。夫诗以性情为主，所谓老生常谈，正不可易者。不主性情而主神韵，得无影之掠而风之扑乎？杜甫氏千秋宗仰，求其所设神韵者，不过曰‘浣花溪里花含笑，肯信吾兼吏隐名’而已。再则曰‘巡檐索共梅花笑，冷蕊疏枝半不禁’而已，外此无有也。善乎周珽氏之评杜也，曰：‘绝脂粉以坚其骨，贱风神以实其髓。’神韵家不磕自碎矣！”（卷六）

戈涛以何景明比喻王士禛，似较吴乔“清秀李于鳞”的说法更加直接一些，盖大复诗风较二李清秀，若必欲以渔洋比七子，则自然何稍近而李嫌远了。

这里更值得注意的是边连宝以“诗以性情为主”这个原则批评王士禛，并特别指出这是一个所谓“老生常谈”而“不可易”的原则。这就把老辈“诗中须有人”的出新说法还原到传统的表述上来了。牧斋、吴乔、赵执信、边连宝，在四人相继相连的清代头一百年间，持续批评从明七子到王渔洋的“虚矫”。嘉、道间，潘德舆在其《养一斋诗话》中看似偶然但实是水到渠成地拈出了“质实”一词，可以说是对上述清代诗学中从清初就开始存在的一条与渔洋相对的潮流的一个十分恰当的冠名：

吾学诗数十年，近始悟诗境全贵“质实”二字。盖诗本是文采上事，若不以质实为贵，则文济以文，文胜则靡矣。（《养一斋诗话》卷三）

潘氏这话讲在道光初，我觉得不妨可以看作是继神韵、格调、性灵、肌理之后标举专名的清代第五个诗观。潘四农明确以“时事 + 性情”来说明自己的诗观，并以之别具只眼地评论了历代诗人诗作。这里我们看到了“性情”一词被再次强调和确立。所以如果统合清代诗学全体来看的话，这是一条主流。这一过程中很有意思的一点，就是在很大程度上竟以“反渔洋”来维系其一贯性而达成的。这样，我们看到，渔洋诗风在康熙时期的主流地位实是一时的，与之相对的标榜“质实”的诗风诗观才是主流。验诸清代各个时期的代表诗人，如钱谦益、吴伟业、乾隆三大家、萚石斋、巢经巢、陈散原、郑海藏等，从头至尾，诗风虽各异，但不虚而实、不秀而雄，是可以肯定的。② 所以我觉得“质实”一词对于清代诗及诗学，比之于一般耳熟能详的所谓四大诗观，具有更大和更准确的概

① 〔清〕王士禛《古夫于亭杂录》：“吾乡风雅，明季最盛。”〔清〕赵执信《谈龙录》：“本朝诗人，山左为盛。”乾隆初卢见曾即编成《国朝山左诗钞》六十卷，嘉庆中又有张鹏展编纂之《续钞》，可见其盛况。

② 晚清张香涛评李越缦诗“明秀”，越缦必欲改为“雄秀”而罢，亦即此一风气的反映。

括性。

谈清代诗学质实性质的问题，当然还有其他线索可寻，例如唐宋诗之争等，渔洋仅是线索和角度之一而已，也是最有启发性的角度之一。

不过我们也要稍稍给渔洋辨一下诬。“于鳞”也好“大复”也好，都是别人加诸其身的，他自己真正倾心的是七子中的徐祯卿以及高叔嗣一派，他曾特为之编过《徐祯卿高叔嗣二家诗选》。七子中的这一股清流，由七子中的王元美首为拈出，到钱牧斋《列朝诗集》都别有会心。渔洋诗风真正的接武之处，应该是在这里。他以清秀为主的诗风的正当性，也应该是在这里。所以对历来的批评也还是可以细辨一下：于鳞非“清”，所以用之渔洋要加“清秀”；大复的“清”有一个肤阔的外壳，只有徐祯卿和高叔嗣，才可谓是有性情的“清”。渔洋其实也是有所辨析取舍的。

二、乾隆中三诗说与渔洋神韵说的正反关系

乾隆中，对待渔洋诗学的态度同时还有另一种情况，即由负面批评逐渐转为正面建设。乾隆二十五年张宗柟编成《带经堂诗话》，这是一部渔洋诗学的完全之著，其态度自然是完全正面的。而这一时期诗学先后提出的格调、性灵、肌理等说，也完全是一种正面建设，与渔洋诗学的关系，不光是立异，还有兼容。他们的理论，或多或少都是因对渔洋神韵说有所不满足而引发的，但重点都转到自身理论的建设上来。这是大家都熟知的，不必多说。

乾隆时期是中国传统社会的最后一个盛世，拜经济繁荣、政治稳定之赐，文化、学术也空前发达，诗学的发达正是其中的一个方面。提出格调说的沈德潜是吴人，提出性灵说的袁枚是浙人，提出肌理说的翁方纲是直隶大兴人，这表现出当时南北诗坛全方位的建设之风气。我们现在试从上述潘德舆提出的文质关系的角度，来审视三说与渔洋神韵说的疏密程度。

渔洋的神韵说并不完全等同于他的全部诗学。如同严沧浪的诗学有所谓“第一义之悟”和“透彻之悟”两个方面一样，服膺沧浪的渔洋，其诗学包含的方面其实也很广。他的神韵说大抵相当于沧浪“透彻之悟”中“兴趣”这一个方面，当然这是他最有会心的部分。除了一系列相关论述之外，又特地选《唐贤三昧集》以坐实这一趣味，即所谓“羚羊挂角，无迹可寻”“不着一字，尽得风流”，主要探讨诗的言、意之理想关系，旨趣显然偏重于文、质关系中“文”的一方面。这一种重文饰的趣味与他本人的诗风也最为接近。乾隆三说，“格调”和“肌理”也偏重在文饰一方面，而“性灵”至少也有一半是讨论表达之法的，但他们都尽量讲得文、质平衡，从而在一定程度上避免了渔洋有文无质的偏颇。

三说中，格调说在旨趣方面与神韵说最近。沈归愚也宗明诗。格调说可以被看作是神韵说在乾隆时期合乎逻辑的发展。① 所以袁枚批评格调为“空架子”的说法，实可与吴乔批评渔洋“诗中无人”挂上联系：

> 杨诚斋曰：“从来天分低拙之人，好谈格调，而不解风趣。何也？格调是空架子，有腔口易描；风趣专写性灵，非天才不办。”余深爱其言。须知有性情，便有格律；格律不在性情外。《三百篇》半是劳人思妇率意言情之事；谁为之格？谁为之律？而今之谈格调者，能出其范围否？况皋、禹之歌，不同乎《三百篇》；《国风》之格，不同乎《雅》《颂》：格岂有一定哉？许浑云：“吟诗好似成仙骨，骨里无诗莫浪吟。”诗在骨不在格也。（《随园诗话》卷一）

---

① 门生王昶始有“苏州沈德潜独持格调说，崇奉盛唐而排斥宋诗”（《湖海诗传》）的说法。

这里所引的杨万里之语不见于今本《诚斋集》。袁枚服膺诚斋①，此语或为杜撰以方便其说，亦未可知，姑且置之不论。但可以肯定的是，此处以"性情"批评格调是空架子，与诚斋关系不大，实是在上述文质关系失衡的背景下发出的。尤其袁枚与边连宝同时，当时两人有"南北随园"之称，可谓同时而同气相求者也。② 所以这里的批评归愚又有了批评渔洋的影子。

当然格调说强调诗教，越三唐之格而上溯风雅，与神韵说又是不同的。其《说诗晬语》开宗第一、二段，就将其说与神韵说的同与不同说得很明确了：

诗之为道，可以理性情、善伦物、感鬼神、设教邦国、应对诸侯，用如此其重也。秦汉以来，乐府代兴；六代继之，流衍靡曼。至有唐而声律日工，托兴渐失，徒视为嘲风雪、弄花草、游历燕衎之具，而"诗教"远矣。学者但知尊唐而不上穷其源，犹望海者指鱼背为海岸，而不自悟其见之小也。今虽不能竟越三唐之格，然必优柔渐渍，仰溯《风》《雅》，诗道始尊。

事难显陈，理难言罄，每托物连类以形之；郁情欲舒，天机随触，每借物引怀以抒之。比兴互陈，反覆唱叹，而中藏之欢愉惨戚，隐跃欲传，其言浅，其情深也。倘质直敷陈，绝无蕴蓄，以无情之语而欲动人之情，难矣。

第一段直言诗教，似与渔洋拉开了距离；第二段言比兴唱叹、语浅情深，却又回到了渔洋。他的《重订唐诗别裁集序》对此讲得更为直白：

新城王阮亭尚书选《唐贤三昧集》，取司空表圣"不着一字，尽得风流"、严沧浪"羚羊挂角，无迹可求"之意，盖味在盐酸外也。而于杜少陵所云"鲸鱼碧海"，韩昌黎所云"巨刃摩天"者，或未之及。余因取杜、韩语意，定《唐诗别裁》，而新城所取亦兼及焉。

格调与神韵若即若离，而袁枚的"性灵"说强调性情为本，合乎反对上述重文轻质的时代风气，成为乾隆时期诗坛的最强音。他被舒位《乾嘉诗坛点将录》尊为"宋江"，他历来被视为"三大家"之首，不是没有原因的：

千古善言诗者，莫如虞舜教夔典乐。曰"诗言志"，言诗之必本乎性情也；曰"歌永言"，言歌之不离乎本旨也；曰"声依永"，言声韵之贵悠长也；曰"律和声"，言音之贵均调也。知是四者，于诗之道尽之矣。（《随园诗话》卷二）

他强调"言志"和"性情"，但解说未必能得儒家之正。如说"志"，《随园诗话》开宗第一条说的竟是"古英雄未遇时，都无大志"，可谓惊世骇俗；卷三第一条又曰："才欲其大，志欲其小。"对传统"志"取一种解构的态度。从他的语意来看，"无大志"似是性情的更为真实、更为平常的状态。他本人四十岁不到即从仕途上急流勇退，筑随园啸吟一生，主盟江南坛坫四十年，其志之大小固不易论，其人之个性面貌十分合乎其主张，则是可以断言的。他标举的"性灵"说，虽然也有一个隶属于表达范畴的"灵"字，他对此也作有种种详密之说③，但绝不会贻人以如同神韵、格调那样的质、文失调印象。在他生前和身后，攻击他的人也主要集中攻击其性情的佻荡，而不会质疑其性情的有无。

① 《随园诗话》："汪大绅道余诗似杨诚斋。范瘦生大不服，来告余。余惊曰：'诚斋一代作手，谈何容易！后人嫌太雕刻，往往轻之。不知其天才清妙，绝类太白；瑕瑜不掩，正是此公真处。至其文章气节，本传具存；使我拟之，方且有愧。'"（卷八）

② 《随园诗话》中以"有我""无我"说诗，即与"有人""无人"说同趣："为人不可以有我，有我则自恃佷用之病多，孔子所以'无固''无我'也。作诗不可以无我，无我则剿袭敷衍之弊大，韩昌黎所以'惟古于词必己出'也。北魏祖莹云：'文章当自出机杼，成一家风骨，不可寄人篱下。'"（卷七）

③ 其《续诗品》一篇，即专言作诗之"苦心"（《续诗品》小序），达三十二首之多。

可以说，袁枚的性灵说是三说中在实质上与渔洋最为不同的一种诗观。①

至于肌理说，在文质关系上的情形则是全新的。其旨趣，虽然也与此前的神韵、格调等说相同，偏嗜在“文”这一方面，但旨归不再“缥缈”、不再“蕴藉”，而是将“文”的种种问题也说得极为实在。至此，诗学此前的“有人”“无人”之争，又转到“诗法”的范畴中了：

故法非徒法也，法非板法也。且以诗言之，诗之作作于谁哉，则法之用用于谁哉？诗中有我在也，法中有我以运之也。（《诗法论》）

翁方纲受诗学于黄叔琳，是渔洋的再传弟子②。他说诗与渔洋的关系颇为微妙，如虽一再声明“从来不敢效近人腾口于渔洋先生”（《石洲诗话》卷八），却在大量著作中不厌其烦地指摘渔洋的具体之失。从这段话可知，他讲法也受到了上述吴乔“诗中须有人在”一说的压力，实际上他的诗学立场与渔洋是不同的。这也是大家都知道的。

覃溪是如何把诗法讲得实在的呢？就如他把神韵、格调和肌理都打通了理解那样，他也把“诗法”和“诗人”混合着讲。他十分别致地取老杜的诗句来表达自己的诗观：

少陵曰：“肌理细腻骨肉匀。”此盖系于骨与肉之间，而审乎人与天之合。（《复初斋文集》卷一五《仿同学一首为乐生别》）

取丽人的肌肤纹理为喻，来冠名自己的诗说。人谓覃溪之诗味同金石，但至少这一次，他的诗说之取名，较之神韵、格调、性灵任何一家都更为妙曼。这里需要注意的是，所谓“肌理细腻”这个覃溪说诗主要落实的层面，还须下联“骨肉”，上达精神（“人天之合”），由外至里，三层合一，方为完成。美人的“肌肤”需要“骨肉”的支撑，乃至神理的贯通，否则就是一张脱离本体的苍白的皮之标本了。有此“人”的完整的理解，所以肌理说虽然主要是以细析诗的脉络结构来体现它密实特点的，却又随时不忘结合作品脉络中潜藏着的诗人的神情气质来分析，谈诗法而及于诗人，这就大大冲淡了神韵、格调等说重文轻质的固有倾向，加强了这一诗观的质实性质。

覃溪说诗文、质兼顾的分析特点，从他引的另一句杜诗“法自儒家有”也可进一步见出：

杜公之学，所见直是峻绝。其自命稷、契，欲因文扶树道教，全见于《偶题》一篇，所谓“法自儒家有”也。此乃羽翼经训，为《风》《骚》之本，不但如后人第为绮丽而已。（《石洲诗话》卷一）

这样来谈“法”，诗法还是诗法么？诗法与解经之术、辅政之策还有什么区别呢？但也惟有此种眼识、此种雄辩，才能继得上宋以来对于老杜的已有认识。而诗法既通于“经训”，诗法也就无虑于“空”了。肌理说循此分析老杜、中唐诗及宋诗，得出了一批新结论，覃溪也借此完成了他的“肌理”之说。所以“肌理”说是表面上与渔洋很近、但实质上也是与性灵说一样距之很远的一种诗观。（他尤不解渔洋的诗体观，详下。）

排比三说，我们可以看到清代诗学中的“诗说”部分，在乾隆以后已经与渔洋渐行渐远了。

三、渔洋关于诗学体例的意识

渔洋曾就其《渔洋诗话》说过如下一段话：

余生平所为诗话，杂见于《池北偶谈》《居易录》《皇华纪闻》《陇蜀余闻》《香祖笔记》《夫于亭杂录》诸书者，不下数百条，而《五代诗话》又别为一书。今南中所刻《昭代丛书》（按：应

---

① 详参拙文《随园诗话与乾嘉性灵诗潮——兼论诗话与诗说体例的区别》，载《复旦学报》2014 年第 1 期。

② 覃溪自云：“方纲束发学为诗，得闻（渔洋）先生绪论于吾邑黄詹事。”（《复初斋文集》卷三《王文简古诗平仄论序》）

为《檀几丛书》)，有《渔洋诗话》一卷，乃摘取五言诗、七言诗凡例，非诗话也。(《渔洋诗话序》)

这段话看似平常，涉及的却是一个久缠不清的问题，即如何坚持“诗话”体例的问题。“五言诗、七言诗凡例”者，乃指他编辑的《古诗选》，下面再说。《池北偶谈》等几种笔记，本身自然还不是诗话，只是其中含有若干诗话的成分而已，所以上述序文中也讲得很有分寸，即只是“杂见于……诸书者”。这段话表明，渔洋对于“诗话”与说诗凡例之类的区别，显然认识得十分清楚，并且他是截然主张将两者予以区分的。也因为他对诗话体例有如此明确的意识，所以他作为继钱谦益之后清初诗坛的领袖人物(他对此有极强的自觉意识)，很可能会感到仅作几部笔记意犹未尽，所以他要在晚年再编写一部正式的诗话之作，以记录以他为中心的康熙诗坛。他也果然写出了一部十分合乎记事、录诗之规范的诗话之作。

诗话体例，从第一部诗话欧阳修的《六一诗话》开始，作者用一种记录自身涉诗经历为主的写法，很自然地就奠定了“记录当代诗坛”的旨趣。这成为诗话体例基本的规定。换言之，诗话不以“评古”而以“话今”见长。宋代诗史，就是得益于诗话这一种新体例的功效，记下了远较前代丰富的诗人之逸事佚作，这是大家都知道的。

明清人对待诗话的意识开始变得混乱，最典型的两个例子，一是明人给严羽的论诗之作冠上了一个“诗话”的名目(沧浪诗话)，一是乾隆中何文焕编《历代诗话》，不分体例，将钟嵘《诗品》以下的诗学著作都视为诗话，全都收辑进去。这两例对后世的影响都很大，以至于沿用至今。

所以明清诗学关于诗话体例并存着上述厘清与混淆两种情况，分别是很大的。正是由于这一背景，我们甚至可以这样说，渔洋的坚守对于“诗话”这一种体例能够在清代继续有所发展，发挥了十分重要的引领作用。

清代诗话因坚持“记录当代”这一体例规定形成的成果，较之宋代更加可观。例如从清初到民国初年，几乎每个历史时段都有诗坛盟主用诗话记录下当代诗事，如吴梅村的《梅村诗话》记明末清初，王渔洋的《渔洋诗话》记顺康，袁枚的《随园诗话》记雍乾，法式善的《梧门诗话》记乾嘉。此外，林昌彝虽非领袖人物，但他的《射鹰楼诗话》《海天琴思录》两种诗话，记道咸诗坛，颇有高度和广度；王闿运的《湘绮楼说诗》记同光，因不用六朝后语而不名诗话，其实是诗话；陈衍的《石遗室诗话》记清末民初，梁启超的《饮冰室诗话》记清末诗界革命……所有这些，连续不断地构成了一部起讫十分完整具体的清诗史——这正是坚持运用诗话记事的体例达成的。

渔洋在这一点上的意识表现得最为清醒自觉，在客观上为后世做出了很好的示范。比如他在说明《渔洋诗话》的缘起时说：

康熙乙酉，余既遂归田，武林吴宝崖陈琰书来，云欲撰本朝诗话，征余所著。无暇剌取诸书，乃以余生平与兄弟友朋论诗，及一时诙谐之语可记忆者杂书之。

这里提到的“本朝诗话”一语，以及《诗话》中一再说的“古今来诗佳而名不著者多矣，非得有心人及操当代文柄者表而出之，与烟草同腐者何限”，体现出的就是一种为当代人立传的极为自觉的以盟主自居的意识。上面列举的一批诗话，也是借助于这一性质实现记录当代之目的的。我们还可以从上述各代均有记录之作出现的现象，感受到此种正宗诗话意识的稳定性和普遍性。乾隆以后，此类记一代诗事的正宗诗话之作还有很多，加宽、加深和加厚了刻画清诗面目的笔触。①

① 拙编《清诗话三编》所收一百种，即以乾隆后的记事之作为主，很明显地体现了这一特点。

还不仅此，清诗话遵守诗话体例的这一个基本性质，还在体制上有所发展，例如李调元写《雨村诗话》，即明确地将“话古”和“话今”分为两种：

《雨村诗话》前著名矣，而此复著，何也？前以话古人，此以话今人也。（十六卷本《雨村诗话》自序）

故《雨村诗话》便分两种：二卷本论古，十六卷续四卷本话今。陶元藻《凫亭诗话》也是上卷论古，下卷话今。道、咸间康发祥撰《伯山诗话》，对这一个“当代”的时限分别得更为细密：以《前集》二卷论古人，以《后集》四卷论本朝至嘉庆初年的已逝之人，以《续集》《再续集》《三续集》《四续集》共八卷记其同时之人，在本朝诗人存、殁之间又增划了一道分界。严格说来，“话古”之作应该不算诗话，因为“话古”一般以诗的评论为主，即使涉及人或事，由于其已然的静止性，较适宜于评说，所以钟嵘《诗品》有所谓“不录存人”的原则，非常合乎其论旨；“话今”则诗、人、事皆宜，而且今人、今事的性质显然更为活跃，其适宜于记述也是不难理解的。

这种坚持分辨诗话体例的意识和写作实践，其实在清人中一直是有共识的。如与渔洋同时的魏裔介和田雯，前者的《溯洄集》即分别附录有“论诗”一卷、“诗话”一卷；后者之《古欢堂集·杂著》，也是两卷论诗，两卷标为诗话。稍后方薰的两种著作《山静居绪言》和《山静居诗话》，《绪言》论诗，《诗话》记述。戚学标作《三台诗话》，其自序便也有“名曰诗话，固与夫论诗者异旨也”。最有趣的是翁方纲在其《石洲诗话序》中，不忘特地为他的这一部说诗之著冠以诗话之名申辩：这是一部“申论诸家诸体”的著作，“本非诗话也”。覃溪的这一表白颇有意味，是否可视为那些用“诗话”之名写“诗说”著作的作者们的共同立场呢？即他们都知道自己所写的“本非诗话”，不过是取其便利而借用了这一个名称而已。换句话说，这些撰写说诗之著的作者们实际上都在有保留地使用“诗话”之名，他们在认识上仍然保有“诗说”和“诗话”两种体例的界限。

这样一种分辨诗学体例的意识，乾隆中便获得了典范和权威的表述，即《四库全书总目提要》集部诗文评类的小序。小序概举历来各种诗文评著作的体制形式，并总结道：

其勒为一书传于今者，则断自刘勰、钟嵘。勰究文体之源流，而评其工拙；嵘第作者之甲乙，而溯厥师承，为例各殊。至皎然《诗式》，备陈法律；孟棨《本事诗》，旁采故实；刘攽《中山诗话》、欧阳修《六一诗话》，又体兼说部。后所论著，不出此五例矣。

这段话虽有可议之处，如《本事诗》似不够单列之格，《中山诗话》与《六一诗话》的排列乖于时序等，但划明了我国传统诗文评著作（主要是诗评著作）的三种主要形式，即以《文心雕龙》与《诗品》创体并代表的论评之体，皎然《诗式》为代表的以“陈法律”为主要内容的诗格诗式之体，及以欧阳修《诗话》创体并代表的“体兼说部”的诗话之体。这是极具从大处着眼的识力的，不但合乎史实，而且方便把握纷纭繁复的诗文评著作的主要性质和类别。如《沧浪诗话》《诗薮》《原诗》《石洲诗话》等名作，有的虽名之曰“诗话”，实均宜归于论评类；初盛唐、北宋及清乾隆三个时期最盛的大量诗格、诗法之作，以及清代出现的声调谱之类，可统归于诗法类；《六一诗话》《中山诗话》《麓堂诗话》《渔洋诗话》《随园诗话》等，及由它们引领的乾隆以后标榜“话今”之旨的一大批诗话之作，直至《饮冰室诗话》等，可归于记事类。各类内容在一部著作中有时也会兼容交叉，如皎然《诗式》、欧阳修《诗话》也有论评的内容，《沧浪诗话》也有诗法的内容等，但一般主旨倾向都是确然存在的，完全可供归类，以便于识别各自的基本性质。

所以从渔洋到《四库提要》的这种“分”的思路，对于中国诗学的研究而言，我以为较之章实斋的“诗话通于四部”的“合”的思路，是更为科学和更近于现代学术规范的。可惜的是现代学者研究诗话大都采用实斋的“合”的路径，遂不能以渔洋达到的认识和《四库提要》得出的结论为出发点，这是一件亟待辨正的事情。

渔洋还有《五代诗话》《声调谱》等几种未完成的著作，关系诗学体例也很大。他的《五代诗话》草稿由弟子宋弼、黄叔琳等整理完成，不及后来郑方坤的同名之作；《律诗定体》《王文简古诗平仄论》等关于声调的著作，也多出于后人之手，自然也不及赵执信的《声调谱》，但都得风气之先，有启发和开创之功。我们知道，断代诗话和声调谱之作，在渔洋之后，都形成了一个很完备的系列，是清代诗学的重要组成部分。

四、选本与诗体观

渔洋诗学还有一个非常重要的方面，主要体现在他精心编纂的几部总集。前面提到过他的徐高二家诗选，但影响更大的是《古诗选》和《十种唐诗选》中的《唐贤三昧集》，逝世前三年还将洪迈的《万首唐人绝句》改编成《万首唐人绝句选》，删存895首，只及原编的十分之一，可看成是他的重选。《四库提要》称《万首唐人绝句选》最精，而将《古诗选》黜入存目；但李慈铭则谓几种选本皆好，皆能成一家言。我觉得确是如此。

渔洋的这几种诗选本对清代诗学的影响，可分直接和间接两个层面来谈。直接的很明显，就是促成了沈德潜《古诗源》《唐诗别裁》、姚鼐《今体诗钞》三种使用至今、极有价值的总集的问世。归愚和惜抱都曾明确地谈到过他们起意编选的动机直接来自渔洋，或是争胜，或是互补，尤其是惜抱，于渔洋全无微词。

间接层面的影响，主要表现在渔洋这几种选本宣示的他的诗体观有不少独得之秘和新义，即渔洋通过这几种选本，极有胆识地将五古一体止于陈隋（附唐五家）、七古一体无有止期的诗体发展大势呈现出来了。又以《唐贤三昧集》补上盛唐王维为主的五律一体。后来同光间曾国藩编纂《十八家诗钞》，基本上就合于渔洋的这一诗体发展观。如五古以汉魏六朝为主，五律选王维之作，七言则下及南宋与金，而更加入了渔洋未及的七律，诗体大势呈现得更为完整和清楚，遂为定论。这一点我觉得是很有正面积极意义的，甚至关乎古典诗体的现代走向。具体说明如下：

五七言是汉以后诗体的主要形式，其起源虚无缥缈，加上材料太少，不易论定。但下限的划分是一个现实可能的问题，而且显然富于理论和实践价值。渔洋将五古的下限十分果断地定在陈隋之际，又有所区别地附上了唐陈子昂、张九龄、李太白、韦苏州和柳子厚五家。这样一种处理，实际上是响应了早先李攀龙“唐无五言古诗”的看法。于鳞此说在当时引起了轩然大波，而渔洋毅然以选诗来具体坐实之。事实上五古一体在六朝，确实已发挥得淋漓尽致而臻高峰，唐人陈子昂、太白等不过是延续而已，故《古诗选》特别用一“附”字，确是渔洋用心，我们不可轻轻放过。这个问题的困难在于如何看待老杜的五古，究竟是发展还是变调，后世把它看成是发展乃至于更高成就的声音很大。但事实上由于当时七古一体迅速地成熟壮大，所以老杜的五古变调之作虽也是佳作，但就变调五古的体制言，其铺陈叙述的主要特点，即使如《咏怀五百字》《北征》等历来被誉为老杜乃至五古的巅峰之作，其审美特征也不如七古充分典型。而于鳞“唐无五言古诗”之论正是就诗体而言的，渔洋《古诗选》也是针对五古之体的。所以后人诟病他不选老杜，并未搔着痒处，反而是未能把握到五古诗体发展的大势。渔洋于七古一体尊老杜，而且毫不迟疑地尊至首位，就诗体而言，这一分别确实更能突出五言长于蕴藉、七言长于纵放的体制特点。

当然这样一种选择自然会启人疑窦，即如何来面对老杜以及唐以后历代的五古佳作呢？其实很简单：就诗人言，唐宋、金元乃至明清许多诗人都有五古佳作，五古端庄，适合用来表达庄重的感情乃至思想，现在也还不乏使用者，这是毋庸置疑的；但就诗体言，五古在唐前确实已经完成了，已经臻于高峰。至于唐后此体的杰作，于诗体的发展已无关宏旨。后来曾文正公的《十八家诗钞》五古选至杜韩，与渔洋不同，把五古的变调也包含了进去。这是由于他还有一个与“体”并立的“家”，即诗人诗作的选旨不同于渔洋《五七言古诗选》以诗体为主的选旨。时限也止于中唐，时间点并没有延后，表达出与渔洋差不多的五古结束于唐的看法。当然这里面还是有不同的：渔洋取韦、柳，并不是视为发展，至多是当作正宗五古的豹尾而已；湘乡取杜、韩，则是将这种五古的变调视为发展的一个实质性阶段。

相较于五古的早早收场，渔洋对于七古的发展则持一种开放的态度。《古诗选》选到金的元好问和元的虞集、吴莱，但这还不是止期，因为渔洋在凡例中明确表示：他还将另选明人乃至与他同时之前辈钱牧斋的七古之作，推许钱牧斋之七言学韩、苏而有成。后来虽然并未选成，但这表明他视七古是一种仍在发展中的体例，并无止期，则可无疑。

七古一体也有视老杜之作为变体的看法，何大复《明月篇序》就以初唐四子为正体，而老杜调失流转，反在初唐体之下。这个初唐四杰体后来又得到元白长庆体的支持，源流潜势很长。何大复此说历来也是不被采信的，因为事涉七言这一晚起的体例，与五言不可同日而语，老杜又是七言圣手，所以这一步是比较难跨的。渔洋对此，一方面能够肯定大复之说“尟矣”，表明了其感觉的精微①，一方面却又明确地否定不能以此来看七古的正变，依违两可，态度比较暧昧，但基本倾向还是在老杜一边。所以唐人七古他选杜、韩，而不选白；宋人七古由于独承杜、韩一路，所以没有问题，渔洋又一口气选了欧、王、苏、黄、陆五家。但他对于不选元、白还是有点心虚，或者说是心有不甘，所以特地不忘说明“非谓古今七言之变尽于此钞，观唐人元、白、张、王诸公悉不录，正以钞不求备故耳”，预留了余地。

事实上七古是传统诗体中篇幅最大者，传统诗体包括律体在内，在唐以后还能有质的发展的，就是七古歌行一体中的“长庆体”，最能用来表现迅速发展的近世社会的世俗百态。所以在渔洋同时的另一位前辈吴伟业，就创有“梅村体”，直至清末民初的“樊山体”，七古歌行始终是传统诗体中最具近代色彩、反映近代社会和书写近代情绪最为得心应手的一体。所以渔洋把七古定为继续发展的具有未来性的一体，并且不否定何大复标举初唐歌行的看法，都是深具诗史眼光的。事实上明初高棅《唐诗品汇》即已于初唐七古专门列出“长篇”一目，何大复后，胡应麟有“七言古诗概曰歌行”的说法（渔洋《古诗选》于七古亦用“七言诗歌行钞”一词），已经将初唐、老杜、元白并举，在老杜之外注意到了初唐、元白。渔洋后曾国藩选的《十八家诗钞》，是一部诗人诗体最高度简括而入选诗作却又最详备的总集，其中七古选李杜韩白苏黄六家，更为精简明确，而白香山已是不能缺席的了。

至于《唐贤三昧集》，前人批评很多，多以渔洋盛唐尊王孟为不当。但如从诗体的角度看，他的用心也有其合理性。不错，这是一部尊王维的选本，王维诗入选112首，占全书400余首的四分之一强，比第二位孟浩然的48首多出一倍以上。所以确切地说，是独尊王维，还不是王孟并举。这又是一部偏重五律的选本。入选的五言诗是七言诗的三倍，五言又以五律为主。选入的112首王维诗中，五律37首，占三分之一，是所占比重最大的一体，五绝29首，五古23首，余下的七言三体

---

① 所以时论批评渔洋是“清秀李于鳞”“清秀何信阳”，在诗学方面也有佐证。

总共才20首出头。五律是唐代的新体，但又属五言，故既与前代为近，又较七言为熟悉，所以唐人争胜，人人爱作，是好作品最多的一体。老杜现存的1200余首作品中，五律就占了一半，无论质和量，坐第一把交椅都是没有问题的。所以后来姚惜抱编《今体诗钞》，五律就特尊老杜，补了渔洋的这个偏颇。

那么渔洋五律独尊王维的看法意义究竟何在呢？渔洋诗学实际上于五言更有会心，他的神韵说实际上是一种五言诗的美学。所以他会甘心用前后十年的时间，以严沧浪“羚羊挂角，无迹可寻”的“兴趣”说来编《唐贤三昧集》，才能十分敏锐而细致地在五律和七律中做出分辨，另尊王维，而将老杜归属于七言。七律相对来说偏于风华流美，体制更新，写作难度更大，更需要力量。老杜在这一体上也确是更用心，他的雄才和成就也更体现在这一体上。如果这样来看，渔洋在《唐贤三昧集》中以“兴趣”说为旨趣，衡量出王维的五律最为合度，这应该也是有其积极意义的。所以《四库提要》对它的评价很正面，并不以为偏颇，看到了它理论上的独创之意。

由此看来，渔洋的几个选本都不是四平八稳的，都能突破一般的表面之见，表达出他的进一步的精微看法，推进了已有的相关结论。大致来说就是五古归于唐前，五律以王维为得体，老杜则是最大体七古的代表，各有擅胜。他的这几种选本都未涉及七律。但渔洋对七律似乎最无体会，其言全为附和高棅的意见，以王维、李颀为正宗，以老杜为大家而已。他七律不取东坡的立场，最为翁方纲诟病，确为无识。后来《十八家诗钞》所选，七律一体与渔洋分歧最大。渔洋去世前三年编选的《万首唐人绝句选》，偏重七绝（五绝两卷227首，七绝五卷668首），部分地表现出他对于七言近体的一种看法，然仍是独缺七律。但无论如何，渔洋的这种各体细较的诗体观，比之以老杜为各体大家、以五七言无所区别于各个时代的一般笼统之论，显然是一个进步。后人虽争议不断，但很多也渐成为共识。比如曾国藩兼有诗体和时代意识的《十八家诗钞》，各体的下限——五言（五古、五律，而不列五绝）到盛中唐，七言中七古到北宋，七律和七绝到南宋、金——更为明快，但都有渔洋的影子。

综观各方面，渔洋诗学可谓全方位地搭起了清代诗学的骨架。昔朱筱园尝云：“归愚之论出，诗人日渐日少；随园之论出，诗人日渐日多。”他说的是作诗，今借用于诗学：归愚诗学中规中矩，读之启蒙而已；渔洋诗学精微，读之启发大矣。

王士禛"红桥修禊"考辨

——兼谈结社、集会、唱和三者之关系

朱则杰*

诗人结社、集会、唱和，三者既有可能相互重合，也有可能相对独立。顺序而言，结社必有集会，集会必有唱和（无唱和的集会不论），这是相互重合。而倒过来说，唱和不一定都要集会，集会也不一定都是结社，这就是相对独立。因此，结社、集会、唱和，各自都有专门的研究领域。同样，在涉及具体对象的时候，需要认真甄别，使之尽可能符合客观实际。现在就清代康熙初年王士禛"红桥修禊"做一考辨，借以说明某些基本的原理，同时订正若干相关的错误。

一、红桥修禊

王士禛为山东新城（今桓台）人。顺治十五年戊戌（1658）正式成为进士后，于十七年庚子（1660）三月赴江苏扬州（或称广陵）推官任。任内凡五年有余，其间举行过多次集会唱和活动。其中康熙三年甲辰（1664）的"红桥修禊"，尤其著名。

王士禛《渔洋山人自撰年谱》（渔洋其号）卷上本年条说：

> 春，与林古度茂之、杜濬于皇、张纲孙祖望、孙枝蔚豹人诸名士修禊红桥，有《冶春诗》，诸君皆和。①

类似的叙述，还一再见于王士禛晚年的数种笔记和诗话：

> ……又尝与林茂之、孙豹人、张祖望（纲孙）辈修禊红桥，予首倡《冶春诗》二十余首，一时名士皆属和。予既去扬州，过红桥多见忆者，遂为广陵故事。（《居易录》卷四）②
>
> 余少时官广陵，与诸名胜[士]修禊红桥，即席赋《冶春诗》二十四首。（《香祖笔记》卷七）③
>
> 余少时在广陵，每公事暇，辄召宾客泛舟红桥。……又与林茂之、张祖望、杜于皇、孙豹人、程穆倩修禊于此，自赋《冶春诗》二十首。（《渔洋诗话》卷上）④

---

* 作者简介：朱则杰，浙江大学传媒与国际文化学院，教授。

① 〔清〕王士禛著，袁世硕主编：《王士禛全集》，齐鲁书社2007年版，第5070～5071页。

② 〔清〕王士禛著，袁世硕主编：《王士禛全集》，齐鲁书社2007年版，第3752页。

③ 〔清〕王士禛著，袁世硕主编：《王士禛全集》，齐鲁书社2007年版，第4621页。

④ 〔清〕王士禛著，袁世硕主编：《王士禛全集》，齐鲁书社2007年版，第4752页。

由此可见,王士禛本人对这个"红桥修禊"一直津津乐道,反映出了他的自我欣赏和重视。

但是,把这些叙述综合起来看,可以发现关于"红桥修禊"的某些细节明显存在出入,或者还不够完整、精确。因此,首先就有必要对"红桥修禊"本身进行考察。

(一)原唱诗歌

王士禛在"红桥修禊"时首唱的"冶春诗"(或称"冶春词"),具体为《冶春绝句》组诗,其总数应该如上引《香祖笔记》所说为"二十四首"。近年出版了袁世硕先生主编的《王士禛全集》。其中《渔洋诗集》卷十五有《冶春绝句二十首》①,题注:"同林茂之前辈、杜于皇、孙豹人、张祖望、程穆倩、孙无言、许力臣、师六修禊红桥,酒间赋冶春诗。"又《渔洋集外诗》卷四有《冶春绝句二十四首》,去除重复而补收其一、其九、其十二、其二十一凡四首②,题注除开头"同"字作"邀"外,其余均同,据书中的交代可知这些诗辑自王士禛早年刊刻的《阮亭甲辰诗》(阮亭其号)。下文所述孙枝蔚同作以及孙枝蔚、陈玉璂两人完整的和作同样都是二十四首,也可以佐证这一点。因此,上引《居易录》称"二十余首"毋论,《渔洋诗话》称"二十首"显然是依据《渔洋诗集》来说的。至于王士禛的另一种《渔洋山人精华录》,于此组诗歌仅收十二首③,因其本身就是一个选本,所以另当别论。

(二)集会人物

从王士禛前面的那些叙述,尤其是《渔洋诗话》该条可知,涉及集会人物除他本人之外,计有林古度、张丹(原名纲孙)、杜濬、孙枝蔚、程邃(各以其字称)共五人。但据上引原唱诗歌题注,可知还有孙默,许承宣、许承家兄弟(各以其字称)共三人。因此,前面《渔洋诗话》该条虽然所列相对最多,但由于没有添上"诸""辈"这样的字词,所以严格说来是错误的。

以上林古度等八人,目前有诗集传世而仍旧保留有当时同作的,只有孙枝蔚。其《溉堂集·前集》卷九"七言绝句""甲辰"第一题,即为《清明,王阮亭招同林茂之、张祖望、程穆倩、许力臣师六,家无言,泛舟城西,酒间同赋冶春绝句二十四首》④。持此与王士禛原唱题注相比较,可以发现少一个杜濬。两组诗歌正文,对每一个集会人物都有直接描写,王士禛原唱见于《冶春绝句二十首》之十二(林古度)、十四(杜濬之外六人)⑤,孙枝蔚同作见于其十五(林古度)⑥、十七(张丹)、十八(程邃、孙默)、十九(许承宣、许承家)、二十(王士禛)⑦;而对杜濬,虽然前者之十五、后者之十六也有写到⑧,但自注一致交代"于皇有约不至""迟于皇不至"。这也就是说,杜濬虽曾"有约",实际并未参加集会。前面所说王士禛原唱题注,《阮亭甲辰诗》本开头用"邀"字,"邀"则可以"不至",所以不存在问题。而《渔洋诗集》本改作"同"字,以及自撰年谱、《渔洋诗话》直接将杜濬列入,这显然都是不符合事实的。

附带关于杜濬的"有约不至"或迟到,这几乎是他本人的一个习惯。例如前及王士禛自撰年

---

① 〔清〕王士禛著,袁世硕主编:《王士禛全集》,齐鲁书社2007年版,第385~388页。

② 〔清〕王士禛著,袁世硕主编:《王士禛全集》,齐鲁书社2007年版,第633~634页。

③ 见惠栋、金荣《渔洋精华录集注》上册卷三,齐鲁书社1992年版,第284~290页。

④ 〔清〕孙枝蔚:《溉堂集》上册,上海古籍出版社1979年版,第461~466页。

⑤ 〔清〕王士禛著,袁世硕主编:《王士禛全集》,齐鲁书社2007年版,第387页。

⑥ 〔清〕孙枝蔚:《溉堂集》上册,上海古籍出版社1979年版,第464页。

⑦ 〔清〕孙枝蔚:《溉堂集》上册,上海古籍出版社1979年版,第465页。

⑧ 〔清〕王士禛著,袁世硕主编:《王士禛全集》,齐鲁书社2007年版,第387页;〔清〕孙枝蔚:《溉堂集》上册,上海古籍出版社1979年版,第464~465页。

谱,同卷紧接着的"康熙四年乙巳"(1665)条,叙及该年上巳在扬州属县如皋冒襄家里举行"水绘园修禊",就说:"杜濬于皇后一日至,不及会。"①又如后来孔尚任等人在扬州"祕园"举行集会,事后孔尚任专门有一札《与杜于皇》:

祕园在北郭,非红桥一带也。今日之集,同人俱到,待足下久不至。有客云,见茶村乘舆疾行,向红桥问去。断非赴豪家之召,或迷武陵之津耳。敬以数行作桃片,祕园从此不祕矣。②

此札写得很风趣,大意是说杜濬(茶村其号)因为问错了路,所以赶不上"今日之集"。这在诗人集会唱和的活动中,可以看作是有趣的插曲。回看王士禛这次"红桥修禊",无论杜濬有何原因,他的"有约不至"确乎是一个事实。

此外,曾见《王士禛全集》附录一篇采自李元度《国朝先正事略》卷六的《王文简公事略》,其中叙及王士禛(文简其谥号)"在扬州,与林茂之、杜于皇、孙豹人、方尔止等修禊红桥"③。这里的方文(尔止其字),自然也应当除去。

(三)集会日期

关于王士禛"红桥修禊"的具体时间,只有上引孙枝蔚同作之标题"清明"处明确提及。王士禛原唱,《冶春绝句二十首》之九末句云:"平山堂下五清明。"这个"清明"很可能也是实指。另外今人杨积庆先生整理的《吴嘉纪诗笺校》,有《冶春绝句,和王阮亭先生》一题凡十一首,分见卷二(八首)、卷十五(三首)④,题注:"甲辰清明作。"又汪楫《悔斋诗》"七言绝句"内,有《春郊绝句》十六首⑤,题注:"甲辰清明日,同吴野人作。"这在正常情况下,应该是当天"红桥修禊"结束之后吴嘉纪(野人其号)、汪楫两人同和王士禛的原唱,只不过汪楫将诗歌标题中的"冶春"写成了"春郊"而已(参见下文)。因此,这个"红桥修禊"发生在本年的"清明"这一天,从目前这些材料来看确实是值得相信的。

需要注意的是,正如蒋寅先生《王渔洋事迹征略》本年条所定,这年的"清明",对应的是农历三月的初九日(辛未)⑥。而传统的"修禊",自东晋王羲之"兰亭修禊"而下,一般都是在通行的"上巳"即三月的初三日举行(春禊)。因此,王士禛这个"红桥修禊",严格说来,应该属于"补修禊"。或者说,这里的"修禊",如同后来齐学裘《劫余诗选》卷二十二《乾隆二十六年,卢雅雨都转转运淮南,日招杭堇浦、金寿门、陈江皋、沈学于、王载阳、张铁青、郑板桥修禊……》⑦二首标题所用的那样,只能理解为广义的郊外宴游。

然而,由于前引王士禛的各种诗文,以及其他大量转述的文字,都直接称之为"修禊",所以,一般读者包括笔者很容易按照传统的思路,将这个"红桥修禊"的具体时间定在"上巳"这一天。例如边中宝《竹岩诗草》卷下《题冶春诗社图》八首小序,就直接称"康熙甲辰上巳"云云(详后)。又乾隆皇帝《御制诗·三集》卷十九第二次南巡至扬州所作《游倚虹园,因题句》尾联:"预借花朝为上

---

① 〔清〕王士禛著,袁世硕主编:《王士禛全集》,齐鲁书社2007年版,第5073页。

② 徐振贵主编:《孔尚任全集辑校注评》第五编《湖海集》卷一一,齐鲁书社2004年版,第1201页。

③ 〔清〕王士禛著,袁世硕主编:《王士禛全集》,齐鲁书社2007年版,第5127页。

④ 〔清〕吴嘉纪著,杨积庆笺校:《吴嘉纪诗笺校》,上海古籍出版社1980年版,第58~59页、第468页。

⑤ 〔清〕汪楫:《悔斋诗》,见《清代诗文集汇编》第140册,第679~681页。

⑥ 蒋寅:《王渔洋事迹征略》,人民文学出版社2001年版,第106页。

⑦ 〔清〕齐学裘:《劫余诗选》,《续修四库全书》本,第1531册,第565页。

巳(是处旧名‘虹桥修禊’,明日即花朝,故云),冶春惯是此都民。”①丁宿章《湖北诗征传略》卷二十二所录李元奋《扬州绝句》三首之二:“官舫银灯曲水隈,琅琊风调冶春才。只今上巳红桥路,一树海棠花乱开。”②

他们显然也都以为“红桥修禊”发生在“上巳”。拙编《清诗选评》曾选评王士禛《冶春绝句二十首》,“点评”上来就说:“本题作于康熙三年甲辰(1664)上巳。”③而直到现在,才发现这个日期是错误的。

除此之外,后世记载的关于王士禛“红桥修禊”的时间,还有一些其他类型的错误。例如冯云鹏《扫红亭吟稿》卷四《题葛芸洲虹桥春泛图》二首之二,自注说:“顺治甲辰,王渔阳[洋]为扬州司理时,每公事暇,辄召宾客泛舟红桥,赋冶春诗二十首。”④

这里的“顺治”,乃系“康熙”之讹。而许宗衡《玉井山馆诗余》有一首《百字令·卞颂臣虹桥忆柳图》,小序开头说:“虹桥自渔洋秋禊,一时觞咏之盛甲于东南,垂二百年犹相称道。”⑤

许宗衡将“红桥修禊”这次所谓的“春禊”,当作了一般在农历七月十四日举行的“秋禊”,其在时间上的误差自然更大了。

附带关于前及王士禛自撰年谱同卷稍前“康熙元年壬寅”(1662)条记载的另一次“红桥修禊”:

> 其春,与袁于令萚庵诸名士(杜于皇濬、邱季贞象随、蒋釜山阶、朱秋崖克生、张山阳养重、刘玉少梁嵩、陈伯玑允衡、陈其年维崧)修禊红桥,有《红桥倡和集》。山人作《浣溪纱》三阕,所谓“绿杨城郭是扬州”是也。和者自茶村而下数君,江南北颇流传之,或有绘为图画者。于是,过扬州者多问红桥矣。⑥

这里其他毋论,所说时间“春”,据惠栋注引王士禛当时所撰《红桥游记》,实际乃是“季夏之望”⑦,即六月十五日。王士禛与邹祗谟合辑《倚声初集》正编卷三所收王士禛此词《浣溪纱·红桥怀古(三首存一)》之后的同作第一家杜濬同调《前题,和王阮亭韵》,上阕前两句云:“六月红桥涨欲流。荷花荷叶几时秋?”⑧这也可以确证为“季夏”六月。然而,王士禛在自撰年谱中却仍然称之为“修禊”,并且相应地把时间误定为“其春”,以致后人往往受到他的误导(其中《扬州画舫录》一处详后注释)。不过,由于该次唱和的文体是词而非诗,所以即使根据这一点,我们所说的王士禛“红桥修禊”,也不至于与之相混淆。当然,在考察“红桥修禊”的影响时,该次“红桥修禊”产生的作用也是不容忽略的。

二、冶春唱和

冶春诗在王士禛之前即有,如元明之际的著名诗人杨维桢就创作过,并且很有影响。但自“红

---

① 〔清〕弘历:《清高宗(乾隆)御制诗文全集》第4册,中国人民大学出版社1993年版,第519页。“红桥”后来或称“虹桥”。

② 〔清〕丁宿章:《湖北诗征传略》,《续修四库全书》本,第1707册,第478页。“琅琊”为王姓郡望,此处指王士禛。

③ 朱则杰:《清诗选评》,三秦出版社2004年版,第232页。

④ 〔清〕冯云鹏:《扫红亭吟稿》,《续修四库全书》本,第1491册,第250页。“司理”为推官别称。

⑤ 〔清〕许宗衡:《玉井山馆诗余》,见《清代诗文集汇编》第640册,第378页。

⑥ 〔清〕王士禛著,袁世硕主编:《王士禛全集》,齐鲁书社2007年版,第5068页。

⑦ 〔清〕王士禛著,袁世硕主编:《王士禛全集》,齐鲁书社2007年版,第5069页。

⑧ 〔清〕邹祗谟、王士禛:《倚声初集》,《续修四库全书》本,第1729册,第241页。

桥修禊”以后，这个影响即被王士禛取代。王士禛当时首唱的这一组诗歌，先后确实有很多人附和。从唱和的时间、作者及形式来看，这些作品大致可以分为三个批次。

第一批次，即“红桥修禊”当场诸家同作。根据上文所述，应邀参加这次集会的人物共有林古度、张丹、孙枝蔚、程邃、孙默、许承宣、许承家七人。他们都是诗人，并且绝大多数现今还有诗集流传。可惜的是，这些诗集同其他一般的诗集一样，在作品保存上都不可能做到真正完整，有的甚至缺漏极其严重。如林古度，他于“红桥修禊”该年“自携其万历甲辰（三十二年，1604）以后六十年之诗”托王士禛“删定”，结果王士禛仅选部分编为《林茂之诗选》二卷，“率皆辛亥（万历三十九年，1611）以前之作”①。正因为如此，所以诸家同作，我们只读到前引孙枝蔚的那一组诗歌。尽管如此，王士禛自撰年谱所说的“诸君皆和”，从常理来看仍然是值得相信的。不过，这种所谓唱和，实际上属于基本平行的共同创作。各家作品除另有特殊约定之外，一般只要求题目相同，而用韵不拘。孙枝蔚该组诗歌相对于王士禛原唱，便是如此。

第二批次，为“红桥修禊”事后友人和作。这批次的作者及作品，目前已知的又可以分为三组。

一是如前所述，在“红桥修禊”结束当天，吴嘉纪、汪楫两人就已经“属和”。现存两人和作，虽然数量不等，用韵与王士禛原唱也不尽相同，但吴嘉纪所作诗歌标题明确作《冶春绝句，和王阮亭先生》，汪楫诗歌又是“同吴野人作”，所以确实同为和作无疑。至于汪楫将诗歌标题中的“冶春”写成“春郊”，可能是由于汪楫当时对王士禛的原唱还不是特别了解（辗转得自吴嘉纪），或者后来自己又做过细微的修改，不过意思仍然基本相同。

二是在此稍后，陈维崧等人也有一次集体“属和”。据陈维崧《湖海楼诗集》卷一《和阮亭冶春绝句，同茂之、于皇、祖望、豹人、澹心、椒峰》②六首这一标题，可知至少有七位作者。其中林古度、张丹、孙枝蔚三人，本来就参加过“红桥修禊”，这一次则是真正意义上的和诗。现在还能读到孙枝蔚的和作，集内紧接前引那组同作，题为《后冶春，次阮亭韵》，凡二十四首③，用韵与王士禛原唱完全对应，仅第一首最末一句的韵字王士禛作“词”（“那能聊欠冶春词”）而孙枝蔚作“诗”（“解唱黄河远上诗”），不知究竟是谁曾经做过改动。又陈玉璂（椒峰其号），其和作见于《学文堂集·诗集》“七言绝”之一④，题为《和王阮亭冶春诗二十四首》，唯用韵不尽相同。这说明，所谓和诗，虽然以和韵最为严格、标准，但也不妨仍旧只和题目。又余怀（澹心其号），王士禛所辑《感旧集》卷七录有其《和阮亭冶春诗》一首⑤，应该也属于当时的和作。

三是陈玉璂的诗歌，其十八、十九还分别提到吕师濂（字黍字）、刘体仁（官“比部”）⑥。这表明当时与陈玉璂等一起创作的七人中可能有此两人。今人整理的刘体仁《七颂堂集》，其中第一种

① 〔清〕林古度：《林茂之诗选》卷首王士禛序，《清代诗文集汇编》本，第1册，第2页。

② 〔清〕陈维崧：《湖海楼诗集》，见《陈维崧集》上册，上海古籍出版社2010年版，第566～568页。此外该本《陈维崧集补遗》卷三《诗》之八“七绝”，分别据王士禛辑《感旧集》、乾隆刻本《湖海楼全集》，辑有“水阁萧萧三两家”云云、“官舫银灯赋冶春”云云各一首，见下册，第1767页、第1770页。《感旧集》该首原载卷一一，标题作《和阮亭冶春绝句，同茂之、于皇、祖望、豹人、澹心、赓明》（“赓明”系陈玉璂表字），见《四库禁毁书丛刊》本，集部第74册，第349页。

③ 〔清〕孙枝蔚：《溉堂集》上册，上海古籍出版社1979年版，第466～471页。

④ 〔清〕陈玉璂：《学文堂集》，《四库全书存目丛书补编》本，第48册，第9～10页。

⑤ 〔清〕王士禛：《感旧集》，《四库禁毁书丛刊》本，集部第74册，第276页。康爵辑余怀《味外轩诗辑》所录此诗，原始出处即在于此，见《清代诗文集汇编》第57册，第411页。

⑥ 〔清〕陈玉璂：《学文堂集》，《四库全书存目丛书补编》本，第48册，第10页。

《七颂堂诗集》以及最末新增的《诗文补辑》，均未见有关和作①。吕师濂的诗集笔者还没有条件阅读，但在民国时期徐世昌所辑《晚晴簃诗汇》卷十七中读到一首《广陵冶春词，和阮亭先生》②，其情形正与余怀相似。

以上三组，即使去除刘体仁，明确可知和过王士禛冶春诗的作者，也已有十人之多。当然，他们作为王士禛的友人，究竟是出于主动，还是像上及汪楫该题同卷后面第四题《禅智寺有东坡断碣，日久零落，王阮亭先生属硕揆上人重葺之，索和二首》③所示的那样，系王士禛"索和"，这一点很难确断，最大的可能是兼而有之。不管怎么说，前引王士禛《居易录》称"一时名士皆属和"，客观上应该是符合事实的。

另外，前面一再出现的杜濬，其《变雅堂遗集·诗集》内虽然未见同作、和作，但卷九"七言绝句"有一首《题王阮亭冶春词后》④，可知其确实很熟悉王士禛的冶春诗。又宗元鼎《芙蓉集》卷一二"七言绝句"，有康熙四年(1665)《乙巳春，夜读王阮亭先生冶春、红桥、真州诸绝句，漫作八首》⑤，同样可以见出王士禛冶春诗在当时的影响；经常被人征引、化用的"五日东风十日雨，江楼齐唱冶春词"两句，就出自这组诗歌的第七首。⑥

附带关于上及陈维崧该题诗歌，其《湖海楼诗集》本卷内部将之编年在康熙二年"癸卯"(1663)，这明显是一个疏忽。此外前及丁宿章《湖北诗征传略》，卷一六"奚禄诒"条说：

> 禄诒……官江苏。……与杜于皇为中表，诗歌酬唱，谊若弟昆，诗境亦复相近。……《冶春词，约于皇不至》云："杜陵老叟穷可怜，犹能斗酒诗百篇。今朝何处炉头醉，知有人家送酒钱。"⑦

这里所谓奚禄诒"约"杜濬"不至"的《冶春词》，实际就是前述王士禛《冶春绝句二十首》中的第十五首，而丁宿章不免张冠李戴。

第三批次，为"红桥修禊"事后他人和作。这批次的作者不限身份、地域乃至时代，因此为数更多，只能举例说明。

乾隆年间黄文旸，其《扫垢山房诗钞》卷一有《上巳后二日，同人雨中登红桥，用渔洋山人冶春原韵》二十首⑧。其中特别引人注意的，是最末第二十首：

> 上巳清明才两日，渔洋修禊忆芳型。
> 十风五雨催行乐，记取红桥桥上亭。⑨

---

① 〔清〕刘体仁撰，王秋生校点：《七颂堂集》，黄山书社2008年版。另按：《七颂堂诗集》卷八"绝句·七言"内，第一题为《题李长蘅画为阮亭》，第三题却为《岁寒杂咏》四首，据题注乃明末崇祯十六年(1643)"癸未，寓石城"作，当时王士禛还只有十岁，可知原书前后作品编次相当混乱。此二题同见第107页。又其后康熙七年(1668)《戊申三月廿八日小集河亭，赋柳枝词八首……王阮亭……同作》，与倒数第三题《寄阮亭扬州》，情形相似，依次见第109页、第116页。

② 徐世昌：《晚晴簃诗汇》第1册，中华书局1990年版，第496~497页。

③ 〔清〕汪楫：《悔斋诗》，见《清代诗文集汇编》第140册，第681页。

④ 〔清〕杜濬：《变雅堂遗集》，《续修四库全书》本，第1394册，第159页。

⑤ 〔清〕宗元鼎：《芙蓉集》，《四库全书存目丛书》本，集部第238册，第411~412页。题内所谓"红桥"之"绝句"，疑指前述康熙元年壬寅(1662)那次"红桥修禊"首唱之《浣溪纱》词。

⑥ 〔清〕宗元鼎：《芙蓉集》，《四库全书存目丛书》本，集部第238册，第412页。

⑦ 〔清〕丁宿章：《湖北诗征传略》，《续修四库全书》本，第1707册，第346页。

⑧ 〔清〕黄文旸：《扫垢山房诗钞》，《续修四库全书》本，第1459册，第17~18页。

⑨ 〔清〕黄文旸：《扫垢山房诗钞》，《续修四库全书》本，第1459册，第18页。

这里的首句"上巳清明才两日",对照标题所说的"上巳后二日",盖以"清明"与"上巳"为同一天。黄文旸生于乾隆元年丙辰(1736)。① 据已故郑鹤声先生编《近世中西史日对照表》,从此起直到乾隆五十六年辛亥(1791)才出现"清明"与"上巳"重合的日子②。而《扫垢山房诗钞》此题编在卷一,显然系黄文旸早年所作,当时不存在"清明"与"上巳"重合的情况。因此,联系诗歌第二句"渔洋修禊忆芳型"来看,黄文旸很可能是误以为王士禛"红桥修禊"该年"清明"与"上巳"刚巧重合。而这种误解正是由那次集会一方面发生在"清明",另一方面又称作"修禊"造成的。

清末刘毓崧《通义堂文集》卷七《吴让之先生小红桥唱和诗册跋》,记载有另一次"小红桥修禊":

> 道光乙未,李兰卿都转官常镇通海道,榷署在扬,与绅士寓公唱和几无虚月。是年上巳日,小红桥修禊,会者十六人,同集载酒堂,以所题楹帖中"昼了公事,夜接诗人""禅智寻碑,红桥修禊"十六字分韵……又各和王渔洋冶春词原韵二十首。③

这里"乙未"为道光十五年(1835)。该次集会由李彦章(兰卿其字)发起④,参加者据省略号处所列乃有吴廷扬(让之其号)以及刘毓崧之父刘文淇等十五人。全部"会者""各和"王士禛冶春诗,可以想见其盛况。此外如刘文淇《青溪旧屋诗集》卷一一有《李兰卿观察彦章招同桃花庵修禊,和新城王文简公冶春词(二十首存六)》⑤一题,作期不详,不知是否属于同一次;如果不是同一次,那就更能够反映李彦章等人举行"修禊"并"各和"王士禛冶春诗之频繁。

这些作者的和作,全部都是和韵。其所和原唱,都是前述王士禛《冶春绝句二十首》,这显然与王士禛诗集的流传情况有关。如嘉庆年间乐钧《青芝山馆集·诗集》卷二二《效渔洋冶春词九首》⑥,通过其题注"'嬉春'第一集"可知其是仿作,"效渔洋冶春"并且还被定为乐钧等人"嬉春诗社"首次集会的社题。

上述三个批次的唱和,对于王士禛"红桥修禊"来说,只有第一批次属于对应的集会唱和。另两个批次,尽管本身也多为集体创作,但与王士禛"红桥修禊"并不发生在同一次,所以总体上只能算是非集会唱和。而作为原唱的王士禛冶春诗,如同沈起元《敬亭文稿》卷八《运使卢雅雨七十寿序》所说"本朝渔洋先生司李于此……《冶春》倡和之什布海内"⑦,一直绵延不绝,从而形成了一个庞大的专题唱和。这在王士禛的所有作品中,大概仅次于另一组《秋柳诗四首》引发的"秋柳唱和"。它从一个侧面反映了王士禛"红桥修禊"的影响。

三、冶春诗社

王士禛"红桥修禊""冶春唱和",还生发出所谓的"冶春诗社"。关于"冶春诗社"的记载,目前

---

① 参见江庆柏《清代人物生卒年表》,人民文学出版社2005年版,第693页。所据黄文旸《扫垢山房诗钞》卷五《寿吴柏槎六十》,首句云:"我生岁丙辰。"

② 郑鹤声编:《近世中西史日对照表》,中华书局1981年版,第551页。

③ 〔清〕刘毓崧:《通义堂文集》,《续修四库全书》本,第1546册,第425~426页。

④ 李彦章《榕园诗钞·载酒堂集》卷上有《上巳日,小红桥修禊,会者十六人,同集载酒堂,以余所题楹帖中"昼了公事,夜接诗人""禅智寻碑,红桥修禊"十六字分韵,各赋五言古诗,拈得"碑"字》,可见《清代诗文集汇编》第584册,第490~491页。而所说"和王渔洋冶春词原韵二十首",该处未见,可能已佚。

⑤ 〔清〕刘文淇:《青溪旧屋诗集》,《续修四库全书》本,第1517册,第78~79页。

⑥ 〔清〕乐钧:《青芝山馆集》,《续修四库全书》本,第1490册,第625页。

⑦ 〔清〕沈起元:《敬亭文稿》,《四库未收书辑刊》本,第八辑第26册,第277页。

所见比较原始、完备的,即前及边中宝《竹岩诗草》卷下《题冶春诗社图》八首小序:

> "冶春诗社"者,阮亭先生司李扬州时修禊故地也。康熙甲辰上巳,先生于小秦淮西岸北控虹桥之区,与诸名士赋诗饮酒,极目骋怀,首唱冶春诗廿四章,群贤和之。一时佳话流传,直追永和故事。嗣后地渐荒芜,归之田氏。主人香芷,念前修之遗迹,慨兴废之靡常,即其址扩而新之,名曰"冶春园"。倩王虚舟笔,大书"冶春诗社",泐之石。又觅名画工绘图,且为记。顿使先哲所遗,焕然改观焉。乾隆壬辰,余偕随园弟来游,见夫崇楼复道、异石繁花,心为之喜。及披阅图记,更不觉悒悒于百有九年之往事也。题诗八首,亦犹是"俯仰今昔,感慨系之"云尔。①

这里"壬辰"为乾隆三十七年(1772),小序及诗歌应该就作于这一年。蒋士铨《忠雅堂诗集》卷二〇,也有《田园主人画冶春诗社图,即阮亭司理红桥修禊处。既为作记,缀诗》②十二首,编年同样在"壬辰"。唯蒋士铨所撰图记,其《忠雅堂文集》内未见,有可能已经遗佚。

根据边中宝这篇小序的叙述,可以知道这个"冶春诗社",实际上是一个地名。其之所以取这个名字,乃是因为该地原为王士禛举行"红桥修禊"及首次"冶春唱和"的地方,相当于一个纪念性的场所。此时的主人姓田,名毓瑞,"香芷"疑为其字,捐有知府衔。蒋士铨该组诗歌最末第十二首称该地为"田家园子"③,标题则简称为"田园"。"冶春诗社"就位于"田园"之内,而"田园"又称"冶春园"。所绘《冶春诗社图》,乃是关于这个地方的风景图,而不是某一个诗社的社图。

《冶春诗社图》的绘画时间,应该在边中宝等人题诗之前,但具体年份无法确定。卢见曾《雅雨堂诗集》卷下《红桥修禊》四首小序,曾叙及乾隆二十二年"丁丑"(1757)皇帝第二次南巡时,扬州红桥所在的"保障湖"一带疏浚整理,"两岸园亭,标胜景二十",其中有一景称作"冶春诗社"④。这应该就是指田毓瑞的"冶春诗社",或者以之作为标志性建筑。稍后李斗撰《扬州画舫录》,在"冶春诗社""冶春园"诸名称之外,还一再提到"冶春社""冶春茶社""冶春楼"以及"倚虹园""虹桥修禊"等(文繁不注),大致也都在这个地方,只不过涉及不同时代,名称有别,或者范围大小不尽相同而已。到了同治年间,"旧在虹桥西岸'冶春园'内"的"冶春诗社""久圮","运使方濬颐移建长春桥旁'课桑局'后"⑤,如同方濬颐《二知轩诗续钞》卷一四《平山堂杂诗,次研山韵》十首之七起句及自注所云:"冶春诗社湖东补(社本在湖西)。"⑥这就更加说明,"冶春诗社"仅仅是一个地名,并不是一般所说的诗社。

不过,自从"冶春诗社"这个名称出现之后,就有人有意无意地将它理解为一般所说的诗社,也就是将王士禛"红桥修禊"当成了诗人结社。一如前及边中宝《题冶春诗社图》八首,正文有云:"虹桥南畔开诗社,多少名流得得来。"(其二)"主盟首唱冶春章,梁苑邹枚各献长。"(其三)⑦边中

---

① 〔清〕边中宝:《竹岩诗草》,《四库未收书辑刊》本,第十辑第18册,第708页。

② 〔清〕蒋士铨著,邵海清校,李梦生笺:《忠雅堂集校笺》第3册,上海古籍出版社1993年版,第1300~1301页。

③ 〔清〕蒋士铨著,邵海清校,李梦生笺:《忠雅堂集校笺》第3册,上海古籍出版社1993年版,第1301页。

④ 〔清〕卢见曾:《雅雨堂诗集》,《续修四库全书》本,第1423册,第437页。李斗《扬州画舫录》卷一〇《虹桥录·上》卢见曾小传谓"二十景"建于此后乾隆三十年"乙酉"(1765)皇帝第四次南巡时,恐误,见江苏广陵古籍刻印社1984年版,第218~219页。

⑤ 〔清〕王定安等:《重修两淮盐法志》卷一五〇《杂纪门·祠宇》,《续修四库全书》本,第845册,第593页。

⑥ 〔清〕方濬颐:《二知轩诗续钞》,《续修四库全书》本,第1556册,第248页。

⑦ 〔清〕边中宝:《竹岩诗草》,《四库未收书辑刊》本,第十辑第18册,第708页。

宝之诗反映了他认为王士禛当时是在“开诗社”,并担任通常所说的社长。二如光绪年间,扬州地区有一个臧谷等人组织的诗社“冶春后社”。其既称“后社”,自然是相对于“前社”而言,也把“冶春诗社”理解为了一般所说的诗社。两种表述,都有可能给后世的读者造成误导。

然而事实上,王士禛等人举行“红桥修禊”,并没有结社之意,更没有立社之名。康熙初年,正是清政府严禁文人结社的时候。王士禛身为掌管刑法的朝廷命官,在这方面无疑比一般人更加清醒。他后来一路官运亨通,仕至刑部尚书,与他作为一个诗人虽多有集会唱和之举却从不明确创立诗社,恐怕也不无关系。无论从主观还是客观上来看,这个“红桥修禊”相对于结社而言,都仅仅是一般所说的集会。

附带关于道光年间山东王培荀撰《乡园忆旧录》,卷四曾说:

> 渔洋……在扬州作冶春词……后田家园作《红桥诗社图》,蒋心余题之云:“难觅风流杜牧之,绿杨城郭故迟迟。如何一片红桥水,肠断渔洋七字诗。”“红桥诗社”与“秋柳诗社”,南北辉映,永为骚坛故事矣。①

这里的《红桥诗社图》,实际应该是《冶春诗社图》。所引蒋士铨(心余其字)题诗,见于前及组诗开头第一首②,次句“迟迟”原作“参差”。而所谓“红桥诗社”以及“秋柳诗社”,也都不是真正的诗社。

王士禛“红桥修禊”之后,该地诗人集会唱和活动蔚成风气,经久不衰。例如康熙二十七年戊辰(1688)的孔尚任“红桥修禊”③,前及乾隆二十二年丁丑(1757)的卢见曾“红桥修禊”,嘉庆六年辛酉(1801)的曾燠“虹桥修禊”,前及道光十五年乙未(1835)的李彦章“小红桥修禊”等,足以形成一个“红桥修禊”的系列。王士禛“红桥修禊”的创始意义,由此可以看得更加清楚。在清代整个扬州地区乃至全国各地的各种诗人集会之中,王士禛这个“红桥修禊”也是十分突出和值得特别关注的。

---

① 〔清〕王培荀:《乡园忆旧录》,《续修四库全书》本,第1180册,第656页。

② 〔清〕蒋士铨著,邵海清校,李梦生笺:《忠雅堂集校笺》第3册,上海古籍出版社1993年版,第1300页。

③ 详参拙作《孔尚任扬州大型集会考论》,载《淮阴师范学院学报》2013年第6期,第764~768页。李斗《扬州画舫录》卷一〇《虹桥录·上》(江苏广陵古籍刻印社1984年版)梅文鼎小传叙及该集会,误以为“此在渔洋之前”,见第231页。关于这一点,已故钱承芳先生在《扬州虹桥考》一文的第二部分《虹桥修禊》亦曾指出,可见《钱承芳文集》,广陵书社2008年版,第26页。此外,《扬州画舫录》(江苏广陵古籍刻印社1984年版)同卷王士禛(正)小传叙及前述康熙元年壬寅(1662)唱和《浣溪纱》词那次“红桥修禊”,谓“壬寅春”云云,于季节亦误,见第211页。

清初钱谦益王士禛“代兴”说再议

严志雄*

钱谦益(牧斋,1582~1664)与王士禛(渔洋,1634~1711),相继主明末清初(约17世纪)文坛数十年,乃文学史上重要人物。学者向有所谓钱王“代兴”一说,钱王故事,已成文坛佳话。于此,论者已多,考辨精审,本无置喙之地,特年来读牧斋书文,于此事亦尝反复思考,偶存一二札记。今谨将钩稽所得,勒成本文,固未敢自信,以就教于海内外学者云尔。

“代兴”之说,其来有自,始作俑者,其实就是渔洋本人。渔洋晚年,曾于多处追忆其早岁与牧斋交往之旧事,谓牧斋序己诗集,有“与君代兴”之语,奖掖提携有加,乃“平生第一知己”,云云。后之学者,遂以八十翁牧斋先生慧眼识英雄,读渔洋集,大为赞赏,即许尚未及而立之年的渔洋继己主盟诗坛,而后渔洋果成清诗“一代正宗”。这个看法,今已几成定论,学者津津乐道。①

本文拟对钱王“代兴”之相关文献,作一脉络化(contextualization)与问题化(problematization)的处理,通过考察、比较若干类似牧斋与渔洋交往的案例,厘清所谓钱王“代兴”的实质义涵。笔者认为,牧斋欣赏渔洋是事实,但从无“与君代兴”之语,其但云“值贻上代兴之日”,而牧斋“代兴”云云,亦须于“世代交替”的脉络、寓意中理解,方得其实。

一、钱王“代兴”说之核心文献

牧斋与渔洋有通家之谊。牧斋与渔洋叔祖王象春(季木,1578~1632)同登万历三十八年(1610)榜进士,为挚友。②

顺治十七年(1660)春,渔洋到扬州推官任。次年(1661)五月,值牧斋甥归吴,遂托其呈书及诗集,又请牧斋及柳夫人如是和己之成名作《秋柳诗四首》。③ 牧斋报书,今传,云:

> 余生暮年,销声息影。风浪瞥起,突如焚如。介恃天慈,得免腰领。噩梦已阑,惊魂未慭。远承慰问,深荷记存。惟有向长明灯下,炷香遥祝而已。伏读佳集,泱泱大风。青丘、东海,吞吐于尺幅之间,良非笔舌所能赞叹。词坛有人,余子皆可以敛手矣。老耄丛残,仰承推许,三

---

* 作者简介:严志雄,台湾“中央研究院”中国文哲研究所,教研员。

① 可参裴世俊《钱谦益诗歌研究》,宁夏人民出版社1991年版,第292~302页;孙之梅《钱谦益与明末清初文学》,齐鲁书社1996年版,第385~397页;蒋寅《王渔洋与康熙诗坛》,凤凰出版社2013年版,第1~22页。

② 本节所述渔洋事迹,多据蒋寅《王渔洋事迹征略》(人民文学出版社2001年版,第68~69页,第74~76页)。又参蒋寅《王渔洋与康熙诗坛》(凤凰出版社2013年版,第1~8页)。

③ 关于渔洋的《秋柳诗四首》及其时的唱和活动,可参拙著《秋柳的世界——王士禛与清初诗坛侧议》(香港大学出版社2013年版)。

复德音,惭惧交并。轻材朴学,本不敢建立门户,侧足艺林。幸奉先生长者之训,稍知拨弃俗学,别裁伪体。采诗余论,聊尔发挥。遂使谣诼纷如,弹射横集。俗习沈痼,末学晦蒙。醯鸡井猿,良可愍叹。日星在天,江河万古。欧阳公有言,岂为小子辈哉?八十老叟,余年几何。既已束身空门,归心胜谛。义天法海,日夕研求。刳心刻肾,如恐不及。何暇复沈湎笔墨,与文人才子争目睫之短长哉?非旁行之书不观,非对法之论不作。世间文字,一一皆回向般若。呗赞之余,游戏讽咏。禅则寒山、梵志,儒则《击壤》《江门》,可以助发道情,消除萌界。假年送老,如是而已。《秋柳》新篇,为传诵者攫去。枚生已老,岂能分兔园一席,分韵忘忧。白家老媪,刺促爨下,吟红咏絮,邈若隔生,无以仰副高情,思之殊惘惘也。不尽之私,尚容续布。临楮依依,不胜驰企之至。①

牧斋未和《秋柳》诗,渔洋失望,可想而知,乃再修函牧斋,并呈己诗集,求序。逮九月梢牧斋八十大寿,老友丁继之买舟金陵,远赴虞山祝贺,诗酒宴乐之际,为道渔洋企慕之情。牧斋为之感动,乃制一序,意犹未尽,又作长诗一首以赠渔洋,并有附书。爰具录如次。

牧斋《王贻上诗序》云:

神庙庚戌之岁,偕余举南宫者,关西文太清、新城王季木、竟陵钟伯敬,皆雄骏君子,掉鞅词坛。太清博而奥,季木赡而肆,踔厉风发,大放厥词。太清赠季木曰:"元美吾兼爱,空同尔独师。"盖其宗法如此。而伯敬以幽闲隐秀之致,标指《诗归》,窜易时人之耳目。迄于今,轻材讽说,簸弄研削,莫不援引钟、谭,与王、李、徐、袁分茅设蕝。而关西、新城之集,孤行秦、齐间,江表之士,莫有过而问者。三子之才力,伯仲之间耳,而身后之名,飞沈迥绝,殆亦有幸有不幸焉。千秋万岁,古人所以深叹于寂寞也。

季木殁三十余年,从孙贻上,复以诗名鹊起。闽人林古度铨次其集,推季木为先河,谓家学门风,渊源有自。新城之坛坫,大振于声销灰烬之余,而竟陵之光焰熸矣。余盖为之抚卷太息,知文苑之乘除,有刦运参错其间,抑亦可以观天咫也。

嗟夫!诗道沦胥,浮伪并作,其大端有二。学古而赝者,影掠沧溟、弇山之剩语,尺寸比儗,此屈步之虫,寻条失枝者也。师心而妄者,惩创《品汇》《诗归》之流弊,眩运掉举,此牛羊之眼,但见方隅者也。之二人者,其持论区以别矣。不知古学之由来,而勇于自是,轻于侮昔,则亦同归于狂易而已。贻上之诗,文繁理富,衔华佩实。感时之作,恻怆于杜陵;缘情之什,缠绵于义山。其谈艺四言,曰典,曰远,曰谐,曰则。沿波讨源,平原之遗则也;截断众流,杼山之微言也。别裁伪体,转益多师,草堂之金丹大药也。平心易气,耽思旁讯,深知古学之由来,而于前二人者之为,皆能淘汰其症结,祓除其嘈囋。思深哉!《小雅》之复作也,微斯人,其谁与归?

贻上以余为孤竹之老马,过而问道于余,余遂趣举其质言以为叙。往余尝与太清、季木论文东阙下,劝其追遡古学,毋沿洄于今学而不知返。太清喟然谓季木曰:"虞山之言是也,顾我老不能用耳。"今二子墓木已拱,声尘蔑如。余八十昏忘,值贻上代兴之日,向之镞砺知己,用古学劝勉者,今得于身亲见之,岂不有厚幸哉!书之以庆余之遭也。②

《古诗赠新城王贻上》云:

风轮持大地,击扬为风谣。吹万肇邃古,赓歌畅唐尧。朱弦泛汉魏,丽藻沿六朝。有唐盛

---

① 〔清〕钱谦益著,〔清〕钱曾笺注,钱仲联标校:《牧斋杂著》,上海古籍出版社2007年版,第225~226页。

② 〔清〕钱谦益著,〔清〕钱曾笺注,钱仲联标校:《牧斋有学集》卷一七,上海古籍出版社1996年版,第765~766页。

词赋，贞符汇元包。百灵听驱使，万象穷锼雕。千灯咸一光，异曲皆同调。彼哉譊譊者，寄穴纷科条。初唐别中晚，画地成狴牢。妙悟掠影响，指注窥厘毫。瓮天醯鸡覆，井穴痴猿号。化为劣诗魔，飞精入府焦。穷老蔽蔀屋，不得瞻泬寥。正始日以远，词苑杂莠苗。猷吉才雄骜，学杜餔醨糟。仲默俊逸人，放言訾谢陶。考辞竞嘈嘈，怀响归浮漂。江河久壅决，蜃溷亦腾嚣。幺弦取偏张，苦调搜啁噍。乌空而鼠即，厥咎为诗訞。丧乱亦云膴，诗病不可瘳（叶）。譬彼膏肓疾，传染非一朝。呜呼杜与韩，万古垂斗杓。《北征》《南山》诗，泰华争岧峣。流传到于今，不得免傲嘲。况乃唐后人，嗤点谁能跳？穷子抵尺璧，冻人裂复陶。熠耀点须弥，可为渠略标。昌黎笑群儿，少陵诃汝曹。嗟我老无力，掩耳任叫呶。王君起东海，七叶光汉貂。骐骥奋蹴踏，万马喑不骄。识字函雅故，审乐办箫韶。落纸为歌诗，绛云卷青霄。自顾骨骼马，刓残卧东郊。敢云老识路，昏忘惭招邀。河源出星海，东流日滔滔。谁跖巨灵掌？一手堙崩涛。古学丧根干，流俗沸螗蜩。伪体不别裁，何以亲风骚？珠林既深深，玉河复迢迢。方当剪榛楛，未可荣兰苕。瓦釜正雷鸣，君其信所操。勿以独角麟，媲彼万牛毛。伊余久归佛，翻经守僧寮。枨触为此诗，狂言放调刁。无乃禅病发，放笔自抑搔。起挑常明灯，忏除坐寒宵。①

牧斋致渔洋书云：

仆于君家文水，为同年同志之友，而司马中丞暨令祖，皆以年家稚弟，爱我勖我。草木臭味，不但孔、李通家也。丧乱以来，故旧寥落。东望鹊山秋色，未常不低徊延伫。顷闻门下鹊起东海，整翮云霄。一时才华之士，莫不手捧盘匜，奉齐盟于下风。私心鼓舞，窃喜我文水之家风，大振于劫灰之后也。舍甥北归，奉大集见示。如游珠林，如泛玉海。耳目眩运，且惊且喜。舍甥邮传嘉命，鸱索糠秕之导。屏营傍偟，未敢拜命。丁继之自金陵来，道门下驻节水亭，灯炧酒阑，未尝不顾念耄老，思以文事相商榷。以此知东郊老马，犹以识道动伯主之物色。又重以累世气谊，何敢以衰废自外于门墙。遂力疾草序文一通，托丁老附呈侍史。仆老悖朴学，不善为谀词。翻阅佳什，包孕古今，证响风雅。窃欲以狂澜既倒，望砥柱于高贤。虽言之不文，其意有独至者。序有未尽，又别见于扇头一章。老人多忘，信心信笔，惟吾丈心鉴之而已。贫病索居，关河多阻。未能舂粮买舟，奉扣铃阁，班荆剪韭，以倾吐结轖。裁书草草，未尽驰企。②

渔洋得牧斋之序、诗及书，大喜过望，即回信答谢。牧斋于昆山道中接获，报书云：

玉峰邮中，忽奉长笺。温文丽藻，晔如春花。东风入律，青云干吕。奉读数过，笑继以抃。自分以木桃之投，而致琼瑶之报。私心怦营，愧无以仰副德音也。衰迟潦倒，卖身空门，旧学无几，遗忘殆尽。惟有日翻贝叶，消闲送老。世间文字，茫然如前尘积劫。门下散花落彩，如卿云在天，有目共睹。老人未免枨触童心，鼓动习气，欲从蒲团上扬去，以此自笑耳。近日诗家，如稻麻苇粟，狂易瞽眩。今得法眼刊定，又有伯玑、玄觉，共为鉴裁，广陵当又筑文选台矣。西樵诗渴欲请教，邮中都未见寄，惄如调饥，我劳如何？邗沟一水，不能办十日舂粮，趋侍铃阁。京江间阻，便如明河天堑，可一叹也。乱后撰述，不复编次，缘手散去，存者什一。荆妇近作当家老姥，米盐琐细，枕籍烟熏，掌簿十指如锥，不复料理研削矣。却拜尊命，惭惶无地。杜诗非易注之书，注杜非小可之事，生平雅不敢以注杜自任。今人知注杜之难者亦鲜矣，可叹

① 〔清〕钱谦益著，〔清〕钱曾笺注，钱仲联标校：《牧斋有学集》卷一一，上海古籍出版社1996年版，第543～544页。

② 〔清〕钱谦益著，〔清〕钱曾笺注，钱仲联标校：《牧斋杂著》，上海古籍出版社2007年版，第224～225页。

也！西江王于一，苦心学四大家文字，其佳者可谓合作。溘逝之后，遗文散佚。倘得属伯玑搜辑，序而传之，俾此子不为草亡木卒，诚艺林所仰望也。贵门人便邮，草率奉复。积怀缕缕，都无伦次，惟高明谅之。①

此后，牧斋尚有致渔洋一函，大约亦是年秋冬间所寄，云：

衰暮之年，荒村息影。笔墨两字，了不挂心。恭承嘉命，惟有永叹而已。嘉贶侑缄，具悉盛雅。粗布暖身，瓦盆盛酒。帀爵之赐，殊非所宜。谨拜嘉什袭，传示子孙而已。令兄年翁大集，邮中未曾颁赐，恐有浮沈，敬胥后命。伯玑想尚在舍，幸道相念。寒窗裁谢，临风怅然。不一。②

渔洋顺治十八年致牧斋诸函，今概不传，惜哉。渔洋集中有《蓉江寄牧翁先生》一首，则其得牧斋赐序及诗后所奉答者。诗云：

芙蓉江上雨廉纤，东望心知拂水岩。共识文章千古事，直教仙佛一身兼。

夜闻寒雪推篷笠，春惜浪花侧帽檐。两到江南不相见，少微空向老人占。③

其时渔洋才二十八岁，甫入仕，而得一代龙门高度赞扬，心中感激，可想而知；若说渔洋毕生感念牧斋，亦不为过。渔洋晚年，有多处文字忆及此事，屡述牧斋"代兴"之语，又谓牧斋为"平生第一知己"。如《渔洋诗话》云：

虞山钱宗伯赠余古诗云："骐骥奋蹴踏，万马喑不骄。勿以独角麟，俪彼万牛毛。"又为作集序，有"与君代兴"之语。时余年甫逾弱冠耳，为其所赏异如此。余后有绝句云："少年薄技悔雕虫，拂拭当年荷巨公。红豆庄前人去久，花开花落几春风！"④

必须注意，渔洋于此谓牧斋序中"有'与君代兴'之语"，实袭用《左传》语为言，牧斋序但云"值贻上代兴之日"。

《居易录》云：

牧翁于予有知己之感。顺治辛丑，序予《渔洋诗集》，有"代兴"之语。寄予五言古诗云："勿以独角麟，俪彼万牛毛。"今三十余年，先生墓木拱矣。⑤

又如《古夫于亭杂录》云：

予初以诗贽于虞山钱先生，时年二十有八，其诗皆丙申后少作也。先生一见，欣然为序之，又赠长句，有"骐骥奋蹴踏，万马喑不骄。勿以独角麟，俪彼万牛毛"之句，盖用宋文宪公赠方正学语也。又采其诗入所撰《吾炙集》。方畲山自海虞归，为余言之，所以题拂而扬诩之者，无所不至。予尝有诗云："不薄今人爱古人，龙门登处最嶙峋。山中柯烂蓬莱浅，又见先生制作新。""白首文章老巨公，未遗许友入闽风。如何百代论骚雅，也许怜才到阿蒙。"今将五十年，回思往事，真平生第一知己也。⑥

渔洋如此细细追忆，固不难理解，乃其对牧斋恩惠心存感激的表示。再则，此亦往自己脸上贴金之事，何乐而不为？

---

① 〔清〕钱谦益著，〔清〕钱曾笺注，钱仲联标校：《牧斋杂著》，上海古籍出版社2007年版，第223～224页。

② 〔清〕钱谦益著，〔清〕钱曾笺注，钱仲联标校：《牧斋杂著》，上海古籍出版社2007年版，第226～227页。

③ 〔清〕王士禛著，袁世硕主编：《王士禛全集》，齐鲁书社2007年版，第362页。

④ 〔清〕王士禛著，袁世硕主编：《王士禛全集》，齐鲁书社2007年版，第4757页。

⑤ 〔清〕王士禛著，袁世硕主编：《王士禛全集》，齐鲁书社2007年版，第3872页。

⑥ 〔清〕王士禛著，袁世硕主编：《王士禛全集》，齐鲁书社2007年版，第4880页。

二、“声气无如文字亲”——“代兴”之寓意

(一)“代兴”之为义

“代兴”者，更迭兴起也，或指政权之迭代，或指天时更迭变化，或指文章体制之变易，或指文人相继兴起，广泛而言，则用于描述各种现象之代雄。

上古文献中，代兴一语多喻政权之迭代，如《左传·昭公十二年》：“齐侯举矢曰：有酒如渑，有肉如陵。寡人中此，与君代兴。”注曰：“代，更也。”①《国语·郑语》：“及平王末而秦、晋、齐、楚代兴。”②《战国策·燕一》：“且夫三王代兴，五霸迭盛，皆不自覆也。”③《大戴礼记·少闲》：“舜崩，有禹代兴。”④

代兴，初亦指天时更迭、变化。《荀子·不苟篇》：“变化代兴谓之天德。”⑤《吕氏春秋·仲夏记·大乐》：“四时代兴，或暑或寒。”⑥

文体变革，亦有以代兴言之者，如《文心雕龙·铭箴》：“战代以来，弃德务功，铭辞代兴，箴文委绝。”⑦《物色》篇：“及离骚代兴，触类而长，物貌难尽，故重沓舒状。”⑧

文人代兴一义，最早的用例似在唐代。唐张说(667～730)为北朝诗人卢思道(535～586)撰《齐黄门侍郎卢思道碑》，其铭诗有句曰：“理以神合，声以妙征。高视睢涣，与君代兴。”⑨所代兴者，北朝至唐历代之“文伯”也。

(二)牧斋著作中“代兴”一语之用例

检牧斋著作，“代兴”一语，凡9见：《牧斋初学集》2例，《牧斋有学集》3例，《列朝诗集小传》4例。牧斋用“代兴”一语，指王位之更迭，1例；喻佛门之灯传，2例；而以之言文事者最多，共6例。以下稍加说明。

一指王位之更迭。《牧斋初学集》卷七二《顾仲恭传》云：

> 《孟子》曰：天下之生久矣，一治一乱，五百年必有王者兴。《左传》曰：九州之险，是不一姓。此乾坤消长剥复自然之理也。少昊氏之衰也，九黎乱德，颛顼乃命重黎绝地天通。颛顼氏之衰也，共工氏霸而不王，帝喾伐之，而序正星辰。皆其子孙失德衰败，而异姓代兴。⑩

文中指上古少昊、颛顼、共工、帝喾诸帝代兴。

二喻佛门之灯传。用例二见。《初学集》卷八一《径山募造大悲阁疏》云：

> 双径山中，有一比丘，名曰大舟，发大愿心，愿于此山起大楼阁，作大悲菩萨像，建大悲忏

---

① 〔周〕左丘明撰，〔晋〕杜预注，〔唐〕孔颖达疏，〔唐〕陆德明音义：《春秋左传注疏·昭公十二年》，影印文渊阁《四库全书》本，第144册。

② 〔三国吴〕韦昭注：《国语·郑语》，影印文渊阁《四库全书》本，第406册。

③ 〔汉〕高诱注，〔宋〕姚宏续注：《战国策·燕一》，影印文渊阁《四库全书》本，第406册。

④ 〔汉〕戴德撰，〔北周〕卢辩注：《大戴礼记·少闲》，影印文渊阁《四库全书》本，第128册。

⑤ 〔周〕荀况撰，〔唐〕杨倞注：《荀子·不苟篇》，影印文渊阁《四库全书》本，第695册。

⑥ 〔周〕吕不韦撰，〔汉〕高诱注：《吕氏春秋·仲夏纪·大乐》，影印文渊阁《四库全书》本，第848册。

⑦ 〔南朝梁〕刘勰：《文心雕龙·铭箴》，影印文渊阁《四库全书》本，第1478册。

⑧ 〔南朝梁〕刘勰：《文心雕龙·物色》，影印文渊阁《四库全书》本，第1478册。

⑨ 〔唐〕张说：《齐黄门侍郎卢思道碑》，见《张燕公集》，影印文渊阁《四库全书》本，第1065册。

⑩ 〔清〕钱谦益著，〔清〕钱曾笺注，钱仲联标校：《牧斋初学集》卷七二，上海古籍出版社1985年版，第1613页。

坛，誓愿利益有情，绍隆三宝。俾此山中，祖师代兴，重规叠矩，炽然建立，如唐、宋时。①

此处称径山"祖师代兴"，并不专指何人。

《有学集》卷四五《书华山募田供僧册子》云：

雪浪大和尚，贤首之法匠也。其徒曰巢、雨、苍、汰，分路扬镳，各振法席。今独苍老岿然如鲁灵光，而华山含光渠公，则与苍老代兴者也。②

此处称含光照渠继苍雪读彻后，光大贤首宗之法门。

三言文事。牧斋"代兴"一语之用例，以此最夥，《列朝诗集小传》中有4例。其中《李少师东阳》《李副使梦阳》《魏考功允中》各一则，指明代复古派李、何、王、李宗祧之传承；另一则见于王世贞（1526～1590）赠魏允中（1544～1585）诗句："还将代兴意，对酒颂如渑。"此非牧斋自已的文字，但可见晚明诗文使用"代兴"之又一例，故下并录之。

《列朝诗集小传》丙集卷一《李少师东阳》：

北地李梦阳，一旦崛起，侈谈复古，攻窜窃剽贼之学，诋諆先正，以劫持一世；关陇之士，坎壈失职者，群起附和，以击排长沙为能事。王、李代兴，祧少陵而祢北地，目论耳食，靡然从风。③

《列朝诗集小传》丙集卷一一《李副使梦阳》：

献吉生休明之代，负雄鸷之才，僩然谓汉后无文，唐后无诗，以复古为己任。信阳何仲默起而应之。自时厥后，齐吴代兴，江楚特起，北地之坛坫不改，近世耳食者至谓唐有李、杜，明有李、何，自大历以迄成化，上下千载，无余子焉。④

《列朝诗集小传》丁集卷六《魏考功允中》：

允中，字懋权，南乐人。万历庚辰进士，除太常博士，迁吏部稽勋主事，寻移考功，病卒，年四十二。懋权为诸生，王元美以兵使行部，赠之诗曰："还将代兴意，对酒颂如渑。"⑤

《列朝诗集小传》闰集卷四《沈氏宛君》小传中，叙沈家诸姑伯姊雅擅篇章，并评之曰："松陵之上，汾湖之滨，闺房之秀代兴，彤管之诒交作矣。"⑥此处写女性文学之事，"代兴"谓才人辈出，并非上例中"兴替"之意。

牧斋文字中，以"代兴"许当代后起之秀者，见于二序文——《王贻上诗序》《李叔则雾堂集序》。两序之结构、用语、寄意有相似处，下文将详论之。

牧斋《王贻上诗集序》有"余八十昏忘，值贻上代兴之日"之语：

贻上以余为孤竹之老马，过而问道于余，余遂趣举其质言以为叙。往余尝与太清、季木论文东阙下，劝其追遡古学，毋沿洄于今学而不知返。太清喟然谓季木曰："虞山之言是也，顾我老不能用耳。"今二子墓木已拱，声尘蔑如。余八十昏忘，值贻上代兴之日，向之镞砺知己，用古学劝勉者，今得于身亲见之，岂不有厚幸哉！书之以庆余之遭也。

---

① 〔清〕钱谦益著，〔清〕钱曾笺注，钱仲联标校：《牧斋初学集》卷八七，上海古籍出版社1985年版，第1723页。

② 〔清〕钱谦益著，〔清〕钱曾笺注，钱仲联标校：《牧斋有学集》卷四五，上海古籍出版社1996年版，第1504页。

③ 〔清〕钱谦益：《列朝诗集小传》丙集卷一，上海古籍出版社1983年版，第245～246页。

④ 〔清〕钱谦益：《列朝诗集小传》丙集卷一一，上海古籍出版社1983年版，第311页。

⑤ 〔清〕钱谦益：《列朝诗集小传》丁集卷六，上海古籍出版社1983年版，第444页。

⑥ 〔清〕钱谦益：《列朝诗集小传》闰集卷四，上海古籍出版社1983年版，第753页。

牧斋在《李叔则雾堂集序》中谓李叔则代文翔凤(字天瑞,号太清,生卒年不详,与牧斋同为万历三十八年)进士而兴:

河滨李子叔则,不远数千里,邮寄所著《雾堂集》,以唐刻石经为贽,而请序于余。叔则手书累幅,执礼恭甚。以余老于文学,略知其利病,谓可以一言定其文。余读之赧然,感而卒业,欷歔叹息焉。昔者炎正之季,欃枪刺天,谷、雒交斗,文章崩裂,金铁飞流,侧古振奇之士,与运气俱作。西极文太青,实为嚆矢。其后二十余年,而叔则代兴,人咸谓太微之冢嫡也。①

(三)渔洋著作中"代兴"之用例

渔洋著作中,"代兴"一语4见,其中2例,泛用而已,另外2例,则与牧斋"代兴"云云直接相关。

渔洋《五言诗凡例》言古代才人之代兴:"十九首之妙,如无缝天衣,后之作者顾求之针缕襞积之间,非愚则妄。此后作者代兴,锺记室之评尠矣。"②

渔洋为时人傅扆(1604~1674)撰墓志铭,铭诗中有"代兴"之语。傅氏以"纯孝"享盛名于当世,渔洋《敕授文林郎掌山西道事山西道监察御史彤臣傅公墓志铭》故云:"岳岳傅公,名世代兴。"③

下二用例,则与本文之论关系密切,乃渔洋述牧斋"许我代兴"者。

《居易录》卷一〇云:

牧翁于予有知己之感。顺治辛丑,序予《渔洋诗集》,有"代兴"之语。寄予五言古诗云:"勿以独角麟,俪彼万牛毛。"今三十余年,先生墓木拱矣。

《渔洋诗话》云:

虞山钱宗伯赠余古诗云:"骐骥奋蹴踏,万马喑不骄。勿以独角麟,俪彼万牛毛。"又为作集序,有"与君代兴"之语。时余年甫踰弱冠耳,为其所赏异如此。余后有绝句云:"少年薄技悔雕虫,拂拭当年荷巨公。红豆庄前人去久,花开花落几春风!"

通过以上罗列的例子可知,在牧斋笔下,"代兴"一语,或指某人代某人而兴,或指某人继前代而兴,而且,不论前者或是后者,都有世代转移(generational succession)的深意在其中。观渔洋用"代兴"之例,亦含此二意义向度。

(四)渔洋以外,与牧斋"代兴"之数例

牧斋与渔洋交往的情况,学者考述已多,于此不赘。下文欲另辟蹊径,将考察的范围稍加扩大,借着若干类似牧斋与渔洋交往的案例,一方面厘清所谓钱王"代兴"的实质义涵,一方面进一步

---

① 〔清〕钱谦益著,〔清〕钱曾笺注,钱仲联标校:《牧斋有学集》卷二〇,上海古籍出版社1996年版,第832页。"炎正",本指汉,此处借指明。《后汉书·光武帝纪赞》:"炎正中微,大盗移国。"李贤注:"汉以火德王,故曰炎正。大盗谓王莽篡位也。"见〔南朝宋〕范晔著,〔唐〕李贤等注《后汉书》,中华书局1965年版,第87页。明朝亦以火德王,牧斋以汉喻明,不知有无季世"大盗移国"之感慨?

② 〔清〕王士禛著,袁世硕主编:《王士禛全集》,齐鲁书社2007年版,第1757~1758页。

③ 〔清〕王士禛著,袁世硕主编:《王士禛全集》,齐鲁书社2007年版,第1639页。此外,渔洋《感旧集》所收师友诗章中,"代兴"一语亦二见。叶方蔼(1629~1682)《自题独赏集》其二云:"娄水虞山相代兴,长篇学士更夸能。连昌长恨犹难匹,近代何人敢作朋?"见〔清〕王士禛辑,〔清〕卢见曾等补传《感旧集》卷一一,北京出版社2000年版,《四库禁毁书丛刊》影印清华大学图书馆藏清乾隆十七年(1752)刻本,第5页。周茂源〔生卒年不详,顺治六年(1649)进士〕《与殳山夫重晤青浦兼讯吴江顾茂伦》云:"与君违一载,大半客松陵。复到由拳邑,言寻白足僧。酒怀原洒落,诗格最崚嶒。寄语今元叹,投壶已代兴。"见〔清〕王士禛辑,〔清〕卢见曾等补传《感旧集》卷一四,第11页。

观察牧斋下世前数年间，其对文坛下一代的期许，以及其与彼等交往的方式与意义。

如上文所述，钱王的交集与互动，主要发生在顺治十八年(1661)，下文考述的个案亦出现于本年前后，时间上接近，此为相互比较的合理性基础之一。再则，下述数人，里籍、年齿不一，率为牧斋晚辈，在清初文坛上已有一定名声，且为牧斋欣赏者。复次，牧斋与此数人，此时仅有“文字之交”，素未谋面。总而言之，牧斋与此数人交往的方式、互动的内容、因之而产生的诗文，在性质上与其与渔洋之交相似，遂有比较、细论的意义。

1. 从牧斋《病榻消寒杂咏四十六首》其十谈起

《病榻消寒杂咏四十六首》乃牧斋逝世前半年断续写成的、生平最后一组重要诗作。《病榻消寒》组诗辍简到牧斋撒手西归，相隔仅四月余而已，《病榻消寒》几乎是牧斋诗艺的最后展演，《有学集》所收牧斋诗亦止于《病榻消寒》这组诗。①

《病榻消寒杂咏四十六首》其十云：

> 声气无如文字亲，乱余斑白尚沉沦。春浮精舍营堂斧(春浮，萧伯玉家园，今为葬地)，东壁高楼束楚薪(东壁楼，在德州城南，卢德水为余假馆)。《越绝》新书征宛委(指山阴徐伯调)，秦碑古字访河滨(指朝邑李叔则)。嗜痂辛苦王烟客，摘椠怀铅十指皴。②

“声气无如文字亲”一句，或脱自《左传·襄公三十一年》：“故君子在位可畏，施舍可爱，进退可度，周旋可则，容止可观，作事可法，德行可象，声气可乐，动作有文，言语有章，以临其下，谓之有威仪也。”③此左氏传言君子之气象也。牧斋句似偏取“声气可乐，动作有文，言语有章”数义。“乱余斑白尚沉沦”，其“尚沉沦”者，正上句之“文字”也。《后汉书·崔骃传》云：“崔氏世有美才，兼以沉沦典籍，遂为儒家文林。”④合二句读之，知牧斋所亲近者，“沉沦典籍”之“儒家文林”也。“乱余斑白”云云，出语沉痛。“乱余”，明清易鼎，天崩地坼劫余之时；“斑白”，言其老也。此辈文士沧桑历劫，犹沉沦典籍，孜孜矻矻，至老不倦，牧斋引为同道知己。“声气”“乱余”一联，领起下六句。

诗之第三联曰：“《越绝》新书征宛委，秦碑古字访河滨。”本联上下句，分咏徐缄(伯调，？~1670)、李楷(叔则，1603~1670)，用典甚妙。上句“《越绝》”云云，指《越绝书》，书载春秋吴、越二国史事，上起大禹治水，下迄两汉，旁及其他诸侯，文章以博奥伟丽称。“宛委”，宛委山，传说禹登宛委山得金简玉字之书。⑤ 后因以喻书文之珍贵难得。牧斋于本句后置小注云：“指山阴徐伯调。”以知句中“《越绝》”“宛委”云云，借其事以况伯调者也。“《越绝》”而言“新书”，喻伯调能著文章博奥伟丽如《越绝》之书文也。“征宛委”，“征”于伯调也。《吴越春秋·越王无余外传》云：“在于九山东南天柱，号曰宛委。”旧注云：“在会稽县东南十五里。”⑥伯调，山阴人。明清时期山阴、会稽两县一体(山阴即会稽，邑在山阴，故名)，而宛委在会稽，牧斋乃以“宛委”借指山阴徐伯调。

牧斋下句后置小注云：“指朝邑李叔则。”“秦碑”“河滨”云云，出典为“蔡中郎石经”。宋姚宽

---

① 可参拙著《钱谦益〈病榻消寒杂咏〉论释》，台湾联经出版公司2012年版。

② 〔清〕钱谦益著，〔清〕钱曾笺注，钱仲联标校：《牧斋有学集》卷一三，上海古籍出版社1996年版，第644页。

③ 〔唐〕孔颖达疏：《春秋左传注疏》，影印文渊阁《四库全书》本，第144册。

④ 〔南朝宋〕范晔著，〔唐〕李贤等注：《后汉书》卷五二，中华书局1965年版，第1732页。

⑤ 《吴越春秋·越王无余外传》云：“〔玄夷苍水使者〕东顾谓禹曰：‘欲得我山神书者，斋于黄帝岩岳之下三月，庚子登山发石，金简之书存矣。’禹退又斋三月，庚子登宛委山，发金简之书。案金简玉字，得通水之理。”〔汉〕赵煜：《吴越春秋》卷四，影印文渊阁《四库全书》本，第463册。

⑥ 〔汉〕赵晔：《吴越春秋》卷四，影印文渊阁《四库全书》本，第463册。

《西溪丛语》云:"汉灵帝熹平四年,(蔡)邕以古文、篆、隶三体书《五经》,刻石于太学。至魏正始中,又为一字石经,相承谓之七经正字。……北齐迁邕石经于邺都,至河滨,岸崩,石没于水者几半。"①此古代珍稀文物之传奇经历也。李楷,字叔则,晚号岸翁,学者称河滨先生,陕西朝邑人。陕西,古秦地,"秦碑古字访河滨"者,喻秦人李叔则满腹经籍,学者景仰。

牧斋《病榻消寒杂咏》,诗凡四十六,以本首所咏人物最夥。诗中所咏五人,萧伯玉(1582~1651)少牧斋三岁,卢德水(1588~1653)少牧斋六岁,王烟客(1592~1680)少牧斋十岁,牧斋与此三人可谓同辈。徐伯调生年不详,后死于牧斋六年,李叔则少牧斋二十一岁,揆诸相关文献,知伯调与叔则于牧斋为后辈也。各人均身阅鼎革,明清改朝换代之际,出处行藏各有不同,而无减对牧斋敬慕爱戴之情。牧斋与各人之友谊基础,正在于以文字通声气,同声相应,同气相求,乱余斑白,尚沉沦典籍,惺惺相惜,相互爱重。

徐伯调、李河滨,似非牧斋所素识者,而于牧斋逝世前数年,相继贻书致敬,论学论文,求赐序,情意殷切。书文往返,牧斋乃引二人为知己同道,且有厚望焉。《初学集》删定之役,嘱于伯调;为"好古学者"张军,遏止复古派复兴于关中,托于河滨。牧斋为此二"笔友"所写书函、序文,述及一生学术、文学思想数番转变之因缘,并其最终之坚持与主张,乃探究牧斋学术之重要文献,可作牧斋"学思自传"观。牧斋与伯调、河滨之交,文坛前后辈文字之交,观其始末,可知牧斋桑榆时对己文学"遗产"之安排、对后辈之期盼、对文坛之愿景,亦可窥见牧斋于时人心目中之地位。

2. 徐缄——"仆果可以自附于知己"②

徐伯调,明清之际特立独行士也,殁于康熙九年,生年无考。伯调与毛奇龄(1623~1716)、施闰章(1619~1683)友好,其诗见赏于宋琬(1614~1674),年齿或亦与三人为近。

伯调事迹,毛奇龄《二友铭》述之甚详,略云:伯调家山阴之木汀,又家梅市。初擅举子文,为云门五子之一。既以诗、古文争长海内,人皆知其名。方是时,山阴诗文自靖、庆后沿趋不振,而伯调力反之,一归于正。伯调出游,所至饰厨馔,争相为欢。四方请教,日益辐辏,而伯调以蹇傲,未能委曲随世氐仰,且韦布轩冕,相形转骄,每见之诗文,以写忼忾,以故人多娼之,间有困者。宣城施闰章独重伯调,所至必迎之。伯调好炼冲举,餐气啜液,尝自厌毛发不沾,作《游仙诗》以自喻。后竟以炼功不得法毙死。伯调初为祁彪佳(1602~1645)爱重,使二子从学,故邀伯调家梅市。至是祁已殉国,其兄弟犹在也,与永诀曰:"读书种子绝矣。"伯调尝著《读书说》,计应读经共二千八百四十七叶,史共一万七千七百九十八叶,以一岁之日力计之,除吉凶、庆吊、祭祀、伏腊外,可得三百日。每日以半治经,限三叶,以半治史,限二十叶,阅三年讫功,其勤如此。尤富闻见,虽口吃不善辨,而傍通曲引,历历穿贯,叩之无不鸣。与人语,纤屑不略,语过辄记忆,每见之行文,以资辩论。伯调诗十卷、文六卷,已刻名《岁星堂集》。③

宋琬《徐伯调岁星堂集序》述伯调之为人曰:"余友施愚山(闰章)寓书于余曰:'山阴徐缄者,(徐)渭之亚也。'余遣人招徐生,久之,竟不至。比余罢官客湖上,徐生顾时时来,相与盱衡抵掌,抗

---

① 〔宋〕姚宽:《西溪丛语》卷上,影印文渊阁《四库全书》本,第850册。

② 此下论徐伯调及李叔则的部分,在拙著《钱谦益〈病榻消寒杂咏〉论释》中已有更完整的呈现,可参拙著第185~195页。徐、李在《钱谦益〈病榻消寒杂咏〉论释》中,是在牧斋"乱余斑白尚沉沦之人/文世界"的脉络中探论的,与本文的论旨、侧重不同。

③ 〔清〕毛奇龄:《二友铭》,见《西河合集》,台湾"中央研究院"傅斯年图书馆藏清康熙间李塨等刊萧山陆凝瑞堂藏板本,第2~8页。后王晫《今世说》《皇明遗民传》等徐缄小传均袭自毛氏本文。

言今昔，意所不合，虽尊贵有气势者，口期期不服也。"又曰："徐生家在若耶、镜湖之间，其所居曰梅市，汉梅福栖隐地也。扁舟箬笠，弋钓自娱，落落焉与世俗鲜有所谐，故时人亦无知徐生者。其言曰：'文章非以悦俗，不为当世所骂，则必无后世之传也。'"①

至伯调所著诗文，宋琬评曰："纵横辩博，矩矱森整，虽破除崖岸而无险怪奡兀之态，使其生与渭同时，角材而校其胜负，《白鹿表》曷足为徐生道哉。"②

施闰章亦为《岁星堂集》撰序，所论较宋琬周详。施以文辞之卓然表见于世者，或"可喜"，或"可畏"。可喜者如吴楚之艳质，粉白黛绿，争妍取怜，可畏者则如伟人，高冠佩剑，顾盼非常，袒臂大呼，众皆溃散。施以"可畏"归伯调，曰："伯调与余论诗最久，其诗不甚可喜，然魁梧自负。当其研练匠心，则坚金美玉，无可瑕疵。以予官齐鲁，褰裳渡江，北游淮泗，涉黄河，登泰山而望沧海，郁其苍茫之气。著为诗歌，尤洋洋多大风，望气者皆错愕敛手。予尝畏其难，欲抑之使近人。伯调握笔不肯下，殆未易与争雄也。……若使诗能穷人，如伯调者，虽欲不穷不可得已。"③施闰章另有《徐伯调五言律序》，论伯调所为五律"熊熊浑浑，磅礴光怪，可喜可怖，虽或镵刻险仄，不合时宜，亦杜之苗裔矣。即此一体，足留伯调天地间"④。

《岁星堂集》，民国初孙殿起《贩书偶记》尝著录，其时或仍可见其书，今已不见于中外图书馆藏，不知尚存天壤间否？伯调诗，零星见于清代诗选、诗话载录等。今上海图书馆庋藏伯调《雪屋未刻集》稿本一种，尽七言古，约合百题，此或伯调存世诗之最大宗矣。⑤

《雪屋未刻集》载《志感》一题（"志感"前有二字，首字漶漫不可辨，次为"申"字，皆抹去，颇疑即"甲申"二字），前有小序。合读序与诗文，对了解伯调之生平并其国变后之志节情操，颇有帮助。序曰：

> 崇祯壬午（1642）闰冬，大冢宰郑玄岳（讳三俊）首授司李，志不欲就选人。癸未（1643）春，给假南归，所签假单，适三月十九日也。甲申（1644）是日，天崩地坼，继弘光乙酉，日陷月沉。今转盼沧桑矣。虽隔岁逾期，而展视之余，不觉泫然流涕，继以太息也。先帝英明驭世，威福繇己，往往破格用人。于乙亥（1635）岁，诏如科场式，拔士之尤者贡于廷，余亦滥厕充数。壬午既籍天官，可出为小草，而忽经鼎革，苟全性命，功名出处，信有数存焉，而废兴存亡之际，则为感深矣。

诗曰：

> 中原鹿走苍鹅飞，鲁阳莫挽虞渊晖。新亭戮力者谁子，一夕北风空泪挥。辞汉金人滴铅水，昆明劫灰烟不起。金符铁券总浮尘，何况区区告身纸。浮名一去流水弃，葛巾漉酒倾瓦盆。昔年鸡肋不足问，但看纸上月日惊心魂。呜呼三月何月何日，四海悲风哭声失。赤角妖芒暗紫宫，龙髯堕地山河毕。南迁天子亦何有，但办华林后园走。烂羊都尉尽星散，空把黄金入人手。如今翻覆泪沾巾，忽听啼鹃叫过春。独耻帝秦君莫笑，鲁连东海一波臣。⑥

据知伯调于前明崇祯八年（1635）破格拔为贡生，十五年（1642）取得入仕资格，可"出为小

---

①② 〔清〕宋琬著，辛鸿义、赵家斌点校：《宋琬全集》，齐鲁书社2003年版，第21页。

③ 〔清〕施闰章：《岁星堂诗序》，见《学余堂文集》，影印文渊阁《四库全书》本，第1313册。

④ 〔清〕施闰章：《徐伯调五言律序》，见《学余堂文集》，影印文渊阁《四库全书》本，第1313册。

⑤ 2009年冬，访书沪上，得借读上海图书馆藏本，似为海内外孤本。此本上图制有影像文件，惟摄制质量不佳，原钞字体在行楷间，影像文件中笔画每有难于辨识者，宜重加摄制，以造福读者。

⑥ 原钞本无页码。

草”,但“志不欲就选”,乃于十六年三月十九日告假南归,翌年同月日,崇祯帝自缢于煤山,明亡。伯调对崇祯犹多眷慕之情,于“南迁天子”弘光,则略无怨辞矣。诗之末联曰:“独耻帝秦君莫笑,鲁连东海一波臣。”伯调固明遗民,伤心国变,义不仕新朝者也。以秦喻清,亦可见伯调视清朝为一暴虐政权。惜本诗作期无考,未审其为丧乱之初过激之言,抑为伯调入清后二十余年始终抱持志节之抒表矣。

康熙元年(1662),牧斋有《答山阴徐伯调书》一通,篇幅颇长。① 书末有“长夏端居”之语,则本函应写于是年夏日。文首云:“往年获示大集,茹吐包孕,鲸铿春丽。”又云:“手教累纸,称叹仆文章媲美古人,致不容口。”知伯调曾寄牧斋己著《岁星堂集》并长函,内多颂美之辞。牧斋谓“敢援古人信于知己之义,略陈其生平所得”,以告伯调。后即缕述己少时至老“七十年来”文学、学术思想之发展,李流芳(长蘅)、程嘉燧、汤显祖(若士)等对己之教益,并自判文章“不如古人者”四大端。此段文字(约莫千言),为了解牧斋文学渊源、转变、坚持、体会之重要材料,然与本文考述之重心关系不大,于此不赘。牧斋书结尾如此:

> ……以足下爱我之深,誉我之过,仆不能奉承德音,郑重策进,而厚自贬抑,如前所云云者,亦恃足下知我,以斯言为质,而深求文章学问之利病,庶可以自附师资相长之谊云耳。
>
> 今更重有属于足下,《初学》往刻,稼轩及诸门人,取盈卷帙,遂至百卷。敢假灵如椽之笔,重加删定,汰去其蘩芿膵驳,而诃其可存者,或什而取一,或什而取五,庶斯文存者得少薙稂莠,而向所自断者,亦借手以自解于古人。则足下昌歜之嗜,庶乎不虚,而仆果可以自附于知己矣。今之好古学者,有叔则、愚公,确庵、孝章、玄恭诸贤,其爱我良不减于足下,刊定之役,互为订之,其信于后世必也。长夏端居,幸为点笔,以代拭汗。新秋得辍简见示,幸甚。②

此牧斋“八十余老人”安排书稿编订事之重要文献。伯调,学者、诗人,有名于时,对牧斋著述有“昌歜之嗜”。牧斋引为“爱我”“誉我”“知我”之“知己”,郑重请托《初学集》重加删定之役。牧斋点名“爱我”之“编辑委员”,“今之好古学者”,尚有李楷(叔则)、施闰章(愚公)、陈瑚(确庵)、金俊明(孝章)、归庄(玄恭)。借此名单,颇可知牧斋下世前数年亲近信赖之小社群。

3. 叔则“代兴”

李楷,字叔则,号雾堂,晚号岸翁,学者称河滨先生,陕西朝邑(今大荔)人。少聪敏,好古文学,读书朝莱山,殊自刻苦。弱冠举天启甲子(1624)乡试,后屡上春官不第。筑通帝楼,高十丈许,命书估日送图籍,手自评骘。已而避寇白门,与马元御、韩圣秋等称关中四子。抗疏论秦事,不果行。入清朝,知宝应县。暇则行游名胜,题咏遍邑中,求诗若字者,皆厌其意。然竟以傲睨中谗。谢去,流寓广陵,几二十载,构堂名雾,与李大虚著《二李珏书》,文名用倾海内,舆金币以乞者日踵于门。久之归里。每有一作,当事争付梓。其制义、古文、诗歌,当代名宿交口引重,书法称一代神手,画事云间萧尺木自让不及。亦旁及二氏之学,故自号枣栢居士,又曰西岳褐道人。所著文集若干种,合为《河滨全书》一百卷。③ 渔洋《居易录》载:“(李)平生作诗文,每广坐酒酣,令两人张绢素匹纸,

---

① 〔清〕钱谦益著,〔清〕钱曾笺注,钱仲联标校:《牧斋有学集》卷三九,上海古籍出版社1996年版,第1346~1349页。

② 〔清〕钱谦益著,〔清〕钱曾笺注,钱仲联标校:《牧斋有学集》卷三九,上海古籍出版社1996年版,第1349页。

③ 〔清〕王兆鳌纂修:《朝邑县后志》,见《中国方志丛书》,华北地方陕西省第241号据清嘉庆间重刊康熙五十一年(1712)刊本影印,第14页。

悬腕直书，略不加点，如疾雷破山，怒潮穿胁，移晷而罢。掷笔引满，旁若无人，举坐为之夺气，名噪一时。亦以此坎壈失职，傲然不屑也。书学东坡，尤善飞白。"①

《河滨全书》共百卷，叔则之勤于著述，可想而知。然直至最近，可见叔则著作仅六卷，收入《河滨遗书钞》，其七世族孙李元春清嘉庆间选辑者也。所谓遗书六种，实戋戋小册耳，卷一《雾堂经训》，卷二《雾堂詹言》，卷三《雾堂杂著》，卷四《岸翁散笔》，卷五《飞翰丛话》，卷六《楚骚偶拟》，乃论经史、杂录、随笔、拟骚之属，而叔则之诗文集不与焉。李元春序《河滨遗书钞》云："因合选诸集，分为三部，而先以《遗书》付梓，《文选》《诗选》次焉。"②而李氏所谓《文选》《诗选》，不知究竟有无，近世以还，向无传本。叔则诗只零星见于《朝邑县后志》《晚晴簃诗汇》等。至2010年，《清代诗文集汇编》问世，第三十四册收河滨著作，《文选》《诗选》竟赫然在焉。《河滨文选》十卷（附赋选一卷），《河滨诗选》亦十卷，各体悉备，二书共一千一百多页（今二页缩印为一页），虽非大观，亦云富矣（《河滨遗书钞》亦附《文选》《诗选》后）。③

牧斋康熙元年（1662）所作文中，有一序、一书、一跋，皆与叔则有关。先是本年仲冬，牧斋"中寒强卧"，翻阅李长科（小有）《宋遗民传》目录，得叔则序文。叔则有言"宋存而中国存，宋亡而中国亡"者，牧斋谓读之而"抚卷失席"，曰："此《元经》陈亡而书五国之旨也。"复沉思："其文回翔萌折，缠绵恻怆。"④浃两月，"风林雪被"之际，牧斋族孙携叔则函及《雾堂全集》至，乃叔则请序于牧斋也。牧斋云："扶病开卷，感慨则涕泣横流，赏心则欢抃俱会。幽忧之疾，霍然有喜。既而翻覆芳讯，寻味话言。缅怀豫州知我之言，深惟敬礼后世之托，不辞固陋，作序一篇。"⑤此序即《有学集》卷二十所载《李叔则雾堂集序》是也。序文起首云："河滨李子叔则，不远数千里，邮寄所著《雾堂集》，以唐刻石经为贽，而请序于余。叔则手书累幅，执礼恭甚。以余老于文学，略知其利病，谓可以一言定其文。余读之赧然，感而卒业，欷歔叹息焉。"⑥

牧斋序置叔则文于"秦学"传承之中而丈量之，谓朝邑二韩氏（苑雒、五泉）之文"逶迤乐易，流而近今，而其基址则古学也，是谓今而古"，西极文太青则"诘盘奡兀，峻而逼古，而其梯航则今学也，是谓古而今"。牧斋谓文太青之后二十余年，"叔则代兴"，其"含茹陶铸，旁摭曲绍，其在二韩、太青季孟之间"。⑦

牧斋《列朝诗集小传》中有"韩参议邦靖""文少卿翔凤""王考功象春"相关传文，参互阅读，可进一步探论牧斋心目中所谓之"秦学"。二韩者，韩邦奇（汝节，1479～1556）、邦靖（汝庆，1488～1523）兄弟也，二人同举正德三年（1508）进士。汝节性刚直，尚气节，嗜学，诸经子史及天文、地理、乐律、术数、兵法之学，无不精悉，所著书今传者尚多。汝庆与兄同举进士，亦负重名，时称"关中二韩"，所著《朝邑县志》及《韩五泉诗》今传（其《朝邑县志》以语言简练、体例严谨尤为学者称颂）。

---

① 〔清〕王士禛著，袁世硕主编：《王士禛全集》，齐鲁书社2007年版，第3886页。

② 〔清〕李元春：《河滨遗书抄·序》，见《清代诗文集汇编》第34册，上海古籍出版社2010年版，第2页。

③ 《河滨全书》称百卷，今李元春所选刻《遗书》《文选》《诗选》合共仅二十余卷，知其遗落尚多也。李元春于《诗选》末即有识语云："集中各体悉备，然晚年游戏之作，实不欲以示后人，故存者亦少，录附八音诗数首，以见曼倩恢谐，正无一不关理要也。"可证。语见《河滨诗选》卷一〇，第40页。

④⑤ 〔清〕钱谦益著，〔清〕钱曾笺注，钱仲联标校：《牧斋有学集》卷三九，上海古籍出版社1996年版，第1343页。

⑥ 〔清〕钱谦益著，〔清〕钱曾笺注，钱仲联标校：《牧斋有学集》卷二〇，上海古籍出版社1996年版，第832页。

⑦ 〔清〕钱谦益著，〔清〕钱曾笺注，钱仲联标校：《牧斋有学集》卷二〇，上海古籍出版社1996年版，第832页。相关文中，"太清""太青"有异写的情况，今依原文，不改字。

牧斋汝庆传末引王九思(敬夫,1468~1551)之语论汝庆之文学造诣,云:"五泉子(汝庆号)古词歌,浸淫唐初,逼汉魏;七言绝句诗,类少陵。《朝邑志》,其文章之宏丽者。"①牧斋并论二韩曰:"汝节奇伟倜傥,谭理学,负经济,海内称苑洛先生,以地震死。汝庆才藻烂发,风节凛然,关中至今称二韩子。"②

二韩正德、嘉靖间人,牧斋生万历初,未之及见也。牧斋与文翔凤则为同辈,且有同年之谊[二人同登万历庚戌(1610)榜进士],甚友好。翔凤为理学家而能诗文,其治学宗旨,在"事天尊孔而黜佛氏"③(此其诗文集《皇极篇》自序语),牧斋云:"其论学以事天为极则,力排西来之教,著《太微》以翼《易》,谓《太玄》潜虚,未窥其藩。余将行,携其稿过邸舍,再拜付余,语人曰:'《太微》南矣。'余悔不能为桓谭也。"④于翔凤之诗、赋,牧斋予以佳评,云:"其为诗离奇奡兀,不经绳削,驰骋其才力,可与唐之刘叉、马异角奇斗险。晚作《嘉莲诗》,七言今体,至四百余首,亦古未有也。"又云:"以辞赋为专门绝学,覃思腐毫,必欲追配古人。"⑤

究其实,牧斋与翔凤,学问渊源、旨归不同,信奉亦异(牧斋信佛,故有上引"余悔不能为桓谭"之语),而牧斋始终厚爱翔凤,文氏传后半于此表露无遗,云:

> 天瑞白皙长身,秀眉飘髯,风神标格,如世所图画文昌者。其为人忠孝诚敬,开明岂弟,迥然非世之君子也。初第时,与余辨论佛学,数日夜不寝食,曰:"子姑无困我。"庚申(1620)冬,以国丧,会阙门,极论近代诗文俗学,祈其改而从古。天瑞告王季木曰:"虞山兄再困我矣。"天瑞与余不为苟同如此。然而如天瑞之文赋,牢笼负涵,波谲云诡,其学问渊博千古,真如贯珠。其笔力雄健,一言可以扛鼎。世之人或惊怖如河汉,或引绳为批格,要不能不谓之异人,不能不谓之才子也。文中子曰:"扬子云,古之振奇人也。"余于天瑞亦云。⑥

虽然,牧斋于翔凤之学问宗尚、诗文面目难免不无遗憾,以翔凤师从"近代"也。此"近代"者,于牧斋非同小可,意指前后七子复古派。王象春,牧斋、翔凤另一同榜进士也。牧斋于"王考功象春"传中追忆数人阙下论学一段往事,尽揭其规劝二人舍"近代"而从古学之言论,云:

> 季木于诗文,傲睨辈流,无所推逊,独心折于文天瑞。两人学问皆以近代为宗。天瑞赠诗曰:"元美吾兼爱,空同尔独师。"其人略也。[案:元美指王世贞(1526~1590),后七子之一;空同指李梦阳(1472~1529),前七子之一。]岁庚申,以哭临集西阙门下,相与抵掌论文,余为极论近代诗文之流弊,因切规之曰:"二兄读古人之书,而学今人之学,胸中安身立命,毕竟以今人为本根,以古人为枝叶,窠臼一成,藏识日固,并所读古人之书胥化为今人之俗学而已矣。譬之堪舆家,寻龙捉穴,必有发脉处。二兄之论诗文,从古人何者发脉乎?抑亦但从空同、元美发脉乎?"季木拆然不应。天瑞曰:"善哉斯言,姑舍是,吾不能遽脱履以从也。"厥后论赋,颇辨驳元美訾謷子云之语,盖亦自余发之。季木退而深惟,未尝不是吾言也。……余尝戏论之:"天瑞如魔波旬,具诸天相,能与帝释战斗,遇佛出世,不免愁宫殿震坏。季木则如西域波罗门教邪师外道,自有门庭,终难皈依正法。"⑦

意者于"秦学"之谱系中,叔则之奇辞奥旨似翔凤,此牧斋之所以言:"其后二十余年,而叔则代

---

①② 〔清〕钱谦益:《列朝诗集小传》丙集卷一六,上海古籍出版社1983年版,"韩参议邦靖",第358页。

③ 〔明〕文翔凤:《皇极篇》,《四库禁毁书丛刊》本,集部第49册,第1页。

④⑤ 〔清〕钱谦益:《列朝诗集小传》丁集卷一六,上海古籍出版社1983年版,第652页。

⑥ 〔清〕钱谦益:《列朝诗集小传》丁集卷一六,上海古籍出版社1983年版,第652~653页。

⑦ 〔清〕钱谦益:《列朝诗集小传》丁集卷一六,上海古籍出版社1983年版,第653~654页。

兴，人咸谓《太微》之冢嫡也。"①而牧斋又许叔则有近于二韩者。牧斋论二韩氏之文曰："苑雒之文奥而雄，五泉之文丽而放，皆自立阡陌，不倚傍时世者也。"②除文章辞丰意雄、沉博绝丽以外，牧斋所强调者，或更在"自立阡陌，不倚傍时世"之"独立"精神。牧斋以二韩氏之"基址"在"古学"，故能"今而古"，翔凤之"梯航"自"今学"，实乃"古而今"，于二者有所轩轾，固不在话下。复次，二韩与前七子之空同子李梦阳为同时人，牧斋之推重二韩氏，又或在二韩能于当时复古派坛坫以外独树一帜也。翔凤"从空同、元美发脉"，牧斋为之握腕者再。循此而思，则牧斋之奖勉叔则，端在其才力可比美翔凤，而其为学，可以踵武二韩氏，"今而古"，不落复古派之窠臼也。

牧斋尤赏叔则文之不自意而"精魂离合，意匠互诡"者，曰："吾读叔则文，至《詹》《言》、论辨诸篇，穿穴天咫，笼挫万物，罕譬曲喻，支出横贯，眩掉颠踣，若寐若厌，久之如出梦中。此则文心恍忽，作者有不自喻，宜其借目于我也。"又曰："举世叹誉叔则，徒骇其高骋夐厉，疾怒急击，驱涛涌云，凌纸怪发，岂知其杼轴余怀，有若是与！"则叔则作文，又有合于牧斋所提唱之"灵心"说矣。牧斋复谓"叔则才力雄健，既已绝流文海，以余老为没人也，就而问涉焉"③，则叔则固心折于牧斋之议论者也。

牧斋此序，有隐约其辞莫名所指者，在末段。其言曰："若夫危苦激切，悲忧酸伤，樊南之三叹于次山者，周览叔则之文，历历然捣心动魄，而论次则姑舍是。《诗》不云乎：'我闻有命，不敢以告人。'叔则闻余言也，欷歔叹息，殆有甚于余也哉！"④ 叔则之"危苦激切，悲忧酸伤"者，关乎明清交替国变沧桑之事乎？牧斋"舍是"，"不敢以告人"，以其触犯时讳乎？诚如是，则牧斋与叔则之同情共鸣，又有在文章以外者矣。

牧斋序《雾堂集》竟，意犹未尽，复修长札投叔则，谓"生平迂愚，耻以文字媚人，况敢膏唇歧舌，以诳知己？私心结轖，偶多粮触。序有未尽，辄复略陈"⑤。此后一大段文字，攸关其时关中文风动向及牧斋之关怀抱负。牧斋曰："仆年四十，始稍知讲求古昔，拨弃俗学。门弟子过听，诵说流传，遂有虞山之学。谀闻空质，重自惭悔。老归空门，都不省记。侧闻中原士大夫，飏何、李之后尘，集矢加遗，虽圣秋亦背而咻我。"⑥牧斋往昔建立通经汲古之"虞山之学"，排击复古派，廓清文苑，而近者秦中文士复扬何、李之后尘，牧斋焉能不多"粮触"？接言："而足下以不朽大业，郑重质问，沧桑竹素，取决于老髦之一言，此其识见，固已超轶时俗，而追配古人矣。"

叔则问道于己，牧斋引以为同志同调，而于叔则之秦地时人，牧斋则讥诮有加，曰："天地之大也，古今之远也，文心如此其深，文海如此其广也，窃窃然戴一二人为巨子，仰而曰李、何，俯而曰钟、谭，乘车而入鼠穴，不亦愚而可笑乎！"⑦论者谓牧斋晚年好骂，信焉。上犹仅诟叱李、何，此则殃及池鱼，竟陵钟、谭，一齐挨骂。牧斋又言：

> 仆既已畏影逃虚，舍然于前尘影事，而犹䫉缕相告者，良慭举世之人，乘舟不知东西，望吾叔则，勿与陇人同游，而晓示之以斗极也。来教谆复以昌黎、李翱为况，闻命震掉，若坠渊井。

①② 〔清〕钱谦益著，〔清〕钱曾笺注，钱仲联标校：《牧斋有学集》卷二〇，上海古籍出版社1996年版，第832页。

③④ 〔清〕钱谦益著，〔清〕钱曾笺注，钱仲联标校：《牧斋有学集》卷二〇，上海古籍出版社1996年版，第833页。

⑤⑥ 〔清〕钱谦益著，〔清〕钱曾笺注，钱仲联标校：《牧斋有学集》卷三九，上海古籍出版社1996年版，第1343页。

⑦ 〔清〕钱谦益著，〔清〕钱曾笺注，钱仲联标校：《牧斋有学集》卷三九，上海古籍出版社1996年版，第1344页。

循览大集，大率虚怀乐善，贬损过当，则又伏而深思，以足下学殖富、才力强，冥搜博采，出神入天，有能尺尺寸寸，从事商讨，策骐骥于九阪之途，而闲之以秋驾，至则文苑之邮良矣。

又言：

《易》曰："或之者，疑之也。"岂叔则于此，犹有或而疑与？抑亦巽以自下，未敢质言与？帝车冥冥，蛙紫错互，叔则不以此时断金鱲决，示斗极于中流，而又奚待与？伏胜笃老，师丹多忘，斯文未坠，所跂望于达人良厚。唇燥笔干，意重词满，扶病点笔，略约累纸。要以下上今古，申导志意。非布席函丈，明灯永夕，固未能倾倒百一也。①

牧斋离合其文，控引其辞，怂恿秦人内讼，真文章圣手也。其意在激励叔则奋起于关中，别裁伪体，匡时救弊，遏止复古派复萌。再者，"晓示之以斗极""示斗极于中流"云云，固指牧斋所谓古学之所从来与为文之阡陌次第，唯细味文意，亦不无喻己虞山之学之意也。牧斋此一号召，叔则如何反应，有无报书，今无从考论矣。②

约略与《复李叔则书》同时，牧斋作《书广宋遗民录后》一文③，亦及叔则。文谓牧斋时人李长卿（小有）以"陆沉之祸，自以先世相韩，辑《广遗民录》以见志"。牧斋嘉其志，而惜其"所采于逸民史，其间录者，殊多谬误"，至有"令人掩口失笑"者。序李长科书者，叔则也，牧斋嘉叹不置，曰："撰序者李叔则氏，谓宋之存亡，为中国之存亡，深得文中子《元经》陈亡具五国之义。余为之泣下沾襟。其文感慨曲折，则立夫《桑海录序》及黄晋卿《陆君实传后序》，可以方驾千古，非时人所能办也。小有，字长科，故相国李文定公之孙。叔则，名楷，秦之朝邑人。逝者如斯，长夜未旦。尚论遗民者，殆又将以二君为眉目。"④叔则书宋亡而中国亡，牧斋读而泣下沾襟，何其感慨如斯之深？其视宋若明，以元为清，伤心外族之入主中国欤？若然，则"逝者如斯，长夜未旦"云云，寄慨遥深矣。牧斋本年数文之推奖叔则，或与叔则能发此政治正统论（theory of political legitimacy）有关。

三、牧斋"代兴"一语考实

牧斋垂暮之龄，王渔洋、徐伯调、李叔则相继贻书致敬，并呈己作求正，书信往返，情意殷切。渔洋于三子中年最少，而伯调、叔则，固后生于牧斋，此际亦老成人矣，由明入清，阅历兴亡，二人均以学问文章著名于时，特立独行，不随世俯仰。

渔洋与牧斋终生未谋一面，而牧斋与伯调、叔则二人前此曾否晤面，有交情否，不可考。书文往返，牧斋乃引伯调、叔则为知己同道，且有厚望焉；《初学集》删定之役，嘱伯调；为"好古学者"张军，遏止复古派复兴，托于叔则。二人对牧斋之付托，反应曰何，亦不可考。唯牧斋垂老，犹对文事文苑念兹在兹，则明甚。编定诗文集，以垂永久，为身后计；攘斥复古后劲，关乎当时后世文统之承绪。牧斋固"爱官人"，热衷于政治者，然至老未能置身台阶斗柄之地，而其于文坛，则始终勇猛自

---

① 〔清〕钱谦益著，〔清〕钱曾笺注，钱仲联标校：《牧斋有学集》卷三九，上海古籍出版社 1996 年版，第 1344～1346 页。

② 《河滨文选》卷七收河滨书信十五通，无与牧斋者。

③ 文后署"玄黓摄提格之涂月"，即壬寅（1662）十二月，见〔清〕钱谦益著，〔清〕钱曾笺注，钱仲联标校《牧斋有学集》卷四九，上海古籍出版社 1996 年版，第 1607～1608 页。

④ 〔清〕钱谦益著，〔清〕钱曾笺注，钱仲联标校：《牧斋有学集》卷四九，上海古籍出版社 1996 年版，第 1607～1608页。

信,屹立不摇,无怪乎“四海宗盟五十年”(黄宗羲挽诗中语)。①

牧斋《答山阴徐伯调书》作于康熙元年(1662)夏,内有“往年获示大集”“手教累纸”“八十余老人,偷生视息,何以当于高贤,而重烦奖拂”云云,可推知徐伯调寄书及信,应在康熙元年前不久,或在顺治十八年(1661)(牧斋无信件积压逾年不覆之理,且又有以文事相托于来函者之意)。若然,则伯调寄信及书,约在牧斋为渔洋集撰序及赠诗同时。而康熙元年年底,牧斋为李叔则《雾堂集》撰一序,并有致叔则函。

要之,渔洋、伯调、叔则与牧斋书文往返,缔结文字因缘,约在同一两年间,时牧斋已八十、八十一高龄,离其下世仅数载而已。

揆之于牧斋致赠三人的文字,牧斋对三人都极为欣赏,引为同道知己。牧斋为渔洋及叔则集写的序篇幅相若(渔洋序约八百字,叔则序约九百字),但牧斋写给伯调及叔则的书信比写给渔洋的信长得多,也完整、重要得多。

牧斋对三人的期望有所不同。对于通家子渔洋,牧斋以其天资既佳,诗名鹊起,寄望他成为一立足于古学、迥出时流、不染复古派恶习的诗人,所谓“翻阅佳什,包孕古今,证响风雅。窃欲以狂澜既倒,望砥柱于高贤”是也。而于伯调,牧斋引为“爱我”“誉我”“知我”之“知己”,且有重加删定其《初学集》之请,牧斋对伯调的欣赏与信任不言而喻。在《答山阴徐伯调书》中,牧斋以伯调为“爱我”“今之好古学者”之一,同时提到的还有李叔则、施闰章、陈瑚、金俊明、归庄,很明显,此乃牧斋下世前数年间亲近信赖之小社群(community)——渔洋却始终无缘置身于此中。

至于叔则,牧斋对他的赞誉极高,对他的期盼亦甚大。通过牧斋有关叔则的文字,我们可以更精准地把握牧斋“代兴”一语的实际意义。尝试论之如次。

牧斋《王贻上诗序》有如下数段:

> 神庙庚戌之岁,偕余举南宫者,关西文太清、新城王季木、竟陵钟伯敬,皆雄骏君子,掉鞅词坛。太清博而奥,季木赡而肆,踔厉风发,大放厥词。太清赠季木曰:“元美吾兼爱,空同尔独师。”盖其宗法如此。而伯敬以幽闲隐秀之致,标指《诗归》,窜易时人之耳目。迄于今,铨材讽说,簸弄研削,莫不援引钟、谭,与王、李、徐、袁分茅设蕝。而关西、新城之集,孤行秦、齐间,江表之士,莫有过而问者。三子之才力,伯仲之间耳,而身后之名,飞沈迥绝,殆亦有幸有不幸焉。千秋万岁,古人所以深叹于寂寞也。
>
> 季木殁三十余年,从孙贻上,复以诗名鹊起。闽人林古度铨次其集,推季木为先河,谓家学门风,渊源有自。新城之坛坫,大振于声销灰烬之余,而竟陵之光焰熸矣。余盖为之抚卷太息,知文苑之乘除,有刦运参错其间,抑亦可以观天咫也。
>
> ……
>
> 贻上以余为孤竹之老马,过而问道于余,余遂趣举其质言以为叙。往余尝与太清、季木论文东阙下,劝其追遡古学,毋沿洄于今学而不知返。太清喟然谓季木曰:“虞山之言是也,顾我老不能用耳。”今二子墓木已拱,声尘蔑如。余八十昏忘,值贻上代兴之日,向之镞砺知己,用古学劝勉者,今得于身亲见之,岂不有厚幸哉!书之以庆余之遭也。

牧斋《李叔则雾堂集序》有如下数段:

① 见黄宗羲《八哀诗》之五《钱宗伯牧斋》:“四海宗盟五十年,心期末后与谁传?凭裀引烛烧残话,嘱笔完文抵债钱。红豆俄飘迷月路,美人欲绝指筝弦。平生知己谁人是,能不为公一泫然。”见〔清〕黄宗羲《南雷诗历》卷二,载《黄梨洲诗集》,香港中华书局1977年版,第49页。

河滨李子叔则，不远数千里，邮寄所著《雾堂集》，以唐刻石经为贽，而请序于余。叔则手书累幅，执礼恭甚。以余老于文学，略知其利病，谓可以一言定其文。余读之赧然，感而卒业，欷歔叹息焉。

昔者炎正之季，欃枪刺天，谷、雒交斗，文章崩裂，金铁飞流，倜古振奇之士，与运气俱作。西极文太青，实为嚆矢。其后二十余年，而叔则代兴，人咸谓太微之冢嫡也。余尚论秦学，于朝邑得二韩氏。苑雒之文奥而雄，五泉之文丽而放，皆自立阡陌，不倚傍时世者也。以古今之学准之，二韩逶迤乐易，流而近今，而其基址则古学也，是谓今而古。太青诘盘冪兀，峻而逼古，而其梯航则今学也，是谓古而今。叔则含茹陶铸，旁摭曲绍，其在二韩、太青季孟之间乎？①

于此二处，牧斋以前一世代（generation）的遗老、幸存者（survivor）及“智慧老人”（wise old man）的形象出现、发声。时间可以追溯到“神庙庚戌之岁”，即万历三十八年（1610），或所谓“炎正之季”，明季之世。那是同属虞山钱牧斋、关西文太清、新城王季木、竟陵钟伯敬等的世代，此等雄骏君子，掉鞅艺苑词坛，凡数十年。牧斋于今，已成老耄之人，而上述诸子，则更墓木已拱，数风流人物，俱往矣。

于二文中，王贻上及李叔则的身份（identity）是上述世代的后人、“继承者”（successors）。牧斋云：“季木殁三十余年，从孙贻上，复以诗名鹊起。”又云：“西极文太青，实为嚆矢。其后二十余年，而叔则代兴。”贻上乃王季木之从孙，而叔则是“太微之冢嫡”，于感情上，此二子既是友侪之“后裔”，于今崛起文坛，牧斋自然高兴，而其意义，又有大于此者。牧斋云：“迄于今，轻材讽说，簸弄研削，莫不援引钟、谭，与王、李、徐、袁分茅设蕝。而关西、新城之集，孤行秦、齐间，江表之士，莫有过而问者。三子之才力，伯仲之间耳，而身后之名，飞沈迥绝，殆亦有幸有不幸焉。”牧斋嗟叹，上述晚明文坛诸子聪明才智不相伯仲，但其人殁后。“关西、新城之集，孤行秦、齐间”，只以“地方记忆与知识”（local memory and knowledge）残存，“江表之士，莫有过而问者”，未能成为更大文化中心的“共同记忆”（shared memory）。贻上、叔则崛起，牧斋看到了二人继承并发扬前代文脉的可能，故而二人于文中是被置放在“新城”与“关西”的谱系（genealogy）中颂美的（牧斋云“新城之坛坫，大振于声销灰烬之余，而竟陵之光焰熸矣”）。要言之，对于牧斋而言，贻上与叔则的“代兴”，首先代表着一种世代传承、交替（generation shift）的意义。

牧斋虽然深情地追忆王季木与文太清，但对此二同年故友，牧斋仍不无遗憾。牧斋于《王贻上诗集序》文首就表过：“太清博而奥，季木赡而肆，踔厉风发，大放厥词。太清赠季木曰：‘元美吾兼爱，空同尔独师。’盖其宗法如此。”太清与季木于其时宗尚复古派巨子王世贞、李梦阳等，“两人学问皆以近代为宗”，此为牧斋所深恶痛绝者。上文论叔则，已引述牧斋《列朝诗集小传·王考功象春》一段，比较详细地叙述过此一公案。牧斋与王、文阙下论文，极力规劝二人舍弃“俗学”，不宜“但从空同、元美发脉”。牧斋云：“季木挢然不应。天瑞曰：‘善哉斯言，姑舍是，吾不能遽脱履以从也。’厥后论赋，颇辨驳元美訾謷子云之语，盖亦自余发之。季木退而深惟，未尝不是吾言也。”可见牧斋以拨乱反正之事未竟其功为憾。有了这层认识，再看牧斋于《王贻上诗集序》文末所发之言，就豁然开朗了。牧斋云：“往余尝与太清、季木论文东阙下，劝其追遡古学，毋沿洄于今学而不知返。太清喟然谓季木曰：‘虞山之言是也，顾我老不能用耳。’今二子墓木已拱，声尘蔑如。余八十

---

① 〔清〕钱谦益著，〔清〕钱曾笺注，钱仲联标校：《牧斋有学集》卷二〇，上海古籍出版社1996年版，第832页。

昏忘，值贻上代兴之日，向之镞砺知己，用古学劝勉者，今得于身亲见之，岂不有厚幸哉！书之以庆余之遭也。”很明显，“余八十昏忘，值贻上代兴之日”云云，在这个语境中强调的是新人与旧人的“代兴”，更具体的，是代王季木、文太清一代而兴。这一代，固然亦包括牧斋本人在内，但不专指牧斋一人。而于贻上“代兴”之日，牧斋对贻上最赞赏之处，是其诗不属“学古而赝者”的复古一路或“师心而妄者”的竞陵一路，其能“别裁伪体，转益多师，草堂之金丹大药也。平心易气，耽思旁讯，深知古学之由来，而于前二人者之为，皆能淘汰其症结，祓除其嘈囋”。换言之，在牧斋看来，贻上已克服了王季木、文太清一辈的弊病及积习，可额手称庆矣。

至于牧斋“向之镞砺知己，用古学劝勉者，今得于身亲见之，岂不有厚幸哉！书之以庆余之遭也”云云，是赞美之词，抑系虚美之词、规勉之词，其实也难究其实。其同时赠贻上之诗《古诗赠新城王贻上》即如此收束：“河源出星海，东流日滔滔。谁跖巨灵掌？一手堙崩涛。古学丧根干，流俗沸蝤蜩。伪体不别裁，何以亲风骚？珠林既深深，玉河复迢迢。方当剪榛楛，未可荣兰苕。瓦釜正雷鸣，君其信所操。勿以独角麟，媲彼万牛毛。”此为训诲、规劝之言无疑。牧斋固知《王贻上诗集序》将刻入贻上集中，流通于世，进入“公共空间”（public sphere），故辞令不能不得体、审慎，且序跋一类文章，体制有其成规（convention），难免虚美、溢美之词。至若投赠之诗，性质上比较私隐（private），或更便于倾诉衷肠。牧斋于同时致贻上函中即有语云：“仆老悖朴学，不善为谀词。翻阅佳什，包孕古今，证响风雅。窃欲以狂澜既倒，望砥柱于高贤。虽言之不文，其意有独至者。序有未尽，又别见于扇头一章。”其意或即在提醒贻上，序与诗宜两相参研，深惟其意。

或云牧斋致贻上札中，对贻上之诗，津津称许不置，至云：“伏读佳集，泱泱大风。青丘、东海，吞吐于尺幅之间，良非笔舌所能赞叹。词坛有人，余子皆可以敛手矣。”此不正牧斋许贻上继主文坛之明证欤？唯唯，否否。尝试论之。

牧斋赐贻上之序及诗，乃托其老友丁继之携返南京交贻上者（上文已述，本年季秋，丁老来自白下，贺牧翁八十大寿）。及其归，丁老囊中尚另有一诗，乃牧斋写赠方文（尔止，1612～1669）者（如赠贻上之诗，亦五古）。[①] 牧斋《读方尔止嵞山诗稿却寄二十韵》云：

> 桐城方尔止，能诗称国手。贻我《嵞山诗》，声价重琼玖。束笋多卷帙，插置架上久。寒宵偶摊书，光怪惊户牖。波澜独老成，健笔自抖擞。我欲起逐之，行间字飞走。良恐病掉眩，定睛更扶首。未知诗人中，复有此人不？来书许过我，风雅细分剖。子已办春粮，我亦戒剪韭。老人苦昏耄，旧学忘谁某。恐如赵李徒，别字剔吾丑。此罪亦易科，罚墨水一斗。举世扇俗学，足迹竞蹯风。吾衰苦无徒，单孑犯蝇丑。誓将埽坛墠，属子执尊卣。恐以我累子，欢呶起群嗾。此诗亦戏耳，用意或不苟。未得会子面，请先指其口。相见勿论文，但饮杯中酒。[②]

此时，尔止尚未面谒牧斋，亦如渔洋等后生，先修书问候、讨教，并呈诗集，求斧正焉。此后不久，尔止趋拜（渔洋在江南五载，从未往谒），牧斋收归门下，遂为牧斋下世前之亲近弟子。其实，上引诗中，牧斋已云“吾衰苦无徒，单孑犯蝇丑”，即嘱尔止速来见我，以结师徒之谊。牧斋在诗中，称

---

① 《牧斋有学集》卷一一中，《古诗赠新城王贻上》前二题诗为《丁老行送丁继之还金陵兼简林古度》，末云：“乳山道士八十二，头童眼眵学力强。桐城方生年五十，诗兼数子格老苍。二公过从约已宿，间阻正苦无舟航。归携此诗共抵掌，相顾便欲凌莽苍。君如再鼓京江柁，方舟定载林与方。”见〔清〕钱谦益著，〔清〕钱曾笺注，钱仲联标校《牧斋有学集》卷一一，上海古籍出版社 1996 年版，第 540～541 页。此题后即《读方尔止嵞山诗稿却寄二十韵》一首。此三诗自是牧斋同时之作，而赠王、方二诗，乃托丁老携归金陵面付二人者。

② 〔清〕钱谦益著，〔清〕钱曾笺注，钱仲联标校：《牧斋有学集》卷一一，上海古籍出版社 1996 年版，第542 页。

尔止"能诗称国手",又云"誓将埽坛埠,属子执尊卣",言下之意,我为子张军,教天下诗人,伏首帖耳,奉汝为祭酒。牧斋此一举动大妙,亦其"代兴"之一例欤?俗云"一山不能藏二虎",而于丁老之归,却腰缠二巨龙,皆牧翁捉而放入其囊中者。此公真好事之徒。丁老一路归金陵,山乡水乡,亦见奚囊中龙泉太阿上彻于斗牛之间否?

最后,牧斋有无请人代己而兴之事?曰有。则所托者谁氏?曰非王渔洋,乃李叔则。上文已述及,牧斋为叔则《雾堂集》撰序毕,另附寄叔则一函,内云:"生平迂愚,耻以文字媚人,况敢膏唇歧舌,以诳知己?私心结轖,偶多枨触。序有未尽,辄复略陈。"(此数句,亦大类上引牧斋致贻上信中语。)接陈己与门弟子形成"虞山之学",其要在"讲求古昔,拨弃俗学",言下之意,即虞山之学不无成效、影响。但牧斋在老耄之际,"侧闻中原士大夫,飏何、李之后尘,集矢加遗,虽圣秋亦背而咻我",能不既恼且怒?后即陈"望吾叔则"之事。牧斋云:"仆既已畏影逃虚,舍然于前尘影事,而犹覙缕相告者,良慭举世之人,乘舟不知东西,望吾叔则,勿与陇人同游,而晓示之以斗极也。来教谆复以昌黎、李翱为况,闻命震掉,若坠渊井。循览大集,大率虚怀乐善,贬损过当,则又伏而深思,以足下学殖富、才力强,冥搜博采,出神入天,有能尺尺寸寸,从事商讨,策骐骥于九阪之途,而闲之以秋驾,至则文苑之邮良矣。"又云:"帝车冥冥,蛙紫错互,叔则不以此时断金觿决,示斗极于中流,而又奚待与?伏胜笃老,师丹多忘,斯文未坠,所跂望于达人良厚。"上文已论及,牧斋修书致意,在激励叔则,代己兴起于关中,别裁伪体,匡时救弊,遏止复古派复萌,"晓示之以斗极""示斗极于中流",发扬己之虞山之学。合观牧斋之《李叔则雾堂集序》及《复李叔则书》,"叔则代兴"云云,遂有二层意义,一者谓叔则代秦学中二韩氏及文太清一代而兴,一者寄望叔则代己兴起于关中,传虞山之学。

涵泳会通，偷意借境——王士禛诗创作神韵举隅

赵伯陶*

王士禛论诗以“神韵说”驰名后世，作为清初诗歌创作的一种内在追求，无论是唐司空图标榜的“不着一字，尽得风流”①，还是宋严羽倡导的“诗有别材、别趣”或“羚羊挂角，无迹可求”的“兴趣”②，似乎都难以完美诠释“神韵说”的内涵。王士禛自己也没有一套系统完整的理论对其主张的“神韵说”加以阐述或总结，后人欲寻觅其诗说的理论线索，多从其有关诗话或笔记中梳理脉络，又往往难得要领乃至歧路亡羊。古代诗人的理论主张与其诗歌创作实践虽未必若合符契、完全统一，但若从其诗歌创作实践反推其理论主张之要义，也未始不是一种卓有成效的方法。笔者曾就这一问题撰文探讨③，然而笼而统之，未免顾此失彼，挂一漏万。中国古代绘画向来有师法前人与师法造化两种不同的取径路向，若比较“神韵说”与其后兴起的“性灵说”，大致也如同古代绘画创作的两种路径选择一样，面貌自有不同。前者往往注重师法前人，在寻章觅句中找寻诗材或激发灵感；后者如性灵派诗人张问陶，作诗多“自铸伟词”，不依傍前人，诚如其《壬子除夕与亥白兄神女庙祭诗作》一诗所作宣言：“不抄古人书，我自用我法。”④仅就古代诗歌的创作方法而论，“神韵”与“性灵”两者创作路径有所区别，本无人为轩轾的必要，所谓春兰秋菊，各极一时之妙而已。从“师法前人”这一角度出发，本文拟将王士禛诗作的神韵追求之一隅分为三个方面加以探讨，以就正于各位专家学者。

一

王士禛一生创作古今体诗四千余首，最能体现其神韵说内蕴的是近体诗，而近体诗中又以五七言绝句的体裁最能凸显其诗歌主张，在《渔洋诗话》或其相关笔记中，对于前人乃至时人诗歌佳句的评赏赞誉多集中于律诗与绝句这两种体裁，即为明证。对于自家诗歌中的得意之作，王士禛也大有游刃有余、顾盼自雄之感。而瞩目这些经作者自我标榜的名篇佳句，对我们探讨其“神韵”真义大有助益。

《渔洋诗话》卷上：“余谓陆鲁望‘无情有恨何人见，月白风清欲堕时’二语，恰是咏白莲诗，移

---

* 作者简介：赵伯陶，中国艺术研究院，编审。

① 〔唐〕司空图：《二十四诗品·含蓄》，见〔清〕何文焕辑《历代诗话》，中华书局1981年版，第40页。

② 〔南宋〕严羽：《沧浪诗话·诗辩》，见〔清〕何文焕辑《历代诗话》，中华书局1981年版，第688页。

③ 参见拙作《王士禛的神韵说与创作实践》，载《厦门教育学院学报》2006年第4期。

④ 〔清〕张问陶：《船山诗草》卷八，中华书局1986年版，第205页。

用不得；而俗人议之，以为咏白牡丹、白芍药亦可，此真盲人道黑白。在广陵，有《题露筋祠》绝句云：'翠羽明珰尚俨然，湖云祠树碧于烟。行人系缆月初堕，门外野风开白莲。'正拟其意。一后辈好雌黄，亦驳之云：'安知此女非嫫母，而辄云翠羽明珰耶？'余闻之，一笑而已。"①《题露筋祠》即七绝《再过露筋祠》一诗，见于《渔洋山人精华录》卷一，诗题小有异同。所谓"露筋女"即古代一位夜晚宁处野外被蚊虫吸血而死也不冒"失节"之险借宿人家的女子，唐以后文人对之多有吟咏，反映了这一传说的定型。此诗用笔轻盈，夜间露筋祠外之白莲花映衬欲堕之凄凉月色，凸显"贞洁"女的凄清落寞与孤标自傲，巧借唐人陆龟蒙《白莲》诗中高洁淡雅的白莲花意象，为露筋女传神写照，情韵十足，自有一种风流自赏的意味。化古人诗歌中的相关意境为我所用，或许正是王士禛酝酿诗歌神韵的利器。

《渔洋诗话》卷中："律句有神韵天然，不可凑泊者，如高季迪'白下有山皆绕郭，清明无客不思家'，曹能始'春光白下无多日，夜月黄河第几湾'，李太虚'节过白露犹余热，秋到黄州始解凉'，程孟阳'瓜步江空微有树，秣陵天远不宜秋'是也。余昔登燕子矶有句云：'吴楚青苍分极浦，江山平远入新秋。'或庶几尔？"②王士禛"登燕子矶"诗，即七律《晓雨复登燕子矶绝顶》一诗，全诗："岷涛万里望中收，振策危矶最上头。吴楚青苍分极浦，江山平远入新秋。永嘉南渡人皆尽，建业西风水自流。洒洒重悲天堑险，浴凫飞鹭满汀洲。"③作者登高望远，万里纵目，即景抒情，感叹江山寥廓，思绪万千：斯时南朝旧事，早已融进历史的长河，而南明覆亡，仍仿佛是昨日的梦呓。作者自誉为"神韵天然不可凑泊"的律句在诗中颔联的位置，出句化用《楚辞·九歌·湘君》："望涔阳兮极浦，横大江兮扬灵。"④极浦谓遥远的水滨，时空的穿越令眼前景具有了历史的深沉感。对句则将空间与时间熔为一炉，富于动感的吟咏为颈联的历史追忆做好了铺垫。作者所举高启、曹学佺、李明睿、程嘉燧四人的律句皆为空间与时间的巧妙融合，不经意中，神韵即由此而生。此外，这首诗尾联对句"浴凫飞鹭"，语本唐杜甫《涪城县香积寺官阁》诗："小院回廊春寂寂，浴凫飞鹭晚悠悠。"⑤转言当下太平景象，也透露出其"伫兴而就"的神韵追求，这属于捋扯式"偷句"的艺术手法，详见本文"二"，此不赘言。

王士禛《香祖笔记》卷八："白乐天诗：'吴娘暮雨潇潇曲，自别江南久不闻。'极是佳句。虞山钱牧翁宗伯诗：'东风谁唱《吴娘曲》，暮雨潇潇暗禁城。'予亦有二绝句云：'波绕雷塘一带流，至今《水调》怨扬州。年来惯听《吴娘曲》，暮雨潇潇水阁头。''七载离筵唤奈何，玉壶红泪敛青蛾。潇潇暮雨南阳驿，重听吴娘一曲歌。'"⑥文中所举"二绝句"，题名即《绝句》，《渔洋山人精华录》卷二选录其第一首。王士禛何以对"吴娘""暮雨潇潇"情有独钟，并引其前辈诗人钱谦益为同调？根本原因就在于吴娘的唐代名妓身份与其词作中"暮雨潇潇郎不归"的哀怨意象。明杨慎《升庵诗话》补遗《吴二娘》："吴二娘，杭州名妓也，有《长相思》一词云：'深花枝，浅花枝，深浅花枝相间时，花枝难似伊。巫山高，巫山低，暮雨潇潇郎不归，空房独守时。'白乐天诗：'吴娘暮雨潇潇曲，自别江南久不闻。'又：'夜舞吴娘袖，春歌蛮子词。'自注：'吴二娘歌词有"暮雨潇潇郎不归"之句。'《绝妙

---

① 〔清〕王士祯(亦作禛，本书下同)：《渔洋诗话》，见《清诗话》，上海古籍出版社1978年版，第173～174页。

② 〔清〕王士祯：《渔洋诗话》，见《清诗话》，上海古籍出版社1978年版，第186～187页。

③ 〔清〕王士禛著，李毓芙、牟通、李茂肃整理：《渔洋精华录集释》卷一，上海古籍出版社1999年版，第147页。

④ 〔南宋〕朱熹：《楚辞集注》卷二，上海古籍出版社1979年版，第33页。

⑤ 〔唐〕杜甫撰，〔清〕仇兆鳌辑注：《杜诗详注》卷一二，中华书局1979年版，第986页。

⑥ 〔清〕王士禛：《香祖笔记》卷八，上海古籍出版社1982年版，第160页。

词选》以此为白乐天词，误矣。吴二娘亦杜公之黄四娘也。聊表出之。”①将“吴娘”与“暮雨潇潇”的哀怨意象化用于诗中，当有“言尽意不尽”之妙，并与其神韵说染有时代色彩的感伤意绪暗合。王士禛《古夫于亭杂录》卷二有云：“庄周云：‘送君者皆自崖而返，君自此远矣。’令人萧寥有遗世意。愚谓《秦风·蒹葭》之诗亦然。姜白石所云‘言尽意不尽’也。”②《蒹葭》一诗有“所谓伊人，在水一方”的疏离怅惘感，其中又不乏企盼之心，正可引发读者的纷纭联想，无穷的余味也油然而生。从中可见，意在言外的感伤意象也是建构王士禛神韵说的重要基石之一。

《渔洋诗话》卷中：“二乔宅在潜山县，近三祖山，故山谷诗云：‘松竹二乔宅，雪云三祖山。’今遗址为彰法寺，余甲子过之，有诗云：‘修眉细细写春山，疏竹泠泠响佩环。霸气江东久销歇，空留初地在人间。’”③上引文所举诗人自家得意之作题为《二乔宅》，《渔洋山人精华录》卷一〇入选，不过第二句“疏竹泠泠”四字已经改作“松竹萧萧”④，所改动四字，语本唐戎昱《题宋玉亭》诗：“应缘此处人多别，松竹萧萧也带愁。”⑤作者为追求诗歌的所谓“神韵”，不惜牺牲文学即景言情的写实手法，特意将染有愁怨意绪的前人诗句挦扯入己诗。雕琢如此，除反映出诗人凸显神韵之“意在言外”“味外之味”的“偷句”手法外，也可见其非同寻常的艰辛创作过程。清田同之《西圃诗说》曾论王士禛诗云：“诗中篇无累句，句无累字，即古人亦不多觏。唯阮亭先生刻苦于此，每为诗，辄闭门障窗，备极修饰，无一隙可指，然后出以示人，宜称诗家，谓其语妙天下也。”⑥钱锺书先生对此亦有精辟之论：“渔洋楼阁乃在无人见时暗中筑就，而复掩其土木营造之迹，使有烟云蔽亏之观，一若化城顿现。其迂缓实有倍于愚山者。”⑦将王士禛与施闰章两人的创作状态加以比较，洞见症结。

结合王士禛有关诗话或笔记来探讨其诗歌创作神韵追求之一隅，对于我们今天认识其神韵说的本质特征不无小补。

二

王士禛诗创作为追求神韵的内在风格，挦扯古人的“偷句”策略实为其重要手段。《池北偶谈》卷一一：“陈（维崧）有《乌丝词》三卷，多瑰奇，闺房游侠之词尤妙。如‘春阴帘外天如墨’，又‘玉梅花下交三九’，虽秦、李不能过也。”⑧“玉梅”句出自陈维崧《蝶恋花·围炉》一词，王士禛《题陈其年填词图》直接将此词句写入自己诗中：“玉梅花下交三九，红杏尚书枉擅名。”⑨诗人对于时人词中妙句的由衷喜爱，也同诗人对前人诗句的喜好一样。因此，“偷句”就成为了其经营神韵诗的一个有效方法。

---

① 〔明〕杨慎著，王仲镛笺证：《升庵诗话笺证》，上海古籍出版社1987年版，第497～498页。

② 〔清〕王士禛撰，赵伯陶点校：《古夫于亭杂录》卷二，中华书局1988年版，第31页。

③ 〔清〕王士祯：《渔洋诗话》，见《清诗话》，上海古籍出版社1978年版，第189页。

④ 〔清〕王士禛著，李毓芙、牟通、李茂肃整理：《渔洋精华录集释》卷一〇，上海古籍出版社1999年版，第1619页。

⑤ 〔清〕彭定求等编：《全唐诗》卷二七〇，中华书局1960年版，第3018页。

⑥ 〔清〕田同之：《西圃诗说》，见郭绍虞编选、富寿荪校点《清诗话续编》，上海古籍出版社1983年版，第765页。

⑦ 钱锺书：《谈艺录》（订补本），中华书局1984年版，第98页。

⑧ 〔清〕王士禛：《池北偶谈》卷一一，中华书局1982年版，第263页。

⑨ 〔清〕王士禛著，李毓芙、牟通、李茂肃整理：《渔洋精华录集释》卷八，上海古籍出版社1999年版，第1279页。

《秋柳四首》①是王士禛早年的得意之作，四首七律用典轻巧，取义隐晦，意象朦胧，感慨良多，流露出一种无奈的悲凉意绪。王士禛《菜根堂诗集序》有云："顺治丁酉秋，予客济南，时正秋赋，诸名士云集明湖。一日会饮水面亭，亭下杨柳十余株，披拂水际，绰约近人。叶始微黄，乍染秋色，若有摇落之态。予怅然有感，赋诗四章，一时和者数十人。又三年，予至广陵，则四诗流传已久，大江南北和者益众，于是秋柳社诗，为艺苑口实矣。"②四诗甫问世即轰动一时，前后约有数百人唱和，传布大江南北，恐怕连作者也始料未及。那种欲说还休的诗歌语言、含蓄模糊的意象组合，都营造出一种半吞半吐的朦胧感，尽管这种表现手法并不特别体现艺术的闪光点，却因与那一时代士人阶层极力向内心世界逃避人生的趋向合拍而大受追捧。在如此语境下，王士禛自觉加速向神韵说迈进的步伐，诚属顺理成章之举。如其一颔联："他日差池春燕影，只今憔悴晚烟痕。"出句"差池春燕"，将秋柳与春燕联系起来，是巧妙通过古人诗句加以凑泊融通的。差池，谓参差不齐的样子。《诗·邶风·燕燕》："燕燕于飞，差池其羽。"③又南朝梁沈约《江南弄四首·阳春曲》："杨柳垂地燕差池，缄情忍思落容仪。"④对句"憔悴晚烟痕"，语本唐李商隐《离亭赋得折杨柳二首》："含烟惹雾每依依，万绪千条拂落晖。为报行人休尽折，半留相送半迎归。"⑤再如其二尾联："若过洛阳风景地，含情重问永丰坊。"永丰坊为唐代洛阳坊巷名，两句完全化用唐白居易《杨柳枝词》诗意及其本事，抒发怀古幽思。白居易《杨柳枝词》："一树春风千万枝，嫩于金色软于丝。永丰西角荒园里，尽日无人属阿谁。"题下注云："《云溪友议》：居易有妓樊素善歌，小蛮善舞。尝为诗曰：'樱桃樊素口，杨柳小蛮腰。'年既高迈，而小蛮方丰艳，因《杨柳词》以托意云。"⑥又如其四尾联："记否青门珠络鼓，松枝相映夕阳边。"二句将秋柳与松枝联系在一起，并非眼前之景，而是化用前人诗句抒情达意。宋郭茂倩《乐府诗集》卷四九《杨叛儿》八首之四："七宝珠络鼓，教郎拍复拍。黄牛细犊儿，杨柳映松柏。"⑦这显然是作者所作《秋柳》其四尾联的出处。上述仅是对《秋柳》四诗极小一部分诗句的解读，如若面面俱到、句句诠释，一篇论文的容量实在难以蒇事。看来王士禛"怅然有感，赋诗四章"并非是一蹴而就的产物，而是在深思熟虑、千锤百炼下酝酿拟就。为令四诗意象朦胧、欲说还休，作者的确煞费苦心。

作者在乡里作于顺治十六年(1659)三月间的《雪后怀家兄西樵》，是作者怀念时在山东莱州教授任上之兄长王士禄的作品，情真意切，遣词用语看似平易，实则寓意深刻，且皆出于自然，因而神韵十足。诗云："竹林上斜照，陋巷无车辙。千里暮相思，独对空庭雪。"⑧五言绝句仅二十字，容量有限，但如若善于化用前人诗意，扩充诗歌意象，自可言有尽而意无穷，使诗歌获得耐人寻味的隽永魅力。如这首五绝的"竹林"句，语本唐钱起《天门谷题孙逸人石壁》诗："崖石乱流处，竹深斜照归。"⑨巧妙化用唐人诗意，歇后暗寓一"归"字，是为弟弟思念兄长的真情流露。斜照，夕阳之余

---

① 〔清〕王士禛著，李毓芙、牟通、李茂肃整理：《渔洋精华录集释》卷一，上海古籍出版社1999年版，第67～71页。

② 〔清〕王士禛著，袁世硕主编：《王士禛全集》，齐鲁书社2007年版，第2004～2005页。

③ 〔南宋〕朱熹：《诗集传》，上海古籍出版社1980年版，第16页。

④ 逯钦立辑校：《先秦汉魏晋南北朝诗》，中华书局1983年版，第1625页。

⑤ 〔清〕彭定求等编：《全唐诗》卷五三九，中华书局1960年版，第6180页。

⑥ 〔清〕彭定求等编：《全唐诗》卷四六〇，中华书局1960年版，第5239页。

⑦ 〔宋〕郭茂倩：《乐府诗集》卷四九，中华书局1979年版，第721页。

⑧ 〔清〕王士禛著，李毓芙、牟通、李茂肃整理：《渔洋精华录集释》卷一，上海古籍出版社1999年版，第110页。

⑨ 〔清〕彭定求等编：《全唐诗》卷二三六，中华书局1960年版，第2612页。

晖，与下“暮相思”照应。“陋巷”句，语本晋陶渊明《归园田居》其二：“野外罕人事，穷巷寡轮鞅。”①陋巷，简陋的巷子，正与陶诗中“穷巷”义通。“轮鞅”即车轮与马颈套，乃以部分指代全体，谓车马，王诗中的“车辙”与之用法略同，承上句，仍有暗寓盼兄早归之意。“千里”句，语本唐杨炯《送并州旻上人诗序》：“千里相思，空有关山之望。”②莱州与新城绝无千里之遥，“千里暮相思”显然是诗歌夸张手法的运用。将相思与天暮绾合在一起，在古人诗词中也是常见的，如唐孟浩然《秋登兰山寄张五》：“愁因薄暮起，兴是清秋发。”③作者涵泳于古人诗文中，或信手拈来，妙手偶得；或刻意雕琢，伫兴而就。经过一番会通推敲的努力，一首表面看似平易浅显的五绝终于涵盖了意在言外的诸多内容，神韵也从而浮现。阅读鉴赏诸如此类的作品，“合格”的读者自然不易寻觅，因为这需要深厚的文学修养或烦琐的查考功夫。在某种程度上说，王士禛倡导诗之神韵，低回唱叹的自娱成分要远远大于寻求知音解者的娱人成分。

七绝《江上》：“吴头楚尾路如何，烟雨秋深暗白波。晚趁寒潮渡江去，满林黄叶雁声多。”④这首诗作于顺治十七年(1660)八月间。作者于暮色苍茫中舟行江上，又值秋日烟雨迷蒙，天地一片萧疏。黄叶与雁声之意象，更增添了几分凄凉意绪。惜春与悲秋本是古代文人之常情，欲翻出新意，笔生波澜，又谈何容易！这首诗以问语起句，富于禅意；接下写景平铺直叙，平淡中自有无限情怀，透出一股神韵。“吴头楚尾”，古人指豫章(今江西)一带，以其地位于春秋吴的上游、楚的下游，故称；后也泛指长江中下游一带地方。这一年秋，王士禛由扬州赴江宁，并不经过江西，诗中言“吴头楚尾”当别有用意。宋普济《五灯会元》卷一五《鹿苑圭禅师》：“潭州鹿苑圭禅师，桂州人也。僧问：‘如何是道?’师曰：‘吴头楚尾。’”⑤所谓“路”即“道”，本诗首句即以“路如何”问语出之，的确耐人寻味。末句“满林黄叶”，与元释善住《秋江待渡图》诗有联系：“客路悠悠思渺然，满林黄叶满村烟。秋江正晚人争渡，莫把闲心待渡船。”⑥“雁声多”，又与元仇远《雁多》诗有所关联：“雁声多处水弥茫，西滗东湖足稻粱。”⑦对于秋日的“黄叶”意象，王士禛似乎情有独钟。其笔记中常有述及，如《香祖笔记》卷一〇：“太仓崔华，字不雕，予门人也，工诗画。尝有句云：‘丹枫江冷人初去，黄叶声多酒不辞。’予极爱之，呼为崔黄叶。历城族子苹，字秋史，壬午举人。有句云：‘乱泉声里才通屐，黄叶林间自著书。’予亦呼为王黄叶。”⑧王士禛潜心历代典籍，视角开阔，举凡先秦、汉魏六朝、隋唐、宋元明诗文多有涉猎，其吟诗作文化用古人创作，腹笥深厚自不待言，却未必仅仅凭借记忆手到拈来，临时翻览或特意搜寻类书、笔记当也是不可或缺的功夫。可以说，没有涵泳融通前人作品的一番艰苦卓绝的努力追求，就不会有自家创作“俯拾即是”的从容不迫。归根结底，王士禛倡导的神韵诗看似飘逸灵动，乃“须其自来”下的产物，实则书囊无底，没有旁搜远绍的艰苦努力，就难以“得来全不费功夫”。诗歌之神韵追求是以创作主体丰厚扎实的文化积累为基础的。

将前人作品中一些灵动活泼的词组或诗句随时加以记录，以备不时之需，是王士禛诗歌创作

---

① 〔晋〕陶渊明著，逯钦立校注：《陶渊明集》卷二，中华书局1979年版，第41页。

② 〔清〕董诰等编：《全唐文》卷一九一，山西教育出版社2002年版，第1153页。

③ 〔清〕彭定求等编：《全唐诗》卷一五九，中华书局1960年版，第1618页。

④ 〔清〕王士禛著，李毓芙、牟通、李茂肃整理：《渔洋精华录集释》卷一，上海古籍出版社1999年版，第140页。

⑤ 〔宋〕普济著，苏渊雷点校：《五灯会元》卷一五，中华书局年1984年版，第1002页。

⑥ 〔元〕释善住：《谷响集》卷三，影印文渊阁《四库全书》本，第1195册，第723页。

⑦ 〔元〕仇远：《金渊集》卷六，影印文渊阁《四库全书》本，第1198册，第57页。

⑧ 〔清〕王士禛：《香祖笔记》卷一〇，上海古籍出版社1982年版，第198页。

行之有效的方法之一。《复雨》是一首七古诗，作者本无意求其神韵的效果，但积习难改，其首二句"花枝濛濛日将暮，飒飒凉飙起庭树"①仍然露出"偷句"古人的痕迹。"花枝濛濛"，语本唐顾况《萧郸草书歌》："上林花开春露湿，花枝濛濛向水泣。"②濛濛，迷茫的样子。"凉飙起庭树"五字，显然化用唐任希古《和李公七夕》诗首二句："落日照高牖，凉风起庭树。"③飙，即暴风，王士禛以"凉飙"置换"凉风"，凸显了顺治十三年(1656)夏，直隶顺天府与山东一带多雨伤稼的悲惨景象，堪称对古人诗意的活用。

五绝《即目》："苍苍远烟起，槭槭疏林响。落日隐西山，人耕古原上。"④全诗二十字，远景、近景交错而出，景中寓情，别有风味。最后一句，"古原"所承载的信息不仅因为它属于历时性一个历久弥新的客观存在。其语有所本的主观人文色彩更是吸引作者化用翻新的重要原因。唐崔涂《夕次洛阳道中》："高树鸟已息，古原人尚耕。"⑤诗人化用崔诗并非意欲标榜自家写诗"字字皆有来历"的高妙，而是在一唱三叹的吟诵中获取一种审美的愉悦与极大的满足感。也许诗人认为这就是诗歌的神韵所在！

七律《虎丘》缅怀春秋时吴王阖闾霸业，历史风云、岁月沧桑皆融会于诗中，往事成空之感与宋苏轼《前赤壁赋》中对曹操一生霸业成空的感慨，同一机杼。这首诗尾联："惟有生公台畔石，年年白月照禅心。"⑥其对句，语本唐李颀《题璿公山池》诗："片石孤峰窥色相，清池皓月照禅心。"⑦白月，即白分，古印度历法称农历每月的上半月为白分，下半月为黑分。王士禛如此"偷句"并非生吞活剥，而是以"年年"替换"清池"，融入时光岁月的纵深感，扩充了原诗的意境。

将前人诗句另加变换或重新组合，不是"偷句"，而是"偷意"。这也是王士禛在诗歌创作中追求神韵的方法之一。《昆陵归舟》这首五古作于顺治十七年(1660)冬十一月，全诗云："泊船西蠡河，解缆东城路。凉月淡孤舟，遥村隐红树。杳杳暮归人，悠悠渡江去。"⑧其中第三句化用宋苏轼《太白山下早行，至横渠镇，书崇寿院壁》诗："乱山横翠幛，落月淡孤灯。"⑨以"凉月"置换"落月"，尚属定语变化，无关宏旨；以"孤舟"替换"孤灯"，苏诗比较事物光感的取意完全丧失，仅是一种组词结构近似的模拟。然而作者以为"淡"字灵动，就照搬无误了，似乎以为不如此就不能浮现诗的神韵。

"偷意"而非"偷句"。"偷意"在王士禛的诗歌创作中并不罕见。七律《登金山二首》其二颔联："绝顶高秋盘鹳鹤，大江白日踏鼋鼍。"⑩出句化用元成廷珪《再游金山寺》诗："通宵月色鱼龙

---

① 〔清〕王士禛著，李毓芙、牟通、李茂肃整理：《渔洋精华录集释》卷一，上海古籍出版社1999年版，第28页。

② 〔清〕彭定求等编：《全唐诗》卷二六五，中华书局1960年版，第2945页。

③ 〔清〕彭定求等编：《全唐诗》卷四四，中华书局1960年版，第544页。

④ 〔清〕王士禛著，李毓芙、牟通、李茂肃整理：《渔洋精华录集释》卷一，上海古籍出版社1999年版，第113页。

⑤ 〔清〕彭定求等编：《全唐诗》卷六七九，中华书局1960年版，第7770页。

⑥ 〔清〕王士禛著，李毓芙、牟通、李茂肃整理：《渔洋精华录集释》卷二，上海古籍出版社1999年版，第189页。

⑦ 〔清〕彭定求等编：《全唐诗》卷一三四，中华书局1960年版，第1363页。

⑧ 〔清〕王士禛著，李毓芙、牟通、李茂肃整理：《渔洋精华录集释》卷一，上海古籍出版社1999年版，第160页。

⑨ 〔清〕王文诰辑注，孔凡礼点校：《苏轼诗集》卷三，中华书局1982年版，第129页。

⑩ 〔清〕王士禛著，李毓芙、牟通、李茂肃整理：《渔洋精华录集释》卷一，上海古籍出版社1999年版，第154页。

喜，绝顶秋声鹳鹤悲。”①鹳鹤，这里泛指鹤类。关于对句，清惠栋注引《九曜斋笔记》：“宋苏绅《题润州金山寺》诗云：‘僧依玉鉴光中住，人踏金鳌背上行。’渔洋山人《登金山寺》诗云：‘绝顶高秋盘鹳鹤，大江白日踏鼋鼍。’次句意本苏诗，一经炉锤，分外沉雄。”又补注引《金山新志》云：“金山滩濑下多鼋鼍窟宅，每泝洄顺流，噞喁浮沉，或近或远，出没浪花间，颇类驯扰可玩。故苏舜钦诗有：‘扣阑见鼋鼍，扬首意自得。’”②按所引诗句见宋苏舜钦《苏学士集》卷四《金山寺》诗。又宋吴处厚《青箱杂记》卷七：“本朝翰林苏公绅，尝《题润州金山寺》一联云：‘僧依玉鉴光中住，人踏金鳌背上行。’时公方举大科，识者以‘人踏金鳌背上行’，乃荣入玉堂之兆。已而果然。公位止于内相，岂亦诗之谶耶？”③王士禛吟诵金山寺，当着意参考了与金山寺相关的文献，“偷意”于前人作品也就不足为奇了。

变换地名融入自己喜爱的前人诗句中，也是王士禛运用“偷意”艺术手法的一种手段。《樊圻画》为顺治十八年（1661）所作的题画七绝：“芦荻无花秋水长，澹云微雨似潇湘。雁声摇落孤舟远，何处青山是岳阳？”④末句语本唐孟浩然《渡浙江问舟中人》诗：“时时引领望天末，何处青山是越中。”⑤唐代诗人王维与孟浩然清旷淡远的山水田园诗风与王士禛的诗歌神韵主张暗合，从而受到后者的追慕与效法乃至“偷意”，实乃势所必至。王士禛《题乘风破浪图四首》其一首二句：“海外真看大九州，青天一发是琉球。”⑥末句地名置换自宋苏轼《澄迈驿通潮阁二首》之二：“杳杳天低鹘没处，青山一发是中原。”⑦前人脍炙人口的警句为后世人所喜爱，也属理所当然。七绝《嘉陵江上忆家》末二句：“嘉陵驿路三千里，处处春山叫画眉。”⑧前句地名置换自元钱惟善七律《送王举之入京就简樵谷》颈联：“黄尘驿路三千里，白玉京城十二楼。”⑨王士禛以“嘉陵”置换“黄尘”，并非纯粹的两个地名互易，虽与上述两例有所区别，却也自然流畅，不觉生搬硬套。

三

王士禛在诗歌创作中对前人佳作实行“偷句”与“偷意”之法，并不是偶一为之的个别现象，也不仅限于对唐代诗人名篇佳句的挦扯或效法，只要他认可的富于韵味的诗句，无论出自何人之口，皆可以入我“锦囊”中，以备不时之需。俗语“捡到篮中就是菜”，最足以形容王士禛这种集思广益的诗歌创作方法。

王士禛妻子张宜人卒于康熙十五年（1676）九月初十日，作者写有七绝《悼亡诗》三十五首，编入《丁巳集》，当是从其妻病故之日到翌年（丁巳）春月陆续所作。《渔洋山人精华录》选录《悼亡

① 〔清〕顾嗣立编：《元诗选》二集，中华书局1987年版，第708页。

② 〔清〕王士禛著，李毓芙、牟通、李茂肃整理：《渔洋精华录集释》卷一，上海古籍出版社1999年版，第154～155页。

③ 〔宋〕吴处厚：《青箱杂记》卷七，中华书局1985年版，第74页。

④ 〔清〕王士禛著，李毓芙、牟通、李茂肃整理：《渔洋精华录集释》卷二，上海古籍出版社1999年版，第256页。

⑤ 〔清〕彭定求等编：《全唐诗》卷一六〇，中华书局1960年版，第1669页。

⑥ 〔清〕王士禛著，李毓芙、牟通、李茂肃整理：《渔洋精华录集释》卷一〇，上海古籍出版社1999年版，第1578页。

⑦ 〔清〕王文诰辑注：《苏轼诗集》卷四三，中华书局1982年版，第2365页。

⑧ 〔清〕王士禛著，李毓芙、牟通、李茂肃整理：《渔洋精华录集释》卷一二，上海古籍出版社1999年版，第1904页。

⑨ 〔清〕顾嗣立编：《元诗选》初集，中华书局1987年版，第2279页。

诗》二十六首，其最末一首有“宦情薄似秋蝉翼，愁思多于春茧丝”①一联，就完全袭用宋陆游《宿武连县驿》诗中二句“宦情薄似秋蝉翼，乡思多于春茧丝”②。小有不同的是，将对句“乡思”置换为“愁思”，以便切合怀念亡妻的情境。

七绝《叶公祠》写于康熙十一年（1672）十一月初四日，为王士禛使蜀回程，途经河南叶县时触景生情，有感而作。“叶公好龙”是今天已经耳熟能详的一个成语，典出汉刘向《新序》卷五，后人多用此成语比喻表面上爱好某事物，实际上并不真正爱好，讽刺意味明显。《叶公祠》全诗：“萧条醴水暮烟封，古殿青苔上废钟。地下子高应一笑，世间谁解好真龙？”③诗中“子高”谓叶公子高，即叶公。王士禛此诗特为“叶公好龙”戏作“翻案”文章，意在讽刺世间虚伪之人正多，人情狡诈，无以复加，所以叶公子高也不必为自己生前荒唐之举赧然，当“含笑九泉”了。此诗末一句“世间谁解好真龙”，显然偷意于宋杨万里七律《和符君俞卜邻》颔联：“念子南归骑瘦马，只今谁解好真龙。”④王士禛将杨诗中为友人遭逢不偶的不平之语，转化为略带调侃意味的问语，“偷意”中不乏幽默感。

《冶春绝句》为一组七绝，共二十四首，作于康熙三年（1664）三月初九日清明。作者题下自注：“同林茂之前辈、杜于皇、孙豹人、张祖望、程穆倩、孙无言、许力臣、师六修禊红桥，酒间赋《冶春》诗。”《渔洋山人精华录》选录十二首⑤，其十一末两句有云：“生前行乐犹如此，何处看春不可怜。”最后一句则完全袭用明李攀龙七律《赵州道中忆殿卿》尾联“重来此地逢寒食，何处看春不可怜”⑥的末句。看来王士禛不仅有意师法唐宋名家之作，明人之诗只要有符合其神韵标准的佳句，也不难入其法眼，为所笑纳于自家诗中。值得瞩目的是，这组七绝其三：“红桥飞跨水当中，一字阑干九曲红。日午画船桥下过，衣香人影太匆匆。”所谓“衣香人影”，比喻两岸游女仪态优雅、服饰艳丽。全诗完全“借境”于唐骆宾王《咏美人在天津桥》诗：“美女出东邻，容与上天津。整衣香满路，移步袜生尘。水下看妆影，眉头画月新。寄言曹子建，个是洛川神。”⑦读者如果不明诗人这一妙用前人诗歌意境的方法，就难以理清此诗第三四句的逻辑联系，从而令这首七绝的神韵丧失殆尽。“借境”法是比“偷句”“偷意”更上一层楼的艺术手法，在王士禛的神韵诗创作中应属“上驷”之选。

《即事二绝句》写于康熙二十四年（1685）五月十五日，为王士禛奉命祭告南海后北归，途次江西彭泽阻风江口时所作。即事，即以当前事物为题材的诗。其一云：“吴头楚尾浪花粗，终日彭郎对小姑。杨叶洲边望烟火，江南江北雨模糊。”其中自有一种无奈的心情，无论诗题，还是诗的内容，都反映了作者这种难言的焦虑。“江南江北”一句暗寓思乡之心难已，借境于宋苏轼《游金山寺》诗：“试登绝顶望乡国，江南江北青山多。”⑧此言“雨模糊”，则尚不如苏轼可见“青山多”之幸也。如果不弄清作者这一“借境”的书证，这首七绝浓烈的思乡情绪就无以显现了，又谈何神韵？

所谓“借境”也有深浅之别，出神入化者可不依托借境对象的字句而全以意会。五绝《惠山下

---

① 〔清〕王士禛著，李毓芙、牟通、李茂肃整理：《渔洋精华录集释》卷七，上海古籍出版社1999年版，第1173页。

② 〔南宋〕陆游：《陆游集·剑南诗稿》卷三，中华书局1976年版，第85页。

③ 〔清〕王士禛著，李毓芙、牟通、李茂肃整理：《渔洋精华录集释》卷六，上海古籍出版社1999年版，第994页。

④ 北京大学古文献研究所编：《全宋诗》第42册，北京大学出版社1998年版，第26087页。

⑤ 〔清〕王士禛著，李毓芙、牟通、李茂肃整理：《渔洋精华录集释》卷三，上海古籍出版社1999年版，第222～223页。

⑥ 〔明〕李攀龙：《李攀龙集》卷八，齐鲁书社1993年版，第192页。

⑦ 〔清〕彭定求等编：《全唐诗》卷七八，中华书局1960年版，第846页。

⑧ 〔清〕王文诰辑注，孔凡礼点校：《苏轼诗集》卷七，中华书局1982年版，第308页。

邹流绮过访》："雨后明月来，照见下山路。人语隔溪烟，借问停舟处。"①此诗作于顺治十八年(1661)春二三月间。全诗仅二十字，语虽浅近，却用意良深，效法唐诗人王维的痕迹明显，因而带有几分朦胧感，并有些许禅意。"人语"二句，借境于唐王维《终南山》诗："欲投人处宿，隔水问樵夫。"此诗"借问"之主语当是邹流绮，正可与诗题呼应。

借境于前人且禅意更浓的是其五绝《早至天宁寺》。王士禛在《香祖笔记》卷二中曾沾沾自喜地自道云："又在京师有诗云：'凌晨出西郭，招提过微雨。日出不逢人，满院风铃语。'皆一时伫兴之言，知味外味者当自得之。"②雨后清晨，寺中人迹稀少，只有作者聆听塔间风铃声，的确富有禅意。此二十字犹如唐王维《辛夷坞》诗中"涧户寂无人，纷纷开且落"③的意境，兴象自生。这是大而言之的"借境"。如果逐句分析，其"偷意"或"借境"的痕迹更为明显。"凌晨"句，语本宋范成大《次韵庆充避暑水西寺》诗："佳晨出西郭，仰视天宇清。"④"招提"，乃从梵语音译而来，义为"四方"，后演变为寺院的别称，这里指京师天宁寺(在今北京市西城区广安门外)，寺中尚存辽代所建一座砖砌实心八角十三层密檐式塔，高一百七十三尺有余。"过新雨"，化用唐张籍《江南春》诗："渡口过新雨，夜来生白蘋。"⑤"不逢人"，化用唐韦应物《答杨奉礼》诗："秋塘唯落叶，野寺不逢人。"⑥又宋普济《五灯会元》卷一三《青原下五世·云居道膺禅师》："问：'如何是西来意?'师曰：'古路不逢人。'"⑦"风铃语"，明蒋一葵《长安客话》卷三《天宁塔院》："天宁寺塔，每级缀数十百铃，风动声急，如万马奔骤可听。"⑧宋释惠洪《石门文字禅》卷一八《清凉大法眼禅师真赞》："非风幡动，非风铃语，见闻起灭，了无处所。何以明之？俱寂静故。"⑨一首五绝诗，文字毫无艰深之处，却禅意盎然，言有尽而意无穷。今人若仔细加以注释，没有以上诸多书证，确实难以窥见其中奥妙。换言之，王士禛倡导诗歌神韵并非束书不观、白手起家建立起来的空中楼阁，而是得益于其腹中丰厚的文化积淀与博极群书的广阔视野。因此我们丝毫不可低估古人即使为官也能够终日沉心典籍、涵泳诗文的定力。唯腹笥深厚并加以苦心推敲，个中人才有可能提出神龙见首不见尾且能风靡一时的神韵说。

无论"偷句""偷意"或"借境"，王士禛有时并不隐瞒其出处，反而特意拈出，昭示世人。七绝《筹笔驿》："当年神笔走群灵，千载风云护驿亭。今日重过吊陈迹，只余愁外旧山青。""只余"句下作者自注："'意中流水远，愁外旧山青'，石曼卿题句。"⑩历代诗人题写筹笔驿者不乏名作，如唐代李商隐、杜牧、罗隐之作，宋代石延年等人之《筹笔驿》诗等，皆千百年来脍炙人口之佳作。王士禛这首诗借境前人名句为己所用，除自家指出者外，第二句也有借境，此句借境于唐李商隐《筹笔驿》

---

① 〔清〕王士禛著，李毓芙、牟通、李茂肃整理：《渔洋精华录集释》卷三，上海古籍出版社1999年版，第222~223页。

② 〔清〕王士禛：《香祖笔记》卷二，上海古籍出版社1982年版，第24页。

③ 〔清〕彭定求等编：《全唐诗》卷一二八，中华书局1960年版，第1302页。

④ 北京大学古文献研究所编：《全宋诗》第41册，北京大学出版社1998年版，第25791页。

⑤ 〔清〕彭定求等编：《全唐诗》卷三八四，中华书局1960年版，第4303页。

⑥ 〔清〕彭定求等编：《全唐诗》卷五三九，中华书局1960年版，第6161页。

⑦ 〔南宋〕普济：《五灯会元》卷一三，中华书局年1984年版，第795页。

⑧ 〔明〕蒋一葵：《长安客话》卷三，北京古籍出版社1980年版，第66页。

⑨ 〔北宋〕释惠洪：《石门文字禅》卷一八，影印文渊阁《四库全书》本，第1116册，第389页。

⑩ 〔清〕王士禛著，李毓芙、牟通、李茂肃整理：《渔洋精华录集释》卷一二，上海古籍出版社1999年版，第1906页。

诗："猿鸟犹疑畏简书，风云常为护储胥。"①其间不露斧凿之迹，读来浑然一体，明白晓畅。

吟诗若与古人所处时、地略同或情境相关，也可为王士禛运用"借境"的艺术手法创造机会。如七绝《雨中度故关》，作于康熙十一年（1672）七月初九日。这一年六月，作者奉命为四川乡试主考官，七月离家南下，初九日冒雨过井陉关，写下此诗："危栈飞流万仞山，戍楼遥指暮云间。西风忽送潇潇雨，满路槐花出故关。"②故关，谓井陉关，又名土门关，在今河北井陉县西北井陉山上，地当太行山区进入华北平原的要隘。诗之神韵即集中浮现于末一句，作者显然借境于唐杨凝《送客入蜀》诗："剑阁迢迢梦想间，行人归路绕梁山。明朝骑马摇鞭去，秋雨槐花子午关。"③王士禛化用唐人诗句，造语堪称浑然天成，然而"满路槐花"或非井陉关当时景象，但因有前人在子午关对槐花的写实性描写，王诗就可化虚为实，通过借境令作品生发出别一种韵味，所谓"神韵"亦由此产生。

古人题画诗即景言情，最易抒发诗人胸怀，如果能够巧妙借用前人有关诗歌意境，就可以极大扩充自家诗的容量。七绝《叶欣画》是为当时金陵八家之一的无锡人叶欣所画山水的题诗。"偶来独立碧溪头，石涧茅亭白日幽。风雨欲来山欲暝，万松阴里飒寒流。"④从二十八字描写可知，其画取材山间小景：松林森森，石涧掩映；溪水潺潺，茅亭清幽；远山迷茫，人立溪头。画卷孤寂静穆的意境被诗准确地传达出来，所谓"俯拾即是，不取诸邻"，此之谓也。然而如果我们再读唐贯休《山居诗二十四首》其二，两者的联系就呼之欲出了。贯休诗前半首有云："难是言休即便休，清吟孤坐碧溪头。三间茅屋无人到，十里松阴独自游。"⑤不言而喻，王士禛创作《叶欣画》一诗时，当受过贯休诗意的启发。

无可讳言，王士禛以"偷句""偷意""借境"的艺术手法写诗，读者如果不明其出处，往往很难体味到其间妙处，甚至感到其诗句不知所云。如《秦邮杂诗六首》其三："露筋祠前水拍村，平湖水暖生兰荪。灵风斜日画旗卷，时有神鸦归庙门。"⑥"灵风"即春风，第三句无疑借境于唐李商隐七律《重过圣女祠》颈联对句"一春梦雨常飘瓦，尽日灵风不满旗"⑦。如果说阅读这首《秦邮杂诗》若不明第三句之出处，莫名其妙而外尚无碍于理解全诗意旨；那么试读下例五律《忆山居示儿子》一诗，就会感觉到通晓其各句书证的必要性了。

《忆山居示儿子》作于康熙二十二年（1683）冬月，时作者在京师国子监祭酒任上。身居繁华京城，本已是富贵中人，却能不忘昔日乡间之乐，而示子以山居之趣，非胸中有书万卷，常涵泳于道德之域，绝难以道其万一。全诗云："堂静看归燕，村深报午鸡。松花开细雨，笋竹并春泥。涧道水兼石，山田高复低。休惭令狐子，黾勉把锄犁。"⑧全诗字句朴素无华，却几乎句句暗用古人诗意，娓娓道来，语重心长；尾联用典，以田居农耕为乐，更是作者儒家本色之语，读来引人深思，回味无穷。首联出句"看归燕"，袭用宋李处权《偶书》诗意："栖迟无与言，袖手看归燕。"⑨对句"村深"，完全

---

① 〔清〕彭定求等编：《全唐诗》卷五三九，中华书局1960年版，第6161页。

② 〔清〕王士禛著，李毓芙、牟通、李茂肃整理：《渔洋精华录集释》卷五，上海古籍出版社1999年版，第710页。

③ 〔清〕彭定求等编：《全唐诗》卷二九〇，中华书局1960年版，第3302页。

④⑥ 〔清〕王士禛著，李毓芙、牟通、李茂肃整理：《渔洋精华录集释》卷三，上海古籍出版社1999年版，第381页。

⑤ 〔清〕彭定求等编：《全唐诗》卷八三七，中华书局1960年版，第9425页。

⑦ 〔清〕彭定求等编：《全唐诗》卷五三九，中华书局1960年版，第6145页。

⑧ 〔清〕王士禛著，李毓芙、牟通、李茂肃整理：《渔洋精华录集释》卷一〇，上海古籍出版社1999年版，第1572页。

⑨ 北京大学古文献研究所编：《全宋诗》第32册，北京大学出版社1998年版，第20367页。

脱胎于明陆深《山庄》诗："林旷传干鹊，村深报午鸡。"①颈联出句"开细雨"，语本宋孔平仲《寄题萧文照阁》诗："红蕖开细雨，白鸟下残阳。"②颔联出句"水兼石"，则借鉴于宋翁卷《赠张韩伯》诗颈联："一路水兼石，万重山隔云。"③对句"山田"，化用宋方逢辰《田父吟》诗："一亩之地高复低，节节级级如横梯。"④尾联两句谓人生当不慕荣华，典出《后汉书·列女传》所述太原王霸妻与夫甘于贫贱事："太原王霸妻者，不知何氏之女也。霸少立高节，光武时，连征不仕。霸已见《逸人传》。妻亦美志行。初，霸与同郡令狐子伯为友，后子伯为楚相，而其子为郡功曹，子伯乃令子奉书于霸，车马服从，雍容如也。霸子时方耕于野，闻宾至，投耒而归，见令狐子，沮怍不能仰视。霸目之，有愧容。客去，而久卧不起，妻怪问其故，始不肯告，妻请罪，而后言曰：'吾与子伯素不相若，向见其子容服甚光，举措有适，而我儿曹蓬发历齿，未知礼则，见客而有惭色，父子恩深，不觉自失耳。'妻曰：'君少修清节，不顾荣禄，今子伯之贵，孰与君之高？奈何忘宿志而惭儿女子乎！'霸屈，起而笑曰：'有是哉！'遂共终身隐遁。"⑤

《忆山居示儿子》一诗，不计尾联用典，全诗除颔联对句未明书证外，其余五句皆有依据，且有四句出自宋人诗，但清人惠栋与金荣等皆未能注出，不无遗憾。看来王士禛在写作构思中，为获取灵感，着意集中参考了部分宋人兼及明人的诗作，"偷句""偷意"或"借境"兼而有之。此诗虽属"中驷"以上之作，但"自铸伟词"的功力终显欠缺。这或许也是后世性灵派诗人袁枚对王士禛之"神韵说"敬而远之的重要原因。袁枚《仿元遗山论诗》其一："不相菲薄不相师，公道持论我最知。一代正宗才力薄，望溪文集阮亭诗。"⑥"才力薄"之论切中肯綮，袁枚博览群书且诗歌创作经验丰富，他的论断的确值得我们今天的研究者认真对待。

---

① 〔明〕陆深：《俨山集》卷八，影印文渊阁《四库全书》本，第1268册，第52页。
② 北京大学古文献研究所编：《全宋诗》第16册，北京大学出版社1998年版，第10891页。
③ 北京大学古文献研究所编：《全宋诗》第50册，北京大学出版社1998年版，第31422页。
④ 北京大学古文献研究所编：《全宋诗》第66册，北京大学出版社1998年版，第41198页。
⑤ 〔南朝宋〕范晔著，〔唐〕李贤等注：《后汉书》卷八四，中华书局1965年版，第2782～2783页。
⑥ 〔清〕袁枚：《小仓山房诗文集》卷二七，上海古籍出版社1988年版，第688页。

山左诗坛的一桩公案

——试论《列朝诗集》对王象春的定位

王小舒*

王象春(1578~1632)属于新城王氏作家中最具独创性的诗人。诗坛领袖钱谦益曾评价王象春云:"季木于诗文,傲睨辈流,无所推逊。"①著名诗人朱彝尊则评论王象春云:"万历中年,诗派杂出,季木自辟门庭,不循时习。"②朱彝尊还指出:"同时名家者,冯用韫(琦)、于念东(疑为可远,名慎行)、王季木(象春),皆拔萃者也。"③王象春无疑是山左诗坛的一位大家。不过,对这位重要的诗人,评论界却存有长期的误解,以至酿成了山左诗坛的一桩公案。

一、钱谦益所定的一桩疑案

说到误解,首先应该提到钱谦益。他是王象春的同榜进士兼诗友,正是这位地位显赫的诗友宣称,王象春的创作师法前后七子,是李梦阳、李攀龙一支的忠实追随者。在《列朝诗集》中,钱谦益指出:

> 季木于诗文,傲睨辈流,无所推逊,独心折于文天瑞(翔凤)。两人学问皆以近代为宗。天瑞赠诗曰:"元美吾兼爱,空同尔独师。"其大略也。岁庚申,以哭临集西阙门下,相与抵掌论文,余为极论近代诗文之流弊,因切规之曰:"二兄读古人之书,而学今人之学,胸中安身立命,毕竟以今人为本根,以古人为枝叶,窠臼一成,藏识日固,并所读古人之书胥化为今人之俗学而已矣。譬之堪舆家,寻龙捉穴,必有发脉处。二兄之论诗文,从古人何者发脉乎?抑亦但从空同、元美发脉乎?"季木挢然不应。④

王象春究竟是七子派的忠实追随者,还是"自辟门庭,不循时习"的作家?这成为一个疑问。其实,钱谦益的评价颇有自相矛盾处,他认定王象春宗法七子、严守格调,同时又宣称:"季木则如西域波罗门教邪师外道,自有门庭,终难皈依正法。"⑤显然难以自圆其说。清乾隆年间,钱谦益的

---

* 作者简介:王小舒,山东大学文学院,教授。

① 〔清〕钱谦益:《列朝诗集小传》丁集下,上海古籍出版社1983年版,第653页。

② 〔清〕朱彝尊:《静志居诗话》卷一七,人民文学出版社1990年版,第504页。

③ 〔清〕朱彝尊:《静志居诗话》卷一六,人民文学出版社1990年版,第491页。

④ 〔清〕钱谦益:《列朝诗集小传》丁集下,上海古籍出版社1983年版,第653~654页。

⑤ 〔清〕钱谦益:《列朝诗集小传》丁集下,上海古籍出版社1983年版,第654页。

同乡王应奎又进一步指出："阮亭（王士禛号）为季木从孙。而季木之诗，宗法王、李，阮亭入手，原不离此一派，林古度所谓'家学门风，渊源有自'也。"①王应奎沿着钱谦益的思路，由王象春而及王士禛，由前七子而及后七子，认定王象春、王士禛祖孙二人皆为李攀龙一脉的正宗传承者，造成了不小的影响。

由于这段话牵涉到明清之际主流诗学的交接和转换，诗学界的看法由此发生分歧，于是衍为一桩公案。

实际情况究竟怎样？有必要对王象春的诗歌做一番重新的审视。

二、王象春创作的探索历程

王象春现存两个集子，《问山亭诗》与《齐音》。《问山亭诗》包括《酉戌草》一卷、《辛亥草》一卷、《壬子草》一卷、《癸丑草》一卷、《甲寅草》一卷、《鹊居诗》一卷、《小草草》一卷、《未刻草》九卷（其中词一卷）、《北湖游诗》一卷、《问山亭诗拾遗》一卷，共十八卷，基本按照时间先后排列，其跨度从万历三十七年（1609）直至崇祯四年（1631），囊括作者32岁到去世前的作品。另一诗集为《齐音》，又名《济南百咏》，作于万历四十四年（1616）。此外还有一个《问山亭遗诗》本，与《问山亭诗》重复。前两部集子合起来，加上其他佚作，共得1200余首诗。

王象春所处的时代是七子派遭到普遍批判而公安派、竟陵派相继崛起的年代。用象春诗友钟惺的话说："今称诗，不排击李于鳞（攀龙字），则人争异之，犹之嘉、隆间不步趋于鳞者，人争异之也。""今称诗者，遍满世界，化而为石公（袁宏道）矣。"②处在这样一个"诗派杂出"的时代，王象春既未像他父辈那样，追随乡贤李攀龙，也未转向袁宏道公安一派，更未效仿钟惺为首的竟陵派，而是自己独开一路，"要以自成其为季木而已"③。

据现存诗集来看，在二十多年的时间里，王象春曾一度效法过中、晚唐的险怪派和苦吟派。请看下面两首作品：

孤灯无意绪，终夜照斯人。频卜龟先厌，穷途仆不亲。寒风吹远哭，情语助长呻。待罪何多日，明朝且立春。（《城隅诗》其六）

懒云压屋长松豪，官马瘦闲冰填濠。秋官畏冷罢提牢，瓦炉炷烬歌声高。新亭不泣泣东皋，酒倾桑落燎白蒿。壁上瞿昙失颠毛，岁残多阴碧翁髦，天狼夜叫长弓弢。三笑亭子加扁额，又愁天裂银河涛。（《同陆君启坐陶不退舍限韵》）

以上两首诗作于万历四十年（1612），作者当时担任顺天乡试的阅卷官，受人诬陷卷入科考案，处候审调查期间。作品中强烈的不平情绪通过孤寂、怪僻、凄冷的意象展露出来，艺术上有明显借鉴李贺、贾岛等人之处。

其实，在相当长一段时间里，作者一直在有意识地学习晚唐，李若讷在为王象春诗集作序时指出："甲寅春末，友人王季木过余里，挑灯竟夜，大半谈诗。其指括之：于峭、于紧、于瘦。夫峭以砭泛，紧以砭缓，今日反摹古之滥觞，当为第一义，盖世尽一摹也。故泛而不中窍，缓而不见捷，去彼

---

① 〔清〕王应奎：《柳南续笔》卷三，《续修四库全书》本，第1147册，第21页。

② 〔明〕钟惺著，李先耕、崔重庆标校：《问山亭诗序》，见《隐秀轩集》卷一七，上海古籍出版社1992年版，第254、255页。

③ 〔明〕钟惺著，李先耕、崔重庆标校：《问山亭诗序》，见《隐秀轩集》卷一七，上海古籍出版社1992年版，第255页。

挹此，恐其不迫。乃瘦之一言，竞藻割腴者，且以为郊、岛之癖恶乎？益之以癖，不知向之摹古粉黼太多，正非不腴，乃不瘦耳。”①李若讷是山左临邑人，王象春的诗友，著有《五品稿》等。他受王象春影响，创作上也借鉴晚唐，“矫李、王之敝，诗文自辟蹊径”②。据李若讷说：“季木殆类李长吉(贺)，季木抑自梦为长吉后身。”③除了李若讷以外，同时代的钟惺亦曾指出：“吾友王季木，奇情孤诣，所为诗有蹈险经奇，似温、李一派者。”④这里需要指出，钟惺是竟陵派的领袖，他与袁宏道虽同属性灵诗派，趋尚却有所不同，钟惺为矫正公安派俚俗、浅切的弊病，转而提倡效法晚唐孤寂、幽冷之风：“真诗者，精神所为也。察其幽情单绪，孤行静寄于喧杂之中；而乃以其虚怀定力，独往冥游于寥廓之外，如访者之几于一逢，求者之幸于一获，人者之欣于一至。不敢谓吾之说非即向者千变万化不出古人之说，而特不敢以肤者、狭者、熟者塞之也。”⑤这种诗学观念应对王象春发生过影响。不过，王象春当时借鉴晚唐，是为了以“峭、紧、瘦”三旨消除“摹古”派带来的弊端，这与钟惺的出发点不同，然而路径却近似。可以讲，王象春的行为属于在复古大框架内进行的一种调整。

另一方面，王象春也曾向民歌学习，尝试过俚俗的风格。诗集中亦有表现，如《酉戌草》中的《打枣竿》两首、《壬子草》中的《懊侬歌九解》《昼睡太青画帐中》，《癸丑草》中的《雁过红》《十日叹》《答苏云浦侍御》十首等。作者在京师时曾经与袁中道、钟惺有过交往，互相赠答酬唱，钟惺还给王象春的诗集作过序。在此风气转换的大环境下，作为一位敏感诗人，受南方性灵思潮一定程度的影响也是很自然的。

但是，王象春对南方柔婉的诗风并不很欣赏，以为与山左风土气质不合。他在《齐音》里指出：“余谓一地有一地之音。何必挢舌相效？近世习尚靡靡，在江南风土冲柔，因其所宜。而北方轩颧鬈髻之夫亦勉尔降气以为南弄，岂不可耻？”⑥还曾做诗云：“休唱柳枝与竹枝，柔音不是北方词。长声硬字攀松柏，歌向霜天济水湄。”(《寄咏》)可见，作者对南方的性灵风气并未盲目追随，他还是有自己原则的。

还有一个人，对作者染指俚俗影响较大，那就是象春的好友文翔凤。文翔凤，字天瑞，号太青，陕西三水人，著有《东极篇》。文氏虽钦佩前七子领袖李梦阳，诗文创作却和七子派异轨，怪僻狂诞，不避俚俗。他比王象春走得更远，有些作品近似打油，如：“一领青衫事长官，一双白眼向谁看。山人错领乌纱帽，多少黄精误却餐。”(《赴郏》)朱彝尊对王、文二人曾有不同评价：“季木自辟门庭，不循时习，虽引关中文天瑞为同调，然天瑞太支离，未免邪径害田矣。未若季木之无戾群雅也。”⑦朱彝尊认为，王象春没有突破传统诗歌的范式，基本上还在古典派范围之内，而文翔凤却有偏出正统之嫌。该看法得到了诗学界的认可。朱琰在《明人诗钞》中指出：“牧斋因空同独师之语，谓其(指王象春)师近代为宗，且斥之为邪师外道，未免太甚。余钞神宗朝诗，此卷首以季木，盖谓变而不戾于正者，其庶几也。”⑧可见，同为浸染俚俗，王、文二人还是有区别的。

作为复古阵营中的一员，王象春毕竟受到了七子派一定的影响。这主要表现在律体诗的创作

①③ 〔明〕李若讷：《甲寅稿序》，见《问山亭诗》卷一六，清康熙树音堂钞本。

② 缪荃孙、吴昌绶、董康撰，吴格整理点校：《嘉业堂藏书志》集部卷四，复旦大学出版社1997年版，第1078页。

④ 〔明〕钟惺：《问山亭诗序》，见《隐秀轩集》卷一七，上海古籍出版社1992年版，第255页。

⑤ 〔明〕钟惺：《诗归序》，见《隐秀轩集》卷一六，上海古籍出版社1992年版，第236页。

⑥ 〔明〕王象春著，张昆河、张健之注：《齐音》，济南出版社1993年版，第10页。

⑦ 〔清〕朱彝尊：《静志居诗话》卷一七，人民文学出版社1990年版，第504页。

⑧ 〔清〕朱琰：《明人诗钞·续集》卷一〇，清乾隆二十五年刻本。

方面。如果说,王象春的五言律体中规中矩、一定程度上宗法晚唐的话,那么,他的七言律诗显现出的程式化影响就较为突出了,不仅板正拘谨,结构、意象、句式、词汇也带有固定套式,内容亦比较肤廓。这种情况早期更为明显,中年小有变化,晚年随着阅历的增多,作品转向深沉,格套束缚方有所摆脱。如下两首:

潦倒新年可具论,题诗飞惹古梅魂。风迷人日无过客,月负元宵只闭门。隔树山中惊鸟梦,带烟寒草返青痕。少陵病废知多慨,一枕拥书瘦骨存。(《正月》)

鹿豕惊奔叹不辰,中宵失寐暗伤神。深山盛雪潜消骨,岁暮饥豺巧伺人。弓箭在腰成武士,衣冠存古忆天民。老来病废遭颠苦,身世茫茫问彼旻。(《辛未岁暮》)

以上两首诗作于崇祯四年(1631)——作者去世的前一年。面对战火遍地、国破家亡的局面,诗人感慨万端,七律诗在这时才放射出特别的光彩,数量虽不多,却接近杜甫的风格。作者"于时事尤多感慨"①,关心国事,心忧天下,从某种程度上说,这也是对七子文学精神的继承。

王象春对李攀龙其实十分景仰,曾于万历末购下李攀龙旧居白雪楼,入住其中,并作诗云:"草堂略似浣花居,况是先生手泽余。不比谢墩争姓字,但须更贮满楼书。"(《得于鳞湖边旧舍居之》)当然,王象春对李攀龙的钦佩更多是表现在以天下为己任的担当精神上,他们的诗歌风格却不是一路,这一点应特别指出。

三、《问山亭诗》的独创成就

《问山亭诗》中独创性最强的当属乐府体和七言歌行。当时诗学界就有共识:"季木于乐府多专攻。"②所谓"飞翥蕴藉,顿挫沉着,出没幻化"③,所谓"雄博奇伟"④,实际上都是指这两种诗体。王象春生性好奇,"搜奇探玄,见异书必抄,闻异事必识,遇名山水必流连不即去"⑤,乐府体和七言歌行恰好成为诗人驰想天外、"自寄天趣"的理想园地。这方面,作者与李攀龙的步趋古人、尺寸模拟尤为不同。

试看下面两首:

三章既沛秦川雨,入关又纵阿房炬,汉王真龙项王虎。玉玦三提王不语,鼎上杯羹弃翁姥,项王真龙汉王鼠。垓下美人泣楚歌,定陶美人泣楚舞,真龙亦鼠虎亦鼠。(《书项王庙壁》)

铁龙何事中宵吼,夜夜寒光四壁走。声如甲马过咸阳,悲壮萧瑟音节陡。老我英雄搔白首,热心勃勃柳生肘。妖孽跳如九尾狐,上方无刃空藏手。嗟尔铁龙吼何为,沙场胡运骄天狗。知尔铁龙怨不平,破囊藏体如敝帚。恨不跳出飞上天,直斩佞人如芟莽。又恨不随壮士斩楼兰,只共血腥一斗酒。祝尔铁龙勿复吼,戢尔声声缄我口。我将投尔于清渊,耆尔风雷登上九。(《宝刀行》)

上引第一首嘲笑项羽、刘邦为鼠辈,气概不可一世。朱彝尊评曰:"比于谢参军《鸿门》作,更觉遒炼。"⑥此诗《山左明诗钞》《明诗综》《明诗别裁集》和《明诗纪事》等诗歌总集均予入选。第二首

---

① 〔明〕吕维祺:《鹊居诗序》,见《问山亭诗》卷一,清康熙树音堂钞本。
② 〔明〕公鼐:《王季木壬子稿序》,见《问山亭诗》卷一四,清康熙树音堂钞本。
③ 〔明〕钟惺:《问山亭诗序》,见《隐秀轩集》卷一七,上海古籍出版社1992年版,第255页。
④ 〔明〕赵秉忠:《王季木壬子稿序》,见《问山亭诗》卷一,清康熙树音堂钞本。
⑤ 〔明〕吕维祺:《鹊居诗序》,见《问山亭诗》卷一,清康熙树音堂钞本。
⑥ 〔清〕朱彝尊:《静志居诗话》卷一七,人民文学出版社1990年版,第504页。

借咏佩刀，展露历尽坎坷却雄心依旧的豪迈情怀，意象悲壮飞动，诗如其人。这两首诗较为典型地表现了作者的倔强性格和不凡气质，意象、构思别开生面，令人耳目一新。此类个性化作品自其四十岁以后逐渐增多，同类的杰作还有《白杨树》《马兰草》《东皋曲》《行路难》《空城雀》《长歌》《效杜老歌》五首、《送王坦之归汶上》《开元新碑片为十六兄冲孺赋》等。

除了乐府体和七言歌行体之外，王象春的七言绝句也颇具特色。王象春于39岁时作《齐音》一卷，描写济南风物，均为七言绝句，共107首，又名《济南百咏》，代表了王象春七绝诗的成就。这里引其二首：

初闻水面燕呢喃，云尽西风龙入潭。睡起推窗延爽气，天边添出几峰峦。（《晴望》）

问山亭子拱如笠，屹立湖中阅古今。箕踞悲骚王季木，时敲石几激清音。（《问山亭》）

上引两首诗均被《山左明诗钞》收入。二诗作于济南大明湖畔，大明湖属济南风景名胜，而问山亭则是作者在大明湖南岸百花洲上筑的一个亭子。王象春的七言绝句拥有明显的山左地区特点，风物景观别具鲁中特色，诗歌风格也不似江南的温婉灵秀，呈现出气清神爽的特点，其中还突显了作者慷慨不羁的个性，此确实称得上是“自辟门庭”。

可以说，到王象春这里，新城王氏与李攀龙的诗风已分道扬镳，改变了祖、父辈追随七子派的创作态势。正如侄孙王士禛指出的：“叔祖季木公始，一变而雄肆凌厉，虽家庭风气不相沿袭。”①此应视作客观可信的结论。作为复古派阵营的作家，王象春能够不随潮流，坚持探索，自成一家，洵有可贵之处。应该讲，明清之际关于新城王象春诗风的这桩公案到侄孙王士禛处，才算有了一个公正、客观的评价。

王象春于崇祯五年（1632）去世，享年五十五岁。他的诗友钱谦益却更长寿，清初才去世，享年八十三岁，看到了象春的族孙王士禛在诗坛的崛起。作为诗坛盟主、叔祖的诗友，钱谦益对王士禛有“与君代兴”的期许，奖拔、推举这位青年诗人，此在清初诗坛也算是一段佳话。然而，王士禛作为新城王氏的后代、诗坛公认的新一代领袖，既没有重蹈七子派的旧辙，也没有按钱谦益指引的路线前行，更没有师法叔祖王象春，而是受另外两位叔祖王象艮、王象明以及明代古澹一派的启发，转而倡导神韵诗风。此中的缘由应该是复杂而多元的，值得进行深入探讨，本文在此就不再予以生发了。

① 参见《闾里歌德跋》，见《闾里歌德》卷首，明万历稿本。

王士禛"神韵说"与唐诗经典化之关系

吴光兴*

王士禛(1634～1711)"神韵"说的价值与意义,可以从四个方面来逐一探索。

一则,在中国诗歌理论史上的意义。如钱锺书《谈艺录》"六"评曰:"郑君朝宗谓余:'渔洋提倡神韵,未可厚非。神韵乃诗中最高境界。'余亦谓然。"

二则,在明清文学史上的意义。如《四库全书总目提要·唐贤三昧集》:"诗自太仓、历下以雄浑、博丽为主,其失也肤;公安、竟陵以清新幽渺为宗,其失也诡。学者两途并穷,不得不折而入宋,其弊也滞而不灵、直而好尽,语录、史论皆可成篇。于是士禛等重申严羽之说,独主神韵以矫之。盖亦救弊补偏,各明一义。其后风流相尚,光景流连,赵执信等遂复操二冯旧法起而相争,所作《谈龙录》,排诋是书,不遗余力,其论虽非无见,然两说相济,其理乃全;殊途同归,未容偏废。"日本汉学家吉川幸次郎研究《秋柳》组诗,亦指出:"山人一般的诗亦不追求题材的新奇。即使使用古老的题材,也能使其语言的波动显得新颖。这种波动,有着某种一定的方向。山人所谓'神韵'一词,指的似乎就是这种特定的方向。而由于这种波动有一定的方向,其诗就难免被指责为千篇一律。"①

三则,与《沧浪诗话》的关系方面。王氏《唐贤三昧集》自序:"严沧浪论诗云:盛唐诸人,唯在兴趣。羚羊挂角,无迹可求。透彻玲珑,不可凑泊。如空中之音、相中之色、水中之月、镜中之象,言有尽而意无穷。司空表圣论诗亦云:妙在酸咸之外。……于二家之言,别有会心。"钱锺书《谈艺录》评曰:"沧浪独以神韵许李杜,渔洋号为师法沧浪,乃仅知有王韦;撰《唐贤三昧集》,不取李杜,盖尽失沧浪之意矣。"②

四则,与唐诗史观之建构的关系。这是本文重点探讨的部分,即"神韵"说之倡导与唐诗经典化。在这方面,《神韵集》③《古诗选》《唐贤三昧集》《唐人万首绝句选》诸选本值得重视,尤其是《唐贤三昧集》。

首先说一下《唐贤三昧集》与盛唐诗经典化的问题。《唐贤三昧集》自序:"康熙戊辰(1688)春

---

* 作者简介:吴光兴,中国社会科学院文学所,研究员。

① 〔日〕吉川幸次郎著,〔日〕高桥和已编,章培恒等译:《中国诗史》,安徽文艺出版社1986年版,第351～352页。

② 钱锺书:《谈艺录》(补订本),中华书局1984年版,第41页。

③ 王氏早年编选的《神韵集》,参见贺严《清代唐诗选本研究》(人民出版社2007年版)第三章第二节第一小节《〈神韵集〉与神韵诗学的初萌》。

杪……取开元、天宝诸公篇什读之，于二家（按：严羽、司空图）之言，别有会心。录其尤隽永超诣者，自王右丞而下四十二人，为《唐贤三昧集》，厘为三卷。"王氏又自述："《三昧》一集，偶然成书，安欲令海内作者识取开元、天宝本来面目。"①

今即对《唐贤三昧集》卷上、卷中、卷下三卷的编序观察。首卷主位：王维与他的过从者的世界；次卷辅位：孟浩然及其交游者；再次偏位：高适、岑参等其他诗人。以之与拙著《八世纪诗风——探索唐诗史上"沈宋的世纪"（705～805）》揭示的开元、天宝诗坛的实际状况比较，有如下数端可述。

关于王维，他是开元文坛的首座，《沧浪诗话》不推崇王维，或与王维在"安史之乱"中陷贼而宋人责人名节较严有关。《三昧集》首推王维，大体与唐人的评价一致。

《三昧集》将孟浩然置于卷中之首，且以孟浩然为中心排列本卷，含有推崇、超拔之意。按唐人的流行评价，卷中所录诗人中，只有王昌龄具有可以与王维等量齐观的分量。而王士禛对孟浩然的这一特别重视，大致是从《沧浪诗话》引申出来的，也应受到了明人以降的认识习惯影响。苏轼评孟浩然"韵高而才短，如造内法酒手，而无材料耳"（见《后山诗话》）。严羽曰："大抵禅道惟在妙悟，诗道亦在妙悟。且孟襄阳学力下韩退之远甚，而其诗独出退之之上者，一味妙悟而已。"（《沧浪诗话·诗辩》）孟浩然是开元诗坛的著名诗人。唐人更看重孟浩然成就当中体现的建安诗风，这与王昌龄在当时倡导的诗风一致。而苏轼、严羽、王士禛一脉相承的认识，则揭示、阐释了孟诗另一方面"韵"的、"妙悟"的、"冲淡空灵"的重要因素。以之与王维诗风相配合，如果以"神韵"为品目，这就强化了明人以来一种对于"王孟"诗风、"王孟诗派""田园诗派"的认识基础。

关于高适、岑参等，《三昧集》卷下首列高适、岑参，以下杂集了卷上、卷中以外其他可选的开元、天宝诗人。这在某种程度上就意味着在以王维、孟浩然分别为中心的诗人群体之外，除了选家王士禛有意不选入《三昧集》的李白、杜甫二大诗人之外，高适、岑参的地位亦相对特出。这与经典化的盛唐诗史以高适、岑参为中心组织的"边塞诗派"也有一定关系。而在8世纪唐诗史上，高适、岑参、李白、杜甫稍微后起，都厕身天宝著名诗人的行列。

《三昧集》不选入李、杜，可能与选家实在难以安排诗人次序有关。找出王安石《唐百家诗选》的先例，大致是托词。因此也留下了开元、天宝诗史上王孟、李杜两个中心之间难以弥缝的"鸿沟"。

总之，纵观经典化的盛唐诗史，《唐贤三昧集》倡导"神韵说"、推崇平淡诗风，允为"王孟诗派""山水田园诗派"诸概念的大力推手。溯其渊源，与司空图的理论比较契合；与严羽的论述则有合有不合②。上述"神韵说"四个方面之间的复杂关系，还需要进一步辩证。

我在拙著《八世纪诗风·自序》部分分析明清之际钱谦益、冯班对"四唐说"唐诗史观的反思一节，曾经略微论述及王士禛及其"神韵说"。谨录于下方：

> 可惜，继他们而起的文学史人物众说纷纭，却没有继承这一探索方向。活跃康熙诗坛、服膺严羽而标榜"神韵说"的王士禛（1634～1711）等人，要是进一步追问"神韵"与"盛唐气象"二者的唐诗渊源当初如何在"盛唐"时代共处的问题，就自然要面对开元、天宝诗坛的古、今之辨了。而"格调论"持论者的沈德潜（1673～1769），论诗以温柔敦厚之"诗教"为至尊，倡

---

① 引自蒋寅《王渔洋与康熙诗坛》，中国社会科学出版社2001年版，第57页。

② 参见王运熙《全面地认识和评价〈沧浪诗话〉》，见《中国古代文论管窥》，齐鲁书社1987年版。

导以诗歌“和性情、厚人伦、匡政治、感神明”,倡导作诗“先审宗指、继论体裁、继论音节、继论神韵”①。尽管沈氏研究历代诗歌下过很大功夫,但是,他选诗主要是按自己制定的标准作“去粗存精”的权衡,全无关切、同情历史上古人观点的意识。对于《唐诗别裁集》之编撰,沈氏自述曰:

新城王阮亭尚书(按:指王士禛)选《唐贤三昧集》,取司空表圣“不着一字,尽得风流”、严沧浪“羚羊挂角,无迹可求”之意,盖味在盐酸外也。而于杜少陵所云“鲸鱼碧海”、韩昌黎所云“巨刃摩天”者,或未之及。余因取杜、韩语意,定《唐诗别裁》,而新城所取亦兼及焉。(《重订唐诗别裁集序》)

这里,“格调论”的唐诗观不仅整合了时代最近的“神韵说”,而且,全集“以李杜为宗”(《凡例》),其所表彰的宏观壮丽的唐诗风格、与其论述唐诗的基本架构(参见《凡例》及散见全书的评语),实质上沿袭了严羽、高棅以降的“四唐说”,略有翻新而已。《唐诗别裁集》取代《唐诗品汇》,成为文学教育、唐诗传播的新时代经典,“伤痕累累”的“四唐说”继续代表唐诗史的权威论断,以迄二十世纪初中国帝制时代之结束。②

---

① 〔清〕沈德潜:《重订唐诗别裁集序》,见《唐诗别裁集》卷首,中华书局1975年版,第2页。

② 吴光兴:《八世纪诗风——探索唐诗史上“沈宋的世纪”(705—805)·自序》,社会科学文献出版社2013年版,第15~16页。

“愁生陌上黄骢曲，梦远江南乌夜村”

——王士禛及其时代审美文化管窥

吴兆路*

康熙年间，王士禛是当之无愧的文坛领袖。这不仅是由于他所倡导的“神韵说”及其所写的那些大量诗文作品，更在于他的学说及其作品折射出的鲜明时代特征及思想文化内涵。

一、鼎革之际的思想文化思潮

王士禛（1634～1711）出生于一个仕宦与书香世家。有明一代，王氏家族世代显赫，达官显宦众多。祖父王象晋，万历进士，曾仕至浙江布政使，入清不仕。父亲王与敕，顺治元年曾荐举拔贡，但碍于名节，绝意仕进。王士禛幼年时适逢清兵攻入家乡新城，明亡时他仅11岁。他亲身经历了家乡的沦陷，也亲眼目睹了家族中人为抗拒清兵做出的重大牺牲：从兄士熊、士雅拒兵死，伯母孙氏投井死，从嫂张氏自缢死，母亲孙氏自缢时绳短获救，甲申明亡，伯父率妻儿在家自杀殉难……家族中的这些重大变故，对士禛是有深刻影响的。这也就决定了他诗文作品中的表现方式自然会与他人不同。然而由于他又是在清朝成长、应试和出仕的，身份自然不同于明朝遗民，加之当时清廷统治已完全稳固，朝廷对汉族文人恩威并施，所以他也就不具抗拒心理和对抗幻想，尽心为清室效力。当然不抱对抗幻想并不意味着完全忘记了那段腥风血雨的历史。他平生居官廉洁，行事谨慎，性情温和，恪守封建道德，这既符合清朝统治者的期待，也顺应了时代政治思想文化的审美要求。

顺治年间，清王朝主要忙于武力征服和威慑，致力于政治统治的巩固和加强。清统治者在清初时期曾进行过几次大的武力镇压活动：一是斩杀郑芝龙。郑芝龙原是一个海盗。降清后，其子郑成功继续在福建抗清。郑成功败退台湾后，清朝严厉追究迎附郑军的官民，处死、流徙达千余人，被称为“通海案”。此时，郑芝龙虽已降清十余年，与郑成功抗清并无干系，但依然被斩首，其子世恩、世荫等郑氏二百余人皆伏法。斩郑芝龙实际上是对汉人降官的一个威慑。二是江南奏销案。据《清圣祖实录》卷三记载，1661年6月，顺治帝死后，四大辅臣即谕吏部，责成各级官员，督催钱粮。“如期限内拖欠钱粮不完，或应革职，或应降级处分。”江宁巡抚朱国治疏报：苏、松、常、镇四府及溧阳县抗欠钱粮文武绅衿共一万三千五百一十七名，衙役人等二百五十四名。朝廷准奏：现

* 作者简介：吴兆路，复旦大学中文系，教授。

任官降二级调用，衿士褫革，衙役照赃治罪。褫革者均交本处枷责鞭打，衣冠扫地。不少中举、中进士者被革职，逮捕其中三千人械送刑部议处，次年五月始放还。此事从江苏开始，安徽、浙江等地相继褫革缙绅。江南地主官员遭到沉重打击。一时名士如吴伟业、徐乾学、徐元文、翁叔元等都被降调或革籍，以致民间有"探花不值一文钱"之谣。三是修明史案。1663 年，有人告发：湖州富户庄廷鑨购得明朱国桢所著明史稿本，续补天启、崇祯两朝事，由庄廷鑨署名刊刻。其中对满洲多有斥责。先是庄廷鑨以重贿得免，删去了指斥满洲语重刊。举报人又以原刊本上告。刑部即刻又派人查处此事。此时庄廷鑨已死，斩弟庄廷钺。礼部侍郎李令皙曾为庄修明史作过序，也被处死，四子均斩首。此事还牵连到湖州太守以及参事办案、校刊及"购逆书"之人，被处死者七十余人，发边地充军者数百人。晚明以来，江南文士集会结社，议论朝政，成为风气。明清之际，鼓吹民族思想，抗清复明。清朝辅政大臣以明史案兴起大狱，旨在压制江南汉人的反清思想、控制文士的舆论，用意是显然的。

随着武力征服的逐渐结束及政治统治的基本稳固，清政府开始了对思想文化领域的严加管控。据《清世祖实录》记载，顺治十四年(1657)，爆发了顺天、江南两次乡试舞弊案，清政府借机对汉族士人严加惩治。顺治十七年(1660)，诏令严禁社盟，禁止士人的结社活动。顺治十八年(1661)，适逢顺治帝西去，吴县倪用宾、金圣叹等十八名生员因"哭庙案"被问斩。

明清之际的思想文化思潮，基本是在清廷失控的状态下运行的，主要是一种由明遗民支配的文化思潮。这股文化思潮以经世致用——反清复明为政治目的。屈大均是清初著名的遗民文学家、学者，在诗歌创作方面与陈恭尹、梁佩兰并称为"岭南三大家"。他的作品饱含强烈的反清意识。屈大均在前期虽身为遗民，但并不以遗民自居，三十余年皆在图谋复明。这种志士心态必然要影响到其文学创作。故屈大均此际的词作内容饱含故国之思，或怀古，或凭吊，或比兴寄托。

清政府在政治统治基本稳固之后，开始倡兴文教。康熙六年(1667)，弘文院侍读熊赐履，他有感于"学校废弛而文教日衰""风俗僭侈而礼制日废"而上万言书，称清初世人"闻有读书穷理之士，则群指为道学，诽笑诋排"，以致理学不振，人心不古，因而主张"求圣贤道理之归"，不使"泛滥于百家，沉沦于二氏"。① 这些主张受到康熙帝的重视。继而幸太学，拜孔子，开讲筵，授宋儒程颢、程颐后裔为《五经》博士。这些都是兴文教的表现。康熙九年(1670)，颁布正风俗、重教化的"圣谕十六条"，明确提出"黜异端以崇正学"，而其所崇的正学乃是程朱理学。于是，授予孙承泽、魏裔介、熊赐履、李光地等经书解释权，《诗》《书》《礼》《易》《春秋》的注疏全都御纂、御定一遍，并御纂《朱子全书》《性理精义》等，以朱子配享孔庙。

从顺治到康熙的这一系列举动，都意在造就一种官方的学术文化，并通过学校和科举对士人进行文化灌输。

明清之际文化思潮发生政治转向的另一个重要标志，就是康熙十八年(1679)博学鸿儒科的举行。二月十四日，朝廷命内外官举荐博学鸿儒，谕称："我朝定鼎以来，重儒重道，培养人材。""凡有学行兼优，文词卓越之人，不论已仕未仕，令在京三品以上及科道官员、在外督抚布按各举所知，朕将亲试录用。"三月初一日，博学鸿儒科于体仁阁考试，参试者共 143 人，吏部尚书传谕："汝等俱有才学，原可不必考试，但考试正以显其才学，所以皇上敬重，特赐宴，为向来殿试所无，汝等须悉皇上至意。"三月二十九日出榜，共 50 人考取，均授以职衔，命纂修明史。

---

① 见《清实录》第四册，中华书局 1985 年版，第 307～309 页。

这实是明清之际文化思潮官方化的一个极其重要的步骤。博学鸿儒科主要是为明遗民学者而开的。遗民学者一旦应了鸿博，成为清政府的官员，其学术思想必然要发生政治转向。朱彝尊、李因笃、严绳孙、潘耒一举鸿博，便入了清政府开设的明史馆。毛奇龄原本参加过抗清活动，举鸿博后，政治立场大变，曾为迎合康熙帝论乐之意，撰《圣谕乐本解》《皇言定声录》，并在皇帝南巡时迎驾献书。尽管顾炎武、黄宗羲、李颙等人拒应鸿博，但也都改变了原来的对抗态度。顾氏的外甥徐乾学、徐元文都是清朝的显官，学生潘耒也应了鸿博；黄宗羲的儿子黄百家是清朝的国子监生，并入史馆；李颙也在康熙南巡时遣子献书；而王夫之之子也是当时的诗文名手。

从另一方面说，康熙十八年以后，由于明遗民的日渐凋零，清代文化的主体已由明遗民转移到清代进士或鸿博制科的士人们。施闰章、宋琬、王士禛、朱彝尊、毛奇龄、阎若璩、陈维崧、宋荦等大都属于此类。

总之，由于明遗民政治态度的变化及文化主体的转移，明清之际的文化思潮已经逐渐丧失了其固有的政治基础，逐渐与官方文化合流，处于官方的控制之下。

二、康熙年间的士人心态及审美特征

明清之际的思想文化思潮从其政治立场与态度而言，与清政府的统治是对立的。无论是表现复国之志还是抒写亡国之痛，或是反映深重的灾难，都是基于这种态度。康熙年间，清政府的统治已渐稳固，社会渐趋安定，政治对抗也已基本结束，这种社会政治情势必然要在文学领域里反映出来。

首先是诗风的变化，已从明清之际的哀怨痛哭之音转到了此时的温厚和平之响。

钱谦益在《施愚山诗集序》中说道：

> 兵兴以来，海内之诗弥盛，要皆角声多，宫声寡；阴律多，阳律寡；噍杀恚怒之音多，顺成啴缓之音寡……愚山（施闰章）之诗异于是，铿然而金和，温然而玉诎。拊搏升歌，朱弦清泛，求其为衰世之音不可得也。①（《牧斋有学集》卷一七）

陈维崧《王阮亭诗集序》也说：

> 新城王阮亭先生，性情柔澹，被服典茂，其为诗歌也，温而能丽，娴雅而多则；览其意者，冲融懿美，如在成周极盛之时焉。吾闻君子欲觇世故，先审士风。……阮亭先生既振兴诗教于上，而变风变雅之音渐以不作。②

在儒家诗学观念当中，诗歌的审美风尚与社会政治功用密切相关。施闰章、王士禛从明清之际哀怨之响到和平之音的审美转向，乃是政治转向的一种表现。这种转向，乃是自觉的以政治意识为基础的审美转向。陈维崧批评晚明以来诗歌“淫哇噍杀，弹之而不成声”，乃是亡国衰世之音。而“今值国家改玉之际，郊祀燕飨，次第举行，饮食男女，各言其意，识者以为风俗醇厚旦夕而致，而一二士女尚忧家室之未靖，闵衣食之不给焉”。站在清政府的立场上，陈维崧要求诗人看清形势，认准主流，反对再写那些哀怨之诗，正因为如此，所以陈氏推尊王士禛的盛世之音，称王士禛“彬彬乎有雅颂之遗音”，“既振兴诗教于上，而变风变雅之音渐以不作”。反对变风变雅之音，明显是针对明清之际的“淫哇噍杀，弹之而不成声”的哀怨诗风。

力倡温柔敦厚，在康熙年间的诗坛上是居于主流的主张。李光地《榕村语录》卷三〇论诗力主

---

① 〔清〕钱谦益著，〔清〕钱曾笺注，钱仲联标校：《牧斋有学集》卷一七，上海古籍出版社1986年版，第760页。

② 〔清〕陈维崧著，陈振鹏标点，李学颖校补：《陈维崧集》上，上海古籍出版社2010年版，第8页。

温柔敦厚，其《榕村诗选》亦以温柔敦厚为宗旨。徐乾学称“诗之为教，主于温柔敦厚……唯恐稍涉凌厉，有乖温柔敦厚之旨”①。朱彝尊《曝书亭集》卷三七《钱学士诗序》，肯定钱氏“为诗缠绵悱恻，不失温柔敦厚之遗”。王士禛则谓：“予读施愚山侍读五言诗，爱其温柔敦厚，一唱三叹，有风人之旨。”②

以上这种诗学倾向与最高统治者是一致的。康熙皇帝《御选唐诗序》云：“孔子曰：温柔敦厚，诗教也。是编所取，虽风格不一，而皆以温柔敦厚为宗。其忧思感愤、倩丽纤巧之作，虽工不录。使览者得宣志达情，以范于和平。盖亦用古人以正声感人之义。”③在《御选唐诗》中，杜甫之“三吏”“三别”、白居易之新乐府等反映民生疾苦的作品一概不选，正是排斥“忧思感愤”之类的变风变雅之音。

排斥变风变雅之音，这实质上等于否定明清之际诗风的合理性，贬低其价值。这引起了明清之际这股诗学思潮理论代表者的反驳，于是爆发了两股诗学思潮间的激烈论争。

黄宗羲站出来反对排斥变风、变雅之音。“美而非谄，刺而非讦，怨而非愤，哀而非私，何不正之有？夫以时而论，天下之治日少而乱日多，事父事君，治日易而乱日难。韩子曰：和平之音淡薄，而愁思之声要妙；欢愉之辞难工，而穷苦之言易好。向令风雅而不变，则诗之为道狭隘而不及情，何以感天地而动鬼神乎？”④黄宗羲从时代政治层面和文学审美方面均肯定了变风变雅之音的合理性，他也反对狭隘地把温柔敦厚与哀怨之情对立起来。申涵光也反对一味追求和平，“绕指之柔与俗相上下，其为诗必靡靡者，非真和平也”⑤，认为“愤而不失其正，固无妨于温柔敦厚”⑥。钱谦益主张从诗人的主观目的来理解温柔敦厚，认为只要“志在救世”⑦，不论是和平的情感还是激烈的情感都是温柔敦厚。

汪琬等人则以温柔敦厚排斥哀怨之音，黄宗羲诸人则以哀怨之音为温柔敦厚应有之义。前者属于新诗群，后者属于遗民诗群。这两种观点的论争，实际上是两个时代诗风的论争，而更深一层则是两个时代诗人不同政治态度的论争。黄宗羲诸人的政治对抗态度到晚年才改变，而且即便是结束对抗，其态度也与汪琬诸人积极站在清政府一边不同。

尽管黄宗羲、叶燮、申涵光等人为明清之际的哀怨诗风作理论辩护，但温厚和平的思潮还是占了上风，成为了主流。

但是，政治转向只是一方面，这代表的是理智的现实的态度。另一方面，这一时期的士人在情感上对于故国的依恋仍然存在，这是建立在民族文化传统心理上的深层民族认同感。

顺治时代，在那些投降或归顺清朝的士人身上，怀恋故明的民族情绪是相当普遍的。同是几社成员，陈子龙抗清死义，李雯却做了清朝的中书舍人，一时诏诰书檄，多出其手。多尔衮著名的

---

① 〔清〕徐乾学：《十种唐诗选序》，见〔清〕王士禛选《十种唐诗选》，《四库全书存目丛书》本。

② 〔清〕王士禛著，〔清〕张宗柟纂集，夏闳（即戴鸿森，本书下同）点校：《带经堂诗话》卷一二，人民文学出版社1963年版，第194页。

③ 见《御选唐诗》卷首，清康熙五十二年刊本。

④ 〔清〕黄宗羲：《南雷续文案·撰杖集·陈苇庵年伯诗序》。

⑤ 〔清〕申涵光：《聪山文集》卷一《屿舫诗序》，见《清代诗文集汇编》第70册，上海古籍出版社2010年版，第72页。

⑥ 〔清〕申涵光：《聪山文集》卷二《贾黄公诗引》，见《清代诗文集汇编》第70册，上海古籍出版社2010年版，第91页。

⑦ 〔清〕钱谦益著，〔清〕钱曾笺注，钱仲联标校：《牧斋有学集》卷一七，上海古籍出版社1996年版，第760页。

致抗清义士史可法的劝降书即是李雯的手笔。正是这位中书舍人，却又痛哭“家国今何在”。名诗人龚鼎孳一面做了清朝的显官，一面又掩护抗清的遗民。阎尔梅、陈名夏、冯铨、周亮工等人都有这两个侧面。①钱谦益、吴伟业等都是一面降清，一面又有着深深的民族情绪。以前一些研究者往往不承认其民族情绪的真实性，认为是“阴一面，阳一面”“丑态百出”②，投降了清朝就必定是汉奸，根本不存在民族感情，非此即彼，这其实是一种形而上学的思想方法。人是复杂的。他们选择与清政府合作，并不能说明他们没有民族的情感、矛盾的心理。事实上他们内心大都伴随着利与义，即个人现实的利益与更深的道义感之间的矛盾。降清是其考虑现实利益的一面，掩护抗清者之类的行为则是其具有道义感的一面。事实上，顺治皇帝也承认这种怀念故明的民族情绪的合理性，说：“明臣而不思明者，必非忠臣。”③这种承认表明了当时这种情绪的普遍性。

三、王士禛诗学的思想文化意蕴

施闰章、宋琬、王士禛、汪琬等新一代诗人作为清朝的进士，自然没有钱谦益等人事两姓之忧，政治上更易于与清统治者立场一致。但他们毕竟也经历了明清之际的大变革，明清之际的思想文化氛围必然会对他们产生一定的影响。尽管没有明遗民那样深切的亡国之痛，甚至也没有钱谦益、吴伟业那样降清后的特殊体验，但是其内心深处还是罩上了那个时代的阴影，民族情绪依然存在。王士禛在对义不降清、抱琴而死的著名诗人邝露的敬仰中透露出的其实就是一种民族情绪，戴名世在述及明遗民时流露的情绪也是一种民族情绪。这种情绪已不具有与清政府对抗的性质，只是一种内心深处的对故国的眷恋情感。这种情感在顺、康之际已不便明说，而且也与其理智的政治立场相矛盾，于是便转化为一种怀古式的睹物思旧的感伤。

王士禛的《秋柳》诗四首，正是这一文化思潮和文人心态下的产物。试举其一：“秋来何处最消魂，残照西风白下门。他日差池春燕影，只今憔悴晚烟痕。愁生陌上黄骢曲，梦远江南乌夜村。莫听临风三弄笛，玉关哀怨总难论。”④

这组《秋柳》诗，意韵含蓄，境界优美，咏物与寓意有机地结合在一起，有着极强的艺术感染力。更叫人叹绝的，是全诗句句写柳，却通篇不见一个“柳”字，表现出诗人深厚的艺术提炼功底。诗前有一小序。短短的数十字，集中显示了全诗的情感基调；且文字优美，感情深厚，颇近于六朝的小品。

> 昔江南王子，感落叶以兴悲；金城司马，攀长条而陨涕。仆本恨人，性多感慨。寄情杨柳，同《小雅》之仆夫；致托悲秋，望湘皋之远者。偶成四什，以示同人，为我和之。丁酉秋日北渚亭书。

王士禛在这些句子里，用了许多典故。其中最重要的是开头四句：前两句说“秋”，后两句说“柳”。“江南王子”，指六朝时期的梁简文帝萧纲，其《秋兴赋》里有“洞庭之叶初下，塞外之草前衰”之句，以秋日凄凉的景色，烘托悲哀的感情。司马，指东晋时期的大司马桓温。他在晚年经过金城时，见其早年在当地所种之柳，“皆已十围。慨然曰：木犹如此，人何以堪？攀枝执条，泫然流涕”（刘义庆《世说新语·言语》）。他是为华年的逝去、生命的迟暮而泪下。因此，在序文的开头

---

①② 谢国桢：《清初利用汉族地主集团所施行的统治政策》，见《明末清初的学风》，人民出版社1982年版，第76页。

③ 萧一山：《清代通史》上，中华书局1962年版，第895页。

④ 〔清〕王士禛著，袁世硕主编：《王士禛全集》，齐鲁书社2007年版，第188页。

四句中，前两句象征着一年中的美好时光已经消失，后两句象征着一生中的最好时光已经过去。总之，作者从“秋柳”联想和体味到的，是美好东西的一种丧失，从而使读者沉浸于深沉的幻灭感之中。而这也正是组诗的共同主题。

关于该诗的写作背景，王士禛《渔洋山人自撰年谱》说：此诗于清顺治十四年秋，与邱石常、柳焘、杨通久兄弟等在济南大明湖集秋柳社时所作。这一年，王士禛二十四岁。虽然在二十二岁时，他已会试中会，但由于未赴殿试，所以实际上并未步入仕途。再者，这一年虽距明清鼎革已有十三年之久，但那场巨大、激烈的变革给王士禛本人心灵及其家庭造成的创伤并没有消失。王士禛曾述其十五岁前所作，并“大为先辈所赏”之《落叶诗魂》：“年年摇落吴江思，忍向烟波问板桥。”正可反映其从明亡以后至写《秋柳》诗时的心态。

此诗的“白下门”，指今之南京。南京曾是六朝的首都。后来虽也是有名的城市之一，但较其长期作为首都的六朝时代来说，当然可以说是没落了。所以，在古代诗词中，南京经常被用来作为抒发今昔盛衰之感的对象。例如，李白的《金陵》：“地拥金陵势，城回江水流。当时百万户，夹道起朱楼。亡国生春草，王宫没古丘。空余后户月，波上对瀛洲。”就是把昔日的繁华和今日的衰落相对照，以表现诗人的悲感。而在王士禛所处的时代，南京又经历了一番剧变。原来，在李自成起义军攻陷北京后，明宗室朱由崧即皇帝位于南京；但到第二年南京就被清兵占领，并遭到严重破坏。所以，诗的开头二句暗示：昔日富丽无比，不久之前还是政治、经济中心且冠盖云集的南京，转瞬之间，只剩下了西风残照，一片荒凉。令人销魂、断肠！换言之，此诗一开始就把读者带进了巨大的幻灭感中。在这里，时间是秋天的傍晚，空间是西风吹拂、残阳涂抹的白下门。白下门，也就是今日的南京城，在清初数十年间，它是故明遗民心目中明政权的象征。他身处大明湖畔，却心系大明故地，故而将诗歌中之时间和空间归结为秋风残照中的白下门。这里还应该说明的是，王渔洋在创作《秋柳》诗之前，并未到过南京。所以，其所谓“秋来何处最销魂，残照西风白下门”表现的完全是他想象中的时间与空间。然而，这一想象，却正拨动着故明遗民的心弦，传达出他们故国不堪回首的心态。

白下门的清溪，昔日的繁华已逝，秋风残照，眼前凄凉之景堪哀，这一时空定格，能不令人备觉销魂吗？由是，诗歌顿然形成一股浓烈的黯淡情调色彩。为了强化诗歌的这一特征，渔洋在此诗颔联，又将昔日与今日两种截然有别的时空进行了对照，“他日差池春燕影，只今憔悴晚烟痕”，往日是春意盎然，燕影翩翩，今朝则秋风残照，晚烟憔悴，这种由不同时空对照而形成的巨大反差，进一步展现了首联强调的“销魂”意蕴。睹物伤时，自己又无力回天，无可奈何之中，“愁生陌上”“梦远江南”，不正是这种时间与空间的变化导致的必然结果吗？

下面两句又运用典故，把昔日充满生命力的景象“杨柳垂地燕差池”（此为沈约《阳春曲》中语，即“他日差池春燕影”句之所本）与而今的憔悴、迟暮相对照，以进一步强化幻灭感。但是，秋天之后又是春天，那么，这样的憔悴、迟暮是否会一旦又转为兴旺呢？不。黄骢是唐太宗的爱马；此马死后，太宗命乐人作黄骢叠曲，以示悲悼。乌夜村是晋代何准隐居之地，其女儿即诞生于此，后来成为晋穆帝的皇后。对这位皇后来说，这个普通的农村乃是其后日荣华富贵的发祥地。诗人在此句中加上“梦远”二字，则意味着这样的繁华之梦已永远不可重现，正如死去的骏马黄骢永远不可复生一样。所以，诗人感受到的并用来传递给读者的，乃是彻底的、不存在任何希望的幻灭，是压得人喘不过气来的幻灭。于是，剩下来的唯一的路就是逃避——“莫听临风三弄笛”。也就是说，不要再听那悲哀的音乐，想那些悲哀的事情吧！然而，“玉关哀怨总难论”。幻灭的哀愁深深潜藏在心底，又怎能逃避得了？逃避本身也不得不归于幻灭，而诗人与读者也就只能永远沉浸于这种历史幻灭的悲哀之中。

下面三首表现的都是同样的感情。例如，第二首的"空怜板渚隋堤水，不见琅琊大道王"，是说隋炀帝命人在隋堤上种植的杨柳还在，但昔日的繁华又到哪里去了呢？（古乐府《琅琊王歌》："琅琊复琅琊，琅琊大道王。阳春二三月，单衫绣裲裆。""不见琅琊大道王"，犹言不见此等美好景象。）《秋柳》诗的第二首，渔洋以秋季空间景物的描绘为线索，切入了自己由景物的昔盛今衰而引起的惊悸和战栗。涓涓寒露，万缕柳丝，湖里青荷，岸边黄竹，乃至一泓湖水，满目秋光，本是秋季临湖面对之空间景物，王渔洋却回避对景物作具体描绘，而是将景物纳入自己的内心世界，通过种种典故的运用，揭示这些景物中蕴含的胜地不常、盛筵难再的凄凉和辛酸。因此，此诗刻画之空间虽算不上宽阔，其含意却显得十分悠长。当然，如果换个角度看，湖畔、秋光也许更容易让人们产生另外一番感受。王士禛在《菜根堂诗集序》中曾述其作《秋柳》诗之缘起云："一日会饮水面亭，亭下杨柳十余株，披拂水际，绰约近人。叶始微黄，乍染秋色，若有摇落之态。"本也是一幅良辰美景。但这幅良辰美景，一旦纳入诗人感昔伤今的内心世界，它便以凄凉辛酸的面目出现，向人诉说昔日的繁华与今日的孤寂。这也反映出了渔洋创作《秋柳》诗时的心情。

与第二首在表现手法上略有不同，《秋柳》诗的第三首则以时光流逝为出发点，强调因此引起的空间的沧桑变化。年年相似的寒来暑往，终于埋没了故都昔日的繁荣，只留下"花事尽""昔人稀"的萧条景象。这固是过去的悲剧，但又何尝不是今天的悲剧？诗人以敏锐的感觉意识到这一点，往往最容易引人共鸣。第三首的"扶荔宫中花事尽，灵和殿里昔人稀"，是说汉代有着许多珍贵草木的扶荔宫、南齐时种植着"风流可爱"的柳树的灵和殿，都已成为遥不可追的过去。

《秋柳》诗的第四首是全诗的总结。其中的"桃根桃叶镇相怜，眺尽平芜尽化烟"，是说年轻美丽的女性桃根、桃叶（二人都是东晋王献之的爱妾）的爱情只剩下了一片荒芜。总之，一切美好的东西都已逝去，到处是幻灭的悲哀。在这一首诗中，渔洋颇有感慨地从时间、空间结合的角度，哀沉婉约地指出：尽管眼前秋光旖旎撩人，但往日春意的美好动人同样让人记忆犹新。从时光总是流逝的立足点来看，美人也好，美景也罢，过去的一切已成往事，而眼前的一切也将如烟消散。尽管面对时光流逝，不断有人在悲今日，忆往年。但在沉闷的"珠络鼓"的反复拍打声中，也许只有那荒原上映照着夕阳的松柏杨柳是时代社会变化的最好见证。渔洋以反复缠绵、幽微细腻的特征，诉说着内心的孤独和渺茫。

要而言之，此诗虽题秋柳，而实非咏柳。渔洋借咏柳感慨故明之消亡，再由此发出对整个人生、时空盛事的不断联想。顺、康之际，当清朝统治已成定局、遗民的复辟企图已成幻想之时，渔洋此诗抒发的这种感受，也许正体现着一代遗民的共同心志。

那么，王士禛如此深重的历史幻灭感是从哪里来的？回答是：他所处的时代本来就是一个幻灭的时代。从社会发展的角度来说，明代后期资本主义已经萌芽，与此相应，也出现了某些新的思想，李贽的思想就是突出的代表。但是，这种新的思想和新的追求在明末清初遭到了明显的挫折，连经济上的资本主义萌芽也由于战争和一些其他的政治上的原因受到了严重的打击。于是，自觉或不自觉地向往着新的未来的人们感受到了深深的幻灭。从民族关系的角度来说，满族统治了大江南北，进行残酷的民族压迫，汉族人民（特别是江南的汉族人民）虽做了长时期的、付出了惨重代价的反抗，但都被镇压了下去，满族贵族的统治却愈益巩固。不但汉族的平民承受着民族压迫的苦难，连那些在清朝做官的汉族人也沦为满族官僚之下的二等公民。于是，在明朝遗民乃至某些出仕清廷的汉族人群中，广泛地存在着一种幻灭感。王士禛的《秋柳》诗，就是这一时代中的幻灭之歌。此诗当时受到了强烈的欢迎，甚至引起了轰动。明朝的遗民或出仕清廷的汉族人都写过不少"和诗"，据说与之和者达百家之多。顾炎武也曾写过一首《赋得秋柳》，表现了不同的情调："光黄玉座灵和殿，泪洒西风夕日斜。"有一种现实的悲哀，而且诗中表现了一种想从历史悲哀中挣脱出来的愿望。这说明：这是一种时代的心声，是时代的共鸣！王士禛的《秋柳》诗真切地表达了这种共同的幻灭感。至于在王士禛的这种幻灭感中，是否含有其他特殊的内容，更确切些说，是否怀有对明王朝的怀恋之情，那是到现在都还说不清的话题。我想，这倒不是主要问题。

王士禛的《秋柳》诗之所以有如此大的感染力，除了上述思想成分上的原因外，还因为其艺术上的特点。就艺术表现的特点来说，它反映的是诗人对历史变化与自然变化产生的人生伤感。但这种伤感不是用刺激性的语言显示出来的，而是通过美丽的意象和柔婉的声韵隐约流露出来的，可以感受却很难实指。这种艺术特点已经符合他后来提出的诗歌审美主张——神韵说。

不妨再看一下同时代的汪琬的《扬州怀古杂诗六首》(其一)："水调歌残翠黛销，几枝烟柳曳寒潮。隋家何限伤心事，第一休过廿四桥。"①其实汪琬这首诗的情感基调与王士禛的《秋柳》诗是一脉相承的。关于这组诗的主题，大多数解说者都力图寻出其与明清之际那段历史间的象征关系，这表明这组诗在当时读者心目中写的就是兴亡之事。但在我看来，感伤怀旧的情调是理解此诗的关键。那种感伤的怀旧情调，在当时是有典型意义的。故国沦亡，大势已去，无论是明遗民还是王士禛、汪琬这一代人，在情感上都有一种对故国的幻灭感。因而这种感伤怀旧的情调最容易引起人们的情感共鸣。

但这些诗歌与明清之际写家国之感的作品已有不同。明清之际的诗歌往往直指现实，情感激烈；而这些作品往往怀古恋旧，割去了诗人情感与现实事件之间的直接联系，朦朦胧胧，情感和缓。

理智上认同清朝统治，而情感上眷恋故明，这种理智与情感的矛盾其实也是一种现实利益与内心深处建立在民族情感之上的道义感之间的矛盾。从个人前途考虑，他们应科举，走仕途，成为清朝统治者中的一员，但其更深层的道义感往往又否定其现实选择的价值。这就造成了其内心的矛盾和冲突，也造就了其人格的两面性。一方面追求现实利益、求功名，另一方面又追求精神的超脱。明亡时，王士禛才十一岁。在明朝曾官浙江布政使的祖父王象晋亦隐居在家。这场变故对王士禛兄弟产生了深刻的影响。尽管王士禛走上了仕途，但"夙昔之愿，纡郁未申"。仕与隐的矛盾一直盘踞在他的心里："平生江海情，萧然但高寄。回首礼白云，何时谢尘累。"②

但是王士禛并没有抛弃"尘累"而归隐，他的官越做越大，他追求的只是一种精神上的超脱。所以王士禛酷爱山水，"凡名山大川，奇风秀壑，至无不游，游必抉剔幽奥，以五七字写之"③。在山水中寻求超脱不仅是王士禛人生的主题，也是其诗歌的主题。王士禛的大量山水诗正是这种心态的产物。而这种心态在当时也有相当的普遍性。

> 风吹无心云，西出鸡笼山。一辞幽涧松，飘荡何时还。嗟予嵚崎士，雅愿离人寰。中为浮名误，遂堕尘网间。……终然负丘壑，惭叹将何颜？④

---

① 〔清〕汪琬著，李圣华笺校：《汪琬全集笺校》，人民文学出版社2010年版，第92页。

② 〔清〕王士禛著，袁世硕主编：《王士禛全集》，齐鲁书社2007年版，第270页。

③ 〔清〕王士禛著，袁世硕主编：《王士禛全集》，齐鲁书社2007年版，第2020页。

④ 〔清〕汪琬：《舟中述怀》，见〔清〕汪琬著、李圣华笺校《汪琬全集笺校》，人民文学出版社2010年版，第104页。

守官多阙务，牵迫成忧悲。陈辞就宪府，乞放东山陲。……漆园甘曳尾，北海思拂衣。终当凛覆悚，长啸掩荆扉。①

施闰章作有大量的山水诗，王士禛曾为其五言近体作《摘句图》。汪琬、朱彝尊等也多山水田园之作。这些山水田园之作正是其追求精神超脱的体现。王士禛"神韵说"体现的人生价值取向就是这种超脱精神。

王士禛说："夫诗之为物，恒与山泽近，与市朝远。观六季三唐作者篇什之美，大约得江山之助，写田园之趣者什居六、七。"②王士禛心仪盛唐诗歌，最欣赏的就是王、孟一派的作品。王士禛标举"神韵说"的理想范本《唐贤三昧集》中的作品，描写自然山水的占主导地位。尽管《唐贤三昧集》中也有高适的《燕歌行》、岑参的《轮台歌》《走马川行奉送出师西征》等边塞诗和其他题材的作品，但并不能改变王士禛推崇山水清音的主导倾向。王士禛认为，诗歌应该"神韵天然，不可凑泊"。他曾举自己写山水的作品来说明"天然不可凑泊"。这就赋予诗以超越的品格，是神韵说的思想基础。

由此可见，从政治上认同与合作而情感上依然眷恋故明，到诗学的外温厚和平而内重神韵，便构成了这一特殊时期思想文化乃至审美思潮的基本特征。温厚和平与儒家诗学相关，而神韵则以佛道人生观为基础。但是王士禛等人实是抽去了温厚和平思想内容方面的要求，只将其作为审美表现方面的要求。那么这样的温柔敦厚就可以与神韵统一起来了。神韵诗就其审美表现而言，可以说是温厚和平，符合儒家诗教；但就其思想内涵而言，神韵诗表现的主要是超脱思想，体现了佛道精神。总之，神韵说为诗的主要倾向是引导人们心旷神怡于山光水色，悦目移情于美妙的艺术境界，忘怀个人与现实社会的矛盾和冲突。这既符合当时相当一批封建士大夫的处世哲学与艺术趣味，又符合封建统治者巩固政权、稳定秩序的策略。王士禛《香祖笔记》卷一有云："释氏言'羚羊挂角，无迹可求'，古言云：'羚羊无些子气味，虎豹再寻他不着，九渊潜龙、千仞翔凤乎！'此是前言注脚。不独喻诗，亦可为士君子居身涉世之法。"这清楚表明，神韵说的审美创作内涵与专制淫威下文人之间的明哲保身之道是息息相关的。

---

① 〔清〕施闰章：《乞归》，见〔清〕施闰章著、吴家驹点校《施闰章诗八·五言古》，广陵书社2006年版，第147页。

② 〔清〕王士禛著，袁世硕主编：《王士禛全集》，齐鲁书社2007年版，第1558页。

钱锺书先生论王渔洋管窥

郑永晓*

在现代王士禛的接受与研究史上，钱锺书先生无疑是一位重量级学者。其《谈艺录》《管锥编》《中国诗与中国画》等著作对王士禛的创作、诗学、历史地位等均有翔实而周密的考辨。其中既有略显苛刻的指责，也有圆融而允当的赞美。钱先生对王士禛诗学感悟之深湛、体味之透彻均有他人难以企及处。尽管有个别观点可能存在误解及偏差，但总体而言，二人的诗学标准和批评理念多有相似之处，在一定意义上钱锺书堪称王士禛的异代知音。

作为清初诗坛盟主，王士禛在诗词创作和理论探索方面均取得了重要成就，在文学史和文学批评史上影响深远，多数时期是清代诗学研究领域中的热点。其中民国时期受时代思潮等因素的影响，有关王士禛的研究相对比较冷清，但仍有郭绍虞、朱东润、钱锺书诸先生写出了若干厚重而颇有发明的论述。其中钱锺书先生1948年出版的《谈艺录》有相当长的篇幅论及王士禛，1940年发表的《中国诗与中国画》及六七十年代撰写、1979年出版的《管锥编》也有不少篇章涉及这一研究领域，提出了很多独具特色而又颇富启发意义的观点。

关于钱锺书先生对王士禛研究与批评之得失，笔者所见仅裴世俊《王士禛传论》、孙纪文《王士禛诗学研究》有言简意赅的阐述①。另裴世俊《王渔洋诗学民国年间的研究点评》、黄玉琰《钱锺书论王渔洋》、曹顺庆与郑澈《钱锺书对严羽〈沧浪诗话〉的误解与原因》、李良中《中国旧诗画没有正宗、正统的绝对地位——读钱锺书〈中国诗与中国画〉》等论文对此也有详略不等的阐释②。总体而言，这些研究多集中于钱锺书对王士禛神韵说的批评，而在多角度、多侧面考察钱先生对王士禛的评价方面似尚有值得拾遗补缺之处。故笔者不揣谫陋，撮举两个小问题，对此略作疏解。

一、"寓目既博，赏心亦当"——钱锺书论王士禛的批评之学

王士禛虽以倡导神韵诗著称于世，但他亦具有深厚的学养，尤其对历代诗歌作品的优劣短长多有深入的研究和精审的评论，所论并不局限于神韵之说。阅读王士禛的诗论著作如《渔洋诗话》

* 作者简介：郑永晓，中国社会科学院文学所，研究员。

① 参见裴世俊《王士禛传论》，中国戏剧出版社2001年版；孙纪文《王士禛诗学研究》，宁夏人民出版社2008年版。

② 裴世俊：《王渔洋诗学民国年间的研究点评》，载《厦门教育学院学报》2007年第4期；黄玉琰：《钱锺书论王渔洋》，载《商丘师范学院学报》2003年第1期；曹顺庆、郑澈：《钱锺书对严羽〈沧浪诗话〉的误解与原因》，载《学术月刊》2011年第5期；李良中：《中国旧诗画没有正宗、正统的绝对地位——读钱锺书〈中国诗与中国画〉》，载《西华大学学报》2008年第3期。

《师友师传录》《带经堂诗话》《五代诗话》及其撰写的大量笔记如《居易录》《池北偶谈》《香祖笔记》《古夫于亭杂录》《分甘余话》等，不难看出王氏的知识面广且深，在同时人中堪称翘楚。钱锺书先生对此有客观而恰切的认识，其《谈艺录》云：

渔洋论诗，宗旨虽狭，而朝代却广。于唐、宋、元、明集部，寓目既博，赏心亦当。有清一代，主持坛坫如归愚、随园辈，以及近来巨子，诗学诗识，尚无有能望项背者。故其自作诗多唐音，近明七子，遂来"清秀于鳞"之讥，而其言诗，则凡合乎"谐远典则"之标准者，虽宋元人亦所不废。是以曰"几人眼见宋元诗"；又曰"涪翁掉臂出清新"；又曰"豫章孤诣谁能解"；又曰"生平一瓣香，欲下涪翁拜"；又曰"近人言诗，好分唐宋。欧、梅、苏、黄诸家，才力学识，皆足陵跨百代，使俛首撦拾吞剥，彼遽不能耶，其亦有所不为耶"；又曰"宋景文诗无字无来历，明大家用功之深，如此者绝少。宋人诗何可轻议耶"；又曰"胡元瑞论歌行，颇知留眼宋人，然于苏黄，尚未窥堂奥"；又曰"山谷诗得未曾有"；又曰"从来学杜者，无如山谷"。①

这段话指出渔洋论诗不仅眼界开阔，而且能够发现不同时代、不同群体诗人的优点，这当然与他深厚的学养和比较客观精审的批评家眼光密切相关。实际上，王士禛对《诗》《骚》及汉魏、六朝、唐、宋、金、元、明时期的许多诗人诗作均十分熟悉且有精当的批评。例如：

老杜《玉华宫》诗千古绝唱，张文潜用元韵拟之，作《别黄州》诗，自谓似之，特其音节耳，未神似也。吾观《谷音》下卷所载临江杨雯《宋武帝庙》诗，虽不摹杜，反得神似。②

宋丹阳陈辅访建康杨骥题壁绝句云："北山松粉未飘花，白下轻风麦脚斜。身似旧时王谢燕，一年一度到君家。"风致可爱。然辅不闻有诗名，若唐人任华、卢延让之属，诗反得传于后，名之显晦信有数耶？③

古今文人，有名不大著而其诗实卓然名家者，世人多耳食，抑何从知之。如《归田录》所载谢伯初景山《送永叔谪夷陵》诗中联云："长官衫色江波绿，学士才华蜀锦张。下国难留金马客，新诗传与竹枝娘。"明钦天监博士马轼字敬瞻，《送岳季方阁老》云："五岭瘴高烟蔽日，两孤云湿雨鸣秋。"结句："祭罢鳄鱼归去晚，刺桐花外月如钩。"右二诗，即使当世专门名家操觚染翰，未必能到，论者不可狗名而失实，故特表而出之。④

以王士禛的学养，通晓先唐及唐宋时期的诗人及作品不足为奇，熟稔前朝和同时代人的诗文也属情理中事，而对于在诗歌史上地位不高、名不见经传的小诗人及其作品也能如数家珍，便不能不令人敬佩其寓目广博和眼光独到。按王士禛所举杨雯《宋武帝庙》诗，见《谷音》卷下，诗云："溪声答松风，巨石出老拳。古树不知名，岌岌蛟龙缠。夕阴互出没，秋华带芳鲜。葱葱帝王气，栋宇垂千年。虎贲秉霜戟，惨澹生云烟。……石马亦埋没，岁时草芊芊。小臣异代士，见之泪迸泉。齐人思爽鸠，蜀人哀杜鹃。江东旧正朔，礼奉敢不虔。但愿君王心，不忘载荻船。下山又再拜，白日当空悬。"⑤以凄绝之笔，抒发兴亡之叹，与杜甫作于安史之乱期间的《玉华宫》抒发的那种忧生又忧世的情怀颇有神似之处。

其他段落中所举宋人谢伯初、陈辅及明人马轼等均系后代诗论中很少提及的作家。其中谢伯

① 钱锺书：《谈艺录》，中华书局1984年版，第106～107页。

② 〔清〕王士禛著，赵伯陶点校：《古夫于亭杂录》卷二，中华书局1988年版，第36页。

③ 〔清〕王士禛著，张士林点校：《分甘余话》卷一，中华书局1989年版，第7页。

④ 〔清〕王士禛著，〔清〕张宗柟纂集，夏闳校点：《带经堂诗话》卷九，人民文学出版社1963年版，第219页。

⑤ 〔元〕杜本辑：《谷音》卷下，《粤雅堂丛书初编》本。

初系欧阳修同时代人，《六一诗话》即记载谢氏“仕宦不偶，终以困穷而卒。其诗今已不见于世”①。陈辅虽与王安石、苏轼等有交往，然诗名不彰，所著《南郭集》早佚。至于明人马轼则以天文学和绘画著名，鲜有论其诗者。王士禛能够注意到这些小家的闪光点，实属难得。他对出身于少数民族的元代文士亦颇为熟悉，曾言：

元名臣文士，如移剌楚才，东丹王突欲孙也；廉希宪、贯云石，畏吾人也；赵世延、马祖常，雍古部人也；孛术鲁翀，女直人也；乃贤，葛逻禄人也；萨都剌，色目人也；郝天挺，朵鲁别族也；余阙，唐兀氏也；颜宗道，哈剌鲁氏也；瞻思，大食国人也；辛文房，西域人也。事功、节义、文章，彬彬极盛，虽齐、鲁、吴、越衣冠士胄，何以过之？②

可见，王士禛对移剌楚才（耶律楚材）、廉希宪、贯云石、马祖常、乃贤、萨都剌等人的族群渊源和事功文章都了若指掌。又如《池北偶谈》卷一四“鱼上木”条记元人竹枝词云：“黄鱼上得青松树，阿依始是弃郎时。”这表明他对元人民间之俗文学也多有关注。又《香祖笔记》云：

康熙己巳、庚午间，在京师，每从朱锡鬯、黄俞邰借书，得宋、元人诗集数十家。就中以长沙陈泰志同为冠，因抄其《所安遗稿》一卷，以周弼伯弜《汶阳稿》、临江邓林性之《皇荂曲》、金华杜旃仲高《癖斋小集》附之。数子者名不甚著，而其诗实足名家。③

上述文献，都堪为钱锺书先生所言王士禛“于唐、宋、元、明集部，寓目既博，赏心亦当”之极佳佐证。钱锺书先生进而指出“有清一代，主持坛坫如归愚、随园辈，以及近来巨子，诗学诗识，尚无有能望项背者”云云，视沈德潜、袁枚等清代诗坛巨擘之“诗学诗识”，均远不及王士禛，评价之高，这对于钱锺书先生这样一位时显苛刻的批评家而言，实属罕见。这说明钱锺书先生认为，至少就诗学批评而言，王士禛眼界之广阔、评论之精当，在有清一代，鲜有能与其比肩者。

在对部分作家的风格、成就、地位的认识方面，钱锺书与王士禛的观点时有相一致之处。《池北偶谈》卷一八：“许彦周《诗话》云：‘东坡诗不可轻议，词源如长江大河，飘沙卷沫，枯槎束薪，兰舟绣鹢，皆随流矣。珍泉幽涧，澄泽灵沼，无一点尘滓，只是体不似江河耳。’林艾轩论苏、黄云：‘譬如丈夫见客，大踏步便出去；若女子，便有许多妆裹：此坡、谷之别也。’”这几句札记只引许顗和林光朝的片段言论，没有对此进一步评判。但引在书中本身就说明王士禛同意此二人的观点。钱锺书先生对此持赞赏态度：

林谦之光朝《艾轩集》卷五《读韩柳苏黄集》一篇，比喻尤确。……《池北偶谈》卷十八引林艾轩论苏黄之别，犹丈夫女子之接客，亦见此篇。《随园诗话》卷一论苏黄，引艾轩语，疑即本之《池北偶谈》，未见林集；故《小仓山房尺牍》卷十《再答李少鹤》复引此数语，而归之于宋人诗话。渔洋则确曾见《艾轩集》；《香祖笔记》记其门人林石来曾有《艾轩诗钞》相寄，又尝向黄虞稷借阅《艾轩全集》，《偶谈》卷十六复有艾轩驳《诗本义》、用《法语》二则。④

钱先生所言不仅显示出他对王渔洋的各种著述极为熟悉，而且间接证明了王士禛本人的阅读视野远超时辈之上。同时钱先生对于王渔洋引用《艾轩集》以区分苏轼、黄庭坚诗歌风格之别，也心有戚戚。又如对于宋人梅尧臣的成就与地位，钱锺书先生指出王士禛在评价梅氏作品风格及成

---

① 〔宋〕欧阳修：《六一诗话》，见〔清〕何文焕辑《历代诗话》，中华书局1981年版，第271页。

② 〔清〕王士禛撰，勒斯仁点校：《池北偶谈》卷七，中华书局1982年版，第165页。

③ 〔清〕王士禛著，〔清〕张宗柟纂集，夏闳校点：《带经堂诗话》卷一〇，人民文学出版社1963年版，第225～226页。

④ 钱锺书：《谈艺录》，中华书局1984年版，第34页。

就时，眼光敏锐，《谈艺录》云：

近人夸诞，以为同光以来始道宛陵，不知王渔洋《池北偶谈》、全谢山《春凫集序》皆推宛陵。《雪桥诗话》卷九记吴嗣广《宛陵集》评本云："查敬业师常语余：宛陵正是突过摩诘。"又曰"宛陵仍是唐音，非宋调也；阮亭论诗：曰典、曰谐、曰远，远字惟苏州、宛陵到之"云云。①

按王士禛《池北偶谈》云："宋梅圣俞初变西昆之体，予每与施愚山侍读言及《宛陵集》，施辄不应，盖意不满梅诗也。一日，予曰：'扁舟洞庭去，落日松江宿。'此谁语？愚山曰：'韦苏州、刘文房耶？'予曰：'乃公乡人梅圣俞也。'愚山为爽然久之。"②可见王士禛向友人推介梅尧臣并非偶尔为之。又《带经堂诗话》引《蚕尾文》云："唐末五代诗人之作，卑下嵬琐，不复自振，非唯无开元、元和作者豪放之格，至神韵兴象之妙，以视陈、隋之季，盖百不及一焉。宋兴，沿杨、刘之习者尚数十年，而欧、梅始出。永叔评圣俞诗，清丽闲肆，涵演深远，推尊之如古人，可谓至矣。又几百年，风会递迁，淫哇杂作，圣俞之诗，譬如雅琴古澹，不谐里耳。"③借用欧阳修评论梅尧臣的话语重新肯定了梅尧臣在诗史上的重要地位。王世禛在《居易录》中还曾辨析梅尧臣诗实胜苏舜钦，并对文人相轻的恶习表示不屑。④ 梅尧臣现被学界视为诗歌史上由唐音向宋调转换的关键诗人之一。而在梅尧臣的接受与研究史上，王士禛显然对梅氏的作品风格和地位有清醒的认识，并极大地影响了后人对梅尧臣诗歌的评价，对此，钱锺书先生给予了积极评价。

钱先生又认为，王士禛的诗学评论，谨严可法，值得肯定，例如：

遗山《论诗》绝句第七首云"慷慨歌谣绝不传，穹庐一曲本天然。中州万古英雄气，也到阴山敕勒川"；施氏注谓《北史》"北齐神武命斛律金唱歌"云云，并于史学亦疏。……实则据郭书"歌本鲜卑语"一句，已足定此诗案。王渔洋《七言古诗选》亦书"无名氏"，谨严可法。王船山《古诗评选》、王壬秋《八代诗选》均以此歌归斛律金，未免卤莽。⑤

《春融堂集》卷三十二《答李宪吉书》谓："初白学诚斋，圆熟清切，于应世谐俗为宜。苦无端人正士高冠正笏气象，特便于世之不学者。"与心余之评初白同，然初白视渔洋、竹垞辈，自为"白描活现"，与诚斋则相形而儒缓谨饬，拘放都野迥异。述庵之论，于初白为皮相，于诚斋则耳食尔。黄晦木、王渔洋序初白诗，赵瓯北诗话论初白诗，皆以之追继放翁，洪稚存《北江诗话》卷二至以放翁、初白、瓯北三家七律并举，较述庵所言，差为近似。⑥

前一个例子考辨《敕勒歌》的作者。清施国祁注元好问《论诗绝句三十首》之第七首，引《北史》"北齐神武命斛律金唱歌"云云，钱先生以为施注失考，当据郭茂倩《乐府诗集》目录注"无名氏"及郭书"歌本鲜卑语"为此定案。相对于施注，王士禛《七言古诗选》选录此诗时于作者书"无名氏"，则"谨严可法"。第二例则是考辨王昶评论查慎行的观点为皮相之论，而黄宗炎、王士禛、赵翼、洪亮吉等人以查慎行追继陆游，差为近似。按《带经堂诗话》卷五张宗柟附识载王士禛为门弟子查慎行所作《他山诗钞》序云："姚江黄晦木先生尝题目其诗，比之剑南。余谓以近体论，剑南奇创之才，夏重或逊其雄；夏重绵至之思，剑南亦未之过：当与古人争胜毫厘。若五七言古体，剑南不

① 钱锺书：《谈艺录》，中华书局1984年版，第169页。
② 〔清〕王士禛撰，勒斯仁点校：《池北偶谈》卷一八，中华书局1982年版，第430～431页。
③ 〔清〕王士禛著，〔清〕张宗柟纂集，夏闳校点：《带经堂诗话》卷五，人民文学出版社1963年版，第124页。
④ 〔清〕王士禛著，〔清〕张宗柟纂集，夏闳校点：《带经堂诗话》卷一，人民文学出版社1963年版，第44页。
⑤ 钱锺书：《谈艺录》，中华书局1984年版，第149页。
⑥ 钱锺书：《谈艺录》，中华书局1984年版，第461页。

甚留意，而夏重丽藻络绎，宫商抗坠，往往有陈后山、元遗山风。后山凌厉峭直，力追绝险。遗山矜丽顿挫，雅极波澜。吾未敢谓夏重所诣，便驾前贤。然使起放翁、后山、遗山诸公于今日，夏重操蝥弧以陪敦槃，亦未肯自安鲁、郑之赋也。……吾方处夏重于诸公之间，正以其诗，而又不敢限之于诗也。"①既有对查氏诗风准确的剖析，又含着对其未来发展的期望。王士禛的这些言论显然与钱先生较为契合。钱先生因而对王士禛的批评眼光和相关言论给予了积极评价。这也显示出了二人的诗学思想有诸多相同、相近之处。

甚至在具体诗作的遣词造句方面，二人也不乏共同语言。《管锥编》云：

乃知"诗不厌改"。盖谈艺倘稍辨美恶，便不必硁硁乎作原本之佞臣焉。……《小匏庵诗话》卷三："昔人诗话中摘赏一二句，有经点窜而后佳者。如王渔洋赏张虞山'南楼楚雨三更远，春水吴江一夜生'，检原诗，乃用《十蒸》韵，作'一夜增'。袁简斋赏闺秀李含章诗云云，检原诗乃用《一东》韵，作'入世岂求通'。此两联在原本俱为韵累……真点铁成金手段！"选本之改易原本，不妨亦作如是观。②

按《清诗别裁集》卷二〇："张养重，字虞山，江南山阳人。张尝有句云：'南楼楚雨三更远，春水吴江一夜生。'王渔洋尚书赏之。初谒渔洋时，即问此等好句生平有几？张退谓人曰：'生平快意句，不意王公一见道出。'"③钱先生借吴仰贤之口，道出王士禛改"一夜增"系"点铁成金"之举，并用以论证诗不厌改及高明的选家如能化腐朽为神奇，"便不必硁硁乎作原本之佞臣"的道理。显然，钱先生对王士禛之于张养重诗作的修改，抱持极为赞赏的态度。

钱先生的诗学观点与王士禛多有相同或相似之处，还表现在他们对待《焦氏易林》的态度上。《易林》为西汉后期以《周易》六十四卦为纲而演绎之占卜用书，唐宋时名《焦氏易林》，其作者一般认为是西汉人焦延寿。但自明清以来，也有人认为此书并非焦氏所作，迄今无定论。该书在《周易》六十四卦基础上复变六十四，即由原六十四卦复变为四千零九十六卦，并在每卦之后据本卦与变卦之象拟作占卜辞一首，共得4097首（《节》卦《无妄》有二首）。这些占卜辞除偶有三言外，皆为统一的四言格式，且又颇富文采。唐人王俞《易林原序》称赞该书："辞假出于经史，其意合于神明，但齐洁精专，举无不中，而言近意远。"④宋人黄伯思在《较定〈易林〉序》中亦云："虽卜筮之书，出于阴阳家流，然当西汉中叶，去三代未远，文辞雅淡，颇有可观览。"⑤至明代，杨慎、王世贞、钟惺、谭元春等皆对该书称赞有加，钟、谭还将《易林》辑入《古诗归》中。

也有学者对此并不认同，尤其反对将《易林》视为诗歌，以清人冯班为代表。其《钝吟杂录》云："大抵有韵之文，体自相涉，若直谓之诗则不可矣。……如《易林》之作，止谕阴阳，非言志缘情之文，王司寇欲以《易林》为诗，直是不解诗，非但不解《易林》也。……夫镜，圆也，饼亦圆，饼可谓镜乎？《易林》之不为诗，亦犹此耳。若四言韵语便是诗，诗亦多矣，何止焦氏乎？"⑥清人章学诚亦云："焦贡之《易林》，史游之《急就》，经部韵言之不涉于诗也。"⑦

---

① 〔清〕王士禛著，〔清〕张宗柟纂集，夏闳校点：《带经堂诗话》卷五，人民文学出版社1963年版，第132页。

② 钱锺书：《管锥编》，生活·读书·新知三联书店2007年版，第1692页。

③ 〔清〕沈德潜纂：《清诗别裁集》，清乾隆二十五年（1760）刻本。

④ 〔唐〕王俞：《易林原序》，见〔汉〕焦延寿《焦氏易林》卷首，影印文渊阁《四库全书》本，第808册，第271页。

⑤ 〔宋〕黄伯思：《较定〈易林〉序》，见〔汉〕焦延寿《焦氏易林》卷首，影印文渊阁《四库全书》本，第808册，第272页。

⑥ 〔清〕冯班：《钝吟杂录》卷三，《丛书集成初编》本，商务印书馆1937年版，第36页。

⑦ 〔清〕章学诚：《文史通义》卷一《诗教下》，梁溪图书馆1926年版，第29页。

王士禛显然属于珍视《易林》文学价值的阵营，因此才受到冯班相当尖刻的批评。针对冯氏的观点，钱锺书先生指出：

限局以疑远大，似是而非之论也。……(《易林》)异想佳喻，俯拾即是，每可比《善哉行》瑟调；苟不知为卜筮之辞，冯氏暗中摸索得之，当亦"直谓'诗'"，何期觌面不相识也！《易》有"象"而《诗》有比，皆拟之形容，古人早已相提并举……瓶器异而水相同，灯烛殊而光为一，冯氏讥王士祯"不解"，余则美其通识真赏，能与杨慎辈相视莫逆。①

对于《焦氏易林》的文学价值，钱锺书先生在《管锥编》中也给予了极高的评价："盖《易林》几与《三百篇》并为四言诗矩矱焉。"②笔者在此并非考辨历史上关于《易林》的各种争议，只想借此指出，钱锺书先生对《易林》的阐释，其识见显然远在冯班、章学诚辈之上。③ 同时也证明了在对《易林》的性质和价值的认识方面，钱锺书与王士禛有着完全一致的态度。"美其通识真赏"云云，钱锺书先生对王士禛赏识《易林》的赞叹之情溢于言表。

王士禛虽为一代诗宗，但为人平易宽和，喜奖掖后进。他在文学艺术上的深厚学养，即钱先生所言"通识真赏"，使得他在帮助提携后学时能够切实指出他们作品的优劣短长，这对于年轻后辈而言，确为实实在在的帮助。这种品质和做法也为钱锺书先生赞赏。《谈艺录》先引《随园诗话》卷四："相传康熙间，京师三前辈主持风雅，士多趋其门。王阮亭多誉，汪钝翁多毁，刘公㦷持平。方望溪先生以诗投汪，汪斥之。次以诗投王，王亦不誉。乃投刘，刘笑曰：'人各有性之所近，子以后专作文，不作诗可也。'方以故终身不作诗。"④再引方苞《鹿青山人诗序》以证方苞于诗有所不为，系遵从祖训，而非源于刘体仁等人的沮遏。其后，钱先生在补订《谈艺录》时，又对袁枚所言"刘公㦷持平"进行了辨析：

王阮亭《香祖笔记》卷八记康熙初，士人挟诗文游京师，"即谒汪苕文、刘公㦷及余三人。阳羡陈纬云维岳，其年之弟也。初入都，手写行卷三通，置桌上。友人问所请，曰：吏部刘公、户部汪公、礼部王公也。友人曰：吾为子预卜之：汪必摘其瑕疵而驳之，王必取其警策而扬之，刘则一览掷去，无所可否。已而果然。予闻之，笑谓公㦷曰：兄此一掷，最不易到。"则子才谓"刘公㦷持平"者，非也。计甫草东《改亭文集》卷二《汪蛟门诗集序》："苕文性情急，不能容物，意所不可，虽百贲育不能掩其口也。其所称述，于当世人物之众，不能数人焉。阮亭性和易宽简，好奖引气类。然人以诗文投谒者，必与尽言其得失，不稍宽假。"此可与阮亭自记参印。⑤

刘体仁待人是否持平公允，我们不必赘言。但是，《谈艺录》所引《香祖笔记》王士禛自述及同时人计东的言辞则明确证明了王士禛"性和易宽简，好奖引气类"的优秀品质，而在指导后学时，"必与尽言其得失，不稍宽假"，又证明他确是一位水准极高而又能宽严相济的长者。按"王阮亭性和易宽简，好奖引气类"数语又见于王晫《今世说》卷五。⑥ 王晫与计东系同时人，当是王晫非常赞同这几句评语，故未作任何改动直接迻录到自己的著述中。也说明计氏的评语平实可靠，得到了

---

① 钱锺书：《管锥编》，生活·读书·新知三联书店2007年版，第813~816页。

② 钱锺书：《管锥编》，生活·读书·新知三联书店2007年版，第813页。

③ 陈良运：《"〈易林〉几与〈三百篇〉并为四言诗矩矱"——钱锺书论〈易林〉述评》，载《周易研究》2002年第5期。

④ 钱锺书：《谈艺录》，中华书局1984年版，第240页。

⑤ 钱锺书：《谈艺录》，中华书局1984年版，第558页。

⑥ 〔清〕王晫：《今世说》卷五，《丛书集成初编》本，商务印书馆1935年版，第56页。

时人的认可。

笔者以为，王士禛所以能成为一代宗师，弟子门人遍天下，除了因为他的创作与批评成就外，与他这种待人接物时的品性及他能够以深厚的学养为基础，以恰当的方式指点后学作品的优劣得失有重要关系。《谈艺录》此段论述，虽主旨不在渔洋，但客观了张扬了王士禛的品性，引计东之语"可与阮亭自记参印"云云，也透露出了钱先生对这种品性十分赞赏的些许消息。

二、"采及葑菲，询于刍荛，固亦史家所不废"——钱锺书论王士禛诗中用小说俗语

诗文向被视为诸种文体中位阶最高的品类，因此用语是否典雅也往往成为批评者的话题。宋人朱弁《风月堂诗话》载："（参寥）尝与客评诗，客曰：'世间故实小说有可以入诗者，有不可以入诗者，惟东坡全不拣择，入手便用，如街谈巷说、鄙俚之言，一经坡手，似神仙点瓦砾为黄金，自有妙处。'参寥曰：'老坡牙颊间别有一副炉鞲，他人岂可学耶？'座客无不以为然。"①可见对于学养深厚、才气过人的苏轼而言，街谈巷议，小说家言，都可以作为构建作品的材料。南宋杨万里的诗歌以语言浅近明白、清新自然如口语著称。钱锺书在《宋诗选注》为杨万里撰写的小传中，认为"他用的俗语都有出典"，"至少是正史、小说、禅宗语录里记载着的——口语"。② 虽然并非完全意义上的以口语、俗语入诗，但汲取了部分小说家言是没有疑问的。这说明，至少在苏轼、杨万里那里，来自街谈巷议的口语和小说家言是可以入诗的。而至明清时期，以小说和戏曲词汇入诗的例子更不鲜见。

然而，这种伴随时代发展而变革的做法也受到某些学者的指责。王士禛《古诗选凡例》有"北周寥寥，廑得子渊（王褒）、子山（庾信），二人之才，一时瑜亮"③之语，而他本人又有《落凤坡吊庞士元》诗，系将小说《三国演义》中词语移植到诗文中，又曾使用汤显祖《牡丹亭》中词语入诗，凡此等等，均引起很多批评。如王应奎云："落凤坡之称，盖小说家妆点之辞，而后人遂以名其地。所谓俗语不实，流为丹青者，此类是也。而王新城诗中有吊庞士元之作，竟以'落凤坡'三字著之于题。……此不容以作者名重而遂置不论，开后人用小说之门也。又《牡丹亭》词曲，有'雨丝风片'之语，而新城《秦淮杂诗》中用之，亦是一败阙。……夫词曲不可入诗……然则新城《秦淮》之作，其亦难免后人之指摘矣。"④其《柳南续笔》中再次对此提出批评："'既生瑜，何生亮'二语，出《三国演义》，实正史所无也。而王阮亭《古诗选凡例》、尤悔庵《沧浪亭诗序》并袭用之。以二公之博雅且犹不免此误，今之临文者，可不慎欤？"⑤兹按王士禛《秦淮杂诗十四首》第一首云："年来肠断秣陵舟，梦绕秦淮水上楼。十日雨丝风片里，浓春烟景似残秋。"惠栋注："按'雨丝风片'见汤若士乐府。"⑥王氏所言"难免后人之指摘"的《秦淮》之作即指此诗。

嘉、道时期的学者梁章钜也有类似的观点，其《楹联丛话》云："吴中多周公瑾祠，有自夸其撰联之工者，云：'顾曲有闲情，不碍破曹真事业；饮醇原雅量，偏嫌生亮并英雄。'余谓'既生瑜，又生亮'语出《三国演义》，史传中并无其事。本传历叙公瑾运筹决胜，绝无与诸葛交涉一言。惟《鲁肃传》

---

① 〔宋〕朱弁：《风月堂诗话》卷上，影印文渊阁《四库全书》本。

② 钱锺书：《宋诗选注》，人民文学出版社1982年版，第178页。

③ 〔清〕王士禛著，〔清〕张宗枏纂集，夏闳校点：《带经堂诗话》卷四，人民文学出版社1963年版，第93页。

④ 〔清〕王应奎：《柳南随笔》卷五，《丛书集成初编》本，商务印书馆1936年版，第2962册，第93页。

⑤ 〔清〕王应奎：《柳南续笔》卷一，《丛书集成初编》本，商务印书馆1936年版，第2962册，第117页。

⑥ 〔清〕王士禛著，惠栋、金荣注，宫晓卫、孙言诚等点校：《渔洋精华录集注》，齐鲁书社2009年版，第147页。

载,肃迎刘备于当阳,劝备与权并力,备甚欢悦。时诸葛亮与备相随。肃谓亮曰:'我,子瑜友也。'即共定交。数语而已。大抵瑜、亮之评,前明即有之,故王渔洋《古诗选·凡例》及尤西堂《沧浪亭诗序》皆袭用之。且如落凤坡,亦出《演义》,而《广舆志》误收之,渔洋遂有《落凤坡吊庞士元》诗矣,何况余子。"①梁氏对王士禛等将小说词语用之于诗尽管没有很严厉的批评,但一句"何况余子"还是显示出了批评倾向。关于这个问题,乾隆三大家之一的袁枚也未能破执解缚,钱先生在《谈艺录》中指出:

《诗话》同卷(按指《随园诗话》卷五):"崔念陵进士诗才极佳,惜有五古一篇,责关公华容道上放曹操一事,此小说演义语也,何可入诗。何屺瞻作札,有'生瑜生亮'之语,被毛西河诮其无稽,终身惭悔。……"此等处亦征子才论诗文尚多禁忌,初非破执解缚、游方之外者也。唐宋人已以文言小说入诗及骈文,而不以入古文,尺牍题跋等小品则可通融。晚明白话小说大行,与文言小说均不特入诗而且入古文。……王东溆《柳南续笔》卷一则讥王渔洋、尤西堂两人文用此语。……严元照《蕙櫋杂记》:"王文简《雍益集》有《落凤坡吊庞士元》诗;元人撰汉寿庙碑云:'乘赤兔兮随周仓。'皆出《三国演义》。"所谓"元人",当是鲁起元贞……余尝谓《后村大全集》卷四十三《释老》第四首"取经烦猴行者,吟诗输鹤阿师",为《西游记》故事入诗之创例……鲁起元此篇之"乘赤兔兮从周仓",当亦《三国演义》故事入古文之创例欤。②

以俗语或小说家言入诗,自宋代以来即迭遭非议。以王士禛之博学,未必不知道"瑜亮""落凤坡"等词语出自《三国演义》,更不可能不知道"雨丝风片"出自《牡丹亭》。《谈艺录》云:

《然灯纪闻》记渔洋语云:"为诗须博极群书,如十三经、廿一史,次及唐宋小说,皆不可不看。所谓取材于选、取法于唐者,未尽善也。"虽针砭七子主张,亦见渔洋之重"博学"也。③

对于王士禛这样一位身居高位的文坛宗师而言,能够将小说和戏曲词语运用到自己的诗文中,显然绝对不是因为学识浅薄,只能说明他具备较为通达的眼光。《香祖笔记》云:

小说演义亦各有所据,如《水浒传》《平妖传》之类,予尝详之《居易录》中。又如《警世通言》有《拗相公》一篇,述王安石罢相归金陵事,极快人意,乃因卢多逊谪岭南事而稍附益之耳。故野史传奇,往往存三代之直,反胜秽史曲笔者倍蓰。前辈谓村中儿童听说三国事,闻昭烈败则颦蹙,曹操败则欢喜踊跃,正此谓也。礼失而求之野,惟史亦然。④

钱锺书先生对这段话极表赞同,《管锥编》以为,此"即余所谓野语虽未足据以定事实,而每可以征人情,采及葑菲,询于刍荛,固亦史家所不废也。……《山谷外集》卷一〇《廖袁州次韵见答》:'史笔纵横窥宝铉。'自注:'干宝作《搜神记》,徐铉作《稽神录》。'以'史笔'许短书小说,不特论史有会心,亦论文有先觉矣"⑤。对这个问题,钱锺书先生与王士禛的观点显然是完全一致的。

钱锺书先生在《谈艺录》《管锥编》及《旧文四篇》中,尚有很多段落论述王士禛。诚然,钱先生有时对王士禛有近乎苛刻的批评,如所言王士禛"知淡远中有沉著痛快,尚不知沉著痛快中之有远神淡味,其识力仍去沧浪一尘也"⑥。又如所言"渔洋天赋不厚,才力颇薄,乃遁而言神韵妙悟,以自

① 〔清〕梁章钜:《楹联丛话》卷四,清道光二十年(1840)桂林署斋刻本。
② 钱锺书:《谈艺录》,中华书局1984年版,第559~560页。
③ 钱锺书:《谈艺录》,中华书局1984年版,第428页。
④ 〔清〕王士禛撰,湛之点校:《香祖笔记》卷一〇,上海古籍出版社1982年版,第190页。
⑤ 钱锺书:《管锥编》,生活·读书·新知三联书店2007年版,第443页。
⑥ 钱锺书:《谈艺录》,中华书局1984年版,第41页。

掩饰。一吞半吐,撮摩虚空,往往并未悟入,已作点头微笑,闭目猛省,出口无从,会心不远之态。故余尝谓渔洋诗病在误解沧浪,而所以误解沧浪,亦正为文饰才薄。将意在言外,认为言中不必有意;将弦外余音,认为弦上无音;将有话不说,认作无话可说"①等,在对"神韵说"可能产生的弊端予以尖锐批评的同时,在对渔洋诗学的理解和批评尺度方面也似有些微的偏差。

钱先生的批评风格向以严格著称,他对很多历史上的大家、名家都有很多不留情面的批评,这种批评方式和批评尺度并非仅仅针对渔洋一人。笔者感觉,如果我们不是把焦点仅仅集中在钱先生对"神韵说"的批评上,而是比较全面地考察钱先生对王士禛的所有评论,则不难发现,钱先生对王士禛的著述有着极为透彻的阅读与理解,他视王士禛为"通人",赞扬他能"取精用弘"②,对王士禛的很多观点都有很深刻的体认和赞同。而这几个字恰恰也可以用来评价钱锺书先生自身。尽管由于时代等因素的不同,王士禛与钱锺书二人有太多相异之处,但是集诗人、诗论家、学者于一身,学问广博而论诗精当,"寓目既博,赏心亦当"实系二人的共同特点。这也是钱锺书积极评价王士禛诗学的前提,因而在一定意义而言,钱锺书堪称王士禛的异代知音。

王士禛和钱锺书的诗学理论都有博大精深的特点,后者对前者的评论涉及诗学史上很多作家、批评家和文学现象,对他们的研究还有很多工作要做。上文所言仅仅是就一两个侧面所作的管窥蠡测式的阐述。欠妥之处,还请方家不吝教正。

---

① 钱锺书:《谈艺录》,中华书局1984年版,第97页。

② 钱锺书:《谈艺录》,中华书局1984年版,第457页。

日本王渔洋研究的动向和展望

张 兵*

一、前言

众所周知,日本作为汉字文化圈的国家之一,很早就开始介绍和研究中国的诗歌(日本称为"汉诗")。据研究,日本在6世纪初就有了整理和介绍中国诗歌的集子《文选》,现存最早的汉诗集《怀风藻》是奈良时代(710~794)中期编纂的。日本有汉诗集的历史比最早的日本诗歌(日本称为"和歌")集《万叶集》①还早。而且日本人不但读汉诗,还自己创作汉诗,《凌云新集》《文华秀丽集》《经国集》《田氏家集》《菅家文草》等平安时代的汉诗、以"五山文学"为代表的镰仓时代(1185~1333)与室町时代(1336~1573)的汉诗、百花齐放的江户时代(1603~1868)的汉诗,等等。以中国诗歌为范本的日本汉诗的创作在日本的诗歌史及文学史上占了很大的比重。另外,中国诗歌不只对日本汉诗界,对纯粹日本系统的日本文学界也产生了很大的影响。

日本一般将中国诗歌分为三个时期。第一时期是从先秦时代到汉朝末年的"古代诗歌",以《诗经》《楚辞》为代表。第二时期是从魏晋南北朝到唐末的"中世诗歌",唐代代表中国的诗人辈出,中国古典诗歌的韵律和诗型得以确立,因此唐朝被认为最值得瞩目。很多人认为,唐代以后,不仅是中国,包括日本、韩国、越南等在内,汉诗基本上都是依照唐诗的韵律和诗型创作的。第三时期是宋元以后直到近现代的"近世·近现代诗歌"。近世·近现代诗歌在韵律和诗型方面基本上以唐诗为基准,不过在创意和题材上各具时代特色。特别是明清时代,诗歌的创作和研究被理论化,关于诗歌的意境以及审美意识的观点出现了明显的区别和竞争。明朝的李攀龙、袁宏道、钟惺,清朝的王渔洋、沈德潜、袁枚等人分别代表了不同的观点和流派。②

基于以上理由,在日本,不管是汉诗的介绍还是汉诗的研究都以唐诗为中心,不过包括王渔洋在内的清代诗人的诗作和诗论也很受瞩目,出现了不少的研究成果。王渔洋的神韵诗学与沈德潜的格调诗学、袁枚的性灵诗学一起,被称为"清代三大诗学",尤其受到重视。本文试图将日本王渔洋研究的现状进行初步的概括整理,并对其今后的趋向做一展望。

二、日本王渔洋研究的展开

1. 战前

---

* 作者简介:张兵,日本山梨县立大学国际政策学部,教授。

① 《万叶集》是平安时代(794~1185)初期的作品。

② 松浦友久等编:《汉诗事典》,大修馆书店1999年版。

(1)江户时代

早在江户时代,清诗在日本的出版和介绍就非常兴盛(参见表1)。虽然很多成果已经不容易见到,不过其中有一部分留传下来,后来收录到"和刻本汉诗集成"(和刻本是在日本刻印的古籍)。例如汲古书院1982年出版的《和刻本汉诗集成》总集编第8辑就收录了《清诗选选》等作品(参见表2)。

表1 江户时代和刻本清诗的出版

年代	作品名
享保年间(1716～1736)	《清诗选》
宽保年间(1741～1744)	《清僧诗选》
宝历年间(1751～1764)	《清诗选》 《清诗选选》
文化年间(1804～1818)	《清四大家诗抄》 《清百家绝句》
嘉永年间(1848～1854)	《清十家绝句》 《清六大家绝句抄》 《浙西六家诗诗抄》

资料来源:水津有理(2007)。

表2 《和刻本汉诗集成》总集编第8辑构成

作品名	编者	刊行年
清诗选选	孙思九编	宝历五年(1755)
七诗诗选	沈德潜编	宝历七年(1757)
清诗选	奥田元继选	享和三年(1803)
国朝四大家诗	屠德修等编	文政二年(1819)
随园女弟子诗选选	袁枚编	文政十三年(1830)
古今诗删(上)	李攀龙编 徐中行校	

资料来源:汲古书院网 http://www.kyuko.asia

(2)明治时代

明治维新以后,日本积极仿效欧美,引进"洋学"。很多人担心受此影响传统的"汉学"会出现衰退。结果,实际情况出人意料。汉学不论在数量上还是在质量上都实现了"空前绝后的隆盛",特别是出现了被称为"清诗流行"的清人诗歌大流行的现象。① 明治时代(1868～1912)的诗人及评论家大町桂月将此称为"明治文坛的奇现象",并做出如下评论。"西洋的文物文艺像潮水般流入,洋灯取代行灯的今天,却不想汉诗光芒不减,就像微光依旧的行灯的灯火。明治20年代简直就是汉诗的全盛期。"②也就是说,在标榜"脱亚入欧"、全盘西化的明治时代,西方的文学和思想被积极引进、备受推崇的同时,传统的汉诗不但没有因此衰退下去,相反出现了日趋兴盛的状况,这在当时的人看来是大出所料的奇怪现象。

另外还有很重要的一点是,从江户末期到明治大正(1912～1926)年间的汉诗诗坛中,清诗大

① 揖斐高:《明治汉诗之始:森春涛试论》,载《江户文学》第21号,1992年12月。
② 木下彪:《明治诗话》,东京文中堂1943年版。

为流行。时人不是先读唐宋时代的作品，而是直接阅读清人的作品。例如明治著名汉诗人野口宁斋，广泛收集清人作品，取名“清诗万卷楼”在自己主办的杂志《百花栏》里连载，大受世人瞩目。① 近藤元粹在《评注浙西六家诗抄》的序文中有如下描述：“方吾邦诗学大行，而世多嗜好清诗，称新调以相夸。……今人一意学清诗，却不学清人所学。”他的意思是清人以唐宋为学习的对象，而当时的日本人眼里只有清诗而不学唐宋。可见当时清诗在日本的流行程度。据说当时被热衷的清诗人主要是王渔洋等清朝初期的诗人以及其后的陈文述、张问陶等与明治时代日本汉诗人同时代的清朝诗人。② 可以说，在明治时代，随着“汉诗的隆盛”和“清诗流行”现象的出现，日本人对王渔洋诗的关注和研究一气高涨起来。作为同时代的诗人，以王渔洋为中心的清朝诗人的作品成为明治时代日本人热心阅读和研究的对象，这一取向对后人影响很大，这一时期的研究成果也开了日本王渔洋研究的先河（参见表3、图1、图2）。

那么在全国上下积极追求西化的明治时代，汉学特别是清诗为什么如此被关注、被推崇呢？理由可以总结为以下几点。第一，宽政年间（1789～1801）以后，汉文在庶民百姓中广为普及，受庶民文学的影响，汉诗被平易化、有趣化，以其写实的倾向而接近现实生活，因而在大众中流行开来。③ 明治时代的汉诗人森春涛不遗余力地致力于清诗在日本的传播，对清诗流行起到了巨大的作用。④ 在全盘西化的明治时代，一度被社会遗忘的汉诗，经许多汉诗人的吹捧，就像一种新生事物一样重新让人们感受到了其生机，从而重返文坛。⑤

表3　明治年间及其前后出版的清诗文献

选集	《王渔洋诗抄》相马肇元基 1846 年（宫内厅图书寮文库） 《清六大家绝句抄》（十二册）青木嵩山堂 1852 年 《清廿四家诗》（卷上・卷中・卷下）中岛一男编，万卷堂 1878 年 《清诗别裁选》（七卷）赤志忠雅堂 1882 年 《唐贤三昧集笺注》翰墨园 1883 年 《渔洋山人自撰年谱卷上・下》（惠栋注补）徐氏述史楼 1891 年 《王渔洋精华录》声教社 1936 年
诗论	田冈岭云《支那文学大纲卷十三・王渔洋》大日本图书 1897 年 近藤元粹《评注浙西六家诗抄》嵩山堂 1903 年 菊池晚香《汉试关键》早稻田大学出版部 1904 年 铃木虎雄《支那诗论史》弘文堂书房 1927 年 山本悌二郎等《宋元明清书画名贤详传》丙午出版社 1927 年 今关天彭《燕山草堂说诗第 1 编》今关寿麿 1934 年

资料来源：笔者根据各种资料整理。

① 神田喜一郎：《清诗在日本的流行》，见《神田喜一郎全集》第八卷，同朋舍出版 1987 年版。

② 水津有理：《关于明治期清诗的受容：作为同时代文学》，载《御茶水女子大学大学教育研究成果汇集》2007 年 3 月。

③ 木下彪：《明治诗话》，东京文中堂 1943 年版。

④ 大江敬香：《明治诗坛评论》，见神田喜一郎编《明治汉诗文集》，筑摩书房 1983 年版。

⑤ 水津有理：《关于明治期清诗的受容：作为同时代文学》，载《御茶水女子大学大学教育研究成果汇集》2007 年 3 月。

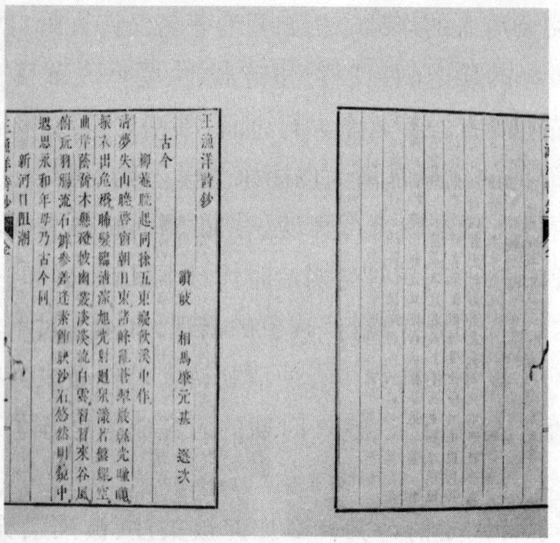

图1　相马肇元基《王渔洋诗抄》书影

资料来源：卧游堂 http://gayudou. com

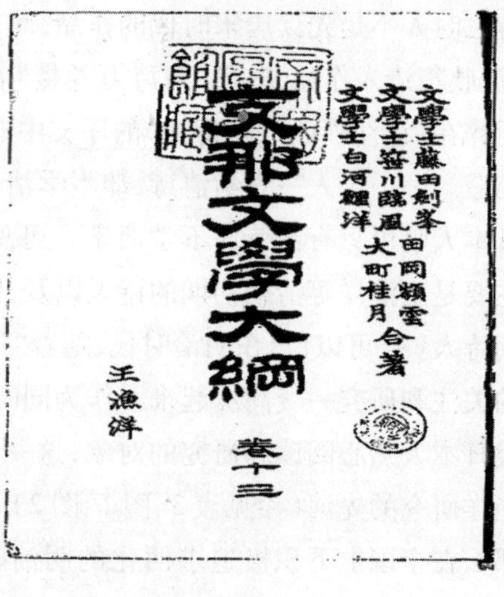

图2　田冈岭云《支那文学大纲卷十三·王渔洋》书影

资料来源：近代电子图书馆 http://kindai. ndl. go. jp

《清六大家绝句抄》是明治以前刊行的清代诗人的合集，由12册构成。第1～2册为渔洋绝句抄，第3册为竹垞绝句抄（朱彝尊），第4册为吴梅村绝句抄（吴伟业），第5～9册为随园绝句抄（袁枚），第10册为有正味斋绝句抄（吴锡麒），第11～12册为沈德潜绝句抄。

《清廿四家诗》的构成如下。

卷上：钱牧斋、吴梅村、宋荔裳、施愚山、王渔洋

卷中：陈迦陵、董辛田、查初白、厉樊榭、严海珊、赵秋谷、尤西堂、朱竹垞

卷下：蒋藏园、王梦楼、赵瓯北、吴谷人、吴澹川、张船山、陈碧城、郭频伽、袁简斋、钱箨石、王谷原

1972年出版的铃木虎雄的《支那诗论史》就已对王渔洋的诗论进行了研究。他说把神韵说的特点以时间气象做比喻的话，就是秋胜于春、冬胜于夏、夜胜于昼、雨胜于晴、寒胜于暖、一日之中朝暮胜于正午。凡事重高贵淡泊、偏消极。渔洋喜欢"微""澹"，大概此两字能体现其淡泊含蓄的倾向。作为日本早期的王渔洋诗论研究，可以说该评论言简意赅，通俗易懂。

2. 战后

战后特别是20世纪80年代以后，日本经济繁荣、社会稳定，为学术研究提供了良好的条件和环境，王渔洋研究也在量和质两方面进入了大发展时期。现将笔者收集到的战后日本有关王渔洋研究的成果按著书、论文、译注分类列举如下。虽然收集还不够全面，但基本上包括了相关的主要成果。

（1）著书

近藤春雄：《中国文人的艺术》，大雅堂1946年版

青木正儿：《清代文学评论史》，岩波书店1950年版

安冈正笃等：《名诗选释》，明德出版社1955年版

中国古典诗同好会：《中国古典诗5》1961年

高桥和已：《中国诗人选集二集（13）王士禛》，岩波书店1962年版

桥本循：《汉诗大系（23）王渔洋》，集英社1965年版

近藤光男：《清诗选》，集英社1967年版

松下忠：《明清三诗说》，明治书院1978年版

神田喜一郎：《明治汉诗文集》，筑摩书房1983年版

近藤春男:《日本汉学大辞典》,明治书院1985年版

伊藤漱平:《伊藤漱平著作集》第4卷中国近世文学编,汲古书院2009年版

近藤春男:《王士祯》,载《新潮世界文学辞典》,新潮社1990年版

集英社:《王士祯》,载《世界文学大事典》,集英社1996年版

松浦友久等:《王士禛》,载《汉诗事典》,大修馆书店1999年版

相岛宏:《中国诗词翻译索引Ⅳ清代》,国立国会图书馆2005年版

桥川时雄:《桥川时雄的诗文和追忆》,汲古书院2006年版

合山林太郎:《幕末·明治期日本汉诗文之研究》,和泉书院2014年版

(2)论文

桥本循:《王渔洋在扬州》,载立命馆大学人文学会编《立命馆文学》第245号,第45~65页,1965年11月

佐藤一郎:《王渔洋与清朝风》,载集英社《汉诗大系王渔洋月报》1965年12月

中田勇次郎:《唐诗及王渔洋》,载集英社《汉诗大系王渔洋月报》1965年12月

品川理惠子:《王渔洋作诗之神韵意识:蜀道集与雍益集的比较》,载御茶水女子大学《中国文学会报》Vol.2,第31~47页,1983年4月

大平桂一:《扬州时代的王渔洋:从汪懋麟的作品入手》,载日本中国学会编《日本中国学会报》(38),第202~216页,1986年

大平桂一:《王渔洋的古诗平仄论:以七言古诗为中心》,载东方学会《东方学》第73辑,第140~155页,1987年1月

大平桂一:《王渔洋诗论》,载《大阪女子大学纪要》第39号,第63~79页,1988年3月

大平桂一:《神韵说再考》(上),载《大阪女子大学纪要》第40号,第108~122页,1989年3月

大平桂一:《神韵说再考》(下),载《大阪女子大学纪要》第42号,第1~20页,1991年3月

船津富彦:《王渔洋小说论》,载《东洋学论丛》第11号,第1~14页,1986年3月

神田喜一郎:《清诗在日本的流行》,《神田喜一郎全集》第八卷,同朋舍出版1987年版

冈田祥子:《关于王渔洋的〈唐贤三昧集〉》,载御茶水女子大学《中国文学会报》Vol.6,第137~145页,1987年4月

马晓地:《论王渔洋〈秋柳〉诗之朦胧美》,载京都大学文学部中国语学中国文学研究室编《中国文学报》第38号,第115~125页,1987年10月

三枝茂人:《关于王渔洋〈悼亡诗三十五首〉》,载《名古屋外国语大学纪要》1991年第4期

宫内保:《山水描写的手法:以王渔洋〈神韵诗〉为例》,载日本中国学会编《日本中国学会报》第44号,第202~217页,1992年

揖斐高:《明治汉诗之始:森春涛试论》,载《江户文学》第21号,1992年12月

中村嘉弘:《关于王渔洋的神韵说》,载《国学院杂志》第97号,第170~184页,1996年11月

福井辰彦:《明治汉诗与王士禛:〈新文诗〉所收作品》,载《国语国文》第861号,2006年5月

水津有理:《关于明治期清诗的受容:作为同时代文学》,载《御茶水女子大学大学教育研究成果汇集》,2007年3月

荒井礼:《关于王渔洋的〈悼亡诗三十五首〉》,载国士馆大学汉学会编《国士馆大学汉学纪要》2007年第10号,第15~41页,2007年10月

荒井礼:《关于王渔洋的〈咏史小乐府三十首〉》,载筑波大学《筑波中国文化论丛》第27号,第19~65页,2007年

荒井礼:《王渔洋的战争批判诗:以〈蚕租行〉为中心》,载筑波大学《筑波中国文化论丛》第28号,第41~69页,2009年

荒井礼:《关于王渔洋的〈南唐宫词八首〉》,日本中国学会第61回大会研究发表,2009年10月11日

荒井礼:《王渔洋的"神韵"考:以陈子龙的诗词为中心》,载筑波大学《筑波中国文化论丛》第32号,第49~88页,2013年10月

荒井礼:《王渔洋的"神韵":以〈花草蒙拾〉所见的史达祖·李清照词为中心》,载编集委员会编《中国文化》第71号,第83~95页,2013年

奥田鱼钱:《汉诗名作赏味(11)高青邱·王渔洋》,载《大法轮》第78号,第162~165页,2011年9月

(3)译注

斋藤聪、北泽实:《带经堂诗话注释(1)》,载国士馆大学汉学会编《国士馆大学汉学纪要》2002年第5号,第111~130页

荒井礼:《带经堂诗话注释(2)》,载国士馆大学汉学会编《国士馆大学汉学纪要》2003年第6号,第85~93页

斋藤聪、荒井礼、安西孝行、大久保裕一朗、都筑康子:《带经堂诗话注释(3)》,载国士馆大学汉学会编《国士馆大学汉学纪要》2004年第7号,第103~127页

荒井礼:《带经堂诗话注释(4)》,载国士馆大学汉学会编《国士馆大学汉学纪要》2005年第8号,第57~69页

荒井礼:《带经堂诗话注释(5)》,载国士馆大学汉学会编《国士馆大学汉学纪要》2006年第9号,第151~170页

荒井礼:《带经堂诗话注释(6)》,载国士馆大学汉学会编《国士馆大学汉学纪要》2007年第10号,第97~118页

斋藤聪、荒井礼:《带经堂诗话注释(7)》,载国士馆大学汉学会编《国士馆大学汉学纪要》2008年第11号,第113~127页

荒井礼:《王渔洋〈花草蒙拾〉译注(一)》,载筑波大学《筑波中国文化论丛》第31号,第57~120页,2012年10月

荒井礼:《王渔洋〈花草蒙拾〉译注(二)》,载筑波大学《筑波中国文化论丛》第32号,第155~180页,2013年10月

三、日本王渔洋研究的主要论点

1. 关于王渔洋的经历

关于王渔洋个人经历的研究主要有高桥和已《中国诗人选集二集(13)王士禛》一书附录的《王士禛年谱》和桥本循《汉诗大系(23)王渔洋》开头的《王渔洋小传》。高桥和已的《王士禛年谱》将王渔洋从出生到去世的历史以编年体的形式加以介绍,资料主要取自王渔洋的自撰年谱,另外追加了一些同时代著名文人以及王渔洋友人的介绍,还补充了一些便于理解收录之诗的历史背景知

识，一共有14页。桥本循的《王渔洋小传》将王渔洋的经历分成扬州以前、扬州时代及其后、四川旅行及其后、南海旅行及其后、陕西和四川旅行及其后、晚年等6个部分详细解说，长达45页。除了介绍外，文中随处可见著者的评论和意见。例如：

对王渔洋的诗作影响最大的是长兄西樵（士禄）。（第12页）

王渔洋凭《秋柳》诗而一举成名，奠定了他在清代诗坛的地位。（第16页）

扬州时代的王渔洋一面是忙于公务，一面是风流文雅。（第19页）此时的王渔洋可以说是体力充沛、诗情横溢、才气焕发、春风得意。（第24页）

康熙四年，王渔洋上京赴任，清代诗坛也迎来了鼎盛时期。（第26页）

2. 关于清诗的特点以及王渔洋在清诗中的地位

佐藤一郎在《王渔洋与清朝风》中，对清诗的特征以及王渔洋在清诗中的地位有如下概括，值得一荐。读清朝的诗歌，会感到其虽有人工雕琢的痕迹，但是非常洗练和华丽，同时在其洗练和华丽的背后，蕴藏着一缕纤细复杂的感情和寂寞，这一点是王渔洋和沈德潜、袁枚等人共同具有的，尽管他们主张各异。从诗歌理论上看，"神韵""格调""性灵"各自旗帜鲜明，相互对立，但是都具有从现实退避一步，掺杂着某种空虚和寂寞的华丽诗风，毕竟他们都处于清朝这一共同的大环境中。王渔洋可以说是最早、最典型地具有上述特点的清朝诗人。中国士大夫文学的学问素养本来一直朝着不断扩大的方向发展，但是到了清朝，诗人们开始由广而专，将自己的眼光局限在文学领域。王渔洋是顺应时代潮流而动的诗人，他在具有丰厚学问素养的同时，通过"象征诗风"探寻出了诗歌的生存发展之路。在异族支配、言论统治的环境下，为了避免成为文字狱的牺牲者，假借比喻手法的象征诗风是比较安全的。王渔洋一般不直接触及人生，但是留下了极尽哀切的《悼亡诗二十六首》，在家庭事情范围内，吐露了一下真情。由此看，他其实是一位具有纤细内心世界的诗人。

近藤春男在《王士祯》一文中认为，王渔洋带来了一种新的诗风，奠定了清诗的基础。《秋柳》诗整体洋溢着一种流动感，音调新颖，因此受到以钱谦益、施闰章等为代表的批判明代诗风的清初诗人的欢迎。后来他提倡神韵说，主张诗禅一致，追求淡泊清远的境界，将司空图和严羽的诗论更推进了一步。而且他不但提倡新的诗歌理论，自己也身体力行，留下了众多的作品和名句，以"一代正宗"而风靡天下。近藤春男的这段话虽然言语简练，但充满了对王渔洋的溢美之词。该文收录在新潮社《新潮世界文学辞典》，所以在日本具有一定的代表意义。

3. 关于王渔洋在唐诗传播方面的贡献

中田勇次郎在《唐诗与王渔洋》中就唐诗与王渔洋的关系发表了以下意见。读汉诗的人都会感到汉诗有一种不可名状的美感。这种美感可能来自文字之美，也可能来自韵律之美，还有可能来自意境之美。往往很难说明白到底美在何处，但是一首诗整体总能让人有一种巨大的感铭。而且越是短的诗这种感铭越深，如五言绝句、七言绝句。尤其是唐诗的绝句，王维、孟浩然、韦应物等人的绝句，一读马上就会感受到一种难以用语言来形容的美。这到底是因为什么呢？清初第一的诗人王渔洋给出了很好的说明。他喜爱唐代的绝句，编了《唐贤三昧集》，并创立了"神韵说"来对此加以阐释。

近藤春男也论及了这个问题。他说王渔洋编了唐诗选集，并提出了"神韵说"这一理论。王渔洋在选集中选了很多王维、孟浩然、高适等人的叙景诗。王渔洋还研究诗的韵律，完成了《律诗定体》一书。王渔洋还在《古诗平仄论》一书中提出了古诗也有一定规则的这一独到见解。

4. 关于王渔洋的神韵说

神韵说是王渔洋研究中的一个中心话题，这在日本也不例外，这方面的研究成果相对比较多。现选择其中几种观点介绍。

（1）桥本循在《汉诗大系（23）王渔洋》中认为，王渔洋特别钟情于严羽的《沧浪诗话》和司空图的《诗品》，他的神韵说基本是依据该两者的见解发挥的。他喜欢“兴趣”“伫兴”“兴会”这样的语言。这些都表示一种对外界现象不由自主产生的情绪。诗是为描写这种情绪的，但是又不能用写实的手法，只能用象征性手法。所以说神韵说其实就是一种象征性的表现风格（第55页）。没有文字当然不能为诗，但文字本身没有诗的韵味。通过文字来表达情绪，然后再对情绪加以体味，这就是所谓的“味外之味”。风流韵味不存在于文字本身，而是要通过文字来感受（第56页）。神韵的内涵可以追溯到唐代的王维，不过王渔洋将其理论化并加以倡导（第59页）。

（2）品川理惠子在《王渔洋作诗之神韵意识：蜀道集和雍益集的比较》中认为，王渔洋在继承唐诗的基础上，将诗的美意识淋漓尽致地表现了出来，留下了很多诗篇。本来“神韵”一词是明代孔天允在评论谢灵运、孟浩然、韦应物等人的诗作时使用过的，神韵说的概念也不都是王渔洋的发明。不过王渔洋将其作为一种真正的诗歌理论确立下来，自己也创作了很多优秀的作品。从这个意义上说，王渔洋是神韵说的倡导者。王渔洋的神韵说及其诗作的特点大致可以概括为以下几点：①重视心理状态的平静；②不是近视眼式的看法，是绘画般的视角而且洞察到深层；③不直截了当，带有某种暧昧和余韵；④常常跟物象不即不离；⑤追求淡泊和清远。王渔洋的诗作大概可以分为三个大的阶段。王渔洋晚年才提倡神韵说。其实从风格上看，其青年时期的作品就已体现出了神韵。或许可以说，王渔洋在青年期已强烈地对神韵给予意识，而且此时期神韵说作品最多、神韵诗作最充实。其后他自己的人生也给神韵风格带来了影响。因此，王渔洋的诗作和人生是不可分的。

（3）冈田祥子在《关于王渔洋的〈唐贤三昧集〉》中认为，《唐贤三昧集》是理解王渔洋神韵说最好的途径。因为王渔洋虽然倡导神韵说，但没有直接用自己的语言来明确地下定义。王渔洋除了引用严羽的“兴趣”、司空图的“味外之味”以外，多通过古人或者自己的诗篇来间接表达他的神韵说。所以要想理解王渔洋的神韵说，需要阅读和理解他提示的诗篇。王渔洋收王维、孟浩然等人的诗而不收李白、杜甫的诗，并不意味着他本人对李白、杜甫的否定，而是不满诗坛只看重李杜诗篇豪放华丽、雄浑悲壮的风气，想说王维、孟浩然等人的诗才是盛唐诗的代表。从这个意义上说，王渔洋编辑《唐贤三昧集》，也许是为了表达希望改革康熙诗坛的想法。

（4）荒井礼在《王渔洋的“神韵”考：以陈子龙的诗词为中心》中认为，王渔洋的神韵诗重山水描写，喜欢使用远、淡、夕阳、雨、烟等淡泊暧昧的词语。但是《花草蒙拾》中有一段话值得深思：“云间数公论诗，持格律，崇神韵。然拘于方幅，泥于时代，不免为识者所少。其于词，亦不欲涉南宋一笔。佳处在此，短处亦在此。”被认为崇尚神韵的云间派诗人陈子龙的诗与王渔洋主张的神韵意趣有别，不过王渔洋认为陈子龙等人的诗里有神韵。因此对神韵的解释有重新思考的必要。神韵本是用来评论华丽婉曲女性世界的词语，崇尚神韵的陈子龙在其诗论中对闺怨也表现出关心。王渔洋称赞的陈子龙的诗中虽然闺怨性的词语不是太明显，但王渔洋的意图应该是把词领域中的神韵转用到诗的领域。也许正是这一转用的意外性使王渔洋的神韵说风靡一世。诗与词的神韵到底有何不同及其各自有着怎样的发展过程还有待探讨，不过神韵与华丽婉曲的闺怨有很深的关系是可以肯定的。

（5）大平桂一在《神韵说再考》（上）、《神韵说再考》（下）中认为，王渔洋诗论的渊源是山东的古文辞派。古文辞派的理论和实践在王渔洋的文学生涯中得以完整再现。王渔洋在考虑到可能会受到钱谦益批判的同时,将古文辞派所持有的可能性发挥到了极致。但是后来又将其抛弃,提出了神韵理论。也就是说神韵理论的提出与王渔洋对古文辞派态度的转变有关系。而这一转变是有时代背景的。王渔洋尽了最大努力来适应时代的要求。

(6)松浦友久等在《王士禛》中认为,最能体现王渔洋神韵说真髓的应该是以下绝句。①《江上》:吴头楚尾路如何,烟雨秋深暗白波。晚趁寒潮渡江去,满林黄叶雁声多。②《秦淮杂诗》:年来肠断秣陵舟,梦绕秦淮水上楼。十日雨丝风片里,浓春烟景似残秋。③《即目》:苍苍远烟起,槭槭疏林响。落日隐西山,人耕古原上。

5. 关于王渔洋诗中"烟"的运用

大平桂一在《王渔洋诗论》中指出,读王渔洋的诗,会发现诗中的"烟"字特别多。据松村昂统计,《渔洋山人精华录》1696首诗中,有223首使用了"烟"字。可见"烟"字在王渔洋的诗中具有非常重要的意义。使用"烟"字的诗篇大致有以下几类:即景诗(描述眼前景物或者周围环境的诗)、包含政治隐喻的诗、题在绘画上的诗。空间描写往往多倾向于鲜明化、可视化。但王渔洋运用"烟"字创造出了一种朦胧化的空间描写手法。

那么他为什么要这么做呢?大平桂一认为,中国的古典诗在唐代和宋代达到顶峰,明代以后的诗人要么以唐诗宋诗为规范,要么取向自由奔放。以杜甫诗为规范的"前后七子"与标榜平易自由的"公安派"以及喜欢标新立异的"竟陵派"的对立是其一例。王渔洋活动在这种对立与论争之后,所以不得不采取十分慎重的态度。他能选择的路只有一条。那就是既不打破古典诗的框架,又不与过去的作品雷同。"烟"字的使用应该说是他这一作诗原则的结果和体现。

6. 关于王渔洋的女性题材诗

众所周知,王渔洋的诗以具有特色的山水诗闻名。不过在山水诗以外,王渔洋也有很多杰出的诗篇。荒井礼的《关于王渔洋的〈南唐宫词八首〉》对王渔洋的女性题材诗做了探讨。他认为,王渔洋的女性题材诗多是对描写对象加以称颂的作品。通过《南唐宫词八首》,可以发现王渔洋的女性题材诗具有以下特点。①与以往的宫词不同,称颂的女性被特定化。这大概是为了表示如此杰出的女性实有其人,以增强女性的存在感。②南唐的皇帝特别是元宗和后主具有非凡的文学才能,这是众人皆知的。但是王渔洋没有特别称赞他们的文学才能,而是强调其王朝的繁荣景象。这大概是想表达杰出女性出现的原因在于繁荣的王朝而不是其他。由此将杰出女性的存在推到皇帝们的前面。③从《南唐宫词八首》的构成来看,其一、其二是对皇帝的描写,其三至其六是对杰出女性的描写,其七、其八又回到对皇帝的描写。也就是说,首先描写王朝如何繁荣,然后描写在这样繁荣的王朝中女性的才能如何得以升华,最后强调为了维持女性的才能,王朝的繁荣如何重要。这样的构成是为了突出女性的才能而特意设定的。

7. 关于王渔洋的社会批判诗

(1)荒井礼在《关于王渔洋的〈咏史小乐府三十首〉》中指出,《咏史小乐府三十首》可以看作是王渔洋社会批判诗的代表。小乐府是假借历史故事而讽刺时事的一类作品。王渔洋自然也是通过《咏史小乐府》来褒贬人物、针砭时弊。其题材之所以选择三国志,大概是想利用当时民间流行的三国演义小说。邪恶帝国魏与正义王国蜀这一构图容易让人联想到征服王朝清与正统王朝明。读《咏史小乐府》会不由自主地产生对征服王朝魏的反感,这自然会容易让人产生对清的反感。劝善惩恶的三国演义故事在民间流传甚广。王渔洋的《咏史小乐府》,除了面向知识人以外,还面向一般民众。作为生于明末清初的诗人,时代在他的诗作中留下了深深的烙印。

(2)荒井礼在《王渔洋的战争批判诗:以〈蚕租行〉为中心》中指出,王渔洋的战争批判诗也非常有特色,值得关注。这自然与他出生在明末清初的动乱年代及少年时期亲身体验过战争有关。《蚕租行》虽是王渔洋的初期作品,但不论是内容还是手法都很有特点。《蚕租行》全篇五言,一解由四句构成,一解换一个场面,舞台、话题、人物各自变幻,感觉像戏剧一样,所以尽管全诗有40句,但并不让人觉得冗长。这种手法应该是王渔洋诗的特征之一。《蚕租行》中有对为充足军粮而增加税收,导致百姓不堪其重而自杀的这种战争悲剧的描写。所以虽然没有实际的战争描写,仍能让人们感受到百姓深受战争之苦,处境维艰。另外,《蚕租行》与杜甫的《兵车行》有很多相似的地方,例如站在民众的立场上批判战争、俗语的使用、诉说缴税之苦等,可见王渔洋的战争批判诗受到了杜甫的影响。

四、日本有关王渔洋的文献积累以及利用环境的改善

1. 宫内厅图书寮文库

宫内厅图书寮文库设在日本皇宫内,专门保存历代皇室传下来的古籍和古文书。相马肇元基1846年完成的《王渔洋诗抄》全部(弘化木活·京都,函架番号:国·850)以及《王渔洋全书》226卷(康熙八年版,函架番号:C3·75)在这里都有保存。此文库免费对外开放。

2. 东洋文库

东洋文库是三菱财团第三代当主岩崎久弥于1924年设立的,为日本东洋学研究领域最古最大的图书馆,也是世界最大的东洋学研究图书馆之一。其藏书包括国宝和重要文化财在内约有100万册,其中汉籍(中文古籍)占40%,洋书占30%,和书占20%,其他亚洲语言书(韩、越、梵、伊朗、土耳其、阿拉伯等)占10%。东洋文库亦免费对外开放。图3为东洋文库所藏王渔洋资料检索结果的一部分。

東洋文庫　資料検索

検索にマッチした数 [47]　　検索にかかった時間 [15.042] seconds

No.	CallMark	Heading	TitleAuthor	詳細
1	V-2-58 0	清王士祜撰　王士禎批點	古鉢集選	詳細
2	V-2-58 0	清王士禎撰併編	王漁洋全集	詳細
3	V-2-58 0	明邊貢撰　清王士禎選	華泉先生集選四卷附録	詳細
4	V-2-58 0		居易録三十五卷	詳細
5	V-2-58 0		漁洋山人詩集二十二卷續集十六卷	詳細
6	V-2-58 0	清林佶編	漁洋山人精華録十卷	詳細
7	V-2-58 0		漁洋山人文畧十四卷	詳細
8	V-5-C-235	清王士禛撰	漁洋山人文略十四卷	詳細
9	V-5-C-235	清王士禛撰	漁洋詩集二十二卷續集十六卷	詳細
10	V-2-58 0		皇華紀聞四卷	詳細
11	V-2-58 0		香祖筆記十二卷	詳細
12	V-2-58 0		國朝謚法考	詳細
13	V-2-58 0		載書圖詩坿贈行詩坿賜沐紀程等	詳細
14	V-2-58 0		蠶尾集十卷續集二卷後集二卷	詳細
15	V-2-58 0		十種唐詩選合十七卷	詳細
16	V-2-58 0	清徐夜撰　清王士禎批點	徐詩二卷	詳細

图3　东洋文库所藏王渔洋资料检索结果(部分)

资料来源:东洋文库网 http://www.toyo-bunko.or.jp

3. 国立国会图书馆

国立国会图书馆是日本的国立图书馆。根据《国立国会图书馆法》,日本国内所有的政府机关、团体及个人都有将出版物向国立国会图书馆提交的义务。据2007年底统计,国立国会图书馆(包括东京本馆、关西分馆、国际儿童图书馆在内)所收藏的资料有:图书9052998册、杂志及报纸12474489点、图书以外的资料(胶卷、地图、乐谱、影像、录音、绘画、照片等)13203416点。

4. 汉籍数据库

汉籍数据库是将日本主要公共图书馆、大学图书馆所藏的中文古籍依照传统的经、史、子、集四部分类(再加上丛书部成为五部)而收集登记,在网上公开的大型中文古籍数据库。关于汉籍的定义,据负责机构之一的京都大学人文科学研究所介绍,为中国人用中文撰写的书籍,且主要是清代以前(辛亥革命以前)的人物撰写的书籍,不过因为参加的机构很多,收录范围并未统一。图4为汉籍数据库所藏王渔洋资料检索结果的一部分。

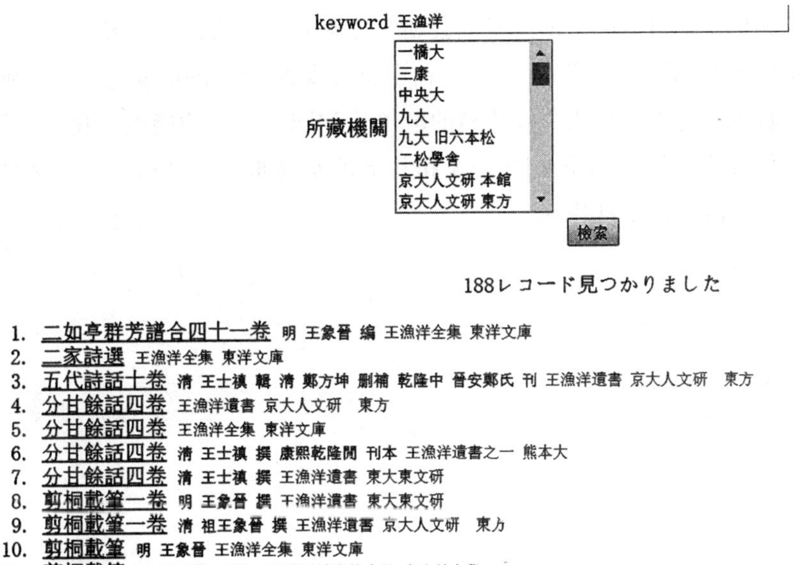

图4 日本所藏汉籍数据库王渔洋资料检索结果(部分)

资料来源:日本所藏汉籍数据库网 http://kanji.zinbun.kyoto-u.ac.jp

五、小结和展望

本文对日本有关王渔洋的研究进行了初步概括与整理,现将结论和展望归纳如下。

1. 日本王渔洋研究的历史较长、积累丰厚。早在江户时代,包括王渔洋在内的清人作品就已在日本广为出版和介绍了。进入明治时代,虽然国家在追求全盘西化,洋学大兴,但学术界的汉学热并未受影响,相反出现了"汉学隆盛""清诗流行"的现象。对王渔洋也不单是介绍其作品,还开始了对其诗歌理论的研究。昭和前期,王渔洋研究受到战争影响,成果了了。战后,因战争中断的王渔洋研究重新恢复,特别是20世纪80年代以后,有关王渔洋的研究不论在数量还是在水准上都突飞猛进,出现了一大批成果。近来,以大平桂一、荒井礼、斋藤聪、水津有理等为代表的一批中青年学者脱颖而出,研究成果多且视点具体深入,考证谨慎详细,为日本王渔洋研究的进一步发展带来了希望。

2. 许多研究者认为,外表洗练华丽、内涵淡泊缥缈是清诗的主要特征之一,而王渔洋是最早最典型地体现这一诗风的"清朝第一的诗人"。他在承袭和发扬唐宋诗风的同时,为作品注入了许多新的要素,使作品打上了深深的时代烙印。这一看法比较直观,但对王渔洋在清诗乃至中国诗史中的地位评价不无参考价值。

3. 日本的王渔洋研究自然也以他的神韵说为中心。许多研究者认为,神韵说的源流虽非始自王渔洋,但将神韵说真正作为一种诗歌理论而确立下来的是王渔洋。围绕王渔洋神韵说的来源、内涵、特点、理念、代表作品等,出现了不少具有独到见解的研究成果。另外,除了神韵说以外,在王渔洋诗中"烟"的运用、王渔洋的女性题材诗、王渔洋的社会批判诗等方面也出现了一些值得注目的成果。所有这些,不但为中国的王渔洋研究提供了有益的补充,也为日本的王渔洋研究奠定了坚实的基础。相信今后日本的王渔洋研究会朝着更深入具体的方向发展。

4. 作为汉字使用国和汉学研究大国,日本在王渔洋文献资料的收集与整理、利用方面做得非常出色和先进。特别是随着近年来文献资料的电子化和网上检索功能的强化,文献资料的检索和利用变得十分方便快捷,研究成果的相互交流和共享也变得非常及时和广泛。这对王渔洋研究的发展和繁荣无疑有着巨大的推动作用。

论王士禛对神韵宗师陶渊明的接受

李剑锋*

王士禛是继钱谦益之后引领清初文坛的卓越诗人。从顺治十四年(1657)创作《秋柳》诗蜚声海内始,至康熙五十年(1711)去世止,他活跃于诗坛五十多年。他生前自定的《渔洋精华录》收诗一千六百九十四首,其中留有陶渊明及其诗文明显痕迹的诗作有五十七首,仅占百分之三多一点;王士禛现存诗四千多首,其中留有陶渊明及其诗文明显痕迹的诗作有一百四十多首,约占百分之四。此外,据《带经堂诗话》《古欢录》等诗话杂著统计,王士禛涉及陶渊明的言论共有八十多处。单纯从接受陶渊明的诗作、言论的数量和比率来看,王士禛在陶渊明接受史上并不是很突出,但考虑到其诗坛地位、影响及陶渊明在其神韵说中的特殊作用,王士禛对陶渊明的接受仍然值得关注,其接受成果深有意味且值得重视。

一、传陶渊明高逸之神

对陶渊明为人的评价,在朱熹、真德秀等南宋理学家之后,读者格外注意陶渊明身上隐含的忠义高节和入世情怀。由于特殊的时代原因,明代读者和明遗民也强化了这一浓郁的政治伦理特点。相形之下,史书传记和苏轼确立的飘逸的陶渊明形象反而缥缈起来,成为依附于忠愤形象的精神影像。令人深思的是,王士禛在有意无意之间突出了陶渊明形象的淡泊闲远,把明末以来的忠愤形象转换成了高逸形象。与苏轼相比,王士禛理解的陶渊明之神韵更加悠远。

明末清初高兆(字云客)所撰《续高士传》,上续皇甫谧(字士安)《高士传》,收录晋代到明代高士一百四十三人,收录标准十分苛刻。王晫《今世说》卷三曰:"高云客少遭丧乱,自江左还旧乡,补衣蔬食,块处蓬室中。采搜隐逸,辑为《高士续传》。鉴别精严,论者谓其才识不让士安。"①晋代收录三十一人,其中居然没有收录陶渊明。因为此作"凡名入仕籍、后挂冠者黜……虽以二陶(按:指陶渊明和陶弘景)之贤,其最著已,其迹适有类于是,终不得列夫是篇,其他则又奚论? 渊明之隐为晋也,使晋不为宋,渊明未必不仕也"②。

与高兆局限于仕与不仕,隐约寓含明遗民心态不同,王士禛《古欢录》虽然也是受皇甫谧《高士传》影响而作,但去取标准已经十分宽容。其《自序》称取古诗"良人惟古欢"句为名,借夫妇恩爱

---

* 作者简介:李剑锋,山东大学文学院,教授。

① 〔清〕王晫:《今世说》,中华书局1983年版,第29页。

② 〔清〕陈日浴:《续高士传序》,《四库全书存目丛书》本,史部第121册,第635页。据陶澂序,《续高士传序》撰作始辛丑终壬寅。

以喻"尚友"古人之意。其所收"古欢"高贤上起唐虞时代的传说人物被衣,下迄明代赵白云。收录魏晋南北朝人物九十七题一百多人,其中既有高隐之士,也有王羲之、萧统等仕途贤达,陶渊明自然在其行列,且附录《桃花源记》全文,传记文字长于一般人,可见王士禛把陶渊明看作了"古欢"中的良友。从陶渊明传末注来看,该传记节录于《晋书·陶潜传》,而《桃花源记》则录于"《陶靖节集》"。① 王士禛所作传记中依次述及《五柳先生传》、任彭泽令、抚无弦琴、葛巾漉酒、与子书言志等洒脱之举,竟然没有提及"耻事二姓"、却檀道济粱肉等忠节之事,这当不是偶然为之。传末附录《桃花源记》,这在陶渊明接受史上还是第一次。《桃花源记》虽非陶传,却寄寓了陶渊明深远的志趣,应该说,这个附录不动声色地传达了陶渊明飘然高逸、不羁世俗的神韵,很有含蓄蕴藉、悠然不尽的意味。这是王士禛独特的神来之笔,与其作诗倡导神韵说气类相通。

在《古欢录》中,王士禛虽然回避了陶渊明的忠节高义问题,但在他处,还是含蓄流露了对陶渊明政治伦理品格的评价态度。《池北偶谈》卷一二有《陶诗甲子辨》一则,不辞抄录明人傅占衡和宋濂两人辨析陶诗甲子纪年的长篇言论,表面上是说自己发现傅占衡《永初甲子辨》乃踵继宋濂之论,实质上是赞同傅、宋二人的共识,即不赞成陶诗采用甲子纪年表露忠节之说,但赞成"以曾祖晋世宰辅,耻复屈身后代"之言。② 士禛似乎只是以学术的态度触及"耻事二姓"的问题,却在不动声色中表露了对渊明节义的赞赏。虽同是赞赏,却不大声张扬,与宋明读者的明朗态度大不一样。

王士禛在《跋牟氏陵阳集》中也表露了对渊明节义的特殊理解,跋云:

其(牟巘)《九日诗序》云:"陶公再为建威参军,刘裕幕府也。忽弃去为彭泽令,未几又弃去。裕是时已有异志,刘穆之宁死不与九锡。王弘自江北来,首以此议讽朝廷,裕遂移晋祚,而弘为吏部尚书,为江州刺史,遂被心腹之寄。既来江州,柴桑近在境内,于陶公时惓惓焉。岂非内怀前愧,欲附高人胜士以自湔祓耶?陶公未易致,则使人中路具酒食,候其出,醉而要之,庶几一见,斯已甚迫,则亦可以见我胸怀本趣固有在,岂端为一王弘哉!适乘篮舆,足以自返,其视华轩为何物,而弘欲以此荣其归,此又可一笑也。"云云。此论前人所未发,特录之。③

士禛云"此论前人所未发",为牟巘独创,实为慧眼。细窥其心,士禛于牟氏评王弘之论实心有戚戚焉。相合处有两层意思,一是赞赏陶渊明"视华轩"如敝屣、不与新朝合作的"胸怀本趣",二是与王弘心态幽微暗契。第二层意思如味外之味,难以言传,此强为简析之。士禛官扬州时,孙枝蔚"侨居扬州,高不见之节",士禛先送诗传意云:"焦穫奇人孙豹人,新诗雅健出风尘。王弘不见陶潜迹,端木宁知原宪贫。"④投其所好,方才定交。此王弘友陶故技也。联系此事,对读《跋牟氏陵阳集》一段文字,仕于清朝的王士禛有以王弘自居的幽微心态,他虽对陶渊明这样的隐士谦礼有加,赞赏陶渊明的"胸怀本趣",但故国之思已经与明遗民的浓烈情绪不同,决不会大张旗鼓地赞扬其"耻事二姓"的忠义高节。

所以,在对比陶渊明和苏轼时,王士禛更认同迟迟不离仕途的苏轼,对陶渊明略持保留态度。其《和苏诗二集序》云:

夫文忠(苏轼)兄弟当宋庆历、元祐极盛之时,仁祖赏其文,至谓"今日为子孙得二宰相"。

① 〔清〕王士禛:《古欢录》卷三,《四库全书存目丛书》本,史部第121册,第114页。

② 〔清〕王士禛著,袁世硕主编:《王士禛全集》,齐鲁书社2007年版,第3129页。

③ 〔清〕王士禛著,袁世硕主编:《王士禛全集》,齐鲁书社2007年版,第1945页。"既来江州,柴桑近在境内"一句原断作"既来江州柴桑,近在境内",误,引文径改之。

④ 〔清〕王士禛著,〔清〕张宗柟纂集,夏闳校点:《带经堂诗话》,人民文学出版社1963年版,第190页。

神宗虽不进用其身，宫中每叹以为奇才。异时宣仁述之，至于泣下。古来古人遇合之奇，盖未有如文忠者。公即杀身成仁以报累朝之遇，亦其宜也。故虽流离颠沛，窜逐于海外瘴疠之乡，至于百折九死，而其气不挫，其与渊明生当晋之末造，自以先世宰辅不肯仕他姓者，固不可同日而语矣。……吾谓渊明为其易，而文忠为其难。渊明之不仕也，楚狂、接舆、荷蓧丈人之类也；文忠之仕也，迟迟去鲁之类也。渊明、子瞻易地皆然，未可轩轾乎其间也。①

王士禛虽然说"渊明、子瞻易地皆然"，但把苏轼归入儒家孔子"迟迟去鲁"之类，对其汲汲用世加以肯定，而把陶渊明归入隐者狂狷之流，对其略带保留态度。与苏轼一样，王士禛在康熙一朝也备受隆遇，他更赞赏"百折九死，而其气不挫"的积极入世精神。但这并不表明王士禛否定忠于前朝的政治节操，如他格外喜欢阮籍，但明确说阮籍人品在陶渊明下："阮、陶二公在典午皆高流。然嗣宗能辞婚司马氏，而不能不为公卿作劝进表，其品远出渊明下矣。"②值得注意的是，王士禛虽赞赏但不效仿。因此，他对陶渊明政治上忠义高节的肯定与明遗民的坚定态度不同，显示出含蓄的保留意见。这与在清王朝长大而进入仕途的第一代汉族读者的复杂心态密不可分。

与不愿彰显陶渊明不仕新朝的政治节操不同，对陶氏在生活上的高尚情操、飘逸情趣，王士禛的肯定和欣赏毫不含糊其辞。上引言论的总体倾向都能表现这一点。又如王士禛在《古夫于亭杂录》卷四中云"渊明企慕之至形于篇什"。《分甘余话》记云："一乡先达……作古诗恐坏人心术。或闻之，笑曰：'……但不知何以处陶渊明？'"③又云："念远开莲社，众至百数十人，何其多耶？岂此百数十人者，心尽不杂过康乐乎？抑来者不拒乎？宜渊明之攒眉。"④王士禛在轻松幽默的笔调里，传达出的是对陶渊明为人不容置疑的肯定。他赞赏友人"高风激颓波，遥揖柴桑躅"，自白"忽见东篱人，更忆东篱菊"⑤。其《题王勤中松菊图》云"三径荒芜忆故林，何来松菊草堂阴。凭将笠泽高人笔，写出柴桑处士心"⑥，欣慕陶氏高节雅趣不言而自明。又其《与释智朴》二十一通之八云："日月依辰，忽逾重九。仆仆朝市，空爱佳名。承和尚手栽金英，遥以相寄。菊制颓龄，渊明固已言之。吾师之爱深矣。前录陶公及张商英二诗颂，奉寄后……"⑦情谊和用语皆求雅人深致，一望便知是从陶渊明《九日闲居》"日月依辰至，举俗爱其名……菊能制颓龄"等语意化而出。其诗文中用陶典、陶语处屡见不鲜，也透露出他对陶渊明清操雅趣的赞赏之情。

二、陶诗为神韵之宗

王士禛论诗最有特点且影响最为深远的是他的神韵说。神韵说的出现不是偶然的，是他对自己和历代诗人创作实践及对钟嵘、司空图、严羽等人诗学理论的总结、继承和发扬。陶渊明的诗歌、受陶诗影响的唐代山水田园诗作和历代借助陶诗所作的理论阐发无疑是神韵说重要的三大宗源，这充分体现在王士禛论诗的言论里。

关于陶诗，王士禛格外肯定其在五言诗史上独特而重要的地位，他说：

---

① 〔清〕王士禛著，袁世硕主编：《王士禛全集》，齐鲁书社2007年版，第1797～1798页。
② 〔清〕王士祯等：《师友诗传录》，见《清诗话》，上海古籍出版社1978年版，第140页。
③ 〔清〕王士禛著，〔清〕张宗柟纂集，夏闳校点：《带经堂诗话》，人民文学出版社1963年版，第769页。
④ 〔清〕王士禛著，张世林点校：《分甘余话》，中华书局1989年版，第20页。
⑤ 〔清〕王士禛著，袁世硕主编：《王士禛全集》，齐鲁书社2007年版，第1392页。
⑥ 〔清〕王士禛著，袁世硕主编：《王士禛全集》，齐鲁书社2007年版，第1036页。
⑦ 〔清〕王士禛著，袁世硕主编：《王士禛全集》，齐鲁书社2007年版，第2389页。

江左以降,(五言古诗)渊明独为近古,康乐以下其变也。①

过江而后,笃生渊明,卓绝后先,不可以时代论矣。②

秦诗具于诗之《秦风》。汉人苏武、李陵、枚乘、傅毅之作,去《国风》未远。六代惟陶彭泽,三唐惟韦苏州,二公可以企及。③

王士禛认为《诗经》中的五言句是"五言权舆",汉苏武、李陵诗及《古诗十九首》是"体制大备"之作,魏晋时期曹植、阮籍、左思、郭璞等人诗作"最为挺出",陶渊明虽为入宋诗人,但与谢灵运开启五言古诗新变局面不同,陶诗仍然属于晋前古风,"独为近古"④,"卓绝后先,不可以时代论矣"。王士禛诗友张笃庆也有类似观点,认为"五言之至者,其惟《十九首》乎！其次则两汉诸家及鲍明远、陶彭泽,骎骎乎古人矣"⑤。因此,王士禛选五言古诗,陶渊明自成一卷,在魏晋六朝只有阮籍和陶渊明各自成卷,其他皆与他人合卷。王士禛论陶诗的历史地位与明代复古派肯定陶诗的言论如出一辙,没有多大的新意。

王士禛的新见主要表现在对与其神韵论相合的陶诗特点的肯定与把握上。唐代王维、孟浩然、韦应物、柳宗元等山水田园诗人是王士禛进行神韵理论阐发的主要对象。王士禛认为他们的作品是神韵诗在历史发展脉络中最美丽的景观,对于这些美丽景观的源头,王士禛又追溯到陶诗,认为:"盛唐诸公五言之妙,多本阮籍、郭璞、陶潜、谢灵运、谢朓、江淹、何逊……唐人于六朝,率揽其菁华,汰其芜蔓,可为学古者之法。"⑥从写作实践考虑,王士禛认为陶诗"不易学",有弟子问:"五古句法宜宗何人？从何人入手简易?"阮亭答云:"《古诗十九首》如天衣无缝,不可学已。陶渊明纯任真率,自写胸臆,亦不易学。六朝则二谢、鲍照、何逊,唐人则张曲江、韦苏州数家,庶可宗法。"⑦"不易学"并非不准学和不能学。陶渊明对唐人和清代诗人来说都是必须师法的宗师。

陶诗的突出特点之一是"纯任真率,自写胸臆",即文如其人,真率自然。王士禛《梅崖诗意序》云:"窃谓诗以言志,古之作者,如陶靖节、谢康乐、王右丞、杜工部、韦苏州之属,其诗具在,尝试以平生出处考之,莫不各肖其为人。"⑧又《澹远堂诗集序》云,读诵横徐先生"《春日田家》《杨叟山居》诸篇,喟然叹曰:'是今之靖节也已！'已,又征诸司寇(按,指郑公),稔其出处之概,不慕荣利,箪瓢晏如,拟诸靖节,殆无愧焉者"⑨。此虽论同时代诗人,但从中可以看出士禛对陶渊明文如其人特点的推崇。

真率自然之外,王士禛还格外重视陶诗的古淡清远,因为这更符合他神韵诗美的理想。王士禛继承陶诗接续《风》《雅》之说,把陶诗放在艳丽萎靡的对立面加以肯定,他说:"至西园诸子(按:指建安诸子)而风(按:指'以艳丽为工')斯滥。迨于张华、傅玄以及潘、陆而风斯漓。虽正之以左、鲍、陶、谢而不能振。终之以《玉台》、徐、庾,而词弥盛,而气弥薾矣。若然者,岂非艳丽之为害,而《雅》《颂》之日亡也耶？盖艳则精华泄而真气消;丽则慆心生而正声灭。有志于风雅之君子,所为大忧也。救之以陶、韦,以渐几于苏、李,其庶几欤？故欲反古者,必自五言始。"⑩在五言诗史上,

①④⑥ 〔清〕王士禛著,〔清〕张宗柟纂集,夏闳校点:《带经堂诗话》,人民文学出版社1963年版,第20页。

② 〔清〕王士禛著,袁世硕主编:《王士禛全集·古诗选五言诗凡例》,齐鲁书社2007年版,第1758页。

③ 〔清〕王士祯等:《师友诗传录》,见《清诗话》,上海古籍出版社1978年版,第139页。

⑤ 〔清〕王士祯等:《师友诗传录》,见《清诗话》,上海古籍出版社1978年版,第134页。

⑦ 〔清〕王士祯等:《师友诗传录》,见《清诗话》,上海古籍出版社1978年版,第133页。

⑧ 〔清〕王士禛著,袁世硕主编:《王士禛全集》,齐鲁书社2007年版,第1787~1788页。

⑨ 〔清〕王士禛著,袁世硕主编:《王士禛全集》,齐鲁书社2007年版,第1781页。

⑩ 〔清〕王士祯等:《师友诗传录》,见《清诗话》,上海古籍出版社1978年版,第144页。

陶诗精华内蕴，真气合古，最近《风》《雅》，为“风雅宗”①。其典型的风格特点就是古淡清远。或者说，陶渊明是属于最足以体现王维、孟浩然、韦应物、柳宗元一派艺术特点的宗源作家。王士禛曾将陶诗、韦应物诗和柳宗元诗做了一个比较，他说：

东坡谓柳柳州诗在陶彭泽下、韦苏州上。此言误矣。余更其语曰：韦诗在陶彭泽下、柳柳州上。余昔在扬州作《论诗绝句》有云：“风怀澄澹推韦柳，佳句多从五字求。解识无声弦指妙，柳州那得并苏州。”又尝谓陶如佛语，韦如菩萨语，王右丞如祖师语也。②

王士禛把陶渊明、韦应物、王维依次比作佛教的佛、菩萨、祖师，在这个诗派序列中，陶渊明的地位显然高高在上。这个派别的突出优点是“风怀澄淡”，具备“无声弦指妙”，即符合神韵诗淡远、蕴藉、隽永的理想。这是韦应物诗的特点，更是陶渊明诗的特点。由此，王士禛十分欣赏陶渊明咏雪诗句“倾耳无希声，在目皓已洁”，称之为“上乘”“最佳”之作。③ 王士禛认为“咏物之作，须如禅家所谓不黏不脱，不即不离，乃为上乘”。“咏物诗最难超脱，超脱而复精切则尤难也。”④陶渊明咏雪诗句形神兼备，极好地体现了淡远飘逸的神韵，体现了士禛所欣赏的陶诗特点和诗美理想。所以，王士禛在评他人类似陶诗的诗作时，往往用源自陶诗评论的闲远古淡一类词语嘉许：

予喜其闲适古澹，类自陶、韦门庭中来。（《金素公问学集序》）⑤

敝乡杨梦山太宰，其诗萧疏简远，得渊明、摩诘之真。（《与朱彝尊》三通之二）⑥

王庭字言远……罢官归，足迹不入城市，常衣布袍行田间，人不知其二品大僚也。……五言诗清真古澹，有陶、韦风，与石湖、邢昉相上下，足称逸品。⑦

延君廷铎……尤喜其五言《闲旷》《闭关》诸作，非彭泽、右丞，不足拟也。⑧

鄢陵梁哲次……于诗嗜陶渊明，少得句云：“明月生东隅，清辉照北床。”长老惊异。⑨

张昉，字于东，崇祯庚午举人。……时为五言诗，学陶靖节。⑩

但王士禛毕竟面对着陶渊明接受史的丰富成果，他对陶诗特点的把握没有流于片面化，充分

---

① 〔清〕王士禛《谢灵运》：“陶谢风雅宗，名不惭烈祖。”见〔清〕王士禛著、袁世硕主编《王士禛全集》，齐鲁书社 2007 年版，第 1398 页。

② 〔清〕王士禛著，〔清〕张宗柟纂集，夏闳校点：《带经堂诗话》，人民文学出版社 1963 年版，第 40 页。翁方纲《石洲诗话》卷八云：“其不以柳与陶并言，而言其继谢，不以陶与韦并言，而言其似白者，盖陶与白皆萧散闲适之品，谢与柳皆缊酿神秀之品也。渔洋先生不喜白诗，故独取韦以继陶也。独取韦以继陶，则竟云陶、韦可矣，奚其必取柳以居陶、韦之次乎？且以渔洋之意推之，则有孟浩然、祖咏一辈人皆可以继陶者，奚必其及柳乎？则必曰但取中唐时人，不得不以柳并言耳。是则因言陶、韦而及之，犹若局于东坡之论矣。夫东坡之言陶、柳、韦也，以诗品定之也，非专以襟抱闲旷定之也。若专以襟抱闲旷定之，则以陶、韦并称足矣，不必系以柳矣。若以诗论，则诗教温柔敦厚之旨，自必以理味事境为节制，即使以神兴空旷为至，亦必于实际出之也。……渔洋生于李、何一辈冒袭伪体之后，欲以冲淡矫之，此亦势所不得不然。而究以诗家上下原委，核其实际，则断以遗山之论为定耳。”（见《清诗话续编》下册，上海古籍出版社 1983 年版，第 1504 页。）

③ 〔清〕王士禛著，〔清〕张宗柟纂集，夏闳校点：《带经堂诗话》，人民文学出版社 1963 年版，第 304 页。所引陶诗为《癸卯岁十二月中作与从弟敬远》诗句。

④ 〔清〕王士禛著，〔清〕张宗柟纂集，夏闳校点：《带经堂诗话》，人民文学出版社 1963 年版，第 305 页、第 308 页。

⑤ 〔清〕王士禛著，袁世硕主编：《王士禛全集》，齐鲁书社 2007 年版，第 2006 页。

⑥ 〔清〕王士禛著，袁世硕主编：《王士禛全集》，齐鲁书社 2007 年版，第 2436 页。

⑦ 〔清〕王士禛著，〔清〕张宗柟纂集，夏闳校点：《带经堂诗话》，人民文学出版社 1963 年版，第 241 页。

⑧ 〔清〕王士禛著，〔清〕张宗柟纂集，夏闳校点：《带经堂诗话》，人民文学出版社 1963 年版，第 160 页。

⑨ 〔清〕王士禛著，〔清〕张宗柟纂集，夏闳校点：《带经堂诗话》，人民文学出版社 1963 年版，第 245 ~ 246 页。

⑩ 〔清〕王士禛著，〔清〕张宗柟纂集，夏闳校点：《带经堂诗话》，人民文学出版社 1963 年版，第 541 页。

关注到了闲远古淡之下的"沉着痛快",他听到有人论南宗画"古澹闲远,而中实沉着痛快"后说:

> 予曰:子之论画也至矣。虽然,非独画也,古今风骚流别之道,固不越此。唐、宋以还,自右丞以逮华原、营邱、洪谷、河阳之流,其诗之陶、谢、沈、宋、射洪、李、杜乎!……沉着痛快,非唯李、杜、昌黎有之,乃陶、谢、王、孟而下莫不有之。①

其《陶庵诗选序》又云:

> 综而论之,则刘勰所谓"结体散文,直而不野",汉人之作,复不可追。"慷慨""磊落","清峻""遥深",魏晋作者,抑其次也,"极貌""写物","穷力""追新",宋初以还,文胜而质衰矣。昭明称陶诗"跌宕昭彰,抑扬爽朗,莫之与京",故后之论者,以为外枯中腴,犹未为知陶者也。君古诗大抵原本于陶,而杂采诸家之美,此其能自名一家,而可传于世不疑也。古诗之绝响久矣,规模者工形似,驰骋者偭规矩,当淫哇竞奏,而闻琴瑟古澹之音,或倦而思卧者有矣。予乃点次古诗为一卷,与海内知诗者共之。②

陶诗的平淡不是枯淡无味,这与苏轼的基本观点一致。但与苏轼认为陶诗"外枯中腴"不同的是,王士禛赞同萧统论陶诗"跌宕昭彰,抑扬爽朗",与宋初以还"极貌写物,穷力追新""文胜而质衰"不类,而与魏晋作者"慷慨""磊落""清峻""遥深"的诗歌精神更加相通,即陶诗也体现了"沉着痛快"的一面,只是与李、杜等人的以之为显在风貌不同,更与"淫哇竞奏"、直接宣泄的当代末流诗风不同,陶诗的"沉着痛快"是隐含在"古澹之音"背后的底色。由此,王士禛对陶诗特点的认识就显得格外圆通,也借助陶诗为他提倡的神韵说注入了更为深广的内涵。

三、雅淡清远的创作接受

关于其诗歌创作的渊源,王士禛晚年曾经自己总结说,早年宗尚唐音,"博综该洽,以求兼长";中岁"越三唐而事两宋",喜好清利新灵;晚年复归于唐,但与早年博宗不同,而是以"太音希声,药淫哇锢习",是绚烂至极,"乃造平淡"。③ 他虽然使用了苏轼借助陶诗等阐发的"平淡"概念,却没有明确说自己学尚陶诗。王掞《诰授资政大夫经筵讲官刑部尚书王公神道碑铭》云:"公之诗,笼盖百家,囊括千载,自汉、魏、六朝以迄唐、宋、元、明,无不有以咀其精华,探其堂奥。而尤浸淫于陶、孟、王、韦诸公,独得其象外之旨、意外之神,不雕饰而工,不锤铸而炼。极沉郁排奡之气,而深造自然;尽镵刻绚烂之奇,而不由人力。"④宋荦《诰授资政大夫经筵讲官、刑部尚书阮亭王公暨元配诰赠夫人张夫人合葬墓志铭》亦云士禛:"其为诗备诸体,不名一家,自汉、魏以下兼综而集其成。大抵以神韵为标准,以自然为极则,风味在陶、韦、王、孟间,正始之遗音也。"⑤张云章《蚕尾诗集序》云士禛诗:"其澄淡简远者,得之二谢、渊明、王、孟、韦、柳。"⑥王士禛"以神韵为标准,以自然为极则",追求"象外之旨,意外之神",追求"大音希声"的淡远之风,其古体创作"惟宗王、孟,上及于谢朓而止"⑦,"其主导风格以王、孟为宗"⑧,就总体风貌而言,的确与唐人近而与陶、谢(灵运)远,但

---

① 〔清〕王士禛著,〔清〕张宗柟纂集,夏闳校点:《带经堂诗话》,人民文学出版社1963年版,第87页。
② 〔清〕王士禛著,袁世硕主编:《王士禛全集》,齐鲁书社2007年版,第1549页。
③ 〔清〕俞兆晟:《渔洋诗话序》,见《清诗话》,上海古籍出版社1978年版,第163页。
④ 〔清〕王士禛撰,孙言诚点校:《王士禛年谱》,中华书局1992年版,第102页。
⑤ 〔清〕王士禛撰,孙言诚点校:《王士禛年谱》,中华书局1992年版,第111页。
⑥ 〔清〕王士禛著,袁世硕主编:《王士禛全集》,齐鲁书社2007年版,第1056页。
⑦ 〔清〕永瑢等:《四库全书总目》卷一七三,清乾隆武英殿刻本。
⑧ 王利民:《王士禛诗歌研究》,中华书局2007年版,第66页。

考虑到"孟、王、韦诸公"远宗陶、谢,士禛也以陶为宗师,尤其是联系其具体作品考察,会发现王士禛诗作的确也浸润着陶诗的风神意趣。

王士禛身在仕途,却对田园生活充满温馨的回忆和向往之情。其《扶风道中》云:"田园情话好,何事不归来。"①这是联想着陶渊明和他的《归去来兮辞》而流出的诗句,陶《归去来兮辞》云:"归去来兮,田园将芜胡不归……悦亲戚之情话。"只是王士禛淡淡到来,没有陶渊明那样迫切。又如《徂徕山下田家》云:"行行空翠里,明晦更多姿。碧树通村路,青山向岳祠。林深鸡犬静,雨足陇苗滋。他日龟阴稼,躬耕亦不迟。"②如唐代王维《渭川田家》等田园诗一样,王士禛也是从旁观者的角度表现自己对田园美景和生活的欣赏和羡慕,滤掉了现实艰苦,淡雅空灵,有唐人之风,陶诗只是作为田园的背景远远地投射出光源而已。又如《南园二首》之一:

> 晓起思园林,昨夜西堂雨。负杖眺前山,初阳散平楚。渌池萍始合,芳树禽交语。庭户寂无人,慨然念终古。③

律诗的形式、清雅的神韵,自然近于唐人山水诗。王士禛有诗云:"诗里渊明子细寻。"④如果仔细品味,会发现该诗中可以指实的陶渊明意趣至少有三点:"芳树禽交语"自陶《与子俨等疏》"见树木交阴,时鸟变声,亦复欢然有喜"化出,"户庭寂无人"自陶《归园田居》"户庭无尘杂,虚室有余闲"化出,"慨然念终古"自陶《赠羊长史》"慨然念黄虞"、《辛丑岁七月赴假还江陵夜行涂口》"怀古一何深"等化出。惠栋注士禛诗引《国雅》评云:"逼肖韦左司。要知韦之淡处乃极浓处。从陶、谢浸淫而出,非空疏人作清谈也。"⑤士禛此诗风格清淡,属于陶、韦一派,虽新近似韦,而源发于陶。此外,王士禛《和吴孟举种菜》《艺圃杂咏十二首》之《南村》《济北田家题壁》《峄山即事》《访宾公大谷山口》《江浦道中田家》《弯头》和《见田家饭牛者意有所感赋得牛饭就松凉》等田园诗中所写的"处处桑榆绿,村村饼饵香"(《济北田家题壁》)、"田家驱犊返,仄径负樵归"(《访宾公大谷山口》)一类的田家生活一望便知遥承陶渊明田园诗而来,其影响虽多从唐出,但或多或少也留有陶诗痕迹,不再一一指陈。

最能体现士禛诗歌特点的田园诗莫如《山中有虫声如击磬甚清,越蜀人谓之山子,又有花名龙爪甚艳,偶成绝句》和《真州绝句》五首之四,二诗云:

> 稻熟田家雨又风,枝枝龙爪出林红。数声清磬不知处,山子晚啼黄叶中。⑥
>
> 江干多是钓人居,柳陌菱塘一带疏。好是日斜风定后,半江红树卖鲈鱼。⑦

前首虽咏物,而实乃写田园风光,充分调动视觉和听觉,风光之奇美与心情之欣悦,不着一字,尽得风流。后首写江南水乡,清雅宁静的渔家风光浸染在夕阳红霞之中,虽是实境,却为虚笔,生机与美丽变得含蓄蕴藉,韵致悠远。两诗已经褪尽陶、孟、王、韦的明显痕迹,全然自家风神矣。此外,王士禛描写生产劳动和民风民俗的诗也远承陶诗而自具特色,其中《蚕词四首》和《山蚕词四首》描述养蚕女养蚕的过程、齐地养蚕缫丝的盛况,最为著名。然而这类诗歌正如其友人朱彝尊《鸳鸯湖棹歌》一百首集中描写家乡秀水(今浙江嘉兴)风土人情和生产生活一样,泥土气息远过陶

---

① 〔清〕王士禛著,李毓芙、牟通、李茂肃整理《渔洋精华录集释》,上海古籍出版社1999年版,第767页。

② 〔清〕王士禛著,李毓芙、牟通、李茂肃整理:《渔洋精华录集释》,上海古籍出版社1999年版,第633页。

③ 〔清〕王士禛著,李毓芙、牟通、李茂肃整理:《渔洋精华录集释》,上海古籍出版社1999年版,第116页。

④ 〔清〕王士禛著,袁世硕主编:《王士禛全集》,齐鲁书社2007年版,第1990页。

⑤ 〔清〕王士禛著,李毓芙、牟通、李茂肃整理:《渔洋精华录集释》,上海古籍出版社1999年版,第117页。

⑥ 〔清〕王士禛著,李毓芙、牟通、李茂肃整理:《渔洋精华录集释》,上海古籍出版社1999年版,第857页。

⑦ 〔清〕王士禛著,李毓芙、牟通、李茂肃整理:《渔洋精华录集释》,上海古籍出版社1999年,第293页。

诗，陶诗的影响真如良玉生烟，远观可见，近视难得，故不作论析。

王士禛其他题材诗作如山水诗、题赠诗等的创作受到了陶诗的影响。优秀作品以《题乔子静桃花流水图》为代表，诗云：

青山白云外，合沓无终始。小艇漾溪流，幽兴何穷已。夹岸桃花林，连绵复相似。落英正缤纷，芳草亦鲜美。茗碗置船头，笭箵挂船尾。不愁风水逆，去住皆可喜。傥遇避秦人，或逢鬼谷子。鸾啸一逌然，沙禽忽惊起。①

全诗如李白《山中问答》诗所云"桃花流水杳然去，别有天地非人间"，构造出一个纯美超逸、灵动清静的山水境界。然而李白是从虚处写意传神，而王士禛是用王维、孟浩然等人白描山水的手法，虚实兼顾。王士禛说："唐、宋以来作《桃源行》最传者，王摩诘、韩退之、王介甫三篇。观退之、介甫二诗，笔力意思甚可喜；及读摩诘诗，多少自在，二公便如努力挽强，不免面赤耳热，此盛唐所以高不可及。"②王士禛的这首《题乔子静桃花流水图》"多少自在"，正从唐人而来。从诗风来看，它因抽掉了现实的感喟与王维、孟浩然的清华禅悦更近，而与陶渊明的朴素深厚为远；但从题材、构思、意趣、用语来看，又皆以陶渊明《桃花源记》并诗为祖。

除了前面提到的诗作外，王士禛明显受到陶渊明影响的诗作还有很多，如：《自米堆山下行至上阳村钱家磡望湖中渔洋、法华诸山》《望终南云气》《送陶季之潞州》《长沮桀溺耦而耕处》《雪中送徐东痴二首》之二、《订庵学士移居》《金孝章以壬子冬画梅寄予兄弟今六年矣丁巳七月先生之子祖生至京师始见之而先生与先兄考功皆已下世怆然赋诗四首》之四、《遥题王威中石坞山房四首》之二、《风氏园老松》《冬杪卧疾寄山辛斋耦长》《万杉寺》《雪中送酒与东痴二首》之二、《彭泽》③《集陶寄订庵》《长白杂诗八首同宾公作·黛溪》《送金会公太史归广济兼寄开先颙公二首》《三笑堂见徐五东痴题壁感赋》《题门人朱翠庭（从延）载菊图》《春日怀樊川旧游》《送田纶霞少司徒告还德州六首》（之二、三、五）、《题门人徐内丘道冲（增祚）松泉图》《题门人孙贞伯嗣端松石间图》《舍北林塘为门人狄立人庶常作八首》之一、《雪中盆兰又作数花赋之》《赵千里桃源图》《题门人程圣跂（哲）蓉槎菊舫二图》《艺圃杂咏十二首·南村》等。这些诗作或整体意蕴风神，或部分语词典故，都明显有陶渊明的印记。如王士禛对陶渊明《归去来兮辞》"云无心以出岫"体现的审美意味格外钟情：

山霭接湖云，日夕自来去。（《雨中寻米堆山》）

不雨不晴最窈窕，一东一西时往还。……无心羡汝能舒卷，惭负秋来水石闲。（《望终南云气》）

朝吟看云出，暮吟逐云归。（《读冯圃芝余事集因题天章还山诗卷》）

山气化云云作烟，幽人蓑笠不知年。（《为愚山侍讲题严荪友画》）

心与孤云闲。（《送王石谷南归》）④

行止水何意？卷舒云共闲。（《送田纶霞少司徒告还德州六首》之二）⑤

---

① 〔清〕王士禛著，李毓芙、牟通、李茂肃整理：《渔洋精华录集释》，上海古籍出版社1999年版，第1282～1283页。笭箵，鱼篓。

② 〔清〕王士禛著，〔清〕张宗柟纂集，夏闳校点：《带经堂诗话》，人民文学出版社1963年版，第50页。

③ 《彭泽》，《王士禛全集》题作《彭泽雨泊有怀陶公》；本段此上诗题从《渔洋精华录》，此下从《王士禛全集》。

④ 以上引文分见〔清〕王士禛著，李毓芙、牟通、李茂肃整理《渔洋精华录集释》，上海古籍出版社1999年版，第209页、第757页、第1344页、第1356页、第1966页。

⑤ 〔清〕王士禛著，袁世硕主编：《王士禛全集》，齐鲁书社2007年版，第1320页。

这些借云喻写闲远、自由心境的语句，或者不一定直接从陶渊明而来，但无疑渊源于陶渊明。在士禛笔下，它们大多表现出脱略陶氏痕迹的淡远新风。但毋庸讳言，王士禛的神韵诗过于淡化自我情感和现实事理，与陶诗淡远背后的灼热终究有些隔膜。赵执信《论诗二绝句》之二云："无弦只许陶彭泽，会得无弦响更长。若使无弦亦无响，人间悦耳足笙簧。"①陶诗含蓄蕴藉、淡远空灵而实际意蕴丰厚、真醇有味，所谓无弦而"响更长"是也；而神韵诗的末流则"无弦亦无响"，难免空洞无物之讥。

四、精神暗契非无因

王士禛之所以接受陶渊明，从其为人来看，与他淡泊清廉的人格精神密不可分。王士禛《古欢录自序》称自己云："山人少无宦情，虽在周行，时有灭景云栖之志。幼读诗至《秦风·兼葭》，辄流连三复，掩卷旁皇久之。至《考槃》《衡门》《十亩之间》，未尝不想见其人，冀将旦暮遇也。徒以祖父督课，从事科举，弱冠从政，回翔中外，忽四十年，夙昔之愿，纡郁未申，然不能须臾忘也。"②此种淡泊静退的独白不是故作姿态，而是基本属实。冒辟疆《序考绩》云："公素性澹约……日食蔬菜一二器，不枉费县官一钱……公尝有一莫逆至，临别，公曰：'愧官贫，无以为长者寿，署有十鹤，敬赠其二，志素交也。'……可不谓廉而慎乎！"③母亲去世后，他严谨守孝，"终三年丧，未尝一饮酒茹荤也"④。士禛虽出身清贵，但为人为官端庄清廉，七十一岁免官归里时，除了"图书数簏"⑤，几无长物。这些典型事例可见其人格精神之淡泊清廉。因此，士禛历经宦海风波，于陶归隐心态多存认同，如其《凌云杂咏五首·洗墨池》二首之二云"故山归未得，空和渊明诗"⑥，又《彭泽雨泊有怀陶公》云"陶公令彭泽，柴桑一舍耳。犹对匡庐山，共饮西江水。一朝悟昨非，扁舟归栗里。笑指故山云，吾心亦如此"⑦。前人缅怀陶渊明多赞赏其高节忠义和洒脱拔俗的情趣，王士禛虽然也是"三叹颜延诔"（《彭泽雨泊有怀陶公》），但并没有点明不为五斗米折腰、耻事二姓之类的节操，而是格外突出他的归隐之志。王士禛正是有着清醒的仕隐意识，不贪恋禄位，常思念谦隐自洁，公务之余，流连风雅高趣，所以才把陶渊明看作古代良友，收入《古欢录》。

王士禛为人谦虚下礼，尤其注意与地位远出自己之下的诸多士人交往。泛览王士禛作品集和《带经堂诗话》等著作，我们发现他所交往的布衣诗人十分广泛，上至垂名文学史的优秀作家，下到工匠凡夫，包揽博杂。《渔洋诗话》称："余在广陵五年，多布衣交。"⑧他交友布衣，情深意笃，留下诸多文学史佳话，与徐夜、蒲松龄、邵潜夫、孙枝蔚、邢昉等隐逸、布衣诗人作家的交往堪称典型。在王士禛交往的这些布衣诗人中，有人品诗风与陶渊明相似者，王士禛油然而生欣赏敬重之情。他与徐夜的交往就很富有典型性。王士禛与这位遗民诗人虽有亲戚关系⑨，但其交往笃厚主要缘

---

① 〔清〕赵执信：《赵执信全集》，淄博赵执信纪念馆2010年内部印本，第94页。

② 〔清〕王士禛著，袁世硕主编：《王士禛全集》，齐鲁书社2007年版，第2019～2020页。

③ 〔清〕王士禛著，李毓芙、牟通、李茂肃整理：《渔洋精华录集释》，上海古籍出版社1999年版，第2025～2026页。

④ 〔清〕王士禛著，李毓芙、牟通、李茂肃整理：《渔洋精华录集释》，上海古籍出版社1999年版，第2029页。

⑤ 〔清〕王士禛著，李毓芙、牟通、李茂肃整理：《渔洋精华录集释》，上海古籍出版社1999年版，第2048页。

⑥ 〔清〕王士禛著，李毓芙、牟通、李茂肃整理：《渔洋精华录集释》，上海古籍出版社1999年版，第892页。

⑦ 〔清〕王士禛著，袁世硕主编：《王士禛全集》，齐鲁书社2007年版，第1226页。

⑧ 〔清〕王士禛著，〔清〕张宗柟纂集，夏闳校点：《带经堂诗话》，人民文学出版社版1963年版，第191页。

⑨ 〔清〕王士祯：《渔洋诗话》："徐夜……叔祖季木考功（象春）外孙，与余兄弟为外从兄弟。"见《清诗话》，上海古籍出版社1978年版，第167页。

于志趣相投。徐夜的为人和诗风皆有似陶渊明处。王士禛在《雪中送酒与东痴二首》中把徐夜描绘为固穷守节的高士,"欲寄一壶酒,聊以慰幽独",很有当年王弘关心陶渊明的意味。他们之间的交往更多的是精神上的深层契合,即对魏晋风流的共同期许。徐夜号嵇庵,士禛号阮亭,两人之交类似魏晋时期的阮籍和嵇康,王士禛《徐五兄自号嵇庵》诗对此有专门阐发。嵇、阮神交,虽于司马氏政治态度有向背之不同,但都任性自然;王、徐神交,虽对清政权有合作不合作之分,但皆向往冰雪高操。徐夜的处境无疑是王士禛的未仕状态。王士禛惜徐夜,乃自惜高怀。再如王士禛交往甚多的孙枝蔚,也是深受陶渊明影响的隐士和布衣诗人。其《小寒食雨中读陶公〈乞食诗〉》云:"陶公我所师,遗篇存梗概。"①《春木四章》云:"诗如陶公,无闻是愧。"②《答方圣羽见怀起句用陶诗开岁倏五日》云:"敢学陶渊明,汲汲但盈樽。"③《饮酒二十首和陶韵》《题五柳图》《书陶诗后》《和陶止酒诗韵东吴尔世》《喜得与王丰垣为邻次渊明移居二首韵》《清明日闲再彭携歌童泛舟城北取"今日天气佳,清吹与鸣弹"为韵》十首、《小寒食雨中读陶公乞食诗》《书陶渊明集后》等皆为明显受到陶渊明影响的作品。他的诗歌、饮酒、叹贫和高雅情趣的追求无不浸染着陶渊明的影响。王士禛与布衣、与遗民的交往从这种意义上来说也是高洁相许。由此,也可以理解他与陶渊明何以有精神上的契合。

王士禛是一位情趣雅洁的诗人、博览群书的批评家,他爱好诗歌创作,崇尚淡雅神韵。他对陶渊明的接受与历代和当代读者阐发陶诗的言论密不可分,尤其是钟嵘、司空图、苏轼、黄庭坚、严沧浪、敖陶孙等的陶渊明观直接影响了他。王士禛神韵说深受钟嵘《诗品》影响,但对其评陶渊明多有反驳,如云陶诗"宜在上品","至以陶潜出于应璩,……尤陋矣,又不足深辩也"。④ 对于司空图《二十四诗品》,王士禛最推崇"冲澹""自然"和"清奇"三品,以为是"品之最上"。⑤ 而"冲澹""自然"恰是宋人苏轼等人以来对于陶诗特点的定论。严羽赞赏陶诗"质而自然"⑥,王士禛则欣赏严羽的以禅喻诗,且引陶为证,士禛说:"严仪卿所谓'如镜中花,如水中月,如水中盐味,如羚羊挂角,无迹可求'。皆以禅理喻诗。内典所云不即不离、不黏不脱;曹洞宗所云参活句是也……故仆尝云……田园丘壑,当学陶、韦……"⑦王士禛认为敖陶孙"其评诗最精"⑧,敖陶孙评"陶彭泽如绛云在霄,舒卷自知"⑨。王士禛语弟子云:"征士《饮酒》《田家》诸篇,前无古人,后无来者,真有绛云在霄,卷舒自如之致。敖陶孙之评,可谓知言。"⑩王士禛于苏轼嗜陶屡次致言。除了上文提到的《和苏诗二集序》外,其《跋东坡先生小字帖》之一称赞不易获得的东坡小楷《归去来辞》如"优钵昙花时一见",之二云:"山谷诗云:'子瞻谪海南,时宰欲杀之。饱吃惠州饭,细和渊明诗。'吾友黄州杜濬亦有诗云:'堂堂复堂堂,子瞻出峨眉。早读《范滂传》,晚和渊明诗。'二作说尽东坡一生。"⑪王

---

① 〔清〕孙枝蔚:《溉堂集》前集卷一,清康熙刻本。

② 〔清〕孙枝蔚:《溉堂集》续集卷五,清康熙刻本。

③ 〔清〕孙枝蔚:《溉堂集》前集卷二,清康熙刻本。

④ 〔清〕王士祯:《渔洋诗话》,见《清诗话》,上海古籍出版社1978年版,第203页。

⑤ 〔清〕王士禛著,袁世硕主编:《王士禛全集》,齐鲁书社2007年版,第1799页。

⑥ 〔宋〕严羽:《沧浪集》卷三七,文渊阁四库全书本。

⑦ 〔清〕王士祯等:《师友诗传续录》,见《清诗话》,上海古籍出版社1978年版,第149~150页。

⑧ 〔清〕王士禛著,〔清〕张宗柟纂集,夏闳校点:《带经堂诗话》,人民文学出版社1963年版,第233页。

⑨ 〔宋〕敖陶孙:《臞翁诗评》,见王大鹏等编选《中国历代诗话选》,岳麓书社1985年版,第784页。

⑩ 〔清〕王士祯等:《师友诗传录》,见《清诗话》,上海古籍出版社1978年版,第140页。

⑪ 〔清〕王士禛著,袁世硕主编:《王士禛全集》,齐鲁书社2007年版,第1915页。杜濬,《带经堂诗话》第191页引《渔洋诗话》作"黄冈"人,是。

士禛《香祖笔记》还引李格非论"陶渊明《归来引》,沛然如肺肝流出,殊不见斧凿痕"①。此外,他还提到论及陶渊明的《西溪丛语》②、提到宋淳熙初罗端良的《陶令祠堂记》(《池北偶谈》卷一二"谈艺二")。至于明人论陶言语的影响,除上文提到的傅占衡、宋濂等人的言论外,士禛还认识到陶诗与唐诗之间的区别,认为:"唐五言古固多妙绪,较诸十九首、陈思、陶、谢,自然区别。"③这是有感于明人李攀龙唐无古诗之论而发的;王士禛少时喜读明人颜从乔《僧世说》,后来知道颜氏有《隐士诗》,文集名《种秫》,"种秫"源于陶渊明之典。④ 此类涉及陶渊明的言语对王士禛的间接影响是不言而喻的。

值得一提的是,王士禛的亲人对王士禛接受陶渊明也不无启发。他家藏书丰富,年少即熟读《文选》等汉魏六朝典籍,《渔洋山人自撰年谱》特意提到其祖父王象晋临终前效仿陶渊明作的自祭文云:"不敢丧心,不求满意。能甘澹泊,能忍闲气。九十年来,于心无愧。可偕众而同游,可含笑而长逝。"⑤又于《王考功年谱》提到他亲重的兄长王士禄游大泽山时曾作《反乞食诗》,年谱引金孝章评此诗云:"辞旨峻洁,非反陶公,正为世之托饥驱者坊耳。此正陶公之流与?"⑥历代和当代这些接受和阐发陶渊明及其作品的言行无疑是王士禛接受陶渊明的重要影响源。

与陶渊明相关的地理环境的感发,也是王士禛接受陶渊明的一个机缘。据其《北归志》,康熙二十四年五月初中旬,士禛五十二岁,曾经游历彭蠡、庐山一代,"十一日……出建昌门数里,过玉京山,陶诗所谓'夙昔家上京'即此"⑦。《居易录》卷七亦云:"予游庐山……予匆匆题(万杉寺)五言一篇云:'晨过玉京山,缅想陶公里……'"⑧《彭泽雨泊有怀陶公》即作于此时。

---

① 〔清〕王士禛著,〔清〕张宗柟纂集,夏闳校点:《带经堂诗话》,人民文学出版社1963年版,第40~41页。
② 〔清〕王士禛著,袁世硕主编:《王士禛全集》,齐鲁书社2007年版,第1840页。
③ 〔清〕王士祯等:《师友诗传录》,见《清诗话》,上海古籍出版社1978年版,第130页。
④ 〔清〕王士禛著,〔清〕张宗柟纂集,夏闳校点:《带经堂诗话》,人民文学出版社1963年版,第544页。
⑤ 〔清〕王士禛著,李毓芙、牟通、李茂肃整理:《渔洋精华录集释》,上海古籍出版社1999年版,第2011页。
⑥ 〔清〕王士禛著,袁世硕主编:《王士禛全集》,齐鲁书社2007年版,第2500页。
⑦ 〔清〕王士禛著,袁世硕主编:《王士禛全集》,齐鲁书社2007年版,第2633页。
⑧ 〔清〕王士禛著,袁世硕主编:《王士禛全集》,齐鲁书社2007年版,第3799页。

王渔洋之于白香山——取舍避就之道

陈才智*

钱锺书先生曾云:"古来薄韩者多姓王。"①岂止薄韩(退之),薄白(香山)者亦多姓王。如明之王世贞、王世懋,清之王夫之、王士禛,皆不乏贬抑乐天之言论。明清四王中,王士禛影响最大。王士禛(1634~1711),字子真,一字贻上,号阮亭,别号渔洋山人,新城(今山东桓台)人。雍正时避讳改称士正,乾隆中诏改为士祯。顺治十五年(1658)进士,次年任扬州推官,后官至刑部尚书。乾隆中追谥"文简"。早年即受前辈诗人钱谦益奖掖,许其与己代兴。康熙间主盟文坛近半个世纪。其诗初宗汉魏盛唐,"中岁越三唐而事两宋"(俞兆晟《渔洋诗话序》),晚年复以盛唐为归,尤喜王、孟清音。提倡神韵之说,标举"羚羊挂角,无迹可求""不着一字,尽得风流",辑《唐诗三昧集》宣扬其说。平生著述甚丰,有《带经堂全集》九十二卷、《池北偶谈》二十六卷、《居易录》三十四卷等数十种。《清史稿》卷二六六有传。

山东人王渔洋最早以《秋柳》诗蜚声诗坛,山西人白香山最早以"春草"诗享誉诗坛;王渔洋以提倡神韵说著称,白香山以主张诗须有为而作知名。一般认为,王渔洋鄙薄白诗,是白香山接受史上的负能量。但若揆以其诗学渊源和发展变化,在王渔洋诗歌创作和诗学理论里,前代诗豪白香山并非毫无存在空间。王士禛有两部书,书名即源自白居易。《池北偶谈》之"池北"二字,"取乐天池北书库之名名之"②;《居易录》之"居易"二字,引顾况谓乐天"长安米贵,居大不易"语,"取以名书,亦以见志"。六十岁时,还曾效仿乐天,寄诗集付寺中收藏。③ 名高位尊的王渔洋对白香山的取舍避就之道,尚需于其诗话、诗论、诗选、诗作、笔记、序跋、信札等材料中,仔细钩沉和爬梳其渊源和流变。探讨王渔洋诗与诗学如何安置白香山,不仅涉及王渔洋名家与大家的定位,也是理解白香山在清代诗坛地位阶段性变化的关键。

一、从诗学渊源看王渔洋于白香山的取舍避就

海为百川归,河流各有源。王渔洋的诗学渊源远祧晚唐司空图、南宋严羽,论诗重神韵。王士

* 作者简介:陈才智,中国社会科学院文学所,研究员。

① 钱锺书:《谈艺录》(补订本),中华书局1984年版,第64页。

② 见〔清〕王士禛《池北偶谈·序》。白居易有《府西池北新葺水斋即事招宾偶题十六韵》。今存《渔洋山人池北书库藏书目》,未见《白氏长庆集》。然王渔洋有《跋长庆集》,见〔清〕王士禛《带经堂集》卷九一,《续修四库全书》本,第1415册,第195页。从《跋娄子柔古文》所云"读元氏、白氏《长庆集》娄坚子柔二序"(《渔洋山人全集·蚕尾集》卷一〇,第23页),亦可见出,至少对明马元调重刻《白氏长庆集》,王渔洋并不陌生。

③ 见《答栖霞楚云和尚二首》(其一),《带经堂集》卷六七,《续修四库全书》本,第1414册,第633~634页。

禛的神韵说，合观其本人在各种场合的说明，是以明人的名辞、钟嵘《诗品》、司空图诗"味"说、严羽《沧浪诗话》、徐祯卿《谈艺录》及大量禅宗语录、张彦远画论中语化而为一的。① 神韵说，首重清、远二端。清，指诗情诗境清雅脱俗；远，指诗韵诗味含蓄无尽。臻此一境界，始可言神韵，而凡与此不符者，则视其睽隔之程度，给予强弱不同的排斥和否定。平易浅白、切实直露的白居易诗正是反面典型。《御选唐宋诗醇》卷二三评白居易《题遗爱寺前溪松》云："咏物善取神韵，故著题而不呆板。若过于求切，转蹈剪彩为花之弊。""切"若太过则"切而无味，则象外之境穷"②。体物的刻画工细，叙事的缕屑无遗，与神韵难以相容，逼真细致的追求，势必有损"不着一字，尽得风流""羚羊挂角，无迹可寻"的神韵之美。

王渔洋于白香山的鄙斥，亦远祧司空图和严羽。王士禛，字贻上，名字皆取义于司空图。③ 司空图论诗，提倡"韵外之致""味外之旨"，于"不着一字，尽得风流"之境情有独钟，他批评"以道得人心中事为工"的元白诗"力弱而气孱，乃都市豪估"（《与王驾评诗书》）。而严羽亦主张"不涉理路"，标举"兴趣""妙悟""言有尽而意无穷"等诗学主张，喜韦柳而厌元白，其《答吴景仙书》云："若柳子厚五言古诗，尚在韦苏州之上，岂元、白同时诸公所可望耶?"④《沧浪诗话·考证》称："'迎旦东风骑蹇驴'绝句，决非盛唐人气象，只似白乐天言语。"也是语含贬义。王士禛认为司空图的"不着一字，尽得风流"和严羽的"羚羊挂角，无迹可求"最能捕捉好诗的境界。其《戏效元遗山论诗绝句》曾云："高论沧浪万古留，只须妙悟一言休。"《香祖笔记》卷八云：

（汪钝翁〔原注：琬〕尝问予："王、孟齐名，何以孟不及王?"予曰："正以襄阳未能脱俗耳。"汪深然之，且曰："他人从来见不到此。"）

予又尝谓钝翁，李长吉诗云"骨重神寒天庙器"，"骨重神寒"四字可喻诗品。司空表圣《与王驾评诗》云："王右丞、韦苏州趣味澄夐，如清沇之贯逵；元、白力勍而气孱，乃都市豪估耳。"元、白正坐少此四字，故其品不贵。

表圣论诗有二十四品，予最喜"不着一字，尽得风流"八字。又云"采采流水，蓬蓬远春"，二语形容诗境，亦绝妙，正与戴容州"蓝田日暖，良玉生烟"八字同旨。⑤

以"骨重神寒"为标准，认为元、白诗正因为少此四字，因而"其品不贵"。前后不厌其烦、反复指斥元、白之诗，关键一点即在于元、白"鄙俚浅俗"，与司空图、严沧浪、王渔洋一路格格不入，截然相对。王士禛《鬲津草堂诗集序》云："昔司空表圣作《诗品》凡二十四则，有谓'冲淡'者曰'遇之匪深，即之愈奇'；有谓'自然'者曰'俯拾即是，不取诸邻'；有谓'清奇'者曰'神出古异，淡不可收'。是三者品之最上。"其《池北偶谈》卷十七谈艺七"借禅喻诗"云："严沧浪《诗话》，借禅喻诗，归于妙悟。如谓盛唐诸家诗，如镜中之花，水中之月，镜中之象；如羚羊挂角，无迹可求，乃不易之论。"⑥

---

① 参见张寅彭《清代诗学考述》（载《上海大学学报》2005 年第 1 期），蒋寅《王渔洋"神韵"概念溯源》（载《北京大学学报》2009 年第 2 期）、《王渔洋"神韵"的审美内涵及艺术精神》（载《中国社会科学》2012 年第 3 期）及《清代诗学史》第一卷第六章《清代诗学的发轫——山东诗学》中，对"神韵"的语源、审美内涵和艺术精神有详细阐发。

② 〔清〕汪师韩：《诗学纂闻》，见《清诗话》，上海古籍出版社 1978 年版，第 440 页。

③ 〔清〕鲍鉁《稗勺·王尚书字》："新城大司寇名士禛，字贻上，按唐司空图隐于禛贻溪上，司寇字盖取此。"（清道光十年长洲顾氏刻本《赐砚堂丛书新编》本甲集）参见王利民《王士禛诗歌研究》，中华书局 2007 年版，第 1 页。

④ 〔宋〕严羽：《沧浪诗话》，见何文焕辑《历代诗话》，中华书局 1981 年版，第 707 页。

⑤ 〔清〕王士禛撰，湛之点校：《香祖笔记》，上海古籍出版社 1982 年版，第 148 页。

⑥ 〔清〕王士禛撰，靳斯仁点校：《池北偶谈》，中华书局 1982 年版，第 416 页。

《池北偶谈》卷一八"一鸣集"云:"唐司空图《一鸣集》十卷,杂著八卷,碑版二卷。前有自序云:所撰《密史别编》,又有《绝麟集述》,亦其自著也。其与王驾论诗曰:'国初雅风特盛,沈宋始兴之后,杰出于江宁,宏肆于李杜。右丞、苏州,趣味澄夐,如清沇之贯逵;大历十数公,抑又其次。元白力勍而气孱,乃都市豪估耳。'又与李生论诗曰:'江岭之南,凡是资于适(目)[口]者,若醯,非不酸也,止于酸而已。若鹾,非不咸也,止于咸而已。酸咸之外,醇美者有所乏耳。王右丞、韦苏州,澄澹精致,格在其中,岂妨于遒举哉?'晚唐诗以表圣为冠。观此二书持论,可见其所诣矣。"①其《分甘余话》卷二:"严沧浪论诗,特拈'妙悟'二字,及所云'不涉理路,不落言诠',又'镜中之象,水中之月,羚羊挂角,无迹可寻'云云,皆发前人未发之秘。"王士禛神韵诗论吸收了司空图和严羽二者的精华,以含蓄蕴藉为诗歌的极致。他编选《唐贤三昧集》即以"清、远"为标准,序文云:"严沧浪论诗云:'盛唐诸人唯在兴趣,羚羊挂角,无迹可求,透彻玲珑,不可凑泊,如空中之音,相中之色,水中之月,镜中之象,言有尽而意无穷。'司空表圣论诗亦云:'味在酸咸之外。'……日取开元、天宝诸公篇什读之,于二家之言,别有会心,录其尤隽永超诣者,自王右丞而下四十二人……"正如翁方纲所说:"自司空表圣造《二十四品》,抉尽秘妙,直以元、白为屠沽之辈。渔洋先生韪之,每戒后贤勿轻看《长庆集》。盖渔洋之教人,以妙悟为主者,故其言如此。"②

王渔洋于白香山的鄙斥,其近源是王世贞(1526~1590)、王世懋(1536~1588)兄弟。王世贞《艺苑卮言》卷四云:"张为称白乐天广大教化主。用语流便,使事平妥,固其所长,极有冗易可厌者。少年与元稹角靡逞博,意在警策痛快,晚更作知足语,千篇一律。诗道未成,慎勿轻看,最能易人心手。"③王世懋《艺圃撷余》称:"生平闭目摇手,不道《长庆集》。"④

明末清初之际,钱谦益、冯班等对白香山的评价也影响到了王渔洋的取舍避就。钱谦益及其入室弟子冯班皆不喜严羽妙悟之论。冯班《严氏纠缪》认为:"沧浪云:'不落言筌,不涉理路。'按:此二言似是而非,惑人为最。……沧浪论诗只是浮光掠影,如有所见,其实脚跟未曾点地。"王渔洋正以对严羽的评价之异,开始将自己和牧斋及其弟子冯班相区别。白香山也是其区别手段之一。钱谦益曾"指示学者,以少陵、香山、眉山、剑南、道园诸家为标准"⑤,瞿式耜(1590~1650)《牧斋先生初学集目录后序》谓:"先生之诗,以杜、韩为宗,而出入于香山、樊川、松陵,以迨东坡、放翁、遗山诸家,才气横放,无所不有。"⑥吴梅村(1609~1672)《龚芝麓诗序》:"牧斋(智按:《四库全书》本作先生)深心学杜,晚更放而之于香山、剑南。"⑦冯班曾评价说:"白公讽刺诗,周详明直,娓娓动人,自创一体,古人无是也。凡讽谕之文,欲得深隐,使言者无罪,闻者足戒。白公尽而露,其妙处正在

---

① 〔清〕王士禛撰,靳斯仁点校:《池北偶谈》,中华书局1982年版,第433页。

② 〔清〕翁方纲:《石洲诗话》,见郭绍虞编选、富寿荪校点《清诗话续编》,上海古籍出版社1983年版,第1374页。

③ 罗仲鼎:《艺苑卮言校注》,齐鲁书社1992年版,第189页。参见《历代诗话续编》,中华书局1983年版,第1011页;又见王世贞《全唐诗说》,周维德集校《全明诗话》第三册,齐鲁书社2005年版,第2051页。

④ 〔明〕王世懋:《艺圃撷余》,见〔清〕何文焕辑《历代诗话》,中华书局1981年版,第783页。

⑤ 李振裕(1642~1709)《善鸣集序》:"虞山钱牧斋先生乃始排时代升降之论而悉去之,其指示学者,以少陵、香山、眉山、剑南、道园诸家为标准,天下始知宋金元诗之不可废,而诗体翕然其一变。"(《白石山房集》卷一四,见《四库全书存目丛书》本,集部第243册,第696页)李振裕,字维饶,吉水(今属江西)人。康熙九年(1670)庚戌进士,改庶吉士,授编修,官至户部尚书,有《白石山房集》。

⑥ 〔清〕钱谦益著,〔清〕钱曾笺注,钱仲联标校:《牧斋初学集》,上海古籍出版社1985年版,第53页。

⑦ 光绪九年龚彦绪刊本龚鼎孳《定山堂诗集》卷首;《四库全书》本《梅村集》卷二三;李学颖集评标校《吴梅村全集》中册,上海古籍出版社1990年版,第664~666页。

周详，读之动人，此亦出于《小雅》也。”①可见在钱谦益、冯班的诗学视野中，白香山始终占有重要位置。

清初诗坛吴伟业以学长庆体、叙述类乎香山而著称。此后诗坛“南朱北王”并称，朱彝尊诗早年宗汉魏盛唐，晚年兼取宋人，主性情，重学问。王渔洋的诗学取向正是在这样的背景之下，在取舍避就之间，走出了自己的独特风貌。杨际昌(1719～1804)曾分析王渔洋在清前中期诗坛与钱谦益、吴伟业、朱彝尊等在诗歌取径上的分野，他说：“国朝歌行，其初遗老虞山入室韩、苏，太仓具体元、白，合肥学杜，不无蛟螭蝼蚓之杂，才气自大。韩、苏，杜之嫡派也；元、白，初唐之遗响也。圣庙时，巨公济济，总以南朱北王为职志。朱始尚才华，后极驰骋，佳处兼似青莲。王则杜、韩皆宗，而得力于苏为多，平生颇略元、白，性趣使然也。予谓果有风情，元白体自不可废。”②这段评论可以参看《分甘余话》卷二“明清之际歌行有三派”一则：“明末暨国初歌行，约有三派：虞山源于杜陵，时与苏近；大樽源于东川，参以大复；娄江源于元白，工丽时或过之。”③王渔洋颇略元、白，既是性趣使然，也是时势促成，在两者背后，其诗学渊源起到了推动作用。铃木虎雄曾云：“渔洋本为北方人，而受教于南方人钱谦益与吴伟业，因而北方的雄劲与南方的清丽几乎集于渔洋之一身并得到融合统一。钱谦益固然极力排斥李何、李王，但暗中却有所取之，只是在表面上以初唐、中唐、宋元为标榜；吴伟业则与初唐诸家、中唐元白、元代虞集等人气味相近，虽然在声律方面似有不同看法。正是由于以上诸多因素，终致渔洋诗学既不弃李何之格调，同时又不弃初中唐及宋元诸家，并能进而以冲淡趣味为标举形成自己诗学的独特观点和风貌。”④在王渔洋诗学的独特观点和风貌中，于白香山取少于舍，避大过就。

二、从唐诗选集看王渔洋于白香山的取舍避就

王士禛一生编选有5种唐诗选集，即《唐诗神韵集》(1661)、《五七言古诗选》(1683)、《十种唐诗选》(1687)、《唐贤三昧集》(1688)、《万首唐人绝句选》(1708)。其中《十种唐诗选》乃荟萃前人成编，各仍旧本，姑置勿论。《唐诗神韵集》选唐五七言律绝若干卷，今存南京图书馆藏《唐诗神韵集辑注》六卷二册(渔洋山人原选，俞仍实辑注)仅有七言律诗，未选白居易。⑤

康熙二十二年(1683)，王士禛五十岁。时年所编《五七言古诗选》选五言古诗17卷，“《十九首》而终隋，附以唐陈拾遗、张文献、李供奉古风、韦苏州、柳柳州之作”；选七言古诗15卷，“始《易水》《大风》《垓下》诸歌，而终于宋元诸大家”，皆舍避白居易。《五言诗凡例》并未作解释，《七言诗凡例》则解释说：“杜七言千古标准，自钱、刘、元、白以来，无能步趋者。贞元、元和间(集本有‘能’字)，学杜者唯韩文公一人耳，钞韩诗一卷。李义山《韩碑》一篇，直追(集本作‘追配’)昌黎，今附

---

① 《二冯评点才调集》卷一，见《四库全书存目丛书》集部第288册，第645页；殷元勋注，宋邦绥补注《才调集补注》卷一，《续修四库全书》本，第1611册，第271页；陈伯海主编《唐诗汇评》中册，浙江教育出版社1995年版，第2036页。

② 〔清〕杨际昌：《国朝诗话》，见郭绍虞编选、富寿荪校点《清诗话续编》，上海古籍出版社1983年版，第1699～1700页。

③ 〔清〕王士禛撰，张世林点校：《分甘余话》，中华书局1989年版，第53页。又见〔清〕王士禛著，〔清〕张宗柟纂集，夏闳校点《带经堂诗话》，人民文学出版社1963年版，第21页。

④ 〔日〕铃木虎雄著，许总译：《中国诗论史》，广西人民出版社1989年版，第159页。参见〔日〕铃木虎雄著、孙俍工译《中国古代文艺论史》下卷，北新书局1929年版，第71页。

⑤ 参见葛云波《〈唐诗神韵集〉版本以及研究价值》，载《中国典籍与文化》2001年第4期。

卷末。”“愚钞诸家七言长句，大旨以杜为宗，唐宋以来善学杜者则取之。非谓古今七言之变尽于此钞，观唐人元、白、张、王诸公悉不录，正以钞不求备故也。举一隅以三隅反，其在同志（‘同志’集本作‘后’）之君子。”①《四库提要》指出：“考国朝诸家选本，惟王士禛书最为学者所传。其《古诗选》，五言不录杜甫、白居易、韩愈、苏轼、陆游，七言不录白居易，已自为一家之言。”翁方纲（1733～1818）《渔洋先生精华录序》补充云，五言亦未录王维。因为《古诗选》专选古体，不选王、孟两家，当是基于王士禛对王、孟长于近体的总体判断。孙衣言（1815～1894）《书姬传先生今体诗钞序目后》即云：“阮亭五言不钞王、孟，非无见也。”②施山（1835～1882）《姜露庵诗话》则解释说：“渔洋选诗不及元白张王，论诗不满王杨卢骆，其于七古宜以气魄才力为主矣，而所作未能称是，才限之也。随园谓其力薄，信然。至其近体，神韵独绝，高视一代，岂得专以才力绳之？”又云：“《王文简公选古体诗凡例》云：‘文定视文忠郛莒矣，今略采十余首以备眉山之派。’又曰：‘愚钞诸家七言长句，大旨以杜为宗，唐宋以来善学杜者则取之，元白张王悉不录。正以钞不求备也。’文简此言谓体格未备，使人歧视，亦非与备派之言自相矛盾，盖实不足于元白张王而嫌于繁论详说，故略言之耳。然既云大旨宗杜，取所善学，其言已明，更无庸道及元白张王，自宽约束。”③这些针对王士禛《五七言古诗选》不录元白诸公所作的解说和推断，皆有一得之见。

康熙二十七年（1688），王士禛五十五岁。时年所编《唐贤三昧集》单选盛唐诗，共计诗人42位、诗448首。其选诗数量的情况为：最多的是王维112首；此下岑参38首，李颀36首，孟浩然35首，王昌龄33首，高适18首，储光羲14首，常建13首，崔颢12首，祖咏9首，崔国辅9首，陶翰8首，贾至8首。《四库提要》指出：“至《唐贤三昧集》，非惟白居易、韩愈皆所不载，即李白、杜甫亦一字不登。”梁章钜（1775～1849）《退庵随笔》“学诗二”亦云：“王渔洋不得谓非明眼人，其《古诗选》最传于世，然五言不录少陵、昌黎、香山、东坡、放翁，七言不录香山；《唐贤三昧集》，则非惟昌黎、香山不载，即李、杜亦一字不登，皆令人莫测其旨。”④其中原因何在？《四库提要》指出：“盖明诗摹拟之弊，极于太仓、历城；纤佻之弊，极于公安、竟陵。物穷则变，故国初多以宋诗为宗。宋诗又弊，士禛乃持严羽余论，倡神韵之说以救之。故其推为极轨者，惟王、孟、韦、柳诸家。”⑤“诗自太仓、历下以雄浑博丽为主，其失也肤；公安、竟陵以清新幽渺为宗，其失也诡。学者两途并穷，不得不折而入宋，其弊也滞而不灵，直而好尽，语录、史论，皆可成篇。于是士禛等重申严羽之说，独主神韵以矫之。盖亦救弊补偏，各明一义。”⑥由此而言，王士禛标榜神韵的动因似在于救明诗摹拟及清初学宋诗之弊，然其过度推崇神韵，以致矫枉过正，只尊王、孟、韦、柳等风格冲淡清远一派诗人，而李、杜、韩、白等一大批诗人均因不合标准被其选本淘汰出局。

康熙四十七年（1708）为王士禛去世前三年。时年所编《万首唐人绝句选》收诗情况略有改观，

① 〔清〕王士禛著，〔清〕张宗柟纂集，夏闳校点：《带经堂诗话》卷四，人民文学出版社1963年版，第95页、第97页。

② 〔清〕孙衣言：《逊学斋文钞》卷一〇，《续修四库全书》本，第1544册，第428页。

③ 民国十九年石印本《通雅堂诗钞笺注》附。

④ 〔清〕梁章钜：《退庵随笔》，见郭绍虞编选、富寿荪校点《清诗话续编》，上海古籍出版社1983年版，第1973页。

⑤ 〔清〕纪明、陆锡熊、孙士毅等著，四库全书研究所整理：《钦定四库全书总目提要》（整理本）卷一九〇，中华书局1997年版，第2660页。

⑥ 〔清〕纪明、陆锡熊、孙士毅等著，四库全书研究所整理：《钦定四库全书总目提要》（整理本）卷一九〇，中华书局1997年版，第2662页。

收入白居易诗22首,其中七言18首、五言4首,位居全部入选诗人诗歌数量的第8位。《万首唐人绝句选自序》云:"逮于有唐,李、杜、韩、柳、元、白、张、王、李贺、孟郊之辈,皆有冠古之才,不沿齐梁,不袭汉魏,因事立题,号称乐府之变。"①结合前面《戏仿元遗山论诗绝句》其九及《池北偶谈》所引公鼐论乐府之说,可以看出,王士禛晚年对白居易的乐府体绝句给予了充分的肯定。其诗学取径更为广阔,审美趣味逐渐由极端趋于平和,由门户森严转向宽容广大。

三、从诗论诗话看王渔洋于白香山的取舍避就

早在康熙二年癸卯(1663),三十岁的王士禛即撰有《戏仿元遗山论诗绝句》三十六首,其中第十一首较早显示出对白乐天诗的鄙薄,诗云:

广大居然太傅宜,沙中金屑苦难披。诗名流播鸡林远,独愧文章替左司。

自注:"岂有文章替左司"句,公刺苏州时诗也。② 康熙三十三年(1694),王士禛六十一岁时,再次提起这段公案。在《题牧仲中丞述鹿轩诗卷二首》(其二)中云:"燕寝凝香画戟枝,放衙花底鹤相随。爱君五字风流甚,实有文章替左司。"自注:"白乐天诗:'敢有文章替左司。'"③并于所附书信《寄宋牧仲中丞二首》(其二)中云:"昔白乐天在苏州赋诗云:'敢有文章替左司。'以今观之,乐天襟韵旷达,故不减韦公;而诗格相去何啻万里。左司替人,求之千载上下,固难得也。"④

对此,桑调元(1695~1771)《论诗》云:"大辨才从觉悟余,香山居士老文殊。渔洋老眼披金屑,失却光明大宝珠。"⑤翁方纲(1733~1818)更驳斥说:"先生不喜白诗,故特借白诗此句,以韦左司超出白诗上也。前章固以韦在柳上⑥,此则以五言古诗类及之,犹为有说也。若以韦在白上,则拟不于伦也。白诗所云'敢有文章替左司',是因守苏州而云尔,岂其关涉诗品耶?白公之为广大教化主,实其诗合赋、比、兴之全体,合《风》《雅》《颂》之诸体,他家所不能奄有也。若以渔洋论诗之例例之,则所谓广大教化主者,直是粗细雅俗之不择,泥沙瓦砾之不拣耳。依此,以披沙得金,则何'金屑'之有哉?竟皆目为沙焉而已。未知先生意中所谓'金屑'者何等'金'、何等'屑'也?若以白诗论之,则无论昆田、丽水皆金也,即一切恒河沙,皆得化为金也。若以渔洋之拣金,则宋人刻玉以为楮叶,必如此而后为楮叶,则凡花草之得有叶者鲜矣!明朝李、何以讫王、李,皆伪诗也。渔洋先生岂惟于沧溟不免周旋乡人,抑且于弘治七子沿袭信阳、北地之遗,是以神韵者,即格调之改称,自必觉白公诗皆粗俗肤浅矣。故以维摩一瓣香属之钱、刘,而以'文章替左司'之语原出于白诗,只作引述,宛似不著议论者,转使人乍看不觉有其意贬斥白诗之痕迹耳。"⑦翁方纲针对《然灯纪闻》

---

① 〔清〕王士禛:《带经堂集》卷七五,《续修四库全书》本,第1415册,第30页。

② 《渔洋山人全集·渔洋诗集》卷一四;《四部丛刊》本《渔洋山人精华录》卷五,第69页;周兴陆编《渔洋精华录汇评》,齐鲁书社2007年版,第166页;郭绍虞等编《万首论诗绝句》,人民文学出版社1991年版,第233页。

③ 〔清〕王士禛:《带经堂集》卷五四,《续修四库全书》本,第1414册,第473页。《西陂类稿》卷一三附题为《题述鹿轩诗二绝句》;"爱君",作"羡君"。

④ 〔清〕王士禛:《带经堂集》卷六七,《续修四库全书》本,第1414册,第637页。

⑤ 郭绍虞等编:《万首论诗绝句》,人民文学出版社1991年版,第349页。

⑥ 前章云:"风怀澄澹推韦柳,佳处多从五字求。解识无声弦指妙,柳州那得并苏州?"赵执信《论诗二绝句》其二:"无弦只许陶彭泽,会得无弦响更长。若使无弦亦无响,人间悦耳足笙簧。"显然是针对渔洋"解识无声弦指妙"这句诗。

⑦ 〔清〕翁方纲:《石洲诗话》卷八,见郭绍虞编选、富寿荪校点《清诗话续编》,上海古籍出版社1983年版,第1504~1505页。

所云“为诗总要学古，吴梅村先生诗画态极妍，然只是欠一古字”，评议说：“按诗无貌古之理。古必天然神到，自然入古，亦犹平淡之不可以强为也。岂可求诗必求其古欤？若学者相率而效为貌古，则蹈袭之弊，竞趋于伪体，是乃诗之大蠹，所以李空同、何大复辈之伪体，渔洋惟恐人讥议之，此则渔洋先生之好买假古董，实不能为先生讳矣。吴梅村诗浓艳是其本色，即浓艳之体亦自有极至处，初何伤欤？梅村作古体，一有心仿杜，则伧气毕露矣。人之造诣各有专长，奚其貌古之云耶？渔洋劝人勿学白诗，亦犹是此等貌古之见耳。”①

这确是推根溯源的辩驳、点到为止的分析。其实，乐天于高雅闲淡的韦应物五言诗，未尝不心有所嗜（见《与元九书》），苏轼亦言“乐天长短三千首，却爱韦郎五字诗”（《和孔周翰二绝·观净观堂效韦苏州诗》），皆诗歌美学上的“嗜好矛盾律”之例也。只是在后世的白诗接受过程中，合赋、比、兴之全体的广大教化主，被赋压倒，乃至遮蔽了比兴。质实浅易、语露意尽成为白诗之代表诗风，逐渐与浑融含蓄、清淡简远的韦柳一路诗风分道扬镳、截然两立，横亘于其间的，即神韵说这条无形却有界的河流。

这里还应结合《戏仿元遗山论诗绝句》此前涉及白居易的两首诗，来全面判断王士禛三十岁眼中的白居易。《戏仿元遗山论诗绝句》其九云：“草堂乐府擅惊奇，杜老哀时托兴微。元白张王皆古意，不曾辛苦学妃豨。”从正面称道李白、杜甫、元稹、白居易、张籍、王建乐府诗各善其能，元白张王尤其具有古意，但并非机械模仿古乐府的语词和外形，其言简括中肯。《池北偶谈》卷十一曾引录明人公鼐论乐府之说云：“风雅之后有乐府，如唐诗之后有词曲，声听之变，有所必趋，情辞之迁，有所必至，古乐之不可复久矣。后人之不能汉魏，犹汉魏之不能风雅，势使然也。如汉《朱鹭》《翁离》之作，魏晋诸臣拟之，以鸣其一代之事，易名别调，各极其长，岂以古今同异为病哉？后世文士，如李太白则沿其目而革其词，杜子美、白乐天之伦，则创为意而不袭其目，皆卓然作者，后世有述焉。近乃有拟古乐府者，遂颛以拟名，其说但取汉魏所传之词，句抚而字合之。中间岂无陶阴之误，夏五之脱？悉所不较。或假借以附益，或因文而增损，局蹐床屋之下，探胠縢箧之间，乃艺林之根蠹，学人之路阱矣。以此语于作者之门，不亦愿乎？”公鼐（？～约1626），字孝与。蒙阴（今属山东）人。万历二十九年（1601）进士，选庶吉士，授编修。累官礼部右侍郎。天启初，魏忠贤乱政，引疾归。卒谥文介。有诗名，论诗主张一代有一代之声情，反对复古模拟。其纪行诗与晚年山居诗善于写景。有《问次斋集》。生平事迹见《明史》卷二一六、清邹漪《启祯野乘》卷四、《明史列传》卷七五。王士禛称其“为词林宿望，诗文淹雅，绝句尤工”②。王士禛引录公鼐论乐府之说后，云：“虞山钱牧翁，尝亟取东阿于文定公③论乐府之说，不知文介此论，与文定若合符节。予尝见一江南士人拟古乐府，有‘妃来呼豨豨知之’之句。盖乐府‘妃呼豨’皆声而无字，今误以妃为女，呼为唤，豨为豕，凑泊成句，是何文理？因于《论诗绝句》著其说云……”④可以与《戏仿元遗山论诗绝句》其九参证。其十云：“京兆风情纷黛丛，鬓丝晚惜落花风。湖州笺记扬州梦，绮语翻教诋白公。”（后被《渔洋山人精华录》删去）王士禛在诗中讽刺杜牧对白居易绮语纤艳的诋斥，认为杜牧自己亦风情不浅，青楼薄幸之句，街吏平安之报，与白公可谓五十步笑百步。综合以上两首诗，可见王士禛三十

① 上海图书馆藏翁方纲手稿本《石洲诗话》卷一〇。

② 〔清〕王士禛撰，靳斯仁点校：《池北偶谈》，中华书局1982年版，第243页。

③ 即于慎行（1545～1608）。

④ 〔清〕王士禛撰，靳斯仁点校：《池北偶谈》，中华书局1982年版，第267页。

岁时对白居易的评价，在主观不喜好之外，客观上还是肯定其乐府诗地位的，并不同意杜牧对白诗绮语纤艳之讥诋。

此后王士禛在诗话诗论中，屡屡从鉴别能力、诗之品格及其对后学影响诸方面，对白居易予以直截了当的批评和指斥。如《池北偶谈》卷一四“乐天论诗”一则云：

乐天作《刘白倡和集解》，独举梦得“雪里高山头白早，海中仙果子生迟”“沉舟侧畔千帆过，病树前头万木春”，以为神妙。且云此等语，在在处处应有灵物护之，殊不可晓。宜元白于盛唐诸家兴象超诣之妙，全未梦见。①

《香祖笔记》卷五亦云：

白乐天论诗多不可解，如刘梦得“雪里高山头白早，海中仙果子生迟”“沉舟侧畔千帆过，病树前头万木春”等句，最为下劣，而乐天乃极赏叹，以为此等语，在在当有神物护持，悖谬甚矣。②

《池北偶谈》卷一八“慈恩塔诗”云：

元白因传香于慈恩寺塔下，忽睹章先辈八元诗，吟咏竟日，悉令除去诸家之诗，惟留章作。其五六句云：“回梯暗踏如穿洞，绝顶初攀似出笼。”殊不成语，不知元白何以心折如此？盛唐高、岑、子美诸公同登慈恩寺塔赋诗，或云：“秋色从东来，苍然满关中。五陵北原上，万古青濛濛。”（原注：岑）或云：“秋风昨夜至，秦塞多清旷。千里何苍苍，五陵郁相望。”（原注：高）或云：“秦山忽破碎，泾渭不可求。俯视但一气，焉能辨皇州。”（原注：杜）此是何等气概，视章作真小儿号嗄耳。每思高、岑、杜辈同登慈恩塔，高、李、杜辈同登吹台，一时大敌，旗鼓相当，恨不厕身其间，为执鞭弭之役。③

《居易录》卷三三亦云：

唐人章八元《题慈恩寺塔》诗云：“回梯暗踏如穿洞，绝顶初攀似出笼。”俚鄙极矣。乃元白激赞之不容口，且曰：“不意严维出此弟子。”论诗至此，亦一劫也。盛唐诸大家有同登慈恩寺塔诗，如杜工部云：“七星在北户，河汉声西流。”又：“秦山忽破碎，泾渭不可求；俯视但一气，焉能辨皇州？”高常侍云：“秋风昨夜至，秦塞多清旷；千里何苍苍，五陵郁相望。”岑嘉州云：“下窥指高鸟，俯听闻惊风。”又：“秋色从西来，苍然满关中；五陵北原上，万古青濛濛。”已上数公，如大将旗鼓相当，皆万人敌；视八元诗，真鬼窟中作活计，殆奴仆儓隶之不如矣。元白岂未睹此耶？④

对乐天赏叹梦得诗句、激赞章八元慈恩塔诗这两例个案的讥刺，既源自王渔洋彼时宗尚盛唐诗的诗学趋向，也有其个人诗歌趣味偏好的因素。从某种角度看，白香山诗道所涵之广大，亦有王渔洋全未梦见者。袁枚《随园诗话》卷三即云：阮亭《池北偶谈》笑元、白作诗，未窥盛唐门

---

① 〔清〕王士禛撰，靳斯仁点校：《池北偶谈》，中华书局1982年版，第342页。

② 〔清〕王士禛撰，湛之点校：《香祖笔记》，上海古籍出版社1982年版，第84页。又见《跋长庆集》，〔清〕王士禛《带经堂集》卷九一，见《续修四库全书》本，第1415册，第195页。

③ 〔清〕王士禛撰，靳斯仁点校：《池北偶谈》，中华书局1982年版，第439页。

④ 〔清〕王士禛著，〔清〕张宗柟纂集，夏闳校点：《带经堂诗话》卷二，人民文学出版社1963年版，第51页。《香祖笔记》卷三又云：“章八元赋慈恩塔诗，元白见之云：‘不意严维出此弟子。’其诗鄙恶俚俗，予于《居易录》已言之。姚园客（智按：见姚旅《露书》）乃以为卢照邻作，又似无目人语矣。”见〔清〕王士禛撰，湛之点校《香祖笔记》，上海古籍出版社1982年版，第51页。

户。此论甚谬。桑弢父讥之云:"大辨才从觉悟余,香山居士老文殊。渔洋老眼披金屑,失却光明大宝珠。"余按:元、白在唐朝所以能独竖一帜者,正为其不袭盛唐窠臼也。阮亭之意,必欲其描头画角若明七子,而后谓之窥盛唐乎?要知唐之李、杜、韩、白,俱非阮亭所喜。因其名太高,未便诋毁;于少陵亦时有微词,况元、白乎?阮亭主修饰,不主性情,观其到一处必有诗,诗中必用典,可以想见其喜怒哀乐之不真矣。或问:"宋荔裳有'绝代消魂王阮亭'之说,其果然否?"余应之曰:"阮亭先生非女郎,立言当使人敬,使人感且兴,不必使人消魂也。然即以消魂论,阮亭之色,亦并非天仙化人,使人心惊者也。不过一良家女,五官端正,吐属清雅;又能加宫中之膏沐,熏海外之名香,倾动一时,原不为过。其修词琢句,大概捃摭于大历十子,宋、元名家,取彼碎金,成我风格,恰不沾沾于盛唐,蹈七子习气,在本朝自当算一家数。奈归愚子逊奉若斗山,玙沙、心余弃若刍狗:余以为皆过也。"①以此两例而论,乐天之赏叹与激赞,除有对诗句本身格调境界的品鉴外,亦有与梦得和章八元之师严维的私交因素。今天看来,章八元《题慈恩寺塔》毕竟难以与老杜乃至高岑颉颃,但当日而言,或有提携后辈之意。而梦得"沉舟侧畔千帆过,病树前头万木春",为千古警句,沉郁豪放,正切已境与酬赠当下之景,诚赵执信所谓"有道之言",渔洋之评以"下劣""悖谬",或源自与赵执信的抬杠。② 其意气之余,还曾将此句误属于乐天名下。③

对白乐天鄙朴诗风的苛评,考虑到"风味佳"的缘故,王士禛也有网开一面之处。《带经堂诗话》卷二九《答问》载:

> 问:钟嵘《诗品》云:"吟咏性情,何贵用事?"白乐天则谓:"文字须雕藻两三字文采,不得全直致,恐伤鄙朴。"二说孰是?
>
> 仲伟所举古诗如"高台多悲风""明月照积雪""清晨登陇首",皆书即目,羌无故实,而妙绝千古,若乐天云云亦是,而其自为诗却多鄙朴,特其风味佳,故虽云"元轻白俗"而终传于后耳。④

康熙四十九年(1710),七十七岁的王士禛在去世前一年为余柏岩(? ~1765)撰写《韩白苏陆四家诗选序》时,回忆起四十七年前的《论诗绝句》,再次谈及对白居易的认知:

> 予曩效元裕之作《论诗绝句》,于唐、宋诸名家每三致意焉。而唐人诗之多者,除李白、杜甫外,惟退之、乐天为最,而白与甫之诗,人之童而读之、习之,至老而不倦,其全篇累帙,重刊叠笺,转相注述,罕有遗之者,是不必更为搜取矣。退之诗可选者多,不可选者少,去其不可者

---

① 〔清〕袁枚著,顾学颉校点:《随园诗话》,人民文学出版社1982年版,第80~81页。

② 〔清〕赵执信《谈龙录》:"刘宾客诗云:'沉舟侧畔千帆过,病叶前头万木春。'有道之言也。白傅极推之。余尝举似阮翁。答云:'我所不解。'阮翁酷不喜少陵,特不敢显攻之,每举杨大年'村夫子'之目以语客。又薄乐天而深恶罗昭谏。余谓昭谏无论已,乐天《秦中吟》《新乐府》而可薄,是绝《小雅》也。若少陵,有听之千古矣,余何容置喙!"见〔清〕赵执信著,赵蔚芝、刘聿鑫注释《谈龙录注释》,齐鲁书社1987年版,第39~40页。金埴(1663~1740)《不下带编》卷五《杂缀兼诗话》:"前人谓唐人工于为诗而陋于闻道,然刘禹锡诗'沉舟侧畔千帆过,病树前头万木春'二语,乃诗人闻道语也。夫沉舟之侧,宜片帆不过,而过千帆;病树之前,宜寸木无春,而春万木,非道乎?作诗要须有闻道语,方称得诗人。赵宫坊秋谷极爱斯联,以为白傅所推也。"见〔清〕金埴撰,王湜华点校《不下带编》,中华书局1982年版,第98页。

③ 〔清〕王士禛《池北偶谈》卷一六"表语本乐天诗"条:"宋任忠厚(惇)坐上书入籍,久不得调,投时相启云:'笼中翦羽,仰看百鸟之翔;岸侧沉舟,坐阅千帆之过。'盖用白乐天诗'沉舟侧畔千帆过,病树前头万木春'语。"见〔清〕王士禛撰,靳斯仁点校《池北偶谈》,中华书局1982年版,第393页。

④ 〔清〕王士禛著,〔清〕张宗柟纂集,夏闳校点:《带经堂诗话》,人民文学出版社1963年版,第842~843页。

甚难。乐天诗可选者少，不可选者多，存其可者亦难。若夫宋人之诗，其多可与韩、白并者，莫如子瞻、务观。……凡此四家之诗，美而可傅，择而不易精，故全刻者或见之，而撮其精英者，盖未尝闻善本也。……①

王士禛在《香祖笔记》卷五也曾说："元白二集，瑕瑜错陈，持择须慎，初学人尤不可观之。"那么，这少数可择可选的白诗有哪些呢？《香祖笔记》卷五："白古诗晚岁重复什而七八，绝句作眼前景语，却往往入妙，如'上得篮舆未能去，春风敷水店门前''可怜八月初三夜，露似珍珠月似弓'之类，似出率易，而风趣复非雕琢可及。"②按，"上得"两句，见《华州西》，乃大和三年(829)，乐天五十八岁自长安至洛阳赴任太子宾客分司途中所作。③"可怜"两句，出自有名的《暮江吟》，原诗作："可怜九月初三夜，露似真珠月似弓。"作于江州司马任上。④《香祖笔记》卷八又云："白乐天诗'吴娘暮雨萧萧曲，自别江南久不闻'极是佳句。"⑤按，"吴娘暮雨"两句，见《寄殷协律》，诗题下注云："多叙江南旧游。"乃大和二年(828)，乐天五十七岁在洛阳任秘书监时所作。⑥风格轻快明丽，与早年《秦中吟》《新乐府》沉实一路之风迥异。由以上这些"可选"的"佳句"，再参照渔洋唐诗选集的选诗品味，大致可以推断：那些"不可选"的篇章，多半是指过于直露鄙朴、格调过于不高的一些作品。

四、从诗歌创作看王渔洋于白香山的取舍避就

无论在诗论诗话还是在唐诗选集中，王士禛于白居易的依违避就之态，都源自其诗学取径。这同时也是白居易诗在前代接受中不同境遇的一个缩影。尽管在王士禛的神韵说中，白居易是反面典型。但这并不妨碍王士禛在生活情趣上效法乐天，在诗歌创作中模仿白诗，以汲取有益营养，开阔诗风诗境的取径范围。

《渔洋山人全集》有三首标明仿白之作，分别为五古《代赠戏效元白体》⑦、五律《立秋日雨中用乐天韵》⑧、七律《冬夜咏说岩翰长贻诗感旧赋怀兼呈容斋侍郎(效白体)》⑨。其《绝句》二首："波绕雷塘一带流，至今水调怨扬州。年来惯听吴娘曲，暮雨潇潇水阁头。""七载离筵唤奈何，玉壶红泪敛青蛾。潇潇暮雨南阳驿，重听吴娘一曲歌。"亦仿自白居易《寄殷协律》诗"吴娘暮雨萧萧曲，自

① 〔清〕王士禛：《带经堂集》卷六五，《续修四库全书》本，第1414册，第610～611页。参见〔清〕王士禛著，〔清〕张宗柟纂集，夏闳校点《带经堂诗话》卷一，人民文学出版社1963年版，第42～43页。余元甲，字葭白，一字柏岩，号茁村，江都邑诸生，工诗文。雍正十二年，通政赵之垣以博学鸿词荐，不就。筑万石园，积十余年殚思而成。今山与屋分，入门见山，山中大小石洞数百，过山方有屋。厅舍亭廊二三，点缀而已。时与公往来，文酒最盛。葭白死，园废，石归康山草堂(见《扬州画舫录》卷一五)。著有《澹雪堂集》，选韩、白、苏、陆四家诗行于世，上海师范大学藏清扬州刻本《四家诗选》二十一卷。

② 〔清〕王士禛撰，湛之点校：《香祖笔记》，上海古籍出版社1982年版，第84页。又见《跋长庆集》，〔清〕王士禛《带经堂集》卷九一，《续修四库全书》本，第1415册，第195页。

③ 〔唐〕白居易著，朱金城笺校：《白居易集笺校》，上海古籍出版社1988年版，第1766页。

④ 〔唐〕白居易著，朱金城笺校：《白居易集笺校》，上海古籍出版社1988年版，第1300页。

⑤ 〔清〕王士禛撰，湛之点校：《香祖笔记》，上海古籍出版社1982年版，第160页。

⑥ 〔唐〕白居易著，朱金城笺校：《白居易集笺校》，上海古籍出版社1988年版，第1746页。

⑦ 《渔洋山人全集·渔洋诗集》卷二，第14页、第15页。

⑧ 《渔洋山人全集·渔洋诗集续集》卷一四，第8页。

⑨ 《渔洋山人全集·渔洋诗集续集》卷一五，第16页。

别江南更不闻”①。此外,诗题中涉及白居易者,如:康熙十一年(1672),三十九岁时所作《询白公东坡不得二首》;康熙二十四年(1685),五十二岁时所作《琵琶亭晚望》;康熙三十五年(1696),六十三岁时所作《望龙门香山寺怀白傅》。

诗句中涉及白居易者,如《齿落》引白乐天《齿落辞》“老与齿别,齿随涕零”,谓:“昔者白太傅,颇眈释氏书。既知顺化理,胡为重欷歔。悔不早致柔,或以永居诸。”②《题〈苏台杨柳枝词〉后二首》其一云:“白家半格诗曾见,爱说苏州柳最多。”自注:“‘不似苏州柳最多’,天诗也。”③《题元氏长庆集后》云:“少年嗤点元和体,不溯波澜未易知。”④《唤渡亭》云:“西望云居一抹青,元和迁客昔曾经。草风莎雨修江岸,千古人传唤渡亭。”自注:“乐天诗:‘好似当年归蔡渡,草风莎雨渭河边。’”⑤《谢刘太乙翰林以八分手书拙集藏少林寺二首》其一云:“白家诗旧传三本,无恙庐山劫火余。”⑥

又如《再送念东先生八首》其一云:“著个香山老居士,任人图画作屏风。”自注:“白诗:‘兼闻好事者,写我作屏风。’”⑦《即席赋送念东先生还山联句》云:“庐山旧瘾应无恙,长庆新诗世久传。”⑧这两首诗中提到的念东先生,指王渔洋同乡前辈高珩。高珩(1612~1698),字葱佩,号念东,晚号紫霞道人,山东淄川人。明崇祯十六年(1643)进士。入清,授翰林检讨,累迁至刑部左侍郎。能诗文,生平写诗甚多,所作不下万首,然不知收藏,随写随弃。诗笔超拔,文有典则。⑨ 高珩诗,既有《量田行》《使君怒》《猎》《廉吏行》等如新乐府一路般真率直切的描写社会现实之作,也有《即景》《即目》《即事》等清新明快的闲适之篇;既有《后长恨歌》这样直接标明效白之作,也有《北邙行》这样暗仿白诗之篇⑩;还有约占十分之一篇幅的赠答酬唱诗,风格与白居易之赠答酬唱诗十

---

① 钱仲联主编:《清诗纪事·顺治朝卷》,江苏古籍出版社1987年版,第2051页。见〔清〕王士禛撰,湛之点校《香祖笔记》,上海古籍出版社1982年版,第160页。

② 〔清〕王士禛:《带经堂集》卷六〇,《续修四库全书》本,第1414册,第544页。

③ 《渔洋山人全集·渔洋诗集续集》卷一二,第2页。

④ 《渔洋山人全集·渔洋诗集续集》卷一二,第19页。

⑤ 《渔洋山人全集·南海集》卷上,第16页。据《南来志》,作于康熙二十四年(1685)正月初六。《带经堂诗话》卷一三《遗迹》上引《南来志》:“过唤渡亭,亭以白傅诗得名,有白诗石刻。堤行二里,人家种竹为藩篱。鸡声人语,皆在竹中。”引《皇华纪闻》:“唤渡亭在修水南岸,白居易过此,有诗云:‘建昌(一作修江)江水县门前,立马教人唤渡船。好似当(智按:本集作往)年归蔡渡,草风沙雨渭河边。’黄庭坚书之亭上,明知县梁崧重刻,石今存。”(见〔清〕王士禛著,〔清〕张宗柟纂集,夏闳校点:《带经堂诗话》,人民文学出版社1963年版,第338页。)

⑥ 《渔洋山人全集·蚕尾续集》卷一,第7页。据蒋寅《王渔洋事迹征略》,作于康熙四十七年戊子(1708),七十五岁。

⑦ 《渔洋山人全集·渔洋诗集续集》卷一三,第23页、第24页;《四部丛刊》本《渔洋山人精华录》卷九;《渔洋精华录集注》第1132页。据蒋寅《王渔洋事迹征略》,康熙十九年庚申(1680)十一月作,四十七岁。

⑧ 《渔洋山人全集·渔洋诗集续集》卷一三,第29页、第30页。据蒋寅《王渔洋事迹征略》,康熙十九年庚申(1680)十一月作,四十七岁。

⑨ 参见王秀文《高珩与〈栖云阁诗〉研究》,山东大学硕士论文,2010年5月。

⑩ 白居易《浩歌行》:“天长地久无终毕,昨夜今朝又明日。鬓发苍浪牙齿疏,不觉身年四十七。前去五十有几年?把镜照面心茫然。既无长绳系白日,又无大药驻朱颜。朱颜日渐不如故,青史功名在何处?欲留年少待富贵,富贵不来年少去。去复去兮如长河,东流赴海无回波。贤愚贵贱同归尽,北邙冢墓高嵯峨。古来如此非独我,未死有酒且高歌。颜回短命伯夷饿,我今所得亦已多。功名富贵须待命,命若不来知奈何。”又《挽歌词》:“丹旐何飞扬,素骖亦悲鸣。晨光照闾巷,輀车俨欲行。萧条九月天,哀挽出重城。借问送者谁?妻子与弟兄。苍苍上古原,峨峨开新茔。含酸一恸哭,异口同哀声。旧垅转芜绝,新坟日罗列。春风草绿北邙山,此地年年生死别。”此外,也借鉴了张籍、王建的《北邙行》。

分相似。王士禛《诰授通奉大夫刑部左侍郎念东高公神道碑铭》称"夫以白乐天之贤，而犹不免卫公之忌，必其犹有町畦者存也，公于是贤于乐天远矣"①。卢见曾(1690～1768)《国朝山左诗钞》称其"才大如海固不须言，其简易超旷，略如香山之为人"。《四库全书总目》卷一八一云"其诗多率意而成，故往往近元白长庆集体"。杨钟羲(1865～1940)《雪桥诗话续编》称其"瓣香在香山、放翁"。邓之诚(1887～1960)《清诗纪事初编》称其"诗笔超拔，出手即成。……诗文皆似白居易，为人坦率，自适其适，而悲悯为怀，亦于居易为近"。

我们在以上这些诗作、诗题或诗句中，可以了解到王渔洋作诗并非专尚神韵，也多有取径于白香山之处。这使得他有可能成为名家之上的大家、清才之上的大才。正如钱振锽(1875～1944)《星影楼壬辰以前存稿·诗说》所云："作诗专尚神韵，是小家，非大家也；清才，非大才也。太白诗无处不神韵，却不知神韵在何处；子美、退之专尚气力，无所谓神韵；乐天诗信口流出，亦未尝有意做神韵。惟四子王、孟、高、岑辈，以神韵称，便不得为大家。近世王阮亭及吴中七子诗所以不佳，正是'神韵'两字横亘胸中耳。司空图讲甚'不着一字，尽得风流'及'味在咸酸之外'等语，此司空所以不能诗也。虽然，此语可为高明者言之，却不可为伧父道，恐其又将以粗鲁为大家也。"

结语：于白香山的取舍避就关系名家与大家之分

史载王士禛"主持风雅数十年"②，人称"执吟坛牛耳者几五十年"③，不仅被誉为"典型"④"一代正宗""一代之宗""一代宗匠""一代宗工""一代诗宗"⑤，而且他在世时，就被许为"非一代之诗"⑥，

---

① 〔清〕王士禛：《带经堂集》卷八三，《续修四库全书》本，第1415册，第108页。

② 赵尔巽等：《清史稿》，中华书局1977年版，第9954页。

③ 〔清〕朱庭珍：《筱园诗话》卷二，见郭绍虞编选、富寿荪校点《清诗话续编》，上海古籍出版社1983年版，第2357页。

④ 王士禛卒，赵执信奔哭之，曰："典型杳矣！"见黄叔琳《赵执信墓表》(《续修博山县志》卷十四"艺文")。

⑤ 袁枚《随园诗话》卷二："阮亭先生，自是一代名家。""本朝古文之有方望溪，犹诗之有阮亭：俱为一代正宗，而才力自薄。"其《论诗绝句》："一代正宗才力弱，望溪文集阮亭诗。"王士禛门人史申义《题带经堂集后柬程圣跂》亦曾云："鸿文一代仰宗师，心苦编摩爱者谁。"卢见曾《国朝山左诗钞》卷四六："本朝诗家以渔洋为正宗。"郑方坤《本朝名家诗钞小传》卷二称许王渔洋"至先生出而始断然为一代之宗。天下之士尊之如泰山北斗，至今家有其书，户习其说，盖自韩、苏二公以后，求其才足以包孕余子，其学足以贯穿古今，其识足以别裁伪体，六百年来未有盛于先生者也"(台北广文书局1971年影印本，第112～113页)。杨际昌《国朝诗话》卷一："王新城诗，一代宗匠，总是风骚绝世。"(见郭绍虞编选、富寿荪校点《清诗话续编》，上海古籍出版社1983年版，第1658页。)秦朝釪《消寒诗话》："阮亭喜风调，尚标格，为诗家一代宗工。"茹纶常《题渔洋山人诗后》："一代文章仰巨公，瓣香争欲拜涪翁。"(《容斋诗集》卷一)单可惠(？～1821)《题国朝六家诗钞后·王贻上》："领袖群公一代奇，生前身后九重知。"(《射鹰楼诗话》卷一七)翁心存《论诗绝句十八首》其一："一代文章正始音，渔洋三昧印禅心。"(《知止斋诗集》卷二)李元度《王文简公事略》："一代正宗必以新城王公称首，公以诗鸣海内五十余年，士大夫识与不识，皆尊之为泰山北斗。"(《清朝先正事略》卷六)胡薇元《题周诚甫江左三大家集虞山集后》："一代正宗王贻上，瓣香私淑只虞山。"(《梦痕馆诗话》卷四)方廷楷《习静斋诗话》卷二："王阮亭为一代诗宗。"袁嘉谷《卧雪诗话》卷一："阮亭一代风雅，坛坫盟主。"《书王渔洋诗集四首》其二："一代诗名推正主，落笺堂与带经堂。"(《东庐诗钞》卷六)

⑥ 康熙二十年(1681)，王士禛门人曹禾(1637～1699)撰《渔洋续集》序云："先生之学非一代之学，先生之诗非一代之诗，其学何所不贯？其诗亦何所不有？"

"非一世之诗"①,"可以传后世"②。不知是否是为了匹配"古文八大家",曾有人将他与屈灵均、陶渊明、李太白、杜子美、白香山、苏东坡、陆放翁并列,合称为"中国八大诗人"③。一代名家,世所公认,而是否当得起跨代的大家,则见仁见智。其中,如何安置诗史中的白香山,正是区分名家与大家、清才与大才的一个重要视角。

---

① 杨绳武(1675~1750)《资政大夫经筵讲官刑部尚书王公神道碑铭》:"公之诗既为天下所宗,天下人人能道之,然而公之诗非一世之诗,公之功非一世之功也。公之诗笼盖百家,囊括千载。"

② 《渔洋山人自撰年谱》卷下惠栋注引《召对录》,康熙十六年,上召侍读学士张英入,问当今各衙门官中长于诗文者为谁,张对曰:"郎中王某诗为一时共推,臣等亦皆就正之。"上举公名至再三,又问:"王某诗可以传后世否?"张对曰:"一时之论,以为可传。"上又颔之。

③ 见胡怀琛(1886~1938)撰《中国八大诗人》,商务印书馆1925年版。前七位争议不大,唯独殿尾的王渔洋,目前还未见哪部文学史将其与前七位相提并论。

新城王氏家族文化与渔洋神韵诗风的选择

黄金元*

研究渔洋神韵诗学的形成原因，学界往往关注清初时代风云的际遇因素，而关于家族文化影响的探讨还不是很充分。事实上，家族文化最为核心的组成部分——家风，一方面是维系家族昌隆的内在精神力量，另一方面也孕育着家庭成员性格的形成。再加上家族审美文化的传承，这一切都对渔洋神韵诗风有着直接的影响。

一

作为能够跨越明、清两代，尤其是历经鼎革之变、战火的摧残而又能大振于海内的世家望族，新城王氏家族精神挺立的力量，就源于以“勤”“慎”为核心精神的家风。但仔细追踪明清新城王氏家族的发展史，就会发现王氏家风的时代嬗变。

家族发展前期，“勤”字当先。“勤”是新城王氏的兴家之本。新城王氏第四、五世由平民阶层步入官僚阶层不久，家族生存的压力和振兴家族的责任感、使命感，使他们在仕途中具有强烈的仕进之心。王氏家族尚学、力学前文我们已经谈及，此不赘述。而仕途中强烈的仕进之心，在第四世、第五世成员身上体现得也非常鲜明，这种精神有时甚至会表现得非常激进和功利。王重光是新城王氏第四世的代表人物，其于贵州参议任上，奉命采办贵州大木，为完成艰巨的采木任务，王重光亲自“深入果峡口、大落包、雾露沟等处。深叶密竹，探虎豹、援葛藤、上山乘撵，涉水渡舟”①，由于环境恶劣、时间紧迫等，王重光因积劳成疾，以身殉职。赐葬祭文中有“忠勤报国”之褒扬，故后人尊其为“忠勤公”，“勤”字抓住了王重光忠于勤守的为官特点。王重光的次子王之垣，出仕后初授荆州府推官，其于《历仕录》中载有自己曾经遇险一事：

> 予行取时十二月二十二日，自荆州往省城，起文赴京，初意二十五六可到。途中大雪，行迟至二十七日申时，抵江边遇大风，江中绝无行者。予恐封印，强舟人渡之。至江心，风浪猛巨，漂荡上下，舟几覆，人尽恐，抵岸若复生。吏书杨应贞等二三人被惊卧病，予亦悔之。②

为赶行期，不管天气恶劣，不惜强渡，虽有惊无险，但“若复生”的感受、同僚“被惊卧病”的后果，“予亦悔之”的反思，都能见出王之垣为事功不惜冒险的为宦心态，这也是新城王氏早期“勤”字为本家风的体现。王象晋是王之垣第三子，曾撰一联云：“绍祖宗一脉真传，克勤克俭；教子孙两行

---

* 作者简介：黄金元，德州学院文学院，副教授。

① 《新城县志·人物志》，见《中国地方志集成》，凤凰出版社2009年版。

② 〔明〕王之垣：《历仕录》，清康熙四十一年王氏家塾刻本。

正路，惟读惟耕。"①亦将"勤"字置于祖宗美德的首位。新城王氏的后世子孙无不将家风中的"勤"字，作为科考应试和仕进为宦的第一守则。

随着明代中后期政治生态的渐趋恶化，新城王氏为避祸，除将"勤"作为家风的主要追求外，对"慎"字的体会日趋深刻。"慎"字作为新城王氏家风的重要内容也有着较为深远的渊源。王重光曾制定家训云：

所存者必皆道义之心，非道义之心，勿汝存也，制之而已矣。所行者必皆道义之事，非道义之事，勿汝行也，慎之而已矣。所友者必皆读书之人，非读书之人，勿汝友也，远之而已矣。所言者必皆读书之言，非读书之言，勿汝言也，诺之而已矣。②

这一段家训使用"必""非""勿"命令词语，要求后人与"道义""读书"不宜之事要"慎之""远之""诺之"。据《乡园忆旧录》载：

明户部侍郎王公之垣，阮亭先生之曾祖也。家法极严。孙某制绿纱裙，偶为公见，大怒曰："此荡子衣，岂吾家所有！"寸裂之。时孙某之父，方官京师，封置一箧，并书，寄都中，责其教子无方。③

王之垣见到一孙子穿奇装异服"大怒"，将"绿纱裙"撕碎，并寄给自己的儿子，"责其教子无方"，认为后辈行为不慎、不检点，是"荡子"所为，非"吾家"应该出现的事情。

特别是经历了明清之变、浴火重生的新城王氏后人，虽也需要出仕为官、重振门庭，但已经没有了先辈们急切事功的心态。究其原因，这应与新城王氏经历的明末复杂的党派纷争和鼎革之际的兵祸摧残有关。万历庚戌，王象春进士及第，自称"世受国恩，幼承家训，矢捐身而报主，历九死以不移"，他心怀勤业报国之心进入仕途，但晚明黑暗的腐朽政治迅速将其卷入党争的漩涡之中，名列"东林党"籍，削职归里，新城王氏的众多成员如王象乾、王象恒、王象晋、王象云等均牵连其中，屡遭"阉党"迫害。东林失败后，节义所在，难计身害，新城王氏第七代的众多子弟纷纷加入继起的"复社"组织。在入清以后的最初阶段，新城王氏子孙所处的政治环境十分凶险，新城王氏在明末兵祸中惨遭重创，而数次发动乱兵屠戮新城、与王氏结有血海深仇的乱军首领孔有德、李九成等皆因降清、入关作战有功而平步青云、官居将相，耿仲明甚至被封为藩王。新城王氏要想平安地在这种长期严酷的环境里生存、发展，"慎"字自然要上升到家族风尚的第一位。新城王氏子弟必须在仕途中时刻以谨慎的态度掌控好进退尺度，容不得半点闪失。顺治十七年(1660)，王渔洋就任扬州府推官，上任时，父亲王与敕"就养偕行"，实际上也是考虑到王渔洋年少掌管司法，不能不慎之又慎，于是随行，亲自督查儿子。王士禛为官颇尽职守，但他其实并未全力以赴，像他高祖王重光那样，以至鞠躬尽瘁。他更多的时间，一是用于以文聚友，二是用于读书，以与所生存的世界保持一段距离。在这一时期，新城王氏家风中的"慎"字给人的印象更为深刻。康熙三十七年(1698)二月，渔洋三子启汸任唐山令，时任户部左侍郎且已65岁的渔洋于京邸书写《手镜录》一册赠给儿子。《手镜录》由五十条为政箴言组成，其核心思想是教育儿子审慎行事、洁己爱民。首条即教育儿子要"谨慎检点"。

公子公孙做官，一切倍要谨慎检点。……时时事事须存此意，做官自己脚底须正，持门第

① 〔清〕王士禛撰，靳斯仁点校：《池北偶谈》卷五，中华书局1982年版，第113页。

② 〔清〕王士禛著，袁世硕主编：《王士禛全集》，齐鲁书社2007年版，第2933页。

③ 〔清〕王培荀著，蒲泽校点，严薇青审订：《乡园忆旧录》，齐鲁书社1993年版，第4页。

不得。①

而且这种谨慎要"时时事事",杜绝倚仗出身门第而傲人。"最宜慎密""不可不慎""最当详慎""慎之""慎忽忽也"等直接出现"慎"字的话语充斥全篇,足可见出王士禛为官的审慎。

二

明清之际新城王氏家风的尚"慎"之求,通过影响诗人的性格和心态,对诗歌风格也产生了深刻影响,最典型的当是王渔洋神韵诗风的形成。

新城王氏在明末的遭遇和清初的艰难处境,令王士禛终生保持着一种以"慎"为主的为宦心态。渔洋生活和出仕为官的时代,正是两个历史阶段间的过渡时期。家破与国亡的两重哀痛,阶级与民族的双层压迫,清政府在推行强权政策的同时又采取了一系列安抚民心、恢复生产的措施,这使渔洋一代文人精神上始终缠绕着矛盾与失落,为官与为人、言吐与内心往往存在着多重分裂。王小舒先生认为,王士禛谨慎为官,与现实世界可以说始终保持着一种心理距离,这种态度是清初神韵诗学崛起的精神基础,也是它获得人们强烈共鸣的时代原因。②

王士禛早在28岁时就将"远"字作为"诗旨"提了出来。其含义是既反映现实,又将现实放在远离自己的时空中进行观照,与现实保持一种不即不离的状态,即不直接表露诗人的现实感受。但是,不直接表露并不等于脱离现实;相反,时代感受一直作为暗线贯穿在王士禛的前期创作中。《秋柳四章》可以作为一个典型的例证,《秋柳》诗咏叹的是济南大明湖畔的柳树,但在秋叶凋零、美景永逝的悲声中又寄寓着对人世间兴废沧桑的感慨。全诗并没有一句提及当时的人事,但它表达的正是明清鼎革之后人们共有的哀伤和失落情绪。第一首以白门柳起兴,在残照日落、西风尽吹的背景下,临风吹笛、杨柳怨艾的氛围中,描写秋柳的憔悴衰落,以"黄聪曲""白下门"等典故中特定的历史人物、事件、地点为萧条意象,引发出世事变迁和往事如烟的哀怨与感伤。第二首先写秋柳情态,继而描绘"浦里""江干"的清荷挺立、黄竹摇曳,将抒情指向江南,拈出隋炀帝引河植柳、桓温感叹流年、白居易吟咏《柳枝词》等系列与柳相关的事物与情态,以"空怜""不见""若问""重问"等主观性强烈的语句,激荡情怀,隐晦抒发对南明政权覆灭的无奈与慨叹。第三、四首同第一、二首一样,使事用典继续咏柳,先后咏出汉武帝的扶荔宫、南朝的灵和殿、梁孝王集文士宴集赋诗的梁苑、王子敬之妾、魏文帝《柳赋》、上林苑柳叶虫食预兆等历史事物和事件,以抒写盛事难再、好景不长的代谢之慨,表达黍离之悲。

这四首七律用典恰当灵巧,托物咏史而意象朦胧,指向心会而又难以坐实,它能瞬间激发改朝换代后人们普遍的物是人非、世事沧桑的感伤与广泛的情感共鸣,所以迅速传遍大江南北,许多诗人如冒襄、曹溶、朱彝尊、顾炎武等都作诗相和,甚至闺中名媛亦和之为快,和作先后多达"数百家"之多,引起巨大的轰动。此时,王士禛是24岁的文学青年,秋柳结社唱和的成功是其颇为意外、始料不及的,《秋柳》诗的难以指实,朦胧含蓄的意象组合,欲说还休的语言,皆已具备神韵诗歌的特征,尽管王士禛当时还没有提出有关神韵的诗论主张,但这组符合神韵意味的《秋柳》诗所取得的巨大成功,促使了王士禛向神韵说的迈进。

艺术上,空间距离也带来了观察不真切的效果,这无疑有助于诗歌朦胧境界的创造。朦胧的景物可以提供巨大的想象空间,容纳多层次的情感内容,并造成"景外之景"的多重境界,所以朦胧

---

① 〔清〕王士禛著,袁世硕主编:《王士禛全集》,齐鲁书社2007年版,第3647页。

② 王小舒:《神韵诗学》,山东人民出版社2006年版,第241页。

感在渔洋写景诗中最为常见。归根到底，他的诗之朦胧虚幻、情韵淡远，也是“距离”产生的艺术效果。

三

王士禛以“神韵”诗宗盟诗界，其身边前辈亲人的审美情趣、诗学观念也是影响其神韵诗学形成的重要因素。在某种程度上，我们完全可以说，神韵诗学是新城王氏家族审美文化的传承。

溯源王士禛神韵诗学的家族因缘，最早给予其影响的当然要自王象春说起。王象春论诗讲究“独成一是”的创新，他不满当时诗坛的模拟与庸俗之风，要“重开诗世界”，认为诗分四种境界，最上品为禅诗，用其顿悟入诗，抒发精见，破除迂腐，此种作派已显露“神韵”端倪，尽管王象春没有耳提面命地给予这位堂孙指授，但王象春的孙徐夜是他们之间精神契合的连接点，这一方面已有众多学者论及，此不赘言。王象春有大量带有神韵意味的诗什存世。例如，王象春的《石城月》：“金陵王气未曾消，水泊秦淮江上潮。月到石头城下好，碧云红树听吹箫。”全诗写金陵之月，先写金陵城内的王气未消，秦淮河面上的水气蒸腾，写出了月光下石头城的朦胧之景。“碧云红树听吹箫”一句，意境幽婉淡泊，自然含蓄，含不尽之意。其《桃源诗》云：“水痕深浅识春秋，童叟相将坐碧流。一日桃花浮涧外，篱边都是晋渔舟。”桃花源是千百年来人人向往的之处，但寻觅无处。诗人刻画了一对童叟静坐溪边，看溪水潮起潮落，认为只要有桃花花瓣从水涧流出，就是进入了传说中的世外桃源，诗思妙绝无比，“童叟相将坐碧流”，自然含蓄，意境深远。

众所周知，新城王氏家族中第二个直接给予渔洋神韵审美影响的是“兄道兼师”的长兄王士禄。具体说来，王士禄在指明诗歌路径、培养审美情趣等方面对渔洋皆有导师意义。王士禛曾云：

> 予幼入家塾，肄业之暇，即私取《文选》、唐诗洛诵之……时先长兄考功，始为诸生，嗜为诗。见予诗甚喜，取刘须阳先生所编《唐诗宿》中王、孟、常建、王昌龄、刘眘虚、韦应物、柳宗元数家诗，使手钞之。①

在王士禛学诗的起步阶段，长兄王士禄就专取王孟等人山水清音的作品令渔洋“手钞之”，这对渔洋“清远”诗风的形成无疑是个方向性的指导。

王士禄一生仕途坎坷，动辄得咎，常将苦闷之情寄托于佛。康熙三年在刑部清室，每日用工笔正楷抄写佛经，数万言竟无一错误，足可见其定力。其对佛禅的虔诚对王士禛影响极深。王士禛一生喜与名僧交往，无论在京城还是外任期间，常从僧人游，与众多名僧结下了深厚友情。他爱读僧人的诗文，对诗作中的佳句妙辞常常反复吟诵、大加赞赏。他在《居易录》中认为会稽僧人元璟“颇有秀句”，在《渔洋诗话》中，他认为滇南苍雪法师的诗歌可为当时僧人诗中的诗魁，并对“一夜花开湖上路，半春家在雪中山”等诗句反复把玩。王士禛一生标举“神韵”诗学，传统上，人们习惯将其神韵说的渊源追溯到魏晋风度、严羽的“羚羊挂角，无迹可求”、司空图的“不着一字，尽得风流”以及前代的绘画理论与实践。应该说，其神韵说的诞生与上述因素都有关系，而实际上王士禛提倡的“羚羊挂角，无迹可求”境界，禅宗佛语中也有阐发。他在香祖笔记中曾言“释氏言：‘羚羊挂角，无迹可求。’古言云：‘羚羊无些子气味，虎豹再寻他不著，九渊潜龙、千仞翔凤乎！’此是前言注脚，不独喻诗，亦可为士君子居身涉世之法”。而且他倡导的“神韵说”的妙谛微言尽在禅家的拈花微笑之中，他说：“舍筏登岸，禅家以为悟境，诗家以为化境，诗禅一致，等无差别。”②禅宗的直觉观

---

① 〔清〕王士禛著，袁世硕主编：《王士禛全集》，齐鲁书社2007年版，第3760页。

② 〔清〕王士禛著，袁世硕主编：《王士禛全集》，齐鲁书社2007年版，第4626页。

照、沉思冥想、瞬间顿悟的修为形式与王士禛神韵诗的审美境界有着惊人的相似。

另外,在诗美追求方面,王士禛兄弟也有着共同的崇尚对象,如“七子”中徐祯卿。王渔洋还曾编撰《迪功集选》以做榜样。

总之,王象春、王士禄是王氏家族中影响王士禛神韵诗学倾向形成的最为关键的人物。

综上,作为新城王氏家族文化重要组成的家风,明清之际经历了一个具有鲜明时代特征的嬗变。渔洋成长生活在由尚“勤”转向崇“慎”的关键阶段。这种“慎”字为先的家族文化,影响了渔洋的性格心态,使诗人与现实始终保持一定的距离。再加上家族诗学传承的影响、时代风云际会,“盛世元音”的诞生成为必然。

王渔洋苏轼接受研究二题

庆振轩　牛思仁*

翻检王渔洋诗论、词论，其对东坡诗词可谓推崇备至，论及唐宋诗坛大家，以杜甫、苏轼并列；言及歌行，谓“杜、李、韩、苏四家歌行，千古绝调”①，而“至子美、子瞻二公，无以加矣”②；述及诗史上之“仙才”，认为“惟曹子建、李太白、苏子瞻三人而已”③；综观词坛，渔洋首倡苏、辛为“英雄之词”高论；甚而师友晤谈、游踪所及，东坡诗文、遗迹、轶事，随时随处随口辄发，且时有妙论，本文撷其一二，略抒浅见，以就教于方家。

一、首倡苏轼为“英雄之词”高论

王渔洋在《倚声集序》中说：

> 诗余者，古诗之苗裔也。语其正，则南唐二主为其祖至漱玉、淮海而极盛，高、史其嗣响也。语其变，则眉山导其源，至稼轩、放翁而尽变，陈、刘其余波也。有诗人之词，唐蜀五代诸人是也；有文人之词，晏、欧、秦、李诸君子是也；有词人之词，柳永、周美成、康与之之属是也；有英雄之词，苏、陆、辛、刘是也。④

关于词之正变，其说不一，此不具论。渔洋将唐宋词人分为四类，其中“英雄之词”，列“苏、陆、辛、刘”，容或有议，因其又有论曰：

> 凡为诗文，贵有节制，即词曲亦然。正调至秦少游、李易安为极致，若柳耆卿则靡矣。变调至东坡为极致，辛稼轩豪于东坡而不免稍过，若刘改之则恶道矣。学者不可以不辨。⑤

但渔洋认为东坡为“英雄之词”之说，为后世承继。田同之《西圃词说》完全祖述渔洋之论：

> 渔洋王司寇云：……诗之为功既穷，而声音之秘，势不能无所寄，于是温、韦生而《花间》作，李、晏出而《草堂》兴，此诗之余，而乐府之变也。语其正，则南唐二主为之祖，至漱玉、淮海而极盛，高、史其嗣响也。语其变，则眉山导其源，至稼轩、放翁而尽变，陈、刘其余波也。有诗人之词，唐、蜀、五代诸人是也。文人之词，晏、欧、秦、李诸君子是也。有词人之词，柳永、周美

---

* 作者简介：庆振轩，兰州大学文学院，教授；牛思仁，兰州大学文学院，教授。

① 〔清〕王士禛著，张世林点校：《分甘余话》，中华书局1989年版，第63页。

② 〔清〕王士禛著，〔清〕张宗柟纂集，夏闳校点：《带经堂诗话》，人民文学出版社1963年版，第41页。

③ 〔清〕王士禛：《带经堂集》，上海古籍出版社2010年版，第876页。

④ 〔清〕王士禛：《带经堂集》，上海古籍出版社2010年版，第331页。

⑤ 〔清〕王士禛著，张世林点校：《分甘余话》，中华书局1989年版，第28页。

成、康与之之属是也。有英雄之词，苏、陆、辛、刘是也。至是声音之道，乃臻极致，而词之为功，虽百变而不穷。①

且自为苏、辛乃“词中壮士”之论：

魏塘曹学士云：“词之为体如美人，而诗则壮士也。如春华，而诗则秋实也；如夭桃繁杏，而诗则劲松贞柏也。”罕譬最为明快。然词中亦有壮士，苏、辛也。亦有秋实，黄、陆也。亦有劲松贞柏，岳鹏举、文文山也。选词者兼收并采，斯为大观。若专尚柔媚，岂劲松贞柏，反不如夭桃繁杏乎。②

可以与之互为参照的是，渔洋在论唐宋诗时，也认为苏轼有“英雄语”：

尝戏论唐人诗，王维佛语，孟浩然菩萨语，刘眘虚、韦应物祖师语，柳宗元声闻辟支语，李白、常建飞仙语，杜甫圣语，陈子昂真灵语，张九龄典午名士语，岑参剑仙语，韩愈英雄语，李贺才鬼语；卢仝巫觋语，李商隐、韩偓儿女语。苏轼有菩萨语，有剑仙语，有英雄语，独不能作佛语、圣语耳。③

综观苏词接受史，宋代陈须对苏词评价已萌“英雄之词”赞誉，其说曰：

议者曰：少游诗似曲，东坡曲似诗。盖东坡平日耿介直谅，故其为文，似其为人。歌《赤壁》之词，使人抵掌激昂，而有击楫中流之心。歌《哨遍》之词，使人甘心淡泊，而有种菊东篱之兴。俗士则酣寐而不闻。④

金元明清，后之爱东坡词者，从不同角度探寻东坡英雄之词的英雄本色，徐釚《词苑丛谈》卷三谓：

苏东坡大江东去，有铜将军铁绰板之讥，柳七晓风残月，谓可令十七八女郎按红牙檀板歌之，此袁绹语也，后人遂奉为美谈。然仆谓东坡词自有横槊气概，固是英雄本色。⑤

综合对苏轼“英雄之词”探讨、总结和拓展的资料分析，其内涵应该包括以下三个方面：

其一，东坡赤壁词定格了历史上赤壁之战的英雄伟业，故称“英雄之词”。明代俞彦《爰园词话》载：子瞻词无一语著人间烟火，此自太罗天上一种，不必与少游、易安辈较量体裁也。其豪放亦止“大江东去”一词。何物袁绹，妄加品骘，后代奉为美谈，似欲以概子瞻生平。不知万顷波涛，来自万里，吞天浴日，古豪杰英爽都在，使屯田此际操觚，果可以“杨柳外晓风残月”命句否？⑥

正因为苏轼以一支健笔，浓缩周郎一生功业于《念奴娇》一词，英雄伟业融入千古长江豪唱，激荡人心，所以杨慎有“词中之史”的评说。

其二，东坡《赤壁怀古》问世之后，后世论者多从词作者的英雄本色角度去探讨“英雄之词”的内涵。我们可以从两个层面去把握和理解有关讨论。第一个层面是英雄之人写英雄之词，如陆文圭《赤壁图二首》之一曰：“公瑾子瞻二龙，文辞可敌武功。”⑦认为东坡雄文与赤壁伟业相映生辉。明代李东阳《怀麓堂全集》卷一九《苏子瞻》也持相近观点，诗曰：“两国山川一战功，子瞻词赋亦争

① 〔清〕田同之：《西圃词说》，见唐圭璋编《词话丛编》，中华书局1986年版，第1451页。

② 〔清〕田同之：《西圃词说》，见唐圭璋编《词话丛编》，中华书局1986年版，第1450页。

③ 〔清〕王士禛著，〔清〕张宗柟纂集，夏闳校点：《带经堂诗话》，人民文学出版社1963年版，第42页。

④ 〔南宋〕陈鬚：《燕喜词叙》，见金启华等编《唐宋词集序跋汇编》，江苏教育出版社1990年版，第150页。

⑤ 〔清〕徐釚撰，唐圭璋校注：《词苑丛谈》，中华书局2008年版，第51页。

⑥ 〔明〕俞彦：《爰园词话》，见唐圭璋编《词话丛编》，中华书局1986年版，第402页。

⑦ 〔元〕陆文圭：《墙东类稿》，影印文渊阁《四库全书》本，第1194册，第785页。

雄。江流自古愁无限,落木长天万里风。"①

但更多的论者认为,东坡之词,"自有横槊气概,固是英雄本色"。早在宋世,陈虁《燕喜词叙》即认为:"盖东坡平日耿介直谅,故其为文,似其为人。歌《赤壁》之词,使人抵掌激昂,而有击楫中流之心。"②明代王世贞亦曰:

昔人谓:铜将军铁绰板,唱苏学士"大江东去",十八九岁好女子唱柳屯田"杨柳外晓风残月",为词家三昧。然学士此词亦自雄壮,感慨千古。果令铜将军于大江奏之,必能江波鼎沸。③

更有论者认为,在文学史,尤其在文化史上,东坡赤壁词超越了历史,是一道独特的历史文化风景。陆文圭《赤壁图》诗曰:"公瑾子瞻二龙,文辞可敌武功。却怪紫烟烈焰,不如白月清风。"戴良《题赤壁图》诗亦曰:"千载英雄事已休,独余明月照江流。画图不尽当年恨,却写苏家赤壁游。"④

其三,正如王士禛由苏轼"英雄之词"进而论及苏诗亦有"英雄语"一样,宋世以来,论东坡之"英雄之词"者,亦由论单篇赤壁词,进而论苏轼词风、苏轼诗文、苏轼人格精神以及功业建树。

言及东坡词风,赵令畤《侯鲭录》卷八引"鲁直云:'东坡居士曲,世所见者数百首,或谓音律小不谐。居士词横放杰出,自是曲子缚不住者。'"⑤王灼《碧鸡漫志》卷二亦谓:"东坡先生非心醉于音律者,偶尔作歌,指出向上一路,新天下耳目,弄笔者始知自振。"⑥"东坡先生以文章余事作诗,溢而作词曲,高处出神入天,平处尚临镜笑春。"⑦刘辰翁《辛稼轩词序》亦曰:"词至东坡,倾荡磊落,如诗如文,如天地奇观,岂与群儿雌声学语较工拙。"⑧胡寅《向芗林酒边集后序》也说:"及眉山苏氏一洗绮罗香泽之态,摆脱绸缪宛转之度,使人登高望远,举首高歌,而逸怀浩气超然乎尘垢之外,于是《花间》为皂隶,而柳氏为舆台矣。"⑨

至金代,苏学行于北,王若虚《滹南诗话》激赏苏词,曰:"公雄文大手,乐府乃其游戏,顾岂与流俗争胜哉!盖其天资不凡,辞气迈往,故落笔皆绝尘耳。"⑩

清代词话所论更多,邓廷桢《双砚斋词话》曰:"东坡以龙骧不羁之才,树松桧特立之操,故其词清刚隽上,囊括群英。院吏所云:学士词须关西大汉,铜琶铁板,高唱'大江东去'。语虽近谑,实为知音。"⑪清陈廷焯《白雨斋词话》卷八曰:"和婉中见忠厚易,超旷中见忠厚难。此坡仙所以独绝千古也。"⑫该书卷一亦曰:"词至东坡,一洗绮罗香泽之态,寄慨无端,别有天地。《水调歌头》《卜算子·雁》《贺新郎》《水龙吟》诸篇,尤为绝构。"⑬谢章铤《赌棋山庄词话续编四》亦曰:"词之为道最

---

① 〔明〕李东阳:《怀麓堂集》卷一九,《四库全书》荟要本,第218页。
② 〔南宋〕陈虁:《燕喜词叙》,见金启华等编《唐宋词集序跋汇编》,江苏教育出版社1990年版,第150页。
③ 〔明〕王世贞:《艺苑卮言》,见唐圭璋编《词话丛编》,中华书局1986年版,第387页。
④ 〔元〕戴良:《九灵山房集》,中华书局1985年版,第394页。
⑤ 〔北宋〕赵令畤:《侯鲭录》,中华书局1985年版,第79页。
⑥ 〔北宋〕王灼:《碧鸡漫志》,中华书局1991年版,第11页。
⑦ 〔北宋〕王灼:《碧鸡漫志》,中华书局1991年版,第9页。
⑧ 〔南宋〕刘辰翁:《须溪集》,影印文渊阁《四库全书》本,第1186册,第524页。
⑨ 〔北宋〕胡寅:《斐然集》,岳麓书社2009年版,第373页。
⑩ 〔金〕王若虚:《滹南诗话》,中华书局1985年版,第11页。
⑪ 〔清〕邓廷桢:《双砚斋词话》,见唐圭璋编《词话丛编》,中华书局1986年版,第2529页。
⑫ 〔清〕陈廷焯著,彭玉平导读:《白雨斋词话》,上海古籍出版社2009年版,第198页。
⑬ 〔清〕陈廷焯著,彭玉平导读:《白雨斋词话》,上海古籍出版社2009年版,第14页。

深,以为小技者乃不知妄谈,大约只一细字尽之。……然《金荃》《握兰》本属国风苗裔。即东坡、稼轩英雄本色语,何尝不令人欲歌欲泣。"①

以上论者皆从苏轼整体词风而论,亦有论者以"雄文""英雄语"论其诗文。前文所引王士禛认为苏诗"有菩萨语,有剑仙语,有英雄语,独不能作佛语、圣语耳",即是显例。论者论东坡文,亦赞其为"雄文"。清人田雯《读东坡集偶题》诗曰:"一代文章苏长公,泉源万斛自称雄。前身直是昌黎子,磨蝎由来守命宫。"②林纾《春觉斋论文》亦曰:"东坡雄杰,轶出凡近。"③

论者进而探讨东坡何以有"英雄之词""英雄之诗""英雄之文",多着眼其高旷胸怀与功业建树。赵秉文称誉东坡为"人杰",其《大江东去》(用东坡先生韵)曰:

秋光一片,问苍苍桂影,其中何物。一叶扁舟波万顷,四顾黏天无壁。叩枻长歌,嫦娥欲下,万里挥冰雪。京尘千丈,可能容此人杰。　　回首赤壁矶边,骑鲸人去,几度山花发。澹澹长空今古梦,只有归鸿明灭。我欲从公,乘风归去,散此麒麟发。三山安在,玉箫吹断明月。④

谭献亦有"东坡是衣冠伟人"⑤之说。衣冠伟人自有其胸襟气度和不朽功业,故"词至东坡,倾荡磊落,如诗如文,如天地奇观","一洗绮罗香泽之态,摆脱绸缪宛转之度,使人登高望远,而逸怀浩气超然乎尘垢之外"。词如其人,无一等之胸襟学问,则无此天下一等之豪词雄文。蒋兆兰《词说》谓:"宋代词家,源出于唐五代,皆以婉约为宗。自东坡以浩瀚之气行之,遂开豪迈一派。南宋辛稼轩,运深沉之思于雄杰之中,遂以苏、辛并称。"⑥

蔡嵩云《柯亭词论·东坡词笔无点尘》亦谓:"东坡词,胸有万卷,笔无点尘。其阔大处,不在能作豪放语,而在其襟怀有涵盖一切气象。若徒袭其外貌,何异东施效颦。东坡小令,清丽纡徐,雅人深致,另辟一境。设非胸襟高旷,焉能有此吐属。"⑦吴梅先生《词学通论》亦曰:"公天性豁达,襟抱开朗……惟胸怀坦荡,词亦超凡入圣。后之学者,无公之胸襟,强为模仿,多见其不知量耳。"⑧

由王士禛推崇东坡之词为"英雄之词"、东坡之诗有"英雄语",到诸多论者推重东坡之雄文博学;由论者称颂东坡为人英人杰,再到论者赞东坡天人风姿、阔大胸怀,已足以让人感到东坡英伟一世之不朽所在。较之更多的仅以诗文名世的文士,论者更注意到东坡志在天下、心怀万民的功业建树。袁枚《随园诗话》卷下曰:

人有以诗重者,亦有诗以人重者。古李、杜、韩、苏,俱以诗名千古。然李、杜无功业,不得不以诗传。韩、苏有功业,虽无诗,其人亦传也,而况其有诗乎?⑨

正由于此,陈衍在《石遗室诗话》卷下曰:

余以为古来诗人,如欧阳文忠、苏文忠何尝以事业掩其文章哉?⑩

---

① 〔清〕谢章铤:《赌棋山庄词话续编四》,见唐圭璋编《词话丛编》,中华书局1986年版,第3549页。

② 〔清〕田雯著,曹鼎、刘保今、杨炳辉选注:《田雯诗选》,首都师范大学出版社1996年版,第213页。

③ 林纾:《春觉斋论文》,见《历代文话》第7册,复旦大学出版社2007年版,第6388页。

④ 唐圭璋编:《全金元词》,中华书局1979年版,第47页。

⑤ 〔清〕谭献:《复堂词话》,见唐圭璋编《词话丛编》,中华书局1986年版,第3994页。

⑥ 〔清〕蒋兆兰:《词说》,见唐圭璋编《词话丛编》,中华书局1986年版,第4632页。

⑦ 〔清〕蔡嵩云:《柯亭词论》,见唐圭璋编《词话丛编》,中华书局1986年版,第4910页。

⑧ 吴梅:《词学通论》,复旦大学出版社2005年版,第55页。

⑨ 〔清〕袁枚:《随园诗话》,人民文学出版社1982年版,第589页。

⑩ 陈衍著,郑朝宗、石文英校点:《石遗室诗话》,人民文学出版社2004年版,第324页。

既有诗文传世又能功业千古，这就为东坡英雄之人为“英雄之词”、英雄之诗、雄文杰作书写了浓墨重彩的一笔。我们今天在品味王士禛所谓“英雄之词”时，感受到了其蕴含的丰富内涵。近年来国外报刊及国内学者称苏轼为“千年英雄”，其所来有自。

二、陶潜酷似卧龙豪——渔洋对苏轼和陶诗的接受评析

伴随苏轼研究的持续深入，苏轼《和陶诗》已成为学界关注的热点。据张建伟《近三十年苏轼和陶诗研究综述》①、陈可人《苏轼和陶诗研究综述》②统计，学界共发表有关苏轼和陶诗研究文章近五十篇、硕士论文2篇、博士论文1篇。陈可人将有关研究成果分为九类进行了分析，并且特别指出纵观苏轼和陶诗的研究，“唯一的遗憾是缺少对苏轼与苏辙、晁补之、张耒同题‘和陶诗’的比较研究”③。但据笔者所见，历代苏轼和陶诗的接受研究也是有待加强的。

也正是从此着眼，笔者非常欣赏渔洋在《和苏诗二集序》中对东坡和陶诗的评价。渔洋首先引用东坡之言，肯定追和古人、尽和渊明诗始于东坡，“古之诗人有拟古之作矣，未有追和古人者也。追和古人则始于东坡”④。然后追寻东坡创作和陶诗的原委，苏轼自谓：“吾于渊明，岂独好其诗哉！欲以晚节师法其万一也。”师法什么呢？东坡有自己的回答，他自谓乃渊明异代知己，在《录陶渊明诗》一文中有感于陶诗“纡辔诚可学，违己谁非迷。且共欢此饮，吾驾不可回”诗意，有知音之感，议论说：“此诗叔弼爱之，予亦爱之。予尝有云：言发于心而冲于口，吐之则逆人，茹之则逆予，以谓宁逆人也，故并卒吐之。与渊明诗意不谋而合，故并录之。”⑤在《书李简夫诗集后》中有一段论者惯常引用的文字：“陶渊明欲仕则仕，不以求之为嫌；欲隐则隐，不以去之为高。饥则扣门而乞食，饱则鸡黍以延客，古今贤之，贵其真也。”而“平生不眩于声利，不戚于穷约，安于所遇而乐之终身者，庶几乎渊明之真也”⑥。而在作于绍圣二年二月十一日的《书渊明东方有一士诗后》更曰：“此东方一士，正渊明也。不知从之游者谁乎。若了得此一段，我即渊明，渊明即我也。”⑦但王渔洋在思考“夫以文忠公之为人，卓绝千古，牢笼百代，乃独于渊明惓惓若此，不胜其执鞭欣慕之意”的原委时，直接拈出最为了解东坡的苏辙的序言为论，“及读颍滨之序，谓：‘渊明不肯为五斗米束带见乡里小儿，而子瞻出仕三十余年，为狱吏所折辱，终不能悛，以陷于难，乃欲以桑榆之晚景自托于渊明，其谁信之？’始喟然而兴曰：文忠之和陶也，其有悔心与？嵇叔夜诗云：‘远惭柳下，近愧孙登。’文忠之于渊明，亦若是焉已矣”⑧。认为东坡“欲以桑榆之晚景自托于渊明”，尽和陶诗，乃是有悔心的表现，有若嵇康《幽愤诗》中所谓“远惭柳下，近愧孙登”。柳下惠即展子禽，春秋鲁国人，曾任鲁国大夫，后隐遁避世，百岁而卒。孙登，《晋史》有传，与嵇康、阮籍有交往，曾针对嵇康露才扬己的个性，有“才多识寡，难免乎今之世也”的告诫。嵇康下狱，有愧叹之意。

---

① 张建伟：《近三十年苏轼和陶诗研究综述》，载《乐山师范学院学报》2008年第7期。

②③ 陈可人：《苏轼“和陶诗”研究综述》，载《文学教育》2012年第12期。

④ 〔清〕王士禛：《带经堂集》，上海古籍出版社2010年版，第611页。

⑤ 〔北宋〕苏轼著，张志烈、马德富、周裕锴主编：《苏轼全集校注》（文集），河北人民出版社2010年版，第7555页。

⑥ 〔北宋〕苏轼著，张志烈、马德富、周裕锴主编：《苏轼全集校注》（文集），河北人民出版社2010年版，第7681～7682页。

⑦ 〔北宋〕苏轼著，张志烈、马德富、周裕锴主编：《苏轼全集校注》（文集），河北人民出版社2010年版，第7567页。

⑧ 〔清〕王士禛：《带经堂集》，上海古籍出版社2010年版，第611页。

渔洋推尊东坡“卓绝千古，牢笼百代”，其为《和苏诗二集序》，特意探讨苏轼《和陶诗》创作原委，以渔洋之博学强识，一定不会忽略东坡晚年反观平生，于旷迈超逸之中时时反省自己一生忠君爱民，何以“多情却被无情恼”，最终流落天涯、茫然无所归宿的原因，偶一流露“云鹏今悔不卑飞”之意。在苏轼《和陶诗》中，亦隐约可窥其意，如其《和陶咏二疏》曰：“我尝游东海，所历若有素。神交久从君，屡梦今乃悟。渊明作诗意，妙想非俗虑。庶几二大夫，见微而知著。”①其《和陶怨诗示庞邓》亦曰：“当欢有余乐，在戚亦颓然。渊明得此理，安处固有年。……宁当出怨句，惨惨如孤烟。但恨不早悟，犹推渊明贤。”②渔洋更不会忽略其前一些论者的类似评价，《苏轼全集校注》卷41《和陶停云四首》集评引：“刘后村曰：‘东坡方得意时，为执政为侍从。及其失意，至下狱，过岭，晚更忧患，于是始有和陶之作。不知渊明果认可否？’”③后村之语与苏辙“其谁信之”诘问相近。该书于《和陶始经曲阿》集评引樊潜庵语曰：“靖节高风逸致，空古今无两人。公忧患中心醉久矣，故和陶诸作多自悔自责语。”④纪昀评《和陶咏二疏》诗亦曰：“寓自悔之意。”⑤详味苏轼《和陶诗》，检索前人评价，渔洋认为东坡和陶，有悔心之论，持论有据，可备一说。

更让笔者叹服的是，渔洋对“彭泽千载人，东坡百世士。出处虽不同，风味乃相似”（黄庭坚《跋子瞻和陶诗》）⑥的分析。渔洋认为东坡“生当宋庆历、元祐极盛之时”，“仁祖赏其文，至谓‘今日为子孙得二宰相’。神宗虽不进用起身，宫中每叹以为‘奇才’。异日宣仁述之，至于泣下”⑦。仁宗激赏，神宗眷顾，宣仁太后不次擢升，使其杀身图报，“故虽流离颠沛，窜逐于海外瘴疠之乡，至于百折九死，而其气不挫”。与陶渊明生逢乱世全然不同，“其与渊明生当晋之末造，自以先世宰辅不肯仕他姓者，固不可同日而语矣”。并进一步推论，渊明选择不仕而隐，“为其易”；东坡选择不隐而仕，“为其难”。“渊明之不仕也，楚狂接舆、荷蓧丈人之类也”，乃看透世事，悟彻人生之隐逸高士；“文忠之仕也”，志在生民社稷，“贪恋君恩退未能”，犹如孔子当年“迟迟去鲁之类也”。渊明、子瞻进退出处，“易地皆然，未可轩轾乎其间也”⑧。实为透彻之论。

之所以为之感叹，是因为古之隐逸之士，多是有性气之人，用舍由时，行藏在我，当仕则仕，当隐即隐，功成身退……笑傲三山五湖的出处进退的人生理想，往往会由于复杂的社会原因，化为人生暮年的一声叹息。“归去来兮，吾归何处？万里家在岷峨。”⑨而隐逸者之长夜梦语，诗中襟怀，临风长啸，特别是在人生中的以退为进，适时把握人生的智慧，令人钦羡。东坡自谓“我即渊明，渊明

---

① 〔北宋〕苏轼著，张志烈、马德富、周裕锴主编：《苏轼全集校注》（诗集），河北人民出版社2010年版，第4713页。

② 〔北宋〕苏轼著，张志烈、马德富、周裕锴主编：《苏轼全集校注》（诗集），河北人民出版社2010年版，第4912～4913页。

③ 〔北宋〕苏轼著，张志烈、马德富、周裕锴主编：《苏轼全集校注》（诗集），河北人民出版社2010年版，第4911～4912页。

④ 〔北宋〕苏轼著，张志烈、马德富、周裕锴主编：《苏轼全集校注》（诗集），河北人民出版社2010年版，第5091页。

⑤ 〔北宋〕苏轼著，张志烈、马德富、周裕锴主编：《苏轼全集校注》（诗集），河北人民出版社2010年版，第4716页。

⑥ 〔北宋〕黄庭坚著，刘琳、李勇先、王蓉贵校点：《黄庭坚全集》，四川大学出版社2001年版，第77页。

⑦ 〔清〕王士禛：《带经堂集》，上海古籍出版社2010年版，第611页。

⑧ 〔清〕王士禛：《带经堂集》，上海古籍出版社2010年版，第612页。

⑨ 〔北宋〕苏轼著，张志烈、马德富、周裕锴主编：《苏轼全集校注》（词集），河北人民出版社2010年版，第459页。

即我",与渊明心性相通,"去之五百余载,吾犹知其意也"(《书渊明述史章后》)①。心仪渊明的人生领悟,"靖节以无事自适为得此生,则凡役于物者,非失此生耶"(《题渊明诗二首》)②。对于出处进退,更深有感触,其《题渊明咏二疏诗》曰:"此渊明《咏二疏》也。渊明未尝出,二疏既出而知返,其志一也。或以谓既出而返,如从病得愈,其味胜于初不病,此惑者颠倒见耳。"③由是观之,渔洋观东坡诗文熟矣,知东坡深也。其所言东坡之《和陶诗》乃有悔心,论渊明、东坡出处进退"易地皆然,未可轩轾乎其间也",实为有见之论。这对我们全面深入研究苏轼,特别是苏轼《和陶诗》及苏轼晚年心态,大有启悟。

王士禛在清初继钱谦益之后主盟文坛,博学好古,著述颇丰。其对东坡诗文书画的评论,值得我们予以特别的关注。限于篇幅,拙稿选撷一二,略加称述,不当之处,敬请方家批评。

① 〔北宋〕苏轼著,张志烈、马德富、周裕锴主编:《苏轼全集校注》(文集),河北人民出版社2010年版,第7375页。

② 〔北宋〕苏轼著,张志烈、马德富、周裕锴主编:《苏轼全集校注》(文集),河北人民出版社2010年版,第7495页。

③ 〔北宋〕苏轼著,张志烈、马德富、周裕锴主编:《苏轼全集校注》(文集),河北人民出版社2010年版,第7496页。

论王渔洋对前人诗文理论的接受及其文化心理结构

洪树华*

王士祯，初名士禛，自号渔洋山人①，世称“王渔洋”，是清代前期重要的诗论家和诗人。他的诗论著作有《渔洋诗话》。他的笔记、杂著（如《池北偶谈》《香祖笔记》《居易录》《分甘余话》《古夫于亭杂录》等）中也有一些诗文观点。他的学生张宗柟收集他的诗论，分类编排，编辑成《带经堂诗话》。长期以来，关于王渔洋诗论的研究，学术界大多关注他的“神韵”说，多分析其“神韵”说的主要特点及其美学蕴涵。而王渔洋对前人诗文理论的接受并没有引起学者的足够重视。本文拟考察王渔洋对前人诗文理论的接受，进而透视他的文化心理结构。

一

王渔洋曾说：“余于古人论诗，最喜钟嵘《诗品》、严羽《诗话》、徐祯卿《谈艺录》，而不喜皇甫汸《解颐新语》、谢榛《诗说》。又云：弇州《艺苑卮言》，品骘极当，独嫌其党同类，稍乖公允耳。”②据此可知，针对前人论诗，王渔洋最喜欢钟嵘《诗品》、严羽《沧浪诗话》、徐祯卿《谈艺录》。王渔洋对前人论诗的喜爱，最突出的表现就是在自己的诗论著作及笔记、杂著中多次引用了前人诗文观点。笔者查阅了《带经堂诗话》及《清诗话》中的《师友诗传录》《师友诗传续录》，发现王渔洋在谈诗论诗中大量引用了前人语句，详见表1。

---

* 作者简介：洪树华，山东大学（威海）文学院，副教授。

① 赵尔巽等：《清史稿》，中华书局1977年版，第9954页。

② 〔清〕王士祯：《渔洋诗话》卷上，见《清诗话》，上海古籍出版社1978年版，第170页。也可见〔清〕王士禛著，〔清〕张宗柟纂集，夏闳校点《带经堂诗话》，人民文学出版社1963年版，第58页。

表1　王渔洋对前人诗文理论接受(引用)的分布及其次数一览表①

王渔洋诗文论著 接受(引用)前人语句及次数	渔洋诗话	池北偶谈	居易录	香祖笔记	蚕尾文	蚕尾续文	渔洋文	古夫于亭杂录	师友诗传录(附《清诗话》页码)	师友诗传续录(附《清诗话》页码)	备注(附《带经堂诗话》页码)
《尚书》			1						1(142)		72
〔汉〕司马相如《答盛览问作赋》				1							81
〔汉〕扬雄《法言·吾子》									1(142)		
〔汉〕扬雄《答桓谭论赋书》									1(125)		822
〔晋〕陆机《文赋》									8(141～145)		
〔南朝宋〕汤惠休论谢、颜诗		1									37
〔南朝梁〕刘勰《文心雕龙·明诗》	1						1		1(126)		88、115、823
〔南朝梁〕钟嵘《诗品》	1	1		1		1			1(126)	1(153)	58、220、99、842
〔南朝梁〕萧子显《自序》	1										67
〔隋〕王通《文中子》			1								72
〔唐〕杜甫《戏为六绝句》								1			194
〔唐〕杜甫《奉赠韦左丞丈二十二韵》									1(144)		
〔唐〕韩愈《进学解》									1(142)		
〔唐〕刘禹锡《秋日过鸿举法师寺院便送归江陵诗引》					1						88
〔唐〕王士源《孟浩然集序》	1	1									67～68
〔唐〕司空图《与王驾评诗书》		1									37～38
〔唐〕司空图《与李生论诗书》		1					1				38、97
〔唐〕司空图《与极浦书》	1										91
〔唐〕司空图《二十四诗品》				1	1				1(125)		86、72、822
〔唐〕戴叔伦论诗	1			1							91、72
〔宋〕黄庭坚《论诗作文》		1									68
〔宋〕苏轼教人作诗法					1						78
〔宋〕宋祁评左思诗								1			69

① 表中所列的《师友诗传录》《师友诗传续录》,可见于《清诗话》,上海古籍出版社1978年版。《带经堂诗话》为〔清〕王士禛著,〔清〕张宗柟纂集,夏闳校点,人民文学出版社1963年版。

（续表）

王渔洋诗文论著 接受(引用)前人语句及次数	渔洋诗话	池北偶谈	居易录	香祖笔记	蚕尾文	蚕尾续文	渔洋文	古夫于亭杂录	师友诗传录（附《清诗话》页码）	师友诗传续录（附《清诗话》页码）	备注（附《带经堂诗话》页码）
〔宋〕彭乘《墨客挥犀》				1							40～41
〔宋〕许顗《许彦周诗话》		1						1			45
〔宋〕姜夔《白石道人诗说》	1							1	1(126)		76、87、827
〔宋〕严羽《沧浪诗话·诗辩》	1						1			2(150～152)	91、97、836、841
〔宋〕严羽《沧浪诗话·诗评》		2									36
〔宋〕严羽《沧浪诗话·诗证》				1							102～103
〔宋〕林艾轩论苏、黄诗		1									45
〔元〕范椁《木天禁语》									2(138～139)		833、834
〔明〕孔天胤《园中赏花赋诗事宜》		1									73
〔明〕王世贞《明诗评》						1					98
〔明〕王世懋《艺圃撷余》		1				1					30、98
〔明〕李攀龙《选唐诗序》									1(135)		830
〔清〕钱谦益《读苏长公文》								1			45
〔清〕钱谦益《程茂桓诗序》										1(153)	842

据笔者统计，王渔洋引用前人诗文理论语句的次数多达63次。其中陆机《文赋》有8次，钟嵘《诗品》有6次，严羽《沧浪诗话》有7次（含《诗辩》4次、《诗评》2次、《诗证》1次），另外，刘勰《文心雕龙·明诗》、司空图《二十四诗品》、姜夔《白石道人诗说》各3次，《尚书》、司空图《与李生论诗书》、许顗《许彦周诗话》、王世懋《艺圃撷余》、范椁《木天禁语》等各2次，其余各1次。由上表可见，王渔洋在自己的诗论著作及笔记、杂著中引用（接受）最多的是陆机的《文赋》、钟嵘的《诗品》及严羽的《沧浪诗话》。考察王渔洋对前人诗文理论的接受，值得研究者注意的是：

第一，接受范围。从先秦的“诗言志”说至清代的诗文理论，中国古代文学理论批评有着漫长的历史，其构成形态包含了专门的理论著作、诗评、书信、诗话、序跋、笔记、杂著、论诗绝句、点评等。王渔洋对前人诗文理论的接受涉及了：先秦《尚书》的“诗言志”说，汉代司马相如、扬雄关于文学的见解；魏晋南北朝时期陆机的《文赋》，汤惠休论颜谢诗，刘勰的《文心雕龙》，钟嵘的《诗品》，萧子显的诗论；隋唐时期王通的《文中子》，杜甫的《戏为六绝句》《奉赠韦左丞丈二十二韵》，韩愈的《进学解》，刘禹锡的《秋日过鸿举法师寺院便送归江陵诗引》，王士源的《孟浩然集序》，司空图的《与王驾评诗书》《与李生论诗书》《与极浦书》《二十四诗品》，戴叔伦论诗；宋元时期彭乘的《墨客挥犀》、许顗的《许彦周诗话》、姜夔的《白石道人诗说》、严羽的《沧浪诗话》、范椁的《木天禁语》以及黄庭坚、苏轼、宋祁、林艾轩等人的评诗论诗；明清时期孔天胤的《园中赏花赋诗事宜》、王世贞的《明诗评》、王世懋的《艺圃撷余》、李攀龙的《选唐诗序》、钱谦益的《读苏长公文》及《程茂桓诗序》等，涉及的诗论者约30位，引用理论资料充足，涉及了专门的理论著作，如《文赋》《文心雕龙》《诗品》《沧浪诗话》，也涉及了书信、论诗绝句、杂著、诗序、诗评等，接受涉及的范围从先秦的"诗言志"说至清代的诗文理论。可以这样说，王渔洋对前人诗文理论的接受范围之广、次数之多，在中国文学批评史上是极其少见的。

第二，接受情形。王渔洋在自己的诗话、杂著、笔记里大量引用了前人的诗文理论。其对前人诗文理论的接受大致有以下几种情形：

1. 直接摘引。(1)有的是直接摘引前人诗文理论，未作任何评析，如《居易录》："《书》曰：'诗言志。'故《文中子》曰：'《大风》安不忘危，其霸心之存乎。《秋风》乐极哀来，其悔志之萌乎。'"①王渔洋还摘录了《尚书·尧典》的"诗言志"说和王通《文中子》关于《大风歌》《秋风歌》的评论，未作评析。又如《渔洋诗话》："戴叔伦论诗云：'蓝田日暖，良玉生烟。'司空表圣云'不着一字，尽得风流'，'神出古异，澹不可收'，'采采流水，逢逢远春'，'明漪见底，奇花初胎'，'晴雪满林，隔溪渔舟'。刘蜕《文冢铭》云：'气如蛟宫之水。'严羽云：'如镜中之花，水中之月，如羚羊挂角，无迹可求。'……"②王渔洋在此摘录了戴叔伦、司空图、严羽的论诗话语，也未作任何评价。需要指出的是，王渔洋在此引用的严羽话语与《沧浪诗话·诗辩》有所不同。《诗辩》云："诗者，吟咏情性也，盛唐诸人，惟在兴趣；羚羊挂角，无迹可求。故其妙处，透彻玲珑，不可凑泊。如空中之音，相中之色，水中之月，镜中之象，言有尽而意无穷。"③经比较，王渔洋的引语与《诗辩》中的语句、次序有很大不同。(2)有的是直接引用前人话语，表达知言会心之意。如《渔洋文》："严沧浪论诗云：'盛唐诸人，唯在兴趣，羚羊挂角，无迹可求，透彻玲珑，不可凑泊，如空中之音，相中之色，水中之月，镜中之象，言有尽而意无穷。'司空表圣论诗亦云：'味在酸咸之外。'康熙戊辰春杪，日取开元、天宝诸公篇什读之，于二家之言，别有会心。录其尤隽永超诣者，自王右丞而下四十二人，为《唐贤三昧集》，釐为三卷。"④"别有会心"表明了王渔洋对严羽、司空图关于诗歌特点看法的赞赏。又如《蚕尾续文》："弇州诗评谓昌谷如白云自流，山泉泠然，残雪在地，掩映新月；子业如高山鼓琴，沉思忽往，木叶尽脱，石气自青。谭艺家迄今奉为笃论。其弟敬美又云：'更百千年，李、何尚有废兴，徐、高必无绝响。'其知言哉！"⑤"知言"，是针对王世懋而言，其实，也表达了王渔洋对前人诗论的"知言"。(3)有的是灵活摘引，适时运用。如《渔洋诗话》："刘勰《文心雕龙》论晋、宋间诗云：'庄、老告退，山水方滋。'余取其语以序宋牧仲太宰诗。牧仲遂镌小印曰'山水方滋'。"⑥王渔洋在给宋牧仲诗作序时借用了刘勰谈论晋、宋间诗的话语。又如《古夫于亭杂录》："景文云：庄周云：'送君者皆自崖而返，君自此远矣。'令人萧寥有遗世意。愚谓《秦风·蒹葭》之诗亦然。姜白石所云'言尽意不尽'也。"⑦王渔洋摘引了姜夔的话语来说明言尽而意无穷。(4)引用前人的言语，紧随其后直接作一些评述或表示认同。如《师友诗传录》：

① 〔清〕王士禛著，〔清〕张宗柟纂集，夏闳校点：《带经堂诗话》，人民文学出版社1963年版，第72页。

② 〔清〕王士禛著，〔清〕张宗柟纂集，夏闳校点：《带经堂诗话》，人民文学出版社1963年版，第91页。

③ 〔宋〕严羽：《沧浪诗话》，见〔清〕何文焕辑《历代诗话》，中华书局1981年版，第688页。

④ 〔清〕王士禛著，〔清〕张宗柟纂集，夏闳校点：《带经堂诗话》，人民文学出版社1963年版，第97～98页。

⑤ 〔清〕王士禛著，〔清〕张宗柟纂集，夏闳校点：《带经堂诗话》，人民文学出版社1963年版，第98页。引文中的王世懋(敬美)话语，与《艺圃撷余》"更千百年，李、何尚有废兴，二君必无绝响"相比，文字略有差异。

⑥ 〔清〕王士禛著，〔清〕张宗柟纂集，夏闳校点：《带经堂诗话》，人民文学出版社1963年版，第88页。

⑦ 〔清〕王士禛著，〔清〕张宗柟纂集，夏闳校点：《带经堂诗话》，人民文学出版社1963年版，第87页。

(郎廷槐)问:“闻之家四兄云:‘志非言不形,言非诗不彰。’是三者果相需而为用欤?”

阮亭答:“《尚书》云:‘诗言志,歌永言,声依永,律和声。’此千古言诗之妙谛真诠也。故知志非言不形,言非诗不彰,祖诸此矣。何谓志?‘石韫玉而山以辉,水怀珠而川以媚’是也;何谓言?‘其为物也多姿,其为体也屡迁,其会意也尚巧,其遣词也贵妍’是也;何谓诗?‘既缘情而绮靡,亦体物而浏亮’,‘播芳蕤之馥馥,发青条之森森’是也。昌黎云:‘《诗》正而葩。’岂不然欤?”①

王渔洋对《尚书》“诗言志”的说法做了高度评价,同时又摘引陆机《文赋》的语句分别对“志”“言”“诗”作了说明,也肯定了韩愈对《诗》的评价。需要指出的是,王渔洋引用的“既缘情而绮靡,亦体物而浏亮”一句,与《文赋》“诗缘情而绮靡,赋体物而浏亮”相比,文字略有不同。

2. 间接摘引。王渔洋对前人诗文理论的接受,除了直接引用前人诗论理论的情形外,还有间接引用前人话语的情形。当然,间接引用的前人话语与原文是有差异的。如《池北偶谈》:“作古诗须先辨体。无论两汉难至,苦心摹仿,时隔一尘。即为建安,不可堕落六朝一语;为三谢,不可杂入唐音。小诗欲作王、韦,长篇欲作老杜,便应全用其体,不可虎头蛇尾。此王敬美论五言古诗法。予向语同人,譬如衣服,锦则全体皆锦,布则全体皆布,无半锦半布之理,即敬美此意。又尝论五言,感兴宜阮、陈,山水闲适宜王、韦,乱离行役、铺张叙述宜老杜,未可限以一格,亦与敬美旨同。”②王渔洋在这段话中,间接引用了明代王世懋(敬美)谈论的五言古诗法,与明王世懋《艺圃撷余》的话语有些差异。《艺圃撷余》云:“作古诗先须辨体,无论两汉难至,苦心模仿,时隔一尘。即为建安,不可堕落六朝一语。为三谢,纵极排丽,不可杂入唐音。小诗欲作王、韦,长篇欲作老杜,便应全用其体。第不可羊质虎皮,虎头蛇尾。词曲家非当家本色,虽丽语博学无用,况此道乎?”③虽有差异,但足以显现王渔洋对明代王世懋论五言古诗法的认同。又如《池北偶谈》云:“昔人评谢康乐诗如初日芙蓉,颜延之诗如镂金错采。梁武帝取其语以入《书评》,云:‘李镇东书如芙蓉之出水,文采之镂金。’④王渔洋间接引用了南朝宋代汤惠休、鲍照评论颜、谢诗的话语。笔者核对原文,发现钟嵘《诗品》“宋光禄大夫颜延之”一条引汤惠休的话是“谢诗如芙蓉出水,颜如错彩镂金”⑤。另据《南史·颜延之传》记载:“延之尝问鲍照己与灵运优劣,照曰:‘谢五言如初发芙蓉,自然可爱。君诗若铺锦列绣,亦雕缋满眼。’⑥由此可知,王渔洋间接引用前人评论颜、谢两人的话语与原文是有差异的。又《池北偶谈》说:“康熙已来诗人,无出南施北宋之右,宣城施闰章愚山、莱阳宋琬荔裳也。昔人论《古诗十九首》,以为惊心动魄,一字千金,施五言云:‘秋风一夕起……’此虽近体,岂愧《十九首》耶!”⑦王渔洋提及的“昔人论《古诗十九首》,以为惊心动魄,一字千金”源自钟嵘《诗品》上“古诗”条:“其体源出于《国风》。陆机所拟十四首,文温以丽,意悲而远,惊心动魄,可谓几乎一字千金!”⑧再如《师友诗传录》第十七条:(郎廷槐)问:“七言五句古、六句古,其法若何?”阮亭答:“七言五句,起于杜子美之‘曲江萧条秋气高’也。昔人谓贵词明意尽。愚谓贵矫健,有短兵相接之

① 〔清〕王士禛等:《师友诗传录》,见《清诗话》,上海古籍出版社1978年版,第142页。
② 〔清〕王士禛著,〔清〕张宗柟纂集,夏闳校点:《带经堂诗话》,人民文学出版社1963年版,第30页。
③ 〔明〕王世懋:《艺圃撷余》,见〔清〕何文焕辑《历代诗话》,中华书局1981年版,第775页。
④ 〔清〕王士禛著,〔清〕张宗柟纂集,夏闳校点:《带经堂诗话》,人民文学出版社1963年版,第37页。
⑤ 〔南朝梁〕钟嵘:《诗品》,见〔清〕何文焕辑《历代诗话》,中华书局1981年版,第13~14页。
⑥ 〔唐〕李延寿:《南史》第三册,中华书局1975年版,第881页。
⑦ 〔清〕王士禛著,〔清〕张宗柟纂集,夏闳校点:《带经堂诗话》,人民文学出版社1963年版,第220页。
⑧ 〔南朝梁〕钟嵘:《诗品》,见〔清〕何文焕辑《历代诗话》,中华书局1981年版,第6页。

势乃佳。”①第十八条：(郎廷槐)问：“五言六句古作法，五言亦有五句古否?”阮亭答：“五言短古诗，昔人谓贵词简味长，不可明白说尽。杨仲宏曰：‘五言短古，只是选诗首尾四句，所以含蓄无限。’”②其中，“昔人谓贵词明意尽”，源自元代范梈《木天禁语》“七言短古篇法”条：“辞明意尽，与五言相反。”③“昔人谓贵词简味长，不可明白说尽”，源自元代范梈《木天禁语》“五言短古篇法”条：“辞简意味长，言语不可明白说尽，含糊则有余味。”④由上述例子可知，王渔洋间接摘引之文与原文是有所不同的。

3. 吸收前人诗文理论的语词。作为清前期的诗论家，王渔洋对中国古代文学理论烂熟于心，常常在自己的论著中运用前人诗文理论的语词，详见表2。

表2　王渔洋吸收前人诗文理论的语词一览表

对比 序号	王渔洋语句 (附《带经堂诗话》页码)	前人语句
1	《蚕尾文》：诗以言志。古之作者，如陶靖节、谢康乐、王右丞、杜工部、韦苏州之属，其诗具在，尝试以平生出处考之，莫不各肖其为人。尚友千载者自能辨之。(P74)	先秦《尚书·尧典》：诗言志，歌永言。 《左传·襄公二十七年》：诗以言志。
2	《居易录》：圣俞诗实胜子美。然子美有言：“平生不幸，写字被人比周越，作诗比梅尧臣。”此言妄矣。文士相轻习气，自古而然。(P44)	〔三国魏〕曹丕《典论·论文》：文人相轻，自古而然。傅毅之于班固，伯仲之间耳，而固小之。
3	《蚕尾续文》：昔人云，《楚词》《世说》，诗中佳料，为其风藻神韵，去《风》《雅》未遥：学者由此意而通之，摇荡性情，晖丽万有，皆是物也：次曰丽以则。(P78)	〔南朝梁〕钟嵘《诗品序》：气之动物，物之感人，故摇荡性情，形诸舞咏。照烛三才，晖丽万有，灵祇待之以致飨，幽微借之以昭告。
4	《渔洋文》：根柢原于学问，兴会发于性情。于斯二者兼之，又斡以风骨，润以丹青，谐以金石，故能衔华佩实，大放厥词，自名一家。(P78)	〔南朝梁〕钟嵘《诗品序》：宏斯三义，酌而用之，干之以风力，润之以丹彩，使味之者无极，闻之者动心，是诗之至也。
5	《古夫于亭杂录》：余尝有诗云：“不薄今人爱古人，龙门登处最嶙峋。山中柯烂蓬莱浅，又见先生制作新。”(P194)	〔唐〕杜甫《戏为六绝句》第五首：不薄今人爱古人，清词丽句必为邻。

① 〔清〕王士禛等：《师友诗传录》，见《清诗话》，上海古籍出版社1978年版，第138页。也可见〔清〕王士禛著，〔清〕张宗柟纂集，夏闳校点《带经堂诗话》，人民文学出版社1963年版，第833页。

② 〔清〕王士禛等：《师友诗传录》，见《清诗话》，上海古籍出版社1978年版，第139页。也可见〔清〕王士禛著，〔清〕张宗柟纂集，夏闳校点《带经堂诗话》，人民文学出版社1963年版，第834页。

③④ 〔元〕范梈：《木天禁语》，见〔清〕何文焕辑《历代诗话》，中华书局1981年版，第746页。

（续表）

对比 序号	王渔洋语句 （附《带经堂诗话》页码）	前人语句
6	《渔洋文》：夫诗之道，有根柢焉，有兴会焉，二者率不可得兼。镜中之象，水中之月，相中之色，羚羊挂角，无迹可求，此兴会也。（P78）	〔宋〕严羽《沧浪诗话·诗辩》：诗者，吟咏情性也，盛唐诸人，惟在兴趣；羚羊挂角，无迹可求。故其妙处，透彻玲珑，不可凑泊。如空中之音，相中之色，水中之月，镜中之象，言有尽而意无穷。
7	《分甘余话》：诗至此，色相俱空，政如羚羊挂角，无迹可求，画家所谓逸品是也。（P71）	〔宋〕严羽《沧浪诗话·诗辩》：诗者，吟咏情性也，盛唐诸人，惟在兴趣；羚羊挂角，无迹可求。
8	《渔洋诗话》：李丹壑编修故友合肥文定公子，早慧，能以诗世其家，然有别才，如《洛阳怀古》云："秋来张掾多归思，事去王郎少宦情。"殊有言外意。（P254）	〔宋〕严羽《沧浪诗话·诗辩》：诗有别材，非关书也。
9	《渔洋诗话》：宗人苹字秋史，历城人，康熙丙戌进士，诗有别才，有句云："乱泉声里才通屐，黄叶林间自著书。"又"黄叶下时牛背晚，青山缺处酒人行。"……时人亦呼为"王黄叶"。（P299）	〔宋〕严羽《沧浪诗话·诗辩》：诗有别材，非关书也。
10	《居易录》：若温庭筠"白马夜频惊，三更灞陵雪"，亦奇作也。……下至苏子美"既以粉泽涂我面，又以珠玉缀我腮"，则下劣诗魔，适足喷饭耳。（P304）	〔宋〕严羽《沧浪诗话·诗辩》：若自退屈，即有下劣诗魔入其肺腑之间，由立志之不高也。
11	《香祖笔记》：李义山《对雪》诗："欲舞定随曹植马，有情应点谢庄衣。"虽非上乘语，然不失雅驯。《墨客挥犀》载罗可二句云："斜侵潘岳鬓，横上马良眉。"则晚唐五代恶道，所谓下劣诗魔者也。雅俗之间，不可不辨。（P305）	〔宋〕严羽《沧浪诗话·诗辩》：若自退屈，即有下劣诗魔入其肺腑之间，由立志之不高也。
12	《池北偶谈》：予向谓刘后村诗好用本朝人事，近见宋末王义山《稼村集》效颦尤可厌，如……"有时觅句寻欧约，不惯斟羔学党家"，此真下劣诗魔，恶道坌出矣！（P477）	〔宋〕严羽《沧浪诗话·诗辩》：若自退屈，即有下劣诗魔入其肺腑之间，由立志之不高也。
13	《香祖笔记》：然予观宋景文近体，无一字无来历，而对仗精确，非读万卷者不能，迥非南渡以后所及。今人耳食，誉者毁者，皆矮人观场，未之或知也。（P43）	〔宋〕黄庭坚《答洪驹父书》：自作语最难，老杜作诗，退之作文，无一字无来处，盖后人读书少，故谓韩、杜自作此语耳。
14	《古夫于亭杂录》：余观宋景文诗，虽所传篇什不多，殆无一字无来历。明诸大家用功之深如此者绝少，宋人诗何可轻议耶？（P44）	〔宋〕黄庭坚《答洪驹父书》：自作语最难，老杜作诗，退之作文，无一字无来处，盖后人读书少，故谓韩、杜自作此语耳。
15	《居易录》：故东坡诗云："蒌蒿满地芦芽短，正是河豚欲上时。"七字非泛咏景物，可见坡诗无一字无来历也。（P449）	〔宋〕黄庭坚《答洪驹父书》：自作语最难，老杜作诗，退之作文，无一字无来处，盖后人读书少，故谓韩、杜自作此语耳。
16	《师友诗传续录》：问："昔人谓韵不必有出处，字不必拘来历，其然岂其然？" 答："杜子美、苏子瞻诗无一字无来历；善押强韵莫如韩退之，却无一字无出处也。"（P852）	〔宋〕黄庭坚《答洪驹父书》：自作语最难，老杜作诗，退之作文，无一字无来处，盖后人读书少，故谓韩、杜自作此语耳。

（续表）

对比 序号	王渔洋语句 （附《带经堂诗话》页码）	前人语句
17	《分甘余话》：曹颂嘉（禾）祭酒常语余曰：杜、李、韩、苏四家歌行，千古绝调，然语句时有利钝。先生长句，乃句句用意，无瑕可攻，拟之前人，殆无不及。余曰：唯句句作意，此其所以不及前人也。四公之诗，如万斛泉源，不择地而出，行乎其所不得不行，止乎其所不得不止。余诗如鉴湖一曲，若放翁、遗山已下，或庶几耳。（P75）	〔宋〕苏轼《文说》：吾文如万斛泉源，不择地而出，在平地滔滔汩汩，虽一日千里无难，及其与山石曲折、随物赋形而不可知也。所可知者，常行于所当行，常止于不可不止，如是而已矣。
18	《蚕尾文》：西堂先生歌诗，如万斛泉，随地涌出，世出世间，辩才无碍，要为称其心之所欲言。昔云门说法如云雨，殊不喜人记录，见即诃曰："汝口不用，反记吾语，异日稗贩我耶？"近今作者，其能不为稗贩者谁欤？如吾悔庵，与云门相视而笑可也。（P123）	〔宋〕苏轼《文说》：吾文如万斛泉源，不择地而出，在平地滔滔汩汩，虽一日千里无难，及其与山石曲折、随物赋形而不可知也。所可知者，常行于所当行，常止于不可不止，如是而已矣。

从上表看，王渔洋论著中的语词与前人诗文理论中的语词有相同或相似的部分。这些相同或相似的语词表明前人诗文理论已进入了王渔洋的批评视野，也说明了王渔洋对前人诗文理论的喜爱，如王渔洋曾说："余于古人论诗，最喜钟嵘《诗品》、严羽《诗话》、徐祯卿《谈艺录》，而不喜皇甫汸《解颐新语》、谢榛《诗说》。又云：弇州《艺苑卮言》，品骘极当，独嫌其党同类，稍乖公允耳。"①由于长期浸染于前人的文学批评之中，王渔洋深受前人诗文理论的影响是不可避免的。这种影响不仅体现在他对前人诗文观点的赞同上，也体现在他自觉不自觉地使用前人论著中的语词上。以钟嵘《诗品》、严羽《沧浪诗话》为例，王渔洋对它们喜爱至极。《渔洋诗话》云："钟嵘《诗品》，余少时深喜之。"②王渔洋年轻时就十分喜欢钟嵘的《诗品》。这种喜欢之情是建立在接受者多次阅读和反复品味基础上的。久而久之，作为前人诗文理论的接受者，王渔洋对《诗品》烂熟于心，应该是确定无疑的。王渔洋在他的论著中多次引用了《诗品》，并且袭用了部分语词。如《蚕尾续文》："昔人云，《楚词》《世说》，诗中佳料，为其风藻神韵，去《风》《雅》未遥；学者由此意而通之，摇荡性情，晖丽万有，皆是物也：次曰丽以则。"③其中的"摇荡性情，晖丽万有"便受到了南朝梁钟嵘《诗品序》"气之动物，物之感人，故摇荡性情，形诸舞咏。照烛三才，晖丽万有，灵祇待之以致飨，幽微借之以昭告"④的影响。而《渔洋文》"根柢原于学问，兴会发于性情。于斯二者兼之，又斡以风骨，润以丹青，谐以金石，故能衔华佩实，大放厥词，自名一家"⑤中的"斡以风骨，润以丹青"，与钟嵘《诗品序》"宏斯三义，酌而用之，干之以风力，润之以丹彩，使味之者无极，闻之者动心，是诗之至也"⑥中的"干之以风力，润之以丹彩"极其相似。我们通过上述两组句子，可知钟嵘《诗品》对王渔洋的影响

① 〔清〕王士祯：《渔洋诗话》卷上，见《清诗话》，上海古籍出版社1978年版，第170页。也可见〔清〕王士禛著，〔清〕张宗柟纂集，夏闳校点《带经堂诗话》，人民文学出版社1963年版，第58页。

② 〔清〕王士禛著，〔清〕张宗柟纂集，夏闳校点：《带经堂诗话》，人民文学出版社1963年版，第58页。

③ 〔清〕王士禛著，〔清〕张宗柟纂集，夏闳校点：《带经堂诗话》，人民文学出版社1963年版，第78页。

④ 〔南朝梁〕钟嵘：《诗品》，见〔清〕何文焕辑《历代诗话》，中华书局1981年版，第2页。

⑤ 〔清〕王士禛著，〔清〕张宗柟纂集，夏闳校点：《带经堂诗话》，人民文学出版社1963年版，第78页。引文"斡以风骨，润以丹青"中的"斡"，疑为"幹（干）"字之误。

⑥ 〔南朝梁〕钟嵘：《诗品》，见〔清〕何文焕辑《历代诗话》，中华书局1981年版，第3页。

是非常明显的。《沧浪诗话》也是王渔洋喜爱和接受的对象。王渔洋在《蚕尾续文》曾说："余访《沧浪先生吟卷》，积有岁年，康熙戊申始得宋刻于亡友程太史翼苍。一则幸夙愿之顿酬，一则感故人之新逝，秋窗篝火，展卷怃然。"①《渔洋诗话》说："王介甫《唐百家诗》，宋牧仲尚书从常熟毛扆得古本刻之。余阅一过……后阅《严沧浪诗话》，已先余言之。安石一生相业，所谓好恶拂人之性，此选亦然。"②王渔洋从亡友那里获得了宋刻本《沧浪先生吟卷》。《沧浪诗话》是王渔洋阅读的重要理论著作。王渔洋对《沧浪诗话》的接受，一方面表现为他在论著中多次摘引了《沧浪诗话》，另一方面表现为王渔洋在论著中使用的一些语词与《沧浪诗话》相同或相似。如：

第一组：

《渔洋文》："夫诗之道，有根柢焉，有兴会焉，二者率不可得兼。镜中之象，水中之月，相中之色，羚羊挂角，无迹可求，此兴会也。"③

《分甘余话》："诗至此，色相俱空，政如羚羊挂角，无迹可求，画家所谓逸品是也。"④

严羽《沧浪诗话·诗辩》："诗者，吟咏情性也，盛唐诸人，惟在兴趣；羚羊挂角，无迹可求。故其妙处，透彻玲珑，不可凑泊。如空中之音，相中之色，水中之月，镜中之象，言有尽而意无穷。"⑤

第二组：

《渔洋诗话》："宗人苹字秋史，历城人，康熙丙戌进士，诗有别才，有句云：'乱泉声里才通屐，黄叶林间自著书。'又'黄叶下时牛背晚，青山缺处酒人行。'……时人亦呼为'王黄叶'。"⑥

严羽《沧浪诗话·诗辩》："诗有别材，非关书也。"⑦

第三组：

《居易录》："若温庭筠'白马夜频惊，三更灞陵雪'，亦奇作也。……下至苏子美'既以粉泽涂我面，又以珠玉缀我腮'，则下劣诗魔，适足喷饭耳。"⑧

严羽《沧浪诗话·诗辩》："若自退屈，即有下劣诗魔入其肺腑之间，由立志之不高也。"⑨

王渔洋诗论深受严羽《沧浪诗话》的影响，上述例子或多或少带有严羽诗论影响的痕迹。第一组，王渔洋"镜中之象，水中之月，相中之色，羚羊挂角，无迹可求""政如羚羊挂角，无迹可求"与严羽《沧浪诗话·诗辩》中的"羚羊挂角，无迹可求""如空中之音，相中之色，水中之月，镜中之象，言有尽而意无穷"的语词相同或相似，只不过语词顺序有所不同。在此需要说明的是，"羚羊挂角""相中之色""水中之月""镜中之象"等原为禅宗语，常出现在佛学典籍中，严羽等诗论家往往使用这些比喻来评论优秀的诗歌。王渔洋阅读过《沧浪诗话》，必然会受严羽诗论的影响。第二组，《渔洋诗话》中的"诗有别才"与严羽《沧浪诗话·诗辩》中的"诗有别材"相似。第三组，王渔洋在《香祖笔谈》《居易录》《池北偶谈》中均使用了"下劣诗魔"，与《沧浪诗话·诗辩》中的"下劣诗魔"完

① 〔清〕王士禛著，〔清〕张宗柟纂集，夏闳校点：《带经堂诗话》，人民文学出版社1963年版，第137页。
② 〔清〕王士禛著，〔清〕张宗柟纂集，夏闳校点：《带经堂诗话》，人民文学出版社1963年版，第102页。
③ 〔清〕王士禛著，〔清〕张宗柟纂集，夏闳校点：《带经堂诗话》，人民文学出版社1963年版，第78页。
④ 〔清〕王士禛著，〔清〕张宗柟纂集，夏闳校点：《带经堂诗话》，人民文学出版社1963年版，第71页。
⑤ 〔宋〕严羽：《沧浪诗话》，见〔清〕何文焕辑《历代诗话》，中华书局1981年版，第688页。
⑥ 〔清〕王士禛著，〔清〕张宗柟纂集，夏闳校点：《带经堂诗话》，人民文学出版社1963年版，第299页。
⑦ 〔宋〕严羽：《沧浪诗话》，见〔清〕何文焕辑：《历代诗话》，中华书局1981年版，第688页。
⑧ 〔清〕王士禛著，〔清〕张宗柟纂集，夏闳校点：《带经堂诗话》，人民文学出版社1963年版，第304页。
⑨ 〔宋〕严羽：《沧浪诗话》，见〔清〕何文焕辑《历代诗话》，中华书局1981年版，第687页。

全相同。从与前人(如钟嵘、严羽等人)诗文理论中的语词相同或相似的情形可以看出,王渔洋受前人诗文理论的影响应该是不争之实。

二

每个人都有各自的文化心理结构。文艺理论批评家的文化心理结构是在不断批评的实践中形成的,并且其构成是非常复杂的。胡有清说:"批评家的自身素养即文化心理结构是在社会实践特别是批评实践中形成和发展起来的,并处在不断的自我超越之中。批评家在对批评对象进行审视和评价的过程中,也对自己固有的审美理想、文学观念、思维方式以至整个文化心理结构进行反思,从而做出某种调整和发展,实现自身的部分重建以至质的飞跃。"①胡有清将批评家的自身素养视为文化心理结构,并列举出理论素养、艺术素养、知识素养、人格素养等自身素养。笔者从胡有清上述的看法获得启发,认为诗论家王渔洋在接受前人诗文理论的同时,具有如下文化心理结构:

(一)佛禅文化素养。禅宗是最具有中国特色的佛教宗派,它对唐以后的文人产生了深远的影响。作为清代前期的一位重要诗论家和诗人,王渔洋也深受禅宗思想的影响。王渔洋曾宣称,最喜欢钟嵘《诗品》、严羽《沧浪诗话》和徐祯卿《谈艺录》。他在评诗论诗中,有7次摘引《沧浪诗话》。《沧浪诗话》最大的特色就是"以禅喻诗",明清时期的诗论家已注意到严羽"以禅喻诗"的特点。如明代胡应麟在《诗薮》内编卷二说:"严氏以禅喻诗,旨哉!禅则一悟之后,万法皆空,棒喝怒呵,无非至理;诗则一悟之后,万象冥会,呻吟咳唾,动触天真。"②清代贺赏在《载酒园诗话》说:"沧浪素以禅论诗。"③《沧浪诗话》之所以获得王渔洋的喜爱,是因为严羽诗论的"以禅喻诗"契合他的审美心理,他在《蚕尾续文》中说:"严沧浪以禅喻诗,余深契其说,而五言尤为近之。"④王渔洋对严羽诗论的接受和他的以禅论诗,反映出了他的佛禅文化素养。

首先,从运用与佛禅相关的语词来看。如"舍筏登岸"词语在王渔洋论著中出现过两次。《蚕尾文》:"予曰:子之论画至矣。虽然,非独画也,古今风骚流别之道,固不越此。……非是则旁出,其诗家之有嫡子正宗乎!入之出之,其诗家之舍筏登岸乎!沈着痛快,非唯李、杜、昌黎有之,乃陶、谢、王、孟而下莫不有之。子之论,论画也,而通于诗矣。"⑤《香祖笔记》:"舍筏登岸,禅家以为悟境,诗家以为化境,诗禅一致,等无差别。大复《与空同书》引此,正自言其所得耳。"⑥王渔洋在此以禅理论诗,提及了"舍筏登岸"。这是与佛禅有关的语词,明代何景明在《与李空同论诗书》云:"佛有筏喻,言舍筏则达岸矣,达岸则舍筏矣。"⑦佛家以筏来比喻正法,修行到达涅槃彼岸,正法也应舍弃。何景明借以喻学古有得以后,应舍弃古人陈法。⑧ 另外,"三昧"一词也与佛禅相关,它多次出现在王渔洋的论著中,见表3。

---

① 胡有清:《文艺学论纲》,南京大学出版社1992年版,第306页。

② 〔明〕胡应麟:《诗薮》,中华书局1958年版,第24页。

③ 〔清〕贺赏:《载酒园诗话》,见郭绍虞编选,富寿荪校点《清诗话续编》上册,上海古籍出版社1983年版,第455页。

④⑥ 〔清〕王士禛著,〔清〕张宗柟纂集,夏闳校点:《带经堂诗话》,人民文学出版社1963年版,第83页。

⑤ 〔清〕王士禛著,〔清〕张宗柟纂集,夏闳校点:《带经堂诗话》,人民文学出版社1963年版,第87页。

⑦ 郭绍虞主编,王文生副主编:《中国历代文论选》第三册,上海古籍出版社2001年版,第38页。

⑧ 参见郭绍虞主编,王文生副主编《中国历代文论选》第三册,上海古籍出版社2001年版,第40页第23条注释。

表3　王渔洋论著中的“三昧”一词分布一览表

“三昧”分布 / 论著	语　句	《带经堂诗话》页码
《香祖笔记》	……司空表圣自标举其诗曰：“回塘春尽雨，方响夜深船。”玩此数条，可悟五言三昧	70
《池北偶谈》	尝见中孚赋绝句云：“白发伤春又一年，闲将心事卜金钱；梨花落尽东风软，商略平生到杜鹃。”亟下拜曰：“天才也。老夫每欲效颦，则汉高祖、唐太宗追逐笔下矣。”观此可悟作诗三昧。韩退之诗似论，苏子瞻词似诗，昔人谓如教坊雷大使舞，终非本色，正此意也	73～74
《古夫于亭杂录》	……盖炼字炼句之法，与篇法并重，学者不可不知，于此可悟三昧	77
《香祖笔记》	南城陈伯玑允衡善论诗，昔在广陵评予诗，譬之昔人云“偶然欲书”，此语最得诗文三昧。今人连篇累牍，牵率应酬，皆非偶然欲书者也。坡翁称钱唐程奕笔云：“使人作字不知有笔。”此语亦有妙理	84
《香祖笔记》	……右王楙《野客丛书》中语，得诗文三昧，司空表圣所谓“不着一字，尽得风流”者也	86
《蚕尾续文》	予尝闻(《香祖笔记》作“观”)荆浩论山水而悟诗家三昧矣。其言曰：“远人无目，远水无波，远山无皴。”又王楙《野客丛书》有云：“太史公如郭忠恕画天外数峰，略有笔墨，意在笔墨之外。”诗文之道，大抵皆然	86
《渔洋诗话》	“……狗苟而蝇营，名实竟双备。”(狗蝇)虽游戏三昧，然非才人不能道也	168
《渔洋诗话》	其诗如“离忧在湘水，古色满衡阳”……“家山小别吟兼梦，水驿多情浪与风”之类，皆得唐人三昧，而平生游迹不出岭南，故知之者较少于屈梁	301

据笔者统计，“三昧”一词在王渔洋的论著中共出现了8次。王渔洋喜用“三昧”一词，晚年甚至把自己编选的唐人诗集取名为《唐贤三昧集》。“三昧”一词是梵语samadhi的音译，本意是摒弃杂念，内心保持宁静状态，它是佛教的修行方法。“三昧”一词后来被普遍使用，借指事物的真谛、要领、诀窍，如“作诗三昧”。上述的“舍筏登岸”和“三昧”均与佛禅有关。王渔洋还使用过与佛禅有关的其他词语，如《渔洋文》云：“夫诗之道，有根柢焉，有兴会焉，二者率不可得兼。镜中之象，水中之月，相中之色，羚羊挂角，无迹可求，此兴会也。”①需要指出的是，这里的“羚羊挂角”原为禅宗语，在佛学典籍中出现过多次。如宋普济《五灯会元》卷七：“师曰：‘福唐归来还平善否？’上堂：‘我若东道西道，汝则寻言逐句。我若羚羊挂角，汝向甚么处扪摸？’”②该书卷十三：“‘旋风千匝。’上堂：‘如人将三贯钱买个猎狗，只解寻得有踪迹底。忽遇羚羊挂角，莫道踪迹，气息也无。’”③王渔洋诗论中的“相中之色”“水中之月”“镜中之象”等比喻也袭用了佛学(禅宗)词语。如《五灯会元》卷八：“(僧)问：‘应物现形，如水中月，如何是月？’师提起拂子，僧曰：‘古人为甚么道水月无形？’师曰：‘见甚么？’”④宋叶廷珪《海录碎事》卷一三上“水中月”条云：“诸法皆妄见，如梦如焰，

---

① 〔清〕王士禛著，〔清〕张宗柟纂集，夏闳校点：《带经堂诗话》，人民文学出版社1963年版，第78页。
② 〔宋〕普济著，苏渊雷点校：《五灯会元》中册，中华书局1984年版，第385～386页。
③ 〔宋〕普济著，苏渊雷点校：《五灯会元》中册，中华书局1984年版，第796页。
④ 〔宋〕普济著，苏渊雷点校：《五灯会元》中册，中华书局1984年版，第491页。

如水中月，如镜中像。"①宋程俱《北山集》卷一四："于是文殊问云：'何观于众生？'而维摩诘以谓：'观众生，如水中月，如镜中像，如热时焰，如呼声响，如空中云，如水聚沫，乃至如石女化人也。'"②从这些词语的使用来看，王渔洋熟悉佛禅语词，他受过佛禅影响当毫无疑问。

其次，从引用佛禅大师的话语来看。《居易录》有几处记载了禅师的话语。

象耳袁觉禅师尝云：东坡云"我持此石归，袖中有东海"；山谷云"惠崇烟雨芦雁，坐我潇湘洞庭；欲唤扁舟归去，傍人云是丹青"，此禅髓也。予谓不唯坡、谷，唐人如王摩诘、孟浩然、刘眘虚、常建、王昌龄诸人之诗，皆可语禅。③

《僧宝传》：石门聪禅师谓达观昙颖禅师曰：此事如人学书，点画可效者工，否者拙。何以故？未忘法耳。如有法执，故自为断续。当笔忘手，手忘心，乃可。此道人语，亦吾辈作诗文真诀。④

佛印元禅师谓众曰：昔云门说法如云雨，绝不喜人记录其语。见即骂曰："汝口不用，反记吾语，异时稗贩我去！"学者渔猎语言文字，正如吹网欲满，非愚即狂。吾辈作诗文，最忌稗贩，所谓"汝口不用，反记吾语"者也。⑤

《林间录》载洞山语云："语中有语，名为死句；语中无语，名为活句。"予尝举似学诗者。今日门人邓州彭太史直上来问予选《唐贤三昧集》之旨，因引洞山前语语之，退而笔记。夹山曰："坐却舌头，别生见解；参他活意，不参死意。"达观曰："才涉唇吻，便落意思，并是死门，故非活路。"⑥

从上述举例来看，王渔洋并非简单摘引禅师话语，而是对禅师话语深有体悟，并由此生发，教人领悟唐人诗歌的禅意以及学诗作诗的门径或方法。

再次，从批评实践来看。王渔洋深受禅学的影响。如《香祖笔记》云："余偶论唐宋大家七言歌行，譬之宗门，李、杜如来禅，苏、黄祖师禅也。"⑦他以宗门派别来评论唐宋大家七言歌行。《师友诗传续录》云："（刘大勤）问：'王、孟诗假天籁为宫商，寄至味于平淡，格调谐畅，意兴自然，真有无迹可寻之妙。二家亦有互异处否？'（阮亭）答：'譬之释氏，王是佛语，孟是菩萨语。孟诗有寒俭之态，不及王诗天然而工。惟五古不可优劣。'"⑧又《居易录》云："尝戏论唐人诗，王维佛语，孟浩然菩萨语，刘眘虚、韦应物祖师语，柳宗元声闻辟支语，李白、常建飞仙语，杜甫圣语，陈子昂真灵语，张九龄典午名士语，岑参剑仙语，韩愈英雄语，李贺才鬼语，卢仝巫觋语，李商隐、韩偓儿女语；苏轼有菩萨语，有剑仙语，有英雄语，独不能作佛语、圣语耳。"⑨他评论唐人诗的语言特色，戏称佛语、菩萨语、祖师语、声闻辟支语等。王渔洋是一个以禅喻诗的诗论家。在他的诗话、杂著、笔记中，随处可见以禅喻诗。如《香祖笔记》云："唐人五言绝句，往往入禅，有得意忘言之妙，与净名默然，达磨得髓，同一关捩。观王、裴《辋川集》及祖咏《终南残雪》诗，虽钝根初机，亦能顿悟。程石臞有绝句云：'朝过青山头，暮歇青山曲；青山不见人，猿声听相续。'予每叹绝，以为天然不可凑泊。"⑩可见，他

① 〔宋〕叶廷珪：《海录碎事》卷一三，影印文渊阁《四库全书》本，第921册，第655页。
② 〔宋〕程俱：《北山集》卷一四，影印文渊阁《四库全书》本，第1130册，第142页。
③ 〔清〕王士禛著，〔清〕张宗柟纂集，夏闳校点：《带经堂诗话》，人民文学出版社1963年版，第81页。
④⑤⑥ 〔清〕王士禛著，〔清〕张宗柟纂集，夏闳校点：《带经堂诗话》，人民文学出版社1963年版，第82页。
⑦ 〔清〕王士禛著，〔清〕张宗柟纂集，夏闳校点：《带经堂诗话》，人民文学出版社1963年版，第41页。
⑧ 〔清〕王士禛等：《师友诗传续录》，见《清诗话》，上海古籍出版社1978年版，第151页。
⑨ 〔清〕王士禛著，〔清〕张宗柟纂集，夏闳校点：《带经堂诗话》，人民文学出版社1963年版，第42页。
⑩ 〔清〕王士禛著，〔清〕张宗柟纂集，夏闳校点：《带经堂诗话》，人民文学出版社1963年版，第69页。

对唐人“入禅”五言绝句有着很深的体会，认为“有得意忘言之妙，与净名默然，达磨得髓，同一关捩”。王渔洋继承了严羽以禅喻诗的传统。如在《蚕尾续文》云：“严沧浪以禅喻诗，余深契其说，而五言尤为近之。如王、裴《辋川绝句》，字字入禅。他如‘雨中山果落，灯下草虫鸣’，‘明月松间照，清泉石上流’，以及太白‘却下水精帘，玲珑望秋月’，常建‘松际露微月，清光犹为君’，浩然‘樵子暗相失，草虫寒不闻’，刘昚虚‘时有落花至，远随流水香’，妙谛微言，与世尊拈花，迦叶微笑，等无差别。通其解者，可语上乘。”①王渔洋对严羽的“以禅喻诗”是非常赞赏的，并且受严羽的“以禅论诗”的影响，评论王、裴《辋川绝句》是“字字入禅”，评论李白、常建、刘昚虚等人的诗句是“妙谛微言”。王渔洋受禅宗“妙悟”说的影响，主张诗歌鉴赏要“妙悟”，有如“世尊拈花，迦叶微笑，等无差别”。这样的评论正应验了他在《香祖笔记》中说的“诗禅一致，等无差别”②。王渔洋论诗，深受严羽“以禅喻诗”和禅宗思想的影响。他还主张“参活句”，如《师友诗传续录》载：(刘大勤)问：“《唐贤三昧集序》，‘羚羊挂角’云云，即音流弦外之旨否？间有议论痛快，或以序事体为诗者，与此相妨否？”(阮亭)答：“严仪卿所谓‘如镜中花，如水中月，如水中盐味，如羚羊挂角，无迹可求’，皆以禅理喻诗。内典所云不即不离，不黏不脱；曹洞宗所云参活句是也。熟看拙选《唐贤三昧集》，自知之矣。”③又载：(刘大勤)问：“右丞《鹿柴》《木兰柴》诸绝，自极淡远，不知移向他题，亦可用否？”(阮亭)答：“摩诘诗如参曹洞禅，不犯正位，须参活句。然钝根人学渠不得。”④“参活句”是禅宗用语。从上述引文看，如果王渔洋对佛禅教义一无所知或者一知半解，那么他就不可能投入到以禅论诗的批评实践中去。王渔洋晚年更加喜好禅学，今人邬国平、王镇远在《中国文学批评通史》(第六卷)中说：“王士禛晚年好禅学，自言：‘老耽禅寂，遇事短吟，略如竺氏颂偈，不应更作文字观也。’(蒋仁锡《雍益集书后》引)故其论诗也继承了宋代严羽以禅喻诗的传统。”⑤

(二)前人理论素养。王渔洋不愧为清代前期的诗论家，他对前人的诗文理论了然于心。如他深受“诗言志”说的影响，在《居易录》中摘引《尚书》中的“诗言志”说：“《书》曰：‘诗言志。’”⑥虽未加说明和评论，却隐含了他对诗歌本质特征的看法。在《蚕尾文》中直接道出了诗歌的本质特征：“诗以言志。古之作者，如陶靖节、谢康乐、王右丞、杜工部、韦苏州之属，其诗具在，尝试以平生出处考之，莫不各肖其为人。尚友千载者自能辨之。”⑦王渔洋还对“诗言志”说作了很高的评价，如《师友诗传录》二十四条：(郎廷槐)问：“闻之家四兄云：‘志非言不形，言非诗不彰。’是三者果相需而为用欤？”阮亭答：“《尚书》云：‘诗言志，歌永言，声依永，律和声。’此千古言诗之妙谛真诠也。故知志非言不形，言非诗不彰，祖诸此矣。何谓志？‘石韫玉而山以辉，水怀珠而川以媚’是也；何谓言？‘其为物也多姿，其为体也屡迁，其会意也尚巧，其遣词也贵妍’是也；何谓诗？‘既缘情而绮靡，亦体物而浏亮’，‘播芳蕤之馥馥，发

①② 〔清〕王士禛著，〔清〕张宗柟纂集，夏闳校点：《带经堂诗话》，人民文学出版社1963年版，第83页。

③ 〔清〕王士禛：《师友诗传续录》，见《清诗话》，上海古籍出版社1978年版，第149～150页。也可参见〔清〕王士禛著，〔清〕张宗柟纂集，夏闳校点：《带经堂诗话》，人民文学出版社1963年版，第836页。

④ 〔清〕王士禛：《师友诗传续录》，见《清诗话》，上海古籍出版社1978年版，第155页。也可参见〔清〕王士禛著，〔清〕张宗柟纂集，夏闳校点《带经堂诗话》，人民文学出版社1963年版，第845页。

⑤ 王运熙、顾易生主编，邬国平、王镇远著：《中国文学批评通史·清代卷》，上海古籍出版社2011年版，第311页。

⑥ 〔清〕王士禛著，〔清〕张宗柟纂集，夏闳校点：《带经堂诗话》，人民文学出版社1963年版，第72页。

⑦ 〔清〕王士禛著，〔清〕张宗柟纂集，夏闳校点：《带经堂诗话》，人民文学出版社1963年版，第74页。

青条之森森'是也。"①王渔洋对"诗言志"说做了非常独到的解释,把"诗言志"说视为"千古言诗之妙谛真诠",并引用陆机《文赋》中的语句分别阐释了"志""言""诗"。又如王士禛论诗标举"神韵",而他的"神韵"说蕴含着前人的理论素养,有其历史渊源,"主要来自南朝以后超形传神一派的画论,禅学重悟之说,以及诗论中钟嵘、司空图、严羽、徐祯卿等重韵味兴趣才情的论述,至于唐宋人以韵论诗、胡应麟《诗薮》、王夫之《古近体诗评选》等大量运用'神韵'的批评术语,更是诗论中神韵说直接的先声"②。王渔洋在论著中多次摘引唐代司空图的诗论与南宋严羽的"以禅喻诗"论,这些又是王渔洋神韵论核心理论的渊源。

王渔洋运用前人诗文理论得心应手。从他的诗话、杂著、笔记中,可以看出他的前人理论素养是非常丰富的。王渔洋在论诗论文过程中,随手拈来前人语句,非常娴熟地运用了前人论诗评文的理论资料,如先秦《尚书》的"诗言志"说、汉代司马相如和扬雄的文学见解,魏晋南北朝时期陆机的《文赋》、刘勰的《文心雕龙》、钟嵘的《诗品》、萧子显的诗论,隋唐时期王通的《文中子》,杜甫的《戏为六绝句》、司空图的《与王驾评诗书》《与李生论诗书》《与极浦书》《二十四诗品》,戴叔伦论诗,宋元时期彭乘的《墨客挥犀》、许颉的《许彦周诗话》、姜夔的《白石道人诗说》、严羽的《沧浪诗话》、范椁的《木天禁语》以及黄庭坚、苏轼、宋祁、林艾轩等人的评诗论诗,明清时期王世贞的《明诗评》、王世懋的《艺圃撷余》、李攀龙的《选唐诗序》、钱谦益的《读苏长公文》及《程茂桓诗序》等。他涉猎的理论资源非常广博,既有《文赋》《文心雕龙》《诗品》《沧浪诗话》等专门的理论著作,又旁及书信、论诗绝句、杂著、诗序、诗评等。过去曾有学者说:"士祯姿禀既高,学问极博,与兄士禄、士祜并致力于诗,独以神韵为宗。取司空图所谓'味在酸咸外',严羽所谓'羚羊挂角,无迹可寻',标示指趣。"③从王渔洋摘引的许多前人的诗文理论看,王渔洋确实学识渊博,不愧是有着深厚理论素养的诗论家。

(三)书、画艺术素养。王渔洋除了精通前人诗文理论,对书、画艺术也颇有心得。他往往把论书、论画与论诗结合起来,从而得出了书、画与诗相通的道理。王渔洋通晓书法艺术,在《香祖笔记》中云:"南城陈伯玑允衡善论诗,昔在广陵评予诗,譬之昔人云'偶然欲书',此语最得诗文三昧。今人连篇累牍,牵率应酬,皆非偶然欲书者也。坡翁称钱唐程奕笔云:'使人作字不知有笔。'此语亦有妙理。"④"偶然欲书"出自唐代书法理论家孙过庭《书谱》,王渔洋认为"偶然欲书"是诗文创作的诀窍,要求创作要率性而为,不要刻意而作。王渔洋亦在他处谈论诗画相通,如《池北偶谈》:"世谓王右丞画雪中芭蕉,其诗亦然。如'九江枫树几回青,一片扬州五湖白',下连用兰陵镇、富春郭、石头城诸地名,皆寥远不相属。大抵古人诗画,只取兴会神到,若刻舟缘木求之,失其指矣。"⑤由王维的雪中芭蕉画,论及他的诗也是"兴会神到"。《古夫于亭杂录》:"宋景文云:左太冲'振衣千仞冈,濯足万里流',不减嵇叔夜'手挥五弦,目送飞鸿'。愚案:左语豪矣,然他人可到;嵇语妙在象外。六朝人诗,如'池塘生春草','清晖能娱人',及谢朓、何逊佳句多此类,读者当以神会,庶几遇之。顾长康云:'手挥五弦易,目送归鸿难。'兼可悟画理。"⑥从"妙在象外"的诗句,可以领悟"妙在

---

① 〔清〕王士禛等:《师友诗传录》,见《清诗话》,上海古籍出版社1978年版,第142页。
② 王运熙、顾易生主编:《中国文学批评史新编》,复旦大学出版社2001年版,第258页。
③ 赵尔巽等撰:《清史稿》,中华书局1977年版,第9954页。
④ 〔清〕王士禛著,〔清〕张宗柟纂集,夏闳校点:《带经堂诗话》,人民文学出版社1963年版,第84页。
⑤ 〔清〕王士禛著,〔清〕张宗柟纂集,夏闳校点:《带经堂诗话》,人民文学出版社1963年版,第68页。
⑥ 〔清〕王士禛著,〔清〕张宗柟纂集,夏闳校点:《带经堂诗话》,人民文学出版社1963年版,第69页。

象外”的画理。又《渔洋诗话》云:“《庄子》:宋元君将画图,众史皆至,受揖而立,舐笔和墨。有一史后至,儃儃然不趋,受揖不立,之舍,使视之,则解衣盘礴,赢。君曰:‘可矣。此真画者也。’诗文须悟此旨。”①王渔洋从《庄子》中的“解衣盘礴”故事出发,指出诗文创作应如绘画冲破束缚,表现直率天性。《蚕尾续文》云:“予尝闻(《香祖笔记》作‘观’)荆浩论山水而悟诗家三昧矣。其言曰:‘远人无目,远水无波,远山无皴。’又王楙《野客丛书》有云:‘太史公如郭忠恕画天外数峰,略有笔墨,意在笔墨之外。’诗文之道,大抵皆然。”王渔洋从五代后梁荆浩的画论中悟出了诗文创作的诀窍——“意在笔墨之外”。② 又《蚕尾文》:“予曰:子之论画至矣。虽然,非独画也,古今风骚流别之道,固不越此。……非是责旁出,其诗家之有嫡子正宗乎！入之出之,其诗家之舍筏登岸乎！沈着痛快,非唯李、杜、昌黎有之,乃陶、谢、王、孟而下莫不有之。子之论,论画也,而通于诗矣。”③王渔洋在此明确指出了画与诗相通的道理。

(四)独立批评素养。王渔洋对前人诗文理论的接受,并非一味盲从,人云亦云,毫无质疑。虽然他在《渔洋诗话》中说:“余于古人论诗,最喜钟嵘《诗品》、严羽《诗话》、徐祯卿《谈艺录》,而不喜皇甫汸《解颐新语》、谢榛《诗说》。又云:弇州《艺苑卮言》,品骘极当,独嫌其党同类,稍乖公允耳。”④但是,对其中的谬误之处,王渔洋还是大胆指出,如《渔洋诗话》:“钟嵘《诗品》,余少时深喜之,今始知其踳谬不少。嵘以三品铨述作者,自譬诸九品论人,七略裁士。乃以刘桢与陈思并称,以为‘文章之圣’。夫桢之视植,岂但斥鴳之与鲲鹏耶？又置曹孟德下品,而桢与王粲反居上品。他如上品之陆机、潘岳,宜在中品;中品之刘琨、郭璞、陶潜、鲍照、谢朓、江淹,下品之魏武,宜在上品;下品之徐干、谢庄、王融、帛道猷、汤惠休宜在中品。而位置颠错,黑白淆讹,千秋定论,谓之何哉？建安诸子,伟长实胜公干,而嵘讥其‘以莛扣钟’,乖反弥甚。至以陶潜出于应璩,郭璞出于潘岳,鲍照出于二张,尤陋矣,又不足深辨也。”⑤又《香祖笔记》:“古人同调齐名,大抵不甚相远……钟嵘又谓其‘仗气爱奇,动多振绝;思王而下,桢为独步’,殊似呓语。岂佳处今不传耶？乃秦少游亦云:‘五字一何工,妙绝冠俦匹。’殆亦耳食之习。”⑥可见,王渔洋对钟嵘《诗品》并非一味迷信崇拜,对其中的谬误之处亦毫无保留地指出。在赞扬的同时,他又敢于质疑。如《五言诗凡例》说:“《十九首》之妙,如无缝天衣。后之作者,顾求之针缕襞绩之间,非愚则妄。此后作者代兴,钟记室之评尠矣。……仲伟之《品》,于明远多微词,愚所未解。”⑦王渔洋对钟嵘《诗品》的某些评论保持着清醒的认识,敢于质疑钟嵘对鲍照的评价。又如“诗有六义”之说,历代诗论家多深信遵从。然而,王渔洋表达了自己的看法,如《师友诗传录》第二十六条:“(郎廷槐)问:‘昔人云,诗贯六义,讽喻抑扬,停蓄渊雅,皆在其中。至直著所得,以格自奇,前人并不专工于此。是耶非耶?’阮亭答:‘诗有六义:一曰风,二曰赋,三曰雅,四曰颂,五曰比,六曰兴。夫六义之序,以赋次风者,何

---

① 〔清〕王士禛著,〔清〕张宗柟纂集,夏闳校点:《带经堂诗话》,人民文学出版社1963年版,第81页。标点有误,现做了修改。

② 〔清〕王士禛著,〔清〕张宗柟纂集、夏闳校点:《带经堂诗话》,人民文学出版社1963年版,第86页。需要指出的是,引用《庄子·田子方》的一则“解衣盘礴”故事,断句标点有误。现做了修改。

③ 〔清〕王士禛著,〔清〕张宗柟纂集,夏闳校点:《带经堂诗话》,人民文学出版社1963年版,第87页。

④ 〔清〕王士禛:《渔洋诗话》卷上,见《清诗话》,上海古籍出版社1978年版,第170页。也可见王士禛著,〔清〕张宗柟纂集,夏闳校点《带经堂诗话》,人民文学出版社1963年版,第58页。

⑤⑥ 〔清〕王士禛著,〔清〕张宗柟纂集,夏闳校点:《带经堂诗话》,人民文学出版社1963年版,第58页。

⑦ 〔清〕王士禛著,〔清〕张宗柟纂集,夏闳校点:《带经堂诗话》,人民文学出版社1963年版,第92~93页。

也？……此正一主于赋，而兼比兴之旨者也。以贯六义，无遗憾矣。'"①"诗有六义"之说，在汉代《毛诗序》中可见："故诗有六义焉：一曰风，二曰赋，三曰比，四曰兴，五曰雅，六曰颂。"②《毛诗序》的"六义"之说，本于《周礼·春官》："大师教六诗：'一曰风，二曰赋，三曰比，四曰兴，五曰雅，六曰颂。以六德为之本，以六律为之音。'"《毛诗序》把"六诗"改名为"六义"，承袭了周代对"诗"的分类和排列顺序，但对"诗"分类的依据和如此排序的原因未做任何说明。不过，王渔洋并非盲从前人"诗有六义"之说，而是有着自己的独特见解。他的"诗有六义"说与《毛诗序》中的"诗有六义"说的次序有很大不同。对"以赋次风"，王渔洋表明了自己的观点。另外，王渔洋对文人相轻的陋习也提出了批评，如《居易录》："苏子美与梅圣俞齐名，永叔称之曰'苏梅'，且云：'子美笔力豪隽，以超迈横绝为奇；圣俞覃思精微，以深远闲澹为意：虽善论者不能优劣也。'梅集、苏集予家皆有之。圣俞诗实胜子美。然子美有言：'平生不幸，写字被人比周越，作诗比梅尧臣。'此言妄矣。文士相轻习气，自古而然。"③王渔洋认为梅尧臣诗歌胜于苏舜钦，直言苏舜钦的言论是"妄言"，指出"文人相轻"的陋习自古就这样。

综上所论，作为清代前期重要的诗论家，王渔洋在他的诗话、杂著及笔记中大量引用了前人的诗文理论。从摘引的前人诗文理论来看，王渔洋对前人理论烂熟于心。由此，也可看出他具备了佛禅文化素养、前人理论素养、书画艺术素养、独立批评素养等文化心理结构。

---

① 〔清〕王士禛等:《师友诗传录》，见《清诗话》，上海古籍出版社1978年版，第143页。

② 郭绍虞主编，王文生副主编:《中国历代文论选》第一册，上海古籍出版社2001年版，第63页。

③ 〔清〕王士禛著，〔清〕张宗柟纂集，夏闳校点:《带经堂诗话》，人民文学出版社1963年版，第44页。

惺惺相惜传“神韵” 同气倡和写佳话

——王渔洋、丁耀亢诗歌倡和的若干史实

张弦生 马 达*

一

清初诗人董以宁在他的文集《槐轩诗集序》中说:“鲁齐之乡,岱宗高峙,尼山蔚然,禀天地之中气,其人笃好文学,天性然也……振兴风雅,拔中原之纛,而词坛互禅,久而弥昌。今日之领袖英绝,为艺林所宗法者指不胜屈,岂非一时之盛哉!”①

被称为清代康熙朝“国朝六大家”之一的山东青州诗人赵执信,也在他的诗论著作《谈龙录》中说:“本朝诗人,山左为盛。”清代初年,山东出现了一批杰出的诗人,作品蔚为大观,颇有胜过江南之势,这成为中国文学史上的一桩引人注目的盛事。和赵执信同为孝妇河边的著名诗人、学者王渔洋正是清初这一诗人群体的领军人物。

王渔洋,清初新城(今山东桓台)人,祖籍山东诸城,原名王士禛,字子真、贻上,号阮亭,又号渔洋山人,以号“渔洋”名世,后人多称“王渔洋”。王渔洋25岁中进士,此后仕途顺畅,一路累官至刑部尚书,后被罢官,于康熙五十年(1711)逝世,乾隆时赐名士祯,谥文简。

王渔洋的诗歌理论力主“神韵说”,创作中也极力实践这一主张,其作品呈现出“早年清丽澄淡、中年转而苍劲”的鲜明特色。他擅长各体,七绝尤为出色。其描写自然景物的诗歌多为人津津乐道,称赞不已。所作小令中的“绿杨城郭是扬州”一句,被当时许多名画家作为画题入画。他23岁游历下,邀请名士,在济南大明湖水面亭集会时,即景赋诗《秋柳》四首。此诗传开,大江南北一时和作者甚多。王渔洋从此闻名海内。后人甚至将大明湖东北岸一小巷取名为“秋柳园”,以纪念王士禛在此咏《秋柳》。

当时,王渔洋诗名满天下,是清初文坛盟主。若能得其一言褒奖,就会声名大扬。例如,蒲松龄写成《聊斋志异》有年,不为世人所识,当蒲松龄找到王渔洋时,王渔洋“加评骘而还之”,并赠诗:“姑妄言之妄(一作姑)听之,豆棚瓜架雨如丝。料应厌作人间语,爱听秋坟鬼唱诗(一作时)。”顿时便让蒲松龄及其《聊斋志异》名声大震。此后,为了能让《聊斋志异》付梓出版,王渔

* 作者简介:张弦生,中州古籍出版社,编审;马达,中州古籍出版社,副总编辑。

① 蒋寅:《在中国·博山·赵执信与清诗学术研讨会开幕式上的致辞》(2011年5月14日),见《赵执信学术研究论文集》,淄博市新闻出版局准印2012年版,第5页。

洋在该书上大书"王阮亭鉴定",使得各家书坊争相求索书稿,并以刊刻《聊斋志异》为荣,一时成为文坛佳话。

二

丁耀亢,山东诸城人,字西生,号野鹤,自称紫阳道人,后又称木鸡道人,生于明万历二十七年(1599),卒于清康熙八年(1669)。丁耀亢晚年因著《续金瓶梅》一书,于康熙四年(1665年)八月被捕入狱,康熙八年(1669年)病逝,享年71岁。

丁耀亢虽较王渔洋年长36岁,但是因为仰慕其大名,便以很多办法结识王渔洋。①

顺治十八年(1661),63岁的丁耀亢赴惠安任。惠安近海,清初时局面尚动荡不稳,加上丁耀亢年老多病,未抵任所,便辞官北归。在苏州李继白的官署中,他见到与李继白有同年之谊的王渔洋所赋观梅邓尉山《玄墓归答李户部》一诗,遂赋诗一首,题为《梦沙署中见王贻上玄墓看梅诗忆旧游三十年矣》:

当时邓尉寻梅处,白面青袍昔少年。光福松涛穿塔影,具区云岫浸湖烟。

看山灵运多幽兴,弃爵丁鸿已苟全。我欲题诗到官阁,扬州鹤瘦少腰缠。②

诗中吟诵了他少年时往邓尉山寻梅的回忆,表达了他渴望见到王渔洋的心情。在好友李继白的帮助下,他终于在扬州见到了王渔洋。

王渔洋与丁耀亢的祖籍皆为山东诸城。他对同乡丁氏家族相当了解。庞岸先生在其《遥见云头鹤往还——再说丁惟宁、丁耀亢父子》一文中考证,丁耀亢的父亲丁惟宁在他生命的最后十年里,以其狂放不羁的性格,笑傲江湖,王渔洋曾有一段文字记录了其晚年的生活情景。他在山中著书立说,自然少不了与还处于童蒙时的儿子谈古论今。他对丁耀亢童年的影响是显而易见的。丁耀亢晚年自号野鹤,其狂、其野、其不拘一格,都受其父丁惟宁的影响。这次见面,丁耀亢向王渔洋呈上他自表心迹、让人代画的《陶公归来图》,请王渔洋题词,王渔洋跋诗两首。在这两首名为《题丁野鹤陶公归来图卷》的诗中有"渺渺羲皇代,悠悠田舍诗。千秋两陶令,异地一相思"和"篱下开黄菊,笼中放白鹇。因君图画里,九叠梦庐山"之句。③ 陶渊明生于庐山,长于庐山,逝于庐山。丁耀亢生长于诸诚,其家乡在九仙山东南麓丁家楼子村(今山东五莲县境)。村东现今还有一座全用石板、石柱构建的"柱史丁公祠",祠主人就是丁耀亢的父亲丁惟宁。因此丁耀亢幼年经常在这里随父读书,玩耍。其地林泉幽美,被称为"小匡庐",堪与庐山媲美。王渔洋这两首诗,以陶渊明和丁耀亢同辞官归里,悠悠抒写"田舍诗",将丁耀亢与陶渊明相比附,称赞丁耀亢。

王渔洋在扬州宴请丁耀亢,又在丁耀亢所携的《归鹤图》上题《归鹤诗为紫阳道人野鹤赋》诗两首。第一首有"皎皎云间鹤,萧萧世外踪。朝飞西子水,夕下武夷峰"之句。第二首云:"海上有胎禽,昂藏耸高格。偶尔戏芝田,依然避弹射。故居近水竹,山中多白石。华表明月时,依稀见归客。"王渔洋在诗中用古代仙人辽东丁令威学道于灵墟山,成仙后化为仙鹤,飞回故里,站在一华表之上高唱"有鸟有鸟丁令威,去家千岁今来归。城郭如故人民非,何不学仙冢累累"的典故,称赞丁

---

① 陈汝洁:《王士禛与丁耀亢》,见《诸城文存(第一辑)·丁耀亢研究》,中州古籍出版社2014年版,第39~45页。

② 〔清〕丁耀亢:《江干草》,见《丁耀亢全集》,中州古籍出版社1999年版,第405页。

③ 〔清〕王士禛著,袁世硕主编:《王士禛全集》,齐鲁书社2007年版,第609页。

耀亢的"昂藏"和"高格"。[①] 丁耀亢以《扬州司理王贻上招饮题诗归鹤卷次韵四首》为题和之,其第二首云:"松老枯无枝,梅寒高入格。仰看天狼星,玉矢不可射。非无没羽力,猛虎化为石。安得从王乔,餐霞伴烟客。"[②]丁耀亢在诗中表达了其因王渔洋称赞自己的欣喜之情,愿"得从王乔""餐霞伴烟客",将王渔洋引为同道。

丁耀亢在扬州和王渔洋分别时,王渔洋又以《仙山石室歌送丁子》一诗相赠。全诗曰:

朝望九仙山,暮望九仙山。九仙秀插碧云里,五色照曜当天关。金光黛色拂云海,势与三山相向背。拂衣丁令邈不还,石室寒烟至今在。藤萝作壁石作扉,手种苍松皆十围。岩香寂寂青桂落,云气阴阴玄鹤飞。辋川陆浑不可见,鄠杜名园倏更变。如何石室千年存,猨鹤曾逢昔人面。紫阳仙人归草堂,麻姑园客同翱翔。琅琊台畔吾家在,北望仙山思故乡。[③]

王渔洋在诗中从想望九仙山柱史丁公祠石室入笔,再次热情地表达了自己对故乡风物和丁氏父子节操的颂扬。

三

丁耀亢的诗歌作品也受到了王渔洋的注意和赞扬。《四库全书总目》中的《丁野鹤诗钞》提要云:"耀亢少负隽才,中更变乱,栖迟羁旅,时多激楚之音。自入都以后,交游渐广,声气日盛,而性情之故亦日薄。王士祯《池北偶谈》,载其'陶令儿郎诸葛妻'一律,谓野鹤晚游京师,与王文安诸公倡和,其诗亢厉,无此风致,盖亦有所不满矣。"[④]提要所记之事在王渔洋《池北偶谈》卷一二"丁野鹤诗"条中可见:"徐东痴言,少时于章丘逆旅,见一客,袴褶急装,据案大嚼,旁若无人。见徐年少,呼就语曰:'吾东武丁野鹤也。顷有诗数百篇,苦无人知,子为我定之。'因掷一巨编示徐,尚记其一律云:'陶令儿郎诸葛妻,妻能炊黍子烝藜。一家命薄皆耽隐,十载形劳合静栖。野径看云双屐蜡,石田耕雨半犁泥;谁须更洗临流耳,戛戛幽禽尽日啼。'野鹤晚年游京师,与王文安(铎)诸公倡和,其诗亢厉,无此风致矣。"[⑤]"陶令儿郎诸葛妻"一律是丁耀亢30岁时所写七律组诗《自城移家五首》中的第二首,时为明崇祯元年(1628)九月。丁耀亢在明天启四年入闱投考失利后,在次年于家乡橡槚沟建东溪书舍,以显隐逸之志。崇祯元年他在山里建成煮石草堂,索性把家从城里移到山中,在深谷、流泉、林木、鸟语中读史、吟诗,以至静坐终日以自娱。丁耀亢在《自城移家五首》中所记隐栖、耕读的冲淡平易生活情调,与王渔洋诗歌创作的"神韵说"十分契合,故记忆犹新,言之能详。

王渔洋与丁耀亢再次相见是在鼎革之后的清康熙五年(1666)。这一年之前,王渔洋被罢礼部主客司主事官,丁耀亢因著《续金瓶梅》遭人告发,关押于京师一百二十天。丁耀亢《逢扬州司理王贻上铨部王西樵》一诗记录了这次相见,诗末两句为"相怜欲觅垆头醉,浊酒同浇楚客魂"[⑥],写出了二人像屈原那样遭毁谤、被贬谪的沦落之情。

① 〔清〕王士禛著,袁世硕主编:《王士禛全集》,齐鲁书社2007年版,第609页、第295页。
② 〔清〕丁耀亢:《江干草》,见《丁耀亢全集》,中州古籍出版社1999年版,第409页。
③ 〔清〕王士禛著,袁世硕主编:《王士禛全集》,齐鲁书社2007年版,第295页。
④ 〔清〕永瑢等撰:《四库全书总目提要》卷一八二,中华书局1965年版。
⑤ 〔清〕王士禛撰,靳斯仁点校:《池北偶谈》,中华书局1982年版,第270页。
⑥ 〔清〕丁耀亢:《江干草》,见《丁耀亢全集》,中州古籍出版社1999年版,第476页。

王渔洋中年以后的诗风转为苍劲,他在《池北偶谈》中感慨丁耀亢"晚游京师,与王文安(铎)诸公倡和,其诗亢厉",无早年清逸的风致。王渔洋晚年还记有丁耀亢年轻时,与同乡好友丘石常论文负气的逸闻,并记丁耀亢诗歌中的奇句警策,寄托了对丁耀亢的无尽怀念和热情称许推介。① 王渔洋与九仙诗人丁耀亢的交往,折射出了王渔洋对"神韵说"的坚持和作为一代文坛盟主对同声相应、同气相求的同道们的关心和尊重。

① 〔清〕王士禛著,袁世硕主编:《王士禛全集》,齐鲁书社2007年版,第4922页。

从月泉吟社的重新排名论王士禛诗评的意义

邹 艳*

元至元二十三年(1286),前义乌令吴渭举行了一次大型征诗比赛。吴渭延请方凤、谢翱评甲乙,甄选出优胜者,揭榜、奖赏、编集、付梓,此次征诗比赛的竞赛诗集名曰《月泉吟社》。但是方、谢的遴选评次结果备受争议,明李东阳、清王士禛、四库馆臣甚至今人杨镰先生等对此均有探讨。在月泉吟社备受关注的排名中,王士禛对吟社重新排名的反响最大,然而,个中缘由王士禛未做多少说明,只称"戏为之"。笔者认为王士禛是清代诗坛的领袖,提出了著名的神韵说,对吟社进行重新排名并非游戏之举。本文通过梳理月泉吟社的重新排名来考察王士禛的评诗实践及其意义。

一、王士禛对《月泉吟社》的重新排名及其影响

月泉吟社征诗结束之时,方凤、谢翱在近两千卷作品中选出前六十人,依次排名。然而自明代始,比赛排名不断被后人品评,成为一桩跨越千年的公案。

明代李东阳率先对方凤、谢翱的评选排名进行了评论:"元季国初,东南人士重诗社。每一有力者为主,聘诗人为考官,隔岁封题于诸郡之能诗者,期以明春集卷,私试开榜次名,仍刻其优者,略如科举之法。今世所传,惟浦江吴氏月泉吟社……取罗公福为首。其所刻诗,以和平温厚为主,无甚警拔,而卷中亦无能过之者,盖一时所尚如此。闻此等集尚有存者,然未及见也。"①在李东阳看来,《月泉吟社》诗歌"和平温厚",风格类似,并无多少个性,所以他本人认为方凤等的评定公允。

清代吴景旭在《历代诗话》中选《月泉吟社》诗集中九人的作品,但只录佳句不选全篇:

> 李西涯以未见此集为嫌,闽中徐兴公家有藏本,录其佳句。如:"屋角枯藤黏树活,田头野水入溪浑。""青林伐鼓村村社,绿水平畴处处秧。""土脉正融催觳觫,林阴微合听钩辀。""田鸟飞逐耕烟犊,桑扈鸣随唤雨鸠。""草青随意牛羊卧,门静无人燕雀多。""麦垄风微牛睡稳,芹塘泥滑燕归忙。""小雨杏花村问酒,淡烟杨柳巷巾车。""榆荚雨酣新水滑,楝花风软薄寒收。"……皆六十人中警句也。

吴景旭虽然未对方凤等的排名进行直接评论,但是只选警句的做法也间接表达了吴氏的优劣判断,在所选作品中,既无方凤所定第一名之作品,也无王士禛所定第一名之作品。吴景旭对《月泉吟社》诗作评价不高,但对诗社采用的征诗比赛和论诗评诗的形式倒是充分肯定,"余观其韵事

* 作者简介:邹艳,南昌大学,副教授。

① 〔明〕李东阳著,李庆方校释:《怀麓堂诗话校释》,人民文学出版社2009年版,第152页。

雅规,标胜来今。而评论诗题,尤入神解。凡作杂兴者,皆须领悟此旨也"①。

对月泉吟社排名给予高度关注的是清初"一代文宗"王士禛,他对《月泉吟社》进行了重新排名。王士禛《池北偶谈》称月泉吟社诗作"清新尖刻,别自一家","窃谓皋羽所品高下,未尽当意"②,因而将排名进行调整,如移原第六名子进第一名,原第十三名魏子大为第二,原第九名全泉翁为第三,原第五名山南隐逸为第四,原第十五名躡云为第五,原第四名仙村人为第六,原第十一名方赏为第七,原第三名高宇为第八,原第四十二名俞自德为第九,原第二十五名槐窗居士为第十,原第四十三名东湖散人为第十一,原第三十七名徐端甫为第十二,原第四十四名仇近村为第十三,原第三十一名陈希部为第十四,原第五十三名子直为第十五,原第二名司马澄翁为第十六,原第四十五名陈纬孙为第十七,原第五十一名闻人仲伯为第十八,原第五十九名君瑞为第十九,原第十七名田起东为第二十,原第一名罗公福为第二十一。王士禛对《月泉吟社》的排名做了较大调整,改变了其中二十一人的名次,将原第一名移至第二十一名,原第六名移为第一名。

由于王士禛仅称"戏为易次第",并未说明其缘由,故后人揣测无尽。《四库全书总目》认为,王士禛与方谢诸公排名不同的主要原因是"诸诗风格相近,无大优劣,士禛所移,与凤等所定,均各随一时之兴,未见此之必是彼之必非也"。四库馆臣虽对王士禛的评判没有做具体评点,但在《四库全书总目》中,四库馆臣对罗公福的诗歌作了高度评价:"今观所作,大抵清切流丽,自抒性灵,无宋末江湖诸人纤琐粗犷之习。虽上不及尤杨范陆,下不及范揭虞杨,而位置于诸人之间,亦未遽为白茅之藉,则当时首屈一指亦有由矣。"这表明四库馆臣认为方谢诸公将罗公福列为月泉吟社的第一名是有原因的。这从侧面表达了四库馆臣态度,即他们赞成方凤诸公将罗公福列为第一名的做法,不赞同王士禛的重新排名。

今人对王士禛的重新排名也多有阐述。王次澄先生赞同王士禛,其在《元初遗民时人的桃花源——月泉吟社及其诗》一文中认为子进诗清幽淡雅,更富情趣、风韵,故子进似略胜罗公福一筹。赞同王士禛重新排名的还有杨镰先生,他在《元诗史》中甚至认为:"……他的眼力的确高出谢翱等人一筹。"浦江张文德先生则在《月泉吟社与遗民气节》一文中对王渔洋重新排名的做法表示反对:"王士禛《池北偶谈》月泉吟社条,大做排名比较工夫,为古人重新甄定优劣,这样在后人看来毫无意义的事情,渔洋先生却津津乐道。"

综上所述,月泉吟社于元至元二十三年进行征诗比赛,结束之时对应征诗作进行了排名,后人对方、谢的遴选及排名结果争议不断。基本同意方凤、谢翱诸公排名方案的人有明代李东阳、清代四库馆臣、今人张文德,而清代王士禛、今人杨镰和王次澄则持相反意见。除李东阳外,大家讨论的焦点均为王士禛的重新排名是否恰当,可见,在这场争论中,王士禛对月泉吟社的重新排名是这桩公案的核心。

二、王士禛对月泉吟社重新排名的原因

王士禛对方凤、谢翱等的评定结果极为不满意,"窃谓皋羽所品高下,未尽当意,因戏为易置次第如左"(《池北偶谈》)。王士禛究竟为何要对《月泉吟社》进行重新排名?作为"神韵说"诗学理论的提出者,王士禛对月泉吟社的重新排名不可能仅仅因"时代不同"那么简单,也并非"毫无意义"之事。"常遍和之"之举更可知王士禛对《月泉吟社》有不同寻常的感情。王士禛重新排名的

① 〔清〕吴景旭著,中华书局上海编辑所编辑:《历代诗话》卷六五,中华书局1958年版,第976~977页。

② 〔清〕王士禛撰,靳斯仁点校:《池北偶谈》卷一九,中华书局1982年版,第461页。

主要原因有二。

第一是遗民的情结。受家世的影响,王士禛对明清易代报以复杂的心态。王士禛生于明末,本人不是遗民,但由于祖辈在明代身为仕宦者多,家族对前明有深厚的感情。王士禛的祖父王象晋受明代皇恩不浅,作为万历甲辰进士、浙江右布政使、刑部尚书,王象晋对皇恩感怀不尽,明亡之后选择隐居不仕,以"明农隐士"终结人生。王士禛的伯父王与胤一家表现得更加忠烈,明亡之际举家殉节。王士禛之所以对前明有特殊感情除了受家族变故影响外,所受的家族教育也是重要因素。王氏家族在对后世子孙的教育上,以纲常道义教导子弟,"所存者必皆道义之心","所行者必皆道义之事"。以"道义"为为人处世的准则,可见王士禛家族是个正统的奉儒家庭。王士禛的遗民心态同样体现在他的诗作中,《秋柳·自序》写道"昔江南王子,感落叶以兴悲、金城司马,攀长条而陨涕。仆本恨人,性多感慨",表达了深沉哀婉、幽约缠绵的情思。《秋柳》组诗借柳起兴,抒写繁华消歇、昔盛今衰的巨大哀痛,并致以深切的怀念与感慨,借隋炀帝命人在隋堤琅琊上种植的杨柳感叹世事变迁,"空怜板渚隋堤水,不见琅琊大道王"。王士禛采用欲言又止、扑朔迷离、一鳞一爪的方式表达思想感情,"寄情杨柳,同《小雅》之仆夫;致托悲秋,望湘皋之远渚"(《秋柳自序》)。《秋柳》诗隐含了亡国之恨、山河易代之悲。李兆元在《渔洋山人秋柳旧笺》中甚至明确指出"此先生吊明亡之作"(《清诗纪事》)。王士禛在与朋友的交往中也流露出了遗民情结。任扬州推官期间,他广交遗民。正是由于这种遗民情结,王士禛对《月泉吟社》有着特殊的感情,所以一见到《月泉吟社》遂"常遍和之"。

第二是"神韵说"的诗学观。王士禛的诗歌冲淡闲远,他本人论诗也强调含蓄不尽、言外之意和无迹可求。以"神韵说"评判原第一名和原第六名的诗歌,王士禛认为后者高于前者。试对月泉吟社征诗比赛中原第一名和原第六名的诗歌做详尽比较。

> 老我无心出市朝,东风林壑自逍遥。一犁好雨秧初种,几道寒泉药旋浇。放犊晓登云外垄,听莺时立柳边桥。池塘见说生新草,已许吟魂入梦招。(《月泉吟社》第一名罗公福)
>
> 农圃谁言与世违,韶华正恐属柴扉。天机花外闻幽呀,野色牛边晚落晖。膏雨平分秧水白,光风小聚药苗肥。行歌隐隐前村暖,忽省深山有蕨薇。(《月泉吟社》第六名子进)

罗公福的诗与子进的诗在主旨上一致,皆表达了诗人的归隐之情,但情感的表现方式有所不同。首先,罗诗直抒胸臆起笔,以第一人称的口吻抒情,直白大胆,方凤评为"直露"。子进诗虽也抒写不违世情的愿望,但以第三人称的口吻来写,特别是采用先诘问后论断,在语气上产生了缓冲,不显"直露",所以方凤诸公评子进诗"起有顿挫,佳许之"。其次,诗歌中间两联在情与景的安排及造境方面也不同,罗诗颔联以较客观的笔法再现物境,颈联以"放""登""听""立"等动词创造动态效果,再一次强调了主体。子进诗与罗公福诗不同,先写有我之境,然后再做超脱,对物象做客观描摹,淡化了主体。另外,结语尽管都用典故,但是所选典故不同。罗诗化用谢灵运诗句,子进诗直接用节义之士伯夷、叔齐的典故。谢灵运虽然是著名的山水诗人,但他的贵族生活方式和任性妄为的行为过于张扬,而伯夷、叔齐是隐者与气节的象征。相比之下,子进诗用典更贴切、更敦厚,能为全诗展开新情境,达到了"言尽而意未尽""末意尤永"的效果。如上所析,在含蓄、温厚方面,子进诗较罗诗的确更胜一筹。

罗公福与子进诗风之不同在其他方面也有体现。子进是月泉吟社成员中以古人风节自期之人。据宋濂《故宋迪功郎庆元府学教授魏府君墓志铭》,子进即魏新之,在元兵至鄞时从容面对,宋亡便回故乡,负薪而炊,扣角而歌,自得其乐,过着清贫自乐的日子。至元年间,子进又坚辞县尉的举荐,风节凛然,深受人们敬仰。子进其人颇具高洁不群的气节,其诗也淡泊雅致,所以王士禛将其列为第一。而罗公福多作遗民诗,作品充满了哀怨凄楚。王士禛推崇神韵,注重诗歌的含蓄蕴藉,故而对罗公福抒写遗民心绪的诗作持保留态度。正是原第六名子进之作比原第一名罗公福之作写得更含蓄,罗诗有过于显露之嫌,子进诗更耐人回味,故王士禛将子进诗列为第一名。

王士禛从情感上认同遗民,因而对《月泉吟社》有特殊的感情,对诗集所收的前六十名诗歌"常遍和之",以寄托心中的块垒。然而王士禛奉崇含蓄风格,主张神韵说,认为《月泉吟社》诗风"尖刻"。正是这种既爱之又非之的态度,促使王士禛对《月泉吟社》进行重新排名。

三、王士禛评诗意义之管见

对月泉吟社进行重新排名是王士禛重要的评诗实践之一。目前学界多注重王士禛选诗的学术价值。其评诗实践体现的诗学意义却少有问津。笔者认为,选诗和评诗都是王士禛重要的诗学活动,对月泉吟社的重新排名体现了王士禛要树立一种诗学理想的领袖意识和革新思想,对引领清初诗坛发展有重要意义。

王士禛诗坛领袖地位的形成固然离不开仕途的腾达,但更得力于他鲜明的革新意识。在创作方面,王士禛以独特的作品独领风骚。早年在济南大明湖创作的《秋柳》组诗为他赢来了"和者千余家,至今流传海内"的影响力。扬州推官任期内的红桥修禊及《冶春绝句》一时形成"唱和者甚众""江楼齐唱冶春词"的繁荣盛况。王士禛不仅以创作来实践他的诗学理念,还通过选编诗集来宣扬自己的诗学理想,如《神韵集》《十种唐诗选》《唐贤三昧集》《唐人万首绝句选》,这些诗集皆选有唐诗。《十种唐诗选》以汲古阁本《唐人选唐诗》为底本进行编删,《唐贤三昧集》是晚年编选的盛唐诗人诗歌选集,《古诗选》也选取了部分唐代诗人,《神韵集》是早年选的唐诗选本,可见王士禛对唐诗风韵极为推崇,尤其重视《唐人选唐诗》。唐人选唐诗有十种,《河岳英灵集》选"声律风骨兼备"的诗歌,反映了盛唐气象,《极玄集》则重大历史风,反映了安史之乱后中唐诗歌的发展面貌。每个选本都反映了选者的审美眼光和诗歌评论观,也体现了不同阶段的诗歌发展面貌。王士禛多选唐诗,既是对神韵诗学理念的宣扬,也是对《唐人选唐诗》紧扣时代特色选诗传统的继承,对探索和引领清初诗歌发展有积极意义。

月泉吟社征诗解题(《春日田园题意》)着意指出诗坛"时文气习未除",要"有别于当下文风"。有宋一代,科举程式已深入举子的骨髓,尤其到南宋末年,整个社会对时文的追逐已经严重损害了诗歌的发展。吴渭诸公有感于此,所以特意强调"去时文气习"。月泉吟社以《春日田园杂兴》为题征诗,如果按照省题诗的作法,诗人往往会在《春日田园杂兴》题目上下功夫,去"体贴"杂兴二字。方凤诸公在《诗评》和评诗中强调"杂兴",不要体贴"杂兴"。科考强调的是程式,月泉吟社征诗则要求"题趣"和"杂兴",欲以征诗比赛实现革新诗坛的愿望。从这个意义上讲,月泉吟社树盟的意义不仅在于表达了亡国后遗民的心绪,还给元初颓败的诗坛注入了新鲜气息。月泉吟社征诗在宋元诗歌发展的长河中,虽然只是小小浪花,却是南宋遗民以群体的力量为宋元之际诗歌发展进行的一次有效探索。

王士禛选诗评诗与月泉吟社欲通过征诗比赛以达到诗歌革新的目的是一致的。诗至唐代,无体不备,亦无派不有,选唐诗者无异于"求材于山海",材料之丰富"随求皆给",因此选何种诗必受到选家学识、审美眼光和评诗理念的影响。清初诗坛同样面临何去何从的问题,诗坛学宋陷于困境。“平心而论，当我朝开国之初，人皆厌明代王、李之肤廓，钟、谭之纤仄，于是谈诗者竞尚宋、元。既而宋诗质直，流为有韵之语录；元诗缛艳，流为对句之小词。”①在这样的诗坛风会之下，渔洋承担起扶正匡弊的重任，高扬唐诗“神韵”的魅力，重新以唐诗为典范，为清诗的发展寻求新方向。

综上所述，《月泉吟社》的排名次序，在元初方凤、谢翱遴选排名之始就备受关注。通过梳理和探讨王士禛对月泉吟社的重新排名，我们可以深入了解王士禛的诗学主张。王士禛对月泉吟社进行重新排名，既有家世的原因，也有其诗学观的影响。王士禛对唐诗的偏爱影响到了他选诗，也影响了他评诗。王士禛不仅创作具有神韵的诗，选编诗集，还积极评诗。这些形式多样的文学活动都与他诗坛“一代宗主”的领袖身份和革新意识有密切关系，对清初诗坛发展有重要意义。

① 司马朝军编撰：《四库全书总目精华录》，武汉大学出版社2008年版，第853页。

王渔洋《七言古诗选》所选宋人宋诗及其诗史意义

谢海林*

引言

言渔洋，必及“神韵”；言“神韵”，俱论选本。实际上，渔洋倡导的“神韵”诗学与所编的诗选并非全然符契。四库馆臣曰：“考国朝诸家选本，惟王士祯书最为学者所传。其《古诗选》，五言不录杜甫、白居易、韩愈、苏轼、陆游，七言不录白居易，已自为一家之言。至《唐贤三昧集》，非惟白居易、韩愈皆所不载，即李白、杜甫亦一字不登。”①渔洋所编诗选饮誉海内，《唐贤三昧集》和《古诗选》都有“偏离”之嫌。渔洋并非漠视李、杜等人，而是借助其他选本或途径来弥补此类“空位”。翁方纲云：“渔洋固未尝必以李、杜自任也。昨以《三昧集》不录韦、柳，而五言不钞王、孟，欲观齐、鲁士人所得，乃竟有援赵秋谷语疑渔洋之选未当者，此则大不可也。……曰：愚固尝极言三昧不录李、杜之故矣，此愚所不敢质言者也。然而杜之神理，亦惟渔洋能识之。……其仅执选本以为学先生，与夫执一端以议先生者，厥失均也。”②“在当时，有谓先生祧唐祖宋者，固非矣；其谓专主唐音者，亦有所未尽也。谓先生师韦、柳者，似矣，顾何以选《三昧集》而不及韦、柳？又谓具体右丞，似矣，然又何以钞五言诗不及右丞？是皆未足以尽之也。或曰先生诗，当熟读《史记》《汉书》，故以惠氏、金氏、徐氏诸笺说援据极博，而尚有补注者。然且又举司空表圣、严沧浪言诗之旨，归于妙悟，又若不假注释者。此皆仁智各见，吾恶乎执一处以求之？”③选家为突显个性而出现对某些诗人的“缺录”，势必造成诗选史“过程”研究的忽略和遮蔽。循此理路，在盛行的神韵诗学视域下，选本中最能体现渔洋尊唐祧宋的《七言古诗选》倍加冷遇，远不如《五言古诗选》广受关注。《七言古诗选》涉及渔洋的宋诗观。虽有学者探讨过它在渔洋诗学历程上的转折意义④，对其内部研究却罕有

---

* 作者简介：谢海林，海南师范大学文学院，副教授。本文为国家社科基金项目“清代宋诗选本与宋诗学研究”(11XZW036)阶段性成果。

① 〔清〕永瑢等主编：《四库全书总目》卷一九〇，中华书局1965年版，第1728页。又可参见潘德舆《养一斋诗话》卷八，郭绍虞编《清诗话续编》本，上海古籍出版社1983年版，第2131页。

② 〔清〕翁方纲：《七言诗三昧举隅》附录《渔洋诗髓论》，见《清诗话》，上海古籍出版社1978年版，第304～305页。

③ 〔清〕翁方纲：《渔洋先生精华录序》，见〔清〕王士禛著，李毓芙、牟通、李茂肃整理《渔洋精华录集释》附录三，上海古籍出版社1999年版，第1979页。

④ 参见韩胜《清代唐诗选本研究》，中国社会科学出版社2010年版，第81～87页；孙纪文《王士禛诗学研究》，宁夏人民出版社2008年版，第179～195页。

人言。譬如为何选录宋代寥寥八人，名不经传的晁氏兄弟却入其法眼？所选宋诗的审美标准是什么？有何诗学意义？

一、《七言古诗选》所录宋代诗人之分析

王渔洋编纂《古诗选》的直接诱因是康熙二十一年(1682)秋应徐乾学之邀，也是他面对诗坛困境所作出的选择——既要摒弃偏师唐音而坠入肤廓软滑的老路，又要警惕拾撦宋调而不知源流正变的邪弊，旨在正本清源，辨体推宗，随性所近，择善而从，最终越唐轶宋，远追上古《风》《雅》。《七言古诗选》撷取宋元诗，按翁方纲所言，并非如姜宸英《古诗选序》中说"可以极作者之才思，义不主于一格"，而是"王文简此钞七言及于宋、元诸家者，以时代之变，才杰之出，非专举唐人可以尽之，不比五言从来者远，可以止于唐耳。盖此钞七言之意如此也。若果其于七言也，唐则及于张、王、元、白，宋、元则及诚斋、廉夫之徒，斯谓之不主一格矣。今文简自撰《凡例》曰：七言大旨，以杜为宗。唐宋以来，盖学杜者则取之，非谓古今七言之变遂尽于此。详哉其言之矣"①。那么，在"非专举唐人可尽时代之变、才杰之出"的选诗意识下，哪些宋人会入选家法眼呢？

(一)以苏轼为中心，师承杜、韩的"宋调"诗人群

渔洋曰："愚钞诸家七言长句，大旨以杜为宗，唐、宋以来，善学杜者则取之，非谓古今七言之变尽于此钞。观唐人元、白、张、王诸公悉不录，正以钞不求备故也。举一隅以三隅反，其在同志之君子。"②质言之，七古以杜甫为宗，善学杜者则选录，不求广备而在精要。门人蒋景祁亦曰："或谓五七言诗至多，今所录无几，何耶？愚应之曰：古诗三千，圣人十而取一，录诗尚多乎哉？不多也。"③《七言古诗选》所选诗人寥寥无几。唐人仅录十四家，其中杜甫68首，韩愈37首，李白25首，李颀13首，余者不足十首。宋人只选八家，欧阳修40首，王安石35首，苏轼103首，苏辙12首，黄庭坚55首，晁冲之10首，晁补之21首，陆游78首。④ 一般而言，选域越宽泛，以选存史的意味越浓；越狭窄，尊体立派的观念越强。相比唐诗，所取宋诗较多，这实出于"善学唐者唯宋"⑤的主张。韩愈是继承杜甫而广开宋人堂庑者，即《凡例》所言"贞元、元和间，学杜者唯韩文公一人耳"⑥。故所录宋人皆为善学杜、韩者。渔洋曰："宋、明以来，诗人学杜子美者多矣。予谓退之得杜神，子瞻得杜气，鲁直得杜意……它如李义山、陈无己、陆务观、袁海叟辈又其次也。"⑦再看看《凡例》⑧对宋代诸家的评骘，可知这份名单实是以苏轼为中心，以欧、王、黄、陆为主体，以小苏、二晁为羽翼，远追杜、

---

① 〔清〕翁方纲：《复初斋文集》卷一八《书王文简五七言诗钞后》，《续修四库全书》本，第1455册，第525页。

② 〔清〕王士禛选，闻人倓笺：《古诗笺》卷首《王士禛撰古诗笺凡例》，上海古籍出版社1980年版，第6页。

③ 〔清〕蒋景祁：《阮亭古诗选后序》，见〔清〕王士禛辑《阮亭选古诗》，《四库全书存目丛书补编》本，第42册，第194页。

④ 王友胜《简论清代的苏诗选录》(载《漳州师范学院学报》2001年第3期)称，王士禛所收苏轼诗中有3首未加考订而误收。《柏家渡》为沈辽诗，见《云巢编》卷三，题作"渡西"；《次韵谢子高读渊明诗》为黄庭坚诗，见史容《山谷外集诗注》卷二；《申王画马图》诗，胡仔《苕溪渔隐丛话》后集卷二谓为蔡肇作。王文所言甚是，此从之。

⑤ 〔明〕黄宗羲：《姜山启彭山诗稿序》，见沈善洪主编《黄宗羲全集》第10册，浙江古籍出版社1993年版，第57页。

⑥ 〔清〕王士禛选，闻人倓笺：《古诗笺》卷首《王士禛撰古诗笺凡例》，上海古籍出版社1980年版，第4~5页。

⑦ 〔清〕王士禛著，〔清〕张宗柟纂集，夏闳校点：《带经堂诗话》卷一，人民文学出版社1963年版，第20页。

⑧ 〔清〕王士禛选，闻人倓笺：《古诗笺》卷首《王士禛撰古诗笺凡例》，上海古籍出版社1980年版，第5~6页。

韩的"宋调"诗人群。宋荦说:"七言古诗,上下千百年当推少陵为第一。盖天地元气之奥,至少陵而尽发之,允为集大成之圣。子美自许沉郁顿挫,掣鲸碧海;退之称其光焰万丈;介甫称其疾徐纵横,无施不可;孙仅亦称其驰骤怪骇,开阖雷电。合诸家之论,施之七古,尤属定评。后来学杜者,昌黎、子瞻、鲁直、放翁、裕之(元好问)各自成家,而余于子瞻弥觉神契,岂所谓来自华严境中者,余亦有少夙缘耶?"①将苏轼置于祖法杜、韩的众流之首,乃当时诗坛的共识。在问及明人王世贞与东坡之比较时,渔洋答曰:"弇州如何比得东坡? 东坡千古一人而已。"②又云:"七言古若李太白、杜子美、韩退之三家,横绝万古,后之追风蹑景,唯苏长公一人耳。"③从《七言古诗选》入选的作品数量也可印证,所选苏轼之作品在所有入选诗作中最多。以苏轼为首,旁及"宋调"欧、王、黄等诸家。诚如渔洋夫子自道:"宋人诗,至欧、梅、苏、黄、王介甫而波澜始大。"④这可从王渔洋教授弟子的言论中找到佐证:"若欧、苏、黄三大家,只当读其古诗歌行绝句;至于七律必不可学。"⑤"七言歌行,至子美、子瞻二公,无以加矣;而子美同时,又有李供奉、岑嘉州之创辟经奇;子瞻同时,又有黄太史之奇特。正如太华之有少华,太室之有少室。"⑥

我们不单可以从渔洋和弟子谈诗论艺中体会到这一点,还可从他人评论渔洋诗的师法渊源来考察。"新城王西樵、贻上诗,从六季入手,五言古是其专艺,歌行长篇偏注意坡公。"⑦渔洋长篇歌行师从东坡,其出使蜀粤诗即是明证。乾隆年间杨际昌作《国朝诗话》,曰:"国朝歌行……圣庙时,巨公济济,总以南朱北王为职志。……王则杜、韩为宗,而得力于苏为多。"⑧四库馆臣更是直接将之比拟为东坡:"国朝之有士祯,亦如宋有苏轼,元有虞集,明有高启。而尊之者必跻诸古人之上,激而反唇,异论遂渐生焉。此传其说者之过,非士祯之过也。是录具存,其造诣浅深可以覆案。一切党同伐异之见,置之不议可矣。"⑨官方对二人诗史地位、创作成就及诗学关联的集体认同,无疑有不可非议的权威性,甚至乡里也认为渔洋与东坡貌似神肖。嘉庆十一年(1806)仲秋,翁方纲撰《渔洋先生像赞》曰:"窃闻先生于坡像有似焉,貌似耶? 神似耶? 吾恶知其所以然。请下转语,印此画禅。"⑩此年翁方纲重订渔洋《古诗选》,作《渔洋先生五七言诗钞重订本锓板成赋寄粤东叶花溪十二首》,其七诗末自注曰:"今年摹得先生《秋林读书图》,同作坡公及先生生日,而此刻适成,以二像并悬斋壁,尝闻济南人说先生貌似东坡也。"⑪从官方意志到诗界领袖再到民间传说,皆认为渔洋与苏轼有异代神貌之合,这足以证明渔洋是多么推崇东坡。"康熙己卯、庚辰(即康熙三十八、康熙三十九年,1699~1700)以后,一时作者,古诗多学韩、苏。"⑫康熙中后期诗坛古诗宗法韩、苏,乃

---

① 〔清〕宋荦:《漫堂说诗》,见《清诗话》,上海古籍出版社1978年版,第418页。

② 〔清〕王士祯:《师友诗传续录》,见《清诗话》,上海古籍出版社1978年版,第160页。

③ 〔清〕王士禛著,〔清〕张宗柟纂集,夏闳校点:《带经堂诗话》卷二九,人民文学出版社1963年版,第826页。

④ 〔清〕王士禛著,〔清〕张宗柟纂集,夏闳校点:《带经堂诗话》卷一,人民文学出版社1963年版,第43页。

⑤ 〔清〕王士祯口授,〔清〕何世璂述:《然灯纪闻》,见《清诗话》,上海古籍出版社1978年版,第120~121页。

⑥ 〔清〕王士禛:《渔洋诗话》,见《清诗话》,上海古籍出版社1978年版,第212页。

⑦ 〔清〕叶矫然:《龙性堂诗话初集》,见郭绍虞编选、富寿荪校点《清诗话续编》,上海古籍出版社1983年版,第993页。

⑧ 〔清〕杨际昌:《国朝诗话》,乾隆二十四年杨氏自刊本。

⑨ 〔清〕永瑢等主编:《四库全书总目》卷一七三,中华书局1965年版,第1522页。

⑩ 沈津:《翁方纲年谱》,台湾"中央研究院"中国文哲研究所2002年版,第420页。

⑪ 〔清〕翁方纲:《复初斋诗集》卷六〇,《续修四库全书》本,第1455册,第231页。

⑫ 〔清〕方世泰:《方南堂先生辍锻录》,见郭绍虞编选、富寿荪校点《清诗话续编》,上海古籍出版社1983年版,第1942页。

夤缘于韩、苏古诗有内在的传承统绪。方东树在《昭昧詹言》中品评唐宋诗人七古时,也认识到杜甫、韩愈、苏轼等人一脉相传的关系:"杜公如佛,韩、苏是祖,欧、黄诸家五宗也。此一灯相传。""杜公乃佛祖,高、岑似应化文殊辈,韩、苏是达摩。圣人复起,不易吾言矣。"①具言之,苏轼是文坛盟主欧阳修的托命之人,苏辙乃其胞弟,王安石为其挚友,陆游则是老杜的隔世嫡传、东坡的异代知音。

(二)黄庭坚入选《七言古诗选》的原因及其意义

细绎名单,值得关注的是与苏轼亦师亦友、"宋调"的另一个代表、"江西诗派"三宗之一的黄庭坚。"自宋黄文节公兴而天下有江西诗派,至于今不废。近代最称江西诗者,莫过虞山钱受之,继之者为今日汪钝翁、王阮亭。"②钱谦益并非"最称江西诗者"③,真正崇尚以苏、黄为代表的"宋调"的是王渔洋和汪琬。渔洋言:"故予谓从来学杜者无如山谷。"④在宋代八人名单中,所选黄庭坚诗作的数量仅次于苏轼、陆游,比韩愈还多了17首。将黄山谷与苏轼并举,不落以唐观宋的窠臼,为"宋调"张目擂鼓,具有不同寻常的诗史意义。康熙八年(1669)渔洋作诗:"一代高名孰主宾,中天坡谷两嶙峋。瓣香只下涪翁拜,宗派江西第几人?"⑤标举苏、黄,推之为宋诗成就最高的诗人。又说:"七言歌行,至子美、子瞻二公,无以加矣;而子美同时,又有李供奉、岑嘉州之创辟经奇;子瞻同时,又有黄太史之奇特。正如太华之有少华,太室之有少室。"⑥这昭示着从钱谦益推崇宋人苏、陆的清雅唐风转为宗法苏、黄的瘦硬宋调,呈现出宋诗从唐诗风的偪仄境地走向自成一家的宋调之路。当然,称扬黄诗也是从杜甫、韩愈以及苏轼三人的师法渊源关系上来说的。尽管后人对此有所怀疑,甚至讥为皮相之见,但诚如蒋寅所说,渔洋尊奉黄庭坚为宋诗正宗,实现了"宋调"作家的经典化之路,完成了诗坛从软宋诗走向硬宋诗的伟大跨越,确立了以宋诗艺术特征为核心的审美价值体系,意义重大自不待言。⑦

翁方纲曰:"渔洋先生、山谷绝不同调,而能知山谷之妙,此所谓:'满院木犀香,吾无隐乎尔。'……先生诗瓣香山谷,不知在何处?问之豫章人固不知之,问之济南人更不知之。山谷诗境质实,渔洋则空中之味也。然同时朱竹垞学最博,全以博学入诗,宜其爱山谷矣。乃竹垞最不嗜山谷,而渔洋反最嗜之,其故何也?"⑧又云:"卓哉渔洋之识也!……故渔洋与道园不同调,而亦能真知之;与山谷亦不同调,而能真知之,视竹垞之讥黄诗者何如矣!"⑨即使如某些人所言,渔洋不是"深知黄者","实未尝学黄"⑩,但在唐音流被之下独标黄诗,比朱彝尊之辈暗学山谷而死不认账强得多。盟主的言行给诗坛注入了新的活力,对于扭转宗唐末流软熟诗风不啻为一剂良药。翁氏评

---

① 〔清〕方东树著,汪绍楹点校:《昭昧詹言》卷一一,人民文学出版社1961年版,第237页、第240页。

② 〔清〕计东:《改亭集》卷四,乾隆十三年(1748)刻本。

③ 陈伟文对此有详细的辨析,参见陈伟文《清代前中期黄庭坚诗接受史研究》,中国人民大学出版社2012年版,第37页。蒋寅《清初江南诗学散论——以吴梅村、尤侗、汪琬为中心》(《江淮论坛》2011年第3期)对此亦有论及。

④ 〔清〕王士禛著,〔清〕张宗柟纂集,夏闳校点:《带经堂诗话》卷一,人民文学出版社1963年版,第21页。

⑤ 〔清〕王士禛著,袁世硕主编:《王士禛全集》,齐鲁书社2007年版,第484页。

⑥ 〔清〕王士禛:《渔洋诗话》,见《清诗话》,上海古籍出版社1978年版,第212页。

⑦ 详参蒋寅《清代诗学史》(第一卷),中国社会科学出版社2012年版,第632~637页。

⑧ 翁方纲批王士禛《叙州流杯池泸州使君岩皆山谷先生旧游都不及访怅然赋此》,〔清〕王士禛著,李毓芙、牟通、李茂肃整理《渔洋精华录集释》(上海古籍出版社1999年版,第908页)有删略。《陈衍诗论合集》所载《翁评渔洋精华录》文字也与此稍异,详见钱仲联编校《陈衍诗论合集》,福建人民出版社1999年版,第971页、第973页。

⑨ 〔清〕翁方纲:《七言诗三昧举隅》附录《渔洋诗髓论》,见《清诗话》,上海古籍出版社1978年版,第304页。

⑩ 此为郑杲、施山等人所言,参见蒋寅《清代诗学史》(第一卷),中国社会科学出版社2012年版,第637页。

《七言古诗选》中黄诗《简履中南玉》曰："凡山谷诗实处即其空处，粘处即其脱处，而此较之东坡《梁左藏》《郭纶》等篇更为易见耳。凡诗取料处皆即其见神韵处也，亦不但山谷如此。"①翁氏是站在宋诗质实的美学特征立场上来理解神韵的。又云："渔洋于五言言陶、谢，言韦、柳，而于七言乃言《史》《汉》。昔东坡亦教人熟读《三百篇》及《楚骚》耳。然则由渔洋之精诣，可以理性情，可以穷经史，此正是读书汲古之蕴味。而所谓不涉理路，不落言诠者，乃专对貌为唐贤之滞迹者言之。"②翁氏从神韵的角度为渔洋选录黄诗做一番回护，无可厚非。因为渔洋的隐逸情趣和禅宗思想与之暗合。③ 恰如翁方纲所说："先生尝言少陵与孟襄阳不同调而能赏识其诗，先生于山谷、道园亦然。"④渔洋论七言古诗，正是从《史记》《汉书》入手的，此有明证："康熙丁未、戊申（即康熙六年、康熙七年，1667～1668）间，余与茗文、公戫、玉虯、周量辈在京师为诗倡和。余诗字句或偶涉新异，诸公亦效之，茗文规之曰：'兄等勿效阮亭，渠别有西川织锦匠作局在。'又叶文敏讱庵云：'兄歌行他人不能到，只是熟得《史记》《汉书》耳。'余深愧两兄之言。"⑤渔洋诗涉"新异"，师法宋调，叶方霭认为即是熟稔《史记》《汉书》的结果。

（三）晁氏兄弟入选《七言古诗选》的深层背景

上述诸家皆两宋大家，入选名单中颇值得注意的是忝入其中的晁氏兄弟。晁补之乃"从东坡游者"，"苏门四学士"之一。明胡应麟《诗薮》杂编卷五列"苏门族群"，晁氏即在其中。晁冲之入选吕本中《江西诗社宗派图》26人大名单。吕本中曰："众人方学山谷诗时，晁叔用冲之独专学老杜。"⑥贺裳著《载酒园诗话》对黄、晁颇有讥评。渔洋认为贺氏持论有不可解处："如山谷千古奇作，于杜、韩、苏之外，自辟一宗，故为江西初祖，而贺谓其所得不如杨、刘……此如乞儿轻议波斯贾胡，足发一笑耳！其论晁具茨亦然。大抵所取率晚唐窕巧之语，以为隽异，岂得辄衡量大家耶！"⑦《凡例》评论晁冲之的议者即南宋刘克庄。《宋诗钞·具茨集钞》曰："刘后村称其意度宏阔，气力宽余，一洗诗人穷饿酸辛之态。南渡后惟放翁可以继之。其见许如此，足为雅鉴。"⑧渔洋认同刘氏之论盖出于此。康熙十年（1672）冬，吴之振携《宋诗钞》入京遍赠诗友。"比如王士禄、士禛兄弟，当时已有'二苏'之称，吴之振赠书是决不会遗忘他们的。"⑨更何况吴之振此前还编过含有渔洋、西樵昆仲的《八家诗选》。次年春吴之振出京，渔洋亦在送行之列。此外，成书于康熙二十八年（1689）的《池北偶谈》载曰："内乡李子田撰《艺圃集》，近石门吕庄生、吴孟举撰《宋诗钞》。"⑩他还赞曰："门人顾嗣立字侠君汇选元诗集……与石门吴之振、孟举《宋诗钞》并行，两朝之诗略具二书矣。"⑪渔洋池北书库中有《宋艺圃集》而无晁氏《具茨集》，比对后发现仅三首与《古诗选》重合。推之，王氏寓目《宋诗钞》绝无异议。《七言古诗选》选录的宋人作品中，所选晁冲之的诗与《宋诗钞》的吻合程度最高，十中有八，且前后次序相同，仅首末两篇《古乐府》《送一上人还滁州琅琊山》相

① 〔清〕翁方纲：《七言诗三昧举隅》，见《清诗话》，上海古籍出版社1978年版，第298页。
② 〔清〕翁方纲：《七言诗三昧举隅》附录《渔洋诗髓论》，见《清诗话》，上海古籍出版社1978年版，第305页。
③ 陈伟文：《清代前中期黄庭坚诗接受史研究》，中国人民大学出版社2012年版，第58～61页。
④ 〔清〕翁方纲：《复初斋诗集》卷六〇，《续修四库全书》本，第1455册，第231页。
⑤ 〔清〕王士禛著，〔清〕张宗枏纂集，夏闳校点：《带经堂诗话》卷八，人民文学出版社1963年版，第195页。
⑥ 〔宋〕吕本中：《紫微诗话》，见何文焕辑《历代诗话》，中华书局1981年版，第361页。
⑦ 〔清〕王士禛著，〔清〕张宗枏纂集，夏闳校点：《带经堂诗话》卷一八，人民文学出版社1963年版，第501页。
⑧ 〔清〕吴之振、吴留良、吴自牧选，〔清〕管庭芬、蒋光煦补：《宋诗钞》，中华书局1986年版，第1052页。
⑨ 张仲谋：《清代文化与浙派诗》，东方出版社1997年版，第109页。
⑩ 〔清〕王士禛著，〔清〕张宗枏纂集，夏闳校点：《带经堂诗话》卷九，人民文学出版社1963年版，第212页。
⑪ 〔清〕王士禛著，〔清〕张宗枏纂集，夏闳校点：《带经堂诗话》卷四，人民文学出版社1963年版，第106页。

异。翁方纲说:“晁具茨诗高逸,渔洋极赏之,然边幅究不能阔大。至《送一上人还滁》一诗,则无咎不能为也。渔洋所心赏当在此,而吴《钞》乃独不取之,盖以为涉禅耳。”[①]首尾二首想必是渔洋参以己意之故,但中间八篇源于《宋诗钞》可谓明矣。据比对,除晁冲之诗与《宋诗钞》重选、重合率最高达80%之外,所选其他七人诗作的重合率为:欧阳修诗67.5%(27/40)且顺序基本相同,其余依次是黄庭坚47.3%(26/55),王安石40%(14/35),苏轼39.8%(41/103),晁补之28.6%(6/21),陆游9%(7/78),苏辙无一同者。《古诗选》大抵参考过《宋诗钞》。清初宋集不多见,大家别集都难以觅得,遑论区区二晁。《古诗选》之前的宋诗选也极为有限。渔洋依托《宋诗钞》进行“二次编选”。《宋诗钞》自然会影响到渔洋对作品的甄录。

二、《七言古诗选》所选宋诗的审美趣味

如果诗人的师法渊源算作选录的外因,那么渔洋选录宋八家的内缘便是诗人的学力、才气、新变独创及诗作的章法和韵律。

(一)学力才气为首要标准

渔洋在与弟子诗友们谈诗论艺时说:“为诗须博极群书。如《十三经》《廿一史》,次及唐、宋人小说,皆不可不看。所谓取材于《选》,取法于唐者,未尽善也。”[②]纵览渔洋一生,宋集、笔记从未释手。东坡诗云“腹有诗书气自华”,“读书万卷始通神”。东坡还认为“辞达”是文学创作的最高境界。在这里,宋人七古与古文不期而合。渔洋心领神会:“诗未有不能达而能工者,故唯达者能工。达也者,‘读书破万卷,下笔如有神’,则无不达矣。”[③]若欲做到“辞达”,便须博览群书。渔洋曰:“为诗须要多读书,以养其气;多历名山大川,以扩其眼界;宜多亲名师益友,以充其识见。”[④]七古是最能彰显诗人才气、炫耀学力的诗体。姚鼐说:“歌行以才气纵横为奇。”[⑤]“大抵其才驰骤而炫耀宜七言……虽不可尽以此论拘,而大概似之矣。”[⑥]方东树也说:“诗莫难于七古。七古以才气为主,纵横变化,雄奇浑颢,亦由天授,不可强能。”[⑦]“唐诗之美在情辞,故丰腴;宋诗之美在气骨,故瘦劲。”[⑧]这与渔洋所云“唐诗主情,故多蕴藉;宋诗主气,故多径露”[⑨]庶几暗合。宋诗贵在气骨,擅于说理议论,其长处正和七古符契。清人无不如此认为。钱泳云:“七古以气格为主,非有天姿之高妙,笔力之雄健,音节之铿锵,未易言也。尤须沉郁顿挫以出之,细读杜、韩诗便见。”[⑩]细绎之,《凡例》中“元气”“天姿”“笔力”“气格”一类的字眼贯注其间。元人吴莱的入选也缘于此:“元诗靡弱,自虞伯生而外,唯吴立夫长句瑰玮有奇气。”概之,王渔洋在选录《七言古诗选》的作家作品时,以才气学力为首要标准。

渔洋曾对苏轼的诗才称道:“子瞻贯析百家及山经海志、释家道流,冥搜集异诸书,纵笔驱遣,

---

① 〔清〕翁方纲:《石洲诗话》,中华书局1985年版,第63页。

② 〔清〕王士祯口授,〔清〕何世璂述:《然灯纪闻》,见《清诗话》,上海古籍出版社1978年版,第120页。渔洋重视学问,无疑与其提倡宋诗有关,至于重视学问的原因及学问在神韵中的位置,详参张晖《“学问”与“神韵”:论王渔洋“神韵”说中学问的位置》,《徐州师范大学学报》2012年第2期。

③ 〔清〕王士祯等:《师友诗传录》,见《清诗话》,上海古籍出版社1978年版,第144~145页。

④ 〔清〕王士祯口授,〔清〕何世璂述:《然灯纪闻》,见《清诗话》,上海古籍出版社1978年版,第120页。

⑤ 〔清〕方东树著,汪绍楹校点:《昭昧詹言》卷一二,人民文学出版社1961年版,第340页。

⑥ 《与陈硕士九十六首》,载《姚惜抱尺牍》,上海新文化书社民国二十四年(1935)版,第56页。

⑦ 〔清〕方东树著,汪绍楹校点:《昭昧詹言》卷一一,人民文学出版社1961年版,第232页。

⑧ 缪钺:《诗词散论·论宋诗》,上海古籍出版社1982年版,第36页。

⑨ 〔清〕王士祯:《师友诗传续录》,见《清诗话》,上海古籍出版社1978年版,第152页。

⑩ 〔清〕钱泳辑:《履园谭诗》,见《清诗话》,上海古籍出版社1978年版,第872页。

无不如意,如风雨雷霆之骤合,砰訇戛击,角而成声,融然有度,其用实处多,而用虚处少,取其少者为佳。"①东坡才大学博,气力过人。有清一代,论调与渔洋桴鼓相应者不绝如缕,大多从学识、气力的角度来推举苏诗。② 渔洋选诗亦复如是。如《王维吴道子画》,纪昀赏其"奇气纵横",赵翼说:"以文为诗,自昌黎始;至东坡益大放厥词,别开生面,成一代之大观。今试平心读之,大概才思横溢,触处生春,胸中书卷繁富,又足以供其左旋右抽,无不如志。其尤不可及者,天生健笔一枝,爽如哀梨,快如并剪,有必达之隐,无难显之情,此所以继李、杜后为一大家也。……绝人处在乎议论英爽,笔锋精锐,举重若轻,读之似不甚用力,而力透已十分,此天才也。"这与渔洋倡导的"诗辞达则工"与"读书养才气"无不切合。赵翼将是诗连同《题杨惠之塑维摩像》《送刘道原》《墨妙亭诗》数篇,称:"此皆坡诗中最上乘,读者可见其才分之高。"③这几首,《七言古诗选》悉数选录。诸如《游金山寺》《寄刘孝叔》《百步洪》《李思训画长江绝岛图》《舟中夜起》《武昌铜剑歌》,也是极富"奇纵之气""神完气足""空旷奇逸"的"仙品"④。此外,苏轼七古有时步韵酬和,押韵数十次。"次韵一道……宋则眉山最擅其能,至有七古长篇押至数十韵者,特以示才气过人可耳。"⑤《七言古诗选》所选苏诗103首中,次他人韵、次己作韵、他人和韵又复次韵者有10首,十韵以上的有8首,《次韵正辅同游白水山》多达二十一韵。七古押韵与才力密不可分,关系到章法之跌宕、音节之顿挫、篇什之气脉。渔洋曰:"七言古平仄相间换韵者,多用对仗,间似律句无妨。若平韵到底者,断不可杂以律句。大抵通篇平韵,贵飞扬;通篇仄韵,贵矫健。皆要顿挫,切忌平衍。"⑥弟子诗友对古诗音节顿挫不解时,他教道:"此须神会,难以粗迹求之。如一连二句皆用韵,则文势排宕,即此可以类推。熟子美、子瞻二家,自了然矣。专为七言而发。"⑦翁方纲评曰:"是阮亭先生所讲七言平韵到底之正调也。盖七古之气局,至韩、苏而极其致尔。"⑧翁方纲在《游径山》诗后又说:"在韩则势愈挺劲者,在苏则气愈圆和,其舒散迴环,全于正调见之。"⑨强调的都是气格。

北宋诗人,苏、黄并称。黄氏向以博学知名,"无一字无来历",押险韵,用僻典,造硬语。渔洋喜好黄诗,亦基于此。陈衍虽认为渔洋不知黄,但也不得不承认:"然山谷多使事,渔洋亦喜用典;山谷七古时有插韵,渔洋亦然。不得谓无同处。"⑩故《凡例》云"其天姿之高,笔力之雄,自辟庭户"。如所选的《再答陈元舆》,"奇气杰句,跌宕有势"⑪。南北诗家,苏、陆辉映。《凡例》曰:"南渡气格,下东都远甚。唯陆务观为大宗,七言逊杜、韩、苏、黄诸大家。"田雯亦云:"南渡诸诗,亦似晚唐已后,格卑气弱,非复东都之旧矣。陆务观挺生其间,祓濯振拔,自成一家,真未易才。七言古诗登杜、韩之堂,入苏、黄之室,虽工力不敌前人,亦一杰构。"⑫所选陆诗如《上巳临川道中》《山南

---

① 〔清〕王士禛著,袁世硕主编:《王士禛全集》,齐鲁书社2007年版,第1976页。

② 详参拙著《清代宋诗选本研究》,上海古籍出版社2011年版,第91~93页。

③ 〔清〕赵翼著,霍松林、胡主佑校点:《瓯北诗话》卷五,人民文学出版社1963年版,第57页。

④ 详参〔清〕方东树《昭昧詹言》卷一二王士禛《七言古诗选》所录苏轼诗之评语。

⑤ 〔清〕李重华:《贞一斋诗说》,见《清诗话》,上海古籍出版社1978年版,第929页。

⑥ 〔清〕王士祯口授,〔清〕何世璂述:《然灯纪闻》,见《清诗话》,上海古籍出版社1978年版,第135页。

⑦ 〔清〕王士祯:《师友诗传续录》,见《清诗话》,上海古籍出版社1978年版,第149页。

⑧ 〔清〕翁方纲:《七言诗平仄举隅》,见《清诗话》,上海古籍出版社1978年版,第277页。

⑨ 〔清〕翁方纲:《七言诗平仄举隅》,见《清诗话》,上海古籍出版社1978年版,第280页。

⑩ 陈衍:《翁评渔洋精华录》,见钱仲联编校《陈衍诗论合集》,福建人民出版社1999年版,第973页。

⑪ 〔清〕方东树著,汪绍楹校点:《昭昧詹言》卷一二,人民文学出版社1961年版,第320页。

⑫ 〔清〕田雯:《古欢堂集杂著》卷二,见郭绍虞编选、富寿荪校点《清诗话续编》,上海古籍出版社1983年版,第701页。

行》《荆溪馆夜坐》等，才气豪健，笔法纵横，风格遒劲。方东树曰："观全集，足知渔洋鉴裁之善。"① 至于欧阳修、王安石，《凡例》称欧"七言高处直追昌黎"，方东树也说："荆公健拔奇气胜六一，而深韵不及，两人分得韩一体也。荆公才较爽健，而情韵幽深，不逮欧公。二公皆从韩出，而雄奇排奡皆逊之。可见二公虽各用力于韩，而随才之成就，只得如此。"②又说如果学诗不从王入，"皆粗才浮气俗子也"③。渔洋选录欧、王亦是出于气格才力的考虑。欧阳修"始矫昆体，专以气格为主"④。所选欧诗(《明妃曲和王介甫作》《再和明妃曲》《双井茶》《寄圣俞》《和刘原父澄心纸》等)、王诗(《元丰行示德逢》《后元丰行》《明妃曲》等)，均是逞才运气、惊世骇俗之作。渔洋曾将王诗《桃源行》与韩愈之《桃源行》媲美："唐宋以来作《桃源行》最传者，王摩诘、韩退之、王介甫三篇。观退之、介甫二诗，笔力意思甚可喜。"⑤钱载曾指摘曰："韩、杜、苏、黄七古皆一气单行，二晁以外始多用偶句，看似工整，其实力弱。借此为撑拄。一经拈出，便觉有上下床之别，渔洋《古诗选》尚未能觑破也。"⑥正反两面都证明了选家、读者关注的皆是笔力气格。这一点还可从翁方纲《七言诗三昧举隅》的题识中看出来：

夫渔洋先生，既不得不以杜、韩、苏、黄为七言之正矣，因于初唐诸作，仅取数篇，曰：此其气格高者。……七言视五言，又开阔矣。是以学人才人，各有放笔骋气处。气盛则言之短长声之高下皆宜。先生又恶能执一以裁之？夫是以不得已而姑取短章也，为其骋之尚未极也。……原先生之意，初不谓壮浪驰骋者，非三昧也；顾其所以拈示微妙之处，则在此不在彼也。……所以必拈取七言者，五言多含蓄，七言则疑于纵矣，故不得不举隅证之。⑦

翁方纲认为渔洋所选七古的审美趣味在于"气格"，目光所及乃"学人才人"，只要能"放笔骋气"，"气盛则言之短长声之高下皆宜"。将这种才力张扬、意味直露的七古诗体与含蓄、闲远的"神韵"三昧联系起来，正符合渔洋自道的"雄浑豪健"亦有风调神韵、古淡闲远中实"沈着痛快"。故翁氏说："若放翁则全以淋漓尽致为能事，而渔洋未尝不于放翁有取焉者，此义是也。"⑧

施山《薑露盦杂记》云："渔洋选诗不及元、白、张、王，论诗不满王、杨、卢、骆，其于七古宜以气魄才力为主矣，而所作未能称是，才限之也。随园谓其力薄，诚然。"⑨此言当分论之。说渔洋选七古"以气魄才力为主"可谓中肯。先看袁枚原话："阮亭先生，自是一代名家。惜誉之者既过其实，而毁之者亦损其真。须知先生才本清雅，气少排奡，为王、孟、韦、柳则有余，为李、杜、韩、苏则不足也。"⑩这倒是足以证明渔洋选七古诗力主才气。正因为渔洋认识到"神韵"自身的"肌无力"，故而自己作诗效仿追慕之。前文已引，康熙六、七年间，渔洋与汪琬、刘体仁等人在京唱和，"偶涉新异"，叶方霭称其"歌行他人不能到，只是熟得《史记》《汉书》"。此其一。其二，康熙十一年王渔洋典四试川蜀的《蜀道集》，门人盛符升与施闰章等人均称其雄健豪放，犹如韩、苏。翁方纲也说："《蜀道集》气魄格局架子

① 〔清〕方东树著，汪绍楹校点：《昭昧詹言》卷一二，人民文学出版社1961年版，第338页。
② 〔清〕方东树著，汪绍楹校点：《昭昧詹言》卷一二，人民文学出版社1961年版，第285页。
③ 〔清〕方东树著，汪绍楹校点：《昭昧詹言》卷一二，人民文学出版社1961年版，第284页。
④ 〔宋〕叶梦得：《石林诗话》卷上，见何文焕辑《历代诗话》，中华书局1981年版，第407页。
⑤ 〔清〕王士禛著，〔清〕张宗柟纂集，夏闳校点：《带经堂诗话》卷二，人民文学出版社1963年版，第50页。
⑥ 〔清〕查揆：《筼谷诗钞》卷一〇，《续修四库全书》本，第1494册，第421页。
⑦ 〔清〕翁方纲：《七言诗三昧举隅》，见《清诗话》，上海古籍出版社1978年版，第285页。
⑧ 〔清〕翁方纲：《七言诗三昧举隅》，见《清诗话》，上海古籍出版社1978年版，第299页。
⑨ 转引自钱仲联主编《清诗纪事·顺治朝卷》，江苏古籍出版社1987年版，第2011页。
⑩ 〔清〕袁枚著，顾学颉校点：《随园诗话》卷二，人民文学出版社1982年版，第48页。

都好。"①其三,康熙四十八年渔洋撰成《分甘余话》,卷二有"评《蜀道集》《南海集》诗":"昔亡友叶文敏评余《蜀道集》诗:'毋论大篇短章,每首具有二十分力量,所谓狮子搏象兔皆用全力者也。'余深愧其言。陈元孝(恭尹)评余《南海集》:'虽不及《蜀道》之宏放,而天然处乃反过之。'此亦知言。文敏又尝语余:'兄七言长句,他人不能及,只是熟得《史记》《汉书》耳。'"②可知:第一,所谓"新异"即师法宋诗,学人已明辨,此不赘述。入蜀、使粤二集,"气魄格局架子都好","用全力",亦取法宋人。第二,中年"深愧"汪琬、叶方霭之言,晚年回忆时又"深愧"叶氏赞语,实乃自知才气薄弱的谦辞,也是宗宋取其学问博、气力大的表征。第三,熟读《史记》《汉书》,作诗袭用两汉史书,能增添气骨。黄庭坚便如此教人作诗:"山谷尝谓余云:'作诗使《史》《汉》间全语为有气骨。'"③方东树也将"元气"与《史记》合言之:"杜公、太白,天地元气,直与《史记》相埒,二千年来,只此二人。"④

不单单叶氏赏其善学宋人之才博力雄,宗唐者施闰章也说:"阮亭盖疾夫肤附唐人者了无生气,故间有取于子瞻。"⑤徐乾学亦云:"先生《渔洋前后集》具在,惟七言古类韩、苏。"叶矫然、杨际昌也说王渔洋七古得力于苏轼,详见前文所引。甚至有人举诗以证之:"国初诗人,王朱并称,或曰王才美于朱,而学足以济之;朱学博而王才足以举之。或曰朱贪多,王爱好。……王以风调胜,而未尝不淹雅;朱以淹雅称,而未尝无风调。才人能事,无奇不有。执一隅以论两家,未足以服两家之心也。……试观渔洋五七古诗,如《蠡勺亭观海》《周文矩庄子说剑图》《慈仁寺双松歌》《登文游台》《焦山古鼎诗同西樵赋》《南将军庙行》《昭阳顾符稹画栈道图歌》《双剑行孙退谷侍郎席上作》《井陉关歌》《定军山诸葛公墓下作》《元祐党籍碑》《伪汉刘龚冢歌》《米海岳砚山歌为朱竹垞翰林赋》《甘泉宫长生瓦歌为林吉人作》《采石太白楼观萧尺木画壁歌》诸作,皆如金碧楼台,弹指即现,而又驱策风霆,雕镌冰雪,非胸罗积轴,手握灵珠者,能如是乎?"⑥所举15首古诗,仅《焦山》《定军山》2首为五古,最早的《蠡勺亭观海》作于顺治十三年(1656),最晚的《甘泉宫》作于康熙三十四年(1695),期间的入蜀使粤诗自然在其中。由此可知以上诸人所论不为无据。此外,渔洋建有池北书库,毕生读书不辍,"淹雅"二字足可当之。集中七古不乏元气淋漓、纵横捭阖之作。这无疑是他标榜才气学力,浸染宋籍,师法韩、苏的结果。

(二)新奇独创乃重要因素

请看三则颇堪注意的材料:"苏文忠公《凤翔八观诗》,古今奇作,与杜子美、韩退之鼎峙;文定皆有和作,谓之《岐梁倡和集》,然魄力不逮文忠矣。……然此早岁之作,亦自不敌也。""后子瞻作《凤翔八观诗》,中《石鼓》一篇别自出奇,乃是韩公勍敌。""余尝谓东坡《凤翔八观诗》,不减杜子美。"⑦《七言古诗选》中,《凤翔八观》有四首入选,即《石鼓歌》《王维吴道子画》《维摩像唐杨惠之塑在天柱寺》《秦穆公墓》。所选苏轼《石鼓歌》,之前有韩愈同名之作,向来论者夥矣。要么如赵翼、高步瀛诸辈不作轩轾之论,要么如渔洋、梁章钜慎言谦辞,认为可与韩愈匹敌,各具其妙。明袁

① 钱仲联编校:《陈衍诗论合集·翁评渔洋精华录》,福建人民出版社1999年版,第973页。

② 〔清〕王士禛著,〔清〕张宗柟纂集,夏闳校点:《带经堂诗话》卷八,人民文学出版社1963年版,第195页。

③ 〔宋〕王直方:《王直方诗话》,见郭绍虞辑《宋诗话辑佚》,中华书局1980年版,第87页。

④ 〔清〕方东树著,汪绍楹校点:《昭昧詹言》卷一一,人民文学出版社1961年版,第232页。

⑤ 〔清〕王士禛著,袁世硕主编:《王士禛全集》,齐鲁书社2007年版,第685页。

⑥ 〔清〕康发祥:《伯山诗话》,转引自钱仲联主编《清诗纪事·顺治朝卷》,江苏古籍出版社1987年版,第2006~2007页。

⑦ 此三则均见〔清〕王士禛著,〔清〕张宗柟纂集,夏闳校点《带经堂诗话》卷二,人民文学出版社1963年版,第52页。

宏道及清汪师韩、纪昀、郭麐、王文诰、施山等人，皆认为远在韩愈之上。① 诚如乾隆朝状元金德瑛所言："凡古人与后人共赋一题者，最可观其用意关键。……大抵后人须精刻过前人，然后可以争胜，试取古人同题者参观，无不皆然。苟无新意，不必重作。世有议后人之透露，不如前人之含蓄者，此执一而不知变也。"②说的就是苏诗能出新求变。"苏子瞻以新，黄鲁直以奇。"③黄庭坚以戛戛独造、求新创奇著称，正可借此医治学唐末流熟滑肤廓之病。渔洋评山谷诗的材料虽难得一见，但从《七言古诗选》中可见其求新好奇之趣向。如《送范德孺知庆州》《双井茶送子瞻》《戏呈孔毅父》《听宋宗儒摘阮歌》《王充道送水仙花五十枝欣然会心为之作咏》《武昌松风阁》《书磨崖碑后》《题落星寺》，立意造语迥异常人，无不奇思奇篇。方东树评曰："山谷之妙，在乎迥不犹人，时时出奇，故能独步千古，所以可贵。……涪翁以惊创为奇才，其神兀傲，其气崛奇，玄思瑰句，排斥冥筌，自得意表。玩诵之久，有一切厨馔腥蝼而不可食之义。"④虽袭用姚范评语，但确为中允之论。此外，方东树认为黄诗奇创句法可效法之："山谷则止可学其句法奇创，全不由人，凡一切庸常境句，洗脱净尽，此可为法。"⑤

（三）重视七古的章法句法

渔洋曰："大抵七古句法字法，皆须撑得住，拓得开，熟看杜、韩、苏三家自得之。"⑥七古在句法、字法上须跌宕回旋，进退自如，收放有度。这一点可师杜、韩、苏三家。在七古章法上，渔洋追求纵横开阖、顿挫变化之美。当弟子问及五七古章法之别时，渔洋说："章法未有不同者。但五言著议论不得，用才气驰骋不得。七言则须波澜壮阔，顿挫激昂，大开大阖耳。"⑦换言之，七古须才气驰骋，章法上讲求铺张恣肆，开阖顿挫。有人请教七古章法："昔人论七言长古作法：曰分段，曰过段，曰突兀，曰用字，曰赞叹，曰再起，曰归题，曰送尾，此不易之式否?"渔洋认为："此等语皆教初学之法，要令知章法耳。神龙行空，云雾灭没，鳞鬣隐现，岂令人测其首尾哉?"⑧法无定法！七古章法不必拘泥形式，而应变化无迹，浑融无碍。方东树《昭昧詹言》评论渔洋《七言古诗选》时，对其横加指摘："观韩、欧、苏三家，章法剪裁，纯以古文之法行之，所以独步千古。南宋以后，古文之传绝，七言古诗，遂无大宗。阮亭号知诗，然不解古文，故其论亦不及此。"⑨其实此说未必然。方东树推尊姚范、姚鼐叔侄，《昭昧詹言》论东坡七古多有称引。第二条引姜坞先生曰："东坡诗词天得，常语快句，乘云驭风，如不经虑而出之。凄淡豪丽，并臻妙诣。至于神来气来，如导师说无上妙谛，如飞仙天人，下视尘界。"⑩这不正与渔洋所言神化无迹、莫测首尾符契，更与渔洋崇尚的"神韵"极为冥合么？第一条"坡公之诗，每于终篇之外，恒有远境，匪人所测。于篇中又各有不测之远境，其一段忽从天外插来，为寻常胸臆中所无有"⑪，说的不也是东坡七古章法纵横变化之妙吗？东坡作文"常行于所当行，常止于所不可不止"，妙趣横生，想落天外。揆以七古，亦当此论。据渔洋所记："曹颂嘉（禾）祭酒常语余曰：杜、李、韩、苏四家歌行，千古绝调，然语句时有利钝。……余曰：唯句句作

---

① 详参曾枣庄、曾涛编《苏诗汇评》，文史哲出版社1998年版，第110～116页。

② 〔清〕陆以湉：《冷庐杂识》卷七，中华书局1984年版，第399页。

③ 〔北宋〕陈师道：《后山诗话》，见何文焕辑《历代诗话》，中华书局1981年版，第306页。

④ 〔清〕方东树著，汪绍楹校点：《昭昧詹言》卷一二，人民文学出版社1961年版，第313页。

⑤ 〔清〕方东树著，汪绍楹校点：《昭昧詹言》卷一一，人民文学出版社1961年版，第237页。

⑥⑦ 〔清〕王士祯：《师友诗传续录》，见《清诗话》，上海古籍出版社1978年版，第149页。

⑧ 〔清〕王士祯：《师友诗传续录》，见《清诗话》，上海古籍出版社1978年版，第153页。

⑨ 〔清〕方东树著，汪绍楹校点：《昭昧詹言》卷一一，人民文学出版社1961年版，第232页。

⑩⑪ 〔清〕方东树著，汪绍楹校点：《昭昧詹言》卷一二，人民文学出版社1961年版，第292页。

意，此其所以不及前人也。四公之诗，如万斛泉源，不择地而出，行乎其所不得不行，止乎其所不得不止。余诗如鉴湖一曲，若放翁、遗山已下，或庶几耳。”①渔洋之论显从东坡而来，以此论四家七古之法，颇具只眼。方东树也说：“所谓章法奇古，变化不测也。坡、谷以下皆未及此。惟退之、太史公文如是，杜公诗如是。”②又引姚鼐语：“东坡文远逊韩。若以诗论，故当胜之。”③渔洋选录苏轼《韩干马十五马》，方氏评曰：“至于章法之妙，非太史公与退之不能知之。”④所选《百步洪》（“长洪斗落生跳波”），方东树说：“惜抱先生曰：‘此诗之妙，诗人无及者也，惟有《庄子》耳。’余谓此全从《华严》来。此首暨《刘孝叔》《南山之下》《二马并驱》《我昔在田间》五首，熟读之，可得奇纵之妙。”⑤显然，方氏对姚鼐“此诗之妙，诗人无及者也”的论调毫无异议。窥一斑以见全豹，故方东树说渔洋不懂古文而不知七古之妙，实在是大谬。

《七言古诗选》所选苏轼《石鼓歌》，人们大多认为苏诗远在韩诗之上。而同方东树一样认为苏不如韩者寥寥无几。方氏评曰：“浑转溜亮，酣恣淋漓。坡此首暨《王维吴道子画》《龙兴寺》《武昌剑》《虢国夜游》《雪浪石》……欧《古瓦》《菱溪》，黄《磨崖碑》，皆可为典制之式。”⑥其实此评价并不低，所举苏、欧、黄诸诗，渔洋悉数入选，再次证明渔洋对欧、苏、黄七古结构之妙自有会心。他如《荔枝叹》，方东树极为赞赏，称其“章法变化，笔势腾掷，波澜壮阔，真太史公之文”⑦。评诗素严的纪昀评《苏文忠公诗集》卷三九亦曰：“貌不袭杜，而神似之。出没开合，纯乎杜法。”⑧苏轼七古纵横腾挪，抑扬顿挫，颇具变化之美，极臻结构之妙。李重华说：“至坡公始以其才涵盖今古，观其命意，殆欲兼擅李、杜、韩、白之长；各体中七古尤阔视横行，雄迈无敌，此亦不可时代限者。”⑨苏轼七古有所谓的双线、分合、对比结构之诗，如《王维吴道子画》《武昌西山》《百步洪》《次韵子由书李伯时所藏韩干马》《书王定国所藏烟江叠嶂图》《孙莘老求墨妙亭诗》《登海州市》《寄吴德仁兼简陈季常》《戏书李伯时画御马好头赤》；有开篇、结尾各臻其妙的，如《次前韵送刘景文》《越州张中舍寿乐堂》《腊日游孤山访惠勤惠思二僧》；亦有章法变化多端，错综复杂，提顿转合者，如《虢国夫人夜游图》《荔枝叹》等，⑩皆在渔洋《七言古诗选》之列。除上举之诗外，还有《游金山寺》《自金山放船至焦山》《游径山》《书韩干牧马图》《携妓乐游张山人园》《书林逋诗后》《聚星堂雪》《试院煎茶》等，俱入渔洋法眼。

此后，渔洋诗学转向盛唐王、孟之“神韵”。但是，渔洋毕生留意宋人集、说二部，承认偏师宋调的雄豪之风也属“神韵”，所辑《七言古诗选》提倡气力才学，标举苏、黄，暗近硬宋，客观上为清中后期宋人宋诗的广泛流布起到了推动作用，同时也引发了翁方纲、姚鼐等诗坛巨擘续编、纂辑一系列分体通代诗选（如《七言律诗钞》《今体诗钞》等），并促使他们或转尊宋人或唐宋兼宗，促进了诗选史的繁荣发展。

---

① 〔清〕王士禛著，〔清〕张宗柟纂集，夏闳校点：《带经堂诗话》卷三，人民文学出版社1963年版，第75页。
② 〔清〕方东树著，汪绍楹校点：《昭昧詹言》卷一一，人民文学出版社1961年版，第233页。
③ 〔清〕方东树著，汪绍楹校点：《昭昧詹言》卷一二，人民文学出版社1961年版，第292页。
④ 〔清〕方东树著，汪绍楹校点：《昭昧詹言》卷一二，人民文学出版社1961年版，第296页。
⑤ 〔清〕方东树著，汪绍楹校点：《昭昧詹言》卷一二，人民文学出版社1961年版，第299页。
⑥ 〔清〕方东树著，汪绍楹校点：《昭昧詹言》卷一二，人民文学出版社1961年版，第293页。
⑦ 〔清〕方东树著，汪绍楹校点：《昭昧詹言》卷一二，人民文学出版社1961年版，第308页。
⑧ 见曾枣庄、曾涛编《苏诗汇评》，文史哲出版社1998年版，第1683页。
⑨ 〔清〕李重华：《贞一斋诗说》，见《清诗话》，上海古籍出版社1978年版，第927页。
⑩ 详见张智华《苏轼七言古诗的结构艺术》，载《安徽师大学报》1995年第1期。

少年记忆与《秋柳》诗之微旨

周兴陆*

一、《秋柳》吟成费注笺

顺治十四年(1657),王士禛24岁,八月集诸名士于济南大明湖畔,作《秋柳》诗四首,远近传唱,和者数百人,后人也多追和之作,成为清代诗歌史上一桩盛事。然而,王士禛的诗虚灵婉约,不免浮泛空滑,时人讥其"诗中无人",早年的《秋柳》四首已透露这一特征,沈德潜就曾批评这四诗"不切秋,并不切柳"①,有脱空的毛病。甚至有人说原唱不如和作。如盛百二谓《秋柳》之众多和作,当以顾炎武、曹溶二公为最,即原唱亦不及也。顾炎武诗末"先皇玉座灵和殿,泪洒西风夕日斜"二句,曹溶诗起句"陵原上百花残",意旨显然,"皆是诗中有人"②。谭宗浚比较王士禛和顾炎武二人的《秋柳》诗曰:"尚书文藻剧蝉联,《秋柳》吟成费注笺。果否胜朝桑海感?悲凉翻逊顾圭年。"自注:"顾亭林亦有《秋柳》诗,似指前代宗藩之沦落者。词意悽婉,似在阮翁之上。"③晚清时的吴仰贤也认为曹溶、朱彝尊、徐夜等人的和作"风格老苍,远胜原唱"④。朱彝尊《同曹侍郎遥和王司理士禛秋柳之作》五六句"亡国尚怜吴苑在,行人只向灞陵看",徐夜《和阮亭秋柳四首》其二"美人迟暮何嗟及,异代萧条有怨思。日夕相看犹古道,汉家宫树半无枝"也直接表明了叹息亡国、异代的主旨,意思更为显豁。从这些唱和诗来看,时人从王士禛的原唱中领略到了世变兴亡之感,并作了呼应和引申。

然而,王士禛《秋柳》诗的主旨到底是什么?是否有"本事"?这似乎是一个难以索解的谜面,后人纷纷探究,但莫衷一是,然大体上是在"政治"与"美人"之间徘徊。最早是乾隆九年(1744)屈复的《王渔洋秋柳诗四首解》刊刻行世,屈复解释这四章"皆寄刺南渡之亡也"⑤。屈复虽然年辈较晚,生于康熙七年(1668),但不做清朝的官,有强烈的民族思想。他看透了南明小朝廷的内讧和腐

---

* 作者简介:周兴陆,复旦大学,教授。本文系国家社科基金项目"传统与近现代诗学的变与通"(项目编号:12BZW074)的阶段性成果,首发于《山东社会科学》2014年第9期。

① 沈德潜《国朝诗别裁集》36卷本(吴县蒋重光清乾隆二十四年刊刻)卷四评曰:"集中如《秋柳》诗,乃公少年英雄欺人语。为所欺者,强为注释,究之不切秋,并不切柳。问其何以胜人,曰:佳处正在不切也。为之粲然。"清乾隆二十五年重订三十二卷本删去此评。

② 〔清〕盛百二:《柚堂笔谈》卷三,《续修四库全书》影印清乾隆三十四年刻本。

③ 〔清〕谭宗浚:《舟中读诸家诗各题一绝》,见《荔村草堂诗钞》卷二,《续修四库全书》影印清光绪十八年刻本。顾炎武明亡后曾自署"顾圭年"。

④ 〔清〕吴仰贤:《小匏庵诗话》卷三,《续修四库全书》本。

⑤ 本文所引各家解说,均见拙编《渔洋精华录汇评》,齐鲁书社2007年版。

败,所以对王士禛的《秋柳》诗作如此解读。屈复《和王阮亭〈秋柳〉韵四首》其一曰:“一枝难系王孙住,重荫东南未可论。”更是直接点明了主旨。当然这只是屈复的理解,不一定符合王士禛原诗的本旨。屈复的解释后人褒贬不一,姜恭寿赞其解“甚为平允”,姚莹批其“大旨已非”。乾隆年间,屈复的解读差点儿给王士禛诗歌带来灾难。据陈康祺《郎潜纪闻》等记载,乾隆五十二年(1787),某礼部尚书曾掎摭王士禛等人诗中的“语疵”,奏请毁禁,事下枢廷集议,管世铭判定语意无违碍,终免遭一劫。管世铭追纪其事云:“诗无达诂最宜详,咏物怀人取断章。穿凿一篇《秋柳》注,几令耳食祸渔洋。”①

继屈复之后,刊刻于乾隆二十四年(1759)的伊应鼎《〈渔洋山人精华录〉会心偶笔》,随文笺释,谓“娟娟凉露欲为霜”一首“可与《板桥杂记》参看”;谓“东风作絮糁春衣”一首“当与庾信《哀江南赋》并读之”,意即《秋柳》诗蕴含着易代世变的“沧桑之感,云亡之痛”。嘉庆二十四年(1819),李兆元刊刻《渔洋山人秋柳诗笺》。李兆元在该书中解释第一首是“吊明亡之作”,第二首“为福王作也”,第三首“为南渡遗老诸公作也”,第四首“专为福王故妃童氏作也”。梁章钜称赞李兆元的笺注“钩深索隐,虽未必尽合渔洋本旨,而旁引曲证,要可谓之善说诗者”。但梁氏又说屈复的注解“大略与李瀛客(兆元)同”,未能深辨屈、李之异。其实屈复和李兆元的立场是有明显差异的,屈复虽然不是遗民,但带有浓厚的遗民思想,故解释此四诗“皆寄刺南渡之亡也”,谓王士禛作此四诗讽刺南渡小朝廷不能匡扶社稷;但李兆元是站在大清顺民的立场解释的,如解释第三首曰:“好语西乌莫夜飞,则以我国家奉天承运,代明复仇,闯、献余孽,胥已歼灭,不必复效沈攸之妄兴恢复之兵,自取亡败也。”何士祁题李兆元笺注曰:“珍重西乌莫夜飞,先生托兴亦何微。若教三逆知前鉴,早向军门卸铁衣。”②概括了李兆元笺注的主旨,但这是否符合王士禛《秋柳》诗的本意呢?恐怕未必。

同治年间王祖源和郑鸿都认为《秋柳》诗是为“吊明亡而作”,基本上是沿着李兆元的方向,钩稽本事,牵连史迹,各作比附。至光绪十二、十四年,徐寿基的《秋柳诗诠》、高丙谋的《秋柳诗释》都否定“思明说”,提出了“渔洋当日实为福藩故伎郑妥娘作”的新说,他们的理由是王士禛的外孙朱晓村有《秋柳亭图》,座中绘一女子,其画幅跋语谓“文简公《秋柳》诗,为明福藩故妓作也”,似乎言之凿凿。其实,朱晓村所画《秋柳亭图》更可能是在乾隆年间“文字狱”风声日紧时的一种障眼法,并不足以据此上探《秋柳》诗的本事。③

此外还有其他的种种解释,都是在上述两类解释的基础上随意引申,无足深辨。至20世纪80年代初,苏仲翔先生调停“主吊明”和“主寄怀美人”二家之说,谓二者“貌异心同,不必强为分辨,词不害意可也”④。李圣华先生的《王士禛〈秋柳四首〉“本事”说考述》考辨各种“本事”说,认为多是附会增饰之论,认为“四诗咏柳物写心,感慨历史变幻、繁华易逝、人生多愁,呈现出一片迷蒙幻灭之感。这种伤感与明清易代有一定的关联,但我们却不必将它说成与某一特定的历史事件有关”。的确,古人解诗好穿凿附会,粘着史事。谓《秋柳四首》句句隐讽某人某事,每个意象都有深

---

① 史梦兰《止园笔谈》卷二、俞樾《茶香室续钞》卷一四等都记载此事。

② 见拙编《渔洋精华录汇评》,齐鲁书社2007年版,第604页。“三逆”指清初吴三桂、耿精忠、尚之信起兵反叛。昭梿《啸亭杂录》卷一:“国初自定中原后,复遭三逆之乱。”

③ 李圣华《王士禛〈秋柳四首〉“本事”说考述》(《沈阳师范大学学报》2005年第5期)驳斥“为郑妥娘作”的说法,理由充分,可参看。

④ 苏仲翔:《王渔洋〈秋柳四章〉会释》,载《丽水师专学报》1984年第3期。

意,这样的索隐确是附会增饰之论。

二、少年记忆与"沧桑之感、云亡之痛"

我们能在多大的程度上将《秋柳四首》与明清易代的历史剥离开来?或许不能直接说《秋柳四首》与某一特定的历史事件有关,但是诗中提到白下、洛阳、梁园等帝王之都,运用黄骢曲、永丰坊、扶荔宫、灵和殿等有关帝王生活的典故,浸透了浓重的惆怅哀怨情思。这不是一再提醒我们此定非流连光景之作吗?王士禛在《秋柳诗四首序》中自道:"仆本恨人,性多感慨。寄情杨柳,同《小雅》之仆夫;致托悲秋,望湘皋之远者。"这不是告诉读者诗中有"寄""托"吗?清代诸多的研究者也从诗中品味出了"沧桑之感、云亡之痛",或许那些本事并不可信。但是诗中寄托的家国世变丧乱的"感痛",是不容抹杀的,不能以"词不害意"来搪塞而不去探究。

撇开"本事"索隐的方法,去钩稽史料,考察王士禛作诗的历史情境和当下心境,对于理解《秋柳》诗的寄托微旨,是有帮助的。

王士禛作《秋柳》诗时24岁。一个22岁就会试中式的"早达"青年①,本应意气风发、充满豪情,为什么在诗中有如许莫名的惆怅呢?这不仅源于其"仆本恨人,性多感慨"的性格,与他的早年经历、少年记忆也有着直接的关系。

王士禛少年时居住在山东新城,亲身经历了流贼的屠杀和异族的蹂躏,王氏一门,死者数十人,凄惨的一幕幕景象给他留下了深刻的印象。他后来亦一再记述崇祯年间的家国灾难。据《陇首集》附载《明史·忠义列传》②,崇祯四年(1631)十一月,吴桥兵变③,南陷新城,王士禛的伯祖王象复及其子王与夔死之,时在王士禛出生前之两年。这样的家族悲剧,他年幼时应该有所耳闻。崇祯十五年(1642)十二月,清兵破新城,即"壬午之难",王士禛伯父王与胤的长女、儿媳,伯父王与朋和两个儿子王士熊、王士雅等十余人死之,王士禛当时已八岁。这场惨烈的家国之难,在少年王士禛的心灵上留下了沉痛的创伤。他一生都在反复回忆那一幕幕凄惨的场景,如《古夫于亭杂录》卷三记载"从兄孤绛(按,王士纯,从伯父王与夔子),殉崇祯壬午之难"。又《五烈节家传》记载:"壬午冬,清兵再入关,以十一月至济,二十九日驻兵。新城沦陷。十二月初一日,伯母孙孺人(伯父王与龄妻)投井死,二子士瞻、士鹄守城,士瞻死于兵。士熊、士雅,皆守城死。"在《五烈节家传》里,王士禛还特别回忆了当时目睹他母亲与堂嫂张氏(王士和妻)对缢自杀的一幕情景:

> 壬午十二月初一日,城陷,(张氏)自经东阁中,以发覆面。初,先宜人与张对缢,先宜人绳绝不死,时夜中,喉咯咯有声,但言渴甚。士禛方八岁,无所得水,乃以手掬鱼盎冰进之,以书册覆体上。又明日,兵退,得无死,视张则久绝矣。④

这是多么惨烈的一幕景象啊!这给王士禛心灵蒙上了阴影。他对这些情景记忆深刻,多年以后细节都历历在目。王士禛在文中赞叹曰:"壬午、甲申之间,诸母而下,节烈辈出!"

一年多以后发生了"甲申之变",当时王士禛十岁。家庭又遭变故,伯父王与胤一家多人殉难

① 蒋寅:《王渔洋事迹征略》,人民文学出版社2001年版,第23页。

② 王士禛编校之《陇首集》于汪琬《侍御王公传》前有《明史·忠义列传》一篇,内容为王与胤的传记,然此传不见于张廷玉《明史》以及清代各种明史著述,当为王士禛私下撰写。清代唯万斯同《明史》(清钞本)之《艺文志》著录:"王与胤《陇首集》一卷(字百斯,新城人。崇祯戊辰进士,授庶吉士,选浙江道御史)。"

③ "吴桥兵变"指崇祯四年辽东盖州卫人孔有德率军援辽,至吴桥起兵叛明,攻陷临邑、陵县、商河、青城、登州等地。

④ 〔清〕王士禛著,袁世硕主编:《王士禛全集》,齐鲁书社2007年版,第1612页。

自杀。① 关于此事,王与胤在崇祯十七年甲申四月二十六日绝笔书《自撰圹志》中记述得非常清楚,当时他因为上疏劾总兵官邓玘纵兵殃民而被罢归。家居已九年,本指望养亲教子,闭门读书,以终天年。"不意京师卒破,圣主以殉社稷上升。余闻之,雪泣沾衣,即欲攀龙髯而授命,特以望九老父,未有归着,欲奉之走海滨,老父以祖宗坟墓故,入舟复返。余不敢强,相次归家,遂偕妻于氏、子士和,并命于寝室。命也如斯,可奈何!"②王士禛在《世父侍御公逸事状》里记载曰:

世父侍御公讳与胤,字百斯,大父方伯公次子也。……甲申三月,闻流贼陷京师,泣涕不食。买舟利津之三汊,将浮于海。闻海道梗,夜起投水,为家人所持,不死。买冰片潜服之,又不死。乃舍舟归里,笑谓家人曰:"吾不死矣。"家人信之。伺少息,夜半登楼,与孺人于氏、子廪生士和同缢死,甲申四月二十六日也。留绝命词壁间,遗命薄葬,公死时年五十六,孺人少于公一岁,士和年二十八。……公死时,士禛方年十岁,稍长,与四方贤士大夫游,恐世父之事遂湮没而无传也,既乞能言者为志表传赞。③

伯父一家殉国而死,这是王士禛在世变中又一次亲身遭际的丧乱之痛。后来在《五侄墓志铭》等文里,他还一再提及。他在《分甘余话》卷四中,还记述了先伯父王与胤《咏梅》"南枝与北枝,不作春风格"等句,陈伯玑评曰:"公忠烈之性,已见于此。"若深文周纳,此二句正是有违碍字句。

令年轻的王士禛悲痛的不只是伯父的殉难。其悲痛更在于伯父的忠烈没有剖白于天下,没有得到新朝的认可。顺治十年六月,清廷颁诏,"赐故明殉难大学士范景文、户部尚书倪元璐等,及太监王承恩十六人谥,并给祭田,所在有司致祭"(《清史稿·世祖本纪》)。汪琬《御史王公传并赞》云:"世祖章皇帝既定天下,诏礼官具甲申死难诸臣本末上之。为之临朝太息,特命赐谥,宣付史馆,甚盛典也。凡蒙赐谥者,二十有三人,而公以左降家居,独不得与,议者至今惜之。"④因为王士禛的伯父殉难时居家,已无官职,因此不在旌表赐谥之列。汪琬同文又记曰:"予友王子贻上,痛从父之不得闻于朝也,以其事寓予。"正是这种悲痛、遗憾与不平,促使王士禛花费心力,请陈允衡、钱谦益、汪琬、朱彝尊、杜浚、纪映钟等撰序、传、赞、墓表和跋,甚至自作了一篇《明史·忠义列传》作为附录,并在康熙二年(1663)刊刻了伯父王与胤的《陇首集》,表彰伯父的忠烈,立传不朽。⑤ 这既是对伯父亡灵的抚慰,也是对自身心灵创伤的一次安抚。从顺治十年清廷给殉故明之难者赐谥,到康熙二年伯父《陇首集》的刊刻,正是创作《秋柳》诗前前后后的几年时间,或许我们并不能同意方功惠把《秋柳》诗(其二)"不见琅琊大道王"一句直接解释为"痛诸父也"⑥,但是,说伯父殉国等家庭丧乱变故一直在王士禛心头盘旋,为《秋柳诗》的创作奠定了情感基调,应该是符合情理的!

在明清世变中遭际丧亡离乱的不仅是王士禛本宗,他的元配张夫人一家也未能幸免。王士禛

① 据王士禛《诰封朝议大夫国子监祭酒先考匡庐府君行述》:"初,方伯公(王士禛祖父王象晋)元配成淑人,生先世父茂才公讳与龄、侍御公讳与胤、明经公讳与朋。继配张淑人,生府君而早逝。"可知王与胤与王士禛父亲王与敕是同父异母的兄弟;又据王与胤《自撰圹志》称"嗣父象贲""父象晋",王与胤当是过继给了王象晋之兄王象贲。

② 王与胤:《陇首集》附《自撰圹志》,康熙二年王士禛校刻本。

③ 〔清〕王士禛著,袁世硕主编:《王士禛全集》,齐鲁书社 2007 年版,第 1674 ~ 1675 页;又见王与胤《陇首集》,康熙二年刻本。

④ 此文见汪琬《尧峰文钞》卷三四,又见王与胤《陇首集》。

⑤ 据陈田《明诗纪事》辛签卷五,至乾隆中,朝廷才赐王与胤谥节愍。

⑥ 见拙编《渔洋精华录汇评》,齐鲁书社 2007 年版,第 34 页。

《诰封宜人先室张氏行述》云："甲申之乱，公兄弟携百口南渡，侨居金陵。乙酉去金陵转徙京口，外舅以疾殁于金沙。宜人随诸母崎岖兵间，备历艰厄，丙戌始归故里。"①岳父逃难，病死于外。丙戌为顺治三年(1646)，四年以后，王士禛与张氏成婚。在创作《秋柳诗》之前，王士禛定当备悉夫人张氏一家甲申年的艰厄，这也加重了他的丧乱之痛。

翻阅王士禛文集，他有不少文章如《任民育杨定国传》《刘孔和王遵坦传》《孝廉申君观仲墓志铭》等都记载了他曾耳闻目睹的明末忠烈死难的悲剧。② 当然我们不能说所有这些都是他的少年记忆。但如《张先生传》记载新城人张心勿之兄"死戊寅济南之变"及《刘烈妇郝氏传》记载"明崇祯四年，叛将李九成等发难吴桥，反戈而南，破山东一郡五县，杀人如草。十二月七日陷新城，刘前徽妻郝氏死之"之类发生在家乡的悲壮故事，他应该早有闻见，这也构成了他少年记忆的一部分。

可见，王士禛少年生活于兵荒马乱的明清易代之际，家庭屡更丧乱。他在八岁时发生的"壬午之难"和十岁时发生的"甲申之变"中，目睹多位亲人殉国罹难。这些血腥惨烈的场面给他幼小的心灵留下深刻的印记，也是塑造他"仆本恨人，性多感慨"性格的重要现实因素。我们不能说《秋柳》诗就是吟咏壬午、甲申的本事，但是少年饱经丧乱留下的创伤性记忆，构成了他睹物兴情的心理基调，致使他的《秋柳》诗中浸润了浓厚的丧亡、世变感。这种丧亡、世变感无疑是有现实基础的。

三、《秋柳》诗作的当下情境

再看王士禛作《秋柳》诗时的当下情境。在《居易录》卷五中，他回忆作《秋柳》诗的情景说："丁酉秋，倡秋柳社于明湖，即大明湖，亦名濯缨湖。二东名士如东武邱石常海石、清源柳焘公簄、任城杨通久圣宜兄弟、益都孙宝侗仲孺辈咸集。予首倡四诗，社中诸子暨四方名流和者不减数百家。"值得注意的是，这里提到的济南附近的诸名士，他们的父祖辈都经历了晚明的政治倾轧，也亲身遭际了农民起义军逼杀崇祯帝、清军入关肆掠的惨痛世乱。王士禛对这一点是非常清楚的。从他后来的记述中可知，这次集会是经历过惨烈世变后一群年轻人的雅集。邱石常是二东名士，王士禛在《李烈妇胡氏传》中议论说："明季壬午、癸未间，二东妇女死者众矣。或死俘执，或死道路。"③妇女如此，男人死者当为数更多。清源柳焘，字公簄，其从祖父是柳佐。据《居易录》卷二四，"天启中，宵人造《东林籍贯》诸书，(柳佐)又与先伯祖太师公(王象乾)同列党籍"。再看任城杨氏兄弟。大明湖畔的集会，本来的目的就是送杨氏兄弟归济宁。④ 杨氏兄弟的父亲为杨士聪，据《感旧集》卷一六，"甲申贼陷京师，(杨士聪)投爱女于井，趣孔夫人与妾杨氏、祝氏缢，已则仰药自杀，为防守者觉，水灌之，大吐复活。孔悬绝，亦苏。二妾与女死焉"。在李自成起义军攻入北京城、逼杀崇祯帝后，杨士聪殉国而死的举动与王士禛伯父王与胤如出一辙。就是这样一批殉国就义的忠烈之士的后代，在大明国运已去的顺治十四年，在大明湖畔赋《秋柳》诗，咏叹"他日差池春

---

① 〔清〕王士禛著，袁世硕主编：《王士禛全集》，齐鲁书社2007年版，第1691页。

② 清初人们对明亡的看法不完全相同。明朝的遗民一般认为清朝入主中原，大明因此亡国。而一些认同清朝的人则认为明亡于李自成起义军攻破北京，崇祯帝自缢，清兵入关，是顺天应人，代明讨贼。王士禛持后一种立场。

③ 〔清〕王士禛著，袁世硕主编：《王士禛全集》，齐鲁书社2007年版，第1609页。

④ 作《秋柳》诗四首之时，王士禛有《明湖北渚亭眺望有怀海石公簄君房圣企圣美仲孺诸君》诗，中有"深渊思结网，高翼愧张罗""风期隔朋侣，雨散邈关河。洒洒龙山石，吾将买钓蓑"，表达了一群年轻人迷惘惆怅的情怀。

燕影，只今憔悴晚烟痕"，叹遭逢之寥落，喻愁绪之纷如，忆昔日之秾华，感目前之冷落。① 同样，其兄王士禧《秋柳和贻上》"是处经秋总怊怅，伤心不独渭桥边"，也不是流连光景之作，均隐含着难以显言的伤心。

当然，王士禛并不是明朝遗民，既不似顾炎武等人不出仕新朝，也不像屈复那样具有浓厚的民族情怀。屈复把《秋柳诗》解释为讽刺南明小朝廷，只能说是屈复自己心理意识的主观投射。年轻的王士禛进入新朝之后，思考的更多的是如何凭仗科举，重振门楣。

新城王氏是望族。在明代，王士禛的祖父王象晋曾任河南按察使；伯祖王象乾官至兵部尚书，年83岁，起为蓟辽总督。到了父辈，顿成颓势，父辈兄弟四人，伯父与龄、与胤、与朋皆成淑人所生，父与敕乃张淑人所生。② 伯父王与龄死于崇祯十年(1637)，伯父与朋也死得早，伯父与胤死于甲申之变，堂兄士瞻、士和、士雅、士熊也都死于崇祯末的战乱，入清后唯有王士禛父亲这一支延续胤嗣。顺治初，朝廷甄拔人才，山东提学房之麒曾推举王士禛父亲王与敕。"府君以方伯公(王士禛祖父王象晋)年八十老矣，茂才、明经二公既前殁，侍御公又身殉国难，遂绝意仕进。一赴廷对，不谒选，人即归。"(《诰封朝议大夫国子监祭酒先考匡庐府君行述》)重振门楣的重任就落在了王士禛兄弟身上。爷爷对孙辈亦抱有期望，曾多加勉励：

> 先方伯公有知人之鉴，年九十余，聪明不衰。尝语祭酒公曰："汝诸子皆佳，将来成进士者三人，某某是也。幼者尤早达。"③

与其说是"知人之鉴"，不如说是勉励孙辈走科第之途，夺取功名。王士禛在《诰封宜人先妣孙太君行述》中回忆祖父晚年的心境时说："甲申以后，方伯公以遗老居田间。……方伯公忧门户中落，常为不孝兄弟言高曾以来，堂构嗣续之难，或至流涕。"④祖父叹息门户中落，心情忧伤，对孙辈有殷殷期许。同文中，王士禛也回忆了母亲的教导：

> 母谓不孝等曰："尔祖耄耋，日望汝曹成立。汝曹下愚耶，吾无望焉尔。汝曹幸知读书，不至自暴弃，当及尔祖无恙，各自树立，慰老人暮景。傥无所及，即吾与尔父受万石之养，悔可追耶?"因泣下。呜呼痛哉！此言犹日在不孝等胸臆间也。不孝等每自家塾归，母闻履声，辄从窗中呼之，问儿辈今日读何书，为文章当祖父意否；命列坐于侧，予之酒食。或读书塾中，夜分不归，则遣小婢，赐卮酒饼饵慰劳之，率为常。不孝兄弟每会食，辄谈艺，以娱母，母则大喜。洎顺治戊子，长兄士禄举省试，辛卯，士禛羁贯魁一经，明年壬辰，兄举礼部，时方伯公尚无恙，母怡然曰："儿辈皆有成，慰老人意，吾愿毕矣。"

正是祖父和双亲对家族中落的深切忧虑、对儿孙辈的热切期盼，激励着王士禛兄弟勤奋读书，以考取功名，重振家族。猎取功名，晋身仕途，以期重新振兴新城王氏家族，才是王士禛兄弟在清初的真正志向。⑤ 联系王士禛年轻时的这种心志怀抱，再来考察《秋柳》诗，说立意在"思明""吊明

---

① 伊应鼎批《秋柳诗四首》其二曰："露欲为霜"，叹遭逢之寥落；"千条万缕"，喻愁绪之纷如；"拂玉塘"者，对孤影而自怜也。"中妇镜""女儿箱"，忆昔日之浓华，"浦里荷""江干竹"，是目前之冷落。见拙编《渔洋精华录汇评》，齐鲁书社2007年版，第33～34页。

② 〔清〕王士禛著，袁世硕主编：《王士禛全集》，齐鲁书社2007年版，第1676页。

③ 〔清〕王士禛著，袁世硕主编：《王士禛全集》，齐鲁书社2007年版，第3931页。按，方伯公，王士禛祖父王象晋；祭酒公，王士禛父王与敕。

④ 〔清〕王士禛著，袁世硕主编：《王士禛全集》，齐鲁书社2007年版，第1681页。

⑤ 可参看王小舒《明末清初山东新城王氏家族的历史选择》(《山东大学学报》2011年第6期)。该文论述了经历明清鼎革之后，王家生存态度和处世原则的变化。

亡”或“寄刺南渡之亡”，都是不确切的，不符合王士禛早年的真实心态。

四、结语

“诗家寄兴本无端，笺注纷纷索解难。”①王士禛的《秋柳》诗四首“寄兴无端”，后人的各种解释，不论是主“思明”说、主“刺讥南明”说，还是主为郑妥娘作，都是深文周纳，将无端之兴比附于某一特定的事件，求深而凿，未得其解。但是，若将《秋柳》诗四首解释为随题抒写，漫无目的，那也是不确切的。王士禛少年时亲遭家国变故，特别是目睹了丧乱时世中家庭发生的一幕幕惨剧，幼小的心灵从此蒙上了阴影。顺治十四年初秋，他与同样遭际乱世、经历丧亡的一群年轻人聚集在济南大明湖，睹蒲柳霜姿，酌酒送友，沧桑之感，云亡之痛，不禁一齐袭上心头，于是赋了哀婉凄恻的《秋柳》诗四首，寄慨遥深，而羌无故实。

① 陶际清：《李兆元〈渔洋山人秋柳诗笺〉题词》，见拙编《渔洋精华录汇评》，齐鲁书社2007年版，第603页。

王渔洋《秋柳》诗文化透视

徐同林*

清顺治十四年(1657)刚刚通过进士考试的二十四岁的王渔洋在济南大明湖与名士雅集。当时所赋的《秋柳》四首,为其成名作,一时和者数十、上百。《秋柳》诗又成为日后他所标举的"神韵说"的代表作,"不着一字,尽得风流"。这不仅对其个人、文坛抑或政坛,而且对社会、世运抑或人心,都产生了始料未及、难以估量的作用与意义。但其"本事"或所指究竟如何,它的艺术魅力究竟何在,三百年来,见仁见智,聚讼纷纭,莫衷一是。值此渔洋诞辰380周年之际,我们来重新解读,品味神韵。

渔洋在其《菜根堂诗集序》中云:顺治丁酉秋,予客济南,诸名士云集明湖。一日会饮水面亭,亭下杨柳千余株,披拂水际,叶始微黄,乍染秋色,若有摇落之态。予怅然有感,赋诗四首。

诗并序	典　故①
序 昔江南王子,感落叶以兴悲;金城司马,攀长条而陨涕。仆本恨人,性多感慨。寄情杨柳,同《小雅》之仆夫,致托悲秋,望湘皋之远者。偶成四什,以示同人,为我和之。丁酉秋日,北渚亭书。 (其一) 秋来何处最销魂?残照西风白下门。他日差池春燕影,只今憔悴晚烟痕。愁生陌上黄骢曲,梦远江南乌夜村。莫听临风三弄笛,玉关哀怨总难论。	1. 王子,指梁简文帝萧纲,其《秋兴赋》云:"洞庭之叶初下,塞外之草前衰。" 2. 金城司马,指东晋桓温,曾为大司马。《世说新语·言语》:"桓公(温)北征,经金城(属今南京市),见前为琅琊(太守)时种柳,皆已十围,慨然曰:'木犹如此,人何以堪!'攀枝执条,泫然流涕。" 3.《诗经·小雅·采薇》写遣戍役夫事。末章云:"昔我往矣,杨柳依依。今我来思,雨雪霏霏。" 4. 以"仆夫"称役夫,见《诗经·小雅·出车》。 5.《楚辞·湘夫人》:"帝子降兮北渚,目眇眇兮愁余。嫋嫋兮秋风,洞庭波兮木叶下。……捐余袂兮江中,遗余褋兮澧浦。搴汀州兮杜若,将以遗兮远者。" 6. 古乐府《杨叛儿》:"暂出白门前,杨柳可藏乌。"李白《杨叛儿》:"何许最关人?乌啼白门柳。""驿亭三杨柳,正当白下门。" 7. 李白《忆秦娥》词:"西风残照,汉家陵阙。" 8.《诗经·邶风·燕燕》:"燕燕于飞,差池其羽。"沈约《阳春曲》:"杨柳垂地燕差池。" 9. 李白《广陵赠别》:"系马垂杨下。"《乐府杂录》:"《黄骢叠》,(唐)太宗定中原所乘战马。后征辽,马毙,上叹息,乃命乐工撰此曲。" 10. 乌夜村,《渔洋精华录》徐菱注引《舆志》:"海盐南三里有乌夜村,晋何准所居也。一夕群乌啼噪,准适生女。他日,复夜啼,乃(东晋)穆帝立女为后之日。" 11. 王维《送元二使西安》:"渭城朝雨浥轻尘,客舍青青柳色新。劝君更尽一杯酒,西出阳关无故人。"末句反复歌唱,世称"阳关三叠"。又《世说新语·任诞》载晋桓伊在南京为王徽之吹笛"三弄"事。王之涣《凉州词》:"羌笛何须怨杨柳,春风不度玉门关。" 12.《诗经·秦风·蒹葭》:"蒹葭苍苍,白露为霜。"刘禹锡《杨柳枝》词:"千条金缕万条丝。"

* 作者简介:徐同林,解放军国际关系学院,教授。

① 陈祥耀:《王士禛秋柳诗的多义性》,载《泉州学林》2005年第3期。该文认为,王氏《秋柳》诗的主题,感慨明亡而不指斥清朝;且认为当时遗民志士的抗清行为,难以成功,不应继续。其形式,表面上是直陈其事的"赋"体咏物诗,暗中却为寓有深意的"比兴"之作。其"比兴",又故意写得婉约浑涵,使人可以作多种想象与理解,以"多义性"使人不易坐实主题。

（续表）

诗并序	典　故
（其二） 娟娟凉露欲为霜，万缕千条拂玉塘。浦里青荷中妇镜，江干黄竹女儿箱。空怜板渚隋堤水，不见琅琊大道王。若过洛阳风景地，含情重问永丰坊。 （其三） 东风作絮糁春衣，太息萧条景物非。扶荔宫中花事盛，灵和殿里昔人稀。相逢南雁皆愁侣，好语西乌莫夜飞。往日风流问枚叔，梁园回首素心违。 （其四） 桃根桃叶镇相怜，眺尽平芜欲化烟。秋色向人犹旖旎，春闺曾与致缠绵。新愁帝子悲今日，旧事公孙忆往年。记否青门珠络鼓，松柏相映夕阳边。	13. 何良俊《世说补》："江从简少时有文情，作《采荷讽》以刺何敬容曰：'欲持荷作柱，荷弱不胜梁。欲持荷作镜，荷暗本无光。'" 14. 陈后主《三妇艳》："中妇临妆台……中妇荡莲舟。" 15. 古乐府《黄竹子》："江干黄竹子，可作女儿箱。一船使两桨，送儿还故乡。" 16.《精华录》注引《资治通鉴》，谓隋炀帝"自板渚（在今河南孟县）引河入汴，又自大梁之东引汴水入泗，达于淮。又发淮南民十余万，开邗沟，自山阳至扬子入江。渠广四十步，渠旁皆筑御道，树以柳"。李商隐《隋宫》："终古垂杨有暮鸦。" 17. 琅琊，即诗《序》所用桓温对柳感慨的典故。古乐府《琅琊王歌》："琅琊复琅琊，琅琊大道王。阳春二三月，单衫绣裲裆。"琅琊即东晋桓温。 18. 永丰坊，在洛阳，白居易《杨柳枝词》："一树春风千万枝，嫩于金色软于丝。永丰西角荒园里，尽日无人属阿谁？"范摅《云溪友议》："白居易有妓，樊素善歌，小蛮善舞。尝为诗'樱桃樊素口，杨柳小蛮腰'。年既高迈，小蛮方丰艳。" 19. 扶荔宫，在长安，据《三辅黄图》载：汉武帝元鼎六年破南越王，在上林苑中建扶荔宫，以植所得奇花异木。 20. 灵和殿，南齐宫殿名，在今南京。《南史·张绪传》："刘悛之为益州，献蜀柳数株，枝条甚长，状若丝缕……武帝以植于太昌灵和殿前，常赏玩咨嗟曰：'此杨柳风流可爱，似张绪当年时。'" 21.《西乌夜飞》，刘宋沈攸之所作歌曲。《资治通鉴》：宋荆州刺史沈攸之，以萧道成篡位，举兵东下，声罪致讨，顿兵郢城，兵溃而亡。《西乌夜飞》，其东下时所作也。 22. 枚叔，汉枚乘，字叔，曾为梁孝王宾客。梁孝王在梁园忘忧馆，集诸名士作赋，枚乘写了《柳赋》。 23. 桃根、桃叶，东晋王献之有爱妾名桃叶，妾妹名桃根。献之送别两人，作《桃叶歌》云："桃叶复桃叶，桃树连桃根。相怜两乐事，独使我殷勤。" 24. 王粲《柳赋》："览兹树之丰茂，纷旖旎以修长。"李白《愁阳春赋》："何垂杨旖旎之愁人。" 25. 致缠绵，王昌龄《闺怨》："闺中少妇不知愁，春日凝妆上翠楼。忽见陌头杨柳色，悔教夫婿觅封侯。" 26. 新愁，魏文帝曹丕《柳赋序》："昔建安五年，上（按指魏武帝曹操）与袁绍战于官渡，予始植新柳，自彼至今，十有五载矣。感物伤情，乃作斯赋。" 27. 公孙，指汉宣帝，他是汉武帝戾太子的孙子，藏匿民间。昭帝无子，乃辗转继承皇位。《汉书·眭弘传》："孝昭元凤三年……上林苑大柳树断枯卧地，亦自立生。有虫食树叶成文字曰：'公孙病已立。'"宣帝小名病已，这是他继承帝位的谶语。 28. 长安的青门，秦淮的珠络鼓。

《秋柳》诗的主旨，一般认为是表达了"易代之后"人们"物是人非、盛景难住的幻灭感"及"从历史的悲哀中挣脱出来的"愿望。这样的解读以袁行霈、章培恒分别主编的《中国文学史》为代表。

> 24岁在济南大明湖所赋《秋柳四首》，为其成名之作，大江南北和者不下数十家。诗中博取秋柳凋伤的自然意象和历史兴废的人事意象，把对秋柳的感伤推向了历史、空间的无限，使人感到秋柳无时不关情，秋柳无处不销魂，秋柳无人不伤神，表达了易代之后人们普遍的物是人非、盛景难住的幻灭感。①

> 在这首诗中，写出由"秋柳"所联想到的美的东西的消逝，和由此引起的深沉的幻灭感。但这种幻灭感，通过"陌上黄骢曲""江南乌夜村"之类典故的衬托，被处理成过去式或谓历史的悲哀。而美丽的语汇和意象，流动的富于音乐感的节奏，又减少了这种幻灭感对人心的刺激，使之转化为优美的忧伤。……但王诗所表现出来的从历史的悲哀中挣脱出来的要求，无

① 袁行霈主编：《中国文学史》第四卷，高等教育出版社1999年版，第268～269页。

疑在社会上得到更多人的认同,所以它能传诵一时。①

这些解读都是极为精当之论。还有些专文的论析更为精深。李圣华认为,王士禛《秋柳四首》释义之争构成了近三百年来文学批评史上的一桩公案,形成十余种"本事"说。有怀思故国说、为"明藩故伎"所作说、吊南明福王旧事说、咏明济南王故宫说、"南雁"指南都遗老说、"西乌"指顾炎武说、"枚叔"指钱谦益说、"福藩故伎"指郑妥娘说,这些是具有代表性的说法。李文考察辨析《秋柳四首》"本事"说源起和流变,并认为诸种"本事"说,大都属于附会增饰之论,《秋柳四首》咏物写心,原无"本事"。② 汤志波也认为,王士禛《秋柳》四章一出,整个清代都一直唱和不断,《秋柳》主旨却是众说纷纭,莫衷一是。汤氏从选取的较有代表性的四个群体的和诗中,看出其用典与主旨有着显著的不同。通过对《秋柳》和诗的分析及对原诗旨意的探讨,可以看出王士禛作《秋柳》时并无太多"本事"蕴含其中,诸多本事说的产生,与最初的遗民诗人群体不断追和与阐释有着重大关系,而清廷的文字狱政策及《秋柳》模糊的意象神韵,也是促使《秋柳》众多主旨产生的原因。③ 刘利侠则认为,王士禛《秋柳诗》具有独特的文学史意义。刘文从思想内涵和社会影响两方面对这一问题展开讨论。总体来说,《秋柳诗》在继承遗民诗悼明、怀旧主题的基础上,对顺治末年的社会心理做了细腻而深入的揭示,既展现出了当时沉闷的社会气氛,又透露出了打破这种沉闷的渴望;既充满了对清初士人群体的关心和同情,又包含着对自我未来的思考和探究。其情感和内涵,切中了时代脉搏、契合了社会心理,为其赢得了社会各界尤其是遗民群体的广泛支持。其含蓄的艺术表现、温和的情感基调,顺应了顺康之际统治上层对文化变革的需求,对其政坛和诗坛地位的取得,打下了坚实的基础。④ 吕鑫对王士禛秋柳诗和者甚众的原因作了探析。他认为,要解释《秋柳》诗"属和殆数百家"这一现象,就不得不提到王士禛在天时、地利、人和诸方面具有的得天独厚的条件。当然,此诗本身具有的独特艺术魅力也是不可忽视的。⑤ 这些对本事的考论、主旨的辨析、文学史意义的阐释、众和原因的追溯,等等,都很中肯精辟。

如果说要进一步深究探赏,似乎还可以在以下几个方面着力。如组诗的结构、诗眼所在、为什么有这样的诗歌风貌等。

我们知道,明朝灭亡(1644)的时候,渔洋十岁,六年之后的顺治七年(1650),渔洋应童子试,连得县、府、道第一,顺治八年(1651)中举,顺治十二年(1655)会试中式,年仅二十二岁,顺治十四年(1657)创作《秋柳》诗时,渔洋二十四岁,次年便任扬州府推官,后累官至刑部尚书。他出身世家大族,"清华世家,一门文人"⑥,五岁入家塾读书,六七岁时读《诗经》,八岁时跟兄长读唐诗中冲淡空灵、清幽澹远的王孟之诗。他自幼能诗,大哥士禄、二哥士禧、三哥士祜皆有诗名。

作为明代仕宦之家,他的祖父、父亲拒仕清廷,伯父百斯公等数人为明朝殉节。其《夜登燕子矶》《晓雨复登燕子矶绝顶》等诗,皆有吊明之意。但是大多诗作,尤其是早期作品,往往欲说还休,闪烁其词。

再看《秋柳》四首,其大意是这样的:

---

① 章培恒,骆玉明主编:《中国文学史》下册,复旦大学出版社1996年版,第420~421页。
② 李圣华:《王士禛〈秋柳四首〉"本事"说考述》,载《沈阳师范大学学报》2005年第5期。
③ 汤志波:《清代和王士禛〈秋柳〉诗初探》,载《楚雄师范学院学报》2010年第5期。
④ 刘利侠:《论王士禛〈秋柳诗〉的文学史意义》,载《名作欣赏》2011年第29期。
⑤ 吕鑫:《王士禛〈秋柳〉诗和者甚众的原因探析》,载《文学界》2012年第8期。
⑥ 严迪昌:《清史诗》上,浙江古籍出版社2002年版,第421~497页。

六朝古都南京城的秋柳，见证了多少盛衰兴亡！

由眼前的柳影湖光生发出对现实的感慨，感慨南明王朝的荒淫堕落、历史的英雄无觅，不得不重问白香山的栖心释老，沉醉温柔。

由眼前的衰柳，联想到往日宫苑的繁盛美妙，而今却衰败凋残。一切都目不忍睹，事与愿违。

所有的秋柳的旖旎、春闺的缠绵、帝子的新愁、王孙的忆旧、长安的青门，还有秦淮画舫的鼓声，都掩映在苍翠的松枝和残红的夕阳之中。

这首诗就是这样，反反复复，欲言又止，亦此亦彼，若有若无。明明在济南大明湖畔，秋柳泛黄，触景生情，却要写千里之外的南京，南京是明朝的开国之都又是南明颓败的所在，之后又写到洛阳与隋堤，由眼前到不久之前、到明初、到汉唐、到六朝……你说他是在咏物，他又在咏古，你说他在咏古，他又在咏怀，你说他在感伤，他又在赞美，你说他在赞美，他又在感丧……

全诗四首，由感触、感慨、感叹、到感伤——起、承、转、合。这一组诗，看似偶然兴会，无心插柳，实则厚积薄发，举重若轻。从诗歌艺术的渊源来说，既有杜甫组诗的着意经营，又有唐宋诗词的意象流动，还有山水诗派的悠远空灵。

这种清幽空灵而又悠远深邃的诗歌特色，又与其家族诗学、个性禀赋、士人心态及世运时宜息息相关。

世事沧桑，盛衰无常，若隐若现的史实（典故），让此诗的主旨更加扑朔迷离，似有若无。本来，金陵怀古，就是一个绝唱不绝的题材，重复着亘古不变的伤逝。秋柳之下的金陵，摇曳着盛衰幻灭的旋律。而对南明小朝廷的哀怨、对朱明王朝的缅怀、对新王朝的犹疑与期待及对美景不再的感伤，自可引起遗民野老、志士仁人、当权新贵、骚人墨客、黎民百姓等各色人的共鸣。他使用清如水的篇章，透露出了重如山的情绪。①

所以，《四库全书总目提要》说："当我朝开国之初，人皆厌明代王（世贞）、李（攀龙）之肤廓，钟（惺）、谭（元春）之纤仄，于是谈诗者竞尚宋元。既而宋诗质直，流为有韵之语录；元诗缛艳，流为对句之小词。于是士禛等以清新俊逸之才，范水模山，批风抹月，倡天下以'不着一字，尽得风流'之说，天下遂翕然应之。"而且，"海内公卿大夫、文人学士，无远近贵贱，识公之面，闻公之名者，莫不尊之以为泰山北斗"，"著籍称门弟子者，不下数千人"。"一代风气之所主，断归乎公"，"公之诗，非一世之诗；公之为功于诗，亦非一世之功也"。②

这实在是时代与个人双相选择的结果。③

而要全面深入地解读此诗，恐需叶嘉莹先生《杜甫秋兴八首集说》那样一部专著的篇幅吧。

---

① 〔清〕施闰章《学余诗集》："往日篇章清如水，年来才力重如山。"

② 参见王掞为渔洋所作《王公神道碑铭》。

③ 严迪昌：《清史诗》上，浙江古籍出版社2002年版，第421～497页。

王士禛小说序跋刍议

王 平*

王士禛(1634～1711)不仅是清代著名诗人,而且对小说情有独钟。其与蒲松龄的交往以及对《聊斋志异》的欣赏,已成为尽人皆知的文坛佳话。他一生撰写了多部笔记,而且还为多部文言小说作了跋语。通过他的笔记小说自序及其为几部小说所作的跋语,不仅可以窥知其小说观,还可以发现其小说的价值所在。

一、笔记小说自序

王士禛所著笔记很多,他自认为或其友人认为属于说部的有如下四种:《池北偶谈》《居易录》《香祖笔记》《古夫于亭杂录》。王士禛在这四部笔记的自序中,阐明了其创作目的、写作心态及素材来源。

《池北偶谈》是王士禛笔记小说的代表作,共二十六卷,《池北偶谈自序》说明了其创作心境、素材来源及著述动机:

> 予所居先人之敝庐,西为小圃,有池焉,老屋数椽在其北。予宦游三十余年,无长物,惟书数千卷,庋置其中,辄取乐天"池北书库"之名名之。池上有亭,形类画舫,曰"石帆"者,予暇日与客坐其中,竹树飒然,池水清澈,可见毛发,游鯈浮沉,往来于寒鉴之中。顾而乐之,则相与论文章流别,晰经史疑义,至于国家之典故,历代之沿革,名臣大儒之嘉言懿行,时亦及焉。或酒阑月堕,间举神仙鬼怪之事以资噱嘘,旁逮书画游艺之末,亦所不遗。儿辈从旁记录,日月既多,遂成卷轴。因忆二十年来,官京师所闻见于公卿大夫之间者,非甚不暇,未尝不笔之方策,散在箧中,未遑编剟。一日,乃出鼠蠹之余,尽付儿辈,总次第为一书,略区其条目,曰谈故,曰谈献,曰谈艺,曰谈异,其无所附丽者,稍稍以类相从,凡二十六卷。藏之家塾,示吾子孙,大之可以畜德,小亦可以多识。博弈犹贤,昔闻诸圣人之言矣。康熙辛未秋,渔洋山人王士禛序。①

康熙辛未即康熙三十年(1691),王士禛年58岁。自顺治十六年(1659)26岁委命为扬州推官,至此已历三十二个春秋。据《渔洋山人自撰年谱》可知,王士禛是年春天"奉命主考会试"②,秋天回家小憩,写了这篇自序。王士禛一生仕途顺畅,所以创作《池北偶谈》时,心境非常适意坦然,

---

* 作者简介:王平,山东大学文学院,教授。

① 〔清〕王士禛著,袁世硕主编:《王士禛全集》,齐鲁书社2007年版,第1801页。

② 〔清〕王士禛著,袁世硕主编:《王士禛全集》,齐鲁书社2007年版,第5092页。

取材范围亦十分宽泛：经史文学、国家典故、名人言行、神仙鬼怪，无所不及。卷一至卷四为“谈故”，主要记述朝野典故，如卷一《父子尚书》《父子宰相》《父子学士》，卷三《兼衔》《宫衔》等。卷五至卷十为“谈献”，主要记述历史人物事件，如卷五《左良玉》、卷六《郦道元》、卷十《司马公和安石诗》等。卷十一至卷十九为“谈艺”，主要是诗文及相关趣事的记述考订，如卷十一《诗帐》、卷十二《杜秋诗解》等。卷二十至卷二十六为“谈异”，主要记述神仙鬼怪事，如卷二十《义虎》、卷二十一《林四娘》、卷二十二《崂山道士》等。按照今天的小说观念，“谈故”“谈献”“谈艺”等三部分并非小说，只有“谈异”七卷专记怪异故事，具有志怪小说的特点。但王士禛将四部分合并为一书，可见其对小说的界定并不严格。其编撰目的则为“大之可以畜德，小亦可以多识”，也就是说，目的是增进德行、扩大见闻。这决定了其笔记小说的基本特征，内容驳杂而命意纯正。

数年后，王士禛完成了《居易录》三十四卷，其《居易录自序》曰：

> 古书目录，经史子集外厥有说部，盖子之属也。《庄》《列》诸书为《洞冥》《搜神》之祖，亦史之属也。《左传》《史》《汉》所纪述，识小者钩纂剪截，其足以广异闻者亦多矣。刘歆《西京杂记》二万许言，葛稚川以为《汉书》所不取，故知说者史之别也。唐四库书乙部史之类十三有故事杂传记，丙部子之类十七有小说家，此例之较然者也。六朝已来代有之，尤莫盛于唐宋。唐人好为浮诞艳异之说，宋人则详于朝章国故、前言往行，史家往往取裁焉，如王明清《挥麈三录》、李心传《建炎以来朝野杂记》之属是也。余自束发，好读史传，旁及说部。闻有古本为类书家所不及收者，必展转借录，老而不衰。二十年来官京师，每从士大夫间有所见闻，私辄掌记，芟其繁复，尚得二十六卷，目曰《池北偶谈》。南海之役，哀道路见闻，别为《皇华纪闻》四卷。康熙己巳冬杪，重入京师，时冬不雪，其明年春夏不雨，米价踊贵。天子忧劳，为罢元正朝贺，遣大臣分赈畿南北，命大司农祷雨泰山。余备员卿贰，时惴惴有尸素之惧。在公之暇，结习未忘，有所见闻，时复笔记。岁月既积，得数百条，厘为三十四卷。忆顾况语‘长安米贵，居大不易’，因取以名其书。予仕宦四十年，居易俟命，钝拙无似，而顾以此蒙知主上，则首阳、柳下又未知孰为工拙也。取以名书，亦以见志云尔。①

这一序言有四点值得关注：第一，说部与史部的区别及联系。王士禛从目录学角度认为，说部乃“子之属也”，《庄子》《列子》是《洞冥记》《搜神记》之祖，亦可属于史部。但说部又有别于史部，因此《汉书》不取《西京杂记》的内容；《新唐书》史部有故事杂传，子部有小说家，由此可以看出小说与史部的区别。第二，唐宋小说的不同。王士禛认为唐人小说“浮诞艳异”，宋人小说“详于朝章国故”，因此更接近于历史。第三，王士禛十分钟爱说部，不仅搜集借录各种稀见小说，而且亲自撰写此类文字。第四，王士禛认为《池北偶谈》《皇华纪闻》《居易录》同属于说部，由此可以看出其比较宽泛的小说观念。

康熙四十一年壬午（1702）王士禛作《香祖笔记自序》曰：“愚旧有《池北偶谈》二十六卷，刻于闽，《居易录》三十四卷，刻于粤，皆有成书。壬午后尽急还京师，偶有见闻，笔之简策。适所居邸西轩有兰数本，花时香甚幽淡，昔人谓兰曰香祖，因以名之，凡十二卷。”②此序与《居易录自序》有细微不同，此序将《香祖笔记》与《池北偶谈》《居易录》归为一类，但《皇华纪闻》不在此列。此书的性质亦可从宋荦康熙四十四年（1705）所作的序言中看出：“说部丛书，昉于汉、魏，盛于唐、宋以来。……比年有《池北偶谈》《居易录》《皇华纪闻》诸书次第行世，近又辑癸未迄甲申两年笔记，属

---

① 〔清〕王士禛著，袁世硕主编：《王士禛全集》，齐鲁书社2007年版，第3673～3674页。

② 〔清〕王士禛著，袁世硕主编：《王士禛全集》，齐鲁书社2007年版，第4458页。

校订为序。余受而卒业,或辩驳议论得失,或阐发名物源流,或直书时事,或旁及怪异,率皆精简而不浮。"①宋荦明确将《池北偶谈》《居易录》《皇华纪闻》《香祖笔记》视为说部,认为其内容十分驳杂,或议论得失,或阐发名物,或直书时事,或记述怪异。

康熙四十五年(1706),73岁的王士禛作《古夫于亭杂录自序》:

余居京师四十年,前后撰录有《池北偶谈》二十六卷、《居易录》三十四卷,既刻之闽,刻之东粤矣。辛巳请急,五月还都,历壬午、癸未,逮甲申之秋,复有《香祖笔记》八卷。是岁冬,罢归田里,迄明年乙酉,续成四卷,通十二卷,又刻之吴门。余老矣,目昏眵不能视书,跬步需杖,白日坐未久即欠伸思卧,讵复劳神于泓颖之间,以干老氏之戒。然遣闷送日,非书不可,偶然有获,往往从枕上跃起书之,积成六卷,无凡例,无次第,故曰"杂录"。所居鱼子山下有鱼子水,郦氏所谓"泷水又西北至梁邹东南,与鱼子沟水合,水南出长白山东抑泉口,即陈仲子之所隐者也"。山上有古夫于亭,因以名之。渔洋老人自序。②

三年后,王士禛又作《分甘余话自序》:

昔王右军在东中,与吏部郎谢万书云:"顷东游还,修植桑果,今盛敷荣。率诸子,抱弱孙,游观其间。有一味之甘,割而分之,以娱目前。虽植德无殊邈,犹欲教养子孙以敦厚退让,庶令举策数马,仿佛万石之风。"云云。仆少时读之,已有味乎其言。七十归田,读书之暇,辄提抱弱孙以为乐。其稍长者,年甫十岁,已能通《易》《书》《诗》三经。纸窗竹屋,常卧听其咿唔之声,不觉欣然而喜。夫人幼而志学,意在逢世,下而黄散,上而令仆,以为至足矣。仆生逢圣世,仕宦五十载,叨冒尚书,年逾七袠,迩来作息田间,又六载矣。虽耳聋目眊,犹不废书。有所闻见,辄复掌录,题曰"分甘余话"。庶使子孙辈知老人晚年所乐在此尔,不敢谓如袁伯业老而好学也。己丑腊月朔雪中书。渔洋老人王士禛。③

两序都作于晚年,但王士禛对两书的性质有着清晰的判断:明确将《池北偶谈》《居易录》《香祖笔记》及《古夫于亭杂录》四书视为一类,《分甘余话》则不与焉。《古夫于亭杂录》与《分甘余话》性质有别,其创作心态也略有不同,前者为"遣闷送日,非书不可,偶然有获,往往从枕上跃起书之";后者为"有所闻见,辄复掌录"。这就是说撰写前类书乃因心有所获,撰写后类书只是记录闻见而已。这就为认识王士禛的小说观提供了一定的依据。

二、《越绝书跋》

王士禛喜爱说部诸书,并为几部小说撰写了跋语,从中亦可窥知其小说观。

《越绝书》是一部杂史类小说,《隋书·经籍志》杂史类著录,记载了吴越及伍子胥、子贡、范蠡、文种事,其中多有异闻轶事。王士禛为之所撰跋语云:

《越绝》言舜父顽母嚚,兄狂弟傲,《尸子》言舜事亲养兄为天下法,是舜又有兄也。《尸子》又云其游得六人,曰雄陶、方回、续伯、牙阳、东不识、秦不空,皆贤者也。或益以灵甫为七人。然则舜既征庸,而七人者何以皆不见举?诸子之言,诞妄不经如此,《吕览》《淮南》《新序》《说苑》之类,类此者多有,君子存而不论可矣。④

---

① 〔清〕宋荦:《香祖笔记序》,见〔清〕王士禛著,袁世硕主编《王士禛全集》,齐鲁书社2007年版,第4457页。
② 〔清〕王士禛著,袁世硕主编:《王士禛全集》,齐鲁书社2007年版,第4825页。
③ 〔清〕王士禛著,袁世硕主编:《王士禛全集》,齐鲁书社2007年版,第4949页。
④ 〔清〕王士禛著,袁世硕主编:《王士禛全集》,齐鲁书社2007年版,第4665页。

此则跋语所及诸书,除《尸子》外,《吕览》《淮南》《新序》《说苑》等都可视为早期小说,其共同特征是以说理为主,叙事为辅。如《淮南子》记述了许多神话传说,《新序》《说苑》等记述了春秋战国至秦汉间的历史故事及逸闻轶事,然后以此为议论之据。前人多认为其特点是假借传闻以抒论见,故有不合史实之处,如宋代曾巩《新序序》云:"汉兴,六艺皆得于散绝残脱之余,世复无明先王之道,为众说之所蔽,暗而不明,郁而不发,而怪奇可喜之论,各师异见,皆自名家者诞漫于中国,一切不异于周之末世,其弊至于今尚在也。自斯以来,天下学者知折衷于圣人,而能纯于道德之美者,扬雄氏而止耳。如向之徒皆不免为众说之蔽,而不知有折衷者也。……盖向之序此书,于今最为近古,虽不能无失,然远至舜禹,而次及于周秦以来,古人之嘉言善行,亦往往而在也,要在慎取之而已。"①明人黄辉《说苑序》云:"《说苑》不然,征事者十九,传意者十一,意若不必己创,而顾籍事起,颇类韩博士婴之说诗也。"②王士禛继承了前人的观点,更注重历史的真实性,认为此类作品"诞妄不经","存而不论可矣"。可见王士禛将小说的历史价值置于首要地位。

这种观念在王士禛论述汉魏六朝乃至唐代小说时多有体现。如《古夫于亭杂录》卷二"鲧禹化熊"条:

> 舜殛鲧于羽山,化为黄熊,入于羽泉。是鲧既为熊矣。《淮南子》又云:"禹通轘辕山,化为熊,涂山氏惭之,至嵩高山下化为石。"若然,则大禹父子皆化熊,不根甚矣!古传记荒唐谬悠如此者甚多,不可枚举。③

《淮南子》保存了许多神话传说,但王士禛认为"荒唐谬悠",皆属无稽之谈,显然是以常理看待神话。再如《居易录》卷三十三:"《博物志》:太子丹遁到关,关门不开,丹为鸡鸣,于是众鸡悉鸣,是鸡鸣出关,不止一孟尝矣。纪载傅会失实可笑,往往如此。"④《博物志》中记载了许多异闻奇事,但王士禛认为"傅会失实"。又如《香祖笔记》卷二:"《括异志》述《吴地记》云:'昔有金牛粪金,村民皋伯通逐之,牛入山穴,山颓,兄弟皆死。'妄语无稽,岂又一金牛耶?又一皋伯通耶?《吴地记》又云:'汉议郎皋伯通,字奉卿,卒葬胥门,号伯通墩。'则伯通非村民,又不死于山矣。"⑤异闻传说彼此之间重复或矛盾,是一种常见现象,但王士禛以求实的态度认为这些故事"妄语无稽",可见他对虚构故事的反感。

唐代文学家段成式的《酉阳杂俎》记述了许多趣闻轶事,王士禛认为其中多为不经之谈。《居易录》卷二十六:"唐人好为鬼神诞妄之说,如织女、弄玉、西子等事,皆属不经。李群玉赋诗湘女庙,自云遇娥皇、女英。段成式戏之曰:'君虞舜之辟阳侯也。'侮圣如此,可谓无忌惮矣。"⑥《香祖笔记》卷六:"古今传记如《拾遗记》《东方朔外传》之类,悉诞谩不经,然未有如《诸皋记》之妄者,一事尤可捧腹,云:'天翁姓张名坚,字刺渴,渔阳人。少不羁,常罗得一白雀,爱而养之。梦天刘翁责怒,每欲杀之,白雀辄以报坚,坚设诸方待之,终莫能害。天翁遂下观之,坚盛设宾主,乃窃乘天翁车骑白龙,振策登天,天翁追之不及。坚既到天宫,易百官,杜塞北门,封白雀为上卿。刘翁失治,徘徊五岳,作灾。坚患之,以刘翁为太山太守,主生死之籍。'鄙倍至此,不可以欺三岁小儿,而公然

---

① 〔北宋〕曾巩:《新序序》,见丁锡根编著《中国历代小说序跋集》,人民文学出版社1996年版,第228页。

② 〔明〕黄辉:《说苑序》,见丁锡根编著《中国历代小说序跋集》,人民文学出版社1996年版,第231页。

③ 〔清〕王士禛著,袁世硕主编:《王士禛全集》,齐鲁书社2007年版,第4854页。

④ 〔清〕王士禛著,袁世硕主编:《王士禛全集》,齐鲁书社2007年版,第4371页。

⑤ 〔清〕王士禛著,袁世硕主编:《王士禛全集》,齐鲁书社2007年版,第4505页。

⑥ 〔清〕王士禛著,袁世硕主编:《王士禛全集》,齐鲁书社2007年版,第4191页。

笔之于书,岂病狂耶?段柯古唐之文人,何至乃尔。"①王士禛对段成式及其《酉阳杂俎》给予了严厉批评。

王士禛重视笔记小说的历史真实性,却忽视了小说虚构故事的深刻用意。如《古夫于亭杂录》卷二:"《剧谈录》:元和中进士李贺善歌诗,元相国稹年老以明经擢第,常愿交结。执贽造门,贺览刺,遽令阍者谓曰:'明经擢第,何事来看李贺?'相国惭愤而退。"按:元擢第既非迟暮,于贺亦称前辈,讵容执贽造门,反遭轻薄?小说之不根如此。② 元稹(779~831)的确较李贺(790~816)年长,但《剧谈录》之所以称元稹求见李贺遭拒,显然是为了讥讽元稹、推崇李贺,但王士禛对此无法接受,斥之为不根之谈。

三、《唐阙史跋》与《世说新语跋》

唐人高彦休所撰《阙史》,《新唐书·艺文志》小说家类著录,所记皆中唐后怪异之事。王士禛有两则《唐阙史跋》,其一云:"《唐阙史》上下二卷,三十一则,祝京兆家藏本也。枝山自跋云:得之丈人李太仆,太仆得之海虞钱允言氏。唐人小说家,故自斐然,此书与《鉴戒录》乃似措大所为,视李肇《国史补》相去远矣。"③祝枝山即明代著名文人祝允明。《龙威秘书》本《阙史》有祝枝山跋语一则:"参寥子者高彦休,乾符中人也。众传之本出余,余得之丈人太仆李公,公得之海虞钱允言家。"④这则跋语说明了《阙史》在明代的流传情况,王士禛所藏即为祝允明家藏本。

王士禛认为唐人小说"故自斐然",即不加雕饰而文采斐然,却对《阙史》及《鉴戒录》十分不满,认为"似措大所为"。宋人黄伯恩也曾指出这一不足,他在《跋阙史后》中说道:"彦休叙事颇可观,但过为缘饰,殊有铣溪虬户体。(唐徐彦伯为文,多变易求新,以凤阁为鹓阁,以龙门为虬户,以金谷为铣溪云云。后进效之,谓之涩体语,见《朝野佥载》。)此其赘云。"⑤王士禛批评其"似措大所为",亦出于同一原因,即"过为缘饰",失去了自然本色。从中不难看出王士禛对小说风格的评价及取舍。

王士禛虽对《鉴戒录》的"措大"有所不满,但仍怀着极大的兴趣予以抄录收藏。朱彝尊康熙丁亥八月所撰《鉴戒录跋》记载"济南王先生贻上见而爱之,曾手录一部"⑥。王士禛本人也题写跋语曰:"王士祯阮亭甫假观手录一通,因较正讹谬数十字。"⑦后来知不足斋书坊主人鲍廷博在跋语中特意指出:"本出麻沙,坊贾重雕,谬误特甚,因后有康熙间诸名宿题识,又经渔洋山人手校,遂为此书增重。"⑧

王士禛对《世说新语》特别喜爱,曾为《世说新语》撰写两则跋语,其一云:

> 《世说新语》《侯鲭录》及《白孔六帖》《万花谷》皆吾家旧书。时在顺治戊子己丑间,予尚童稚,未为诸生也。予游宦三十年,不能以籝金遗子孙,唯嗜书之癖,老而不衰。每闻士大夫家有一秘本,辄借钞其副,市肆逢善本,往往典衣购之。今予池北书库所藏,虽不敢望四部七

① 〔清〕王士禛著,袁世硕主编:《王士禛全集》,齐鲁书社2007年版,第4584页。
② 〔清〕王士禛著,袁世硕主编:《王士禛全集》,齐鲁书社2007年版,第4861~4862页。
③ 〔清〕王士祯:《唐阙史跋》,见丁锡根编著《中国历代小说序跋集》,人民文学出版社1996年版,第318页。
④ 〔明〕祝允明:《阙史跋》,见丁锡根编著《中国历代小说序跋集》,人民文学出版社1996年版,第318页。
⑤ 〔宋〕黄伯恩:《跋阙史后》,见丁锡根编著《中国历代小说序跋集》,人民文学出版社1996年版,第317页。
⑥ 〔清〕朱彝尊:《鉴诫录跋》,见丁锡根编著《中国历代小说序跋集》,人民文学出版社1996年版,第328页。
⑦ 〔清〕王士祯:《鉴诫录跋》,见丁锡根编著《中国历代小说序跋集》,人民文学出版社1996年版,第330页。
⑧ 〔清〕鲍廷博:《鉴诫录跋》,见丁锡根编著《中国历代小说序跋集》,人民文学出版社1996年版,第332页。

录之万一，然亦可以娱吾之老而忘吾之贫。康熙辛未，予官兵部侍郎，居京师，此二书适在笈中，翻阅怃然，如遇贫交于契阔死生之后，其悲愉感慨有出于寻常相万者。故剑之情，讵可忘耶？因重装之，而手记于卷首。涑辈其珍惜之。中秋前四日书。

其二云：

此本亦是吾小时故书，中有朱笔点阅者，乃顺治癸巳年手迹，即长儿涑始生之岁，尔时吾年二十。今六十矣，流光如驰，不堪把玩，抚此旧物，如遇故人，儿辈其宝之。康熙癸酉暮秋十有七日，阮亭书于京邸匏墨斋，时在户部。①

两则跋语都表现出了王士禛对《世说新语》的独特感情，年轻时即认真阅读，并用朱笔点阅；宦游京师，视其为死生相交的挚友。王士禛在其笔记中亦常常引用《世说新语》的典故，如《居易录》卷三十二："《世说》林公道王中郎云，'著腻颜帢，𢄼布单衣，挟《左传》，逐郑康成车后'云云。按魏造白帢，横缝其前后，名之曰颜帢。永嘉间，稍去其缝，名无颜帢也。"②《香祖笔记》卷一："丙子，予奉命祭西岳、西镇，登凤翔灵山灵鹫寺，见如来泥洹像，诸弟子有悲泣者，窃以为疑。适观《世说》，顾敷七岁，言当由忘情，故不泣，未能忘情，故泣。寻味二语，大有解会。"③王士禛为何对《世说新语》情有独钟呢？

顺治十七年（1660）王士禛为扬州府推官，充江南乡试同考官，曾前往苏州、常州，并以太湖中渔洋小山为号，期间得以与江南诸多名士交游。康熙二年（1663）五月端午节，冒辟疆来扬州观竞渡，追忆崇祯十三年在影园咏黄牡丹盛会，感赋一诗寄给王士禛，诗云："隋帝龙舟事尚存，偶来吊古独声吞。廿年重采扬州芠，一赋难招众友魂。冰雪壶中思旧令，垂杨影里失名园。桃笺写恨谁曾见？惟向王恭尽此言。"④王士禛以《午日观竞渡寄怀家兄兼答冒辟疆感旧之作》作答，并有书云："流光如驶，遂已五日，沅湘之感，正深于怀。忽捧新诗，缠绵宛恻之情，风景河山之叹，所谓对此茫茫，百感交集矣。"末告以"秋间欲刻弟廿岁以后七八年之作为编年诗，奉求大序"⑤。值得注意的是，王士禛用了《世说新语》"新亭对泣""风景河山之叹"的典故，可见《世说新语》中隐含的故国黍离之思及其历史真实性是王士禛钟爱《世说新语》的主要原因。

四、白话小说的历史依据及其他

与此相关的是王士禛对白话小说亦极感兴趣，多次指出其中的人物故事于史有据而非杜撰。如《居易录》《香祖笔记》《古夫于亭杂录》等书中多次提到《平妖传》的史实依据。《居易录》卷二十五："今小说演义记贝州王则事，其中人亦多有依据，如马遂击贼被杀是也。其云成都神医严三点者，江西人，能以三指间知六脉之受病，以是得名。见《癸辛杂识》。"⑥

《古夫于亭杂录》：

元至正间，有范益者，京师名医也。一日有妪携二女求胗，曰："此非人脉，必异类也。当实告我。"妪泣拜曰："我西山老狐也。"与之药而去。今小说《平妖传》实借用其事，而所谓严

---

① 〔清〕王士祯：《世说新语跋》，见丁锡根编著《中国历代小说序跋集》，人民文学出版社1996年版，第266～267页。

② 〔清〕王士禛著，袁世硕主编：《王士禛全集》，齐鲁书社2007年版，第4347页。

③ 〔清〕王士禛著，袁世硕主编：《王士禛全集》，齐鲁书社2007年版，第4463页。

④ 〔清〕冒辟疆辑：《同人集》卷一《己巳端阳诗序》，道光间水绘园刊本。

⑤ 〔清〕冒辟疆辑：《同人集》卷四，道光间水绘园刊本。

⑥ 〔清〕王士禛著，袁世硕主编：《王士禛全集》，齐鲁书社2007年版，第4172页。

三点，则南昌神医也，予已别记于《居易录》。又传中杜七圣与蛋子和尚斗法斩葫芦事，见《五杂俎》，乃明嘉、隆间事，皆非杜撰也。①

《平妖传》载蛋子和尚三盗猿公法，亦有所本。广州有大溪山，有一洞，每岁五月始见。土人预备墨渖、纸刷入其中，以手扪石壁上有若镌刻者，急拓，出，洞亦随闭。持印纸视之，或咒语，或药方，无不神验者。见焦尊生《说楛》。不仅严三点、杜七圣、马遂之有所本也。②

《香祖笔记》卷十："小说演义亦各有所据，如《水浒传》《平妖传》之类，予尝详之《居易录》中。又如《警世通言》有《拗相公》一篇，述王安石罢相归金陵事，极快人意，乃因卢多逊谪岭南事而稍附益之耳。故野史传奇，往往存三代之直，反胜秽史曲笔者倍蓰。前辈谓村中儿童听说三国事，闻昭烈败则颦蹙，曹操败则欢喜踊跃，正此谓也。礼失而求之野，惟史亦然。《平妖传》多目神借用吕文靖事，指使马遂乃北寺留守贾魏公所遣，借作潞公耳。郑毅夫有《马遂传》，严三点已详予《居易录》。"③王士禛一方面强调小说应于史有据，另一方面也承认小说的情节可以有所附益借用。特别可贵的是，王士禛认为"野史传奇，往往存三代之直，反胜秽史曲笔者倍蓰"，一语道出了小说的社会价值所在。

《古夫于亭杂录》卷五对《三国演义》的某些描写提出了质疑，认为其与历史人物的真实性格相去甚远：

小说记汉昭烈帝有一玉人，常置甘夫人帐中，月映之与玉人一色。此真不经之谈。昭烈在刘景升座上，感髀里肉生，慨然流涕，乃屑作此儿女态乎！唐人有《题刘郎浦》诗云："吴蜀成婚此水浔，明珠步障幄黄金。谁将一女轻天下，欲换刘郎鼎峙心。"此语差识得英雄本色。④

王士禛同样重视文言笔记小说的真实性。《香祖笔记》卷一："《山海经》云：'北号之山，有木状如杨，赤华，其实如枣而无核，其味酸甘，食之不疟。'此即吾乡之虚中枣也，出青城县。汉上林苑有楟枣，见《西京杂记》。又东坡有《与蒲传正觅柿霜无核枣帖》，元遗山有跋，见《玉堂嘉话》。"⑤王士禛在证实《山海经》中的一则记载时，不仅以现实存在证实，还引用多种文献作为佐证。王士禛也并非全然不知小说有附会之处，如《分甘余话》卷四："小说言明州有人泛海遇风，泊一岛，见宫殿巍焕，如王公之居。堂上一老人，据榻而坐，有乌巾者二三百人侍侧。问之，曰：'唐相裴休也。'《北梦琐言》：'裴相国休，师圭峰密禅师，自愿世世为国王弘护佛法。后于阗王生一子，手文有'裴休'二字，闻于中朝。'然则裴所证仙耶？佛耶？抑皆小说傅会耶？"⑥裴休或仙或佛，皆小说家言，王士禛发现了其矛盾之处，指出其乃"小说傅会"之说，尽管王士禛不以为然，但这表明了他深知小说难免会有虚构和附会。

王士禛笔记小说的特征与其小说观一致，即以叙述为主，不加雕饰，篇幅短小，立意纯正。如《居易录》卷三十一："金陵李氏有酒楼临市，一日有道士十八人来楼上，食毕覆其碗而去。碗下各遗一方，治诸疾病。主人秘之，扃置箱箧，数日启箧则不存矣。方懊恨，明年盆中牡丹花开十八枝，每枝花上各有一方如前，似金书者。惊喜而录藏之，制丸散活人多奇效。金陵人传'牡丹十八方'

① 〔清〕王士禛著，袁世硕主编：《王士禛全集》，齐鲁书社2007年版，第4886页。
② 〔清〕王士禛著，袁世硕主编：《王士禛全集》，齐鲁书社2007年版，第4941页。
③ 〔清〕王士禛著，袁世硕主编：《王士禛全集》，齐鲁书社2007年版，第4674页。
④ 〔清〕王士禛著，袁世硕主编：《王士禛全集》，齐鲁书社2007年版，第4912页。
⑤ 〔清〕王士禛著，袁世硕主编：《王士禛全集》，齐鲁书社2007年版，第4467页。
⑥ 〔清〕王士禛著，袁世硕主编：《王士禛全集》，齐鲁书社2007年版，第5035页。

是也。”①此则故事颇具传奇色彩，稍加细节渲染，应更感人，但王士禛只是平淡记述而已。再如《香祖笔记》卷四：“烈妇王氏，名富英，儒家女也。其母梦吞牡丹花而生，故以为名。康熙癸丑，归孙文恪公之孙槐。会土寇乱，妇被掠。贼帅慕其色，将犯之，坚不从，继以兵刃搒掠，亦不从。夜阑，伺守者倦而寐，遂以帛自缢死，貌如生。贼帅惊叹其贞烈，已而自悔曰：‘如此烈妇，而我逼之，以至于死，吾不知死所矣！’乃谢其侪伍，披缁入山，不知所终。”②此则故事既富传奇色彩，亦十分感人，假之蒲松龄定能创作出一篇动人心魄的佳作。但王士禛在此仅是用寥寥数语，粗陈梗概而已。

王士禛重视小说的真实性，强调小说应于史有据，在某种意义上突出了小说的史料价值。但与此同时，也不可避免地限制了小说创作中的想象与虚构，削弱了小说的文学审美功能，这或许正是其小说成就逊于蒲松龄的原因之一。

---

① 〔清〕王士禛著，袁世硕主编：《王士禛全集》，齐鲁书社2007年版，第4309页。

② 〔清〕王士禛著，袁世硕主编：《王士禛全集》，齐鲁书社2007年版，第4533页。

《清诗别裁集》为何不选王士禛的名篇《秋柳》诗

孙纪文*

乾隆时期的诗坛代表人物沈德潜(号归愚)曾主编《清诗别裁集》三十二卷。此书为著名的清诗选本,于当时及后世影响颇大。《清诗别裁集》选录了康熙一朝诗坛领袖王士禛(号渔洋)的四十七首诗歌,仅占渔洋全部四千余首诗歌的极小部分。尽管如此,四十七首诗歌的选目数依然为《清诗别裁集》中的选录之冠,由此可以看出渔洋诗在沈归愚心中的地位。而且,这四十七首诗歌俱存于渔洋手订的《渔洋山人精华录》中。由此推见,《清诗别裁集》选录的渔洋诗歌,乃沈德潜阅读《渔洋山人精华录》之后再行精选的结果。沈德潜在编录《清诗别裁集》时,具有相当明确的诗歌选择标准。

然而,《清诗别裁集》竟然没有选录王士禛的成名作之一《秋柳》诗四篇。这不得不使人思量其中的原委及沈德潜的用意。这是因为,从相关的诗学文献看,沈德潜对王士禛是相当尊重的,沈德潜的"格调"诗学与王士禛的"神韵"诗学也是兼容的,且沈德潜对王士禛的诗歌评判也是比较公允的。或者说,依照沈归愚的诗学眼光,他可以选录王渔洋颇有神韵色彩的《秋柳》诗,可是,事实并非如此,这究竟出于什么考虑呢?

我们先从《秋柳》诗的韵味谈起。《秋柳》四首作于顺治十四年(1657)八月间,渔洋时年二十四岁。原诗为:

秋来何处最销魂,残照西风白下门。他日差池春燕影,只今憔悴晚烟痕。愁生陌上黄骢曲,梦远江南乌夜村。莫听临风三弄笛,玉关哀怨总难论。

娟娟凉露欲为霜,万缕千条拂玉塘。浦里青荷中妇镜,江干黄竹女儿箱。空怜板渚隋堤水,不见琊琊大道王。若过洛阳风景地,含情重问永丰坊。

东风作絮糁春衣,太息萧条景物非。扶荔宫中花事尽,灵和殿里昔人稀。相逢南雁皆愁侣,好语西乌莫夜飞。往日风流问枚叔,梁园回首素心违。

桃根桃叶镇相怜,眺尽平芜欲化烟。秋色向人犹旖旎,春闺曾于致缠绵。新愁帝子悲今日,旧事公孙忆往年。记否青门珠络鼓,松枝相映夕阳边。①

这四首《秋柳》诗,句句写柳,却通篇不见一个"柳"字,令人叹绝。这组诗将咏物、咏史与寓意有机地结合在一起,意蕴含蓄,境界优美,有着极强的艺术感染力。总体而言,《秋柳》诗在继

---

* 作者简介:孙纪文,西南民族大学文学院,教授。

① 〔清〕王士禛著,李毓芙、牟通、李茂肃整理:《渔洋精华录集释》,上海古籍出版社1999年版,第68~71页。

承遗民诗悼明、怀旧主题的基础上，对顺治末年的社会心理做了深入而细腻的揭示。既烘托出了当时沉闷的社会气氛，又流露出了打破这种沉闷的渴望；既表达了对清初士人群体的关心和同情，又暗含着对自我未来的思考和探究，因此，深得当时学人士子的青睐和共鸣，涌现出众多唱和者。正如王士禛在其《菜根堂诗集序》中云："顺治丁酉秋，予客济南。时正秋赋，诸名士云集明湖。一日，会饮水面亭，亭下杨柳十余株，披拂水际，绰约近人。叶始微黄，乍染秋色，若有摇落之态。予怅然有感，赋诗四章，一时和者数十人。又三年，予至广陵，则四诗流传已久，大江南北和者益众，于是《秋柳》诗为艺苑口实矣。"①这清楚地说明，《秋柳》诗是多么得颇具神采、引人关注。渔洋在其晚年所著的《渔洋诗话》中也曾沾沾自喜、顾盼自雄地说道："余少在济南明湖水面亭，赋《秋柳》四章，一时和者甚众。后三年官扬州，则江南北和者，前此已数十家，闺秀亦多和作。"②

今日看《秋柳》四章的确充满着一种神韵：散落的云烟中不乏缥缈之怀，淡淡的愁绪中不乏摇曳之姿。就诗味而言，余音袅袅，欲说还休，颇有含蓄蕴藉之风致；就笔法而言，开阖有度，朗朗上口，颇符合格调声律之要求。诗中既有渔洋后来才拈出的"神韵诗说"应达到的一种悠悠不迫的意境，又有当时举子雅士特别欣赏的一种味道。这意境、这味道，以沈归愚的鉴赏水平，是能够体悟出来并了然于心的。然而，细观《清诗别裁集》中渔洋四十七首诗歌的风格体貌，我们才发觉，正是因为《秋柳》诗具有这样一种悠悠不迫、含蓄蕴藉的神韵，才导致沈德潜未选录这组诗入《清诗别裁集》。

那么，《清诗别裁集》中渔洋四十七首诗歌的整体风貌是什么呢？简言之：高华浑厚有魄力，格力骨架具精神。"高华浑厚有魄力"意味着渔洋诗歌有雄浑之气；"格力骨架具精神"意味着渔洋诗歌有超诣之能。沈德潜力图将王士禛诗歌呈现的另一种骨力雄健又不失敦厚的气度展示出来，以与王士禛诗歌惯常表现的另一种清新俊逸的审美情趣相互补充、融为一体，以此构建渔洋诗歌的整体风貌，深有渔洋老友徐乾学所说的"渔洋造诣固超越千载，而体制风格未尝废唐人之绳尺"的宏大选诗之愿望。

以此为标准，《秋柳》诗自然很难进入沈归愚的视阈。具体而言，归愚在《清诗别裁集》中欣赏的是渔洋诗歌的另一种味道——沉着痛快的韵致。

周知，渔洋创作了大量效法王、孟，具有从容幽静、舒缓空灵韵外之致的诗歌。论者以为这些诗歌多伫兴之言，饶有禅味，意在言外，不知所以神而自神，是渔洋倡导神韵说的具体实践。如笔者在《王士禛诗学研究》中所说，"渔洋的这些诗句，风格淡远，诗意萧散"，"神韵气象的淡定与禅意的无言、与诗味的悠悠是相互包容的"③。然而，渔洋也创作了大量颇具高古雄浑之气的诗歌，以出使行役而作的《蜀道集》《南海集》和《雍益集》为代表。尤其是康熙十一年(1672)六月他奉命典四川乡试时所写的《蜀道集》，笔力劲健，风格雄浑，彰显出不同于清新澄澈诗风的另一种神韵。当时的著名诗人叶方蔼评价《蜀道集》："毋论大篇短章，每首具有二十分力量。所谓狮子搏象，皆用全力也。"④渔洋门生、诗人盛符升说："先生蜀道诸诗，高古雄放，观者惊叹，比于韩苏海外诸篇。"⑤《清诗别裁集》共选录了13首《蜀道集》中的诗歌，选目数是可观的。这13首诗歌分别是五古《定

① 〔清〕王士禛著，赵伯陶选注：《王士禛诗选》，人民文学出版社2009年版，第19页。
② 〔清〕王士祯：《渔洋诗话》，见《清诗话》，上海古籍出版社1978年版，第166页。
③ 孙纪文：《王士禛诗学研究》，宁夏人民出版社2008年版，第99页。
④⑤ 〔清〕王士禛著，李毓芙、牟通、李茂肃整理：《渔洋精华录集释》，上海古籍出版社1999年版，第2029页。

军山诸葛公墓下作》《朝天峡》《龙门阁》《五丁峡》《天柱山》，七律《潼关》《雨度柴关岭》《沔县谒诸葛忠武侯祠》《晚登夔府东城楼望八阵图》《渡河西望有感》，五绝《国士桥》，七绝《灞桥寄内》《马嵬怀古》。这些诗歌的内容或是状山川奇险，抒发苍茫凄怆之感；或是凭吊古人，抒发激昂的思古之情，骨气奇高，掷地有声。如《晚登夔府东城楼望八阵图》：

永安宫殿莽榛芜，炎汉存亡六尺孤。城上风云犹护蜀，江间波浪失吞吴。鱼龙夜偃三巴路，蛇鸟秋悬八阵图。搔首桓公凭吊处，猿声落日满夔巫。①

此诗即景感怀，吊古伤今，意境开阔，手法雄奇，风格苍劲，气概非凡，浸透着历史沧桑凝重感，深有杜诗之风，与渔洋从容幽静、舒缓空灵的另一种诗歌风貌迥然有别。论者多以为，此诗一扫此前王士禛诗歌迷蒙玄远、清幽淡泊的旧套，是王渔洋诗风由含蓄转为雄放、由空灵转为苍劲、由淡远转为凝重的里程碑。此话虽是过誉之辞，但仍不失大略。

其实，这味道也是渔洋所提倡的。他曾在《然灯记闻》[该书作于康熙三十一年(1692)六月]中云："为诗各有体格，不可混一。如说田园之乐，自是陶、韦、摩诘；说山水之胜，自是二谢；若道一种艰苦流离之状，自然老杜。"②因而，渔洋的诗歌，不仅有空灵之作，也有雄浑之作。渔洋的神韵诗说，不仅倡导一种从容幽静、舒缓空灵的韵外之致，也包含意境开阔、手法雄奇、风格苍劲的美学追求。所以，不单是沈德潜在提醒清人要全面理解渔洋的诗歌风貌，我们同样也要全面把握渔洋诗歌、渔洋诗学的整体风貌，正如台湾学者黄景进在《王渔洋诗论之研究》中所说："我们的研究就必须特别小心，我们不能把渔洋看得太简单，以为他只讲神韵，就不讲别的。"③

进一步说，《清诗别裁集》中选录的渔洋其他诗集中的作品，美学风格也多以雄奇健雅见长，不论是《渔洋集》中的《海门歌》、《南海集》中的《采石太白楼观萧尺木画壁歌》等古体诗，还是《渔洋续集》中的《漫兴》、《蚕尾集》中的《赵承旨画羊》等律诗，俱含浑厚之音，有凌厉之气。即便是那些短小精悍、容易生发情致的绝句，沈归愚也是选择其中的硬朗劲健颇有气力之作。如《蟂矶灵泽夫人祠》：

霸气江东久寂寥，永安宫殿莽萧萧。都将家国无穷恨，分付浔阳上下潮。④

渔洋同题两首绝句，《清诗别裁集》选录一首。此诗乃感怀刘备夫人、孙权之妹的处地和心境而作，不乏深沉的历史感。归愚评曰："洵阳以上为刘，洵阳以下为孙，夫人之恨真无穷矣。"⑤意指渔洋将孙夫人的这种沉痛之情生发得淋漓尽致，很是沧桑。

由于沈德潜刻意选录王士禛的这些颇具骨力和豪壮之风的诗歌，致使选录的四十七首诗歌中的个别篇章并非渔洋诗歌中的佳作，如《秦中凯歌》六首虽跌宕寥廓，但豪放有余、韵味不足，缺少了那种"言有尽而意无穷"的幽幽清远的意境。《秋柳》四首诗风温润，词意含蓄蕴藉，感情委婉有致，不符合沈德潜选录渔洋诗歌的潜在标准。这也使得那些拥有优游不迫之美的神韵诗歌亦不在入选之列，如名篇《红桥》(二首)、《真州绝句》(五首)、《冶春绝句》(十二首)等。就连时人津津乐道的《秦淮杂诗》(十四首)，沈德潜也只选录了一首："新歌细字写冰纨，小部君王带笑看。千载秦淮呜咽水，不应仍恨孔都官。"此诗韵味还不如十四首的开篇之作："年来断肠秣陵舟，梦绕秦淮水上楼。十日雨丝风片里，浓春烟景似残秋。"归愚选彼不选此的内在原因也是"新歌细字写冰纨"的

---

① 〔清〕沈德潜编：《清诗别裁集》，上海古籍出版社1984年版，第134页。

② 〔清〕王士祯口授，〔清〕何世璂述：《然灯记闻》，见《清诗话》，上海古籍出版社1978年版，第119页。

③ 黄景进：《王渔洋诗论之研究》，台湾文史哲出版社1980年版，第75页。

④⑤ 〔清〕沈德潜编：《清诗别裁集》，上海古籍出版社1984年版，第139页。

笔力较"年来断肠秣陵舟"而言更劲健,不论蕴含的厚薄。

当然,换一更为深远的角度看,沈德潜如此着意选录王士禛的这些颇具骨力和豪壮之风的诗歌,弃如同《秋柳》诗这般充满空灵意境的诗篇而不顾,并非曲解了王士禛的诗坛地位及王士禛的诗歌风貌。结合诗史背景看,他是另有深意,具体而言便是沈德潜默默地回答了三个问题。

第一个问题是渔洋诗风不独在优游不迫之美,也有沉着痛快之美。自清初吴乔于《答万季埜诗问》评价渔洋是"清秀李于鳞,无得于唐",到赵执信《谈龙录》中渔洋诗歌"神龙见首不见尾""诗中无人"的说法,再到沈德潜的同窗袁枚对渔洋诗歌"才力薄"的评价,诗坛上一直有一股诋讥王士禛非雄才大家的声音。这声音虽然不大,属于评价体系中的支流,但毕竟影响了渔洋的形象。因而,在《清诗别裁集》中,沈德潜有意选录了这些高华浑厚的诗歌。正如他所说,渔洋诗集中的诗歌以明丽博雅胜者居多,然恐收之不尽,只取雄浑神韵者,"觉渔洋面目,为之改观"①。意思是,渔洋含蓄淡泊的诗歌为数太多,故选录雄浑广阔的诗歌以作补充,如此才可以目睹渔洋诗歌的真面目,才可以知晓渔洋诗歌的神韵中不仅包含空灵之美,也包含壮丽之美。沈德潜还以此巧妙地反击了诋讥渔洋的诗坛之声。

第二个问题是"神韵说"与"格调说"互为兼容。沈德潜在《清诗别裁集》中将宗旨、体裁(风格)、音节、神韵等诗歌要素有机地结合起来论诗,如评《晚登夔府东城楼望八阵图》云:"议论、格律、声响,无一不合。"②且沈德潜早在《唐诗别裁集序》中说:"先审宗旨,继论体裁,继论音节,继论神韵,而一归于中正和平。"③这是以见出其格调论与渔洋的神韵论存在着密切关联,或者说渔洋的神韵诗说与他的格调诗说具有某种亲缘关系。这也表明了《清诗别裁集》选录的渔洋诗歌也颇有格调。

第三个问题是《清诗别裁集》中选录的渔洋诗歌尽管雄浑有力,但不背离温柔敦厚的诗歌旨趣,符合统治者的诗教要求。《清诗别裁集》成于乾隆之际,编选时间与《四库全书总目》的编写时间大致是同一时期。《四库全书总目》在《御选唐宋诗醇》提要中曾明确提出儒家诗学的"二重"精神:一曰兴观群怨,一曰温柔敦厚。④ 作为儒家诗教说的提倡者,沈德潜对乾隆一朝的诗学倾向是了然于心的。因而,渔洋所写的那些风格过于豪放、过于激越的诗歌,沈归愚也没有录入到《清诗别裁集》中。如《蜀道集》中的名篇《登高望山绝顶望峨眉三江作歌》《广武山》等,皆不在选目之列。原因就在于沈德潜以为,神韵的内涵中不仅有风格,有才调,有法则问题,也有寄托问题,即寄托着渔洋对时代雅音认同的政治情愫,也寄托着一种归愚认同的儒雅精神。因而《清诗别裁集》选录的渔洋诗歌不失中和之美的视阈。

要之,沈德潜的这番选录,不是他不懂得渔洋诗歌的神韵,而是他要力图维护渔洋诗歌的大家形象,引导人们领会渔洋诗歌的别样风采。尽管《清诗别裁集》选录的渔洋诗歌并非完全是佳作,也不代表渔洋诗歌的整体面目,但是,沈德潜的苦心和精心是可以理解的。本于此,《清诗别裁集》不选录《秋柳》诗的原委是多么耐人寻味。甚至可以说,此种缺录,可称得上是古代诗歌选本所沉潜的深刻文学意蕴的一个典型个案。

---

① 〔清〕沈德潜编:《清诗别裁集》,上海古籍出版社1984年版,第125页。

② 〔清〕沈德潜编:《清诗别裁集》,上海古籍出版社1984年版,第134页。

③ 〔清〕沈德潜编:《唐诗别裁集》,中华书局1975年版,第2页。

④ 〔清〕永瑢等撰:《四库全书总目》,中华书局1965年版,第1728页。

王渔洋诗作的用词特色

——兼论神韵诗的语言因素

严 明 徐婷婷*

王士禛(1634~1711),号渔洋山人,他注重诗歌的审美价值,追求"伫兴而就""不着一字,尽得风流"的境界,其神韵诗作有自然韵致及浑然天成的美感,诗歌语言极富艺术韵味,这些特征已为学界公认。尽管三十年来学界关于王渔洋研究的专著和论文数量颇丰,但对其诗作中语言因素的研究不多,论述也不深。渔洋在《鬲津草堂诗集序》中论及神韵诗源流时即明言:"昔司空表圣作《诗品》凡二十四,有谓'冲淡'者,曰'遇之匪深,即之愈稀';有谓'自然'者,曰'俯拾即是,不取诸邻';有谓'清奇'者,曰'神出古异,淡不可收'。是三者,品之最上。"①其在《池北偶谈》中论"神韵"时又谈到:"汾阳孔文谷云:'诗以达性,然须清远为尚。'薛西原论诗,独取谢康乐、王摩诘、孟浩然、韦应物,言'白云抱幽石,绿筱媚清涟',清也;'表灵物莫赏,蕴真谁为传',远也;'何必丝与竹,山水有清音''景昃鸣禽集,水木湛清华',清远兼之也。总其妙在神韵矣。神韵二字,予向论诗,首为学人拈出,不知先见于此。"②可见渔洋神韵诗创作是以"清远""冲淡""自然"为宗旨的。就诗歌创作主体的个性而言,清远冲淡的审美情趣建立在诗人脱俗雅致的格调和胸襟上。诗歌在意境方面表现为清新素静、淡远自然、富有风神韵致,和诗人的人生价值取向和谐一致。就诗歌的语言结构而言,渔洋在诗作中频繁使用精心选择的联绵词和叠词,充分显示出了其神韵诗作的自觉追求。本文在借鉴前贤研究的基础上,探讨王渔洋诗作中联绵词及叠词的用法,涉及渔洋神韵诗的语言结构特征、用词技巧及抒情方式,并在此基础上辨析了其神韵诗的语言成因及审美价值的内涵。

一、绝代销魂的联绵词

联绵词指两个音节连缀成义而不能拆开的词。王国维给联绵词下的定义:"合二字而成一语,其实犹一字也。"③联绵词往往是双声或者叠韵,但也可以不是。声母相同的两字构成双声,韵母相

---

* 作者简介:严明,上海师范大学人文学院,教授。

① 〔清〕王士禛著,袁世硕主编:《王士禛全集》,齐鲁书社2007版,第1799页。本文引用王士禛诗文,皆出自〔清〕王士禛著,袁世硕主编《王士禛全集》,齐鲁书社2007版。

② 〔清〕王士禛著,袁世硕主编:《王士禛全集》,齐鲁书社2007版,第3275~3276页。

③ 《研究发题》,载《国学季刊》1卷3号,转引自袁英光、刘寅生编著《王国维年谱长编(1877—1927)》,天津人民出版社1996年版,第365页。

同的两字构成叠韵。如《诗经》中“睢鸠”“蒹葭”是双声；“窈窕”“芍药”是叠韵；“芙蓉”“寂寞”既不是双声，也不是叠韵。

(一)渔洋诗中联绵词的使用特点

王渔洋①诗中联绵词的运用非常广泛，古体诗和律诗中都有。

1. 五言古诗

(1)我有一樽酒，谁与斟酌之。(《寄家兄子底子侧京师》)②

(2)烨烨良家子，窈窕出宛洛。衣服盛兰蕙，巧笑何绰约。(《古意》)

(3)缱绻吐金玉，缥缈凌云霞。(《景吕自武林寄诗书感其意赋答八章》)

(4)春树对新妆，芳菲恐易歇。(《丽人》)

(5)幽人惜静夜，徘徊步岩阿。(《三月初八夜》)

2. 五言律诗

(6)似闻歌《折柳》，惆怅大堤游。(《新柳同家兄子底赋》)

(7)凄激因风起，参差逐漏沉。(《秋砧》)

(8)寥落彭城会，萧条戏马台。(《九日杂感》)

(9)销魂桥上水，空复泛鸳鸯。(《折杨柳》)

3. 七言古诗

(10)昭陵玉匣已销沉，武帝芝英半零落。(《明神宗御书歌》)

(11)潇湘总子玻璃明，总里双鬟吹凤笙。(《大艑行》)

4. 七言律诗

(12)翠曾参差烟际翔，鸾惊龙婉相颉颃。(《白纻词》)

(13)君去骊驹不可留，妾心杜若发春洲。(《香奁体二十五首》)

(14)他日差池春燕影，只今憔悴晚烟痕。(《秋柳四首》其一)

(15)秋色向人犹旖旎，春闺曾与致缠绵。(《秋柳四首》其四)

(16)吴山带雨参差没，楚火沿流次第生。(《雨后观音门渡江》)

(17)飘零王气传金虎，寂寞空山葬玉鱼。(《阖闾墓》)

其中，“斟酌”“缱绻”“芳菲”“潇湘”“惆怅”“参差”“寥落”“鸳鸯”“零落”是双声联绵词；“窈窕”“缥缈”“徘徊”“凄激”“次第”“萧条”“旖旎”“凤笙”是叠韵联绵词；“绰约”“憔悴”“颉颃”“骊驹”“杜若”“飘零”“寂寞”“玻璃”是非双声叠韵联绵词。

从上述例子，可以看出王渔洋使用联绵词的大致特点。首先，古体诗和律诗中运用的联绵词比较多。但是由于律诗格律音韵的要求和限制，律诗中的联绵词往往出现在同一联的上下两句中，呈现出工整的对仗关系。如(14)中的“差池”是双声联绵词，下句中的非双声叠韵联绵词——“憔悴”与之相对；(15)中的“旖旎”和“缠绵”都是叠韵联绵词；(16)中的“参差”是双声联绵词，“次第”是叠韵联绵词；(17)中的“飘零”和“寂寞”都是非双声叠韵联绵词；(13)中的“骊驹”和“杜若”是名词联绵词，工整相对。又如“修林皆窈窕，环渚亦玲珑”(《栗溪往柳庵溪路中作》)，句中的“窈窕”是叠韵联绵词，“玲珑”是双声联绵词。古体诗中也有上下两句都出现联绵词的，如(3)中

① “渔洋”本身就是一个双声联绵词，王士禛自号渔洋山人，取自太湖东北岸边的渔洋山，但也可看出他喜欢“渔洋”这个发音，这说明了王渔洋是很注重声韵美的。

② 本文王士禛诗句引文出自《王士禛全集》，只写诗篇名。

“缱绻”是双声，“缥缈”是叠韵，但律诗中这种现象更普遍。

其次，部分联绵词的使用频率非常高。一些联绵词如“窈窕”“参差”“颉颃”“绰约”等的运用是诗人对《诗经》等古典作品中联绵词运用传统的继承。王渔洋自“六七岁始入乡塾，受《诗》，诵至《燕燕》《绿衣》等篇，便觉怅触欲涕，亦不自知其所以然”①，八岁便开始吟诗。《诗经》成书的年代正是汉字从单音节向双音节过度发展的初期，其诗句以四言为主，包括联绵词在内的复音词在《诗经》中蓬勃生长起来。如“关关雎鸠”“窈窕淑女”“参差荇菜”（《周南·关雎》）中的“雎鸠”“窈窕”“参差”，“蒹葭苍苍”（《秦风·蒹葭》）中的“蒹葭”，“搔首踟蹰”（《邶风·静女》）中的“踟蹰”，“其叶沃若”（《卫风·氓》）中的“沃若”，“绸缪束薪”（《唐风·绸缪》）中的“绸缪”。清人洪亮吉说：“三百篇无一篇非双声叠韵。降及《楚辞》与渊、云、枚、马之作，以迄《三都》《两京》诸赋，无不尽然。唐诗人以杜子美为宗，其五、七言近体，无一非双声叠韵也。间有对句双声叠韵，而出句或否者，然亦不过十分之一。中唐以后，韩、李、温诸家亦然。至宋、元、明诗人能知此者渐鲜。”②王渔洋灵活巧妙地把双声叠韵联绵词加以运用，其早年作品《落笺堂集》中的联绵词比例就高于其他人的诗集。冒襄曾引《诗经》“有美一人，轻扬婉兮”③来称赞王渔洋早年的诗歌。另外一些联绵词如“踌躇”“寂寞”“惆怅”“须臾”等的运用，恐怕与诗人所处的时代氛围、遭际经历和性情气质是分不开的。王渔洋所处的社会正是明清易代之际。他经历过腥风血雨的残酷战争、政治变故的荣辱起伏。清政府此时实施怀柔高压政策，社会在稳定中求发展，文人们渐渐忘却了往日的耻辱伤痛，再也不能像慷慨悲歌的遗民诗人一样发泄对清政府的强烈不满情绪，社会氛围渐渐地缓和了下来。敏感细腻的诗人不得不选择一种含蓄蕴藉的表达方式。而王渔洋正是这种表达方式的突出代表。

（二）联绵词的艺术效果

联绵词在王渔洋诗歌中有着特殊的表达效果、审美作用和艺术价值。主要表现在以下几个方面：

1. 联绵词的使用加强了汉语的音乐性，使汉语音节具有铿锵和谐的音乐美。把联绵词广泛运用在诗歌上，增加了诗歌的美感，使诗歌音韵和谐优美，节奏活泼明快，时而铿锵有力，时而缠绵动人。“诗为乐心，声为乐体”④，“乐以诗为本，诗以声为用”⑤，诗歌因为要入乐所以得适合音乐的需要，因而讲求节奏的优美、音韵的和谐。双声叠韵联绵词使汉语诗歌或流畅或回环，更加悦耳动听。《文心雕龙·声律》说：“异音相从谓之和，同声相应谓之韵。”《诗经》就把这种“异音相从”“同声相应”的双声叠韵运用得出神入化，表达出了细致入微的思想感情。王渔洋诗歌继承并发展了这种语言表达传统，在他的很多诗中都有明显表现。如“惆怅东门行，缱绻河梁宴”（《送家兄西樵之莱州三首》），其中的“惆怅”“缱绻”都是双声，并且上下两句工整相对；“秋色向人犹旖旎，春闺曾与致缠绵”（《秋柳四首》其四），其中的“旖旎”“缠绵”都是叠韵；“修林皆窈窕，环渚亦玲珑”（《栗溪往柳庵溪路中作》），上句中的“窈窕”是叠韵，下句中的“玲珑”是双声，一双声一叠韵。这些双声叠韵词的运用，使其诗作把文字的音律美充分发挥了出来，读来字字清晰、声调宛转，变化中又尽显和谐，而且凝结在诗歌中的浓烈厚重的情感也被撩拨得美妙动人。

---

① 〔清〕王士禛著，袁世硕主编：《王士禛全集》，齐鲁书社2007年版，第3232页。

② 〔清〕洪亮吉著，陈迩冬校点：《北江诗话》，人民文学出版社1983年版，第2页。

③ 转引自王利民《王士禛诗歌研究》，中华书局2007年版，第160页。

④ 周振甫译注：《文心雕龙选译》，中华书局1980年版，第70页。

⑤ 〔宋〕郑樵：《通志·乐略》，浙江古籍出版社1988年版，第625页。

2. 很多联绵词在古音里不一定是标准的双声或叠韵，古音中严格的双声叠韵现在看来有些也发生了变化，但是这些联绵词依托于汉字的超时空性得以记载并流传后世。大多数联绵词是同偏旁部首的，如“婵娟”“芳菲”“踌躇”“慷慨”“骊驹”等，不仅在音韵上具有节奏感和生动性，在感官上也会给阅读者带来很多愉悦。如看到“婵娟”，读者自然会联想起美女、明月或者其他美轮美奂的事物；看到“踌躇”，一副犹豫不决、徘徊不前的情态就会跃然纸上。王渔洋诗歌中的联绵词表现出了各种生动活泼的意象。下面按照意象的表现内容和感情色调的不同，对渔洋诗作中使用频率较高的联绵词进行基本梳理：

类1：窈窕、绰约、缱绻、缠绵、悱恻、绵芊、婵娟、宛转、颉颃、玲珑、旖旎

类2：芳菲、茱萸、鸳鸯、芙蓉、蝴蝶、鹦鹉、骊驹、蟋蟀、翡翠、杜若、潇湘、沆瀣

类3：寂寞、缥缈、零落、蹉跎、徘徊、惆怅、凄激、憔悴、踟蹰、踌躇、寂历、须臾、吁嗟、寥落、萧条、零乱

类4：慷慨、磅礴、迢遥、浩渺

类5：参差、次第、差池、错落

类1和类2中的联绵词多用于描绘女性或具有女性思想情绪色彩的事物。如“窈窕”出自《诗经》，意思是“文静而美好”。王渔洋在其诗歌中不仅用“窈窕”来形容人，如“烨烨良家子，窈窕出宛洛”（《古意》）、“美人窈窕为君娱”（《白纻词》），还用它来形容大自然中美好的事物——月亮、水、山、林等，如“不知昨夜里，窈窕更如何”（《十六夜看月》）、“窈窕西湖水”（《历下送坦公先生之浙左藩》）、“近看窈窕山难写”（《浒山坡即目之作》）、“修林皆窈窕”（《栗溪往柳庵溪路中作》）。王渔洋在诗作中也多次使用了“缱绻”“缠绵”，如“缱绻吐金玉，缥缈凌云霞”（《景吕自武林寄诗书感其意赋答八章》）、“缱绻当奈何”（《三月初八夜》）、“惆怅东门行，缱绻河梁宴”（《送家兄西樵之莱州三首》）、“向背无端倪，缠绵屡回复”（《由槲山入雉山夜自溪路中归坐无上人山场作》）、“秋色向人犹旖旎，春闺曾与致缠绵”（《秋柳四首》其四）等。这些词并非只用来形容女性，有时也用来描绘自然山川风貌，但这些词都可以冠以一个主题，就是“婉约、美好”。渔洋用这些柔情似水的联绵词，轻盈委婉地传达了自己的感情，从侧面可以看出王渔洋回归纯真、追求大自然美好事物的天性。无怪乎，赵执信这样评价“王爱好”①。

类2中的联绵词都是名词物象，芳菲、茱萸、芙蓉、杜若是大自然中生机勃勃的植物；鸳鸯、蝴蝶、鹦鹉、骊驹、蟋蟀是动物；潇湘是水流，“潇湘一岁一旋归”（《鸣雁行二首》），“一夕赋潇湘”（《月河》）；沆瀣是夜间的露水，“会饮瀣揽八极”（《入秋漫赋》）。这些名词虽然不像形容词那样具有描绘强调的作用，但它们本身都是带有色彩的事物名称，在诗歌阅读过程中，会带给我们一种强烈的视觉冲击。且芳菲、鸳鸯、潇湘是双声，茱萸是叠韵，会给人带来一种听觉上的愉悦。王渔洋在诗中运用这些事物时，这些事物并不是单纯地作为吟咏对象，而是作为诗歌的意象，有的起到“兴”的作用，引起诗人所说之辞；有的则渲染诗歌的诗境，衬托诗人的感情。如“芙蓉秋落美人家”“君去骊驹不可留，妾心杜若发春洲”（《香奁体二十五首》），这是王士禛同友人唱和的香奁诗诗句，说“芙蓉”是为引起“美人”，“芙蓉”就代表了美人，“骊驹”也是因为有“君”骑着，而同去不可留，“杜若发春洲”是为说明“妾心”是什么样的妾心，是怀春少女追求爱情的心。以此我们可以看出王渔洋对美好事物的喜爱和追求。清代的康发祥亦曾用“美女簪花，绰约可爱”来形容王渔洋的诗作。

① 〔清〕赵执信著：《谈龙录》，人民文学出版社1981年版，第15页。

上述联绵词中,磅礴、浩渺、慷慨这少数几个颇显阳刚大气的词,和类1、类2中多描绘女性情感思维的词不一样,具有一定的积极色彩,由此可以看出诗人并非只有柔婉缠绵的一面,也有雄伟气壮的一面。如诗句"遥天压烟水,空濛气磅礴"(《醴泉寺高阁瞻眺有怀范公》)、"蓟丘临朔漠,慷慨同此登"(《九日同曹顾庵彭骏孙用重阳登高为韵兼寄陈子更四首》)等。

在王渔洋的诗中,出现最多且最频繁的是类3中略带消极色彩的联绵词。通过这些词,可以直观地解读诗人的心理活动、思想感情和炼词的习惯特点。王渔洋在"似闻歌《折柳》,惆怅大堤游"(《新柳同家兄子底赋》),"惆怅不能持"(《同刘大田家兄子侧泛湖分韵》),"残叶已看同寂寞"《落叶》,"不然寂寞秋风帖"(《谢举翁先生送菊》)(此句大致之意是谢谢举翁先生送菊花给我,不然在这个秋天我只有与寂寞相伴了),"鸿雁萧条雪后回"(《答赠徐东痴》),"寥落彭城会,萧条戏马台"(《九日杂感》)等众多诗句中使用了"惆怅""寂寞""萧条"等带有消极色彩的联绵词。这类联绵词的大量使用,与渔洋所处的时代氛围、遭际经历和性情气质是有关系的。"白门一决须臾事,枉向宫中拜将侯"(《读史杂感八首》)是感叹朝代兴亡,抒发悲哀的盛衰之感。"寥落彭城会,萧条戏马台"(《九日杂感》),"憔悴江潭亦泪垂"(《落叶》),"音如哀弦乍零乱,空房思妾起长叹"(《鸣雁行二首》),"寂历众山响,萧条晚风善"(《白石桥寻黛溪遂至摩诃峰下》)……渔洋眼中的景物寥落、萧条、憔悴、零乱,也许这并不是客观事物存在的状态。而是王渔洋要借此抒发内心的寂寞与悲凉。诗人带给我们的从来不是大喜大悲、大起大落的情感起伏。他始终在平和宁静的性情下,抒写着一种淡淡的惆怅与忧伤、悲凉与渺茫。这不仅是王渔洋个人的心理感受,也反映了一种时代人的心声。时代变迁后的政途功名,永恒大自然的全心归隐,诗人也曾为此踌躇苦闷过。作于丙申年的《冬日偶然作八首》其一:"岁去弦吐箭,忧来丝抽纶。行吟东野词,憔悴伤我神。哲兄念仳别,悠悠历冬春。幸台表东秦,三山在南邻。寂寞水仙操,感激远游吟。不有黄金徽,含意何由申。徘徊欲终曲,三叹及萧辰。"通过这首诗可以看见渔洋面对时间流逝、蹉跎岁月亦忧愁、憔悴、寂寞,也曾徘徊犹豫过,也曾希望踏上仕途,实现自己的价值。

王渔洋诗中广泛运用了联绵词,而且部分联绵词的使用频率非常高。这与渔洋继承发展《诗经》的用词传统分不开,与作者的亲身经历和个人性情也有密切关系。我们通过提取王渔洋诗中的联绵词及结合诗歌文本的分析,发现联绵词不仅在音韵上给渔洋诗歌增添了美感,使其诗作更具节奏更和谐。我们还从词意和意象方面了解到渔洋喜欢使用略带女性化思维和情感的词眼,在平和宁静的性情下,常常用这些词眼抒写内心的淡淡忧伤情绪和悲凉情怀,所以也不难理解为何清初宋琬会用"绝代消魂王阮亭"①来概括其人其诗。

二、生动传神的叠字

王渔洋诗歌的语言美在叠字方面同样有着突出的表现,诗中运用的叠字不仅数量庞大,而且种类丰富,或描绘事物,或刻画形态,或摹状动作,或传达音声,极尽大自然的情貌、人类的感思。它不仅反映了渔洋诗歌的语言艺术,还增添了诗歌的审美价值。陈望道给叠词下的定义是:紧相连接而意义也相等的,名叫叠字。② 吕叔湘在《中国文法要略》中说:叠字就是前人所谓"重言"。

---

① 〔清〕宋琬《安雅堂未刻稿》卷五《题冒青若小像》,原诗为:"绝代诗人王阮亭。"〔清〕袁枚《随园诗话》卷三:"或问:'宋荔裳(宋琬)有'绝代消魂王阮亭'之说,其果然否?'"随着《随园诗话》的广泛流传,后人一直沿用袁枚的"绝代消魂王阮亭"之说。

② 陈望道:《修辞学发凡》,上海教育出版社1997年版,第169页。

古人称一字为一言。① 清代王筠就有《毛诗重言》一书,把《诗经》中的叠字都类集了起来。

(一)王诗叠字的使用特点

本文考察王诗叠字的使用特点,先根据词性分类如下:

1. 动词

望望灌婴城,遥遥隔章江。(《景吕自武林寄诗书感其意赋答八章》)

行行远于役,乃在金台基。(《寄家兄子底子侧京师》)

往往水石间,凉雨洒衣上。(《柿泉》)

迢递边庭路,行行入暮尘。(《送徐公肃游庐龙》)

燕燕尾涎涎,飞飞啄塘蒲。(《慕容垂歌》)

挥手从此辞,去去背乡县。(《送家兄西樵之莱州三首》其一)

今年稍稍宜雨旸,黍稷扑扑稻叶长。(《复雨》)

玉蛾飞飞金茧酥,蚕时几日闭门枢。(《蚕词四首》)

阳春三月时,蚕子何蠕蠕。(《蚕租行》)

采采春方至,堂堂岁又徂。(《奔牛道中寄毛吴江》)

2. 形容词

各自异乡域,遥遥不相知。(《景吕自武林寄诗书感其意赋答八章》)

祁祁清明后,惊涛正漫漫。(《寄杨圣宜》)

愧我千万言,戚戚无得志。(《偶然作》)

迢迢孤岛去,为寄别离情。(《湖中归作诗惜别》)

别离忽已晚,忧心常悄悄。(《赋得涉江采芙蓉寄邹訏士》)

离离海边树,蔼蔼黔陬城。(《胶西行》)

峨峨大艑高十丈,千人万人挽舟上。(《大艑行》)

开门素雪已霏霏,朔风觱栗凌人衣。(《夜大雪起赋》)

哲兄卓卓度骅骝,令弟齐名第一流。(《赠孙仲孺兼呈令兄孝堪》)

历历名花发,娟娟素濑新。(《为人题芙蓉泉亭子》)

乍临碧石静娟娟,又散疏枝拂曙烟。(《阶前白丁香同子底兄赋》)

程子亭亭秀南海,结庐正在罗浮巅。(《赠程五周量》)

3. 拟声词

泉石乱猿鸣,嗷嗷流清音。(《赋得山水含清晖》)

昆弦角角鸣嘈嘈,琴声如蟹泣夜糟。(《置酒行》)

落日随旗影,萧萧度陇西。(《赋得边马有归心》)

江南烟水多白凫,群飞哑哑烟际呼。(《白纻词三首》)

芙蓉灼灼回双趺,仙珮丁丁鸣六铢。(《白纻词三首》)

齐琴赵瑟声锵锵,七鞶妙舞纷相当。(《白纻词三首》)

野田何啾啾,黄雀纵横飞。(《杂谣三首》)

花枝濛濛日将暮,飒飒凉飙起庭树。(《复雨》)

① 吕叔湘:《吕叔湘文集》第一卷《中国文法要略》,商务印书馆1990年版,第8~9页。

御沟桃叶水潺潺，姊妹承恩并玉颜。（《南唐宫词八首》）

苍苍远烟起，槭槭疏林响。（《即目》）

黄河去苍茫，落日风飕飕。（《清江浦与子侧别后作三首》）

笭箵沿溪踏乱流，秋深芦荻风飕飕。（《杂题萧尺木画册六首》）

嘐嘐水云外，萧萧沙禽飞。（《江上读韦诗作二首》）

依依正德年中事，咄咄东阳废后心。（《等康山有感》）

小车何槛槛，大车何啍啍。（《废宫曲》）

箫鼓喧喧南复北，驿夫牵缆候鸡鸣。（《棹歌四首》）

4. 名词

燕燕尾涎涎，飞飞啄塘蒲。（《慕容垂歌》）

清溪槲叶始濛濛，树底春蚕叶叶通。（《山蚕词四首》）

书中三百字，字字心盘纡。（《清江浦与子侧别后作三首》）

家家少妇明星酒，纨扇惊心向女牛。（《七夕二首》）

峰峰余积雪，了了见文殊。（《送隐岩道人之五台绎堂周量茗文湘北同作二首》）

南曹桥畔田田路，舟入香风一道斜。（《南曹桥》）

5. 量词

忆昔秾华未消歇，名园处处春花发。（《胶西行》）

羽书日日下山东，秸秆转输动千亿。（《复雨》）

层层远树浮青荠，叶叶清帆起白鸥。（《瓜洲渡江二首》）

登临一上可中亭，叠嶂回峦面面青。（《虎丘二首》其二）

官柳烟含六代愁，丝丝畏见冶城秋。（《和牧翁题沈朗倩石崖秋柳小景》）

武定桥边晚放舟，飞花片片逐回流。（《同丁继之泛秦淮》）

漠漠柳绵飞，时时落波上。（《红桥绝句二首》）

首先，王诗中运用的叠字数量大，使用频率高，而且词类分布广。形容词叠字占大多数，除了上述例子中的遥遥、祁祁、漫漫、戚戚、迢迢、悄悄、离离、蔼蔼、峨峨、霏霏、卓卓、历历、娟娟、亭亭，还有依依、悠悠、濛濛、渺渺、淡淡、幽幽、森森等；拟声词叠字也很丰富，有嗷嗷、嘈嘈、萧萧、哑哑、丁丁、锵锵、啾啾、飒飒、潺潺、槭槭、飕飕、嘐嘐、咄咄、槛槛、喧喧等；动词叠字有望望、行行、往往、飞飞、去去、扑扑、蠕蠕、采采等；名词叠字有燕燕、叶叶、字字、家家、峰峰、田田等；量词叠字有处处、日日、层层、面面、丝丝、片片、岁岁、时时等。这些叠字生动描绘了大自然的山川鸟兽、树木花草及人物神态、心理变化等，表现范围广泛，内容丰富。

其次，部分叠词的使用频率很高，如"萧萧"，王诗中用"萧萧"来形容风雨声的，如"萧萧涿鹿悲风起，客子驱车殊未已"（《范阳行过涿鹿作》），"残烛萧萧雨，空堂欲二更"（《和西轩秋话——秋雨》）；用来形容流水声的，如"秋水萧萧晚，仙舟冉冉移"（《同刘大田家兄子侧泛湖分韵》）；用来形容草木摇落声的，如"之官江渺渺，仙县树萧萧"（《赠张埴允任蓬莱》）等。"萧萧"一词最早出现在《诗经》的《小雅・车攻》中，"萧萧马鸣，悠悠旆旌"，用来形容马叫声。"萧萧"不仅是一个拟声词，可以用来传达各种声音，而且还可以用来表现萧条、凄凉的景象。从《诗经》开始，"萧萧"便是一个很常用的叠词，如晋代陶渊明《咏荆轲》中的"萧萧哀风逝，淡淡寒波生"，唐代杜甫《登高》中的"无边落木萧萧下，不尽长江滚滚来"等。这些运用令"萧萧"的语义表达更加生动、丰富。王渔洋从前人的作品中不断吸收养分，并广泛巧妙地熔铸在了自己的诗歌创作中。

除了一些经常使用的叠字外，王诗中也会出现个别生僻叠字，但并非没有来处。如"小车何槛槛，大车何哼哼"（《废宫曲》）中的"槛槛""哼哼"，就化用自《诗经·王风·大车》"大车槛槛，毳衣如菼。岂不尔思？畏子不敢。大车哼哼，毳衣如璊。岂不尔思？畏子不奔"。"槛槛"，形容车行声，拟声叠字。"哼哼"，形容车行沉重缓慢的样子，形容词叠字。前后两个叠字，一动一静，以声写动，使人先闻其声，再见其状，由听觉转向视觉，声形兼备，既能使读者获得各种感官上的愉悦，又能让读者接受到美的陶冶。又如"峄阳之桐何牂牂，纬以吴弦发清商"（《抱琴歌》）中的"牂牂"，出自《诗经·陈风·东门之杨》"东门之杨，其叶牂牂"。"牂牂"形容草木茂盛的样子。这几个叠字的恰当使用，使王诗显得古朴、生动，又贴近自然。我们由此也可以看出王士禛对古人的语言进行过一番深刻的研究，学习之勤、功力之深可见一斑。《古夫于亭杂录》卷五记录了王渔洋这样一段心得："七言律有以叠字益见悲壮者，如杜子美'无边落木萧萧下，不尽长江滚滚来'，'江天漠漠鸟双去，风雨时时龙一吟'是也。有以叠字益见萧散者，如王摩诘'漠漠水田飞白鹭，阴阴夏木啭黄鹂'，徐昌谷'开轩历历明星夕，隐几萧萧古木秋'，王敬美'山鸟自呼泥滑滑，行人相对马萧萧'是也。《诗·小雅》'萧萧马鸣，悠悠旆旌'，'杨柳依依，雨雪霏霏'，此用叠字之始，后人千古受用不尽。"①

（二）叠字的艺术效果

"诗歌语言出于艺术创造的需要而具有夸饰作用，以增加艺术形象的形态美、色彩美和音乐美。"②汉字是表意文字，本身就具有意象美，可用来写景状物，拟形传声，而叠字作为一类特殊的语汇，通过两字相叠，达到语音上的繁复，从而增进语义的繁复，达到感情夸饰的作用。"比起双声、叠韵的音素重复来，重字具有字面重复的直观性，它对诗歌的声调、节奏和意义的影响也就更为明显和直接。"③诗中运用叠字，读起来朗朗上口，音节自然和谐，富有张力，听起来悦耳动听、宛转圆润。特别是拟声叠字，将诗歌的音乐美表现得丰富、动人。如渔洋的《白纻词三首》其一："乍进欲退心踌躇，芙蓉灼灼回双趺，仙珮丁丁鸣六铢。"《白纻词三首》其二："齐琴赵瑟声锵锵，七鞶妙舞纷相当。"《白纻词三首》是诗人作的乐府组诗，"白纻词"是吴舞曲的名称，诗中"丁丁"形容玉石击打声，"锵锵"形容琴瑟奏乐声，诗人选词非常注重搭配，且十分符合诗的意境。玉石敲打只有"丁丁"的清脆低吟相衬，与上句"芙蓉灼灼"亦工整相对；身着六铢轻衣，明艳动人如芙蓉花般的女子踌躇满怀，是进是退，娇羞可掬。而琴瑟奏和、群艳妙舞的纷杂场面适合"锵锵"的高亢缭绕，且"锵"与下句"当"字押韵。这些拟声叠字的运用，把音乐的强弱轻重描写得十分具体。再如"西风飒飒猿啾啾，惜别怀君芳杜若"（《上巳辟疆招同潜夫其年亦史山涛修禊水绘园即事十首》），一句中两个叠字，"飒飒"形容风声，"啾啾"是猿鸣声，两个拟声叠字作谓语，把主语"风""猿"描述得可闻可感，风声、猿叫声历历在耳，一股悲凉伤感的情绪随着两个叠字的连用纷沓而来，从而显得后面的惜别伤怀如此寂静落寞。

叠字不仅能增添诗歌和谐动听的音乐美，而且还具有描绘性，可使诗中表现的词义意象更加生动确切，使诗歌语言内涵更简单、直观、易懂，而表达的情感却饱满丰富。刘勰《文心雕龙·物色》："是以诗人感物，联类不穷；流连万象之际，沉吟视听之区。写气图貌，既随物以宛转；属采附

① 〔清〕王士禛著，袁世硕主编：《王士禛全集》，齐鲁书社2007年版，第4917页。

② 沈荣森：《王维诗歌语言探美》，载《昆明师专学报》1997年第1期。

③ 杨义：《李白诗的语言创造法则》，载《佳木斯大学社会科学学报》1998年第5期。

声，亦与心而徘徊。故‘灼灼’状桃花之鲜，‘依依’尽杨柳之貌，‘杲杲’为出日之容，‘瀌瀌’拟雨雪之状，‘喈喈’逐黄鸟之声，‘喓喓’学草虫之韵；皎日嘒星，一言穷理；参差沃若，两字连形。并以少总多，情貌无遗矣。”①渔洋的才情和诗歌情趣，使其诗中三类叠字出现得最多：

类1：描绘淡远、空寂的叠字：迢迢、遥遥、悠悠、杳杳、苍苍、寂寂、淡淡、幽幽

类2：表现模糊朦胧、虚无缥缈的叠字：濛濛、冥冥、漠漠、渺渺、浩浩、茫茫、森森、沉沉、萋萋、靡靡、郁郁

类3：表现阴柔美的叠字：依依、灼灼、宛宛、娟娟、涓涓、翩翩、粲粲、盈盈、亭亭、细细、嫋嫋

王渔洋顺治十二年参加会试归后，在家乡读书三载，顺治十五年考中进士，受任扬州府推官，从此便开始了四十多年的为官生涯，一生辗转漂泊，远离故乡亲人。他的诗大都注重抒发个人的感受与情思。其离乡的孤独、远游的苦寒、仕途的渴望、归隐的矛盾、种种惆怅忧虑的心态借自然山水、登高怀古得以寄托、安慰、消解。诗中常出现的“行行”“遥遥”“迢迢”“渺渺”之类的叠字，正是他这种现实生活的真实写照。与兄弟分别时，常有“天涯在何许，迢迢阻川梁”（《送家兄西樵之莱州三首》）的感叹；思念家人时，则有“明月舒光秋婉娈，绛河遥遥隔清浅”（《七夕篇》）的无奈；送别友人时，不禁有“江北江南几千里，别梦迢迢隔烟水”（《赠别张友鸿吴六益》）的怅惘。康熙二十三年甲子，王渔洋奉命去四川典乡试，离开京城，在去蜀的路途，也多有远离故里的羁旅愁思，如“渐远褒城驿，遥遥度七盘”（《宿马道江上》），“人代茫茫双去鸟，夕阳渺渺独归舟”（《河中感怀寄诸兄》）。夫妇兄弟、新朋故友聚散离合，迢迢遥遥的空间距离拉长了分别的时间长度。通过“天涯”“明月”“隔”“远”“夕阳”这些字眼，直接抒发了别离的感伤、孤行的寂寞、人生无常的感叹。而“渺渺”一词不仅描绘了前路无边的漫长、对没有把握的未来的迷茫，也表现出了自己在这条不确定的未来路上的渺小无助。这些直接却略显模糊的词眼，意味深远，“不着一字”却“尽得风流”。

宋代词人叶梦得在其《石林诗话》中说到：“诗下双字极难，须使七言五言之间，除去五字三字外，精神兴致全见于两言，方为工妙。”②渔洋非常注重诗的工巧，内容美和形式美往往都能达到高度的统一，特别表现在一联中两个叠字的相对使用上，如“苍苍钟磬音，渺渺渔樵路”（《得海石山中书时迁高要令不赴》），“苍苍”形容钟磬的声音浑厚，晕染开去又茫无边际，路也是渺渺、漫长无边，仿佛行走在此路上耳边还回响着钟声，可闻可感，两句情境相得益彰，创造出了一幅广阔、淡远的画面。类似的还有“渺渺青山路，苍苍修竹林”（《阻雨望醴泉寺用昌谷韵》），“之官江渺渺，仙县树萧萧”（《赠张埴允任蓬莱》），“桃叶渡头人寂寂，竹枝声里雨萧萧”（《落叶》），“杳杳暮归人，悠悠渡江去”（《毗陵归舟》）等。这些叠字和诗句表现的意境是“远”“寂”。“淡淡”直接表明了“淡”“不浓烈”“纯净”，如“淡淡流白云，习习来谷风”（《柳庵晓起同徐五东痴饮溪中作》），“淡淡星河耿斜照，娟娟风露作新秋”（《题秦淮水榭》），白云是淡淡的，初秋夜晚的星星也是淡淡的。渔洋诗中很少出现“浓”的景物或画面，有时是浓的但在作者眼里也是不完美、有缺憾的，如《秦淮杂诗》中的“十日雨丝风片里，浓春烟景似残秋”。相比浓烈、厚重，诗人更钟情于淡远，不着痕迹却有声外之韵，极尽悠远的事物或感情。再如：“淡淡长江水，萧萧枫树林。”（《赠别汪同年》）这是一首写给朋友的赠答诗，俗话说“君子之交淡如水”，作者写景之余，也许还表达着与友人的情谊同长江水一样，是淡的，却是真的。

吴调公先生在《神韵论》中讨论“神韵论审美心态的三种类型”时说：“在审美活动中倾心于朦

① 周振甫译注：《文心雕龙选译》，中华书局1980年版，第181页。

② 〔宋〕叶少蕴：《石林诗话》，见何文焕辑《历代诗话》，中华书局1981年版，第411页。

胧地敏感到富有魅力的物象。而那些物象，恰和主观的气质、趣味以及在一定时间、地点、条件下飙发而起的潜在心灵结构相投合，于是诗人的直觉便进入意识深处和‘伫兴而发’的神思远引境界。由于意识的深杳而增加客体的彼岸性的魅力，由于倏然物外而引起自我超越的雍容风度，所以诗人的这种情境以恬适而冲淡见长。这属于由审美距离带来的朦胧心态，可以王渔洋为代表。"①王渔洋在创作中，就是喜欢拉开审美距离，在这种若即若离的审美过程中描绘一幅幅朦胧模糊、缥缈惆怅的画面，从上述提到的"寂寞、缥缈、零落、蹉跎、徘徊、惆怅"等诸多联绵词可直接看出；此外，很多叠字的交相使用，使得这种模糊的画面更为浓厚。如"寒色冥冥下岩壑，千峰万峰雪初落"（《题赵松雪仿摩诘群峰飞雪图》），"金陵城北雨濛濛，山色波光远近中"（《雨中望鸡笼山》），"女郎砧动夜冥冥，桂树浮香满后庭"（《秋思》），"花枝濛濛日将暮，飒飒凉飙起庭树"（《复雨》），"风景芜城画扇时，轻烟漠漠柳丝丝"（《午日观竞渡寄怀家兄兼答辟疆感旧之作》）等。在王渔洋心中，模糊不清的才更有余味。

王渔洋在创作时，除了喜爱模糊的意境，还常用"青青、苍苍、冥冥、黯黯、暗暗、郁郁"等冷色调、暗光线的叠字。如"扬州西去是真州，河水青青江水流"（《真州绝句》），"冥冥遥峰雨，黯黯重湖云"（《还元阁听雨怀太湖》），"靡靡即长道，郁郁难具陈"（《渑水上留别家兄太液礼吉子侧暨诸犹子二首》）等。相比冷色调的叠字，"灼灼""粲粲""宛宛"等比较明亮辉煌的叠字用的频率不多，这类叠字在王诗中亦不失明丽清秀的味道，如"粲粲明月姿，流黄耀轻素"（《拟班婕妤咏扇和江文通》），"银河烂烂月垂地，飞龙衙衙云上天"（《赠孙仲孺兼呈令兄孝堪》），"坐残微月娟娟入，行傍清漪细细开"（《梨花》）等诗句中的叠字。这些叠字通过抑扬顿挫的音节和不同的音色，使诗中关于自然山水、人物风景之动静、声音、光色、刚柔的描写形神兼备，诗歌的节奏就是这些叠字内在节奏的外化。

王士禛诗中广泛运用了叠字，文中提到的多是使用频率较高的，论及的诗句也是其中的一部分。总观王诗中叠字的使用，一方面与他学习并继承发展《诗经》等传统经典著作的语言艺术是分不开的，另一方面与诗人的经历和才情也有密切关系。我们在对叠字进行分类描述并结合诗歌文本分析的基础上，了解到叠字不仅能增强诗歌语言的音乐性，加强诗歌的形象性，达到声情并茂的艺术效果，还能强烈又准确地传达作者蕴含于诗中的特有情感。可以说叠字在描景状物的同时又能传情达意，使诗歌语言在形式和内容上更完美地熔铸在一起，传递着语言的韵律和美感，从而使诗歌更具审美价值。

三、小结

诗歌正是通过声韵具有的音乐性和丰富意象组合所表现的形象性来传达诗人特殊的思想感情的，是审美诸要素的有机结合。本文探讨辨析王渔洋诗歌的语言，从王渔洋诗中有特色的几类词汇的运用、常用意象的组合和所传达的语义内容（包含诗人的思想感情）的关系等角度入手，对《王士禛全集》中的诗歌作品进行详细的描写、分析，阐述其语言上的特色和风格及不同时期语言艺术的变化，以期从诗歌本体语言方面，而非思想、文化等外在方面，去探索王渔洋是怎样运用独特的语言来创造美妙的诗歌艺术效果的，从而发掘渔洋诗歌中蕴藏的巨大审美价值。

---

① 吴调公：《神韵论》，人民文学出版社1991年版，第34～35页。

《孙光祀集》浅见

——介绍一位与王渔洋同朝的济南名士

杜贵晨*

魏伯河先生是知名教育专家和文史学者，近年因来省城济南某高校就职，得不时相见，并于去冬约以为所整理《孙光祀集》作序。不久清祥至，岁暮冬寒，泉河冷落，雾霾锁城，遂十数日少出门，断续读之，乃叹为好书。清人李应廌《序》所谓“高文典册，海涵地负，天晶日明，盖出入于东西汉之间，而魏晋清言、齐梁胜致，亦兼有之，取材博而竖论雄……风流蕴藉，可与斯世并传不朽者”，诚非虚誉。而此书问世三百年后经魏先生整理由齐鲁书社首次出版，既有功于作者，又是对当今学术文化建设的有益贡献。我既有幸得先读受其教益，更乐见其广为流行，又承魏先生之错爱，不便推辞，而有关本书的作者、成集、流传与评价等，前人序跋与魏先生《前言》等已有很好的说明或研究，不当再述，乃书一读之浅见如下。

孙光祀(1614～1698)，字溯玉，号作庭。清初重要官员、文学家。平阴县(今属山东济南)孙官庄人。出仕后迁至济南历城(今山东济南市历城区)姚家庄。明崇祯十五年壬午(1642)举人，顺治十二年乙未(1655)进士，选庶吉士。翌年授礼科给事中。历仕顺治、康熙两朝，累官至兵部右侍郎加四级，赠光禄大夫。前后在朝二十余年，以直言敢谏著称于时。致仕后为善乡里。一生著作丰富，书法亦享盛誉，济南趵突泉立有其诗碑，保存至今。

《孙光祀集》原本孙光祀撰《胆余轩集》(或作《胆余集》)。魏伯河先生据以厘定为上、下编，撰以《前言》，并附录佚文若干和有关研究资料，包括魏先生有关孙光祀的研究文章，改题曰《孙光祀集》，实际迄今所知孙光祀的存世著作和有关研究资料都在此一书，而今题更有便于文以人传和人以文传。作者九原有知，当亦乐从之。

然而“胆余”者，谓“卧薪尝胆”之“余”。《前言》中已有考证，甚是。但是此书原本《四库全书总目》著录作《澹余集》之误还略可进一步说明。这一是有作者自署和友人序跋均作《胆余轩集》或《胆余集》为证；二是以常理而言，此集之前身《胆余杂著》初成于孙光祀父兄死难、一家险遭贪官蠹吏勾结灭门后的数年，正痛定思痛，还不大可能有什么“澹余”；三是孙光祀的山东同乡兼同年，曾任贵州巡抚的曹申吉(1635～1680)，字锡余，别号澹余，且著有《澹余集》。孙光祀当不会用友人之别号与书名为自己的书名。所以，诚如《前言》所考证，《胆余轩集》或《胆余集》确为此书初成时

* 作者简介：杜贵晨，山东师范大学文学院，教授。本文是为魏伯河先生整理《孙光祀集》写的序言。

之正名。作者晚年增广后刊刻仍用此书名，可见作者对当年所遭家难的"愤懑之极思"（《胆余杂著自叙》）仍耿耿于怀。而《孙光祀集》实生于忧患之中，与所谓"大抵圣贤发愤之所为作"（《史记·太史公自序》）同一流类。其为高文典册，意趣渊雅，题旨凝重，在所必然。这或不为一般读者所喜好，所以此书问世三百多年后才得第一次整理出版。但自古文章的价值，本来首在其为"经国之大业，不朽之盛事"（曹丕《典论·论文》）。而当今改革之大潮再起，此书之出，可谓风云际会。不仅当今那些"心灵鸡汤"式的注水勾兑之作无可望其项背，而且与古人"《毛颖》《罗文》《睡乡》《醉乡》闲放自恣之流判然异趣，是又可于文字得先生之经济者矣"（汪灏《序》）。唯是"先生立言最富，兹集只十之一二耳"（李应廌《序》），所以本书收录了原本《胆余轩集》全部诗文又附有整理者搜集的若干佚文，但是看来仍不足孙氏一生著作之半璧，而"胆余"之《集》又成散余之《集》。这在愈显此次整理出版之必要和及时的同时，也可见书之行世，总有它特殊的命运。读者诸君于可惜之余，相信此本正是孙氏著作的精华可也！

《孙光祀集》分上、下编。上编《文集》主要为科举程墨、奏疏表启、序说碑传以及祭文杂著等，多属经世致用之作，是作者政治主张与经验的记载。作者为朝臣二十余年，先后担任过吏、户、礼、刑、兵五部的都给事中，又曾任太常寺卿以至兵部右侍郎等大小十余种官职，是一位久在廊庙之中精通治道的封建政治家。《文集》则是他一生经世致用、应人及物的精华之作。这部分作品，诚如汪灏《序》所说："按班而求，评史、说经、发策、著论，其有得于六经之旨者，皆可共见；即细及一札一跋，不维系世道，则讽喻人心……是又可于文字得先生之经济者矣。"

汪《序》所谓"经济"非如今与政治、文化等并提的"经济"，而是指"经世济民"，即《论语》中子贡所称的"博施于民而能济众"（《雍也》），包括古代政治、经济、文化等治国安邦、施政临民的方方面面。如《文集》中《报主思恩等事疏》六道，分别涉及选官用人、精兵省饷、罚款归公、衙门纠风以及制止横征暴敛搜刮民财等，都与当时政治和历代政权难免的腐败密切相关。孙光祀在这类文章中敢于直言、揭露真相，大胆给出治理的建议。这类文章诚是当时皇权政治下"反腐败"的锐利檄文。这些奏疏的上达正当清初顺治皇帝锐意于新政，所以大都能给予认可批转部议或直接实行，对清初政治秩序的建立与整肃应是起到了一定的促进作用。

其实孙光祀的奏议文绝大部分都涉及当时的反贪腐问题，除上述六疏之外，他如《请严馈送之条等事疏》"为请严馈送之条并申聚饮之禁以挽弊习、以励职业事"云：

> 夫钻营一日不息，则仕路一日不清；仕路一日不清，则太平一日未奏也。故以外臣言之，凡上官，无论大小，不可一毫受属官之馈；以京师言之，凡百官，无论大小，不可一毫受外官之馈。……以后如有外官差役潜携书函向京师馈送私礼者，投至某家，即应某官据实纠举以凭严加处分……不举之官与馈送者一并治罪。……近见京师交际，常仪滥觞为甚。即至薄者，率以杯缎为故套。……夫杯缎独非物力之所出乎？果其清介自守，此用之不竭者何自而来？若使此赠彼答，安庸此虚文相尚？若受而不报，虽小物必非无因，此亦不可不察也。……终年群相邀饮，偃仰沉湎……浸假生是非之口，浸假而开依附之门，总之皆属不便。不若将交际之文、燕饮褥节一切禁之，省无益之浮费，以养廉节；留有用之时，以勤职掌。

该疏所揭"钻营"弊端，用今天的话说就是"跑官要官""行贿受贿""请客送礼""公款吃喝"。对此，作者主张"馈送"行贿与受贿不举之官"一并治罪"，对"聚饮"等弊习应严禁。这种主张虽然只是要求官僚体制内的人自律、相互监督，不可能根本解决问题，但是就事论事亦不失为谠言公论。而"果清介自守，此用之不竭者何自而来"之问，即从官员消费倒查其贪腐。这在当时肯定是超前的意识,虽然不可能真正实行,但是由此可见孙氏反贪治腐确有真知灼见,值得后人研究借鉴。孙光祀在文集中曾赞扬任克溥奏议说:“存其言犹足以治天下,夫而后知斯刻之重也。”(《任海眉馆卿奏议序》)移之于本书,更是当之无愧。

与上述奏疏反贪腐的内容相表里,孙光祀《文集》中的大量传论人物之作多于显扬其道德、政事、文章之外,突出表彰人物居官清廉,去官不干预政事。如《原任资政大夫、总督河道、工部尚书兼都察院右副都御史在调周公墓志铭》记周鼎“居官廉正,吏惮其守,一切馈遗不敢入……请托贿赂悉屏不得行。……任六载……素严一介,视橐中无长物。去之日,床挂壁间,鱼悬梁上而已”,又“自公退居,篋笥萧然,食不能兼味,衣浣濯大布……约僮仆以法,足不敢至公府”。又《通议大夫、都察院右副都御史、直隶巡抚子延刘公墓志铭》称道刘子延“自为吏部郎以至保抚,苞苴之遗,屏不得人”。孙光祀认为只有这样的官员才能够得到人民的真正爱戴。《兵部督捕右侍郎望石李公墓志铭》载:“公殁之日,囊无余财,悉取贷以备后事,至售宅为归途费。未至家百里,乡人父老子弟哭迎者相属于道。抵家,民为罢市,往吊而号痛者逾千人。此足以见惠泽之入人者深,而懿好之不可强获矣。”

这些记载或不免有溢美之词,但以作者曾饱受贪官蠹吏迫害的经历,不大可能为真正的贪官贴金,所以其所传以上诸位为清官可信。而孙光祀一人所交并传写的清官就有如许多人,由此可知当时清官不是个别的现象,而是政治上一股较为强劲的“正能量”。清朝顺、康之际能有长达百年的“康乾盛世”,乃至一少数民族政权能有所谓“三百年”之天下,原因当在于朝中正人君子尚多。因此,孙光祀提出的有关反贪治腐的主张与经验以及为官应清廉、去官不干预政事的提倡与告诫,值得今天的读者认真思考。

孙光祀《文集》中有关科举和各种论学之文也非泛泛之作,某些内容有值得今天参考借鉴的价值。姑举以下两点:

一是有关明清科举制实施的某些经验可资今天完善公务员考试之法借鉴。科举制虽在百余年以前就废除了,但是今天看来,清末废科举的主要原因是它作为一种落后的教育制度阻碍了历史的发展,因而基本上忽略了它作为一种通过考试甄别人才、选拔官员的措施,其实有很大的科学性与合理性。所以废科举,有似于泼洗澡水连同婴儿一起泼掉,断了人们的科举之途,也断了士人特别是寒门子弟凭学问知识上升为官宦之途。他们只好别求出路,不利于社会稳定。其实清末主张废科举者,似不够清楚科举制不是或主要不是为了普通人的教育而设,而是皇帝为了笼络人才和选拔官吏而设,本质上是一种选官制度。唐太宗所谓“天下英雄尽入吾彀中矣”(《唐摭言》),一语道破此意。作为“人治”下的一种选官制度,科举虽非万全之法,但以考试定取舍的原则和千余年实施的经验,都具有相当的合理性,值得研究和借鉴。学界公认,近现代西方文官制度的建立即在很大程度上受到了中国明清科举制的影响。而今我国已试行多年的公务员考试在做法上与明清科举制更是有千丝万缕的联系,更有必要研究借鉴明清科举制的经验。而孙氏《文集》中有关科举的文章正是作者从个人为举子应试到作为钦差主考“实战”经验的记录,涉及命题、阅卷到推荐录取等各个环节的方方面面,均为研究清代科举制的第一手资料,某些议论成一家之言,对当今完善公务员考试之法有重要参考价值。

二是有关清初学政督学即当时政府推动教育文化事业的论述有重要的史学价值,是当今教育文化建设的有益参考。如《施愚山观海集序》述论施闰章为山东学政,“其较艺也,研几澄虑,致其静专,无异夫操觚濡毫自为制举之业……凡诸士卷牍,无论妍媸高下,必为之指说得失,标明理要,片言细颣，未尝或遗。使之晓然于文章之务，而自得其妍媸高下之所以然”。由此可见，办好教育的关键在政府，而政府办教育的关键又在简任得人。施闰章除了是一位忠于职守的官员之外，还是一位大学者兼诗文名家，所以其校士能兼有学官与教师的风范。这岂是随便安排一个官员就能做得了的？又《唐寓庵城山园诗集序》曰：“尝综论山左学使，历四十年，其风再变。前有三君子：时则弊端未启，要在衡文。文事之渐盛，始乎戴岵瞻，终乎刘山瘫，而尽美者以施愚山先生为最。后有三君子：时则文事难言，要在去弊。弊端之渐塞，始乎劳书升，继乎桑雨岚，而善后者则先生为最。”又《劳书升学使公余草序》曰：“故夫文章之变而趋下，非文士之过也，而治文事者之过也。”如此等等，于治山东教育史亦是极好的参考。

下编《诗集》收诗近三百首，皆亲友赠答与平居咏怀之作。题材内容有不少与《文集》所涉“经济”密切相关。如《送邑令阎郧侯归里》慨叹乱世民生之苦：“慨自胜国末，寇荒两相倚。浸寻二十年，遗民遍疮痏。兼之苦上官，诛求靡所底。尪羸供朘削，凋瘵何以起。”《送包我登邑宰解任旋里》写县令包我登因清廉而不能讨上司喜欢：“忍贫若相习，三载一空囊。以此事上官，岂不甚荒唐？”结果被免职，而作者叹曰：“但惜贤令去，后者谁齐芳？廉吏不可为，念之徒心伤。”这类诗中可见与《文集》一以贯之的反贪倡廉精神，也表现了作者对只能依靠皇帝反腐的现实效果与前景的失望，这也是发人深省的。

与《文集》多载道言政之作相比，下编《诗集》多交游纪事抒情之作，主要展现了作者宦海浮沉交友处事的内心生活，醇厚优雅，关切备至，真情流注，往往感人至深。如《送鲁山令王惠畴年兄》开篇云“年来风气异，为令苦多艰。上官迫相督，那容不作奸？穷黎枯见骨，萧飒满尘寰”，对赴任友人的处境感同身受。《送贾睹先文学旋里四首》之二云：“共学十年久，同心千里来。……相看怜契阔，握手且徘徊。”该诗表现出了对会试连战皆北的老同学的友好与真挚关怀。此外，作者为济南人，自平阴移居历下，《诗集》中有不少写济南平阴、历下山水风物的作品，如画如见，风味隽永，还可资考证，以见清初济南古貌之一斑。

《诗集》诸体皆备而学有本源。以五、七言之作论，五言如“病余客至少，扃户长新萝”（《王子言年兄留济剧谈数日……》）、“促膝闲阶静，同心四五人”（《丁未寓金太傅夫子旧邸……》）、“过从无官长，春深好闭门”（《春日闲居二首》之一）似陶渊明；七言如“春来云树起江烟，南望金焦天际悬。地接齐城七十二，泽流吴郡慎三千”（《寄王鼎九司理》）、“千里长河澄水镜，一轮明月湛高秋”（《送同年徐敬庵吏部假旋》）似杜甫，均有其神理滋味，与后来风靡朝野的王士禛“神韵诗”格调不同。

王士禛虽比孙光祀小二十岁，但是中进士仅比孙晚一科，二人同为济南人，且同朝为官；孙光祀还曾应王士禛之请为其母撰写墓表（《孙宜人墓表》），可见二人应有不少交集。但是，孙氏《诗集》中无一首与王士禛唱和之作，大概就是为诗趣向不同之故。而孙氏之为人亦与王士禛有异，《清实录·康熙四十年辛巳夏四月丙子》载康熙帝因刑部尚书王士正（即王士禛）请假迁葬，谕大学士等曰：“山东人性多偏执、好胜挟仇。昔李之芳、孙光祀、王清，其仇迄今未解。惟王士正则无是也。其作诗甚佳，居家除读书外，别外[无]他事。若令回籍，殊为可惜。著给假五月，不必开缺。”可见在康熙皇帝看来，较之王士禛，他的山东老乡孙光祀与李之芳、王清性情都不够圆润，即为人更多方正、有棱角。康熙皇帝以王士禛的诗好，时论以王士禛诗为“一代正宗”，孙光祀的诗因而被认为逊色了。这很有可能影响到时人对孙光祀诗的评价。而《胆余轩集》刊刻问世之时，正当王士禛“神韵说”风行天下。今见康熙间诸家序跋多重孙光祀之文，而于其诗甚少论及，或王士禛“神韵说”影响使然。其实孙光祀的诗学陶学杜，自有成就与特色。孙光祀是王士禛之外清初山左又一位政治家兼诗人的济南大名士。

总之，孙光祀是我国古代崇尚读书做官的士人中的一位成功者，是一位道德、政事、文章都有颇高造诣的山左先贤。《孙光祀集》有多方面的历史与艺术价值。而魏伯河先生的整理亦甚得体，甚见功力。多种附录，特别是有关研究文章，与原作珠联璧合，是迄今有关孙光祀著作与研究的完备资料。因此，这部书的整理出版，可以使当今读者更方便地接近这位清代政治家和诗人的光辉人生，汲取古代政治、社会、人生与文学艺术的宝贵经验，领略他作为古代崇尚读书做官的士人中成功者的道与术、学与思及其独特的人格魅力，以辅助成就自己美好的人生，为社会发展做出应有的贡献。我得先读为快，更以此书将受到更多读者的关注研究、嘉惠学林、有益于天下为快，故敢献以上初读之浅见为序，抛砖引玉，并祝贺此书的出版。

二〇一四年二月二十三日于泉城历下

试论王渔洋与明遗民诗人姜埰的交往

张宇声*

清初诗人王渔洋与明遗民诗人姜埰的交往,还是一个较为隐秘的学术问题,研究王渔洋交游的学者尚未注意,研究明遗民诗人的学者也尚未注意。这一问题的揭示,无论对王渔洋研究,还是对明遗民诗人研究,都是有一定意义的。

王渔洋与姜埰是否相识?两人是否有交往?直接的记载几乎没有,但尚有线索可寻。线索一是来自王渔洋,一是来自姜埰。

王渔洋没有写给姜埰的诗歌作品,自撰年谱中也无两人相识的记载,文集杂著中虽记及姜埰,也没有直接说到两人的相识。但王渔洋的《感旧集》似乎透漏了一些信息。

《感旧集》乃王渔洋于康熙十二年(1673)编成。前一年其母亡故,王渔洋在家丁忧守制;此年其兄王士禄又因母丧期间哀毁过度而不幸辞世,这引起了王渔洋的"死生契阔之感""羊昙华屋之痛",于是有了该集的编选。其《感旧集序》云:

> 因念二十年中,所得师友之益为多,日月既逝,人事屡迁,过此以往,未审视今日何如。而仆年事长大,蒲柳之质,渐以向衰,岁月如斯,讵堪把玩?感子桓"来者难诬"之言,辄取箧衍所藏平生师友之作,为之论次,都为一集,自虞山而下凡若干人,诗若干首。①

《感旧集》所选是王渔洋所藏"平生师友之作",这些"平生师友"都是王渔洋曾经交往之人,大多是相识谋面之人,大概是没有疑义的。在《感旧集》卷二,收录了一首姜埰的诗歌,题为《赴戍敬亭》。此诗亦见于姜埰的《敬亭集》卷三,但两个版本的文字出入很大。《感旧集》云:

> 垂死初严谴,君恩不可攀。四方多白马,万里去黄菅。汉法专投匦,秦人仰攻关。先皇千滴泪,独在敬亭山。

而在《敬亭集》中,该诗题为《赴戍》,诗云:

> 垂死承恩谴,天威咫尺间。荷戈荒徼去,收骨漳江边。衮职犹思补,龙髯竟绝攀。先皇千滴泪,独在敬亭山。

两诗文字差异之大,已经不是简单的传钞之误,俨然为两个不同的文本。出现这种现象的原因,我认为是《感旧集》所录此诗是这首诗的早期过录本,该诗大概本来如此。而《敬亭集》乃姜埰晚年自定,所录此诗是后来修改后的。单就诗意优劣来论,当然是后者为上。姜埰诗集分体编排,

---

* 作者简介:张宇声,山东理工大学,副校长。

① 〔清〕王士禛著,袁世硕主编:《王士禛全集》,齐鲁书社2007年版,第1536页。

此为卷三"五言律诗"第一首,在被贬赴戍宣城的路上、得知明亡的消息后而作。姜埰受杖刑后,被崇祯皇帝贬为宣州卫。他于崇祯十七年(1644)二月初十离京,先到故乡莱阳哭祭去年抗清而死的父亲,这时听到了李自成攻陷北京、崇祯自缢于煤山、明朝灭亡的消息。然后和其长兄姜圻一起,带着几个侄子"踉跄南渡",该诗大概就写于此时。按照《感旧集》所录版本,此诗首联写自己经历杖刑,已是垂死之人,遭受迁谪是皇上恩典。但迁谪之初,皇上驾崩,自己则是龙髯难攀了,写出了作者听说崇祯皇帝自缢时的痛苦心情。"白马""黄菅"一联,本不易解,我的看法是,上句用"素车白马"之典,写崇祯新亡,四方多凭吊服丧之人;下句说自己要到万里之远的迁谪死地,写出了赴戍之义。"黄菅"本指茅草,借指死地,此处暗用了苏轼《追饯正辅表兄至博罗赋诗为别》中"孤臣南游堕黄菅"一句的诗意。① 第三联"投匦"指上书皇帝,写明朝大臣争相建言,言路纷歧,莫衷一是,于国无补,其中也包括对自己屡屡上书的反思。下句"秦人"指李自成,写农民军已攻打过来,真是"议论未定,兵已过河"。这是姜埰对明朝灭亡的冷静反思,也是深切痛惜。尾联讲自己悼亡故国故君的千滴泪水,只能洒向贬谪之地宣州敬亭山了。按照《敬亭集》所录版本,全诗主要集中写姜埰与先皇崇祯的关系。首联写自己被先皇贬谪。次联写自己荷戈赴戍,用了韩愈"好收吾骨瘴江边"的成句,其实其亡国被窜之悲惨处境要远甚于韩愈被贬。第三联写自己还想为国做事,但没想皇帝已亡国殒身,自己也未能一同去死。两个版本完全相同的仅有尾联两句,写的是作者秉承"先皇"旨意,前往贬谪之地,在那里洒泪以报君恩。总起来讲,两个版本虽然文字不同、诗意有别,也有优劣之分,但都表达了强烈的遗民情绪,对"先皇"崇祯有痛彻入骨的伤情。这种对"先皇"的忠贞意识贯穿了姜埰的一生,直接导致了他后来受到王渔洋非议的"遗命宣州"。而王渔洋在编《感旧集》时,慧眼识珠,独独收录了这一首诗,表明他对姜埰的遗民情结相当理解,也相当尊重。按理说,他对姜埰"遗命宣州"这一人生大节也应当有充分的理解和尊重,孰料事情有不尽然者。

王渔洋与姜埰相识的线索,从姜埰的诗作来看,有一首诗值得详加玩味,这就是同样见于《敬亭集》卷三的《与同乡友》,诗云:

> 闻道江都好,与君作比邻。故乡千里梦,生意五湖春。王谢多冠盖,渔樵足贱贫。济南坛坫在,重见李于麟。

姜埰这位"同乡友"是谁?综合各方面因素考虑,我以为就是王渔洋。首先,姜埰入清后交友非常谨慎,可谓界限峻严。他对同为明遗民的友人坦诚相见,毫无芥蒂也毫无顾忌,如沈寿民、徐枋、归庄、董樵等人,在诗题中都明白标出,不加掩饰。而与仕清官员的交往却小心谨慎,唯恐暴露踪迹,故诗题中多不标出其人字号,如他写给吴梅村的三首诗,一首标题为《与同年友》(姜埰与吴梅村同为崇祯四年进士),而听到吴梅村死讯后而作的那两首五律则径题为《哭友》。姜埰与宋琬关系甚密,两人同为莱阳人,又是儿女亲家,诗歌往来也多,但姜埰的诗题中一次宋琬的字号也未出现,统名之为"同里友"。姜埰赠给嘉兴曹溶的那首有名的诗歌,题目则是《广陵赠嘉禾友》。由此可见,这首写给王渔洋的诗,不点出渔洋字号,而以"同乡友"称之,是其标题惯例,也是有意为之。其次,这首诗点出两人相识的地点是"江都"即扬州,与王渔洋与姜埰的行迹都相合;又明点出这位"同乡友"是济南人,也与济南府新城县的王渔洋相符。第三,更明显的是诗中五六句点出了"王"与"渔"字,这等于暗中点出了这位"同乡友"的姓与号。这正如陈寅恪先生所讲:"明末人作诗词,往往喜用本人或对方,或有关之他人姓氏,明著或暗藏于字句之中。斯殆当时之风气如此,

① 〔宋〕苏轼著,邓立勋编校:《苏东坡全集》,黄山书社1997年版,第442页。

后来不甚多见者也。"①综合这几点来看，姜埰的这位"同乡友"不是王渔洋，又能是谁？

王渔洋与姜埰相识的地点是扬州，那他们相识的时间就只能是王渔洋任扬州推官的五年期间，即顺治十七年（1660）三月至康熙四年（1665）的七月，再具体的年份，因为记载太少不易推断。姜埰《敬亭集》非按年编排，这首诗的作期也不容易确定。顺治十八年（1661）王士禛"始自号渔洋山人"，"渔洋，（太）湖中小山也。一峰正当寺门，爱其秀峙，无所附丽，取以自号"。② 则两人相识当在取号之后。姜埰自顺治六年（1649）始"客真州，赁王生屋居之，署其庐曰'芦花草堂'，取'满地芦花和我老'之诗，文信公曾遁真州故也。自号敬亭山人"③。至顺治十七年（1660），姜埰已移居苏州，但时常往来扬州，如其《年谱续编》于康熙四年就有"是年春，客真州，遣安节东归省墓"④的记载。总之，王姜二人的交往就在此数年间。最初我以为两人相识是靠宋琬从中介绍，但考察宋琬行踪，三人这几年并无交集。康熙五年（1666）的重阳节，姜埰、宋琬、王士禄数人曾同登扬州慧光阁，宋琬有诗记其事。⑤ 可见姜埰与王渔洋之兄王士禄亦有交往，但姜埰未有诗作记此事，而且这已经是王渔洋入京之后的事情了。

姜埰的这首《与同乡友》既为赠王渔洋而作，其中最可注意的是末二句："济南坛坫在，重见李于鳞。"所谓"坛坫"者，诗歌流派也，诗人群体也。这两句的意思是济南的诗歌流派还在，济南的诗歌传统还在，王渔洋的出现，仿佛使人们又见到了明代"后七子"的首领济南人李攀龙。我觉得"济南坛坫"除了强调了籍贯、诗派外，还强调了王渔洋在济南大明湖畔结"秋柳诗社"、赋《秋柳》四章、诗传大江南北等。姜埰是知道王渔洋这位年轻诗人的创作背景的。姜埰在这首诗中以"重见李于鳞"称道王渔洋，我们相信这完全是赞誉之辞，毫无皮里阳秋的讥讽之意。李攀龙是济南人，又是一代诗坛领袖，如此称道很是自然，已经预期王渔洋有领袖诗坛的才能，王渔洋听来也应当很是受用。另外就明末清初的诗学背景来看，虽然经过了"公安""竟陵"的批判和钱谦益《列朝诗集》的指摘，明代"七子"的创作风气并未在诗坛失去影响，甚至还可以说是大有市场，陈子龙就是极力推崇"七子"之风的著名诗人，此时的王渔洋也曾明确表示过对"七子"的好感。所以说"重见李于鳞"这种话，王渔洋并不反感。再者，钱谦益此时为王渔洋诗集作序，着意强调其诗歌创作的家学渊源："谓家学门风，渊源有自，新城之坛坫，大振于声销灰烬之余，而竟陵之光焰熸矣。"这种"家学门风"始自王渔洋的从祖王象春，其诗法亦宗奉"七子"。王应奎《柳南续笔》亦云："阮亭为季木从孙，而季木之诗宗法王、李，阮亭入手，原不离此一派。"⑥钱序与姜埰此诗的作期相近，不约而同地强调王渔洋的诗风与"明七子"的联系，是当时人着眼于家学、着眼于籍贯的一种寻常看法而已，我以为实在没有什么深意，甚至很难说具有真正的诗学评价意义。特别是姜埰这首诗，从济南入手，比附李攀龙，是一种简单的褒辞，未必考虑到王渔洋的诗歌在风格上与李攀龙的近似。当时王渔洋乐于见到这种评价，不以为忤。但后来的演变出人意料，"重见李于鳞"演变为"清秀李于鳞"，变成了对王渔洋明确的讥评，令其大为不快。当王渔洋再回味姜埰的这两句诗时，也就有了

---

① 陈寅恪：《柳如是别传》，生活·读书·新知三联书店2001年版，第16页。

② 〔清〕王士禛著，袁世硕主编：《王士禛全集》，齐鲁书社2007年版，第5066页。

③ 〔明〕姜埰：《姜贞毅先生自著年谱》，见〔明〕姜埰撰、印晓峰点校《敬亭集》，华东师范大学出版社2011年版，第15页。

④ 姜安节：《府君贞毅先生年谱续编》，见〔明〕姜埰撰、印晓峰点校《敬亭集》，华东师范大学出版社2011年版，第19页。

⑤ 汪超宏：《宋琬年谱》，人民文学出版社2010年版，第200页。

⑥ 〔清〕王应奎：《柳南续笔》，《续修四库全书》本，第1147册，第21页。

截然不同的感受，连带着对姜埰的评价也悄然发生了一些微妙的变化。

我们知道，“清秀李于鳞”是清初诗坛的一桩公案，现在人们大多不知道此说乃从姜埰这首诗而来。“清秀李于鳞”见于吴乔的《答万季野诗问》：“问云：‘今人忽尚宋诗如何？’答曰：‘为此说者，其人极负重名，而实是清秀李于鳞，无得于唐。唐诗如父母然，岂有能识父母更认他人者乎？’”①赵执信《谈龙录》接过这一话头：“阮翁素狭。修龄亦目之为‘清秀李于鳞’，阮翁未之知也。”直到《四库全书总目·精华录》云：“惟吴乔窃目为‘清秀李于鳞’。汪琬亦戒人勿效其喜用僻事新字。而赵执信作《谈龙录》，排诋尤甚。”“清秀李于鳞”这句话，与袁枚的“一代正宗才力薄，望溪文集阮亭诗”一样，都是人们最熟知的批评王渔洋的话头。这些评价虽然大多流行于王渔洋身后，但吴乔的“清秀李于鳞”这句话，是否如赵执信所说“阮翁未之知也”？我以为赵说未必然，依王渔洋的阅读范围，或者说依王渔洋对诗坛的了解程度，他极有可能知道吴乔对自己的这句讥评，而且他比任何人都清楚，吴乔的这句话，与姜埰赠诗里的“重见李于鳞”有关系。

姜埰的“重见李于鳞”在当年乃出于好意，本是褒意。到了吴乔这里则成了讥讽，全是贬词。这真是世风移易，此一时彼一时也，令人感慨。吴乔的《答万季野诗问》写于康熙二十年(1681)，这一时期，王渔洋声誉正隆，在诗坛上的领袖地位已牢固确立，已经容不得任何挑战。吴乔、冯班、贺裳等人，既不满王渔洋提倡宋诗，又攻击“明七子”如李攀龙等“以声音笑貌学唐人”。吴乔指名批评“于鳞才本薄弱，而又学问浅，见识卑”②。如此语境下，不点名地批评王渔洋为“清秀李于鳞”，自然不是好话，极易被批评渔洋之人摭为口实，也会极易引起渔洋本人的不满，尽管这种不满尚没有见诸渔洋的正面表达，好像是“阮翁未之知也”。

王渔洋与姜埰，就这么一次见面，两人此后再无谋面，再无任何往来。姜埰这么一首寻常的诗作，却引出了清初的一种诗学话题。而且到后来，当王渔洋出人意料地尖锐批评姜埰的“遗命宣州”时，我们不能不疑惑于这种批评与姜埰的这首诗作到底有没有关系。

姜埰的一生可以说有两大关节。一是“建言受杖”，即因在崇祯朝上书皇上而受杖刑，差点丢了性命。二是“遗命宣州”，即谆谆嘱托死后葬于宣州。其子姜安节著《府君贞毅先生年谱续编》于康熙十二年(1673)记载：

> 五月，病剧，呼安节兄弟曰：“吾不起矣。念吾获罪先皇，奉命谪戍，遭逢时变，流离异乡，生不能守先墓，死不能正首丘，怀悽于心。故君之命，后虽有赦，不敢忘也。今当毕命戍所，以全吾志。”越数日，则曰：“吾病既不能往，死必葬我敬亭之麓。”语讫，呕血数升，口吟《易箦歌》一首，又吟“盖棺三十日，负棺莫栖迟”二句，命安节书之，自书“一腔热血，欲洒何地”八字，又书“东望松楸，不胜心痛”八字。③

这就是姜埰的“遗命宣州”。还应该说明的是，这一志愿并非只是姜埰的临终嘱托，而是他入清后身为遗民的一种长期政治抉择，是他始终抱有故国故君之思的一贯体现。他于康熙六年(1667)专门到宣州，与宣州遗民沈寿民、沈泌等交流，在诗歌中屡屡表达了这种志向。这一年他

---

① 〔清〕吴乔：《答万季野诗问》，见《清诗话》，上海古籍出版社1978年版，第26页。

② 〔清〕吴乔：《答万季野诗问》，见《清诗话》，上海古籍出版社1978年版，第32页。

③ 姜安节：《府君贞毅先生年谱续编》，见〔明〕姜埰撰、印晓峰点校《敬亭集》，华东师范大学出版社2011年版，第21～22页。

"自号宣州老兵，又号役叟。方欲结庐敬亭，以终谪戍之命"①。姜埰这种独特的明遗民式的政治选择，在当时感动了很多人。魏禧的传记、徐枋的《谥议》，都以重笔记叙此点。吴肃公撰姜埰《墓志铭》，专门发为议论："盖三十年黍离之痛、湘累之志如一日也。夫谁无首丘之思，生不肯菟裘故乡，死不羡埋玉于吴市？宣州之命，终始不渝，此志士所凭吊而深恸也。"②总之，凡姜埰传记无不写到此点，凡歌咏姜埰之诗歌无不涉及此点。正是"遗命宣州"将姜埰的明遗民志节推向了顶点，也最终完成了姜埰作为明遗民的个人形象塑造。姜埰身后，人们对这一人生大节啧啧称道，尚无持有异议者，唯有王渔洋是个例外。

王渔洋对姜埰"遗命宣州"的批评见于《居易录》卷二十一，撰写的时间为康熙三十二年(1693)。此年王渔洋60岁，已到了他的晚年。此前一年，在《居易录》卷一九，他特意提起宋人批评欧阳修"逍遥于颍"，不念故乡吉州的争议，似乎是批评姜埰的先声。实际上欧阳修事与姜埰事并不能等同而论，为省篇幅，此处不展开讨论。王渔洋对姜埰的批评是：

> 莱阳姜如农埰、如须垓，兄弟齐名，时称"二姜"。如农崇祯末为给事中，建言谪戍宣城卫。鼎革后，兄弟遂卜居吴郡，不归乡里。给事死，遗命葬宣城，以谓故君未赐环，不敢首丘。吾友张杞园(贞)作祠记书其事，南北名士多歌咏之。既而迁其夫人之柩，合葬于宣，而葬给事之衣冠于父母墓左。予谓非礼也。夫给事身值沧桑，居吴不返，或岁一归省墓，或数年一归省墓，犹可也。死不首丘，又不归骨先陇，顾远葬戍所，此则矫激好名之过，而害天性之恩，可已而不已者也。至迁其夫人远袝江南，而以衣冠代归葬，此尤非也。己不归葬，已无以慰父母之望于地下，乃并其妇已葬之骸骨大去其乡，明其与父母绝矣，孝子忍乎哉？是何其于君臣之义厚，而于父母之恩薄也？礼曰："鸟兽失丧其群匹，越月踰时，则必反巡，过其故乡，回翔焉，鸣号焉，蹢躅焉，踟蹰焉，然后乃能去之。"而况人乎？况父母之坟墓乎？予读《思颖诗》，每致憾于欧阳永叔，兹给事之葬，亦未敢傅会以为然。聊书杞园《记》后以质诸知礼者云。③

后王渔洋又将这段文字专门摘出，成《姜贞毅葬衣冠辩》一文，收入《蚕尾续文集》卷九，可见他对这一批评的郑重态度。两处文字几乎完全相同，唯"而况人乎？况父母之坟墓乎"两句，改为辞气相对缓和的"矧血气之属，尤莫知于人乎"④。这里有必要集中讨论一下王渔洋这段批评。

首先，这段批评可谓严厉，特别是辞气中带着一种过激的情绪，并非是宽恕平和之论，大有违于王渔洋一贯的风格。我在反思阅读之中，于此尤为不解。这里说的严厉，一是他引礼为据，认为姜埰这样的做法尚不如鸟兽，近乎刻薄；二是他直接认为姜埰这样做是"矫激好名"，蛮横地做出了一个结论。他对姜埰的做法毫无同情理解之义，反而认为这是违背人的本性、过分追求声名的结果。他认为这不真实、不可取、不值得赞美。我们甚至可以推论，在王渔洋看来，"矫激好名"不仅仅是对姜埰一个人的评价，亦是对明遗民的整体评价。明遗民群体有很多不为人理解的特异之处，如不应科举，不入城市，不与官吏来往，出家入道，辞家远游甚至不惜一死等，如果不从明朝灭亡、无所依附的时代处境来理解，不从忠于故国故君的政治感情来理解，在进入新朝的常人看来，几乎都是标新立异的"沽名"之举。王渔洋是经历过易代之变的新朝官员，并同明遗民有着广泛友

---

① 姜安节：《府君贞毅先生年谱续编》，见〔明〕姜埰撰、印晓峰点校《敬亭集》，华东师范大学出版社2011年版，第20页。

② 〔明〕姜埰撰，印晓峰点校：《敬亭集》，华东师范大学出版社2011年版，第309～310页。

③ 〔清〕王士禛著，袁世硕主编：《王士禛全集》，齐鲁书社2007年版，第4096页。

④ 〔清〕王士禛著，袁世硕主编：《王士禛全集》，齐鲁书社2007年版，第2109页。

好的交往，面对姜埰，也堕入这样的庸常之见，加诸如此分量的措辞，这如何能让明遗民心服？今天读来，也令人觉得何以如此！

其次，渔洋批评姜埰，讲衣冠葬，讲迁妻墓，讲与父母绝等，一言以蔽之，就是讲孝。以孝道攻诘、瓦解明遗民，可算是一把道德利器，却不为明遗民接受。明遗民是衡量过忠孝关系的，但那是个忠孝不能两全的时代，忠于故国故君是明遗民在清醒意识下做出的选择，是决定其身份的政治特质所在。若抛弃了忠而讲孝，那明遗民就不能称为遗民了。像吴梅村、侯方域等失节之人倒有了理由，他们正是迫于孝的压力而失去了对遗民使命的坚守，出仕的出仕，应举的应举。我们在考察明遗民时，时时可以感受到他们当时受到的孝的压力，他们往往在痛苦中，将国置于家之上，将君置于父之上，坚守遗民之道，毅然有所不为。而易代之后，作为新朝显官的王渔洋，其价值观完全不同于姜埰这样的明遗民。这也使他的这段批评失去了方向，有一种南辕北辙的错位感。

第三，王渔洋对姜埰的批评，表现出了他与明遗民的疏离，表明他后期与这一政治群体自觉地拉开了距离。王渔洋是一个热心交友的诗人，他对诗人之间的来往尤为热心，在其诗文杂著中有很多的记载，《感旧集》也是一个很好的证明。明遗民也曾是渔洋热衷交往的群体。特别是在扬州的五年期间，他与林古度、吴嘉纪、方文、纪伯紫、冒襄等遗民诗人过从甚密，交往无间，这些声望已著的明遗民也成为他扬州文学活动的主要追随者，王渔洋文学声望和文学地位的形成，明遗民起的作用不可小觑。更可贵的是，此一时期他的诗歌创作，赋物咏怀，感时伤事，情感深处有一种和明遗民的同声相应之处。如《秋柳》四章的“盛衰之感”，如《秦淮杂诗二十首》中的那种忧伤咏叹，都使明遗民感到亲近，有认同感。扬州五年是王渔洋与明遗民相处最为热络的时期。后来他入京为官，随着地位的上升，更重要的是随着情感的变化，随着诗歌风气的变化，王渔洋与明遗民这一群体有一种相互疏远的感觉，也不是绝无来往，但那种内心深处相呼应的感觉日渐稀薄。他批评方文的诗风，批评阎尔梅的性格，对应召“博学鸿辞”考试的明遗民颇有微词等，都反映了王渔洋对明遗民这一群体的自觉疏离。他对于姜埰的批评，也可作如是观。综合考察王渔洋与明遗民的交往，发现前热后冷，我觉得康熙十八年的“博学鸿辞”考试似乎可以作为时间上的一个界限。

另外，还应指出，王渔洋对姜埰的这一批评，有无个人恩怨不好悬揣，与“重见李于麟”一句是否有关也不好臆度。但在当时以及后来，王渔洋对姜埰的这一批评反应寥寥，既无人响应，也未见有人持有异议，完全被历史漠然置之。王渔洋这一别出心裁的自以为郑重的批评意见处于无人理会的状态，这应该算是历史对姜埰、对明遗民的一种无言的尊重。

王渔洋与姜埰的交往论述如上，一得之见，唯望高明指教。最后附带说明一点，单凭《感旧集》的收录，如无姜埰的《与同乡友》诗相佐证，两人之间有无交往还真难说。换言之，入选《感旧集》的诗人，并不一定都是与王渔洋真正谋面交往之人。有两个例子，一是姜埰之弟姜垓，在《感旧集》卷二中继姜埰之后，收姜垓之诗五首，但考两人关系，似无交往之可能，好像是因姜埰而连带收录。另如卷一程嘉燧，于崇祯十六年(1643)已去世，时年王渔洋方十岁，更无交往之可能，似乎是因钱谦益而连带收录。本文非专论《感旧集》，乃因论王姜关系而连带说到这一点而已。

王士禛评点《聊斋志异》条目补证

王清平*

《聊斋志异》成书后，据可考的史料，王士禛曾两次读过《聊斋志异》的原稿本：一次是康熙二十七年（1688）前后；另一次是康熙四十年（1701）①。王士禛在阅读过程中，对《聊斋志异》中的某些篇章做了点评。杨仁凯先生考证，王士禛读过《聊斋志异》后，"为礼节所囿"，批语是"在另外的纸签上分条写下"，蒲松龄为了尊重王氏，"再亲笔把它分别抄录在原稿上面，每则都冠以'阮亭曰'一语，成为原稿的组成部分之一"。②

1998年《蒲松龄研究》第一期刊载了万隆署名的文章《〈聊斋志异〉中王士祯评语条辨》。万隆认为王士禛的评点分布在30篇中，有32条批语。袁世硕先生在其所著《蒲松龄事迹著述新考》一书中，对蒲松龄与王士禛的交往做了考证，并考证出王士禛评点《聊斋志异》共31篇，批语36条，但未能逐条列出。笔者根据袁世硕先生《蒲松龄事迹著述新考》一书中提供的线索，与《聊斋志异》的《异史》本、三会本、二十四卷本、铸雪斋本、青柯亭本、康熙间抄本逐一对照，所得王士禛评点批语实为33篇，共36条。

下面以《异史》本为底本，参照其他版本将王评缕述如下：

《喷水》篇王评："玉书襁褓失恃，此事恐属传闻之误。"

该文后，二十四卷本与《异史》本同，无批语。手抄本、康熙间抄本、铸雪斋本有："王阮亭云：'玉书襁褓失恃，此事恐属传闻之讹。'"青柯亭本有："王渔洋云：'玉书襁褓失恃，此事恐属传闻之误。'"

《王六郎》篇王评："月令，乃东郡耿隐之事。"

手稿本、康熙间抄本在"异史氏曰"上有此段，其他诸本无。

《侠女》篇王评："神龙见首不见尾，此侠女其犹龙乎！"

此段评语，青柯亭本、二十四卷本与《异史》本同，铸雪斋本无。

《酒友》篇王评："车君洒脱可喜。"

《促织》篇王评："宣德治世，宣宗令主，其台阁大臣，又三杨、蹇、夏诸老先生也，顾以草虫纤物殃民至此耶？惜哉！抑传闻异辞耶？""又云：'状小物，瑰异如此，是《考工记》之苗裔。'"

《促织》篇后评语手稿本、二十四卷本与《异史》本同，但手稿本中"惜哉"二字，作者用笔圈去；

* 作者简介：王清平，蒲松龄纪念馆，副研究馆员。

①② 袁世硕：《蒲松龄事迹著述新考》，齐鲁书社1988年版，第187～219页。

青柯亭本“王阮亭”为“王渔洋”，在该段后又多“又云：‘状小物，瑰异如此，是《考工记》之苗裔’”一段文字。

《狐谐》篇王评：“此狐辨而黠，当是东方曼倩一流。”“又即妙绝解人颐。”

手稿本在该文之眉有王阮亭语二则，二十四卷本在其篇尾，亦录有该段评语。

《莲香》篇王评：“贤哉莲娘，巾帼中吾见亦罕，况狐耶！”

《张诚》篇王评：“一本绝妙传奇，叙次文笔亦工。”

《巧娘》篇王评：“巧娘出家，形耶？魂耶？”

康熙间抄本后，《巧娘》篇附有这段评语。因半部手稿本缺此篇，王渔洋的评语有否，不得而知。但铸雪斋本、青柯亭本、二十四卷本、三会本、聊斋遗稿本及《异史》本皆无。

《口技》篇王评：“颇似王于一（猷定）集中李一足传。”

青柯亭本有此评语。

《狐联》篇王评：“才狐耶，乃不谙平仄。”

《红玉》篇王评：“程婴、杵臼，未曾闻诸巾帼，况狐耶？”

《金陵女子》篇王评：“女子亦大突兀。”

《阎罗》篇王评：“中州有生为河神者，曰黄大王。鬼神以生人为之，理不可晓。”

遗稿本未收此段。

《连琐》篇王评：“结尽而不尽，甚妙。”

《连城》篇王评：“雅是情种，不意《牡丹亭》后，复有此人。”

青柯亭本较其他本多出此段评语。

《汪士秀》篇王评：“此条亦恢诡。”

《商三官》篇王评：“庞娥、谢小娥，得此鼎足矣。”

《鸲鹆》篇王评：“可与鹦鹉、秦吉了同传。”

《青梅》篇王评：“天下得一知己，可以无恨。况在闺闼耶！青梅张之知己；乃王女者，又能知青梅，事妙、文妙，可以传矣。”

青柯亭本有此评语。

《酆都御史》篇王评：“阎罗天子庙，在酆都南门外，平都山上。旁即王方平洞，亦无他异。但山半有九蟒御史庙，神甚狞恶，事亦荒唐。”

手稿本、青柯亭本有此评语。

《蒋太史》篇王评：“蒋，金坛人，金坛故名金沙；又其字虎臣，卒没于峨嵋伏虎寺；名皆巧合，亦奇。予任子典试蜀中，蒋在峨嵋，寄予书云：‘身是峨嵋老僧，故万里归骨于此。’寻化去。余有挽诗云：‘西风三十载，九病一迁官，忽忆峨嵋好，真忘蜀道难。法云晴浩荡，春雪气高寒。万里堪埋骨，天成白玉棺。’盖用书中语也。”

此段附文，铸雪斋本、二十四卷本、遗稿本与《异史》本同。青柯亭本无此段附文。

《邵士梅》篇王评：“邵前生为栖霞人，与其妻三世为夫妇，事更奇也。高东海以病死，非狱死，邵自述甚详。”

《于去恶》篇王评：“数科来，关节公行，非唊名即垄断，脱有桓侯，亦无如何矣。悲哉！”

《于去恶》篇评语，铸雪斋本、二十四卷本、遗稿本与《异史》本有，青柯亭本无。

《郭安》篇王评：“新城令陈端庵凝，性仁柔无断。王生与哲典居宅于人，久不给直。讼之官，陈不能决，但曰：'《毛诗》有云："维鹊有巢，维鸠居之。"生为鹊可也。'"

《武技》篇王评："此尼，亦殊迹诡异，不可测。"又云："拳勇之技，少林为外家，武当张三峰为内家。三峰之后，有关中人王宗。宗传温州陈州同。州同，明朝嘉靖间人。故今两家之传，盛于浙东。顺治中，王来咸，字征南，其最著者，靳人。征南之徒，又有僧耳，僧尼者皆僧也。雨窗无事，读李超事始末，因识于后。"

手稿本在"因识于后"段后有："阮亭书：征南之徒，又有僧耳僧尾者，皆僧也。"铸雪斋本为："阮亭书：征南之徒，又有僧耳僧尼者，皆僧也。"青柯亭本为："渔洋书：征南之徒，又有僧耳僧尼者，皆僧也。"二十四卷本为："征南之徒，又有僧尼僧耳者，皆僧也。"

《荷花三娘子》篇王评："'花如解语还多事，石不能言最可人。'放翁句也，可为此传写照。"

《异史》本为"王阮亭云"，手稿本、康熙间抄本、铸雪斋本、青柯亭本、二十四卷本为"友人云"。

《柳秀才》篇王评："柳秀才有大功德于沂，沂虽百世祀可也。"

《小猎犬》篇王评："羽猎赋、小言赋合而一之。□奇。"

手稿本有此评语。有一字不清。

《王司马》篇王评："今抚顺东北，哈达城东，插柳以界蒙古，南至朝鲜，西至山海，长亘千里，名'柳条边'。私越者，置重典，著为令。"

《阿霞》篇王评："忽景忽郑，阿霞亦殊草草。"

此段评语，手稿本、二十四卷本同，铸雪斋本、青柯亭本、三会本与《异史》本无。

《赵城虎》篇王评："人云：王于一所记孝义之虎，予所记赣州良富里郭氏义虎，及此而三。何于菟之多贤哉！"

此段批语，二十四卷本篇尾有，铸雪斋本、青柯亭本、康熙间抄本、三会本与《异史》本无。

《张贡士》篇又名《心头小人》王评："岂杞园耶？大奇。"

铸雪斋本、三会本与《异史》本无此段批语。

万隆先生在《〈聊斋志异〉中的王士祯评语条辨》一文中，提到该文参照了"三会本"《聊斋志异》和浙江古籍出版社出版的《聊斋志异》两种版本，并指出王士禛评语凡32条，分布在30篇作品中。实则列出了29篇作品、31条批语（可能是作者疏漏）。与上述条目相差4篇作品、5条批语，缺《狐谐》《巧娘》《荷花三娘子》《小猎犬》这几篇。

以上33篇、36条批语，分布在《聊斋志异》的各种版本中。在上半部手稿本中未见《阎罗》《青梅》之批语；《荷花三娘子》批语之开头在手稿本中作"友人云"，非"阮亭云"。然而这几篇王氏批语所据是何，还有待研究。袁世硕先生在其《蒲松龄事迹著述新考》中述康熙间抄本《阿英》篇尾有王士禛之尾批，本人参照康熙间抄本，未见王氏批语，恐为袁世硕先生误录。

试论“神韵说”与王原祁画论的统一

于志强*

中国古代文人大都懂得琴棋书画，这使中国古代的诗画理论有了统一的基础，唐代就有人说：“书画一名而同体”（张彦远《历代名画记》卷一《叙画之源流》）。因此，很多大诗人也是画家，大画家也是诗人。苏东坡在论唐代大诗人兼画家王维（摩诘）的《蓝田烟雨图》说：“味摩诘之诗，诗中有画；观摩诘之画，画中有诗。”所以，他在《书鄢陵王主簿所画折枝》中认为：“诗画本一律，天工与清新。”这充分说明了传统的诗画理论是有密切联系的。那么，诗画创作的理论在一定程度上存在着一种互相沟通的可能。在清代初期的艺术领域中，诗论与画论是互相影响、互相发展的。王士禛的神韵说与王原祁的画论先后被康熙皇帝树为正宗，他们能够被皇上重视并不是没有原因的，这个原因即二者之间存在着很多共性。

一、共同的文化背景——明季清初艺术领域的状况

明代中晚期，商业的巨大发展使封建正统文人的思想受到了强烈冲击，历史上华夷之辩的观念在明清交替之际由于满汉民族矛盾的激化而显得更为强烈，明朝覆亡、清军入关，巨大的社会变动更是给文人的内心带来了强烈震撼。这迫使他们对自身的价值重新反思，促进了文人自我意识的觉醒。或仕新朝、或退隐为民，成为了摆在他们面前必须要做出的抉择。为了维系中华传统文化上的正统观念，大部分文人选择了与统治者合作。而统治者也迫切需要文人的帮助以缓和民族矛盾、扩大其影响进而巩固其统治。这样双方达成共识，以达到双赢。清初诗坛王士禛的神韵说、画坛四王（王时敏、王鉴、王翚和王原祁）的艺术被统治者推上了“正统”的地位。“神韵说”主张意在言外、兴会妙悟、清远为尚，适应了当时社会的发展，尤其是适应了清王朝粉饰太平的要求，他的诗反映了“治世之音”，与清王朝的“清真雅正”相合，所以康熙皇帝非常重视，并曾赐给王士禛“带经堂”“信古斋”的匾额，以彰其影响。王原祁以仿古继承传统为己任，传承中华文化，再加之其高超的艺术技艺，因而深受时人瞩目。史载王原祁在南书房为供奉时，康熙皇帝时常观赏他作画，并亲笔题“画图留与人看”，赞扬他的绘画。正是诗画的艺术魅力“可以维系最高统治者与朝野文人士大夫精神联系的文化传统”①，有利于吸引广大的艺术家和鉴赏者加入其中，从而有利于清王朝在思想和文化上巩固了其统治。而文人也认识到由于政治上的巨大动荡，树立正统、道统对文化

* 作者简介：于志强，山东理工大学文学与新闻传播学院，副教授。

① 薛永年：《四王论——代序》，见《四王画集》，天津人民美术出版社1992年版。

的价值判定以维护精神命脉将成为历史的必然。

二、共同的家学渊源——二人关系亲密

王士禛(1634～1711),清初诗坛领袖,字贻上,号阮亭,别号渔洋山人。他在公务之余致力于诗文著述,主持诗坛达五十年之久,其诗、文、词著作共数十种五百六十多卷,他的诗歌理论主要集中在《带经堂诗话》《渔洋诗话》等著作中。王渔洋与王原祁的父亲王揆(字端士,号芝廛)是同年(顺治十二年乙未,即1655年)进士。他在《居易录》中介绍王原祁时说"宗侄茂京(原祁),庚戌进士,今为礼部给事中,太常烟客先生孙,同年端士兄(揆)长子也"。王原祁(1642～1715),清初画坛的代表人物,字茂京,号麓台、石师道人。两人年龄相差八岁,均出身于明季官宦世家,家学渊源深厚且两家交往密切。

王士禛的诗歌理论大约形成于其顺治十七年(1660)至康熙四年(1665)担任扬州推官期间。他那时春风得意,诗兴大发。他曾自叙其在扬州官任时的诗兴道:"予往如皋,马上成《论诗绝句》四十首。""予在甓社湖舟中,作岁暮怀人绝句六十首,丙夜而毕。纸尽,以公牒尾续之,淋漓皆遍。"(《渔洋诗话》卷上)他在此时开始标举"神韵说",并编选唐人律绝为《神韵集》(已佚)以彰其说;晚年他又精心编选《唐贤三昧集》,"集中所载,直取性情,归之神韵"(盛符升语)。此时,他广泛交友,结交当地文人墨客,不以势位高低论交。他自己曾说,当初在扬州做官时多布衣交。所以,吴梅村称他为"昼了公事,夜接词人"。那么,相隔不远的太仓同年王揆自然也会与他有亲密的交往。当王揆的诗集完成后,王士禛应王揆的邀请为之作序。《蚕尾文·芝廛集序》:"芝廛先生刻其诗若干卷,既成,自江南寓书命给事君(指王原祁)属予为序。"而王原祁在其中起了很重要的作用。从王士禛的记述中,我们看到王士禛与王原祁在诗画方面的交谈非常投机,对彼此的艺术式样都有一定的影响。

三、共同的理论渊源——逸品

王士禛论诗,重在神韵。所谓神韵,即诗的神采韵味,须达到境界缥缈淡远、意味空灵含蓄,避免实指,不露人工雕琢痕迹,要在自然,具有风调之美,有只可意会、不能言传之妙。钱塘吴宝崖为王士禛作《蚕尾续集序》,论述王士禛诗法道:"先生自少通籍,不欲早仕,杜门攻诗,聚汉、魏、六季、四唐、宋、元诸集,无不窥其堂奥,故能兼众有,不名一家,而撮其大凡,则要在神韵。"王士禛自己也说:"神韵二字,予向论诗,首为学人拈出。"(《池北偶谈》卷一〇)王士禛神韵诗论,源于唐司空图"自然""含蓄"和宋严羽"妙悟""兴趣"之说,以"不着一字,尽得风流"为作诗要诀,以达到色相俱空的境界,这种境界与老子的"清静"和禅宗的"去妄归真、超脱"是一致的。所以,他认为只有这样的诗,才不落俗套,堪称"逸品"。王士禛在与王原祁谈画的时候就多次提到过"逸品画"。

所谓"逸品",即"逸品画"。晚唐朱景玄在其《唐朝名画录》中最早提出"逸品"这一概念,他将王墨、李灵省、张志和三人之作列为逸品,主张画乃是从真性情、真灵性中自然流出。他们所作的山水画风格自然,作画不拘常法,毫不做作。明代画家董其昌在其《容台别集》卷四《画旨》中说:"摩诘所谓云峰石迹,迥出天机;笔意纵横,参乎造化者。东坡赞吴道子、王维壁画,亦云:'吾于维也无间然。'"董其昌还说:"士大夫当穷工极妍,师友造化。"①所以董其昌在《画禅室随笔》中说:

---

① 转引自丁放《金元明清诗词理论史》,安徽大学出版社2000年版,第210页。

"画家六法,一气韵生动。气韵不可学,此生而知之,自有天授。……胸中脱去尘浊,自然丘壑内营,成立鄄鄂,随手写出,皆为山水传神矣。"他揭示了逸品画的创作气韵天授、脱俗、自然、传神。黄休复说"逸格"是"笔简形具",倪瓒说自己作画"逸笔草草"。恽格说"逸品"的审美特征是"天外之天,水中之水,笔中之笔,墨中之墨"。与司空图论诗有类似之处。"梅,止于酸;盐,止于咸。饮食不可无盐梅,而其美常在于酸、咸之外。"(司空图《司空表圣文集·与李生论诗书》)文人画讲意气,强调"得意忘形",以"气韵生动"为最高的审美标准。这也正是王士禛"神韵"说所追求的——味外之味,言有尽而意无穷。所以他对具备神韵的诗倍加赞赏,曾引宋姜白石诗论道:"句中有余味,篇中有余意,善之善者也。"(《渔洋诗话》卷上)

王士禛不但是一个诗人,而且是一个诗画鉴赏家,经常用"逸品"来品评诗画。如他说:"得倪云林《乔柯竹石》小幅,淡逸绝尘。"(《香祖笔记》)他还曾说陆治、林羽"书画皆入逸品"(《居易录》),"郭忠恕画山水,入逸品",等等。王原祁也曾为王士禛作画并请他评点其作。王士禛评曰:"为予杂仿荆、关、董、巨、倪、黄诸大家山水小幅十帧,真元人得意之笔。""一日秋雨中,茂京携画见过,因极论画理,其义皆与诗文相通。"(《居易录》)"给事自携所作杂画八帧过余,因极论画理。"(《蚕尾文·芝廛集序》)可见,王原祁与王士禛的交往甚密,而且王原祁非常愿意听取王士禛对他作品的评价。究其原因,大概是他们的创作理论基本一致,所以他们的交往促进了彼此的创作、丰富了各自的理论体系。王士禛也对王原祁的画论给予了肯定,"子之论画至矣";并认为他的画论通于诗,"虽然,非独画也,古今风骚流别之道,固不越此"。"子之论,论画也,而通于诗矣。"(《蚕尾文·芝廛集序》)王士禛也用"逸品"直接论诗,如他在解释什么是"不着一字,尽得风流"时,举例说道:"或问'不着一字,尽得风流'之说,答曰:李白诗'牛渚西江夜,青天无片云。登高望秋月,空忆谢将军。余亦能高咏,斯人不可闻。明朝挂帆去,枫叶落纷纷';襄阳诗'挂席几千里,名山都未逢。泊舟浔阳郭,始见香炉峰。常读远公传,永怀尘外踪。东林不可见,日暮空闻钟'。诗至此,色象俱空,政如羚羊挂角,无迹可求。画家所谓'逸品'也。"(《分甘余话》卷四)

王士禛对画有很高的鉴赏能力,其题画诗也值得品味,如《题王右丞〈栈道飞雪图〉》《陈洪绶〈水仙竹〉二首》《杂题萧尺木画册四首》《题余氏女子绣〈浣纱〉〈洛神〉二图》《恽向〈千岩竞秀图〉》等,都堪称佳作。今举《恽向〈千岩竞秀图〉》一首如下:"万壑千岩云雾生,曹娥江外几峰晴?分明乞与樵风便,身向山阴道上行。"(《渔洋诗集》卷二)此诗正如他在《蚕尾文》中所说"咏物之作,须如禅家所谓不粘不脱,不即不离,乃为上乘"。恽向(1586~1655)是明代画家,他的山水画可以归入"逸品"之列,他初宗董源、巨然,骨力圆劲,墨气淋漓。晚学倪瓒、黄公望,用笔干枯而得山水雄浑之气,对画理颇有心得。恽向对"逸品"的认识是"逸品之画,以秀骨而藏于嫩,以古心而入于幽,非其人,恐皮骨俱不似也"(《跋画》)。恽向与王原祁所学同宗,王士禛的题诗与该画相配,可谓恰到好处。

王原祁与王士禛一样,是一个典型的官僚文人,除工画外,也工诗善文,有"艺林三绝"之称。在长达五十余年的绘画实践过程中,王原祁作画无数,并有画学著述《雨窗漫笔》一卷、《麓台题画稿》一卷、诗集《罨画楼集》三卷。他还编辑了《佩文斋书画谱》,主持绘制了《万寿盛典图》。他以其独特的身价地位,创造了具有历史意义的清代正统派绘画的规范,开创了娄东画派。王原祁艺术思想框架的基本支撑点是南宗画论。他推崇董其昌、元四家以及黄公望,在艺术实践上采取以模仿古人而表现自己的方法。王原祁独特的学识、天赋、经历使其画极具个人风格。

关于王原祁的画学渊源,他在《麓台题画稿》中说:"余弱冠时得先大父指授,方明董巨正宗法派，于子久为专师，今五十年矣。"我们可以从中得知，王原祁的画学渊源由近及远应为其祖父王时敏、明末董其昌、"元四家"（尤其是"元四家"中的黄公望）。晚年他在一则题跋中说："余弱冠时得闻先赠公大父训，迄今五十余年矣，所学者大痴也，所传者大痴也。华亭血脉，金针微度，在此而已。"在他看来，黄公望的画"以平淡天真为主，有时而傅彩灿烂，高华流丽，俨如松雪，所以达其浑厚之意、华滋之气也。段落高逸，模写潇洒，自有一种天机活泼，隐现出没于其间"。他认为学习黄公望"须以神遇，不以迹求"。后来，王原祁在题《高岭平川图》（天津市艺术博物馆藏）时说："学大痴画，不难于浑厚华滋，而难于平淡天真。"看来，确如黄休复说"画之逸格，最难其俦。拙规矩于方圆，鄙精研于彩绘，笔简形具，得之自然，莫可楷模，出于意表，故目之曰逸格尔"（《益州名画录》）。王原祁作画以理、气、趣追求精妙神逸之品。

对于明代画家，王原祁非常推崇董、巨，在《题仿董巨笔》中说："画之有董、巨，犹吾儒之有孔颜也。"王士禛也认为："又谓画家之有董、巨，犹禅家之有南宗，董、巨后嫡传，元唯黄子久、倪元镇，明唯董思白耳。"（《居易录》）王原祁认为提倡南北宗论的董其昌最得黄公望的灵气。董其昌爱好参禅，借佛家的教义修身养性，崇尚自然，不假雕饰，以清淡的水墨写意表现其"以素净为贵"的理念；并力图用潜藏着艺术天赋的"平淡"来抒发诸多的情怀，他的南北宗思想富有禅意。王原祁在《题仿大痴手卷》一则云："惟董宗伯得大痴神髓，犹文起八代之衰也。"因为他认为"南宗"的特点是"用意则浑朴中有超脱，用笔则刚健中含有婀娜。不事粉饰，而神彩出焉；不务矜奇，而精神注焉"（《仿黄子久设色》），与黄公望一致，超脱自然而神韵具备。他认为画之"逸品"是"见以为古淡闲远，而中实沉着痛快，此非流俗所能知也"（《蚕尾文·芝廛集序》）。他从诗画统一的观点出发，认为"画法与诗文相通，必有书卷气而后可以言画。右丞诗中有画，画中有诗，唐宋以来悉宗之"（《仿设色大痴·为贾毅庵作》）。他的题画诗也清丽多工。如："蟹舍渔庄略彴边，柳丝荷叶斗清妍。十年零落荒园景，仿佛当年赵大年。"（《西园图》）"横冈侧面出烟鬟，小树周遮云往还。尺幅峦容写荒率，晓来剪取富春山。"（大痴《富春山岭》）画中的"沉着痛快"与诗中的"沉着痛快"是一致的。所以，王士禛用之直接论诗，"沉着痛快，非唯李、杜、昌黎有之，乃陶、谢、王、孟莫不有之"（《蚕尾文·芝廛集序》）。而这种"沉着痛快"与"超脱""自然"正好印证了"中国古代知识分子的儒家入世的教化理性，道家出世的清静无为和佛教内悟的虚无超脱，它们相互对立又相互融合，形成一种似乎矛盾而又统一的哲学体系"①。而"禅是动中的极静，也是静中的极动，寂而常照，照而常寂，动静不二，直探生命的本源。禅是中国人接触佛教大乘教义后体认到自己心灵的深处而灿烂地发挥到哲学境界与艺术境界。静穆的观照和飞跃的生命构成艺术的两元，也是构成'禅'的心灵状态"②。这也正是正统封建知识分子的艺术创作心态。

四、诗画章法"龙"的解释的一致性

《谈龙录》中有王士禛与洪昇、赵执信的一番关于龙的讨论，揭示了王士禛的诗歌理论。

钱塘洪昉思升，久于新城之门矣，与余友。一日并在司寇（渔洋）宅论诗，昉思嫉时俗之无章也，曰："诗如龙然？首尾爪角鳞鬣，一不具，非龙也。"司寇（指王士禛）哂之曰："诗如神龙，见其首不见其尾，或云中露一爪一鳞而已，安得全体？是雕塑绘画者耳。"余曰："神龙者，屈伸

① 娄宇：《文人画的审美价值取向——论文人画对"逸格"境层的审美追求》，载《民族艺术研究》1999年第5期。

② 宗白华：《美学与意境》，人民出版社1987年版，第214～216页。

变化，固无定体。恍惚望见者，第指其一鳞一爪，而龙之首尾完好，故宛然在也。若拘于所见，以为龙具在是，雕绘者反有辞矣。"昉思乃服。（赵执信《谈龙录》）

洪昇认为"诗如龙然？首尾爪角鳞鬣，一不具，非龙也"。此说是一种如同雕塑的机械模仿，将现实与艺术等同起来了，认为艺术就是一种忠实于现实的再现，这种说法显然是不对的。王士禛则从其神韵说入手，认为"诗如神龙，见其首不见其尾，或云中露一爪一鳞而已"。这种说法与他回答门人刘大勤的古诗之作法，是非常相似的。"此等语皆教初学之法，要令知章法耳。神龙行空，云雾灭没，鳞鬣隐现，岂令人测其首尾哉？"①他认为章法固然重要，他抓住了龙的主要特征其首、其爪、其鳞，这与王原祁之"龙脉"强调的气势是一致的。但是他又认为神趣无迹，追求超越缥缈是诗歌的更高境界，龙的屈伸变化、飞行的姿态、力量等要让读者自己去想象，这与神韵说的理论是一致的。而赵执信却认为"神龙者，屈伸变化，固无定体；恍惚望见者，第指其一鳞一爪，而龙之首尾完好，固宛然在也。若拘于所见，以为龙具在是，雕绘者反有辞矣"。他认为艺术要在现实的基础上进行加工创作，这与我们经常说的"艺术源于生活而高于生活"的主张是相近的，非常符合艺术的创作规律，也正好体现了其现实主义的诗歌创作方法。所以，宗白华在《中国艺术表现里的虚和实》中引用了谈龙之说并直接对之进行了肯定，他说："中国大画家所画的龙正是像赵执信所要求的，云中露出一鳞半爪，却使全体宛然可见。"②不过，王原祁所说的"龙脉"是一种气势，其妙在体用配合得当，所以我认为这里的气势与神韵是一致的。

王原祁在《雨窗漫笔》中谈了自己对艺术独特的见解。其绘画构图中关于"龙脉""开合""起伏"的理论是构成他作品根基的最基本法则。他的构图理论在继承前人的基础上，又有了新的发展和突破。他直接继承了董其昌的"势"与"开合"的观点，"作画但须顾气势轮廓，不必求好景，亦不必拘旧稿，若于开合起伏得法，轮廓气势已合，则脉络顿挫转折处，天然妙景自暗合古法矣"（王原祁《雨窗漫笔》）。但是，王原祁的构图说并没有停留在董其昌构图理论的水平上，而是进一步将其发展和改造成一种更全面、系统、科学的理论。他提出了意在笔先、经营位置、气韵生动、专重取气等理论。如他谈经营位置时，在《雨窗漫笔》中说了这样一段关于"龙脉"的言论："画中龙脉，开合起伏，古法虽备，未经标出，石谷阐明，后学知所矜式。然愚意以为不参'体用'二字，学者终无入手处。龙脉为画中气势源头，有斜有正，有浑有碎，有断有续，有隐有现，谓之体也。开合从高至下，宾主历然，有时结聚，有时淡荡，峰回路转，云合水分，俱从此出；起伏由近及远，向背分明，有时高耸，有时平修，欹侧照应，山头、山腹、山足铢两悉称者，谓之用也。若知有龙脉，而不辨开合起伏，必至拘索失势；知有开合起伏，而不本龙脉，是谓顾子失母。故强扭龙脉则生病，开合逼塞浅露则生病，起伏呆重漏缺则生病。且通幅有开合，分股中亦有开合；通幅有起伏，分股中亦有起伏。尤妙在过接映带间，制其有余，补其不足。使龙之斜正浑碎，隐现断续，活泼泼地于其中，方为真画。"

《雨窗漫笔》中的这段话高度概括了王原祁山水画构图理论的精髓。他认为山水画的构图可分为两个层面，一为龙脉，一为开合起伏。他说："龙脉为画中气势源头，有斜有正，有浑有碎，有继有续，有隐有现，谓之体也。"王原祁认为山水画最重要的是有气势，即"龙脉"。而气势可以通过"斜正""浑碎""继续""隐现"来体现，它是多种多样的。那么如何才能有气势呢？作者进而提出"开合起伏"，并加以解释："开合从高至下，宾主历然，有时结聚，有时淡荡，峰回路转，云合水分，俱

---

① 〔清〕王士禛：《师友诗传续录》，见《清诗话》，上海古籍出版社1978年版，第153页。

② 宗白华：《美学散步》，上海人民出版社2004年版，第90页。

从此出;起伏由近及远,向背分明,有时高耸,有时平修,欹侧照应,山头,山腹,山足铢两悉称者,谓之用也。”王原祁认为在处理体和用的关系时,不能顾此失彼,有所偏废。“若知有龙脉,而不辨开合起伏,必至拘索失势;知有开合起伏,而不本龙脉,是谓顾子失母。”王原祁认为所谓“真画”就是体和用的关系处理得当,而且“过节映带间,制其有余,补其不足。使龙之斜正浑碎,隐现断续,活泼泼地于其中”。他还从龙脉的角度评董巨和元季四家——“董巨全体浑沦,元气磅礴,令人莫可端倪”“山樵用龙脉多蜿蜒之致,仲圭以直笔出之”“子久则不脱不粘,用而不用,不用而用”“云林纤尘不染,平易中有矜贵,简略中有精彩,又在章法笔法之外,为四家第一逸品”。在章法笔法之外,王原祁突出的是平易、超脱、自然,进而达到历代画家反复强调和追求的“气韵生动”的艺术效果。那么我们可以认为在章法笔法之外,王原祁的“龙脉”说与“逸品画”追求的“古淡闲远”“沉著痛快”是一致的,与神韵说也是一致的。

王士禛用“逸品”理论来丰富“神韵说”,王原祁则把“逸品画”作为自己绘画的最高境界,两人多从诗画相通的角度彼此切磋,分别用对方的理论丰富自己的艺术理论。王原祁的画体现了“中和含蓄”,王士禛的诗反映了“治世之音”,都迎合了清王朝提倡的“清真雅正”。他们借助朝廷的力量维护了中国传统文化的正统地位,创立了自己的学说,通过自己的弟子将这种正统文化发扬光大,功不可没。但是,王士禛论诗以神韵为最,设格偏狭;王原祁的画重拟古,注重笔墨形式,忽视了内容的重要性。他们的做法,在一定程度上禁锢了人们的头脑,将艺术家的思维引向了一味追求形式的道路。从这一点来说,他们的理论有一定的负面影响。当时就有人提出了不同的见解,赵执信起而反对神韵说,石涛提倡作画应重内容、创新。总之,我们应该对他们进行客观的评价,吸收其精髓,批判其糟粕,辅之以时代精神,将我们传统文化发扬光大。

王士禛对“逃人法”的抵制与潜消

王宪明*

清初“逃人法”,是人类文明史上最残忍暴虐的法令之一。实际上它是清政府为了维护其掠夺成果及更有效地杀人掳掠而出台的虐政。王士禛的故乡山东,是受“逃人法”危害最严重的地区。他又亲身经历了“逃人法”为虐最深重的时期,还戏剧性地被清廷委任为执行“逃人法”的专职官员(督捕侍郎),他对“逃人法”的态度和相关言行,值得我们研究。

“逃人法”或《督捕则例》,是清朝为严禁八旗奴仆逃亡和其他八旗人员逃旗而颁布的法令。基本内容主要有三项:处罚“逃人”,惩治隐匿“逃人”的窝主及有关人员,规定缉捕措施和奖惩办法。“逃人法”顾名思义,本来应该主要是惩治逃人的法令。清初多尔衮当政时期,“更定新律”,制定的“逃人”新法(《督捕则例》),惩罚的主要是“窝主”。逃奴俘获,鞭一百归主;即使多次逃跑,也不过黥字鞭罚,照旧归主,很少处死。窝逃正犯,则本人正法,妻子家产籍没,并且邻里十家连坐,“甲长、总甲不行首告,俱治以重罪不贷”,流徙边远,有司以上各官分别处分。多尔衮死后,“逃人法”在顺治九年(1652)、康熙十五年(1676)、乾隆八年(1743),经过三次比较大的修订,虽然对窝主的惩罚逐渐减轻,但“网加密焉”。如顺治九年修订的“逃人法”,窝逃之罪的界限较前明显扩大,雇工、赁房的保人及食宿的店家,如发现逃人,也以窝主治罪,初次“隐匿之人,并家产,给予逃人之主”;还规定奖励检举人员:“旁人出首者,即以隐匿之家产,赏三分之一。”

如果真的触犯了“逃人法”,这些惩罚已经神人不道了,可恨的是“逃人法”有放纵甚至鼓励讹诈和诬陷的倾向,使满洲旗人择人而食,借缉捕之名,行打诈之实,任意指称逃人,妄扳窝家,进行比通过战争更安全、更有效的掠夺。史惇《恸余杂记·圈田》:“盖自辽左被难以来所卤掠者,竟省亲戚,不肯复去。因而借此为名,密令胡妇隔墙,乘夜缒入居民之室,登时即索,即十家连坐,寸草无遗。”这里的居民之室,当然是浩劫幸存的硕果。这种情况当然不是个别的,而是集团性行为。广大人民面对武装进攻的强盗,可以逃跑,可以抵抗,但面对这种随时可能降临的灭顶之灾,他们无能为力。“海内无贫富、无良贱,无官民,皆惴惴焉。”“天下嚣然,丧其乐生之心;盗贼蜂起,几成燎原之势。”①王士禛的好友丁耀亢,清初诗人,祖籍诸诚,与王士禛同,其《椒邱集》卷二有《捕逃行》一诗,云:

嗟尔逃人胡为乎来哉?昔为犬与豕,今为虎与豺。犬豕供人刀俎肉,虎豺反噬乡邑灾。尔生不辰遭杀掳,不死还乡亦悲苦。何为潜伏里中村,一捕十家皆灭门,择人而食虎而翼,仇

---

* 作者简介:王宪明,潍坊学院文学院,教授。

① 〔清〕魏裔介:《魏文毅公奏议》卷一,中华书局1985年版,第4页。

者连坐富者吞。嗟尔已为人所怜，何为害众祸无边？皇恩新赦有宽令，都护爱人惜尔命。甘死北地莫投亲，普天何地非王民。

此诗最后几句重足而立，当然不是颂圣。

王士禛的另一位朋友蒲松龄，著有《聊斋志异》，其中多篇故事涉及《逃人法》。如《仇大娘》一篇写仇禄为怨家魏某所陷，"引旗下逃人诬禄寄资，国初立法最严，禄依令徙口外"。仇禄仅仅被诬有逃人"寄资"（非窝藏逃人），便遭流放。《黎氏》写谢某娶了个媳妇是逃人，回家变成大灰狼，吃完他儿吃他娘，以荒诞手法写出了"逃人法"的惨无人道。

清初触犯"逃人法"，不论身份高低，都会遭灭顶之灾。投降清朝、功勋懋著的靖南王耿仲明就是一个例子。据《清史稿》本传，在入关之前，崇德七年，"有逃人被法，仲明为收葬设祭"。入关之后，耿仲明继续庇护逃人，于顺治六年被人告发，"畏罪自缢于吉安"。

"逃人法"如此神人不道，祸害深重，其肆虐情形，我们在铺天盖地的"辫子戏"和清代历史小说中却难见踪影（我们见到的多是对清初统治者雄才大略、儿女情长的咏歌赞叹）。学术界研究"逃人法"的也不多，尚未见到有专著出版，甚至连相关资料汇集也没有。

清朝入关后，扶植儒教以维护其统治。而"逃人法"苛政，是彻底反儒教乃至反人类的。清朝统治者也明白这一点，所以不准士大夫议论此事。一旦见之奏章，严惩不贷。

清代"逃人"问题，以山东最严重，这是因为辽东历代与山东关系密切。明代辽东包括努尔干都司，都属山东按察使司管辖。明崇祯前期叛逃满洲的孔有德、耿仲明、尚之信等，从山东挟去了大量移民。明崇祯十二年、崇祯十五年清兵两次入关抢掠，都及山东之境，孔有德等都是先锋向导。他们熟悉山东虚实，且与潜藏在避难山东的辽东难民中的奸细里应外合，所以山东受祸最惨。特别是崇祯十五年一役，清兵共破关内八十余城，仅山东就六十座，占七成以上！康熙《昌邑县志》卷一《兵氛》崇祯十五年条下："本年十二月，清兵数万围昌，至十六日城破，官民杀戮一空，尸积重叠。好义者每街二十余步即聚尸五七十为堆，加房木引火于上，炎焰上腾，腥风扑地，惨不可言。"曹寅的岳父姜士祯就是在这时被掳的。同他一起被掳北去的山东人，达数十万。

旗下奴仆中山东人最多，逃人案自然在山东发生最多。顺治十四年（1675）四月直隶山东河南总督张悬锡忧愤自杀，遗疏中有云："皇上严禁逃人，而地方棍徒，每借假逃人之名以行诈，此风不息，天下不得平也。"山东人对"逃人法"的抵制（主要是反对其中处置"窝逃"的条款）也最强烈。《清史稿》记载的因反对"逃人法"被流徙者只有两人，一个是寿光魏琯，一个是高密李裀。

《清史稿》卷二四四《魏琯传》：

> 八旗逃人初属兵部督捕，部议改归大理寺，琯疏言其不便，乃设兵部督捕侍郎专董其事。又言："逃人日多，以投充者众。本主私纵成习，听其他往，日久不还，概讼为逃人。逃人至再，罪止鞭百，而窝逃犹论斩，籍人口、财产给本主。与叛逆无异，非法之平。"下九卿议，改为流，免籍没。又言窝逃瘐毙，妻子应免流徙，时遇热审，亦应一体减等。上责其市恩，下王大臣议琯巧宽逃禁，当坐绞，上宽之，降授通政司参议。德州诸生吕煌窝逃事发，州官当坐罪，琯持异议。王大臣劾琯，因追议琯前请热审减等为煌地，坐夺官，流徙辽阳，卒于戍所。

同卷《李裀传》中有谏"逃人法"疏，为同类文章中最痛切者：

> 皇上为中国主，其视天下皆为一家。必别为之名曰"东人"，又曰"旧人"，已歧而二之矣。谓满洲役使军伍，犹兵与民，不得不分；州县追摄逃亡，犹清勾逃兵，不得不严核，是已。然立法过重，株连太多，使海内无贫富良贱，皆惴惴莫必旦夕之命。人情汹惧，有伤元气，可为痛心

者一也。法立而犯者众，当思其何利于隐匿而愍不畏死。此必有居东人为奇货，挟以为囮。殷实破家，奴婢为祸，名义荡尽，可为痛心者二也。犯法不贷，牵引不原，即大逆不道，无以加此。破一家即耗一家之贡赋，杀一人即伤一人之培养。十年生聚，十年教训，今乃用逃人法戕贼之乎？可为痛心者三也。人情不甚相远，使其居身得所，何苦相率而逃，况至三万之多？其非尽怀乡土、念亲戚明矣。不思恩义维系，但欲穷其所往，法愈峻，逃愈多，可为痛心者四也。自逮捕起解，至提赴质审，道路驿骚，鸡犬不宁。无论其中冤陷实繁，而瓜蔓相寻，市斵银铛殆尽。日复一日，生齿雕残，谁复为皇上赤子？可为痛心者五也。又不特犯者为然，饥民流离，以讥察东人故，吏闭关，民扃户，无所投止。嗟此穷黎，朝廷方蠲租煮粥，衣而食之，奈何因逃人法迫而使毙？可为痛心者六也。妇女躑躅于郊原，老稚僵仆于沟壑。强有力者，犯霜露，冒雨雪，东西迫逐，势必铤而走险。今寇孽未靖，招抚不遑，本我赤子，乃驱之作贼乎？可为痛心者七也。臣谓与其严于既逃之后，何如严于未逃之先？今逃人三次始行正法，其初犯再犯，不过鞭责。请敕今后逃人初犯即论死，皇上好生如天，不忍杀之，当仿窃盗刺字之例：初逃再逃，皆于面臂刺字。则逃人不敢逃，即逃人自不敢留矣。

此疏最终还是没有打动统治者的心肠，“下王大臣会议，佥谓所奏虽于律无罪，然‘七可痛’，情由可恶，当论死，上弗许，改议杖，徙宁古塔；上命免杖，安置尚阳堡。逾年，卒”。

出生于“江北青箱”儒学世家的王士禛，良知和正义感是有的，面对伤及同类、祸害深重的“逃人法”，应该是深恶痛绝。但他的个性修养，决定了他与“逃人法”暴政斗争方式的特别。

从心理学气质类型的角度看，王士禛近于“黏液质”，不像多血质那样直率，也不似胆汁质那样果敢。但他对同乡魏琯、李裀针锋相对的斗争方式持欣赏态度，《居易录》卷五有关于魏琯的一段文字：

魏侍郎（琯）昭华，寿光人，尝以御史巡按甘肃。至一驿，甚荒阒，驿丞言有怪异，不可居。魏强之，稍令扫除，命从行吏役数十人宿门屏间，而自据一榻于堂上，枕剑而寝。时月色皎甚，三更后树叶骤响如雨。久之，闻东庑嘈喈，似数十人偶语者。俄见一人绿衣，幞头长尺许，趋树下。又有朱衣、紫衣、青衣数十辈继之，长皆尺许。又久之，众细语推让，移时，倏见绿衣出，趋至阶下，鞠躬而揖者三，复趋树下。朱衣、紫衣辈以次趋上，揖如前。既毕，魏大呼从者，众闻人声，复急趋东庑，寂然矣。魏手剑命炬，兵士皆握刀从庑后迹之。瓦砾纵横，蓬蒿蒙翳，阒无人迹。至堂偏一小室，有人语声切切然，辟户则积尘盈寸，更无所睹。尘中有一印，篆文曰“巡按辽东”，不喻所谓，候晓乃行。后历官兵部督捕右侍郎，以言事谪戍辽东云。

王士禛以类似于《聊斋》的笔法，曲折表彰敢于直陈“逃人法”之害的魏琯，所谓“感动神明”。

魏琯任“督捕右侍郎”，即“逃人法”的执法者。后来王士禛于康熙二十九年任此职。《香祖笔记》卷四有相关“述职报告”：

兵部有督捕，满汉侍郎二人（满左汉右），左右理事官四人（满官二人，汉官二人），专司缉捕八旗逋逃之事。其属汉郎中一人，员外郎一人，主事六人，司务一人。今归之刑部，曰“督捕司”，止设汉郎中主事各一人，《管子》所谓“仆区”是也。昔耶律文正公楚材对元世祖曰：“今天下一统，逃将安之？”此言最得大臣之体。予先曾官督捕侍郎，今十四五年，官刑部尚书，复兼领是事，惟以文正之意，仰承朝廷宽大之恩，宣布四方而已。故终岁不劾一失察之官，不治一窝隐之罪。非敢纵也，亦古人所云无扰狱市之意而已。

任此职者，当然不能以违法必究、执法必严为贵。王士禛不但自己“玩忽职守”，在写给儿子王启汸的《手镜录》中，还教导儿子亦步亦趋：“逃人随获随解，不可监禁过三日。或获之道路，或获之空庙，断不可株累窝家。万一有窝家，令作自守，则保全者大矣。"满族旗兵借"逃人法"实行精确抢掠，是没有窝家也要创造窝家。王士禛教导儿子，即使有真窝家，也要说成对方自守，以减轻罪罚。另一方面，"终岁不劾一失察之官，不治一窝隐之罪"的王士禛，面对借"逃人法"为非作歹者却明察秋毫，决不轻易放过。《渔洋山人自撰年谱》卷下康熙三十一年条下，记他在督捕侍郎任上一事：

克什兔者，红带宗属，自四川随征回京，至凤翔病疽危甚。有张希仁者，业疡医，药之而愈。克什兔遂携入京师。张有子玉、女蛇妃等九人。克什兔利之，私诈伪契，诬以卖身。及张归凤翔，克什兔即以逃人告，提比解至，部谳得实。山人与席珠公，断张夫妇子女归复版籍，为良民，克什兔送宗人府察议。克什兔怒，牒诉掌宗人府郡王。郡王召侍郎辨质，克什兔辞塞，于是府是部议，克什兔革职鞭责。山人在部不以强御骫法，率如此也。

王士禛对满族统治者放宽"逃人法"及对旗主放弃"逃人法"给予的权力的行为，也不吝笔墨，予以表彰。《居易录》卷二七：

特旨允福建巡抚、副都御史卞永誉请宽三藩下及孙延龄下入官脱逃人犯，地方官员考成处分之例。先是逆藩吴三桂、耿精忠、尚之信及广西将军孙延龄下伪包伪标人员起解入旗逋逃者众，九卿会议，责令滇、闽、粤东西地方官员缉获。一年不获，即罹降罚，罕得免者。诸抚臣王继文、王起元等先后上疏，请照逃人例案缉，每年终出具印信甘结。如后有发觉，照隐匿之例处分。户部以事系九卿会议定例不允。至是，闽抚复以为言，遂得俞旨，皇恩浩荡，四省地方官始得息肩矣。

王士禛在《居易录》卷一九有一段表彰旗主放弃追究逃人的记载，事涉王士禛故里新城：

新城民牛德者，鬻身及妻女于旗下，逃归十余年矣。一旦为有司获解，自供子女几人。有司复查解到部，而长女次女皆已适人。有司来请明示。按条例，长女系旗下所生，带逃，应提解。次女系逃后民间所生，应追身银四十两，解部给主。予以提解则夫妇离异，方难之。其旗主李文士者，忽具呈自言不忍其夫妇断离，人与身银俱不愿领，祈行知地方官，各令宁家，永无改悔。予惊叹曰："世乃有如此人乎？阴德大矣，其后必昌。"亟面加奖励，准行。而二女皆安室家矣。文士之义不可不使湮没无传也，特表而出之。

从王士禛对放弃了"逃人法"给予的权力的旗主的过度表彰中，我们自然不难体会他对"逃人法"的深恶痛绝。

王士禛诗歌中明显涉及当时禁忌话题"逃人法"的几乎没有，所谓"羚羊挂角，无迹可求"，但只要读者神而明之，还是会发现一些信息。如《渔洋山人续集》卷九中作于康熙丙辰（1676）的《秋夜闻雁》"北向早旋归，宁忘弋者叹"；同书卷一二中作于康熙己未（1679）的《雁》"阮州射生满，好避弋人机"，都以雁喻逃人，隐斥了"逃人法"的无道。同书卷一〇中作于康熙丁巳（1677）的《牛捕鱼追述淮上所见》"奈何太牢氏，凌暴及水族"，如果说以"太牢氏"喻汉人督捕，以水族喻逃人，也不算牵强。又如《渔洋山人诗集》卷二〇中作于康熙丙午（1666）的《青州有感》"网户昨宵归宿燕，觚棱今日委荒云"，如果说以"网户"隐指督捕者，以宿燕指逃人，以"觚棱"譬喻正直刚烈、为民请命的李裀、魏琯等人，也说得过去。

从康熙中期开始，"逃人法"逐渐宽松，其中有康熙帝玄烨的个人因素。他要用"理学"束缚汉人，不得不让"逃人法"肆虐的魔掌有所收敛。这也与八旗的经济状况有关，清初是掠夺式经济，八旗可以养活大量奴仆。随着天下的平定，人丁滋生，掳掠的用武之地已少，单凭每月的粮饷，奢华成性的满族人已自顾不暇，难以豢养大量奴仆。当然，这更与汉人的斗争、抵制有关。魏管、李裀式慷慨激烈的斗争有作用，王士禛式表面温和实有韧性的斗争，也有作用。

《香祖笔记》所涉及的部分宋代文人考释

王伟 宁宇*

《香祖笔记》是清初王士禛先生的一部重要笔记著作。撰述时间起自康熙四十一年壬午，止于康熙四十三年甲申，时间跨度为三年。康熙乙酉初刻本中宋荦序谓“近又辑癸未迄甲申两年笔记，嘱校订为序”云云，约略言之也。本书同作者前几部笔记著作一样，所记内容十分广泛，“或辨驳议论得失，或阐发名物源流，或直书时事，或旁及怪异”（宋荦语），书中提到了许多宋代文人，如人尽皆知的苏轼、黄庭坚、晁补之、李格非、李清照等，还有一部分文人今人则了解较少，本人不揣浅陋，考释如下，请前辈学人指正。

郎瑛《七修类纂》举东坡《跋林和靖诗》“诗如东野不言寒，书似西台差少肉”，以西台为南唐李建中，谬甚。南唐太弟太傅李建勋，非建中也。建中，宋初人，为西京御史，故称西台。其书与杨风子先后齐名，苏、黄常称之，郎未知耶？（卷一）

文中所说的《跋林和靖诗》应为《书林逋诗后》，这是宋代诗人苏轼作的诗词之一。全诗如下：吴侬生长湖山曲，呼吸湖光饮山渌。不论世外隐君子，佣儿贩妇皆冰玉。先生可是绝俗人，神清骨冷无由俗。我不识君曾梦见，瞳子了然光可烛。遗篇妙字处处有，步绕西湖看不足。诗如东野不言寒，书似西台差少肉。平生高节已难继，将死微言犹可录。自言不作《封禅书》，更肯悲吟《白头曲》！我笑吴人不好事，好作祠堂傍修竹。不然配食水仙王，一盏寒泉荐秋菊。

文中提到的林和靖不用说了。李建中（945～1013），字得中，自号岩夫民伯。京兆（今陕西西安）人，北宋书法家。曾任太常博士、金部员外郎、工部郎中、西京留司御史台等，故人称“李西台”。李建中书得欧阳询法，遒劲淳厚，行笔尤工，多构新体；草隶篆籀亦妙，人多以为楷模。北宋黄伯思《东观余论》称：“西台本学王大令（献之）书，而拘挛若此，犹韩非之学黄老，李斯之师荀卿也。然观笔势尚有先贤风气，固自佳。”流传至今的李建中书法墨迹比较少，《土母帖》是李建中存世墨迹的代表作。天下十大行书之一，排第十。《土母帖》，行书墨迹，纸本。纵31.2厘米，横44.4厘米，10行，共104字。作品中，字的结体紧密而修长，用笔沉着而丰腴。写的虽是行书，但起笔、收笔处仍可见严谨的楷法笔意，可看出不少唐人书法的特质。此外，由于尺牍内提及“新安门”，地近洛阳，所以推测这是李建中晚年居住在洛阳时所写。

宋《臞翁诗集》一卷，长乐敖陶孙器之所著。器之非江西诗派中人，而诗深得江西之体。其评诗最精，尝自云：“此评手书两纸，一贻莆阳刘潜夫，一贻同舍朱仁叔。”其自贵重如此。韩

* 作者简介：王伟，泰山学院文学与传媒学院，主任，副教授；宁宇，泰山学院文学与传媒学院，副教授。

平原当国时，题诗临安酒家壁吊赵忠定公云："九原若遇韩忠献，休说渠家末代孙。"几罹于祸，亦奇男子也。（卷五）

敖陶孙原籍江西。宋宁宗年间，理学家朱熹被朝中当权者贬谪。敖陶孙尊重朱熹的学问，曾去探望朱熹，并赠诗表达自己的心迹，不想得罪了宰相韩侂胄等人。韩侂胄四处捉拿敖陶孙，敖陶孙不得不化名走上逃亡之路，最后隐居福清东塘（今后山顶瑞亭村）。韩侂胄死后，敖陶孙恢复姓名。明洪武时（1368～1398），其后裔建敖氏宗祠（今已圮）于东塘，尊称敖陶孙为始祖。敖氏后人有的分迁海口、龙江、音西、上郑及江西省新喻县等地。

南宋孝宗淳熙七年（1180），敖陶孙乡荐第一，"律赋传海内为式"，"钜家名族卒虚讲席竞迎致"，不久"入太学"，宁宗庆元五年（1199）曾从龙榜进士。历任海门主簿、漳州教授、广东转运司、平海节度判官、温陵佥判等。理宗即位（1125），转奉议郎，赐绯鱼袋，主管莘州西岳庙。宝庆三年（1227）去世，享年74岁，葬永东里东皋山。

敖陶孙以诗闻名于世，后人对其多有研究。敖陶孙的诗作多为古体，往往放意而行，风格雄浑深厚。如《秋日杂兴》："阵云起西北，中原暗黄尘。岂无康时算？无路不得陈！书发亦过计，夜夜占天文。匣剑似识时，中宵哑然鸣。我亦发悲歌，沾衣涕纵横！"他在《寄福清翅山舅陈梦寔》中说："路岐引人不作长，野梅官柳野风光。看山看水入诗眼，岁月不觉须眉苍。请从丈人开肺肠，身非石人忘故乡。五年江湖枕书睡，梦随南云落翁堂……"其他如《中夜叹》《一日复一日》等，忧国伤时、激奋之情溢于言表。但他也有一些古体诗失之粗率，或过于苦涩。近体诗偶有佳句，罕见浑成之作。

敖陶孙兼擅诗评，其《臞翁诗评》用象征手法形象地说明了魏晋唐宋诗人的风格，很受后人推许。如说"魏武帝如幽燕老将，气韵沉雄；曹子建如三河少年，风流自赏"等，鉴裁精致、造语隽妙。敖陶孙著有《江湖集》《江湖后集》《臞翁诗集》《臞翁诗评》等。另有《敖器之诗话》1卷（今存五则，有研究者疑为伪作）。其事迹见于《后村先生大全集》《臞庵敖先生墓志铭》等。

魏野诗"数声离岸橹，几点别州山"一篇最佳。王彦辅记其一绝，亦有风致可喜："城里争看城外花，独来城里访僧家。辛勤旋觅新钻火，为我亲烹岳麓茶。"（卷六）

魏野（960～1019），北宋诗人，字仲先，号草堂居士，原为蜀地人，后迁居陕州（今河南陕县）。世代为农，自筑草堂于陕州东郊，一生乐耕勤种，亲手植竹栽树，凿土引泉，将所居草堂周围环境布置得景趣幽绝，常在泉林间弹琴赋诗，多吟咏陕州风土人情、田园山水，诗风清淡朴实。

北宋大中祥符元年（1008），辽国契丹皇帝派使到京都，向真宗求取《魏野诗集》的下半部，宋真宗感到魏野为其增添了光彩，就请魏野出庄为官。魏野以"麋鹿之性，顿缨则狂，岂可瞻对殿墀"为由，拒绝做官。北宋景德三年（1006），中书侍郎兼工部尚书寇准被罢京官后，谪陕州任知州时，曾亲自拜访魏野，这时魏野年近五十，认为自己通晓历史，看透了世态炎凉，他赠诗劝寇准："好去天上辞将相，归来平地做神仙。"

北宋天禧三年（1019）十二月，魏野卒，陕州令报朝廷，次年正月，皇帝下诏旌表，称他"陕州处士"，追赠为秘书省著作郎。魏野一生清贫，不沦污流，为后人尊崇，曾祀奉于原陕州乡贤祠。他居住过的草堂山庄被誉为陕州八景之一——"草堂春晓"。魏野的诗效法姚合、贾岛，苦力求工。不过他的诗平朴闲远，尚无艰涩苦瘦之弊。如"采芝何处未归来，白云满地无人扫"（《寻隐者不遇》）及"妻喜栽花活，儿夸斗草赢"（《春日述怀》）。其诗亦有精警之句，如"数声离岸橹，几点别州山"（《题普济院》），"洗砚鱼吞墨，烹茶鹤避烟"（《书友人屋壁》）及"烧叶炉中无宿火，读书窗下有残灯”(《晨兴》)等。故宋僧文莹《玉壶野史》说,魏野“诗固无飘逸俊迈之气,但平朴而常不事虚语”,评价颇为中肯。他的诗中也偶有苍凉壮阔之句,在宋初是不可多得的。如《登原州城呈张贲从事》:异乡何处最牵愁,独上边城城上楼。日暮北来惟有雁,地寒西去更无州。数声塞角高还咽,一派泾河冻不流。君作贫官我为客,此中离恨共难收。

魏野与林逋同为宋初高士,虽其身后诗名不如林逋,但当日声望实在林逋之上。

> 朱昂、梁周翰与杨亿同为翰林学士,时梁、朱二公年老,而杨甚少,每轻侮之。然考二公皆宋初最有文誉者,而杨以后进,乃敢轻侮。杜诗“晚将末契托年少,当面输心背面笑”,则子美亦尝受恶少年之侮矣。韩翃中唐诗人眉目,两邀人主特达之知,晚在藩镇幕,后生至目为恶诗。讵文章耆宿,例宜取侮后进小生耶?顾杨大年正人亦尔,则不可也。僧文莹《玉壶清话》云:“开宝塔成,太宗特诏朱昂撰记。文成,敦崇严重,上深加叹奖。与宗人朱遵度号大小朱万卷,与弟协称渚宫二疏。又诏举贤良,昂举陈彭年,杜镐、刁衎列章奏曰:‘朱昂端介厚重,不妄举人。况彭年实有才誉,乞免召试,备清问。’遂命以本官直史馆。”则朱在当时物望可知。又后苑宴侍臣赋诗,梁得春字,曰:“百花将尽牡丹坼,十雨初晴太液春。”上特称赏,尝请修时政记,从之。二公本末如此。予往见周翰所撰石敬瑭家庙碑石刻,惜未购得耳。后大年竟夭死,石介至诋为文妖,或亦少时轻薄之报耶。庞文英《文昌杂录》言时政记始于唐文昌左丞姚璹,至宋则周翰踵之,有此请也。(卷六)

朱昂,字举之,潭州人。生于后唐庄宗同光三年(926),卒于宋真宗景德四年(1007),年八十三岁。少与熊若谷、郑洵美同学。有朱遵度者,好读书,人称之为朱万卷,因昂为小万卷。真宗时,累官翰林学士。以工部侍郎致仕、诏赋诗践行,缙绅荣之。昂前后所得奉赐,以三之一购奇书。闲居以讽诵为乐,自称退叟。著《资理论》三卷上之,诏以其书付史馆。晚岁自为墓志门人,谥曰正裕先生。昂著有文集三十卷,《宋史》有其传。

梁周翰(929~1009),五代宋初文学家。字元褒,河南郑州人。后周广顺二年(952)进士,入宋官至翰林学士,与高锡、柳开、范杲等提倡恢复古代淳实文风,开宋代古文运动之先声,时有“高梁柳范”之称。著有《翰苑制草集》。

> 宋人诗至欧、梅、苏、黄、王介甫,而波澜始大,前此杨、刘、钱思公、文潞公、胡文恭、赵清献辈皆沿西昆体,王元之独宗乐天。然予观宋景文近体,无一字无来历,而对仗精确,非读万卷者不能,迥非南渡以后所及。今人耳食,誉者毁者,皆矮人观场,未之或知也。(卷一〇)

上文中提到的赵清献公,为宋朝时殿中侍御史赵忭,一作赵抃,字阅道,号知非子,衢州西安人,赵湘之孙。北宋景祐元年(1034)进士乙科,官至资政殿大学士,以太子少保致仕。《宋史·赵抃传》:“翰林学士曾公亮未之识,荐为殿中侍御史,弹劾不避权幸,声称凛然,京师目为‘铁面御史’。”赵忭清廉爱民,由于面颜黑,人称“铁面御史”,与当时的包拯齐名。其实戏曲中的包拯形象正是赵忭。参见《宋史·赵抃传》。

赵抃任成都转运使,到官时随身只带一琴一鹤,见宋沈括《梦溪笔谈·人事一》。后来称人为官清廉,常用此语。按:宋赵善璙《自警篇·嗜好》称抃赴官携一琴一鹤、朱长文《琴史》卷五。叶梦得《石林诗话》则以琴鹤龟三事并言。《宋史·赵抃传》原话为:“帝曰:闻卿匹马入蜀,以一琴一鹤自随;为政简易,亦称是乎!”今四川尚存二贤祠,乃后人为纪念赵忭与杜甫二人所建。其后人为纪念此事以此为堂号,曰“琴鹤堂”。

宋陈辅辅之,丹阳人,有诗云:“北山松粉未飘花,白下风轻麦脚斜。身似旧时王谢燕,一年一度到君家。”为王介甫所知，而与苏公尤厚善。黄是师是，章惇之甥也，以二女妻颍滨子适、逊。哲宗时欲召用，林希以是沮之，后知定州卒。东坡皆有尺牍与之。元人吴师道跋云：“二人出处不同，而尚德守义，不为势利回邪变易，其贤则一。”予撰《古欢录》，取师是而遗辅之，此诗尤为可爱，特书之。(卷八)

陈辅(生卒年不详)，字辅之，自号南郭子，金陵(今江苏南京)人，寄寓丹阳南郭。少为王安石所知，以诗名世。后与丹阳郡守作诗争衡，为守捃摭挞之，废弃终身。《宋史翼》《京口耆旧传》及《宝庆四明志》《嘉定镇江志》等均有传。《陈辅之诗话》，不知卷数，原书久佚，亦不见诸家著录。郭绍虞、罗根泽曾辑其佚文，均得十七条。陈辅本儒家诗教，称美杜甫“乃心王室”、范仲淹“兼济加泽之心”；并据王安石意，推许王建《宫词》，认为其“意味深婉”。又谓“诗家之工，全在体物赋情”，“唯诗冥搜造极”，异于经术而“光景常新”，“读书破万卷”，应如杜甫“能用所读之书”。所言林逋“疏影横斜”一联“近似野蔷薇”，尝为《野客丛书》《梁溪漫志》等书非议，郭绍虞亦称其“作诗有神韵，而论诗乃未能深究诗人体物之妙”。

宋有杜善甫者，济南名士，善为诗。时有掌兵官远戍，其妻宴客，竟夕笙歌。善甫赋诗云：“高烧银烛照云鬟，沸耳笙歌彻夜阑。不念征西人万里，玉关霜重铁衣寒。”闻者韪之。诗见《山书随笔》。(卷九)

杜仁杰(1197？～1282？)，字仲梁，号善夫(善甫)，又号止轩。先名之元，晚年又号散人。济南长清(今济南市长清区平安办事处王宿铺村)人，我国金元时期著名文学家。王士禛称其为宋人，在朝代认定上是错误的。

杜仁杰诗文兼擅，而以散曲名世。他的散曲传世不多，却颇具特色。他性喜谐谑，言谈风趣，虞集称其“善谑”。善谑和风趣，是杜仁杰散曲的风格。套曲【般涉调·耍孩儿】《喻情》，通篇用歇后语写成。而套曲【般涉调·耍孩儿】《庄稼不识勾栏》，则以幽默的笔调，描写了一个庄户汉秋后进城看戏的经历，并以庄户汉的口吻，写出了勾栏(剧场)门前招徕观众的情景、戏棚和戏台的建筑结构、院本杂剧的表演体制等，谐谑多端，情趣横生，读来令人捧腹。因它涉及演出剧场、戏台、道具、乐队以至化装、角色等，故也是研究元代戏曲的重要资料。

宋初文士称高、梁、柳、范，谓高弁、梁周翰、柳开、范杲也。在杨、刘之前，而人多不知。(卷一〇)

高弁，字公仪，濮州雷泽人。弱冠，徒步从种放学于终南山，又学古文于柳开，与张景齐名。至道中，以文谒王禹偁，禹偁奇之。举进士，累官侍御史。谏修玉清昭应宫，降知广济军。寻以户部判官试开封府进士，私发糊名，夺二官。稍复知单州、邢州、盐铁判官。河决澶州，请弛堤防，纵水所之，可省民力，且以扼契丹南向。议寝。知陕州，卒。

弁性孝友。所为文章多祖《六经》及《孟子》，喜言仁义。有《帝则》三篇，为世所传。与李迪、贾同、陆参、朱頔、伊淳相友善。石延年、刘潜皆其门人也。

田告，字象宜，笃学有文，少学诗于陈希夷，东游过濮，客于王元之。会河决，著《禹元经》三卷。已而得水树于济南明水，将隐居焉，贻书徐常侍铉，铉答曰：“负鼎叩角，顾庐筑岩，各由其时，不失其道，在我而已，何常之有！”遂决高蹈。筮《易》遇睽，因自号睽叟。从学者常数百人。淳化中，韩丕言于天子，召赴阙，诏书及门而卒。皇祐中，济南翟书裒其文四十八篇，析为三卷，又次其出处作《睽叟别传》。今明水在章丘城南，土鼓县故城西，亭山县东北，曰净明泉，在百脉泉西北，即绣江之源也。《齐乘》云，朗公谷，诸水东西伏流，西发趵突，东发百脉，所谓金霏碧渟,韵琴筑而味肪醴者也。此吾乡高逸第一流,昔撰《古欢录》遗之。夏日雨过,读《渑水燕谈》,得告事,因略述《水经注》《元和郡县志》《齐乘》而著于篇。(卷一〇)

《宋史·河渠志·黄河》记载:

开宝四年(971)十一月,河决澶渊,泛数州……五年(972)正月,诏曰……五月,河大决濮阳,又决阳武。诏发诸州兵及丁夫凡五万人,遣颍州团练使曹翰护其役……六月下诏曰:"……凡搢绅多士、草泽之伦,有素习河渠之书,深知疏导之策,若为经久,可免重劳,并许诣阙上书,附驿条奏。朕当亲览,用其所长,勉副询求,当示甄奖。"时东鲁逸人田告者,纂《禹元经》十二篇,帝闻之,召至阙下,询以治水之道,善其言,将授以官,以亲老固辞归养,从之。翰至河上,亲督工徒,未几,决河皆塞。

《续资治通鉴长编》卷十三开宝五年(壬申,972)一节转引了这件事,多一"著"字。

而《永乐大典·士》引南宋初年江少虞《事实类苑》所叙此事却有出入:

田征君告,字象宜,笃学好文,理致高古。尝学诗于希夷先生,先生以《诗评》授之,故诗尤清丽。平居寡薄,志在经世。太祖建国,思得异人,诏诣公车,会奔父丧。久之,东游过濮,止王元之舍,元之贻书,勉进其道。会大河决溢,君推鲧、禹之所治,著《禹元经》三篇,将上之。不果,已而得水树于济南明水,将隐居焉。因致书徐常侍铉,质其去就,铉答曰:"负鼎扣角,顾庐筑岩。各因其时,不失其道。在我而已,何常之有?"遂决高蹈之志,发《易》筮之,遇《睽》,因自号"睽叟",从之学者常数百人。宋维翰、许衮最其高弟,二子登朝,盛称其师。淳化中,韩丕言于天子,召君赴阙,诏书入门而卒。其后文多散坠。皇祐中,济南崔书耽伯哀其遗逸,得四十八篇,析为三卷。又次其出处,为《睽叟别传》云。

与田告同时代的王禹偁与他曾有来往,王禹偁有首《寄汶阳田告处士》载于《全宋诗》:

汶水年来涨绿波,先生居此兴如何?门连别浦闲垂饵,宅枕平沙好种莎。治水共谁言鲧禹,著书空自继丘轲。可怜垂白无人问,却伴渔翁着钓蓑。

《永乐大典》卷一三四五〇《士》转引自《王黄州小畜集》,"鲧禹"后有注释:"曾著禹元经,大言治水事。"

"行尽江南数十程,晓风残月入华清",宋人杜常诗也。按常为昭宪皇后族孙,第进士,历官工部尚书。而《霏雪录》以为杜牧诗,误矣。《画墁录》云:"神宗闻昭宪之家有登第者,甚喜,有旨令上殿。翼日,谓执政曰:'杜常第四人登第,却一双鬼眼,可提举农田水利。'"即此杜常也。(卷一一)

杜常,字正甫,卫州人,昭宪皇后族孙也。折节学问,无戚里气习。尝跨驴读书,驴嗜草失道,不之觉,触桑木而堕,额为之伤。中进士第,调河阳司法参军事,富弼礼重之。积迁河东转运判官,提点河北刑狱,历兵部左司郎中、太常少卿、太仆太府卿、户工刑吏部侍郎,出知梓州、青、郓、徐州、成德军。崇宁中,至工部尚书,以龙图阁学士知河阳军。苦旱,及境而雨,大河决,直州西上埽,势危甚。常亲护役,徙处埽上,埽溃水溢,及常坐而止。于是役人尽力,河流遂退,郡赖以安。卒,年七十九。

《全宋诗·黄裳集》卷一三,据元骆元骧《类编长安志》卷三补辑《朝元阁》诗一首,诗云:"东别家山十六程,晓来和月到华清。朝元阁下西风急,都入长杨作雨声。"又《全宋诗·杜常集》,据《宋诗拾遗》卷五辑《过华清宫》诗一首,诗云:"行尽江南数十程,晓风残月入华清。朝元阁上西风急,都入长杨作雨声。"两相对勘,《朝元阁》与《过华清宫》,虽有九个字不同,然实为一诗。根据房日晰先生考证，该诗为杜常作。

《过华清宫》首句“行尽江南数十程”说明作者经过长途跋涉，越过数十个驿站才“晓风残月入华清”，也就是披星戴月冒着冷风来到华清宫。后两句“朝元阁上西风急，都入长杨作雨声”是写华清宫的凄凉景象，通过对景物的描写来抒发自己对历史的感叹。周弼选录此诗入《三体唐诗》，竟以杜常为唐人，元吴师道《吴礼部诗话》从其说，明杨慎则力辨其非。陈衍《宋诗精华录》卷一评曰：“夫平仄以成句，抑扬以合调，扬多抑少则调匀，抑多扬少则调促。若杜常《华清宫》诗：‘朝元阁上西风急，都入长杨作雨声。’上句二入声，抑扬相称，歌则为中和调矣。”

> 朱少章《诗话》云：“黄鲁直独用昆体工夫而造老杜浑成之地，禅家所谓更高一著也。”此语入微，可与知者道，难为俗人言。（卷一一）

上文中的朱少章即朱弁（1085～1144），南宋官员、文学家，字少章，号观如居士。婺源（今属江西）人，朱熹叔祖，太学生出身。南宋建炎年间自荐为通问副使赴金，后为金所拘，不肯屈服，拘留十六年始得放归。曾劝宋高宗恢复中原，得罪秦桧，官终奉议郎。他在留金期间写下了不少怀念故国的诗作，深切婉转，是南宋初期的重要诗人。有《曲洧旧闻》《风月堂诗话》等传世。

朱少章自愿使金，以诸生补修武郎，由右武大夫、吉州团练使擢任通问副使，随王伦赴金，被拘不屈，留十六年，至绍兴十三年（1143）方南归。其侄孙朱熹写有《奉使直秘阁朱公行状》（《朱文公文集》卷九八），《宋史》即据此立传。

朱弁留金时所作诗歌，元好问《中州集》收录38首。内容多反映拘囚生活，感情真挚深沉，风格缠绵婉曲，颇能动人。如《寒食》：“绝域年华久，衰颜泪点新。每逢寒食节，频梦故乡春。”某些诗词炼句甚见功力，如《春阴》的“诗穷莫写愁如海，酒薄难将梦到家”，《送春》的“结就客愁云片段，唤回乡梦雨霏微”，略似晚唐人风调。朱熹《行状》说他“于诗酷嗜李义山，而词气雍容，格力闲暇，不蹈其险怪奇涩之弊”，是中肯之论。《曲洧旧闻》写于留金期间，主要记述北宋太祖以来诸帝及名臣遗闻轶事，无一语及金，显然寓有怀念故君与家国之思。《曲洧旧闻》保存了大量的文人逸事，对研究宋代文学很有参考价值。《风月堂诗话》亦作于北地，论诗推重苏轼、黄庭坚，但又反对当时“句无虚辞，必假故实；语无空字，必究所从”的诗风，提倡“用昆体功夫而造老杜浑成之地”，以此为“禅家所谓更高一着”。所著《曲洧旧闻》十卷，有《丛书集成》本。

朱弁的《风月堂诗话》是南宋初年的一部重要诗论著作，虽然也以记载佚事及评点诗作的“诗话”面目出现，却有着颇为丰富而深刻的理论内容，体现了作者不同流俗的诗学思想，较之北宋时期的诗话，《风月堂诗话》在理论的一贯性和系统性上有了很大的提高。它以看似零散漫谈的随笔形式，表述了作者关于诗歌创作的完整见解。王士禛在《香祖笔记》中提到的这一句，在《风月堂诗话》中的原文如下：

> 李义山拟老杜诗云：“岁月行如此，江湖坐渺然。”真是老杜语也。其他句“苍梧应露下，白阁自云深”“天意怜幽草，人间重晚晴”之类，置杜集中亦无愧矣，然未似老杜沉涵汪洋笔力有余也。义山亦自觉，故别立门户成一家。后人挹其余波，号“西昆体”，句律太严，无自然态度。黄鲁直深悟此理，乃独用昆体功夫，而造老杜浑成之地，今之诗人少有及者。此禅家所谓更高一着也。

山谷本人是追求一种浑成自然而又蕴含丰富的境界的。他论诗说：“所寄诗多佳句，犹恨雕琢功多耳。但熟观杜子美到夔州后古律诗，便得句法。简易而大巧出焉。平淡而山高水深，似欲不可企及。文章成就，更无斧凿痕，乃为佳作耳。”又说：“好作奇语，自是文章病。但当以理为主，理得而辞顺，文章自然出群拔萃。观杜子美到夔州后诗、韩退之自潮州还朝文章，皆不烦绳削而自合矣。"皆主张诗歌创作要达到浑成自然的境界，然而，山谷为达此境界所用的方法是"因难以见巧"，即以"句法""诗眼"等艺术方法锤炼而成。朱弁所谓"以昆体造老杜浑成之地"，是最早从这个角度来明确黄庭坚的诗学价值的。

另外，还有几位文人由于现在资料缺乏，难以考证，仅列于后，以资参考。

宋长安隐士高绎，有古人绝行，庆历中，召至京师，欲命以官，固辞还山，特赐安素处士。家甚贫，妻子冻馁，终不以困故受人馈遗，闭门读书而已。右见庞文英《文昌杂录》，末引处士讥种放诗，且云"志意修则骄富贵，道德重则轻王公，惟安素无惭矣"。予撰《古欢录》，偶遗之，遂录于此。（卷六）

祥符中，刘偁为陕州司法参军，廉慎至贫，官罢无以办装，卖所乘马，跨驴以归。魏野以诗送之云："谁似甘棠刘法掾，来时乘马去骑驴。"真宗祀汾阴，见野诗，叹赏久之。时偁为江南幕官，召至以为京官，知青州博兴县。后有差除，上曰："得如刘偁者可矣。"不数年，亟迁主客郎中。今博兴名宦不知祀偁否？录之以备遗阙云。右见《渑水燕谈录》。（卷一〇）

张宗枏《带经堂诗话》“附识”考论

——兼论渔洋在乾隆诗坛的影响

王宏林*

纪昀在《四库全书总目》中曾感叹：“（渔洋）论诗之语散见于所著《池北偶谈》诸书中，未有专帙。”①大概是他既未见到张宗枏所辑《带经堂诗话》，又与翁方纲缺少交流。其实这部诗话早在乾隆二十七年（1762）已经刊刻②，且翁方纲至迟在乾隆三十年（1765）之前就已读过这部著作③。不过纪昀的疏失很快被人弥补了，张宗泰《鲁岩所学集》、李慈铭《越缦堂诗话》、张之洞《书目答问》均叙录这部诗话，并评价颇高。④ 如今，随着人民文学出版社戴鸿森先生（笔名夏闳）校点本《带经堂诗话》的出版，《带经堂诗话》已成为当代研究者了解渔洋诗学的重要基础文献。

《带经堂诗话》并非仅辑录渔洋论诗之语。张宗枏结合前人论述，在相关条目之后补充了大量材料，这就是“附识”和“案语”。据人民文学出版社校点本统计，“附识”约160条、“案语”约60条（为行文方便，以下把“附识”与“案语”统称为“附识”），规模并不算小。张宗枏虽然自谦说“所见不广，择焉不精，弥增惭恧”⑤，但仔细研读不难发现，“附识”皆有感而发，既有助于准确理解把握渔洋诗学的内涵，又是研究渔洋诗学接受史的原始资料，值得关注。

---

* 作者简介：王宏林，河南大学文学院，副教授。

① 〔清〕永瑢等撰：《四库全书总目》卷一九六，中华书局1965年版，第1793页。

② 蒋寅先生指出《带经堂诗话》有乾隆二十七年（1762）南曲旧业刊本，见蒋寅《清诗话考》，中华书局2005年版，第283页。张寅彭先生指出有乾隆二十五年（1760）刊本，见张寅彭《新订清人诗学书目》，上海古籍出版社2003年版，第51页。

③ 翁方纲《石洲诗话》卷六云：“海盐张氏刻有《带经堂诗话》一编，于渔洋论次古今诗，具得其概，学者颇皆问诗学于此书。”见郭绍虞编选、富寿荪校点《清诗话续编》，上海古籍出版社1983年版，第1493页。

④ 张宗泰《跋张宗枏带经堂诗话》云：“特是宗枏于渔洋谈艺之言，条分件系，各归伦类，颇有便于检阅。又多称引他家之说，用相印证，即所附谈诗诸作，多深中理解。知其于此事用力亦深，将来附骥尾以自见于后，亦非幸致。”见张宗泰《鲁岩所学集》卷一四，沈云龙主编《近代中国史料丛刊续编》第十七辑，台湾文海出版社1974年版，第903页。李慈铭《越缦堂读书记》云：“张君备为搜集，心力颇勤，亦可谓有功艺苑者矣。”见李慈铭《越缦堂读书记》，中华书局1963年版，第1040页。张之洞《书目答问》云：“王诗虽专一派，此编论诗，详允无弊，便于学者。”见〔清〕张之洞著，范希曾补正《书目答问补正》，江苏古籍出版社2000年版，第286页。

⑤ 〔清〕王士禛著，〔清〕张宗枏纂集，夏闳校点：《带经堂诗话·纂例》，人民文学出版社1963年版，第3～4页。

一、"附识"的主要内容

传统诗话出于以资闲谈的目的，比较重视记录朋辈交游、诗坛轶事、赏鉴名篇佳句。严羽《沧浪诗话》之后，诗话的理论系统性大大增强，出现了《艺苑卮言》《诗薮》《诗源辩体》等众多规模宏大、理论体系严密的著作。限于体例，张宗柟"附识"主要围绕此书的编撰和渔洋诗学而发，内容大致限于解释说明、补充深化和自立新说三个方面。

解释说明是"附识"的主要内容，在220条"附识"中，此类约130条，占绝大多数。作为一部系统纂辑渔洋诗学的论著，张宗柟首先要面临来自读者的质疑：这部诗话能否全面客观反映渔洋诗学？在《自序》和《纂例》中，张宗柟详细说明了编纂宗旨、体例结构，甚至列出《汇纂书目》，力图表明此书的编纂严谨而完善。在"附识"中，张宗柟仍不断强调这一点，如"品藻类"录《香祖笔记》论《出师表》《陈情表》之语，"附识"云："愚纂是编，剪截诸条，首尾一归诗话。唯论文及词，间有与诗意相参者，则仍之。若此条语气直下，无从节录，更非他条可比。览者勿讶其拦入也。余放此。"①对诗话选入论文之语加以说明。又"名物类"录《古夫于亭杂录》关于《诗经》"黾勉从事"的解释，"附识"云："山人世业《毛诗》，凡有考辨，以《序说》为宗，《集传》为非，即其援证纷纶，大指总不越此。然自属经解，无庸阑入。间有循流溯源，为诗家积石之导，已录数则，列之前卷。至于名物笺疏，或具别解，后来亦复常用，如此卷所采，博闻者或有取诸。"②详细解释为何要把渔洋关于经书的论述收入诗话。除说明编撰体例外，张宗柟之"附识"还对渔洋诗学的内涵进行了解释说明，为读者准确理解渔洋诗学提供帮助。如"纂辑类"录渔洋《古诗选·凡例》，"附识"云：

> 山人选诗大旨，具此凡例中，其于五七言分界处，不啻开钥以示矣。顾耳食者群怵于盛名，而漫不加省；腹诽者致疑于创论，而靡所适从。不知源流派别，唐宋诸贤特未尽言，至遗山微引其端，山人乃从而大畅其旨耳。曩时蒿庐先生跋所钞遗山诗曰：陵川郝伯常作元氏墓志云：先生以五言雅为工，而出奇于长句杂言。余观集中有《东坡诗雅引》云："五言以来，六朝之谢陶，唐之陈子昂、韦应物、柳子厚，最为近风雅。自余多以杂体为之。杂体愈备，则去风雅愈远，其理然也。"又有《别李周卿》诗云："古诗十九首，建安六七子，中间陶与谢，下逮韦柳止。"乃知王渔洋《五言诗凡例》，其论实本于此。读书如吾友，方许具只眼。若歌行大篇，杜、韩、苏三家卓绝千古。后学笔力苦孱，又未识其波澜意度所在，因而束身中晚，或则哆口初唐，摹拟徒工，意境愈狭矣。益叹山人所钞与元氏吻合，固至当归一之论也。③

张宗柟先指出《古诗选·凡例》是渔洋诗学宗旨的集中体现；然后引徐昂霄之论，认为渔洋对五古发展流变的论述受到了元好问的影响；最后指出，渔洋论七古对宋、元、明三代诗人评价较高，这种定位与明七子推崇初唐七古和清初钱谦益等人推崇中晚七古完全不同。整条"附识"既点明了《凡例》的重要性，揭示了渔洋诗学的渊源和独特内涵。又如"赋物类"辑录了渔洋论梅花诗创作，"附识"云：

> 神韵二字尤咏物家三昧，自非天机清妙，含毫邈然，纵隶事极工，绘形唯肖，只似画苑中一派，去徐黄写生远矣。王尚书弇州云：咏物诗至难得佳，花鸟尤费手，大抵拈则滞，切则俗，惜格则远，惜情则卑。数语入妙，非其人不知。如青邱"雪满山中"一联，至今脍炙人口，《艺苑卮

① 〔清〕王士禛著，〔清〕张宗柟纂集，夏闳校点：《带经堂诗话》卷一，人民文学出版社1963年版，第41页。

② 〔清〕王士禛著，〔清〕张宗柟纂集，夏闳校点：《带经堂诗话》卷一六，人民文学出版社1963年版，第464页。

③ 〔清〕王士禛著，〔清〕张宗柟纂集，夏闳校点：《带经堂诗话》卷一二，人民文学出版社1963年版，第97页。

言》亦采之，山人独斥为俗格，具眼若斯，可空古今作者。又案：梅诗殊少全璧，逋翁两联犹有此憾，后来如放翁"孤城小驿初飞雪，断角残钟半掩门"，妙绝之联，前后亦复不称。"倚竹真成绝代人"，并难乎为对矣。至方虚谷所选梅花一类，及郭梅岩《梅花字字香》、僧中峰《梅花百咏》，所谓诗愈多而神愈远尔。今之调铅吮粉者，奈何令梅花笑人也。①

渔洋在论梅花诗创作时，认为咏物诗贵在神韵，并把高启的"雪满山中高士卧，月明林下美人来"视为"俗格"。张宗柟对此深为赞同，"附识"重申"神韵"是咏物诗成败的关键及王世禛推崇高启梅花诗的失当，进而指出方回、郭梅岩、僧中峰所选梅花诗皆非上乘之作。整条"附识"围绕渔洋"咏物之作，须如禅家所谓不黏不脱，不即不离，乃为上乘"之论而发，对渔洋诗学进行了比较具体的说明。从这类"附识"可以看出，张宗柟编纂《带经堂诗话》固然是对渔洋诗学的系统归纳整理，但去取之间包含着他对渔洋诗学价值的评判和感受，这类"附识"既有助于理解渔洋诗学，又有助于考察后世对渔洋诗学的接受。

另外，还有近七十条"附识"通过征引他人诗论主张，对渔洋相关诗学进行了补充或深化。这类"附识"多在"综论""悬解""总集""众妙"门中，涉及诗歌的体制、品藻、作法、风格等诗学核心问题。如"真诀类"辑七古作法，"附识"云：

《艺苑卮言》："七言歌行，靡非乐府，然至唐始畅。其发也如千钧之弩，一举透革，纵之则文漪落霞，舒卷绚烂。一入促节，则凄风急雨，窈冥变幻，转折顿挫，如天骥下坂，明珠走盘。收之则如橐声一击，万骑忽敛，寂然无声。"又云："歌行有三难：起调一也，转节二也，收结三也，唯收为尤难。如作平调，舒徐绵丽者，结须为雅词，勿使不足，令有一唱三叹意。奔腾汹涌，驱突而来者，须一截便住，勿留有余。中作奇语，峻夺人魄者，须令上下脉相顾，一起一伏，一顿一挫，有力无迹，方成篇法。此是秘密大藏印可之妙。"予夙爱其语，前贤曾未及此，录之。②

《艺苑卮言》对七古起调、转节、收结的论述相当翔实，张宗柟补充这条材料有助于我们了解渔洋诗学的理论渊源，也能为学诗者指明更加具体的作诗门径。

又如"佳句类"所录《渔洋诗话》云："吾郡海丰杨太宰梦山(巍)先生《存家稿》八卷，余删定为三卷，刻于京师。谓其五言简古得陶体，五言近体，声希味澹，固是间代清律，明作者自高苏门之外，未见其比。""附识"云：

《静志居诗话》：梦山与中麓、沧溟同郡，而其诗远法右丞、左司，近取苏门，不蹈章邱粗鄙之音，不堕历下叫嚣之习，信豪杰之士也。当嘉靖初，北地、信阳朝华已谢，沧溟集盛唐人字句以为律，一时宗之，正犹隋苑剪彩成花，浅碧深红未尝不眩人目，然生意绝少。此时读梦山诗，如水仙十囊、江梅一萼，嫣然薄冰残雪之外，有不爱惜者耶！③

渔洋只是泛论杨巍五古学陶，认为其五律也富有神韵。张宗柟所引《静志居诗话》则从明代复古主流诗潮的角度，肯定了杨巍诗歌对唐人的学习不流于形貌，迥异于七子复古之习，尤为可贵。相较而言，《静志居诗话》的论述比渔洋要详细具体很多，张宗柟补充这条材料可使读者对杨巍的诗歌艺术成就和诗坛地位的理解更加深刻。这类"附识"多引述他人相关诗学主张，有助于理解渔洋诗学的渊源以及渔洋诗学与同时期朱彝尊、宋荦等人诗学的异同，诗学价值最为巨大。

---

① 〔清〕王士禛著，〔清〕张宗柟纂集，夏闳校点：《带经堂诗话》卷一二，人民文学出版社1963年版，第306页。
② 〔清〕王士禛著，〔清〕张宗柟纂集，夏闳校点：《带经堂诗话》卷三，人民文学出版社1963年版，第77页。
③ 〔清〕王士禛著，〔清〕张宗柟纂集，夏闳校点：《带经堂诗话》卷一二，人民文学出版社1963年版，第290页。

值得注意的是，张宗柟虽然对渔洋极其崇拜，但并未盲从，还有近二十条"附识"是自立新说，专门矫正渔洋诗学之误。有些"附识"是张宗柟自己的亲身感受，有些是转述与徐昂霄、张宗橚等亲友论诗之语。如渔洋《古夫于杂录》云："稻花、豆花，麦秀黍离皆以入诗，荞麦为五谷最下之品，而其花殊娇艳，唐人诗云：'日落鸦飞散，满庭荞麦花。'荞麦自田野间物，讵可植之庭中？此较边华泉'庭中何所有，有萱复有芋'，尤可议。白乐天诗'自起开门望野田，月明荞麦花如雪'，差不谬耳。""附识"辨析道：

北地荞麦是处有之，余少客河南密县，偶步村庄，篱落间常见此花。窃谓诗人托物书怀，若近若远，未须泥定句字，与白诗一例论也。玩唐句"日落鸦飞"明写荒寒之景，此中意境萧寥，岂其广庭曲砌逌尔自适者耶？且花殊娇艳，何渠不可植之庭中耶？弇州议边诗"芋岂庭中佳物"云云，持论稍拘，前贤亦偶同也。①

渔洋认为荞麦不应该种植在庭院中，因此温庭筠"日落鸦飞散，满庭荞麦花"有违常理，边贡"庭中何所有，有萱复有芋"也是如此。张宗柟结合亲身经历认为荞麦可以在庭院中种植，又提出诗家托物书怀，不必拘泥于日常生活经验，立论颇为通达。

又如渔洋《池北偶谈》云："予尝见一布衣有诗名者，其诗多有格格不达，以问汪钝翁编修，云：'此君坐未尝解为时文故耳。'时文虽无与诗古文，然不解八股，即理路终不分明。近见王恽《玉堂嘉话》一条，鹿庵先生曰：作文字当从科举中来，不然而汗漫披猖，是出入不由户也。亦与此意同。"张宗柟对此并不认同，"附识"云：

勇参述蒿庐先生云：如钝翁言，未有八股以前，理路俱不分明耶？今之解八股者，理路果尽分明耶？此亦钝翁主张时文太过之论，余为更其语曰：此君坐未尝解为古文故耳。又云：谓作诗者理路不可不分明，是也。谓理路分明，必由于作八股，其然岂其然！又云：今世所谓古文，非古文也，乃散体时文耳。甚者，并起承转合之法而灭裂之，一派胡诨，是更出时文之下矣。然则钝翁所言似亦未可厚非。又《柳南随笔》：邑诸生王某与钱木庵良择友善，见木庵工吟咏，王亦间效之。一日，木庵过其居，适几上有所作诗，方欲取视，而王藏去不肯出。木庵问是何著作，王不对。木庵笑曰：吾知之矣，此必七字时文也。噫，今之秀才撑肠无字，漫学婆和，其不为七字时文也者几希！②

渔洋、汪琬都强调诗歌结构应有内在理路，正如八股文讲究起承转合一样，诗歌也要结构严密、富有条理。张宗柟先引其友徐昂霄的言论，又引《柳南随笔》，讽刺以时文为诗歌的创作方法。他认为诗歌应该借鉴古文写法，讲究理路即可，不必限于八股文法。即使借鉴，也不能像王恽主张的"作文字当从科举中来"那样。从这些论述来看，张宗柟编辑《带经堂诗话》的态度相当严谨，对渔洋诗学的思考也相当深刻。

总之，张宗柟在辑集《带经堂诗话》时，基于客观求实的态度，补充了大量材料。这些考释、补证、商榷之语决非画蛇添足，它们与诗话原文互相补充，有助于更加准确、深入地理解渔洋诗学的内涵及其理论渊源。清人张宗泰《再跋带经堂诗话》称赞说"于本书多所裨益""所见亦甚是"③，当非虚语。

---

① 〔清〕王士禛著，〔清〕张宗柟纂集，夏闳校点：《带经堂诗话》卷一六，人民文学出版社1963年版，第465页。

② 〔清〕王士禛著，〔清〕张宗柟纂集，夏闳校点：《带经堂诗话》卷二七，人民文学出版社1963年版，第755页。

③ 〔清〕张宗泰：《鲁岩所学集》卷一五，见沈云龙主编《近代中国史料丛刊续编》第十七辑，台北文海出版社1974年版，第905页。

二、对《谈龙录》排击渔洋的回应

渔洋去世后一度受到众多非议，其中赵执信最为激烈。《谈龙录》即针对渔洋诗学而发，《四库全书总目》评论此书道："执信为王士禛甥婿，初甚相得。后以求作《观海集》序不得，遂至相失。因士禛与门人论诗，谓当作云中之龙，时露一鳞一爪，遂著此书以排之。"①张宗柟对《谈龙录》这些攻击渔洋的言论均有回应，鲜明地体现出了维护渔洋的倾向。

赵执信排击渔洋，影响较大的是"阮翁酷不喜少陵"。此论的依据是赵执信所闻渔洋对客之语，证据并不算确凿。但是，由于杜甫的巨大影响力，再加上《唐贤三昧集》确实未选杜甫，故渔洋不喜杜甫几成乾隆诗坛的共识和渔洋的主要罪状。沈德潜《重订唐诗别裁集序》云："新城王阮亭尚书选《唐贤三昧集》，取司空表圣'不着一字，尽得风流'、严沧浪'羚羊挂角，无迹可求'之意，盖味在盐酸外也。而于杜少陵所云'鲸鱼碧海'，韩昌黎所云'巨刃摩天'者，或未之及。"②沈德潜在此指出渔洋所言"神韵"与杜甫提倡的"鲸鱼碧海"并不相容，间接批评了渔洋不接纳杜甫。袁枚《随园诗话》亦云："要知唐之李、杜、韩、白，俱非阮亭所喜。因其名太高，未便诋毁；于少陵亦时有微词，况元、白乎？"③袁枚亦认同《谈龙录》的论断。张宗柟不同意这种论调。《带经堂诗话》录有渔洋指责祝允明崇李贬杜的材料："祝允明作《罪知录》，论唐诗人，尊太白为冠；而力斥子美，谓其'以村野为苍古，椎鲁为典雅，粗犷为豪雄'，而总评之曰：'外道。'李则《凤凰台》一篇，亦推绝唱。狂悖至于如此，醉人骂坐，令人掩耳不欲闻。"④王渔洋批评祝允明此论为"狂悖""醉人骂坐"。张宗柟特意在"附识"中加以强调：

> 《谈龙录》："阮翁酷不喜少陵，特不敢显攻之，每举杨大年'村夫子'之目以语客。"观集中所论，其推少陵至矣。如此条指斥京兆，殆无余地。官赞云云，或者有为言之尔。⑤

张宗柟认为《谈龙录》所言并不真实，渔洋对杜甫推崇备至，"或者有为言之尔"暗示赵执信罔顾事实排击渔洋的不良用心。另外，在《外纪门》中，张宗柟又单列"评杜类"，汇辑了渔洋评点杜诗之材料八十多条，集中展示了渔洋对杜诗某些篇章的推赏⑥，"附识"云："山人评杜惜未睹其全，只就传本录存，中间有击赏其至者，有直斥其非者，著语无多，必中肯綮，手眼故不犹人也。《谈龙录》所言，适见其诬尔。"⑦平心而论，渔洋提倡"神韵"，标举王、孟的同时并不排斥李、杜，其宗旨乃"古澹闲远"与"沉著痛快"的综合。诚如郭绍虞所言："他便想于神韵风调之中，内含雄浑豪健之力，于雄浑豪健之中，别具神韵风调之致。这才是他理想的诗境，这才是所谓神韵的标准。"⑧张宗柟对赵执信"阮翁酷不喜少陵"的反击是非常有力的。

赵执信对《唐贤三昧集》这部著名选本也多有指责，《谈龙录》云：

> 山阳阎百诗（若璩），学者也。《唐贤三昧集》初出，百诗谓余曰："是多舛错，或校者之失，

---

① 〔清〕永瑢等撰：《四库全书总目》卷一九六，中华书局1965年版，第1794页。

② 〔清〕沈德潜：《唐诗别裁集》，上海古籍出版社1979年版，第3页。

③ 〔清〕袁枚：《随园诗话》卷三，人民文学出版社1982年版，第80页。

④⑤ 〔清〕王士禛著，〔清〕张宗柟纂集，夏闳校点：《带经堂诗话》卷二，人民文学出版社1963年版，第60页。

⑥ 翁方纲《石洲诗话》专列"渔洋评杜摘记"一卷，指出《带经堂诗话》所录渔洋评杜材料多有误收，但仍然肯定渔洋评杜的价值。

⑦ 〔清〕王士禛著，〔清〕张宗柟纂集，夏闳校点：《带经堂诗话》卷三〇，人民文学出版社1963年版，第855页。

⑧ 郭绍虞：《中国文学批评史》，百花文艺出版社2008年版，第598页。关于王士禛推崇杜甫的详细辨析可参看张忠纲先生《渔洋论杜》一文，载《文学评论》1987年第4期。

然亦足为选者累。如王右丞诗:'东南御亭上,莫使有风尘。''御'讹'卸',江、淮无卸亭也。孟襄阳诗:'行侣时相问,涔阳何处边。''涔'误'浔',涔阳近湘水,浔阳则辽绝矣。祖咏诗:'西还不遑宿,中夜渡京水。''京'误'泾',京水正当圃田之西,泾水则已入关矣。"余深韪其言,寓书阮翁,阮翁后著《池北偶谈》,内一条云:诗家惟论兴会,道里远近,不必尽合。如孟诗:"暝帆何处泊,遥指落星湾。"落星湾在南康云云。盖潜解前语也。噫!受言实难!夫遥指云者,不必此夕果泊也,岂可为浔阳解乎?

百诗考据精核,前无古人。好为诗,自谓不工,然能知其指归。余与申论《三昧集》曰:右丞云:"人闲桂花落,夜静春山空。"诸家曲为之解,当阙疑也。储光羲云:"山云拂高栋,天汉入云流。"下句"云"字定误,不轻改正可也。漫而取之,使人学之可乎?李颀《缓歌行》,夸炫权势,乖六义之旨。梁锽《观美人卧》,直是淫词,君子所必黜者。百诗大以为然。比岁阮翁深不欲流布《三昧集》,且毁《池北偶谈》之刻,其亦久而自知乎?①

赵执信借阎若璩之口批评《唐贤三昧集》疏于考证,又言此选选诗不当,不该选录李颀《缓歌行》和梁锽《观美人卧》这类不符合儒家诗教传统之作,甚至说渔洋曾亲口否定《唐贤三昧集》和《池北偶谈》。张宗柟则替渔洋开脱,"附识"云:

卷中指斥诸诗,特举其尤甚者,余可类推。乃赵宫赞秋谷《谭龙录》以"沉舟侧畔"为有道之言,而于山人所论多不满意,何犹踵白博之谬邪?至论《三昧集》中右丞、太祝诗字句疑讹,东川《缓歌行》词旨夸耀,不当漫取,亦属拘墟。且云:"比岁阮翁久而自知,深不欲流布是书,且悔《池北偶谈》之刻。"语语龋齿,然乎否耶?唯于梁锽《观美人卧》一首,訾之良是。予反复其诗,既乖正则,又鲜古音,与沧溟取万楚之作均不可解。又案:《三昧集》前后二序,皆云四十二人,今雕本凡四十三人,或编次者误入此首,未可知也。②

张宗柟虽然认同《谈龙录》对《唐贤三昧集》选录梁锽《观美人卧》的批评,但又为渔洋开脱,说可能是"编次者误入此首"。至于渔洋欲毁《三昧集》的说法,张宗柟视为"语语龋齿",是赵执信对渔洋的陷害不实之词。"附识"又言:

诗家唯论兴会,道里远近不必尽合,此神到之作,古人有之,后人正借口不得。或谓山人此条有为而言,潜以自解者,则又非也。③

此论针对《谈龙录》言《唐贤三昧集》误"涔阳"为"浔阳"而发,张宗柟认为诗歌不必拘泥于生活或历史真实,并否定《谈龙录》"潜解前语"之论。平心而论,阎若璩批评《唐贤三昧集》疏于考证,相当有说服力,此处张宗柟的维护有些牵强。

此外,赵执信批评渔洋有些作品过于讲究修辞文字之美,致使情感的表达不太贴切,这个缺点在《南海集》的留别诗中更是明显。张宗柟对此回应道:

芷斋述蒿庐先生云:"御亭一回望,风尘千里昏。"梁庾肩吾《乱后行经吴御亭作》起语也。渔洋《南海集·留别》诗起句亦似本此,而忘其语意之不伦耳,宜为秋谷所讥矣。今案《谈龙录》:《南海集》首章《留别诸子》云:"芦沟桥上望,落日风尘昏。"云云。不识谪宦迁客更作何语?次章《与友夜话》云:"寒宵共杯酒,一笑失穷途。"穷途定何许?非所谓诗中无人者耶?窃谓前条所指良是;玩次章结处,"穷途"乃属友人,宫赞并此訾之,则题中明著"慰余澹心处士"

① 〔清〕赵执信:《谈龙录》,见《清诗话》,上海古籍出版社1978年版,第312~313页。
② 〔清〕王士禛著,〔清〕张宗柟纂集,夏闳校点:《带经堂诗话》卷二,人民文学出版社1963年版,第56页。
③ 〔清〕王士禛著,〔清〕张宗柟纂集,夏闳校点:《带经堂诗话》卷三,人民文学出版社1963年版,第68页。

语，未免掉以轻心已。①

赵执信以《南海集》为例批评渔洋的一些作品过于哀伤凄婉，不符合受命出使的身份，因为渔洋离京乃是受命祭祀南海，并非被贬离朝。张宗柟认为《谈龙录》对前章的批评言之有理②，但次章包含着渔洋对友人的劝慰，符合送别的场景，自然不应该受到批评。

张宗柟并不回避渔洋诗学的不足，在“附识”中对赵执信的一些主张表示了赞同：

《谈龙录》：“顷见阮翁杂著，呼律诗为格诗，是犹欧阳公以八分为隶也。近时西亭汪氏编订白香山诗，有云：唐人诗集中无号格诗者，即大历以还有齐梁格、元白格、元和格、葫芦、辘轳、进退诸格，多兼律诗而言，不专主古体也。顾格诗之义虽无考，而见诸公之文章者可证。《元少尹集序》：宗简，河南人，著格诗若干首，律诗若干首。由是观之，格者，但别于律诗之谓。公前集既分古调、乐府、歌行，以类各次于讽谕、闲适、感伤之卷，后集不复分类别卷，遂统称之曰格诗耳。时本于格诗下复系歌行、杂体字，是以格诗另为古诗之一体矣，岂元少尹生平独不为歌行杂体乎？况公后集自序曰：迩来复有格律诗。《洛中集记》亦曰：分司东都，及兹十二年，其间赋格律诗凡八百首。初未尝及歌行、杂体者，固以格字该举之也。”按：此则《文粹》所录全是格诗，而以此称属之律体，误矣。赵氏之论固未可概非尔。③

赵执信批评渔洋混淆“格诗”与“律诗”，并举《元少尹集序》，强调“格诗”为古体诗的一种，并不是律诗。张宗柟对此非常认同。“附识”又云：

《谈龙录》：余门人方扶南世举尝问曰：“阮翁其大家乎？”曰：“然。”“孰匹之？”余曰：“其朱竹垞乎！王才美于朱，而学足以济之；朱学博于王，而才足以举之，是真敌国矣。他人高自位置，强颜耳。”曰：“然则两先生殆无可议乎？”余曰：“朱贪多，王爱好。”按：同时诸家称山人诗，溢美或亦有之，其奉为大家，实无异词。宫赞意多不满，而推引如是，且持议甚平，固知言之选也。④

赵执信认为朱彝尊和王士禛可以并称为诗坛大家，但“朱贪多，王爱好”，各有偏至。所谓“贪多”，即朱彝尊以才学见长，兴会有时不举；所谓“爱好”，即作品刻意修饰，故真情稍缺⑤。赵执信的这种观点对渔洋有讥讽之意，影响深远。但张宗柟在引用时，把这种观点理解为“推引”，并誉为“持议甚平”“知言之选”，似乎是误解了赵执信。

从渔洋去世后关于渔洋诗坛地位的争论来看，维护者有沈德潜、翁方纲等在朝重臣，不满者有赵执信、袁枚等在野名士。沈德潜有《王新城尚书寄书尤沧湄宫赞，书中垂问鄙人，云：“横山门下尚有诗人。”不胜今昔之感，末并述去官之由，云与横山同受某公中伤，此新城病中口授语也。感赋四章，末章兼志哀挽》⑥，对渔洋极尽推崇感念之情。乾隆三十年（1765），乾隆问及清代诗坛的成就，沈德潜把渔洋推举为清诗第一人。在沈德潜的请求下，乾隆特意下谕追谥渔洋“文简”，并恢复“王士祯”之名。翁方纲为渔洋再传弟子，推奖渔洋更是不惜余力。相对而言，

---

① 〔清〕王士禛著，〔清〕张宗柟纂集，夏闳校点：《带经堂诗话》卷一五，人民文学出版社1963年版，第404页。

② 蒋寅先生对此条有精彩的分析，核心观点是认为赵执信对此诗的批评过于苛刻。见《王渔洋与康熙诗坛》，中国社会科学出版社2001年版，第201～202页。

③ 〔清〕王士禛著，〔清〕张宗柟纂集，夏闳校点：《带经堂诗话》卷四，人民文学出版社1963年版，第108页。

④ 〔清〕王士禛著，〔清〕张宗柟纂集，夏闳校点：《带经堂诗话》卷八，人民文学出版社1963年版，第201页。

⑤ 袁枚曾云：“阮亭主修饰，不主性情，观其到一处必有诗，诗中必用典，可以想见其喜怒哀乐之不真矣。”见〔清〕袁枚《随园诗话》卷三，人民文学出版社1982年版，第80页。

⑥ 〔清〕沈德潜：《归愚诗钞》卷一二，见潘务正、李言编辑点校《沈德潜诗文集》，人民文学出版社2011年版，第230页。

排击渔洋的赵执信、袁枚等人虽然官位较低，但其影响力并不逊于当朝巨卿。赵执信的《谈龙录》、袁枚的《随园诗话》中有颇多对渔洋的不屑之词，袁枚甚至有"一代正宗才力薄，望溪文章阮亭诗"（《仿元遗山论诗》三十八首之一）之论。从张宗柟对渔洋的维护来看，乾嘉时期对渔洋诗坛地位的争论并不涉及在朝与在野之分，在乾嘉众多普通诗家那里，渔洋同样具有巨大的影响力。

三、"附识"与乾嘉诗学之离合

从"附识"体现的诗学观念来看，张宗柟论诗深受乾嘉诗风和渔洋诗学的影响，他对两者的接受并没有主次或先后之分。作为拥护者，张宗柟对渔洋诗学多有认同或附和，但并不盲从；作为时代的亲历者，张宗柟论诗自然深受乾嘉诗学新风的影响，但也没有完全被时代左右，呈现出不主一家、兼综并取的特点。

首先，"附识"体现了鲜明的重学风尚。渔洋论诗，本不废学。但从《带经堂诗话》来看，渔洋只是读书范围较广，比较留意声律、训诂、用典、史地考证等问题，与乾嘉众多诗人重视考据的实学风尚全然不同。翁方纲《志言集序》云："士生今日，经籍之光，盈溢于世宙，为学必以考证为准，为诗必以肌理为准。"①标榜以考据入诗。翁氏之外，桂馥、蒋士铨、程晋芳、吴锡麒、王昶、纪昀、潘有为、冯敏昌等众多诗家也有相当数量的这类作品。值得注意的是黄景仁这位以天分而著称的诗人，入都之后受此影响，创作了《王兰泉先生斋头消寒夜集，观邝湛若天风吹夜泉砚作歌》《丙申冬于王述庵通政斋见邝湛若八分铭天风吹夜泉研为作歌，今覃溪先生复出邝书洗研池三字拓本与研铭合装属题，池在广州光孝寺，邝读书处也，先生视学广东曾访之》《丛竹图，为金光禄素中题》《汉吉羊洗歌，在程鱼门编修斋头作》等大量鉴古品画之作②。在这种风气下，乾嘉众多诗家开始对"学人之诗"进行深入辨析，并试图把它树立为与《风》诗传统相提并论的诗歌正宗。如陈文述《顾竹峤诗叙》云：

> 有诗人之诗，有才人之诗，有学人之诗。汉魏以来，陶之冲淡，鲍之俊逸，小谢之清华，王、孟、韦、柳之隽永澄澹，诗人之诗也。陈思之沉郁，康乐之生新，太白、东坡之旷逸朗秀，才人之诗也。韦孟之讽谏，张华之励志，少陵之时事，香山之讽谕，邵尧夫之温厚，陆放翁之忠爱，元遗山之睠怀故国，学人之诗也。国朝诗人辈出，踵武前代，亭林、桴亭为学人，愚山、渔洋为诗人，梅村、迦陵为才人。乾嘉以来，……为学人之诗者，娄东萧樊村一人而已。③

陈文述把诗歌分为"诗人之诗""才人之诗""学人之诗"三类，清代以前的"学人之诗"有韦孟《讽谏诗》、张华《励志诗》、杜甫时事诗、白居易讽谕诗及邵雍、陆游、元好问之作，清代早期创作"学人之诗"的有顾炎武、陆世仪，中期有萧抡。从陈文述的论述来看，"学人之诗"的标准有两个：一是题材内容反映社会现实、体现儒家伦理道德观念和政治理想；二是作者具有学者身份。孙原湘则结合《诗经》对"学人之诗"加以辨析，《黄琴六诗稿序》云：

> 言志之谓诗，而所以文其言者殊焉。有诗人之诗，有学人之诗。同一言德行，而《抑戒》学人之诗，《雄雉》则诗人之诗。同一饮酒，而《伐木》诗人之诗，《宾筵》则学人之诗。此辨之于

---

① 〔清〕翁方纲：《复初斋文集》卷四，《续修四库全书》本，第1455册，第391页。

② 李圣华先生《黄仲则与清中叶考据学风》对此有比较深入的分析，载《文艺研究》2007年第8期。

③ 〔清〕陈文述：《颐道堂文钞》卷一，《续修四库全书》本，第1505册，第553页。

气息，辨之于神味，不当于字句间求之也。①

《抑戒》属《大雅》，《毛诗序》云："《抑》，卫武公刺厉王，亦以自警也。"《雄雉》属《邶风》，《毛诗序》云："《雄雉》，刺卫宣公也。淫乱不恤国事，军旅数起，大夫久役，男女怨旷，国人患之而作是诗。"②《伐木》属《小雅》，《毛诗序》云："《伐木》，燕朋友故旧也。自天子至于庶人，未有不须友以成者，亲亲以睦，友贤不弃，不遗故旧，则民德归厚矣。"③《宾筵》也属《小雅》，《毛诗序》云："《宾之初筵》，卫武公刺时也。幽王荒废，媟近小人，饮酒无度，天下化之，君臣上下，沉湎淫液，武公既入而作是诗也。"④从以上作品的所属类别及表现手法特点来看，孙原湘所言"诗人之诗"应该侧重以曲折委婉的手法抒情言志，如《雄雉》"雄雉于飞，泄泄其羽"，《伐木》"伐木丁丁，鸟鸣嘤嘤"，均托物起兴。他认为"学人之诗"的特点是赋陈时事，直言道理。如《抑戒》"訏谟定命，远犹辰告""匪面命之，言提其耳"，《宾筵》"宾之初筵，左右秩秩。笾豆有楚，肴核维旅"，其写法与《雄雉》《伐木》讲究比兴明显不同。综合来看，乾嘉诗家眼中"学人之诗"的本质特点是关注国家政治事务，作者具有比较深厚的经术根柢，表现手法讲究铺叙或说理，主要继承《雅》《颂》传统而来。乾嘉之前，由于受"诗言志"传统观念的影响，主流诗学视"诗人之诗"为正宗。随着乾嘉考据学的兴盛，通经汲古成为时代风尚，"学人之诗"渐受推崇，以学问入诗也逐渐被众多诗家接受。

张宗柟"附识"中的大量考证之语正是乾嘉重学之风的体现，如"字义类"论诗歌用字：

> 《野客丛书》：《汉皋诗话》曰：字有颠倒可用者，如罗绮、绮罗之类，方可纵横，唯韩愈、孟郊辈才豪，故有"慨慷"之语，后人亦难仿效。仆谓"慨慷"二字，退之、东野亦有所祖，前后名人如左太冲、张文昌、王昌龄、岑参等，皆用此语。古人颠倒用字，又不特"慨慷"而已，"凄惨"作"惨凄"，"琴瑟"作"瑟琴"，"参商"作"商参"，皆随韵而协之耳。又如"绸缪"二字，张敞则曰："内饰则结缪绸。"近《韩诗笺注》云：元和诗人皆好颠倒，如卢仝有"揄揶"，白居易有"摩揣"，退之以"参差"为"差参"，又有"湖江""白红""慨慷"之句，大抵两字两义者可，两字一义者不可。愚按倒用成字，随韵而协，《三百篇》已下，唯汉及唐人始足据依，如方注云云尚自鹘突，盖以"西巴"为"巴西"，虽在山谷，未免趁韵耳。⑤

张宗柟征引宋代王楙《野客丛书》，列举大量实例来说明前人诗歌多有颠倒用字的情况。然后，举清代方世举《韩昌黎诗集编年笺注》，认为两字两义者可以颠倒，进而总结颠倒用字的规律是"随韵而协"。这种列举大量实例再总结规律的做法正是清代考据学家经常运用的归纳法。类似的论证方式在"附识"中比比皆是，如在"音训类"中，张宗柟引《柳南随笔》论"旂"入微韵，与"旗"不同音；引《经典释文》《柳南随笔》《礼记》《尔雅》等著作论"华""番""靡""嶷""齐"等字的读音；引《广韵》《左传》论"应为人姓未有作仄声用者"；引《大唐新语》论"笭箵"的读音，详细分析了字的不同读音，强调

---

① 〔清〕孙原湘：《天真阁集》卷四一，《续修四库全书》本，第1488册，第326页。

② 〔东汉〕郑玄笺，〔唐〕孔颖达等正义：《毛诗正义》卷二之二，《十三经注疏》本，上海古籍出版社1997年版，第302页。

③ 〔东汉〕郑玄笺，〔唐〕孔颖达等正义：《毛诗正义》卷九之三，《十三经注疏》本，上海古籍出版社1997年版，第410页。

④ 〔东汉〕郑玄笺，〔唐〕孔颖达等正义：《毛诗正义》卷一四之三，《十三经注疏》本，上海古籍出版社1997年版，第484页。

⑤ 〔清〕王士禛著，〔清〕张宗柟纂集，夏闳校点：《带经堂诗话》卷一五，人民文学出版社1963年版，第414～415页。

"字有异音自须详核"。[①] 另外,张宗柟在"名物类"中,引《记事珠》论鸟之别名、花之别名[②];在"古器类"中,引《柳南随笔》《蓉槎蠡说》论宣德炉[③],又引《曝书亭集》《南宋杂事诗注》《五杂俎》《四部稿》《古括遗芳》《成窑鸡缸歌注》《蓉槎蠡说》等文献详论瓷器成色[④];在"韵事类"中,引《记事珠》论草之别名[⑤];在"诙谐类"中,引《在园杂志》论裘之种类[⑥],这些补充说明文字对相关名物和文字韵读进行了详细考证,有些"附识"长达1500字,体现出了鲜明的乾嘉考据之风。

其次,"附识"中对许多诗学问题的看法也与乾嘉主流思潮相一致。如四唐诗歌的定位,自严羽提倡"以盛唐为法"并被明七子继承以后,明末清初众多诗家均对其极端尊崇盛唐加以矫正,康熙时期虽然经历了宗宋、宗唐之反复,但至乾隆中期,中、晚唐诗歌在诗歌史上具有不可磨灭的价值已成诗坛共识。一方面,传统推尊中晚唐的选本《才调集》《三体唐诗》和《唐诗鼓吹》重新受到关注,偏重中晚唐的诗选纷纷问世。[⑦] 另一方面,代表官方诗学立场的《御选唐宋诗醇》把白居易、韩愈与李白、杜甫并列,宣示了初盛、中晚之争的官方立场。"删订类"录渔洋《万首绝句选·凡例·七绝》,"附识"云:

> 子兄寒坪云:初唐风调未谐,诚然。盛唐以气体胜,中晚以神韵胜。即其至者而论,盛唐不乏神韵,而中晚之气体稍别矣。此渔洋之论压卷而不及中晚也。又云:四首压卷无疑,若韩翃之《寒食》、张继之《枫桥夜泊》,即次之矣。又评摩诘云:"渭城朝雨"妙绝古今,却不能言其妙在何处;辟如右军《兰亭》,一时兴会所至,偶然得之,欲复作一首便难。评太白云:景与意会,振笔疾书,极宇宙之奇观,为古今之绝调。评龙标云:太白气体高妙,全以神行;少伯文采风流,无微不入;皆七绝中之登峰造极者。评《并州》云:发端高绝,用意入微,旗亭一画,已足千秋,乐府流传,何以多为?兄为予点定《万首绝句选》本最为精审,略其数语如右,亦可识其评次之大凡矣。[⑧]

渔洋推崇王维《送元二使安西》、李白《朝发白帝城》、王昌龄《长信秋词(奉帚平明金殿开)》和王之涣《凉州词(黄河远上白云间)》,认为"终唐之世,绝句亦无出四章之右者"。张宗柟引用兄长张宗橚之语,认为"中晚以神韵胜",七绝压卷之作并不限于盛唐这四篇作品,这正是乾嘉诗学的共识。沈德潜《唐诗别裁集》评王之涣《凉州词》云:"李于鳞推王昌龄'秦时明月'为压卷。王元美推王翰'蒲萄美酒'为压卷。王渔洋则云:'必求压卷,王维之"渭城",李白之"白帝",王昌龄之"奉帚

---

① 〔清〕王士禛著,〔清〕张宗柟纂集,夏闳校点:《带经堂诗话》卷一六,人民文学出版社1963年版,第422~429页。

② 〔清〕王士禛著,〔清〕张宗柟纂集,夏闳校点:《带经堂诗话》卷一六,人民文学出版社1963年版,第449~451页。

③ 〔清〕王士禛著,〔清〕张宗柟纂集,夏闳校点:《带经堂诗话》卷二二,人民文学出版社1963年版,第624~626页。

④ 〔清〕王士禛著,〔清〕张宗柟纂集,夏闳校点:《带经堂诗话》卷二二,人民文学出版社1963年版,第635~638页。

⑤ 〔清〕王士禛著,〔清〕张宗柟纂集,夏闳校点:《带经堂诗话》卷二六,人民文学出版社1963年版,第733~734页。

⑥ 〔清〕王士禛著,〔清〕张宗柟纂集,夏闳校点:《带经堂诗话》卷二七,人民文学出版社1963年版,第775~776页。

⑦ 参阅贺严《清代唐诗选本研究》第三章第一节"中晚唐诗选与清代的初盛、中晚之争",人民出版社2007年版,第97~98页。

⑧ 〔清〕王士禛著,〔清〕张宗柟纂集,夏闳校点:《带经堂诗话》卷四,人民文学出版社1963年版,第111页。

平明”,王之涣之“黄河远上”,其庶几乎!而终唐之世,绝句亦无出四章之右者矣。’愚谓李益之‘回乐峰前’,刘禹锡之‘山围故国’,杜牧之‘烟笼寒水’,郑谷之‘扬子江头’,气象虽殊,亦堪接武。”①强调唐期各期诗歌各有至处,论诗应该兼容并取。张宗柟于“附识”中表露的观点与沈德潜等乾嘉诗家的主流看法是一致的。

不过,“附识”中也有一些主张迥异于乾嘉主流观念。如唐宋诗之争,明代和清初声势浩大的宗唐与宗宋之争使乾嘉诗家大都能够以圆融的态度对待两朝诗歌。以宗唐而著称的沈德潜亦在《清诗别裁集·凡例》中说:“愚未尝贬斥宋诗,而趣向旧在唐诗。故所选风调音节,俱近唐贤,从所尚也。”②以标榜宗宋的诗家同样也接纳唐诗,浙派诗人厉鹗特意强调单纯学习唐诗或者宋诗都会流于偏颇,其《懒园诗钞序》云:“夫诗之道,不可以有所穷也。诸君言为唐诗工矣,拙者为之,得貌遗神,而唐诗穷。于是能者参之苏、黄、范、陆,时出新意。末流遂澜倒,无复绳检,而不为唐诗者又穷。物穷则变,变则通,当繁哇噪聒之会,而得云山韶濩之响。”③秀水诗人钱载、王又曾、诸锦也都在宗宋的同时肯定唐诗的典范地位,如黄培芳评钱载说:“钱萚石先生诗,大约不拘唐宋,空所依傍,生面独开。或议其别调,不知仍从小心入扣来,非无故掀翻也。其七律之独到者,体大思精,字字真实沉着,洗尽矜浮之气,非绨章绘句之徒专事皮相者所能望见。”④可见,在多数乾嘉诗人看来,唐宋诗各有所长,学者应该融会贯通、唐宋兼取。但是,张宗柟对宋诗的态度似乎比较暧昧,《带经堂诗话》“标举类”第三条至第十一条辑录渔洋标举叶梦得、冯山、谢薖等众多宋代诗人之语,“附识”鲜有赞同之语,张宗柟在“宋人绝句可追踪唐贤者”条下补充道:

> 《能改斋漫录》:谏议大夫宋齐愈《宫词》云:“禁城春水碧溶溶,洗出桃花万片红;叶上细看无一字,始知无女怨东风。”《睢阳道中》云:“竹溪噎绝雨才通,无数深红间浅红;山店落英春寂寂,青旗吹尽柳花风。”又一首即此条所举是也。按:齐愈以推举伪楚伏诛,其诗罕有采录,附见于此。又芷斋述蒿庐先生云:宋人绝句率笔最多,间有用意为之者,亦往往失之粗俗,否则失之尖纤耳。阅者准此数十首以为别裁,思过半矣。⑤

张宗柟先指明渔洋标举宋齐愈诗句的出处,然后引徐昂霄之论,认为宋人绝句失之草率或粗俗,最后强调衡量绝句的标准应限于渔洋所举数十首,学者应由此来领悟绝句的创作。此处所录《池北偶谈》之原文是言许多宋人绝句的艺术成就并不亚于唐人,重在推崇;张宗柟“附识”则强调宋人绝句优秀之作仅限于此,隐隐透出不屑之意。众所周知,渔洋论诗经历了宗唐至宗宋再到宗唐的变化,但不管是宗唐还是宗宋,渔洋都立足于通变的立场,不趋于极端。⑥ 张宗柟“附识”似乎过于拘泥于渔洋晚年宗唐的立场。

综上而言,张宗柟论诗既没有完全因袭渔洋,也没有完全附和乾嘉主流诗风。限于天资学力和诸生身份,张宗柟未能引领一代诗潮,但这并不妨碍他勇于发出自己的声音。从“附识”可以看

---

① 〔清〕沈德潜:《唐诗别裁集》卷一九,上海古籍出版社1984年版,第641页。

② 〔清〕沈德潜:《清诗别裁集》,上海古籍出版社1984年版,第2页。

③ 〔清〕厉鹗:《樊榭山房集》文集卷三,见《清代诗文集汇编》第271册,上海古籍出版社2010年版,第429页。

④ 〔清〕黄培芳:《香石诗话》卷三,《续修四库全书》本,第1706册,第168页。

⑤ 〔清〕王士禛著,〔清〕张宗柟纂集,夏闳校点:《带经堂诗话》卷九,人民文学出版社1963年版,第206页。

⑥ 相关论述可参阅宫晓卫《王渔洋选唐诗与其诗论的关系——兼论王渔洋的诗歌崇尚》,载《文史哲》1988年第2期。

出,不管是面对前代诗坛巨擘还是诗学主流思潮,张宗柟及其师友并没有亦步亦趋,而是不拘成说,表现出可贵的独立思考精神。此外,张宗柟在"附识"中大量引用朱彝尊、汪琬、赵执信、查慎行等同时诗家的相关论述,展示出了康熙诗坛丰富多彩的诗学面貌,有助于读者领会渔洋诗学的独特内涵和深刻意蕴。"附识"还是联系康熙和乾隆诗学的重要纽带,不难发现,王士禛等众多大家的诗学主张并没有随着时代而消逝,它们一直活跃在后代诗家话语之中,并成为建构新时代诗学理论的基石。

王士禛《手镜录》及其现代价值初探

郝明朝　王连儒*

《手镜录》是王士禛为其第三子王启汸任唐山县令时写的座右铭。众所周知，王士禛诗名满天下，但其传世墨迹实不多见，因此，《手镜录》之艺术价值自不待言。但由于《王士禛全集》未收，故关注者不多。实际上，其对研究王士禛教子之法、为官之道等均有极高的文献价值。

一、《手镜录》的内容及特点

王启汸，字思远，一字全道，别号昆仑山人。惠栋《渔洋山人年谱注》以为士禛仲子，然其八世族孙王忆年说："吾家旧谱略谓渔洋山人四子，启汸公乃其第三子。"①知惠栋"仲子"说误。

康熙三十六年(1697)七月，王启汸奉旨任顺德府唐山县县令。"唐山下邑，地瘠民贫"，启汸以一介书生，仓促间获此任命。此时已任户部左侍郎四年之久、深知为官不易的王士禛，委实放心不下，于是"辄猷思虑"，在第二年的二月份，便"取及手迹数十条付之。俾朝夕置座右，披玩而从事焉"。王士禛认为，如果王启汸能够以之作为座右铭，认真学习研究，严格按照《手镜录》之要求去做，即使不能立刻成为古之奉公守法那样的良吏，起码也能做一个不出乱子、不失职的地方官。

已如上言，此《手镜录》于《王士禛全集》不载，钱塘金守楷丁1837年得之真州某氏家。全文共五十条，字里行间无不流溢着一个父亲对儿子的爱——如何养生，如何做人；无不流溢着一个老资格的爱民高官对一个初为地方官的年轻后生的谆谆教诲——怎样对待上级，如何对待同僚，黎民百姓在心中应占据什么样的位置等。概言之，即所谓"垂庭训，肃官箴"也。

王士禛在《序》文中谈及选编《手镜录》的原因说："唐山赋税不过万金，县距驿路又三十里。向称简僻易治，近乃以乏粮逋欠，递马协济为累。拊循调剂，殆未易言。汸以书生骤膺斯任，老夫心殊惴惴，辄猷思虑，取及手迹数十条付之。""心殊惴惴，辄猷思虑"八个字，便充分显示了一个是父亲又是上级的老人对儿子"以书生骤膺"担任"地瘠民贫""拊循调剂，殆未易言"之地方官的忧虑和不安。王士禛认为"州县令长"之地方官，"与民最近"，施政措施得当与否，直接关系到利民还是害民，故一定要谨慎从事，万不可掉以轻心。然做官须先做人，要从日常生活做起："日用节俭可

---

* 作者简介：郝明朝，聊城大学文学院古籍所，副所长；王连儒，聊城大学文学院，教授。

① 政协桓台县委员会编：《新城王氏家箴·手镜录·跋》，香港天马出版有限公司2005年版。以下引文皆出于该本《手镜录》，不再出注。

以养廉。”“日用米、肉、薪、蔬、草、豆类皆当照市价平买,不可有官价名声。”只有从素常生活做起,先做个好人,才能做个好官。

他还谆嘱儿子,只有养好身体,才有精力处理政务。“每日坐堂须早,退须用粥及姜汤御寒气。午堂亦须饭,然后出。”“夏天出门,亦要带棉衣、棉被褥之类,以防风雨骤寒。”——这是自己闻之前辈且几十年谨守之经验。“雾天早起当使饱,若枵腹则恐致疾,行路尤不可也。暑天有汗亦不可在有风处脱衣帽。寒天又不必言。”看看这些文字,哪像一个久在朝廷的高官在教训年轻后生?与一个严父“垂庭训”亦不类,简直就是一个絮絮叨叨的慈母在教育一个少不更事的孩子。他如“惟不可多用酒,酒后比粮审刑,尤断断不可。慎慎之”“宴会当早赴早散,不可夜饮”等亦类此。

他还教育儿子作为一个地方官,应处处以百姓为念。“春秋课农,须身亲劝谕鼓舞之。赴游须减驺从,自备饮食,令民间不惊扰。”必要时应“极力申诤,为民请命”,断不可贻害百姓。“地方万一有水旱之灾,即当极力申诤,为民请命。不可如山左向年以报灾为讳,贻民间之害。”

《手镜录》五十条,对一个地方官所需面对的大大小小、方方面面的问题,如春秋课农、文庙修葺、诘盗弭盗、宴会应酬、钱粮赋税、风俗教化、审事、堂规等,无不涉及。尤其应特别拈出的是如下数语:“勿用重刑,勿滥刑。至于夹棍,尤万万不可轻用。”“病人、醉人不宜轻加朴责。盛怒之下,万不可动刑。”“至于盗案,尤要详慎。强之于窃,相去天渊,一出一入,万万不可轻易。”“人命最重,极当详慎。”从“万万不可”“万不可”“人命最重”的告诫之词中,我们看到了王士禛“人命大于天”的为官之道,看到了一个高官、严父的仁爱慈悲之心。

王士禛以“清、慎、勤”勉励启汸一定要做个好官。“皇上御书赐天下督抚不过‘清、慎、勤’三字。无暮夜枉法之金,清也;事事小心,不敢任性率意,慎也;早作夜思,事事不敢因循怠玩,勤也。畿辅之地,果为好官,声誉易起。如不努力做好官,亦易滋谤。勉之,勉之!”

通读《手镜录》,给人的突出感觉就是语言平实、情感朴真。全文五十条,几无一华丽辞藻。从你应当怎样怎样、不可如何如何的不厌其烦的教导中,我们可以感觉到一个正直的高官、一个慈父,对百姓、对儿子的深挚的爱。

二、《手镜录》的现代价值

不同的时代,固然会有许多不同的、具体的社会问题,但融贯在这些“不同的、具体的社会问题”中的道理并无二致。所谓人同此心,心同此理,古今皆然。即此而言,王士禛之《手镜录》包含的为人、为官之道及爱子、爱民之心,实有毋庸赘言之现代价值。

王启汸作为户部左侍郎的儿子,被任命为唐山县令,用现在的话说,也算是地地道道的“官二代”了。久在官场的王士禛深知“官二代”的毛病:任性、好“以门第傲人”,所以《手镜录》开篇便议及此事:“公子公孙做官,一切倍要谨慎检点。见上司,处同寅,接待绅士皆然,稍有任性,便谓以门第傲人,时时事事须存此意。”

“便民”还是“扰民”、“利民”还是“害民”、百姓在心中的位置如何,历来都是衡量做官者好坏的极为重要的标准。就目前媒体所报道的一些事情来看,一些地方官,为了所谓的政绩,不管“扰民”与否,不管百姓意见如何,肆意强奸民意、搞政绩工程的亦不罕见。

“政有闲暇,令广文选生员美秀而文者,为文会作养之。”这是王士禛对启汸行政之余该干什么的教导，类似于我们现在所说的“八小时以外”该做何。政有闲暇便“为文会”，这是何等高雅、有修养之行为！

我们现在考核干部的标准是“德、能、勤、绩”，这与古代皇帝责官员以“清、慎、勤”，固然有所不同，但如何做才是一个好官，古今中外皆应以黎民百姓之评价为标准，这是没有问题的。

综上，王士禛之《手镜录》，不管是从艺术层面还是文献角度而言，都具有无可替代之现实价值，值得我们珍视和进一步深入研究。

王士禛集外佚文辑考

王定勇*

王士禛是清初著名诗人，主持风雅近五十年，篇章甚富，著作之版本繁多。王士禛晚年曾编订《带经堂集》，对早年诗文集进行了修订，抽换和删削了一些作品，以致许多诗文遗佚。后人代有辑佚，如乾隆间张承先辑王士禛古今体诗120余首，编为《渔洋山人集外诗》二卷（有乾隆四十二年钱大昕序刊本及光绪二十年《观自得斋丛书》本）。今人整理的《王士禛全集》①全面辑录了渔洋诗、文、杂著等作品，被誉为“一代诗宗著作的全景展示”②。《王士禛全集》辑入王士禛佚诗约800首、佚文77篇、书札146通，厥功甚伟。然王士禛文章宏富，《王士禛全集》尚有遗珠之憾，后之学者续有拾遗补阙。③

渔洋山人王士禛名高天下，“海内公卿大夫、文人学士，无远近贵贱，识公之面，闻公之名者，莫不尊之为泰山北斗”④。一生题序甚多，其中不少篇什不入文集，而随他人文集传世。今从清人集部书中辑得渔洋集外序言八则，以时间先后编次如下。

一、燕笺诗集序

读坦翁先生《燕笺》，短歌纪之。

新乡司马真人龙，挥毫落纸如飘风。安丘相公志复同，龙吟鸾答相噌吰。一时文苑推两雄，八骏腾踏凡马空。百弩射潮江海东，文城百尺屹高墉，尔乃破坚直造如临冲。孟津学士人伦宗（觉斯先生），今日杜陵推薛公（行屋先生），登坛左右挽桃药。旌旗壁垒何熊熊，和歌击筑渐离市，壮气欲开滹沱水。渔阳上谷寒正隐，高秋笔墨相凭凌。蚕丛鸟道不知几千里，凿山巨手今五丁。中原从此有正始，纷纷江黄弦顿何敢附宗盟。薛公玉堂安丘相，司马分陕临东封。独有孟津骑龙天上去，莲花玉女常相从。旧日蓟门高会殊寂寞，萧条长乐闻疏钟。司马语此意慷慨，嗟予小子真凡庸。泰山拔地青万仞，区区何足知云亭。幸兹一卷冰雪怀袖中，聪明欲

---

* 作者简介：王定勇，扬州大学文学院，副教授。

① 〔清〕王士禛著，袁世硕主编：《王士禛全集》，齐鲁书社2007年版。

② 桑圣彤：《一代诗宗著作的全景展示，清初文学研究的珍贵史料——评齐鲁书社〈王士禛全集〉》，载《书坛话语——2008~2009年山东出版研究论文选编》，泰山出版社2009年版，第178页。

③ 闵丰：《王士禛佚诗辑考》，见《中国诗学》第12辑，人民文学出版社2008年版，第25~33页；杨晓斌：《王士禛集外诗与其诗文集的删定问题》，载《文献》2012年第4期，第180~183页。

④ 〔清〕王掞：《皇清诰授资政大夫经筵讲官刑部尚书王公神道碑铭》，见《王士禛年谱》，中华书局1992年版，第99页。

尽神相通。门人王士禛沐手具草。①

《燕笺诗集》五卷，张缙彦撰。张缙彦(1599～1670)，字濂源，号坦公，河南新乡人，明朝任兵部尚书，甲申围城中开门迎降，后又降清，最后流放宁古塔，死于塞外。张缙彦与刘正宗(字可宗，号宪石，山东安丘人)、王铎(字觉斯，号痴庵，河南孟津人)、薛所蕴(字子展，号行屋，河南孟县人)往来密切。当时清廷有南北党争，南党以秘书院大学士陈名夏为首，北党以文华殿大学士刘正宗为魁。顺治十七年(1660)北党失势，刘正宗革职，张缙彦遣戍。序言中，"新乡司马"指张缙彦，"安丘相公"指刘正宗，觉斯先生、行屋先生分别指王铎、薛所蕴，对北党中人极尽吹捧之能事，稍嫌露骨。王士禛顺治十五年(1658)举进士，任扬州府推官，由序文可知他当时奔走于刘、张门下。青年王士禛在政治上与诗歌创作上都是北派摘传，可是后来脱离羁绊，改奉钱牧斋、吴梅村为宗主。该序透露了王士禛早期诗歌的渊源流变，其不入文集，或与清初党争有关。

《燕笺诗集》前有"顺治癸巳年家弟安丘刘正宗题"序、"蜀仙井胡世安书"序、"顺治甲午仲春琅琊治民门下士丁耀亢谨题于稷下趵泉之西"序和"门人王士禛沐手具草"的七古长诗。刘正宗序作于顺治十年(癸巳，1653)，丁耀亢序作于顺治十一年(甲午，1654)，王士禛序当作于顺治十年至顺治十一年(1653～1654)间。

二、渍枧堂集唐弁言

余壬辰癸巳间与家兄西樵先后为《香奁诗》数十篇。自序有云：玉溪、玉山之流，款腻浓膴，不必与体格有合，而反与三百五篇为近，芑山张氏当叹绝以为知言。今年与彤臣作客都门，予弹铗书空，意兴都尽。而彤臣乃于登高作赋之余，戏辑唐句为《春闺诗》，不旬日遂至百首。读之，如古官锦阅数十百年，忽着蜀江一濯，丝理文彩颇若别经机抒。昔菏泽李龏和父作《翦绡集》，说者以为巧夺天工。然龏之所采撷，无过飞卿数家，岂若此集之网罗百氏，使李、杜、元、白共归一冶，初、盛、中、晚无复殊观！令与和父较其工拙，吾不知古今人度越何如，正恐积薪之叹所不免耳。戊戌七夕日，同里年盟弟王士禛拜题于萧寺。②

《渍枧堂集唐》一卷，傅扆撰。傅扆，字兰生，一字彤臣，清顺治乙未进士，山东济南新城人，《渍枧堂集唐》是其集唐人诗句之作。王士禛序作于顺治十五年戊戌(1658)。序言先从自己兄弟写作《香奁诗》叙起，称李商隐、韩偓的诗歌"反与三百五篇为近"，其实也是为自己的诗歌张本。他将这样的内容写在傅扆的诗序里，显然是想以此评价《渍枧堂集唐》。

三、芦中集序

古诗之传于后者，大约有二，登临之作，易为幽奇；怀古之作，易为悲壮。故高人达士，往往于此抒其怀抱，而寄其无聊不平之思。此其所以工而传也。太原兄弟以诗名江左二十年矣。顺治中，予与端士同举礼部，继又识异公、怿民、藻儒诸子，与予谈艺悉合，独未识虹友以为憾。今年夏，相遇京师，握手极欢。出其《据青集》一卷，所谓幽奇悲壮，二者殆兼之矣。予昔在江南，尝数至金陵，一至吴郡。凡是集中所称钟山、鸡笼、牛首、灵岩、穹窿诸胜，率为游屐之所经历。登临怀古，亦时时见诸篇什，而言语之工，不逮虹友远甚。则才不才之殊，不能强也。中间独虞山予所未至。然予尝奉使万里，出剑阁、经棘道，奔峭插天，青冥无极，感公孙以

① 〔清〕张缙彦：《燕笺诗集》卷首，见《清代诗文集汇编》第12册，上海古籍出版社2010年版，第627页。
② 〔清〕傅扆：《渍枧堂集唐》卷首，见《四库未收书辑刊》第七辑第23册，第265页。

来割据成败之迹，而叹天险之不足恃。虹友《虞山》诗云："吾闻蜀道有剑门，江山形胜极险壮。"又云："方今蜀道多兵戈，万壑千岩气凄怆。"其感深矣。虹友未尝至蜀而其言如此，予身至之而不能言，然则才之相远，又岂可以斗石计哉！因书卷后，而归之以信。夫是集之工，必传于后世无疑也。康熙丙辰六月济南愚兄士禛序。①

《芦中集》，王摅撰。王摅（1635～1699），字虹友，号汲园，苏州府太仓（今属江苏），王时敏第七子，王锡爵曾孙。明代王世贞、王锡爵都是太仓人，一个称琅琊王氏，一个称太原王氏。沈德潜称："太原王氏昆季多才，不啻过江王谢，而《芦中》一集尤为矫矫。"②上述王士禛所作序中提及诸人：王揆（字端士，号芝廛，王时敏次子）、王撰（字异公，号随庵，王时敏第三子）、王抃（字怿民，号巢松，王时敏第五子）、王掞（字藻儒，号颛庵，王时敏第八子），皆属王氏昆季。渔洋世居山东新城，称新城王氏，乃琅琊王氏支流余裔。王士禛与太原王氏昆季订交，有根深蒂固的家世渊源。该序作于康熙十五年丙辰（1676）。

四、志壑堂诗集序

秋水轩唱和《贺新郎》词，自曹顾庵始，而合肥公继之。伯紫、荔裳、西樵更倡迭和，遂成卷帙，栎园刻之白下。大江南北和者又十数家。济武先生十余阕最后出，顿挫浏漓，抑扬爽朗，卓尔大雅，莫之与京。自南渡辛、刘后，五百年无此作矣。惜也未及三载，而芝麓、荔裳、栎园皆已观化。先兄西樵亦捐宾客，不能起之九原。快读斯制，击筑和歌，点笔一过，不胜死生契阔之感。先生不云乎，"此事只堪拍手笑，叹痴人痛哭情何浅"。不觉洒然一笑，曰命之矣。后学王士正贻上敬书。③

《志壑堂诗集》十二卷，唐梦赉撰。唐梦赉（1627～1698），字济武，号岚亭，别号豹岩，山东淄川人，顺治进士，授翰林院庶吉士，后因事罢归。"秋水轩唱和"是清代词坛一大盛事。康熙十年（1664），周在浚寓居京城秋水轩，曹尔堪（号顾庵）作《贺新郎》题壁。当时名流龚鼎孳（号芝麓，世称"合肥公"）、纪映钟（字伯紫）、宋琬（号荔裳）、王士禄（号西樵）、唐梦赉（字济武）等，纷纷唱和，历时一年，波及大江南北。周在浚结集《秋水轩唱和词》二十六卷，共收26位词人176首词，其父周亮工（号栎园）刻之于金陵。"秋水轩唱和"鼓吹"稼轩风"，是清初词风转捩的关键。《志壑堂诗集》收词作一卷，"此事只堪拍手笑"二句出自《贺新郎·漫兴》，即"秋水轩唱和"之作。《志壑堂诗集》有汪懋麟序，作于康熙十七年戊午（1678），王士禛序当作于同时。

五、箧衍集序

古人说诗不一家，若刘勰、钟嵘、殷璠、严羽，洎近代昌谷徐氏，予皆有取焉。若齐己《诗格》、谢榛《诗说》，则无取乎尔。故诸经皆有故训，而善说诗者唯以意逆志，自得于永言声律之表此物此志也。唐人选诗，自《英灵》《间气》诸集，犹存古意，不必篇目之众多也。至"鼓吹""三体"以来，浸失之尔。后得其旨者，如杨升庵之《明诗》、杨梦山之《弘正诗》，顾玄言之《国雅》，譬诸清庙朱弦，独闻疏越，其去淫哇嘈啧之音，固有辨矣。顺治末，南城陈伯玑尝续《国雅》，意存矜慎，予读而善之。嘉其始而勖其终，伯玑不能从也。钱牧翁有《吾炙集》，施愚山有

① 〔清〕王摅：《芦中集》卷首，见《四库未收书辑刊》第八辑第22册，第460页。
② 〔清〕沈德潜：《清诗别裁集》卷一四，上海古籍出版社1984年版，第550页。
③ 〔清〕唐梦赉：《志壑堂集》卷首，见《四库全书存目丛书》集部第217册，第181页。

《藏山集》，叶讱庵有《独赏集》，皆秘不示人。意其于唐人之旨，必有合者，而惜予之未及见也。陈其年太史撰《箧衍集》，时官京师，不旬日与予辄相见，未尝一语及此书。殁将十年，而其同里蒋子京少，始得于敝簏而传之。先以质予，予曰："此古琴瑟疏越之遗也。后有赏音，庶无闻古乐而思卧，诗教其兴欤！"康熙壬申长至雪夜，济南王士正序。①

《箧衍集》十二卷，陈维崧（字其年）编，此书所收大多为陈氏交游所作，所取风格不一，高雅恬淡、秾丽深挚、婉丽流畅、沉郁顿挫、古拙质朴、清新明朗等不同风格的作品均有，基本上反映了顺、康时期的诗坛面貌。沈德潜论及清初诗歌选本曾云："国朝选本诗，或尊重名位，或借交游结纳，不专论诗也。陈检讨《箧衍集》较诸本为善。"②在清初的清初诗选本中，王士禛的《感旧集》、陈维崧的《箧衍集》别具一格，选诗以记录个人交游为主。两书还有一个共同之处，即在王、陈有生之年并未刊刻，而是身故多年后方得以梓行。张元济在《岭南诗存跋》指出"明末遗老脍炙人口之句，亦仅散见于《感旧》《箧衍》集中"③，这大概是当年未付梓刻的原因。《感旧集》凸显了王士禛讲根柢、重性情的诗学观，亦是其"以意逆志"诗学理论的实践，陈氏《箧衍集》异曲而同工，故激赏之。一般选家往往以个人趣味决定作品的取舍，"其病在于以己律人，而不能各随人之所长以为去取，似尚不如《箧衍集》《感旧集》之不拘于一格也"④。该序作于康熙三十一年壬申（1692）。

六、菀青集序

往与西河毛检讨谈诗，若文即为陈青崖编修首屈一指。乃文自宗伯慕庐先生而后，海内已寖寖乎日新月盛。诗则竞效颦剑南、石湖，放弃三唐、魏晋，愈趋愈下，捉衿肘见之态，有不可以终日者，而温厚和平之旨顿失。青崖殆天才，浚发而不惑于流俗者欤！时或以余言为阿好者，会丁丑成进士，钦选庶常，桐城相国特奏青崖为知名士，竟得与选。夫人往往绌于不知己，而信于知己。桐城此举，何其与余平昔所言适相吻合耶！而青崖复辑其近稿，请叙于余。予既自喜畴曩之言信而有征，而尤喜青崖圣眷日隆，一切纂选多总其成。其转移风气，他日亦必如慕庐先生之于文，有寖寖乎日新月盛者。余将拭目俟之。遂述昔言以弁其端焉。新城王士禛阮亭拜撰。⑤

《菀青集》二十一卷，陈至言撰。陈至言，字青崖，号山堂，浙江萧山人，康熙丁丑（1697）进士。王士禛此序当作于1697年之后。韩菼（号慕庐）为清代八股文大家，开启了清代八股文的盛世之音。《四勿斋随笔》："国朝制艺，自以韩慕庐宗伯为第一。"李调元《淡墨录》："自明末制艺之衰，至我朝韩慕庐先生而翕然一变淡滑之习。"乾隆谕旨："其所撰制义，清真雅正，实开风气之先，足为艺林楷则。"⑥王士禛既揄扬陈至言，也推崇了韩菼，可谓左右逢源。该集卷首另有毛奇龄（号西河）、韩菼序。

七、出塞诗序

虞山徐生兰，字芝仙，以才名称于其侪。初，余见其所作《六镜诗》而赏之。游余门者五稔

---

① 〔清〕陈维崧：《箧衍集》卷首，见《四库禁毁书丛刊》集部第39册，第329页。
② 〔清〕沈德潜：《清诗别裁集·凡例》，上海古籍出版社1984年版，第1页。
③ 张元济：《涉园序跋集录》，上海古典文学出版社1957年版，第265页。
④ 〔清〕洪亮吉：《北江诗话》卷一，人民文学出版社1983年版，第8页。
⑤ 〔清〕陈至言：《菀青集》卷首，见《清代诗文集汇编》第195册，上海古籍出版社2011年版，第102~103页。
⑥ 〔清〕梁章钜：《制艺丛话》卷九，上海书店出版社2001年版，第158页。

矣。嗣是读书城北,过从甚稀。去年冬,以《出塞诗》一通来贽,且请序。盖由居庸关至归化城,往返三千余里,所得诗若干篇。夫归化为塞外雄镇第一,阴山、黑河、瀚海皆在焉。其经行之地,则汉唐辽金元明累代遗迹所至而有,宜可以广见闻而被之歌咏。顾瓯脱之区,黄沙白草弥望惨沮,既非若中原胜地,足以供登临瞻眺之乐。而且戎马倥偬,穹庐辽阔,即欲稽旧迹、搜佚闻,亦苦茫昧而无从自。非抱放旷不羁之才,而又济以闲情胜致,鲜不交臂而失之。生年少气盛,富于学殖,每遇一事,辄考按图经,遍询其遗老退卒。断碑残碣,亦必摩挲剔抉,务得其实。凡山川之险易,历朝之兴废,如白登、土木战伐之墟,明妃、典属、都尉羁栖之所,下逮风土人情、物产饮食之殊异,悉寓于诗。故于边塞之情状,了如指掌。他日虽以之补传志、备图牒可也,岂仅擅场格律已哉!即以诗论,精悍雄拔,其高者似供奉、嘉州,下者亦在樊川、昌谷之间。余生平不妄许人,于是编既喜生用心之勤,且以叹向之所见,为知生之才之不尽也。今圣天子德畅八荒,威讋穷发,一时馆阁词臣相与作为铙歌、乐府,力追雅颂。而生以布衣诸生,载笔戎行,上与名公卿更唱迭和。于以见国家武功既轶前古,而文教之盛,涵濡于学士大夫者尤深。故以生之才,幸生右文之世,得于出塞之役一发之也。生虽怀才未遇,亦足以豪矣。渔洋山人王士祯序。①

《出塞诗》一卷,徐兰撰。徐兰,字芝仙,号芬若,江苏常熟人。少负才名,善吟咏,从王士禛学诗,诗艺大进。康熙三十五年(1696)随安郡王出塞,由居庸关至归化城,作《出塞诗》,另有《芝仙书屋集》。王士禛《居易录》卷二十九:"门人徐兰,吴人,字芝仙,能诗,工绘事。从安郡王出塞,尝见祁连山中花十数种,皆艳绝不知名,中土所未有也。曾画便面贻余。又有《出塞诗》数十篇,闻见诡异,足备塞外风物考证云。"王士禛为《出塞诗》作序并点评了《出塞诗》,极力润色康熙盛世的文治武功。《出塞诗》刻于康熙三十七年(1698),王士禛序当作于是年。

八、完玉堂诗集题辞

严沧浪以禅论诗,千古不拔。汉、魏、陶、谢以及盛唐,白牛上乘也。大历以下,逮乎宋元,羊鹿等车也。借公从儒入释,勇猛精进,早岁闻道,又能亲炙作家,虚怀访问,善于运化。自会稽入都,以诗来贽,读其诗,如其人。信乎,钝翁称许为不谬!其笔秀骨清,造境闲而远,悟性空而灵。盖有得于蒲团竹篦之上,沃以烟霞神韵,此真禅河香象也。②

《完玉堂诗集》十卷,释元璟撰,卷首有自序及诸家题辞二十余则。释元璟,字借山,号晚香老人,资性贞敏,曾于杭州结"西溪吟社",与康熙名士多有交往。《居易录》卷十七摘录其佳句,加以褒扬。该序作年不详,故编次于末。

---

① 〔清〕徐兰:《出塞诗》卷首,清道光丙辰琅嬛仙馆刻本,常熟市图书馆藏。

② 〔清〕释元璟:《完玉堂诗集》卷首,见《四库全书存目丛书》集部第211册,第538页。

明清山东新城王氏稀见诗文集叙录

贺　琴*

新城王氏是明清时期山东的科举望族，从明中叶到清代初期，新城王氏人才济济，科甲蝉联，家族成员著述浩繁，被誉为“江北青箱”。王氏祖籍青州诸城，明初始祖王贵为避战乱迁至新城，第三代王麟以毛诗起家，“始肇文脉”，其子王耿光、王重光进一步跻身仕途，王重光以采木卒于王事，嘉靖褒扬其“忠勤报国”，后世称“忠勤公”。王重光之后，新城王氏科举兴盛，第六代王象坤、王象乾、王象晋、王象蒙、王象斗、王象节、王象恒、王象春、王象云九人中进士，显赫一时。明清易代，新城王氏遭受重创，入清后又迅速崛起，以王士禄、王士禛为代表，影响遍及海内。

王氏有深厚的文学传统，家族中的众多成员都从事文学创作活动，多有著述存世。明清两朝，新城王氏有著述者40余人，其中以王士禛著述最多，伦明《渔洋山人著书考》著录王士禛著述126种，末附清人惠栋《渔洋山人精华录训纂》采用书目102种，二者多有重合，亦互有补充。① 杜泽逊先生的《渔洋山人著书续考》②又在惠栋、伦明外辑得82种。仅参考以上三人之考证统计，王士禛著述就有200余种。而王氏其他成员的著述则有100余种，可见新城王氏著述之宏富。

王士禛曾在《分甘余话》中述其家族著述之盛：

先高祖太仆忠勤公遗墨，止有采三殿大木于黔中时所为祝嘏词及史论数篇。先曾祖大司徒公著述有《炳烛编》《摄生编》《百警编》，皆门生郭文毅、明龙（正域）为序及谏议疏稿。先伯祖大司马公著述有《皇祖开天玉律》并进疏经理胖荆《奏议》、总督宣大《奏议》，大半载陈大樽（子龙）《经世八编》，而混入太仓王少司马思质（忬，弇州先生父也）疏数篇，舛讹当改正。本兵及署太宰奏议，无专刻，今《邑志》略载数篇。先祖方伯赠大司寇公著述，《群芳谱》最著，康熙四十六年特旨命翰林官汪灏、张逸少等四人续广之。又御制《序文》，冠诸编首。余如《剪桐载笔》《操觚勦说》《心赏编》《日省录》《救荒成法》《举业津梁》等，凡十余种。先伯父侍御公著述有《陇首集》。先兄吏部西樵有《然脂集》二百卷、《十笏草堂集》《西湖竹枝》《三舟倡和词》（与宋荔裳琬、曹顾庵尔堪）、《广陵倡和词》（与陈其年维崧等）。先仲兄礼吉有《抱山堂集》。先叔兄叔子有《古钵集》。皆已刻梓。又从叔祖郡丞定宇公《迂园集》。少司马立宇公《西台奏议》《巡抚奏议》。吏部季木公《问山亭集》《齐音》《李杜诗评》。大宁令用晦有《鹤隐

---

* 作者简介：贺琴，山东大学文学院，博士研究生。

① 伦明：《渔洋山人著述考》，载《燕京学报》1929年第5期。

② 杜泽逊：《渔洋山人著书续考》，见沈乃文主编《版本目录学研究》第三辑，国家图书馆出版社2011年版，第417～426页。

集》。从伯文玉《笼鹅馆集》。余尝欲录其简要，合为一编，藏之家塾，奔走四方，卒卒未暇。今老矣，未必能终践此志，聊志其目，存之家乘云。①

新城王氏著述之宏富从王士禛的记载可见一斑，王士禛一生编选、辑录家族成员诗文集，如《历仕录》《翦桐载笔》《考功集选》《古钵集选》《抱山集选》等，有保存王氏文献之功。然王氏家族著述浩繁，散佚、湮没者亦多。笔者在查找相关文献的过程中发现了五种王氏稀见诗文集稿本、刻本。这对研究新城王氏家族文学之发展演变有重要价值。现对其刊刻时间、背景、流传及内容进行考述，以见其文献、文学价值。

一、《柏峰集》不分卷

明代写本，王之猷撰，藏上海图书馆。黄纸蓝格，半页九行，每行十五至十七字不等。卷首有近代藏书家罗振常民国五年(1916)墨识："王柏峰诗稿，明时写本，有'古桓台王与玟家藏书画图书''幔亭王士骊珍藏书画'等印记，及渔洋山人题识、徐元善跋，为王氏世藏物也。"卷前有王士禛康熙二十五年(1686)仲秋墨笔楷书序，云此集传为"考功(王象春)手书"，"贻西(王士骊)其珍藏之"。卷末徐夜跋文题为"显外祖季木公楷书曾外祖柏峰公诗后"，渔洋、徐夜皆云此本为王象春手抄，然眉批处有"艮书""蒙侄自书"等字，"艮"为王象艮，"蒙"为王象蒙，皆为王之猷子侄辈。又，此写本两册，上册与下册内容相同，上册字迹不一，为原稿，下卷字迹统一，为抄缮本，故当出于众手。

王之猷，字尔嘉，号柏峰，王重光子，行七，王象春父。明隆庆四年(1570)举人，明万历五年(1577)进士。由山西平阳府推官任淮阳兵备道，以便民之政、治河之功获赐帑金，擢浙江按察使。王之猷为官多实政，勤于王事，节义所关，奋不顾身，有烈丈夫之风，明万历二十八年(1600)卒于赴官途中。《柏峰集》为其仅存著述，收入古近体诗歌六十余首，其中组诗《闾里歌德》十首，前有小引，叙桓台县令钱公自上任以来堪河议赈，政绩惠民，其离官之际，"余兄弟子侄各赋近体一章，壮公行色"。十首诗末尾各署"见峰""会峰""柏峰""霁宇""养吾""心宇""翼吾""瞻吾""豪宇""立宇"，分别为王之垣、王之城、王之猷、王象乾、王象蒙、王象贲、王象节、王象斗、王象恒、"豪宇"所作，惟"豪宇"不知所指。故《柏峰集》实收入王之猷诗五十余首。其从曾孙王士禛序曰：

> 吾邑前辈以诗名者，自国子司业澄川沈先生始。曾叔祖柏峰与沈公生同时，其诗派亦略相似，大抵步趋济南，不爽尺寸。至曾祖季木公，始一变而雄肆凌厉，虽家庭风气，不相沿袭。

澄川沈先生，为明代新城诗人沈渊。沈渊，字子静，号澄川，嘉靖四十四年(1565)进士，官至国子监司业，有《沈太史集》，与王之猷同为新城籍诗人，他们活动的时间一前一后，在嘉靖、隆庆、万历三朝，这一时期正是济南诗派兴起、前后七子复古运动的高潮时期，《柏峰集》中王之猷的诗歌受复古运动影响颇深，追求体格，跌宕使气，笔力雄肆。

二、《迂园诗》十二卷

明刻本，王象艮撰，藏北京大学图书馆。白口，四周单边，半页九行，行十八字，上单黑鱼尾，版心镌"迂园诗"、各卷名称及页码。卷首题"新城王象艮思止甫著，弟象春季木甫、象明用晦甫较，社友汪逸遗民甫阅"。卷前有李维桢、董其昌、邵可立、施邦曜、公鼐、王衮、王象春七人序，版式与正

① 〔清〕王士禛著，袁世硕主编：《王士禛全集》，齐鲁书社2007年版，第4997～4998页。

文不同，半页六行，行十字，无鱼尾。诸人序后有“师友姓氏”。是集十二卷，各卷不以卷次顺序命名，而以唐王维“桃红复含宿雨，柳绿更带朝烟”十二字名十二卷诗，每卷前各有目录。该集分体编次，桃集为五、七言古诗，红集、复集、含集为五言律诗，宿集、雨集、柳集、绿集为七言律诗，更集为七言绝句，带集为五言绝句，朝集为咏物体诗，烟集为杂著，收入各体诗歌970余首，杂著包括记、序、赞、词，较为完备地收录了王象艮的作品。

王象艮，生于明嘉靖四十四年乙丑（1565），卒于明崇祯十五年壬午（1642）。字介石，小字澄瀛，号定宇，王之城长子，行八。贡生，官姚安府同知，嗜为诗。于新城南郭辟迂园，日与诸弟倡和其中，后得家乡锦秋湖滨鲁连陂居之。王象春序云：

思止于邑南门治地，署之曰迂园，因有迂园诗。……余每当盛夏，与思止裸僵石上，汲泉煮柏，听百鸟语，已而洒然诗成，相视大笑。即城柝已催，犹可戴星而入。余邑自此外求一尺地可著脚不得，然思止坐此，耽玩岁月，壮怀俱消，人每以迂思思止，思止亦以自迂，又以其园迂其诗。余谓之曰：迂诚有之，乐亦存焉，得失盖半耳，何也？天有清福，世有闲人，事有冷业。……此编之迂犹之乎元之漫，柳之愚哉！

王象艮与王象春感情最笃，与李若讷、公鼒、董其昌、李维桢等人交游最多。《迂园诗》中的作品创作时间可考者，最早的为带集中的“壬子寓鹊湖”，作于明万历四十年（1612），最晚的为绿集中的“庚午九日，同芑仲孙中翰登上雒龙山有忆”，作于明崇祯三年（1630）。故《迂园诗》的刊刻时间当在崇祯年间。但刻成后流传不广，康熙间朱彝尊选《明诗综》，王士禛致书并附录王象艮《迂园诗》十二卷，以备采择。至乾隆间宋弼辑《山左明诗钞》时，“仅得其‘雨’‘柳’二集，皆七律”①。

《迂园诗》大多为山水之作，王象春谓：“洒然物外，野鹤不群，则大类韦苏州、白香山韵响。”董其昌云：“风华秀绝，骨力沉雄，错出于大历、长庆之间。”公鼒曰：“思止与（王象春）唱和，而并驱中原，春容淹雅，不大声色，白真韦淡，贺怪籍恬，都来几字，富有日新。”其风格大致如此。

三、《聊聊草》一卷

王象明撰，崇祯间刻本，藏北京大学图书馆。半页八行，行十八字，白口，四周单边，上单鱼尾，版心镌“兜玄集”。卷首题“聊聊草”，第二、三、四行下为“琅琊王象明合甫著（原名象履），门人单民功季庸、傅中华茂实校”。卷前有徐日升《山居吟序》及王象明《兜玄集自序》。王象明，初名象履，字用晦，号雨萝。王之城第四子，王象艮季弟。贡生，任大宁知县。工书法，擅诗名，有《鹤隐集》《雨萝集》，今皆不存。《聊聊草》一卷为孤本，收入诗作75首，皆为七言律诗。徐日升序云：

壬申春，辽贼之乱，余与合甫君游地阳丘之南，书日清寂，山鸟闲鸣，但行人北来，信稍平静，辄私祝太平可期，举酒问月，穿洞漱泉，揖老樵而求蹬级，若不知辽贼之驱，而纳诸此也。

壬申为明崇祯五年（1632），明崇祯四年辛未（1631），后金围攻大凌河，登莱巡抚孙元化命孔有德率兵赴关外增援，至吴桥发动叛乱，返攻商河、新城、登州、莱州等地。因孔有德部有扰民之行，曾与王象春家仆发生争执，兵变后对新城王氏杀戮尤重，王象复、王与夔父子死难，王氏族人避难于长白山。徐日升所言“辽贼之乱”，即王氏“辛未之难”，因孔有德部多为辽东人，故称“辽贼”。《聊聊草》为明崇祯五年王象明避难长白山别墅时所作。其自序云：“予作既无雕章，又乏缛采，恐世人掩聪塞穷，若龙之耳，儋之耳，嘈嘈罔闻，曾壶簧蛙鼓之不如也。初焉任其逸去，继而存之，存

① 〔清〕宋弼：《山左明诗钞》，见《四库全书存目丛书》集部第412册，第314页。

之不已,一再灾梨为《聊聊草》云。”

王象明《聊聊草》中《济事》其六又跋云:

孔贼昔年叛逆,据登攻莱,靡金钱者数十万。不即殄灭,诸将官受贿卖之而逃,今乃携虏内犯,南下千里,曾无一兵阻之,竟破济南,血流漂杵。

明崇祯四年至崇祯六年(1631~1633)的辽兵叛乱,以孔有德率部海上降清结束,不久后引清军频频南下。崇祯十二年(1639),清军侵犯济南,屠戮百万,王象明跋文中所指即此事。故《聊聊草》所收之诗作最早的应作于明崇祯五年(1632),最晚的至少应作于明崇祯十二年(1639)。《聊聊草》多闲居游览之作,对明清易代时山东地区的战事亦有反映。徐日升云“辟境离奇,俊削灵庾,畅所欲言,极所不能言”。

四、《笼鹅馆集》二卷

王与玟撰,稿本,藏国家图书馆。封面题下有“己未得于津门,重装于乐寿官廨,亿年”,亿年为王士禧八世孙,新城王氏后人,扉页有其墨识:“王与玟,号文玉,天启七年恩贡,有《笼鹅馆集》四卷、《桓台遗事》,此未刻本原稿。”此本无格,四周单边,半页九行,行二十六字,为荣实颖编,徐夜、王士骥选录,王士禛重订。卷前有林棠、高珩、徐夜、荣实颖序,序后有编目,分古近体诗、诗余、杂文、题跋、评书、笔记、尺牍。收入王与玟古近体诗104首,词10首,铭、赞、启、词引等杂文8篇,题跋2篇,评书5篇,诗话5则。

王与玟,字文玉,贡生,王之猷孙,王象丰子,行六。少年颖慧,以诗世其家学,尤工行草,尺牍有苏黄之风。书法入李邕之室,好收藏古法书名画、敦彝盉鬲之属。明崇祯十五年壬午(1642)清军陷新城时殉难,年三十七岁。王与玟生平创作较多,但随手散逸,且经兵祸,所余残编经其兄弟亲友得以保存,《笼鹅馆集》的辑录保存多赖友人荣实颖之力。荣实颖序曰:

崇祯壬午秋,文玉操瑟齐门,恚叱抵里,每夕就余谈笑,率以三漏。十一月望后拉宿西楼,看压新醅,酩酊欢噱,谆以《笼鹅馆集》属余。余咄询之时,狼烽怒烈,城堞备守,欢噪终夜,诘朝余趋归侨居,文玉驰使复挽来,凭堞拈髭谓余曰:“倘不获已,定不误此须眉,弟生平醉吟醒哦,一笺一翰宁保无散逸。”笔砚好友征在今日,拍歙易水,声度堞壕凄惋者。移时噩耗突至,余策蹇别去。月朔,城溃,文玉竟赍志以死,六日走哭于谟觞室,所谓《笼鹅馆》者半为烟燎。明年癸未二月,摭稿于黄庄别业,望迹即收,未暇析辨际,萢军屠掠,旋以稿匿复壁中。至五、六月间始得遍搜遗作,而片羽寸腋,十落八九。至检之霖浸蜗涎之余,及败楮残缣,又钩觅数草届,冬斋居火壁赤砾间声迹□然。而窗外魂叫时隐跃耳畔,人不堪其槭落。余勉为诠集,缉编成一铁帙,又录副本瘗地,以防兵火。甲申三月,乃发之,露气蒸煜,字几磨灭,乃商之令弟陟公,稍次第付剞劂。盖文玉著作虽漫漶,此即不尽其生平,亦聊志其须眉尔。

明崇祯十五年(1642)壬午之难前,王与玟交托《笼鹅馆集》于荣实颖,彼时王与玟似已有赴死之志,后果殉难。明崇祯十六年(1643),荣实颖于黄庄别业搜集遗稿,为避屠掠,藏于复壁,后又遭虫蠹火烬,勉为编成一帙,又录副本,明崇祯十七年(1644)与王与阶诠次刊刻。《王氏世谱》《新城县志》《济南府志》等均著录为四卷,然刻本今未见,目前留存者为此稿本二卷。

王与玟生平著述多毁于兵火,《笼鹅馆集》为新城王氏“与”字辈成员中除王与胤《陇首集》外唯一保存的诗文集。王士禛《居易录》评云:“再从伯与玟好为艳体,少时有悼亡诗句云:‘二十五年将就木，一千里路不通书。欲唤小儿求梦草，定呼妙子到稠桑。茕茕白兔东西顾，恰恰黄鹂四五声。通德每宵谈秘事，清娱随处品名山。'皆工。"①所引诗句皆为王与玟为长安李姬所写之《悼亡诗》。林棠言与玟生而慧颖，然困于场屋，遂寄牢骚不平于声律中。徐夜云："其选旨大要，以凄激为宗，归极流艳，故其诗亦多肖之。其合处可驀入冋山之室，而失者或病其柔曼，未必尽然矣。"

五、《抱山堂小草》一卷、《函玉集》一卷

清王士禧撰，王允灌抄本，藏国家图书馆。王士禧，字礼吉，一字仲受，号汉釐，监生，考授州同知，性倜傥，工诗文。王士禧为王士禛仲兄，王氏兄弟四人友爱笃厚，少年时期读书东堂，雪夜弹射赋诗，后兄弟中三人成进士，唯独仲兄礼吉家食以老。士禧逝后，士禛选其诗为《抱山集选》，与王士祜《古钵集选》附于王士禄《考功集选》后。王士禧另有《送怀草》《豫游草》《和月泉吟社诗集》等，今皆不存。

此抄本封面题"愚泉公手钞抱山堂诗"，下有墨识："己未得于津门，重装珍藏，亿年。"无格，半页十二行，行三十二字，版心上为"抱山小草"，下为"初刻"。《抱山堂小草》收入诗歌44首，《函玉集》收入诗歌36首。"抱山堂"为王士禧居处堂名，故以名其诗集。卷末有王允灌跋云："右诗三十余首，太高祖礼吉公《函玉集》第五卷所存诗也，原刊藏方田侄家，共计六十余首，兹钞皆公自选，灌尝求公原稿。此外有初刻《抱山小草》一卷，此则《抱山四集》，而二集、三集皆未见，即此集上四卷亦未见，俟再觅之。"王允灌，字愚泉，号荔乡，清道光五年（1825）举人，王士禧六世孙，著《王氏诗源》《王氏合集书目考略》等，有收集新城王氏家族文献之功。据其跋文，《函玉集》36首诗为王士禧从原稿本中选出，《抱山堂小草》当至少有四集，而此一卷也是从初刻本中选出，其余刻本今未见留存或著录，已散佚。国家图书馆另藏《函玉集》一种，题"抱山堂函玉集原稿"，收入诗歌76首，字迹潦草，较多删改痕迹，当为《函玉集》《抱山堂小草》的原稿本，亦为王士禛选《抱山集选》之底本，保存了王士禧诗歌的原始面貌。

新城王氏作为明清山东地区的文化世家，诗歌是其主流的家学文化，从明代王之猷、王象春、王象明、王象艮、王与玟、王与胤，到清代王士禛四兄弟，形成了一条家族诗歌传承的线索。家族成员的诗学宗尚既反映了当时诗坛的主流趋向，也影响了家族其他成员在创作上的取向。钱谦益论王士禛诗选渊源，引闽人林古度之言，推季木（王象春）为先河，谓"家学门风，渊源自有"②。新城王氏在诗歌方面有深厚的传统，王士禛在引王象春、王象艮、王象明之诗时，不无自豪之意，云："八叔祖伯石（象艮）仕姚安府同知，著《迂园诗集》，诗名远出考功下，然谨守唐人矩薙，不失尺寸，如《咏鲁仲连》云：'孤城一飞矢，六国有心人。'又'萧条两岸柳，怊怅五更鸡'，'鱼藏芦底穴，雪压竹间庐'，'青荧茅舍火，缥缈竹林烟'，'南雁迎花早，东风带雪多'，'月明才十日，人病已经旬'，皆五言之选也。后人不振，予购其刻板藏之。"又云："十八叔晦甫（象明）著《鹤隐》《雨萝》诸集，才不逮考功，而欲驰骤从之，故时有衔蹶之患，未能成家，今刻版仅有存者。"③王士禛曾选王象春、王象艮、王象明三人诗为《琅琊三公集》，道光间王氏后人王允灌著录为"三王公集"④，然今不传。明代王

① 〔清〕王士禛著，袁世硕主编：《王士禛全集》，齐鲁书社2007年版，第3947页。

② 〔清〕钱谦益著，〔清〕钱曾笺注，钱仲联标校：《牧斋有学集》卷一七，上海古籍出版社1996年版，第765～766页。

③ 〔清〕王士禛著，袁世硕主编：《王士禛全集》，齐鲁书社2007年版，第3946～3947页。

④ 〔清〕王允灌：《王氏合集书目考略》，山东省图书馆藏稿本。

氏“象”字辈文学成就较高者以“三王”为代表，王象春与钱谦益、钟惺同年，在明清山左诗坛影响深远，故其《问山亭集》《齐音》等流传较广，而王象艮、王象明二人今所存者仅《迂园诗》《聊聊草》两种，这两种诗集是《琅琊三公集》的底本。明代王氏成员之著述大多被明清易代战火所毁，流传极少，王之猷、王象艮、王象明、王与玟著述少见都有这方面的原因。清代王氏其他成员如王士祜、王士禧等人，成就不及王士禛，诗名、著述亦不显。而王士禛诗学受到的家族文学传统、文学环境的影响很深，故《柏峰集》《迂园诗》《聊聊草》《笼鹅馆集》《抱山堂小草》《函玉集》是研究新城王氏家族文学传统、诗风发展演变、王士禛诗学渊源等的重要文献，对全面展示新城王氏家族文学面貌有重要意义。

清人诗余观的裂变与矛盾

——从王士禛说起

高春花　马亚中*

唐诗与宋词这两种被后人评为“一代之文学”的文学样式在发展过程中经历了不同的路径。诗歌因为诗体之尊在发展中经历的大多是内部体制的嬗变，而词除了要经历内部的递嬗之外，还要经历“诗余”的正名与再解释。因而尊词体的行为在清代也一直延续。为尊词体，清人重新解释了“诗余”，辨析了诗词之体，但在赏鉴词作时又常以诗歌为参照，这又使得诗词辨体变得更为扑朔迷离。

词至清代被称为诗余似乎已成为一种常态。这不仅表现在一些词集的序言直接称词为诗余，如“以其暇豫旁及诗余”①或者“三家诗余之选”②。在这些序言中，“诗余”已不带感情色彩，仅作为一种名称而存在。同时也表现在很多词人在给自己的词集命名时，直接冠以诗余，如任绳隗《直木斋诗余》、陆进《巢青阁集诗余》、何承燕《春巢诗余》、宗元鼎《芙蓉集诗余》、杨在浦《碧江诗余》等，浙西词派的尊主朱彝尊也将自己的词集命名为《静志堂诗余》。同为“诗余”，但因各自的理解不同而具有不同的含义。当然，也有部分清人将词看作是“乐府之余”“乐之遗”等。无论是将词看作“诗余”还是“乐府之余”，其实质都是为词正名。

清人为诗余正名主要有以下两种手段：

第一种，采取以退为进的方式，即承认词是“诗余”，但有不可忽视的原因。词至清代，文人已渐渐接受其诗余的地位，“词者，诗之余也，文人卑之，多不措意”③，已成为当时的一种常态。但文人又要为创作词提出合理的理由，于是清人便想出很多理由以为自己的创作提供合理的解释，进而起到振兴词作的作用。

（1）古之兼善者众。这种方法妙在借重古之大学者的声名为创作正名。顾彩的一段话说出了个中缘由：“词之道于今尠矣，岂以其为诗之余而忽之哉。古之以诗文名者未有不工于词。李太白诗人正宗也而工于词，欧阳永叔、苏子瞻文章大家也而工于词，则词亦安可忽耶。”④李白诗歌冠绝，

---

* 作者简介：高春花，牡丹江师范学院，副教授；马亚中，苏州大学文学院，教授。

① 〔清〕范国禄：《月湄词》序，见张宏生编《清词珍本丛刊》，凤凰出版社2007年版，第2册，第255页。

② 〔清〕汪懋麟：《堂村词》序，见张宏生编《清词珍本丛刊》，凤凰出版社2007年版，第3册，第324页。

③ 〔清〕许夔臣：《听枫词》序，见张宏生编《清词珍本丛刊》，凤凰出版社2007年版，第17册，第464页。

④ 〔清〕汤叙讷：《翠羽词》序，见张宏生编《清词珍本丛刊》，凤凰出版社2007年版，第12册，第160页。

同时又工词作，欧阳修与苏轼都是唐宋八大家中的人员，但两人在工古文的同时又能作词。既然古之以诗名、以文名的大家都能创作词，所以清人自然也可以创作，同时这种创作也不影响其成为大家。这就是清人的逻辑。所以在评价词作时也常常将“兼善”作为一个评价的标准，如尤侗在《梅村词》序中就写道：“词者，诗之余也。乃诗人与词人有不相兼者——即词与曲亦有不相兼者也。词在孟季之间，虽皆和于国风好色小雅怨诽之致——先生之诗可为词，词可为曲，然而诗之格不坠，词曲之格不抗。”①词虽是诗余，是小道，但是能够兼善的方为大家。而且兼善并不是一件容易做到的事情，“擅诗者多不擅词，专之难，兼之尤难”②。

（2）“诗余”为一种体制。如果说以“古之大家多兼善”是从词作的外围进行突破，那么承认它是一种体制则是从文体上给予其一定的肯定。如吴秋林认为“故文章之道最尊上自谟训、疏奏、笺表之类，降而至于诗余、小令，何异公侯五等之尊下视舆台皂隶之贱也哉？疏奏笺表犹之冠冕黼黻之尊且华，而诗余、小令犹之中裙单绞之贱且亵也。夫其服愈媟，去体愈亲；其服愈贱，其被愈广，此诗余、小令之作虽亵且贱而其制有不可废耳”③。诗余虽体贱，但因“其被愈广”而不应被忽视。

（3）从字面意义上理解“诗余”并由此生发也是清人的一种解释策略。这种策略包括对“诗”与“余”的解释。对“诗”的追溯往往是在起源问题上的追溯。“在词的起源问题上做文章，力图将词的体式接源或者并行于诗体，以显示其历史之悠久和‘家世’之不凡。”④王士禛就在这方面做过努力。他说：“诗余者，古诗之苗裔也。”在《倚声初集序》中，王士禛将诗、词都归纳在“声音之道”上，他认为词作借歌唱来表达情感，在“识盛衰”而“知兴废”的功用上，与古诗是同宗同源的，二者只是时间早晚有差异而不存在地位的高低。这就是说两种文体在“言志”这一点上是没有区别的。而词之所以出现，正是因为在诗不能歌唱及从古诗流传下来的借音乐表达兴寄的传统即将中断之时，补诗之缺，将诗已经不能完成的任务继续承担起来，使“诗之为功，虽百变而不穷”。王士禛在《倚声初集序》的最后，引用陆游的观点，叙述了该集的创作主旨。陆游说：“唐自大中后，诗家日趋浅薄。会有倚声作词者，颇摆落故态，适与六朝跌宕意气差近。”王士禛和邹祗谟遂取“倚声”二字作为词集之名，指示后学可以由“音声之微”而“求六义之正变”。⑤王士禛首先承认词为“诗余”，然后将词作的创作上溯到“古诗”，进而从“声音之道”这一方面将二者定义为互补的作用，以此达到了提高词作地位的作用。同时，王士禛的序言还涉及了文体的嬗变、诗词互补的问题。这也是清人解释“诗余”的另一策略，即从“余”着手。王士禛虽没有明确地提出对“余”进行解释，但其序言已经明显包含了这方面的意义。丁澎对此有明确的解释，他说：“诗何以余哉，余者，诗之变也。《三百篇》之所余也。风变为骚，骚变为汉魏乐府，递降而诗亡矣。诗亡而余存。存其余不尤愈于亡乎？”⑥将诗余上升到《三百篇》，这与王士禛采取的方式相同。但他对“余”做了更详细的解释，进而提出“既然诗已亡，存其余也是聊胜于无”。毛际可也持此看法，他认为“曲者，词之余；词者，诗之余，若祖孙之递嬗也”。除了从文体嬗变方面进行阐述之外，也有人注意到诗词之间的互补性，“大抵兴之意少而赋比之意多。故诗之往复流连一唱三叹，遗音未竟，悉于词发之，故词为诗之

① 〔清〕尤侗：《梅村词》序，见张宏生编《清词珍本丛刊》，凤凰出版社2007年版，第1册，第186～189页。

② 〔清〕胡师鸿：《香草词》跋，见张宏生编《清词珍本丛刊》，凤凰出版社2007年版，第12册，第276页。

③ 〔清〕吴秋：《林左堂词》序，见张宏生编《清词珍本丛刊》，凤凰出版社2007年版，第9册，第573页。

④⑤ 郭乾隆：《尊词之体辨词之性——王士禛词论之文体论发微》，载《现代语文》2014年第4期。

⑥ 〔清〕丁澎：《巢青阁集诗余》序，见张宏生编《清词珍本丛刊》，凤凰出版社2007年版，第9册，第754页。

余"①，认为词在抒情层面上对诗是一种补充。

承认诗余之"余"为递嬗的意思，清人则又面临一个问题，即如何界定诗、词、曲之间的界限。"诗之与曲常判然而不能入词者则中处其间犹可以上下征逐焉。乃昔之评秦少游诗如时女步春，终伤婉弱，是讥其以词为诗；而王实甫之'嫩绿池塘、淡黄杨柳'说者谓其沿袭宋词，不若纯任本色之为佳，则此中分界亦有微茫之当辨者。"②

王士禛在《花草蒙识》"诗词曲分界"一条中，对此辨析道：

或问诗词、词曲分界，予曰"无可奈何花落去，似曾相识燕归来"，定非香奁诗。"良辰美景奈何天，赏心乐事谁家院"，定非草堂词也。③

"前一句是晏殊《浣溪沙》中的名句。词句总有人在，但词人没有让主人公直接抒情，而是借落花与归燕将那种氤氲的无奈和惋惜用淡语说出，将小园徘徊的孤寂和无趣安静地传达给读者。此句写景不粘不脱，写情又含蓄有味，语气平和而安闲，全然没有香奁诗那种场景热闹，写人活跃且脂粉气甚浓的特点。最重要的是此句中情、景、人三者融合而展现出的自然、天成、虚实结合，避免了香奁诗过于艳、直、露的弊病，符合王士禛以'神韵'论词的主张，所以王氏才对这句青睐有加。'良辰美景'一句出自汤显祖《牡丹亭·惊梦》。此曲词有明显的感伤色彩，良辰美景奈何只是我孤芳自赏，纵然再美，也是徒增伤悲。赏心乐事不入我心，难道只在别人庭院？主人公的抒情与以往女子抒情的含蓄不露不同，显得直白而强烈。这种直中带俗的语言以及直抒胸臆的抒情方式，又为《草堂诗余》中那些文辞婉转、绮丽典雅的词作所无。"④王士禛认为诗、词、曲之间存在差异。但这种差异并不是壁垒森严、泾渭分明的。同时诗词之间存在的差异也不影响他"以诗评词"。如《花草蒙拾》中就有几例：

词语从诗出

词中佳语，多从诗出。如顾太尉"蝉吟人静，斜日傍小窗明"，毛司徒"夕阳低映小窗明"，皆本黄奴"夕阳如有意，偏傍小窗明"。若苏东坡之"与客携壶上翠微"定风波，贺东山之"秋尽江南草未凋"太平时，皆文人偶然游戏，非向樊川集中作贼。二诗皆杜牧之。

词本诗而劣于诗

词本诗而劣于诗者，"笛声人倚楼"，止去赵倚楼二字，何翅效颦捧心。苕溪渔隐载曹元宠望月词"南楼何处，想人在长笛一声中"，视此差演迤有致。曹即以红窗迥擅名者。⑤

从上述两则例子可以看出，王士禛一方面强调诗词曲之间是有差异的，同时在具体评价时，又能关注到不同问题之间的特质来相互映照。"以诗释词"这种批评方法在宋代就已经出现，如张侃的《拙轩词话》中就有"三息诗用于诗词"⑥及"秦淮海用钱起诗"⑦的讨论，周密的《浩然斋词话》中也有"周贺词用唐诗"⑧的说法。在词发展、成熟的宋代，人们便已经开始借鉴诗歌中的精粹，这是文体发展的一种必然。因为当时诗歌已经是一种极其成熟的文体并且有相当多的名作摆在宋人

---

① 〔清〕陈阿平：《拓花亭词稿》序，见张宏生编《清词珍本丛刊》，凤凰出版社2007年版，第10册，第64页。
② 〔清〕毛际可：《巢青阁集诗余》序，见张宏生编《清词珍本丛刊》，凤凰出版社2007年版，第9册，第858页。
③ 〔清〕王士禛：《花草蒙拾》，见唐圭璋编《词话丛编》，中华书局2005年版，第686页。
④ 郭乾隆：《尊词之体辨词之性——王士禛词论之文体论发微》，载《现代语文》2014年第4期。
⑤ 〔清〕王士禛：《花草蒙拾》，见唐圭璋编《词话丛编》，中华书局2005年版，第675～676页。
⑥ 〔宋〕张侃：《拙轩词话》，见唐圭璋编《词话丛编》，中华书局2005年版，第191页。
⑦ 〔宋〕张侃：《拙轩词话》，见唐圭璋编《词话丛编》，中华书局2005年版，第192页。
⑧ 〔宋〕周密：《浩然斋词话》，见唐圭璋编《词话丛编》，中华书局2005年版，第234页。

眼前,宋人在开拓词这种文体时必然会对诗歌遗产有所借鉴。同时以诗释词也包含了宋人借助诗歌来提高词体的苦心,“以诗为词”正是这种苦心的一种体现。在清代,王士禛不是唯一一位以诗评词的文人,相反以诗评词是一种比较常见的批评方法。这充分反映了各类文体发展到清代时的交叉与互渗。这种方法使诗余的地位在无形中得到保障,这实际上是对苏轼“以诗为词”策略的一种继承与发展。

第二种,词非诗余观。

与第一种手段的表达策略不同,这种观点认为词非诗余。如果说第一种手段侧重的是以进为退,在承认词为诗余的同时,在“诗余”的解释上大做文章,从而达到提高尊体的目的的话,那么第二种手段则是更直接地针对“诗余”的贬义进行反抗。但在反抗的时候又与第一种方法略有交叉。与第一种方法相对,他们为词找到了另外的源头,而这些源头到最后往往又会重回到古诗。

认为词非诗余的清人为词找到了两个源头,一个是乐府,一个是古乐。认为词源于乐府的,如“原夫诗余之作,盖亦乐府之遗”①,“词亦古乐府之余,擅诗者多不擅词……”②,“诗亡而后有乐府,乐府阙而后有诗余。诗余者古乐府之流别”③。前文提到的王士禛一方面认为词的源头为古诗,一方面又在《花草蒙拾》“词与乐府同源”一条中说:

> 王渼陂初作北曲,自谓极工,徐召一老乐工问之,殊不见许。于是爽然自失,北面执弟子礼,以伶为师。久遂以曲擅天下。词曲虽不同,要亦不可尽作文字观,此词与乐府所以同源也。

王士禛认为词与乐府同源的一个重要因素就是词曲都不能仅从字面上下功夫,音乐是不可忽视的因素。这也是清人认为的词源于“乐”。如“学者以词为诗余,非也。古者诗与乐合……”④“宋元词调渐兴,虽诗之余,实乐之遗也”⑤。

当然也有人将这两种观点中和,认为诗、词、乐府本属一致。如毛西河认为:“东海何良俊序草堂词谓词为乐府之余,而不为诗余。实则乐府、诗、词本属一致而歌有不同。”⑥许夔臣也说:“词为诗之余,即为乐府之遗响也。诗亡而后有乐府,乐府阙而后有诗余。”⑦前一种观点认为诗词曲本属一致,后一种观点认为诗与乐府一致,所以又重新回到“诗余”的范畴。

总之,无论是将词看作诗余还是认为词非诗余,它们都有一个共同的目的,即为词体正名。同时,这两种正名的手段又有共同的策略即在源头上做文章。从清人的这种策略也可以看出这些不同文体之间的交叉与互相借鉴。

---

① 〔清〕蒋春霖:《水云楼词》序,见张宏生编《清词珍本丛刊》,凤凰出版社2007年版,第14册,第221页。

② 〔清〕胡师鸿:《香草词》跋,见张宏生编《清词珍本丛刊》,凤凰出版社2007年版,第12册,第267页。

③ 〔清〕李枝桂:《此木轩直寄词》序,见张宏生编《清词珍本丛刊》,凤凰出版社2007年版,第10册,第782页。

④ 〔清〕林贻熊:《拓花亭词稿》序,见张宏生编《清词珍本丛刊》,凤凰出版社2007年版,第10册,第68页。

⑤ 〔清〕黄裳:《小红词集》序,见张宏生编《清词珍本丛刊》,凤凰出版社2007年版,第11册,第1页。

⑥ 〔清〕毛大可:《巢青巢诗余》序,见张宏生编《清词珍本丛刊》,凤凰出版社2007年版,第9册,第750页。

⑦ 〔清〕许夔臣:《泼墨轩词》序,见张宏生编《清词珍本丛刊》,凤凰出版社2007年版,第13册,第1页。

水容青滑笏　山态碧玲珑

——王士禛及其神韵派的山水诗论

时志明*

清初，经过腥风血雨的洗礼和狂飙漫卷式的民族斗争的涤荡，社会秩序渐趋稳定。清朝统治者出于巩固政权、开拓新朝事业的目的，积极承袭前明科举制度，连年开科取士，给一批前朝的士子和遗臣后代提供了跻身仕途的机会。在清初的科场上，能荣登榜首，且颇具名望者，大多是前明世族之后，其中王士禛是最具典型和最有影响者。

如果站在文学发展史的角度，特别是清诗流变发展的坐标上进行考察，我们会发现王士禛的出现有转变风气、开一代新局的巨大作用，他倡导的“神韵”诗风既是社会发展到一定阶段的产物，又是其个人有意识而为的一种诗歌现象。“神韵派”应运而生，“意味着甲申、己酉以来，百派急漩、千帆竞扬的诗国格局将面临一次整饬和制约，以就范于新的‘醇雅’‘正宗’之‘一尊’”①。“醇雅”“正宗”就意味着掩盖矛盾，熄灭反抗之火，粉饰统治者的太平盛世，为统治者建立稳定的社会秩序充当吹鼓手。清朝统治者在金戈铁马的武力中建立了新的王朝，但武力只能征服外在疆土，不能降服内在精神，因此，倡导一种适合统治者需求的诗学原则和审美标准，是那些顺应新朝的士子们孜孜以求的人生目标。“王士禛则恰好具备最佳的条件，适应着特定的时机，成为‘绝世风流润太平’的骚坛宗主。”②

王士禛诗歌的贡献是多方面的，作为一代“骚坛宗主”，他题材广泛的诗歌创作已被众多学者论及，本文仅从其山水诗的角度，来探求考辨王士禛“神韵”派的艺术精神和审美趣味。

一、王士禛的生平及诗学成就概说

王士禛(1634～1711)，字子真，又字贻上，号阮亭，晚岁因慕姑苏太湖之滨渔洋山风景秀美，遂取号渔洋山人。王士禛初名士禛，殁后，为避雍正皇帝讳，改名士正，乾隆命改书士祯。

王士禛家学渊源极深，是山东新城世家，“在明嘉靖至清康熙这一段时间，新城王氏门第之高、家族之盛，实为齐鲁一地之冠”③。王士禛的祖辈以“象”字排序，父辈以“与”字列谱，其祖父王象晋、伯祖父王象乾均为明代著名的直臣；其伯、叔父辈，如王与胤、王与玫等多死难于国破之时，朱

---

* 作者简介：时志明，苏州市职业大学教育人文学院，教授。

①② 严迪昌：《清诗史》，浙江古籍出版社2002年版，第421页。

③ 王利民：《王士禛诗歌研究》，中华书局2007年版，第4页。

彝尊在《曝书亭集·文林郎湖广道监察御史王公墓表》中曰:"新城王氏,科第最盛,尽节死者亦最多。"王士禛的祖父王象晋、父亲王与敕虽未在鼎革时为大明殉节,但隐退乡间,洁身自好,以严谨勤勉和不断进取的精神教诲着王士禛兄弟,以期锐意科举、重振家风。由此,王氏家族呈现为以下几个特点:1.治家甚严,人才辈出,有丰厚的家学底蕴;2.深明大义,坚持操守,既有为大明尽节的烈士,亦有保持贞操的节士;3.看重科举,力保家族声望。在王氏深层的意识形态中,仕进是其重振家风的唯一坦途,因此他们教育后辈不遗余力。这种规矩正直、勤谨自励而又不乏圆融变通的家风对王士禛的成长产生了不可估量的影响,王士禛的思想观念、处世态度、诗学原则、审美精神无一不受其规范和导引。

新城王氏是一个极重仕途簪缨的家族,钮琇《觚剩续编·事觚》提到《新城家法》时说:"新城王氏,自参议公而后……父诫其子,妻勉其夫,人人勤学,以自奋于功名,故新城之文藻贻芳,衣冠接武,号为宇内名家。"①受此家风推动,王士禛早年即戮力科举,顺治八年,十八岁的他应乡试,中第六名;顺治十二年,"会试中式第五十六名,未殿试而归"②;顺治十五年,"二十五岁,赴殿试,居二甲";顺治十六年,"谒选得江南扬州府推官"。虽然理想中的翰苑与他擦肩而过,但毕竟少年得志,一府之法律治安皆归其掌管。王士禛一生春风得意的仕宦生涯由此拉开了充满曙光的帷幕,诗歌创作活动亦走向了一个更宽广、更有影响力的舞台。

王士禛未仕之前已诗名大振,尤以顺治十四年的《秋柳诗》四首驰誉天下,一时和者甚众。此后,随宦辙所至,其交游日广、诗名益重。《清史稿》曰:"士祯姿禀既高,学问极博,与兄士禄、士祜并致力于诗,独以神韵为宗。取司空图所谓'味在酸咸外'、严羽所谓'羚羊挂角,无迹可寻',标示指趣,自号渔洋山人,主持风雅数十年。……既没,或诋其才弱,然终不失为正宗也。"③《四库全书总目》在著录《精华录》时亦曰:"士祯谈诗,大抵源出严羽,以神韵为宗。……当康熙中,其声望奔走天下,凡刊刻诗集,无不称渔洋山人评点者,无不冠以渔洋山人序者。"④王渔洋从司理扬州,便着意交接天下名士,通过各种诗文活动,凝聚集结了一大批影响深远的诗界闻人。这些人物按照身份和辈次大致可分为以下几类:

1.前朝志节坚贞、郁怒勃发的遗民诗人,大多以京镇苏浙为主,兼及幽燕等处,著名者如林古度、杜濬、方文、余怀、吴嘉纪、申涵光、张盖等;

2.横跨明清两代,为诗坛领袖的人物,譬之钱谦益、吴伟业等;

3.与其年齿辈分相当、学问相砥砺的诗界重量级人物,诸如朱彝尊、陈维崧、汪琬、宋琬、施闰章等;

4.因各种原因,投身拜名其门下,成为其门人的诗坛新秀,比如盛符升、林佶、惠周惕、宗元鼎、汤右曾、洪昇、查慎行、汪懋麟、吴雯等。

上述四类诗友,出现在王士禛仕途及其入主诗坛的各个关键阶段,他们对王士禛稳固官场地位,逐步领袖诗国发挥了不同的重要作用。

王士禛靠前辈诗人的推掖揄扬,逐渐形成了自己的声望,取得与朱彝尊、陈维崧等人平分秋色、相互推重的诗坛资质。陈维崧说:"其为诗歌也,温而能丽,娴雅而多则,览其义者冲融懿美,如

---

① 〔清〕钮琇辑:《觚剩续编》,见《清代笔记丛刊》,齐鲁书社2001年版,第196页。

② 〔清〕王士禛著,袁世硕主编:《王士禛全集》,齐鲁书社2007年版,第5060页。

③ 赵尔巽等:《清史稿》,中州古籍出版社1998年版,第1347页。

④ 〔清〕永瑢等:《四库全书总目》,中华书局1965年版,第1551~1552页。

在成周极盛之时焉。”(《渔洋诗集序》)汪琬详析道:“贻上之诗,绪密而思深,纵横驰骤,无所不可,不蹈袭前人一言一字,庶几尽破其所谓敖辟骄忘之习,以进于正风者与?”(《渔洋诗集序》)对王士禛的美誉,终清一代纷然杂矣,兹不过多引述,但就是这前呼后应、推波助澜式的不断称颂,使得王士禛登上了清初诗国王者的宝座,从而引导了一个时代的诗潮走向!

正因王士禛文采烂然,仕途畅达,诗学仕宦均为当世崇仰,所以就有了关于其身世的种种神化了的传说。比如《清代学者像传》曰:“幼时频梦小鸟五色如凤凰,百十为群,飞绕左右,又屡梦人赠以古墨,嗅之有异香,人以为文字之祥。”①葛虚存在其《清代名人轶事》中记载了两个故事,既神化了王士禛,又高度赞扬了他的夫人,现引述如下,以反观名人的社会效应:

稗匀述高南阜云:渔洋先生前身,为高丽国王,将诞之夕,有人止村庙中,见途中羽葆鼓吹,仪卫甚盛,其人骇惧,询之从者,云高丽国王降生新城王家,其人素善封翁,急入城探访,先生已堕矣。(卷九《渔洋先生前生》)

高凤翰,号南阜山人,清代著名诗人、画家,山东胶州人。《清代名人轶事》云“南阜与王氏交好,此说(即上述传闻)得之于其后嗣,非齐东野人之语也”。至于是否是“齐东野人之语”,已无关紧要,本就是一段民间传闻,但这个神化的传闻把世人对王士禛的崇敬之情表达得很透彻。

另一则为《王渔洋夫人之贤敏》:

渔洋先生,司理扬州,文士辐辏,弦诗角酒无虚日,余韵遗风,足为风尘吏增色。闻先生妻张夫人,实贤耦,闽人许珌,以会试入京师,道出邗江,金尽告急,先生无以应,有忧色,夫人遂脱跳脱于腕。徐夜者,字东痴,隐居东皋郑潢河上,贫且老,虽冻饿不以干人,会大风雪,夫人出絮帛谓先生曰:“君得毋念徐先生寒乎?曷以遗之?”其贤敏若是。(卷一五)

这是一个极生动的生活小品,通过两个扶危济困的故事,把王夫人那种古道热肠、贤惠敏捷的人物品性刻画得入木三分。

王士禛的仕途和诗坛地位互相助长、双向推动,康熙十七年应该是他命运发生重大变化的一个关捩点。是午,康熙召对阁臣,“问在廷中博学能诗文者孰为最”?李霨、陈廷敬、张英、冯溥等“交口荐之,特召赋诗,称旨”,次日皇谕将其“以翰林用,遂改侍讲,转侍读”。康熙十九年,迁国子监祭酒,康熙二十三年,迁少詹事,奉命祭告南海,康熙二十五年,奉命祭告西岳、西镇、江渎,康熙三十七年,迁左都御史,入直南书房,康熙三十八年,迁刑部尚书,康熙四十三年坐谳狱失出罢官,康熙四十九年特命复职,康熙五十年,卒于家,年七十八岁。乾隆三十年特旨赐谥“文简”。

王士禛的生平虽略有顿挫,但总的趋向是稳步上升,以康熙十七年为转折,他的生命之流突然改变走势,其一帆风顺的航程是其他诗界名流无法企及的。因诗而受知,隆恩眷顾,“儒臣之荣”,为当世“艳称”,仕途日进,诗名益振,门生故旧半天下,遂“宗盟坛坫五十余年”,被“海内名流悉尊之为山斗”(《清代学者像传》)。诗与仕相辅相成,王士禛既达到了人生辉煌的巅峰,又实现了其祖父辈重振家风的理想。王士禛凭过人的机敏,时刻寻找着以诗直干青云的机会,他洞察了清初社会正处转型的特点,适时地提出醇和雅正的诗歌主张,用风流蕴藉的审美趣味来掩饰尖锐对立的民族矛盾,为统治阶级建立和谐稳定的社会秩序服务。“神韵说”的应运而生,就是王士禛在那个大背景下最有说服力亦最具迷惑性的选择。鼓吹“神韵”从表面看,非常切合诗艺,是远绍司空

---

① 叶衍兰、叶恭绰编:《清代学者像传》,上海书店出版社2001年版,第50页。

图、近承严羽诗学原则的正统之举，而且中国古典诗歌不断提炼的意境就是意在言外、玄远空阔，"不着一字，尽得风流"。但透过表象，我们发现，王士禛在那个特定的时代及典型环境里，大力标榜"神韵"，已经超越了单纯的诗学层面，而是进入到了复杂的政治范畴。"神韵说"与其说是一场纯粹的诗歌运动，毋宁说是一次利用诗歌在意识形态领域进行的政治运动。作为一个力求仕进的诗人，王士禛不仅具有诗学头脑，还具有政治家的眼光。他没有把诗创作看成人生追求的唯一目标，相反却当成了实现个人理想的工具。从他的诗集里看不到反映社会尖锐矛盾、抨击统治阶级暴行、为人民呼喊心声的诗篇，因此，他的"神韵"只能粉饰太平、融合矛盾、平息反抗，甚至会不经意间把社会的意识形态归纳到统治阶级的意识形态中，从而形成润色鸿业、齐歌雅颂的大一统局面。分析"神韵说"的产生背景和倡导意图，如果抛开了政治因素、社会因素，单纯从诗学的角度切入，那是不客观、不完整的。当然，把"神韵说"放在政治需求层面上进行剖析，并不是贬抑它、降低它在诗歌史上的地位，相反，通过社会大背景的烘托，更能彰显"神韵说"在清代诗歌发展史上的重要地位。

王士禛的诗歌理论是其诗学的重要组成部分，其力倡的"神韵说"既渗透于他的创作实践，又突显于他的诗歌理论。《清诗话》收录了他的《师友诗传录》《师友诗传续录》《渔洋诗话》三种重要诗论著作。王士禛诗学思想丰厚，体系完整、思路开阔、识见独特，除上述三种诗论著作外，他的诗歌主张还散见于其他笔记杂著中，如《香祖笔记》《池北偶谈》《居易录》《皇华纪闻》《陇蜀余闻》《夫于亭杂录》等，其论诗条目不下数百。

王士禛一生品评的诗作、诗人无数，其眼光精确敏锐，有"操千曲而后晓音，观千剑而后识器"(《文心雕龙·知音》)的浑厚感，他论诗宗盛唐，对王维、孟浩然一派尤为推崇，因为王孟代表的是兴象超逸、神峻飘洒的诗风，与其力倡的"神韵"吻合。"神韵"是王士禛诗论的核心，也是他一生追求的美学原则，如果通俗地看待"神韵"，则可将神韵理解为诗歌与其他艺术作品中蕴含的鲜活欲滴的生命力，这种生命力充满蓬勃向上、任运天然的精神，它不以某种特定的形体而存在，而是流荡充塞在诗人的心胸之间，让人去体味、去追觅。"神韵"是质地厚重之精神和轻飏动荡之韵味的自然结合，本是一个非常具象化的概念，但自司空图、严羽介入之后，这个理论便显得玄之又玄、杳渺无根，成了令人难以解读且无法把握的东西。王士禛继承了司空图、严羽的诗论传统，又结合自己的体验与参悟，提出了其"神韵"说的具体主张。在《池北偶谈·神韵》中，王士禛借他人之口，阐释了自己的"神韵"观：

> 汾阳孔文谷(天胤)云"诗以达性，然须清远为尚"。薛西原论诗，独取谢康乐、王摩诘、孟浩然、韦应物，言："'白云抱幽石，绿筱媚清涟'，清也；'表灵物莫赏，蕴真谁为传'，远也，'何必丝与竹，山水有清音'，'景昃鸣禽集，山水湛清华'，清远兼之也。总其妙在神韵矣。"神韵二字，予向论诗，首为学人拈出，不知先见于此。

神韵在王士禛看来必须体现"清""远"，有"清"必然如天籁之音，响出自然，让诗人的笔端呈现出自然山水的光色音声，不假一丝斧琢之痕；而"远"则使景象开阔、视界拓展，有咫尺万里的空阔之势；"清""远"妙合则是神韵，有神韵的作品就有空白、有想象、有无尽的回味，山水清音，不待人间丝竹；水木清华，无须铅朱粉黛。以此为标准衡量，他认为盛唐的王、孟及近代的高启、曹学佺、释读彻庶几无愧。《香祖笔记》卷二有两段话足以说明王士禛神韵的标准：

> 唐人五言绝句往往入禅，有得意忘言之妙，……观王、裴《辋川集》及祖咏《终南残雪》诗，虽钝根初机，亦能顿悟。

七言律联句，神韵天然，古人亦不多见。如高季迪："白下有山皆绕郭，清明无客不思家。"杨用修："江山平远难为画，云物高寒易得秋。"曹能始："春光白下无多日，夜月黄河第几湾。"……释读彻："一夜花开湖上路，半春家在雪中山。"皆神到不可凑泊。

从王士禛引用的诗句中，我们略能辨察到他对神韵提出的标准有：和平冲澹、圆融工稳、自然贴切、毫无斧凿。以此来评判诗人的创作，他觉得连李白、杜甫也不符合神韵的范式，因为李白太超迈，有豪侠之气；杜甫过沉郁，有怨刺之心。编选《唐贤三昧集》时，他很自然地把李白、杜甫拒之门外，对此，清代学者提出疑问曰："《唐贤三昧集》则非惟昌黎、香山不载，即李、杜亦一字不登，皆令人莫测其旨。"①对这个疑问，王士禛在《唐贤三昧集序》里回答得很明确："严沧浪论诗云：'盛唐诗人，唯在兴趣，羚羊挂角，无迹可求，透彻玲珑，不可凑泊。如空中之音、相中之色、水中之月、镜中之象，言有尽而意无穷。'司空表圣论诗亦云：味在酸碱之外。康熙戊辰春杪，归自京师，居宸翰堂，日取开元、天宝诸公篇什读之，于二家之言，别有会心，录其尤隽永超诣者，自王右丞而下四十二人，为《唐贤三昧集》，厘为三卷，不录李、杜二公者，仿王介甫《百家》例也。"根据这篇序文，我们可以确定，《唐贤三昧集》是王士禛遵循司空图、严羽二人的理论观点，按照自己对神韵标准的厘定，选刊出来以印证自己神韵主张的物质表现。之所以"不录李、杜二公"，借口是"仿王介甫《百家》之例"，其实是他认为李杜的作品不符合"隽永超诣"的入选规则。所谓"隽永超诣"就是远离现实，回避矛盾，让诗人在个人的心灵反省和回味中摆弄玄远枯寂的禅悦理念。"神韵说"强调诗歌美学必须体现典雅、超远、和谐、守则。王士禛在《蚕尾续文集·丙申诗旧序》中具体提出了神韵的四个关键词：一曰典，次曰远，次曰谐音律，次曰丽以则。这四个字，曾被钱谦益概括为"谈艺四言"。任何文学作品，都必须以真为美，尤其到了清代，艺术审美标准特别突出真的要素，清人力主以真为美已是不争的事实。离开真而谈神韵，只能导引诗人们远离生活、远离社会，甚至远离自然，从而使诗失去本质。梁章钜针对这一弊端指出："王渔洋谈艺四言：曰典、曰远、曰谐、曰则，而独未拈出一'真'字。渔洋所欠者，真耳。"②

王士禛诗学理论的另一视点是他强调诗人的性情和才学应该合二为一，不可偏废。在他看来，诗人创作，既要有"根柢"，又要讲"兴会"，二者得兼，方始成大家：

> 夫诗之道，有根柢焉，有兴会焉，二者率不可得兼。镜中之象，水中之月，相中之色，羚羊挂角，无迹可求，此兴会也。本之风雅，以导其源，溯之楚《骚》、汉魏乐府诗，以达其流，博之九经、三史、诸子，以穷其变，此根柢也。根柢原于学问，兴会发于性情。戬于斯二者兼之，又斡以风骨，润以丹青，谐以金石，故能衔华佩实，大放厥词，自名一家。③
>
> 司空表圣云："不着一字，尽得风流。"此性情之说也；扬子云云："读千赋则能赋。"此学问之说也。二者相辅而行，不可偏废。若无性情而侈言学问，则昔人有讥点鬼簿、獭祭鱼者矣。学力深，始能见性情，此一语是造微破的之论。④

王士禛学问根柢被评为不及朱彝尊，在清代讲究考据辞章的社会背景下，必然要受到后人不同程度的诟病。袁枚认为"一代正宗才力薄"（《仿元遗山论诗绝句》），钱锺书认为"渔洋天赋不厚，才力颇薄，乃遁而言神韵妙悟，以自掩饰"（《谈艺录》）。虽然王士禛有"才力颇薄"、博学不及

---

①② 〔清〕梁章钜：《退庵随笔》，见郭绍虞编选、富寿荪校点《清诗话续编》，上海古籍出版社1983版，第1973页。

③ 见《渔洋文集》卷三，《突星阁诗集序》。

④ 〔清〕王士祯等：《师友诗传录》，见《清诗话》，上海古籍出版社1978年版，第25页。

朱彝尊等同时代人的不足,但瑕不掩瑜,他毕生追求的诗学目标及力倡的神韵说,在清代诗歌史上具有承前启后、继往开来的重大意义。神韵说和神韵诗派的产生对清代诗歌提高艺术水准、追求完美的诗歌意境、锻铸新的艺术风骨产生了积极的推动作用,尤其在山水诗创作方面,神韵说具有异乎寻常的导向功能。

二、冠盖往来,行游万里——王士禛山水诗的内涵简析

王士禛一生创作甚丰,《渔洋精华录》中收其诗1697首。《渔洋精华录》中的山水诗大略统计共有521首,占30%。数字也许是枯燥的,但通过数据分析,我们就能看出山水诗在王士禛诗歌创作中的地位,同时也能洞见清代山水诗发展的基本趋向。

如果以时间为序进行纵向串联,以区域或事件为板块进行横向穿插,王士禛的山水诗主要有以下几类:

(一)司理扬州时的京镇姑苏山水诗

顺治十六年,王士禛谒选得江南扬州府推官,顺治十七年三月赴任,八月充江南乡试同考官。同年冬,至常州,登京口三山,作《过江集》;顺治十八年,驻扬州;春天,游苏州、无锡,又复至金陵。康熙元年,与袁于令、杜于皇、陈伯玑等人修禊扬州红桥,作品结集为《白门集》《入吴集》,写金陵、吴下胜景的山水诗多存录于此。康熙三年,与林古度、杜浚等人再次修禊红桥。康熙四年,与冒襄、陈维崧、邵潜夫等八人修禊如皋冒辟疆水绘园。

从顺治十七年,至康熙四年,王士禛在扬州任上五年,期间他因公务之便,足迹遍江南。在金陵,他游历了秦淮河、燕子矶、摄山、长干寺、瓦官寺、灵谷寺、乌龙潭等名山胜水、古刹遗迹,"探幽访古",发抒情怀;在京口、秣陵,他登三山、观大江、历君山、上观音诸山、"临曲阿后湖";他曾驻守扬州,写遍扬州古迹遗址、田畴岗阜;在姑苏,他渡太湖、赏梅花、眺法华渔洋诸胜。王士禛共创作了233首江南山水诗作。以下就京镇、姑苏为主,巡览其江南山水诗规模。

顺治十七年冬,诗人至京口,登临金山、焦山、北固山,观赏大江急流。满目皆见的江山胜迹激起了他的创作热潮,此一时有游记6篇、题名记7篇、古近体诗40首,编为《过江集》,时人张九征评曰:"笔墨之外,自具性情,登览之余,别深怀抱。"观《过江集》诸作,张九征的评语确非溢美。如:

> 返照入长江,江流自平远。坐眺爱青山,白云独晚归。(《吸江亭观落照》)
>
> 日暮南山里,山僧独晚归。竹林覆残雪,石涧掩荆扉。行道花长落,焚香鸟自飞。京江泉壑好,朝夕在清晖。(《竹林寺题壁》)
>
> 曲港回汀暗野桥,斜风吹雨暮潇潇。江南乌桕红千树,望断春申浦上潮。(《毗陵道中雨》)
>
> 长松古竹覆山根,小艇探幽破藓痕。枯木堂中斋磬晚,水晶庵外大江昏。洞开三诏临青壁,浪打双峰矗海门。醉下高岩寻瘗鹤,寒涛激石暮崩奔。(《晚登焦山》)

因山环水绕,险固异常,所以镇江自古便被称为"天限南北""控扼大江,为浙西门户",同时又被看作是"衿带江、山,表里华甸,经途四达,利尽淮海"的战略重地。宋代祝穆《方舆胜览》曰:"东通吴会,西接汉沔,浙西门户;控扼大江,内蔽日畿;望海临江,险过金汤。"①顾炎武《肇域志》曰:"上接淮南,左控大海,前护神京,为下流第一要害。"②顾祖禹《读史方舆纪要》曰:"府内控江湖,北

① 〔宋〕祝穆:《方舆胜览》,中华书局2003年版,第56页。

② 〔清〕顾炎武:《肇域志》,上海古籍出版社2004年版,第40页。

拒淮、泗，山川形胜，自昔用武处也。”①

京镇既是战略要地，又是江山俱佳的风景之都，其境内山萦水绕，恍若仙境。金山、焦山、北固山三山耸峙，圌山、蒜山、银山、京岘山拱卫环绕，凡至江南者，必登三山以放眼抒怀，饱览“满眼风光北固楼”的雄浑辽阔之景。王士禛的《过江集》以锐敏的诗心尽情捕捉了京镇三山的神韵。《吸江亭观落照》是诗人兴会忽至的写景佳作，全篇意境开阔、神思万里，色彩绚烂而韵味无穷。吸江亭在焦山，是观看晚霞落照的绝妙之处。王士禛《焦山题名记》补充说明了他在吸江亭观日落的心境：“来焦山有四快事：观照吸江亭，青山落日，烟水苍茫中，居然米家父子笔意。”“青山落日”因在“烟水苍茫中”，故如一幅意境超远的有“米家父子笔意”的山水写意画，其诗意“江流自平远”确已进入此等境界。竹林寺，在镇江之夹山，夹山在丹徒县城南四里，唐代僧人夹山在此说法，其寺名竹林，从唐至明，代有复兴。王士禛《自招隐登夹山入竹林寺》对沿途景色刻画极尽形相，且韵味富足。在《竹林寺题名记》里，他形容道：“自招隐至竹林，山路迂曲，长松如画，修竹数万竿，清风拂戛，上捎云日。”②上引《竹林寺题壁》是其写竹林景致之一首，“日暮”“残雪”“石涧”“荆扉”，一“山僧”踏着落花独自归来，一缕香烟，几只飞鸟，映衬得山间景致幽静非凡，如此意蕴浑厚的诗情与盛唐之音极其契合。

毗陵，旧称延陵，史载为“季札所居”，今之常州也，《吴越春秋》注曰：“季札之采邑也。汉改延陵为毗陵县，晋为昆陵郡，又为晋陵郡，今常州也。”③王士禛雨中行“毗陵道中”，但见“曲港回汀”“野桥”横卧，“斜风”细雨，暮色潇洒，翠色的乌桕树上挂满殷红的果实，一脉江潮通向远方，如此浑融圆润的江南腊尽时分，其风光依然俏丽迷人，令人想落天外。“凉月淡孤舟，遥林隐红树。杳杳暮归人，悠悠渡江去。”（《毗陵归舟》）

镇江形胜以山为垒，以江为境，其江天一色的胜游又以三山最著。三山即金山、焦山、北固山。金山亦名伏牛山，在镇江府西北七里大江中，其绝顶称妙高峰（金鳌峰），顾祖禹曰：“风涛环绕，势欲飞动，一名浮玉山。”④北固山，在镇江城北一里，下临大江，三面环水，回岭斗绝，形势最为险固，故称北固，甘露寺、北固楼乃其登临放目、怀古思幽之处。焦山，在镇江府东北九里大江中，后汉河东人焦光隐此，故名焦山。金、焦二山相望对峙，为江南之锁钥。《读史方舆纪要》载曰：“山巅盘礴处曰焦仙岭，其旁岩洞参差，奇胜不一。山之余峰东出，有二岛对峙江流中，曰海门山。”王士禛在《金山题名记》中对金、焦二山的特征进行过对比描写：“焦山幽冶，金山绮艳；焦山骨胜，金山肉多。”《晚登焦山》通过“登”的动态情景，展示了诗人对焦山的感悟，由“登”到望，从低到高、先点后面，晚岚轻笼下的焦山被一层层地揭去美丽神秘的面纱，呈现给人的是一派浪打潮回、乱石崩奔的孤峭气象。如果在诗人笔下焦山呈现的是幽邈太虚的特点，那么金山和北固山则凸现了雄浑阔大、辽远深沉的内涵：“三楚风涛杯底合，九江云物坐中收。”（《登金山二首》其一）“千层台阁凌云起，万叠江山拍座浮。”（《登北固绝顶多景楼》）

王士禛的京江山水诗以京镇为中心，把淮扬名胜尽收笔端，共成诗 69 首。在诸多诗作中，值得稍提的还有《海门歌》。海门，在焦山，原为两支东出的“余峰”延伸江中，形成“二岛对峙”的局面，俗称海门，名其海门，是古人认为这是“江流朝宗之道”。王士禛的《海门歌》气势恢宏、想象丰

---

① 〔清〕顾祖禹撰，贺次君、施和金点校：《读史方舆纪要》，中华书局 2005 版，第 1248 页。

② 〔清〕王士禛著，袁世硕主编：《王士禛全集》，齐鲁书社 2007 年版，第 1587 页。

③ 〔汉〕赵晔：《吴越春秋》，江苏古籍出版社 1999 年版，第 11 页。

④ 〔清〕顾祖禹撰，贺次君、施和金点校：《读史方舆纪要》，中华书局 2005 版，第 1252 页。

富，有心骛八极的人文畅想，如写长江万里奔涌的气势，他说“岷峨东下江水长”“奔涛万里始一曲”；写江天一色、海浪吞吴的辽远雄阔，他又说“长空飞鸟去不尽，江海一气同青苍”。由江山形胜而怀思历史，金戈铁马的南北对峙化成诗人心底的愿望：“我愿此山障江海，七闽百粤为隄防。”此诗作于顺治十七年，即郑成功舟师攻金陵不克而退居闽海的第二年。结尾诗人舒缓收煞，留下一个意味极其深长的回思：“作歌大醉卧岩石，起看江月流清光。”

顺治十八年，春暖花开之际，诗人经无锡至苏州，历观姑苏山水名胜，在暖风微醺、梅花似雪的醉人情境里，他把满腔诗思抛向太湖的万顷波光，“一时”被人目“以为狂”。现举几例，以体验诗人对姑苏山水的热“狂”之情：

云中听雨登高阁，烟外凌空俯太湖。林屋仙人招欲出，鸱夷高士远堪呼。离离螺髻行相映，渺渺渔舟看渐无。更忆潭西最明迥，青山满眼眺姑苏。(《晓起登梵天大悲诸阁望湖山》)

昨登擅胜阁，遥遥见湖滨。聚沙瞩高妙，珠露高由旬。山趾理归棹，中流望嶙峋。铃铎天际语，狮象云中蹲。揽衣造峰顶，大千俯微尘。悟彼解脱义，得此清净身。名山缭四隅，出没媚烟晨。眺远迹方退，怀古情弥辛。采香已荒径，菱歌尚含颦。馆娃一片石，千载为沾巾。回身望胥口，落日悲孤臣。(《登光福塔望穹窿灵岩诸山怀古》)

梵天阁，在邓尉山圣恩寺，圣恩寺南向临太湖之水，远可眺渔洋、法华诸山，王士禛信步登阁，纵目三万六千顷湖光山色，心神俱惊，于是写下《由光福里入太湖口往圣恩寺》《雨夜宿圣恩寺还元阁》《还元阁听雨怀太湖》《晓起登梵天大悲诸阁望湖山》《由拈花堂至竹林深处与诸道人茶话》《冒雨自法华钟楼寻米堆山》《由米堆山下行至上杨村钱家磡望湖中渔洋法华诸山》《玄暮竹枝词八首》等诗作。这些诗一气呵成，前后呼应，写出了诗人对湖山相接、景色幽秀的太湖风光的由衷赞美。《晓起登梵天大悲诸阁望湖山》，诗人紧扣“晓起”的时间特点，用移步换景的手法，尽情抒写了他由梵天、白衣、还元等阁到大悲坛“望湖山”的过程。首联从高远的视角切入，利用俯瞰的笔触，勾勒了太湖三万六千顷烟水浑灏的壮景，颔联、颈联用平视的画面效果，延伸到“林屋仙人”“鸱夷高士”“离离螺髻”“渺渺渔舟”，从画面布局看，诗人在不断变幻方位，其纵深扩展已含湖山远近或显或隐的种种构景要素。尾联他笔锋一挑，转而追述“潭西”“青山满目”的媚人风情。王士禛小憩姑苏，钟爱太湖。所以太湖山水在他写来风韵天然、神姿出尘：“梅树初花石涧流，满山香雪送行舟。……师子窟中岚翠合，法华山外暝烟收。”(《雨夜宿圣恩寺还元阁》)“千重修竹林，一径江梅树。花香上寒衲，石流湿芒屦。山霭接湖云，日夕自来去。”(《冒雨自法华钟楼寻米堆山》)“邓尉山头片雨晴，司徒庙下晚潮生。却登七十二峰阁，玉柱银房相向明。”(《玄暮竹枝词八首》其四)

《登光福塔望穹窿灵岩诸山怀古》与《由米堆山下行至上杨村钱家磡望湖中渔洋法华诸山》是诗人五言古体诗中写湖山的压卷之作，气势磅礴，视野开阔，由点及面，从近到远，由现实到历史，从具象到虚幻，诗人的情思如涌泉，汩汩而出，源源不断，最后流注成一汪“回身望胥口，落日悲孤臣”的哀怨悲壮之深情。

（二）典试川中、祭告西镇时的秦蜀山水诗

康熙一朝，王士禛官位屡显，名望日重，常受朝廷委派，或视学，或祭告，行程万里，关山飞度，历尽秦川蜀道的奇山异水。康熙十一年，他“奉命典四川乡试”，康熙三十五年，复“奉命祭告西岳西镇江渎”，据《渔洋山人自撰年谱》，这两次的出使背景是：

康熙十一年壬子……六月，奉命典四川乡试……是役也，得诗三百五十篇有余，为《蜀道集》。所过名山，如井径、霍山、姑射、中条、雷首、太华、少华、终南、太白、云栈、嶓冢、锦屏、天柱、岷山、青城、蟆颐、凌云、峨眉、乌尤、五峰、涂山、平都、上岩、瞿唐三峡、巫山十二峰、隆中岘首、苏门百泉诸胜，舟车遄发，或至或不至，凡登望皆有诗。昆山叶子吉评曰："毋论大篇短章，每首具有十二分力量，所谓狮子搏象，皆用全力也。"盛侍御珍示曰："先生《蜀道》诸诗。高古雄放，观者惊叹，比于韩、苏海外诸篇。"

康熙三十五年丙子，六十三岁，奉命祭告西岳西镇江渎。……是役有诗百余篇，为《雍益集》。山人寓书盛侍御（符升）曰："再使秦蜀，往返万里，得诗才百余篇，皆寥寥短章，无复当年《蜀道》《南海》豪放之格。然览古兴怀，得江山之助，生色有加；拟诸《眉山集》中所分纪行、游览、古迹、寓兴诸篇，殆兼而有之。又有《秦蜀驿程后记》六卷，《陇蜀余闻》二卷。陇蜀旧游之地，具详《驿程记》中，此又纪其所未备者也。"

从康熙十一年到康熙三十五年，时隔二十四年，诗人也从盛壮的三十九岁到了衰暮的六十三岁，时光已经磨砺了他的豪放超迈之情，所以《雍益集》比起《蜀道集》《南海集》，"豪放之情"显然逊色不少。尽管如此，沧桑岁月馈赠给诗人的却是更加深沉、更加具有历史蕴含的使命感。

《蜀道集》编次在《渔洋续诗集》中，共收录诗人记游山水诗214首，数量极为丰厚。这时期是王士禛山水诗风转变的重要阶段。因受巴山蜀水雄放奇峻氛围的感染，王士禛的山水诗由空灵窅远向雄健奔放进行质的蜕变。如写五丁峡之险，他说："斗壁何狰狞，十万磨大剑。攒罗列交戟，茫昧通一线。乱水殷峡中，鲛蜃喜澜汗。仰眺绝圭景，俯聆竞雷抃。"（《五丁峡》）他将朝天峡所见所历叙述得惊人魂魄："阴崖积龙蜕，跳波畏鲸掷。往往压人顶，骇此欲崩石。……慷慨一扣舷，浩歌感今昔。风便黎州城，茫茫波涛白。"（《朝天峡》）写夜雨行程之艰，他描绘得历历如在目前："疾风吹白雨，折坂下青泥。诘屈穿牛角，纵横印虎蹄。"（《天马山雨行》）写蜀山之奇之峻之险，他极尽雕镂之能事："千盘坠鸿洞，峥嵘逾巴阆。陟岭如累棋，下谷如入瓮。……俯临陆海雄，仰视天宇空。长啸千仞岗，出险忽如梦。"（《天柱山》）"鞍马众峰头，苍茫万里收。岷山横塞出，灌口接天流。……大荒飞鸟外，眼底尽姚州。"（《天柱山绝顶望见岷山作》）"绀壁临千仞，萧萧木叶黄。水流通越巂，峰远入江阳。"（《九盘望峨眉》）

以上写蜀中山岳峡谷，诗人突出的是连岗叠嶂、险峻幽深的特征。而写蜀中之水，他亦紧贴忽而高江急峡、忽而舒缓滉漾的特色，展开变化百出的刻摹渲染："茫茫双江来，抱此益昌郭。……武都地势高，众水竞流落。分道下氐羌，两川乃磅礴。鸣水回惊澜，阴平划大壑。"（《桔柏江》）"晚晴见涪水，清绝抱南楼。不见千头橘，空惊万里秋。"（《涪江》）"曲折真成字，沧波十月天。云开见江树，峡断望人烟。"（《舟出巴峡》）"上滩嘈嘈如震霆，下滩东来如建瓴。瞥过前山才一瞬，鹧鸪啼处到空舲。"（《新滩二首》其一）"兵书峡口石横流，怒敌江心万斛舟。蜀舸吴船齐著力，西陵前去赛黄牛。"（《新滩二首》其二）

蜀中山水奇胜，迥异人寰，王士禛以少壮之年、英特之才，着意刻画了她险峻宏伟、清丽舒放兼而有之的绝美姿容。通过上举各例，我们即可鉴别他"诗骨愈苍，诗境愈熟，濡染大笔，积健为雄"①的一反常态的苍健诗风。在诸多入蜀山水诗中，《登高望山绝顶望峨眉三江作歌》堪为代表之作。这首诗以七古长歌的体式，熔抒情、写景、叙事为一炉，从感叹生命有涯而自然长存切入，首叙奉命入蜀途中所见中条、太华、河潼、终南之雄阔壮丽，再一一点染"登高望山绝顶"纵目远望峨眉、三江山水相属的绝佳景致。意境阔大、想象丰富，情感贯注如汪洋恣肆。高望山，又名高标山，在清嘉

① 〔清〕张维屏：《国朝诗人征略·听松庐诗话》，中山大学出版社2004年版，第66页。

定府乐山县城西隅。顾祖禹《读史方舆纪要》曰："高标山，州治西半里。一名高望山，巍然高峙，万象在前，旧有层楼，江山千里，一目可尽。"①王士禛在《蜀道驿程记》中记述道："高望，一名高幖，州之主山也，有宋神霄玉清万寿宫，绝顶为高标书院，登此四望，其西三峨耸峙，青衣、沫若二江自西来，会于双湖；岷江自灌口、成都下新津、武阳，经城北平羌峡，至凌云山前，三江合流，浩淼天际。凌云九峰相接，又名九峰。稍南，乌尤、马鞍二山鳞次江岸，丹崖翠壁，望若图画。江流平远，戍、泸诸山宛在杯案。昔人谓嘉阳山水为西川冠，非虚语也。"②文与诗相配，始信诗人对嘉州风光的赞叹绝"非虚语"："三江九峰倏然合，丹崖翠嶂穷雕镂。江山奇丽冠天下，何意绝景来蛮陬。"

从京师发轫，沿晋、秦入川，再顺流而东，观三峡风物，历鄂豫皖，终而息驾于京师，诗人行程万里，妙笔生花，用一支神韵四溢、激情澎湃的诗笔记录了秦、晋、川、鄂、豫、皖等地的名山胜水。如果将这组气势宏伟的山水纪程诗与《蜀道驿程记》相对比，我们会发现：诗是韵律化的山水印象记，记是散文化的山水叙事诗，诗以情为重，记以叙为主，在诗文交相互映的效果下，诗人沿途所历之山川万物皆神光离合、腾跃奋扬，焕发出此消彼长、不断交替的勃然生机。这种生机不但来自自然山水本身，还源自诗人内心的生命律动，正因有这种自然客观与诗人主观的默契碰撞，才导致了王士禛诗风承前启后的变化。对此，前人已了然洞见："壬子奉使命入蜀，往还万里，所经山川塞阨，多秦汉已来名迹，登临凭吊，遥集兴怀，而先生之诗一变。"（程哲《渔洋续集·序》）这种"一变"的诗风体现为："其镵刻而藻缋之者，极万物变化之巧，而出之以自然，所谓非常特出之才，得古人之传，自为一宗者也。"（汪懋麟《渔洋续集·序》）

和《入蜀集》的长歌振荡、雄放苍劲相比，《雍益集》的气格明显衰微，而且山水诗作的整体穿透力正显强弩之末势。况且《入蜀集》之山水篇什各体兼陈，长歌小调，音声和谐；《雍益集》则以短章为主，除少数如《飞仙阁》《牛头山》外，绝少用长歌。由诗人山水诗创作的变数，即能析离出诗人的人生经历、心灵嬗替、诗风更迭，尤其是诗人生命与才情双竭的演绎过程。试列举《雍益集》中的山水诗以体认王士禛诗风的转换：

名岳标西极，金天作镇雄。东看连太白，北望尽回中。日出横秦畤，烟消指汉宫。导岍思禹绩，此地凿鸿濛。（《登吴岳》）

连峰去不穷，万叠塞寒空。向下惟看鸟。凭虚但御风。身投巴徼外，目极雪山东。五亩湖边宅，何年着退翁？（《登牛头山》）

涪江江水抱山流，不见唐家帝子楼。记得江东诗句好，淡烟乔木是绵州。（《晚渡涪江》）

函关东望势嵯峨，北顾洪涛俯大河。自昔云山三晋壮，至今风雨二崤多。国殇白骨埋幽草，山鬼清秋带女罗。想象秦声思蹇叔，夏皋陵下一悲歌。（《雨度硖石》）

吴岳，即吴山，被封为西镇，在陕西陇州境内。顾祖禹《读史方舆纪要》曰："岍山，在州（陇州）西四十里。《汉志注》：'吴山，古文以为岍山。'……亦谓之吴岳山，盖山有三名矣。"又曰："岳山，州南八十里。……《水经注》：'吴山五峰霞举，叠秀云天，崩峦倾倒，危巅相捍，俗语谓之虞山。'……亦谓之西镇山。有五峰，曰镇西，曰大贤，曰灵应，曰会仙，曰望辇，于诸山中最为秀异。顶有龙湫，盖吴山与岳山冈陇相接，或谓之一山矣。其实吴山在州西，而岳山在州南也。"③王士禛《秦蜀驿程后记》对祭告西镇的过程有详细载述，对吴山形势和名称亦有描绘与辩证。《登吴岳》与

① 〔清〕顾祖禹撰，贺次君、施和金点校：《读史方舆纪要》，中华书局2005版，第3365页。
② 〔清〕王士禛著，袁世硕主编：《王士禛全集》，齐鲁书社2007年版，第2562～2563页。
③ 〔清〕顾祖禹撰，贺次君、施和金点校：《读史方舆纪要》，中华书局2005版，第2655页。

《吴山瀑布泉二首》是诗人祭祀之余、乘兴登览西镇的抒怀之作。虽然写景雄阔辽远，但已没有了二十多年前的意气奋飞昂扬，低徊着沉郁的怀古之思。

牛头山，在昭化县，顾祖禹《读史方舆纪要》载："牛头山，在县西十五里，亦以形似名。"①王士禛《秦蜀驿程后记》曰："昭化南里许，登牛头山。山下皆土阜，陂陀而上，西俯嘉陵江；数折，不复见江，江水西南趋阆中也。每折愈高，石梯斗绝，约二十里始造其颠，奇壁修林，略如北栈，南下斗绝亦如之。"登牛头山，诗人胸胆开张，仰观俯视，但见"连峰"走浪，"万叠"塞空，其形势大有"全蜀万山围，四顾迷背向"（《牛头山》）的雄伟壮丽，在"峨峨牛头山，排空削千嶂"（《牛头山》）的气势感染下，他顿觉心臆豁然，万象成空，有羽化升仙之思，"向下惟看鸟，凭虚但御风"（《登牛头山》），"归云荡胸来，浩呼泊涛浪。有如泛香海，一苇凌滉漾"（《牛头山》）。《雍益集》中，如《牛头山》般酣畅淋漓的快诗极为少见，更多是《晚渡涪江》类的轻俏短章。

涪江，据顾祖禹记，出松潘北九十里的小分水岭，流经江油、成都、绵州、罗江、潼川、射洪、遂宁，入重庆，至合川与嘉陵江汇。王士禛记曰："舟渡涪江。涪江自龙安来，经绵州城西，东南与安昌水合，汇于芙蓉溪，宛成'巴'字，流入潼川州界。"（《秦蜀驿程后记》）晚渡涪江，江水安流，山川迢递，明丽隽秀的江山胜景亦掩不住诗人的淡淡思古之忧。

诗人再次入蜀，不仅诗歌创作异于前，行色也显得匆匆，没有了壮年时历三峡之险、听猿啼狖鸣的悲慨心境。这次他由秦入川，又由巴蜀折而东下洛阳。洛阳，古为杀伐争战之地。崤山之役、函关之险等一系列意象均能引发诗人追昔思幽之情："至今冠盖东西客，起侯鸡鸣到日斜。"（《旧函谷关》）"国本争来党锢连，楚歌楚舞亦堪怜。"（《洛阳》）"伽蓝半化洛阳尘，汉代鸿胪迹尚新。"（《白马寺》）《雨度硖石》把这种沉郁苍楚的怀旧之情总揽起来，推向高潮："国殇白骨埋幽草，山鬼清秋带女罗。想象秦声思蹇叔，夏皋陵下一悲歌。"硖石，在洛阳附近有三处，顾祖禹《读史方舆纪要》载录："硖石，在县（孟津）西二十里，亦黄河津济处。晋永嘉末，魏浚率流民数百家保河阴之硖石。"②又"硖石堡，在县（新安）西四十里。《水经注》：'谷水……东经雍谷溪，回岫萦纡，石路阻峡，故有硖石之称。'"③又"峡石城，在州（陕州）东南七十里。……《一统志》：'硖石关古之崤陵关也，路东通渑池，西通函谷。'"④王士禛经行并抒写雨中之情的当为陕州之"硖石城"。据《秦蜀驿程后记》："三十日（康熙三十五年六月），雨竟日，食硖石，古二崤也，与函谷东西相距百七十里。……峻坂崎岖，加以泥淖，二更，始抵石壕。"《左传》载，崤山有南北二陵，王士禛雨中穿行在"峻坂崎岖""回岫萦纡"的硖石古道上，内心自然会生发出苍茫迷离的恋古之情。

两次入蜀，时不同，境相异，因时命和情境的渐变，诗人的山水诗也呈现出两种不同的风貌与情韵。通过山水诗风的嬗变，庶几能观照一代才人经历人间沧桑、生命走向终结一刻的情感体验和心灵脉动。

（三）奉命祭告南海时的粤赣山水诗

康熙二十三年十一月，王士禛奉命祭告南海，将行旅所作诗300余篇结集为《南海集》，其中山水诗178首。《南海集》承《蜀道集》，是诗人创作生命正值旺盛而诗风大变之际的心灵结晶，其"豪放之格"一以贯之。

---

① 〔清〕顾祖禹撰，贺次君、施和金点校：《读史方舆纪要》，中华书局2005版，第3215页。

② 〔清〕顾祖禹撰，贺次君、施和金点校：《读史方舆纪要》，中华书局2005版，第2251页。

③ 〔清〕顾祖禹撰，贺次君、施和金点校：《读史方舆纪要》，中华书局2005版，第2260页。

④ 〔清〕顾祖禹撰，贺次君、施和金点校：《读史方舆纪要》，中华书局2005版，第2271页。

康熙二十三年十月十九日诗人怀着“万里自兹始，孤怀谁与论”（《甲子冬奉使粤东次芦沟桥却寄祖道诸子》）的复杂心绪，踏上南下征途，一路由河北、山东、安徽、江西，至广东，此行使诗人领略了东南特列粤赣两地险滩连出、迥于中原的山水风光。从《大雪渡浔阳江》肇始，诗人的诗兴云标霞举，全凭山水激发，一路导引我们徜徉在怒石相激的赣滩、幽秀峻拔的匡庐、清奇斗胜的七星、辽远空阔的南海之间，心神顿然为之重沫天日。《南海集》所写山水殊异而多变，诗人的诗风亦变幻万端，如波起云涌，令人目不暇瞬。如《抵九江》《琵琶亭晚望》《入庐山口号四绝句》《香炉峰》《晚渡亭》《峡江县》《吉水绝句》《将抵曲江》《抵清远》《登阅江楼二首》《抵南安》《鄱阳湖舟中望庐山》《江上看晚霞》等，写得舒放闲适、澹荡空阔，字里行间洋溢着轻快明丽、心游物外的逸情雅韵。而《十八滩三首》《弹子矶》《南海神祠》《羚羊峡》《大庙峡》《浈阳峡》《三峡桥》《玉渊潭》《自白鹿洞至三峡涧》《开先瀑布》等，则呈现出激流崩奔、冲崖而出的险仄气概。滩流如箭、矶石突兀、飞瀑倒激，构成了南行山水诗激越高亢的主旋律。再如《大庾岭》《韶石》《观音岩》《峡山飞来寺》《羚羊寺》《七星岩石室》《重游飞来寺》等，峻拔幽秘，下临无地，有非复人间之感，与滩流、峡石相映，粤赣的峭崖、绝壁足可撼人心魄。

在舒缓、促迫和峻拔的山水诗格之外，王士禛的南行山水诗还有辽远绵邈、思尽亘古的一类，如《登浴日亭》《登粤秀山》《石钟山》《小孤山守风》《晓望铜官山》《荻港》《三山矶》《蟂矶灵泽夫人祠二首》《天门山歌》《天门山夜泊》《牛渚望青山》《然犀亭》等。

《南海集》格致情韵承绪《蜀道集》，但笔锋老辣、状景细腻、声气沉雄，在笔锋、状景、声气方面胜于《蜀道集》。如：“半日过五滩，滩滩各殊状。怒流一喷薄，石角迷背向。激瀑散霜雪，倒洒石壁上。漩涡走风霆，喧豗裂层嶂。汹如奔万马，崩腾不相让。又如阊阖开，拟拟羽林仗。”（《十八滩三首》其三）十八滩为江西万安县至虔州一段水路所经之十八处险滩的总称。该江段滩滩相连，“怪石错互，激湍怒飞”。怀着历险的心情，目睹“万山立积铁，其下临大壑。……排空纷怪石，森然奋抟攫”（《十八滩三首》其一）的山形水态，耳闻“辊雷起何处，万夫迭呼啸”（《十八滩三首》其二）的汹涌江涛，王士禛通过声情并茂的渲染夸张、连类引譬的对比描摹，把“滩滩各殊状”的情景表现得形神兼备。论其形，栩栩如生、具象可感；察其神，聚散离合、鬼神莫测。再如《观音岩》写粤山之奇特峭厉：“其下蟠水府，其上排云霓。……白日忽昼晦，疑逢魍与魉。蝙蝠如白鸦，钟乳皆倒垂。……暗瀑响阴壑，寻丈安可知。”观音岩，在清韶州府英德县，其山势“削立逾百丈”，上有钟乳石洞，洞中广大，可容千人坐卧。乳石倒挂，形象万端，自然天成的洞壑奇观，令诗人惊叹叫绝，于是命笔写下奇峭诡谲的《观音岩》。与《观音岩》相类的还有《弹子矶》《峡山飞来寺》《七星岩》等。《七星岩石室》摹景状物，变幻闪烁，如虹霓隐现，令人神惊，在具体细节刻画方面，诗人利用象形拟物手法，把七星溶洞的万千形貌表现得生动逼真，有呼之欲出的动感。《南海神祠》气象开阔，写景造境，均能紧贴大海“云涛万里，泱漭无际”①（《粤行三志》）的典型特征，写出了海阔天空、一碧无垠的南海神韵。南海神祠，即南海庙，在广州府城东南，“海道八十里”之处，又曰波罗神庙。韩愈《南海神庙碑》称其为“扶胥之口，黄木之湾”。

若论《南海集》的“豪放之格”，《南海神祠》是粤行山水诗的结题之作，而《三峡桥》《开先瀑布》则以其呼訇噌嗒之声、匡庐陡涧飞流之气势将王士禛南行山水诗推至《天门山歌》而煞尾，令人掩卷遐思，神超万里：“江水东流浸明月，月上山头更清发。若叫写作十眉图，横云却月俱奇绝。”（《天

① 〔清〕王士禛著，袁世硕主编：《王士禛全集》，齐鲁书社2007年版，第2622页。

门山歌》)

（四）翰苑风流、闲情自赏的京师山水诗

司理扬州、视学巴蜀、祭告南海，使王士禛得以巡行万里，遍赏烟霞、彩毫清发处。除却以上，王士禛的京师山水诗，以及其他行吟山水诗均能发明诗人息心自然、神游俗尘之外的超旷胸襟。如："遥山雁齿列，远水鱼鳞波。……坐羡云间禽，归飞向岩阿。"(《初春四日休沐同荔裳方山西樵往西山道中作》)"竹色既闲静，松阴媚沦涟。清晖一相照，万象皆澄鲜。"(《香山寺月夜》)"地僻山鬼邻，鸟下苍苔积。孤阁临寒溪，林壑莽萧槭。"(《观秘魔崖至龙潭作》)"苍茫采樵路，似有微钟起。山风吟炊烟，斜风乱溪水。"(《晚望翠微寺》)"入寺闻山雨，群峰方夕阳。流泉自成响，林壑坐生凉。"(《碧云寺》)康熙十年，王士禛任职户部福建司郎中，因便与宋琬、程可则、曹尔堪、施闰章等诗文往来，康熙十一年"春正月三日雪后，与宋荔裳、谢方山(重辉)，兄西樵游西山，有《游山诗》"(《渔洋山人自撰年谱》)。《游山诗》主旨鲜明、题材集中，是诗人雪后"休沐"之日赏玩西山胜景的娱情之作，其情韵绵长幽秘、闲定恬淡，恰好映照了此刻诗人仕途步步上升、人生处于强盛时期的心理状态：平和自然、心有所待。其中《登石景山浮图绝顶》于恬淡平和之外，别出一格，孤峭峻绝、凌空飞升，而且视野旁通、气象宏大，有慷慨悲劲之感："茫茫塞上山，浩汹连波涛。浑河荡山来，石壁如动摇。……朔吹扬惊沙，屯云怒盘鹏。慷慨一伤怀，览古心郁陶。"

作为齐人，王士禛对故乡的山水充满深情眷恋，他的足迹尽齐鲁名山胜水。年十五就作《锦秋湖二绝句》，虽骨格未健，但韵味已然富足："鹅鸦城边水映空，渔舟来往暮烟中。唱歌未断神鸦起，荷叶菱花四面风。"(《锦秋湖二绝句》)碧水连天、芰荷飐风、渔舟唱晚、落霞似锦，富有地域特色的山水意象，把诗人稚气未脱的诗情烘托得美轮美奂，为日后神韵诗风的孕育埋下了一颗生命力旺盛的种子。

顺治十三年，诗人乘兴游览家乡长白山，创作《长白游诗》一卷，后又至"东莱""省伯兄"，借机"观海于蠡勺亭"，作《蠡勺亭观海》，该诗登高望远，气壮声雄，波涛如野马狂奔、惊澜回旋，变幻明灭的海上景致激发鼓荡起二十岁出头的王士禛之一腔喷薄而出的热情，那扬厉着生命呐喊的海啸与他内心淋漓的年少壮志相互碰撞，共同升华，最终达到景为情设、情因景生的完美效果："登高丘而望远海，坐见万里之波涛。……怒潮乘风立千丈，虎蛟水兕纷腾逃。……须臾势尽潮亦止，波淡天清静如绮。……击我剑，听君歌，有酒不饮当奈何？……人生快意无几时，明镜朱颜岂长好。吾将避世女姑山，不然垂钓蜉蝣岛。"写作《蠡勺亭观海》的时候，是诗人"会试中式第五十六名，未殿试而归"(《渔洋山人自撰年谱》)的待机一刻，这时诗人自言"避世""垂钓"不过是反退为进的谦辞而已，越是如此，越能见出诗人心中躁动的进击之情。

三、神韵飘逸，大势开阖——王士禛山水诗的艺术特征

如果以思想性绳墨王士禛的诗歌成就，王士禛确实难跻大家之列，但从艺术性的角度考量，王士禛的诗歌创作无疑把清初诗流推向一个波光云影共徘徊的境界，使其达到波涌浪卷的高潮。《四库全书总目》曰："士祯等以清新俊逸之才，范水模山，批风抹月，倡天下以不着一字尽得风流之说，天下遂翕然应之。"①王士禛在诗歌艺术上力倡"神韵"，在清初诗坛有结束晚明诗风、开启新风的巨大功效。他崇尚司空图、严羽之说，力求清空超逸，试图营造诗歌"无迹可求"的审美意境。他

① 〔清〕永瑢等：《四库全书总目》，中华书局1965年版，第1522页。

行游万里，得江山之助的实践活动，激发了他空前的创作热情，丰富了其诗歌表现的内涵，使他在创作实践上远远超越了司空图、严羽空廓而虚拟的理论主张，同时也跳出自我标举的"神韵说"的局限，将诗美的表现力拓展延伸到了一个更为广阔的空间。严迪昌先生在《清诗史》里精辟地指出："渔洋立足的仍是现实社会，其诗所表现的也还是人间烟火。……实践则就是痕迹，'无迹可求'只存在于实践状态中，王渔洋的'无迹可求'的神韵诗美的追逐，乃是对特定境界的追逐，意在导引人们对诗的境界美的重视。"①"无迹可求"在抽象中存在，在理论中诞生，在虚拟中形成。在总结旧时代、开辟新潮流时，用一种理论导引人们的意念、转移人们的思维，以形成一种美学精神是非常必要的。但诗论与创作究竟不同，创作主要是实践，描写真实存在，表达真实感情，所以王士禛的创作实践既体现了他的诗论主张，又超越了"神韵"的审美臆想，在诗篇布局、色彩配饰、音韵声律、风格多样等方面完美地体现了大方之家的"高度修养和艺术功力"，成为了那个特定时代的典型代表。

山水诗是王士禛诗歌创作的主流题材，亦是他"神韵说"的物质载体。"神韵"追觅的高远清空、无挂无碍，在王士禛的山水诗里得到了最佳印证。所以讨论王士禛山水诗的艺术特征，首要提及的应是"神韵"之美，其次扩展旁及其他美感特性。

（一）王士禛山水诗构境的基本特点——清空秀逸、冲淡自然

清空秀逸、冲淡自然是王士禛山水诗始终追求的韵味，也是他山水诗构境的基本特点。山水诗最引人入胜的审美特征就是意境，意境是诗人意念和自然情境在瞬间的交合，这种交合不能用语言进行传达，只能借助想象通过心灵体验去感知，因而意境就成了最能感发人心、触动情感萌生的艺术默契。王士禛参透了艺术的"三昧"，他非常明白诗境在诗歌创作中的决定性作用，所以他奋力高倡"不着一字，尽得风流"的"神韵"主张，不厌其烦地宣示："诗至此，色相俱空，正如羚羊挂角，无迹可求，画家所谓逸品是也。"（《分甘余话》卷四）"唐人五言绝句往往入禅，有得意忘言之妙。……予每叹为绝，以为天然不可凑泊。"（《香祖笔记》卷二）他不但在理论上力推"神韵"，在诗创作的实践上，也极力渗透"神韵"的精髓。这使其山水诗流溢回荡着飘逸空远、圆融自然的灵气。如：

吴头楚尾路如何，烟雨秋深暗白波。晚趁寒潮渡江去，满林黄叶雁声多。（《江上二首》其二）

日暮东塘正落潮，孤篷泊处雨潇潇。疏钟夜火寒山寺，记过吴枫第几桥？（《夜雨题寒山寺寄西樵礼吉二首》其一）

寥落青芜晚进船，明霞起处水生烟。断云斜日宜陵道，一路临风听暮蝉。（《宜陵》）

露筋祠前水拍村，平湖水暖生兰荪。灵风斜日画旗卷，时有神鸦归庙门。（《秦邮杂诗八首》其三）

以上诗作基本创作于扬州司理任上，是诗人早期力倡"神韵"的实践印证。《江上二首》历来为论家称道。论家多把它当作上追王孟、下启"神韵"一派的范例。"吴头楚尾"拓开了空间，起头似乎平淡无奇，只言明地点、地域，但经"烟雨秋深"笼盖，便显得高远无垠、朦胧迷离，有一股渐行渐远的空阔感。后一联倏然调头，通过渡江的具体行为更进一步说明空间的高远浑茫，尾句借"黄叶""雁声"的意象，通过色调点染、音声反衬，使诗境浑融悠远，给人无牵无碍、无极限的神游之感，

① 严迪昌：《清诗史》，浙江古籍出版社2002年版，第473页。

全诗从远而近、由全局到具体，间以视觉、听觉、感觉等渲染手法，使诗境浑然天成，无一丝“凑泊”之处。

《夜雨题寒山寺寄西樵礼吉二首》亦为论家所称，杨际昌《国朝诗话》曰：“王阮亭七言绝句，……点染生新，自是作手，终以眼前情景，天然有兴会有情寄者，为最上乘。试举若干首，质之海内同志。”在杨际昌所举若干首诗例中，《夜雨题寒山寺》赫然在列。寒山寺，在姑苏城外西北方，为驿路往来的咽喉之处。王士禛扬州任上，曾往姑苏探梅，适逢春雨绵绵、寒意袭人，他泊舟城外，在“夜已曛黑，风雨杂沓”之际，“摄衣著屐，列炬登岸，径上寺门，题诗二绝而去，一时以为狂”①。这两首时人“以为狂”的题诗，紧扣“雨夜”的时间背景，透过空间延展，突出了凝结在诗人心头的孤寂落寞情怀，“日暮”“落潮”“孤篷”“潇潇”雨是“眼前情景”，“离居”“怅难同”“十年旧约”“江南”春梦为“兴会”和“情寄”，此凄冷之景激起了诗人郁闷在胸的骨肉相离的悲伤情怀，一经“自然兴会”，便酝酿成一种凄美的诗歌意境。

《宜陵》于明暗相间的自然物象中，时时流荡着“寥落”的主观意绪，全诗气氛低沉徘徊，幽愁暗恨潜伏其中，但诗人不直言“寥落”心境，而是通过一组非常鲜明的客观形象将其展示出来，极具感染力，从而使诗境神韵横生。

《秦邮杂诗》轻快活泼，婉转明丽。其第三首选取了“露筋祠”这个特定意象，表现出了诗人恍惚迷离、神与物化的隐幽心境，此诗可与《再过露筋祠》相映照，是诗人努力践行“神韵”主张的成功之作。他利用水乡泽国特有的柔性景物“水拍村”“平湖水暖”来烘托诗歌欲表达的中心含蕴“灵风斜日”“神鸦归庙门”，使全诗轻笼在“不即不离”的虚幻气氛中，给人“天然入妙”的浑融感。

赵翼《瓯北诗话》述王士禛诗歌特点曰：“酝藉含蓄，实是千古绝调。然专以神韵胜，但可作绝句。”②“神韵”之作，大多“但可作绝句”，此论确实中肯，考察王士禛神韵具足的山水诗篇，的确多为七言或五言绝句，这与王、孟、韦、柳山水诗的特征基本吻合。就体式而言，王士禛的神韵主张限于“绝句”，但从时空来看，王士禛的神韵说影响着他的整个创作历程，是他毕生追求的美学原则。如：

江上渝歌几处闻，孤舟日暮雨纷纷。歌声渐过乌奴去，九十九峰多白云。（《广元舟中闻棹歌》）

嘉阳驿路俯江流，寒雨潇潇送暮秋。谁识蛮中风景别，洋州风竹戴嵩牛。（《夹江道中二首》其二）

黄陵庙前闻橹声，一滩才过一滩迎。三千里外峡程尽，十二碚前秋水清。（《十二碚》）

五丈原头望，秋风落大星。空留高卧处，古柏日冥冥。（《卧龙岗》）

以上各例是诗人入蜀途中所作，当为壮年气盛时的心灵写照。这些诗清空明丽、气韵丰盈、运笔流畅而遐想联翩，有不尽神韵浸透其间。再如：

庐南万古峡，常有野云封。朝来雷雨过，白日下飞龙。（《青玉峡》）

白帝江声尚入吴，灵祠片石倚江孤。魂归若过刘郎浦，还记明珠步障无？（《蟂矶灵泽夫人祠二首》其一）

古寺红墙出翠微，莓苔石壁滴人衣。一行白鹭冲船起，却上半岩松顶飞。（《烈山》）

---

① 〔清〕陈维崧：《贺新郎·小引》，见《全清词》（顺康卷），中华书局2002年版，第4236页。

② 〔清〕赵翼：《瓯北诗话》卷一〇，见郭绍虞编选、富寿荪校点《清诗话续编》，上海古籍出版社1983年版，第1299页。

上述各例是王士禛奉命祭告南海往返途中所作，无南无北的山水风物，被他用小调吟咏出来，有无迹可寻的迷人风韵。这种无以迹求、不用言辨的神韵一直延伸扩展到气格明显衰微的《雍益集》中：

漾舟潼水碧潺湲，一抹青峰想玉颜。留得文君好眉黛，薄云初散长卿山。（《长卿山》）

峡口群峰似铁围，半空晴雨落霏霏。阴溪树合疑无路。鬼蝶如轮自在飞。（《金牛峡滴水岩》）

碧嵩清洛洗愁颜，伊阙中分两髻鬟。暖翠浮岚看不尽，缑山南是伏牛山。（《洛川南望》）

“神韵”是王士禛毕生执着追求的审美原则，也是他在创作中一以贯之的造境手法。因为有对“神韵”的深刻理解，王士禛的山水诗才焕发出天然成趣、情景无间交融的艺术魅力。

考察王士禛以绝句为主体的山水诗，我们对神韵的理解是：诗人之胸意不在刻镂描摹的山水形体中，而是越过具象的山水，深入自然的灵魂，与自然进行超时空的交融，以眼前景，印证流泻心中的情，让二者自然融合，不必经任何硬性介引而达到水乳交融的境界。神韵创造的是佛家“见山见水”的第三境，即“依前见山只是山，见水只是水”（青原惟信，见《五灯会元》第十七卷）。此境中，山水与人平等，审视的主体和被审视的客体达到了自然妙合的地步，无尘无染、无挂无碍，一切尽在无意识中显现。

“神韵”说要营造的山水诗境是主客两忘、物我同一的彻悟澄明、高远无尘之境。从主观理论上说，这是一种值得张扬和倡导的艺术风格，但在创作实践上一般很难企及，它与诗人的心境、才力、敏感性、审美趣味，甚至精力、眼力等紧密相关。王士禛试图毕生坚守“神韵”的艺术高地，欲奋一己之锋锐，来执掌那面号令天下的帅字大旗。通观其艺术创作的生涯中，我们发现似乎并未如他所愿。通过他的山水诗，我们发现，真正意义上的神韵之作有限，而且随着岁月的磨蚀、精力的耗散，其神韵亦在渐次淡薄，就像一缸出窖的酒，头曲浓烈醇厚，二曲回味绵长，三曲则略显寡淡。从京镇山水诗到《雍益集》的山水诗，恰好揭示了王士禛追求神韵的艰难历程。

（二）王士禛山水诗的第二个审美特征——跳跃腾厉、大气开阖

跳跃腾厉、大气开阖，在万马回旋的奔放热情中展示山水的内在气质，是王士禛山水诗的第二个审美特征。王士禛虽以高标神韵著称诗坛，且在创作实践中奋力印证他的神韵主张，但作为一个才力富赡、资质过人且观察敏锐细腻的诗界高手，他的山水诗风是多变的。这种多变风格的形成一是赖于诗人的主观动因与涵养，一是赖于诗人身经心历的客观山水的激发。京镇的滚滚江涛、巴蜀的奇峰峻岭、粤赣的险滩怪石，无一不给诗人带来空前的心灵震撼。这种强烈的视觉冲击和灵魂震撼，无意识间唤起了诗人潜蓄在人性深处的阳刚气质。诗人于是借万水千山的百变形态，抒发了凝结心头的超迈心情，这种超迈卓厉、鹰扬高蹈的情愫和清空澹远、无迹可求的韵味不断撞击融合，就构成了王士禛山水诗艺术的真实内涵。

王士禛山水诗艺术的多样化转变以《蜀道集》为标志。《蜀道集》以行程为线索，全面而精细地刻画了诗人入蜀途中所见所历之奇山异水，表现手法或细腻、或粗犷、或幽冥、或明快、或大势淋漓、或巉刻奇崛，令人有目眩神迷、骨折心惊之感。如写山势之萦迴曲折，他说：“石壁横千仞，盘盘上翠微。行人萦阁转，鹦鹉下山飞。”（《大散关》）“路绝无钩梯，直上若悬溜。日月互蔽亏，光明错昏昼。”（《凤岭》）写山形之奇崛瑰怪，他描述道：“斗壁何狰狞，十万磨大剑。攒罗列交戟，茫昧通一线。”（《五丁峡》）“崭岩无寸肤，青冥厉双翮。阴崖积龙蜕，跳波畏鲸掷。”（《朝天峡》）“峥嵘逾巴阆，槎牙过秦凤。陟岭如累棋，下谷如入瓮。”（《天柱山》）“骑危蹑虚空，险绝缘钩梯。”（《观音

岩》)"朝过大庙峡,怪石蹲渴虎。"(《大庙峡》)写山水相激、雷霆斗怒的气势,他描写道:"乱水趋嘉陵,波涛势交汇。万壑争一门,雷霆走其内。"(《龙背洞》)"岷江从东来,奔腾回万牛。沫水汇青衣,簸荡千斛舟。三江九峰倏然合,丹崖翠嶂穷雕锼。"(《登高望山绝顶望峨眉三江作歌》)"激瀑散霜雪,倒洒石壁上。漩涡走风霆,喧豗裂层嶂。汹如奔万马,崩腾不相让。"(《十八滩三首》其三)

王士禛的山水诗穷形尽相,从多角度展示了秦蜀山水、粤赣风物的迥异特性,他对山水形貌的刻镂描摹,可谓精当细腻、善于传神。在他笔下,山水就是诗人寄托精神、抒发内心情感的载体。通过面貌迥绝、神志殊异的山水形体,诗人把自己最本质的人性光华显示了出来,一反现实中温柔婉顺、圆滑乖巧的角色定位,摆脱了神韵光环下不喜不怒、若即若离的循规蹈矩,因之而出的是胸胆陡开、大气盘旋而悲慨苍劲的伟大气概:"真作凌云载酒游,汉嘉奇绝冠西州。……东坡老去方思蜀,不愿人间万户侯。"(《晓渡平羌江上凌云绝顶》)"慷慨一扣舷,浩歌感今昔。风便黎州城,茫茫波涛白。"(《朝天峡》)"飞瀑落长虹,登临见禹功。……渝州天堑地,感慨大江东。"(《涂山绝顶眺望》)"乘槎兴不尽,复欲帆南溟。……一望穷寥廓,真看小洞庭。"(《登落日亭》)在诸多悲慨劲健、胆气开张的山水诗中,《井陉关歌》和《南海神祠》为南北互映的压卷之作。《井陉关歌》采用七言歌行体,容量十分丰厚,它从山形地貌总起,用一连串的描画、设喻,把井陉关屏障中华、襟带大漠的雄壮气象描写得淋漓尽致:"天公一夜送寒雨,千叠万叠云锦张。丹崖翠壁窈万状,瑰奇娟妙难具详。……峰回径绝不知数,谽岈倏见开中央。……登楼顾盼豁胸臆,四山云气争飞扬。"在此基础上,诗人用一句意味深长的反思收束了全诗:"乃知地利未足恃,此关几阅诸侯王。"

王士禛用七言长调把《井陉关歌》写得风卷云舒、气宇轩昂。而他的《南海神祠》则用五言古体的形式,把大海苍茫、混涵天地的气势表现得劲健严整、气度不凡:"神宫压沧溟,潮汐在阶除。我驾万斛舟,乘风但斯须。……振衣浴日亭,遥见三足乌。咫尺蹑樊桐,览彼天帝都。"

生活中的王士禛风流蕴藉,官场上的王士禛更是温柔敦厚,拥有醇和雅正的雍容气度,山水诗里的王士禛却热情奔放、悲劲慷慨,有黄钟大吕之音。由此可见,理论主张的外在追求,往往不能代替人的本质心性。也许刻意修饰之神韵和自然奔涌之豪放的有机融合,才能完整地体现王士禛的艺术个性。

(三)王士禛山水诗的第三个艺术特征——明快高远、典雅不俗

明快高远、典雅不俗,利用中国绘画的基本技法设色构图,拈取最具表现力的辞章渲染意境,移步换景,因景生情,是王士禛山水诗的第三个艺术特征。

中国绘画讲意蕴、讲含蓄。有意蕴、含蓄才能有不尽的神韵、咫尺万里的气势以及引发审视者思接万仞的想象力。绘画中的意蕴和含蓄主要靠画家高超的布景艺术手法来实现,布景合理、角度适当、层次殊别就能营造出让人浮想联翩、味之不尽的深远意境。艺术家布景首先要选视角,通过高、中、低三个不同层次,营造高远、平远、辽远的审美境界。宋代著名画家郭熙、郭思在所著的《林泉高致》中明确指出:"山有三远;自山下而仰山巅谓之高远,自山前而窥山后,称之为深远;从近山而望远山,称之为平远。"①

王士禛谈艺有四言:典、远、谐音律、丽以则。他深知高远的意境对诗歌创作极为重要,所以他对前人论诗以"清远为高"的观点特别推崇,将其融合到"神韵"之内,并在山水诗创作中践行,从而

① 俞剑华编:《中国古代画论类编》,人民美术出版社2007年版,第639页。

形成了超迈激越的阔大诗风。如写平远之境，他通过直视的角度，点缀以烟霞飞鸟，使整个诗境在朦胧隐约中延展到无垠之处："望望朱提路，夕阳千万山。落霞明极浦，飞鸟近南蛮。城角旌竿直，江亭铁锁闲。郁姑台咫尺，烟霭画图间。"（《叙州锁江亭晚眺》）古人论画曰："远欲其高，当以泉高之；远欲其深，当以云深之。远欲其平，当以烟平之。"①王士禛作诗之法与画家的画论不谋而合。在创造平远之境时，他反复借用烟霞的意象来点染烘托，令人有咫尺万里之思。写高远之境，他目极千里，以飞瀑、夕照乱烟等陪衬，勾勒出所写对象的幽深险峻、神秘莫测："青天半云雨，夕日乱烟霏。瀑水临江合，神鸦出洞飞。"（《巫峡中望十二峰》）"绀壁临千仞，萧萧木叶黄。水流通越巂，峰远入江阳。十月蛮云淡，三峨积雪苍。"（《九盘望峨眉》）闲云淡荡、江流奔涌，愈发衬托出蜀山高峻奇伟的高远气象。与平远、高远稍异，王士禛写阔远时，则通过放目骋怀、一览众山的视界写出万山齐聚、怒峰若簇的雄阔景象："鞍马众峰头，苍茫万里收。岷山横塞出，灌口接天流。……大荒飞鸟外，眼底尽姚州。"（《天柱山绝顶望见岷山作》）"踏泥盘盘到绝顶，江山披豁开双眸。峰峦八面簇金碧，下瞰江海如浮沤。……三江九峰倏然含，丹崖翠嶂穷雕镂。"（《登高望山绝顶望峨眉三江作歌》）通过绘画三远的造境手法，王士禛在山水诗里营构了与"神韵"相对的另一种雄放激楚之境。为了体现三远的精神，他多采用"望""眺""登"等动词，提升了诗境飘逸洒脱、奔腾动荡的阔大感。在他的山水诗题中，以这类动词命名的多达数十首。在"三远"构境背景的烘托下，王士禛善取晚霞、飞瀑、疏烟、暮霭、苍雪、江流等一系列具有丰富内涵的名词，从而大大提高了山水诗造境的艺术效果和审美功能。

王士禛的山水诗创作因其人生经历，从内涵上看，可分为三大模块，从早年司理扬州的京镇姑苏山水诗，到中年视学四川、祭告南海的蜀中粤赣山水诗，再到晚年礼祀西镇的雍益山水诗。他的诗风随岁月而变化，因所历时境风物各异而发生着变化。虽然神韵是贯穿其诗作的主流格调，但其早期山水诗神韵流溢，格调悠扬且明快；中期山水诗因受蜀地特异山川的激荡感染，变得激昂苍劲、险峻诡谲，处处回荡着幽深隐秘的气息；晚期山水诗则沉着冷静，有一种静观世态、反思自然的悠闲和庄重。如果用诗人自己的话来总述其山水诗经历的三个境界，便是："枫落吴江妙入神，思君流水是天真"（《戏仿元遗山论诗绝句三十六首》其三十），"诗情合在空舲峡，冷雁哀猿和竹枝"（《戏仿元遗山论诗绝句三十六首》其三十五），"九嶷泪竹娥皇庙，字字《离骚》屈宋心"（《戏仿元遗山论诗绝句三十六首》其三十六）。这三个境界互相因承、共同融合，在神韵的主旋律下，唱响了王士禛山水诗在清初诗坛清澈嘹亮、醇和浑阔的最强音。

通过以上对王士禛山水诗的简要论述，我们对"神韵"派的艺术精神和创作原则有了一定认识，作为一个诗歌流派，虽然其"神韵"说有空廓虚无之弊，在"神韵"说的引导下，诗人往往远离现实、回避真我与自我的存在，但站在时代背景下，"神韵派"的出现，无疑厘清了明末清初混乱的诗歌创作局面，使诗的真正价值得以回归，从而开创并确立了一个时代的新理念和新气象。清代诗坛派别林立、关系复杂，在众多以地域为主干的流派中，真正高扬某种文学风格或美学精神又以一种诗歌创作理念相号召的流派并不多，所以神韵派的出现是时代激扬的结果，影响巨大且具普遍代表性。在清代诗坛诸多流派中能与之抗衡的是后来袁枚倡导的"性灵派"。尽管"肌理派""格调派"也是以诗歌创作原则为主张的诗派，但其影响与"神韵派""性灵派"不能等量齐观。

"神韵派"的最大功绩就是力倡诗要有味有趣有神有韵，通过看似"平淡"的风格实现"神韵"

① 〔清〕汤贻汾：《画筌析览》，见俞剑华编《中国古代画论类编》，人民美术出版社2007年版，第824页。

的境界。在由门人何世璂述、王士祯口授的《然灯记闻》中有这样几句话，说明了"神韵"的本质特征，"脱尽时人面孔，方可入古""为诗先从风致入手，久之要造于平淡""诗要洗刷得净""诗要清挺"①。几语道尽神韵的真谛，干干净净、不枝不蔓，于平淡处表现超越常规、超越现实的无尘之境，正如日本文学评论家青木正儿所言："所以要学诗，必须从'风致'入手而至于'平淡'，这时才达到"风神"之境。就是说具备了'神韵'。"②由此生发，王士禛追求的理想诗境"是具有平淡的外貌，而有无穷的兴趣，其兴趣则是冲淡、自然、清奇，要而言之就是古淡，并且具有明丽的色泽"③。王士禛追求的理想诗境在他的山水诗里得到了充分体现。纵观其一生山水之作，处处都显得"冲淡、自然、清奇"而且还呈现出"明丽的色泽"，最后皆归于"听钟又逐惊蓬去，山木苍苍落日曛"(《题弘济寺方融道人壁》)的无我之境。正因为力求"冲淡""清挺"，所以王士禛的山水诗没有大气磅礴的淋漓之势、激壮飞扬的感情抒发，"神韵"有余而真气不足，清淡漫溢而性情衰微。他长歌大调的山水诗作，亦不能让诗人尽情地抒发感情，缺乏撼动人心的感染力。这不能不说是一种无法弥补的缺陷。

虽然后世或当代对"神韵"派及其创作有所诟病，但其立场坚定、旗帜鲜明地独标一派的功绩无法抹杀，如青木正儿所言："神韵之提倡，无论如何，毕竟是赠给清初诗坛的一付清凉剂。"④

四、清光出云中，皎皎如初洗——神韵诗派山水诗总揽

神韵派作为清初诗坛的一大流派，其门徒传人遍天下。众多门生弟子齐聚在王士禛大旗之下，不只是因为王士禛的地位与声望，还缘于他们对神韵美学原则的集体认同。正是有这样默契的认同感，所以他们在诗歌创作上与王士禛保持着高度统一。由此形成了神韵派前后相继、不断壮大的创作阵容。据载，王士禛罗致的门生先后有数百人以上，其中最著名的有吴雯、盛符升、宗元鼎等数十人。除了门生，神韵派的中坚还包括王氏兄弟。以下撷取几位主要诗人，以概观神韵派的整体山水诗风。

(一)王氏兄弟的山水诗概观

新城王氏乃名门望族，家学渊源非常深厚，王士禛兄弟四人：长兄士禄、仲兄士禧、叔兄士祜皆能诗且成就斐然。《蚕尾续文·抱山堂诗序》曰："予兄弟读书东堂……长兄考功先生嗜为诗，故而兄弟皆好诗……每一诗成，辄互赏弹射。"

王士禄，字伯受，一字子底，号西樵。有《表余堂诗存》二卷、《十笏草堂诗选》九卷行世。在诸兄中，他对王士禛的影响甚巨。王士禛神韵说的萌生、发展及成熟与其兄王士禄有重大关系。沈德潜《清诗别裁》评其风格曰："诗以才情擅长，运古而不见使事之迹。"郑方坤《国朝名家诗钞小传》更是一针见血地指出王氏兄弟诗学的因承影响关系："西樵少颖悟，率诸弟读书家塾，授以诗法。诸弟渐次成名。……渔洋诗格正复不离其宗，筚路蓝缕，哲昆实首庸焉。"⑤王士禄作诗清醇雅正，蕴藉澹远，深得王、孟微旨，对此前人多所肯定。那种被时人评为"冲和澹泊""幽闲澹肆，极性情之所之""时逃于贝叶，时逃于绮语"(见王士禛《考功集序》)的风格，在山水诗里呈现得极其明显。如：

---

① 〔清〕王士祯口授，〔清〕何世璂述：《然灯记闻》，见《清诗话》，上海古籍出版社1978年版，第119~120页。

②③ 〔日〕青木正儿著，杨铁婴译：《清代文学评论史》，中国社会科学出版社1988版，第54页。

④ 〔日〕青木正儿著，杨铁婴译：《清代文学评论史》，中国社会科学出版社1988版，第69页。

⑤ 转引自钱仲联主编《清诗纪事》，凤凰出版社2004年版，第1855页。

夕阳半春山，山麓招提静。入门娑罗树，古柯散斜影。古佛疲津梁，游子发深省。妙香悦初花，至理味青茗。忽忽思退谷，契阔岁月永。散朗近幽意，萧槭乃真境。(《晚至卧佛寺遂游退谷》)

鸣雨作还止，萧然开晚晴。雄风凉大壑，雌霓贯秋城。台送遥山碧，窗添夕照明。长空闻雁语，怊怅故园声。(《晚晴》)

前诗景色清幽、气象平和，处处透着禅家恬然安详的意境。退谷，为京师西山诸景之一，《天府广记》曰："京西之山为太行第八陉，自西南蜿蜒而来，进京列为香山诸峰，乃层层东北转，至水源头一涧最深，退谷在焉。后有高岭障之，而卧佛寺及黑门诸刹环蔽其前，岗阜回合，竹树深蔚，幽人之宫也。"①诗人利用时间造成的光色效果，首起便说"夕阳半春山"，接着抓住"古柯散斜影"的意象特征，通过"妙香悦初花"的禅思反衬，营造出了"散朗"得近乎"幽意"的神韵诗境。王士禄仕途多有坎坷，曾经身幽囚室，对人世炎凉、官场险恶颇生慨叹，他把人生的苦闷寄托到佛禅之中，就化出了"散花落处谁无着，春米筛来悟自圆"(《谈禅》)的超悟心境。因此，他笔下对佛国净土吟唱歌赞的山水诗较多，如《碧云寺》《天宫寺》等。

《晚晴》是一首用平远视角写景的山水诗，它不以一山一水为特定对象展开描摹，而是紧贴"晚"的时间背景、"晴"的气象特征，抓住几个富有表现张力的自然形象："鸣雨""萧然""雄风""雌霓"等，声色俱佳地勾勒了"遥山碧""夕照明"的空阔秋景，使人陡生故园之心。

王士禄诗追王孟，力透神韵，但与生俱来的豪气令他刚烈倔强，诗风亦因之变得苍劲："南睨河山俱在下，宵看星汉只疑平。……足底黑云天下脊，几朝车马赤宵行。"(《上党》)

王士禄的山水诗明丽清新、瘦劲荒寒，两者相互辉映，形成了如王士禛所评"出新意于法度之中，寄妙理于豪放之外"的风韵。因此，徐世昌认为他与王士禛"才力雄深伯仲之间，各有面目，殆非渔洋所能掩"②。他的《题龚半千画为周栎园侍郎》一诗可小结其山水诗格："石门积雨黯层峦，鸦路苍苍万木攒。为忆秋风吹老屋，孤情著意写荒寒。"

王士禧，字礼吉，为王士禛的二哥，在四兄弟中，他是唯一没出仕的。《抱山堂诗序》说道："予三人先后成进士去，各以王事驰驱南北，独仲兄家食以老。"王士禛兄弟间感情甚笃，在长兄、叔兄早逝后，他和这位一直家居的仲兄往来密切。"康熙丙子，以祭告岳渎之役，归自秦蜀，兄送予南村，呜咽挥手，明年春讣闻京师。"由于王士禧家居日久，所以其声名、交游比其他三位兄弟逊色不少，因此，其山水诗有一种象征性和代表性。如：

始皇曾避暑，四阁望依然。欲纵登临目，空愁雨雪天。(《清凉洞》)

遥望苏门山，隐磷多幽致。青林间白云，晚照含苍翠。(《苏门山》)

巍巍楼阁倚云隈，占断春风百尺台。东去锦帆淇水合，西来爽气太行开。如新榱桷存丹雘，极目烟霞点绿苔。莫上望京楼望远，黍离麦秀使人哀。(《登望京楼》)

王士禧居家读书，对官场险恶体味不深，所以他的山水诗清秀隽永，余韵颇长，《清凉洞》全篇不著清凉二字，可清凉之意穿空而来，令人顿生神清气爽、羽化升仙的快感。《苏门山》体现了人文特征，用"青林间白云，晚照含苍翠"的背景突出它"隐磷多幽致"的隐逸之风，情致深幽绵长，引人回味。《登望京楼》则一反常态，诗人通过登高望远的开阔视界，用雄浑的气势传达了他怀古思幽的悲慨情怀，尤其是尾句可让人产生无尽的遗民之悲。王士禧隐居的生活使他与官场习气保持了

① 〔清〕孙承泽：《天府广记》，北京古籍出版社2001年版，第516页。

② 徐世昌：《晚晴簃诗汇·诗话》，北京出版社1996年版，第326页。

距离，他贴近民间，体察民情。表达真我成了他和其他三王的显著区别。他胸怀“黍离麦秀”之意，使其山水诗呈现出另类风致。“峰山插千仞，高下遍玲珑。游子倦行役，卧看白云峰。”（《望峄山》）“清明愁里度，细雨连新乡。茅店贤人饮，琼楼少妇妆。”（《清明过新乡》）“科头坐涧石，赤脚踏层冰，几夜闻猿啸，一春梳鹤翎。”（《山居》）“枯树蹲霜鹘，寒流过暮鸦。茫茫高下望，烟火出人家。”（《笼水道中雪》）上引诗句中之意象枯寒瘦硬，意态超然澹泊，无一丝金台气，仿佛是元人小令。纵观王士禧山水诗，虽然存量微薄，但其风格显示了神韵派写景造境的浑厚功力。

王士祜（1632～1681），字叔子，又字虞山、子侧，号东亭，别号古钵山人。有《古钵山人集选》行世。

王士祜少年早慧，长于博闻强记，深受时人嘉许。顺治十二年，士禄、士祜、士禛三人游于京师，与诸多名流评诗论文，有“三王”之称。从此，声誉渐进，为海内所重，计东《广说铃》曰：“予同年王子侧居西樵、阮亭间，才堪颉颃。予与邓孝威、宗鹤问诸公，偕子侧游苕、霅山水间，子侧诗援笔辄成，多见警拔。”王士禛《古钵集序》说王士祜“幼沉默，寡言笑，读书好深湛之思，为文章刻深窈杳，不取悦时目”。由于个性和致力“帖括”，王士祜写作山水诗起步较晚，而且题材极其有限，《古钵集选》所录山水诗基本为其顺治十七年游京口三山所作。

尽管数量少、范围窄，但王士祜的山水诗承家学，走的是王、孟一派神韵的路数。如：“缅邈寻丘壑，殷勤访鹤林。萧然古竹院，朝日翠微深。奇石媚幽赏，清泉流至今。米颠复千载，高望寄长吟。”（《鹤林寺》）鹤林寺，在镇江黄鹤山，与宋代文人米芾有关。王士禛《鹤林寺题名记》曰：“米元章卒后，为鹤林寺伽蓝，墓在黄鹤山下，以气清郁，松影岚翠，四时供养。”王士祜的《鹤林寺》以幽静杳深的笔墨点染出古寺萧然淡远、翠微深沉之意境，令人有望峰息心的禅定之想。

除却《鹤林寺》，王士祜的京镇山水诗主要还有：《登金山》《登焦山》《登北固山甘露寺多景楼》《招隐寺》《宿黄渡驿》《早过奔牛》等。其中《早过奔牛》为诗家称道：“枫叶萧萧露气清，菰蒲猎猎早潮生。扁舟跋脚闻风水，便有长江万里情。”奔牛，镇名，在常州府西三十里，“镇西五里又有奔牛台，亦曰金牛台，相传茅山尝出金牛，奔至此，因名”①。王士祜道出其间，适逢三秋枫叶荻花萧瑟之时，他沉思冥悟，写出一派江南暮秋景象，虽然着墨不多，但其秋声如诉的神韵飘忽扩散，终成一片“长江万里”之情，给人留下无限想象的空间。王士禛评《鹤林寺》说：“二十四品中所谓神出古异，淡不可收者。”评《早过奔牛》则曰：“想见胸情所寄，一往萧远。”由此可见，王士祜山水诗与神韵派的血脉关系。王士祜的山水诗意兴湍飞，神韵天然，仿佛一幅幅意境悠远的水墨小品，如：“马行黄叶里，人在翠微中。”（《自宁国县之宣城道中二首》其二）“苍松翠筿空如画，怊怅烟岚屐齿稀。”（《阁上坐雨望敬亭》）“数声鸟弄青春色，一树花明谷雨天。”（《姑孰重过瑞竹堂感怀静波禅人》）这些山水诗，清幽娴静，禅意具足，被王士禛尾批为“声情之妙，一唱三叹”“乱头粗服自妙”之作。

（二）王门弟子山水诗浅议

王士禛作为开风气之先的诗坛宗主，其倡导的“神韵”说得以扩大绵延以至形成一个影响甚巨的诗歌流派，决非其个人行为。从纵深层面看，它是一个群体共同作用的结果，换言之，“神韵”由诗论到诗派的催生、置换，是靠以王士禛为核心的王门弟子前呼后应的合力所致。正如严迪昌先生所说：“作为诗界泰斗和一派宗主，更需要有群星拱月般的弟子的群从。”②论述“神韵”派的山水诗，以下几位王门弟子是不能轻视的。

---

① 〔清〕顾祖禹撰，贺次君、施和金点校：《读史方舆纪要》，中华书局2005年版，第1229～1230页。

② 严迪昌：《清诗史》，浙江古籍出版社2002年版，第451页。

汪懋麟(1639～1688),字季角,后改字蛟门,晚号觉堂,江苏江都人,康熙六年进士。著《百尺梧桐阁诗集》十六卷、《文集》八卷、《遗稿》十卷、《锦瑟词》一卷。在王门弟子中,他地位甚高,诗名甚重,而且持论与王士禛有出入,"神韵"派宗主唐人,以王、孟、韦、柳为楷模,汪懋麟则诗学两宋,把苏轼、陆游当成典范。虽然师门宗承略有不同,但王士禛对汪懋麟的评价极高:"君诗才票姚跌荡,其师法在退之、子瞻两家,而时出新意。"(《汪比部传》)《四库全书总目》曰:"其诗法传自王士祯,而才气纵横,视士祯又为别格。"邓之诚先生在《清诗纪事初编》中论道:"诗有别才,韵响格清,声名甚盛。"汪懋麟取法神韵,而又别具诗才、诗格,是王门弟子中机杼独出的优秀诗人。虽然其诗歌成就为当世称道,但翻阅《百尺梧桐阁诗集》,我们发现其山水诗作寥寥无几。现就其仅存的山水诗来透视他与神韵派的内在一致性:

吴中池馆日吹箫,只有寒山寺寂寥。读罢江枫渔火句,行人归去雨潇潇。(《寒山寺》)

水上箫声绕翠微,晚风吹絮恋人衣。无端催促城中去,暮雨吴山独自归。(《湖上晚归》其二)

寒山寺,在苏州城外西北角,因唐人张继的《枫桥夜泊》而彰显于世。汪懋麟经行其地,题《寒山寺》一诗,王士禛《渔洋诗话》曰:"江都门人汪懋麟……诗才隽异……游吴,题《寒山寺》云云。"此诗前半用对比手法写出寒山寺的冷寂幽深、枯槁寥落,暗寓佛门的远离红尘、不落凡俗;后半借张继的诗意,把"行人"的愁绪扩大加深,遂使寒山寺的象征意义更加浓重和深远,有欲辨忘言的效果。《湖上晚归》一诗,诗人紧扣诗题,突出湖面宽阔无痕、晚风轻拂的景致特点,借"箫声""翠微""晚风""吹絮""暮雨"等声色兼备、动静相倚的诗歌意象,反观诗人"独自归"的淡淡心绪,全诗不着一字喜怒哀乐,但其留恋风景而时光催人的忧喜之情穿空而来。

通过对上述小调的简析,我们依然能体会出"神韵"派诗人造境写意的深厚底蕴。

盛符升,字珍示,号诚斋,江苏昆山人。早年曾师事复社名人张溥、夏允彝,允彝抗清死难,符升为之营葬,由此,盛称于时。康熙三年中进士,官至内阁中书,以荐修大清会典,擢礼部主事,考授广西司御史,不满一年,被放归。有《诚斋诗集》八卷、《文集》一卷行世。王士禛《诚斋诗集序》对其评价曰:"吾友盛侍御珍示,经明行修,海内推为通儒长德。其生平于师友之际,尤缠绵笃挚,多非世俗所可及者。"盛符升是王士禛顺治十七年充江南乡试同考官时选拔的人才,他对王士禛的知遇之恩铭记感怀,据传《渔洋精华录》就是他与另一门人曹禾编撰而成。

盛符升的山水诗承王士禛的衣钵,写得空灵脱透、意蕴颇长。如:

身入云端云下垂,风雷南去日西驰。青霓断续斜阳外,碧海澄鲜子夜时。天柱独晴依上界,冰轮乍满半秋期。茫茫俯视皆尘雾,一片空明对玉池。(《中秋岱顶即事》)

岱顶日出乃一大景观,而皓月当空、冰轮初转更令人心醉魂惊,盛符升乘云飞驰,凌风望月,但见"青霓断续""碧海澄鲜",巍峨的岱岳如同一擎天大柱直插霄汉,"乍满"的圆月照彻人间,诗人俯视仰望,只觉"尘雾"渐远而"玉池"渐近,一股油然而生的高远辽阔、无挂无碍的幽思弥漫在诗情画意间。

盛符升虽然遵奉神韵的创作原则,在山水诗里着力营造空远澄明的艺术境界,但作为血性独摅、有强烈个性的诗人,他受明末复社士人的熏陶,骨子里潜蓄着对前明的怀恋与哀悼。他将这种情愫融入到山水诗中,使他的诗风为之一变。如:"望帝何年泣草莱,漫留抔土锦山隈。……雪暗苍梧千古痛,月沉湘浦二妃哀。"(《昌平山行有作》)"几经溢浦惜幽寻,重向宫亭望远岑。……三人一笑谁宾主,五老千秋自古今。"(《冬日渡彭蠡过庐山下》)前诗写行经昌平山中,触景生情,由满目荒芜丛杂的山树，联想到崇祯帝悲情亡国的“千古痛”，表达了诗人对不幸殉国之“英主”的深切悼念，“雪暗”“月沉”，景色迷离；悲情如诉，大有“泣草莱”、“恨”无穷的哭天抢地之感。后诗写冬日望庐山的景象，诗人通过“惜幽寻”“望远岑”融入到冬季匡庐特有的景致中，深切地展现了诗人“思北涧”“忆东林”的感伤情怀，面对“五老千秋”的亘古长存，诗人以“惆怅”“劳梦想”的叹息收煞全诗，给人无限遐思的空间。

盛符升以经学闻于世，又长于史学和礼学，晚期“为朝廷执法之官”（王士禛《诚斋诗集序》）。他的性格中有悲劲苍健之气，所以他的山水诗奇正相生，出于“神韵”又不被“神韵”所囿，这是他与王士禛稍有不同之处。

林麟焻，字石来，莆田人。康熙九年庚戌进士，历官礼部郎中，贵州提学佥事。有《玉岩诗集》七卷行世。《四库全书总目》曰：“其诗法受自王士祯。初官中书舍人时，尝偕检讨汪楫奉使琉球，途中唱酬甚夥。”“奉使琉球”期间的诗作结集为《星槎草》一卷、《中山（琉球）竹枝词》一卷。此处，仅摘其《琉球竹枝词》中的篇章，以观海上风物：

> 三十六峰瀛海环，怒潮日夜响潺湲。楼西一抹青林里，露出烟萝马齿山。
>
> 庙门斜映虹桥路，海鸟高巢古柏枝。自是岛夷知向学，三间瓦屋祀宣尼。
>
> 望仙楼阁倚崔嵬，日看银山十二回。笙鹤彩云飞咫尺，不教弱水隔蓬莱。

琉球，在今福建泉州东南大海中，自古与中国不通往来，自明开始才遣使朝贡。《明史·外国四》载曰：“琉球居东南大海中，自古不通中国。元世祖遣官招谕之，不能达。洪武初，其国有三王，曰中山，曰山南，曰山北，皆以尚为姓，而中山最强。”①《清史稿·属国列传（一）》亦载曰：“琉球，在福建泉州府东海中，先是明季琉球国王尚贤遣使金应元请封，会道阻，留闽中。……（康熙）二十一年，命翰林院检讨汪楫、内阁中书舍人林麟焻为正副使，赍诏敕银印往封琉球国世子尚贞为王，赐御书‘中山世土’额。礼成，还京。”②历经康乾，以至嘉道，琉球依属中国。“光绪五年，日本入琉球，灭之，夷为冲绳县。虏其王及世子而还。……由是琉球遂亡。”琉球孤悬海上，为僻壤小国，其风土人情、山川景致与中原相径庭。林麟焻《琉球竹枝词》的意义在于让世人认识了一段外交史，了解已成绝国的琉球之殊异的人情物理、风光景致、民俗土产以及历史沿革、政治经济状况等，为有志研讨琉球史的学者提供了佐证。

王门弟子众多，名士如云，若论山水诗成就，吴雯当推首位。

吴雯（1644～1704），字天章，号莲洋，先祖为奉天辽阳人，随父至山西蒲州任所，遂占籍蒲州。康熙十八年举博学鸿词不遇，游历于燕、赵、齐、鲁、吴、越、秦、楚等地，足迹半天下。后居家于中条山南之永乐，其晚年所居，襟带太华，西临雷首，竹梅相映，生趣盎然。以哀痛母丧，卒于康熙四十三年。

吴雯诗名动当时，深受名家推重，王士禛初见吴雯便击节叹赏，称其为“仙才”。朱彝尊将他和屈大均相提并论；即使力诋王士禛的赵执信对吴雯也推许有加，认为不管“天姿国色”，还是“粗服乱头”，吴雯的诗总是出于天然的尚品佳作。不仅当世极称之，后代论者对吴雯也是推崇褒扬不已。

因科场失意，依人远游，足迹几半天下，所以吴雯的山水诗范围广阔、题材多样。吴雯亦是“神韵派”传人中的佼佼者。其山水诗如：

---

① 〔清〕张廷玉等：《明史》，中州古籍出版社 1996 年版，第 1518 页。

② 赵尔巽等：《清史稿》，中州古籍出版社 1996 年版，第 2358 页。

落日山风吹，长松乱清影。白云逗残雪，忽见前峰暝。野鸟下寒竹，孤僧汲修绠。聊欲遂幽寻，理策渡西岭。（《羊山》）

莲花五千仞，灵孕自洪蒙。每变风云色，能参造化功。阴将连太白，气自满关中。欲问真源在，仙人住蕊宫。（《望华山》）

羊山，又名洋山。称此名者有多处，一在清松江府华亭县“金山卫东海中”，一在江苏铜山县东北，一在浙江嵊泗县西崎岖列岛中，一在今云南个旧市西，一在陕西旬阳县北五十里。根据诗意，吴雯《羊山》当写陕西旬阳之羊山。《清一统志·兴安府一》记曰：“（羊山）终南支阜，联络千里。相传为福地修炼之所，下有谷粟、黑龙、仙花等洞。”吴雯写羊山行旅，与自己落寞的心境契合，他为了渲染气氛、烘托诗境，首先选择有典型特征的意象，如“落日”“长松”“残雪”“寒竹”“孤僧”等；再使用凄切冷峻的色彩和动词，如“山风吹”“乱清影”“见”“峰暝”“下寒竹”等，使整个山水诗境沉浸在冷寂寥落、孤寒激楚的氛围中，给读者留下了“逐幽寻”的想象空间。

《望华山》以“望”为焦点，从仰视的角度切入，把华山险峻高大、幽邈莫测的气势表现得淋漓尽致，让人在“五千仞”的高度，通过“风云色”的变幻，来参解自然的“造化”之功。

吴雯笔下的北方山水以冷峭雄阔为特征，旨在渲染北地山川河岳稳健厚重的气韵，而南方景致在他笔下则显得幽深杳冥、轻飏曼妙，处处流荡着空明澄碧的神韵。如：

斑竹晚沈沈，维舟惜滞淫。潮来全楚白，云上半江阴。远渚鸟双下，空山猿一吟。故乡千万转，今夜洞庭心。（《宿湖口》）

西溪清浅流，洄洄杂菱荇。白鸟忽飞来，萍开见山影。（《西溪》）

湖口，在今江西湖口县，为彭蠡湖入长江之口，故名。吴雯“维舟”江湖交汇处，放眼两岸，“斑竹”千竿，暮色“沉沉”，远望潮水翻腾，白浪吞没“全楚”；仰视黑云低垂，“半江”阴翳；鸟栖“远渚”，猿吟“空山”，这气氛、这景象足以勾起诗人思乡的切切之情，愁肠百转、乡心如梦，全因入目皆见、入耳即闻的物理环境感发、牵引。全诗采用远近相间、俯仰结合、动静相生、声色互现的手法，以“宿”的事件为基点，展开对山水景物的描摹刻画，突出了平远、高远的画面效果，达到了景中见情、情因景生的艺术境界。

西溪，有多处，分布福建、云南、安徽、江苏、浙江、陕西等地。吴雯《西溪》诗之西溪无法具体确认在何处，但从意象判断应为江南某处。诗用五绝的小令形式，言简意明地勾画出了一幅江南舟行的快意情景，小流清浅、菱荇参差、白鹭轻飞、山影扑人，这一组色调鲜活明丽的意象构成了南国特有的自然画境，宛如一幅充满生机而又淡远雅静的山水小品。

吴雯萍踪鸿影，行走南北，科场的失意促成了他对山水的依恋之情，让他在南北交错的山水间释放一腔无法向人诉说的心声，因此，他借景抒怀，把山水看成红尘知己，幽幽地淡淡地倾吐着人生的快意和失落，在人与自然、景和情交融的瞬间，生发出如王士禛所言的“神韵天然”而不可凑泊的山水诗境：“野墅客来忘闭户，晴沙屐过不沾泥。”（《水村》）“淡淡浮云尽，渺渺飞鸿度。”（《再宿百泉》）“长沙自昔伤心地，亲向青山听鹧鸪。”（《四月》）“当门万里昆仑水，千点桃花尺半鱼。”（《次青县题壁》）“山鸟漫吟泥滑滑，吴娘偏唱雨潇潇。”（《吴门初春》）以上为随手撷取的吴雯山水诗句，由此即可看出诗人善写意境的艺术功力。用诗人自己咏叹王昭君的一句诗来总括他的人生和诗艺，恐怕有意在言外的效果：“始知绝代佳人意，即有千秋国士风。”（《明妃》）

王门弟子繁盛，人脉兴旺，除上述几位外，还有宗元鼎、洪昇、朱载震、周纶、朱湘、陈奕禧等一大批中坚人物。正是这些诗人的围拱烘托，才使王士禛倡导的“神韵说”得以繁衍滋盛，才使“神韵派”得以形成并成为清代的显赫诗派。他们在诗艺上追摹王士禛，把王士禛所倡的典远端丽、清空冲淡的诗学理论当成创作规范，在诗歌意境的创造上也努力与王士禛保持一致。如：

云顶关头路，丛篁绕翠微。蹴花双燕下，带雨一僧归。吟兴消长昼，春寒上夹衣。朋俦尽何在，行处颇忘机。（陈奕禧《云顶关》）

寺通野阜转清幽，压户藤梢带叶抽。最好江洲浮远绿，孤悬塔影漾中流。（朱载震《夏过北兰寺》其一）

独倚层阑欲望休，江南烟月动春愁。青山碧水无穷尽，卷入吴云去不收。（宗元鼎《登吴陵城楼其二》）

寒色孤村暮，悲风四野闻。溪深难受雪，山冻不流云。鸥鹭飞难辨，沙汀望莫分。野桥梅几树，并是白纷纷。（洪昇《雪望》）

上举各诗，陈奕禧写山行感兴，朱载震刻画野寺塔影，宗元鼎临摹登楼远望，洪昇点染冬暮雪景，皆能于远近相间、高下相倾的视角变换中营造一种兴会玲珑、无迹可求的妙悟之境。

神韵派的山水诗按风骨可分为柔媚和刚劲两种，按韵味可分为清空与冲淡两路，就置景、造境来考察，皆能统一于开阔清远。这个特征不但王士禛兼备，神韵派的其他诗人亦表现明显。如张实居不但能写柔媚冲淡的《雨后》《桃花谷》，还能创作雄劲冷峭的《会仙山》；周纶既能吟出幽深淡远的“岚光疑晓雾，猎火乱寒星。地自飞泉白，天由密树青”（《由冯公岭抵括苍作》），又能唱出激楚苍凉的“吏事昏鸦集，人烟返照横。乱流虒地脉，遗戍护农耕”（《郯城》）。王士禛在为王戬作的《突星阁诗集序》中大力张扬了神韵说的主旨，而王戬的山水诗除了“有根柢”“有兴会”的风韵外，还有《送人出居庸》的悲慨苍茫：“风吹大漠黄羊过，天亘长城白草凋。百二关河悲故垒，十三陵寝识前朝。”蒲松龄虽然算不得王门弟子，但其《聊斋志异》经王士禛品题而风行天下，通过题诗能见出王士禛与蒲松龄的同乡之谊。蒲松龄的山水诗瘦劲空阔、清远淡定，显然受到了神韵之浸润。如：“南山北山云，千株万株树。但见山中人，不见山中路。”（《青石关》）“驶急穿横流，汹汹作怒响。回首过来处，低云接沆漭。”（《渡河》）

神韵派作为清初的一个主要诗歌流派，在全清一代的诗歌史上也堪称阵容最强、标识最显、特征最具的诗派之一。尽管当时及后世对其毁誉不一、褒贬不同，但神韵派之“不着一字，尽得风流”的创作原则，及重兴会之情、相外之神、味外之韵、言外之旨的美学精神对清代山水诗的创作起到了重大作用。追求神思，提炼诗境，达到形似与神似的统一，这是中国古典诗人孜孜以求的艺术原则，“神韵”派的诗人们将其继承、总结，进而扩大延展，其承前启后的历史功绩无法湮没。

王士禛与赣州

王利民*

赣州当闽、粤、湘之会，挟章、贡二水之奇，自宋代以来，舟船衔尾，商旅骈迹，衣冠文物之繁，蔚为一大都会。其崆峒摩天，章贡激石，苏东坡称有涌翠流虹之势。加上层峦回互，清泉淙琤，花草竹石明丽，鱼虾橘柚鲜美，一向被人称美。但在清初朝廷官员的城市想象中，赣州是和两场战乱联系在一起的：一是宁王宸濠之乱，一是三藩之乱。康熙二年（1663），王士禛作《过氾光湖怀古》实写明代正德朝的历史，他说："桓桓文成公，将帅皆龙骧。义旗出章贡，狡童旋已亡。"王士禛，字子真，一字贻上，号阮亭，又号渔洋山人。山东新城（今桓台县）人。在诗坛，他被誉为一代正宗，与朱彝尊并称为"南朱北王"。"文成公"即王守仁，字伯安，号阳明，谥文成，余姚人。明正德十二年出任南赣巡抚。到任后，募选材官力士，立之节制，加以教习，参入旧兵团练行列，不数月间，骎骎可用。明正德十四年六月，宁王宸濠造反，提督南赣军务都御使王阳明召集各郡之兵平息了这场叛乱。

康熙十七年（1678）十一月，宋荦因为才能出众，受命以刑部员外郎榷关赣州，十二月出都。王士禛作《送宋牧仲员外榷赣州四首》，除第一首泛写江西外，其他三首都切入了赣州的历史和地理，今录其三首于下：

文成誓师处，惨淡尚闻笳。野戍青山远，荒江白日斜。春风渡蛟浦，夜雨宿龙沙。战地多新鬼，须添两鬓华。

章贡交流地，孤城百战余。江山应不改，父老问何如。五岭稀烽火，三湘动羽书。似闻兵马后，租赋未全除。

赣石三百里，寒江尺五流。帆樯来岛客，风物逼炎州。试访端明迹，应怀清献游。山川供啸咏，莫似贾胡留。

自吴三桂、耿精忠煽动叛乱，赣州成为战场，叛将盗兵横行，百姓遭到涂炭，巷泣路号，饥寒死徙，种种惨相用图画也难以描绘，"战地多新鬼""孤城百战余"即是此情形的写照。赣州城西有章水，东有贡水，章、贡二水将城池夹在中间，赣字即由章、贡合成。按《后汉书》注的说法，五岭指大庾、始安、临贺、桂阳、揭阳这五个山岭。"赣石三百里，寒江尺五流"袭用自苏东坡《郁孤台》诗。所谓"赣石"即赣江中的怪石。这些巨大的石头坚如精铁，森耸如笋，突兀廉厉，错峙水面。而这一段赣江水流湍急，历十八滩，凡三百里。孟浩然《下赣石》诗就有"赣石三百里，沿河千嶂间"之咏，杨万里《过皂口》诗说："赣石三百里，春流十八滩。"宋宁宗朝礼部尚书倪思《延平港滩》云："长几赣

* 作者简介：王利民，赣南师范学院文学院，教授。

石三百里，险过瞿唐十八滩。”“赣石三百里”成为包括文天祥在内的历代文人的常用习语。“试访端明迹，应怀清献游”是说宋荦到任后，会寻访追怀苏轼、赵抃的流风遗韵。据《宋史·苏轼传》记载，苏东坡于宋哲宗元祐八年升任礼部尚书兼端明殿、翰林侍读两学士。绍圣元年，苏轼被贬为宁远军节度副使，惠州安置。东坡在贬谪途中经过虔州，游历了白鹊楼、尘外亭、郁孤台、章贡台、八境台，留有诗作。赵抃，字阅道，谥清献，衢州西安人。嘉祐六年四月，出知虔州。办公余暇，招邀嘉宾，间为观游。他在《章贡台记》一文中特别说到虔州的四处名胜：“望阙、郁孤，轩豁于前；皂盖、白鹊，瞰临左右。”携尊设祖来给宋荦送别的是一大帮亲旧僚友，这种场合不啻一种公共话语空间，因此《送宋牧仲员外榷赣州四首》属于宏大叙事，瞩目的是文成誓师、江山烽火，抒发的是一种悲凉的情绪和仁者的情怀。

赣州是岭北地区山水最佳之处。康熙十八年(1679)宋荦来到赣州。王士禛有《寄牧仲赣州》，这首诗基本上是一种个人化的表述：“虔州界闽湘，兰蕙贱于草。复有宝珠香，玉雪映清晓。江城微雨过，炎瘴净如扫。高斋开八窗，豁达凉风早。方床黄琉璃，卧起日杲杲。清芬恼魂梦，仙肤爱綦缟。岭外陆郎花，未敢斗娟好。几岁客京国，冠盖苦纷扰。朱门多林塘，无由听啼鸟。今年八境台，双江入登眺。闲注诗楚骚，多识不为少。遥忆书到时，赣石风袅袅。”此诗虽乏跌宕之致，却充满对赣州风物的想象。“宝珠”是山茶花的一种。渔洋祖父王象晋在所撰《二如亭群芳谱》中说：“宝珠茶，千叶攒簇，色深少态。”“方床黄琉璃”以下几句凸显出一种慵懒闲适的情调。“双江”指章水、贡水，这是给赣州带来灵动之气的两条河流，是赣州的命脉。当时正值福建、湖南、广东初定之后。宋荦为政清净，与民休息。办完衙门公事后，常常携宾客和子侄游郁孤台、八境台、通天岩以及绵津等名胜，登高望远，飞觞醉月，流连翰墨，形为歌诗。他和钱柏龄、袁启旭、魏禧、魏礼及其子宋基、宋至、宋著在赣州的唱和诗，后被编为《双江唱和集》，王士禛为该诗集作序说：“其邦之高士彭君、魏君辈，遁迹金精山中，先生皆能致之，相与流连倡和。”①彭君即彭士望。在王士禛的诗中，宋荦的形象不是案牍劳形的风尘俗吏，而是游手好闲的清雅文士。宋荦收到王士禛的《寄牧仲赣州》诗后，次韵奉答道：“为言章贡佳，佩纫秋兰好。岂意当关劳，羽檄嗟纷扰。那穷云壑幽，聊复亲花鸟。时登八境台，侧身中原眺。迢迢霄汉间，古道如君少。”

当时，魏禧兄弟名气很大。汤斌《送宋牧仲分司赣关序》说：“西江自宋以来，名臣大儒不可胜数，今岂遂无其人乎？余昔参藩岭北，属有军旅之役，事定而疾作，请休归里。宁都有魏冰叔兄弟，与彭躬庵、邱邦士方读书易堂。余知之，未暇入山一访，亦以诸子深藏交修，不求闻于世。余尔时虽粗知其姓氏，未能悉也。今得读其所著书，想见其为人，屈指当日已二十年矣，河山修阻，光阴荏苒，惟有浩叹而已。天生人才无间古今，往者已矣，来者未可量。牧仲更从冰叔益求知所未知焉，勿如我之过时而悔也。还朝以此为使归之献，则牧仲之所以报国者深矣。”②由此可见，在清廷官员的眼中，魏禧兄弟是当世的大儒。王士禛《池北偶谈》卷四“征聘不至”条说：“康熙己未博学宏词之征，内外荐剡百八十余人。不至者四人，浙江应㧑谦嗣寅、江西魏禧冰叔、山西范鄗鼎彪西、陕西李颙中孚。……唯魏以古文擅名，其兄际瑞、弟礼皆有诗名，时号‘宁都三魏’。”③

康熙二十三年十月，皇帝要祭祀泰山，拜谒孔子故里。为此提前布告中外，将派遣官员祭祀岳、镇、海、渎的神灵。十一月初五，时任詹事府少詹事兼翰林院侍讲学士的王士禛得到皇帝的旨

---

① 〔清〕王士禛著，袁世硕主编：《王士禛全集》，齐鲁书社2007年版，第1543页。
② 〔清〕汤斌著，范志亭、范哲辑校：《汤斌集》上册，中州古籍出版社2003年版，第114页。
③ 〔清〕王士禛著，袁世硕主编：《王士禛全集》，齐鲁书社2007年版，第2906页。

意，奉命赴广东祭告南海之神。

康熙二十三年十一月十三日，王士禛在礼部领了香帛和祭文。十九日，从京城出发。次年正月初三，在大风雪中渡过长江，由九江府德化县进入江西境内。十六日，过吉安县。十七日，为了方便穿越万安县到赣县的十八滩，他换乘小船。十九日，惶恐、绵津、漂神、大蓼和小蓼五滩，倏忽而过。二十日，过武朔滩、昆仑滩和锡州。一路之上，探险猎奇，散华落藻，写了不少描摹奇谲山水的诗篇。其《十八滩三首》描摹赣江十八滩之险，"潜虬动鳞甲，巨刃扬镡锷""漩涡走风霆，喧豗裂层嶂"……文辞奇刻，具有爆发性和神秘性，使人觉得须臾之间就会变生不测。

十八滩自梁口滩起属赣州之界。王士禛有《梁口》一诗描绘眼前景、心中情："细竹长衫里，舟穿虎豹丛。遥思刊木日，深念济川功。岚重沾衣湿，滩高聒耳聋。耽奇还兴尽，太息畏途中。"自过惶恐滩以来，四面群山呈深黑色，黯而无光，如同长江上的夔巫诸峡，只是高度有所不及。而江中急湍怒飞，状若万马奔腾，声若疾雷轰鸣，滩上怪石排空，如奇鬼狞兽，争欲挐攫。难怪诗人既叹为畏途，又有耽奇之兴。

王士禛一路南来，游子意识触处萌发。十一月二十日当晚，王士禛的行舟停泊在赣县攸镇驿。诗人此时在溟濛的夜雨中，看到岸上桃花盛开，在一段粗粝的行程后，看到腴润的桃花，心底的柔软之处又被触动了。王士禛作《攸镇雨泊》书写艳丽与凄清的况味："竟日孤篷雨，宵分尚未休。瘴云来岭表，江涨下虔州。暗湿桃花重，平添竹箭流。更闻春唤语，催白五更头。""春唤"是一种鸟，别名唤起，又名报春鸟、唤春鸟，多在春天的早晨啼鸣，其声如纺织娘。听到圆转清亮的鸟语，诗人心中涌动的是如潮的羁愁和乡思。

正月二十一日，王士禛过大小湖、天柱、横弦诸滩。这都是十八滩的险处。小湖滩石奇秀，多作狮子、大象的形状。天柱滩最为雄阔，而横弦滩多暗礁。至于鳖滩，石如棋布，水流也平缓。过此出峡，就全是平坦之途。抵达储潭后，王士禛拜谒了广济祠。广济祠又名储潭祠、储君庙。《南康记》记载说：东晋咸和二年，刺史朱伟率兵赴江州，讨伐苏峻。行至此山，忽有神人说：我在这里射鸟钓鱼已百余年。天帝让我管领此地山水。府君若能为我建立祠宇，我一定有所报答。于是朱伟就在山下为这位神人建了储潭祠。《舆地志》的记载则更有神异色彩：某渔人在储潭放钓，钓起一把金锁，随着金锁还有练条，引之数百丈，最后有一个形如水牛、眼赤角白的东西跟着上来，一见钓者便拖着练子跑了。渔人用刀砍下了数尺练条。这个形如水牛的怪物就是储君。广济祠内有唐代元和年间所立的碑。碑文由前桂州临桂县令裴曙撰、前河南府参军裴弘书。

二十一日当晚，王士禛住在赣州府赣县。当时的赣县是附郭县，也就是说它不是独立的县城，其县政府治所与赣州府治所设置于同一城池内。王士禛在记载这次行程的《粤行三志》之《南来志》中说："（赣县）城北章、贡二水合处，贡水自闽汀州东来，章水自南安西来，会之，是为赣江。《书大传》曰'州靡髴髴'。郭璞曰：'枭羊也。《海内经》谓之赣。今南康有赣水，以有此物得名。俗曰山都。'此说殊妄，不足信。"①髴髴即《尔雅》中所说的狒狒，《周书》称之为费费，《山海经》称之为赣。《海内经》说："南方有赣，巨人。人面长臂，黑身有毛，反踵。"②这里说的髴髴应该是一种南方古猿，民间称为野人、毛人。据《尚书大传》卷五记载，周成王时州靡国曾向朝廷贡献髴髴。王士禛认为赣江因髴髴而得名的说法很荒谬，不过他对山都、毛人的传说倒是颇感兴趣，他在泰和道中作诗说："木客山都人比舍，功曹主簿鸟多名。"在《居易录》卷十六中说："毛人亦曰山魈，形与人

① 〔清〕王士禛著，袁世硕主编：《王士禛全集》，齐鲁书社2007年版，第2616页。

② 袁珂：《山海经校注》，上海古籍出版社1980年版，第455页。

似,遍身长毛,见人则执手而笑,竟日方醒,醒则食人。每笑则唇上掩目,独畏爆竹。按此物名狒狒。狒狒,枭羊也。人遇之以竹筒置臂,姑与之握,俟其笑,曲臂以凿缀其唇于额,格杀之。故《吴都赋》云:'猩猩啼而就擒,狒狒笑而被格。'"①

王士禛的老朋友丁炜正以按察司佥事分巡赣南道,听说王士禛到了,当晚即来相见。丁炜,字澹汝,一字雁水,福建晋江人。此前七、八年,王士禛在京城任户部四川四郎中,丁炜、宋荦、王又旦、曹贞吉、颜光敏、叶封、田雯、谢重辉、曹禾、汪懋麟曾至王士禛处谈艺论诗。王士禛将他们的谈论选定刊刻成了《十子诗略》。王士禛对丁炜的诗评价很高,《渔洋诗话》卷下说:"闽诗派自林子羽、高廷礼后,三百年间,前惟郑继之,后惟曹能始,能自见本色耳。丁雁水炜亦林派之铮铮者。其五言佳句颇多,如'青山秋后梦,黄叶雨中诗''莺啼残梦后,花发独吟时''花柳看憔悴,江山待祓除',皆可吟讽。"②

丁炜花费百两俸禄,在南赣道署东偏修建轩房,并砌起砖墙,布置树木,径铺锦石,杂植四十余种名卉,营造了甓园。丁炜《甓园记》曰:"使院东有地,方二亩许,外垣半圮。辛酉秋,余始自西署移至。周行间,草没屐,棘牵袂,雨径泥滑,几不容武。屋踞其中,榱桷仅具。甘蕉十数本,汗漫阑生,副坼阶戺。屋后老柚二株,交柯轮囷,时方垂实累累,为饥鼯阴蝠所剥蚀,荒翳弥甚。余慨然曰:'是非前人燕息地乎?何旷废至此。'越壬戌,政稍暇,乃庀才鸠工,谋结构焉。先葺其垣之圮者,拓其地之狭者,正其势之偏者,碱其径之洼者淖者,因屋为轩。轩之溜注缮之,椽败易之,牖与壁黝且漶,丹之垩之而已。轩前为庭,庭有架,葡萄蔓之,夏期其阴也。庭左右为修垣,为老壁,移前后乱蕉列之,阴愈茂矣。"③甓园即今赣州公园的前身。

甓园体现的是文人雅士欣赏的精致悠闲的生活方式,是丁炜以文采润饰吏治的空间场域。康熙二十四年正月二十二日,王士禛过访甓园,见园中有"可亭",亭前有两棵可以合抱的柚树,柚树前又有同根异干的古桂,都是数百年的老树。更奇异的是,上元节才过几日,园中的红梅、白梅、桂花、玉兰同时开放,这种花鸟物色与中原风土绝然不同。王士禛《题雁水甓园》诗云:"初来甓园里,早爱甓园诗。夜雨前山过,青苔使院滋。故人倾卯酒,名卉发辛夷。物候炎方异,春风生桂枝。"从此以后,一时名流常来甓园唱和,使得此园嘉名与八境台并传于世。

丁炜留王士禛在甓园吃饭。王士禛门人林一璘当时在丁炜幕府中做幕友,正好预陪觞酌。宴席当设在可亭。丁炜在《甓园记》中说:"亭宜酒宜诗,鸟可催觞,花能索句矣。"④王士禛看见一个花瓶中杂插着桃、梅、桂、佛桑等盛开的花枝,就对丁炜戏语道:"君可谓四时之气具备。"等过了梅岭,王士禛见芭蕉隆冬不凋,才领悟到王维画雪中芭蕉之意境,认为不能轻易非议。花瓶中的桃花格外娇艳,像一位侧卧的美女,王士禛不禁想到春秋时那位目如秋水、脸似桃花的息国国君夫人,于是欣然作《瓶中桃花》诗:"水晶枕上一枝新,别作嫣红楚岸春。疑是息夫人未起,细腰宫里见横陈。"

甓园东偏有王文成公祠,原是南赣巡抚的官署。王阳明因平定宁王宸濠之乱等军功,被封为新建伯。王士禛之《赣州谒王文成公祠》大有杜甫《蜀相》的气格:"新建当年此誓师,森然松柏见灵祠。军声不藉条侯壁,筹策唯应汉相知。万古许孙同庙食,一时张桂太倾危。后来论定烦青史,岘首犹存堕泪碑。"首句感慨讲席书生誓师平叛之事。条侯是西汉周亚夫的封爵。"军声不藉条侯

① 〔清〕王士禛著,袁世硕主编:《王士禛全集》,齐鲁书社2007年版,第3994页。

② 〔清〕王士禛著,袁世硕主编:《王士禛全集》,齐鲁书社2007年版,第4816~4817页。

③④ 〔清〕丁炜:《问山文集》卷二,清康熙刻本。

壁”,是说王阳明平宸濠没有采取坚壁自守之策,而是以锐卒进攻,一举破敌。汉相指诸葛亮。“筹策唯应汉相知”是用诸葛亮来譬喻王阳明。“许孙”指巡抚都御使孙燧和江西按察副使许逵。此二人因拒绝从叛,被宸濠命武士拖出南昌惠民门外杀害。“张桂”指张忠和桂萼。王阳明擒获宸濠后,太监张忠等人嫉妒王阳明先立大功,向明武宗进谗言说:“王守仁开始跟从宸濠造反,因为朝廷军队突然开到,王守仁才擒拿宸濠以自解脱。”王阳明在南安去世后,大学士桂萼奏称王阳明擅离职守。皇帝大怒,下廷臣议。桂萼等说:“守仁事不师古,言不称师。欲立异以为高,则非朱熹格物致知之论;知众论之不予,则为朱熹晚年定论之书。号召门徒,互相倡和。才美者乐其任意,庸鄙者借其虚声。传习转讹,背谬日甚。”①于是明世宗下诏停王守仁世袭爵位,一应恤典俱不行。

饭后,丁炜、林一璘陪同王士禛登郁孤台,追怀“身在江海之上,心居乎魏阙之下”的魏公子牟;上八境台,追忆题写《虔州八境图八首并序》的苏东坡。王士禛《皇华纪闻》卷三“三台”条说:“赣州有三台,曰郁孤,在府治前西南隅,唐李汧公勉望阙故址;曰章贡,在府治西北城上,宋赵清献公抃故迹;曰八境,在东北城上,宋孔公周翰所创,请东坡赋诗者。今惟八境台重建三层楼,余皆颓废。”②八境台高阁三层,雄踞赣州城东北角,俯瞰章、贡二水,南对空同九峰,原为北宋虔州知州孔宗瀚建造。贡水东有小山,万松郁然,名为佛日峰。佛日峰下有马祖岩,是大寂祖师的道场。王士禛《同丁雁水佥宪登八境台三首》其一写登临唤起了思乡之情:“天末欣相见,登临复此台。飞楼切云上,危堞枕江开。章贡双流合,云峰四面来。凌风思玉局,故国近蓬莱。”此诗发端模仿了杜诗的起法。“玉局”指苏东坡。宋元符二年(1099)十一月,东坡被任命为成都玉局观提举,后人于是以“玉局”称之。苏轼《虔州八境图八首并序》曾云:“想见之罘观海市,绛宫明灭是蓬莱。”而王士禛是山东新城人,所以他说“故国近蓬莱”。

告别丁炜后,王士禛登上行舟,借得《后汉书》《文选》。林一璘来访。这一天,王士禛移舟过关。

正月二十三日,王士禛在船上眺望空同诸山,因为章水多屈曲,时有向背屡移之感,始悟古语“船随湘转,望衡九面”之妙。当晚野泊在玉潭山口,夜雨淅沥。

二十四日,雨微风寒,水多浅阻,山势逼仄。下午行舟停泊在南康县,即《汉书·地理志》所说的南壄。南北两岸连冈积砠,水势因之曲折。王士禛作《南康县》诗云:“积岨埋烟雾,清晨望不分。地维何逼侧,岚气日氤氲。山接梅销岭,天遥庾胜军。几年收白骨,愁绝战场云。”梅销是秦末人,长沙王吴芮部将。秦统一天下时,梅销率六千子弟跟随当时的越王经湖南醴陵至南海,据守台岭(今梅岭)。当地人庾胜和他弟弟拥众数千人占山为王,因仰慕梅销,情愿引众归属。梅销命庾胜兄弟分别据守台岭的两座山岭,后人把这两座山岭分别叫作“大庾岭”和“小庾岭”。

南康县有两座小城,名为新田、小溪。二十五日下午,王士禛的船野泊于小溪。二十六日,过凤凰城。此城及新田、小溪、九所诸城皆由王阳明构筑。午后下起了雨,行舟进入了双牌峡。双牌峡两崖都是石壁。此处水深则膏渟黛蓄,潭而不流;水浅则折溜盘涡,震动崖谷。巨石以数千百计,船航行在石罅中,其危险程度超过十八滩。当晚到了南安府大庾县,行舟停泊在金莲山。

南安府有两座城池,夹章水而峙立。府城内西北有北宋皇祐年间始建的宝界寺,旧名福田院,西廊有明代东海人张弼所建的铁汉楼,因刘安世寓居于此,故名。张九成谪置南安时也寓居寺中。南宋淳祐年间,知军李大正创景贤堂,苏东坡曾在壁后画竹。王士禛《题南安宝界寺》云:“古寺兴

---

① 〔清〕张廷玉等:《明史》卷一九五,中华书局1974年版,第5168页。

② 〔清〕王士禛著,袁世硕主编:《王士禛全集》,齐鲁书社2007年版,第2716~2717页。

亡阅几秋，诸贤谁遣到炎洲。可怜横浦关前水，犹绕当年铁汉楼。”横浦关是通往广州的襟喉之处。

王士禛由水南城过横浦关，沿着倾斜不平的山路，上行至云峰寺。此后山势渐高，螺旋而上，走了两里多路，来到大庾岭的最高处，见梅关双壁巉巉、中通一线，作《大庾岭》诗云：“五岭界百粤，东峤实大庾。西衡北豫章，嵯峨此终古。黄屋聊自娱，僭伪始秦楚。魋结慕汉德，再四除亡卤。六代及五季，纷纭不足数。昨者滇阁乱，此岭烦师旅。我来兵销后，丛薄无豺虎。绝顶眺南溟，波涛如可睹。白云左右飞，危径穿一缕。回首望中原，风烟隔横浦。”自然的伟大神秘和历史的扰乱纷张一时间都涌上诗人的心头。

走出山峡，来到挂角寺。王士禛阅览图经，知道挂角寺就是古云封寺，而岭北有云封寺之说，显然出于附会。挂角寺内有张文献公祠和六祖堂。王士禛在《张文献公祠》中书写了关于唐代宰相张九龄的文化记忆：“峡寺重云里，人瞻丞相祠。开元如夙昔，风度想当时。羽扇三秋恨，淋铃万古悲。何来双海燕，犹自入帘帷。”《新唐书》卷一二六《张九龄传》曰：“九龄体弱，有酝藉。故事，公卿皆搢笏于带而后乘马，九龄独常使人持之，因设笏囊，自九龄始。后帝每用人，必曰：‘风度能若九龄乎？’”①这段记载为“风度想当时”一句的本事。唐玄宗打算任命凉州都督牛仙客为尚书，张九龄反对。李林甫说：“仙客是宰相之材。”唐玄宗因此决用牛仙客而不疑。时当秋季，玄宗命高力士持白羽扇赐张九龄，以示废黜之意。张九龄献赋自况曰：“纵秋气之移夺，终感恩于箧中。”此为“羽扇三秋恨”的来由。“淋铃万古悲”写的是唐玄宗幸蜀时的悔恨和悲哀。张九龄在安禄山讨伐奚、契丹失败后，主张即事诛之，唐玄宗说：“卿无以王衍知石勒而害忠良。”安史之乱时，唐玄宗逃到蜀地，想起往事，遣使到韶州祭祀张九龄。“何来双海燕，犹自入帘帷”两句本自张九龄的《海燕》诗。玄宗因为张九龄文学精识，深相器重，李林甫嫉之若仇。张九龄考虑到李林甫的巧谲，终究不免遭其谗害，于是作诗以致意：“海燕何微渺，乘春亦蹇来。岂知泥滓溅，只见玉堂开。绣户时双入，华轩日几回。无心与物竞，鹰隼莫相猜。”李林甫读了诗后，知道张九龄必会隐退，恚怒稍解。

张九龄开凿梅岭，加快了岭南的开发。六祖慧能越过大庾岭后，奠定了“南宗”的基础。从中国文化史的角度来看，大庾岭上的六祖堂是比张文献公祠更值得瞻仰的名迹。但王士禛没有赋诗吟咏。因为他对佛教多少有些排斥。譬如他读了魏禧的《地狱论》上中下三篇，曾在《分甘余话》卷四中评论说“殊非儒者之言”，并认为宣城人吴晴岩的《街南集》文品在魏禧古文之上，可惜了解的人不多。不过，王士禛对魏禧写的《大铁椎传》颇感兴趣，他把大铁椎的故事，转记在了《居易录》中。

大庾岭之南，峰奇石秀，松杉映蔚，如园林一般。王士禛在这里第一次看到榕树。当晚他住在南雄府保昌县，由此进入广东境内。

完成祭告南海之神的使命后，王士禛于康熙二十四年四月初一踏上归程。四月十一日，在肇庆府高要县，魏世效和屈大均、程化龙来访。魏世效，字昭士，宁都人，魏礼长子。魏世效与堂兄世杰、胞弟世俨齐名，时号“小三魏”。魏世效十岁学作古文，师从叔父魏禧。魏禧曾说魏世效的文章一如其人，锋锐所及，往往有没羽之力。王士禛欣赏他“为文章简劲有气”。康熙二十三年秋天，王士禛与魏世效曾在北京相见，这次可以说是旧友重逢。适逢潮水大涨，魏世效所乘的小舟播荡倾仄，令屈大均等人望之而反。而王士禛在旁人的扶掖下，坚持登上魏世效的如芥之舟，互通款曲。王士禛还拿出记载自己行踪的《南来志》，请魏世效作序。这篇序写成后，王士禛曾遍示座客，重其

① 〔宋〕欧阳修等撰：《新唐书》，中华书局1975年版，第4429页。

声价。

分手时，王士禛作《端州别魏昭士因寄和公于广州》："人生如萍蓬，飘转少根蒂。况复出处殊，合并安可计。我梦翠微峰，岧峣在天际。幽人侣猿鹤，石门掩松桂。讵意万里游，相见炎海裔。世事苦匆匆，倾盖忽分袂。我攀庾岭松，君饱珠江荔。阿戎共扁舟，崧台暂流憩。良会那能常，宿昔纷鼓枻。浈水方南下，漓江复东逝。中宿潮不来，何由慰迢递。"魏礼，字和公。翠微峰在宁都城西郊十里，是金精十二峰之一。明清鼎革后，魏礼跟从父亲魏兆凤结庐翠微峰；并与南昌彭士望、林时益，宁都李腾蛟、邱维屏、彭任、曾灿及长兄魏祥、仲兄魏禧为易堂之学。魏禧《翠微峰记》曰："岁甲申国变，予采山而隐。闻邑人彭氏因斥凿磴架阁道，于山之中干辟平地作屋。其后诸子讲《易》，盖所谓易堂者也。予同伯兄季弟大资其修凿费。丙戌春，奉父母居之，因渐致远近之贤者，先后附焉。"①惠栋《渔洋山人精华录训纂》注引此文，误记为魏礼所作。渔洋诗中的"幽人"指魏礼。"讵意万里游"以下六句讲的是他俩在广东的交游。前些时在广州的某处僧舍，王士禛与魏礼邂逅相遇。当时王士禛想以年龄高低序座次，而魏礼执道里南北之说做主宾。王士禛因魏礼比自己年长六年，坚持让魏礼居上座，魏礼才不推辞。分别后，王士禛翻越大庾岭北归，而魏礼仍留在广州饱食"珠江荔"。关于"我攀庾岭松，君饱珠江荔"，李毓芙先生在《王渔洋诗文选注》中说"二句意谓与昭士分手后，奔波来赣，昭士仍留粤地"。② 他把诗中的"君"误以为是魏世效。王士禛写的这首诗是寄给魏礼的，"君"只能是魏礼，"阿戎"才指魏世效。后来，王士禛在《居易录》中说："宁都魏冰叔禧、和公礼，皆以文章名。礼之子世效字昭士，年少而气锐，文笔有诸父风。"

四月二十五日，王士禛坐轿子重过大庾岭，观看了六祖的卓锡泉。其《归度大庾岭》云："大庾连横浦，艰难此再经。鬓从五岭白，山入百蛮青。峤水流炎海，榕阴数驿亭。今宵望南斗，渐远使臣星。"下午到了南安府治所大庾县。南安人以种植蜡梅为业，此时花如散雪，弥望皆是。王士禛《抵南安》诗云："岭南已负荔枝天，横浦重过意惘然。暂借溪楼看山色，蜡花如雪寺门前。"

二十六日，王士禛乘小船顺流出双牌峡，在阿坑歇脚。其《舟入双牌峡》云："横浦云阴薄，晨光翳碧虚。江边寒尽艇，峡口静叹书。幔卷时来燕，溪清独羡鱼。萍浮任流转，踪迹似闲居。"

二十七日，过南康县，当晚住在赣州府治所赣县。丁炜、林一璘前来拜访。林一璘拿出送渔洋北归的序文。二十八日天气很热，王士禛到甓园吃早饭，中午回到小船上。南赣镇都督许盛见王士禛坐的船太小，把一条大船借给了他。曾灿刚从广州回到赣州，也到船上拜访王士禛。曾灿，原名传灿，字青藜，曾应遴仲子，自幼有诗名。下午，许盛和丁炜一同前来，王士禛移舟泊涌金门。这天夜里，风雨甚大，天气骤凉。二十九日，王士禛住攸镇。三十日，顺流飞渡十八滩。

五月初三，船逆风而行，雨时止时作。晚泊扬子洲，王士禛作诗寄怀丁炜和林一璘。其《赣州别丁雁水佥事》云："与君暂相见，挥手古虔州。孤棹山俱远，双江水乱流。急滩穿诘曲，深竹叫钩辀。离别兼羁旅，中宵感白头。"赣州旧名虔州。南宋绍兴二十三年，校书郎董德元说："虔州俗称虎头城，这不是好名字。今天下都很安定，唯独此郡有小警，大概是这个名字招来的。"于是，改虔州为赣州。王士禛《新淦道中怀门人林公韫兼寄丁雁水》云："七载相思木兰道，那知相见郁孤台。江湖澒洞扁舟远，宾主东南一代才。伏雨阑风朝复暮，沧波白鸟去还来。三洲不共洼樽饮，怀抱何因得好开。"新淦县在临江府南七十里，因淦水为名。木兰陂在兴化府城南木兰山下。林一璘，字公韫，莆田人，而莆田是兴化府首邑，因此王士禛首句说"相思木兰道"。

---

① 〔清〕魏禧著，胡守仁、姚品文等校：《魏叔子文集》，中华书局2003年版，第723页。

② 李毓芙选注：《王渔洋诗文选注》，齐鲁书社1982年版，第263页。

对于赣州来说,王士禛是一个匆匆的过客。对于王士禛来说,赣州也只能算是其悠悠长途中的普通驿站。短暂的栖留没有给他提供品位这座城市的余暇,因此他的这些急就章没有留下多少关于赣州的都市体验和文化记忆。但在丁炜看来,渔洋山人的赣州诗是值得留存的历史文本。后来,丁炜临时代理江西布政使的事务,将王士禛《赣州谒王文成公祠》《同丁雁水佥宪登八境台三首》《题雁水甓园》等诗补充刻入至《江西通志》中,以使江西人千百年后还知道渔洋先生出使经过赣州时是这般凭吊前贤、吟咏友情的。

王渔洋与临淄的渊源

姜　健*

众所周知,桓台新城人王渔洋是清代杰出诗人和著名廉吏。他创造了“神韵说”,主导清初诗坛数十年之久,有“一代诗宗”“文坛领袖”的美誉。可以说,王渔洋是桓台的骄傲,也是所有淄博人引以为荣的家乡名人。

关于王渔洋研究的文章,近几年来屡见报章;关于王渔洋与周边地域文化渊源关系的文章,也不在少数。但令人奇怪的是,至今未见关于王渔洋与临淄渊源的文章。其实,王渔洋与临淄的渊源,可谓深矣。笔者归纳为四点:第一,王渔洋在临淄有土地、有别墅;第二,王渔洋在临淄有亲戚;第三,王渔洋有多篇写临淄的诗文;第四,王渔洋在临淄有好友。下面,试分别阐述之。

一、王渔洋在临淄有土地、有别墅

王渔洋在临淄有土地,即有田庄。据《临淄区志》记载,原梧台镇(今划入凤凰镇)北王家庄子,即为王渔洋的田庄。

在1989年版《临淄区志》第46页《梧台乡村庄名录》之“北王家庄子”条目里,编者在介绍村名由来以及沿革时,这样叙述道:“(北王家庄子,)事迹村名。原为新城县(今桓台县)王半朝王士禛的田庄。佃户定居于此,遂名王家庄子。因淮水南有南王家庄子,遂改称北王家庄子。”1989年版《临淄地名志》第89页、2007年版《临淄区志》第118页均有类似记载。

王渔洋在临淄还有居所。

据《渔洋山人自撰年谱》卷上载,康熙四年乙巳(1665),三十二岁的王渔洋“八月,过临淄别墅,拜别两大人,偕叔兄上京师”。由此可见,王渔洋在临淄是有居所的。

二、王渔洋在临淄有亲戚

王渔洋在临淄有亲戚。据笔者所知,最起码有四处亲戚在临淄。

首先是王渔洋的继曾祖母路氏(王渔洋曾祖王之垣的续娶夫人,非王渔洋嫡亲曾祖母),为今临淄区凤凰镇路山村、陈家庄、田旺村一带人。

民国《临淄县志》卷二六《人物志六・学行上》有明代临淄县人“路九篇”的小传:“路九篇,敦品励行。居乡以厚德见称。新城布政使王象晋,为表其墓。”传后,附有王象晋(王渔洋祖父)为路

* 作者简介:姜健,临淄区齐文化研究中心,副主任。

九篇撰写的墓碑文。在王象晋写的碑文中，王象晋自称“王甥”，称路九篇为“外祖”，并说其为“南田尹社人”（南田尹社，在今临淄区凤凰镇路山村、陈家庄、田旺村一带）。还说，“予母诰封淑人，行三”，并详述了路淑人为其父路九篇修新墓、出钱新辟墓道、购置石案的经过。由此，我们可以知道，王象晋的继母路氏，为临淄人路九篇的三女儿。王象晋为王渔洋的祖父，而临淄路氏是王象晋的继母，因此，路氏是王渔洋的继曾祖母。

其次是王渔洋的从祖父王象斗，是临淄进士韩介的二女婿。

韩介，明代万历庚辰科（1580）进士，今临淄区齐都镇西门村人，高阳韩氏九世祖。曾任宝应知县、监察御史，以廉洁爱民著称。他的墓葬在临淄县城南（今临淄三中院内）。1990年，临淄三中校舍扩建，出土韩介墓志一盒，现存临淄齐国历史博物馆。

在韩介的墓志铭结尾部分，记录了韩介子、女、孙的情况。在介绍韩介的二女儿时，称她嫁给了“新城县户部员外郎锦峰王公子、户部主事象斗”，即她的丈夫是新城王之辅（号锦峰）的儿子王象斗。

查《山东新城琅琊王氏世谱》以及《重修新城县志》卷一四《人物志二》可知，王之辅为王重光三子，王象斗为王之辅的三儿子。而王渔洋的曾祖王之垣为王重光次子，王渔洋的祖父王象晋为王之垣的三儿子。也就是说，王象斗是王象晋三叔的儿子，是王象晋的叔伯兄弟。从二人中进士的时间看，王象斗（1595）在前，王象晋（1604）在后，王象斗似为王象晋的堂兄。王象晋为王渔洋的祖父，因此，王渔洋应称王象斗为从伯祖。临淄韩氏是王象斗的妻子，王渔洋应呼其为堂从祖母。

再次是王渔洋的从弟王士骊，是临淄进士谢宾王的女婿。

谢宾王，字起东，今临淄区齐都镇西门村人。清顺治三年（1646）进士，曾任饶州余干县知县、江西南康府推官。清代著名诗人，作品被收入《四库全书》。

据临淄文化研究者王毅考证，谢宾王的亲朋中文人墨客颇多。他的女婿王士骊官诸城训导，是新城王渔洋的从弟，颇有诗名。《渔洋诗话》中载：“予所居小圃石帆亭南，有池曰‘春草’，一日夜集子弟群从赋诗，弟十骊有‘天际星河倒入池’句，予其激赏之。”谢宾王的外孙（王士骊长子）王启座是郡增生，幼嗜诗，曾从王渔洋游京师，有“小尚书”之誉，一时名流皆与之结纳。

查《山东新城琅琊王氏世谱》可知，王士骊的世系是：王重光—王之猷（王重光七子）—王象丰（王之猷四子）—王与阶—（王象丰三子）—王士骊（王与阶二子）；王渔洋的世系则是：王重光—王之垣（王重光次子）—王象晋（王之垣三子）—王与敕（王象晋四子）—王士禛（王与敕四子）。王士骊与王渔洋同高祖，是未出五服的兄弟，关系较近。

由上文可知，王渔洋的从弟王士骊，是临淄进士谢宾王的女婿；王渔洋的从侄王启座，是谢宾王的外孙。

此外，王渔洋家族后裔进士王宸倖（新城王氏12世）的孙女婿、进士王允枢与王允楚（新城王氏13世）的侄女婿、王允杠（新城王氏13世）的女婿是临淄进士、翰林王云岫。

王云岫，字雯谷，号裔堂，今临淄区稷下街道孙娄店人。清嘉庆二十四年（1819）进士、翰林，官授福建道监察御史。其三子王绪曾，清同治二年（1863）进士、翰林；其五子王怀曾，清同治十三年（1874）进士。后人誉为：“一门三进士，父子双翰林。”

据王内祥主编的《临淄孙娄店王氏家族辉煌的历史》记载，王云岫有两位夫人，两位夫人皆是桓台新城进士王宸倖的孙女、王允杠的女儿。巧合的是，王宸倖一家也是三个进士（王宸倖的另外两个儿子王允枢、王允楚都是进士），可谓门当户对。

据《山东新城琅琊王氏世谱》记载,王渔洋为新城王氏8世,王宸俸为12世,王允杠、王允枢、王允楚为13世。由此推知,临淄王云岫的两个王氏夫人,为新城王氏14世。

综上所述,王渔洋在临淄的亲戚众多,与临淄的文化名人、大姓望族多有姻亲关系。

三、王渔洋有多篇写临淄的诗文

王渔洋是诗人、学者。诗人的天性,使他喜欢游历山水,亲近自然;学者的禀赋,使他喜欢寻幽访古,钩沉考证。临淄风光优美,人文鼎盛,为齐国故都,又是新城邻县,自然强烈吸引着作为诗人、学者的王渔洋。王渔洋曾多次来临淄游玩,留下了大量的诗文佳作。

王渔洋关于临淄的诗歌作品,仅民国《临淄县志》就收录了四首:《女水诗》《临淄怀古诗》《临淄道中诗》《淄水严先生钓台诗》。此外,《国朝山左诗钞》还录有一首《夜经古城》。

王渔洋的这些诗作,大体可分为三大主题。一是对齐都临淄盛衰的慨叹。如《临淄怀古诗》,诗人运用古今对比的手法,写出了临淄风光不再、今非昔比的景色——“临淄佳丽古名都,万户凋残半有无”;“爽鸠世远余荒碣,戏马人空失霸图”则表达了自己对名都临淄历史沧桑的无限感慨。二是对尚武齐俗的追慕。比较典型的代表诗作是《临淄道中诗》。作者经过猏山,想起了《诗经·齐风》中的《还》,对诗中描绘的两个猎手的飒爽英姿记忆深刻,对远古齐地的尚武之风非常向往,从而发出了“绵邈几千载,雄风仍飒然”的感叹。三是对临淄名人的歌咏。他赞美“栖身牛口下,狂歌夜火间”的宁戚之磊落情怀(《临淄道中诗》);欣赏“大泽羊裘狎隐沦”的严子陵之高风亮节(《淄水严先生钓台诗》);同情晏娥儿情感无法寄托、孤苦无依的悲惨遭遇,将其比为无法得到柳毅传书的龙女(《女水诗》)。

从艺术角度看,王渔洋的这些诗颇具特色,有很强的艺术感染力。其诗作特色主要有四。一是描景生动自然,写景能抓住景物的动态变化,如《临淄道中诗》写猏山阳光下的雪景,“晴雪眩阳景,明灭开层峦”,抓住了光线的变化、山景的变化;善于融情于景、渲染意境,如《夜经古城》中的“疏星耿不明,白杨深夜雨”,蕴含了悲凉的情感,渲染了静寂、肃杀、荒凉的意境;善于多角度描摹、善于虚实相生,如《女水诗》“龙水波寒夕照余,微风裙带响琼裾”,有远景、有俯瞰,有视觉、有听觉、触觉,有实景,有想象。二是抒情真挚贴切,联想丰富连贯,感悟深刻独特。如《临淄道中诗》写“宁戚饭牛处”,由宁戚饭牛联想到卜式牧羊、公孙弘牧猪,感悟到人才被外界事物驱使、无法施展才华,抒发了对命运的无奈。全诗一气呵成,浑然天成,情景交融、情理互渗,读来有一种苍凉感。三是善用典故,了无痕迹。如《临淄怀古诗》用爽鸠氏、孙膑遄台赛马的典故,《临淄道中诗》用《诗经·齐风》、宁戚饭牛之典故,《淄水严先生钓台诗》用严子陵淄河垂钓之典故,《女水诗》用柳毅传书之典故,都做到了活而不滞、笔触清新,可谓到了炉火纯青的地步。四是语言凝练,多妙联佳句。如用“寒墟带平楚”“空城半禾黍”写临淄齐国古城的夜景,十个字就勾画出了齐城荒凉萧索的全貌,可谓惜墨如金,言简意赅;用“悠悠思古人,茫茫集百端”写自己对宁戚饭牛的复杂感悟,用“浩歌一翘首,凉风吹古原”写自己对命运、对时间的无助之感,皆用笔简省、寓意深刻、极富韵味。

王渔洋关于临淄的文章,仅《香祖笔记》就有3则。他在《香祖笔记》卷三中,考订了李清照之父李格非的诗《临淄怀古》,认为其诗大气沧桑,“颇可诵”。他在卷五中,记述了临淄农夫郑某没有儿子,一次耕田挖出了一个上面雕着九个猿猴的铜印纽,结果连生了九个儿子的趣事,很有传奇色彩。他在卷一〇中,认真考证了严子陵钓台的位置,认为钓台在今临淄县十里淄水附近,“传是子陵古迹”。从中可看出他对临淄掌故的熟悉程度非常之高。

另外，在他的其他笔记中，也多有关于临淄的文字。《池北偶谈》中，有康熙九年庚戌（1670）"临淄人于古城耕田，得铜器数百枚"的记载，有对"婚礼用枣栗寓意早利子"齐俗的阐释（此文字被民国《临淄县志》引用）。《分甘余话》中，有对乌河古名"祁水"的解释，有对南燕慕容德与晏谟游齐都的叙述。《居易录》中，有临淄某生梦遇死后的寿光进士刘毓桂往莱州赴任新城隍的传奇故事。特别是在《古夫于亭杂录》中，王渔洋竟然为西晋临淄文学家左思抱起不平来。他认为古人关于"左思不如皇甫谧、挚仲治""左思自己作文抬高自己"的说法，是出自"怨谤之口"，"不足信"。他还高度评价左思《三都赋》"接迹扬、马"，认为左思的诗"气体高妙"，除了刘琨之外，无人能与其相比。文末，他还颇为愤激、有点赌气地说："太冲，吾乡临淄人！"潜台词是：我和左思是老乡，我最了解他！

总之，作为诗人的王渔洋，齐都临淄是他抒发情感的载体；作为学者的王渔洋，临淄的古迹、轶事是他研究的对象。从文学、文化的角度看，王渔洋与临淄渊源颇深。

四、王渔洋在临淄有好友

王渔洋是清初文坛领袖，当然是临淄诗人们争相交往的对象、临淄文人士子们学习的榜样。乡谊加上诗情，王渔洋的临淄诗友自然众多。王渔洋又是个中央官员，在多年的宦海生涯中，少不了与地方官吏的交际应酬。而临淄临近桓台，临淄的官吏自然"近水楼台先得月"。因此，朝中临淄籍的官员、临淄县的地方官员中，也有不少王渔洋的朋友。下略举两例。

第一个例子，清初临淄进士、著名诗人谢宾王，是王渔洋的诗友。如前文所述，谢宾王是王渔洋从弟王士骊的岳父，两人沾亲带故，且谢是王渔洋的长辈。不仅如此，两人都是诗人，还有共同的诗友——淄川人高珩、益都或临朐人冯溥、博山人孙廷铨，因而两人有直接或间接的诗歌交往。谢宾王的《兰雪堂诗集》，卷首题为"王士祯评选"。也就是说，谢宾王出诗集，是先将自己的作品请王渔洋审阅，由王渔洋从中遴选出佳作，最后结集出版的。民国《临淄县志·人物志四·宦绩志》有"谢宾王"传。编者在传的末尾介绍谢宾王的《兰雪堂诗集》时，重点强调"新城王士祯详加评订，付梓行世"。从"详加评订"我们可以看出，王士禛与谢宾王的诗友情之笃。

第二个例子，清代康熙初年临淄知县杨端本，是王渔洋的官场朋友、诗友。杨端本（1628～1694），字树滋，号函东，陕西潼关人。清代顺治十二年（1655）进士，康熙元年（1662）八月任临淄知县，康熙九年（1670）秋天，回陕西老家。他在临淄当政期间，"劳心抚字，一介弗取于民。严禁盗贼，崇爱文士。一时称贤吏焉"，是个清官。后因前任知县积欠赋税，他要负责清欠，所以滞留临淄前后达八九年之久。杨端本还是清代著名诗人，著有《潼水阁诗文》16卷。返乡后，曾于康熙二十四年（1685）编纂过《潼关卫志》。据《国朝耆献类征》卷二一七记载，杨端本的墓志铭为王渔洋亲笔撰写。在这篇《敕授文林郎临淄县知县函东杨公墓志铭》里，王渔洋除详细介绍了墓主的生平外，还在言语之间点出了二人的深厚情谊：王渔洋称杨端本为"故人"。1696年，王渔洋奉旨祭告西岳华山，途经潼关，杨端本的两个儿子杨枢、杨楫"俨然迎道左"，恭敬地欢迎王渔洋。祭告完毕后，王渔洋曾访问杨端本的故居，夸奖杨端本家"山光林影，风气清旷，亭馆靓洁"，是真正的隐士居所，并追忆老友，百感交集，"旁皇移晷不能去"。1697年，王渔洋为杨端本写墓志铭时，"追忆前事，感叹者久之"。杨端本编辑出版他的个人作品集《潼水阁诗文》时，曾想抄一份初稿寄给王渔洋，请王渔洋编排、评论，但没有实施。凡此种种，足以证明二人友情之深。

从上面两个例子，我们可以知道，王渔洋在临淄交往广泛，朋友众多。

综上四点所述，王渔洋与临淄渊源极深，关系紧密。

附文三篇：

(一)路九篇墓碑文

公讳九篇，字集之，号静安。世为青州临淄南田尹社人。尚义公讳敬四世孙也。尚义公家殷富，好施予。值岁大祲，出粟千石赈饿者，朝廷敕旌其闾。自是后裔多习于长厚。公生而乐易温良，与物无竞。处宗族以睦，待乡党以和。潜德隐耕，好施乐善。比王烈居乡，似庞公之避俗。盛世高蹈，公殆庶几焉。以耆德推重乡里，后赐冠带。邑大夫廉其贤，请入乡饮。

配李氏，先公早卒。继配王孺人，处士公王构之女也。婉昵淑慎，执妇道惟谨。孝敬奉先，勤俭自励。虽耄耋之年，而昧爽即兴，夜分始卧。躬操作为家人倡。奉瞿教法，持斋素，即弥留之顷不少变。总之孺人于公，咸有一德云。

公生于正德元年九月二十六日，卒于万历二年十二月十一日，享年六十八岁。王孺人生于嘉靖四十三年九月十五日，卒于万历三十二年十二月十二日，享年八十一岁。

子一人，女四人，皆王孺人出。予母诰封淑人，行第三。孺人新阡及墓道、石案，皆予母淑人所置。新阡在祖居乌河之阳，为甲庚向。东至道，南至路，西至河，北至路三顾，计地官亩九亩。

王甥曰：路于淄青称望族，逮于外祖、外祖母，中落矣。乃乐施一念，不灭尚义。时时以手制药饵，施病人，所全活甚众。赒人之急，解人之纷，险阻艰难弗避也。有求于外祖、外租母者，即辍釜中粟，济之无惜。予近会朱兰隅太史公，极称予外祖为善人。谓其尊公令临淄时，太安人病背疽，几殆。外祖授一方，一服辄愈。即名医逊公焉。迄今追思，感之不置。一再传而予之表弟万年，遂列青衿，是振振济济，尚未可量。语曰：天道无亲，常与善人。于予外祖、外祖母益信云。（摘自民国《临淄县志》卷二六《人物志六·学行上》）

(二)明户部主事、承直郎；前山西道监察御史、敕封文林郎贞斋韩公暨原配敕封孺人崔氏合葬墓志铭

公讳介，字于石，号贞斋，青之临淄人。世裔邑著姓。公父文林公，业儒，起明经，为蒲令。行谊端洁，邑人以为陈太丘、王彦方之俦。公生有异质，文林公日置左右，趋步称其家学。补邑弟子员，以才闻，恩选入成均。癸酉举于乡，庚辰举进士。

授宝应令，精敏有惠政。其发奸摘伏及诸兴革事，皆应机而出。湖洋之盗，遁入他境；衙胥市魁为奸利者，慑伏，自屏迹去，瘠土稍得息肩。冠盖往来者，不废厨传亦不至羡溢。

其听治余力，则以修漕渠运舟赖之。淮扬频岁苦水，督府议开支河，杀其患，费巨力艰，无敢任者，以畀公，未久而成。十余郡县，至今为太平。事在李文定公记中。在邑五年，行部使者荐之，相属考绩，封文林公以下，制辞甚褒美。授南台御史，以风裁见□□何。

丁内艰归，奉丧比襄事，情礼备至。起复改内台，言事多称旨。其□吏治一疏，尤中时弊，恨未尽行也。巡盐两浙，首斥去贪纵吏，以警盗。严督所属，江表□□而忌者滋不悦，左授大理评事，士论以为□。

旋进户曹郎，转饷通州。通州近京师，多椎幸干请，公雅志不阿。又时逢得痹病，遂投劾归。归而病良已久，闭门静居，课诸子耕读，足迹不入公门。内行齐肃一如文林公。家居数年，益壮善饭，人谓期颐之征。今年夏暑，发病数日卒。

公天性孝友，方严寡交而笃于故旧，不自贪利而好施与。文林公未仕时，病垂不起，公尚于每夜焚香，愿以身代，三年病果愈。置义田四百亩，以赡养族之贫者。聚其弟子，设塾延师而教之。

故交婚殡之不克举者，则曰：于我乎给。岁戊子、甲午两值饥饿荒，辄捐谷煮粥以佐公廪之缺。又□□肆先墓上，以救疾疫。施隙地近关筑室，以居流徙。凡活人于公殁之日，远近皆涕云。

元配崔孺人，世与公相比而德亦相肖。方公为诸生，则纺绩供顿，劝学以成其业；及公仕为吏，则躬布素餐馈以成其廉。公在外，侍文林公、太孺人于家，则代之温情奉养终身以成其孝。诸子兢爽多名士，成于闺教者多。真所谓女而能妇，妇而能母者也。

孺人先公卒十五年。计公生于嘉靖十八年，卒于万历己亥，得寿六十二岁。孺人生嘉靖二十年，卒于万历十二年，得寿四十岁。

子男四。长养忠，娶户部主事方斋王公弟、迪功郎讷斋王公女，继娶处士小溪崔公女。次养肃，娶敕封泽州知州肖浮冯公女。三养恭，娶典史云池于公女，继娶光禄寺卿云坡李公子生员□□李公女，继娶儒官秀野董公女。四养懿，尚幼。

女六。长适淄川县苑马寺卿四山王公子廪生补；次适新城县户部员外郎锦峰王公子户部主事象斗；三适儒官太峰吴公子；四适淄川县廪生□□田王公子增生龄永；五聘敕封泽州知州肖浮冯公子；六未聘。

孙男四。一源深，聘户部员外郎□□王公子廪生王君女，忠出；二源洁，娶泰州知州会峰王公子廪生定宇王君女，肃出；三源溢，聘太学生桓川刘公子生员湛溟刘君女，忠出；四源涌，聘太学生明宇于君女，肃出。

孙女八。一适生员□□张君子生员泰；二适散官小峰王君子生员梦蟾；三聘太学生见沧于君子显名；四聘廪生笃□□君子惟度。俱忠出。五聘河南按察使相峰王公子、廪生完初子，恭出。七未聘。八聘乐安县亚元乘野王公子生员澹王子庆宣，俱忠出。

余与公姻家，受之公最久。子养忠等，将以万历二十七年十二月十五日合葬公与先茔之次，请铭于余，谊不可辞，铭曰：

宏博而文蚤，充国宾而士之。央居吏以执居谏，以宜为国之桢。好施乐善，不究以厌，厥德之彰，原兆既卜，祔以贤淑，厥胤之祥。

赐进士第、吏部右侍郎，兼翰林院侍读学士、眷生冯琦顿首拜撰。（摘自《高阳韩氏世谱选录》，2004年）

（三）函东杨公墓志铭

康熙乙亥岁，予居京师，故人子杨枢、杨楫介其宗人庶常颙以书来，乞铭其父文林公隧道之石。明年春，予有祭告西岳、江渎之役。入潼关，则枢、楫俨然迎道左。祀事毕，遂过台头，访所谓杨子居者，公菟裘也。地介二华之间，山光林影，风气清旷，亭馆靓洁，院内海棠、紫薇方盛开，莲花、玉女诸峰苍翠落檐际，真隐者之考槃也。予旁皇移晷不能去。于是距公之殁已三年矣。枢、楫再拜申前请。王事靡盬，未暇以为。既归京师一载，追忆前事，感叹者久之，乃叙而铭焉。

公讳端本，字树滋，别字函东，汉关西夫子裔也，世家于潼。曾祖臣、祖时秀，潼关卫学生。考篢，卫学生。国初，以次当岁贡，辞隐方山之麓，号石隐居士。妣周孺人。公幼，值改革，从石隐公居方山受书。博综载籍，兼攻辞赋，不应制举。戊子，石隐公卧疾。公潜为文，告于关壮缪祠，愿减算以延父寿。居忧哀毁，欲不胜。丧终制，出应有司试。甲午乡举，乙未成进士。以母老不欲谒选，会更寄凭之例，按籍铨授。

壬寅，除知青州之临淄。淄，故齐都会也。昔人谓临淄之中七万户，吹竽鼓瑟，斗鸡走犬，六博蹹鞠，车毂击，人肩摩。自丧乱已来，十不存一。逋赋至六七年，又多流亡，辄连及比闾族党，而令终以罢去。公慨然曰："令，民父母也。父母不恤子弟，又重困之，忍乎哉！吾视一官如脱屣尔，残民以逞，非所能也。"于是履亩行勾股法，阡陌较若画一，宿赋累民者悉除之。丁壮则简其髦倪悉汰之。逃籍之牵连闾党者，除其弊法。徭役常缓其期，听民自输。胥吏索羡金者，立绳以三尺。暇则课民种树，以多寡定赏罚。齐都境中多前代陵墓祠庙，修葺禁樵采，时其祀事。进其士之秀异者，兴以道艺而殿最之。狱囚给以药物，孤寡时其衣食。淄有隐者稷门逸，棹楔表其闾而亲式之。淄、渑、天齐渊诸水，皆在县境，欲兴水利。如龙首诸渠，规画已就，会罢去，不果。愚谷有祠，南郭有泉，天齐渊有隙地，例有常税，悉罢之。县署久毁，官僦民舍以居。将议营建，而苦俸入不给。会以直鬻民屋，撤其壁，得藏金。吏以告，公正色曰："吾以直易屋材，非易壁也。"悉以金还之。于是廉声益著，而署亦溃于成。莅官二载，秕政尽除，百废具举，淄之民爱之如父母，其胥吏豪猾畏之如神君。大吏引重，百喙如一。甲辰，竟以前人积逋坐累罢官。淄人闻之，罢市号泣，佥谋赴阙吁留，公力止之，曰："吾有母在，今归依子舍，荣于簪绂。勿烦我父老子弟为也。"以侯代客淄者六年。淄人岁时伏腊，请谒慰问，如家人父子。又醵金走二千里入秦，为母夫人寿，如是者至再。久之，巡抚中丞疏请，得复职。而公故倦游，且以母老亟思觐省，遂拂袖归。淄人祖道者数万人，自淄达济，骆驿三百里不绝，皆流涕诀去。

县西故有温泉，涸久矣。公至，忽涌出。父老言："有贤宰则然，且兆岁丰也。"公名之曰"瑞泉"，自为记。公罢，泉复涸。公既归，淄人思之不置，刻石泉侧，曰"杨公泉"。归六年，而母夫人以寿终，淄人制哀诔、携鸡絮，走二千里唁公于家。其得民心至此。遂誓墓不出，或以为言，公曰："吏难，令尤难。易操非吾志。守吾素，则前辙已覆，奚仕为?"治小圃舍南，构轩读书其中，自题曰："义皇以上怀葛之民。"即所谓杨子居也。闲日辄躬谒先墓，手植松柏，裴回日夕乃返，以为常。晚撰《潼关志》，简核有体。其《兵志》一篇尤可备史家掌故。识者谓康对山志《武功》、韩五泉志《朝邑》，无以逾公也。公以孝友居家，以忠厚闻乡党，而以洁廉神明著于当官，尤其章章较著者。他日良史当大书特书，著之《循吏传》，固不系夫名位之崇卑也。所著歌诗杂文，曰《潼水集》者，凡十六卷。尝欲缮写寄予为论次，未果。今铭其藏，亦治命也。

生以崇祯戊辰六月二十三日，卒以康熙三十三年甲戌正月二十三日，得年六十有七。配郭孺人，汾阳王裔。子二：枢，廪膳生；楫，岁贡生。女子二，适陈纶、王佑。孙男七：兆鳣、象鳣、法鳣、服鳣、祥鳣、瑞鳣、昌鳣。

系之铭曰：入为孝子，出为廉吏，古之遗爱，养民也惠。二华岧峣，清渭东逝。有大鸟止于墓门者，曰此关西夫子之苗裔。（原载《国朝耆献类征》卷二一七，据《王士禛全集》第3册第2231页《敕授文林郎临淄县知县函东杨公墓志铭》订正）

扬州官民祀三贤 渔洋屈尊服潜夫

杨俊生 张春芳*

扬州有座"三贤祠",原址在念四路念四桥东侧篠园内。清乾隆四十九年,此祠移迁到当时桃花庵的"桐轩",也就是长春桥西瘦西湖公园内。人们将才德兼备的人尊称为贤,《康熙字典》《古汉语常用字字典》对"贤"的解释为:多才也,有善行也,有道德,有才能。该祠祀奉的是欧阳修、苏东坡、王渔洋。他们生未同朝,王渔洋何人,能与欧阳修、苏东坡同祀?他们各有何贤,为何在扬州同祀一祠呢?

欧阳修(1007~1072),字永叔,号醉翁,又号六一居士。庐陵今永丰县沙溪人,青年入仕,北宋卓越的文学家、史学家,在唐宋八大家中是一位承前启后的文坛盟主。其《六一居士传》中的"吾家藏书一万卷,集录三代以来金石遗文一千卷,有琴一张,有棋一局,而常置酒一壶,以吾一翁,老于此五物之间,是岂不为六一乎",不仅道出了号的由来,也展现了欧阳修的勤奋好学。

欧阳修四岁丧父,幼年家贫,母亲郑氏以荻(芦苇秆)着地画沙,教他写字、画画。他自幼便养成了勤爱读书的习惯,加天资聪颖,刻苦勤奋,少年就能作诗赋文章,文笔之风老练如成人。青年得志,23岁时,参加了天圣八年(1030)的科考,中进士,入仕途。多在京城,为朝廷重臣(任尚书、参知政事、枢密副使等),也曾在扬州等地为官。政声有名,曾为上书批评时政的范仲淹辩护;曾对王安石新法、青苗法提出批评;曾参与革新,提出改革吏治、军事、贡举法等主张。后卒于颍州,谥文忠。

欧阳修在文学方面的成就主要有撰《新五代史》,收集金石文字编为《集古录》,著有《欧阳文忠公文集》等。他提倡平实文风,所写散文说理畅达、抒情委婉,对北宋文风的转变产生了很大影响。苏轼、苏辙、曾巩等都是他主持考试录取的进士,可说是识才爱才。欧阳修一生著述繁多,无愧为当时的文坛领袖。除文学外,他对《易》《春秋》也有独到见解;于金石学有开辟之功,《集古录》是今存最早的金石学著作;史学成就颇丰,自传《五代史记》。欧阳修盛誉当时,影响后世,曾在扬州为官,被扬州人称之为贤,入三贤祠实属自然。

苏轼(1037~1101),字子瞻,又字和仲,号"东坡居士",眉州眉山人,祖籍河北栾城。青年入仕,北宋文学家、书画家、诗词大家,豪放派词人代表,是北宋继欧阳修之后公认的文坛领袖。后代文人称其为"坡仙""词圣""诗神"。清朝有人言"一门父子三词客,千古文章四大家",前句意为苏氏一门父子,出了三位文学家;后句意为韩愈、柳宗元、苏轼、黄庭坚并称千古文章四大家。"东坡

---

* 作者简介:杨俊生,聊城市老年科学艺术工作者协会,研究员;张春芳,阳谷县退休教师。

居士”之名有两个来历。一是他仰慕唐朝诗人白居易,贬谪四川忠州时,曾在其地东坡种植花木,并写了不少与之有关的诗句。二是苏轼被贬黄州,故人通判马正卿要来东面的荒芜军营旧地让他种,以补生活之困。苏轼在其地筑屋,曰“东坡雪堂”,故号“东坡居士”。

苏东坡之父苏洵,即《三字经》中说的“二十七,始发愤”的苏老泉。幼年苏轼深受影响,受到了很好的家教,年未及冠,即“学通精史,属文日数千言”。21岁时参加科考,撰文《刑赏忠厚之至论》,获主考官欧阳修赏识,本应入选头名,因欧阳修误认为是弟子曾巩所作,为避嫌使其入选第二。入仕后,仕途坎坷,曾两度在朝为官。敢对新党言不同,又敢抨击旧党。因和宰相王安石政见不和离京,哲宗即位,高太后听政,司马光重为相,王安石等新党被打压,苏轼还朝官居三品,因抨击旧党执政后的腐败现象,又遭保守势力反对陷害,再次贬黜。曾外任知州、县令、团练副史等官,每到一地政绩显赫,深得民心。担任杭州太守时疏浚西湖,挖泥筑堤,即今苏堤。宋徽宗建中靖国元年(1101)大赦,复任朝奉郎,北归途中卒于常州(江苏),享年64岁。葬于汝州郏城县(今河南郏县),谥号文忠。

苏轼在文学上的成就很大,现存诗词3000余首,有诗文集《东坡七集》。其作品内容广阔、风格多样、笔力纵横、豪放为主、穷极变幻,有浪漫主义色彩,为宋诗开辟了新的发展之路。其词冲破了专写儿女恋情、离愁欢合的狭窄题材,将词的题材扩大到了广漠的大千世界,具有广阔的社会内容,将诗文革新扩大到了词的领域,开创了与婉约派并立的豪放派,为词的革新发展做出了贡献。苏轼在中国诗词史上有特殊地位,是中国文学史上的杰出明星,也是中国文学史上一位十项全能的才子,赋、诗、词、文、绘画、书法等,几乎无一不精。他是唐宋八大家之一,也是四大家之一。其散文如行云流水,变化随人。他还是书法尚意派的倡导者,其字体丰厚俊明,以拙寓巧。其《念奴娇·赤壁怀古》《赤壁赋》等,对后世影响极深,可称为千古名篇。苏轼是继欧阳修之后的北宋文坛领袖,德才之士,称贤无愧,应入祠祀。

王士禛(1634~1711),字子真,贻上,号阮亭,又号渔洋山人。新城(今山东桓台县)人。青年入仕,清初杰出诗人,曾受到当时诗坛盟主钱谦益的称赞。钱谦益希望士禛代己而起,主持风雅。钱谦益去世后,王世禛果真成为一代诗宗,在诗歌创作中提出了“神韵说”,开一代诗风。

王士禛出生官宦之家,自三世祖起历代为官,6岁入家塾,幼年好学,15岁出诗册《落笺堂初稿》,17岁参加县、府、道童子试,均名列第一。清顺治八年(1651)乡试中举,顺治十五年(1658)中进士,顺治十六年(1659)选授扬州推官,五年后任京官,先后在户部、礼部、兵部、刑部、翰林院、国子监任职,官至刑部尚书。为政清明,政誉颇佳。为推官时平反“海寇案”,救大批百姓于死命;主政户部,革旧规、戒私弊;因王五一案“失出”革职,回家乡居住,以交友著述为业。据有关史料记,他和蒲松龄交好,曾为《聊斋志异》点评。清康熙五十年(1711)卒,享年78岁,谥文简。

王士禛在文学上成就非常,是清初杰出诗人、学者、文学家,博学多才,能鉴别书画、鼎彝之属,精金石篆刻,为一代诗歌宗匠。其诗名扬天下,官位不断迁升,是清初公认的文坛盟主,主盟达50年之久,一生著述50余种,诗4000余首,有《渔洋精华录》《渔洋文略》《渔洋诗话》《感旧集》等。康熙皇帝赞其“诗文兼优”“博学善诗文”,诏要王士禛进呈诗稿,王士禛选录自作300篇进奉,这在当时是十分罕见的殊荣。时人仰其如泰山北斗,他集诗人、学者、名臣于一身,创诗论“神韵说”。《四库全书总目提要》记:“当康熙中,其声望奔走天下。凡刊刻诗集,无不称渔洋山人点评者,无不冠以渔洋山人序者。”“以清新俊逸之才,范水模山,批风抹月,倡天下以‘不着一字,尽得风流’之说,天下遂翕然应之。”再加上他于扬州为官时的政绩文业皆为人称赞。故扬州人设三贤祠将其位列其中，与欧阳修、苏轼并立是必然的。王士禛在扬州有哪些突出事例呢？现讲述一例：渔洋屈尊服邵潜。

邵潜（1581～1665），字潜夫，号五岳外臣，南通州人，自幼聪敏，博览群书，工诗文，精籀篆，著有《循吏传》《友谊录》《御史》等。邵潜为明末清初江淮著名诗人，性格耿介，郁不得志，晚年逢明清鼎革改朝之变，家产荡尽。55岁娶妻，过了一段时间，其妻嫌其贫穷老迈弃他离去，有一婢又为恶霸所夺，一人流落到扬州如皋城西门侨居。茅屋三间，家无斗储，门不用闩，仅有藏书数十卷，街巷一老妪供给饭食，靠仰其学问者维持生活。就这样邵潜也不失气质，不肯随俗，终不仕清，其人格是那些屈膝降清之明朝官员无法相比的。在清朝，漂泊之人照样有徭役，也可能正因如此，他才孤僻不谐俗，不愿做清"顺民"，自号"五岳外臣"，这样的人自然招人厌恶。

王士禛在扬州为推官时，有事到如皋县，在和县令及友人聚谈中说及邵潜。王渔洋博读识广，自然知道这位诗人，听说他就住在此地，决心拜访。县令、众人连忙劝阻说："这人年过八十，是有诗名，不过性格怪僻，出言不逊，对拜见者一是不见，再则恶言相向。王大人您是朝廷命官，文界名人，位高名重，不可自讨无趣，枉留他孤傲话柄。再说他家徒四壁，何以接待大人。"王士禛说："我读邵潜夫诗文，已知其不谐世俗为人之风，按年龄当为我等师辈，今在此地怎能不去探望。"众人听罢，对王渔洋居高不傲、礼贤敬士甚为敬佩。县令为使王大人不甚难堪，便忙派衙役前去通知，说扬州王大人明日相访，以让邵潜有所准备。

说来也巧，夜间降雨。第二天，王渔洋轻轿简从，奔向邵潜之住宅，来到城西小巷，巷窄路泞，从人面露难色。有人建议改天待路干好走再来，王士禛说："即已约定怎能失信。"随从要背他，他也不肯，王渔洋提袍踏泥水前行。一随从只好快走，至巷里一破残院中，高声说："我家大人来访。"只听屋中传来吼声："我小宅外民，无邀大人，你去吧。"随行转身对已进院的王渔洋说："这老头不懂事。"王渔洋并不理会，走至房门对那身挺衣破、白发披领、双眸炯亮的老者施礼说："想必尊驾就是邵先生，济南学人王士禛，前来打扰拜见。"

那老头就是邵潜，他没想到王渔洋能屈尊来访，望着泥水湿鞋、溅袍，躬身施礼，英气勃发的王士禛，他竟呆呆地愣在那里，心想："这就是诗文才华令已倾服、神交已久、盼见而怕难见的王大人、王学士？"随从见状说："王大人拜见，你咋不说话？"老者这才慌忙双膝跪倒，扑地叩拜，随从众人面露讶色。王渔洋让人拉扶，他并不站起。只听他说："乡野草民邵潜，仰慕王大人尊名诗才已久，不敢拜访。不想今日这般路况，大人竟屈尊破院，邵潜失礼赔罪，叩迎王大人。"王渔洋扶起邵潜，说："邵先生，一界诗老，望重名士，学生王士禛慕名拜访，打扰了。"邵潜激动得老泪纵横，紧拉着王士禛的手说："王大人尊名才名，今日之举，令老夫折服，只是贫家草舍，更请谅解招待不周，请屋中叙话。"

王士禛等人进屋，只见墙面黑黑，顶挂烟尘垂丝，土灶土炕，炕一头堆放着一些书卷，一把残椅，一张破桌上有文房四宝。邵潜拂椅让座，王士禛并不嫌弃，邵潜倚炕而坐。随从只好屋外等候。王、邵二人虽说一个居官高贵，一个卑微庶民，却言谈投机，论诗讲文，互有相见恨晚之感。交谈中，双方更增加了认识，王士禛对邵潜的现状也有所了解。时将中午，随从示意要到饭时，邵潜见王士禛谈兴正浓，并无去意，便说："邵潜尚有清酒、腌菜，欲留大人，只怕慢待。"王士禛说："好，好。"随从帮邵潜移桌炕旁，邵潜搬酒上菜，二人一椅一炕对面而坐，开怀畅饮，高谈阔论。他们谈欧阳修文风平实、畅达、抒情，直接影响到了北宋文风；谈苏轼文风多样，浪漫强劲，开豪放先河，不愧为一代盟主，说着王渔洋背诵了《赤壁赋》。邵潜说："王大人，你听这首。"接着背诵道："红桥飞跨水当中，一字栏杆九曲红。日午画船桥下过，衣香人影太匆匆。”王渔洋说：“学生即兴而作让先生见笑了。”邵潜说：“王大人修禊行红桥绝句，唱和者众多，一时形成红桥齐唱的盛况，还有济南大明湖《秋柳》等诗篇，谁不敬佩？大人诗文风格清新平淡，首倡神韵，成一派宗师。老朽评论，王大人可与欧阳、苏轼齐名。”王渔洋连连摇手：“先生此言不当，不妥。”邵潜说：“你们俱是早年博学成名，青年考选入仕，成为朝廷命官，有才有志，且都在诗文中各开一派先河，为文坛公认之领袖人物，说你与之齐名，何谓不当不妥？”“王大人过谦，两代三贤，邵先生此言正当。”随着话音，如皋县令等人进屋，原来他是听城西地方里长报告，急匆匆赶来的。他还派地方众人将巷内之路垫土铺砖修好了。一是工程不大，巷子仅百米长数尺宽；二是县老爷发令，人、料自然不成问题；三是惠及街邻，众人自愿帮忙。真是人多势众好干活，不到半天功夫就修完了。当地人将此巷命名为“来贤巷”“来贤胡同”，据说新中国成立前此处还在，当然这是后话。再说王士禛向邵潜介绍如皋县令，他们互为礼过。王渔洋谈兴正浓，有意而为，且县令也是科仕喜文之人，便和邵潜同炕而坐，三人接叙交谈。王渔洋有意问及邵潜生活状况，并当场和县令商定，免除了他的徭役之苦，邵潜自是感激。王士禛身为扬州推官，见县令在场，自然会提及地方治安、刑案诉讼。邵潜说：“二位大人在此，老朽八十有余，行将入土，我虽号为‘五岳外臣’，身经两朝，知明腐民反，见清治乱一统，有你等爱民之官，为朝廷出力，定是国治民安，此乃我等百姓之福。故我虽不仕清，但决无反清。”县令连说：“先生此说，我们自然相信。”邵潜接说：“不过，我有话告于王大人，不知当否。据我所知，今受郑成功反清打金陵案牵连的人极多，民众惊恐，不知事实真相如何，应当从速断理。”县令附和，王渔洋不便说什么，却将此事记于心。此时日已偏西，王渔洋等起身告辞，邵潜送出。王渔洋出门便发现门外聚站了好多人，巷路也已修好。县令便说：“王大人屈尊来此，乃如皋荣幸，今速铺此路也是纪念。”王渔洋对邵潜说：“先生留步。”并掂了掂手中邵潜所赠的文稿，用征询的语气问道：“邵先生诗作妙绝，我想出资从中选印，不知您意下可允？”邵潜对免除自己徭役之事已是感激不尽，见县令铺路给自己带来荣耀，又听王渔洋出资为己印书，想到今天发生的一切，再难控制感情，竟面对王渔洋、县令双膝跪倒说：“邵潜无力报答，只好以礼谢过了。”县令拉起邵潜，王士禛与众人别去。后邵潜为表达感激之情特作《寄渔洋》诗一首，高度赞赏王渔洋。此事在扬州传开，扬州官贵、文人、墨客、百姓为之感动。当然，王渔洋让扬州官民永记之事还有很多。如顺治十六年(1659)五月，郑成功率兵从海上入长江，一度打到金陵。扬州、镇江等地确有反清复明人士支援响应。不久，郑成功被清军击败，后清廷谓之“海寇案”，借此大兴刑狱，受诬告牵连之人很多，牢狱填满，民众惊恐。王渔洋在审理时发现，不少人是被诬告的，他冒着“故纵”罪名和被革职的风险，逐一梳理那些故意夸大和缺乏证据的案件，改判和释放了大批无辜平民，并将诬告反办。王渔洋办理政务井井有条，处置有理有据，得到了清廷特派大臣的认可，也赢得了朝野上下的交口称赞，更获得了扬州官民的一致好评。王渔洋在扬州期间，将推官与诗人双重角色驾驭得游刃有余。不少地方都留下了他的政绩才名。后来，果如邵潜所言，扬州人将他与欧阳修、苏轼同称三贤，立祠祀奉。

且听王渔洋说砚

焦　伟*

王渔洋不仅是诗坛领袖、文章大家，也是清初有名的文物字画古迹鉴赏专家。在《池北偶谈》一书中，他对多地的碑刻、楹联、墓志、出土文物、古今书画等均有考证。《池北偶谈》一书还详细辑录了一部分碑文、铭文原文，如溪州铜柱记、司马相如玉印、凤州古镜、焦山鼎诗、志公碑等，给我们留下了很多史料，考古学术价值极高。砚台，是古代文人钟爱的文房四宝之一。王渔洋作为清初诗坛领袖、文物鉴定高手，对砚台更是喜爱有加。在他看来，砚中含有典故，砚中含有诗品，砚中含有章格。所以他特地在《池北偶谈》之谈艺、谈异编目中，以博学审问、追根溯源的笔触，对砚台加以记载、描述和考辨，形成了一个饶有情趣的鉴赏专题。

砚之源流，据考证始于周初，初为粗石，后为泥瓦，至唐发现端歙后，因为石头砚台优胜于砖瓦砚许多，唐宋文豪、书画名家都把石砚作为宝贝，石砚才逐渐流行，及宋之时，士林所用砚台已经瓦石各半，此后瓦砚渐渐被淘汰。赵汝珍在《古玩指南》中说："在唐以前千余年间，烧泥制砚，固为国人最普遍之文具也。"并以山西绛县所制澄泥砚为例，经过淘泥、压泥、刻泥等工序，曝干后以稻糠和黄牛粪和入窑中陶之。秦汉时的著名宫殿建筑其砖瓦全是澄泥特制的，所以覆檐之瓦头等可以制作成砚台，称作"瓦头砚"。一个单体建筑所用的覆檐瓦头并不多，又最容易损毁，因此特别珍贵。

王渔洋说到的古砚，大都镌有文字。因此王渔洋引经据典，对这些古砚进行了细致考证。王渔洋说砚主要表现在四个方面。一是巧妙辨识真伪。砚以有铭文而贵，以历史名人使用而贵，王渔洋关注的正是这类器物。如他在谈艺五《谢道韫砚》中说到北海侍郎孙承泽藏有谢道韫小砚，"有铭云：丝红清石，墨光洪璧，资我文翰，玉砅坚质。末有道韫字"。其兄王士禄考证，"详其文句，可回读，然倒正皆殊不工。砅音厉，水激石声，作冰字用尤误。恐非谢笔耳"。谢道韫是东晋著名才女，书圣王羲之的儿媳妇，不仅咏絮才堪怜，而且非常有胆识、有学问。谢道韫的诗作阳刚大气，其《泰山吟》"峨峨东岳高，秀极冲青天"，就充分体现了她的诗风特点。而砚台铭文生涩无质，了无气象，所以王士禄说是假的。王渔洋还讲述了一个与淄博有关的大诗人陆游用砚的去向，"有渔于道士洑者，得一砚，八角，制作古雅，背镌'心太平庵'字，盖陆放翁故物也。和州项副使得之，今归淄川毕载积州守(际有)"。因砚背刻有陆放翁一首诗的题目，所以王渔洋说是放翁故物。长江湖北段有许多地名称作"洑"或"泭"，道士洑据考在今湖北黄石，从陆游《入蜀记》可以得知，陆游在

* 作者简介：焦伟，蒲松龄纪念馆，馆长。

46岁时被任命为夔州通判，沿水路上任途中，经过了湖北许多地方，对当地文化风俗、名胜古迹等多有记录和考证，后又在返回临安时重新走过这段水路，在这些地方活动较多。王渔洋也曾奉旨巡视川蜀，对陆游入蜀路线及其活动非常了解，因此，毕际有收藏这方陆游砚，还是可信的。

二是辑录谈砚典籍。清初瓦砚作为古砚，在文人士林中每有出现，即传为美谈，但历代造假者也多，确需通过典籍论述来考证其特征和细节。当时，较著名的瓦砚有未央宫瓦、铜雀台瓦、灌婴庙瓦等，王渔洋都有记载，充分显示了王渔洋的博学多识。如关于"羽阳宫瓦"的记载，《橘轩杂录》："凤翔府，古雍州，秦穆公羽阳宫故基在焉。其瓦有古篆'羽阳千岁'字，昔云中马胜公得之。阴字，在砚之左，奇古，非铜雀所及。"《东观余论》云："长安民献秦穆公羽阳宫瓦十余枚，若今筒瓦然。首有'羽阳千岁万岁'字。"《老学丛谈》云："铜雀瓦皆阳字，纪建安十三年造。尝闻其土著人云，瓦甚大，一片可为四砚。"王渔洋对有关典籍记载的古砖瓦砚台知识进行了详细记录。在《铜雀砚辨》中，王渔洋引述了大量的典籍记载，来说明铜雀台砖瓦砚的分类或容易混淆之处，给我们留下了宝贵的印证资料。崔铣就是安阳人，他认为曹魏的宫殿经过了这么多的战乱磨难，哪里还有完整的，这在一定程度上是可信的。他说："世传邺城古瓦砚，皆曰曹魏铜雀砖砚，皆曰冰井，盖徇名而未审其实。魏之宫室，焚荡于汲桑之乱，赵燕而后，迭兴代毁，何有于瓦砾乎？"苏轼诗云："举世争称邺瓦坚，一枚不换百金颁。"虽然称赞的是古邺城曹魏三台（铜雀、金虎、冰井）砖瓦，但是也可能是三百年以后的十六国时期的。王渔洋又引晋书证实有的邺城砖瓦砚不是曹魏时期的，而是东魏、北齐。"古砖大者方四尺，上有盘花鸟兽纹，千秋万岁字，其纪年非天保则兴和，盖东魏、北齐也。"我们通过《池北偶谈》，增长了关于古代砖瓦砚的知识。王渔洋所说的这些古砚不论是曹魏还是北齐的，在今天来讲绝对都是非常稀少和珍贵的。《西清砚谱》载，清宫内廷藏砚，陶属五十五种，石属一百四十余种，好砚都在皇宫里。王渔洋在《灌婴庙瓦》中说，吉水李元鼎藏有一方砚台，五瓣如梅花状，质如黄玉，杂翡翠丹砂之色，累累坟起，大家都说是灌婴庙瓦。一时文士多赋之。王渔洋的老朋友邹祗谟还为之作《砚考》，并援引洪迈《容斋随笔》灌瓦砚铭为证。洪迈也对曹魏、东魏、灌婴庙砖瓦砚进行了考证，在为灌婴庙瓦砚所作的铭文中说："范土作瓦，既埴既已。何断制于火，而卒以囿水？庙于汉侯，今千几年？何址蹶祀歇，而此独也存？县赣之雩，曰若灌池。研为我得，而铭以章之。"洪迈用了几个问句，对当时人们用灌婴庙瓦做砚发出了感慨：庙早已垮塌，人们也不再祭祀汉侯了，但是古人费尽功夫的作品却物尽其用，成为文人墨客竞相逐求的宝贝。

三是钟情家乡砚产。王渔洋的乡情浓厚，在家丁忧或者罢官归里以后，与新城以及周边文人士绅多有交往，"暇日与客坐其中"，"相与论文章流别，晰经史疑义，至于国家之典故，历代之沿革，名臣大儒之嘉言懿行，时亦及焉。或酒阑月堕，间举神仙鬼怪之事，以资嗢噱；旁及游艺之末，亦所不遗"（《池北偶谈·自序》）。王渔洋对家乡的风土人情、轶事典故也多有记载。明清时士子曾以燕子石制砚，所谓的燕子石其实是寒武纪时期的三叶虫化石，风韵别致，且易于发墨，深为书家珍爱。淄博以及山东其他多个地方出产燕子石。王渔洋在《蝙砚》中说道："邹平张尚书崇祯间游泰山，宿大汶口，偶行至汶水滨，水中得石，作多蝠（福）砚。"张延登死后，其砚落入浙抚张勄手中。孔尚任对多蝠砚咏赞不绝："张家两中丞，得失如轮转；一砚供二贤，前后荷殊眷。"在说到张延登是如何得到宝砚时，王渔洋加入了细节描写："偶行饭至河滨，见水中光芒甚异，出之，则一石可尺许，背负一小蝠、一蚕，腹下蝠近百，飞者伏者，肉羽如生，蚕右天然有小凹，可以受水，下方正受墨。公制为砚，名曰'多福砚'。铭之云：'泰山所钟，汶水所浴。坚劲似铁，温莹如玉。化而为鼫，生生百族。不假雕饰，天然古绿。用以作砚，龙尾继躅。文字之祥，自求多福。'《尔雅》：蝙蝠服翼。郭璞注：齐人呼为蠘蠌。因又名之曰‘蠘蠌砚’。”除了地方特产的燕子石可做砚台外，赵汝珍说，淄州砚也是古代名砚之一，司马光、米芾等名人都赞赏过、使用过淄州砚，只是以后有所断代，所以传世较少。近年来淄州砚经过开发开始恢复名气并批量生产，这也是当代的一件文化盛事。

四是廓清文脉流传。在《鱼石》中，王渔洋记载了千阳县出产的奇石，“汧阳县有鱼石，状如馒头，破之即成两石，各有一鱼形，鳞鬣宛然，以手摩揩之，作鱼腥。溪中所产之石皆然。溪有鱼石娘子庙，求石者必祷之，不祷则石皆无鱼也”。这种石头可以做成名砚，但是非常难得，必须祈求鱼石娘娘保佑和指点才能偶获。近代书画篆刻家吴昌硕在《石交集·沈秉成传略》中云：“又曾得汧石，剖之有鱼形，制砚二，名之曰鲽砚。署其居为鲽砚庐。”沈秉成在苏州有座耦园，吴昌硕曾与沈秉成交往并多次吟咏耦园景致，留下了佳话。用砚台来命名宅居，可见砚台在沈秉成心目中的地位。好的砚台不但可以经世流传，还能作为媒介成就历代文人墨客相互交往、相互唱和的趣事美谈。从《池北偶谈》多次记载砚台来看，王渔洋对砚台情有独钟，对古砚台留下的典故传说十分关注。

几枚与西城别墅相关联的印章

李瑞永*

在撰写《渔洋印话》的过程中，留意到西城别墅，又特别注意到与之相关联的几枚印章，趣味深远，令人不舍。

新城王氏"西城别墅"的故址，即在今天的"王士禛故居"。起先，属祖上王之垣的长春园所在，后由渔洋先生长子启涑主持增葺修建，至清代末年，因家衰而转卖于盐商冯冠儒。新中国成立后，收为国有。① 大约算来，已有一二百年间的光景。

康熙二十三年甲子(1684)，渔洋先生五十一岁，时任詹事府少詹事，兼翰林院侍讲学士。是冬十一月，渔洋奉命祭告南海之神。康熙二十四年夏，渔洋由广州归京，便道回新城省亲，见父亲与敕身体欠安，便有乞假奉父之意，商议决定由启涑主持修建养所。

渔洋《西城别墅记》云："康熙甲子，予以少詹事兼翰林侍讲学士，奉命祭告南海之神，将谋乞归侍养祭酒府君，儿涑念予归无偃息之所，因稍葺。所谓'石帆亭'者，覆以茅茨，窗槛皆仍其旧。西尻而东首，南置三石离立，曰'三峰'。亭后增轩三楹，曰'樵唱'。直半偈阁之东偏，由山之西修廊缭绍，以达于轩阁。由山之东，有石坡陀，出亭之前，左右奔峭，嘉树荫之，曰'小华子冈'。冈北石磴下属于轩阁，其东南皆竹也。南有石磴，与洞相直。洞之右以竹为篱，至于池南。篱东一径出竹中，以属于磴，曰'竹径'。其南限重关内外皆竹，榜'茂林修竹'四大字，岌岌飞动，临邑邢太仆书也。楼即久毁，葺之则力有不能，将于松下结茅三楹，名之曰'双松书坞'西园故址尽与此。出宸翰堂之西，有轩南向，左右佳木修竹。轩后有太湖巨石，玲珑穿漏，曰'大椿轩'。轩南室三楹，回廊引之，曰'绿萝书屋'。其上方广，可以眺远，曰'啸台'。薜荔下垂，作虬龙拿攫之状，百余年物也。是为西城别墅。"

渔洋先生自康熙二十四年丁父忧，居西城别墅，完成了许多重要的著作。他整理编辑了《南海集》《粤行三志》三卷、《皇华记闻》四卷，选编了《唐诗十选》及《唐贤三昧集》三卷，又有《北征日记》《迎驾纪恩录》，还编写了《池北偶谈》二十六卷。暇时，还评点《聊斋志异》等。

* 作者简介：李瑞永，淄博市淄川一中，教师。

① 张明主编：《王士禛志》，山东人民出版2009年版，第392页。

1 西城别墅

2 宸翰堂印

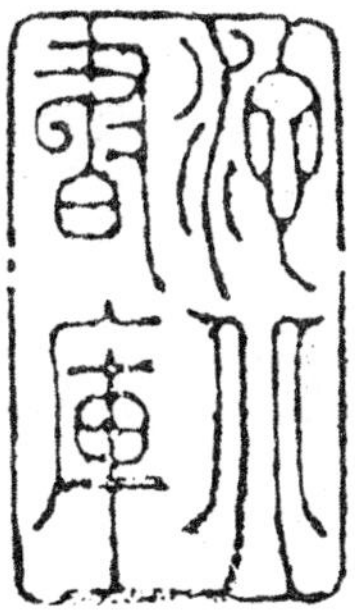

3 池北书库

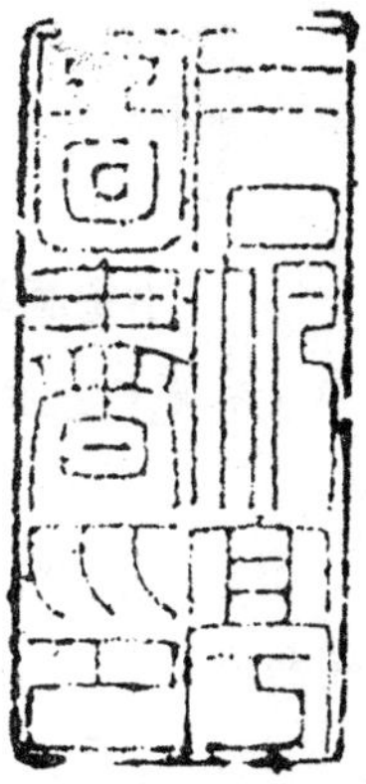

4 石帆亭图书印

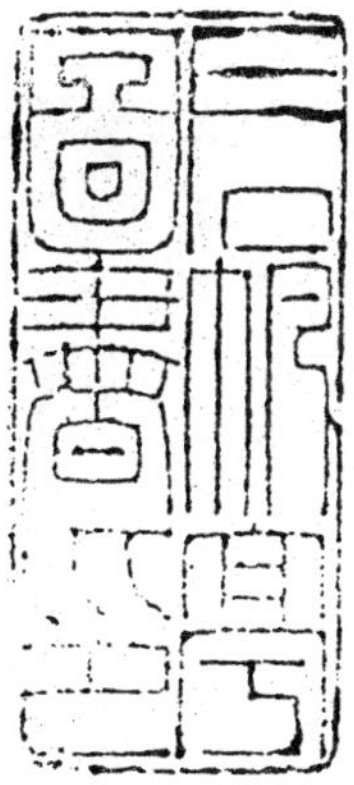

5 石帆亭图书印

这一组印转自《带经堂印谱》，除“宸翰堂印”外，其余皆为朱文印，篆刻风格大致相同，“西城别墅”与“池北书库”印的篆刻时间更为接近，而“石帆亭图书印”二枚，更加精到，印5又较印4略进一步。用篆风格，以小篆为宗，照顾到印面大小，兼有篆法变化。笔画粗细，与印面协调。在当时的印坛，是为上品。

这组印章都钤在《带经堂印谱》，当时应收藏在西城别墅中。虽然缺乏文字证据，但从篆刻风格及历史现实推断，当为渔洋先生自刻作品。

对于西城别墅的建设，渔洋先生似乎十分满意。丁忧三年，有悲有喜，享于天伦。从顺治十五年（1658）二十五岁出仕，至此年过半百，与家人乡亲故友，聚少离多。这三年，对于情重意浓的渔洋来说，恰如“久旱甘霖”。抬望眼，又不知多少年，才能再回归西城别墅。因此，辗转反侧之际，对西城别墅、对长子启涑，都满含感激！渔洋写了八绝句给启涑，以示心情①：

玉版书屋

褐锦穿林生，角戢苞群玉。春雷动地来，一夜成新竹。

长　廊

行过曲廊下，竹风生午凉。胡床俯流水，万柄白莲香。

清 净 退

劳生大火聚，有此清净退。心空及第时，跏趺入三昧。

沤　舫

爱此黄蔑舫，置近清瑶流。海客忘机久，时下芙蓉鸥。

悬　居

乱石成约略，磴道缘虚空。下见黾鱼乐，田田莲叶东。

① 王永主编：《忠勤祠碑帖精选》，香港天马出版有限公司版，第213～218页。以下印6、7、8、9、10，亦从此出。

望舒台

廊尽乃层台，杂花香不歇。生衣耐风露，莫负清秋月。

小罨画谿

一勺憺不流，亦复名罨画。春雨谷纹生，渲漾湘帘下。

松风岩

池上一拳石，稍稍具岩洞。茅山归未归，已作松风梦。

启涑收到父亲的家信与诗卷后，兴奋无比，夜不能寐。经过一段时间的慎重考虑，启涑决定将父亲的诗卷，摹勒上石，存于忠勤祠，同家族藏石，忝列一起，既能感谢父亲的大恩大德，又能传之后世，教示子孙，遂将《八绝句》刻石纪念。

石上钤有五枚印章。

引首章"钦赐信古斋"，是章乃康熙皇帝所赐。

康熙四十一年(1702年)，渔洋于刑部尚书任上。四月六日，康熙皇帝在前不久赐渔洋"带经堂"匾额书后，又赐渔洋"信古斋"匾额书。

《渔洋山人自撰年谱》云："十月初十日，山人试笔云：'再雪竟夜，积素满庭。晚菊尚敷腴可玩。晨起，忍寒坐信古堂，对雪看菊。忽梁溪琴僧岳莲见过，弹平沙落雁、汉宫秋二曲，古音萧寥，忘其身在长安，官是秋曹之长也。'"

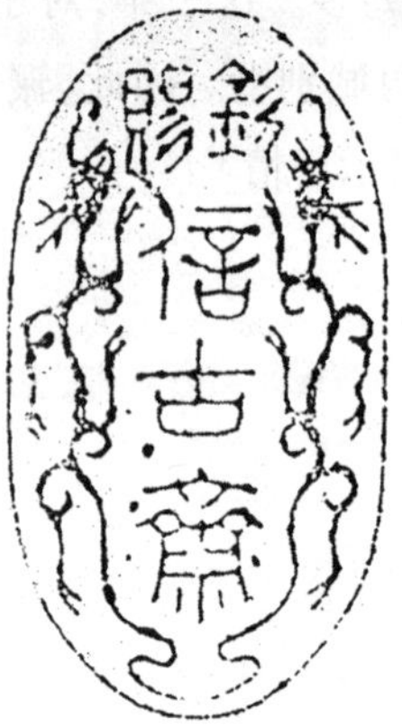

6　钦赐信古斋

7　士禛私印

8　秋官尚书

诗卷押尾有二印：朱文印"士禛私印"、白文印"秋官尚书"。

"士禛私印"，取小篆用印，圆润而又峭拔，平和略含奇险，布局规整而有动态，鉴为"元朱文"类上乘之作。不知何人所作，待考。

"秋官尚书"，风格类似东汉官印风格，线条肥实不雍，接近前面的白文印风格。

康熙三十八年(1699)十一月五日，渔洋迁刑部尚书，又称"秋官尚书"。渔洋该诗卷，或是节日慰问，或是迁官报喜。其书寄《八绝句》之时间当在康熙四十一年四月六日以后。这三枚印皆存于《带经堂印谱》。这说明，渔洋先生归里时，将三枚印章携归西城别墅，后由启汧钤于是谱。

在石刻首下端，还钤两印：上印是白文印"西城别墅"，下印是朱文印"琅琊王启涑家藏印章"。

王启涑，字清远，一字春縠，别号石琴山人，行十二。由廪贡任在平教谕，候补知县。性恬淡，不乐仕进。濡染家学，尤工诗歌。书法欧阳率更，善画有倪黄遗意。纂辑考订皆称有良史才。与伯父宛西公率族隽课忠勤祠，创永思会，重修族谱。著有《西城别墅集》《茌山诗存》《因继集》《闻诗堂随笔》《闻诗堂小稿》《读书堂近草》《苏诗补注》《西城杂咏》。生于顺治十年(1653)，卒于雍正五年(1727)，享年七十五岁，配梁氏，继梁氏、褚氏，子五。

9　西城别墅

10　琅邪王启涑家藏印章

按照文字习惯，后二印当是王启涑私用印。

细观这两枚印章，虽一白一朱，但风格接近。印10比印9更精良，刀法爽利，用篆取方，宗汉缪篆，又添心裁，其性峭拔。印10布局嫌满，印9布局略欠。两印在当时的山东印坛，亦属上乘作品。

这两枚印章是延请人刻还是自刻，因缺少文字证据，不能臆断。若是自刻，启涑完全有条件：一是父亲能做先生，二是刻章乃绘画所必需。诚若如此，我辈当更感欣喜！

周作人谈王渔洋语录小辑

王光福*

暑假中天气太热，于是躲到书里去。许多有能量的书更易增热，使人不耐。因此就翻周作人的书，就翻周作人没有任何能量的《药堂语录》及《书房一角》。前人云处处留心皆学问，没想到这随便翻翻，倒翻出了周作人有关王渔洋的十几条语录（偶有道及《聊斋志异》与《阅微草堂笔记》者）。我对王渔洋素乏研究，臆想这些周氏语录或许专家学者们还不曾认真注意过，于是抄录下来，供各位方家研究之用。上述周氏二书，皆据止庵校订、北京十月文艺出版社2012年版之"周作人自编集"本。周作人著作卷帙浩繁，其中一定还藏有许多有关王渔洋及《聊斋志异》《阅微草堂笔记》的言论，就是我翻过的这两种著作，恐怕也未必完全辑出，希望有志和有力者费时费力辑成一卷周作人有关王渔洋的评论集，以嘉惠后学。

1. 如梦录

《如梦录》一卷，不著撰人姓名，记明季开封繁华情形，自序云，俾知汴梁无边光景，徒为一场梦境，故以为名。今所见印本有两种，其一为写梦庵铅字印本，其二为河南图书馆木刻本，二者皆成于民国，铅字本似较早出。录中所记颇细致可喜，文亦质朴，惜刊本已经删削，如能觅得原本读之当更多佳处。前有咸丰二年常茂徕序，有云，"录中语多鄙俚，类皆委巷秕稗小说，荒诞无稽，为文人学士所吐弃，如言繁塔为龙撮去半截，吹台是一妇人首帕包土一抛所成，北关关王赴临埠集买泥马，相国寺大门下金刚被咬脐郎缢死臂膊上，唬金刚黑夜逃出北门，诸如此类，偻指难数，实堪捧腹"。即此可知所删去者是如何有趣味的故事，正是千钱难买的民间传说的好资料，由明末遗老辛苦的录存，抄本流传二百余年之后，却被假风雅的文人学士一笔勾去，想起来真是十分可惋惜也。王阮亭评《梦粱录》，亦谓其文不雅驯，不知其可贵重即在不雅驯处，盖民间生活本来不会如文人学士所期望的那么风雅，其不能中意自是难怪，而如实地记叙下来，却又可以别有雅趣，但此则又为他们所不及知者耳。（《药堂语录》第21～22页）

2. 汴宋竹枝词

书贾来，得河南官书局新刻《汴宋竹枝词》一册，板刻不精，纸亦粗疏，均不足怪，唯横折，阅之未免不快耳。书凡二卷，共诗百首，宝丰李于潢著，前有蒋湘南撰《李李村墓志铭》，知其卒于道光乙未，盖已阅百年矣。蒋文不见于《七经楼文钞》，首节云，豕怜犬，犬怜牛，牛怜马，马怜龙，凡百七十三言，语殊诙诡，而其后叙述及铭共四百六十言，又极朴实而生动，为余所深喜。我不懂得诗，但

* 作者简介：王光福，淄博师范高等专科学校，教授。

竹枝词以志民俗风物，又事属汴京，作者对于风土之变不能无深恫，如小引所言，此则读者虽是风雅外行，亦能赏识也。卷上有句云，相蓝买得葫芦种，才过清明便发芽。注引《过庭录》，黄鲁直曰，某顷见京师相国寺专卖大葫芦种，仍背一葫芦甚大，一粒数百金，人竞买，至春种结仍瓠耳。又引《东原录》，俗谓一钱为一金。卷下句云，买得奇方赌不输。注引《东坡志林》，都下有道人坐相国寺卖诸奇方，缄题其一曰卖赌钱不输方，少年有博者以千金得之，归发视之曰但止乞头。从前读《志林》此则，对于千金一语总疑不能明，今得见上引二节，乃始恍然悟，然则我读竹枝词却又得增加知识，古人云，开卷有益，信然。清初之隆仁寺，现今之护国寺，岂非即宋之相蓝寺类耶，想必仍有卖此种种可意物事者，乃自王渔洋以来未曾多识，以至于今，吾重翻前注，乃益叹宋人之有风趣，诚为后人所不能及也。（《药堂语录》第27～28页）

3. 张天翁

《香祖笔记》卷六云："古今传记如《拾遗记》《东方朔外传》之类，悉诞谩不经，然未有如《诸皋记》之妄者。一事尤可捧腹，云天翁姓张名坚，字刺渴，渔阳人，少不羁，尝罗得一白雀，爱而养之。梦天刘翁责怒，每欲杀之，白雀辄以报坚，坚设诸方待之，终莫能害。天翁遂下观之，坚盛设宾主，乃窃乘天翁车骑白龙，振策登天，天翁追之不及。坚既到天宫，易百官，杜塞北门，封白雀为上卿。刘翁失治，徘徊五岳作灾。坚患之，以刘翁为太山太守，主生死之籍。鄙倍至此，不可以欺三岁小儿，而公然笔之于书，岂病狂耶。段柯古唐之文人，何至乃尔。"案，此事便只是荒唐得好玩，是传说与童话的特色，与经史正大相殊耳。震钧著《庚子西行记事》中云："又闻某处有拳坛，其坛上但供伏魔大帝神牌，或有供鸿钧道人者，又未几则沿街多贴有告白，仿佛希腊神话。"夫关公与鸿钧老祖在《三国演义》《封神传》中岂非很好的脚色，但不堪坐坛上实司刑政，以贻害邦国，正如上古希腊用人于社煞是可怕的，后来亚耳德米斯处女神止在神话中出现，原无妨其庄严之美，为诗人所歌咏叹美也。我最喜欢《聊斋志异》上面的一首渔洋山人题诗，至今还背诵得来，其词云，姑妄言之姑听之，豆棚瓜架雨如丝，料应厌作人间语，爱听秋坟鬼唱诗。（案此诗亦见渔洋《蚕尾集》中。）懂得这个意思，自然便会爱读《诸皋记》与希腊神话的故事，王君奈何自己倒忘了，对段柯古大认其真耶。中国道教的大上朝廷原还是人间的那一套，不过镀了一点金而已，如李义山著《李贺小传》所说，上帝修白玉楼成，找长吉去作记，可为一例——金銮殿还只是土木，这楼大约是以白玉代砖吧。至于这里所记鄙倍的事，刘张二位交代天翁职位，实在也无非把人世篡夺的把戏应用到天上去罢了，论道理并没有什么不对。世人既承认天庭的朝见和除授，却不信其也有史上见惯的篡夺，则正是知二五而不知一十也。《癸巳存稿》卷一三《张天帝》一则中亦述此事，云此当是张道陵造作道书时议论，检《道藏》书未见也。此评甚确，可以从刘张二姓上看出来，五斗米贼之气焰亦尚存在，后世居然任为天师，可知黄巢之造庙非不应该。但是俞理初的话也只是确实到这里为止，前面已说过夺位系取诸史上，其余设想及白雀白龙则是传说中现成的材料，俯拾即是，不能归在张道陵名下，算是他的新意匠者也。同一荒唐，在神话中则可喜，在人世间便可怕，此一极简单事，本可不烦言说，但世上知之者似正亦不多耳。（《药堂语录》第43～45页）

4. 洞灵小志

近来专看闲书遣日，得龙顾山人著《洞灵小志》及《续志》，甚为喜欢，盖又可供数日卧读之资也。《小志》刻于甲戌，《续志》则在丙子，去今才三四年，而板刻颇精致，比用铅字洋纸印者更惬心目。近年木刻书不多，但如天津金氏之《屏庐丛刻》及《天津文钞》等，刻印均颇佳，与水竹村人各集相似，或是同一系统，若《天津诗人小集》，又嫌稍细弱矣。谈鬼怪殊有佳趣，但须以艺术出之，东坡居士强人说鬼，云姑妄言之，甚能得此中三昧。为说鬼而说鬼，第一必须说得好才行。文章宜朴质明净，六朝唐人志怪最擅胜场，传奇文便已差了，则因渐趋于华丽雕饰，《阅微草堂》与《聊斋》之比较亦正是如此。第二必须无所为，即不讲因果以至譬喻。讲到这里，《聊斋》却又要胜一筹，盖其记狐鬼艳情中有别无用意者，而《阅微草堂》于此全无是处，只是文尚佳，故或可一读耳。洞灵二志若依据此例论其短长，可以说正与阅微五记相同。不佞通读一过，喜其记述大方，又多涉及近人，故颇有兴味，若其鬼神设教之趣旨，与不佞乃全是隔教也。有数处写鬼趣，本于人情，觉得颇妙，如《续志》卷四记许润斋客死广西，魂附家中佣媪，径入听事，观陈设丧具，摇首曰，何必乃尔。又卷五记李檗子之丧，受吊日黄桐生见李魂方于丧棚下周览挽章，均是。此外所记虽出于今人见闻，实乃陈陈相因，读之殊觉单调，盖此等作料已是甘蔗渣，即使不是吝啬人所嚼过，亦已毫无滋味，做不出什么好点心来也。（《药堂语录》第46～47页）

5. 耳食录

从旧书堆中找出《耳食录》正续共二十卷，坊刻粗纸印，错字满目而文可读。《复堂日记补录》光绪四年十月二十八日云，阅乐莲裳《耳食录》，文采丽密，稗乘中可取者。复堂常阅小说，见于日记，据其批评以《耳食录》为最佳，乐君本能文，文章的确写得不错，虽终未脱聊斋科臼，却亦有其佳处。大抵志怪之书要在无所为，若《还冤志》《金刚经鸠异》标明宗旨者，别是一类，亦无妨碍。《耳食录》亦谈报应，但其纯为志怪而作者多诙诡可喜，如卷一之《邓无影》，卷六之《廊下物》，颇有《诺皋记》之风。又卷五《白衣妇人》一则，迷离惝恍，莫明究竟，后世小说中少见此种写法，实乃是《诺皋记》下卷戴眢事的翻案，可知乐君受段柯古之影响为不浅矣。唯原文云眢为诸妇人牵入坑，及眢出又失其弟，家人恸哭，眢独不哭曰，他亦甚快活，何用哭也。《耳食录》述少年语曰，彼甚乐，尚何哭为。此则殊有点金成铁之概，文字之事盖甚难言，乐君尚未能辨其中边甘苦，益可知此事之真不易矣。卷六《南野社令》一则记溺鬼因慈心得任土地，虽是劝戒老调，而文情斐娓，无惹厌处，其工巧似出《阅微草堂》之上，盖纪晓岚工于文而主意太显露，使人觉得如吞糖衣丸药，若能味如橄榄或萝卜，虽是用意在润喉清火，亦可吃得有味，乐莲裳此文可为一例矣。鄙人常说说鬼要无所为，其实重要的还是在于文章与态度，假如二者皆诚实质朴，自有其美，虽有所说示，有如个人的宗教倾向，读者亦可以礼相接，或赞或否，均无所嫌也。由此观之，写文章本无一定的规律，无所为固然最好，却亦可以有例外，大抵作者的趣味与见识乃是必要的两重基本，即态度之所从出，古人云，士先器识而后文章，语虽陈旧，实颇有理，盖文章与器识本来是一物之表里耳。（《药堂语录》第48～49页）

6. 右台仙馆笔记

《艺风堂文续集》卷二有《俞曲园先生行状》，末有云："古来小说，《燕丹子》传奇体也，《西京杂记》小说体也，至《太平广记》，以博采为宗旨，合两体为一帙，后人遂不能分。先生《右台笔记》，以晋人之清谈，写宋人之名理，劝善惩恶，使人观感于不自知，前之者《阅微草堂五种》，后之者《寄龛四志》，皆有功世道之文，非私逞才华者所可比也。"缪君不愧为目录学专家，又是《书目答问》的著者，故所说甚得要领，以纪晓岚孙彦清二家笔记与曲园相比，亦有识见，但其实铢两殊不能悉称，盖纪孙二君皆不免用心太过，即是希望有功于世道，坐此落入恶趣，成为宣传之书，惟以文笔尚简洁，聊可一读，差不至令人唦弃耳。《右台仙馆笔记》十六卷，虽亦有志于劝戒，只是态度朴实，但直录所闻，尽多离奇荒陋，却并非成见，或故作寓言，自是高人一等，非碌碌余子所可企及也。试以卷一为例，第一则记冯孝子，虽曰以表纯孝，庶几左氏之义，写的落落大方，有古孝子传之风，又何明达王慕堂二则写市井细民之高义，可以愧士大夫，而了无因果的结局，近世说部中均极少见，若其记范婉如及扬州某甲女，痴儿怨女之情死，发乎情而不能止乎礼义，乃多有恕词，此则又是儒家之精神，为不佞所最崇敬者也。潮州制柿饼人砍断虎尾，因而获虎，末曰："孔子曰，上士捉虎尾，然下士亦正未易为也。"应敏斋在钱塘江沙洲上见绿色巨人，末曰："《搜神记》载孔子厄于陈，弦歌于馆中，夜有一人，长九尺余，皂衣高冠，咤声动左右，子路出与战，仆之于地，乃是大鳀鱼。君之所见，或亦此类乎。"此等处骤视似只是文人旧习，所谓考据癖耳，实则极有意思，轻妙与庄重相和，有滑稽之趣，能令卷中玄怪之空气忽见变易，有如清风一缕之入室，看似寻常，却是甚不易到也。卷首附刻《征求异闻启》并小诗二首，其一末联云，正似东坡老无事，听人说鬼便欣然。夫听说鬼之态度有如东坡，岂复有间然，而先生年老又似乐天与放翁，更无些子火气，则自愈见醇净矣。(《药堂语录》第96~97页)

7. 若耶溪

王渔洋著《居易录》三十四卷，虽有人谓其步趋《文昌杂录》，似未免可笑，而文章简洁可读，故是清代说部中之佳者。但疏漏处自亦未能免，如卷二六中一则云："越中若邪溪亦云若耶，邪于遮切。宋《九域志》云，徐浩游若邪溪，曰，曾子不居胜母之间，吾岂游若邪之溪，因改为五云溪。是读作邪正之邪，类恶溪矣。"案《颜氏家训·文章篇》九云："梁世费旭诗云，不知是耶非，殷沄诗云，飖飏云母舟。简文曰，旭既不识其父，云又飖飏其母。此虽悉古事，不可用也。"上文又引里名胜母，曾参敛衿，盖忌夫恶名之伤实也，可知徐浩呼若邪正作于遮切，忌其义与胜母相类，此邪即是费旭诗中之耶，与耶娘字同音，故若邪犹云像爹耳。今若邪溪早已改名，绍兴城东北隅却有此地名，路旁有沟宽可二尺，不曾见有流水，不知何以不填塞以便出入，俗呼为辣茄溪，则又真读作邪音，第一字盖从茄音而联想得来，故由日而变为来纽耶。(《书房一角》第91~92页)

8. 素火腿

王渔洋《香祖杂记》卷六云："越中笋脯俗名素火腿，食之有肉味，甚腴，京师极难致。"案越俗以炒花生与豆腐干同食，名素火腿，传说金圣叹临刑遗书说此事，云此法若传，死无恨矣。所谓笋脯只简单的称笋干，不闻有何别名，或是京师人所锡与之佳名欤，亦未可知。(《书房一角》第109页)

9. 辅轩语

往时见张之洞著《辅轩语》，嫌其名太陈腐，不一披阅。丁丑旧上元日游厂甸，见湖北重刊本，以薄值买一册归读之，则平实而亦新创，不知其何不径称发落语，以免误人乎。《复堂日记》卷三庚辰年下有一条云，阅《辅轩语》，不必穷高极深，要为一字千金，可谓知言。六十年来世事变更，乃竟不见有更新的学术指南书，平易诚挚，足与抗衡者，念之增慨。张氏不喜言神灵果报，《阴骘文》《感应篇》，文昌魁星诸事，即此一节，在读书人中亦已大不易得，其中鄙意者亦正以此，若其语学语文固不乏切理近情之言，抑又其次矣。近常有人称赞《阅微草堂笔记》，即贤者亦或不免，鄙意殊不以为然。纪氏文笔固颇干净，唯其假狐鬼说教，不足为训，反不如看所著《我法集》犹为无害。我称张香涛，意识下即有纪晓岚在，兹故连及之。二人皆京南人，均颇有见识，而有此不同，现今学子不妨一看《辅轩语》《阅微草堂》则非知识未足之少年所宜读者也。(《书房一角》第148~149页)

10. 西斋偶得

《西斋偶得》卷下佛书文字一条中，引王阮亭《居易录》，抄录董斯张《吹景集》所举佛典里中国古语，云当是内典偶合耶，抑袭取耶？西斋解之曰："盖佛书本皆梵文，其中国语皆译者援据经史文以释之，不唯非偶合，亦非袭取。”说得何等简单明了。其实佛经元是印度文，由译人用汉文写出，此事明明白白何劳再说，而名士如董王诸公似均未知，岂非奇事。……（《书房一角》第182页）

11. 疑耀

《疑耀》七卷，明张萱撰，今刻入《岭南遗书》中，通行于世。明时坊本题李贽之名，后人屡有辨正，其实看本文即可了然，不烦旁证，即今刻本中张萱自序，竭力声明，亦可不必也。《疑耀》中虽有数则为张和仲采入《千百年眼》，亦本平平，其识见乃实甚卑陋，不出书生窠臼，与卓吾相去不可以道里计，信此书为李氏所著者倒未免可笑耳。如卷二《佛字辨》，谓佛字义为拂，不能译为觉。卷四《佛经不真》，又佛经恐非西来大意，卷五《佛书可疑》，皆意主辟佛，而不知翻译为何事，与王渔洋等相似，正是好例。卓老即使不崇佛，亦何至于此乎。又卷五《妇人遭乱》一条，实即是饿死事小之小注，至论淫乱之始，以为始于夏少康时之女岐，尤为匪夷所思，此事乃亦有原始可考耶？想起来可为绝倒。至其自序中丑诋闽秃，全不为自己的文章少留地步，此又可见其短少趣味的修养，唯世人多犯此病，或不能单怪张君也。（《书房一角》第187～188页）

12. 香祖笔记

王贻上虽见识平常，曾请解八股文与缠足之禁，但其论文诗亦有可取处。《香祖笔记》卷一云：“《类纂》载武林女子金丽卿诗，家住钱塘山水图，梅边柳外识林苏。郎瑛谓其不能守礼，出则拥蔽其面，时方食，不觉喷饭满案。”又云：“高季迪明三百年诗人之冠冕，然其《明妃曲》云，君王莫杀毛彦寿，留画商岩梦里贤，此三家村学究语，所谓下劣诗魔，不知季迪何以堕落如此，而盲者反以为警策。”此二节语皆极通达。鄙人最不喜史论及咏史诗，不特千百年前事不能详知，未便武断下褒贬语，且更怕养成文人习气，轻易裁判别人，以刻薄为能，非细故也。窃意此事当从学塾改起，不令生徒作史论，庶几正本清源之道，虽其效或当在百年后，苟能有效即是大幸矣，百年何足道哉。（《书房一角》第199页）

13. 金陵游记

得《金陵游记》一卷，渔洋山人著，版心下端刻“阮亭古文”四字。考其时当是康熙三年甲辰也。卷中凡游记八篇，题名记七篇，大抵均见于《渔洋文略》卷四，而文字稍有异同。第六篇《六朝宋石记》《文略》不收，余亦多所删削，《文略》刻于康熙三十四年，渔洋年已六十有二，故文益简劲，但游记得存其少作，又两本异同处有如原稿上改窜之迹，阅之亦极有意思。卷首有小序六，为杜茶村、陆丽京、施愚山、冒辟疆、尤西堂、陈其年之作，王西樵题诗一章，在合集中便不可得见矣。此数文在诸人集中不知收存否，即有之亦极不易见到，因此更感觉原刻单行本之可贵，盖与合集允宜并重者也。阮亭文雅洁，少嫌其欠腴，茶村序称欲撰《金陵景物略》，非阮亭不可，恐是过誉。此事须得有见识魄力，阮亭于此殆未能胜。如多写此类游记数十篇，固亦可喜，但仍是文集中物，未必能自成一部著作耳。（《书房一角》第242～243页）

14. 读带经堂诗话

余有《带经堂诗话》，原刻稍后印，系叶焕彬遗书，卷首有藏书印一方。王渔洋文笔颇佳，此书编集有法，便于翻读，余甚喜之，唯展卷常见有墨丁，盖剜除钱谦益名氏，《渔洋诗话》则改为圆圈，见之每为气闷。余非有厚于蒙叟，只觉得书册如此，有如歌女面鲸陈诜字样，令见者不得过耳。著书刻书都是雅事，乃弄得如此乌烟瘴气，此正与避讳及改削同是人间丑事之一也。（《书房一角》第296页）

水色与王士禛神韵诗境构筑

石　玲*

王士禛"以清新俊逸之才,模水范山,批风抹月,倡天下以'不着一字,尽得风流'之说,天下遂翕然应之"①,成为清代康熙诗坛"一代正宗"。其诗歌创作得江山之助甚多,而更为重要的是诗人对山韵水致独特而超凡的感受力、领悟力和表现力,这是其神韵风格形成的内在力量。

纵观王士禛的诗歌创作,我们可以发现,"水"(包括湖、江、河、湾、泉、溪、雨、雪、雾、露、霭等)及水上、水边景物在他的诗歌里出现的频率非常高,即便是描摹山色的作品,也往往与水光相连。"水"在神韵意境构筑中起到了特别重要的作用。

那么,王士禛为什么如此钟情于水景的呈现呢? 这其中的原因既有家乡风物的激发,也有家庭环境的熏陶,当然更为重要的还是诗人的个性和天赋。

检索现存相关文献我们可以看到,王士禛对山水的格外钟情始自其孩提时代。王士禛出生在祖父王象晋河南按察使任所,四岁时回到故乡新城。新城是个山清水秀的地方,尤其是锦秋湖(马踏湖)一碧万顷,芦苇森森、荷花田田,秀丽不减江南水乡。王士禛对水和水景的格外关注和喜爱,与他最初关于家乡水的印象是密不可分的。

王士禛出身新城望族,受家庭风气熏陶,八岁即开始尝试作诗,十五岁已有诗集刊刻(据伊丕聪《王渔洋先生年谱》,顺治五年(1648)其兄王西樵已将《落笺堂初稿》序而刻之)。对他诗歌创作影响甚大者是其长兄王士禄。崇祯十四年(1641),年仅八岁的王士禛在乡塾读书时,"私取《文选》、唐诗诵之。久之,学为五七字韵语,时西樵为诸生,嗜为诗。见公(王士禛——笔者注)诗,甚喜,取刘一相编《唐诗宿》中王维、孟浩然、常建、王昌龄、刘昚虚、韦应物、柳宗元数家诗,使手抄之"②。这使王士禛集中接受了唐人偏重神韵一派诗人的作品。这对孩童时代的士禛无疑起到了引领作用。而士禛本人对诗歌的超凡领受能力在他很小的时候就已经显示出来了。"予六七岁始入乡塾受《诗》,诵至《燕燕》《绿衣》等篇,便觉怅触欲涕,亦不自知其所以然。"③此乃王士禛终究成为大诗人的内在天赋与气质。

《落笺堂集》是王士禛最早的诗集。这部诗集中,与"水"相关的诗句俯拾即是,如"澄湖杂蒲稗,舷榜落春禽"(《赋得山水含清晖》)、"水波淡不兴,烟景浩将夕"(《舟次桃花口望落霞》)、"数

---

* 作者简介:石玲,山东师范大学文学院,教授。

① 〔清〕永瑢等撰:《四库全书总目提要》集部卷一七三,清乾隆五十四年刊本。

② 蒋寅:《王渔洋诗集征略》,人民文学出版社2001年版,第10页。

③ 〔清〕王士禛著,袁世硕主编:《王士禛全集》,齐鲁书社2007年版,第3232页。

峰绿不散，下有清泉声”（《柿泉》）、“姑尤城下泊，万顷碧漪澄”（《初至博姑湖中即目》）、“白云何历历，绿水正悠悠”（《同刘大田家兄子侧泛湖分韵》）、“帆从烟际没，树向镜中平”（《湖中归作诗惜别》），等等。由此可见，从诗歌创作伊始，王士禛就特别喜欢写水景。引其十五岁所写赞美锦秋湖的《锦秋湖二绝句》中的一首如下：

鹅鸭城边水映空，渔舟来往暮烟中。唱歌未断神鸦起，荇叶菱花四面风。

水天一色、渔舟暮烟、菱花风动……这首诗已经露出了神韵诗的端倪。应该指出的是，家乡及其周围美丽的水景风物固然是引发渔洋先生山水审美的契机，但他与山水烟霞的“夙因”恐怕还要从生命特质、审美心理等更深层面去解释。“渔洋山人”名号的由来或许能够说明这个问题：

渔洋山在邓尉之南，太湖之滨，与法华山诸山相连缀，岩谷幽夻，笻屐罕至；登万峰而眺之，阴晴雪雨，烟鬟镜黛，殊特妙好，不可名状。予入山探梅信，宿圣恩寺还元阁上，与是山朝夕相望，若有夙因，乃自号渔洋山人云。①

不难看出，“渔洋山人”的名号来自诗人与审美对象之间产生的心象融合，诗人在著述中多次提及此事，甚至说自己与苏州渔洋山“若有夙因”。此事发生在顺治十八年（1661）。这年春天，王士禛前往苏州公干。公务之余，他冒雨到邓尉山“香雪海”赏梅，随后借宿于山中圣恩寺还元阁。不成想这个偶然的举动却在他的生命里划下了深深的印痕，成就了他与渔洋山的夙缘。

圣恩寺还元阁坐落于邓尉山南麓、太湖之滨，诗人登上阁顶，放眼望去，但见一碧万顷，烟波浩渺，郁郁葱葱的渔洋山矗立于澄碧的湖水之上，晨霭中，渔洋山婀娜的倒影印写在湖面之上，诗人的心灵被眼前这仙境一般的淳美震撼了！他久久凝望，如痴如醉，那是他童年迷蒙的锦秋湖，那是最为神往的境界，与他的生命特质如此相合！“若有夙因”四个字足以看出渔洋山对诗人灵魂的敲打。他那份与生俱来的诗人气质、对山水之美近乎入禅的领悟力、超凡脱俗的审美能力，在眼前渔洋山美轮美奂景色的触动下被彻底激活！这与自小由兄长西樵引导的王（维）、孟（浩然）、韦（应物）、柳（宗元）等的阅读经验高度契合。灵感与激情突现，瞬间爆发出强大的创造力，从那一刻起，他就是“渔洋山人”！

王士禛生活于明清易代动荡之时，又居官四十多年，奔走在错综复杂的官场，难道他的现实世界当真就如此唯美、如此脱俗超拔吗？答案显然是否定的。那么，为什么我们在他的诗作中捕捉不到现实生活的烟火气息呢？或者说他的诗作为什么像赵执信所说的那样“诗中无人”呢？

显然，王士禛的诗歌世界超越了他的现实世界，他的诗歌世界与现实世界是分离的，他创造了清远、冲淡、富有韵致的诗歌审美世界，并以此置换了他的现实世界。实际上，对王士禛而言，对神韵诗歌的认同与选择，对超越现实的“清远”的崇尚与官场的错综与凶险是同时存在的，他只是没有呈现后者而已。他一再击节称赏的嵇康，身处残酷险恶的现实中，却仍作出“高情远趣，率然玄远”（《晋书·嵇康传》）的诗歌。超越的前提是清醒。王士禛的审美体验是如此超拔，他以此消解现实世界的烦杂、不如意，且看他对“晚霞”近乎入禅的感受：

江行看晚霞，最是妙境。余尝阻风小孤三日，看晚霞，极妍尽态，顿忘留滞之苦。虽舟人告米尽，不恤也。②

江行遇风被阻，被迫滞留三天，本是一件很无奈的事。然而绚丽的晚霞却让诗人陶醉其中，不仅“顿忘留滞之苦”，而且给养不继（“米尽”）也在所不惜。由此可见，诗人现实中的不得已、不如

① 〔清〕王士禛著，袁世硕主编：《王士禛全集》，齐鲁书社2007年版，第175页。

② 〔清〕王士祯：《渔洋诗话》，见《清诗话》，上海古籍出版社1978年版，第181页。

意，经由一种审美心境的替代而变得妙不可言。可以想见，正是这样一种审美心境不知化解了诗人多少现实的烦恼。生存的诗意正体现了诗人生存的智慧。这样的境界决非附庸风雅之人所能企及。

唐代王维是王士禛极为推崇的诗人。王维后期创作诗歌时，用佛家的清净取代了儒家的进取。而王士禛虽然一直身在官场，但他一开始就选择了超越。因为在他看来，艺术的表现力不在于实而在于神，形神之间甚至相去甚远。二十四岁的王士禛早在清顺治十四年所写的《丙申诗序》中，就表达了以下看法：

> 画潇、湘、洞庭，不必蹙山结水；李龙眠作阳关图，意不在渭城车马，而设钓者于水滨，忘形块坐，哀乐嗒然。此诗旨也。①

兴到意会之处，竹与荒寒风雪同在，被诗人誉为"善画竹者"；李龙眠表现"西出阳关无故人"之阳关并没有描绘渭城的车马，却以"钓者于水滨，忘形块坐"、孤独懊恼的画面展现。这些都被诗人喻为"诗旨"。循此"诗旨"，我们不妨以此类推，王士禛几乎从来没有像田雯那样直书官场的凶险，但其山韵水致的淡远反衬的是难道不是身边实事的驳杂紧迫吗？

水景在诗人笔下具有神奇而广泛的表现力。他以水寄哀愁，表达改朝换代、盛衰兴亡在心底激起的黍离之悲。研究王士禛的诗歌创作，时代是一个无法绕过的维度。诗人生长在明清易代之际社会急剧动荡的历史节点，影响他人生的最大历史事件莫过于明朝的"天崩地坼"与清朝的定鼎。

王士禛幼逢易代战乱，宁静的生活在他九岁时被彻底打破。明崇祯十五年(1642)十二月，清军在攻陷济南后，杀到王士禛的故乡新城，王家全族投入抵抗，但新城最终沦陷，王士禛叔父与玫、与朋等三十多位族人罹难。诗人在《五节烈家传》中还记录了这次战乱中从伯母、从嫂殉节及他自己的母亲自缢未果之事。崇祯十七年(1644)"甲申之变"，皇权旁落，清人定鼎北京，这无疑给新城王氏这个在明朝崛起的望族带来了毁灭性的打击。王士禛的伯父王与胤(监察御史)闻变后率妻子于氏、儿子士和一起自缢殉节。王士禛对"天崩地坼"巨变的感受是活生生的：脚下废墟瓦砾，四周血雨腥风。一个十来岁的孩子，就这样亲眼目睹了家园的凌夷、亲人的死难、时局的动荡，这不仅在其幼小心灵深处涂上血腥的底色，而且还生发了王氏大家族随明朝大厦一起倾覆的巨大幻灭感。

王士禛初次出仕的任所扬州，是清军武装力量南下征服中杀戮最为惨烈的地区之一。清顺治二年(1645)四月，扬州曾遭清兵残酷屠城，昔日繁华名都一时尸横遍野、血流成河。顺治十七年(1660)王士禛到任之时，扬州依旧笼罩在恐怖动乱之中。一方面是郑成功、张煌言领导的抗清力量仍在浴血奋战，另一方面是清廷对"通贼"之人的大肆拘捕。此时，满目疮痍，四处弥漫着强烈的民族情绪。空间虽然转换，由新城到扬州，但入目的依旧是废墟、废墟。

王士禛在扬州履职期间，先后造访金陵、京口、苏州、无锡等地，接触了各个阶层的人士，广泛结交名士、遗民(如冒襄、林古度)等。其中特别值得一提的是诗人顺治十八年(1661)的金陵之行。金陵在清初士人心目中别有一番含义：明王朝在此建立又在此覆亡(人们常将南明王朝的瓦解视为明亡的标志)，因此，金陵便成了故国的象征。而作为六朝古都，这座古城见证了太多的繁华竞逐、兴亡相继、悲恨相续以及政权更迭带来的人生巨大起落，因而极易引发兴亡之感。王士禛在金陵的一个多月里，公事之余游历了钟山、灵谷寺、雨花台、长干寺、鸡鸣山、乌衣巷、瓦官寺等，而最

---

① 〔清〕王士禛著，〔清〕张宗柟纂集，夏闳校点：《带经堂诗话》卷三，人民文学出版社1963年版，第78页。

让他魂绕梦牵的还是金粉之地秦淮河。为此，他曾搬到布衣朋友丁胤邻近秦淮河的家中小住。年近八十的老人给他讲述了自己亲历的明朝旧事，诗人不禁感慨万端，挥笔写下了《同继之铜江泛秦淮》《秦淮杂诗》等。

王士禛由新城至济南（大明湖）、扬州、金陵（秦淮）、姑苏，发现废墟弃垒、满目萧瑟，空间虽然不断转换，但挥之不去的故国之思、幻灭感与人生的迷惘时时萦绕在诗人心头，于是，大明湖畔的秋柳、秦淮河的雨丝风片无不染上了感伤的色调。

这种刻骨铭心的兴亡之感在王士禛那里如影随形。顺治十四年（1657）他与朋友云集明湖，看到湖畔泛黄的秋柳，不禁悲从中来，挥笔赋下成名作《秋柳》诗四首。诗人曾明确交代过此诗的创作缘起："顺治丁酉秋，予客济南。诸名士云集明湖，一日，会饮水面亭，亭下杨柳十余株，披拂水际，绰约近人。叶始微黄，乍染秋色，若有摇落之态。予怅然有感，赋诗四章。"值得我们注意的除了作品之外，还有该诗的小序：

昔江南王子，感落叶以兴悲，金城司马，攀长条而陨涕。仆本恨人，性多感慨，寄情杨柳，同《小雅》之仆夫，致托悲秋，望湘皋之远者，偶成四什，以示同人，为我和之。①

此序字数虽然不多，但传递的意绪非常丰富："江南王子"南朝梁简文帝萧纲感落叶而兴悲（萧纲《秋兴赋》里，有"洞庭之叶初下，塞外之草前衰"之句）；东晋大司马桓温"木犹如此，人何以堪"的慨叹（时光流逝，世事沧桑，生命在辗转中即将终结）；《诗经·小雅·出车》"王事多难"之时仆夫转战中韶华流失的感叹（"昔我往矣，黍稷方华。今我来思，雨雪载途"）；《离骚》表达的求索、迷茫（"步余马于兰皋兮，驰椒丘且焉止息"）；《湘君》《湘夫人》的凄美迷蒙、生死契阔……不难看出，此序传递的主要是触物的伤感及对沧海桑田巨变和个人生命匆忽的感叹。而"仆本恨人，性多感慨，寄情杨柳"的自白再清楚不过地说明了该诗的创作题旨，湖边秋柳不过是"寄情"之载体。难怪后来作者担心被人"误解"，故在编总集时删除了该小序，而乾隆年间《秋柳诗》差点被禁毁的事实也说明了问题。

《秋柳》诗描写的是湖边垂柳、水边景致，而《秦淮杂诗》题咏的则是南京的秦淮河。秦淮号称"六朝烟月之区，金粉荟萃之所"，明代更是十里秦淮繁荣的鼎盛时期。由于心理上的幻灭、感伤，因此它在诗人的眼里充满了迷蒙的愁绪：

年来肠断秣陵舟，梦绕秦淮水上楼。十日雨丝风片里，浓春烟景似残秋。（其一）

潮落秦淮春复秋，莫愁好作石城游。年来愁与春潮满，不信湖名尚莫愁。（其五）

这组诗写在顺治十八年（1661）春天，诗人觉得"浓春烟景"似"残秋"。诗人在《秋柳诗》中由泛黄的秋柳联想到曾经的春天的旖旎，在这组诗作中则正好颠倒，把春天的秦淮美景看成了"残秋"景色，为什么？当然是因为心中感伤。我们从中可以看出，《秋柳诗》之后的三年多时间，王士禛的心头依然笼罩着浓浓的家国兴亡之感。诗人以"肠断""梦绕"等感伤、凄丽的字眼，吐露对繁华不再、世事沧桑的感慨，委婉地表现了朝代更替的悲哀，将鼎革后的失落与迷茫以感伤的笔调、迷蒙的景物表现了出来，创造出了既美丽又凄婉的韵致，余味无穷。第五首"年来愁与春潮满"与"年来肠断秣陵舟"意同。其中有杜牧《泊秦淮》"商女不知亡国恨，隔江犹唱《后庭花》"的感慨，也有"自是人生长恨水长东"的唏嘘。循此心迹，王渔洋还有其他同类作品：

邗沟南望是金城，更指隋堤百感生。撩乱飞花春昼晚，凄迷江曲候潮平。弩台雨过连莎

---

① 〔清〕王士禛著，袁世硕主编：《王士禛全集》，齐鲁书社2007年版，第188页。

影，水殿秋来起雁声。犹为君王镇憔悴，大堤如雪不胜情。（《赋得隋堤柳》）

烟波渺渺五湖西，吊古琴台思欲迷。碧血空悲吴沼日，青山长绕越来溪。川原何处藏金铎，组练如闻散水犀。莫听哀音易肠断，采莲歌罢夜乌啼。（《姑苏怀古》之一）

这类诗作属于程康庄所说的"感时吊古，发为声歌"的一类。渔洋先生还善于以诗歌描绘山韵水致。随着时光的流逝，《秋柳》诗、《秦淮杂诗》中那种伤感的气息渐次弱化，唯美冲淡的神韵诗篇纷至沓来，如作于康熙元年(1662)的《真州绝句》：

江干多是钓人居，柳陌菱塘一带疏。好是日斜风定后，半江红树卖鲈鱼。（《真州绝句》之四）

晓上江楼最上层，去帆婀娜意难胜。白沙亭下潮千尺，直送离心到秣陵。（《真州绝句》之三）

诗作先以长焦镜头选取远处几个散布的景观，空廓疏朗，诗中有画。漫漫的江岸、点点的渔舍，疏落的柳陌，散布的菱塘，犹如一幅写意画。后两句则为特写，日暮风定，江岸的树木披上温暖的红色映入江水，此刻又传出叫卖声——"卖鲈鱼"，化静为动，平添活力和生机。其他以水景入诗的作品也是美不胜收：

扬子秋残暮雨时，笛声雁影共迷离。重来三月青山道，一片风帆万柳丝。（《江上望青山忆旧》）

十里田田荷芰风，渔舫如叶出花中。鹅儿湖北烟初暝，背指明霞几缕红。（《即事》）

有一些诗作还以水景营造出朦胧的境界，迷蒙却不伤感：

曲港回汀暗野桥，斜风吹雨暮潇潇。江南乌桕红千树，望断春申浦上潮。（《毗陵道中雨》）

吴头楚尾路如何？烟雨秋深暗白波。晚趁寒潮渡江去，满林黄叶雁声多。（《江上》之二）

萧条秋雨夕，苍茫楚江晦。时见一舟行，濛濛水云外。（《即目》）

这些诗作与《秋柳》诗通篇使用故实从而暗寓沧桑兴亡之感的做法已有显著不同。

王士禛还善于以水景表达离别、怀人等情感。如《寄陈伯玑金陵》之一：

东风作意吹杨柳，绿到芜城第几桥。欲折一枝寄相忆，隔江残笛雨潇潇。

再如《夜雨题寒山寺寄西樵礼吉》：

日暮东塘正落潮，孤篷泊处雨潇潇。疏钟夜火寒山寺，记过吴枫第几桥。（之一）

还有《答牧仲香山来青轩怀愚山阮亭之作》：

帛湖春水满，远近桃花林。浦溆花间阔，云峰水外深。羡君携斗酒，独往弹鸣琴。几夜山中月，相思劳永吟。

这里的水景，是实景，更是诗人艺术世界里"象外"的神韵。

翁方纲曾经这样评价王士禛诗歌："阮亭诗，如海估拣取明玑紫贝，制作仙子五铢衣，随手凑补，皆合五城十二楼中装饰，但寒者不可以为衣耳。"（《复初斋王渔洋诗评》）以王士禛诗不是御寒之衣的形象比喻来说明王诗超然物外的特点。翁方纲的话也印证了王士禛诗歌自觉追求"妙在象外"的超拔清远的特点。

王士禛诗中的水景大多具有意象的意义，既是"象"又"妙在象外"，在神不在形，在韵不在字句，展现出了诗人神韵诗中或迷蒙或清远的灵动诗魂。

王士禛"神韵说"对中国美学意境理论的贡献

柳清泉*

意境是中国古典美学中一个极富中国特色的美学范畴,是在从《诗经》开始的悠久而丰富的抒情文学传统的文化背景以及"自然气感说"的哲学基础上生长起来的。王弼的言意之辩又促使了"意象"向"意境"的转化,王弼超越言象而寻其深意的思想直接影响了后世美学追求"象外之象""味外之旨"的思想。佛教文化的传播直接启示了意境理论的生成。受禅宗影响的唐人借用了"境界"一词,将其引入艺术与审美创造,以"境"来论诗。司空图及以后诸家对意境的创造与审美特征的探讨标志着意境理论的进一步成熟。王士禛的神韵说就是意境理论中比较重要的一种,对中国美学的意境理论做出了重要的贡献。本文的内容主要有以下三个方面,一是中国美学意境理论的立体生成,二是王士禛神韵说的审美理想,三是王士禛神韵说对中国艺术意境理论的贡献。下面尝试论之。

一、中国美学意境理论的立体生成

(一)悠久而丰富的抒情文学传统是意境理论生成的文化背景

作为抒情性作品理想形态的标志,意境是华夏抒情艺术高度发达的产物。抒情艺术的创作实践最早可以追溯到《诗经》。《诗经》里触物起兴的歌词不胜枚举,所兴之处几乎都以自然物为题,人与自然相映成趣、相得益彰,这种思想可以说是中国美学意境论的先声,意境是人的生命体验创造的世界。

(二)"自然气感说"是意境理论生成的哲学基础

"自然气感说"是中国哲学的重要学说,它从天人一体、互相感应的角度去看待艺术与宇宙的关系,主张在人与自然的亲和与感应中吸取艺术的生命精神。中国古典美学不存在西方的那种主客二分关系,而是同类相动、心物交感的关系。艺术的神韵缘于人与自然内在精神的互动与体验。没有心灵精神与对象的感应交流,便无法臻于艺术的化境。所谓意境,无非是建立在物我两忘、主客不分的生命交融与互动体验基础之上的,中国美学的意境理论显然是以这种自然气感说为基础的。

(三)王弼的言意之辩促使了"意象"向"意境"的转化

"书不尽言,言不尽意","圣人立象以尽意",中国哲学从《周易》开始就有言、象、意结构,但易

* 作者简介:柳清泉,青岛农业大学人文学院,副教授。

象是不同于诗象的，此象并不具有意象的意义。王弼的言不尽意、得象忘言、得意忘象之论将《周易》的象普泛化为一般意义的思想史论题，滞留于具体的言与象就会失去对事物本质的把握，应超越言象而寻其深意，这直接影响到了后世美学追求"象外之象""味外之旨"的思想。艺术的深邃思想和美学意蕴往往存在于语言所表达的形象之外，"此中有真意，欲辩已忘言"。"言不尽意"论的深刻哲学意义即在通过言、象体会圣人之意的前提下，走一条通过语言又超越语言的道路。作为最高本体的道是不能用语言、概念表达的。艺术审美的奥秘就在于那个无法言传的表象之外的世界，也就是我们所说的意境。

（四）佛教文化的传播直接启示了意境理论的生成

到了唐代，"意"与"象"的结合被"意"与"境"的结合取代，言辞的重要性被"不着一字，尽得风流"的境取代。这与唐代高度发达的抒情艺术有关，也与时人翻译印度佛教经典文献时频繁遇到的"境界"一词有关。受禅宗影响的唐人遂借用了"境界"一词，将其引入艺术与审美创造，以"境"来论诗。由此，关于概括和把握诗词曲赋等以抒情写景见长的艺术作品审美特征的"意境"理论的探讨在唐代蔚然成风。这是一个艺术创造的主体与客体（情与景、思与境）相互交融而生成的审美艺术世界。这个艺术世界须在主体的生命体验和观赏者的审美经验融合的基础上，得到最后的彰显。在上述诸多背景之下，刘勰的"神与物游"变成了司空图的"思与境谐"，"思与境谐"能"超以象外，得其环中"，它所要传达的是超越形色之外的无穷韵味，是"韵外之致，味外之旨"。

（五）司空图及以后诸家对意境的创造与审美特征的探讨标志着意境理论的进一步成熟

司空图在《二十四诗品》中以审美的眼光，从美学的高度，以最契合我们这个民族精神的诗的语言对唐代高度繁荣的诗歌艺术进行了一次理论总结，明确表述了意境"韵外之致，味外之旨"的审美特征。司空图的《二十四诗品》代表了唐代意境理论的最高成就。在司空图看来，至美的诗境应该像美味佳肴一样，含醇美于咸酸之外，给人以咀嚼不尽、回味无穷的感受，这便是味外之味、韵外之致。司空图孜孜以求的这种意境，追求含蓄不尽、余味悠长的韵味，后来得到了宋人严沧浪和明人陆时雍的强烈共鸣。加之此后王士禛的神韵说、王夫之的情景说、袁枚的性灵说、王国维的意境说等关于意境的创造与审美特征的探讨及对抒情作品不尽韵味的再强调，标志着意境理论的进一步成熟。①

二、王士禛神韵说的审美理想

为矫正清初诗坛肤浅、诡辩、直尽的弊端，王士禛重提盛唐以来的神韵说，《四库全书总目提要》卷一九〇云："诗自太仓、历下以雄浑博丽为主，其失也肤；公安、竟陵以清新幽渺为宗，其失也诡。学者两途并穷，不得不转而入宋，其弊也滞而不灵，直而好尽，语录史论，皆可成篇。于是士祯等重申严羽之说，独主神韵以矫之，盖亦救弊补偏，各明一义。"王士禛"神韵说"的审美理想，笔者认为主要体现在以下三个方面：

（一）神韵须是禅意妙得

王士禛"神韵说"的审美理想，因为受到禅宗思想的影响，首先标举诗歌的禅趣禅味。神韵说代表的是中国诗歌批评史上非功利的一路，这一路在诗歌创作的历程中标举诗歌清新淡远的韵

① 本观点的详细内容参见柳清泉《中国美学意境理论的立体生成》，载《河南社会科学》2012年第2期。

味，给人含蓄不尽的美感。神韵理论大约始自让山水诗真正从幕后走向前台的南北朝时期的禅派诗人谢灵运，其后诗僧皎然（原名谢清昼，为谢灵运的第十世孙）、司空图、严羽等有禅学渊源的诗人皆推崇此理论，还有相关的诗歌创作。王士禛的神韵说就是在这样的哲学背景中产生的，而且与禅家的思想有着千丝万缕的联系。康熙二十七年（1688），王士禛编《唐贤三昧集》三卷，作为神韵诗的范本。王士禛以"三昧集"来命名选本，并多选"诗佛"王维以及孟浩然的作品，他认为诗、禅之间有着十分密切的关系。"舍筏登岸，禅家以为悟境，诗家以为化境，诗禅一致，等无差别。"（《香祖笔记》）

禅宗思想影响诗歌旨趣有二，一是重视当下此在之妙悟，二是禅宗的不二法门影响诗歌意境的创造，重在追求不即不离、不粘不着、虚实相生、即物即真的韵味。不在于物又不离于物，不在心内又不脱于心，不是粘着于具体的时间与空间的关系性存在，而是不受时空关系制约的纯粹体验的生命世界。马祖道一"心不自心、因色故有"的思想，很好地传达了禅宗"见色明心、闻声悟道"的思想。不是去声色而后明心悟道，而是即声色即道。所以当有人说王士禛规避当时的社会矛盾与清初的文字狱，借神韵说偏安于精神的一隅时，笔者却有另外的思考。王士禛作为饱读诗书又深受禅宗思想影响的文人，作为对诗与画都有着浓厚兴趣且有着丰富创作实践的文人，一定在教化的传统之外有着自己独特的生命思考，有对艺术的独到见解。山水诗传达的神韵，不是六朝时的生动传神，不是宋代的生生之趣，不是表象的丘壑与山水，而是超越于山水表象呈现出的心灵的山河大地，是一种生命的境界。神韵不是虚空的神，即虚境即实境，其枢机就在诗人的灵心妙悟。那种"抚琴动操欲令众山皆响"式的真力弥漫，那种无天无地的灵韵飘动，直与造化同根、与阴阳俱化，是在一片澄明中妙悟的生命境界。

（二）神韵须有清远之韵

真正的好诗，不是对生活具体实在的呈现，不是表现一己之生存的甘苦忧乐，而是体现对作为"类的存在物"——人的生命的关切。所以真正高明的诗人，其诗作脱胎于自己的生命感知，但又尽量淡去个人生活的具体细节，直取生命本真。个人的声音如果不能上升为全人类的声音，那就不会有高尚的精神境界。艺术在对生命意义的追问和存在价值的追寻中，借审美之途来安顿此岸的生命，使一己之性情升华为万古之性情。王士禛的神韵说，在标举山水诗的创作理论方面可谓独树一帜。《四库全部总目》卷一九六写道："士祯论诗主于神韵，故所标举，多流连山水、点染风景之词，盖其宗旨如是也。"以"神韵"而论山水画的创作，在清代以前已多有所见，清人盛大士在《溪山卧游录》中亦言："画有六长：所谓气骨古雅，神韵秀逸，使笔无痕，用墨精彩，布局变化，设色高华是也。六者一有未备，终不得为高手。"（《中国古代画论类编》）王士禛用"神韵"来论山水诗，与他在《池北偶谈》卷一八中提到的汾阳孔文谷所言"诗以达性，然须清远为尚……总其妙在神韵"的思想可谓不谋而合。王士禛论诗推重司空图的诗论，尤重"含蓄""冲淡""自然""清奇"等神清意远之品，可见其神韵说的思想旨趣。清远之境不汲汲于铺锦列绣，不劳劳于精雕细刻，不逞于错彩镂金之美，而独独标举透彻玲珑之"清"与空灵冲淡之"远"，追求一种"可望而不可置于眉睫之间"的清丽淡远之美。

这里需要注意的是"诗以达性"四字，这是此处诗学思想的关键所在，诗之要在于达性，如何达性？妙在神韵，这是诗歌发展到清代的一种必然。明代李日华在其《六砚斋笔记》中就有高论曰："凡状物者，得其形，不若得其势；得其势，不若得其韵；得其韵，不若得其性。形者，方圆扁平之类，可以笔取者也。势者，转折趋向之态，可以笔取，不可以尽笔取，参以意象，必有笔所不到者焉。韵者，生动之趣，可以神游意会，陡然得之，不可以驻思而得也。性者，物自然之天，技艺之熟，照极而自呈，不容措意者也。”由此我们知道中国古代绘画的发展，经历了由得形、得势到得韵、得性之变化，由单纯追求形似到追求以形写神、气韵生动，追求象外之意、韵外之旨，再到后来追求自然之天的“性”及生命本真的气象。而中国古代诗歌的发展，与这样的哲学思潮也有关联。以生命的真实作为最高的追求，是中国诗学发展到清代的必然产物。

（三）神韵源自兴到神来之笔

中国诗学有一种重“兴”的传统，写直接的经验、鲜活的体会、自然的妙悟。即物即景，心物交感，当下起兴，发而为诗。王士禛在诗论中强调的“伫兴而就”“偶然欲书”“自得于内”，皆言诗歌的创作必须兴会神到，不可勉强凑合而成。“律句有神韵天然、不可凑泊者。”（《渔洋诗话》）一种艺术，如果变成某种抽象观念的载体，那就不可能有感人的魅力，也不会获得真正的发展。好诗是当下即成的感兴之作，是即目直寻的乘兴之作。《二十四诗品》有《精神》一品，“欲返不尽，相期与来。明漪绝底，奇花初胎。青春鹦鹉，杨柳楼台。碧山人来，清酒深杯。生气远出，不著死灰。妙造自然，伊谁与裁”。丹青难写是精神，艺术倘真能妙造自然，展“奇花初胎”之生气，见“青春鹦鹉”之神采，生气远出，妙造自然，也是贴近生命的大境界了。中国艺术的特性，在于表现盎然的生意，表现气韵生动的充沛活力，注重全体生命之流所弥漫的灿然仁心与畅然生机。艺术创造活动与欣赏活动，若要直透美的艺术精神，都必须先与生命的普遍流行浩然同流，据以展露相同的创造机趣。①

三、王士禛神韵说对中国美学意境理论的贡献

王士禛作为一名官至大清刑部尚书的文人，骨子里一定深受几千年来“文以载道”传统的巨大影响，而“神韵说”是其山水诗创作的理论总结，分明是与载道传统相背离而走向体道艺术的产物，是生命精神借诗歌之途的绝好传达。

明末清初，中国古典美学的自然审美认识发展到了顶峰，进一步深化了宋人情德相融的自然审美观念，明确指出自然审美是山水与情的“相入相就”，两两相得而不厌，山川与性情一见而洽，情趣相通。这在大量的游记文学与山水画中表现得最为鲜明。中国绘画美学提供了人对自然的另一种态度。在看到人是自然存在的同时，画家们更看到了人的自然在于他的主观意识和自由意志。他们不是从物欲的功利角度对待自然，而是以情感的态度，在精神需要的层面和自然发生联系；或者说，文人画家与自然对象之间的关系，是情感性、精神性的关系。山水亦如人之形神毕俱而有情有神，而且能表现作者之情之神。在这种情感化、精神性的观照中，他们领略到了自然的美，以更潇洒俊逸之笔，创造了第二自然。自然是美的，自然之美是一种原生性的“自在美”，人本身以及人的创造活动也是一种“自然”，人创造的艺术作品具有的美与自然之自在美和谐统一于世界之一体。王士禛的神韵说，就是在这样的自然审美的背景中涌现出的一种对山水诗歌创作的理论总结。它对禅意妙悟的推重、对清远之韵的追求、对兴到神来的强调，不仅对清初的诗坛儒家诗学精神主导文坛的局面起到了很好的调和与校正，也使中国古典美学历经几千年而发展至此的意

① 方东美：《中国艺术的理想》，见李溪编《生生之美》，北京大学出版社2009年版。

境理论由此而得以延续与发展。王士禛的神韵说追求诗歌禅意自得的妙悟、清新淡远的韵味及含蓄不尽的美感,无疑是中国诗歌意境理论发展到清代的一股合力中不可或缺的一脉。在现代社会,艺术大都不具有传统艺术苦心营建的审美价值,我们也无从在其中体验到经典艺术给予我们的审美愉悦,艺术不再具有严肃的社会性和严格的自律性而成为人们娱乐、消遣的工具。在这样的艺术观念大行其道的今天,王士禛神韵说的澄明精神给我们带来的深度审美体验,无疑有着十分重要的意义。

王士禛词学观探论

吴 晗*

王士禛是清初杰出的诗人、文学家，论诗创“神韵”说，其诗名甚高，故其词较少受人关注。况周颐说：“世知阮亭论诗以神韵为宗，明清之间，诗格为之一变。而词格之变，亦自托阮亭之名始，则罕知之。”①正如况周颐所言，王士禛是清初词学复兴的重要人物之一。王士禛的词学创作活动主要集中在授官扬州期间，吴梅村称王士禛在此期间“日了公事，夜接词人”②，修禊红桥及如皋冒氏之水绘园，使之成为江南词人风会之地。时人顾贞观云：“国初辇毂诸公，尊前酒边，借长短句以吐其胸中。始而微有寄托，久则务为谐畅。香岭（龚鼎孳）倦圃（曹溶）领袖一时……而吴越操觚家闻风竞起，选者作者，妍媸杂陈。渔洋之数载广陵，实为斯道总持，二三同学，功亦难泯。”③可见王士禛对当时词坛之影响。后人对王士禛的评价，毁誉参半，既有“绝代消魂王阮亭”的美称，也有“一代正宗才力薄”的讥讽。但是丁绍仪认为：“山左王阮亭尚书，诗为国初冠。顾身后尊之者与诋之者各半。所著《衍波词》，颇沾沾自喜，幸无异说。”④王国维也对其大力赞赏：“《衍波词》之佳者，颇似贺方回，虽不及容若，要在浙中诸子。”王士禛之词在当时的地位和价值，由此可见一斑。正如张宏生先生所评：“王士禛在扬州的词学活动，培养了一批词人，鼓动了一种词风，为下一个阶段清词的中兴积蓄了力量。”⑤但是此后，王士禛官位日隆，后来鄙词为小道，终至搁笔。所以，王士禛的词学创作主要集中在扬州任上的五年多时光里。

目前学界对王士禛词的研究，或主要关注其在广陵词坛的唱和活动，或论其词作秉承“花间”的婉约词风，概括王氏词学观方面的研究较为薄弱。其词作多学“花草”之婉约，故多数人认为他的词学观亦是倡导含蓄，但是实际上，王士禛的词学观是比较复杂的。谢桃枋先生在《中国词学史》中，将王氏词学观归之于“神韵”论⑥，可见其词论之复杂。但是以“神韵”论词只是王氏词学观中的一个部分，并未括其全貌。本文将通过归纳王士禛的论词、评词之语，试图对王士禛的词学观作一个概括的分类和论述，本文之论述自然是多有不足之处，权作抛砖引玉，以待来者。

---

* 作者简介：吴晗，华东师范大学中文系，博士研究生。

① 〔清〕况周颐：《蕙风词话》卷五，见唐圭章编《词话丛编》，中华书局1986年版，第4510页。

② 〔清〕王士禛著，袁世硕主编：《王士禛全集》，齐鲁书社2007年版，第2754页。

③ 〔清〕谢章铤：《赌棋山庄词话续编三》，见唐圭章编《词话丛编》，中华书局1986年版，第3530页。

④ 《听秋声馆词话》卷四，转引自孙克强、杨传庆、裴喆编《清人词话》上，南开大学出版社2012年版，第436页。

⑤ 张宏生：《清词探微》，上海古籍出版社2008年版，第228页。

⑥ 谢桃坊：《中国词学史》，巴蜀书社2002年版，第227～228页。

一、推尊词体

明代的复古运动声势浩大,“文必秦汉,诗必盛唐”的主张影响深远,加之明词不振,词更被视为游戏小道,词体自明以来,因地位低下而渐趋衰势。此外,因为明人的复古意识,以唐五代之词为尊,不谈北宋以后之词,使得《花间集》和《草堂诗余》地位日高。在此种风气之下,明末清初的词体,一直处于受挤压的状态,为词者也是追摹“花草”,专意小令。在此种状况下,王士禛较早地认识到了词体的价值,欲摆脱明人的影响,以强烈的责任感提出了推尊词体的主张,力图振兴词学。

王士禛的尊体观,可分成三点来看:

第一,词别于诗。

吴梅先生在《词学通论》一书中指出词“调有定格,字有定音,实为乐府之遗,故余”,词之地位因此在诗之下,李清照提出词“别是一家”,就是为了强调词体的独特性。明代王世贞也说:“词号称诗余,然而诗人不为也。何者,其婉娈而近情也,足以移情而夺嗜。其柔靡而近俗也,诗啴缓而就之,而不知其下也。之诗而词,非词也。之词而诗,非诗也。”①关于诗词之别,虽然历来论者颇多,但因论者多是提出二者不同,对具体异在何处没有做过多的说明,故词作为诗之附属地位的状况一直未有大的改观。与前人相比,王士禛对诗词有别的分析就显得较为深刻一些。

王士禛多次明确表明,诗词有别,不可混为一谈。他在《花草蒙拾》中说:

> 或问诗词、词曲分界,予曰:“无可奈何花落去,似曾相识燕归来”,定非香奁诗。“良辰美景奈何天,赏心乐事谁家院”,定非草堂词也。②

王士禛仅用两个例句,就将诗、词、曲之不同表现了出来,词与诗较,秉性柔婉,与曲较,则少俚俗,传情之态更显要眇低回态。不仅如此,诗与词之风格也有差异,如他论“欧石词工拙悬殊”云:

> “平芜尽处是春山,行人更在春山外。”升庵以拟石曼卿“水尽天不尽,人在天尽头”,未免河汉。盖意近而工拙悬殊不啻霄壤。且此等入词为本色,入诗即失古雅,可与知者道耳。③

杨慎在《词品》中对欧阳修之词和石曼卿之诗作了比较,并没指出其中之悬殊。王士禛则认为二者之别如同霄壤,他认为这种婉曲之抒情方式,入词是本色,入诗则失古雅,这也正是诗词表达的不同之处。王士禛以此来说明二者的区别是词比诗更宜于抒情。

第二,词更协声。

《倚声初集》是邹祗谟和王士禛共同编选的一部词选,对清初词坛有着重要的影响。王士禛为此选集作的序言充分展现了王士禛的词学观。在此序言中,王士禛从声律角度表明了他的尊体观念:

> 甚矣,声音之道讵不大哉?古者歌诗三百,弦诗三百。意三百五篇之外可以被管弦、谐金石者,篇目犹众,特其声弗传耳。……夫师旷觇风而识盛衰,季札观乐而知兴废,非声音之为道,何以感人如此其深耶?……大抵世代升降不同,而声音之道则一,故乐辞曰诗,诗声曰歌。尼父之删诗也,得诗而得声者,则列之风雅;得诗而不得声者,则置之逸诗。善读诗者,由声以考义,而与圣人之志,庶几其不远矣。唐诗号称极备,《乐府》所载自七朝五十五曲之外,不概见。而梨园弟子所歌,率当时诗人之作,如王之涣之《凉州》、白居易之《柳枝》,王维《渭城》一

---

① 〔明〕王世贞:《艺苑卮言》,见唐圭璋编《词话丛编》,中华书局1986年版,第385页。

② 〔清〕王士禛著,袁世硕主编:《王士禛全集》,齐鲁书社2007年版,第2490页。

③ 〔清〕王士禛著,袁世硕主编:《王士禛全集》,齐鲁书社2007年版,第2483页。

曲，流传尤盛。此外虽以李白、杜甫、李绅、张籍之流，因事创调，篇什繁富，要其音节皆不可歌。诗之为功既穷，而声音之秘，势不能无所寄，于是温、和生而《花间》作，李、晏出而《草堂》兴，此诗之余而乐府之变也。①

王士禛毫不讳言诗词同源，他从音律角度出发，将词的起源上溯至古诗，指出词是"声音之道"的一个重要组成部分，并强调其"感人"之作用。在此序言中，王士禛实际是先从起源的角度论述，进而将词放在与诗之地位等同的位置，然后通过"声音之道"的变迁，指出词在声律方面优于诗的特点。他先说词有比诗更可"歌"的特性，再论"声音之道势不可以终废"的形势，进而凸显词有诗不可取代的地位，故不可轻废，以此来表明词的价值非常重大，这就为推尊词体打下了基础。

第三，词可寄托。

词被视为小道，是因为词历来多被用于娱宾遣兴，故明代人多"以填词为卑"。王士禛在论词中，有意识地将寄托观念引入，希冀用"风骚"观提高词的体格和功能。在编选《倚声初集》时，王士禛和邹祗谟有意选取了一些有寄托之意的词作。比如陆求可的《月湄词》，其在自序中直言"望古昔以具言，敢流愤激"，是明显的寄托之作。再如吴伟业的《满江红·重阳感旧》：

把酒登高，望北固、崩涛中断。还记得、寄奴西伐，彭城高燕。饮至凌歊看马射，秋风落木堪传箭。叹黄花、依旧故宫非，江山换。　独酌罢，微吟倦，斜照下，东篱畔。念柴桑居士，高风谁见。佳节又逢重九日，明年此会知谁健？论人生，富贵本浮云，非吾愿。②

从词中的"故宫非，江山换""论人生、富贵本浮云"等语可见出明显的寄托之情。作者借重阳登高，发思古幽情，寄托故国之思和人生之慨。王士禛评此词云："感慨苍凉，雄浑雅健。"在《倚声初集》的评点中，邹、王二人也多次引用风骚观。如王士禛在评所选陈维崧的《满江红·怅怅词》时，称赞其"拊髀抚膺，可续《文章九命》"。《文章九命》一文乃是明人王世贞之作，文中列举了诗人做文章的九种命运，认为"诗能穷人"，表现出王世贞对文人命运的关照与反思。王士禛对《倚声初集》选录的六首陈维崧的《怅怅词》十分赞赏。冯金伯在《词苑萃编》中介绍了陈维崧《怅怅词》的创作背景："陈其年既失意无聊，尝赋《怅怅词》三首，涉笔骚怨呜咽。王司州阮亭见之，大为叹绝。"③在此且举其中一首《怅怅词》为例：

日夕此间，以眼泪、洗胭脂面。谁复惜、松螺脚短，不堪君荐。几帙骂人鹦鹉著，半床诅世芙蓉撰。笑嵚崎、侠骨缚青衫，奚其便。曷不向，青河战；曷不向，青楼宴。问何为潦倒，青藜笔砚。老大怕逢裘马辈，癫狂合入烟花院。誓从今、傅粉上须眉，簪歌钏。④

此词构思较为巧妙，作者自比伶人，以伶人之口讲述自己的命运，因不得其用才投身风月场所，语气中颇含深怨，时时流露出自暴自弃之感。词作虽以白描手法为主，但是用典颇深，借古讽今，怨懑之情和不平之气溢于行间。作者借伶人之口表达了自己怀才不遇之悲苦。王士禛所谓"可续《文章九命》"，正是因为词作中饱含了对文人命运的关怀，与王世贞之文有异曲同工之妙。王士禛在评词中引入古代的经典作品，将词作与之联系，使人们在潜意识中提高了词之品格定位，扩大了词体之尊观念的影响，使其所言之词与明代的浮艳淫靡之词划清了界限。

通过《倚声初集序》，王士禛表明了自己的尊词体之观。从《倚声初集》的选词情况，则可进一

① 〔清〕王士禛著，袁世硕主编：《王士禛全集》，齐鲁书社2007年版，第1563～1564页。

② 〔清〕邹祗谟、王士禛辑：《倚声初集》，《续修四库全书》本，第373页。

③ 〔清〕冯金伯：《词苑萃编》卷八，见唐圭璋编《词话丛编》，中华书局1986年版，第1942页。

④ 〔清〕邹祗谟、王士禛辑：《倚声初集》，《续修四库全书》本，第377～378页。

步看出王士禛推尊今词的明显倾向。入选《倚声初集》的词人有475位,其中万历朝45人,天启朝15人,崇祯朝91人,清顺治朝324人。严迪昌先生说此选"在选词数量上也是略于远而宽于近","毫无疑问是清初词选"。[①]《倚声初集》的编选者推尊今词的意图十分明显,这对振兴清词之发展有重要影响。当然,也要注意到,王士禛尊体观也有其矛盾之处。他在词体"自是一家"的基础上努力凸显词体之尊,同时又在诗词同源、词为诗余之论的基础上尊体。如其在《倚声初集序》中说词为"诗余",是"古诗之苗裔",欲表现词体之独特,却又不能割裂词与诗之关系,实际上王士禛还是视词为"小道";欲尊今词,却又意识到其不足,他说"宋诸名家,要皆妙解丝肉,精于抑扬抗坠之间",而"今人不解音律,勿论不能创调,即按谱征词,亦格格有心手不相赴之病"[②]。他在尊词体时又引入诗体之论,扬今词又意识到今词之弊,这样一种看似矛盾的词学观也形成了清代词学的一种内在张力,更是推动词学发展的动力,对后来词论的发展有较大的影响。后来浙西词派朱彝尊的尊词之观,便是建立在"诗余"基础之上的。

二、正变同当

明代人张綖最早提出词风的婉约、豪放之分,并以此区分正变。张綖在《诗余图谱·凡例》中云:"按词体大略有二:一体婉约,一体豪放。婉约者欲其辞情酝藉,豪放者欲其气象恢弘。盖亦存乎其人,如秦少游之作,多是婉约;苏子瞻之作,多是豪放。大抵词体以婉约为正,故东坡称少游为今之词手;后山评东坡词虽极天下之工,要非本色。"[③]张綖以婉约为正,称豪放之词"要非本色",表明了其态度,对其以后之明人论词有重要影响。张綖之后的明人,多以正变来论词人词作,甚至到王世贞时,还进一步提出了重正轻变的主张。王士禛论词亦持正变观,他在《倚声初集序》中说:

> 诗余者,古诗之苗裔也。语其正,则南唐二主为之祖,至《漱玉》《淮海》而极盛,高、史嗣响也。语其变则眉山导其源,至稼轩、放翁而尽变,陈、刘其余波也。[④]

从此段论述可看出,王士禛将南唐二主、李清照、秦观、高观国和史达祖之词归之为正,将苏轼、辛弃疾、陆游、陈亮和刘过之词归为变体,基本沿袭了张綖以婉约为正、以豪放为变的分法。可见,王士禛是认同正变之分的,但是王士禛的正变观与明人的正变观又有不同。

首先,王士禛在《花草蒙拾》中明确表明与明人王世贞在看待"温韦"态度上的区别:

> 弇州谓苏、黄、稼轩为词之变体,是也;谓温、韦为词之变体,非也。夫温、韦视晏、李、秦、周,譬赋有《高唐》《神女》而后有《长门》《洛神》。诗有古诗、录别,而后有建安、黄初、三唐也。谓之正始则可,谓之变体则不可。[⑤]

王士禛不认同王世贞将温庭筠和韦庄之词视为变体的说法,他从词史发展的角度进行分析,说明温、韦之词应为正体。他在《倚声初集序》中论述诗歌"为功既穷"时,也说在"声音之秘,势不能无所寄"的情况下,"温、和生而《花间》作"。王士禛认为温、韦之词是"源",后世诸家正体之词是其"流"而已。

其次,王士禛虽然认同正变之分,但不赞成重正轻变之观。明人王世贞认为"词须宛转绵丽,

---

① 严迪昌:《清词史》,江苏古籍出版社1990年版,第62页。

② 〔清〕王士禛著,袁世硕主编:《王士禛全集》,齐鲁书社2007年版,第2488页。

③ 〔明〕张綖:《诗余图谱》,《续修四库全书》本,第473页。

④ 〔清〕王士禛著,袁世硕主编:《王士禛全集》,齐鲁书社2007年版,第1564页。

⑤ 〔清〕王士禛著,袁世硕主编:《王士禛全集》,齐鲁书社2007年版,第2477页。

浅至儇俏”,推崇婉约之词,“至于慷慨磊落,纵横豪爽”之词,则是“抑亦其次,不作可耳”。① 王士禛则将正变的风格之分与优劣的判断标准分开来看,他说:

词家绮丽豪放二派往往分左右袒,予谓第当分正变,不当分优劣。四十年前在广陵与邹訏士(祗谟)同定《倚声集》,予评陈卧子词云:“如香车金犊流连陌阡,反令人思草头一点乐。”②

王士禛主张词“当分正变,不当分优劣”,结束了以价值判断看待正变的极端认识,体现了出其客观理智的词学观。王士禛本人的词作虽多学步《花间》,主要是婉约含蓄之作,但是这并不妨碍他对豪放词的欣赏。比如他说:“词如少游、易安,固是本色当行,而东坡、稼轩直以太史公笔力为词,可谓振奇矣。”③他认为婉约之词虽是本色当行,但是豪放也有其“振奇”之处。他在《倚声初集序》中,就对词体表现出一种开放理性的态度,他指出词有“诗人之词”,有“文人之词”,有“词人之词”,亦有“英雄之词”,“苏、陆、辛、刘之属”则为“英雄之词”。王士禛并没有表现出对某种词体的格外抬高或贬低,而是阐明这些词体各有特色。不仅如此,王士禛还毫不讳言地表达他对豪放词的欣赏。在《花草蒙拾》中,他称“坡词豪放”“辛词磊落”,他认为豪放和婉约乃两种风格,若要论其优劣,则是“琐琐与柳七较锱铢,无乃为髯公所笑”。王士禛在《花草蒙拾》中谈及“婉约与豪放二派”时还说:“仆谓婉约以易安为宗,豪惟幼安称首,皆吾济南人,难乎为继矣。”④王士禛将李清照和辛弃疾分别视为婉约和豪放之宗,或许是出于与二人为乡人之私意,并非至论,但是从中可见王士禛身为二人同乡的自豪之感,他对二人代表的不同风格皆推崇备至。时人汪蛟门有言:“阮亭尝称易安、幼安俱济南人物,各擅词家之胜。《衍波》一集,既和漱玉,复仿稼轩,千古风流,遂欲一身兼并耶。”⑤可见,王士禛不仅在理论上将婉约词与豪放词并重,同时也将此观念应用于自身的创作实践,作词同样是正变同当。

三、神韵论词

王士禛以“神韵说”确立了其在诗坛上的崇高地位。但又因其以神韵论诗太著,故学界主要关注其诗论,对其词论重视不足。蒋寅先生认为:“神韵事实上已成为构筑渔洋词学理论体系的其本范畴。”⑥故而,王士禛之“神韵学”在其词学观中也多有表现。目前,已有论者对王士禛的神韵词论予以关注,有人认为王士禛的“神韵”诗论在前,进而影响了其词论;也有人认为是其词学活动在前,后来在诗论中将“神韵说”升华。巩曰国通过考察王渔洋《花草蒙拾》的成书时间和内容,认为王渔洋的词论和诗论是相对独立又相互影响的,二者共同推动了王渔洋神韵论的丰富和深化。⑦笔者认为这种看法更为客观合理。

《花草蒙拾》是王士禛唯一的一部词学专论。他在《花草蒙拾》中对《花间集》的推崇最为鲜明地表现了他的词学倾向。他在《花草蒙拾》中说:

往读《花间》《草堂》,偶有所触,辄以丹铅书之,积数十条。程村强刻《倚声集》卷首,仆不

---

① 〔明〕王世贞:《艺苑卮言》,见唐圭璋编《词话丛编》,中华书局1986年版,第385页。
② 〔清〕王士禛著,袁世硕主编:《王士禛全集》,齐鲁书社2007年版,第4651页。
③ 〔清〕王士禛著,袁世硕主编:《王士禛全集》,齐鲁书社2007年版,第4899页。
④ 〔清〕王士禛著,袁世硕主编:《王士禛全集》,齐鲁书社2007年版,第2489页。
⑤ 〔清〕沈雄:《古今词话·词评》卷下,见唐圭璋编《词话丛编》,中华书局1986年版,第1042页。
⑥ 蒋寅:《王渔洋与康熙诗坛》,凤凰出版社2013年版,第84页。
⑦ 巩曰国:《从〈花草蒙拾〉看王渔洋词论与诗论之关系》,载《淄博学院学报》1999年第2期。

能禁，题曰《花草蒙拾》。①

可见《花草蒙拾》一书不仅是读“花草”二集之后而成，其名之意即为述《花间》《草堂》之意。不仅如此，王士禛在《倚声初集》序言中还指出编选《倚声初集》目的是“续《花间》《草堂》之后，使夫声音之道不至湮没而无传”，可见王士禛对《花间》之推崇。明词以《花间》为正宗，清初云间词派亦受此惯性影响，学词必步《花间》，受云间词学影响的王士禛必然也会蹈袭此传统。但是王士禛对《花间》的喜爱和接受与明词专意浮艳不同。他在对《花间》《草堂》的接受中，逐渐引入“神韵”的概念，摒弃浓浓的脂粉气，将蕴藉朦胧的情思之美抽离出来，确立了其婉约含蓄的神韵论词观。

王士禛的神韵诗学主张要柔而含蓄，这与词体“要眇宜修”的婉约本质是非常契合的，所以王士禛以神韵论词就更加不足为奇了。他的神韵词学观在创作上主要有两个要求：

首先是重意取神。王士禛在评张安国的词《雪》时说道：

前半刻画不佳，结乃云：“楚溪山水，碧湘楼阁。”则写照象外，故知颊上三毛之妙也。古今词人咏雪，以“柳絮因风”为佳话第一，自羊孚赞陶渊明词后，仅见此八字。银杯缟带，伧父刻画，与撒盐何殊？②

“写照象外”，正是突出其言外之意，这与其诗论中承袭司空图的“妙在咸酸之外”的观点一致，这也是他重意之表现。王士禛在《花草蒙拾》中点评程村咏物词时说道：

程村咏物甚富，略举一二，如《落花》云：“五更风，三月雨，惯作伤心别。”《蟋蟀》云：“偏与愁人作楚，细思量，甚事恰关卿。”《白鹳鸽》云：“露冷水晶屏，烟暖蓝田玉。料不夜珠边，长傍冰壶浴。”《咏草》云：“闺中陌上，到处欲断还匀。”《金钱花》云：“金风冷，留买一线斜阳，怎看秋贱。”《白鹦鹉》云：“便花田珠网携来，傍雕阑，向梨花闲睡。”诸如此例，不独传神写照，殆欲追魂摄魄矣。于此道中，具有哪吒手段。③

王士禛于此处列举的程村的几句咏物词，虽整体不脱《花间》之柔腻，但是意境之中又有丝丝雅韵，表达的情感虽多是闺中情思，但是脱去了艳情成分，多了几分明丽和疏朗，与传统艳词之俗艳相比较，多了一股清新之气。这几句咏物词，实是专注于借咏物抒情，对所咏之物外部形态的刻画较少。王士禛也强调在咏物之摹写上要传神，他说：

“疏影横斜”“月白风清”等作，为诗人咏物极致。若“认桃无绿叶，辨杏有青枝”，及李筠翁之“胜如茉莉，赛得荼蘼”，刘叔拟“看来毕竟此花强，只是欠些香”，岂非诗词一劫？程村尝云：“咏物不取形而取神，不用事而用意。”二语可谓简尽。④

“疏影横斜水清浅，暗香浮云月黄昏”是林逋的咏梅绝句。这两句诗将梅花写得超凡脱俗、俏丽可人，巧妙地写梅花之神，而不直言之形，言近旨远，境界清空，成功地描绘出了梅花清幽香逸的风姿。这种写神不写形的写法颇受王士禛的肯定，王士禛称之为“咏物极致”。所以，以神韵论词的一个要求就是“不取形而取神，不用事而用意”。将重意传神纳入词学范畴，也是王士禛表达对明词俚俗之不满的一种方式。他在《花草蒙拾》中说道：“仆尝与茗文、伯玑、家兄西樵、子侧，共论明震川、荆川、鹿门、遵岩诸公之文，于唐宋大家，可谓肖子，然不及前人者，其趣浅也。尝试移以评

① 〔清〕王士禛著，袁世硕主编：《王士禛全集》，齐鲁书社2007年版，第2477页。

② 〔清〕王士禛著，袁世硕主编：《王士禛全集》，齐鲁书社2007年版，第2481～2482页。

③④ 〔清〕王士禛著，袁世硕主编：《王士禛全集》，齐鲁书社2007年版，第2487页。

伯温、公谨、升庵、元美诸公长短句，程村、金粟亦以为然。”①王士禛直指明词“趣浅”，缺“意”少“神”，不够含蓄婉约。因此明词不符合其神韵之论词观。

除了重意取神，王士禛以神韵论词的另一个重要要求是崇尚自然。他在《花草蒙拾》中论述《花间》《草堂》之妙时如此说道：“或问《花间》之妙，曰：‘蹙金结绣而无痕迹。’问《草堂》之妙，曰：‘采采流水，蓬蓬远春。’”②王士禛认为，花草之妙出正在于刻画不漏痕迹，自然天成，妙合无垠。这点可与其诗学观互看，王士禛在《唐贤三昧集》序言中说：“严沧浪诗云‘盛唐诸人，唯在兴趣，羚羊挂角，无迹可求，透彻玲珑，不可凑泊。如空中之音，相中之色，水中之月，镜中之象，言有尽而意无穷。’”③王士禛承传严羽之诗论，认为诗之妙在“不可凑泊”。他在其词论中，亦提出词之雕组要不失天然，如：

> 前辈谓史梅溪之句法，吴梦窗之字面，固是确论。尤须雕组而不失天然如“绿肥红瘦”“宠柳娇花”，人工天巧，可称绝唱。若“柳腴花瘦，蝶悽蜂惨”，既工，亦巧匠琢山骨矣。

王士禛厌弃填词中过分的人工雕琢，倡导填词要天巧与人工完美结合，不失天然之致，这与严羽的“羚羊挂角，无迹可求”正是同一机杼。

通过以上论述可看出，王士禛于词学上的神韵主张，主要集中于对咏物词之论述。在《花草蒙拾》中，王士禛还有一段关于咏物词之论：

> 张玉田谓咏物最难。体认稍真，则拘而不畅，摹写差远，则晦而不明。而以史梅溪之《咏春雪》《咏燕》、姜白石之《咏促织》为绝唱。④

王士禛照搬张炎《词源》中关于咏物之论述，对史达祖和姜夔之咏物词的看法也和张炎一致。而王士禛重意取神和崇尚自然的神韵论词观，和张炎在《词源》中主张“清空”的提法有许多相通之处。张炎认为：

> 词要清空，不要质实。清空则古雅峭拔，质实则凝涩晦昧。姜白石词如野云孤飞，去留无迹。吴梦窗词如七宝楼台，眩人眼目，碎拆下来，不成片段。⑤

张炎主张清空，就是追求古雅、疏快的语言和淡远、清空的意境，这正与王士禛的神韵观声气相投。王士禛还说：“陈大樽诗首尾温丽，湘真词亦然。然不善学者，镂冰雕琼，正如土木被文绣耳。”⑥王士禛批判的“镂冰雕琼”，正是张炎主张的“清空”之反面——质实，这和张炎批吴文英词如“七宝楼台”是同一道理。可见，王士禛以神韵论词的词学观，受张炎“清空”之主张的影响较大。

四、南北并重

词至两宋极盛，北宋词和南宋词却又迥然不同，宋以后对于这两世词风的优劣之争，从未消停。况周颐论清末词坛状况时说：“近人操觚为词，辄曰吾学五代，学北宋，学南宋。”⑦可见，在清代词史上，南北宋词是词学家们津津乐道的一个话题。前面已经提到，王士禛之词学观受云间词派影响较大。关于南北宋词之争的问题，云间词派领袖陈子龙在其《幽兰草・题词》中表明了其态度：

---

① 〔清〕王士禛著，袁世硕主编：《王士禛全集》，齐鲁书社2007年版，第2487~2488页。
② 〔清〕王士禛著，袁世硕主编：《王士禛全集》，齐鲁书社2007年版，第2479页。
③ 〔清〕王士禛著，袁世硕主编：《王士禛全集》，齐鲁书社2007年版，第1534页。
④ 〔清〕王士禛著，袁世硕主编：《王士禛全集》，齐鲁书社2007年版，第2486页。
⑤ 〔南宋〕张炎：《词源》，见唐圭璋编《词话丛编》，中华书局1986年版，第259页。
⑥ 〔清〕王士禛著，袁世硕主编：《王士禛全集》，齐鲁书社2007年版，第2488页。
⑦ 〔清〕况周颐：《蓼园词选序》，见唐圭璋编《词话丛编》，中华书局1986年版，第3017页。

自金陵二主以至靖康,代有作者,或秾纤婉丽,极哀艳之情;或流畅淡逸,穷盼倩之趣。然皆境由情生,辞随意启,天机偶发,元音自成。繁促之中尚存高浑,斯为最盛也。南渡以还,此声遂渺。寄慨者亢率而近于伧武,谐俗者鄙浅而入于优伶。①

云间词派标举的是南唐、北宋之音,认为南宋之词作皆是"鄙浅"之作。云间派的这种主张对清初各家词派有着广泛的影响。王士禛之词学观虽深受云间影响,但在南北宋词的观点上,并不认同云间派的主张,他说:

云间数公论诗拘格律,崇神韵。然拘于方幅,泥于时代,不免为识者所少。其于词,亦不欲涉南宋一笔,佳处在此,短处亦在此。②

王士禛明确指出云间派不学南宋乃是其一短处。云间派倡南宋,本是要以其自然流畅之风格肃清明代以来词坛的颓靡之风,却又因其"婉丽浓艳在时代和风格等方面易与明人的风气相混淆,因而没有起到彻底改变词坛面貌的作用"③。王士禛说不涉南宋是云间之佳处,亦是其短处,也正是如此。前面已经提及王士禛论词主张神韵,而南宋词之神韵比北宋词稍欠,但是,王士禛仍能看到南宋词之魅力所在:

宋南渡后,梅溪、白石、竹屋、梦窗诸子,极妍尽态,反有秦、李未到者。虽神韵天然处或减,要自令人有观止之叹。正如唐绝句,至晚唐刘宾客、杜京兆,妙处反进青莲、龙标一尘。④

南宋词声律严谨,用语考究,能"极妍尽态",此正是北宋词不及之处。此外,王士禛对史达祖、姜夔等南宋词人的咏物词推崇备至,称之为咏物"绝唱"。正是基于这种客观清醒的认识,王士禛对云间词派之观进行反拨,对于云间派主张的"专意小令,冀复古音,屏去宋调,庶防流失"⑤,他认为非常武断,说"此论虽高,殊屡孟浪",并指出若要"废宋词而宗唐,废唐诗而宗汉魏,废唐宋大家之文而宗秦汉,然则古今文章,一画足矣,不必三坟八索至六经三史,不几几赘疣乎"⑥。王士禛从文学发展规律的角度来阐述南宋词之意义,他认为每个时代文学都有其存在的意义,南宋词亦不例外,虽然南宋词之神韵较北宋词稍欠,但南宋词亦有不可比之价值。王士禛认为南北宋词的问题,应抹掉其"争议",将二者相互融合,各取所长,吸取两种不同的艺术风格,这样才能使作品更臻完美。他这种文学史观,或许与后来浙西派沈皞日提出的"一代有一代之风气,一人有一人之性情"有相通之处,或许沈氏之观点是受了王士禛词学观的启发。

王士禛之词学观包含多个方面。他在推尊词体中,诗词并论,互相借鉴;在正变词体之观上,将婉约词与豪放词并重;在以神韵论词时,广泛吸取前人的词学理论;在南北宋词争议的问题上,兼取二者所长。他的词学观点虽然看似较为复杂,但因他对词之历史和演进有着全面翔实的了解,对词学现象的分析客观而理性,故其词学观在总体上呈现出一种公平合理而又兼容并包的开放态度。这种兼容,对清初词坛有着重要的作用,比如云间派推崇唐五代和北宋词,王士禛之后的浙西派(朱彝尊等)推尊南宋词,在二者中间的王士禛倡导南北并重的词学观则成为一个重要的过渡阶段。当然,其兼采众家的词学观,也使其词论有诸多矛盾之处,这大概也是其后弃词的原因之一。

---

① 转引自严迪昌《清词史》,江苏古籍出版社1990年版,第13页。

②⑤⑥ 〔清〕王士禛著,袁世硕主编:《王士禛全集》,齐鲁书社2007年版,第2489页。

③ 孙克强:《清代词学批评史论》,上海古籍出版社2008年版,第3页。

④ 〔清〕王士禛著,袁世硕主编:《王士禛全集》,齐鲁书社2007年版,第2486页。

从诗歌选本看王渔洋的唐宋诗取向

贺　严*

关于王渔洋的诗学取向、对宋诗的态度等类似的话题，当代已有不少人在讨论。尤其是蒋寅先生的巨篇《王渔洋与清初宋诗风之兴替》①，在宏富的文献引证基础上，以严密的逻辑辩证剥茧抽丝，详剖细绎，将王渔洋诗学取向的路径、变化过程等展示得淋漓尽致，我辈后学原已无从置喙了。但由于渔洋对唐宋诗的态度是我目前正在从事的教育部研究项目"清代唐诗选本与唐宋诗之争"这一课题绝对不能绕过、不能回避的一段重要历史链条，所以只得勉力为之。在阅读材料的过程中，感觉虽然没有什么新观点要树立，但从选本角度的梳理或能使问题更显豁、更集中、更突出，故不揣浅陋，旧话重提。

拙著《清代唐诗选本研究》中曾说王士禛"是一位长于感悟而短于理性分析的诗人，阐释诗旨总是间接以古今人清丽的诗句为喻。其神韵说主要不是在理论上，而是通过选本这一特殊的形式阐发的。从《神韵集》到《万首唐人绝句选》，王士祯一生都在用唐诗选本挖掘、展示中国诗歌的美学意蕴"②。时过数年，我仍然认为选本是渔洋向诗坛阐明其诗学、宣扬其主张、影响诗坛取向的最直接、最有力、最有效的方式。

对于延续了整个有清一朝的宗唐法宋问题，一个诗坛领袖的态度无疑是至关重要的。因此，作为清代诗史上曾一度执持坛坫的领袖人物，王渔洋的诗法取向不仅是个人的审美爱好和诗歌风格问题，也是和一代诗歌思潮互为推动消长的重要诗史话题。

关于渔洋对唐宋诗的态度，最有说服力的证据仍然是其弟子俞兆晟在《渔洋诗话序》中记载的渔洋晚年回忆平生诗学的一段话：

> 吾老矣，还念平生，论诗凡屡变……少年初筮仕时，惟务博综该洽，以求兼长。文章江左，烟月扬州，人海花场，比肩接迹。入吾室者，俱操唐音；韵胜于才，推为祭酒。然而空存昔梦，何堪涉想？中岁越三唐而事两宋，良由物情厌故，笔意喜生，耳目为之顿新，心思于焉避熟。明知长庆以后，已有滥觞；而淳熙以前，俱奉为正的。当其燕市逢人，征途揖客，争相提倡，远近翕然宗之。既而清利流为空疏，新灵寖以佶屈，顾瞻世道，怒焉心忧。于是以太音希声，药

* 作者简介：贺严，中国劳动关系学院文化传播学院，教授。本文为国家社会科学基金项目"唐诗选本与唐诗学演进"（12BZW031）及教育部人文社会科学研究青年基金项目"清代唐宋诗选与唐宋诗之争"（09YJC751085）的阶段性成果。

① 蒋寅：《王渔洋与清初宋诗风之兴替》，载《文学遗产》1999年第3期。

② 贺严：《清代唐诗选本研究》，人民出版社2007年版，第114页。

淫哇锢习,《唐贤三昧》之选,所谓乃造平淡时也,然而境亦从兹老矣。①

此段材料显示出了渔洋一生的诗学取向:

一、早年宗唐

渔洋在诗坛有较大的影响力始于在扬州做推官时,也就是渔洋所谓的"初筮仕时"。是时值康熙初年,也是渔洋意气风发的青年时期,此时渔洋及汇聚在其周围的诗学才俊"俱操唐音"。

二、中岁事宋

"中岁越三唐而事两宋",且"燕市逢人,征途揖客,争相提倡",蔚成风气。此"中岁"不过是康熙十五年(1676)、康熙十六年(1677)至康熙二十一年(1682)间的五六年时间。②

三、复归唐音

渔洋很快意识到习宋的锢疾,并立即编诗选推尊唐家以示己尚,以"药淫哇锢习",从此坚定地树立了自己的诗学宗尚,也确立了其诗学的美学特质。

纵观其一生持论、选评和创作,渔洋对自身诗学趣尚大的变化路向的把握是很准确的。但其诗学变化的复杂因素,特别是各阶段唐宋诗取向的不同态度,以及这种态度对诗坛的影响力等,仍是给后人留下了极大的探索空间。

一、早年宗唐——以唐诗教弟子的《神韵集》初标唐音

渔洋在创作中对"神韵"境界的追求,显示了其对唐诗审美特征的崇尚,已有很多论著证之甚详,此不赘述。在这里再从选本角度看其唐宋诗的取向。

王渔洋任扬州府推官的第二年(顺治十七年,1660),为教授儿子,编了一部唐诗五七言律绝选本《神韵集》,时渔洋二十七岁。因为很少有人见到原选,传世的版本又非全本,所以学术界深以为憾。郭绍虞先生就曾慨叹说:"可惜我们现在不曾见到《神韵集》,假使能得到此种选本,以与《唐贤三昧集》相比较,那么渔洋所谓神韵之说,更容易彻底了解。"③宫晓卫在《扬州烟月 · 神韵 · 神韵诗——王渔洋诗歌、诗论一瞥》一文中从家学渊源的角度推论《神韵集》的唐诗宗尚,认为渔洋在扬州第二年"摘取唐律绝句"编辑而成的"神韵集",确定了渔洋对诗的认识是以唐诗为重心的基调。文章论述:

> 渔洋论诗崇唐,实是"家学门风,渊源有自"。其前辈和忘年交林古度说,渔洋诗歌认识的形成,乃有"季木为其先河"。季木是渔洋叔祖王象春的字。象春于诗师法李梦阳,又尊尚王世贞及同乡李攀龙,取唐诗一径。由于他在明末曾与钟惺、钱谦益等齐名天下,是王氏家族在明代诗坛上名声最著者,故而对其族人影响最大。当渔洋在六七岁能学为五、七字韵语时,其长兄士禄就择取王维、孟浩然、常建、王昌龄、刘昚虚、韦应物、柳宗元等一组以创作山水诗为主要特色的唐诗人之诗,让他逐家手抄。先入为主的诗篇熏陶,形成了他对唐诗稳固的喜好,

---

① 〔清〕王士祯:《渔洋诗话》,见《清诗话》,上海古籍出版社1978年版,第163页。

② 详细论证参见蒋寅《王渔洋与清初宋诗风之兴替》,载《文学遗产》1999年第3期,第82~97页。

③ 郭绍虞:《中国文学批评史》下卷,百花文艺出版社1999年版,第470页。严迪昌先生则认为《神韵集》是渔洋正式标举"神韵"二字为自己宗旨之始。见严迪昌《清诗史》上,人民文学出版社2011年版,第422页。

亦是他取唐诗编《神韵集》的历史根源。①

在编《神韵集》的同一年，渔洋有一段自述："家世习三百之言，束发以来，不欲循塾师章句，辄思其正变，通其比兴，思其悲愉哀乐之旨，以求得夫一唱三叹之遗音。……十年以来，旁及汉魏六朝，初中晚四唐之作，以惟推斯义以进退之。"（《丙申诗序》一）

也有人对此提出质疑，认为王士禛早年所编的唐诗选本原来不称《神韵集》，现存的《唐诗神韵集》也不是王士禛原选。②

那么《神韵集》的情况到底如何，又怎样来看待这部唐诗选与其诗学的关系呢？我认为，王士禛早年确曾编过一部唐五七言律绝选本，名为《神韵集》；现存的七律选本虽非全本，至少也可见原选之一斑。根据现有的材料判断，可以说，此选本是他早期诗学的体现，是考察王士禛神韵诗学在初盟阶段特征的重要原始资料。渔洋拈出"神韵"二字以名课子诗选，至少表现出他在文坛崭露头角的韶华之时，即已对唐诗审美特质有了深切的体会和把握。③

王渔洋早年的诗学启蒙多源自唐诗，《王渔洋先生年谱》记载：

> 先生在家塾，西樵补诸生。山人幼有"圣童"之目，肄业之暇，即私取《文选》、唐诗诵之。久之，学为五七字韵语。时西樵为诸生，嗜为诗，见先生诗，甚喜，取刘顷阳（一相）所编《唐诗宿》中王、孟、常建、王昌龄……使手抄之。④

渔洋少时学诗以明人刘顷阳所编《唐诗宿》入手，尤熟诵王维、孟浩然、王昌龄、韦应物等山水佳作。这种幼学的启蒙对渔洋诗学的趋尚有着至关重要的影响。渔洋终其一生宗尚唐诗，钟情于王维一路诗风，与其童年诗学的涵蕴之功密不可分。

王渔洋的诗歌宗尚又与时代风会有着密切联系。王士禛编这部课子的唐诗选时，明七子已遭到猛烈攻击，而在廓清七子肤阔之风的影响方面，这位年轻诗人敬仰的诗坛盟主钱谦益起着领军的作用。初在诗坛崭露头角的王渔洋，禀受着时代思潮，对这位诗坛盟主又服膺有加⑤，对明代诗风弊端的认识，也深受这位诗坛前辈的影响。

此时渔洋在诗歌创作方面也已达到比较高的水平⑥，对诗歌创作有着自己的切身体会和感悟。他汲取明代诗学的教训，审视当代诗坛的风尚，逐渐形成了自己的诗学主张。编选课子的范本，自是精选心目中认为能纠明代诗学之偏又不堕当时诗坛流弊的诗篇。他自己曾说，所编唐诗五七言律绝，"颇约而精"。王渔洋以编选唐诗的方式，重新树立唐诗的美学风范，以剔除明七子"伪盛唐""瞎盛唐"的假面。其对唐诗的宗尚自是不言而喻。

当时渔洋诗学取径并非仅限于盛唐，其《神韵集》博采四唐，并且不主一格，兼收并蓄，我在《清

---

① 宫晓卫：《扬州烟月·神韵·神韵诗——王渔洋诗歌、诗论一瞥》，载《聊城师范学院学报（哲学社会科学版）》1990年第4期。

② 邬国平：《王士祯〈神韵集〉考辨——兼论〈唐诗神韵集〉非王士祯原选》，载《中国典籍与文化》2002年第4期。又：刘宝强认为江西省图书馆藏《唐人七律神韵集》为清人汪棣所选，伪托王士禛所选以扩大文学声势，王渔洋确实曾有五七言律绝选本《神韵集》，但已佚。见刘宝强《〈唐人七律神韵集〉为伪托之作——兼王渔洋〈神韵集〉浅考》，载《绍兴文理学院学报》2013年第1期。

③ 详论见贺严《清代唐诗选本研究》，人民出版社2007年版，第115～118页。

④ 〔清〕王士禛著，袁世硕主编：《王士禛全集》，齐鲁书社2007年版，第5054～5055页。

⑤ 蒋寅在《王渔洋与康熙诗坛》（中国社会科学出版社2001年版）一书中，辟有专章详细分析论说了王渔洋与钱谦益的交往以及他们诗学的关系，可以参看。

⑥ 王士禛诗作当时已结集，且得钱谦益称赏。而其《秋柳》诗，大江南北，和者甚众。

代唐诗选本研究》"《神韵集》与神韵诗学的初萌"一节中曾作过详细的梳理。①

渔洋的诗学趣味其实更为广泛。学诗自然要取法《诗经》《楚辞》、汉魏六朝。渔洋重视学习《诗经》《楚辞》等。六经、二十一史甚至《世说新语》亦是他渟蓄其"神韵"美学境界的重要养料。这种博取约收在《丙申诗旧序》中说得很明白:

> 《六经》《廿一史》,其言有近于诗者,有远于诗者,然皆诗之渊海也;节而取之,十之四五,雁结谩谐之习,吾知免矣:一曰典。画潇、湘、洞庭,不必蹙山结水;李龙眠作《阳关图》,意不在渭城车马,而设钓者于水滨,忘形块坐,哀乐嗒然,此诗之旨也:次曰远。《诗》三百五篇,吾夫子皆尝弦而歌之,故古无"乐经",而《由庚》《华黍》皆有声无词;土鼓鞞铎,非所以被管弦叶丝肉也:次曰谐音律。昔人云,《楚辞》《世说》,诗中佳料,为其风藻神韵,去《风》《雅》未遥;学者由此意而通之,摇荡性情,晖丽万有,皆是物也:次曰丽以则。②

正是这种博采并蓄的广泛学习,才使得渔洋诗学取向在宗唐宗宋态度上出现变化。其对前代诗歌的编选主力于唐诗,但在诗话中又屡次称扬宋诗。如其作于康熙二年(1663)的《戏仿元遗山论诗绝句》就对唐、宋、元、明诗人都有取舍。不但以"耳食纷纷说开宝,几人眼见宋元诗"表达对抑宋的不满,而且还对黄庭坚、王安石等宋人的诗给予了高度评价:"涪翁掉臂自清新,未许传衣蹑后尘。"

通过考察渔洋本身的诗学取向,我们也就不难理解他何以"中岁越三唐而事两宋"了。

二、中岁事宋

渔洋晚年回忆平生诗学明确说自己"中岁越三唐而事两宋","中岁"这一时间范围引起了人们的讨论。

王英志认为:"康熙四年(1665)入职京师到康熙二十年(1681)任国子祭酒前后,是王士禛'中岁越三唐而事两宋'的时期。这个阶段王士禛在诗论和创作中对宋元诗的提倡逐渐明确,是康熙十年(1671)前后宋诗风兴起的参与者之一,有力地推动了康熙二十年(1681)左右京师宋诗风的兴盛。"③

王英志先生在《清代唐宋诗之争流变史》一书中断定渔洋入京师后的康熙四年(1665)为其事宋的起点,主要基于此前此后渔洋及其诗友的唱和及相关言论。④

康熙二年(1665),《戏仿元遗山论诗绝句》:"耳食纷纷说开宝,几人眼见宋元诗。"感叹宋元诗受冷落。

康熙六年(1667),汪琬有诗云:"渔洋新诗与众殊,粗乱都好如名姝。"渔洋新诗与众殊的"粗乱"相,显然不是其于顺治末《丙申诗旧序》中所倡的那等典远丽则之风了,这种以俗为雅的新诗正是宋人面貌,得到了汪琬的好评。

康熙七年(1668),陆嘉淑诗云:"无论汉唐彦,变化难具言。扬波挹其澜,岂必卑宋元……矫矫王仪部,沉博破其藩。"

---

① 贺严:《清代唐诗选本研究》,人民出版社2007年版,第115~126页。

② 〔清〕王士禛著,〔清〕张宗柟纂集,夏闳校点:《带经堂诗话》卷三,人民文学出版社1963年版,第78页。

③ 王英志主编:《清代唐宋诗之争流变史》,人民文学出版社2012年版,第200页。

④ 王英志主编:《清代唐宋诗之争流变史》,人民文学出版社2012年版,第200~201页。

裴世俊则认为康熙十一年(1672)典试四川,是渔洋在理论和创作上由唐趋宋的转折点。①

蒋寅师对这一问题作了非常细致的考察。蒋寅师考证,关于诗坛对宋诗风产生反响方面的最早的资料是康熙十一年(1672)沈荃为曾灿《过日集》所作的序,并引录沈荃语以资证明:

近世诗贵菁华,不无伤于浮滥,有识者恒欲反之以质,于是尊尚宋诗以救弊。……今之号为宋诗者,皆村野学究肤浅鄙俚之辞,求其如欧阳永叔所云'哆兮其似春,凄兮其似秋,使人读之可以喜,可以悲'者,百不得一焉。此不过学宋人之糟粕,而非欲得宋人之精神也。②

蒋寅师进而又考察了之后一段时期有关宋诗风的言论,认为渔洋倡导宋诗应是在康熙十五年、康熙十六年间。曹禾在《海粟集序》中写道:"往予与纶霞、蛟门、实庵同官禁庭,以诗文相砥砺。是时渔洋先生在郎署,相率从游是正,时闻绪论,益知诗道之难。予辈时时讲说,深痛俗学之肤且袭,而推论宋之作者如庐陵、眉山、放翁、石湖辈,皆卓然自立,成一家言,盖以扩曲士之见闻,使归其过于倡导之渔洋先生,夫有祧有祢,则有学有不学,是乃世人之学耳,岂论诗者溯流穷源之意哉?"③

蒋师推断:"渔洋于康熙十一年典四川乡试,随即丁母忧,至十五年五月方补户部四川司郎中,则曹禾等人闻其绪论只能在康熙十五、十六年间,即《居易录》卷五所载丙辰、丁巳间宋荦、王又旦等十子'皆来谈艺,予为定《十子诗》刻之'的时候。……个人趣味与提倡于诗坛毕竟是两回事。"④

关于渔洋何时提倡宋诗于诗坛,我认为蒋师的推断是合理的。至于个人趣味就比较复杂了。渔洋主尚唐诗,但其诗学趣味绝对不限于唐诗。由个人趣味发展到诗学提倡,是各种力量推动的结果。但其个人趣味也会在潜移默化中影响朋辈,尤其是门人弟子辈,这也是不能否定的事实。

渔洋之于宋诗并不像贬宋者那么绝对。从理论思考到创作实践,渔洋都不曾废宋诗,而是认真对待,仔细研磨甄辨。我们从其大量的诗话言论中可以获得清晰的认识。

但渔洋又是极为谨慎的。观其一生之从政与为诗可知,他不是一个逆流而上的人,表现在诗学态度上也是如此。

唐诗在诗歌史上的高标地位是从来没有动摇过的。多数人对宋诗的喜好和提倡也绝不是对唐诗价值的挑战,而是在唐诗的参照系统中,寻找宋诗的准确坐标。

除了诗学内因外,外在的各种因素也在影响着诗学思想的产生及表达。在顺康时期复杂的政治环境中,与政治相胶葛的诗学生态更显得纷纭繁复、扑朔迷离。一方面是声音之道与政通的传统诗教观的束缚,"治世之音安以乐,其政和;乱世之音怨以怒,其政乖;亡国之音哀以思,其民困"(《礼记·乐记》)。诗歌风格是和世道人心相联系的,而在一般的文人认知中,唐诗代表的是治世之音,宋诗代表的是衰世之音。因此,肯定宋诗就不能不有所顾虑。

而在清初,还有一股强大的遗民思潮。直到渔洋任扬州推官期间,江南这种深深的遗民情结及怀有遗民情绪的一大群名士的力量也是不容忽视的,他们中就有相当一部分人心趋宋调。不管宗唐还是趋宋,这些人都已不大可能左右一个人的政治前途,但对一个人的文学声誉仍有着决定

① 裴世俊:《以选本和创作双向倡导的"神韵"说》,载《枣庄师范专科学校学报》2002年第4期,第5~10页。

② 转引自蒋寅《王渔洋与康熙诗坛》,凤凰出版社2013年版,第25页。

③ 转引自蒋寅《王渔洋与康熙诗坛》,凤凰出版社2013年版,第27~28页。

④ 蒋寅:《王渔洋与宋初清诗风之兴替》,载《文学遗产》1999年第3期。

性的作用。渔洋扬州府推官任上不遗余力地与江南各层次文人结交①,渔洋与江南文人的交往、结社、诗歌唱和,以及这些人对渔洋的推扬,对渔洋诗学声名的鹊起和奠定起了决定性的作用。

而这一庞大群体宗唐趋宋多种声音的交响,也深深影响着这位初出茅庐的年轻诗人的诗学趣味。这种影响一直延及其诗学思想成熟之时。

康熙十年(1671),吴之振携《宋诗钞》入京,这极大地刺激了悄然兴起于京师诗坛的宗宋趋向。

京师与江南之地不同,吴之振不知道京师诗人会作何反响,因此,携《宋诗钞》入京还是十分小心翼翼的。但离京时的景象大不相同,诸多诗人唱和以送,可见《宋诗钞》对宗宋诗风的推动之功,它掀起了人们习宋的那层薄薄的面纱,使江南、燕京宗宋明朗化并迅速升温、发酵。

值得注意的是,一直到康熙二十一年,渔洋也没有编选诗集来彰显自己的诗学选择。

康熙十六年(1677)前,渔洋尚未在文坛占据主盟地位,其诗学取向对诗坛的影响力并没有以后为诗坛领袖时那么大。因此,只是间或与门弟子赏宋元诗,表达个人的诗学趣味,还未将宗宋上升到诗学观层面予以提倡和张扬。

康熙十六年(1677),渔洋刻友人及弟子诗为《十子诗刻》,显然是立帜树派,学界往往将此视为其诗学盟主地位确立的标志。

康熙十七年(1678),渔洋任翰林院侍读。官位的亨达更使其诗学地位得以巩固和提升,此时其个人趣尚对诗坛的影响就非往日可相提并论了。

三、复归唐音——《唐贤三昧集》等对唐诗审美特质的确立

王士禛早年诗学观尚未成熟,对唐诗神韵的理解也还相当宽泛。因此,《神韵集》的选篇也不拘一体,不主一格。经过长时间的诗学实践和思考,渔洋逐渐形成了自己成熟的诗学观,对唐诗的精神也有了更深入的认识。于是再次用选本这种他擅长的形式表达自己的诗学主张,为当时人指示学唐的门径。《唐贤三昧集》就是王士禛精心编纂、表达自己成熟唐诗观的选本。

康熙二十四年(1685)到康熙二十八年(1689),王士禛丁父忧庐居在家,其间,编选了《唐贤三昧集》。从其自序中,我们可以感受到他对盛行已久的唐诗观的不满,显然,此集的编选有着具体的诗学针对性,即主要针对明代宗唐和当朝学宋的流弊。

(一)大音希声——以唐音药宋习

清初,因为对明代宗唐流弊的厌薄,诗坛渐兴学宋之风。钱谦益就曾以诗坛盟主的身份倡导学宋。吴之振《宋诗钞》的编选,更带动了时人对宋诗的编纂和学习。渔洋自己也曾有过由唐入宋的经历,并且为宗宋者标榜。姜宸英在《唐贤三昧集》序中说:“今人之厌苦唐律者必曰宋诗,且以新城先生尝为之,此知其迹而不知其所以迹也。”

徐乾学《十种唐诗选》后跋载,在康熙二十二年(1683)秋,徐乾学、陈廷敬、王又旦、汪懋麟等在北京城南祝氏园亭取会。在这次文酒之会上,徐乾学与汪懋麟展开了一场激烈的论争,争论的中心即渔洋唐宋取向的问题。徐乾学等称渔洋之诗为国朝正宗,度越有唐。汪懋麟则认为:“诗不必学唐。吾师之论诗未尝不采取宋、元。辟之饮食,唐人诗犹粱肉也,若欲尝山海之珍错,非讨论眉

① 关于渔洋扬州时期的交游,详见蒋寅《王渔洋事迹征略》,人民文学出版社2001年版;〔日〕大平桂一著,清风译《扬州时代的王渔洋——从汪懋麟的作品谈起》,载《杭州师范学院学报》1995年第2期;张宇声《王渔洋扬州文学活动评述》,载《淄博师专学报》1996年第1期。

山、山谷、剑南之遗篇不足以适志快意。吾师之弟子多矣，凡经指授，斐然成章，不名一格。吾师之学，无所不该，奈何以唐人比拟？"①渔洋当时对双方的争论未置一词，但当年就编选了《五七言古诗选》，充分肯定了唐五七言古诗的正宗地位；并着手编选《唐贤三昧集》和《十种唐诗选》。五年之后编定《唐贤三昧集》，并予精心校定，直到康熙三十一年(1692)才刊行。

这次酒会无疑是渔洋编选《唐贤三昧集》等系列推尊唐诗选集的直接诱因。② 在这种激烈的辩难后，连续选编唐人诗集，是以无言之言表明了自己的态度。

俞兆晟《渔洋诗话》序引渔洋自述称：

> 中岁越三唐而事两宋，良由物情厌故，笔意喜生，耳目为之顿新，心思于焉避熟。明知长庆以后，已有滥觞；而淳熙以前，俱奉为正的。当其燕市逢人，征途揖客，争相提倡，远近翕然宗之。既而清利流为空疏，新灵寖以佶屈，顾瞻世道，怒焉心忧。于是以太音希声，药淫哇锢习，《唐贤三昧》之选，所谓乃造平淡时也，然而境亦从兹老矣。③

因"物情厌故，笔意喜生"，转而学宋。但学唐有弊，趋新学宋，其弊更甚。对此，渔洋甚为忧虑，于是"以太音希声，药淫哇锢习"，重扬唐音，以平淡之雅调救学宋之粗率佶屈。

(二)蕴藉风流——剔出唐诗真面目

面对宋诗热，渔洋重倡唐音以矫之。但是明代诗坛，七子、公安、竟陵学唐都各有偏失，渔洋会不会重蹈明人覆辙呢？渔洋在《然灯记闻》中曰："吾盖疾夫世之依附盛唐者，但知学为'九天阊阖''万国衣冠'之语，而自命高华，自矜为壮丽，按之其中，毫无生气。故有《三昧集》之选。要在剔出盛唐真面目与世人看，以见盛唐之诗，原非空壳子，大帽子话；其中蕴藉风流，包含万物，自足以兼前后诸公之□。彼世之但知学为'九天阊阖''万国衣冠'等语，果盛唐之真面目真精神乎？抑亦优孟、叔敖也。"④在《蚕尾集》卷八《答秦留仙宫谕二首》其一中，渔洋亦自称："《三昧》一集，偶然成书，妄欲令海内作者识取开元、天宝本来面目。"⑤渔洋正是不满明人学唐之优孟衣冠，故要以《三昧集》之选，剔出盛唐真面目。其具体做法就是以盛唐蕴藉风流之篇新人耳目，洗刷明人学唐的空肤浅率。

《四库全书总目提要》对渔洋编选《唐贤三昧集》的原因作出了较为全面的分析："诗自太仓、历下以雄浑博丽为主，其失也肤；公安、竟陵以清新幽渺为宗，其失也诡。学者两途并穷，不得不折而入宋，其弊也滞而不灵、直而好尽，语录、史论皆可成篇，于是士祯等重申严羽之说，独主神韵以矫之，盖亦救弊补偏，各明一义。"⑥《唐贤三昧集》就是在清代宗唐宗宋的诗学大背景下，因救弊补偏的需要而产生的。它是渔洋在总结学唐和学宋的教训后，对唐诗精神新认识的体现。

除了《神韵集》和《唐贤三昧集》外，王士禛编辑的唐诗选本还有《十种唐诗选》《唐人万首绝句选》和《古诗选》。《十种唐诗选》乃取殷璠《河岳英灵集》、高仲武《中兴间气集》、芮挺章《国秀集》、元结《箧中集》、唐佚名《搜玉集》、令狐楚《御览诗集》、姚合《极玄集》、韦庄《又玄集》、韦縠《才调集》等九种唐人选唐诗，再加上宋姚铉《唐文粹》中的古诗，重加简汰而成。《唐人万首绝句

---

① 转引自蒋寅《王渔洋与康熙诗坛》，凤凰出版社2013年版，第33页。

② 蒋寅《王渔洋与清初宋诗风之兴替》一文亦持此论。

③ 〔清〕王士祯：《渔洋诗话》，见《清诗话》，上海古籍出版社1978年版，第163页。

④ 〔清〕王士祯：《然灯记闻》，见《清诗话》，上海古籍出版社1978年版，第122页。

⑤ 〔清〕王士禛：《蚕尾集》卷八，清康熙刊本。

⑥ 〔清〕永瑢等：《四库全书总目》，中华书局1965年版，第1730页。

选》乃是在宋人洪迈《唐人万首绝句》的基础上，去其踳驳舛讹，更加精选撰成。《古诗选》是五七言古诗的通代合集，其中唐代古诗是体现渔洋唐诗观的重要资料。对渔洋唐诗选做总体考察，还可以辨析其诗学的更细微之处。

渔洋复归唐音，是其在世情喜新而兴宋诗风的背景下，敏感地认识到了习宋的痼疾后做出的选择。同时，康熙帝对唐诗的偏好（有个人原因，也有政治需要）、康熙十八年博学鸿词科后诗坛风向的明显转移，以及渔洋官位的提升及由此产生的官方位置的职能等，也都是渔洋复归唐音的推动力量。①

渔洋复归唐音，其“神韵”诗学完全成熟。《唐贤三昧集》标举盛唐而不弃中晚，并且审源流、辨体制，对诗体高度重视，其诗学思维也更加深厚细腻。②

从早年的宗唐到中岁事宋到后来的复归唐音，渔洋一生宗唐的立场是不曾改变的，即使是中岁事宋时也未曾弃唐，因此，准确地说，渔洋是宗唐兼宋。

作为个人，其审美趣尚是多方面的，不可能囿于一家一派、一朝一代。但作为有着鲜明创作个性和明确诗学主张的诗坛领袖，站在对各家各代诗风总体感知和把握、甄辨的高度上，也必定是有所主、有所取舍的。在这一点上，渔洋毫无疑问是尊崇唐诗的。他标举神韵，而神韵是唐诗突出的审美特质，这种特质与宋诗风格则相去甚远。

个人趣味的表达、诗坛巨擘的导向，官场的影响、政治的动向、诗坛的思潮，各种因素交织，共同促成了渔洋诗学的曲折轨变。同时，渔洋诗学取向的三变也是那个时代许多诗人共历的起伏曲线。

---

① 详论见蒋寅《清代诗学史》第一卷“王渔洋的唐诗转向”一节，中国社会科学出版社2012年版，第641～648页。

② 贺严：《清代唐诗选本研究》，人民文学出版社2007年版，第126～151页。

《史记》之新城人物探析

——兼及王渔洋之相关诗篇

蔡忠道*

一、前言

王士禛(1634~1711),字贻上,号阮亭,别号渔洋山人,人称王渔洋,山东新城(今山东桓台)人,生于明思宗崇祯七年,卒于清圣祖康熙五十年,享年77岁。渔洋进士出身,康熙年间官至刑部尚书,是清代著名文人,工诗文,勤著述,著有《渔洋精华录》《池北偶谈》等。

笔者岳父毕雁平先生出生于山东桓台,1949年,18岁的他随国民党军队来到台湾,1993年返乡探亲,重返家乡。岳父晚年,每年都在山东桓台居住半年以上。对山东桓台,我有一种近乎家乡的熟悉感。2009年,王渔洋研究中心魏主任拜访岳父,希望岳父能帮忙查询台湾研究王渔洋的资料,在魏主任的多次邀约之下,岳父应允,并且嘱咐我协助魏主任搜集资料。当年,我陪内人返乡探望岳父,也和魏主任见了面。后来,我和研究生邱建荣完成了《王渔洋研究成果概览·台湾篇》,并发表在《王渔洋文化》2010年第3期上。今年,欣闻王渔洋国际研讨会在桓台召开,魏主任希望我能写一篇文章。对于王渔洋这位桓台乡贤,我有初步的认识,更有深深的敬重。然而,诗学并非我的学术专长,生怕率尔操觚,唐突古人。后来,仔细拜读《渔洋精华录》,发现渔洋山人有一些歌咏乡贤的诗篇。我因这几年专注于《史记》研究,故从中找到了几位渔洋歌咏的新城人物,如鲁仲连、辕固生。此外,本文还论及了在新城有遗迹的前贤,如颜斶。《史记》或《战国策》中有这些乡贤的相关列传或记载。现在的桓台还有相关的遗址。本文主要从渔洋的《冬日偶然作》《怀古诗》等组诗入手,再参照相关史籍的内容,一方面展现历代新城之人才辈出,彰显新城学风鼎盛;一方面展现渔洋对这些同乡贤达的敬重与向往。从史传与诗作的参照阅读中,我们也可以隐约看到新城承传千年的士人人格。

二、鲁仲连

鲁仲连(前305~前245?)①,战国时期的特出人士,齐国人,著有《鲁连子》十四篇,《汉书·艺

* 作者简介:蔡忠道,台湾嘉义大学中文系,教授。

① 鲁仲连的生卒年不详,此根据钱穆的说法。参见钱穆《先秦诸子系年·鲁仲连考》,台北联经出版社1998年版,第545~549页。

文志》著录在儒家，已亡佚，清朝马国翰有辑本。今山东省茌平县冯官屯镇望鲁村有鲁仲连故宅、鲁仲连祠、鲁仲连墓。① 在新城的锦秋湖（今马踏湖）边，也有鲁仲连陂，相传是鲁仲连故居。② 司马迁特别激赏其能排难解纷，解除围城攻伐的祸害，又不在乎名位的超然潇洒。《史记·太史公自序》："能设诡说，解患于围城，轻爵禄，乐肆志，作《鲁仲连邹阳列传》。"③司马迁将战国的鲁仲连与汉代的邹阳以合传的方式呈现，不过，从《太史公自序》只说鲁仲连，篇后论赞又曰："邹阳……可谓抗直不挠矣，吾是以附之列传焉。"可见全篇列传仍是以鲁仲连为主，邹阳为辅。④

史公以两件事写鲁仲连，"义不帝秦""与燕将书"。

赵孝成王六年（前260），秦将白起在长平大败赵军，坑杀四十多万，赵国元气大伤，六国震动。秦国大军遂趁势围攻邯郸，赵国危亡之际，向各国求援。魏安釐王虽然派晋鄙帅十万大军救赵，却在荡阴停驻不前，两边观望。⑤ 此外，魏王还派了客卿新垣衍游说赵王让秦称帝，认为这样就能解邯郸之围。当时，鲁仲连正在赵国，就透由平原君与新垣衍直接对话。然而，鲁仲连见到新垣衍却不说话，新垣衍以鲁仲连既然无求于平原君（赵国），为何不赶快离开围城邯郸？新垣衍以半威胁半挑衅的口气，劝鲁仲连不要多管闲事，保命才是上策。鲁仲连的响应非常有力量，他先以言行高洁、鄙薄世俗的鲍焦⑥自比，认为鲍焦不是想不开自裁，而是以高洁的灵魂，不愿再浊世苟活。这是鲁仲连的自我生命宣告：生命中独特的价值不容恶劣环境的摧毁，如果需要捍卫生命的独特性，离群索居或者牺牲生命都在所不惜。因此，面对"弃礼义尚首功""权使其士，虏使其民"的虎狼政权，鲁仲连个人不愿意受其统治，而有"蹈东海而死"之志。在外交策略上，鲁仲连主张面对贪婪无厌的强秦，不可姑息示弱，尊秦为帝无异助纣为虐，无助于解邯郸之围。鲁仲连批判新垣衍"帝秦"的策略之余，仍善巧地肯定其帮助赵国的善意，这一点也是两人的共识。因此，新垣衍在听到鲁仲连坚定而友善的言词之后，请问鲁仲连要如何帮助赵国解围，两人从对立变成同一立场，对话也变得不一样。鲁仲连从国际情势分析，齐、楚两大强权不希望秦国壮大，当然会站在赵国这边。燕国与秦国也素不友善，劝说燕国助赵不成问题。魏国助赵的利弊得失如何，魏安釐王、新垣衍的考虑显然与鲁仲连不同。鲁仲连以齐威王对周烈王先朝后骂为例，周烈王虽然已经式微，但仍有天子的排场与脾气；齐威王前尊后骂则自失立场，徒留笑柄。齐威王之所以如此，是认为周朝抨击齐国在

---

① 参见牛占诚、周之桢修纂《茌平县志》，1935年铅印本。

② 〔清〕王渔洋："新城东北锦秋湖上，有鲁仲连陂，传为鲁仲连所居。"详见《池北偶谈》谈献六之五《鲁仲连》，参见《山东文献集成》第三辑，山东大学出版社影印清康熙三十九年王廷抡汀州府署刻本，卷九，第1页。锦秋湖即是今日马踏湖，2014年，马踏湖正在整治，笔者无法现场踏查，不知鲁仲连陂是否仍在。

③ 《史记·鲁仲连邹阳列传》之太史公论赞也强调："余多其在布衣之位，荡然肆志，不诎于诸侯，谈说于当世，折卿相之权。"参见〔日〕泷川龟太郎《史记会注考证》，台北万卷楼图书出版有限公司1993版，第1008页。

④ 关于鲁仲连与邹阳合传，清代李景星说："鲁仲连、邹阳，中间相距百岁，时异代隔，绝无联络，而太史公合为一传，以其性情同也。观赞语，于鲁仲连则曰：'不诎于诸侯。'于邹阳则曰：'亦可谓亢直不挠矣。'不诎不挠，乃能独行其是，而为天地间不易多、不可少之人，虽所处之地位不同，要其不磨之志气俱在也。"李氏指出，鲁仲连、邹阳合传的主要原因，在于两人刚直不屈的性情。参见〔清〕李景星《史记评议》，岳麓书社1986年版，第76～77页。

⑤ 关于晋鄙率领的魏国军队在何处停驻不前，《鲁仲连邹阳列传》说在"荡阴"，《魏公子列传》说在"邺"，不知何者为是。

⑥ 鲍焦的事迹见《韩诗外传》《庄子·盗跖》。鲍焦，周朝隐士，饰行非世，廉洁自守。子贡遇之，谓之曰："吾闻之：非其世者，不生其利；污其君者，不履其土。非其世而持其蔬……其谁有之哉？"鲍焦曰："於戏！吾闻贤者重进而轻退，廉者易愧而轻死。"于是弃其蔬而立槁于洛水之上。参见赖炎元《韩诗外传今注今译》卷一，台湾商务印书馆1981年版，第32～33页。可见鲍焦是一为高洁之士，对于浊恶的世俗不堪忍受，为了维护自身的高洁，不惜牺牲性命。这正是鲁仲连的人格特质，也是他的处世原则。

烈王崩殂时后至的责求太严苛。鲁仲连举齐威王之例,是暗喻魏国若尊秦为帝,面对秦国无止尽的需求,魏国将陷入类似齐威王进退两难的处境,最后自失立场,贻笑大方。新垣衍则以主仆为例,十几个仆人跟随一个主人是畏于主人的威势,不得不然。鲁仲连则驳斥其以主、仆关系比喻秦、魏两国的关系是自我矮化,毕竟秦、魏都是万乘之国,理当平起平坐,与主仆的上下关系截然不同。接着,鲁仲连预言支持秦国称帝,魏王将被秦王烹杀。鲁仲连以商纣烹囚三公——鄂侯、九侯与文王为例,称王仍难逃被杀,究其原因,在于权势落入帝王手中,如果生杀由人,王侯也难逃被宰制的命运。因此,鲁仲连再举齐愍王出逃,要求鲁国以天子的规格接待他,鲁国闭门拒绝;经过邹国,要求以天子规格吊唁邹国国君,邹国拒绝其过境。邹、鲁小国对齐国这样的大国逾越礼数的要求,都能义正词严地拒绝,保有国家的尊严,难道魏国看到同为万乘之国的秦国强大之后,就卑躬屈膝地甘为奴仆吗?这是从主观心态上,批评魏国支持秦国称帝,无疑在两国互动中,交出主动权,甘居下流,让对方予取予求。接着,贪得无厌的秦国当然可以任意变置臣子之位,再安插秦国的女子在梁国宫中,为梁国的嫔妃,到时,不但魏国国君的处境危如累卵,新垣衍的得宠也将灰飞烟灭。鲁仲连如理如情的说法,让新垣衍恍然大悟,不但称赞鲁仲连为天下名士,并说再也不敢主张尊秦为帝了。

鲁仲连一番言词,挡下了魏国帝秦的想法,赵国获得东方各国的奥援则成定局,秦军因此退兵五十里。后来,魏公子夺晋鄙十万大军救赵,联合各国援军,解救了邯郸之围。

平原君提议要封鲁仲连,以千金祝寿,都被鲁仲连拒绝,他说:

> 所贵于天下之士者,为人排患释难解纷乱而无取也,即有取者,是商贾之事也,而连不忍为也。①

鲁仲连志在为人排难解纷,如果收取任何回报的话,无异于商人的买卖。因此,他不但拒绝了平原君的封赏,还终身不愿再见到平原君,充分显示了其不谋利禄的高尚情操。②

燕王喜五年(齐王建十五年,前250)③,燕国攻下齐国聊城,燕将受谗言不敢回国,遂坚守聊城,齐军久攻不下,一年多了都无法收复失土,双方伤亡惨重,这是一个两难的局面。鲁仲连积极谋求解套之道,他写了一封信,绑在箭上射入聊城,劝降燕国将领。首先,鲁仲连指出,燕国将领死守聊城,是不忠、不勇、不智的行为。所谓的不忠,是将领只从自身利害考虑,燕国国君命令不能下达贯彻;至于不勇、不智,则是燕将明知胜利无望,却坚守聊城,终究城破身亡,不但无法成就个人功业,更连累无辜的士兵百姓。因此,燕将困守聊城是不智之举。再者,就整个国际局势而言,齐、秦和解,齐国虽然受到楚国威胁,却以保住济北的聊城为上,因此,聊城燕军虽然已经坚守一年多了,然而,接下来面临的将是齐国举国的军队却无任何国际奥援的孤立处境。燕国境内,燕王喜四年(前251),燕将栗腹统帅十万大军,原本想在新败的赵国身上讨点便宜,没想到在赵国遭受重大的挫败,成为国际笑话,举国忧惧不安。因此,鲁仲连一方面肯定燕国将领能守住聊城一年多,兼具防守能力与用兵才华,同时中肯地提出建议:上策是能全身而退,回到燕国,必定受到燕国君民

---

① 《史记·鲁仲连邹阳列传》,参见〔日〕泷川龟太郎《史记会注考证》,台湾万卷楼图书出版有限公司1993版,第1002页。

② 为人排难解纷,而拒绝利禄封赏的高洁之士,还有《魏公子列传》中的侯生,魏公子以厚礼邀请侯生入其门下,侯生却以"臣修身洁行数十年,终不以监门困故而受公子财"拒绝,显然也不愿被财货收买。《魏公子列传》,参见〔日〕泷川龟太郎《史记会注考证》,台湾万卷楼图书出版有限公司1993版,第962页。

③ 《史记·鲁仲连邹阳列传》载"其后二十余年",本文据杨宽《战国史》订为公元前250年,距秦赵长平之战十年。

的欢迎，后继以身居重位，辅助国君，建立功业；或者留在齐国，也能获得封赏，与强大的齐国共享尊位、财富。最后，鲁仲连以齐相管仲、鲁将曹沫为例，指出为了成就大事业，不可拘于小节，期勉站在生命抉择关键点的燕国守将，能摆脱一时意气，为自己的千秋功业作出正确的抉择。燕将看了鲁仲连的信，感动莫名，然而却犹豫不决，他们虽然认同鲁仲连的建议，在回燕、留齐之间作一抉择，不过他们也担心，回到燕国，会不会因为之前的嫌隙而被杀；留在齐国，战场上一年多来的杀戮，这笔恩怨如何了却，最后，在胜利无望、抉择两难的情况下，燕将选择了自杀。这当然不是最佳的选择，不过，比起燕、齐两军继续对峙、杀伐，这样也是把伤害降到了最低。① 最后，齐国军队收复了聊城。② 田单感谢鲁仲连，想邀请他当官，鲁仲连表明："吾与富贵而诎于人，宁贫贱而轻世肆志焉。"③并且逃隐海上。

鲁仲连的事迹受到了历代士人的歌颂，晋朝左思以"成功不受赏，高洁卓不群"赞美鲁仲连。唐代李白《古风》：

> 齐有倜傥生，鲁连特高妙。明月出海底，一朝开光曜。却秦振英声，后世仰末照。意轻千金赠，顾向平原笑。吾亦淡荡人，拂衣可同调。④

诗仙李白在这首诗中表达了对鲁仲连人格的崇敬与向往。诗的开头就以"倜傥生""特高妙"称颂鲁仲连，接着，以"明月"象征他的人格，以"却秦"表彰他的功绩，称赞了鲁仲连不愿与世俗同流、不受爵禄的高贵品格。李白以"淡荡"总结鲁仲连，也是他自我生命的祈向与写照。⑤ 宋代苏轼、苏辙、文天祥也都倾慕鲁仲连的人格。苏辙标举鲁仲连特出独绝，是战国士人第一。⑥ 文天祥曾曰"初学苏子卿，终慕鲁仲连""千古皆有死，义不污腥膻"（《高沙道中》），对鲁连充满了景仰之情。王渔洋也有两首关于鲁仲连的诗，第一首是《鲁仲连陂》：

> 七雄既龙斗，陈宝归嬴秦。师出函谷关，六国咸逡巡。邯郸日夜急，咄嗟谁解纷？荡阴师既顿，新衍谋岂伦。先生画奇策，长揖平原君。仆妾愧万乘，大义明君臣。纵横数千言，顾却虎狼军。功成不受赏，飘然归海垠。蹈海既高义，肆志宁辱身？至今齐赵士，倜傥希清尘。我

① 在聊城东门外原有一座砖石筑成的高台，台下拱门为进城必经之地。台的两侧各有石刻，东书"鲁仲连台"，西写"旷古高风"，可惜毁于1937年的洪水。参见聊城文化部落《鲁仲连排难解纷——发生在聊城的美德故事之六》，新浪博客2014年6月10日。

② 《史记·鲁仲连邹阳列传》载："聊城乱，田单遂屠聊城。"关于燕将是否自杀，田单是否屠城，今本《战国策·齐策六》有不同的记载："燕将曰：'敬闻命矣。'因罢兵到读而去。故解齐国之围，救百姓之死，仲连之说也。"参见诸祖耿编撰《战国策集注汇考》，凤凰出版社2008版，第669页。清梁玉绳认为《战国策》的记载比较符合史实，鲁仲连的初衷在于罢兵，保全燕、齐军民的生命，如果最后的结果是田单屠城，不但违背了鲁仲连的初衷，这件事也就不值得颂扬了。此外，田单身为齐将，也没有屠聊城的动机。参见〔清〕梁玉绳《史记志疑》，中华书局1981年，第1299页。

③ 《史记·鲁仲连邹阳列传》，参见〔日〕泷川龟太郎《史记会注考证》，台北万卷楼图书出版有限公司1993版，第1004页。

④ 参见李白《古风》五十九首其十，《李太白全集》卷二，台北世界书局1997年版，第94页。

⑤ 李白的其他诗作中也类似的赞佩，例如："终然不受赏，羞与时人同。"（《五月东鲁行答汶翁》）"所冀旄头灭，功成追鲁连。"（《在水军宴赠幕府诸侍御》）可参看。

⑥ 苏轼《安期生》一诗的引言："故意战国之士，如鲁连、虞卿，皆得道者欤？"其诗曰："应如鲁仲连，抵掌吐长虹。"（《苏轼全集》卷二十四）在战国之士中独标鲁仲连。苏辙《古史》："战国游谈之士，非从即横，说行交合，宠禄附之。故事不厌诡诈，争走于利。鲁仲连辩过仪辩过仪、秦，气凌气凌髡衍髡、衍，而纵横之利不入于口。因事放言，切中机会，不终日而成功，逃避爵赏，脱屣而去。战国中一人而已。"苏辙把鲁连与赵国纵横之士比较，纵横家以顺为正，没有宗旨，缺乏高远的价值追求，只着眼个人的名利禄位。鲁仲连则能力过之，又有崇高的志向、高洁的人格，为人排难解纷，不图谋禄位，是战国特出之士。

来古陂上，遗祠蔓荒榛。甓道窜苍鼠，天风吹白蘋。缅怀田巴语，景行跂千春。①

这是创作于顺治十五年（1658）组诗中的一首。组诗包括《鲁仲连陂》《颜斶墓》《辕固里》三首诗。此三人都是王渔洋家乡新城的先贤。24岁的渔洋游赏遗迹，发而为诗。《鲁仲连陂》表彰了鲁仲连的智慧、义行，尤其对鲁仲连义不帝秦、不受爵禄的事迹大加褒扬，并且指出，这样的义举嘉行，深深影响了齐鲁之士，对形塑齐鲁地区士风有绝大的作用。其次，渔洋游览旧地，旧地荒烟蔓草，令人唏嘘。王士禛在诗的最后，表达了其景仰之意。另外一首是《鲁仲连》：

经过射书处，犹识鲁连村。桑柘灵祠里，空瞻玉貌存。②

这首诗出自渔洋的《南海集》，写于康熙二十三年（1684），渔洋时年50岁。这首组诗歌咏了茌平县的四位先贤：战国时期的鲁仲连、淳于髡，唐朝的马周、张镐。《鲁仲连》是第一首，鲁连村，就是鲁仲连的故居，位于茌平县，鲁连祠也在此。鲁仲连射书燕将在聊城，聊城有鲁连台，茌平、聊城两地相距不远。与前一首《鲁仲连陂》不同，这首诗以聊城射书处起笔，再把场景转到鲁连村，最后聚焦鲁连祠。诗人在鲁连祠中瞻仰鲁仲连的雕像，遥想其相貌、神采，对照祠堂外的桑木与柘木，引发了思古之幽情。王渔洋在其他诗作中也提及了鲁仲连及相关景物，例如《再送念东五首之三》："锦湖秋色漾涟漪，湖里游人歌竹枝。斜日泊船红蓼岸，神鸦飞过鲁连祠。"③以不恋爵禄的鲁仲连比拟高念东。再者，如《理寒石》："鲁连蹈东海，其志耻帝秦。"④王渔洋自注此诗曰："本李姓也，名邕和。西华人。耻与李闯同姓，改曰理。孙征君《与西华左令书》，称为鲁仲连后一人。"李邕和耻与闯王李自成同姓，改姓"理"，这样的人格受到了当时士人与王渔洋的推崇，大家以"鲁仲连后一人"高标他的超世与高洁。整体而言，王渔洋非常推崇鲁仲连的人格，再加上新城有鲁仲连陂、聊城有鲁仲连祠，王渔洋还特别注意到了鲁仲连对齐鲁士风的影响。

另外一位活跃于战国时期的新城人物是颜斶，颜斶的事迹并未载入《史记》，在今本《战国策》中有一则齐宣王见颜斶的记载：

齐宣王见颜斶，曰："斶前！"斶亦曰："王前！"宣王不悦。左右曰："王，人君也。斶，人臣也。王曰'斶前'，亦曰'王前'，可乎？"斶对曰："夫斶前为慕势，王前为趋士。与使斶为慕势，不如使王为趋士。"王忿然作色，曰："王者贵乎？士贵乎？"对曰："士贵耳！王者不贵！"王曰："有说乎？"斶曰："有！昔者，秦攻齐，令曰：'敢有去柳下季垄五十步而樵采者，罪死不赦！'令曰：'有能得齐王头者，封万户侯，赐金千镒。'由是观之，生王之头，曾不若死士之垄也！"宣王默然不悦。⑤

这真是一段精彩的对话。颜斶面对齐宣王的傲慢，不但没有屈服其权势，反而在行为、思路两方面，教诫国君：士人的尊贵高于国君。颜斶应机教导齐宣王，士人受国君差遣，是贪慕权势；国君离座，主动来到士人眼前，则是礼遇贤士。在齐宣王反问君主、士人谁尊贵的问题时，颜斶举出史例，证明鲁国贤士展禽的地位高于齐王。让齐宣王内心虽然不悦，却无法反驳。《战国策》接着记载了齐宣王的左右近臣，指出齐宣王拥有政治权势、丰厚财宝，吸引天下士人前来投靠，希求受到

---

① 〔清〕王士禛著，李毓芙、牟通、李茂肃整理：《渔洋精华录集释》卷一，上海古籍出版社1999年版，第73页。

② 〔清〕王士禛著，李毓芙、牟通、李茂肃整理：《渔洋精华录集释》卷一〇，上海古籍出版社1999年版，第1585页。

③ 〔清〕王士禛著，李毓芙、牟通、李茂肃整理：《渔洋精华录集释》卷九，上海古籍出版社1999年版，第1440页。

④ 〔清〕王士禛著，李毓芙、牟通、李茂肃整理：《渔洋精华录集释》卷八，上海古籍出版社1999年版，第1241页。

⑤ 诸祖耿编撰：《战国策集注汇考》（增补本），凤凰出版社2008年版，第607页。

重用,从侧面论述君尊士卑的现实,试图为齐宣王扳回一城。颜斶则先从历史经验切入,细数从大禹、商汤到现今,诸侯国从万余国锐减为二十四国的事实。接着,他从反面、正面两个角度立论,认为主张君主“贵士”,才能名实相符、有德有位,国家才能长治久安。颜斶引述《易传》:“居上位未得其实,以喜其为名者,必以骄奢为行。倨慢骄奢,则凶从之。是故无其实而喜其名者削,无德而忘其福者约,无功而受其禄者辱祸必至。”相对的,尧、舜、禹、汤等历代圣君能“无羞亟问,不愧下学”,因此,都得良士谏友的辅佐,显扬道德、功名于后世。接着,颜斶再引述《老子》:“无形者,形之君也;无端者,事之本也。”“虽贵,必以贱为本;虽高,必以下为基。”并从君王自称孤寡不谷,表达了君主谦下贵士的内涵,指出这也是历代圣明君王的不传之密。

齐宣王听了颜斶的说法之后,大为折服,开出优渥条件,希望颜斶能留在身边,让他以弟子的身份时时请益。颜斶则说:

> 夫玉生于山,制则破焉,非不宝也,然太璞不完;士生鄙野,选而禄焉,非不贵也,然而形神不全;斶愿得晚食以当肉,安步以当车,无罪以当贵,清静以自虞。制言者,王也;尽忠直言者,斶也;言要道已备矣,愿得赐归,安行而反臣之邑屋。①

颜斶在面对权势者时,顺应时机,尽忠直言;而面对权势者进一步仕宦的邀约,则选择了清净贞正、保全角神,试图在贡献才学与全生养真之间,实现两全其美。王渔洋歌咏颜斶曰:

> 末世寡尚志,薄俗希乘轩。岂不贵纁帛,形役神不全。吾高颜夫子,抗节藐齐宣。钟簴宁足论,殿上呼王前。晚食与安步,讵以荣利迁。监门良自贱,趋士理亦贤。俯仰二千载,吊古悲荒阡。墟墓绝樵采,清风激颓顽。古道邈难作,悲哉东逝川。②

王渔洋曾总结其怀古诗篇在于向古人致敬。③ 生活在不同时空的古今人物,却能有相同的理念、价值,作者在心有戚戚焉的感受中,突破时空的局限,尚友古人,这应是其怀古诗最动人的地方。如果这些古人曾经留下足迹,后人能够亲临现场,在历史的场景中,更能引发思古之幽情。这些古人如果是同乡先贤,情分自是更深切,礼敬之心也自是不同。根据王渔洋《古夫于亭杂录》,颜斶墓、鲁仲连陂都在新城锦秋湖(今马踏湖)边。④ 这首《颜斶墓》与《鲁仲连陂》是同一组诗,都是创作于顺治十五年的作品。诗的前两句就标举了颜斶不同于战国士人营求富贵的高尚节操,而这种追求根基于生命的完整性,因此,生命不受权势诱惑,也不会自我迷失。王渔洋徘徊于同乡贤士颜斶的墓前,一方面悲今伤时,叹古风不再;一方面吊古忆往,更有期勉自己的意味。

三、辕固生

辕固生,汉初齐国邴水(今山东省桓台县田庄镇辕固村)人,官至诗经博士、清河王太傅,生卒年不详。⑤《汉书·艺文志》著录其著作有《齐后氏故》二十卷、《齐孙氏故》二十(七)卷、《齐

---

① 诸祖耿编撰:《战国策集注汇考》(增补本),凤凰出版社2008年版,第609页。

② 〔清〕王士禛著,李毓芙、牟通、李茂肃整理:《渔洋精华录集释》卷一,上海古籍出版社1999年版,第76页。

③ 王渔洋曰:“怀古,思古人也。生不同时,旷世相感,千里而外,百代之下,犹同一室,矧生其里闬者乎?《诗》曰:‘维桑与梓,必恭敬止。’予为是诗,犹雅人恭敬之意。”(《渔洋山人集》序)

④ 王渔洋《古夫于亭杂录》:“东坡于战国之士,独取鲁仲连、颜斶,而皆惜其未闻道。……今吾邑锦秋湖上,有鲁连陂、有颜斶墓。”参见《山东文献集成》第三辑,山东大学出版社影印清康熙广陵刻本,卷一,第7页。《新城县志》:“清凉台在会城湖中,一名青冢。有清凉寺,相传高士颜斶故居,与水上下。”

⑤ 王渔洋曰:“新城有地名牛固,相传辕固故里也,未知所据。”见《池北偶谈》谈献六之五《辕固生》,参见《山东文献集成》第三辑,山东大学出版社影印清康熙三十九年王廷抡汀州府署刻本,卷九,第1页。

杂记》十八卷。辕固生的事迹主要见于《史记·儒林列传》,《儒林列传》主要记载儒家经学的发展,以及汉朝经学的现况。因此,《儒林外传》关于这些儒者的记载都偏重在其专精的典籍、经学的成就与传承上。然而,非常有趣的是,关于辕固生,仅简单地说:"齐人也,以治《诗》,孝景时为博士。……自是之后,齐言诗,皆本辕固生也。"其余的篇幅则记载了关于辕固生的三件事。一是在景帝前,与黄生争论汤武受命。二是批评《老子书》是家人言。三是训诫以儒术求取功名的公孙弘。

汉高祖经历灭秦、亡楚的漫长过程,在逐鹿中原脱颖而出,建立汉朝。经过多年争战,人口减半,民不聊生,官员甚至只有牛车可坐。① 汉初帝王面对这样残破的社会景况,都采取"约法省禁"、薄赋敛、轻繇役的措施,如高祖入咸阳,与父老"约法三章""什五而税一"(《史记·高祖本纪》);文帝"即位二十三年,皇室苑囿、车骑服御无所增益,有不便,辄弛以利民","身衣弋绨,所幸慎夫人,衣不曳地,帷帐无纹绣","三十而税一"(《汉书·文帝纪》)。对外族也采取容忍的态度②,以让人民休养生息,蓄积社会活力,以备日后积极有为。

在这样的现实背景下,主张虚无因循、与民休息的黄老思想获得了皇室的青睐。高祖在位十二年(前206~前195),前有汉、楚争霸,后有平定谋反,主要都是军事的作为,姑且不论。吕太后主政十五年,无为而治,政绩受到史策的肯定。③ 文、景主政时期,窦太后长期主掌后宫,《史记·外戚世家》:"窦太后好黄帝、老子之言,帝及太子诸窦不得不读黄帝、老子,尊其术。"④现实需求再加上皇室的推动,黄老学说在强力的推崇下,成为了当时的显学。上行下效的结果是黄老思想笼罩朝野。当时许多重要的人物,多好黄老。⑤ 经过数十年的努力,文景之治使汉初黄老思想发展至了最高峰。

在黄老主导当代思潮的背景下,辕固生从儒家的立场,与黄生辩论汤武受命、批评《老子》是家人言等作为相当有意义。辕固生作为儒家齐地《诗》学的传承者,也是儒学的坚守者。《史记》记载,在黄老学者黄生提出"汤武弑君"的主张时,辕固生反驳说:

> 夫桀纣虐乱,天下之心皆归汤武,汤武与天下之心而诛桀纣,桀纣之民不为之使而归汤

---

① 关于汉初经历战祸,人口散亡,《汉书·陈平传》载:"高帝南过曲逆,上其城,望室屋甚大,曰:'壮哉县!吾行天下,独见洛阳与是耳。'顾问御史:'曲逆户口几何?'对曰:'始秦时三万余户,闲者兵数起,多亡匿,今见五千余户。'"曲逆城的户数从秦朝的三万余户,到汉朝初年锐减为五千多户,幅度相当惊人。至于朝廷财政的窘境,《汉书·食货志》曰:"汉兴,接秦之敝,诸侯并起,民失作业而大饥馑,凡米石五千,人相食,死者过半。高祖乃令民得卖子就食蜀汉。天下既定,民盖无臧,天子不能具醇驷,将相或乘牛车。"经济残破,在饥荒中,发生人吃人的惨剧,国家财政窘迫,天子、官员们连像样的交通工具都无法具足。参见〔东汉〕班固《汉书》卷三〇、卷二四,台湾鼎文书局1987年版。

② 如南越在高祖、文帝时两次称帝,汉朝都只派陆贾前往说服,并未出兵讨伐。对北方的匈奴,自从高祖平城之围之后,更是采低姿态的和亲政策。详参《史记》之《西南夷列传》《匈奴列传》。

③ 太史公曰:"孝惠皇帝、高后之时,黎民得离战国之苦,君臣俱欲休息乎无为。故惠帝垂拱,高后女主称制,政不出房户,天下晏然,刑罚罕用,罪人是希,民务稼穑,衣食滋殖。"详参《史记·吕太后本纪》,见〔日〕泷川龟太郎《史记会注考证》卷九,台湾万卷楼图书出版有限公司1993版,第192页。

④ 《史记·外戚世家》,见〔日〕泷川龟太郎《史记会注考证》卷四九,台湾万卷楼图书出版有限公司1993版,第776页。

⑤ 除了盖公、曹参、窦太后之外,还有汲黯、郑当时(《史记·汲郑列传》)、王生(《史记·张释之列传》)、黄生(《史记·儒林列传》)、司马谈(《史记·太史公自序》)、田叔(《史记·田叔传》)、刘德(《汉书·楚元王传》)、杨王孙(《汉书·杨王孙传》)。相关论述,可参见戴君仁《汉初的政治与先秦学术思想的关系》,见《梅园论学集》第239~242页。

武，汤武不得已而立，非受命为何？①

儒家认为，商汤伐夏桀、武王伐商纣都是吊民伐罪的仁义之举，是顺天应人的救民水火，对两者给予了非常高的评价。在儒家仁政王道、君贵民轻的思维下，国君的价值是造福百姓，暴君欺凌百姓，满足一己之私，贼仁害义，是人人皆可诛伐的独夫。② 因此，汤、武讨伐桀、纣，是顺应天命的义行壮举。黄生则提出"汤武弑君"的理由：

冠虽敝，必加于首；履虽新，必关于足。何者，上下之分也。今桀纣虽失道，然君上也；汤武虽圣，臣下也。夫主有失行，臣下不能正言匡过以尊天子，反因过而诛之，代立践南面，非弑而何也？③

黄老思想标举黄帝、老子，其思想内涵承继先秦诸家，以《老子》为核心，融摄法家、儒家、墨家等各家思想，是先秦道家尤其是《老子》思想在政治思想方面的发展。④ 黄老主张虚无、因循，作为治国的最高原则，并引入法家"刑名"的观念，君王统帅百官，透过循名责实，督责绩效，予以赏罚，一方面促进政府效能，一方面强化尊君卑臣的关系。⑤ 如此，不论是辕固生的"汤武受命说"，还是黄生的"汤武弑君说"，分别有儒学、黄老的思想根据，在论辩上难分高下，辕固生转而质问黄生，按照他尊君卑臣的逻辑，汉高祖灭秦立汉，是弑君，还是受命呢？论辩至此，辕固生占了上风。然而，耐人寻味的是，景帝出来打了圆场，景帝曰："食肉不食马肝，不为不知味；言学者无言汤武受命，不为愚。"景帝针对这个议题提出看法：学者不需讨论。因为，对于汉朝而言，这样的讨论没有意义。如果接受汤武受命，等于肯定臣民推翻暴君的合理性；如果主张汤武弑君，那么高祖建立汉朝就缺乏合理性。因此，最好的策略就是束之高阁，存而不论。后来，也真的如景帝期待的，"学者莫敢明受命放杀者"。儒学并没有因为这次辩论的胜利而真的占了上风。

辕固生还曾与窦太后针锋相对。窦太后召见辕固生，询问他对《老子》的评价，窦太后对《老子》的肯定众人皆知。然而辕固生没有选择取媚太后，而是直接说出自己的看法：《老子》只是"家人言"，道理平浅，不堪用于治国。⑥ 窦太后闻言勃然大怒，想要把辕固生判刑定罪，后来命令他去猪圈刺杀野猪，景帝闻讯，暗中给了他一把利刃，辕固生才刺死了野猪，逃过一劫。经历此事，景帝非常欣赏辕固生的廉直，拜他为清河王刘乘的太傅。

"廉直"是辕固生最重要、最值得敬赏的特质。武帝即位之后，推行儒术，拔擢许多儒生，其中，

---

① 《史记·儒林列传》，见〔日〕泷川龟太郎《史记会注考证》卷一二一，台湾万卷楼图书出版有限公司1993版，第1289页。

② 《孟子·梁惠王下》："齐宣王问曰：'汤放桀，武王伐纣，有诸？'孟子对曰：'于传有之。'曰：'臣弑其君，可乎？'曰：'贼仁者谓之贼，贼义者谓之残；残贼之人，谓之一夫。闻诛一夫纣矣，未闻弑君也。'"参见〔南宋〕朱熹《四书章句集注》，台湾大安出版社1994年版，第306页。

③ 《史记·儒林列传》，见〔日〕泷川龟太郎《史记会注考证》卷一二一，台湾万卷楼图书出版有限公司1993版，第1289页。

④ 关于黄老的思想，可参见《史记·太史公自序》有关司马谈的《六家要旨》，以及《黄帝四经》。今人专著部分，可参见陈丽桂《秦汉时期的黄老思想》，台湾文津出版社1997年版。

⑤ 司马谈《六家要旨》："因者，君之纲也。群臣并至，使各自明也。其实中其声者谓之端，实不中其声谓之窾。窾言不听，奸乃不生，贤不肖自分，白黑乃形，在所欲用耳。"《黄帝四经·称》："主阳臣阴，上阳下阴，男阳女阴，父阳子阴，兄阳弟阴，长阳少阴，贵阳贱阴，制人者阳，制于人者阴。"《黄帝四经·六分》："为人主，南面而立，臣肃敬，不敢蔽其主，下比顺，不敢蔽其上，万民和辑而乐为主上用，地广人众兵强，而下无适。"可见黄老结合道家的因循与法家的刑名，强化尊君卑臣的思想。

⑥ 〔日〕中井积德曰："家人谓庶人。言庶人理身家之术耳，不可施之邦国也。"转引自〔日〕泷川龟太郎《史记会注考证》，台湾万卷楼图书出版有限公司1993版，第1289页。

以公孙弘最著名。公孙弘六十岁才以贤良被拔擢为博士，虽然博学多闻、辩才无碍，但不敢廷争、缘饰儒术，可谓有才无德。儒术在公孙弘那里成为了装点君王的门面、获取个人利禄名位的工具。史公以“遇时”①总结公孙弘的际遇，讥讽之意不言而喻。因此，当九十多岁高龄的辕固生看到儒门的后起之秀公孙弘获得重用时，心里当然欢喜，可是，如果只是阿谀君上，他无法认同。“务正学以言，无曲学以阿世。”这不只是辕固生对公孙弘的劝诫，也是儒学前辈对后进的谆谆教诲，发聋启聩，今日闻之，尤令人动容。由此，辕固生的人格高度也获得了更高的提升，齐地言《诗》者皆尊辕固生。

王渔洋到了相传是辕固生故里的新城县牛固村，写下《辕固里》一诗：

汉初尚黄老，儒术暗不彰。齐鲁诞诸儒，五经如载阳。遐哉清河傅，卓为群伦倡。抵掌论汤武，大义非荒唐。曲学诫孙弘，微言诒后苍。训词列学官，星日同琅琅。我生睽千载，桑梓宁异乡。寤寐思哲人，流风一何长！生惭齐鲁学，私淑附师匡。②

全诗表彰辕固生在汉初弘扬儒学，一方面与敌论黄老学者黄生论辩汤武受命、弑君的问题，一方面告诫公孙弘不可曲学阿世。辕固生不但人格廉直高洁，经学成就也非常高。王渔洋景仰这样的乡里前贤，思慕其流风，同时也警戒自己要承继优良的齐鲁学风。

四、结语

山东新城人才辈出，《史记》记载的新城贤者，主要有鲁仲连、辕固生，他们的士风人格得到了清初王渔洋的景仰与歌咏。本文依《史记》鲁仲连、辕固生的列传，再加上《战国策》中关于颜斶的记载，配合王渔洋歌咏乡贤的诗文，相互对读参照。王渔洋有两组诗歌咏这些前贤，分别写于24岁、50岁，可见渔洋对这些人的崇仰并未随时间的流逝而减退。这几位乡贤彰显的人格特质，包括正直敢言、潇洒不羁等，影响了王渔洋的出处进退，这样的乡风典范代代相传，足让后学瞻仰效学。

---

① 《平津侯主父列传》，见〔日〕泷川龟太郎《史记会注考证》卷一二一，台湾万卷楼图书出版有限公司1993版，第1221页。

② 〔清〕王士禛著，李毓芙、牟通、李茂肃整理：《渔洋精华录集释》卷一，上海古籍出版社1999年版，第77页。

“浓春烟景似残秋”

——王士禛神韵诗学的时代文化意蕴

李明军*

清代初期，继钱谦益之后执诗坛之牛耳者为后起之秀王士禛。卢见曾评王士禛云：“以实大声宏之学，为海内执骚坛牛耳，垂五十余年。”①王士禛被称为一代正宗，主要因其诗风在清初的代表性，而其影响力之形成，主要是因其顺应时代变化，迅速找到了一己之位置，而于文化融合转型之际，又能以诗人之敏感，捕捉时代精神和时代情绪的变化，而且能形之于诗。王士禛之诗既能受到遗民诗人的推崇，又能得到清朝皇帝的喜爱，在清朝初年民族矛盾仍较为突出的时期确实为一特异现象。八十岁的钱谦益第一次见到二十八岁的王士禛时，即将其比作“独角麟”②，为其诗作序，将其诗采入其所编纂的《吾炙集》，令五十年后的王士禛仍感激不已。另一方面王士禛的诗歌风格及其对政治有意识的疏离，正适应清朝巩固统治之需要，淡化政治为消解民族情绪之一招。康熙在其著名的“上谕十六条”中强调教化，强调人心之醇良、风俗之朴厚。1765年，乾隆皇帝赠王士禛“文简”之谥号，正是对王士禛雅正诗风及其人生追求的概括，“在本朝诸家中，流派较正，宜示褒，为稽古者劝”③。

一、从大明湖到红桥：王士禛文学活动中的世俗人生追求

新城王家在明朝为科举世家。清兵南下，新城陷落，王氏合家参加抗击清军的战争，伤亡惨重，王门被杀与自杀者三十余人，王士禛的叔父王与玫、与朋和从兄王士熊、士雅皆罹难，王士禛之母自经未死，王家移居长白山避难，直至顺治四年（1647）始归新城，长期隐居不出。但王士禛二十岁时，还是参加了清廷组织的科考。会试中试后的王士禛回到家乡继续读书。王士禛二十四岁时在济南的大明湖与名士们结社吟诗，其《秋柳》诗四章轰动诗坛，特别是得到了遗民诗人的称赏，王士禛亦因此一举成名。清代初年，亡国之恨、家国之思仍弥漫于汉族士人群体之中，遗民对社会特别是文人阶层的影响力不可忽视。王士禛《秋柳》诗之成功，即主要得益于遗民的宣扬，王士禛对此有明确认识，所以王士禛在顺治十五年到京城参加殿试时，携诗拜访了寓居京城的桐城遗民方

---

* 作者简介：李明军，临沂大学，教授。

① 〔清〕卢见曾：《雅雨堂文集》卷二，《续修四库全书》本，第1423册，第466页。

② 〔清〕钱谦益：《牧斋有学集》卷一一，清康熙二十四年刻本。

③ 〔清〕王士禛撰，孙言诚点校：《王士禛年谱》，中华书局1992年版，第120页。

文，并致书著名的遗民文人申涵光，令申涵光感觉几分意外。

王士禛于殿试中得中二甲三十六名，而根据是年朝廷诏令，二甲以后皆外派到地方。顺治十七年(1660)春，王士禛经过谒选赴扬州任推官。此任命当与其原初之渴望有一定距离，根据一般的看法，在京城任职优越于地方，也许王士禛在扬州期间创作的诗歌中流露出的失落感伤与此有一定的关系。然其诗歌中表达的人生失意的绝望哀鸣，已经超出了失落感伤的范畴，如其《七夕三首》之二感慨云："含凄对流景，漂泊奈愁何。"《怀家兄西樵海上》云："辋川兄弟好，漂泊负平生。"《苦寒行》更云："忧愁铄肌骨，自顾颜鬓衰。俯视飞蓬根，随风时转移。"时值太平时节，科场顺利，所在又为繁华都市，这种人生漂泊之感不免有造作之嫌，所以赵执信批评王士禛是无病呻吟。

王士禛被任命为扬州推官后，一方面遵照朝廷之令进行清查和镇压，同时又关注百姓之疾苦。处理政务之余，又与文人骚客刻烛赋诗，与当时具有影响力的前朝名流交往。正是在扬州期间与遗民诗人的交往，特别是像吴伟业和钱谦益这样文学名家的赞赏，奠定了他在诗坛上的地位。王士禛到扬州的第二年冬天，即赴吴中见到了吴伟业和钱谦益。吴伟业对王士禛非常赞赏，在给友人写作的文集序中亦不忘称赏王士禛："吾友新城王贻上为扬州法曹，地殷务剧，宾客日进，早起坐堂皇，目览文书，口决讯报，呼之声沸耳，案牍成于手中。已而放衙，召客刻烛赋诗，清言霏霏不绝，坐客见而诧曰：'王公真天才也。'"①

也正是秋柳唱和的意外成功，使王士禛在扬州时期频繁地举行诗酒唱和活动，而一系列诗酒之会，进一步扩大了他在诗坛的影响。王士禛于康熙元年(1662)夏，组织了红桥唱和，袁于令、杜浚、陈维崧等著名遗民文人参加了集会。在集会上，王士禛首倡《浣溪沙》三阕，众人唱和，合刻为《红桥唱和集》。康熙三年(1664)，王士禛组织了一次更大规模的文学集会，林古度、孙枝蔚、许承宗等著名文人参加了这次集会。在集会上，王士禛以其一贯诗风，赋《冶春绝句》二十首，得众人击节叹赏。康熙四年(1665)春，在冒襄水绘园举行的唱和活动中，王士禛与冒襄、陈维崧、邵潜等文人分体赋诗，王士禛写成七言古诗十章。几次集会唱和活动使王士禛得到东南诗人群特别是在文人圈中有一定影响力的遗民诗人的接纳肯定，为其成为文坛盟主铺平了道路。除了几次大的唱和活动外，王士禛还寻找机会营造唱和氛围，如顺治十七年(1660)他到南京任同考官，专门登上燕子矶，于石壁上题诗数首，引起数十人唱和。王晫《今世说》记载："王阮亭为同考，至白门，夜鼓柁行大江中，漏下将尽，始抵燕子矶。王兴发欲登，会天雨新霁，林木肃飒，江涛喷涌，与山谷相应答，从者顾视，色动，王径呼，束苣以往，题数诗于石壁，从容屣步而还。翼日，诗传白下，和者凡数十家。"②再如顺治十八年(1661)，王士禛在一个风雨交加的夜晚到苏州寒山寺，列炬登岸，在寺门上题诗二首，一时传为盛谈。

康熙四年(1665)，王士禛离开扬州时，已经是诗坛上令人瞩目的人物了。据说当康熙皇帝询问左右"今各衙门官，读书博学善诗文者，孰为最"时，大学士李霨回答说："以臣所知，户部郎中王士禛其人也。"康熙皇帝立刻表示赞同，云："朕亦知之。"次年六月，康熙皇帝又询问张英，张英又以王士禛对，康熙皇帝又问："王某诗可传后世否?"张英回答说："一时之论以为可传。"王士禛被推荐入朝后，被提升为礼部员外郎，累迁为户部郎中。康熙十七年(1677)正月，王士禛奉旨召对懋勤殿，次日康熙黄帝谕内阁任命王士禛为翰林侍讲。从此王士禛官运亨通，他的诗中虽然亦常有怀古之幽情，但其所怀已经有了明显变化，前期的历史沧桑已不再有。如其《送陈子安赴安邑丞四

① 〔清〕吴伟业：《梅村家藏稿》卷二九，清末民初刻本。

② 〔清〕王晫：《今世说》卷六，中华书局1985年版，第63页。

首》之一云：

我爱田子方，同时段干木。高义动诸侯，清风激颓俗。闻钟知左高，佳言足三复。下车或式闾，宁浼踞堂辱。斯人邈已远，余韵留乡曲。贤哉魏成子，千秋擅遐躅。

表达的是对魏文侯之师田子方、段干木的仰慕，隐含着王士禛的人生理想。康熙十九年(1679)，王士禛迁国子监祭酒，他诗坛一代宗师的地位借官方背景得到了巩固。也就在这个时期，王士禛选其诗300首编辑为《御览集》，呈献给了康熙。

王士禛为有清一代汉臣自部曹改词臣之第一例，此后从国子监祭酒一直做到刑部尚书，这在当时汉族文人圈子中实为罕见。其数量众多的门生支撑起了其文坛盟主的地位，而多数门生固然是慕王士禛之诗名而来，但向往权势的因素亦不容否认。其诗名源自其个人才华，但更主要的是得自当时文化影响力犹存的遗民诗人的揄扬。扬州五年为其与遗民诗人交往的主要时期。他与遗民诗人有情感共鸣，尽管其亡国情绪不如遗民诗人浓厚，但其家族在清人入关后受到的惨重灾难，使其对明清易代有着较为深刻的感触，所以出身科举世家的王士禛对怀才不遇的遗民诗人的同情当发自内心。然其对遗民诗人在文化乃至于政治上的影响力甚为明了，而以文坛领袖身份进入仕途正是王士禛的人生追求。

从扬州回到京城后，特别是受到康熙帝眷顾后，王士禛逐渐疏远遗民文人，对遗民文人的态度有了明显变化，其《居易录》记述交游，不厌其烦地列举入京后所交官绅的官职，而对扬州时与遗民文人的交往，仅以"从游者甚众"简略带过。其与遗民文人文学观点的差异早已存在，如其嘲笑方文诗法白居易①，删汰林古度天启四年后所作诗歌，然对布衣文人的生活态度持赞赏态度，而至京城为官之后，不仅在文学观点上与遗民文人产生明显歧异，甚至对遗民文人之生存方式亦提出批评，既对其踏足红尘加以嘲讽，又对其坚守遗民精神提出质疑。康熙十七年，王士禛得康熙赏识，由翰林官转任侍读，并得康熙赐书"存诚"，感激涕零，加倍勤于政事，诗坛霸主地位倚靠政治地位最后确立，所谓樵渔之志已荡然无存，其心态已无法与遗民诗人契合。其神韵诗与遗民诗之貌合神离之特质，于此得到突显。以清词丽句自娱而娱人，点缀太平，张扬风雅，成为王士禛神韵诗的追求。

二、神韵、山水与政治：王士禛神韵说形成的时代背景与文化意义

王士禛的神韵说实际上在不断变化，既是其实际创作经验之总结，与其自幼的写诗训练有关，又是其为适应现实政治文化政策的有意识选择。王士禛八岁即由其兄王士禄教授王维、孟浩然、韦应物等人诗法，这几家诗主要描写山水风景。受幼年学诗经历之影响，亦由于天性，王士禛酷爱山水，对前人的山水风景诗情有独钟。王士禛在《居易录》中说自己"自少癖好山水"②，在扬州为官的五年间，在政事之暇，登山临水，早雁初莺，花开叶落，引发感触，写出来的自然是富有神韵之诗。王士禛认为他的山水绝句是纯艺术的创作。确实，他的这类诗歌除了有些被赵执信嘲笑为有无病呻吟的微感伤情绪之外，似乎没有太过深刻的内涵，但也正是这类诗歌既让遗民诗人叹赏不绝，又被清朝统治者认为是体现教化的最好文本，从而使他与政治建立了密切的关系。

在进京参加殿试的前一年，二十四岁的王士禛在《丙申诗序》中提出了"谈艺四言"。③ 钱谦益

① 〔清〕王士禛：《古夫于亭杂录》卷四，清光绪三年刻本。
② 〔清〕王士禛：《居易录》卷四，清雍正间刻本。
③ 〔清〕王士禛：《带经堂诗话》卷三，清乾隆二十七年刻本。

在《王贻上诗集序》中评其“四言”云：“沿波讨源，平原之遗则也；截断众流，杼山之微言也；别裁伪体，转益多师，草堂之金丹大药也。平心易气，耽思旁讯，深知古学之由来……”①王士禛倡导的典、远、谐、则实际皆以风雅为极则，以《诗经》为楷模，而以“远”为重心。其体悟的诗家三昧，即“远人无目，远水无波，远山无皴”②，不仅强调山水风物的写意性模糊化，更强调情感表达的朦胧含蓄，认为在似有若无之间才可作多向性的玩味。其《秋柳》实即其“三远”说之实践。以清高出世思想为内核，追求宁静悠远的意境，将历史沧桑淡化为若有若无的感伤，将政治虚化为遥远的背景，一方面适应了清廷淡化汉人民族情绪和故国之思的需要，另一方面又为难解民族情结的汉族文人于文化专制逐步加强之时找到了为清廷所容认的情感宣泄口。

五年的扬州生活对王士禛神韵诗学的形成甚为关键。其于扬州期间所作《排闷》诗云：

学书学剑都未成，行年三十一狂伧。孤篷听雨江南岸，骏马追风代北城。文社酒徒曾浪迹，山村水寺遍题名。前身忆是维摩诘，洗钵还应过此生。

从其对王维的仰慕，可见其心态和文学趣味。远离政治的山水是神韵的最好载体。五年的扬州生活也影响了他的题材选择。其在扬州期间所作诗歌，多以清江、斜日、归帆、柳陌、菱塘、长桥、渔浦、新月、沙洲等意象组合成清新秀丽的意境，其中蕴涵的情思则在似有若无间。扬州山水风物和扬州负载的历史人文积淀，给王士禛提供了感伤的诗料。观其扬州期间所作《秦淮杂诗》，甚至连早期《秋柳》诗中淡淡的若有若无的故国之思，也已被山水风物引发的年华易逝的感伤取代。历史兴亡化为诗中的雨丝风片，融入秦淮烟月之中……其《夜登燕子矶》的最后一句“悲慨下沾襟，此意谁当识”让人们想到了《秋柳诗》中的“莫听临风三弄笛，玉关哀怨总难论”，使遗民诗人读了之后感慨万千。而其此后不久所作的《晓雨复登燕子矶绝顶》与《秋柳诗》有更多的相似之处，其最后一联“洒洒重悲天堑险，浴凫飞鹭满汀洲”似借南朝典故隐南京陷落事。可以想见，王士禛在如何努力将扬州常见的雾霭、烟雨等景色沾染上忧愁色彩，并将似有若无的政治寓意隐含其中，使咏史怀古这一常见的诗歌题材在清代初年这一特殊时期获得了新的生命。

王士禛二十九岁时于扬州编选了《神韵集》，提出了神韵说，三十岁时又写作了《论诗绝句》。翁方纲评论王士禛此组论诗绝句：“一生识力，皆具于此，未可仅以少作目之。”③其诗歌理论的基本框架在其《论诗绝句》中确实已初具规模，如其绝句第二首：“五字清晨登陇首，羌无故实使人思。定知妙不关文字，已知千秋幼妇词。”这是论诗之远韵。第二十九首云：“枫落吴江妙入神，思君流水是天真。何因点窜澄江练，笑杀谈诗谢茂秦。”这是论诗之“入神”“天真”。在《论诗绝句》中，王士禛将“远”的内涵进一步具体化，所谓“伫兴而就”“羌无故实”，都强调对当下眼前景的感兴。山水景色作为神韵的最佳载体，成为王士禛倾心的题材类型，王维、孟浩然的山水田园诗因而成为王士禛神韵诗的最佳范本。其在《论诗绝句》三十五首中表达了对王、孟、韦、柳的景仰之情，如评孟浩然云：“挂席名山都未逢，浔阳喜见香炉峰。高情合受维摩诘，浣笔为图写孟公。”评韦、柳云：“风怀澄淡推韦柳，佳处多从五字求。解识无声弦指妙，柳州哪得并苏州。”论大历诗云：“中兴高步属钱郎，拈得维摩一瓣香。不解雌黄高仲武，长城何意贬文房。”

集中体现王士禛神韵诗学的《唐贤三昧集》完成于康熙二十七年，而其构思则自康熙二十二年始。康熙二十二年，王士禛与徐乾学、王又旦、汪懋麟、陈廷敬等五人论诗，众人请王士禛论定唐人

---

① 〔清〕钱谦益：《钱牧斋全集》，上海古籍出版社2003年版，第5册，第766页。

② 〔清〕王士禛：《香祖笔记》卷六，清康熙八年刻本，清雍正间重印。

③ 〔清〕翁方纲：《石洲诗话》卷八，清嘉庆二十年刻本。

之诗以启示学者，王士禛答应了。康熙二十七年(1688)秋，王士禛编选完成《唐贤三昧集》，让门人盛符升校雠，经增删后，至康熙三十一年校定刊行，前后用了十年时间，可见王士禛对《唐贤三昧集》的重视。徐乾学回忆《唐贤三昧集》之编选经过云："今新城先生选定《唐贤三昧集》，又选刻十种唐诗，余畴昔昌言，可以晓然共喻。回思城南之会，荏冉遂已十年。"①王士禛于序言中阐述其选诗原则云："严沧浪论诗云：盛唐诸人，惟在兴趣，羚羊挂角，无迹可求；透彻玲珑，不可凑泊，如空中之音，相中之色，水中之月，镜中之象。言有尽而意无穷。司空表圣论诗亦云：味在酸咸之外。康熙戊辰春杪，归自京师，居宸翰堂，日取开元、天宝诸公篇什读之，于二家之言，别有会心，录其尤隽永超诣者，自王右丞而下四十二人，为《唐贤三昧集》。"②《唐贤三昧集》所选诗歌为盛唐作品，分上、中、下三卷，上卷以王维为首，选其诗112首，占全书的四分之一，中卷以孟浩然为首，选其诗48首，入选作品数居第二，下卷以高适为首，选其诗18首。《唐贤三昧集》的编选体例说明王士禛将王维、孟浩然作为神韵诗的最高典范。虽然王士禛对李白、杜甫之诗亦甚为推崇，然《唐贤三昧集》对李、杜之诗一概不选，因与"神韵"之论不甚符合。该选集是对其早年所选《神韵集》的充实完善，凝聚其半生心血，因而亦为其神韵诗学之总结性著作。其晚年总结其一生的诗歌写作道路即云："《唐诗三昧》之选，所谓乃选平淡时也，然而境亦从此老矣。"③

在《唐贤三昧集》编成前一年即康熙二十六年，王士禛以"神韵"为标准编辑了《唐诗十选》，主要选自殷璠《河岳英灵集》、高仲武《中兴间气集》、芮挺章《国秀集》、元结《箧中集》、无名氏《搜玉集》、令狐楚《御览集》、姚合《极玄集》、韦庄《又玄集》、韦縠《才调集》、姚铉《唐文粹》等。在《唐贤三昧集》编成的第三年即康熙三十年，王士禛著成《池北偶谈》，又于康熙四十年(1710)后陆续著成《居易录》《香祖笔记》《渔洋诗话》《古夫于亭杂录》等。将这些著作中关于"神韵"之零散议论加以排比整合，再与《唐贤三昧集》《十种唐诗选》等选本相参照，可见其神韵说之大概。《池北偶谈》之"神韵"条云："神韵二字，向论诗，首为学人拈出。"④

王士禛晚年自述其诗学演变过程云："吾老矣，还念平生，论诗凡屡变……少年初筮仕时，惟务博综该洽，以求兼长，文章江左，烟月扬州，人海花场，比肩接迹。入吾室者，俱操唐音，韵胜于才，推为祭酒。……中岁越三唐而事两宋，良由物情厌故，笔意喜生，耳目为之顿新，心思于焉避熟。明知长庆以后，已有滥觞，而淳熙以前，俱奉为正的……远近翕然宗之。既有清利流为空疏，新灵浸以佶屈，顾瞻世道，恕焉心忧，于是以太音希声，药淫哇锢习，《唐贤三昧》之选，所谓乃造平淡也。"其早年宗唐，中岁由唐趋宋，至《唐贤三昧集》之编定，再次回到唐诗。七十五岁的王士禛阅读南宋洪迈所编《万首唐人绝句选》，从中选出了九百余首风神清远的绝句，编成了《唐人绝句选》，作为他一生倡导的神韵说的最后总结。

王士禛论诗，不仅标举唐诗尤其是王维、孟浩然、韦应物等人之诗，亦推崇宋元之诗，欣赏六朝诗歌。与明清之际诗人对明人诗歌持批评甚至全盘否定的态度不同，王士禛认为明人诗歌甚至可以与建安诗人相媲美："明诗莫盛于弘、正，弘、正之诗莫盛于四杰（指李梦阳、何景明、徐祯卿、边贡）……由是言之，四杰之在弘、正，其建安之陈思，元嘉之康乐欤！"⑤张宗柟评王士禛诗云："渔洋

---

① 〔清〕王士禛：《十种唐诗选》附徐乾学《十种唐诗选后》，清康熙八年刻本。

② 〔清〕王士禛：《十种唐诗选》，清康熙八年刻本。

③ 〔清〕王士禛：《渔洋诗话》附俞兆晟《渔洋诗话序》，清刻本。

④ 〔清〕王士禛：《池北偶谈》，清光绪二十二年刻本。

⑤ 〔清〕王士禛：《带经堂诗话》卷四，清乾隆二十七年刻本。

山人诗笔纵横，上溯八代、四唐之源，旁涵宋、金、元、明之变，体兼众美，妙极天成。汪太史尧峰少所许可，首推为本朝大家，良非虚语。"①其晚年虽涉足宋元，其论诗亦有不可无学之说，然其所作终不出其所倡唐诗神韵之范围。

实际上，得到康熙帝赏识，自扬州入京后，王士禛即逐渐抛弃了前期让遗民文人感觉亲切亦让其他人产生联想的伤感，自觉向正统靠拢，有意识地为清朝盛世鼓吹雅音。广为传诵、引起遗民诗人共鸣且为王士禛带来声誉的是其所作意境凄清、感伤蕴藉之诗。王士禛受皇帝恩宠，入朝为官后，虽然仍写山水风景诗，但那种无法言说的感伤不复存在，而是以清幽山水表达闲适冲淡的情怀，其所谓言外之意也就只剩下几分"禅心""禅意"了，如其作于康熙十四年(1675)的《雪中登黄山》："空斋蹋壁卧，忽梦溪山好。朝骑秃尾驴，来寻雪中道。石壁引孤松，长空没飞鸟。不见远山横，寒烟起林杪。"以空寂景色表达出世之想，而其对富贵的热恋，使其所谓的出世之思与前期诗中似有若无的故国之思比起来，显得虚假，所以赵执信讥讽他"诗中无人"，袁枚说他诗中的性情"不真"。

王士禛在编选《唐贤三昧集》时，其标举的"神韵"已发生了潜在变化。在同一时期撰写的《池北偶谈》中，王士禛引用前人之说解释神韵，特别强调"清"。② 将"清"与"远"联系在一起论诗，与朱彝尊倡导的"清雅"相通，体现了王士禛论诗回归儒家诗学之现象。王士禛入朝为官之后，努力将其神韵之论和神韵之诗纳入教化范畴，他认为一丘一壑、鸟花猿子皆为咏歌帝力之方式。③ 陈维崧在《带经堂集序》中评价王士禛："其为诗歌也，温而能丽，娴雅而多则，览其义者冲融懿美……先生既振兴诗教于上，而变风变雅之音渐以不作。"

王士禛曾为施闰章诗歌作摘句图，其自述缘起云："予读施愚山侍读五言诗，爱其温柔敦厚，一唱三叹，有风人之旨。其章法之妙，如天衣无缝，如园客独茧。约略举之，若'别绪不可理''酒尽暮江头''人日日初晴''朔风一夜至''月明无远近''倚枕不能寐'数篇是也。至于清词丽句，叠见层出。予尝欲仿张为《主客图》之例，摘其尤者列以为图，与康乐'池塘生春草'、元晖'澄江净如练'、仲言'露湿寒塘草，月映清淮流'并资艺苑谈助。或诘予曰：'论诗固可摘裂如此耶？'予曰：谢公与子弟论《毛诗》何句最佳，或举'杨柳依依，雨雪霏霏'，公谓不如'讦谟定命，远猷辰告'为有雅人深致。夫《三百篇》尚然，况《骚》《选》以下乎？因作摘句图。"从其摘引的诗句看，其欣赏的合乎"风人之旨"的诗篇，仍为含"不尽之意"的写景诗。

三、"清远""冲淡"与"雨丝风片"：王士禛的神韵诗学与其神韵诗的"韵外之致"

自二十九岁编选《神韵集》至五十五岁编选《唐贤三昧集》，王士禛神韵说的内涵在不断充实变化。其神韵说之内涵归结起来主要表现为诗风自然淡远，表达含蓄，强调兴会。其论诗云："余尝观荆浩论山水而悟诗家三昧，其言曰：远人无目，远水无波，远山无皴。"④又云："表圣论诗，有二十四品，余最喜'不着一字，尽得风流'八字，又云：'采采流水，蓬蓬远春。'二语言形容诗境界亦绝妙，正与戴容州'蓝田日暖，良玉生烟'八字同旨。"⑤如此等等，皆强调诗歌之韵味、表达之含蓄，而韵

---

① 〔清〕王士禛：《带经堂诗话》附《带经堂诗话纂例》，清乾隆二十七年刻本。

② 〔清〕王士禛：《池北偶谈》卷一八，清光绪二十二年刻本。

③ 〔清〕王士禛：《古夫于亭稿》自序，清康熙四十六年刻本。

④ 〔清〕王士禛：《香祖笔记》卷六，清康熙八年刻本。

⑤ 〔清〕王士禛：《香祖笔记》卷八，清康熙八年刻本。

味、含蓄,又与古代的“滋味说”有密切关联。自钟嵘之“滋味”至唐代司空图之“辨于味”,皆强调言外之意、韵外之致。至于兴会,最早可追溯到“六诗”的“兴”,或释为灵感,或释为天机,而实指触景生情、不得不发之心理状态。王士禛将“偶然欲书”称为“诗家三昧”①,将“忽自己有之”“得之于内”视为“诗家妙谛”②,对南朝萧子显之“须其自来,不以力构”和王士源序孟浩然诗所云“每有制作,伫兴而就”深表赞同。③ 王士禛论“兴会”云:“夫诗之道,有根柢焉,有兴会焉,二者率不可得兼。镜中之象,水中之月,相中之色,羚羊挂角,无迹可求,此兴会也。本之风雅,以导其源;溯之楚骚、汉魏乐府,以达其流;博之九经、三史、诸子,以穷其变,此根柢也。”④又云:“大抵古人诗画,只取兴会神到,若刻舟缘木求之,失其旨矣。”⑤

王士禛在《池北偶谈》中论“神韵”云:“汾阳孔文谷云:‘诗以达性,然须清远为尚。薛西原论诗,独取谢康乐、王摩诘、孟浩然、韦应物,言“白云抱幽石,绿筱媚清涟”,清也;“表灵物莫赏,蕴真谁为传”,远也;“何必丝与竹,山水有清音”,“景昃鸣禽集,水木湛清华”,清远兼之也。总其妙在神韵矣。’‘神韵’二字,予向论诗,首为学人拈出,不知先见于此。”⑥王士禛以“清远”释“神韵”,对“清”“远”之含义,并没有作明确的解释。然从其所引诗例看,其所谓“远”即指深刻内蕴、言外之旨,也就是刘勰在《文心雕龙·隐秀》中所谓之“文外之重旨”、唐代殷璠在《河岳英灵集》中所云“兴远”及司空图在《题柳州集后序》中所谓之“深远”。

王士禛从司空图《诗品》二十四品中抽出“冲淡”“自然”“清奇”三品,称为“品之最上”,又以《诗品·含蓄》中“不着一字,尽得风流”八字为“绝妙”之诗境,以此作为“神韵”之主要内容。对于宋代严羽之诗论,则取其“优游不迫”之论,以禅喻诗,对其加以发展。如其《分甘余话》实际上是将司空图和严羽之诗论融汇为一:“或问‘不着一字,尽得风流’之说,答曰,太白诗:‘牛渚西江夜,青天无片云。登高望秋月,空忆谢将军。余亦能高咏,斯人不可闻。明朝挂帆去,枫叶落纷纷。’襄阳诗:‘挂席几千里,名山都来逢。泊舟浔阳郭,始见香炉峰。常读远公传,永怀尘外踪。东林不可见,日暮空闻钟。’诗至此,色相俱空,如羚羊挂角,无迹可求,画家所谓逸品是也。”⑦无论是“不着一字,尽得风流”,还是“羚羊挂角,无迹可求”,都是指深远无穷之味,而这味外之味也就是“神韵”之“韵”。至于“神”,则指诗达到的境界。

王士禛之神韵诗学既体现在对前人诗歌的编选上,又体现在其诗歌创作中。王士禛的《带经堂诗集》存诗3000余首,康熙三十九年(1700)选编的《渔洋精华录》收诗1000余首,其中描写山水的诗接近半数,所以《四库全书总目提要》云王士禛“以清新俊逸之才,模山范水,批风抹月”。其对山川风月的吟咏,固然因其喜爱山水,亦因其多历山水秀丽之乡。这使其诗得山水之助,但更重要的是《秋柳》诗的成功使其选择了山水自然作为寄托含蓄隐约兴亡之感的媒介。所谓神韵,所谓“不着一字,尽得风流”,本为山水诗易达到的境界,而不可明言的兴亡感慨融入山水自然更如盐溶于水。

王士禛在《香祖笔记》中说:“唐人五言绝句,往往入禅,有得意忘言之妙,与净名默然,达磨得

---

① 〔清〕王士禛:《香祖笔记》卷九,清康熙八年刻本。

② 〔清〕王士禛:《香祖笔记》卷七,清康熙八年刻本。

③ 〔清〕王士禛:《渔洋诗话》卷一,清刻本。

④ 〔清〕王士禛:《带经堂诗话》卷三,清乾隆二十七年刻本。

⑤⑥ 〔清〕王士禛:《池北偶谈》卷一八,清光绪二十二年刻本。

⑦ 〔清〕王士禛:《分甘余话》卷四,清康熙八年刻本。

髓同一关捩。观王、裴《辋川集》及祖咏《终南残雪诗》，虽钝根初机，亦能顿悟。程石臞有绝句云：‘朝过青山头，暮歇青山曲。青山不见人，猿声听相续。’予每叹绝，以为天然不可凑泊。予少时在扬州亦有数作。”①王士禛列举的其在扬州时期的得意之作如《青山》云：“微雨过青山，漠漠寒烟织。不见秣陵城，坐爱秋江色。”《即目》云：“萧条秋雨夕，苍茫楚江晦。时见一舟行，蒙蒙水云外。”《惠山下邹流绮过访》云：“雨后明月来，照见下山路。人语隔溪烟，借问停舟处。”《焦山晓送昆仑还京口》云：“山堂振法鼓，江月挂寒树。遥送江南人，鸡鸣峭帆去。”其所谓“得意忘言之妙”，即于朦胧景色中融入似有若无的情感，其描写的景色又多为雾霭、微雨等笼罩。扬州之地固然常可见烟雨雾霭，然如将其至扬州之前和离开扬州之后的诗作一并观看，即可发现烟雾、秋雨、寒潮、落叶等景色实为王士禛所钟爱，而其对此类景色不厌其烦地反复渲染，说明这是其有意识的选择，并非如其所云“偶然欲书”②。王士禛在这些诗中描写的景色，固然来自现实情境，但更多的是对其以往所见类似情境的组合。顺治十七年，王士禛被任命为考官，由扬州赴南京的途中，写有《江上二首》，其二云：“吴头楚尾路如何，烟雨秋深暗白波。晚趁寒潮渡江去，满林黄叶雁声多。”雾雨笼罩的深秋寒潮，满眼萧瑟的秋林黄叶，再加上寒雁声声，组成了王士禛诗歌中最典型的意境。

实际上，这种对烟雾、微雨、夜色等朦胧景色的虚化描写，最早出现在他的成名作《秋柳》诗四首中，如其第一首：“秋来何处最消魂，残照西风白下门。他日差池春燕影，只今憔悴晚烟痕。愁生陌上黄骢曲，梦远江南乌夜村。莫听临风三弄笛，玉关哀怨总难论。”以残照、西风、晚烟为背景，将视觉的朦胧与听觉的恍惚交融在一起，形成似梦若幻的情境，表达对六朝兴亡的历史感慨，而对明朝似有若无的怀念亦寓于其中。无论王士禛创作之本意如何，但在前朝遗民看来，其中蕴涵着故国之思，而这种深蕴的情思也只有遗民诗人才会有深刻的体会，这也是王士禛之诗在遗民诗人中获得出乎意料之反响的原因。曹溶、徐夜、陈维崧、朱彝尊等人之和作的反复渲染，使王士禛之诗蕴藏怀念故国之主旨成为定论。正是《秋柳》诗四首的意外成功，使王士禛找到了诗歌创作之方向，也使其钟情于烟雨夜色之类意境的创造。这种将含糊的故国之思融入到迷离景色描写中的方法，在其扬州时期的诗歌创作中得到了更为成熟的应用。如其于顺治十八年（1661）由苏州返扬州途中经南京时所写《秦淮杂诗》十四首其一：“年来肠断秣陵舟，梦绕秦淮水上楼。十日雨丝风片时，浓春烟景似残秋。”其五：“潮落秦淮春复秋，莫愁好作石城游。年来愁与春潮满，不信湖名尚莫愁。”朦胧烟雨，似秋浓春，莫名其由的愁思，即使其中蕴涵些许兴亡感怀，亦甚为渺茫难寻，与遗民诗人的意旨鲜明之作相差甚远。

王士禛诗中最能体现其神韵之说的为七绝，其七绝多写清秋景色，又尤喜写阴雨烟雾、夕阳斜晖，即使写春天景色，亦云“浓春烟景似残秋”。秋天景色本令人神清意远，又易引起感伤情绪。与七律以朦胧凄清之景蕴涵似有若无的兴亡之感不同，其七绝多以清秋、细雨、雾霭、夕阳等景色渲染凄清的氛围，使全诗呈现清丽色调，而又无明确题旨，如《樊圻画》：“芦荻无花秋水长，淡云微雨似潇湘。雁色摇落孤舟远，何处青山是岳阳。”其诗写风雨如“横塘尽日雨濛濛”“烟雨秋深暗白波”“长乐坡前雨似尘”，皆为如雾似尘之烟雨。除了寒凉景色，其七绝还多以“寒”“凉”等字入诗，如“掩映寒流古寺红”“万松阴里飒寒流”。其诗不注重自然物象的刻画，而重氛围的渲染，如简洁淡雅的水墨山水。其所描写的风景也在似有似无之间。为达到朦胧的效果，王士禛除了描写烟雨雾霭之类模糊的景色外，还喜欢写梦，如“十年旧约江南梦”“梦华仿佛旧东京”等。

---

① 〔清〕王士禛：《香祖笔记》卷二，清康熙八年刻本。

② 〔清〕王士禛：《香祖笔记》卷九，清康熙八年刻本。

四、“诗中无人”“诗外无事”：赵执信对王士禛神韵诗批评的深层意义

王士禛以诗得康熙帝之眷遇，其所主之神韵说风行海内，公卿大夫及文人学士皆尊之为泰山北斗，据说其门下弟子不下数千人。公开向王士禛挑战者，仅赵执信一人。雍正九年，七十岁的赵执信为冯廷櫆诗作序云：“忆余交先生来，五十年中，所见崇高赫奕，震耀一世者，指不胜屈，皆与荒烟腐草，倏焉变灭。即渔洋、田、谢声华，亦浸销减；所谓‘十子’及并时名辈，无复有知其仿佛者。而先生冰雪之文，皭然出风埃之表。方将羽仪六经，传之不朽，试与较量失得，何憾乎尔！”①赵执信对康熙年间的诗坛名家皆持不屑态度，而王士禛亦在其列。在赵执信看来，王士禛等人生前在诗坛上的崇高地位，很大程度上是依靠政坛地位支撑的，而其诗之价值了了，所以其人一逝，其诗很快即湮没无闻。其于《谈龙录》中云：“诗之为道，非徒以风流相尚而已。”②又云：“吾第问吾之神与其形，若衣冠，听人之指似可矣。如米元章著唐人衣冠，故元章也。苟神与形优矣，无所著而非优也。”③如此等等，似皆针对王士禛神韵之诗而发。

所谓神韵，最早为品评人物的术语，如刘劭《人物志》将“神”作为品评人物“九征”之第一，而评价人物之高雅，谓有“玄韵”(《晋书·曹毗传》)、“高韵”(《世说新语·品藻》)、“雅韵”(《宋书·谢方明传》)。“神韵”首先用于评人物画，如唐朝张彦远《历代名画记》论画，云人物画“须神韵而后全”。以神韵论诗，与神韵之本义有所区别，然亦有相通之处。儒家诗学以情志为诗歌之灵魂，诗人的人格修养对诗歌境界具有决定性的作用，这也是明朝以后神韵诗说的理论基点。神韵说强调的“自然天真”“韵味”与儒家诗学强调的真实自然、温柔敦厚、发而不露等皆有密切关系，更是对儒家诗学比兴说的进一步发展深化。写景咏物诗中的“传神”，所传之神并非仅指物之神，实为诗人精神的外化，所谓“不粘不脱，不即不离”，实即在诗人之人格精神与景物之间寻找最佳契合点。西风落叶、破庙古松、远烟疏林、落日古原，如此等等，境界之清远正为诗人高雅脱俗之人生志趣追求的体现。

赵执信对王士禛诗学理论和诗歌创作之疑义，亦由于其对王士禛在忠于朝廷和保持文人之独立自尊之间保持平衡的怀疑。在赵执信看来，王士禛神韵诗中缺少的，正是神韵要求的人格精神。王士禛反复强调“兴会神到”“偶然欲书”“笔忘手，手忘心”“须其自来，不以力构”等，追求的是似有深意寄托却又无法指实、似有言外余情却又难以捉摸的境界。清人姚莹《论诗绝句》云：“海内谈诗王阮亭，拈花妙谛入空冥。”④其诗歌和诗论惝恍迷离，如佛祖拈花微笑，让人费心参详。王士禛以朦胧清远为尚，所谓“远人无目、远水无波、远山无皴”，因远而模糊，本又与现实关系疏远，所以无法着实，但又可从中发掘出无尽含义。田同之《西圃诗说》云：“阮亭先生刻苦于此，每为诗，辄闭门障窗，备极修饰，无一隙可指，然后出以示人，宜诗家谓其妙语天下也。”⑤然王士禛之诗并非如其所云“伫兴而就”“偶然欲书”，而是“力构”而成，可见其对含蓄朦胧之境的刻意追求。

赵执信标举的“诗中有人”和“诗外有事”，正是针对王士禛标举的神韵而言。而赵执信对王士禛门人弟子诗歌的批评，是出于对门户之见的反感。王士禛标榜兴会妙悟，赵执信即强调

---

① 〔清〕赵执信著，赵蔚芝、刘聿鑫校点：《赵执信全集》，齐鲁书社1993年版，第380页。

② 〔清〕赵执信：《谈龙录》第五则，清光绪五年刻本。

③ 〔清〕赵执信：《谈龙录》第二十二则，清光绪五年刻本。

④ 郭绍虞、罗根泽主编：《中国近代文论选》，人民文学出版社1959年版，第57页。

⑤ 〔清〕田同之：《西圃诗说》，清乾隆间刻本。

"意兴必相附属";王士禛以清远为尚,赵执信即认为设格应宽;王士禛谈韵,赵执信则强调意,强调真,强调"以意赴韵"。赵执信的这些观点虽非皆针对王士禛之神韵说而发,然确与王士禛之诗学观相对。这种诗学观点的差异与个人品性及早年对诗歌的接受和理解有关,然与人生境遇的关系亦甚为密切。王士禛自二十六岁任推官后,仕途顺利,任高官四十余年,其身份首先是达官,然后才是诗人,对社会民生之隔膜、对仕途之热切追求及明哲保身之处世策略,使其选择了从自然风景中寻找韵味的诗歌创作道路,从而形成了清远的美学崇尚。而赵执信二十八岁因观戏被革职后,退居田园五十余年,所以其身份首先是迁客骚人,其耿介之性格、对文人精神世界之坚守,使其很自然地接受了传统儒家诗学中的情志观。同样是对儒家温柔敦厚诗教的接受,王士禛强调的是"温柔敦厚"中含蓄蕴藉的一面,赵执信强调的是含蓄蕴藉的主体意志;同样是对社会现实的反映,王士禛强调的是委婉多讽中的委婉,而赵执信强调的是委婉多讽中的讽甚至是刺。所以赵执信《吴民多》《两使君》类的诗歌,在王士禛的诗集中少有。至于王士禛推崇的"兴会",所谓的"兴会神到",在赵执信看来,实为对外物的被动应对,主观意志的缺如必然产生内容空洞甚至虚假的应景之作。王士禛于官运亨通、春风得意之时,又时时表白对喧嚣的厌烦和对江湖的向往;既对清王朝忠心耿耿,于自己诗文中歌颂清廷,称"朝廷正须雅颂手"①,又每每感慨兴亡。于民族遗恨和入世济世之间,于仕途之热情和文人江湖情结之间,左右逢源,游刃有余,其文坛霸主之地位亦由此而确定。

赵执信与王士禛之关系,作为文学史上的一桩公案,后世多有猜测。《清史稿》说二人关系交恶源于赵执信求王士禛为其《观海集》作序,王士禛屡次失信。梁绍壬《两般秋雨庵随笔》说赵执信作《谈龙录》,向王士禛借《声调谱》参阅而遭拒,因而龃龉。《阅微草堂笔记》中有鬼魅与赵执信论诗的故事,以揶揄赵执信性情狭隘。然于文网日密之际,赵执信以一己之力对抗主流诗坛、对抗庙堂文学,绝非一时意气之举。其对"卿大夫恒以官位之力胜匹夫"②的批判,隐然有以匹夫之力对抗世俗之意。因王士禛晚年编定诗文集时删去了不少内容,再加上王士禛受康熙皇帝赞赏的敦厚性格,王士禛对赵执信的真实态度很难琢磨。但从现有资料看,似乎是赵执信咄咄逼人,王士禛宽宏大量,处处忍让。赵执信对王士禛诗学的批评,固然有性格因素,如赵执信性格耿介,不慕权贵,对王士禛诗坛盟主地位与其官位之关联有成见,因而有意疏远,以免攀附权要之讥。但从现有资料看,二人关系疏远的主要原因应该是诗学观点之差异。

赵执信宗虞山冯班,而冯班之诗学观点为王士禛所薄。冯班在《钝吟杂录》中的《严氏纠谬》中专门驳斥了《沧浪诗话》中的"妙悟""风神"等说,而王士禛所宗主要为《沧浪诗话》和司空图的《诗品》,此亦王士禛贬斥冯班之原因。王士禛成名前曾得钱谦益提携,而钱谦益亦曾对严羽论唐诗分初盛中晚、论诗主妙悟提出批评,王士禛成名后亦对钱谦益的诗学提出疑义。王士禛评冯班云:"定远论文,多前人未发,但骂严沧浪不识一字,太妄。"③于《古夫于亭杂录》中论诗云:"常熟冯班,字定远,著《钝吟杂录》,多拾钱宗伯牙慧,极诋空同、沧溟,于弘、正、嘉靖诸名家多所訾謷。其自为诗,但沿《香奁》一体耳,教人则以《才调集》为法。余见其兄弟所评《才调集》,亦卑之无甚高论,乃有皈依顶礼,不啻铸金呼佛者,何也?"④王士禛所言"铸金呼佛者"中即有赵执信。

---

① 〔清〕王士禛:《渔洋山人精华录》卷七,清康熙三十九年刻本。

② 〔清〕赵执信著,赵蔚芝、刘聿鑫校点:《赵执信全集》,齐鲁书社1993年版,第374页。

③ 〔清〕王士禛:《池北偶谈》卷一七,清光绪二十二年刻本。

④ 〔清〕王士禛:《古夫于亭杂录》卷五,清光绪三年刻本。

康熙四十六年(1707),赵执信之夫人孙氏去世,康熙四十八年(1709),赵执信在《谈龙录》刊行时说:“向也匿情避谤,不敢出,今则可矣。”①在《谈龙录》中,赵执信以龙为喻,说明其与王士禛的诗学分歧。实际上,赵执信与王士禛诗学的根本分歧在于对诗歌本原的理解。《钝吟集序》实为赵执信的诗学纲领:“文章者载道与治之器,而非人则莫之托也。三代以上,惟君相操之;《春秋》作而权在匹夫,盖千古之变端矣。汉唐而降,朝野相参,而卿大夫之力恒胜。其上者,经术事功,足以震耀海内,故一言之发,举世诵之;即其仅以立言自见者,类学富而名高,不挟官位以为重。其光芒气焰,能使天下人之心思耳目,无敢苟为异同。……宋儒纷纷,道与治分,浸而道与治与文分,分则文章为无用之物,而时义出焉。夫文章惟无用也,则无一定之是非,是非无定则争,争则求为必胜。于是卿大夫恒以官位之力胜匹夫,而文章乃归于匹夫矣。”②道统与治统互为表里,而道统又呈现为文统。道、治、文统合而为一,当然最为理想,而后世道统与治统分而为二,治统之权在君相,道统之权在匹夫,于是有了文以载道之说和道为衡文之标准。宋代之后,道与文又分而为二,文学之争于是纷纷而起。剥离了治统和道统的文章,本应归于匹夫,而卿大夫又要以官位霸占文坛,此正是赵执信愤愤不平之原因。

王士禛之诗于当时被尊为诗家之“正统”,而赵执信所据以批判王士禛者,恰为儒家诗教。其于《谈龙录》中云:“诗之为道也,非徒以风流相尚而已。《记》曰:温柔敦厚,诗教也。冯先生恒以规人。《小序》曰:发乎情,止乎礼义。余谓斯言也,真今日之针砭矣夫。”其解释“止乎礼义”之义云:“诗固自有其礼义也。今夫喜者不可为泣涕,悲者不可为欢笑,此礼义也。富贵者不可语寒陋,贫贱者不可语侈大,推而论之,无非礼义也。其细焉者,文字必相从顺,意兴必相附属,亦礼义也。……夫必使后世因其诗以知其人,而兼可以论其世,是又与于礼义之大者也。若言与心违,而又与其时与地不相蒙也,将安所得知之而论之?”其所论即吴乔所论“诗之中须有人在”。赵执信于《谈龙录》中云:“昆山吴修龄论诗甚精,所著《围炉诗话》,余三客吴门遍求之不可得。独见其与友人书一篇,中有云‘诗之中须有人在’,余服膺以为名言。夫必使后世因其诗以知其人,而兼可以论其世,是又与于礼义之大者也。若言与心违,而又与其时与其地不相蒙也,将安所得知之而论之?”③其又论“诗言志”之“志”云:“诗以言志,志不可伪托。吾缘其词以觇其志,虽传所称赋列国之诗,犹可测识也,矧其所自为者耶? 今则不然,诗特传舍,而字句过客也,虽使前贤复起,乌测其志之所在?”④在赵执信看来,王士禛之诗缺的正是“志”,所以其诗中无人。

赵执信与王士禛的诗学之争,表面上为儒家诗学与审美诗学之争。然而由于身份地位之差异,特别是王士禛之诗受帝王赏识,而王士禛神韵说之影响在很大程度上又是凭其地位得以扩展的,因而赵执信与王士禛的诗学之争在一定程度上代表了在野诗人和庙堂诗人之争。赵执信上承冯班、吴乔乃至钱谦益,强调人品与诗品的关系,强调性情之表现,本为儒家诗教之正宗,然于康熙年间却成为与时代不合的“变风”“变雅”。王士禛神韵说强调的“韵外之致”,也就是尽量淡化个人之情志,淡到诗中无人为上,所以赵执信对王士禛之批评,可以说切中其要害。清朝以武力入主中原后,致力于思想征服,除了用儒理治世以笼络汉族文人、实施文化专制以恫吓汉族文人外,于文学亦甚为重视,不仅因为诗文为传统儒家教化的重要部分,亦因为诗文为汉族文人表达情志的

① 〔清〕赵执信:《谈龙录》自序,人民文学出版社1981年版,第5页。
② 〔清〕赵执信:《饴山文集》卷二,清乾隆三十九年刻本。
③ 〔清〕赵执信:《谈龙录》,人民文学出版社1981年版,第7页。
④ 〔清〕赵执信:《谈龙录》,人民文学出版社1981年版,第8页。

重要媒介。清朝统治者既可以通过诗文了解其精神世界，亦可以诗文陶冶熏染士风以至于世风。所以康、雍、乾三帝写诗作文，与汉人大臣唱和，御定历代诗歌集等，亦并非单纯地附庸风雅。康熙帝要求诗文"关乎政教，裨益身心"，又命儒臣辑《历代诗余》、校勘《词谱》，亲加裁定并作序。雍正帝在上谕中提倡"清真雅正"，乾隆帝亲自"厘正诗体，崇尚雅淳"，在《唐宋诗醇》序中鼓吹"忠爱之志""温厚和平之意"，如此等等，亦说明王士禛、沈德潜之诗得帝王之赏识绝非偶然，而他们成为诗坛盟主，含有政、文合一之意，所以赵执信和袁枚对神韵、格调说的挑战，不是简单的诗学观点之争。

王渔洋诗学理念转变考究

刘宝强*

王士禛(号渔洋)是清代康熙年间的“诗坛圭臬”。其诗题材多样,有抒怀、感兴、怀人、悼亡、记游、怀古、咏史、赠答、咏物、题画等,还有拟民歌《大堤曲》《竹枝词》等。其诗作风格不一,或旷达,或清新,或沉郁,或豪放,或冲淡,或深沉,或清远,或高古,呈现出不同特色。要理解如此丰富的诗作,必须先从本质上把握王士禛的诗学理念。

王士禛一生之诗学理念是复杂而富于变化的。《渔洋诗话序》中载有这样一段内容:“先生晚居长安,位益尊,诗益老,每勤勤恳恳,以教后学。时于酒酣烛炖,兴至神王,辄从容言曰:‘吾老矣!还念平生,论诗凡屡变;而交游中,亦如日之随影,忽不知其转移也。少年初筮仕时,惟务博综该洽,以求兼长。文章江左,烟月扬州,人海花场,比肩接迹。入吾室者,俱操唐音。韵胜于才,推为祭酒。然而空存昔梦,何堪涉想?中岁越三唐而事两宋,良由物情厌故,笔意喜生,耳目为之顿新,心思于焉避熟。明知长庆以后,已有滥觞;而淳熙以前,俱奉为正的。当其燕市逢人,征途揖客,争相提倡,远近翕然宗之。既而清利流为空疏,新灵浸以佶屈,顾瞻世道,惄焉心忧。于是以太音希声,药淫哇锢习,《唐贤三昧》之选,所谓乃造平淡时也,然而境亦从兹老矣。’”①

这段内容记载了王士禛本人之语,对分析其诗学理念有纲领性的意义。虽然该段内容常被研究者提及,然而尚无人真正重视并给予深入本质的分析。事实上,只有认真理解与把握这段内容,才能真正把握王渔洋诗学理念的变化轨迹。而要将这段内容理解通透,必须结合士禛本人的仕宦经历及他的诗学实践。

王士禛在该段中说自己“论诗凡屡变”,因而士禛一生之诗学思想确实经历过几次变化是可以断定的。“少年初、筮仕时”应指两个不同的时间。“少年初”应指王士禛开始写诗的顺治五年,当时他十五岁。《居易录》卷五载:“久之,学为五七字韵语。先祖方伯府君、先严祭酒府君知之弗禁也。时先长兄考功,始为诸生,嗜为诗。见予诗甚喜,取刘顷阳(一相,明相国鸿训之父)先生所编《唐诗宿》中王、孟、常建、王昌龄、刘昚虚、韦应物、柳宗元数家诗,使手抄之。十五岁有诗一卷,曰《落笺堂初稿》,兄序而刻之。”②士禛在的崇祯十三年、崇祯十四年即自己七八岁时便开始学诗,到顺治五年即自己十五岁时开始作诗,当年就有诗一卷,定名为《落笺堂初稿》。而士禛初筮仕(即初次做官)已是顺治十七年的事了。顺治十七年,士禛到扬州任推官,那时他

---

* 作者简介:刘宝强,六盘水师范学院中文系,副教授。

① 〔清〕王士禛著,袁世硕主编:《王士禛全集》,齐鲁书社2007年版,第4749页。

② 〔清〕王士禛著,袁世硕主编:《王士禛全集》,齐鲁书社2007年版,第3760页。

已二十七岁。可见,“少年初”比“筮仕时”在时间上要早不少。虽然王士禛十五岁开始作诗,但士禛真正获得初步文学名声是在顺治丁酉年即他二十四岁时。顺治丁酉年秋,王士禛赋《秋柳诗》四章,此四章诗在当时传遍大江南北,一时和诗者数十人,王士禛名声大振。《蚕尾续文集》卷二《菜根堂诗集序》有载:“顺治丁酉秋,予客济南,时正秋赋,诸名士云集明湖。一日会饮水面亭,亭下杨柳十余株,披拂水际,绰约近人,叶始微黄,乍染秋色,若有摇落之态。予怅然有感,赋诗四章,一时和者数十人。又三年,予至广陵,则四诗流传已久,大江南北和者益众。于是秋柳社诗,为艺苑口实矣。”①顺治十五年(1658),王士禛赴殿试,居二甲,因成绩未进入前十名,无法进入馆选,只能授予地方官职。顺治十六年(1659),王士禛选官江南扬州府推官。顺治十七年(1660),王士禛赴扬州上任,在扬州上任为官五载后便调任京职。因此,“少年初、筮仕时”应指王士禛少年时从事诗歌创作到康熙四年(1665)他离任扬州推官的这段时间。此时,王士禛只以广博完善、试图掌握好各种风格与题材作为自己的诗学追求,这段时期较有代表性的诗集是《落笺堂诗》与《阮亭诗选》。

《落笺堂诗》收录了王士禛二十二岁(即顺治十二年)以前所作之诗,《阮亭诗选》则收录了他二十三岁到二十九岁(即顺治十三年到康熙元年)期间创作的诗作,包括《丙申诗》《过江集》《入吴集》《秦淮杂诗》《白门集》等。《渔洋山人自撰年谱》卷上载:“顺治十八年辛丑,二十八岁,在扬州。……秋七月,泊舟海陵……又尝摘取唐律、绝句、五七言若干卷,授嗣君清远兄弟读之,名为《神韵集》。”②需要指出的是:王士禛在顺治十八年编选过唐诗选本《神韵集》,因此学界有人凭借《神韵集》选本认为王士禛早年是“尊唐”的,但事实上不能仅凭该部唐诗选本就下此断语。顺治十八年王士禛确实编过唐诗选本《神韵集》,但此时的王士禛对“神韵”几乎没有任何理论上的理解,从王士禛这一时期的诗作来看,他此时在诗学上应该是博综该洽、不名一家的。

王士禛在顺治十三年到康熙五年创作的诗作表现出学习各家之长,而不独专于某家某派的特点。考究王士禛顺治十三年到康熙五年《丙申稿》《丁酉稿》《戊戌稿》《己亥稿》《庚子稿》《辛丑稿》《壬寅稿》《癸卯稿》《甲辰稿》《乙巳稿》《丙午稿》等收录之诗作,各种风格与题材的诗作皆有,可见王士禛此时采取的是兼采各代之长的做法,但此时的他博综该洽,尚未形成自己鲜明的风格。以士禛康熙二年《癸卯稿》中的《戏倣元遗山论诗绝句三十六首》为例。他在《戏倣元遗山论诗绝句》中既有对元结《箧中集》的称赞,也有对杜青碧《谷音集》的肯定,元结与杜青碧这两个诗歌选本收录的分别是幽人隐士不平之作与宋末遗民亡国之音,具有现实真实性与情感深刻性的特点。士禛当时并未做高官,诗学上强调真性情且富有批判精神,因此盛赞了元结与杜青碧二人的选集。王士禛很注重人品,认为人品会直接影响创作,《论诗绝句》第二十二首就质疑了严嵩的人品与诗品。王士禛又强调诗歌创新,在《论诗绝句》第九首中就有“元白张王皆古意,不曾辛苦学妃豨”之语,他高度赞扬了元稹、白居易、张籍、王建的乐府诗,认为他们的乐府诗不模拟因袭,具有创造性,鲜明地反映了社会生活。在《论诗绝句》的三十五首诗作中,王士禛既有对唐代以前诗人如曹植、徐陵、庾信等人的肯定,也有对唐代李白、王维、孟浩然、韩愈等人的赞赏;既有对宋代诗人如黄庭坚、王安石等的称许,也有对明代诗人如李东阳、何景明、李梦阳等的推重。可见,王士禛此时的诗学理念确实是博综该洽、兼采各家之长。《渔洋诗话序》中的记载也是“惟务博综该洽,以求兼长”。

“入吾室者,俱操唐音。韵胜于才,推为祭酒。”这句话涉及的时间应是王士禛到京城任职的康

① 〔清〕王士禛著,袁世硕主编:《王士禛全集》,齐鲁书社2007年版,第2004~2005页。

② 〔清〕王士禛著,袁世硕主编:《王士禛全集》,齐鲁书社2007年版,第5065~5067页。

熙五年到王士禛担任国子监祭酒的康熙十九年。赵翼认为:"'祭酒'一词本非官名,古时凡同辈之长,都可称为祭酒,后亦泛指位尊者。"(《陔余丛考·祭酒》)此处"推为祭酒"有一语双关之意。既表明了王士禛于康熙十九年(1680)担任国子监祭酒这一事件,《居易录》有载:"戊午(1678)正月,予奉旨改翰林侍读,庚申(1680)擢国子祭酒,时李公为内阁学士,陈、叶二公相继为翰林掌院学士,沈公为掌詹,而施、彭及汪(琬)、陈(维崧)诸君皆在翰林,亦一时之胜也。"①又表明了王士禛大约在这个时间(即康熙庚申十九年)已成为清代诗学界的地位尊崇者,这从康熙二十二年徐乾学、汪懋麟、王士禛等五人文酒之会所述的内容可推断。宋琬于康熙壬子年(1672)请王士禛"定其诗笔",施闰章于康熙己未年(1679)请王士禛定全集时还要"登堂再拜","南施北宋"也是经王士禛品题后方为诗坛接受的。

王士禛在康熙五年调任京城。随着王士禛政治地位与影响的提高,与他进行诗歌交流与唱和的诗人也大量增加。而这些诗人作诗大多操唐音、以唐人为风尚,对诗作风调韵律的把握更胜过对自身才学的提高。清人吴乔在《围炉诗话》中评价王士禛是"清秀李于鳞",《围炉诗话》作于康熙二十年(1681),定稿于次年。可见吴乔所论主要是针对王士禛在康熙辛酉年之前所作之诗。吴乔认为,王士禛在康熙辛酉年(1681)之前的诗与作为明代"后七子"领袖之一的李攀龙(字于鳞)的诗有些接近,只是王士禛之诗比李攀龙之诗更为清秀。李攀龙崇唐,作诗也以唐人为尚。李攀龙的诗具有声调清高、辞采俊爽的特色,然诗作之构词时有模仿雷同。王士禛在康熙辛酉年(即康熙二十年)前的某些诗作也确如吴乔所评,与李攀龙相类,韵胜于才。

"中岁越三唐而事两宋"这句话表明了王士禛在诗学理念上的大转向。但王士禛"中岁越三唐而事两宋"之具体时间一直是学界悬而未决的争论话题。王士禛早在官扬州时就有褒扬宋诗的言论,当王士禛流连于宋代欧阳修、苏轼、秦观等大诗人曾生活过的地方时,当他将自己与哥哥王士禄的手足之情以"二苏"作比时,其对宋诗的兴趣就逐渐生发了。于是也就有了王士禛"耳食纷纷说开宝,几人眼见宋元诗"(《戏效元遗山论诗绝句》)的感慨,但兴趣感慨与将宋诗大力提倡于诗坛毕竟是不同的。据宋荦《漫堂说诗》第十三条所记:原本守三唐之成法的王士禛,康熙壬子(即康熙十一年)、癸丑(即康熙十二年)年间屡入长安,与海内名宿尊酒细论,又阑入宋人畛域。又《漫堂年谱》康熙十一年条记:五月,如都候补,寓柳湖寺,龚尚书鼎孳、王吏部士禄、民部士禛、玉叔兄琬,时过寺觞咏。宋荦此时还是"旗东亦东、旗西亦西"②、在诗学理念上摇摆不定之诗人,其后来的尊宋诗风应该也是受到了王士禛此时"尊酒细论"与"过寺觞咏"的影响。可见,王士禛提倡宋诗风的时间应始于康熙十一年(1672)左右。

从王士禛的诗作来分析,"中岁"也应是康熙十一年(1672)左右。王士禛在康熙壬子年(即康熙十一年)典试四川,第一次入蜀后的部分诗作风格由唐而转入宋。1672年所作《蜀道集》中的一些诗作明显体现出了宋诗风格与特色。《蜀道集》可看作是王士禛向宋诗风转变的一个重要标志。李毓芙先生曾评价王士禛"入蜀后诗骨愈苍,诗境愈熟,濡染大笔,积健为雄,直同'香象渡河',岂独'羚羊挂角'。识曲听真,要当分别观之"③。王士禛入蜀后(确切地说是康熙十一年以后)所作之诗,有一部分诗仍体现着对"羚羊挂角"超脱意境的喜好与追求,另一部分诗则不单纯以意境追求为主,而以用典、议论为主,接近宋诗。故李毓芙先生认为王士禛入蜀后所作之诗并不仅有"羚

① 〔清〕王士禛著,袁世硕主编:《王士禛全集》,齐鲁书社2007年版,第3761页。

② 〔清〕宋荦:《漫堂说诗》,见《清诗话》,上海古籍出版社1978年版,第420页。

③ 〔清〕王士禛著,李毓芙、牟通、李茂肃整理:《渔洋精华录集释》,上海古籍出版社1999年版,第1989页。

羊挂角”的特点,这种论点非常精辟。如康熙壬子年王士禛所作《蜀道集》中的《和东坡开元寺忆子由韵》一诗:“河潼西上千余里,五丈原边望翠微。地逼陇关寒更早,雨晴汧水雁初飞。身经紫阁筇难到,囊比朱儒愿已违。梦里倚闾双白发,不归真被鹤猿讥。”①王士禛在该诗中堆砌典故。该诗格调沉雄,通篇夹叙夹议,却少有发自内心的情性抒发,在语言特点与风格上有宋诗之色。又如《蜀道集》中的《七盘岭》一诗:“七日行褒斜,目瞶耳亦聋。浊浪崩崖根,征衣碎蒙茸。不知天地阔,讵测造化功。岌然土囊口,鸡帻摩苍穹。磴道上七盘,大翮排天风。绝顶忽开豁,白日当虚空。褒水出谷流,汉江绕其东。巴山跨秦蜀,蜿蜒连上庸。川源尽沃野,天府如关中。橘柚郁成林,稻苗亦芃芃。襄阳大艑来,千里帆樯通。当年号天汉,运归隆准公。将相得人杰,驱策芟群雄。一战收三秦,遂都咸阳宫。智勇久沦没,山川自宠災。跋马向褒国,日落烟濛濛。”②唐人陈子昂(一说作者为沈佺期)也曾写过同名诗作《七盘岭》:“独游千里外,高卧七盘西。晓月临窗近,天河入户低。芳春平仲绿,清夜子规啼。浮客空留听,褒城闻曙鸡。”通过比较不难发现:王士禛《七盘岭》一诗风格豪壮苍劲,将“赋”这种铺成叙事的现实主义手法用到了极致,有宋诗之色;而唐人《七盘岭》一诗则多用“比”“兴”手法进行抒情,风格飘洒清新。由此可看出王士禛此诗风格与唐人的不同。王士禛饱览巴渝独特的风俗民情与自然风光,又目睹了巴渝历经战乱兵祸的民生状态,沿途创作的多是即景感怀、吊古伤今之作。如《蜀道集》中的《武侯琴室》一诗:“竹筱娟娟静,江流漠漠阴。至今筹笔地,犹见出师心。遗恨成衔璧,元声有故琴。千秋弦指外,仿佛遇高深。”③该诗夹叙夹议,引发的更多是一种思考,接近宋人诗作主理的特征。从康熙十一年所作《蜀道集》中的以上诗作都可看出王士禛在诗学理念上“事两宋”的这种变化。王士禛在《蚕尾文集》卷一《鬲津草堂诗集序》中云:“以为唐有诗,不必建安、黄初也;元和以后有诗,不必神龙、开元也;北宋有诗,不必李、杜、高、岑也。”④从这里也可看出王士禛对唐宋之诗兼扬的特点。

王士禛在康熙二十年之后还未完全废弃宋诗。王士禛对宋诗风的承继至少持续到康熙二十二年文酒之会以后。康熙二十四年(1685)王士禛奉皇命祭告南海时所作的《南海集》中也有部分诗作存在着宋诗的影子,这也符合俞兆晟《渔洋诗话序》中所载的内容。施闰章也看到了王士禛《蜀道集》与《南海集》中部分诗作与王士禛早年诗作风格之不同,于是指出王士禛“往日篇章清如水,年来才力重如山”(《学余诗集》)的这种诗作特征上之变化。康熙壬子年(1672)与康熙乙亥年(1695),王士禛两次奉命入蜀,踏足渝州、涂山、瞿塘三峡、巫山十二峰等巴渝形胜,写下了大量描写巴渝自然风物及怀古感时之作,其中部分诗作风格豪壮苍劲、气韵雄健、悲壮沉郁。王士禛在入蜀后创作了一些关心时局、同情民生的诗作。这些诗作,人文情怀与景物描写交相呼应,具有较强的现实主义特色,都接近于主流宋诗。

必须指出的是:康熙十一年后王士禛的“越三唐而事两宋”其实并不是独尊宋诗,而是提倡宋诗、不废唐诗。王士禛在当时所作的部分诗作仍保留了唐诗的部分特征。如其作于康熙十一年的绝句《裂帛湖杂咏》:“裂帛湖光碧玉环,人家终日映潺湲。分明一幅蔡侯纸,写出湖南千万山。”⑤这首绝句吟咏湖光水色及周边景物,笔致潇洒、措辞洗练、自然流畅、韵味十足,极有唐诗

① 〔清〕王士禛著,袁世硕主编:《王士禛全集》,齐鲁书社2007年版,第743页。
② 〔清〕王士禛著,袁世硕主编:《王士禛全集》,齐鲁书社2007年版,第751页。
③ 〔清〕王士禛著,袁世硕主编:《王士禛全集》,齐鲁书社2007年版,第755页。
④ 〔清〕王士禛著,袁世硕主编:《王士禛全集》,齐鲁书社2007年版,第1799页。
⑤ 〔清〕王士禛著,赵伯陶选注:《王士禛诗选》,人民文学出版社2009年版,第192页。

之色；而该绝句多用典故，又接近宋人之诗。再如同年所作《广元舟中闻棹歌》一诗："江上渝歌几处闻，孤舟日暮雨纷纷。歌声渐过乌奴去，九十九峰多白云。"①该绝句是王士禛使蜀途经广元之作，该诗也符合宋诗多用典故的特征，但风格上明快晓畅，接近于唐诗。又如写于康熙十五年的《送许竹隐之绍兴二首》其一："蝉声集深树，驿路遍槐花。黄鹄逝千里，浮云天一涯。莺啼范蠡宅，草长谢敷家。迢递相思处，春风满若耶。"②这首诗既有宋诗铺陈叙述的特色，又兼有唐诗抒情写意的手法，是唐宋并重的鲜明体现。王士禛在《香祖笔记》卷九中对自己此时唐宋并重的诗学理念有明确的表述："余偶论唐、宋大家七言歌行，譬之宗门，李、杜如来禅，苏、黄祖师禅也。"③这段话的意思是王士禛认为李白、杜甫两位唐人的七言歌行犹如佛家的如来禅，而苏轼、黄庭坚两位宋人的七言歌行犹如道家的祖师禅。佛、道两家只是信奉不同，本质上并无优劣可比。因此王士禛此时认为宋人苏轼、黄庭坚诗作之造诣并不亚于李白、杜甫，有明显的唐宋并尊的倾向。康熙十一年"事两宋"的转变给王士禛带来了"笔意喜生，耳目为之顿新"的感觉。但王士禛"事两宋"之诗学理念持续的时间并不长。俞兆晟在《渔洋诗话序》中指出：物情厌故、求新避熟在唐代长庆年之后已有滥觞，而宋朝淳熙年以前均尊奉为正。当时学人们争相提倡宗法这种思想，然而却导致了"清利流为空疏、新灵寖以佶屈"的缺陷，这种现象让人忧心。于是王士禛用太音希声来治疗两宋锢习，编选了《唐贤三昧集》，该选是太音希声之作的代表。因此，王士禛从康熙十一年左右的"事两宋"转向对两宋锢习的纠正而独尊唐诗，应该是在康熙二十七年左右，《唐贤三昧集》多选平和淡雅之作即可体现。虽然王士禛的诗学理念在康熙二十七年左右发生了明显转向，但他本人认为自己编《唐贤三昧集》后，心境也从此老矣。可见，在编选《十种唐诗选》与《唐贤三昧集》的康熙二十六年、康熙二十七年，王士禛才真正地摈弃了对宋诗的尊崇，将诗学理念转向了"独崇唐人唐诗，推尊盛唐"。

王士禛康熙二十六年之后的诗学理念可通过与叶燮之诗学理念的比较而窥见。叶燮在其诗论著作《原诗》中表现的诗学理念与王士禛康熙二十六年后的诗学理念不太相同。叶燮在《原诗》中云："诗有源必有流，有本必达末；又有因流而溯源，循末以返本。其学无穷，其理日出。乃知诗之为道，未有一日不相续相禅而或息者也。但就一时而论，有盛必有衰；综千古而论，则盛而必至于衰，又必至衰而复盛。非在前者之必居于盛，后者之必居于衰也。"④叶燮在此指出：诗有源流，有本也有末，循末也能返本。一时一代之诗都有盛衰，整个诗坛不可能长居于盛，盛况相沿日久必然流于衰，而衰后通过"变"（即创新），摆脱陈陈相因，才能复归于盛。因此在叶燮看来，即使是唐诗也有盛衰，明清两代之诗也有复盛之作。而王渔洋却认为：唐代之诗（尤其是盛唐诗人诗作）是诗的最高境界，其他各朝代的诗家只能努力地学习与接近它，却永远不可能超越他们。王士禛中年晚期的两部唐诗选本《十种唐诗选》与《唐贤三昧集》以及其迟暮之年编选的《唐人万首绝句选》均体现出了渔洋在康熙二十六年之后对唐人唐诗无限推崇的诗学观念。

从以上分析可知，王渔洋诗学理念的转变轨迹大致可分为三个阶段。从早年开始写诗到初任官职这段时期（顺治五年到康熙四年）是第一阶段。王士禛此时在诗学上是博综该洽、兼采众长，但以学唐为主。从京城任职到《南海集》的完成（康熙五年到康熙二十四年）是第二阶段。王士禛

---

① 〔清〕王士禛著，赵伯陶选注：《王士禛诗选》，人民文学出版社2009年版，第210页。

② 〔清〕王士禛著，赵伯陶选注：《王士禛诗选》，人民文学出版社2009年版，第220页。

③ 〔清〕王士禛著，袁世硕主编：《王士禛全集》，齐鲁书社2007年版，第4651页。

④ 〔清〕叶燮著，霍松林校注：《原诗》，人民文学出版社1979年版，第3页。

的诗学理念由第一阶段的博综该洽、兼采众长及以学唐为主发展到中年早期(从康熙五年大约到康熙十年)的重唐音、韵胜于才,又发展到中年中期(即康熙十一年到康熙二十四年)的越三唐而事两宋、唐宋兼取、推崇宋诗。而从中年晚期到晚年时期(康熙二十六年以后)是第三阶段,以《十种唐诗选》与《唐贤三昧集》的编选为标志。王士禛从康熙二十六年后这一阶段总的诗学理念是“独崇唐人唐诗、推尊盛唐”,其独标的“神韵”理论也是在这一阶段才开始力主独倡的,这修正了学界以前对王渔洋“神韵”的一些观念。故该篇可与本人的《王渔洋“神韵说”内涵特征发微》①谓为姊妹篇。

① 刘宝强:《王渔洋“神韵说”内涵特征发微》,载《文艺评论》2013年第12期。

清初江南词坛生态再检讨

——基于王渔洋与吴兴祚的比较

朱丽霞*

有清一代,词学中兴,其重要标志之一便是:地域性的词派与词人群体竞相出现,云蒸霞蔚。从顺治到康熙的八十年间,齐鲁、江南、岭南等地区的地域性词派和词人群体相继登场,他们既各成统系又声气相通,共同奠定了清词中兴的繁荣局面。王渔洋在词学方面的努力,不仅使江南词坛在当时引领了词学的复兴,而且奠定了其后江南词坛持续繁荣的局面,更重要的是使江南词坛成为后世学界研究中持续的热点。蒋寅教授关于王渔洋研究系列专著的问世,使清初词坛领袖王渔洋在学界中家喻户晓。清初对文学的支持力度并不逊色于王渔洋的吴兴祚则无人知晓。当屈大均北出大庾岭,江浙访友,目睹江南词坛之盛况时,慨叹曰:"风流南国无词客,秀丽西家有美施。"①他惊叹的是江浙词人的数量如此之多。王渔洋无疑是这一文学景观的重要建构者。屈大均以极大的热情投入到江南的词坛盛况中,而其故乡——岭南冷落的词坛亦因一个江南官员的到来而开始兴盛。

对于岭南词坛,比较一致的观点是:清代岭南词坛直到乾隆年间才凸显出其词学方面的特色。甚至有学者认为岭南词派根本不存在。严迪昌在《清词史》中用四分之一节的篇目介绍"屈大均及'岭南三家'"的词学成就,但并没有对这一词派进行深入研究。他认为"岭南词风炽盛于乾、嘉",清初岭南并没有词学波澜。《中国词学大辞典》认同"岭南词派"的存在,"明末清初词的流派,以南粤清雅声韵为特征。其主要词人有屈大均、梁佩兰、陈恭尹、金堡等"。但所言仍局限于少数词人,岭南词派"至乾隆、嘉庆间犹风行一时",意思即清代岭南词坛昌盛,到乾嘉时期仍然毫不逊色,这说明,该《中国词学大辞典》的编者已经注意到了清初岭南词坛的变化和发展趋势,因是《辞典》故只作了简洁明了的介绍,但其后也未见有论文对清初岭南词坛进行研究。

回归文学史程,我们发现,自唐五代至明代,岭南词学都较滞后于中原、江浙,词人无多,成就不高。清初,岭南词坛开始崛起并蓬勃发展,并从此振兴于整个有清一朝,到晚清诞生了主词坛牛耳的临桂词派。是什么原因使得岭南词坛在清初顿然兴起,名家辈出?在清初岭南词人中,"岭南三家"最为出色。然而,三家词学成就并非于岭南自身的地域词学环境,而是直接源于清初坐镇岭

---

* 作者简介:朱丽霞,上海交通大学,教授。

① 〔清〕屈大均:《送姜克犹归山阴》,见欧初、王贵忱主编《屈大均全集》,人民文学出版社1996年版,第979页。

南的各路幕府的词学活动。岭南词派事实上是由岭南幕府的文学活动直接孕育而成的一个词派。而其中的关键人物是两广总督吴兴祚。严迪昌认为王渔洋固然是清初词坛的旗纛,但是吴兴祚于清初词坛的意义同样重大,他是“沟通吴、越及岭南词风的一个媒介人物”①。

一

王渔洋任扬州司理前后达五年之久,他在扬州的社会活动和个人生活为其后的士大夫文人提供了典范。他在扬州任职期间,利用自己的家世背景、政治地位和文学才能,积极地结交江南遗民诗人,赢得了这一精英群体的舆论支持,从而为其日后成为文坛盟主奠定了坚实的基础。绍兴人吴兴祚差不多在王渔洋赴任扬州的同时,在与扬州隔江相望的无锡任县长。扬州以商业和文化繁荣著称,梁溪(无锡别称)同样也是历史文化名城,梁溪自宋代即是词学中心,产生了许多知名词人。清初,清廷针对江南的抵抗,对江南实施了数次文化镇压(如《明史》案、通海岸、奏销案),其中打击最重的一次是顺治十八年(1661)的江南奏销案。财富集聚、文化发达的江南令入关未稳的清廷惊恐担忧。顺治初,为了使江南士绅归顺,清廷开始对江南实施特殊的控制政策。首先,没收不合作者的家产。顺治二年,清廷下令,凡是“诸生不至者,家产籍没”②。钱粮奏销(足额征收所欠钱粮赋税)新例是推向全国的条例,但因江南赋税拖欠数量多,绅衿人数众,江南巡抚朱国治采用非常严厉的方式,催交欠税。事情因而扩大株连,遂酿成了褫革绅衿13500余人的钱粮奏销案。士人的不幸,成为文坛的大幸。大批被黜文士回归江南,面对政治前途的断绝,他们必须重新规划今后的人生之路。这为他们的相聚提供了机缘,也成为王渔洋在扬州司理任上得以扬名的契机,也为吴兴祚显身政坛与文坛提供了良机。

王渔洋在扬州的文化活动为其树立文化声望奠定了基础。对吴兴祚来说,出任无锡知县无意间成为了他树立文坛、政坛声望的一个重要机遇。明清之际,中国的文坛精英集中在江南一带,以扬州和梁溪为中心。因此,对王渔洋、吴兴祚来说,如何联络这些文坛精英是衡量其政绩的重要指标。政事余暇,王渔洋、吴兴祚都积极参加扬州、梁溪的文化活动。其一便是诗词雅集。

王渔洋赴任扬州不久,先后赴常熟拜访文坛耆宿钱谦益,赴无锡拜访名门侯氏、邹氏、秦氏。与无锡邹漪成为挚友,王渔洋有《惠山下邹流绮过访》诗纪事。邹漪,无锡著名书商邹式金之子,编有《杂剧新编》,名闻遐迩,选有《诗媛八名家集》《名家诗选》和《五大家诗钞》等,风行天下。其康熙七年刊行的《名家诗选》中有《王贻上诗选》,由此可知邹漪对王渔洋的认可和鼎力推扬。王渔洋从邹、顾的书坊中选购了大量书籍,满载而归。回到扬州后,王渔洋将此次梁溪行所为编为《入吴集》,请梁溪名士著名选家顾宸撰序。顾宸是《国雅品》编者顾起纶的后人,顾宸对于王渔洋的嗜书深表钦佩。当王渔洋告知“尝手奇字,摘所笺释者,三绝编而不厌”时,顾宸感慨曰:“何阮亭之酷嗜吾家书也!”他深为王渔洋的谦和下交而愧疚不已。

梁溪词学向来发达,严绳荪与邑中顾景文、顾贞观、秦保寅、邹显吉③、秦松龄、蒋遵路④等结诗社于惠山碧山吟社,时称“云门十子”。邹祗谟《远志斋词衷》云:“梁溪、云门诸子,才华斐然。近

---

① 严迪昌:《清词史》,江苏古籍出版社1990年版,第295页。

② 〔清〕曾羽王:《乙酉笔记》,见《清代日记汇抄》,上海人民出版社1982年版,第21页。

③ 邹显吉(1636~?),字黎眉,号思静,鞭斋,湖北居人,晚号城南老圃。无锡人,诸生,工诗画,诗学吴伟业,画摹宋,元、山水人物均得古法,落笔尽妙,善花卉写生,尤善画菊,有“邹菊”之称,著有《北游集》《湖北草堂诗》等。

④ 蒋遵路,字路然,秀才,无锡人。

对岩以荪友、乐天、景行、华峰、青莲及家黎眉词见示，合之山来、沛玄诸子旧作，笔古蕴藉，清艳兼长。”①这是王渔洋亲赴梁溪访学的原因，也是他多交友梁溪名士的原因。

吴兴祚知无锡，是梁溪词社的重要成员。吴兴祚爱好戏曲，梁溪浓厚的词学氛围强烈地吸引着吴知县。吴兴祚参与梁溪文人雅集的同时，也从其故乡绍兴招聘文士入幕，其中有许多在扬州参与了王渔洋的雅集。

吴兴祚如王渔洋一样，从容地周旋于文坛与政坛之间，“交鸣琴鹤讼庭清，韵事泉亭又落成”②。吴绮《梁溪倡和诗集序》称赞吴兴祚在政事与文学上兼有成就，曰：“自延陵以来，不乏季子。然子颜龙占，未闻作赋之能；季重风观，罕见济时之略。兹兼二美，独在一人。”③通常情况下，政坛上叱咤风云之人，难以在文坛上有所建树；而文坛上纵横驰骋之人，也难以在政坛上呼风唤雨。吴兴祚为政余闲，扬扢风雅，倡导文化，提携文学才俊，“喜与文士游。一时名士，多共唱酬。颇能沾溉寒士。故人望归之”④。在梁溪，吴兴祚不仅交游遗民乡绅，也多收罗遗民文人至其幕下。他不仅与江南文人诗酒唱和，也多次在县署衙门举办雅集，其《立春后二日燕集尺木堂即席限韵》《元夕诸同人燕集来悦楼步奚司马韵》《步秦留仙元夕饮尺木堂》《锡祉堂雅集即席步韵送徐电发编修还朝》等，显现了他与任职地文人学士的融合。他创立梁溪诗社，定期集会，将众人唱和诗结集为《梁溪唱和集》。康熙八年（1669），一年内举办的填词雅集就有三次。第一次是在元宵佳节腊梅盛开时，吴兴祚邀友人雅集赏梅，并填词《念奴娇·元宵后二日与诸同人集弘绪堂叠前韵》：“灯花灿烂，记今宵、一十四人相共。一剪胆瓶梅破萼，已识春风解冻。遥想当年，开元盛事，惟有凉州梦。千秋佳话，相传皆以人重。”由此可知，此次聚会共有十四人雅集弘绪堂。这是一次十分重要的相聚，虽然吴知县没有记录参与者的姓名，但可以推知，他们都是深负一方声望的文人才士。这次雅集将会吸纳更多的文人加入到未来的填词唱和中。陈维崧热诚地参与了三次雅集，由其《醉乡春·秦对岩携具寄畅园举填词第三集》可知，第三次雅集由县衙弘绪堂转到秦松龄的私人花园——寄畅园。园主还为此次雅集提供了经济支持。

康熙十年（1671），吴兴祚四十岁，已到不惑之年，友人纷纷前来祝寿。吴绮《减字木兰花·饮家伯成署中》：“官斋清暇，容我疏狂……烧残画烛，把酒清谈人似玉。”《鹧鸪天·戏柬伯成索酒》：“生计无端付醉乡，虞卿归后更荒唐。贤人未拟酬诗渴，圣主曾知是酒狂。”武进龚胜玉《沁园春·寄谢闽抚吴伯成大司马》：“如侬者，虽草茅鄙贱，亦往观焉。”刘体仁在画舫内布置了盛大的生日酒宴，为吴知县祝寿，在《邀吴伯成、余澹心、朱子葆、顾修远、秦补念、秦留仙、顾天石、震修弟，舟宴分韵》（一）中称吴兴祚为“东南文雅”之主。为感谢友人的热诚相贺，吴知县特别举办了数次大型文酒宴集如听梧轩宴集、尺木堂宴集。陈玉璂《夜饮尺木堂·伯成明府出亦园原唱属和，兼示于皇、澹心和章，漏断归寓，即于残灯下成之，亦园原唱为侯比部歌童作也》（八）自注：“昔年为文酒之会，五邑同人大集惠山，极一时歌舞嬉游之乐。”

康熙初年，王渔洋在扬州，吴兴祚在无锡，他们皆以超凡的睿智稳定了江南的社会秩序，复苏了当地的经济，更重要的是他们以自己对文学的爱好和支持抚慰了大批遗民的心灵，推动了清初

---

① 〔清〕邹祗谟：《远志斋词衷》，见唐圭璋编《词话丛编》，中华书局1986年版，第659页。

② 〔清〕严熊：《二泉亭诗赠吴伯成明府六首》，见《严白云诗集》卷六，《清代诗文集汇编》本第100册，上海古籍出版社2010年版，第51页。

③ 〔清〕吴绮：《林蕙堂文集》卷五，见《清代诗文集汇编》第68册，上海古籍出版社2010年版，第74页。

④ 邓之诚：《清诗纪事初编》卷六，上海古籍出版社1984年版，第641页。

江南的文化复兴。而扬州的仕宦经历，使王渔洋赢得了江南遗民诗人群的支持，这也成为他日后仕途顺达和声名显赫的重要资本。江南文坛强大的舆论话语，推动着王渔洋最终走向了文坛的中心。

与王渔洋由扬州走向北京声望日显形成鲜明对照的是，吴兴祚由梁溪走向更远离京师的蛮荒地——岭南，尽管他付出了更多的努力支持文坛，但始终没有王渔洋般的声名和影响。

二

王渔洋司理扬州，广泛地结交遗民文人，智慧地树立了自己的文坛声望，为其成为文坛领袖奠定了基础。目前，有关王渔洋研究的专著论文大量涌现，尤其是蒋寅教授的《王渔洋事迹征略》详细梳理了王渔洋一生的学术活动，细致入微，缜密完善。但是，王渔洋司理扬州时，顺治末康熙初的几次江南大案（科场案、哭庙案、奏销案）皆未波及扬州，所以，清初扬州的遗民以移民为主，如孙枝蔚（山西煤商）、方文（安徽药商）、杜濬（湖北塾师）。他们的遗民高节和守穷赢得的声望非清朝的优惠政策所能招至。而扬州本土的文士多纷纷奔波于科考的征途，谋求出仕的机会，他们的生活并没有巨大的波澜。江南大案针对的主要是苏南浙北一带，限定于苏松常镇四府和溧阳一县，四府一县的士绅被黜功名，无奈回归故里。期间，他们中的许多人如陈维崧、邹祗谟等也参与了王渔洋举办的扬州红桥修禊，但是，被黜文人流落扬州的数量远远没有四府之多。无锡隶属常州府，又居苏州与常州之间，是奏销开始实施的地区，也是打击最严重的地区，无锡士绅几乎无一漏网。顺治十八年（1661），江南奏销案使万余名江南士绅举子被黜乡居，此时吴兴祚在无锡知县任上。大批文学精英顷刻间失去了昨日荣光，悲天悯人，忧郁迷茫。如顾贞观康熙元年（1662）冬《寄吴汉槎书》即云“弟为奏销所累，青衫已非旧物。……今卖扬雄之赋，不值千金，援纳无资，浪游非计”，凄楚哀怨。吴兴祚与这些被黜士绅密切交游，并多次在惠山举办大型诗词雅集，为这些被黜的江南文士提供唱和交流的机会，自己也因此获得了江南文士的一致拥戴。知县太守亲自主持的雅集，突破了江南文人虽然频繁举行诗酒雅集但往往限于本地知交的少数人的传统，突破了地域的局限，使山阴、余姚、杭州、嘉兴、松江、扬州、苏州、无锡、常州等地的文人聚集在一起，吟诗绘画，纵酒高歌。这些被黜士绅除了极少数人如“一文不值”的探花叶方霭（被黜一年后，便由徐乾学推荐，重返京师）通过各种方式重返仕途外，多数人被黜乡里，郁闷难排。他们或躬耕南亩，享受子孙环绕的天伦之乐，如吴嘉纪；或重新参与科举考试，试图一搏，如计东、万树；或谋求新的发展，走入幕府，如秦松龄、王澐。吴兴祚喜“晋接交游，海内名士尝聘致署中，暇则诗文觞咏，往往倾箧赠之”①。即使到康熙十八年（1679）的博学鸿辞之征，万余被黜文人中也只有极少数人重返官场，大多数都留居乡里。清初诗坛、词坛上遍被华林的唱和诗词，大批才子佳人的爱情传说、落第举子的苦闷抒写、金榜题名的浪漫理想与大批戏曲传奇的问世皆与被黜文士的归里密切相关。正当这批江南文人忧悠乡里时，吴兴祚来到了文人聚集的无锡。在此非常历史时期，吴兴祚无锡幕府笼络了一批文学精英。吴举祚与他们倾心交友，诗酒唱和，使这个幕府从此进入了中国文学发展的史程。

王渔洋离任扬州赴京师之任后，无锡知县吴兴祚便长期成为遗民和被黜文人交流交游的中心，他提携帮助的众多遗民因此而于史留名。王渔洋因其后来进京、官职日显而被广泛关注，吴兴祚则因由无锡擢八闽，升岭南，尽管官职亦日显，但由于与京师的距离愈来愈远，因而被学界忽略。

---

① 〔清〕悔堂老人：《越中杂识》，浙江人民出版社1983年版，第90页。

龚鼎孳在《赠锡山令吴伯成重建来悦楼》中颂扬吴兴祚政绩曰:“吏事烟霞上,文心鲍谢间。”无锡知县任内,吴兴祚往往在繁忙的公务外,犹能维持闲逸潇洒的情调,或是纵情于山光水色,或是与宾客刻烛赋诗,清言不绝。顾贞观《金缕曲》即言吴兴祚“案积如山卷。尽从容、手书耳受,移时散遣”。吴兴祚还与文人、官员、名士密切交往,进行诗词唱和活动。无锡地处南北要冲、运河太湖交汇之区,吴兴祚的爱才下士,使得访客川流不息。这些人因为升官、罢官、旅游等各种公私事务,多流连驻足于无锡。这成为吴兴祚日常生活和交游网络的重要一环。对于吴兴祚和过往的文人雅士而言,无锡的引人之处,不仅在于它的山光水色和繁荣,还因为当地特有的文化、历史传承。这些文化传承固然构成了清初士大夫的共同文化与历史记忆,但因为个人性情和成长背景的差异,不同的士人可能会选择不同的方式寄托对山水、城市的感怀。借诗文酬唱,吴兴祚在同侪间建立起了可以与王渔洋并驾齐驱的文坛声名。

叶方蔼《云起楼公燕诗序》云:“古之善为政者,既勤其赋业矣。而听事之暇,必有台榭游览之娱,宾客谒从之乐。”在弛张有序方面,清初王渔洋是个成功的典范。他在扬州司理任上,“昼了公事,夜接词人”,成为千秋佳话。王渔洋作为清初诗坛领袖,几乎无可置疑,一直被时人和后人关注,相关的研究文章及论著不断问世。相对于人们对王渔洋持久不熄的热情,吴兴祚则黯然得多。无锡文士陈玉璂很为吴兴祚鸣不平,他认为,从接纳遗民、吸引文士的角度来说,“吴伯成大令尤好客,客较阮亭益多”①。

吴绮《梁溪倡和诗集序》云:“公(吴兴祚)独致云霄,手挥雷电,以仗钺而兼工草檄,当横槊而犹忆赋诗。”②吴兴祚身为雄镇一方的封疆大吏,仗钺草檄,横槊赋诗,多次在诗词中自比刘备曹操,“文藻追曹刘”③,希望能够建立曹刘般的丰功伟业。同时,他也是一个儒雅风流的文职将军,余怀《念奴娇·祝吴伯成》:“拄颊高吟,人道是,晋代河阳潘岳。”对于吴兴祚幕府文学的巨大成就,邓之诚甚感困惑不解,在其《清诗纪事初编》(卷六)中感叹曰:“亦不识簿书丛脞中。(吴兴祚)安有此闲情逸致?”身为政府高官,日理万机,怎么会有如此高昂情致致力于文学,并取得如此令人敬佩的成就?邓之诚茫然而叹,谓吴兴祚具有“兼人之才”。常熟严熊则认为吴兴祚是清初最成功的“林泉吏隐”④者。

“千秋佳话,相传皆以人重。”⑤王渔洋与吴兴祚为官时,都充分认识到了人才的作用,在任职之处,都笼络了大量的遗民门客、文人幕僚,广泛地交友社会乡绅。他们往往以自己幕下人才济济而感到自豪,“人似南皮胜”⑥,“南皮高会客”⑦。魏禧《宋渐堂四十初度序》云:“‘天下之势将在客’,吾闻诸高僧云。窃疑:七国各王其土,有互相并兼之志,故纵横游说之术行而客重。……方今天下太平,其势终不得不右武,故将帅之权常重。帅重而帅之客不得轻。何则?名藩巨镇,起自戎马,

① 〔清〕陈玉璂:《刘公戬梁溪诗序》,见《学文堂集》,《四库全书存目丛书补编》第47册,第138页。

② 〔清〕吴绮:《林蕙堂文集》卷五,见《清代诗文集汇编》第68册,上海古籍出版社2010年版,第74~75页。

③ 〔清〕陈维崧:《梁溪赠吴伯成明府》,见《陈维崧诗》,广陵书社2006年版,第266页。

④ 〔清〕严熊:《二泉亭诗赠吴伯成明府六首》,见《严白云诗集》卷六,《清代诗文集汇编》第100册,上海古籍出版社2010年版,第51页。

⑤ 〔清〕吴兴祚:《念奴娇·元宵后二日与诸同人集弘绪堂叠前韵》,见《全清词·顺康卷》,中华书局2002年版,第6249页。

⑥ 〔清〕吴兴祚:《惠山天均堂家耕方招同周伯衡诸六在张登子秦吉生薛国符贺天士吴柏裳顾天石刘震修邹隊口宫陈集生邓肯堂家园次石叶肜本分赋二首》,见《留村诗钞》。

⑦ 〔清〕吴兴祚:《侯比部仙蓓新创亦园索咏》(九),见《留村诗钞》。

率以战功拜爵,拥大纛,专千里百城之寄,所能为生民祸福关系天下大利大害者,其气力往往十百于方面之文吏,而文告奏对之词,机事之谋,则不得不寄其权于客。”①即说明了清初幕僚文人对于平定天下、治理天下的重要意义。

王渔洋在扬州司理任内,尽其所力保护了大批遗民隐士,保护了富甲天下的名城扬州的文化和历史遗产。王渔洋对扬州在清代的迅速繁荣功不可没。吴兴祚连任无锡知县,经济复苏、社会安定在其上任的第一届内已经基本完成。连任后,吴兴祚着力发展无锡的文化事业,联络江南文人。“圣代含香令,如公有几人。”如果说在江西萍乡、山西大宁、山东沂州任内,吴兴祚尚致力平定叛乱、整治社会治安,无暇顾及文化发展事宜的话,那么,其在无锡知县的第二个任期,已经胸有成竹地发展文化事业了。礼贤下士,拜访遗老,参与年轻才俊的诗文集会,广泛交游,这为他在文坛上崭露头角创造了良好的条件。其中,特别应该提及的是,他很注意和深孚众望的前辈遗老交游,表现出了与王渔洋扬州司理任内一样的聪明睿智。前辈遗老都是一方文化的代表和象征,得到他们的接受与认可,就是确立了自己的文化地位。

王渔洋不仅是一代名宦,还是一个创作极为丰富的文学家,他以独特的创作奠定了其在清初文坛不可撼动的崇高地位。而吴兴祚,能够体现出其词坛影响的不是他的词学创作,而是其词学活动。通过唱和,其周围聚集了一批词人。顺治末康熙初,王渔洋在扬州的虹桥雅集知名天下。坐镇扬州期间,王渔洋举办了无数次江南文人雅集,汇集了天下精英,“在东南一带,能够具有王士禛这样的组织群体创作活动条件的,确实不多”②。吴知县周围汇集的是大批已有功名而被黜的愤然才士。吴兴祚无锡雅集确实是个例外。吴兴祚从事词学活动的时期,词学复兴的各种因素不断蕴积。词学复兴需要有人去推动。吴兴祚正是被赋予了这种历史使命的人。在任无锡知县的十三年中,吴兴祚致力于与无锡、江南文人建立一种融洽的友情,取得他们的支持。吴兴祚的这个努力不仅获得了极大成功,而且成为他在福建立功进而擢升为两广总督的必要基础。吴兴祚个人的成功标志着清朝从文化上征服江南的成功。尽管他的成就与贡献并不在创作,但他组织群体的词学活动,给清初词坛树立了榜样,激发了对词学探讨的进一步展开。吴兴祚是清初词坛继王渔洋之后词复兴的关键人物。

王渔洋卸扬州任赴京之后,官职日显,至刑部尚书。在京师,无论在文学还是在政治上,王渔洋都是人人崇敬的中心人物。赴任离别、赴京考绩的各路官员都把与王渔洋交友作为一种文化资本。也可以说,赴京官员无论是为了政治的升迁还是因为个人的文学兴趣,都希望到王府拜访结交。由此,王渔洋在京师的文化地位更加巩固,同时声名远播。吴兴祚升任福建按察使、福建巡抚后,则把无锡任内的许多文人邀至幕府,将江南大批才子带到福建,与闽南文士相互唱和,赴任两广后,这些江南文人也随之赴两广,从而成就了江南与岭南文坛在清朝初期的第一次有机交融。

“投壶高会罢,集平原宾从,洛阳词赋。”③岭南词派在词坛上应运而生。透过这个幕府的文学文化活动,可以清晰地看到清初文坛变化的具体迹象:清初集中于江南的大批文人实际上控制了岭南文坛的走向。而被黜的那些文人最后的人生选择直接促动了岭南文坛的蓬勃兴隆。台湾郑氏家族、南明政权与清廷对抗了数十年(从顺治元年至康熙二十二年,四十余年),最后的抗清势力都悄然转移到岭南。当最后的抵抗失败后,那些抗清者已经亡国亡家,多数留居岭南,遁入空门。

---

① 〔清〕魏禧著,胡守仁、姚品文、王能宪校点:《魏叔子文集·外篇》卷一一,中华书局2003年版,第550页。

② 张宏生:《王士禛扬州词事与清初词坛风会》,载《文学遗产》2005年第5期。

③ 〔清〕万树:《大酺·鹿羹》,见《全清词·顺康卷》,中华书局2002年版,第5634页。

故广东名士易宏说易代后，“十家王谢九为僧”，佛寺成为数十万遗民的政治避难所。当时机成熟时，他们多返俗归真。山阴金烺，明末抗清，失败后隐居游幕，到无锡知县同乡吴兴祚幕府，随后，追随吴兴祚至福建攻打郑氏，其后，又随吴兴祚至广东，入总督府幕府。他经历了明清易代的几个最关键的时刻。通过考察金烺的文学踪迹，可知清初岭南文坛伴随遗民的大量流入，是怎样被搅动而显示出勃勃生机的。

岭南词派的形成与江浙文人的参与密不可分，故岭南词派据《肇庆府志》，两广总督任上，吴兴祚往往“蹑履花田，泛舟珠海，与骚人墨客吟咏唱和”。广东陈大成《贺新凉·上两粤制府留村先生》即言吴总督幕府常常“座满王珣郗超辈”。王珣、郗超，乃晋代著名文人才士，为大司马桓温的重要幕僚，“珣为主簿，超为记室参军”①，协助桓温成就大业。可见即吴兴祚幕府一时才俊毕集、引人注目之盛况。这最终促成了岭南词派的形成。岭南词派的形成与江浙文人的参与密不可分。故岭南词派的风格与江浙词风血肉相连。同时由于岭南文化的影响，岭南词派又形成了有别于江浙词风的独特风格。

屈大均在《宝鼎现·寿制府大司马吴公》中高度称颂吴兴祚幕府人才之众和幕府娱乐生活的繁荣，曰：“幕内多才，新乐府、《铙歌》齐奏。”秦松龄《怀吴留村中丞》：“幕府风流谁不羡，铙歌声转洛阳桥。”吴兴祚工诗词，擅音律，是个令人尊敬的风流太守。

两广总督吴兴祚的诗词倡兴，使得江南与岭南诗人联袂出演，拉开了广东诗歌发展至鼎盛的序幕。其中“岭南三大家”屈大均、陈恭尹、陈佩兰的出现，是广东诗歌走向鼎盛的标志，也是广东诗派在全国地位确立的象征，广东诗风一时称盛。除岭南三家外，黄河征、方殿元、廖燕、祁文友等广东诗人亦纷纷登场，这标志着广东诗派走向成熟，也显示了广东诗人在诗坛群英中的雄厚实力。

吴兴祚无锡知县任内的友人及福建任内的幕客多追随至岭南。吴兴祚在两广总督任上时，除了万树、吴棠桢、吕洪烈、宋俊、俞樵、张梯、金烺、吴秉钧、吴秉仁等追随吴兴祚南下的江南词曲家外，在无锡任内交往的大批江南文士如顾贞观、吴绮、吴寿潜、徐釚、顾辛峰、吴观庄、吴武登、沈受宏、徐凤池等也先后南下岭南，奔赴吴兴祚幕府。大批江南文士在吴兴祚幕府与岭南屈大均、王楚臣、大汕、易宏、华侗、陈恭尹、吕师濂、徐筠皋、吴子静、朱凝阳、吴继茂、吴瑶圃、伦公、韩若等交游。吴兴祚坐镇岭南，不仅将大批的江南才子带到岭南，而且与易代初已经留居岭南的那批江南文士紧密融合，同时大量吸纳岭南本土文人。岭南词派在江南与岭南的诗词交流中诞生。范松义论岭南词派云：“清初岭南词人只是一个较为松散的词人群体，并没有形成词学流派。”中原、江浙文士不同时期及不同目的的南下岭南，促成了岭南词派这样一个不够规范的文学流派的诞生。

尽管吴兴祚在文学史上地位远不及王渔洋，但他对文学的贡献尤其是对岭南文坛的贡献是文学史上无有其匹的。其没有进入文学史主流的现象恰好证明了清初文坛的真实生态：晚明文坛向清初文坛自然过渡，清初文坛多彩多姿。从这个意义上说，远在岭南的吴兴祚和在政治中心的王渔洋同样都是永远值得人们敬仰的历史文化名人。

① 〔南朝宋〕刘义庆编撰，张丽丽主编：《世说新语》，北京教育出版社2015年版，第232页。

清代避籍制度影响下的王士禛文学活动探微

赵红卫*

避籍制度是中国封建社会时期一项非常重要的任官制度，指某些职级的朝廷命官按规定不得在原籍任职的籍贯回避制度。封建体制下，文官与文学创作主体往往合而为一，由此，避籍制度客观上促成了不同区域之间文学的交流与互动。避籍制度可以说是山东新城诗人王士禛在清代诗坛成为典范的一个重要动因。首先，避籍任职制度制约着王士禛的文学活动范围，客观上促成了王士禛的文学成就。尤其在王士禛初入仕途的早期，避籍任职江南扬州府，天时、地利、人和的人文环境，为王士禛成为清代文坛领袖夯实了基础。其次，在避籍任职的推动下，王士禛的文学创作与文学交游活动促成了区域文学之间的深度交流与发展。一方面，王士禛的个人才华性情与家族的家学传统影响了他在任职地的文学活动，另一方面，避籍任职地的山水环境、人文环境也在王士禛的文学创作中打下了深深的烙印。最后，清代文学与政权常常一而二、二而一的被打通，这就使京师成为了文官文人群体的一个特殊避籍任职地。处于政治与权力核心区域的京师文学圈，是王士禛最终能走向经典的重要一环。它大大突破了王士禛在地方避籍任职产生的文学影响力。它使王士禛的文学活动不再局限于原籍与任职地的区域性文学交流，而是以辐射的形态，从中心向各个方向延伸开去。王士禛及与其同声相应的文官诗人群体的避籍任职调动，更有效地扩大了王士禛在清代文坛的影响力，是促成王士禛诗歌经典化的一个重要因素。

一、避籍维扬　引领风骚

避籍制度制约着王士禛的活动范围，但天时、地利、人和的人文环境为王士禛获得文学成就与文坛地位提供了良好的条件。

避籍制度始于汉代，历代封建皇帝都深谙治国必先治吏的道理，为避免官员因乡土、亲缘、友情而结党营私，在任官上采用籍贯回避制度。明清时期，比之以前诸朝，避籍制度执行得更为严格。《明史・选举志》称："洪武间，定南北更调之制，南人官北，北人官南。其后官制渐定，自学官外，不得官本省，亦不限南北也。"①清代对避籍制度的规定更为完备、严格，对京官、各省外任官、候补官都有明确的籍贯回避规定。如在京任职的户部、刑部二部司官和道监察御史，因业务涉及各省份，官员所辖省份要依其籍贯回避。外官和候选官，回避更严，顺治十二年(1655)规

* 作者简介：赵红卫，潍坊学院文学院，讲师。

① 〔清〕张廷玉等：《明史》卷七一，中华书局1974年版，第1716页。

定:“在外督抚以下,杂职以上,均各回避本省。”①康熙四十二年(1703)又规定:“选补官员所得之缺,在五百里以内,均行回避。”②雍正十三年(1735)规定:“查明该员原籍地方,如系邻省在五百里之内,应行回避之缺,不得混行题补委署。与两省交界添设佐杂等官,如驻扎衙署,与该员原籍附近在五百里之内者,亦令照例回避。”③乾隆九年又对雍正朝所言“五百里”做出了更细致的解说:“现任各官,有任所与原籍乡僻小路在五百里以内者,均令呈明该督抚酌量改调回避。”④如有违禁,则严加惩处,如康熙四十二年(1703)规定,在避籍任官中“若有以远报近,以近报远,希图规避,择缺之美恶者,或经部察出,或到任后督抚题参,照规避例革职”⑤。乾隆九年亦诏谕,避籍任官中“如应声说回避而不声说并虚捏者,一经查出,皆照例议处”⑥。从上述谕旨中可以看出,清朝统治者十分重视籍贯回避制度。回避制度在一定程度上对遏制腐败、抑制地方割据起到了积极作用,维护了封建统治机构的良性运作,这一制度同时也使大批文官文人群体远离乡园,宦游于大江南北。人言“十里不同风,百里不同俗”。避籍制度在客观上促成了不同区域文化与文学的交流与互动。

顺治十六年(1659),王士禛选扬州推官,次年赴任,至康熙四年(1665)离任,在扬州任官五载。这一时期王士禛官位尚不高,诗名亦未彰,还没有引起朝廷的特别关注,其文学活动也多源自一个文人的风雅情怀,较少有政治因素的束缚。这一时期的王士禛深承家学,酷好诗歌,才情飞扬,虽以执掌刑法的职务任职扬州,但在他心目中,诗歌有着无可伦比的地位。他广交诗友,提携后进,完成了近千题的诗词创作。这些作品无论在数量上还是在质量上,在其创作生涯中都堪称翘楚。王士禛在扬州的文学活动激扬了江南文坛,同时也暗合了清朝廷笼络逸民、渴思贤才的政治需求,得到了朝野上下的心理认同,为他日后成为领袖人物奠定了基础。王士禛因任职维扬取得的文学功绩可谓是避籍任官制度下、不意之中结出的硕果,正是避籍维扬带来的天时、地利、人和的契机,促成了王士禛而不是别人肩负起了引领清代文坛的历史重任。

所谓天时,对王士禛在扬州的文学活动而言,突出表现在清初朝廷对汉族士子的延揽和对文学才士的重视。明清之际,江浙一带是清用兵的重点地区,也是清初反清士人荟萃之地,顺康时期,为稳固统治,笼络士人,清廷可谓不遗余力,《清史稿·选举四》制科荐擢条言:“顺、康间,海内大师宿儒,以名节相高。或延臣交章论荐,疆吏备礼敦促,坚卧不起。如孙奇逢、李颙、黄宗羲辈,天子知不可致,为叹息不置,仅命督、抚抄录著书送京师。康熙九年,孝康皇后升祔礼成,颁诏天下,命有司举才品优长、山林隐逸之士。”⑦皇帝表现出了求贤若渴的姿态,而实际状况则是“实应者寡”⑧。基于此,康熙十七年,清廷举办了一次轰轰烈烈的大规模延揽人才的活动,举行博学鸿词科,康熙帝诏曰:“自古一代之兴,必有博学鸿儒,备顾问著作之选。我朝定鼎以来,崇儒重道,培养人才。四海之广,岂无奇才硕彦、学问渊通、文藻瑰丽、追踪前哲者?凡有学行兼优、文词卓越之人,不论已仕、未仕,在京三品以上及科、道官,在外督、抚、布、按,各举所知,朕亲试录用。其内、外各官,果有真知灼见,在内开送吏部,在外开报督、抚,代为题荐。”⑨博学鸿词科除了和一般科举一样具有延揽人才的作用外,它又明显区别于一般科举。一是,这次科考,对有名望的布衣、遗老的

① 〔清〕崐冈、李鸿章等修:《光绪大清会典事例》卷四七,《续修四库全书》本,第798册,第702页。

②③⑤ 〔清〕崐冈、李鸿章等修:《光绪大清会典事例》卷八四,《续修四库全书》本,第799册,第400页。

④⑥ 〔清〕崐冈、李鸿章等修:《光绪大清会典事例》卷八四,《续修四库全书》本,第799册,第401页。

⑦⑧ 赵尔巽等:《清史稿》卷一〇九,中华书局1976年版,第3183页。

⑨ 赵尔巽等:《清史稿》卷一〇九,中华书局1976年版,第3175页。

征招特别着意，尤重江浙士子，江浙两地举荐人数所占比例过半。二是考试内容不是八股文，而是诗赋，尤重参试者的文学素养。关于这一点，乾隆元年，御史吴元安言："荐举博学鸿词，原期得湛深经术、敦崇实学之儒，诗赋虽取兼长，经史尤为根柢。若徒骈缀俪偶，推敲声律，纵有文藻可观，终觉名实未称。"①这段颇含微词的话正说明了康熙博学鸿词科对诗赋才学的重视。王士禛在扬州一任广交遗民、布衣、地方文人巨儒，引领诗词唱和的文学活动可以说正暗合了顺康年间朝廷的政治需求。

所谓人和，即王士禛个人对诗歌的酷爱与自身具有的卓异才华；他对隐士狂逸气节的倾心向慕；他与人以诗文相交、不问出身、礼贤下士的风范；王士禛任推官前后秋柳诸诗展现的兴衰之叹；加之他扬州推官的长官位置，使王士禛形成了极大的个人魅力，为他引领诗坛奠定了基础。王士禛中进士后被选为外官，并不是他所情愿的，而不情愿的一个主要原因，就是怕因公务繁忙而废诗。汪琬《赠王贻上序》记："新城王子居京师，与其友唱和为诗甚乐也。已就吏部选人为推官有日矣，王子愀然有忧色。客或谓予曰：'王子之忧也，忧夫以吏治之故而废其诗也。'"②不意，至扬州后，在这江南才子荟萃之地，王士禛却如鱼得水。其在扬州一任，成诗千余首，这些诗作的质量在其创作生涯中也堪称最佳。赴任扬州前，王士禛的诗名已传于大江南北。宗元鼎《芙蓉集》卷十六《王西樵先生炊闻卮语后序》记："丙申、丁酉间，宣城耕坞老人频自历下来，携诗一卷，则西樵、阮亭王氏两先生之所著也。其古风则原本苏李，其长歌则纵横王骆。鼎方击节赞叹间，而耕坞曰：'文何足奇，两先生气节经纶，则当今之欧苏也。'鼎是时已心愿执经以受业。"耕坞老人，即清遗民唐祖命，名允甲，号耕坞，江南宣城人，人清不仕，流寓扬州。宗元鼎，字定九，号梅岑，江都(今属江苏)人，工诗善画，王士禛至维扬后，与之定交，师事王士禛。从这段话，可见遗民唐祖命对王士禛的佩服之处，诗文之外，又更在于"气节经纶"。王士禛入扬州前，秋柳诸诗，为江南文人熟知。他在《菜根堂诗集序》中说："顺治丁酉秋，予客济南，时正秋赋，诸名士云集明湖。一日会饮水面亭，亭下杨柳十余株，披拂水际，绰约近人，叶始微黄，乍染秋色，若有摇落之态。予怅然有感，赋诗四章，一时和者数十人。又三年，予至广陵，则四诗流传已久，大江南北和者益众。于是秋柳社诗为艺苑口实矣。"③而王士禛在扬州的《冶春》等唱和诸诗，也和秋柳诗一样，诗意朦胧迷茫、惆怅感伤，这很容易与遗民诗人形成共鸣，并得到他们的认同与欣赏。王士禛在扬州一任与徐枋、方文、丁继之、林古度、邓汉仪、冒襄、邵潜夫、杜濬、吴嘉纪等清初著名遗民倾心相交，流传下了许多脍炙人口的交游故事。江苏南通遗民诗人邵潜夫，生性孤僻，晚年无子，侨居如皋，困顿无依，苦于徭役，适逢王士禛因公务至如皋，于是特意首先拜谒邵潜夫，"适以按部至县，诘旦首谒邵。邵所居委巷，乃屏舆从，徒步而入。邵曰：'适有酒一斗，能饮乎？'予欣然为引满。流连移晷始别。县令闻之，立除其役"④。又"泰州布衣吴嘉纪，字宾贤，居东淘，苦吟不交当世。予见其所为五言，清冷古淡。雪夜被酒，为其诗序，驰使三百里致之。嘉纪大喜过望，买舟至广陵谒谢，遂定交"⑤。"杜茶村濬，初名诏先。黄冈人，侨居金陵。贫甚，屡客广陵。甲辰(康熙三年，时渔洋在扬州)人日大雪，时方锁印无事，余造访之，清言竟日。乙巳七夕，余北上京师，诸人祖于禅智寺，即席赋五言，茶村有句云：'记

---

① 赵尔巽等：《清史稿》卷一〇九，中华书局1976年版，第3177页。

② 见《汪尧峰集》，商务印书馆1924年版，第50页。

③ 〔清〕王士禛著，袁世硕主编：《王士禛全集》，齐鲁书社2007年版，第2004～2005页。

④ 〔清〕王士祯：《渔洋诗话》，见《清诗话》，上海古籍出版社1978年版，第167页。

⑤ 〔清〕王士禛：《居易录》卷四，清康熙精写刻本。

逢人日雪，造我吟穷愁。'谓此也。"①可以看出，王士禛与遗民的交往相交以诚，不仅限于吟诗酬唱。与吴中后辈门生、名贤隽望的交游唱和，更是盛举，"及在扬州，所交皆当世名贤，高斋视事之暇，金陵、京口、姑苏、舟车游览之余，题咏满大江南北"②。日与诸师友"览平山、红桥诸胜，酒酣乐作，仰而赋诗，颇极杯酒倡酬之盛"③。

而地利，则是王士禛完成其早期文学功绩必不可缺的要素。如果不是避籍任职江南腹地，纵有朝廷政策支持，有深厚家学、满腹才华，但没有清初江南人文荟萃、才士云集、逸民聚合的人文环境，王士禛难以顺利奠定其在文坛的领袖地位。扬州即得山水之胜，更兼人文荟萃。苏州常熟钱谦益、江苏太仓吴伟业堪称清初诗坛的两大巨擘。而王士禛在扬州的文学活动获得了钱谦益与吴伟业的高度赞赏，吴伟业称颂王士禛公务之余的文学活动说："已而放衙召客，刻烛赋诗，清言霏霏不绝。坐客见而诧曰：'王公真天才也。'"④王士禛《渔洋诗话》记载了钱谦益对他诗歌的肯定和赏识："虞山钱宗伯赠余古诗云：'骐骥奋蹴踏，万马喑不骄。勿以独角麟，俪彼万牛毛。'又为作集序，有'与君代兴'之语。时余年甫逾弱冠耳，其为所赏异如此。"⑤"与君代兴"之语，可谓是对王士禛将要主盟诗坛的预言。成为诗坛领袖人物必不可或缺的就是同声相应的盟友和追随者。清代初年，辉映诗坛的是遍布全国各地的遗民诗人群体。而江浙地区，作为当时反清的核心地区，遗民集结。王士禛以天地、地利、人和的优势，取得了江东遗民诗人的信任和支持，同时又通过主持科考，提携后进，还常组织集会唱和、评点诗文、编撰诗集等文学活动，赢得了师友门生的推崇。其中的三次唱和广为传颂。康熙元年（1662），王士禛与袁于令、杜濬、丘象随、蒋阶、朱国祯、张养重、刘梁崧、陈允衡、陈维崧等泛舟红桥，成《红桥唱和词》一卷。康熙三年（1664），王士禛与林古度、孙枝蔚、张纲孙、程邃、孙默、许承宣和许承宗兄弟等再次唱和红桥，赋《冶春绝句》二十首。康熙四年（1665）春，王士禛在如皋与邵潜夫、陈其年、许嗣隆等修禊于冒襄的水绘园。这几次唱和的反响巨大，影响遍及大江南北，甚至在王士禛离任扬州多年后，仍有诗人过维扬而遥为唱和。王士禛的门人陈鹏在《楼村诗集序》中言："江左之诗轻圆便利，略如其人。国初沿虞山、娄东遗响，编珠缀玉，人尚风流。其后我师新城尚书司李扬州，以诗倡率天下，其时隽流云合，搢绅耆旧、布衣寓公，屐错觥飞，江左之诗一时大盛。"⑥王士禛在扬州进行文学活动的最大意义，或许不在于他个人的文学创作成就，而在于他以天时、地利、人和的优势，在清初兴起了以维扬为中心的诗词创作热潮，为其成为新一代文坛领袖奠定了基础。

二、避籍任职促进了区域文学的深度交流与发展

在避籍任职的推动下，王士禛的文学活动促进了区域文学的深度交流与发展。一方面，王士禛的才华性情与家族的家学传统影响了他在任职地的文学活动，另一方面，避籍任职地的山水环境、人文环境在王士禛的文学创作中打下了深深的烙印。

王士禛卓异的文学才华既源于他个人的天分和努力，也源于新城王氏家族的家学传承。明嘉

① 〔清〕王士祯：《渔洋诗话》，见《清诗话》，上海古籍出版社1978年版，第177~178页。

② 〔清〕盛符升：《读雍益集总述》，见《四库全书存目丛书》集部第277册，第399页。

③ 蒋寅：《王渔洋事迹征略》，人民文学出版社2001年版，第53页。

④ 〔清〕吴伟业：《吴梅村全集》卷二九，上海古籍出版社1990年版，第682~683页。

⑤ 〔清〕王士祯：《渔洋诗话》，见《清诗话》，上海古籍出版社1978年版，第169页。

⑥ 见〔清〕王式丹《楼村诗集》卷首，《四库全书存目丛书补编》本，第6册，第462页。

靖年间进士、王氏四世祖王重光为王氏立家训言:"所存者必皆道义之心……所行者必皆道义之事……所友者必皆读书之人……所言者必皆读书之言。"①王氏家族不仅代有显宦,而且诗人辈出,好读书、精诗文是王氏家族非常明显的家族特点。王士禛祖父、父辈、同辈中诗人辈出,著者如祖辈王象蒙、王象晋、王象艮、王象春、王象明,父辈王与胤、王与玟,兄弟辈王士禄、王士禧、王士祐、王士骊等皆有诗文集传世,王士禛自己更是著述宏富。王士禄作为长兄以诗法授诸弟,王士禛自幼便读长兄为其选定的王维、孟浩然、常建、王昌龄、刘慎虚、韦应物和柳宗元诸家之诗,"长兄考功始为诸生,嗜为诗,见予诗甚喜,取刘须阳先生所编《唐诗宿》中王、孟、常建、王昌龄、刘眘虚、韦应物、柳宗元数家诗,使手钞之"。这与王士禛推崇唐诗韵味似乎有着某种内在的关联。林古度在《十笏草堂诗集序》中言:"读阮亭《渔洋集》,如昔读季木《问山集》,恍若再生事。因贻上又得读其难兄西樵先生《十笏草堂诗》,挑灯卒业,夺目惊心,益信望族家风,渊源广大,不可涯涘。"季木即王士禛从祖王象春,西樵即王士禛长兄王士禄。林古度又在《入吴集序》中言:"甫展卷涉猎一过,使人惊异慨叹,何其家学门风渊源有本一至于是!"林古度一再提到了家学门风之渊源,王士禛虽为官宦但始终以诗歌为性命,行迹所至必形诸吟咏,正是其对家学的传承与发扬。

王士禛的文学活动影响着他在避籍任职地的文学发展,同时,王士禛的文学创作与审美也深得任职地的山水人文之助。王士禛在江南任扬州推官多年,又于康熙八年、康熙九年视察清江浦漕运,司造船厂两年,期间遍游吴越山水,成《入吴集》《过江集》《白门集》诸集。烟雨江南与王士禛早期尚唐韵的审美观互为生发,相融无间,王士禛一个广为人知的名号"渔洋"即源自他钟爱的太湖渔洋山。他在《入吴集自序》言:"渔洋山在邓尉之南,太湖之滨,与法华诣山相连缀。岩谷幽窅,筇屐罕至。登万峰而眺之,阴晴雪雨,烟鬟镜黛,殊特妙好,不可名状。予入山,探梅信,宿圣恩寺还元阁上,与是山朝夕相望,若有夙因,乃自号渔洋山人云。"王士禛又在《过江集自序》中记:"京口、三山及招隐、鹤林诸寺,予十年梦寐而不获一至,而得放舟大江,蹑屐幽壑,穷极烟风云水之变态。斯游也,可谓不徒矣。"②江南的灵山秀水、人文荟萃都与王士禛的诗文才华相契合,成就了王士禛诗文生涯的创作高峰期。王士禛自康熙四年(1665)入京赴礼部提督两馆主事,康熙四十三年(1704)在刑部尚书一任被免官,大部分时间在京为官,这也是王士禛最终成为诗坛领袖的一段重要的诗歌创作历程。期间典四川乡试,祭告南海,祭告西岳,这几次仕宦游历对王士禛的诗歌创作影响巨大。与任职中的籍贯回避一样,科举考试的主考官也采用地区回避制度,一般回避本省,同时也有距离限制,主考官籍贯在邻省三百里以内区域的也要回避邻省乡试,以免因地缘相亲,有亲朋往来而暗通关节,徇私舞弊。康熙十一年(1672),王士禛奉旨典四川乡试,历时一年有余,沿途作三百五十余首诗,结成《蜀道集》。蜀地山水险峻,民生维艰,《蜀道集》风格雄奇苍劲,一改清远淡泊之风格。叶方蔼题蜀道诗曰:"毋论大篇短章,每首具有二十分力量。所谓狮子搏象兔皆用全力者也。"③杨际昌《国朝诗话》言:"论魄力,《蜀道集》最胜。"④张维屏《国朝诗人征略》亦评曰:"入蜀后诗骨愈苍,诗境愈熟,濡染大笔,积健为雄。直同'香象渡河',岂独'羚羊挂角'。"⑤康熙二十三年(1684)冬十一月,王士禛以少詹事兼翰林院侍讲学士奉使祭告南海,沿途作三百余首诗,编为

---

① 〔清〕王士禛撰,勒斯仁点校:《池北偶谈》卷五,中华书局1982年版,第108页。

② 〔清〕王士禛著,袁世硕主编:《王士禛全集》,齐鲁书社2007年版,第1565页。

③ 〔清〕王士禛著,张世林点校:《分甘余话》卷二,中华书局1989年版,第39~40页。

④ 〔清〕杨际昌:《国朝诗话》卷一,清乾隆二十四年(1759)刻本。

⑤ 〔清〕张维屏:《国朝诗人征略》,中山大学出版社2004年版,第66页。

《南海集》。王士禛《分甘余话》卷二记:"陈元孝(恭尹)评余《南海集》:'虽不及《蜀道》之宏放,而天然处乃反过之。'此亦知言。"①虽言如此,但王士禛仍是认同《蜀道集》《南海集》之"气盛""排奡"气质的。康熙三十五年(1696),王士禛奉命祭告西岳、西镇、江渎之前,门生蒋廷锡来谒,言及再次入蜀,王士禛怃然曰:"余自壬子入蜀,甲子使粤,以及此行,每值子岁辄有万里之役,今筋力就衰,兴味萧索,思栈陇之崎岖,江汉波涛之汹涌,阴雨云物之霖霪诡变,时代岁序之推迁,猿鸟之啼吟叫啸,草之蒙茸,木之荟蔚,实有神伤心悸,不欲复见者,恐不能如年少气盛时,出佳句排奡,以与山灵相雄长矣。"在给门生盛符升的书信中王士禛又言:"再使秦蜀,往返万里,得诗才百余篇。皆寥寥短章,无复当年蜀道、南海豪放之格。"再次提到了《蜀道》《南海》二集的"豪放之格。"②虽然王士禛感觉《雍益集》不及《蜀道》《南海》二集气盛、豪放,但《雍益集》仍然是"览古兴怀,得江山之助,生色有加。"③康熙三十九年(1700)编定的《渔洋山人精华录》中的大部分诗歌,选自《蜀道集》《南海集》和《雍益集》。王士禛的游宦历程虽极为艰辛,但他这些得"江山之助"的诗歌,是其文学之路上的丰碑。

三、打通政界与文坛的特殊避籍任职地——京师

京官也执行籍贯回避政策。但是京师作为政治与权力的核心区域,它对文官文人的影响显然不同于基层地域。与以往其他朝代相比,清代帝王对政权与文学关系的利用和重视更甚于前,"在中国诗史上从未有像清王朝那样,以皇权之力全面介入对诗歌领域的热衷和制控的"④,"清代诗界的一种倾向,即风雅每由大吏总持,官位与诗名、政界与诗坛一而二、二而一地被打通"⑤。这使得京师成为文官文人群体一个特殊的避籍任职地,融于京师文学圈是王士禛最终能走向经典的重要一环,它大大突破了王士禛在地方避籍任职产生的文学影响力。王士禛及与其同声相应的文官诗人群体在中央与地方之间的避籍任职调动,使王士禛产生了更深远的影响力。

康熙三年(1664),王士禛迁礼部主客司主事;康熙七年(1668),任礼部仪制司员外郎;康熙十年(1671),迁户部福建清吏词郎中;康熙十五年(1676),由里第服阕回京补户部四川清吏司郎中;康熙十七年(1678),授任翰林院侍讲,未就职,改任侍读;康熙十九年(1680),迁任国子监祭酒;康熙二十三年(1684),迁詹事府少詹事兼翰林院侍讲学士;康熙二十九年(1690),由在里第居父丧回京,再补詹事府少詹事兼翰林院侍讲学士,同年三月又迁都察院左副都御史,充京筵讲官、三朝国名副总裁,九月迁兵部督捕右侍郎;康熙三十一年(1692),调户部右侍郎;康熙三十三年(1694),转户部左司郎;康熙三十七年(1698),迁官都察院左都御史,入值南书房;康熙三十八年(1699),迁刑部尚书;康熙四十三年(1704),在刑部尚书任罢官归乡。王士禛任京官之时间近四十年,在京师的时间也有三十余年。京官要回避的职位主要是户部和刑部两部的司官和道监察御史,任职人员的籍贯不得与所管省份相同,盖因户、刑二部掌户籍、赋税、财政、刑法,皆与民生密切相关,所以要执行籍贯回避,以避免徇私。虽同为籍贯回避,做京官与做地方官对王士禛文学活动的影响大为不同,早期避籍维扬,其文学活动较少受政治束缚,多出于才子性情;而任职京师后,随着帝王对王士禛诗文才华的关注和重用,王士禛的文学创作渐成清代文坛的范式,诗文作品在与政权的融通中

① 〔清〕王士禛著,张世林点校:《分甘余话》卷二,中华书局1989年版,第40页。

②③ 〔清〕盛符升:《蚕尾续诗集序》,见王士禛《蚕尾续诗集》,清康熙精写刻本。

④ 严迪昌:《清诗史》,浙江古籍出版社2002年版,第17页。

⑤ 严迪昌:《清诗史》,浙江古籍出版社2002年版,第703页。

成为一代之典范。

清顺康年间，尤其康熙一朝对文坛的参与直接影响了清代文坛的构建，康熙帝制定文艺政策、编选诗文、参与文学批评、赐赠诗文、开博学鸿词科延揽文学之士、笼络文学侍臣、树立士林楷模，种种措施都制约着文坛风气的走向。政权渐趋稳固的清廷需要“盛世元音”，而得风气之先成为御定文坛领袖的历史任务，最终落在了王士禛的身上。他以温柔敦厚的神韵诗风引领了一代诗坛。王士禛成为文坛领袖是多方合力的结果，其中自然不能缺少帝王的支持，“论者谓自明弘治、正德以后一百五十年，而文章复在台阁，为圣祖崇儒右文之效云”①。康熙帝在崇儒右文的文化策略指导下，对文坛领袖的选择是慎之又慎的。康熙十五年(1676)，康熙帝问朝臣：“今各衙门官读书博学善诗文者，孰为最?”首揆李霨对曰：“以臣所知，户部郎中王士禛其人也。”康熙帝颔首曰：“朕亦知之。”第二年六月，康熙帝召桐城张英，又问了同样的问题，张英对曰：“郎中王士禛诗，为一时共推。臣等亦皆就正之。”康熙帝又问：“王士禛诗可传后世否?”张英对曰：“一时之论，以为可传。”康熙帝又颔首。同年七月，康熙帝又问高阳李霨、临朐冯溥相同的问题，二人以王士禛及中书舍人陈玉璂对。康熙帝再次首肯。于是康熙十七年“以户部郎中王士正诗文兼优，改授翰林院侍讲”②。这是清朝由部曹改词臣的首例。王士禛与康熙帝君臣遇合的原因不在于他的治世之才，更多的是在于他的诗才。王士禛通过维扬一任的文学活动积累，已声望渐隆，任职京师后，他的才华与德行更得帝王与士子的珍重。

初入京师虽有龚鼎孳等人掌诗坛旗帜，但王士禛的才华深为同辈推许。王士禛《古夫于亭杂录》卷六记曰：“康熙丁未(1667)、戊申(1669)间，余与苕文、公猷、玉虬、周量辈在京师为诗唱和，余诗字句或偶涉新异，诸公亦效之。”康熙十年(1671)，宋琬、曹尔堪、沈荃、施闰章等皆在京师，常与王士禛为文酒之会，唱和竟日。施闰章《海日堂集序》言：“先是官计部，与阮亭同舍，会斋宿郎署，执卷论诗，烛屡跋不止。旁吏皆私语曰：‘两公贵人也，何刺刺如书生为?’”③康熙十六年(1677)，王士禛选宋荦、王又旦、曹贞吉、颜光敏、叶封、田雯、谢重辉、丁炜、门人曹禾、汪懋麟十人诗为《十子诗略》，刻于京师。此十人世称“金台十子”，多为山东、江苏十子，诗歌成就突出，且诗歌风格不尽受神韵诗说的牢笼。这次选诗可以说是王士禛宗师地位的展露。王士禛于康熙十一年典四川乡试，得杨兆龙等四十二人。康熙十七年再典顺天乡试，得王泰来等一百八十六人。此后三十年中屡任考官、阅卷官，门生桃李遍及南北。在官位与诗名、政界与诗坛的融通中，康熙十九年(1680)，王士禛迁任国子监祭酒，奠定了他在清初诗坛的领袖地位。

王士禛及与其同声相应的文官诗人群体在中央与地方之间的避籍任职调动，赋予了王士禛文学活动更深远的影响力。避籍制度为中央与地方之间、不同区域之间的文学交流与发展提供了契机。王士禛的影响力随着庞大的文官文人仕宦群体的交游，得到了更充分的展现。如王士禛执掌诗坛之后，他的影响力在其避籍任职的维扬也不断得以强化。山东曲阜孔尚任以后学与王士禛交游。孔尚任康熙二十四年(1685)，随工部侍郎孙在丰往淮扬协助疏浚下河海口，在淮扬任职四年。康熙二十七年(1688)，孔尚任心怀对王士禛的敬慕之情，时隔二十年之久，又一次发起红桥修禊，参与唱和的吴绮、邓汉仪、宗元鼎等人又为王士禛旧友，参与者籍属达八省，被孔尚任称为“八省之

① 赵尔巽等：《清史稿》卷二六六，中华书局1976年版，第9958页。

② 见《清实录》卷七一，中华书局1985年版，第911页。

③ 〔清〕施闰章：《海日堂集序》，见〔清〕程可则《海日堂集》，《清代诗文集汇编》第90册，第288页。

会”。位列王士禛麾下金台十子之一的河南商丘诗人宋荦，曾长期任京官，与王士禛过往密切，康熙二十七年至康熙四十七年间，宋荦由京官外放，开府江南达十四年，诗文才学极得康熙帝垂宠，成为继王士禛之后、名副其实主持江南风雅的诗坛宗主，与时在京师的王士禛遥相呼应，推进了清初诗坛的繁荣演进。至清中叶，山东德州卢见曾任两淮盐运使，“擅吏才，爱古好事，延接文士，风流文采，世谓继王士祯”①。又江西曾燠、福建伊秉绶等均曾避籍任职淮扬，修禊红桥，呼应王士禛当年的文学盛事。由此可见，避籍制度是王士禛诗歌经典化过程中一个不容忽视的因素。

① 赵尔巽等：《清史稿》卷三四一，中华书局1976年版，第11107页。

王渔洋“神韵说”之再检讨

朱 舸

清初诗人王渔洋，在我国文学史上具有举足轻重的地位。他主盟诗坛近五十年，论清诗不能不论王渔洋，论王渔洋不能不谈“神韵说”①。“神韵说”与宗教禅学密切相关，王渔洋肯定了严羽“羚羊挂角，无迹可求”②的诗禅观，并发扬了这一传统，其在《香祖笔记》中进一步提出了“诗禅一致”的观点，认为“舍筏登岸，禅家以为悟境，诗家以为化境，诗禅一致，等无差别”③。王渔洋将禅宗思想与诗歌相融合，使诗学发展到了一个新的高度。其“清新俊逸之才，范水模山，批风抹月，倡天下以‘不着一字，尽得风流’之说，天下遂翕然应之”④。

一

王渔洋家族在明清易代之际由盛转衰是影响其诗学近佛禅的重要因素。新城王氏家族在明代后期为山左豪门望族。其高祖王重光，嘉靖朝官至贵州布政使司参议。伯祖王象乾，万历年间由蓟辽总督升至兵部尚书，殁赠少师兼太子太师，并及三代以上。嫡祖王象晋，崇祯朝累官浙江右布政使。“同辈兄弟中有六人，其中二品阶者四人，五品以上者十四人，可谓海内大族。”⑤功名是王氏的祖传家业，也是王氏家族的精神追求。钮琇在《觚剩续编》中谈及新城王氏言：“新城王氏自参议公而后，累世显轶，家法甚严。凡遇吉凶之事，与岁时伏腊祀庙祭墓，各服其应得之服，然后行礼。子弟名入泮宫，其妇始易银笄练裙，否则终身荆布而已。……以是父诫其子，妻勉其夫，人人勤学以自奋于功名。故新城之文藻贻芳，衣冠接武，号为宇内名家。”优越的家庭环境本该使童年王渔洋拥有更多的欢乐，但这个世代簪缨又“多能诗”的名门望族在明清之际遭遇了三次巨大劫难。第一次劫难即发生在王渔洋出生的前三年即明崇祯四年(1631)的“吴桥兵变”，又称“辛未之难”。该年冬，登州参将孔有德叛乱，攻陷新城，杀死王象复(王渔洋叔祖，官至直隶保定府同知)等官员。第二次劫难是崇祯十五年(1642)的“壬午之难”。是年冬，清兵分道入关，攻山东，陷新城，王氏一家四十八人遇害，王渔洋时年九岁。第三次劫难是明崇祯十七年(1644)的“甲申之难”，李自成攻陷北京，崇祯帝自缢于煤山，清兵随即入关，王渔洋时年十一岁。王渔洋的伯父监察御史王

① 蒋寅:《王渔洋“神韵”概念溯源》，载《北京大学学报》2009年第2期。

② 〔宋〕严羽著，郭绍虞校释:《沧浪诗话校释》，人民文学出版社1983年版，第26页。

③ 〔清〕王士禛著，〔清〕张宗柟纂集，夏宏校点:《带经堂诗话》卷三，人民文学出版社1963年版，第83页。

④ 〔清〕永瑢等:《四库全书总目》，中华书局1965年版，第1522页。

⑤ 程相占:《王渔洋与禅宗》，载《山东大学学报》1993年第1期。

与胤闻讯在家中与其妻于氏、子士和自缢殉节。在易代之际的烽火中，王氏家族的忠臣义士表现出了对故国的忠诚，王渔洋在童年时代亲历了清王朝入主中原的全部过程。在此过程中，曾极度辉煌的大明王朝烟消云散，数代沐浴明朝恩泽的桓台王氏家族亦渐渐"灰沉烟尽"①。这不仅给王渔洋留下了难以弥合的创伤和挥之不去的阴影，也使王氏家庭的命运悬于一线。渔洋祖父王象晋及时地稳定了整个家庭成员惶恐的心态，使得王氏家庭在新朝的文化背景下重新焕发出了生机。

像大多数易代之际的遗民一样，王象晋拒仕新朝，誓为遗民。他们嗟食前朝俸禄，享受了前朝给予的富贵荣华，因而他们对明朝的忠诚矢志不移。这与他们对后辈子孙的要求完全不同。他们普遍认为，对于未成年的少年晚辈来说，根本不存在忠与节的尴尬选择，家庭后辈子孙不应受到祖辈、父辈所选道路的影响。因而，前明的大多数遗民都鼓励其子孙后辈积极投入到新王朝的文化建设中，黄宗羲、李因笃、傅山都是如此，他们不仅鼓励晚辈积极参与新朝的科举，而且努力尽己之力为子孙开拓门路，谋求仕进。新城王氏三次罹难之后元气大伤，对新朝有一种强烈的抵触情绪。但入清后，王氏家族子辈成员幸存不多，或去世，或抗清被杀，王家"门祚中替，外侮时蘖"②。时年八十四岁的王象晋自然而然地担负起了族长的责任。为了家族的生存、发展，王象晋极力鼓励自己的孙辈读书进取、科宦出仕。王渔洋在其《渔洋山人自传年谱》中记载王象晋于易代后闭门谢客，亲教诸孙。在督促孙辈读书方面，王象晋几乎倾注了全部精力："山人兄弟每自家塾归，孙夫人从窗闻履声，辄呼而问之：'儿辈今日读何书？为文章当祖父意否？'命列坐于侧，予之酒食。或读书塾中，夜分不归，则遣小婢赐卮酒、饼饵慰劳之，率为常。"③祖父的严格培育，家塾环境的锤炼，使履经创伤的王氏家族的门风得到了重建。晚辈子孙组成了一个文学群体，人人自奋于功名。同时，为鼓励子孙进取，王象晋还编写了一部《举业津梁》。其《赐闲堂集》卷三《举业津梁序》即云："良以祖宗世业至近岁几成一阨，思欲振家声，绵世泽，非提醒后人共延文脉，何以见祖宗于地下？"家族长辈的态度直接决定了王渔洋对新王朝的态度和在科举上的奋然进取。"前辈们守节不仕的情操和以吟咏为能事的家风，使王士禛兄弟们对诗尤有兴趣，吟诗和研讨诗艺成为生活的重要内容，以至他们'同上公车，每停骖辍轭，辄相倡和，书之旗亭驿壁'。"④严格的家塾教育和长辈的文学引导，使得王渔洋不久即成为引人注目的诗坛领袖。王渔洋成名后力持"神韵"学说的直接原因是其祖父王象晋的生命态度。

与孙辈的积极进取不同的是，王象晋自己对新朝则采取了一种隐蔽的对抗态度，隐遁山林，拒仕新朝。王象晋曾任明代浙江布政史，在清兵入关时，以遗老隐居田间，自号明农隐士，用空静的禅法思想消解其内心深处的伤痛。王渔洋《池北偶谈》云："方伯公素不喜修炼之说，恒揭'宁静淡泊'四字于壁，读书眠食外，惟瞑坐调息而已。尝有答候晋阳大恭一绝句云：'问予何事容颜好，曾受高人秘法传。打叠身心无一事，饥来吃饭倦时眠。'"⑤从王象晋引禅入诗来看，他不仅平日参禅悟道，而且对佛家的修行偈语也耳熟能详，已经能够从容地引禅入诗且已至水乳交融的境界了。可知，王象晋已经真正达到了禅家倡导的宁静淡泊、无欲无求的境界了。在祖父身边耳濡目染地度过了近十年时光，祖父的修行和信念给予了王渔洋极大的影响，王渔洋一生的为人处世和仕宦

① 〔清〕王士禛著，袁世硕主编：《王士禛全集》，齐鲁书社2007年版，第4888页。
② 〔清〕王士禛著，袁世硕主编：《王士禛全集》，齐鲁书社2007年版，第2509页。
③ 〔清〕王士禛著，袁世硕主编：《王士禛全集》，齐鲁书社2007年版，第5057页。
④ 张明主编：《王士禛志》，山东人民出版社2009年版，第3页。
⑤ 〔清〕王士禛著，袁世硕主编：《王士禛全集》，齐鲁书社2007年版，第2939页。

之路都浸透着禅学精神与理路，因而渔洋诠释其祖父王象晋的诗时云："'饥来吃饭倦时眠'乃《传灯录》义海禅师语。"①足见渔洋对佛家禅语已耳熟能详。源自祖父的禅学信仰直接影响了王渔洋的诗学观。

顺治十四年(1657)秋，24岁的王渔洋与齐鲁名士雅集于大明湖水面亭，饮酒赋诗，共结诗社。渔洋赋《秋柳》诗四首，诗歌以委婉的笔调描绘了秋柳的萧瑟凄迷，"秋来何处最销魂，残照西风白下门"，巧妙地将历史事件揉入诗中，名咏物实咏史，以引发沧桑之感。这是王渔洋"神韵"诗学的初步实践，获得了极大的成功。一时之间，大江南北相和者无数。王渔洋从此闻名于诗坛。顺治十五年(1658)，王渔洋中进士，观政兵部。这是权力中枢的重要职位，展现在王渔洋面前的是未来辉煌的人生。但是他没有执着于官场，没有陷入权与利的漩涡中。而是政事余暇，遍访京师名刹，交友寺僧，在众多的红顶高官中寻觅禅家知音；在纷繁的工作之余，坚守来自于祖父的那份宁静与淡泊。如当他寓居慈仁寺时，偶遇鄢陵梁熙，当得知梁熙深通佛理后便与其定交，成为禅家挚友。顺治十七年(1660)，王渔洋任扬州推官。在扬州期间，这位已名噪一时的青年诗人不仅结交了大量的东南文人，而且遍游扬州一带名寺，并把有机会向禅师请教引为幸事。王渔洋和僧人交友，书札往来于江南各寺庙，唱和不绝。其在《居易录》中特别记载了其佛门交友之事，如相识的禅师圆寂，他感慨不已，云"灵隐硕揆禅师，昔与予别于扬州禅智寺，今住常熟之三峰，即汉月和尚祖庭也。丙子冬十月，寺中桃花盛开。明年四月，梅花又开，花叶相间。硕揆与老友钱湘灵书来征诗，予赋六绝句寄之，至则师已化去矣"②。深为僧界友人的离世而伤痛。同时，他也为自己未有机缘结识著名高僧而深感遗憾，"药地、啸峰诸老，一时名德耆宿，皆为座下龙象，如灵山一会，俨然未散。自恨生晚，不获厕桓因之末，犹幸亲近和尚，略沾法乳"③。渔洋晚年诗文集《蚕尾文集》记载了大量的佛门雅事。

渔洋不仅与寺僧倾心相交，还资助寺僧出版文稿。任职扬州时，王渔洋在金陵灵谷寺见到正岔禅师的《同凡诗集》，爱不释手，拨专款为正岔禅师出版选集。渔洋在京师时，于百忙之中亲自评点了释智朴的《青沟漫语》，并亲自删定其集。此外，王渔洋还仿照白居易的事迹将自撰《渔洋集》刻本送及寺院。其《蚕尾文集序》曰："吾师畅天界宗风，作人天眼目，仆愿顺风以请久矣。先和尚竺庵大师保护六朝松事，仆久皈仰，载之游记。今师手植万松，虬髯龙鳞，当与此山不朽。牧老弘护，自有同心，正不以鄙言为轻重也。昔白乐天自录其集三本，一置东都圣善寺，一置庐山东林寺经藏中，一置苏州南禅院，愿以今生世俗文字之因，转为将来世世赞佛、乘转法轮之缘。虽拙集不逮乐天，其本愿亦犹是耳。并惟大师照鉴。"王渔洋多阅佛家典籍，通达禅理。他将自己的文集藏于丛林亦在情理之中。

与其他官员不同的是，王渔洋并没有将接近佛门作为生活的点缀，或故意做出超脱的姿态，而是以向僧人叩学禅理的方式表达自己的精神诉求。而对于入仕，他不再像祖辈那样对从政热情高涨，相反，他采取了一种疏淡、超脱的态度。在任职扬州期间，王渔洋在《癸卯诗卷自序》中曾向友人表白自己的志向："予兄弟少无宦情，同抱箕颖之志，居常相语，以十年毕婚宦，则耦耕醴泉山中，践青山黄发之约。"渔洋是个真正超脱的官员，他并无万丈豪情，没有表明治国平天下的浩然之志，仅希望躬耕山野，与青山白云相往还，虽置身官场，却心向山林。这实际上也是王氏家族在转折之

① 〔清〕王士禛著，袁世硕主编：《王士禛全集》，齐鲁书社2007年版，第2939页。
② 〔清〕王士禛著，袁世硕主编：《王士禛全集》，齐鲁书社2007年版，第4250页。
③ 〔清〕王士禛著，袁世硕主编：《王士禛全集》，齐鲁书社2007年版，第1834页。

后处世态度的表现。王渔洋一生仕位显赫，尽管仕途顺利，官高位显，但他从不趋炎附势，而是以“山人”自命，深悟佛家禅理，将佛禅融入自己的仕宦之路。禅宗主张无念无心，并不是不做任何事情，而是认为“愚人除境不除心，智者忘心不除境”。由此可知，王渔洋官运恒通却风平浪静的仕宦经历亦与其坚守的禅学思想密切相关。

更为值得关注的是，禅学不仅深入到了作为新朝高官的王渔洋的个人生活中，在建构清初影响巨大的诗学思想中也发挥了重要作用。

二

与王渔洋家族影响相呼应的是易代之初民间说禅参禅的文化氛围也日渐浓厚。而这一民间文化氛围又直接与此际遗民群体密切相关。

康熙朝文士邵廷采《明遗民所知传》云：“僧之中多遗民，自明季始也。”①明清易代后，出现了历史上阵容最为庞大的遗民群体。作为这一时期的特殊政治群体，在新王朝的文化环境中，遗民们不得不采用多种修辞手法，隐晦地表达自己的故国之思，抒发家国之痛，如顾炎武、黄宗羲、王夫之、吴嘉纪等。更多的遗民选择为僧，邓之诚在《清诗纪事初编》中描绘了沧桑之际“十年王谢九为僧”的佛门盛况。托身僧道——借此逃避清朝强制推行的剃发，成为许多遗民的避世之途，如药地、戒显、八大山人等。视清人为异类物种，许多遗民至死不食新朝米粟。陈于泰，披缁为僧，当道促其出仕，乃归卧荒庄复壁中。何宏仁，于国变后，“作诗投崖而绝。久之复苏，土人守之，得不死。随披剃，从方外游，入陶介山”②。王猷定，国变后，绝意入世，晚寓浙中西湖僧舍。侯智含，抗清名士侯峒曾三子，易代后，投身扬州天宁寺，剃发为僧。方以智，因清廷逼迫出仕，至南京天界寺削发为僧。方授在友人次第取科名、纷纷出仕新朝后，祝发长斋，作《剖心歌》，皈依天界浪和尚。其他如董说、钱邦芑、熊开元、函可、金堡等著名文士都纷纷遁入空门。由此可知易代鼎革之际，出于政治和文化的原因，遁入佛门的人屈指难数。

可以说，那些拒绝与新王朝合作的前朝精英几乎都进入佛门了。佛门的空前繁荣给王渔洋提高自己的禅学涵养及艺术高度提供了绝佳的机会。王渔洋经常与这些文化精英交游往来，谈论诗文，说佛论禅。由浅层次的应酬赠答到深层的佛理交流。把参禅作为生活中不可或缺的重要组成部分，这对王渔洋的思想产生了不小的影响，这也从侧面反映了王渔洋提出“诗韵”理论的必然性，也就是说王渔洋的“神韵”诗学是在佛禅思潮空前繁荣的前提下提出的。

如果说祖辈信仰的影响是王渔洋倡导神韵诗学的决定因素，那么，清初的政治文化政策则是王渔洋倡导神韵诗学的直接外因。满族贵族建立的清王朝，对汉民族和其他民族进行了长达二百多年的统治。政权如此长时间的绵延，其原因自然是多方面的。然而其中一个非常重要的原因是清统治者比较重视和积极接受汉族传统文化的影响，对其中的精华成分更是推崇备至。

早在关外时，皇太极就已确立了接受传统汉文化的方针，这是建立清政权的需要。清统治者欲在短时间内扩充势力、入主中原，若不正视自己的敌人，吸取其长处，是不可能取胜的。皇太极深知这一点，所以广为招降纳叛，并认真采纳汉官的建议。他厚待降官洪承畴，多数满洲官员对此深表不满。皇太极则说：“吾曹栉风沐雨数十年，将欲何为？”诸将曰：“欲得中原耳。”皇太极笑曰：“譬诸行道，吾等皆瞽。今获一导者，吾安得不乐？”入关以后，清王朝进入政权巩固阶段。汉族知

① 〔清〕邵廷采著，祝鸿杰校点：《思复堂文集》卷三，浙江古籍出版社1987年版，第212页。

② 〔清〕李元度纂，易孟醇校点：《国朝先正事略》，岳麓书社2008年版，第1267页。

识分子开始受到清廷重视。顾炎武、黄宗羲等负有盛名的作家、思想家坚持民族气节，不听征召。只要他们的活动不危及清政权，康熙帝亦实行宽容政策，听之任之。清政府在思想上也充分尊重汉族官员的个人信仰，“清代一方尊重佛教……顺治年间，定僧道官制，京师设僧录司、左右善世、阐教、讲经、觉义，掌释教之事”①。顺治帝更是身体力行，皈依禅宗，“与禅门耆学相见；不令称臣致拜，从容握手，情逾师友；可知帝之参禅，必有心得；非一知半解也”②。康熙帝继位后，对佛门更加包容。帝王对佛禅的态度决定了士大夫倾向接受禅宗，并向研究禅理的方向靠拢。统治者的这些态度和行为使佛教纳入到了政治的范围之内。

“文学艺术的发展离不开当时的文艺政策，它仿佛一面旗帜，在很大程度上制约和规范了当时的文艺走向，成为文艺工作者的创作准绳。”③无出其右，王渔洋“清微隽妙”的诗风正符合康熙帝“清真雅正”的文治要求。

值得关注的是，“神韵”诗学是对整个明代诗坛的反思和颠覆。明清易代，新朝诗坛亦在寻找新的宗向，诗学实践证明，明代的复古几近失败，那么，新王朝还要不要复古，学唐，宗宋，还是另辟蹊径？这是摆在清初诗坛的文学命题。易代之初，宗唐的前后七子由于叫嚣、肤郭，已经被诗坛否定了，而继七子之后崛地而起的竟陵钟、谭，娇小纤仄，七子那里过胜的阳刚之气在竟陵诗人那里则荡然无存。新的时代需要新的诗学，王渔洋倡导的“不着一字，尽得风流”的神韵诗说顺应了时代的要求。这种诗歌理论不适合写含有丰富社会内容的诗歌，自然也就规避了社会的现实斗争。

王渔洋论诗，排斥杜甫、白居易等反映和批判现实的精神。他倡导的“神韵”理论，具有佛禅的意味，自然含蓄的语言和追求闲适的艺术意境，适合抒写个人的性情。这对于清王朝来说，既能显示文运昌盛，又不会对其政权产生危害。如果站在清初文学政策的背景下看，王渔洋的诗文能够产生规避社会现实的功效，即可以顺应时代政治和文化政策的要求，同时又可以便渔洋保全自身。因而王渔洋的“神韵”理论在“治道在崇儒雅”的诗学环境中格外受欢迎，于是“神韵”之说很快风靡诗坛。不仅如此，王渔洋也从此在官场上青云直上，康熙帝在举行“博学鸿儒科”的前两年，即康熙十六年(1677)，物色并重用了时任户部郎中的王渔洋。《清史稿·王士祯传》云：“上留意文学，尝从容问大学士李霨：‘今世博学善诗文者孰最？’霨以士祯对。复问冯溥、陈廷敬、张英，皆如霨言。召士祯入对懋勤殿，赋诗称旨。改翰林院侍讲，迁侍读，入直南书房。汉臣自部曹改词臣，自士祯始。”“神韵”诗学也为王渔洋带来了政治上的殊荣。

“神韵”之于清初，不仅是一种极具时代意义的文学理论，同时也为时代社会提供了一份文化营养。“他在诗歌领域——是乃士人心灵、精神、意识之外化——所起的引导风气的作用。渔洋之‘神韵’说因此而不仅为一单纯的诗学理论风尚，更成为官方意志在诗歌界的代言者，成为钦定的主流。”④时代选择了王渔洋，王渔洋适应了时代的文化氛围，在清初文学政策的促动下，王渔洋不仅成为了时代“风气之所主”⑤的“一代宗师”，而且被公认为“有清一代被王朝政权认可的诗的‘开国宗臣’”⑥。

---

① 蒋维乔：《中国佛教史》，群言出版社 2013 年版，第 318 页。

② 蒋维乔：《中国佛教史》，群言出版社 2013 年版，第 321 页。

③ 黄建君、龙新辉：《论康熙的文艺政策》，载《云梦学刊》2003 年第 4 期。

④ 李伯齐主编：《山东分体文学史·诗歌卷》，齐鲁书社 2005 年版，第 479 页。

⑤ 门庭：《论王渔洋在〈四库全书总目〉中的地位》，载《兰台世界》2011 年第 14 期。

⑥ 严迪昌：《清诗史》，浙江古籍出版社 2002 年版，第 424 页。

必逢佳士亦写真

——禹之鼎绘王士禛像初考

汪 亓*

清初画家禹之鼎①常为康熙年间的文人名士绘制肖像,名著一时,而今我们能获睹前贤面目,多赖其功。经检,禹氏曾为诗坛领袖、渔洋山人王士禛绘制图画达十二幅之多,其中肖像十一幅,既有王士禛与他人同在一图的群像,又有王士禛的单独肖像图。本文拟对这些图画做梳理与分析,以求证于方家。

一、禹之鼎绘王士禛像述略

为便于梳理,兹先做出一个禹之鼎绘王士禛相关图像的统计表,以求简洁明了,再行逐一解说。②

* 作者简介:汪亓,故宫博物院,副研究馆员。

① 禹之鼎(1647~1716),字尚吉,号慎斋,江都(今江苏扬州)人。官鸿胪寺序班,以画供奉内廷。善画人物、山水,尤精写真。肖像画面貌多样,对白描法、墨骨法、江南法皆有造诣,所绘人物形神兼备,独具一格。其生平、艺事详见胡艺《禹之鼎年谱》,上海书画出版社编《朵云》第三集,上海书画出版社1982年,第206~215页。

② 自2000年为编著《清史图典·康熙朝》而关注禹之鼎绘王士禛像以来,匆匆十四年往来于查阅图录、史料与观赏原作之间,多有断续,直至落笔行文才发现原本鲜有学者研究的禹之鼎,如今成果已多。近来拜读桓台王超先生《"肖像国手"笔下的"一代诗宗"——禹之鼎绘王士禛肖像知见录》,诸多相合,心中颇喜,但其中所列有些并非禹氏真迹,如禹之鼎与李藩合作《王士禛小像》(介绍此图及辨伪的文章分见刘焯《禹之鼎李藩合作王士禛小像》,载《收藏家》1996年第1期;舒陵《禹之鼎李藩合作王士禛小像质疑》,载《收藏家》1996年第5期)、《渔洋先生小影》《城南雅集图》轴(桓台博物馆藏),后两图画法、题字均非禹氏风格。文中提及的《问年图》,原藏于新城王氏后裔王淇家,已于土改时期遗失,实为憾事。今年九月,蒙国家图书馆田晓春女士寄赠《图成行乐:明清文人画像题咏析论》(毛文芳著,台湾学生书局2008年版)一书,书中的"揄扬声誉:王士禛的画像题咏"从多角度论述渔洋青年至晚年的肖像,立论新颖,内容充实,令我多有获益。李珮诗的《诗画兼能为写真——禹之鼎诗题式肖像画研究》(台湾师范大学艺术研究所硕士学位论文,2004年)、殷勤的《画坛祭酒与文坛过客——禹之鼎士大夫形象的自我塑造》(中央美术学院硕士学位论文,2013年),也使我思路愈发开阔。尽管以上著述与论文中涉及王士禛肖像的部分与本节所列有些重复,但为求本文的完整性,加之曾经观赏原迹而得到的一孔之见、所查史料来源不同等缘故,依然胪陈渔洋写真如后,特此说明。

禹之鼎绘王士禛相关图像统计表

编号	图　名	质　地	尺寸（单位：厘米）	绘制时间	藏　地
一	《城南雅集图》卷	纸本，设色	纵50.5，横126	康熙二十一年（壬戌，1682）七月	日本东京国立博物馆
二	《雪溪图》卷	绢本，设色	纵136.2，横64.1	康熙三十八年（己卯，1699）长至（夏至）	青岛市博物馆
三	《幽篁坐啸图》卷	绢本，设色	纵63，横67	康熙三十九年（庚辰，1700）六月前，据陈奕禧引首	山东博物馆
四	《柴门倚杖图》卷	绢本，设色	纵35.8，横100	康熙三十九年（庚辰，1700）六月前，据陈奕禧引首	山东博物馆
五	《放鹇图》卷	绢本，设色	纵26，横111	康熙三十九年（庚辰，1700）长夏（六月）	故宫博物院
六	《荷锄图》卷	绢本，设色	纵38.4，横102.6	康熙三十九年（庚辰，1700）六月	台湾乐山堂
七	《禅悦图》	不详	不详	康熙三十九年（庚辰，1700）七月二日之前，据梅庚跋	不详
八	《戴笠图》	不详	不详	至迟在康熙三十九年（庚辰，1700）《渔洋精华录》成书之前，此据程哲汇刻《带经堂集》上，林佶于康熙五十年（1711）为其书题识	不详
九	《踏雪寻梅图》	不详	不详	康熙四十年（辛巳，1701）春三月既望（十六日）	不详
十	《载书图》卷	不详	不详	康熙四十年（辛巳，1701）五月	不详
十一	《蚕尾山图》卷	绢本，设色	纵26.7，横73.7	康熙四十一年（壬午，1702）六月，据陈奕禧题	故宫博物院
十二	《古夫于亭图》轴	绢本，设色	纵96，横44.5	康熙四十七年（戊子，1708）春仲	香港至乐楼

一、《城南雅集图》卷。① 截取陈廷敬的城南山庄一角，但见朱栏曲折，池水清幽，桐荫泻地，湖石玲珑，徐乾学、汪懋麟、王又旦、陈廷敬、王士禛自左而右各安位置，谈文论艺，怡然自得。据汪懋麟《城南山庄画像记》载："壬戌七月相聚于城南山庄，赋诗饮酒相娱乐，命兴化禹生貌五人像为一图。……陈公据石案，搦管欲书，济南公倚案左侧视；王公面案企脚坐；握手语林木间者则徐公与懋麟也。"②此作虽非禹氏专门为渔洋绘写的肖像，但为世人记录下了四十九岁时的王士禛形象。

① 〔日〕原田谨次郎《日本现在支那名画》［文求堂书店，昭和十三年（1938）七月二十五日印刷，昭和十三年七月二十八日发行］第297页有对此画的简略记述："纸本，设色，高一尺六寸七分，长四尺一寸四分，东京，高岛菊次郎氏藏。题跋：汪懋麟、翁方纲、吴嵩梁二跋、黄易、庆霖、阮元、江藩、曾燠、桂复二跋、陈用光、鲍佳星、董国华、潘恭辰、黄安涛、冯芝、杨振麟、高鸿飞、徐宗幹、唐壎、洪毓琛诸人跋。……五客话旧图，康熙壬戌七月，王阮亭、徐健庵两尚书、王黄湄给谏、汪蛟门比部会于陈说严相国城南山庄所作也。"按：原田氏记为七月，与蒋寅《王士禛事迹征略》（人民文学出版社2001年版）第274页所记"四月"有异。局部彩图、黑白全图均见〔日〕高岛菊次郎鉴纂《槐安居乐事》，求龙堂昭和三十九年（1964）版。

② 〔清〕汪懋麟：《城南山庄画像记》，见《百尺梧桐阁集》卷三，《四库全书存目丛书》集部第241册，第739～740页。

惜此图图版仅见刊布画心部分，引首、跋尾等而未见行世，仅能从后人的文集中找到零星记录，如陈康祺《郎潜纪闻初笔》卷七“康熙壬戌七月，王文简公士祯、陈文贞公廷敬、徐健庵尚书乾学、王幼华给谏又旦、汪蛟门比部懋麟，集城南山庄。禹慎斋鸿胪之鼎作《五客话旧图》，蛟门为纪卷，藏泽州陈氏”①，又如翁方纲《跋五客话旧图》“是卷今藏泽州陈氏，盖禹慎斋为午亭先生作者，故汪蛟门记中以感旧之思属陈公也。……此盖在其前之十有五年，公年尚壮，与四公为文酒之会，是时康熙二十一年也。新城王渔洋、昆山徐健庵两先生，与午亭同游，人所习知矣。郃阳王幼华，名又旦，别字黄湄，顺治十五年进士，知安陆潜江县，除吏科给事中，转户科掌印给事中。汪蛟门，江都人，康熙四年进士，为中书舍人，戊午举荐，以未终制力辞，后以主事入史馆，充纂修官，寻补刑部，仍直史馆。……后有幼华题句，亦在壬戌之春，盖诸公相聚都门，一时纪胜，又得慎斋名笔写之，令人叹羡，不啻置身其间，与诸公晤对者”②。至于如何流落东瀛，尚乏考证。

二、《雪溪图》卷，或称《雪溪诗思图》卷。③ 本幅隶书题“雪溪图”，楷书题“己卯（康熙三十八年，1699）长至后，都门旅次，为新城王大人命写‘竹外一枝斜’诗句，广陵后学禹之鼎敬绘”，钤“慎斋禹之鼎印”朱白文方印、“广陵涛上渔人”朱文方印、“慎斋”白文方印、“醉酒”朱文方印、“必逢佳士亦写真”白文方印，“青岛文物管理委员会考藏印”朱文方印。④ 此为所见禹氏最早专为王士禛绘制的肖像，此时渔洋已六十六岁。图中庭院清幽，缓坡浅流，雪拥翠竹，鹤立雅园，童子束卷帷帐，主人搁笔倚案，凝神沉思。跋尾有陈奕禧题签“雪溪诗思图，渔洋夫子命海宁门人陈奕禧题，时庚辰七月朔”，钤“陈奕禧”朱文方印、“农官大夫”白文方印。另有蒋仁锡、梅庚、朱载震、林佶、俞兆晟、汤右曾、汪绎、吴雯、史申义、沈朝初、陈奕禧、王丹林、李榛、查昇、汪士鋐、刘石龄、许嗣隆、高凤翰题诗。朱载震之《题渔洋先生写生 · 雪溪诗思图》七律以短短八句道出了像主的心声：“西山雪色隐云端，气压园林好耐寒。抢地竹梢迷鹤径，横溪梅影乱渔竿。坐疑剡艇情何极，吟比扬州兴未阑。解辨清光莫频扫，朝回留待月中看。”⑤此卷现名为《雪溪图》，盖由禹氏自题及未具姓名之人楷书题写的外签“雪溪图卷，王渔洋行乐图，禹之鼎绘”而来。据《王贻上与林吉人手札》第十札所云“《雪溪诗思图》如题过，希付来手。尚欲送耦长处，恐明日渠便治装耳”⑥，及前揭陈奕禧题签、朱载震诗题可知，《雪溪诗思图》为渔洋本人所定的图名。

三、《幽篁坐啸图》卷。⑦ 引首“幽篁坐啸，庚辰（康熙三十九年，1700）六月恭为渔洋夫子命题，海宁门人陈奕禧”，钤“陈奕禧印”朱文方印、“陈子文氏”白文方印、“茂松清泉”白文长方印、“身在天门日观之间”朱文长椭圆印。前隔水钤“露园考藏书画之章”白文方印、“古□唐氏珍藏”朱文方印、“献唐审定”朱文方印、“山东省立图书馆书画记”朱文方印。本幅题“独坐幽篁里，弹琴复长

① 〔清〕陈康祺撰，晋石点校：《郎潜纪闻初笔》，中华书局1994年版，第158页。

② 〔清〕翁方纲撰，沈津辑：《翁方纲题跋手札集录》，广西师范大学出版社2002年版，第436页。

③ 青岛市博物馆编：《青岛市博物馆藏画集》，文物出版社1991年版，图87。

④ 2014年8月20日，至青岛市博物馆观摩此图，画心左侧题款一条乃从画面某处裁下后，与右侧近方形画面裱为同幅，“慎斋”“醉酒”“必逢佳士亦写真”三方印皆为剪下后贴于画面右下。蒙该馆赵好女士见告，1978年10月徐邦达先生认为，此图“前面有东西，像是裁了去，是一个条幅裁开的”。其中曲折，尚需考证。

⑤ 〔清〕朱载震：《题渔洋先生写生》，见《京华集》，《四库未收书辑刊》第9辑第17册，第80～81页。

⑥ 〔清〕王士禛著，李毓芙、牟通、李茂肃整理：《渔洋精华录集释》，上海古籍出版社1999年版，第1998页。

⑦ 杨涵主编：《中国美术全集 · 绘画编10 · 清代绘画中》，上海人民美术出版社1989年版，图91。

啸。深林人不知,明月来相照。新城王公命写,用唐右丞诗、元黄鹤山樵画景,广陵禹之鼎敬绘",钤"禹之鼎"白文方印、"慎斋"朱文方印、"逢佳"朱文方印。跋尾有梅庚、查昇、林佶、查嗣庭、汪绎、陈奕禧、俞兆晟、冯廷櫆、朱载震、刘石龄、孙致弥、蒋仁锡、黄元治、王丹林、钱名世题诗。后有"露岩珍赏"白文方印。① 图中玉轮高悬,溪流潺湲,碧竹随清风而动,琴韵伴画境而行,烘托出了王士禛雅追摩诘、神存禅意的气质。此年,禹之鼎共为渔洋绘制了六幅肖像,其中五幅将像主置身山水之间,衬托出了像主的逸致幽情,另一幅则为白描,乃为《渔洋精华录》而作。可谓倾一人之全力,惠来者之眼福。

四、《柴门倚杖图》卷。引首"庚辰六月,寒山秋水,渔洋夫子命题,海宁门人陈奕禧",钤"陈奕禧印"白文方印、"梦墨楼"朱文长椭圆印、"六谦"朱文方印。前隔水有章保世题:"余旧藏《秋江晚棹》立帧系禹上吉为渔洋写照,乙丑秋携之南游,为友人陈乐山索去。丁卯冬复得此卷,静坐展玩,如对故人,不禁欣喜欲狂。庚午冬,适生记于自在香馆。钤"保世"朱文方印,又有"家承赐书"朱文长方印。本幅题"寒山转苍翠,秋水日潺湲。倚杖柴门外,临风听暮蝉。新城王老大人命广陵禹之鼎写于金台",钤"禹之鼎"白文方印、"慎斋"朱文方印、"逢佳"朱文方印。② 诗乃王维《辋川闲居赠裴秀才迪》前四句。图中远山勾染,霞色飞红,江水滔滔,树多卧笔横点,柳则绿、墨兼用,直有董其昌笔意。衣纹兰叶,面部近于《幽篁坐啸图》。后隔水有"绍庭珍藏"白文方印。跋尾有梅庚、陈奕禧、朱载震、王丹林、蒋仁锡、查嗣瑮、查嗣庭、查昇题诗。

五、《放鹇图》卷。③ 引首"放鹇图,门人林佶敬书",钤"林佶之印"白文方印、"麓原子"朱白文方印、"玉声山房"朱文方印、"一室之内有以自娱"朱文方印。本幅题"放鹇图"三字,又题"五柳先生本在山,偶然为客落人间,秋来见月多归思,自起开笼放白鹇。庚辰长夏雨后,大司寇王公因久客京师,捡诗为题,命绘《放鹇图》。仿佛六如居士笔意,漫拟请政,恐神气闲畅,用笔高雅不及焉。禹之鼎",钤"之鼎"白文方印、"尚吉"朱文方印。诗乃唐人雍陶《和孙明府怀旧山》。图中树影婆娑,屋宇隐现,弯月高悬,远山明灭,童子打开竹笼,放出白鹇,主人稳坐椅上,心随振翅高飞的白鹇而去。前后隔水先后有王原、史夔题诗,跋尾有张尚媛、汪绎、林佶、梅庚、陈奕禧、朱载震、王丹林、蒋仁锡、查嗣瑮、查嗣庭、查昇、钱名世、史申义、黄元治、刘石龄、沈朝初、许嗣隆、张贞、缪沅、郭元于、李嶟瑞、宫鸿历、黄梦麟、王戬、冯念祖、柯煜、梁佩兰、顾图河、赵晋、朱书、魏坤、曹三才、张大受、顾嗣立、狄亿、王式丹题诗。

六、《荷锄图》卷。④ 引首题"带经而锄。门人黄元治敬书",钤"黄元治印"白文方印、"直光"朱文方印等三印。本幅题"康熙庚辰夏六月,御书'带经堂'大字赐尚书臣王士禛。云汉昭回,拜观者莫不惊叹。按:'带经而锄'语出《汉书》御史大夫《倪宽传》。因属鸿胪臣禹之鼎写杜诗'细雨荷锄立,江猿吟翠屏'之句,仍用米南宫、高房山笔意,作图写照于内,以纪恩遇云",钤"禹之鼎"白文方印、"慎斋"朱文方印、"慎斋"白文方印、"醉酒"朱文方印、"逢佳"朱文方印,另钤鉴藏印"梦诗庐"朱文长方印。图中峰峦重重,帆影片片,阡陌纵横,烟气弥漫,王士禛戴笠荷锄,衣襟顺风摇摆,

---

① 据2013年11月8日至山东博物馆观摩此图时抄写的记录。此卷尺寸等相关信息,蒙该馆鲍艳囡女士见告。

② 章氏1897年出生,江苏吴县人,字佩乙,号适庐。二十岁即任上海《申报》《时事新报》主笔,后曾出任北洋政府财政部钱币司司长,为民国著名收藏家。

③ 中国古代书画鉴定组编:《中国绘画全集》,文物出版社2000年版,第25册,图212、图213。

④ 陈葆真主编:《乐山堂藏古代书画》,乐山堂2006年版,图21。

神态怡然自得。得赐天子御书，不免自矜，故而王氏《渔洋山人自撰年谱》①《分甘余话》②《居易录》③均有记载，前后隔水先后有张尚瑗、王原题诗。跋尾有汪绎、狄亿、顾图河、吴暻、史夔、汤右曾、查昇、查嗣庭、王丹林、查慎行、钱名世、朱载震、史申义、黄元治、吴雯、刘石龄、王式丹、沈朝初、蒋仁锡、缪沅、宫鸿历、李嶟瑞、郭元于、黄梦麟、朱书、王朝佐、汪士鋐、高凤翰、王戬、顾嗣立、魏坤、冯念祖、梁佩兰题诗。另有收藏印多方。"带经堂"匾额今存山东惠民地区文管所（现为滨州市博物馆）。④

七、《禅悦图》。⑤ 本幅题"广陵禹之鼎敬绘"，钤印二，不辨。裱边有梅庚、林佶、查昇、蒋仁锡、朱载震、查嗣庭题诗。图中苍松虬曲，白鹤展翅，渔洋席地趺坐亭内，面含喜悦，矮几之上麈尾横陈，暗示禅意。观其形制，似为挂轴。《王贻上与林吉人手札》第十一札云："禹鸿胪为作《放鹇》《禅寂》二图，祈楷书题签，分隶标卷首。仍各题一诗。"⑥第十五札云："《放鹇》《禅寂》二图，想已题就，专人上取，唯付之。"⑦《放鹇图》卷引首即林氏以隶书题写，毫无疑问。而渔洋所言的《禅寂图》是否是现在的《禅悦图》？据朱载震刻入《京华集》的《题渔洋先生写生》四幅中的《禅悦图（三首）》⑧以及此图裱边题诗来看，二者完全一致，《禅寂图》与《禅悦图》实为一图，应无问题。何耀光在辛丑年（1961）跋禹之鼎《古夫于亭图》轴时言道，《荷锄图》卷与《禅悦图》卷俱藏香氏（香翰屏）梦诗庐。⑨《荷锄图》卷今归台湾乐山堂，前文已有叙述。近闻上海某君自美国购归禹之鼎《禅悦图》卷，不知是否为何氏所言之卷？又因未曾寓目该图原件或清晰图像，不敢断言。然观其形制为手卷，与前述《支那南画大成》第七卷刊布的《禅悦图》的形制、画面相左。姑暂列此间，以俟后考。

八、《戴笠图》。此乃《渔洋山人精华录》印行之前、禹之鼎唯一以白描画法绘制的王士禛像。林佶曾于康熙五十年（辛卯，1711）腊望之际为程哲汇刻的《带经堂集》所做题识言："曩庚辰刻渔洋师《精华录》，广陵禹之鼎图像，宛陵梅庚为赞，而佶书之，距今已十二年矣……"⑩依此推断，禹之鼎绘制此图约在康熙三十九年（庚辰，1700）。《王贻上与林吉人手札》第十三札云："禹鸿胪再作《精华录》前戴笠小象，极肖。欲雪坪制一赞，然后送典记耳。"⑪两相印证，渔洋此札也应写于康熙三十九年。惜原图已佚，仅能从刻本中观其大略。

---

① 〔清〕王士禛《渔洋山人自撰年谱》卷下记载："康熙三十九年（1700），庚辰，六十七岁，在刑部。……六月（二十八日），赐御书'带经堂'扁额，令中官送大学士张英处转颁，盖用汉御史大夫儿宽故事也。山人因取杜子美'细雨荷锄立，江猿吟翠屏'句，属禹鸿胪（之鼎）写《荷锄图》小照，南海梁芝五（佩兰）为作歌记事。"参见〔清〕王士禛撰，孙言诚点校《王士禛年谱》，中华书局1992年版，第52～53页。

② 〔清〕王士禛《分甘余话》卷四"荷锄图"条记载：余为总宪掌内台时，蒙恩赐御书"带经堂"三大字，盖用汉御史大夫兒宽故事也。余因取杜子美"细雨荷锄立，江猿吟翠屏"句意作《荷锄图》。今年夏五月，汪文治（洋度）自广陵以《荷锄图》索题，亦用带经故事，余为赋绝句云："曾向欧阳受尚书，生涯常忆带经余。披图却爱林和靖，五字春阴入荷锄。"五字乃和靖句也。参见〔清〕王士禛《分甘余话》卷四，中华书局1989年版，第98～99页。

③ 〔清〕王士禛，袁世硕主编：《王士禛全集》，齐鲁书社2007年版，第4359页。

④ 蒋寅：《王渔洋事迹征略》，人民文学出版社2001年版，第481页。

⑤ 《支那南画大成》第七卷，日本兴文社昭和十一年版，第105页。

⑥ 〔清〕王士禛著，李毓芙、牟通、李茂肃整理：《渔洋精华录集释》，上海古籍出版社1999年版，第1998页。

⑦ 〔清〕王士禛著，李毓芙、牟通、李茂肃整理：《渔洋精华录集释》，上海古籍出版社1999年版，第1999页。

⑧ 〔清〕朱载震：《题渔洋先生写生》，见《京华集》，《四库未收书辑刊》9辑第17册，第81页。

⑨ 《至乐楼书画录》，香港中文大学出版社1986年版，第145页。

⑩ 〔清〕王士禛：《带经堂集》，清康熙五十年刻本。

⑪ 〔清〕王士禛著，李毓芙、牟通、李茂肃整理：《渔洋精华录集释》，上海古籍出版社1999年版，第1998～1999页。

九、《踏雪寻梅图》。① 本幅题“松竹阴中山不尽，梅花林外有行人。大司寇王公命仿李龙眠白描写照，拟宋王雪溪铚诗句补景，时辛巳春三月既望，敬制于京师碧山堂之南馆，广陵禹之鼎”，钤“禹之鼎”白文方印、“慎斋”朱文方印、“禹”朱文圆印、“慎斋”白文方印、“醉酒”朱文方印。图中王士禛策蹇过桥，小僮背负书简紧随其后，岁寒三友凌寒静立，但闻山溪汩汩，蹄声得得，动静之间，别有意境。王士禛在《跋雪溪集》中论王铚之诗云：“宋王铚性之《雪溪集》五卷，诗不能佳，独《晓发石牛》一绝云：‘匆匆车马出清晨，日淡风微已仲春。松竹阴中山未尽，梅花林外有行人。’写景颇工。性之别有《默记》若干卷，今传于世。明清，仲言之父也。”②可知渔洋爱此诗句，而命禹之鼎绘为图画，以求身居其中，得踏雪寻梅之雅意。

十、《载书图》卷。③ 本幅题“康熙四十年五月望，肯恭送王大司寇暂假归里，门生谨记其盛，绘《载书图》，广陵禹之鼎”，钤“禹之鼎”朱文方印、“慎斋”朱文方印。图中群峰连绵，碧树成行，城门之外文士们依依惜别，马车满载书籍，渐行渐远。此图并非渔洋肖像，如同禹之鼎为宋荦绘制的《国门送别图》卷（今藏中国国家博物馆），仅为纪盛之作。置此聊备一格。《载书图》与《戴笠图》皆以刻本行世，不知原迹流落何处，未免令人生叹。

十一、《蚕尾山图》卷。④ 引首题“渔洋先生遗像，光绪庚子朱益濬”，钤“朱益濬印”白文方印、“纯卿”朱文方印、“比德于玉”白文印。本幅题“广陵禹之鼎恭写”，钤“禹之鼎”白文方印、“尚基氏”朱文方印。另有陈奕禧题“蚕尾山图。壬午六月为渔洋老夫子，海宁门人陈奕禧题”，钤“奕”朱文椭圆印、“禧”白文方印。康熙二十三年(1684)冬，王士禛奉命前往广东祭告南海。十二月七日，行至山东东平，风雪交加，小洞庭湖畔的蚕尾山隐现于烟霭明灭之间，王士禛甚是喜爱，当日便赋诗若干。此后，又以“蚕尾”命名其别集、书房。十八年后，方倩禹氏绘写成图，以志其事。图中明月当空，微波荡漾，一叶扁舟缓慢而出，主人掷卷一侧，手捋长髯，沉浸美景之中。跋尾有王士禛长题，记蚕尾山及其故事。其后有汤右曾、梁佩兰、黄梦麟、李嶟瑞、田广运、查慎行、冯念祖、宫鸿历、缪沅、蒋仁锡、顾嗣立、王戬、沈名荪、魏坤、曹三才、张大受、狄亿、张尚瑗、王式丹、王原、史夔题诗。

十二、《古夫干亭图》轴。⑤ 本幅题“摹马远《竹坞幽居图》笔意写夫于亭图，恭寄大司寇新城王公，时戊子春仲，广陵后学禹之鼎”，钤“慎斋禹之鼎印”朱白文方印、“慎斋”白文方印、“逢佳”朱文方印、“高云共此心”朱文长方印、“醉酒”朱文方印。本幅又有陈奕禧本年七月题诗，上诗堂、裱边则有史夔、王式丹、周起渭、查嗣瑮、曹三才、蒋仁锡、郭元釪、吴陈琰、顾嗣立、李嶟瑞、田广运、林佶、缪沅、程鸣、金奇玉、卞恒久题诗。⑥ 图中王士禛倚坐亭内，凭栏观景，其前清水一泓，背后树色明灭，正是王士禛归隐乡里、安享晚年的写照。

二、王士禛好尚“写真”

清初文士多有品评古迹、赏玩书画的雅好，诗坛祭酒王士禛自然也不例外。尽管王氏未如其

---

① 《中国名画》第八集，有正书局1917年版。

② 〔清〕王士禛著，袁世硕主编：《王士禛全集》，齐鲁书社2007年版，第1917页。

③ 《载书图》刻本收录在《载书图诗》一书之前，见王德毅主编《丛书集成三编》，台湾新文丰出版公司1997年版，第43册，第677页。

④ 故宫博物院编，汪亓主编：《清史图典·康熙朝》，紫禁城出版社2002年版，第34页。

⑤ 高美庆主编：《至乐楼藏明清书画》，香港中文大学出版社1992年版，第96页。

⑥ 著录见《至乐楼书画录》，香港中文大学出版社1992年版，第140～145页。

时以鉴藏家著称于世的宋荦、高士奇等人富于书画收藏,但高朋往来之际,展阅前贤宝绘、墨迹的机会较多。蒋寅在《王渔洋事迹征略》中多有辑录,于此不赘。此外,与王士禛往来的友人、门生中亦不乏知名画家,如戴本孝、严绳孙、王翚、王原祁、梅清、梅庚等。而且他对占据主流画坛的王翚、王原祁与在野画家戴本孝、梅清等并无厚此薄彼之分,这说明他的审美取向是多元的。王士禛常直面名作佳构或同画家谈文论艺,其艺术评判能力当超凡人俗士。他在《跋〈论画绝句〉》中称:

近世画家专尚南宗,而置华原、营丘、洪谷、河阳诸大家,是特乐其秀润,惮其雄奇,予未敢以为定论也。不思史中迁、固,文中韩、柳,诗中甫、愈,近日之空同、大复,不皆北宗乎!仲牧中丞论画,最推北宋数大家,真得祭川先河之义,足破聋瞽,予深服之,其诗之工又无论已。①

由此可见,渔洋对明末董其昌针对绘画提出的"南北宗"论中推崇南宗、贬抑北宗的观点并未盲从,而是指出董氏所言的范宽、李成、荆浩、郭熙诸位北宗画家的风格雄奇高阔,且将这一风格同史学家司马迁、班固及文学家杜甫、韩愈、李梦阳、何景明的文风相提并论,深为推重。他不人云亦云,悉心体悟笔墨意韵,并能加以横向比较,能提出自己独到的见解,由此可窥知其艺术品位之博雅、艺术评论之精审。

需要指出的是,在明末清初之际,借带有行乐图性质的肖像画遍征题咏逐渐成为文人雅士的一种新交游方式。而被尊为"三王"②的王士禄、王士祜、王士禛兄弟时常邀请画家或图写盛会以纪事,或绘出肖像以言志。图写盛会以纪事者如顺治十四年(1657),王士禛游历济南,于大明湖举秋柳社,由泺水王姓画家绘成《柳洲诗话图》③;康熙四年(1665)四月,渔洋长兄王士禄与宋琬、杨璥消夏杭州湖上,林嗣环为画《三舟图》④;康熙七年(1668),文点为王士禄、王士禛二人绘《秋林读书图》⑤;康熙四十年(1701),王士禛归家迁葬,送者云集,禹之鼎为画《载书图》;王士禛致仕后,命弟子程鸣以"渔山蚕尾山皆远,只有夫于照户青"一句绘制《诗亭逸老图》⑥。绘出肖像以言志者如康熙三年(1664),戴苍为王士禄绘《桐荫》《绣佛》二图,为王士禛绘《抱琴》《散花》二图⑦,亦曾为渔洋三兄王士祜图写立像一轴(故宫博物院藏);禹之鼎为王士禛绘《幽篁坐啸图》《放鹇图》诸图。昆仲三人肖像出现频率之高在当时的文人群体中难得一见,其中渔洋最喜倩人图写行乐图画,加之其寿近耄耋,故留存肖像殊多。

及至同在京师为官,王士禛与禹之鼎出现了交集,从而开启了禹氏二十余年图写文苑领袖的篇章。

古人亦将肖像画称为"写真"。王士禛在《古夫于亭杂录》卷六"写真"条记:

写真一技,古称顾虎头。此艺虽精,终不能与山水、竹石、花鸟、龙鱼等埒。近日如曾鲸、

---

① 〔清〕王士禛著,袁世硕主编:《王士禛全集》,齐鲁书社2007年版,第1959页。

② 王士禛在《赐进士出身先兄东亭行述》一文中记:"乙未,长兄与不肖同上公车,兄亦廷试入都,海内名流,投纻赠缟,论交甚重,一时有'三王'之目。"见〔清〕王士禛撰、孙言诚点校《王士禛年谱》,中华书局1992年版,第147页。

③ 顾洪:《记芬陀利室所藏〈王渔洋柳洲诗话图〉卷》,载《文献》1993年第3期。

④ 〔清〕王士禛撰,孙言诚点校:《王士禛年谱》,中华书局1992年版,第80页。

⑤ 〔清〕翁方纲:《跋渔洋读书图(桂未谷摹本)》《跋渔洋读书图(水屋道人摹本)》,均见翁方纲撰、沈津辑《翁方纲题跋手札集录》,广西师范大学出版社2002年版,第425页。

⑥ 见程鸣为禹之鼎《古夫于亭图》轴题诗之注,《至乐楼书画录》,香港中文大学出版社1992年版,第144页。

⑦ 事见〔清〕王士禛撰、孙言诚点校《王士禛年谱》,中华书局1992年版,第77页。诗见王士禄《戴苍写真歌为余作桐荫、绣佛二图,为贻上作抱琴、散花二图》,《十笏草堂上浮集》卷一,《四库全书存目丛书补编》第79册,第130页。

谢彬辈，以此擅名，吾见其晚年笔墨亦草草耳。近有鸿胪序班禹之鼎，名重舆下，曾为余作《放鹇》《荷锄》《雪溪》《诗思》数图，时有利钝。颜氏称："武烈太子偏能写真，坐上宾客，随宜点染，即成数人，以问童孺，皆知姓名。萧贲、刘灵、刘孝先，并文学已外，复佳此法。又有西朝中书舍人吴郡顾庭、平氏县令彭城刘岳。"昔王右丞、赵承旨并擅此长，不以为讳，然今之名世，亦罕觏矣。①

写真无法与其他画科相颉颃，这一世俗的看法在他心中已然成为默许的标准。这使得禹之鼎并未像其他以山水、花鸟等知名的画家一样同王士禛结下深厚的交谊。或许正是这潜在的因素使文人与画家产生了微妙的隔阂。不过，虽然渔洋对"写真"有着如此的定位，但其对肖像画的热衷并未减少。同书同卷"文人写真"条有如下描述："王右丞画《孟襄阳吟诗图》，至今流传，以为佳话，不知宣和所藏，又有厉归真所画《常建冒雪入京图》。当时文人高士为世艳慕如此。梁溪严中允荪友(绳孙)以布衣游京师，见先兄西樵洎余，遂欣然为之写真，亦古人之亚也。"②他对"写真"的历代"佳话"与"古人之亚"极为欣赏，于是身体力行、持之以恒，将图画肖像贯穿一生。

王士禛对时常承命绘写自家中、晚年肖像的禹之鼎，有"时有利钝"的评价，透露出些许遗憾。然而从康熙三十八年(1699)至康熙四十七年(1708)，王士禛先后九次请禹氏画像，亦曾以高珩诗句"筇杖古松流水外，蒲团修竹绪风间"索二画于之鼎③，可以推断王士禛总体上是认可禹之鼎的能力的。

渔洋从《抱琴图》卷以来，开始向师友亲朋征题。他总能使题跋盈纸，诗词满幅，使画卷成为书画文合璧的经典。及至禹之鼎为王士禛所绘诸图同样延续此风，每卷都是题跋累累，为王士禛承继旧时佳话与沉浸"古人之亚"的生活方式提供了最好的载体。这自然与渔洋诗坛祭酒的地位密切相关，但禹之鼎出神入妙的肖像画创作无疑也是令众人诗思泉涌的一个缘由。

在写真之外，渔洋同样借重禹氏画艺。细致入微地描绘器物，是禹之鼎擅长的技巧。其对器物细致入微的描绘通过康熙三十六年(1697)绘制的《闲敲棋子图》轴(天津博物馆)及前述《雪溪图》之中家具与帷幔纹样的刻画，便可一目了然。康熙三十八年(1699)，渔洋家传的结绿砚失而复得，便属画家绘成图卷，并借此征诗。④ 李珮诗认为，渔洋使禹之鼎笔下恬淡隐逸的王氏形象与其针对诗歌提倡的"神韵说"互为生发，使之成为塑造文坛领袖的一种形式。⑤ 那么，或许可以认为渔洋请谙于图写精致物件的禹之鼎画出祖传砚台，是新城王氏文脉传续的一种象征，既是对先人道德文章的追念，也是对兄弟驰骋文坛的自许，更是对后辈发扬诗文名世之家风的期许。

关于王、禹二人的关系，殷勤在论文中列举诸多事例后指出，王士禛看不起身份低微的职业画师禹之鼎，只是将其视为制作写真和行乐图的工具而已，从他屡次"命"禹之鼎作画的这种语气中，

① 〔清〕王士禛撰，赵伯陶点校：《古夫于亭杂录》，中华书局1988年版，第127页。此处将《雪溪》《诗思》分为两图实误，缘由参见前文关于《雪溪图》叙述一段。〔清〕王士禛著、袁世硕主编《王士禛全集》(齐鲁书社2007年版)第6册第4933页同误。

② 〔清〕王士禛著，赵伯陶点校：《古夫于亭杂录》，中华书局1988年版，第122页。

③ 〔清〕王士禛著，袁世硕主编：《王士禛全集》，齐鲁书社2007年版，第4542页。

④ 〔清〕朱载震：《结绿砚新城王氏旧物也昔得之大槐根下制铭为传家之器已而失去幔亭以端溪石仿旧式请于大司寇渔洋先生铭勒以志其憾康熙己卯有客携原研来归惊喜出示属禹鸿胪绘图征诗为作此歌》，《京华集》，《四库未收书辑刊》9辑第17册，第85~86页。

⑤ 李珮诗：《诗画兼能为写真——禹之鼎诗题式肖像画研究》，台湾师范大学艺术研究室2004年硕士论文，第64页。

也可以看出他对禹氏的轻视态度。两人是赞助人与画匠、上级与下级之间的关系,无交情可言。[①]拙见以为,"命"字虽多次出现在禹氏绘制的渔洋肖像的题款中,但这不过是画家的谦辞而已,无论是从官阶的差距(渔洋为从一品的刑部尚书,禹氏为从九品的鸿胪寺序班)还是从年龄的长幼(两人相差十三岁)来看,禹氏都应保持谦恭的态度。此外,至今并未见到记录两人有着类似西方美术史中赞助人与画家关系的史料,且两人分别供职于刑部与鸿胪寺,既无隶属关系,便谈不到上下级关系。再者若无交情可言,为何禹氏在渔洋归里三年多后还寄去《古夫于亭图》轴?何况以渔洋的襟怀,不至于对自己依仗的画家抱鄙夷不屑的态度。缘此数点推论,二人虽无友朋、师弟那般亲近的关系,但渔洋常倩画家绘图,禹氏总为高士写像,各得所愿,君子之交、雅淡往来还是有的。

三、禹之鼎艺得殊荣

禹之鼎是康熙年间的肖像画圣手,渔洋亦言其"名重辇下",可知其声名之盛。张庚《国朝画征录》言:"禹之鼎,字上吉,号慎斋。江都人。工人物,幼师蓝氏。后出入宋元诸家,遂成一家法。有《王会图》一卷传世。其写真多白描,不袭公麟之旧,而用吴生兰叶法,两颧微用脂赭晕之,娟媚古雅。"[②]《昭代名人尺牍小传》卷一二记:"禹之鼎……康熙中,官鸿胪序班,以善画供奉内廷。尤工写照,秀媚古雅,为当代第一,一时名人小像皆出其手。"[③]从留存的画迹来看,禹之鼎曾为吴梅村、朱彝尊、徐乾学、陈廷敬、高士奇、汪懋麟、宋荦、吴暻、乔莱等名家存影,可见其画艺精湛,为众望所归。这应该也是禹之鼎能够得到王士禛首肯的一个重要因素。

具有超凡审美趣味的王士禛,在延请他人为己绘制图画尤其是肖像时,必然对画家有着极高的要求。即只有画家的审美品位达到一定的高度时,才可能被选择承担绘事工作。考察为王士禛绘制肖像的画家,早年除前述戴苍之外,尚有张翥,张翥曾于顺治十七年(1660)为渔洋图写《妙高台题壁图》《上苑春归图》。[④] 此二图暂未见踪迹,但张翥于康熙二年(1663)曾为王士禄绘制《桐荫独坐图》轴(故宫博物院藏)。由此图,可知其画风属笔致细腻、工雅秀逸一派。戴苍二图至今仅见《抱琴洗桐图》[⑤],风格近于张翥而更显清润气息。旁及纪事诸画的作者,文点是文徵明的后人,山水承继家法,用笔细秀,程鸣则宗学石涛、程邃,枯润并美。综上可知,王士禛的艺术取向是偏爱清雅秀润的。纵观禹氏的艺术风格,正是以此称著,故其被渔洋选中是有道理的。

此外,早在康熙二十一年(1682)王士禛通过《城南雅集图》已领略过了禹氏的艺术水平。两人常年同在京师,往来友朋多有交汇,王士禛大约能够时常见到禹氏画作。禹之鼎于康熙三十四年(1695)为乔崇烈绘《饷乌图》,上有王士禛题跋一段[⑥],康熙三十七年(1698)为王翚绘《骑牛南还图》,王士禛题诗一首[⑦],便是例证。虽然禹氏凭借写照名闻遐迩,但其肖像之外的诸画科俱有擅长,工笔、写意挥毫落墨皆有精彩之处。尤其是随着久客京华、观览名作巨迹渐多,禹氏通过对临

---

① 殷勤:《画坛祭酒与文坛过客:禹之鼎士大夫形象的自我塑造》,中央美术学院2013年硕士论文,第27页。

② 中国书画全书编纂委员会编:《中国书画全书》,上海书画出版社1996年版,第10册,第435页。

③ 〔清〕吴修辑:《昭代名人尺牍小传》,上海集古斋光绪戊申石印本。

④ 〔清〕翁方纲:《跋王文简妙高台题壁图》《跋王文简上苑春归图》,见翁方纲撰、沈津辑《翁方纲题跋手札集录》,广西师范大学出版社2002年版,第425页。

⑤ 参见香港佳士得2000年秋季拍卖会图录。

⑥ 关冕钧《三秋阁书画录》卷下《清禹之鼎饷乌图》,记有王士禛题跋一段,民国十七年(1928)苍梧关氏自印本。

⑦ 〔清〕王士禛:《题王石谷骑牛图》,见《带经堂集》卷五九,清康熙五十年刻本。

韩滉《五牛图》卷、赵孟𫖯《鹊华秋色图》卷(临本藏吉林省博物院)、黄公望《九峰雪霁图》轴(临本藏北京市文物局)等铭心绝品的手追心摹,其艺术表现能力与日俱增,描绘的题材渐趋丰富,并将各家笔法融汇笔底,信笔点染皆有可观,在其五十岁(康熙三十五年,1696)前后,艺术造诣已臻化境。王士禛凭借其细致入微的眼力,不难发现这一现实情况:禹氏能够凭借在肖像、山水、花鸟诸多方面卓尔不群的功力,以生花妙笔或将像主置于神韵深秀的画境之中,进而传达逸致雅趣,或描绘宏大场景,借以纪念文苑盛事,当世画家兼而为之者,舍禹之鼎其谁?此即禹氏受邀为王士禛绘制肖像的又一个重要因素。

渔洋喜倩人以诗句入图画,通过考察禹之鼎在画幅上的题跋便可一目了然。而渔洋在其晚年撰著的笔记《分甘余话》卷四"雨后风光"条中记载,"己丑岁(康熙四十八年,1709),自春夏至秋八月多雨,书屋后丛竹甚茂,雨后鹅儿鸭雏拍浮其间,颇似画本。余赋绝句云:'紫竹林中水满堂,鹅儿得意弄轻黄。韈材剩有鹅溪绢,合付边鸾与赵昌。'从侄磊字石丈,善丹青,当令补作一图"①,也是佐证。众所周知,将诗情融入画面绝非易事,非但需要画家过人的笔墨技巧,更需画家对诗句的内涵有透彻的理解,两者互为作用,笔下方能生出万千意境。因缘际会,禹之鼎恰恰具备常人难以企及的这一条件。其笔墨技巧之妙,在以创作肖像画为主的画家中,无人能出其右。又由于常年与徐乾学、朱彝尊、严绳孙等名士往还,耳濡目染,当面请益,禹氏或不能称作娴于诗文,但往往能于通神之处有会心一笑。姜宸英在《题三好图》中记述:"查林先生以此图属题。予展卷谛视,完然真面目也。适禹鸿胪来,谓曰:此公之貌所以神似者,以有三好可寻耳。吾胸中一念不起,于物一无所着,君何从而物色之哉。禹曰:杜诗云'落月满屋梁,犹疑照颜色',评者谓太白风神,千古如见。是杜之善于为李写照也。今清风明月,何处无之?余何为无以得子耶?相与一笑而别,遂记其语于后。"②倘若说禹之鼎是有清一代最富文人气质的肖像画家,大致与事实不会相距太远。因此,他最终获得殊荣,成为绘制诗坛祭酒王士禛之肖像最多的画家。

禹之鼎有一方闲章,印文为"必逢佳士亦写真",语出杜甫《丹青引赠曹将军霸》,多数画作中均钤此印。纵观禹氏一生,所逢"佳士"难以细数,主盟诗坛的王士禛当属其中魁首,且能十二次为之造像,大约是不枉画家的宏愿了。

---

① 〔清〕王士禛著,张世林点校:《分甘余话》,中华书局1989年版,第19页。

② 〔清〕姜宸英:《湛园集》卷八,影印文渊阁《四库全书》本,第1323册,第856~857页。

王渔洋·吴天章·孙宝侗

——《吴雯先生莲洋集》点校及失收文刍议

张元彪*

清初,新城王渔洋先生以诗名天下,人称“一代诗宗”。在他一生交往的众多诗界硕彦隽才之中,有一位山西布衣诗人深得其嘉许,被先生独许为“仙才”。其人与傅山齐名,人称“山西两征君”。这就是蒲州的吴雯。在清初“三雯”(李雯、田雯、吴雯)中,吴雯是一个平民,但他的诗歌对后世的影响并不小。他与王渔洋的交往堪为诗坛佳话。本文拟略述王渔洋与吴雯的交往及《吴雯先生莲洋集》中的点校笔误、失收文章,以及孙宝侗其人。

上篇 王渔洋与吴天章之交往

(一)壁上读诗识仙才

吴雯,字天章(1644~1704),山西蒲州(今永济)人。父允升,辽阳籍,清顺治初官蒲州府学正,顺治十三年正月殁。吴雯在弟妹六人中为长。父死之后,他发奋读书,肆力于学问,欲走科举入仕之道,以求人生发展。

在考试未中后,“数游京师谒父执友”,如梁熙、刘体仁、汪琬、荣开、王士禛等。其与王士禛交往的影响最重要。

康熙五年丙午(1666)春二月,王渔洋同伯兄西樵自京师归济南,又回到新城,九月回京任新职。吴雯之名进入王渔洋眼帘源于一次偶然的机会,即荣开府邸墙壁上的诗:

> 康熙丙午岁,予居京师,一日于荣水部开邸舍,见壁上诗署名曰吴雯者,一再读之,爱玩不忍割去。讯水部:“谁何?”水部太息曰:“同年故吴君康侯之子雯,幼孤,肆力于学问,所为歌诗数十百篇,率可诵。雯有母年五十,有弟三人,妹二人,婚嫁皆仰雯。雯年二十一,再赴太原试于有司,不见收,家益落。辄挟其文章北游京师,谒父执之官中朝者,久之无所遇。雯有妹嫁安东县。旬月前,襆被策蹇驴往江淮去矣。”①

荣开,新城县人,字文启,更字洞门,有孝义称。顺治三年举人,顺治十二年(与王士禛同年)进士,授青州教授,顺治十七年迁国子监助教。康熙元年(1662)擢工部屯田主事,督工孝陵,康熙四年(1665)撤归,候补屯田。康熙六年(1667)八月奉命督催南河。康熙八年(1669)卜窀穸,以母艰

---

* 作者简介:张元彪,淄博市博山县政协(已退休),主任科员。

① 〔清〕王士禛著,袁世硕主编:《王士禛全集》,齐鲁书社2007年版,第1628页。

归,服阙,补都水,督修巩华城。寻以劳过度,病卒。年五十岁。著有《洞门文集》《感应篇赘言》。

王渔洋有《送荣文启北上兼寄伊虞原庶常》和《和荣洞门水部山行览古之作》。无疑,吴雯认识渔洋晚于荣开。但作为中介人,促成这一偶然相识机缘的是荣开。

> 君少而食贫,无以为养,数游京师,谒父执友。年二十余矣,京师士大夫,无知其诗者。予一日过同年荣工部洞门,见其诗曰:"泉绕汉祠外,雪明秦树根。"又云:"浓云湿西岭,春泥沾条桑。至今尧峰上,犹上尧时日。"大异之,曰:"此非今人之诗也!"吟讽不绝于口。久之,君再入京师,一见谈艺,辄夜分不休。①

文中言"久之,君再入京师",实际上吴雯再入京师是两年以后,算不得"很久"。

笔者认为此处校点领会有误。应是"吟讽不绝于口久之"。"口"与"久"之间不应该加句号。加了句号,使时间的判断截然不同。原意即"长时间不住口地颂吴雯的诗句"。

可做例证者,如王渔洋的甥婿、颜神镇赵执信在《谈龙录》中记载了王渔洋称赞汪懋麟的《浯溪摩崖碑四十韵》的话语:

> 余览其起句曰:"杨家姊妹颜妖狐。"遽掷之地。曰:"咏中兴而推原天宝致乱之由,虽百韵可矣,更堪作尔语乎?"阮翁为之失色者久之。②

不久,吴雯登门拜访王渔洋。

> 逾二年,戊申三月,苍头通宾客,视其刺,则雯也。跃起相见,稍稍与谈艺,多微中。询其家门衰落之状,泣而言曰:"雯父以乙未第,以丙申死,颠沛半生,而不获一日之安;乡国称善士,而不食一日之报。年不及艾,官不及生前,乃于身后授官临颍,天乎悲哉!"言未既,涕泗纵横下,予为反袂久之(按:此处语法与"吟讽不绝于口久之"又同),自是与雯数饮酒赋诗,欢相得也。③

这段文字颇具感情色彩,尤其是"跃起相见",形象描绘了渔洋先生不待苍头回话,便亲自出门迎接客人,把渔洋心中久欲见吴雯的神态一笔点出。再如"涕泗纵横""反袂久之",字字真切,读来如身临其境。

> 君幼孤,母朱有节操,抚君及弟霞等皆成立,遂籍丁蒲。君姿秉殊绝,嗜书如饮食,又薄帖括,以为不足为。虽在诸生,辄浏览群籍,自六经、三史外,先秦两汉,下逮六朝唐宋元明,四部之书,无弗习也。旁及释老内典秘笈,皆钩贯其旨趣,含咀其英华,而尤于五际六义,有深嗜焉。④

这段文字表明吴雯勤奋嗜学,知识涉猎面广博,有扎实的传统文化根底。当然,纵观吴雯坎坷坚毅的人生之路,可知吴雯的"仙才",既源于其丰富的社会经历,又源于其广博的文化素养。"读万卷书,行万里路","艰难困苦,玉汝于成",二者对"造就"一位杰出的诗人都很重要。

(二)博学宏词志未酬

康熙十八年(1679)三月,清廷为了笼络汉族学子,选拔人才,巩固其统治,特御试博学宏词科于保和殿。德州谢重辉应诏提吴雯之名。

> 戊午、己未间,天子诏征博学宏词之儒,备顾问,特举制科。海内名士鳞集阙下。君在举

① 〔清〕王士禛著,袁世硕主编:《王士禛全集》,齐鲁书社2007年版,第2251页。

② 〔清〕赵执信:《谈龙录》,见《清诗话》,中华书局1963年版,第315页。

③ 〔清〕王士禛著,袁世硕主编:《王士禛全集》,齐鲁书社2007年版,第1628~1629页。

④ 〔清〕王士禛著,袁世硕主编:《王士禛全集》,齐鲁书社2007年版,第2250~2251页。

中,顾独耽寂守,素不与他人走健仆,囊巨轴,宛颜低眉,望门求知者竞驰逐。胶牢淡泊,门有雀罗。予以是益重之。①

博学宏词考试期间,别人匆忙"驱逐",吴雯闭门守拙,可见其近似孤僻、高雅纯朴的处世态度。这也是渔洋看重他的原因之一。

临朐冯相国知君名,以扇索其诗,君大书二绝句答之。其坦率如是。卒以不遇,亦不悔也。②

在博学宏词之试中,为吴雯阅卷的恰是冯溥。按说,相国出面求为扇书诗是求之不得的好事。吴雯坦率大书绝句二首以答。吴雯《莲洋集》中有《上益都相国冯公》诗:

乾坤原沕穆,夫子敦皇风。坐令四时调,环中应无穷。小子山泽臞,云将遭鸿蒙。但荷陶钧力,宁知造化功。风动草木偃,道契天地通。寻常玉洞春,小看桃花红。青裙如可着,且拜东王公。③

诗的立意沈宏,蕴藉雅观;高屋建瓴,由远及近,包含了对未来的憧憬和企盼。可惜,吴雯的希望落空,"草木"未逢"风"动,"青裙"未能"着"成。在博学宏词科之试中,吴雯落选。落选的原因很简单,又很难细断。

赵执信在《怀旧诗》中说吴雯"拙于时艺,困踬场屋中"。然赵执信"少年科第尽风流",制艺为其擅长。退一步说,当年如不是翁叔元把赵执信、毕世持、冯廷櫆、汪灏等"从落卷中搜得",就没有赵执信康熙十八年"中会试第六,殿试二甲进士"④的科名,由此可见机遇的重要。吴雯则没有赵执信的社会背景和幸运之遇。检读冯溥的《佳山堂集》,有冯溥与毛奇龄、洪昇等人唱和的诗作,未见吴雯之诗。冯溥的资深权位与吴雯的荒僻布衣出身(吴雯的父亲虽然做过县官,但已是人亡家穷,家庭成员已沦为平民)悬殊,故两人沟通很难。而洪昇却入了冯溥的视野,两人有诗歌酬唱。

清初山东人在致仕后,能得到皇帝单独赠诗者罕见,而冯溥却算一位。

康熙二十一年(1682)秋,冯溥致仕,康熙帝赐"'适志东山'篆章一方、墨刻一册"。赏赐其游览胜景之余,又命大臣牛钮、陈廷敬传谕:

朕闻山东之仕于朝者,大小固结,彼此援引,凡有涉于己私之事,不顾国家,往往造为议论,彼唱此和,务使有济于私而后已。又闻其居乡,多扰害地方,朕皆稔知其弊。冯溥久在禁密之地,归里后可教训子孙,务为安静。⑤

看来康熙帝对山东籍在朝大臣素有看法,在冯溥致仕时方明确诏示。博学鸿词科选卷康熙帝亲阅,并糊名令大臣阅。为吴雯阅卷的是冯溥,故他的意见一定有影响力。但他又非决策者。或许他对选取吴雯有所顾忌或有其他难言之隐。

吴雯这次未中,感到最为遗憾当是王渔洋和谢重辉。于是渔洋对吴雯更加怜爱。吴雯却看破尘网之虚伪,淡泊名利,不以为然。这种情怀,从吴雯佩服同乡傅山称病不就博学宏词试上可以看到,从新城诗人徐夜身上也可以看到。

顺治末康熙初,内秘书院大学士孙廷铨看到朝廷局面复杂,告假回乡,康熙初年回到颜神(今

①② 〔清〕王士禛著,袁世硕主编:《王士禛全集》,齐鲁书社2007年版,第2251页。

③ 〔清〕吴雯著,李豫、王秋红、李雪梅、张仲伟点校:《吴雯先生莲洋集》卷二,三晋出版社2010年版,第78页。

④ 李森文:《赵执信年谱》,齐鲁书社1988年版,第11页。

⑤ 转引自卫庆怀编著《陈廷敬史实年志》,山西人民出版社2009年版,第184页。

博山区)闭门著述。王渔洋大半生"伴君",可谓顺达,后仅因与理密亲王有诗唱酬,忤康熙之意,往日宠重,一朝罢黜,令人心寒。而渔洋即挟书卷归而已。淄川的高念东言"遗令不具遗疏,不请祭葬及谥于朝,不求碑志传记于世之名辈",赵执信则有"解道箫韶能引凤,何妨一鹤不来仪"的诗句,抒发了对仕途的淡漠情怀,隐存的"满汉矛盾"似乎在其中发挥了作用。

康熙帝《赐大学士冯溥》诗云:

内阁大学士冯溥,襄赞密勿,著有劳绩。乃以高年数请归老,念深箕颖,顿谢簪绂,怅别之心,聊书四韵:"环海兵销日,元臣乐志年。草堂开绿野,别墅筑平泉。望切岩廊重,人思霖雨贤。青门归路远,逸兴豁云天。"①

康熙帝对冯溥的态度是厚赏加一点警戒。洪昇的外祖父是黄机,像他这样的都未入围,何况孑身一人闯京师的寒士吴雯。但吴雯的心胸是开阔的,"万事皆浮云,一生若朝露"②。

(三)师道兼友系神韵

吴雯是王渔洋的优秀门人,又是具有独立鲜明个性的诗人。他的诗歌能引起王渔洋的注意和赞叹足以证明。从诗歌欣赏到论诗,观点相通,神会共鸣,到吴雯托以审定诗册,这是他们交往的大体轨迹。这种师友关系令人感动。

吴雯在《莲洋集》中记录的与王渔洋的诗歌唱和粗计二十余次,唱和诗七十余首。吴雯《莲洋集》中的唱和诗属王渔洋的最多。自投刺到殁,吴雯始终如一地崇敬和依靠王渔洋。吴雯在临死前嘱弟吴霞:

吾平生知己,无逾渔洋先生。吾即死,遗诗勿遽出,必待先生删定。虽相望二千里,而勿惮跋涉,而往求焉,且谒志墓之文。吾无憾矣。③

吴雯乃布衣诗人,诗动公卿,名闻朝野,交际范围颇为广泛。诗友如赵执信、洪昇、朱彝尊、毛奇龄、陈廷敬、孙豹人、王孟谷、王苹等,皆为诗界名家。但独以王渔洋为第一知己。

一代诗宗王渔洋与吴雯的交往,既有诗歌唱和又有笔记随笔。依吴雯遗嘱,吴雯弟从山西来到新城谒请删定诗集。渔洋不但为之删定了《莲洋集》,还为吴雯作了墓志铭。渔洋在平生众多的诗友中,独许吴雯为仙才。墓志铭起笔惊人:

汉魏已来,两千余年间,以诗名其家者众矣。顾所号为仙才者,惟曹子建、李太白、苏子瞻三人而已。本朝大一统阅六十载,作者亦多矣,余独以仙才许蒲阪吴君。此予之私言也,亦天下之公言也。④

人皆言渔洋先生性情宽和,罕有过激之言。但从这段语言看:两千余年间,所号为仙才者,惟曹子建、李太白,苏子瞻三人,而渔洋独以吴雯为本朝之仙才,斩钉截铁,非感慨万千、情结弥深,不会有这种论断。

在王渔洋诗歌唱和的圈子里,上有康熙、太子、理密亲王,中有同僚名宦,如冯溥、李容斋、施闰章、高珩、田雯、宋琬;有青年才隽,如翰林院下属兼甥婿的赵执信等;有擅长作诗词昆曲的,如门人洪昇;有江南诗家名人,如钱谦益、朱彝尊、毛奇龄诸公,皆为诗坛强手,而"独许"一个穷困潦倒、无一点背景的布衣学子为"仙才",只有"一代诗宗",才能有此气魄。

蒲阪吴雯天章,初至京师,未知名。余亟赏其诗,谓为仙才。一日待漏朝房,诵其句于叶

① 卜维义、孙丕任编:《康熙诗选》,春风文艺出版社1984年版,第53页。

② 〔清〕吴雯著,李豫、王秋红、李雪梅、张仲伟点校:《吴雯先生莲洋集》,三晋出版社2010年版,第139页。

③④ 〔清〕王士禛著,袁世硕主编:《王士禛全集》,齐鲁书社2007年版,第2250页。

文敏讱庵(方霭)云:"泉绕汉祠外,雪明秦树根。""浓云湿西岭,春泥沾条桑。"又:"门前九曲昆仑水,千点桃花尺半鱼。"叶大惊异,下直,即命驾往访之,吴诗名大噪都下。①

没有王渔洋的大力推荐、称引,吴雯就不可能有"仙才"之名。王渔洋以吴雯为"仙才"大概是因为吴雯诗歌固有之"仙气"。这也表明了先生并非无主见滥赏之人,而是有自己独特见解的大家。

故友计甫草东尝序予门人汪蛟门集云:"……阮亭性和易宽简,好奖引气类,然以诗文投谒者必与尽言其得失,不少宽假。"……顾施愚山又尝谓予:"公好奖引人物,自是盛德。然后进之士,学未有成,得公一言,便自诩名士,不复虚怀请益,非公误之耶?"予思其言,亦极有理。②

施闰章说渔洋:"因为你的奖掖,后进之人学未有成,便自认为成了名士,不再谦虚请教,这是你误了他们!"渔洋深服其言。

赵执信在康熙四十八年(1709)亦言:

奖掖后进,盛德事也。然古人所称引必佳士,或胜己者,不必尽相阿附也。今则善贡谀者斯赏之而已。后来秀杰,稍露圭角,盖罪谤之不免,乌睹夫盛德!③

按:秋谷所指待考,如指吴雯,但吴雯是渔洋的门人,也是秋谷的好友;如指汪懋麟、朱缃,但两人已故;如指赵执端,但赵执端是他的族弟;亦不指张司允、张笃庆等。"今则善贡谀者,斯赏之而已。"到底指谁也没有点明。这里权当一种论述罢了。仲昰保不逾秋谷,莲洋难越渔洋,欣赏一番亦无不可。其实渔洋对秋谷还是很赏识的:京城共事,恍如家人;赋诗唱和,亲情尤笃;罢官归里,慰抚勉励,其情也真。即使秋谷的言行有些过激,渔洋对其依然不失长者风度。黄叔琳《赵执信墓表》:

与冯大木赋《诸葛铜鼓歌》,新城公见而亟称之,目为"二妙"。新城公殁,先生奔哭之恸,曰:"典型杳矣!"其相爱重如此。

新城见吴雯"跃起相见",秋谷悼新城礼,"奔哭之恸"!那么,他们之间那些所谓的"尴尬",又做何解?

窃以为:家人相处,也会有攻激之词。何况诗友?文人激动,气涌一时,知音相惜,情见于行。执信哭渔洋,当是怀念知己,梳理素年情感的复杂表现。

康乾时的常熟文人王应奎有论:

新城王阮亭先生自重其诗,不轻为人下笔。内大臣明珠之称寿也,昆山徐司寇先期以金笺一幅请于先生,欲得一诗以侑觞。先生念曲笔以媚权贵,君子不为,遂力辞之。先生殁后,门人私谥为文介。即此一事推之,则所以易其名者,洵无愧云。④

王渔洋以推崇"神韵说"而著名,吴雯以仙才而传世。这种"神""仙"的交往,消融了王公与布衣之间等级森严的界限,在诗坛上传为佳话。

都中即寄栖阮翁伯之庑下,时获提命之益,又承代谋醵赀,援廪例入雍,以免更受学使者之威严。北闱旅进困踬犹昔。十月间,阮翁已奉使海南,而侄亦往来瀛津,不名一钱,寄食于

①② 〔清〕王士禛著,袁世硕主编:《王士禛全集》,齐鲁书社2007年版,第4755页。
③ 〔清〕赵执信:《谈龙录》,人民文学出版社1981年版,第14页。
④ 〔清〕王应奎撰,王彬、严英俊点校:《柳南随笔》卷二,中华书局1983年版,第34页。

人，此即别来之大较也。①

从这封信的口气看，吴雯待渔洋如父。渔洋在康熙七年(1669)有《送吴天章归中条山》：

月始在房群阴终，冻禽塌翅啼酸风。吕生置酒邀我饮，清歌笑倚商玲珑。朝来宿醒卧未析，吴郎告我归河东。北风雨雪满天地，层冰千里高穹窿。行人皲瘃手指堕，狐裘嗟汝胡蒙茸。长安甲第高入天，马蹄动地声隆隆。浆酒霍肉不足道，金玉磊砢堆堂中。汝诗千首文百轴，涔涂未拔谁相通。汝家王官谷，中条青濛濛。藤萝相纠水相激，至今猿鸟悲司空。汝归读书甘寂莌(按：《吴集》错为"寂寞")，致君尧舜会有日，飞伏讵辨谁雌雄？②

次年，又有《再送吴雯归中条》二首，有诗句"爱汝王官谷，他年拟借居"③。意思即渔洋想有日到山西居住，欣赏吴雯王官谷的风景。"爱屋及乌"，情弥深远。

吴雯的诗刻是王渔洋最为关心的事：

君诗一刻于吴中，再刻于都下，三刻于津门。今未刻尚千余篇，予删之不少贷，所存皆卓然可传。盖痛君弥留不忘諈诿之意，亦以报亡友于地下云尔。④

赵执信与吴雯可以说是千秋知己。赵执信京城走运，红极一时，曾将县官黄六鸿之璧稿退回，不屑与他交往，但又可以与山西文士唱酬相悦。他还请吴雯为《并门集》作序。赵执信在《怀旧集》中不忘老友吴雯，谈到在天津逢吴雯。赵执信一般很少赞赏同辈诗人，在《怀旧诗》中却深情地赞赏好友吴雯："诗才特超妙，余尝比之温飞卿云……而其性迂僻寡合，遂沦弃终身。与余甫一见，如旧相识。"

赵执信因为认知所限，对吴雯的文集做出了不切实际的臆测和判断：

又数年，莲洋卒于家。卒后，其集闻送新城。阮翁为作墓志，且删定其集。迄今将二十年矣，而未行于世。意其时阮翁耄而多忘，未几遂亡，未及归诸吴氏耶？若然，池北藏书散失殆尽，《莲洋集》从何知矣。

实际情况并不像赵执信推测的那样，王渔洋既没有忘记也没有逸散文稿，而是认真地对吴雯遗稿做了出人意料的极高评语，认为这样才能慰亡友于地下，扬"仙才"于青史，渔洋是很对得住吴雯的。吴雯生前在众多的好友之中独选新城，实践证明：他的眼光、选择和托付是对的。

乾隆四十四年(1779)，纪昀在编纂《四库全书总目》时，收入了吴雯的《莲洋诗抄》。《四库全书总日提要》评价《莲洋诗抄》曰：

然其集实已归吴氏，乾隆辛未汾阳刘组曾裒其全稿刻之，又以士禛所评者别刊一小册并行。⑤

乾隆辛未即1751年，距秋谷卒后仅七年。然秋谷之言也表明，虽然其与渔洋有甥舅之谊、诗文之交，但距《怀旧诗》发表"将二十年"，两人交往疏远，且博山离新城虽百里之遥，但信息罕通，以道听途说为真，故有如是臆测。《莲洋集》除刘组曾系统本外，又有孙谔系统本、张体乾系统本、《吴征君莲洋诗抄》等版本行世。诸版本的行世，既是后学对吴雯诗作的认可，也是对秋谷猜测渔洋"散

---

① 〔清〕吴雯著，李豫、王秋红、李雪梅、张仲伟点校：《吴雯先生莲洋集补遗》，三晋出版社2010年版，第731页。

② 〔清〕王士禛著，袁世硕主编：《王士禛全集》，齐鲁书社2007年版，第476～477页。

③ 〔清〕王士禛著，袁世硕主编：《王士禛全集》，齐鲁书社2007年版，第479页。

④ 〔清〕王士禛著，袁世硕主编：《王士禛全集》，齐鲁书社2007年版，第2252页。

⑤ 转引自〔清〕吴雯著，李豫、王秋红、李雪梅、张仲伟点校《吴雯先生莲洋集·代前言》，三晋出版社2010年版，第61页。

失吴稿”的辨正。

（四）西城百家雯擅场

吴雯与王渔洋自康熙七年见面后，又有康熙十七年、康熙二十九年等数次相会。吴雯还寄居王宅。两人情同父子，唱和师友，其乐融融。渔洋与弟子的唱和常是渔洋出题弟子们各自去做。吴雯有《艺圃十二咏阮亭先生命作莱阳姜如农先生别业》，也有奉和诗，如《奉和阮亭花下饮》等。

其《奉题阮翁带经堂》：

带经锄，倪大夫，鸿渐之翼翔云衢。夫子勋名今所无，金声玉振辉皇图。昭回云汉来天书，泰交一德发苞符。经术有用神明俱，《尧典》《舜典》《皋陶谟》。带经未许田间趋，长安甲第尊真儒。其如素念怀瓜庐，写图仍与亲菰蒲。夫子安得言归欤，九重频遣大官厨。合措大地登唐虞，岂但牛车担负襁属争还租。①

吴雯的《西城别墅诗十四首阮亭先生属作》获得了王渔洋等人的高度评价。

关于此组诗题目的来源，可从王渔洋《蚕尾文集》中的《西城别墅记》中窥知：

西城别墅者，先曾三王父司徒府君西园之一隅也。初万历中，府君以户部左侍郎乞归养，经始此园于里第之西南，岁久废为人居，唯西南一隅小山尚存。山上有亭，曰石帆，其下有洞，曰小善卷。前有池，曰春草池，池南有大石横卧，曰石丈山，北有小阁，曰半偈阁。②

按：“先曾三王父司徒府君”，李毓芙先生选注的《王渔洋诗文选注》作“先曾王王父司徒府君”③。

余以为，当作“先曾王父”。“先曾王王父”和“先曾三王父”皆说不通，当属赘字。

王渔洋在《西城别墅记》中说明了西城别墅的来历状貌。西城别墅乃其曾祖王之垣创建，有各种小景观，年久失修废为人居。

楼与亭皆毁于壬午之乱，唯松在焉。康熙甲子，予以少詹事兼翰林侍讲学士，奉命祭告南海之神，将谋乞归侍养祭酒府君，儿涑念予归无偃息之所，因稍葺……予以不才被主知，承乏台长，未能旦夕归憩于此。聊书其颠委，以为之记，示吾子孙，俾勿忘祖宗堂构之意云。④

《蚕尾文集》是“康熙三十三年合康熙二十三年出使南海前夕及康熙二十六年以后诗、康熙二十九年以后文”⑤编成的。由上可知，渔洋长子启涑（清远）在家主持修葺了西城别墅。

西城别墅诗会是清初一次较大型的诗歌会，是王渔洋组织的。清初许多著名诗人都参与了。其主力多是年轻的俊才。王渔洋曾于顺治十四年丁酉举办秋柳社，入仕后曾于扬州组织“红桥”唱和。王渔洋入京后，不断与诸名士为文酒之会。此次诗会是较晚的一次。由王渔洋作《西城别墅记》发起，统一按景名为题。又“属”“命”门人、年青诗人如吴雯、赵执信、冯廷櫆、李丹壑、赵执端、朱缃等应作。这场活动，可谓“八仙过海，各显其能”，赵执信作了十三首，吴雯作了十四首。吴雯的第一首诗是：

---

① 〔清〕吴雯著，李豫、王秋红、李雪梅、张仲伟点校：《吴雯先生莲洋集》卷二，三晋出版社2010年版，第90～91页。

② 〔清〕王士禛著，袁世硕主编：《王士禛全集》，齐鲁书社2007年版，第1805页。

③ 李毓芙选注：《王渔洋诗文选注》，齐鲁书社1982年版，第365页。

④ 李毓芙选注：《王渔洋诗文选注》，齐鲁书社1982年版，第365～366页。

⑤ 〔清〕王士禛著，袁世硕主编：《王士禛全集·前言》，齐鲁书社2007年版，第32页。

花枝近女墙，岁月日潇洒。虽复在城市，暄寂非车马。清风迥穆如，知希和弥寡。①

吴雯《石帆亭》诗：

风动袈裟角，洪涛四溟吼。如何不动摇，片石土囊口。为赏正定心，添种菱三亩。

王渔洋评语：陆游《放翁词》“帆山下菱三亩”。②

赵执信《石帆亭》诗：

孤亭拥石帆，百雉列高岸。达人休天钧，舟陆岂殊观，坐鼓沧浪音，仿佛中流半。

赵执信在诗歌中运用了想象夸张的手法。

冯廷櫆《右石帆亭》诗：

空阁散众香，默坐留迅晷。前生金粟身，洗眼看云水。何处更求法，天龙竖一指。③

赵执端《石帆亭》诗：

岩际结孤亭，怪石如帆状。狂飙尽日吹，轻舸难荡漾。安能泛宅游，乘之破巨浪。④

王渔洋评语：“西城诗作者百数十家，独推天章擅场。”⑤

从王渔洋对吴雯诗的评语中，也可以看出渔洋独许吴雯为仙才绝非信口一谈。

吴雯的《寄向书友》：

曾闻向始平，能注《南华经》。之子真苗裔，江山发性灵。寒蛟终谢饵，老鹤不梳翎。载酒莺花节，长吟入洞庭。

王（渔洋）评“太白”。⑥

吴雯《桃花夫人》：

桃花夫人好颜色，月中飞出云中得。新感恩仍旧感恩，一倾城矣再倾城。

王渔洋评：“王右丞‘看花满眼泪，不共楚王言’，太蕴藉矣。孙文定沚亭云‘无言空有恨，儿女粲成行’，与此皆妙于调笑。”⑦

吴雯《赠杜蔚门先生》：

读书不厌细如发，作字何妨大同手。将烹赤凤喜鼎温，欲采黄精愁雪厚。药奁紫芝兼丹砂，世事白衣任苍狗。

王渔洋评：“全学坡公，字字犹健。”⑧

吴雯《艺圃十二咏阮亭先生命作·绣佛寺》：

反闻闻自性，万有空氤氲。稽首天人师，宝阁栴檀熏。一悟无为理，不绣平原君。

---

① 〔清〕吴雯著，李豫、王秋红、李雪梅、张仲伟点校：《吴雯先生莲洋集》卷三，三晋出版社2010年版，第105页。

② 〔清〕吴雯著，李豫、王秋红、李雪梅、张仲伟点校：《吴雯先生莲洋集》卷三，三晋出版社2010年版，第106页。

③ 〔清〕冯廷櫆撰：《冯舍人遗诗》，清雍正十一年刻本。

④ 〔清〕赵执端：《宝菌堂遗诗》，清乾隆刻本。

⑤ 〔清〕吴雯著，李豫、王秋红、李雪梅、张仲伟点校：《吴雯先生莲洋集》卷三，三晋出版社2010年版，第110页。

⑥ 〔清〕吴雯著，李豫、王秋红、李雪梅、张仲伟点校：《吴雯先生莲洋集》，三晋出版社2010年版，第40页。

⑦ 〔清〕吴雯著，李豫、王秋红、李雪梅、张仲伟点校：《吴雯先生莲洋集》，三晋出版社2010年版，第49页。

⑧ 〔清〕吴雯著，李豫、王秋红、李雪梅、张仲伟点校：《吴雯先生莲洋集》，晋出版社2010年版，第60页。

王渔洋评:“此题与《西城别墅诗》,皆推天章擅场。”①

编辑诗集题目应以时间先后排定。《西城别墅》诗应在《艺圃十二咏阮亭先生命作·绣佛寺》前。而《艺圃十二咏阮亭先生命作》在《莲洋集》卷二,《西城别墅诗》却在卷三。诗集中吴雯与谢重辉、赵执信等人的唱酬诗的排序也是错误的。《莲洋集》中诗作的排序多有颠倒,概因付梓时未加核准、延续原版所致,此举不可取。

吴雯的诗作中有一类描写爱情的诗。赵执信因此将吴雯比作温飞卿,即温庭筠。温庭筠是山西祁县人,“是第一个着意写词的文人”②。吴雯在《与梁熙先生书》中有“艳词,侄已尽焚矣”之句。

吴雯《去婢怨为元彦赋二首》:

门巷春风柳挂丝,去时成恨见成悲。含情脉脉两无语,回首斜阳双泪垂。朱字簦篌暗绸尘,伤心歧路是前因。郎心若念当时意,莫把金钿与别人。

王渔洋评:“二诗风流绝世,似元相。”③

从以上这首诗中,可看出吴雯诗歌情丝纤细的风格。貌似“粗头乱发”,实则“清波千顷”。可以说,吴雯是一个阅历广、见识深、观察表现力强、感情细腻丰富的诗人。

中篇 《吴雯先生莲洋集》点校笔误辨

2011年,余从网上购得李豫、王秋红、李雪梅、张仲伟点校的三晋出版社2010年版的《吴雯先生莲洋集》。全书56万字。正像《吴雯先生莲洋集点校说明》所言:“本次点校是自民国以来国内外第一次对《吴雯莲洋集》的全面系统的梳理,其目的有二:一是整理出一部完整的保留原貌的反映最新研究成果的《吴雯全集》,以使文学文化遗产能够传留后世;二是为文史哲研究者提供一部清初重要的布衣诗人的传世别集。”

可以看出,四位学者为本书的出版付出了很大的心血,对后世研究吴雯可以说有着先行者的功劳,功不可没,颇为不易,令人赞佩。

此书同任何一种新出版的书籍一样,都难免有些不尽如人意之处。提出一些意见,更是为了完善此书,以对后世负责。笔者根据所读笔记,对《吴雯先生莲洋集》提出以下意见,以期对吴雯其人其文的研究有所裨益。《吴雯先生莲洋集》简称《吴集》。

(一)吴光国是吴雯的祖父

《吴集》中言吴允升的祖父是吴光国,见该书代前言“一、吴雯家世及其生平考略”第七页最后一行。

吴允升祖父吴光国曾在云南做官,后因公牺牲,客死在云南,留下了吴允升及其父亲在滇生活。

以上所述,主要是将吴雯祖父的名辈排错了。《吴雯先生莲洋集·王苹·吴征君传》第七百八十四页记曰:

征君姓吴氏,讳雯,字天章。其先辽阳人。曾祖三仕官云南都司佥书,祖光国,父允升举

① 〔清〕吴雯著,李豫、王秋红、李雪梅、张仲伟点校:《吴雯先生莲洋集》卷二,三晋出版社2010年版,第67页。

② 郭锡良、唐作藩等编,王力林焘校订:《古代汉语》,北京出版社1983年版,第1000页。

③ 〔清〕吴雯著,李豫、王秋红、李雪梅、张仲伟点校:《吴雯先生莲洋集》卷四,三晋出版社2010年版,第173页。

顺治乙酉顺天乡试，署山西蒲州学正，乙未成进士而卒，遂籍蒲州。

按：王苹（1661～1720），字秋史，号蓼谷，历城人，康熙四十五年进士，与吴雯是好友，有诗唱和。吴雯弟吴霞曾携吴雯遗诗稿找过王苹，以期出版吴雯诗集，未果。王苹与吴雯是同时代的好友，故其所记可信。

《吴集》对人名均以竖线标出。“曾祖三仕官云南都司佥书”中的人名下未标竖线。“官”是名词用作动词，“三仕”，更不是“三次出仕做官”的意思，而是人名称谓——吴三仕，吴三仕乃吴雯之曾祖。

《吴集》在此未点明吴雯的曾祖是吴三仕，还把“吴光国是吴雯的祖父”错误地说成“吴光国是吴允升的祖父”，差了一辈，错矣。

（二）吴雯是王渔洋的“接班人”的说法

该书代前言有些说法和论断欠妥。如：“在文坛上驰骋几十年的王士禛，门人弟子众多，除了吴雯，像洪昇、黄叔琳等众多名家都是王士禛的门人，而其却独认为吴雯才是自己真正的接班人。”①

按：“接班人”一词用于王吴之间不妥。翻遍《王士禛全集》也未见王渔洋宣布吴雯为自己接班人的说法。诗学上，吴雯是渔洋的门生，诗作还要先生删定，而且早逝；政治上，他连博学宏词都没有入选，还谈什么接班人。此书中还有一些说法不妥，如说“《谈龙录》一书尽驳渔洋神韵之说”。“尽驳”一词，只要细读赵执信的《谈龙录》就知道此用语不妥。

（三）点校差错

《吴集》中还有一些点校差错，如：“河中为郡，当两戒之首，形胜冠。《寓中记》称太华、中条本为一山。”②《王士禛全集》（齐鲁书社2007年版）则为：“河中为郡，当两介之首，形胜冠宇中。《记》称太华、中条本为一山。”③两者对照，一目了然。后者正确，前者标点错误。

又如：

> 昔在丁戊间，生来京师，予胠其箧，得橐简数十番，读而骇叹，谓非流俗所应有……于是予召之饮酒，即酣，复胠其箧，则其诗雷硠划豁，又过于昔予读之。河倾灯灺不知止，惜乎！三君子不在，不获与之矜赏如曩时也。④

《王士禛全集》为：

> 于是予招之饮，酒即酣，复胠其箧，则其诗雷硠划豁，又过于昔。予读之，河倾灯灺不知止。惜乎三君子不在，不获与之矜赏如曩时也。⑤

古汉语多为单音词，“饮”指“饮酒”。“酒即酣”的“酒”是名词活用作动词，“酒即酣”，即饮酒到酣畅。“惜乎”的“乎”在句子中作介词。“又过于昔”即“又超过以前的诗作”，表扬吴雯在不断进步。

---

① 〔清〕吴雯著，李豫、王秋红、李雪梅、张仲伟点校：《吴雯先生莲洋集·代前言》，三晋出版社2010年版，第3～4页。

② 〔清〕吴雯著，李豫、王秋红、李雪梅、张仲伟点校：《吴雯先生莲洋集志铭》，三晋出版社2010年版，第1页。

③ 〔清〕王士禛著，袁世硕主编：《王士禛全集》，齐鲁书社2007年版，第1551页。

④ 〔清〕吴雯著，李豫、王秋红、李雪梅、张仲伟点校：《吴雯先生莲洋集·刘组曾系统本序跋墓志铭》，三晋出版社2010年版，第1页。〔清〕王士禛著，袁世硕主编：《王士禛全集·莲洋诗选序》卷二，齐鲁书社2007年版，第1552页。

⑤ 〔清〕王士禛著，袁世硕主编：《王士禛全集》，齐鲁书社2007年版，第1552页。

（四）“绿”“缘”之误

《吴集》卷一《碧云寺》：“古寺长廊阴，缘阶噪鸟鹊。”①“缘”字，余觉在此不够妥当。对照《吴集》书影之八，细看乃是“绿”字。一字之差，天渊之别。

（五）《吴集·代前言》“苍”“花”之误

《吴集·代前言》中言翁方纲祭祀吴雯，不仅挂起遗像，还为其书《赞跋诗句》：

手一卷书，处石而坐。河水九曲，岳莲一朵。

玉溪王官，谁彼谁我。渔洋莲洋，即薪即火。

天风海涛，绿房丹琐。水深苍开，无乎不可。②

校《吴集》书影一，可知“水深苍开”当为“水深花开”，“苍”字误。

（六）《吴集·刘组曾·例言八条》点校之误

其一：“莲洋诗名久著，得见其集者甚少，予多方搜求十余年后，方获斯篇。”③

笔者以为此句应为：“莲洋诗名久著，得见其集者甚少，予多方搜求十余年，后方获斯篇。”

其二：“未得是集之，先友人杨山夫（维栋）持赠先生手稿一秩，为渔洋山人手评。”④

此处有误，应为：“未得是集之先，友人杨山夫维栋先生手稿一秩，为渔洋山人手评。”

“之”在此是介词，连接“先”。“先”即“前”义。“未得是集之先”即“未得到《莲洋集》之前”。而“先友人”的意思是“已故的朋友”。

（七）赵执信《志调谱》和《声调谱》辨

《吴集·代前言·注释》：赵执信……山东益都（今山东青州）。……著有《因园集》《饴山堂文集》《志调谱》《谈龙录》《礼俗权衡》。⑤

按：《志调谱》，误，应是《声调谱》。

（八）“望水泉”与“圣水泉”存疑

《吴集·代前言》校记：王苹……又号七十四泉主人……所居望水泉，元于钦所品七十二泉之第二十四泉也。⑥

按：据《中国人名大辞典》，王苹，清历城人，字秋史，康熙进士，少有狂名，工诗古文。尝有句云“黄叶林间自著书”。王士禛绝爱之，呼为“王黄叶”，官成山教授，告归养母，所居圣水泉。元于钦所品七十二泉之第二十四也。有《二十四泉草堂集》。“望”“圣”两字繁体极相似。“望水泉”若对，则《中国人名大辞典》“王苹”条目错；反之则《中国人名大辞典》“王苹”条目对。⑦

（九）吴雯写给赵执信之《慰勉诗》点校之误

吴雯与赵执信是知己好友。两人相识在康熙十八年，赵执信是翰林院的风流倜傥隽才，吴雯

---

① 〔清〕吴雯著，李豫、王秋红、李雪梅、张仲伟点校：《吴雯先生莲洋集》，三晋出版社2010年版，第6页。

② 〔清〕吴雯著，李豫、王秋红、李雪梅、张仲伟点校：《吴雯先生莲洋集·代前言》，三晋出版社2010年版，第5页。

③④ 〔清〕吴雯著，李豫、王秋红、李雪梅、张仲伟点校：《吴雯先生莲洋集·刘组曾系统本序跋墓志铭》，三晋出版社2010年版，第10页。

⑤ 〔清〕吴雯著，李豫、王秋红、李雪梅、张仲伟点校：《吴雯先生莲洋集·代前言》，三晋出版社2010年版，第86页。

⑥ 〔清〕吴雯著，李豫、王秋红、李雪梅、张仲伟点校：《吴雯先生莲洋集·代前言》，三晋出版社2010年版，第93～94页。

⑦ 臧励和等编：《中国人名大辞典》，上海书店1980年版，第110页。

是博学宏词落选的布衣诗人。两人身份背景不同,却因诗歌唱和成为好友。两人都是王渔洋的门下客。渔洋有《十一月二十八日雪怀天章仲符》一诗,说得便是两位后辈文友,体现了渔洋先生关爱提携后辈的博大胸怀。仲符是赵秋谷的字。此诗曰:

赵生梁甫北,吴子中条阴。两地怀人远,连朝积雪深。黄河绕蒲坂,红叶满荆岑。欲鼓幽兰曲,何人是赏音?①

这首诗记叙了王、吴、赵的诗情友谊,描述了三人当年在一起论诗的情景和别后的思念之情。

赵执信在京有宅邸,吴雯寄居渔洋宅中。康熙二十三年,秋谷出使山西主考官,在这期间秋谷请吴雯写《并门序》,可谓文坛雅闻佳话。赵执信出使山西主考,吴雯又是山西人,除了诗歌交往外,两人竟然无一点有关科考参试的言谈。可见两人清廉自守的品质。在赵执信被罢官后,吴雯心痛感慨,放歌疾呼,诗如潮涌,为好友鸣不平,并作《放歌寄赵秋谷太史罢官余在山海未能远送特寄此奉慰兼寓勉望云尔》一诗劝慰。

大海为莲池,众山即莲花。天风万里肆排荡,万柄青玉交杈枒。千艘千蜻蜓,一岛一虾蟆。忽然夜半赤日上,波心飞出黄金鸦。我当此时饮一石,蹇裳濡足思无涯。恨不即携秋谷子,把袂浮拍吟琼霞。三日得君音,使我情咨嗟。知尔纵饮罢官去,归途雨雪车哑哑。京国急来问亲旧,忧尔负气神参差。岂知渔洋北来正遇尔,道尔胸无芥蒂颜貌嘉。眼前缨冕如脱屣,猛风吹尽恒河沙。噫吁嘻!人生万事何时了,朝起营营暮忧忧。官爵九迁仍苦卑,黄金千镒终嫌少。吾子赋性殊不然,弃官无闷方少年。得失荣枯本闲事,谁能不动天中天。噫吁嘻!秋谷子,大奇特,不负当年好相识。力大能持震电惊,心空不受天魔惑。噫吁嘻!秋谷,秋谷方汝行,恨我未能饮,汝以浊酒劝,汝以素筝尔,去且复藏其名精。金大冶百炼坚贞,九重圣人真圣明。他时再起东山谢,方知尔可付苍生。②

吴雯这首气势磅礴、掏心沥胆的劝慰诗,写得正如渔洋先生的评价般"起处横绝万古,后幅真良友之言"③。

《吴集》所载此诗的点校部分有误。正确的点校应为:

秋谷秋谷方汝行,恨我未能饮汝以浊酒,劝汝以素筝。尔去且复藏其名。精金大冶,百炼坚贞。九重圣人真圣明。他时再起东山谢,方知尔可付苍生。④

这里,"饮汝以""劝汝以"都是使动用法,意思即我未能以"浊酒""素筝"(代指有音乐的酒宴)劝慰你。《吴集》此处点校有误。

(十)《吴集》没有纠正原集时间之误

如《吴集》卷四有一篇《送赵伸符编修使山右》,而上"劝慰"篇在此书的卷三。秋谷是康熙二十三年出使山西主考,康熙二十八年罢官归里。这是《莲洋集》诗篇时间编辑上的倒颠错误,而《吴集》并未纠正,此种例子不仅一处,须待再版校勘修订之。

---

① 〔清〕王士禛著,袁世硕主编:《王士禛全集》,齐鲁书社2007年版,第1091页。

② 〔清〕吴雯著,李豫、王秋红、李雪梅、张仲伟点校:《吴雯先生莲洋集》卷三,三晋出版社2010年版,第110~111页。

③ 〔清〕吴雯著,李豫、王秋红、李雪梅、张仲伟点校:《吴雯先生莲洋集》卷三,三晋出版社2010年版,第111页。

④ 李森文:《赵执信年谱》,齐鲁书社1988年版,第26页。

下篇 《吴集》失收文章《惇裕堂集·序》及颜山孙氏

(一)《吴集》失收文章《惇裕堂集·序》

即使由权威专家来整理编辑《吴集》这样一部名家全集,因岁月沧桑、文集散佚,也不可避免地会存在文章失收的问题。笔者在通读全书之后,查核相关文献,发现《吴集》失收了一篇文章。这就是吴雯在康熙甲子春夏间为孙廷铨之子、与王渔洋有"僚婿之谊"的清初著名诗文家孙宝侗作的《惇裕堂集·序》。为方便读者阅读,也为《吴集》之再版提供一份有价值的资料,兹录并标点吴雯所作全文(本文所引《惇裕堂集》原文皆无标点)如下:

《惇裕堂诗》一卷,益都仲愚孙氏之所作也。仲愚为文定公次子,高才博雅,能文章,尤工为诗。方仲愚未没时,余向其名已久。独是余居处僻远,不获与仲愚倾盖定交,故其诗亦不数数见也!

甲子春夏间,客京师,始从仲愚兄光禄君读其遗集。其气醇以方,其辞丽以则,私心益景慕之。光禄君为余言曰:"亡弟才气奔轶,先公深器爱之,故不令就京兆试。曰:'官阶汝所固有,何至更攘寒素进身之路?'故仲愚竟以世阀得常荫。年四十以终。"

呜呼!以仲愚之才,驰骋艺林,视当世士无足当其中。下驷者反以门第厄其进取。然则文定公之贤何如耶?而余窃谓:人之传,不传,又有不系区区科名之末者。李唐始重进士之科。迄今雁塔荒凉,曲江榛莽,千百年后,无能与寒烟蔓草间得其姓字仿佛,而襄阳太白少陵数子,独烺烺炳炳如五纬之丽天,则仲愚虽不得志以没,而是编足以传世垂后无疑。孰得孰失,必有能辨之者矣!

呜呼!仲愚即不得志于时,究不失其可传。而后之读仲愚之诗者,因仲愚之才与其所遭,而益追仰文定公之贤。则是编也,可以敦嚣竞而厚风俗,所关于世道非浅,又其徒其诗之足传也哉!蒲州吴雯天章撰。①

吴雯这篇序,见于民国二十一年由博山孙廷铨后人编印的《惇裕堂集》。须要注意的是:在这里,吴雯称孙宝侗为"仲愚"。《王士禛全集》及其他清人著作中,多作"仲孺"。这篇序简短而内涵深。首先,讲了自己居处僻远与向往仲愚诗名而不得学习的心情。其次,讲宝侗的遭遇是由文定公的"清廉贤德"造成的。最后,鄙夷科名的虚伪,坚信宝侗一定能诗名传后、敦化风俗。吴雯的眼光应该是深沉高远的。直到今天,文定公的严于律己,让儿子回原籍考试、免阻寒士之路的品德,依然有着现实意义。

(二)"为帝者师"——孙廷铨

谈到孙宝侗,首先应说一下其父,按新城王氏与颜神孙氏的亲戚关系讲,孙廷铨当是王渔洋的父执辈。

孙廷铨(1613~1674),初名廷铉,字枚先,道相,号沚亭,又号沚园灌长、灌长氏等,谥号文定。益都县颜神镇(今淄博市博山区)大街人,生于明万历四十一年三月十二日,卒于清康熙十三年九月初八日。明崇祯十三年(1640)成进士,授大名府魏县令。清顺治二年(1645)应诏入京,荐授河间府推官,历任户、兵、吏三部尚书,奉命参定大清律,康熙二年(1663)拜内秘书院大学士,入参机务,加太子太保、晋少保,政绩卓著,著作多多。他去世后,后人辑录其诗文,编成《颜山孙相国沚亭

① 〔清〕吴雯:《惇裕堂集·序》之二,民国二十一年颜山孙氏家藏,济南同德印刷局。

全集》(需要提及的是,他在世的不少"文章"是由次子孙宝侗代笔的)。① 他既是著名的政治家,也是难得的科技史学家。

王渔洋的从妹嫁给了孙宝仍,渔洋又与宝仍、宝侗是诗友,又因孙廷铨清廉为官的高风亮节,所以王渔洋对父执辈的孙廷铨很尊敬。廷铨过世,渔洋为孙廷铨作《孙文定公传》:"公少嗜读书,为文从政,一本经术;行己事上,一本恭敬。至于洁廉之操,始终一致。故受世祖特达之知,屡有'才德兼备,端慎练勤'之褒。自吏部郎,洊历九卿,入枋大政,而家无余财。与曲沃公同时,清望相埒,无所轩轾云。公殁时,年止六十有二。子二人,宝仍,官光禄寺署正;宝侗,有才名,未仕卒。……论曰:文定公可谓名相矣!……公于德望、清望,可谓兼之,故不欲屑屑以才著。而言才相者,卒无以加焉!"②

渔洋还为之作诗《同东痴(徐夜)过善庆庵小憩沚亭感怀孙文定公》:

故相禅楼一壑存,溪声山色共朝昏。林花自落经行地,岸石曾传数坐痕。想见角巾辞政府,长留玉带镇山门。独怜前辈风流尽,愁听疏钟与夜猿。③

"独怜前辈风流尽",足可以表现渔洋对这位前辈的尊崇。

孝妇河畔有三大文人——赵执信、蒲松龄、王渔洋,蒲氏当时没有进入官场,曾为孙惠做过文案工作。他替孙惠写的一些呈文经孙廷铨的门生慕天颜阅过。他不可能近距离接触孙廷铨。而王渔洋可以近距离了解孙廷铨,他较早地同伯兄王西樵(子底)读了孙廷铨的著名记叙散文集《南征纪略》,并作诗云:

南方草木还堪状,东国司徒旧擅名。五尺险从天上落,千岩秀向笔端生。荔枝树暗蛮江远,橘柚花垂越鸟鸣。写尽山川与香草,郦亭风味至今清。④

按:孙廷铨于顺治八年夏奉命南征,祭告禹陵,沿途笔记,撰著名记叙散文集《南征纪略》。是集才藻瑰丽,笔力沉雄,记述大千,精简深邃,堪与《徐霞客游记》媲美。这首诗是王渔洋早期读此书的写照。这时孙廷铨算得上是顺治帝的信任之臣,又是山东仕宦群的一位领军人物。所以王氏兄弟得以先读此书,既是孙王两家亲戚之间的文字交流,也是王氏兄弟的幸运。

《南征纪略》具有很高的文学和民俗价值,可惜目前还没有得到足够的重视和深入研究。

山东有这么一位前辈,自然会影响到当代的后辈隽才——赵执信就是一位。

赵执信与孙廷铨是同里。他们之间有着传奇般的故事:赵执信九岁时,孙廷铨让他作《海棠赋》。文成,孙廷铨大为赞赏。赵执信"少颖悟,九岁提笔为文,辄以奇语惊其长老。时相国孙廷铨奇其才,命作《海棠赋》。曰:'远大器也。'以女孙字之"⑤。

康熙十七年(1678),赵执信在中了举人之后完婚。孙廷铨可以说是赵执信的"官办媒人"。孙廷铨与赵执信的叔祖赵进美是同窗好友。"相国孙婿""才华横溢"——对这个年轻翰林来说是一种殊荣和骄傲的资本。

在某种意义上讲,才华横溢的赵执信在清代诗人中有"疏狂"(自认)之名,并且敢于在渔洋面前"摔诗稿,发议论"。他敢这样做,除了因为他的才气外,与孙家相府"文定点亲择婿"——这一特

① 〔清〕孙宝侗:《惇裕堂集·恭代题梁苍岩先生柏棠村图》。

② 〔清〕王士禛著,袁世硕主编:《王士禛全集》,齐鲁书社2007年版,第2076页。

③ 〔清〕王士禛著,袁世硕主编:《王士禛全集》,齐鲁书社2007年版,第821页。

④ 〔清〕王士禛著,袁世硕主编:《王士禛全集》,齐鲁书社2007年版,第58页。

⑤ 见王荫桂修《续修博山县志》。

定戚谊的优越感也有关系。秋谷的大胆成就了他在清诗人群中的卓尔不群和诗论家的地位。他被后人誉为清诗“国朝六家”之一。

清代获“帝师”头衔且比较著名的有山东孙廷铨、山西的陈廷敬等。然而,博山孙廷铨及其家族文化,尚未得到深入的研究和相应的重视。

新中国成立前,在颜神镇大街孙家相府还存有“大师相孙文定公之第”“帝赉良弼”“为帝者师”门匾楣,传为清代皇帝钦赐。这些门匾语表明了孙廷铨在清代虽有显赫骄人的地位,却谦谦处世,步步小心。连他的儿子孙宝侗,每到考试时,也要回原籍避考。他这样做,一怕人家说他不廉,二怕阻占了“寒士”科考之路。

孙廷铨是清初一位在政界文坛很有建树的人物。他的科技性著作《颜山杂记》和记叙散文集《南征纪略》颇有影响。

孙廷铨家族,明清世代经营琉璃业。其曾祖孙延寿“每岁带本货游京师”,在孙家“始尚读书”。延寿之长子雩,字显东,号曙阳,任湖南湘潭县县丞,喜交山左名流文友。

> 如王带如、王季木……诸公皆承函丈,一经指授,后俱为名臣。①

按:王季木,即王象春,渔洋族祖辈,徐夜外祖父。由此看,新城王氏与颜神孙氏之友谊源自明代,清代两家联姻,有了新的续传。

值得一提的是:孙雩与青州府益都人、官至礼部尚书的赵秉忠是同学文友。赵秉忠生于明神宗万历元年(1573),十五岁补府学生。明万历二十六年(1598)中进士,授翰林院修撰。历任侍读学士、礼部侍郎,官至礼部尚书。

孙雩“继与峨阳(赵秉忠,号峨阳)游于冯文敏(冯琦)公门,大蒙奖许。峨阳父尝命峨阳曰:‘孙君学行渊茂,实尔师表,不当在肩随之列。戊戌(万历二十六年,1598)峨阳大魁天下,(将孙雩)迎至都门,情好益笃。’”②

吾乡清代文学家王培荀先生说:“大学士孙文定公廷铨,顺治中名臣也。居博山,去吾淄五十里,山水清秀。以寒士起家,幼颖悟绝人。”③

此处称孙廷铨“寒士起家”,似有过谦,哪有伯祖县丞、祖父教谕、交游一代文魁的“寒门”?由此可见孙廷铨家族文化底蕴之深。

孙廷铨幼入私塾,明崇祯十二年(1639)中举,翌年成进士,授魏县知县,调抚宁县知县,升永平府推官,旋改监纪推官。清顺治二年(1645)孙廷铨赴召晋京,荐授河间府推官,分司天津卫漕务。在任三个月,内擢为吏部稽勋司主事。顺治三年,任陕西乡试主考官,又进考功、文选二司郎中。时溧阳陈名夏为吏部尚书,对孙廷铨十分赏识,目为“大器”。升太常少卿,提督四译馆。任上奉使祭告南镇禹陵(今浙江绍兴),沿途作《南征纪略》二卷。由禹陵归,诏加太仆卿管左通政事。顺治十年新春,顺治帝赐宴群臣,在宴席上,皇帝特召孙廷铨上殿属目询姓名里居甚悉。超拜户部左侍郎。甲午归省。顺治十二年四月回京,五月补兵部左侍郎;八月,转吏部左侍郎;十月兵部尚书缺员,朝廷大臣举荐多人,都不合皇帝之意,最后由顺治帝钦定,谓“中枢任重,宜慎简畀,其以孙廷铨为兵部尚书”。④

孙廷铨任兵部尚书后,次年四月,晋户部尚书。他完善审核制度,建立“岁会”,开源节流,保障

---

①② 《颜山孙氏族谱·家乘·湘潭公》,民国二十一年济南同德印刷局,第3页。

③ 王培荀著,蒲泽校点,严薇青审订:《乡园忆旧录》卷一,齐鲁书社1993年版,第19页。

④ 《颜山孙氏族谱·家乘·文定公》,民国二十一年济南同德印刷局,第11页。

供给。顺治十四年,覃恩加一级,授光禄大夫,赐玉带。顺治十五年加太子太保,晋吏部尚书。顺治十六年加少保,殿试读卷大臣,赐龙服黑狐。孙廷铨曾对“少保”头衔上辞表,但顺治帝依然维持原意。

顺治十八年,福临皇帝驾崩,孙廷铨以吏部尚书身份率九卿上疏,请举大礼,力主玄烨登基。玄烨登基,康熙纪年,孙廷铨上疏请假归省,回到了颜神镇家中,侍奉双亲,假满回朝。康熙二年五月,拜内秘书院大学士,入参机务。康熙三年春,代祀东郊,“疾作”,冬予告归,回到颜神镇家中。从此家居十年,焚香闭户,晏坐著书,虽婴疾,手不释卷。康熙十三年九月初八在家乡颜神镇去世,谥号“文定”。

孙廷铨有二子。长子宝仍(1636~1707),字孝堪,一字孟滋,号恕斋。配新城王与阶之女,即王渔洋从妹。康熙二十三年以恩荫,授光禄寺典籍。渔洋长孝堪两岁,依亲戚关系,当称宝仍为妹夫。当时王渔洋、孙宝仍、赵执信同朝为官,十分亲密。吴雯这时客居京师。文定公在世时,桓台王渔洋家族与颜神孙氏就有亲戚走动。王渔洋几次到过孙府,并且有诗记载。

(三)渔洋妹夫孙宝仍

宝仍为官清廉,《颜山孙氏·家乘·光禄公》记述了孙宝仍康熙甲子在光禄寺任职的事情。孙宝仍“甲子以恩荫授光禄寺典籍。寺规岁有赢余,以饷长官,(宝仍)鄙而却之。正卿有为文定旧属者,屡为公地,使早得量移,固辞之。同僚有值晏,亡失官器者吏并坐。公不忍自理,甘于共罚。一日,诸将相子公谯,裘马鲜华,勋熖烜赫。公独敝衣羸马,以张先人清德。庚午(康熙二十九年)本寺掌醢署署正。有《时绎堂集》,卒于康熙丁亥四十六年,享年七十有二,敕授文林郎,配王孺人(渔洋从妹),赋性婉顺,丰姿端凝,于归时姑于祖姑俱在堂,皆能得其欢心,后年逾九十,犹耳目不废,行不扶筇,享年九十有六,敕封孺人”。①

这段文字真切地记载了宝仍的性格,还记载了其妻——渔洋从妹、赵秋谷岳母,“赋性婉顺,丰姿端凝”,简洁地刻画出了这位出自王渔洋家族的女性的贤淑态貌。

赵执信《承德郎内府光禄寺掌醢署正恕斋孙府君墓志并铭》亦言:“公夫人新城王氏,今刑部尚书阮亭先生之从妹。(渔洋)先生方与公(宝仍)同朝,有大名,官亦日尊。公以旧意,时复谑侮,娟子在侧咸咋舌。公殊不屑,先生亦不以为忤,人两贤焉。”②

“公以旧意,时复谑侮”,这句话道出了孙宝仍与王渔洋之间不计礼教、遂心直言的亲昵交往细节。

因为两人是至亲好友同僚,即使后来两人地位发生了变化,也丝毫不会影响两人间的率真交往。

这种争论影响到了赵执信。赵执信在他晚年所著的《谈龙录》中,有些话语直对新城,可能便是这种气氛影响的结果。从孙宝仍、孙宝侗,再到赵执信,对新城的“反诘攻讦”,可谓极矣!为什么清代敢于对渔洋这般的就这几位?主要原因就是他们的亲戚关系太密切,他们都十分了解对方,很率真。

赵执信与王渔洋之间的“神龙之争”,基本上是由赵执信发起并坚持的,集中见于《谈龙录》。“神龙之争”不仅仅是诗坛争论,也源于亲戚间“捎话”造成的误解。青年学者陈汝洁在这方面做了较好的研究。假如真的有这场论争,渔洋也是处于被动地位,他从没有过正面应对的行动。由此

① 《颜山孙氏族谱·家乘·光禄公》,民国二十一年济南同德印刷局,第18页。

② 〔清〕赵执信著,赵蔚芝、刘聿鑫校点:《赵执信全集》,齐鲁书社1993年版,第446页。

可以看出渔洋的宽容大度和涵养。秋谷与渔洋论诗的故事表明,他们之间的关系既有矛盾的一面,又有亲戚关系的一面。我们宜综合辩证地看待他们各自所处的特定环境及思维特点,力求还原那段历史,得出较为客观切实的结论。

（四）王渔洋与戚谊诗友孙宝侗

研究王渔洋早期的诗友活动,尤其是"秋柳社"的情况是不能忘记孙宝侗(1638～1677)的。《颜山孙氏族谱·家乘·仲愚公》载:"公讳宝侗,字仲愚,聪慧绝伦。五岁入家塾,听隔座童子读书,日晚都能记忆,又好问难,往往出人意表,蒙师谢不敏,去。九岁学诗即尔雅可观,十四游泮,十八食饩,试,皆冠军。宣城施愚山先生督学山左,得公试卷,深加叹赏,谓公曰:'昔王尊岩居此,初无甚赫赫名,止得一李沧溟。虽令两贤交重。余也衰老,子其勉诸!'文定历官,聚书数万卷。公寝食其中,无不淹贯搜讨,得其旨要,发为诗文,高卓雄健。一时名公卿如临朐相国冯(溥)公,真定司徒梁(清标)公,合肥宗伯龚(鼎孳)公,淄川少宰高(珩)公,同里大参赵(进美)公皆以国士目之。公又思:非名山大川无以发文章沉雄之气。于是,乃登泰山,拜曲阜,涉淮泗,泛大江。凡东南胜蹟,无不徧游,所在名流,无不订纻。尝月夜泛舟西冷独酌微吟,适梅村吴公游舫相次询知为公,旦日偕宋公荔裳过访,握手谈诗,流连三日,遂蒂忘年交。公以大臣子,荫六品京官,需次已久,不屑就职,必欲以科目自树,卒以强仕之年,赍志以殁。惜哉!有《惇裕堂集》行世,余多未刻。卒年四十一岁。诰赠奉政大夫刑部郎中,配高宜人。"①

孙宝侗的《惇裕堂集》鲜见于世,分文集、诗集多篇。该集由博山热心文史人士保存了下来,弥补了研究文献之不足。

康熙甲子(1684),孙宝仍进京任职时,才有机会邀请王渔洋为《惇裕堂集》作序。此时吴雯也在京,于是一同为之作序。此书共有三人作序,依次是王士禛、吴雯、曹贞吉。

王士禛为之作的序可见于《王士禛全集·渔洋文集》卷三,此序简称为"齐鲁本"。颜山孙氏家藏本《惇裕堂集》亦有王士禛为《惇裕堂集》作的序,此序简称为"家藏本"。笔者发现两者略有不同。

其一,家藏本中的"君竟困顿场屋以终"②,齐鲁本作"君竟困顿场屋以死"③。

余按:应该是前者对。因为古人很避讳"死"字,渔洋先生应该不会在这种场合用这个字。

其二,齐鲁本没有以下句子:"予与君有僚婿之谊。知君最蚤。故与孟滋之请,遂不辞而为之序。"④

余按:鉴于古人恪守家训的传统,家藏本应该值得信赖。

顺治十四年八月,二十四岁的王渔洋"游历下,集诸名士于明湖,举秋柳社,二东名士……益都孙仲孺宝侗辈咸集"⑤。

可以说,在王渔洋倡导的历下秋柳社中,孙宝侗作为一品大员之子,厚积薄发,才华横溢,当是核心人物之一,是一颗令人瞩目的亮星。

在孙宝侗的诗文集中,有抒发自己感情的诗作,也有替父亲孙廷铨应酬当朝大家如孙承泽、施愚山、梁清标、周栎园、赵进美等人的诗文酬答。他个人与吴梅村、宋琬、顾炎武、王苹、张笃庆等也

---

① 《颜山孙氏族谱·家乘·仲愚公》,民国二十一年济南同德印刷局,第19页。

②④ 见〔清〕王士禛撰《惇裕堂集·序》,民国二十一年颜山孙氏家藏,济南同德印刷局。

③ 〔清〕王士禛著,袁世硕主编:《王士禛全集》,齐鲁书社2007年版,第1561页。

⑤ 〔清〕王士禛著,袁世硕主编:《王士禛全集》,齐鲁书社2007年版,第5061页。

有文字交往。

他的八十句长诗《阳春公子行》，跌宕起伏，迤逦瑰伟，锦心绣口，如黄河巨涛、骏马飞驰，表现了他驾驭语言的能力和丰富的想象力，颇有白乐天《琵琶行》之风采。

《阳春公子行》(节录)：

春风杨柳树千花，春院高楼公子家。楼前宝马青丝鞚，楼上珠帘绿带斜。旁舍衣冠梁苑客，后庭罗绮楚宫娃。翡翠持妆百宝帐，氍毹谨护七香车。绝地层台明丽日，中天画阁带流霞。霍伉新封犹壮幸，富平年少自繁华。繁华甲地歌钟起，座中尽是游侠子。冠盖告朝剧孟家，车马夜过侯嬴里。貂蝉金冠灿朝云，辘轳玉剑明秋水。①

王渔洋有《赠孙仲孺兼呈令兄孝堪(仲孺以〈阳春公子行〉见寄，故及之)》：

君家兄弟青云上，弱冠著书竞高唱。四赋瑰奇拟长卿，七略渊综继刘向。哲兄卓卓度骅骝，令弟齐名第一流。旗亭佳句染春雪，弟子如花矜妙讴。深柳草堂覆山翠，十年作赋言仙意。康乐曾闻梦法曹，庐江何必减骠骑。昨来寄我阳春篇，王后卢前谁并肩。银河烂烂月垂地，飞龙衔衔云上天。读君新诗为君舞，我亦倦舞归郑圃。欲从砚北访通人，应向城西问公府。②

“哲兄卓卓度骅骝”指孙宝仍风度翩翩。“令弟齐名第一流”说的是孙宝侗与兄一样都是当今一流诗人。“昨来寄我阳春篇，王后卢前谁并肩”是称赞孙宝侗诗写得美。

顺治十四年，王渔洋有《将游柿岩寄绳东仲孺东痴诸君》诗：

李白罗敷潭，谢客绿嶂山。风流映千古，逸韵留人间。生不及古人，鄙志一邱壑。招隐已栖迟，胜游复零落。我思青溪水，复思新安江。五泄连赤城，千里云锦张。昨得娄江书，又见武林使。望里冷泉亭，梦中灵岩寺。清淮入扬子，江潮日悠悠。贫士艰远游，何以谋扁舟？向见柿岩图，乃知柿岩妙。几席漱飞泉，亭榭冠云杪。寒溪尽紫竹，山墅多青梅。侧闻夹谷会，此地余高台。不知百年间，当著几两屐。作书报诸公，春山正苍翠。③

这首诗记述了渔洋与颜神镇诗人孙宝侗游颜神柿岩的事情。绳东，乃淄川高玮之字，高玮与新城王渔洋为中表兄弟，渔洋是孙宝仍之从妹夫。孙宝侗妻亦是淄川高氏。东痴，乃桓台徐夜之字。柿岩，在博山城区西十五里处，是域城镇一山村，一名鹿岭，俗称和尚坊，现称和尚房。地处悬崖深谷之中，面积三十余亩，四面环山，群峰夹峙，沟壑相连，林木遮天。进柿岩山峪，先向西，后北折，再西行即可到达和尚坊村中。沿途，山高陡峭，峰峦叠嶂，各具特色。步入山村，百鸟鸣啾，山泉泻喧。山村四面环山，群峰夹峙，周围林木丛生，花果繁茂，片片葱茏。房屋依山而建，高低远近、错落有致。

山中西北峭壁上辟有古迹“石楼”。石楼为清初赵执信的外祖父孙禹年所建。峭壁上有一大洞壑，高约三十余米，宽五米。石楼依山势洞壑建有五层，凭曲折的石阶而上。石楼因洞筑室，因势设阶，临崖凿窗，洞房相连，石阶狭窄，曲回陡峭，连接各室。攀登石楼远眺，一层一番景色。孙禹年筑楼柿岩后，孙廷铨曾赋诗《柿岩赠禹年》：“嘒嘒初蝉静处分，石门小筑掩斜曛。山从屋上炭烟合，水抱村流涧响闻。北渚渔樵通远望，西畴巾驾逐归云。看山却忆山中老，谷口行吟只似君。”

石楼是少见的奇特古建筑，也是游人慕名登临的地方。石窟拔地通天，十分险峻。孙廷铨在

① 〔清〕孙宝侗：《惇裕堂诗初集》，民国二十一年颜山孙氏家藏，济南同德印刷局，第5页。

② 〔清〕王士禛著，袁世硕主编：《王士禛全集》，齐鲁书社2007年版，第27～28页。

③ 〔清〕王士禛著，袁世硕主编：《王士禛全集》，齐鲁书社2007年版，第180页。

《南征记略》中记述此地曰:“入山西折北行,溪穷崖合,中更开布,有柿林千树,高下扶疏。虽四面林泉殊态,而高深同在一岩。”离此不远处,传闻是著名的齐鲁会盟夹谷台,当然也有人对此地是否是真的会盟址持有异说。

不久,王渔洋又写了《寄怀孙仲孺》一诗:“忆尔掩关处,笼滨闲女萝。鹿场秋色暮,鱼罾雨声多。西墅山皆好,南楼兴若何?隔年残雪别,不见尺书过。”①

《寄怀孙仲孺》当是写于秋柳社集会次年,即顺治戊戌十五年。诗人在诗中回忆了曾经游览的颜神胜景。“笼滨”,笼水之滨。笼水,即孝妇河。孙廷铨故居一在孝妇河南岸原博城药店一带,金豆山房的故事源于此;一在大街中段,昔山雨楼今依然在焉,南楼当指此。但还有一说是其藏书楼在大街南头,现已不存在。不管怎样,当年王渔洋亲临孙家宅院与孙氏兄弟吟诗联对、酬唱交往,当是种颇为欢愉的回忆。

顺治十五年秋天,王渔洋在历下大明湖畔写下了《明湖北渚亭眺望有怀海石公隆君房圣企圣美仲孺诸君》,寄托了对孙仲孺等诗友的怀念之情,诗云:“风期隔朋侣,雨散邈关河。洒洒龙山石,吾将买钓蓑。”②(节录)

(五)“南施北宋”重仲孺

“南施”指的是安徽宣城的施闰章,“北宋”指的是山东莱阳的宋琬。二人皆较早在清廷应仕、出仕,是生活在顺治康熙时期的著名诗人。

在清诗坛普通士子中能同时受到“南施(愚山)北宋(琬)”的重视青睐,且同两人结下文谊的并不多见,孙宝侗当是幸运者。

山西吴雯在客居北京时经王渔洋介绍认识了孙宝仍,并为孙宝侗的《惇裕堂集》作序。施愚山则是于顺治十三年秋,御试名列第一,在十月任山东学政抵历下后见到了“大臣之子”孙宝侗。孙宝侗不是靠父亲的名望,而是依文采璀璨,受知于学使施愚山的。

在山东期间,施愚山慧眼识才,曾高度评价这位“青州名士”以及蒲松龄、张笃庆等山东诗坛之隽才、文苑秀士。

施闰章(1618~1683),字尚白,号愚山,安徽宣城人。父母早逝,养于祖母,从同里名士沈寿民游,博览群籍,擅长诗赋及古文辞。顺治六年进士,授主事,充山东学政,取士有“冰鉴”之誉。闰章诗近体学杜甫,古体学王孟,并承其乡人宋梅尧臣的传统而又有变化,风格高雅淡素。论诗主张言之有物,反对虚华空泛,认为作诗须有学力,注重修养。据东南词坛数十年,其诗时称“宣城体”。王士禛曾称其诗“温柔敦厚,一唱三叹,有风人之旨”。他的不少作品真实反映了清初社会的黑暗和人民的苦难,如《上留田行》《浮萍兔丝篇》《牧童谣》《牵船夫行》等。这在当时是难能可贵的。

施愚山在山东学使位上,很赏识这一群青年学子。他夸奖蒲松龄曰:“观书如月,运笔如风。”③蒲松龄在《聊斋志异·胭脂》中盛赞这位为人师表的老先生:“愚山先生吾师也。方见知时,余犹童子。窃见其奖进士子,拳拳如恐不尽;小有冤抑,必委曲呵护之,曾不肯作威学校,以媚权要。真宣圣之护法,不止一代宗匠,衡文无屈士已也。而爱才如命,尤非后世学使虚应故事者所及。”④

随着《聊斋志异》的广为传播,施蒲的师生友谊也为人们津津乐道。“施愚山青眼孙宝侗”的故

① 〔清〕王士禛著,袁世硕主编:《王士禛全集》,齐鲁书社2007年版,第184页。

② 〔清〕王士禛著,袁世硕主编:《王士禛全集》,齐鲁书社2007年版,第208页。

③ 路大荒:《蒲松龄年谱》,齐鲁书社1980年版,第9页。

④ 〔清〕蒲松龄著,张友鹤选注:《聊斋志异选》,人民文学出版社1978年版,第405页。

事却鲜为人知。施愚山督学山东，游历下，看了相府公子孙宝侗的试卷，对这位年轻的学子寄予厚望："宣城施愚山先生督学山左，得公试卷，深加叹赏，谓公曰：'昔王尊岩居此，初无甚赫赫名，止得一李沧溟。虽令两贤交重。余也衰老，子其勉诸！'"①

尤其值得一提的是，施愚山还专门写过一首诗称赞孙宝侗，此诗《惇裕堂集》失收，原诗如下。《北海有一士为孙子仲孺作》：

北海有一士，高步览八区。簪缨推世胄，章句薄腐儒。嗜古赏自延，探奇目无虚。藩溷尽笔札，坐卧皆诗书。非徒富述作，实耻经术疏。趋庭过蓟北，结友连东吴。平生非任侠，意气雄千夫。男儿贵不朽，浮名何足图！盛年振高辔，策骥骋修途。②

由此可以看出，当时学使施愚山对孙宝侗的厚爱弥深，对他寄予了很高的期望。孙宝侗的《惇裕堂文集》中有一篇《上施愚山夫子书》。黄山书社1992年版的《施愚山集》失收此文，兹标点录下：

三月二十七日，恭接手谕兼蒙赐诗。敬进尊使，备询近福，始知台驾已于三月六日荣旋珂里。侧闻之次，欢惧交并。盖某赍瞻谒之志，久矣！徒以冰署清严，未敢轻进。所望：谢事之后，端居多暇，便可趋叩。不知已复荣旋，竟失道旁一谒。乃蒙师台谅其疏罪，恩义拳拳，千里淮渍，远寄手谕，教诲殷切，勉以古人，何其厚也！师台自拟遵岩，殆如卧龙管乐之比，至某之不肖，欲令其追踪于鳞，或恐今不逮古。

自分，年来读书尽属涉猎，心粗眼阔，万绪茫茫，制艺古文，两无所就。要之，一力图奋勉，以仰答生成，安敢自废，以上累知人之明也！蒙赐诗章，谬加褒籍。诚得厕名大集之末，使天下后世知其人之曾见称于某先生大人也。岂不幸哉！岂不幸哉！《观海集诗歌》二百十有八首，敬读一过，窃谓：牢笼百代，鼓铸群英。其旨则敦厚温柔，风人之遗；其调则弘音亮节，大家之言也！近代词人何可望焉！古文十三篇，小言可以擅雅宗，大言可以翼经术。子固所云："三代以上，其执简载笔者，皆圣人之徒，其谓是也。"敬装潢卷帙，永做楷模。来谕示进退大略，某何足以知之？然而功名之际，人所难言。窃观：古之俊贤，大抵因时为用。今欲结特达之知，副苍生之望，斯上烈矣！然而不龚不惠一龙一蛇，既明且哲，以保其身。古之人有行之者，师台又何疑焉！若夫鹿门长往，丛挂淹留。所云：入山难保，此必不得之数也。狂瞽之言，或有足采；卿尹荣命，想在旦夕。故山高卧或有未能，不审何时，便可诣阙。某秋试，拟就京闱。彼时或得一晤全集。倘得面赐，则厚幸也！某久拟数言恭献，而峻德殊恩，抒写匪易。所云愧恐经旬，不敢措手。道阻且长，空函复禀。③

这篇文章感情充沛，立意高远，典雅简练，铿锵有力，直舒心臆，体现出了这位相府隽才娴熟运用古文的能力，可以当作一篇优秀的抒情议论文来读。

值得说明的是：孙宝侗不但受到施闰章的器重与青睐，还与"南施北宋"之宋琬有着较深厚的交情。

王士禛曾说："康熙以来诗人，无出'南施北宋'之右。"

宋琬（1614～1674），字玉叔，号荔裳，别号二乡亭主，山东莱阳人。顺治四年进士，授户部主事、浙江宁绍台道，升按察使。顺治十八年，因山东登州于七起事案，被族人诬告谋逆，下狱。系禁

① 《颜山孙氏族谱·家乘·仲愚公》，民国二十一年济南同德印刷局，第19页。

② 〔清〕施愚山撰，何庆善、杨应芹点校，刘学锴审订：《施愚山集》第2册卷六，黄山书社1992年版，第96页。

③ 〔清〕孙宝侗：《惇裕堂文·答施愚山夫子书》，民国二十一年颜山孙氏家藏，济南同德印刷局，第11页。

三年，几乎死于狱中。获释后，长时期流寓吴、越，后又任四川按察使，病死北京。学宗杜韩，为宗唐派诗人之一。宋琬之诗清越雄壮。他因个人的遭遇，于世事人心常怀惊悸之感，诗亦多感时伤事之作，从侧面反映出了清初高压政治下部分文人的心态。宋琬和施闰章均是明末清初人，但他们在明朝没有做过官。所以虽然仕于清，但从传统道德观来看，两人由"变节"产生的心理矛盾不像钱谦益、吴伟业那样严重。不过宋琬也有一些暗寓故国之思的作品。如《赵弦斋中宴集限郎字》中的"南国山川悲庾信，大江烟雨忆周郎""莫向尊前增感慨，汉京闻已讳长杨"，隐约透露出了故国之思。孙宝侗南游，夜逢吴梅村，吴梅村知道是孙廷铨的公子，又有诗名。第二天，吴梅村、宋琬、孙宝侗三人相见，谈诗定交："尝月夜泛舟西泠独酌微吟，适梅村吴公游舫相次询知为公，旦日偕宋公荔裳过访，握手谈诗，流连三日，遂蒂忘年交。"①

孙宝侗曾作诗记录与宋琬的交往。《喜晤宋玉叔先生并谢泉酒》：

倦游高卧阖闾城，前辈重逢宋子京。对簿才闻梁狱霸，裁书久见《楚辞》成。山涛启望三公重，范蠡舟闲一叶轻。归政于今遭圣主，即看前席召承明。

又：

兰舟仙液玉为罂，持饷偏怜逆旅情。醇酒近从公子醉，廉泉旧似使君清。餐英元亮方高卧，病渴相如得重生。寄谢明公珍爱黍，愧无锦段报投琼。②

诗作记述了两人在阖闾城相会，一见如故，饮酒畅谈，主人好客、客人感恩的情景。

《促荔裳序》：

作序老玄宴，篇章早完成。俱为迷辙客，休作不平鸣。龙卧三江暮，鸿飞四海轻。倦游我欲返，深计问先生。③

《携手行·送荔裳之云间》：

前年送别长安路，秋风萧萧雁南度。今年携手阖闾城，相过旅舍无朝暮。论诗不觉五夜长，顾曲难教一字误。扬帆同泛虎丘船，振衣共上要离墓。爱客能容稽阮狂，怜才时把骅骝顾。千金借我衣狐白，双函寄我裁鱼素。杯酒常向五翰林，把酒时过三吏部。有时慷慨自中来，高论轩轩肝胆露。如公真负济世才，其为牢修困党锢。淤泥暂且睡蛟龙，江湖慎莫盟鸥鹭。顾剑终膺圣主求，群公共待康天步。我亦牛衣悲壮年，汉宫未献《凌云赋》。饥来驱我向何方，江南踪迹同流寓。桑梓相依即旧乡，况稪交情对父行。常向官寮怀老友，时从弓箭说先皇。家园无复忧豺虎，南国还来依凤凰。陶公三徙非长计，陆贾千金未满装。后进怜余生北海，人宗从此附莱阳。且欢知己晨星聚，一任霜风草木苍。爱客何来贤太守，驿骑飞书驰下走。先生又上泖湖船，我来相送胥江口。离宴乍起临高台，别路再起将进酒。同里姜郎共订言，江右曾生书作否。素札十行幸报闻，玄宴一篇早脱手。先生微笑颔我言，顾谓典签人姓柳。桥边解缆便扬舲，目送征帆延伫久。是时烟火正黄昏，天远江平低北斗，丈夫富贵本他乡，有客思归路转长。一曲骊歌夜将半，阖闾城上月如霜。④

孙宝侗的这篇《长歌行》洋洋洒洒五十八句四百多字，从近处叙起，从容不迫，夹叙夹议，绘声绘状，纵横驰骋，文采横生，慷慨激昂，非大手笔不成其格局，描绘出了作者在异乡与宋琬——这位

---

① 《颜山孙氏族谱·家乘·仲愚公》，民国二十一年济南同德印刷局，第19页。
② 〔清〕孙宝侗：《惇裕堂集·过江集》，民国二十一年颜山孙氏家藏，济南同德印刷局，第88页。
③ 〔清〕孙宝侗：《惇裕堂集·过江集》，民国二十一年颜山孙氏家藏，济南同德印刷局，第94页。
④ 〔清〕孙宝侗：《惇裕堂集·过江集》，民国二十一年颜山孙氏家藏，济南同德印刷局，第100页。

"父行"辈的知音送别依依的场景,表现出了谢忱有加的感情。可惜这首壮慨的诗歌连同以上诗篇,没有收入新版的《宋琬全集》。

综上所述,本文以王渔洋、吴天章、孙宝侗为主线,一是论述了王吴的交往;二是对《吴集》的点校及部分内容提出了一些看法;三是以王渔洋、吴雯为《惇裕堂集》作的序为引线,介绍了清初名相孙廷铨父子及其家族与桓台王氏的关系,介绍了孙宝侗与施愚山、宋琬的交往。

清初,在齐鲁大地上,王渔洋先生以他渊博的知识、诗品、人品,成为中国文学史上清初影响力最大、凝聚力最强的"一代诗宗"。新城,也成了诗家的专用名词。齐鲁大地以诞生了王渔洋而更显光彩。山西布衣诗人吴雯被渔洋赏识,两人的交往,堪称文学史上抹平朝野鸿沟的诗坛楷模。孙宝侗以其奔逸的才气、精彩的诗文崭立清初诗文名家之列,却英年早逝,令人遗憾。渔洋、莲洋为其作序,堪称山左山右文坛佳话。笔者不揣浅薄谫陋,对《吴雯先生莲洋集》提了一些不成熟的意见,旨在完善古人之著作。但是作者依然肯定此书具有的价值与作用。如果没有这个底本,本文则无从诞生。吴雯的研究也不会像现在这样活跃。

王士禛与孔尚任交游初考

颜　健*

王士禛(1634～1711),字子真,又字贻上、豫孙,号阮亭,又号渔洋山人,谥文简,山东新城人,常自称济南人,清初杰出文学家、藏书家。孔尚任(1648～1718),字聘之,又字季重,号东塘,别号岸堂,自署云亭山人,山东曲阜人,清代著名戏曲家。王士禛与孔尚任同为清朝的官员、康熙的宠臣,二人过从甚密。

一、京师入职初相识

王士禛与孔尚任有一位共同的挚友——颜光敏。颜光敏(1640～1686),清代著名诗人、书法家,字逊甫,更字修来,别号乐圃,山东曲阜人。康熙六年(1665)进士,中书舍人,康熙八年(1669),迁礼部仪制司主事,康熙九年(1670),充会试同考官,康熙二十一年(1682),补吏部验封清吏司主事,寻升员外郎,康熙二十四年(1685)秋,转考功清吏司郎中,充《一统志》纂修官。王士禛与颜光敏交往非常密切。《颜氏家藏尺牍》收有王士禛写给颜光敏的十几封书札,记载了王士禛向颜光敏举荐人才、索要刻印文字、请为捉刀对联等事。试举两例,其一如下:

大阮先生,岁前返里,弟时正有周闸之役,匆匆数行奉候,未得少申款曲,迄今为歉。想老门翁相谅于形迹之外也。自仲冬闭闸挑河,三月无一船往来,缺额竟至六七千金,茫然无补救之术。将来如能与吾修老从容晏坐南宫署中,即意外之幸矣。泥途中,闻老门翁分校礼闱,得士必一时之冠。欣慰无量,兹广陵敝门人汪舟次楫者,盖代才也,诗文书法,皆足纵横十万里,与蛟门兄弟行,少为同学,其胞兄长玉,亦擅风雅,今有不获已衷言,弟苦在远,而幸老门翁之当事也,特以数行,属蛟门面悉。千祈吾兄留意焉,舟次兄弟,为东南领袖,吾兄又当代君宗,声气之缘,知不烦弟之视(逐条详细陈述)缕也。容面颂不尽。①

此札大约写于王士禛淮扬任上,信的内容是向颜光敏述说自己任职以来的情况,闭闸挑河无船往来,亏空达六七千金;并且向时任礼部仪制清吏司主事的颜光敏推荐自己的门人汪舟次。

其二如下:

两年兄之奉高堂而徒跣归也,同人仰睹哀戚之容,不胜悬切。若同志数君子,夙昔乐数晨夕者,分襟以来,益伥伥如有所失。则弟之怀抱可知也。长涂(途)舟屡事,得不劳顿否?知目

---

* 作者简介:颜健,济宁学院学报编辑部,编辑。

① 颜光敏辑:《颜氏家藏尺牍》,中华书局1985年版,第72～73页。

前正营窀穸，幸稍节哀痛，以慰慈闱，是所愿望。弟三、四月间，卧病几四十日，承委作传，大略已就，尚须一芟削，然后脱稿。不至久稽。讱老随即致之，渠意必待贤昆玉一札到。弟云方读礼，未敢通书都下，是以属弟口致。讱老性素硁硁，或近申作数行，候谢之，兼索文字，弟好从臾之耳，如何如何。至十子之刻，叶慕庐林澹亭宋牧庵诸君，皆已刻竣，惟大集未梓，殊为憾事。且年兄实首商此举，讵可反遗而登他人。苫块之中，特自己废业。若友人代选付刻，义初无伤。祈以集稿，即寄曹实庵、田漪亭，刻资先予五金，余襄事后，全寄之亦无不可。近陈椒峰、董苍水数君入都，慕此举，皆有此意。而峨嵋书言，椒峰尤力。然弟独在年兄者，不特以首事故，且爱重诗品，不忍舍去耳，并此附商，不尽念切。五言一卷，说岩不知收之何处，屡索不可得也。①

札二大约写于康熙十六年(1677)之后，内容主要是王士禛回复为颜光敏父亲作传的情况，同时索要颜光敏的文集作品，以汇成“十子之刻”。王士禛对颜光敏非常推崇，曾说：“吾乡后来英绝，当让此人。”颜光敏早逝，王士禛曾为他题写墓碑。可见王士禛、颜光敏二人不仅是同乡，还是诗友、至交。

孔尚任与颜光敏是曲阜同乡，二人从小一起长大，是无话不谈的知心朋友。颜光敏于康熙十六年(1677)回曲阜老家奔丧，康熙二十一年(1682)七月返回北京。孔尚任此年冬天作书札给颜光敏说：

潭府拜别后，闭关兀坐，奄至岁暮，无人肯与弟言，弟又不肯与人言，咄咄书空，即笔墨之缘亦断矣。……弟细心体会，亦颇能为驳语，暇当缮录，并《律吕管见》一并呈教。拙刻数种，已另人寄去。《绝句百首》，丐叙久矣，何吝之甚也？……且当六月酷暑之夕，红炬两行，洒汗如雨，亲家赤体秉笔，弟挥扇充副座，漏下三更，采风于臧获仆役之人，亦阙里之胜事也。寄语长安冷炕寒士，亦可当万间厦庇矣。昨北门风雪中，送先兄归幽宅，连日神伤。欲言者皆不及言，所言者皆所不必言者也。刘世兄讳光天，适与岁试过里，云不日赴都，故有此寄。刘兄单邑人，年谊故知也，其尊翁讳之粹，吾辈中大有作用人，考授从九品吏目，深感亲家之爱，祈亲家刮目视之。余不赘。敬候老伯母大亲家并阖眷福履。②

此信是孔尚任在曲阜未出仕时写给颜光敏的，内容主要是告知对方二人离别之后自己的生活、思想情况。孔尚任在信中还提及了寄送作品、求序等事，回忆了二人采风著书的旧事，并请求颜光敏(时任吏部验封司主事)对即将赴都候选的刘光天予以照顾。由此可见，二人关系之密切。

康熙二十四年(1685)正月，孔尚任入京任职国子监博士，频频到颜光敏处拜访。据颜光敏《京师日历》统计：在康熙二十三年的前九个月，孔尚任与颜光敏至少有22次会面，王士禛与颜光敏至少有7次会面，包括会晤、宴饮、辞行、送别等。《京师日历》详细记载了颜光敏会客、处事、生活的情况，康熙二十四年(1685)八月条记载：

初三日孔东塘来……初五日朝晤王阮亭……十三日王阮亭来……十五日步月至孔东塘寓……十八日颜光敏至国子监，同孔东塘宿，观乐器……十九日王阮亭因(冒)雨来……二十二日晤孔东塘……二十七日，王阮亭来……

康熙二十四年(1685)九月条又记载：

十九日，晤孔东塘，二十日，晤王阮亭，省亲得诣(旨)……二十七日王阮亭辞行，奉旨著未

① 颜光敏辑：《颜氏家藏尺牍》，中华书局1985年版，第71～72页。

② 颜光敏辑：《颜氏家藏尺牍》，中华书局1985年版，第199～200页。

会议九卿等察议。二十八日,晚送王阮亭……

康熙二十四年(1685)八月,王士禛与颜光敏会面4次,孔尚任与颜光敏会面4次;九月,王士禛与颜光敏会面3次,孔尚任与颜光敏会面1次,而且每次会面的日期都非常接近。

可见,康熙二十四年(1685)前后,王士禛作为前任国子监祭酒和颜光敏家的常客,孔尚任应识得王士禛。而孔尚任作为新入京的国子监博士,再加上王士禛与颜光敏频繁的交往,王士禛至少曾经耳闻过这位康熙帝特批的国子监下属、颜光敏的挚友——孔尚任。

二、红桥修禊皆名士

王士禛与孔尚任都曾在扬州一带为官,并与淮扬周边的诗人唱和。阮元《广陵纪事》记曰:"红桥为诗人聚集之地,王阮亭、宋荔裳皆尝觞咏于此。后孔东塘在广陵时,上巳日,招同吴园茨、邓孝威、费此度、李艾山、黄仙裳、宗定九、宗子发、查二瞻、蒋前民、闵宾连、王武征、乔东湖、朱其恭……共二十四人,红桥修禊,赋诗纪事。"

顺治十七年(1660),王士禛赴扬州任推官,"日了公事,夜接词人"。王士禛曾有《红桥游记》,开红桥修禊之先河。红桥故址在今扬州西北,始建于明末崇祯年间,原为红栏木桥,乾隆元年(1736)改为拱形石桥。顺治十九年(1662)六月十五日,王士禛同友人杜浚、袁于令、陈允衡泛舟饮宴①,欣赏红桥优美景色,作诗数首,抒发了历史兴亡之感慨。其《浣溪沙·红桥》词第一首云:"北郭清溪一带流,红桥风物眼中秋,绿杨城郭是扬州。西望雷塘何处是?香魂零落使人愁,淡烟芳草旧迷楼。"顺治二十一年(1664)春,王士禛再次修禊红桥,写下《冶春绝句二十首》,最脍炙人口的当数其三:"红桥飞跨水当中,一字栏杆九曲红。日午画船桥下过,衣香人影太匆匆。"宗元鼎为王士禛门人,曾附和王士禛《冶春》诗作:"休从白傅歌杨柳,莫向刘郎演竹枝。五日东风十日雨,江楼齐唱冶春词。"②《居易录》亦记曰:"予尝与袁昭令、杜于皇诸名宿宴于红桥。予自为记,作词三首,所谓'绿杨城郭是扬州'是也。昭令酒间作南曲,被之丝竹。又尝与林茂之、孙豹人、张祖望(纲孙)辈,修禊红桥,予首倡《冶春》诗二十余首,一时名士皆属和。"

王士禛在扬州交游广泛,与海内文士唱和,邗江雅集盛极一时。他很注重和前辈或已成名者交游。当时深为世所重的遗民诗人林古度曾为其《入吴集》作序。王士禛与明末遗民冒襄也多有接触。王士禛也深得当时的文坛盟主钱谦益的赏识。王士禛在扬州为宦期间提升了自己在文坛上的声望。

二十多年之后,在淮扬一带治水的孔尚任又一次发起红桥修禊。康熙二十七年(1688)三月三日,孔尚任作《三月三日泛舟红桥修禊》一诗(并序),抒发了自己愉快的心情。诗云:"杨柳江城日未曛,兰亭禊事共诸君。酒家只傍桥红处,诗舫偏迎袖翠群。久客消磨春冉冉,佳辰引逗泪纷纷。扑衣十里浓花气,不借笙歌也易醺。"③三月四日清明节,孔尚任作《清明红桥竹枝词二十首》④,显然是仿王士禛《冶春绝句二十首》。康熙二十八年(1689)清明,孔尚任受友人邀约又到红桥游览,

---

① 茶村即杜浚(1611~1687),字于皇,号茶村,湖北黄冈人,有《变雅堂诗集》。袁于令(1592~1674),又名韫玉,字令昭,号箨庵,江苏吴县人,有传奇《西楼记》。伯玑即陈允衡(?~1672),字伯玑,江西建昌人,有《爱琴馆集》。

② 宗元鼎(1620~1698),字定九,一字鼎九,号梅岑,又号香斋、东原居士、梅西居士、小香居士、芙蓉斋、卖花老人等,江都人。工诗善画,与兄元观、弟元豫、侄之瑾、之瑜时称"广陵五宗"。

③ 徐振贵主编:《孔尚任全集辑校注评》,齐鲁书社2004年版,第864页。

④ 徐振贵主编:《孔尚任全集辑校注评》,齐鲁书社2004年版,第865~868页。

作《清明方朴士招同茅与唐、闵宾连、吴叠峰、陈鹤山、郑若千红桥泛舟分赋》。诗云:"斜阳转棹诗情动,留恋红桥似少年。"①孔尚任与当地文人结"春江社",发起红桥修禊,常常宴游结交淮扬文士。其中最盛的一次春江社秘园大会有来自八省的三十余名文士参加。

孔尚任《湖海集》卷四有《文游台题壁》,诗云:"仿佛群贤此地登,残碑古木总无凭。只余携酒行吟路,雨洗苔皮去几层。"又有诗云:"吴楚春风何处收?海云连水下江流。一从秉烛寻诗去,直接今年雪夜舟。"②宗元鼎评云:"阮亭先生夜至秦邮,持炬登台,赋诗而去。今东塘先生登台吟眺,载雪夜归;佳诗往事,辉映后先矣。"与王士禛、孔尚任两人先后有交往的不仅有宗元鼎,而且还有冒襄、吴绮、杜濬、邓汉仪等。

如邓汉仪,他非常敬佩王士禛,多次搜集其诗,并选入《诗观》三集。康熙十年(1671),邓汉仪第一次选编王士禛的诗。《诗观》初集卷七记云:"琅琊诸王,以诗名当代久矣。西樵诗半出宗子定九手订,而仆略为点次;阮亭则全录其近稿,而已登《国雅》《诗志》者不载;东亭诗篇原少,略采数首,已见一斑。要一门之盛,前掩张、陆,后压轼、辙者也。辛亥寒食,坐慎墨堂,援笔偶记,能无千里停云之忆耶?"此次邓汉仪除选王士祜(东亭)诗5题、王士禄(西樵)诗47题入《诗观》初集外,还自《渔洋山人新稿》选王士禛诗28题。邓汉仪随后辑评《诗观》二集,又自王士禛《游西山诗》采录10题。康熙二十五年(1686),邓汉仪又自王士禛《渔洋续稿》选诗24题入《诗观》三集卷二。诗后记云:"渔洋先生以宫詹奉使南海,与豹人遇于匡庐之麓,索其岭南之诗,不肯出。而曹司马实庵向余极称岭外之作,然苦不得见也,于司马行笥中搜得《渔洋续稿》,亟为选入三集。余当俟其邮寄,再为丹黄。"康熙二十五年(1686),邓汉仪已是69岁的老人了,但还关心和关注着王士禛及其诗歌创作。③ 邓汉仪与孔尚任的关系更是密切。在邓汉仪编选的《诗观》三集中有孔尚任的诗作11首,多为孔尚任康熙二十四年(1685)入京前后的作品。邓汉仪还为孔尚任的《湖海集》作序,并点评了全文。

王士禛《居易录》亦云:"丙寅、丁卯间,曲阜孔东塘以浚河至扬州,题诗红桥云:'阮亭合向扬州住,杜牧风流属后生。廿四桥头添酒社,十三楼下说诗名。曾维画舫无闲柳,再到纱窗祇旧莺。等是竹西歌吹地④,烟花好句让多情。'"由此可见,孔尚任之所以常与淮扬文人诗酒宴会,乐此不疲,是深受王士禛影响所致。

三、再入京师成知己

康熙二十九年(1690)二月,孔尚任回到北京,依旧做国子监博士。然而,孔尚任从扬州回京后,朝廷并未特别恩宠眷顾他,国子监祭酒也不再特别重视他。孔尚任自己也习以为常,每月六次去国子监,大部分时间是空闲的。康熙二十九年(1690),王士禛任兵部督捕侍郎。在这期间,孔尚任与王士禛虽然地位悬殊,却过往甚密,这是因为:其一,王士禛是诗坛领袖,以风雅自命,喜欢延揽骚人墨客,虽为高官,却未改诗酒风流;其二,王士禛与孔尚任同为山东人,一起在京为官,孔尚

① 徐振贵主编:《孔尚任全集辑校注评》,齐鲁书社2004年版,第993页。

② 徐振贵主编:《孔尚任全集辑校注评》,齐鲁书社2004年版,第838页。

③ 王卓华:《邓汉仪与王士禛、孔尚任交游考》,载《中州学刊》2006年第4期。

④ 徐振贵主编:《孔尚任全集辑校注评》,齐鲁书社2004年版,第702页。孔尚任《扬州》诗此句作"亦有芜城能赋手"。黄云评曰:"无限风流,扬州绝唱,牧之后又得阮亭、东塘。"邓孝威评日:"阮亭已作京官,犹嘱穆倩镌一印章'王扬州',可知意在竹西间也。东塘异时将无同。"

任身为国子监博士，官虽微却颇清高，非一般部曹可比；其三，王士禛与孔尚任皆善于作诗，尤其是扬州三年孔尚任在诗坛上赢得了一些小名气。这样，王士禛就把孔尚任带进了北京诗人的圈子，孔尚任结识的人物也就愈来愈多了。居京闲暇，孔尚任就经常参加官僚们的诗酒宴集、梨园听歌、月下联吟等各种活动，过着一种闲官生活。

王士禛康熙二十八年(1689)冬入京补官，康熙二十九年(1690)九月升兵部右侍郎。孔尚任所作《王阮亭先生招饮，同顾梁汾、孙孝堪》中的"羡君宠新命，朱门隔广厦"两句即指王士禛升迁之事。

康熙二十九年(1690)，王士禛招饮，《长留集》五古卷五有《王阮亭先生招饮同顾梁汾、孙孝堪》诗：

陋巷稀晴光，北风吹屋瓦。拥衾昼眠时，酒钱无人假。羡君宠新命，朱门隔广厦。谁知一片心，却向寒儢写。巍巍冕与轩，对客意潇洒。列坐书帷中，居然见董贾。书整如廊庙，书散如草野。譬之行山阴，耳目不暂舍。况复同坐人，顾孙皆大雅。欲读妨高谈，欲谈误杯斝。一室温如春，四体就陶冶。月照西峰明，扶醉上疲马。行行俯首思，凤麟出世寡。贱子百无长，双手等闲把。四海抱奇人，无限思君者。①

康熙三十一年(1692)，王士禛花甲诞辰。八月，孔尚任作《寿王阮亭先生》一诗："文章家独大，簪笏势能全。冷使门如水，香闻袖带烟。称觥仍雅集，颂寿亦名篇。来着围棋者，须眉半古贤。"②此年腊月二十六日，王士禛招饮，孔尚任作《王阮亭先生招饮，同曹实庵、谢方山、冯大木、袁士旦、蒋京少诸公分韵，得夜阑更秉烛五字》。

其一：

残腊逼春风，层冰暖欲泻。农既休役车，官亦放节假。为欢悭酒钱，幸逢高贤迓。情话各在胸，已看日西下。安得乞金吾，放节兼放夜！

其二：

夫子耽潇洒，兰雪沁肺肝。乐予素心者，忘其冕与冠。掀髯舒长啸，书画手共摊。余闲偶然遂，且尽今夕欢！携手看参转，高兴何时阑？③

康熙三十二年(1693)夏秋之间，王士禛过访孔尚任，其《长留集》五古卷有《王阮亭先生过访寓斋》：

积雨地皮青，重门垂萝茑。终朝科白头，热客顾我少。司农喝道来，不嫌屋低小。搴帷抽架书，展读意缥缈。画轴为横陈，鉴别出物表。太守具威仪，丈人杖荷蓧。折节与独行，马牛风不扰。朝野隐奚殊，此事今谁晓？④

孔尚任当时住在北京宣武门外的海波巷，日子过得颇为悠闲。由于生活的清闲，孔尚任对古董文物产生了浓厚的兴趣，经常去琉璃厂、慈仁寺闲逛，见到中意的字画、古玩，便买回来赏玩，常常把俸钱花得精光，以至变成了收藏家。王士禛到孔尚任的住处过访，阅读了孔尚任书架上的书籍，鉴赏了孔尚任收集的画轴，相互交流收藏的得失经验。王士禛在《居易录》卷二五中有关于观宋方炉、曹娥碑、《陇冈阡表》、汉铜尺、布帛尺、小忽雷、大海潮的记载，文中流露出了对孔尚任所收

---

① 徐振贵主编：《孔尚任全集辑校注评》，齐鲁书社2004年版，第1321~1322页。

② 徐振贵主编：《孔尚任全集辑校注评》，齐鲁书社2004年版，第1479页。

③ 徐振贵主编：《孔尚任全集辑校注评》，齐鲁书社2004年版，第1355页。

④ 徐振贵主编：《孔尚任全集辑校注评》，齐鲁书社2004年版，第1370页。

藏文物的赞赏之意。孔尚任有诗:“元亭容问字,陋巷待司鞭。巷小轮常往,堂空马任牵。”可见,王士禛是经常到孔尚任处走动的。孔尚任也有《庙寻王士禛》诗:“弹铗归来抱膝吟,侯门今似海门深。御车扫径皆多事,只向慈仁庙里寻。”大意是王士禛身居要职后,想见一面是不容易的,但他仍有逛报国寺书市的习惯,要想找他就要到慈仁寺去寻找。

康熙三十二年(1693),王士禛为孔尚任寓题名“岸堂”。《长留集》七绝卷《燕台杂兴三十首》其十:“衙散朝回亦不忙,敲门诗客趁晴光。海波巷里红尘少,一架藤萝是岸堂。”自注:“予出使海口,著《湖海集》,每有飘泊之感。还京后,又寓海波巷,心窃厌之。阮亭先生为题‘岸堂’。住此八年,藤萝成架,一时风雅,多登堂者。”①康熙三十四年(1695)秋,孔尚任与王士禛谈石门山景,欲于曲阜城北范氏庄建“闲园”。李白有诗句“闲养幽素姿”,故以为名。王士禛喜好孔尚任的风雅之事,允为作记,《居易录》卷二七有记载。

康熙三十五年(1696)冬,王士禛招孔尚任饮宅中。庞垲《丛碧山房诗》四集卷四有《丙子冬日,王阮亭先生归自秦蜀,招同龙雷岸、黄自先、汪棣园、孔东塘饮宅中,用右丞抱琴好倚长松为韵分赋得松字》。此年冬,孔尚任寄给张潮书信一封,并王士禛十三种书稿。札云:

>……特托者:阮亭先生久慕博雅,每对弟咨嗟,以未识韩为怅。近见《檀几丛书》,尤击节不置。偶捡杂著数种,欲求续入。其取择可否,一听尊裁。唯望早付梓人,借巨手以垂不朽。弟忝声气之末,亦有荣施。②

可见,孔尚任不仅向王士禛诉说自己的心声,也代为操办王士禛著作刻印的事宜。这些著作有13种之多,可见并非是于一时一地完成的,也可见出王士禛对孔尚任的信任。康熙三十六年(1697)六月,孔尚任将王士禛的数种书稿寄给了张潮,并曰:“阮翁杂著数种求入丛书,择其可留者,惟先生自为政。”可见,孔尚任对上年的13种著作做了删减,上一年所寄书稿是让张潮先观其大略,看哪些可入选丛书。张潮选后并回信,孔尚任让张潮自行选择即可。之后,张潮又复函曰:“王阮翁先生种种佳刻,陆续借光分入诸集中,先以《檀几丛书》二集梓就者寄上阮翁,俟书成后,烦先生为我代恳王先生一序,暇时不妨先露此意,何如?”可见,孔尚任是王士禛与张潮之间的声气纽带,无论是王士禛刻书,还是张潮求序,都是由孔尚任在中间沟通的。

康熙三十九年(1700),孔尚任被罢官后,生活清苦,“冷灶烟初暖,贫交迹不稀。还能斟腊酒,尚未典春衣”。康熙四十年(1701)冬,经过了近两年的苦苦滞留,孔尚任的生活更为拮据了,此时,王士禛对他进行了接济。孔尚任有《谢阮亭先生送米炭》诗为志:“僦居逼近玉河岸,朔风夜吼河水断。柴骨铁被相拄撑,承尘纸破鼠舞幔。……负手犹豫日亭午,饿腹雷鸣从者散。门外惊停白笨车,故人迎我鉴古玩。……新城清风天下闻,乃有大被暖铁汉。诗穷还待诗人疗,诗人以外堪长叹!”③孔尚任在诗中表达了对王士禛的由衷感激之情。

总之,王士禛对孔尚任充满期望,爱护有加;孔尚任对王士禛充满敬慕与感恩之情。相同的诗人气质、志趣爱好,使他们越走越近。王士禛是蜚声诗坛的领袖,孔尚任则成为了剧坛的巨星,两人均在各自擅长的领域树立了声名。

---

① 袁世硕:《孔尚任年谱》,齐鲁书社1987年版,第105页。

② 徐振贵主编:《孔尚任全集辑校注评》,齐鲁书社2004年版,第2574页。

③ 徐振贵主编:《孔尚任全集辑校注评》,齐鲁书社2004年版,第1462~1463页。另据袁世硕先生《孔尚任年谱》考证,1711年,孔尚任经泰山、济南,疑为赴新城吊王士禛。尚未发现直接证据,待考。

蒲松龄与王士禛从侄王启座

孙启新*

王启座,字玉斧,号钝斋,新城县(今山东省淄博市桓台县)人,贡生。他是贡生王士骊的长子、王士禛的从侄,与王士禛均为明嘉靖年间贵州布政使司左参议王重光的后人。从现有资料来看,蒲松龄与王启座虽有诗词相赠,但来往并不频繁,也无至深交情,王启座在蒲松龄与王士禛的交往中起着联络作用,王士禛给蒲松龄赠送文集均由他转递。

《国朝山左诗续钞》卷三有王启座的小传。传云:"王启座,字玉斧,新城县诸生。前钞(指《国朝山左诗钞》)士骊子,有《莲香亭诗草》。家传:玉斧性不嗜帖括。伯父司寇公爱之,谓群从风雅,将在此人。每评点其诗,辄为色喜。其后耆旧凋谢,遂为一邑老成文献,垂二十年。李露园云:'玉斧早岁得名一时,有"小尚书"之目。'"①

《新城王氏世谱》记载:王启座,字玉斧,号钝斋。象丰公曾孙,士骊长子。郡增生。性孝友,嗜诗歌……早岁从伯父大司寇公京师十余年,一时名流相与结纳。所著有《金台杂咏》《学诗偶存》等集,伯父赏其有裴王风味,为梓而行之。晚岁尤留意典故,邑中尊为典型。事详黄宫詹传,享年六十四岁。配刘氏。王启座嗣一子:兆樊,字稚川;生一子:兆森,字岱青。邑廪生,博学工文,善清谈,才高意广,艰于一第,士林惜之,享年四十四岁。②

从《聊斋诗集》有关王启座的诗中,可以看出蒲松龄与王启座虽有交往,但不密切。康熙四十一年(1702),蒲松龄写有五七言古诗《别王玉斧》。诗云:"相聚已四年,相晤止六月。计此一年中,实有十月别。曩日经岁恒相违,别时犹云此暂归。今日虽订他日晤,云是别离我心悲。临行赠我端溪石,紫云焕烂生光辉。惭无瑛瑶可相致,珍重美人错刀意。"③这首诗的大意是,作者与王启座从初次见面到此次见面已经四年了,可两人在一起的时间不超过六个月。这一年竟然有十个月是分别时间。两人聚少离多,每次分别时都说离别是暂时的。今天两人虽然约定了下次会面的时间,但到分手时仍然感到悲伤。作者感谢王启座送给他一方端砚,惭愧的是自己无以回赠,只好深深地感谢友人的一片心意。据山东大学袁世硕教授考证,蒲诗"相聚已四年",表明此前四年,王启座客居淄川,可能在西铺毕家另一房坐馆,因为不在一处,所以蒲松龄才说"相晤止六月"。④ 蒲松

---

* 作者简介:孙启新,淄博市纪委党风政风监督室,主任。

① 袁世硕:《蒲松龄事迹著述新考》,齐鲁书社1988年版,第201页。

② 〔清〕王兆弘主修:《新城王氏世谱》,乾隆二十五年第四次续修本。

③ 〔清〕蒲松龄著,赵蔚芝笺注:《聊斋诗集笺注》,山东大学出版社1996年版,第425页。

④ 袁世硕:《蒲松龄事迹著述新考》,齐鲁书社1988年版,第201页。

龄与王启座因住所相距较近，所以往来方便，不时相见。蒲松龄写于康熙四十五年（1706）秋天的七绝《寄王玉斧》，也可以佐证袁先生的这一观点。《寄王玉斧》抒发了作者拜访王启座不得相见的惆怅之情，诗云："三冬旧约愿终违，惆怅我来君又归。风雨连朝秋色尽，高斋落叶满庭飞。"①诗中的"高斋"指王启座在西铺坐馆时的住所，拜访时间当在秋末时节。蒲松龄前来拜见王启座，房主已然离去，不得相见。满院落叶被秋风高高卷起，诗人的惆怅之情油然而生。

康熙四十二年（1703），王启座从北京回来看望蒲松龄，两人夜饮长谈，蒲松龄为此写了五言古诗《王玉斧忽至，夜出壶酒，对酌倾谈》。诗云："故人落丹霄，握手破忧悯。入夜出壶酒，促膝话中悃。为我开聋聩，惊怪胡可忍！世途尽陷阱，闻之涕既陨。对酒发狂歌，停杯时一哂。夜阑灯烛辉，放谈酒行紧。含吐快纵横，不觉香醪尽。罢酌成瑶章，衰翁谢不敏。"②诗的大意是，王启座从北京回来，两人握手问好。到了晚上，作者与王启座借酒交谈，王启座讲了自己的一些见闻，蒲松龄为之震惊而且流泪，感叹世事艰难、人心不古。夜深人静，灯火辉煌，两人谈兴不减，频繁劝酒，直到美酒喝光。风雅嗜诗的王启座开口赋诗，句句经典，字字珠玑；不擅长诗作的蒲松龄自谦诗才不敏，难以奉和。由此诗可以看出两点：一是王启座一直惦念老友，特地前来看望蒲松龄；二是王启座诗思敏捷，出口成章。在这首诗后，蒲松龄还写有五言古诗《又寄王玉斧》，诗题又作《与王玉斧对酌倾谈》，诗云："凶年禁私酤，酒贵苦囊涩。客至惟烹茗，相对坐呜侧。忽然得良酝，尽醽但顷刻。醉中抒快论，豁然开茅塞。击卓为大笑，俯仰帽倾侧。"③诗中的"凶年"指康熙四十二年（1702），此年淄川遭受洪涝灾害，庄稼歉收。据路大荒著《蒲松龄年谱》记载："是年山东大水，饥，凡九十四州县灾。淄川四月大雨，二麦歉收。五月二十四日甲子，雨竟日，自此霖雨不休，六月十九日始晴，遂不复雨。然多蜚，蜚奇臭而害禾。"④这首诗与上首诗写的是同一内容，前详而后略，前诗重点描写蒲松龄与王启座二人倾心交谈，后诗重点描写如何置酒待客。后面这首诗主要叙述了作者在灾荒之年囊中羞涩，筹资买酒比较困难，从而表现了对好友盛情款待之心意。

蒲松龄曾对王士禛的孙子大加赞赏，通过王启座转达了对王士禛"家传风雅犹不替"的称颂。蒲松龄于康熙四十二年（1702）写了七绝《题玉斧〈立雪诗思图〉》。《立雪诗思图》的背景是漫天大雪，雪中之人是个身披鹤氅的英俊少年，正在凝神构思诗作。山东理工大学赵蔚芝教授推测，结合蒲松龄的七言古诗《见王汉叟翩翩有父风，乃叹林下必有清风，诚然也。作寄玉斧》，此处蒲松龄称赞的英俊少年，实际上是王启座的儿子王汉叟。⑤ 这个推论其实不正确。新城王氏第十七世孙、新城王氏宗亲联谊会副会长王毓棠先生，通过《新城王氏世谱》，得出结论：王汉叟是王士禛的长孙、王启涑的长子。《新城王氏世谱》记载："王兆鄨，字汉叟，候选光禄寺典簿。于雍正八年（1730）需次选人，未及授职，值左辅（注：后世称京东之地为'左辅'）水灾，钦命协办濮州、范县赈务，釐弊剔奸，民沾实惠，全活无算。素性刚直，存心坦白。生康熙二十六年（1687），卒乾隆十七年（1752）。配李氏，四子：长子祖导，武庠生；次子祖玚；三子祖璘；四子祖琦，廪生，出嗣于兆郊。"⑥如按赵蔚芝

① 〔清〕蒲松龄著，赵蔚芝笺注：《聊斋诗集笺注》，山东大学出版社1996年版，第516页。

② 〔清〕蒲松龄著，赵蔚芝笺注：《聊斋诗集笺注》，山东大学出版社1996年版，第453页。

③ 〔清〕蒲松龄著，赵蔚芝笺注：《聊斋诗集笺注》，山东大学出版社1996年版，第457页。

④ 路大荒：《蒲松龄年谱》，齐鲁书社1980年版，第50页。

⑤ 〔清〕蒲松龄著，赵蔚芝笺注：《聊斋诗集笺注》，山东大学出版社1996年版，第454页。

⑥ 〔清〕王兆弘主修：《新城王氏世谱》，乾隆二十五年第四次续修本。

先生的观点,《立雪诗思图》中的少年是王汉叟的话,那么此人肯定是王士禛的长孙王兆鄴无疑。《题玉斧〈立雪诗思图〉》诗云:“鹤氅从容意态闲,苍茫无尽雪漫天。人疑京洛羊车里,思在灞桥驴背间。”①蒲松龄在诗中借用卫玠儿时乘羊车入洛阳的典故,赞扬画中人年轻有为;借用郑綮风雪驴背吟诗的典故,赞扬画中人诗思敏捷。作于康熙四十五年(1706)的《见王汉叟翩翩有父风,乃叹林下必有清风,诚然也。作寄玉斧》,赞扬了王兆鄴英俊潇洒、雍容大度、谦逊有礼、温文尔雅,出身名门贵族而无纨绔子弟的轻浮之气。诗云:“羊车公子二十龄,玉骨英迈神爽清。庐儿楚楚骑白凤,登堂㧑抑温满庭。家传风雅犹不替,芳兰竟体流余馨。翔步雍容中齐夏,想见藏府皆通明。老夫性僻近疏陋,行年衰惫拙益增。至处少年徐引散,我闻浮薄亦厌听。空谷跫跫见珠履,大雅温文移我情。古人白眼诮纨绔,概视天下余不平。”②诗中“羊车公子二十龄”,是说卫玠公子二十岁,此处借指王兆鄴。按《新城王氏世谱》所载,王兆鄴生于康熙二十六年,康熙四十五年时正好二十岁(虚岁)。从年龄上来说,王兆鄴完全符合诗中少年的条件。蒲松龄对王士禛的人品才学十分敬重,自谓“窃附门墙”之“私淑者”,因此爱屋及乌,不吝笔墨,在诗中对王兆鄴极力夸赞,言称把天下纨绔子弟一律看成无知无礼的轻薄之徒,自己决不同意,像王汉叟就是例外。蒲松龄通过王启座转达这种敬意,主要还是想达到称赞王士禛家学渊源深厚、教孙有方的目的。

王启座是蒲松龄与王士禛交往的联络人,为他们传递书信或物品。蒲松龄的诗文中有相关记录。康熙四十年(1701)春天,蒲松龄按照王士禛的要求,将其圈出篇目的《聊斋志异》文稿过录为二册,呈送给王士禛阅读。蒲松龄在附送的信中说:“近于玉斧年兄案头,得诗集两种快读之,自觉得《论衡》而思益进。……前拙《志》蒙点志其目,未遑缮写。今老卧蓬窗,因得以暇自逸,遂与同人共录之,辑为二册,因便呈进。”③康熙四十年(1701)三月,王士禛请假回籍迁葬,皇帝准假五个月。王士禛于五月离京,在家办理完祖父、父亲的迁葬事宜,于十月返京。由此推断,蒲松龄的抄本和信件很有可能是通过王启座送交新城王家,然后由王家送往当时尚在北京的王士禛的。王士禛在当年五月在新城办理完祖父、父亲的迁葬后,给蒲松龄回了信。他在信中说:“近刻数种,附呈教削。因舍侄行,草草申候,不一。”④从王士禛的信中可以看出,王士禛送给蒲松龄的刊刻著作和信件,是托由新城返回淄川的王启座转交蒲松龄的。

康熙四十七年(1708),蒲松龄收到了王士禛刊刻的《唐人万首绝句选》,读诵之后,夜里竟然梦见了王士禛,交谈甚欢,于是写了两首绝句《王司寇阮亭先生寄示近刻,挑灯吟诵,至夜梦见之》,记录此事。王士禛刊刻的诗集,很有可能是通过王启座送交蒲松龄的。之后不久,蒲松龄又收到了王士禛新刊刻的诗集《蚕尾后集》,联想到王启座曾答应送给自己一套王士禛的诗文集《蚕尾集》,一直到现在也没有送来,就以开玩笑的方式向王启座索取。蒲松龄在七绝《王玉斧诺赐〈蚕尾集〉,久许不与。偶因渔洋惠近诗,夜梦索之,戏柬一绝》中说,你这么长时间不兑现自己的诺言,给我送来《蚕尾集》,实在不对,以后就不再麻烦你了,因为我已经在梦中向渔洋大人索要了,相信不久之后他就会派人给我送来。当然,他这是同王启座开玩笑,但也有督促王启座尽快践诺的意思。此诗云:“长史马豆真堪笑,忽得渔洋惠好音。最爱挑灯吟白雪,妄因数齿梦黄金。”⑤该诗第一句中

---

① 〔清〕蒲松龄著,赵蔚芝笺注:《聊斋诗集笺注》,山东大学出版社1996年版,第454页。

② 〔清〕蒲松龄著,赵蔚芝笺注:《聊斋诗集笺注》,山东大学出版社1996年版,第516页。

③④ 袁世硕:《蒲松龄事迹著述新考》,齐鲁书社1988年版,第197页。

⑤ 〔清〕蒲松龄著,赵蔚芝笺注:《聊斋诗集笺注》,山东大学出版社1996年版,第566页。

"长史马豆"的典故出自《太平广记》,说的是齐太祖肖道成曾当面答应任命张融为司徒长史,然而许久不下任令。张融骑着一匹瘦得可怜的马上下朝,太祖看见了问张融:"你的这匹马怎么这么瘦啊?给它多少粮食吃呀?"张融回答说:"每天喂它一石粮食。"太祖问:"那为什么还这么瘦?"张融说:"我答应喂它一石粮食,可是我实际上并没有给它。"第二天,太祖即下令任命张融为司徒长史。蒲松龄借用这个典故告诉王启座:你没有按照许诺送来《蚕尾集》。诗的第二句说已经收到了王士禛给的诗集《蚕尾后集》和书信,有敦促王启座尽快实现自己诺言的意思。

《渔洋山人精华录》的刊刻与传播

——兼谈王渔洋历史地位的浮沉

巩曰国*

王渔洋为清初诗坛巨匠，《渔洋山人精华录》（以下简称《精华录》）是其诗歌的精选本。《精华录》编成时，王渔洋已67岁，创作的盛年期已过，故其诗歌的名篇佳作，大多已收入此集。张宗柟称："退而读所谓《精华录》者，如之帝所，睹钧天广乐，如至海上，望蓬莱三山，往来胸臆弗释也。"①《精华录》刊行以后，流传极广，"风行一代，莫之能比"②，注释、评点之作亦非常多。其影响，远在王渔洋其他各种诗集之上。后世读王渔洋诗者，多读其《精华录》；人们了解研究王渔洋的诗歌创作，也多从《精华录》入手。所以，研究王渔洋的历史影响，不能不了解《精华录》的刊刻与传播。而梳理《精华录》在不同历史时期的刊刻与传播状况的变化，亦可以考见王渔洋历史地位的浮沉。

一

王渔洋自幼能诗，至老不辍。其诗集，有单刻、合刻、汇刻、选刻，名目繁多。王士禛十五岁时，有《落笺堂初稿》一卷，长兄士禄序而刻之。后来，又有《琅琊二子诗选》（亦称《表余落笺合选》）十一卷，收录其早年诗作。③ 会试中式后，王渔洋更肆力为诗，自顺治十三年（1656）至顺治十八年（1661），先后有《丙申诗》《过江集》《入吴集》《秦淮杂诗》《白门集》等。康熙元年（1662），合以上六年诗，删汰为《阮亭诗选》十七卷。康熙八年（1669），汇《阮亭诗选》及《壬寅集》《癸卯集》《甲寅集》《白门后集》等，为《渔洋山人诗集》二十二卷。康熙二十三年（1684），刻《渔洋山人续集》十六卷，汇康熙十年（1671）至康熙二十二年（1683）之诗。此后，又有《南海集》《蚕尾集》《雍益集》《蚕尾续集》等。康熙四十三年（1704）归田里居后，又有《古夫于亭稿》《蚕尾后集》《己丑庚寅近诗》等

---

* 作者简介：巩曰国，山东理工大学齐文化研究院，教授。

① 〔清〕张宗柟：《带经堂诗话序》，见〔清〕王士禛著，〔清〕张宗柟纂集，夏闳校点《带经堂诗话》，人民文学出版社1963年版。

② 邓之诚：《清诗纪事初编》，上海古籍出版社1984年版，第679页。

③ 王渔洋自称"删诗断自丙申年"，对自己早年的诗歌并不重视。故此集所收王渔洋顺治丙申（1656）以前早年诗作，以后诸集多未收。康熙间，邹漪曾从此集中选王渔洋诗歌120首入《名家诗选》，题《王贻上诗选》。乾隆间，张承先从《名家诗选》中辑出，刻为《渔洋山人集外诗》，卷首有钱大昕序。后又有嘉庆五年（1800）程之筠重刻本、光绪二十年（1894）《观自得斋丛书》本。

集。王渔洋去世前一年,即康熙四十九年(1710),门人程哲汇其诗文为《带经堂集》九十二卷,除早年之作外,王渔洋一生的大部分诗歌均收录其中。《精华录》编于康熙三十九年(1700),系自《渔洋山人诗集》《续集》《南海集》《蚕尾集》《雍益集》诸集中萃选诗篇而成。其中古体诗四卷、近体诗六卷,共为十卷。

《精华录》每卷卷首题"门人侯官林佶编",卷末题"门人监察御史昆山盛符升、国子祭酒江阴曹禾同订"。林佶《精华录后序》亦云:"门人盛侍御、曹祭酒尝仿宋蜀人任渊纂《豫章集》之例,择其尤合作者千余,以为《精华录》,凡十卷。康熙庚辰夏,先生以授门人林佶,佶承命编录,稍有增减,皆任氏所谓丛桂崇兰、奇玉特珠者也。"①《四库全书总目》则称:"相传士祯(禛)所手定,其子启汧跋语称'门人曹禾、盛符升仿任渊《山谷精华录》之例,抄为此录'者,盖托词也。"②乾隆四十二年(1777),钱大昕在《渔洋山人集外诗序》中亦称:"(王渔洋)所作诗有《渔洋》《蜀道》《南海》《雍益》及《带经堂》诸集。又手定为《精华录》,俱已传播海内。"③清嘉庆十三年(1808),梁章钜从市肆购得王渔洋与林佶手札21通。其中有些书信记录了王渔洋与林佶商讨修订《精华录》的情况。这些修订,既有篇目的删存,也有字词的更改。此可证《精华录》确经王渔洋亲定。翁方纲在书札后的跋文中说:"观此手札,信知渔洋先生《精华录》,出自手定,托名于其门人盛、曹二君者。"④《精华录》经王渔洋亲订,自无疑义。不过,盛符升、曹禾可能也参加过《精华录》的初选。袁世硕先生说:"据林佶序,先是经盛符升、曹禾初选,康熙三十九年王士禛交付林佶更订、写刻,并不断致书指示若干选目删存、若干字词之更改,等于是王士禛亲订之选本。"⑤

林佶不仅参与了《精华录》的编订,而且亲自为该书手写上版。卷一后题"康熙三十九年五月十五日门人林佶谨书",此后各卷卷末均有"侯官门人林佶恭誊写"字样。林佶,字吉人,号鹿原,福建侯官人。康熙三十八年(1699)举人,康熙五十一年(1712)钦赐进士,授内阁中书。林佶为当时书写名家,善篆隶,尤精小楷。除《精华录》外,他还曾手写王渔洋《古夫于亭稿》以及汪琬《尧峰文钞》、陈廷敬《午亭文编》,皆极精美,人称"林氏四写"。《精华录》为林佶手书,人所共知,但其刊行者则未见诸家著录。侯富芳认为可能出自长洲顾氏,"刊刻者恐为顾嗣立秀野草堂,或有待进一步考证"。⑥《精华录》写、刻俱佳,刻工中有鲍闻野,亦为当时名匠,故《精华录》为清代前期写刻本的代表。其流传广远,与此不无关系。民国商务印书馆《四部丛刊》所收之《渔洋山人精华录》,即为此本。《四部丛刊》有1919年初印本、1929年二次印本、1936年缩印本,又有台湾商务印书馆1979年影印本、上海书店1985年影印本。杨家骆主编之《中国学术名著第二辑·文学名著第三辑》亦收有林佶写刻本《渔洋精华录》,由台湾世界书局1981年出版。

---

① 见〔清〕王士禛《渔洋山人精华录》,《四部丛刊》影印本。

② 〔清〕永瑢等:《四库全书总目》,中华书局1965年版,第1521页。

③ 〔清〕钱大昕:《渔洋山人集外诗序》,见〔清〕王士禛撰《渔洋山人集外诗》,清光绪二十年(1894)《观自得斋丛书》本。

④ 〔清〕翁方纲:《跋〈王贻上与林吉人手札〉》,见〔清〕王士禛著,李毓芙、牟通、李茂肃整理《渔洋精华录集释》,上海古籍出版社1999年版,第2001页。

⑤ 袁世硕:《王士禛全集·前言》,见〔清〕王士禛著、袁世硕主编《王士禛全集》,齐鲁书社2007年版。

⑥ 侯富芳:《〈渔洋山人精华录〉编纂与刊刻考略》,载《图书馆杂志》2008年第8期。

写刻本《精华录》最初本来单行，后人将其书版与王渔洋的其他著述，汇编为《王渔洋遗书》。① 《王渔洋遗书》曾多次刷印，因刷印太多，致漫漶不清。民国间，伦明曾从南海孔氏购得是书，称“以字迹多漫漶，思得初印单行本读之”②。《精华录》后印本不仅字迹不清，文字与初印本亦小有不同。黄永年指出，最初印本“卷十末页《春城堆》诗结句‘春城堆自忆憎施’尚未剜改作‘风流犹自忆僧诗’”，而“《四部丛刊》影印所据已经剜改”。③

林佶写刻本《精华录》后有翻刻。傅增湘云：“此书有翻本，颇肖。”④黄永年说：

> 我回忆先后得到的林佶写刻《精华录》有七部，其中翻刻的便占了三部，这翻刻的和原板印的都有早印和晚印，我仔细比对后才明白哪是原板哪是翻板所印。当时还写了篇未能发表的小文章，大约是1949年的事情。如今手边还留有的四部中有部乾隆时苏州篆刻名家徐坚的藏本，盖满了他手刻的印章，还有几处墨笔加批，可仍是部翻刻本。⑤

若徐坚收藏的《精华录》是翻刻本，则《精华录》最迟在乾隆年间就被翻刻了。笔者曾见过一种翻刻本，虽然与原刻很像，但点画略显呆滞，不如原刻精到传神。卷一首页所署“门人侯官林佶编”之“候”字，原刻本单人旁右侧之竖画变体，写作“亻”，而翻刻本则作“丨”。翻刻本之“候”字虽然书写更规范，但因与原刻有别，留下了翻刻的痕迹。

清乾隆间编纂的《四库全书》，收录了王渔洋的多种著作，诗集则仅收《精华录》，其他各集如《渔洋诗集》二十二卷《续集》十六卷、《蚕尾集》十卷《续集》二卷《后集》二卷、《南海集》二卷、《雍益集》一卷等，均列为存目。由此可见时人对《精华录》之看重。《四库全书》先后缮写七部，分别收藏于北京皇宫文渊阁、圆明园文源阁、奉天（今沈阳）故宫文溯阁、承德避暑山庄文津阁、镇江金山寺文宗阁、扬州大观堂文汇阁和杭州圣因寺文澜阁。文渊阁《四库全书》今存台北故宫博物院，有台湾商务印书馆影印本和上海古籍出版社影印本。文津阁《四库全书》今存中国国家图书馆，有商务印书馆2005年影印本。

《精华录》尚有其他抄本和摘抄本。复旦大学图书馆藏清乾隆十五年（1750）叶凤毛手抄《精华摘录》二卷、《续精华录》一卷。山东省图书馆藏《悔堂手钞》二十种，其中有《精华录》，题“《渔洋山人精华录》十卷”，列其中第十五种。按，徐承烈（1730～1803），字绍家，一字悔堂，晚号清凉道人，浙江德清人，有《听雨轩笔记》《越中杂识》《德辉堂集》等。《悔堂手钞》之最后一种即第二十种，为《论古杂存》，题清凉道人撰。悔堂、清凉道人俱指向徐承烈，则《悔堂手钞》为德清徐承烈抄录无疑。徐承烈晚年方取号清凉道人，故《悔堂手钞》的抄录当在其晚年，约嘉庆初年。四川大学图书馆亦有《精华录》抄本，为赵怡抄本。赵怡（1851～1914），字幼渔，号汉鳖生，贵州遵义人，光绪十八年（1892）进士，官四川新津知县，有《汉鳖生诗集》《文字述闻》等。此抄本存四川图书馆，其抄录当在赵怡官四川知县时。

清末，石印技术传入中国，《精华录》亦有石印本，今所见者，为宣统二年（1900）上海嘉尚庐石

---

① 王渔洋著述之汇集印行，并非一次。因是聚原书版汇印，书版经过多次转手，故不同时期印本所含书目及卷数各不相同，有38种273卷者，有38种248卷者，有44种253卷者，又有40种272卷者。各家著录之题名亦有区别，除《王渔洋遗书》外，又有称《渔洋山人著述》《王渔洋全集》《新城王氏家集》者。其中最通行的是《中国丛书综录》著录的《王渔洋遗书》38种273卷，《精华录》列其中之第6种。

② 伦明：《渔洋山人著书考》，载《燕京学报》1929年第5期。

③ 黄永年、贾二强编：《清代版本图录》，浙江人民出版社1997年版，第76页。

④ 〔清〕莫友芝撰，傅增湘订补，傅熹年整理：《藏园订补郘亭知见传本目录》卷一五下，中华书局1993年版。

⑤ 黄永年：《王士禛跋藏〈左氏传说〉及其他》，载《藏书家》第2辑，齐鲁书社2000年版，第98页。

印本。林佶写刻本每半页11行，每行21字，而石印本则每半页14行，行30字，字小行密，远不如写刻本清爽悦目。

二

《精华录》刊行后，出现了一些注释、评点《精华录》的著作，主要有金荣的《渔洋山人精华录笺注》（以下简称《笺注》）、惠栋的《渔洋山人精华录训纂》（以下简称《训纂》）、伊应鼎的《渔洋山人精华录会心偶笔》（以下简称《会心偶笔》）以及查慎行、何焯的《渔洋山人精华录选钞》、翁方纲的《复初斋王渔洋诗评》①、梁章钜的《读渔洋诗随笔》等。

据金荣自序，《笺注》之作，始于康熙四十九年（1710），至雍正十二年（1734）方基本完稿，前后达二十余年。《精华录》本为十卷，按诗体排列，前四卷为古体诗，后六卷为今体诗。《笺注》打乱原书次序，重新按诗歌年代排列，分为十二卷，与原书卷数不同。其《凡例》云："开雕后，时有弋获，不便增入卷内，而惠注复不能捐爱，爰仿朱长孺注义山诗例而小变之，补注总附于十二卷后。"②故于十二卷后又有《精华录补注》一卷。此《笺注》十二卷《补注》一卷，雍正末年由金氏凤翙堂刊行。《笺注》于乾隆二年（1737）又有凤翙堂续刻本。续刻本较初刻本增加了《续补注》一卷、《续录笺注》一卷。各家目录著录之"《渔洋山人精华录笺注》十二卷《补》一卷《续补》一卷《续录笺注》一卷，清雍正间凤翙堂刻乾隆二年续刻本"，即为此本。黄永年云："难得的是到乾隆二年金氏又补撰补刻了一卷《渔洋山人续精华录笺注》和四叶《笺注续补》，是以后出未采入《精华录》的王氏《蚕尾后集》二百余首中选了八十四首加以笺注而成的。……爱书者大可留心这类通常不被人们注意的好东西。"③《续补注》及《续录笺注》虽然重要，但已经超出了《精华录》的范围，故后世各家翻印《笺注》，多不收录。

《笺注》为写刻本，半页11行，行20字，字体秀雅，印制精美，故一经刊行，即广受欢迎，多次刷印。清光绪二十八年（1902），郭象升购得此书，其在书后跋云："《精华录笺注》当年刷印太多，讫今尚充溢坊市。"④《笺注》书前有《精华录》原书之钱谦益《序》及其《古诗一首赠王贻上》，最早之印本均有钱谦益署名，后来因钱谦益违碍，刷印时将其署名刷为墨色。今所见者多为后印本，最早之印本极为罕见。台湾广文书局1968年之影印本，钱谦益署名即为墨色。

除金氏凤翙堂刻本外，《笺注》尚有清宝华顺翻刻本。晚清民国间，《笺注》有多种石印本、影印本传世。如上海宝文书局光绪二十年（1894）石印本、上海文瑞楼影印本、上海鸿章书局影印本、上海有正书局石印本等。有正书局印本于民国七年（1918）、民国十年（1921）、民国十四年（1925）三次印行，流传广远。

与金荣大致同时的徐夔，也曾为《精华录》作注。不过，徐夔仅注了今体诗及古体诗的小部分，并未刊行。惠栋曾给徐氏书稿加工润色。此书稿今存于国家图书馆，题《渔洋山人精华录注》，有清末藏书家叶昌炽跋。后来，惠栋在此基础上又进一步修补增订，完成了《训纂》一书。书中收入

---

① 翁方纲《复初斋渔洋诗评》中的个别诗歌未载于《渔洋山人精华录》（详见周兴陆《〈翁覃溪手批渔洋山人精华录〉考辨》，载《文学评论丛刊》第7卷第1期，南京大学出版社2004年），但绝大多数诗歌都可见于《精华录》，故在此一并介绍。

② 〔清〕金荣：《渔洋山人精华录笺注凡例》，见〔清〕金荣、徐淮纂辑《渔洋山人精华录笺注》，台湾广文书局1968年影印凤翙堂本。

③ 黄永年：《王士禛跋藏〈左氏传说〉及其他》，载《藏书家》第2辑，齐鲁书社2000年版，第99页。

④ 山西省图书馆编，王开学辑校《郭象升藏书题跋》，山西古籍出版社2007年版，第381页。

了徐夔的注释成果，以“徐夔曰”标示。惠栋云：“故友徐君龙友（夔）尝注咏史小乐府一卷近体诗六卷，余略加删润，尽采入《训纂》中。”①

惠栋祖父惠周惕为王渔洋弟子，其父惠士奇亦曾亲炙于王氏之门，故惠栋为《精华录》作注，署“小门生惠栋定宇撰”。惠栋作《训纂》，全依《精华录》原书卷次排序，因施加训注，篇幅增加，故每卷又分为上下。《训纂》之稿本先于《笺注》完成，所以金荣《笺注》能够吸收惠栋及徐夔的注文；但《训纂》的刊行在《笺注》之后，因此惠栋能见到《笺注》而作《金氏精华录笺注辨讹》一卷，附于《训纂》之后。《训纂》并《辨讹》于乾隆中由惠氏红豆斋刊行，书前有《渔洋山人自撰年谱》。惠栋后来又作《渔洋山人精华录训纂补》十卷，于乾隆二十二年（1757）由德州卢见曾刊行。《训纂》与《训纂补》均收入《四库全书存目丛书》集部别集类，题“《渔洋山人精华录训纂》十卷《总目》二卷《年谱注补》二卷《金氏精华录笺注辨讹》一卷《训纂补》十卷首一卷”。乾隆年间，考据学风逐渐兴盛。惠栋是著名的汉学家，他为《精华录》作注，推动了《精华录》的传播，“于是乾嘉诸儒，因重惠栋之学，而并及士祯之诗”。②

《笺注》与《训纂》各有优长。《笺注》按诗歌时间编年排列，注中又多采王士禛自家著作，有助于了解诗歌的写作背景，探求诗之本义，亦有利于把握诗人的创作历程。惠栋学问渊博，家富藏书，故《训纂》引书广博，注释较周密切当。惠注当然也有不妥之处，但总体来看，惠栋的注释要优于金荣。所以《四库全书》在存目中收入《训纂》而不录《笺注》。《四库全书总目》云：“是书先有金荣《笺注》盛行于时，栋书出而荣书遂为所轧，要亦胜于金注耳。”③王欣夫更批评“金氏病在不读书”，“所注悉出稗贩，又妄加篡改”，“其于地理又全不知晓，落笔便错，至音韵训诂，则更非所知矣”。④

《训纂》除乾隆红豆斋刻本外，尚有同治癸酉（1873）宝华堂刻本、光绪十七年（1891）会稽徐氏述史楼刻本。民国中华书局《四部备要》收录了《训纂》，据红豆斋本排印，1936年又出版了缩印本。⑤《四部备要》后来又有台湾中华书局1966年影印本、中华书局1989年影印本。

《笺注》与《训纂》以笺释王渔洋诗歌之典故名物为主，于诗意主旨及作者匠心绝少阐发。正如时人所云：“先生（王渔洋）诗神韵独绝，有温伯雪子‘目击道存’之妙，尤得力严沧浪论诗微旨。学者第索之于章句之间，尠有能窥其阃奥者。”⑥伊应鼎《会心偶笔》等以品评诗歌为主的著作，在一定程度上弥补了这一缺憾。

伊应鼎为王渔洋之同乡晚辈，字元吉，别字戒平，号侗叟，乾隆元年（1736）进士，官安阳知县。⑦伊氏与王氏俱为新城名门望族，两家有姻戚之好。王渔洋归田里居时，伊应鼎方年幼，曾随父侍王渔洋起居，出入其堂奥，聆听其指点，以聪慧好诗，得到王渔洋之夸赞。王渔洋内兄张实居亦曾为伊应鼎讲授渔洋诗法。伊应鼎云：“而先生内兄号萧亭先生者，恒馆于先生之家，时相提命，故诗诀

---

① 〔清〕惠栋：《渔洋山人精华录训纂凡例》，见《渔洋山人精华录训纂》，《四库存目丛书》本集部第225册，齐鲁书社1997年版，第690页。

② 张舜徽：《清人文集别录》，中华书局1963年版，第72页。

③ 〔清〕永瑢等：《四库全书总目》，中华书局1965年版，第1647页。

④ 王欣夫撰，鲍正鹄、徐鹏标点整理：《蛾术轩箧存善本书录》，上海古籍出版社2002年版，第1032页。

⑤ 《四部备要》本未收《金氏精华录笺注辨讹》。

⑥ 〔清〕沈廷芳：《渔洋山人精华录会心偶笔序》，见《渔洋精华录汇评》，齐鲁书社2007年版，第601页。

⑦ 陈汝洁：《伊应鼎与〈渔洋山人精华录会心偶笔〉》，载《山东理工大学学报（社会科学版）》2004年第4期。

之传,并先生诗中旨趣,得诸萧亭先生口述者为多。"①故伊应鼎对王渔洋之神韵说深有会心。其《会心偶笔》疏通章句,阐发隐幽,颇能阐发渔洋诗旨及匠心。沈廷芳称赞其书:"观于此而先生之诗之真精神出矣。"②

《会心偶笔》共六卷,选评王渔洋诗作301首。该书成书于伊应鼎致仕后,由长山袁承宠刊行。书前袁承宠序云:

> 适新城戒平伊君致仕归自安阳,某乃致敬尽礼,延居西席。俾儿辈受业,杯酒谈心,益获闻所未闻。久之,伊君以所著《精华录会心偶笔》一编相示。……其间包罗广大,含蓄精微,咀之弥深,味之无极,如人食蜜,中边皆甜。因命誊录校正,付之梓人,流布宇内,以公同好。③

由此可见《会心偶笔》之刊行缘起。《会心偶笔》书前扉页题"戊寅新镌",而沈廷芳之《序》则署"乾隆己卯重九日"。由此可知是书之刻,始于乾隆二十三年戊寅(1758),完工于乾隆二十四年己卯(1759)。故各家目录,有著录为乾隆二十三年刻本者,如《山东师范大学图书馆馆藏古籍书目》;又有著录为乾隆二十四年刻本者,如《中国古籍总目》。④《会心偶笔》后来有台湾广文书局1968年影印本。

查慎行为王渔洋之门生,曾手批《精华录》,何焯亦曾为《精华录》评点。查慎行生于1650年,卒于1727年,何焯生于1661年,卒于1722年。二人评点《精华录》,约在康熙末年,但二家之评久未刊行。直到道光年间,山西郭汝骢得到二家评本,方刊布于世,题《渔洋山人精华录选钞》。书中二家评语均刻于眉栏,以"查""何"相区别。书前有吴德旋序,后有陈用光跋。陈跋署"道光甲午秋九月",则其刊刻当在道光十四年(1834)。查、何二家之评非常简要,如《与周量过访茗文夜雨共宿》查慎行评"清和闲远,源自晋人、魏人来",《真州绝句》(其四)何焯评"如画",均凝练传神、颇中肯綮。

翁方纲是王渔洋弟子黄叔琳之门生,为王渔洋之再传弟子,曾多次阅读包括《渔洋山人精华录》在内的王渔洋各种诗集,并留有批点。后人辑录其批点为《复初斋王渔洋诗评》一卷,收入《烟画东堂小品》,有民国九年(1920)江阴缪氏刊本。翁方纲服膺王渔洋诗论,其"肌理说"源于王渔洋之"神韵说",其评点多能阐发王渔洋诗歌之神韵。翁方纲学问渊博,其批点中亦有对诗歌名物典故的考证,可以补充金荣《笺注》及惠栋《训纂》之不足。

梁章钜《读渔洋诗随笔》共二卷,评论渔洋诗歌170题,顺序基本与金荣之《笺注》同。卷上前十则为总论,其第一则云:

> 余尝问诗于文达纪师、苏斋翁师之门,二师皆令熟读王渔洋诗,而议论风旨微有不同:文达师之论平而允,苏斋师之论精而严,要皆于渔洋有深契,而不惜以金针度人者也。今谨就所

---

① 〔清〕伊应鼎:《渔洋山人精华录会心偶笔自序》,见《渔洋精华录汇评》,齐鲁书社2007年版,第600页。

② 〔清〕沈廷芳:《渔洋山人精华录会心偶笔序》,见《渔洋精华录汇评》,齐鲁书社2007年版,第601页。

③ 〔清〕袁承宠:《渔洋山人精华录会心偶笔序》,见《渔洋精华录汇评》,齐鲁书社2007年版,第599页。按,袁承宠字天申,号丹圃,长山(今其地并入山东省邹平县及淄博市)人,官至湖北按察使、太常寺少卿。袁承宠为长山人,其序后自署"广川袁承宠",这可能是其先人于明初迁自河北枣强,而枣强古称广川之故。

④ 《渔洋山人精华录会心偶笔》目前所见仅此一种刻本。《清人别集总目》著录了《会心偶笔》的两种版本。一为"乾隆十五年(1750)袁承宠刻后印本",中国科学院图书馆藏;一为"乾隆六十年(1795)刻本",上海图书馆等图书馆藏。此二者均误。前者当是以袁承宠序中"庚午两小儿同叨乡荐"而误断,乾隆十五年为庚午年;后者当是将沈廷芳序后所署之"乾隆己卯"误为"乙卯",乾隆六十年为乙卯年。

闻绪论，参以他家之说，略为编次，俾读渔洋诗者有所折衷焉。①

由此可见梁章钜编撰《读渔洋诗随笔》之缘起。梁章钜在书中主要记述了其师翁方纲、纪昀之论，同时兼采沈晓沧、戈源、王应鲸、李兆元、汪琬、陈允衡、钱大昕、林茂春、邓汉仪、史承谦之说，其间也有梁章钜本人的见解。②《读渔洋诗随笔》刊刻年代不详。孙殿起《贩书偶记续编》著录为"约刻于嘉庆年间"。周兴陆认为该书不可能刻于嘉庆年间，该书应该完稿于道光二十五年前后。③ 如此，则其刊刻当在道光年间或以后。此书尚有一种抄本，今存上海图书馆。

查、何、翁、梁诸家外，邓钟岳、杭世骏、董讷夫、姜恭寿、姚鼐、姚莹、蒋德馨、方功惠、严复以及佚名之士，亦曾为《精华录》作批点，但未刊行于世。以上各家之批点本或其批点之过录本，收藏于各地图书馆，详见李灵年、杨忠主编《清人别集总目》及周兴陆《〈渔洋山人精华录〉批点本提要》。④

各家注释与评点，为研读《精华录》的重要参考，故近年来又有汇集整理者。一为宫晓卫、孙言诚、周晶、闫昭典集《笺注》与《训纂》为《渔洋精华录集注》，齐鲁书社1992年出版，1997年重印，2009年再版。⑤ 一为李毓芙、牟通、李茂肃集《笺注》《训纂》与《会心偶笔》为《渔洋精华录集释》，上海古籍出版社1999年出版。一为周兴陆汇各家评点为《渔洋精华录汇评》，齐鲁书社2007年出版。《渔洋精华录汇评》所录各家评点多未刊行，有重要的价值与学术意义。

三

王渔洋之《精华录》自康熙三十九年（1700）问世以后，广为流布，且不断有注释、评点著作问世，足见其影响之大。不过，《精华录》及相关著作的刊布，不同时代的情况有别。今列《精华录》及相关著作刊布年表如下：

年代	《精华录》原本	《精华录》注本与评本
清康熙至乾隆	康熙三十九年（1700），林佶写刻本刊行。 康熙至乾隆间，写刻本收入《王渔洋遗书》等丛书印行。 最迟在乾隆年间，出现翻刻本。 乾隆十五年（1750），有叶凤毛摘抄本。 乾隆间，有《四库全书》抄本。 约乾隆末年，有徐承烈《悔堂手钞》抄本。	雍正末年，金氏凤翙堂本《笺注》刊行。 约雍正年间，徐夔、惠栋作《渔洋山人精华录注》。 乾隆二年（1737），《笺注》续刻本刊行。 乾隆初年，惠氏红豆斋本《训纂》刊行。 乾隆二十二年（1757），卢见曾刻本《训纂补》刊行。 乾隆二十四年（1759），伊应鼎《会心偶笔》由袁承宠刊行。
清嘉庆至咸丰		约嘉庆道光年间，梁章钜《读渔洋诗随笔》刊行。 道光十四年（1834），查慎行、何焯《渔洋山人精华录选钞》刊行。

① 转引自周兴陆《梁章钜〈读渔洋诗随笔〉考释》，见《中国诗学》第十一辑，人民文学出版社2006年版。

② 参见周兴陆《〈渔洋山人精华录〉批点本提要》，见《渔洋精华录汇评》，齐鲁书社2007年版。

③ 周兴陆：《梁章钜〈读渔洋诗随笔〉考释》，见《中国诗学》第十一辑，人民文学出版社2006年版。

④ 参见李灵年、杨忠主编《清人别集总目》，安徽教育出版社2000年版；周兴陆《〈渔洋山人精华录〉批点本提要》，见《渔洋精华录汇评》，齐鲁书社2007年版。

⑤ 该书初版集体署名"伍铭"，2009年再版时用作者真名。

（续表）

年代	《精华录》原本	《精华录》注本与评本
清同治至民国	光绪年间，有赵怡抄本。 宣统二年（1900），上海嘉尚庐石印本刊行。 民国八年（1919），《四部丛刊》初印本刊行（又有1929年二印本、1936年缩印本）。	约清后期，宝华顺翻刻本《笺注》刊行。 同治十二年（1873），宝华堂刻本《训纂》刊行。 光绪十七年（1891），会稽徐氏述史楼刻本《训纂》刊行。 光绪二十年（1894），上海宝文书局石印本《笺注》刊行。 清晚期至民国初年，上海文瑞楼、上海鸿章书局影印本《笺注》刊行。 民国七年（1918），上海有正书局石印本《笺注》刊行（又有1921年印本、1925年印本）。 民国九年（1920），翁方纲《复初斋王渔洋诗评》由缪荃孙刊行。 1920至1936年间，《四部备要》排印本《训纂》刊行（1936年又有缩印本）。
1949至1979年		1966年，台湾中华书局影印本《训纂》出版。 1968年，台湾广文书局影印本《笺注》出版。 1968年，台湾广文书局影印《会心偶笔》出版。 1979年，台湾商务印书馆影印《精华录》出版。
1980年以来	1981年，台湾世界书局影印林佶写刻本出版。 1983至1986年间，台湾商务印书馆影印文渊阁《四库全书》本出版。 1985年，上海书店影印《四部丛刊》本出版。 1987至1989年间，上海古籍出版社影印文渊阁《四库全书》本出版。 2005年，商务印书馆影印文津阁《四库全书》本出版。	1989年，中华书局影印《四部备要》本《训纂》出版。 1992年，齐鲁书社出版《渔洋精华录集注》，1999年重印，2009年再版。 1997年，齐鲁书社《四库存目丛书》影印本《训纂》《训纂补》出版。 1999年，上海古籍出版社出版《渔洋精华录集释》。 2007年，齐鲁书社出版《渔洋精华录汇评》。

由此表可见，在1949年以前，《精华录》及相关著作的刊布，两头热，中间冷，清康熙至乾隆、清同治至民国这两个时间段较为集中，清嘉庆至咸丰年间则非常稀见；1949年以后，则是前冷后热，1979年以前少，1980年以后大量出现。这种现象的出现，固然有多种因素，但世人对王渔洋评价的变化，则是这种现象出现的最根本原因。

康熙中，王渔洋凭其诗歌创作及神韵诗说，跻登诗坛领袖地位，成为清初诗坛的“一代正宗”。郑方坤说：

本朝以文治天下，风雅道兴，钜人接踵，至先生出，而始断为一代之宗。天下之士尊之如泰山北斗，至于家有其书，户习其说，盖自苏韩二公以后，求其才足以包孕余子，其学足以贯穿古今，其识足以别裁伪体，六百年来未有盛于先生者也。①

当然，也有人持有异议，如赵执信攻其好修饰，称之为“王爱好”②；袁枚讥其才力弱，称“一代正宗才力薄”③。但直到乾隆年间，王渔洋依然是官方与学界认可的“一代正宗”。《清史稿》载：

---

① 〔清〕郑方坤：《国朝名家诗钞小传》卷二，《丛书集成初编》本，中华书局1985年版。

② 〔清〕赵执信：《谈龙录》，人民文学出版社1981年版，第15页。

③ 〔清〕袁枚：《仿元遗山论诗》其一，见吴世常辑注《论诗绝句二十种辑注》，陕西人民出版社1984年版，第217页。

“士祯初名士禛，卒后，以避世宗讳，追改士正。乾隆三十年，高宗与沈德潜论诗，及士正，谕曰：‘士正绩学工诗，在本朝诸家中，流派较正，宜示褒，为稽古者劝。’因追谥‘文简’。”①编于乾隆二十一年至乾隆二十三年(1756～1758)的《国朝诗话》亦云：“王新城诗，一代宗匠，总是风骚绝世。”②批评王渔洋的赵执信与袁枚，也承认王渔洋为“大家”“一代名家”，并未否定王渔洋的地位。王渔洋被视为诗坛正宗，其《精华录》自然会受到重视。所以在康熙至乾隆年间，《精华录》的刊印极多，且有翻刻本。金荣的《笺注》《笺注补》、惠栋的《训纂》《训纂补》及伊应鼎的《会心偶笔》均在此期间成书刊行。

从乾隆后期开始，人们对王渔洋诗歌的评价出现了明显变化。有人攻其模仿，“唐贤临晋帖，真意苦不足”；有人攻其造作，“修饰有余，才情不足”；有人攻其缺少真情实感，“渔洋所欠者，真耳”。③ 嘉庆年间，赵翼著《瓯北诗话》，于清初诗人舍王渔洋而立吴伟业、查慎行。当时甚至有人怀疑王渔洋的诗歌创作能力与人品。《啸亭杂录》载：

> 王文简公士祯，诗名重于当时，浮沉粉署，无所施展。张文端公英时值南书房，代为延誉。仁皇帝亦素闻其名，因诏渔洋入大内，出题面试之。渔洋诗思本迟滞，加以部曹小臣，乍睹天颜，战慄操觚，竟不能成一字。文端公代作诗草，撮为墨丸，私置案侧，渔洋得以完卷。上笑阅之，曰：“人言王某诗为丰神妙悟，何以整洁殊似卿笔。”文端公谢曰：“王某诗人之笔，定当胜臣多许。”上因命文简改官词林，因之得置高位。渔洋感激文端终身，曰：“是日微张某，余几作曳白人矣。”④

王渔洋幼年有神童之誉，15岁即有诗集刊刻，一生创作诗歌4000余首。说王渔洋诗思迟滞，在康熙皇帝面前差点交白卷，靠别人递小抄才侥幸过关，其真实性很值得怀疑。《啸亭杂录》编撰于清嘉庆、道光年间，距王渔洋去世已有百年，故此事很可能是后世之传闻。⑤ 不管实事还是传闻，王渔洋“几作曳白人”载入笔记著作并为人津津乐道，反映了当时人们对王渔洋认识的变化，王渔洋已经不再是人们心中的“一代正宗”。嘉庆至道光年间没有新版本的《精华录》出现，此间刊行的《渔洋山人精华录选钞》，收录的是康熙雍正间查慎行、何焯之评点；梁章钜的《读渔洋诗随笔》，亦多录其师纪昀、翁方纲之说。嘉庆至道光间《精华录》传本之寥落，正是王渔洋无复“一代正宗”地位的结果。

一味贬抑王渔洋并不公正。同光体诗论的代表作《筱园诗话》，既肯定了王渔洋诗歌为“昭代雅音”，“清俊庄雅，玉润珠圆，而品复落落大方，绝无偏锋傍门之病也”，又指出了其不足之处，“囿于奉法，未窥变化；富于取材，未知独造”，“能正而不能奇，能因而不能创，能清丽而不能精深，能高华而不能浑厚”。⑥ 这种态度较为客观。至民国间，王渔洋又恢复了一代正宗的地位。《晚晴簃诗汇》云：

> 文简生当国家全盛之时，文教昌明之会，特擢清职，旷典易名，皆由于诗，故世奉为山斗。

① 赵尔巽等：《清史稿》，中华书局1997年版，第9954页。

② 转引自钱仲联主编《清诗纪事》，江苏古籍出版社1987年版，第1991页。

③ 分别见舒位《瓶水斋诗话》、尚镕《三家诗话》、梁章钜《退庵随笔》，转引自钱仲联主编《清诗纪事》，江苏古籍出版社1987年版，第2001、2004、2003页。

④ 〔清〕昭梿撰，何英芳点校：《啸亭杂录》，中华书局1980年版，第253～254页。

⑤ 清代笔记中，《啸亭杂录》记事较为严谨，但“书中仍不免有记载失实或错误的地方”，“或由于得之于不可靠的传闻，或因作者未加深考而致误”。参见中华书局1980年版《啸亭杂录》之《点校说明》。

⑥ 转引自钱仲联主编《清诗纪事》，江苏古籍出版社1987年版，第2007～2008页。

诗承明王、李、钟、谭之后，独标"神韵"为宗旨，盖用以调剂矫正之。后来持异同者，遂成门户。然公诗于精能中见神韵，非专事蹈虚者。诗本于性情，出于才分，非尽关于学。以诗学论，要不得不推为一代正宗也。①

当然，也有人不认可王渔洋。章太炎说他"恝然忘其本"，梁启超批评其诗"脆薄"。但二家或出于排满之心切，或囿于对清诗之偏见，其说均不足以服人。胡怀琛将王渔洋与屈原、陶渊明、李白、杜甫、白居易、苏轼、陆游并列为中国八大诗人，并对章氏、梁氏之说进行批驳。② 郭绍虞亦称："渔洋之诗，自是一代正宗。"③近代以后，随着现代印刷技术的传入，图书出版业非常繁荣，古书多有翻印。清末民国间，《精华录》及相关著作不断有新版本出现，与此有直接关系。不过，究其根源，还是人们重新认可了王渔洋历史地位的结果。否则，为什么1949年以后的30年，印刷技术更为成熟，而《精华录》的刊布却极少呢？

1949年以后，随着新的社会意识形态和学术话语体系的建立，人们对王渔洋的评价又有了巨大变化。郑朝宗说："他的诗非常缺乏独创性，思想内容尤其贫乏，然而他偏会搔首弄姿，搬弄辞藻，装出一副含蓄吞吐的样子，以欺骗世人，博得'绝代销魂'的评语。"④其实这种批评，此前钱锺书也说过："渔洋天赋不厚，才力颇薄，乃遁而言神韵妙悟，以自掩饰。一吞半吐，撮摩虚空，往往并未悟入，已作点头微笑，闭目猛省，出口无从，会心不远之态。"⑤钱锺书还是就诗论诗，郑朝宗则将阶级斗争学说引入文学研究，称王渔洋神韵说是"充满了反动唯心毒素的封建统治阶级的学说"，给"神韵说"扣上了"彻头彻尾的唯心论""彻头彻尾反对现实主义"的大帽子。⑥ 此后出版的几种高校文学史教材，也纷纷批评王渔洋的诗脱离实际、缺乏社会生活。有了这种背景，我们就不难理解，1949～1979年大陆没有任何关于《精华录》的出版物和王渔洋诗歌选本出现的原因了。台湾由于延续民国学术传统，故仍有一些影印本出版。

改革开放以后，学术研究逐渐正常，各级政府对传统文化也越来越重视。王渔洋也重新以正面形象展现在世人面前。20世纪80年代至90年代，学术界出现了众多研讨王渔洋诗歌创作、神韵诗论及其他贡献的论文。"第一次全国王渔洋学术讨论会"和"桓台国际王渔洋学术讨论会"分别于1986年、1994年在王渔洋的家乡山东省桓台县召开。王渔洋是清初诗坛"一代正宗"，再次成为人们的共识。有些论文即以此为题，如张光兴《王渔洋——清初诗坛充满矛盾的一代正宗》、朱则杰《一代正宗——论王士禛在清代诗歌史上的地位》等。⑦ 近些年来，随着研究的展开，人们对王渔洋的认识也越来越深入。蒋寅认为，王渔洋是"中国古典诗学的集大成者"⑧，"作为诗人的王渔洋，诚然是清代诗歌的顶尖人物；而作为诗论家的王渔洋，则更登临整个中国古典诗学的顶峰，集历代诗学之大成"⑨。袁世硕先生则全方位关照王渔洋各方面的贡献，指出王渔洋是"一代文化伟人"。他说：

---

① 徐世昌辑：《晚晴簃诗汇》，上海三联书店1989年版，第230页。
② 胡怀琛：《中国八大诗人》，中华书局2010年版，第88页。
③ 郭绍虞：《神韵与格调》，载《燕京学报》第22期。
④ 郑朝宗：《论王士祯的神韵说》，载《厦门大学学报（社会科学版）》1954年第5期。
⑤ 钱锺书：《谈艺录》，开明书店1948年版，第114页。
⑥ 郑朝宗：《论王士祯的神韵说（续）》，载《厦门大学学报（社会科学版）》1955年第2期。
⑦ 分别见《文史知识》1990年第7期、《桓台国际王渔洋讨论会论文集》（山东大学出版社1995年版）。
⑧ 蒋寅：《进入"过程"的文学史研究》，见《王渔洋与康熙诗坛》，中国社会科学出版社2001年版。
⑨ 蒋寅：《王渔洋序》，见陈庆爱《王渔洋》，中国戏剧出版社2002年版。

综观渔洋一生,他居官清正廉洁,体恤下情,宽政慎行,受到康熙皇帝的赏识,位列台阁;他自幼嗜诗,终身不废吟咏,标举神韵诗说,天下翕然宗之,尊之为诗坛圭臬,有"一代正宗"之誉;他还勤于读书、著述,诗文、词、杂著多达二百多卷,可谓著作等身。渔洋称得上是有清一代集名臣、诗人、学者于一身的文化伟人。①

王渔洋不仅回归到了清初诗坛"一代正宗"的地位,而且成为世人仰慕的"文化伟人"。其历史地位越来越重要,人们对他的关注度也越来越高。《精华录》的集注、集释、汇评之作以及各种影印本的出版,正适应了这一需要。

① 《山东省志·诸子名家系列丛书》编纂委员会编:《王士禛志》,齐鲁书社2006年版,第15页。

家族文化对王士禛神韵诗论之影响

丁修振*

王士禛的“神韵说”是中国古代著名的诗歌理论,在清代有着很大的影响。神韵说的形成与王士禛的自身禀赋、江南风物、社会时代等有着密切的关联。前人多从诗论内部生成规律和家族诗歌传统方面的影响去研究神韵说。新城王氏具有深厚的文化底蕴。这对王士禛神韵说的生成起到了十分重要的作用。虽然王士禛“神韵说”的内涵是不断丰富和深化的,但“清远”“缥缈”“和谐”一直是神韵说的主要内涵与核心概念。鉴于此,笔者拟从家庭文化的角度对王士禛的神韵说作一探究。

一、家族文化对神韵说“清远”之影响

王渔洋在《池北偶谈》卷十八中说:

> 汾阳孔文谷(天胤)云:“诗以达性,然须清远为尚。”薛西原论诗,独取谢康乐、王摩诘、孟浩然、韦应物,言:“‘白云抱幽石,绿筱媚清涟’,清也;‘表灵物莫赏,蕴真谁为传’,远也;‘何必丝与竹,山水有清音’,‘景昃鸣禽集,水木湛清华’,清远兼之也。总其妙在神韵。”“神韵”二字,予向论诗,首为学人拈出,不知先见于此。①

“清远”在神韵说中占有十分重要的地位。“清远”是神韵诗歌的一种境界,要想达到这样的境界,离不开“清远”涉及的主客体。王士禛所主的神韵以反映自然山水为主,其主体就是诗人自己,客体可以理解为被映照的对象即自然山水。只有诗人具有了超凡脱俗的境界,在“登山则情满于山,观海则意溢于海”的情感互映下,才可能写出具有清远的诗歌作品来,因此主体的人格境界是神韵诗歌创作的前提。

(一)家族文化对神韵说主体之人格的影响

神韵诗论的背后包括主客体两个方面。其主体即诗人的人格境界,决定着诗的品格。良好的家族文化促进了王士禛人格的形成,对王士禛神韵说的形成起到了奠基作用。沈金浩先生曾言:“渔洋之成为‘一代正宗’,一个十分实在、非常重要的基础是他的处世型态和人生道路。他儒道双修,行儒言道,亦官亦文,不热衷迫切但却不辞恩宠甚至以退促进,上下和睦,谨慎温厚,忠孝友悌、

* 作者简介:丁修振,淄博师范高等专科学校,讲师。

① 〔清〕王士禛著,文益人校点:《池北偶谈》,齐鲁书社2007年版,第351页。

敬业修身。"①在诗歌创作中,他更是以诗为人,以人为诗。社会环境,尤其是家族文化对王士禛神韵说的形成起到了重要作用。

"清",《释名·释言语》云:"青也,去浊远秽,色如青也。"清与浊相对,浊与俗相连。清,即心清,指主体具有的脱俗情怀,是一种超脱尘俗的人生境界,即诗人这一主体的高洁品性。

新城王氏家族以清廉著称,不避权贵。高祖王重光曾制《太仆家训》以教育子孙,"所存者必皆道义之心,非道义之心,勿汝存也,制之而已矣;所行者必皆道义之事,非道义之事,勿汝行也,慎之而已矣,所友者必皆读书之人,非读书之人,勿汝友也,远之而已矣"。王之垣是新城王氏具有奠定作用的人物,他严行家教,勤俭朴素,力戒奢侈,堪为表率。在王之垣的影响下,象字辈中多清廉之士,《新城县志》载:"(象坤)卒官,贫至无以殓。巡按以下,为醵金治后事及得归。""晋人远近闻之者皆为罢春巷哭,士民走奠,填塞公署,比柩归,道拥车至不得行。"②象蒙,字子正,号养吾,之辅子,万历庚辰(1580)进士,官至光禄寺少卿。其为官清廉,以御史居乡时,"欲创一厅事,而居官不持一钱,赖诸姻好高其清节,其助成之"。对王士禛影响最大的是祖父王象晋,王象晋是王士禛的启蒙者。王象晋曾撰一联:"绍祖宗一脉真传,克勤克俭;教子孙两行正路,惟读惟耕。"新城王氏这样的事例很多,耳濡墨染地影响着王士禛,王士禛在他的著作中也多次提及。

受家族的影响,王士禛在为官任上始终保持高洁的人生情怀。他自己曾讲他任扬州推官时:"旧例,府僚迎春琼花观,以妓骑而导舆,太守、节推各四人,同知已下二人。既竣事,归而宴饮,仍令歌以侑酒,府吏因缘为奸利。山人深恶之,语太守,一切罢去,扬人一时诵美之。"③《渔洋山人自撰年谱》惠注又云:"山人官扬州五年,不名一钱,急装时,惟图书数十簏。尝有诗云:'四年只饮邗江水,数卷图书万首诗。'"④吴嘉纪也曾作诗云:"官阁风自清,尘务日以寡。俸米用不足,时时向人假。"王士禛七十一岁时免官归里,"巾车就道,图书数簏而已。送者堵塞街巷,莫不攀辕泣下"⑤。康熙皇帝曾称王士禛,除了居家读书外,别无他事。位居高位的王士禛,基本上没有参与清朝统治者重大决策的制定,对权贵从不阿谀献媚,王应奎在《柳南随笔》中称:"新城王阮亭自重其诗,不轻为人下笔。内大臣明珠之称寿也,昆山徐司寇先期以金笺一幅请于先生,欲得一诗以侑觞。先生念曲笔以媚权贵,君子不为,遂力辞之。先生殁后,门人私谥为文介。即此一事推之,则所以易其名者,洵无愧云。"⑥王渔洋虽然居官场要职,但品行高洁,未有尘污之事,保持了文人的清廉之风。

"远",从王士禛的人格方面看,主要表现在于统治者的距离上。新城王氏受齐鲁传统文化的影响极深,作为明朝重要的官宦世家,在明清易代中多有殉节。王氏家族在崇祯十五年壬午(1642)遭受兵祸,死伤惨重。"十二月,清兵至济南,新城陷落。叔父与玫、与朋与朋子士熊、士雅遇难,从兄士和妻张氏自经死。徐夜母及家族十余人亦殉难。"⑦清朝取得政权后,王氏家族是复社的主要成员,王象晋、王与敕、徐夜等坚持不与清政府合作。王士禛的母亲也曾在兵乱中自杀,幸

---

① 沈金浩:《论渔洋一代正宗和"才力薄"的成因与表现》,见《桓台国际王渔洋讨论会论文集》,山东大学出版社1995年版,第410页。

② 〔清〕崔懋修,严濂曾纂:《新城县志·人物志》卷七,清康熙刻本。

③ 〔清〕王士禛著,袁世硕主编:《王士禛全集》,齐鲁书社2007年版,第5065页。

④ 〔清〕王士禛著,袁世硕主编:《王士禛全集》,齐鲁书社2007年版,第5073页。

⑤ 〔清〕王士禛著,袁世硕主编:《王士禛全集》,齐鲁书社2007年版,第5104页。

⑥ 〔清〕王应奎:《柳南随笔》,中华书局1983年版,第34页。

⑦ 蒋寅:《王渔洋事迹征略》,人民文学出版社2001年版,第11页。

而绳绝不死。"幼年经历这场横祸，亲眼目睹的血案，深深烙印在他的脑海里，成为一道永远挥不去的暗影，笼罩在他人生的旅途上。"①走上科举之路并非他的情愿之举，王士禛在《癸卯诗卷自序》中曾讲："予兄弟少无宦情，同抱箕颍之志，居常相语，以十年毕婚宦，则耦耕醴泉山中，践青山黄发之约。"②

另外王氏族人在政治上力求保持人格独立，以耕读为宗，以儒家文化立身，很少介入党派之争。纵使在明末党派林立、相互倾轧的情况下，王氏也很少参与党派纷争，始终坚持着谨慎为官、力求中立的为官之道。这些文化也影响着王士禛。顺治十八年(1661)正月，王士禛"晓起登诸阁望太湖，渔洋山一峰正当寺门，爱其秀峙无所附丽，取以自号"③。其自号从"阮亭"变为"渔洋"，其人格追求亦从追求魏晋风流文士之人格转向追求清远、独立的人格。这一不太有名的渔洋山，成了王士禛自身理想的化身。在扬州五年，他历山水，游太湖，览真州，忘情畅游南国自然山水，思想上远离了尘世，远离了人情险恶的官场，清远的人格风貌逐渐形成。

王士禛自幼接受并继承了优秀的家族文化传统，在异族入侵、家国境遇面前，他似乎只有一条道可走，那就是在官之任上，与清朝统治者保持一定的距离，"不黏不离"地保持人格的独立。纵观王士禛的一生，虽然仕途通达并得到了康熙皇帝的恩遇，但在为官的数十年中，他没有卷入党伐之争，在生存的道路上，坚持着为官之"远"，始终保持着超然物外的心态，从而使自己的生命安宁、清远。

心清之人虽然生活在尘俗之中，但也能看到他的清气。徐复观先生认为，远，是山水形质的延伸。这远不是空间距离的远，而是审美距离的远，"诗家美景，如蓝田日暖，良玉生烟，可望而不可置于眉睫之前也"(《带经堂诗话》)，指的就是审美的距离。王士禛认为诗歌创作要与现实生活保持距离。如果没有清远的人格，清远的审美能实现吗？神韵还存在吗？答案显而易见。

家族文化深刻地影响了王士禛的为官处事。他将这些文化素养"移情"于诗歌中。家庭文化潜移默化地影响着他诗歌和诗论的风貌。这正是王士禛"不即不离、不粘不脱"的诗学观念对现实及诗论的指实。

(二)家族文化对神韵说客体之山水的影响

"清远"是王士禛神韵说的重要内涵。所谓清，实际上涉及心与迹即主客两方面。心清是指主体具有脱俗的情怀，迹清是指客体的对象、客观的环境在尘俗之外，具体地说是自然山水。

新城王氏是一个具有相当规模的农耕仕族。由于经济基础的雄厚和文化的不断提升，新城王氏将农耕文明与山水文化融为一体。王士禛的叔祖王象春是明代著名诗人，曾在济南大明居南侧的百花洲建筑了问山亭，在人生失意之时与山水自娱，写就了《齐音》，亦称《济南百咏》，时人称之为："况历旧无专志，今百咏所载，千秋得失之林备矣。"④

家族的文化风气直接影响着王士禛，王士禛在《居易录》中说："予自少癖好山水。"他曾在《古欢录自序》称："山人少无宦情，虽有周行，时有灭景云栖之志。幼读书至《秦风·蒹葭》，辄流连三复，掩卷旁皇久之。"⑤王士禛年轻时与其兄士禄亦在家乡新城及邹平长白山留下了许多的山水佳

① 裴世俊：《王士禛传论》，中国戏剧出版社2001年版，第19页。

② 〔清〕王士禛著，袁世硕主编：《王士禛全集》，齐鲁书社2007年版，第1566页。

③ 蒋寅：《王渔洋事迹征略》，人民文学出版社2001年版，第60页。

④ 任宝祯编著：《济南名泉说略》，黄河出版社2002年版，第116页。

⑤ 〔清〕王士禛著，袁世硕主编：《王士禛全集》，齐鲁书社2007年出版，第2019页。

作。王士禛曾于顺治十六年夏,咏家族之南园,作诗《南园池上》:

清言不觉暑,纤月生西林。苔径少尘色,夜猿清道心。渔樵晚多侣,风壑静同音。会学涓高术,阴潭鸣玉琴。

由此可以看出王士禛对山水田园的热爱以及其文化举止与家族风气的一脉相承,是不断深化发展的。这与王士禛的气质与禀赋有直接关系,与家族文化也密不可分。家族文化启迪了王士禛对山水田园的热爱,山水成了王士禛诗歌的审美对象。

山水可以入诗,也可以入画。王士禛曾讲:"冯开之先生《快雪堂集》,颇得禅悦山水之趣,予少时极喜之。"王士禛钟情于王、孟诗歌,曾记诗以表达对王孟韦柳等人喜好之情:"挂席名山都未逢,浔阳喜见香炉峰。高情合受维摩诘,浣笔为图写孟公。"

王维之诗被称誉为"诗中有画,画中有诗"。王士禛的神韵诗论有着强烈的诗画色彩,如《再过露筋词》《青山》《江上》等著名的神韵诗作都具有强烈的诗画色彩,恰如"远观六季、三唐作者,篇什之美,大约得江山之助与田园之趣者,什者六七"(《东渚诗序》)。

在"文章江左,烟月扬州"中,王士禛的个性得到了充分解放,个人的生命得以回归自然。他以心灵映射山水,实现了他自己在《渔洋诗话》中所讲的"登高极目,临水送归;蚤雁初莺,花开花落"①的自由、自然人生之境。王士禛从"远"中得到了精神的自由,在与清朝统治者保持一定的距离中,使自己变"清"。"最后作者将清远合一,要求用清淡的自然景物来展露诗人高超的情怀,如此,则神韵出矣。"②

二、家族文化对神韵说"含蕴缥缈"之影响

王士禛对神韵的理解以及对生命的认识是对中国古代山水人文传统的继承。他诗歌背后体现的是一种传统文人的生命情怀。他的诗作展现了他的心灵世界。浓厚的家族文化影响着他的心灵,使他的神韵说走上了含蓄蕴藉之路。

(一)家族文化对神韵说"含蓄蕴藉"的影响

王士禛崇尚"羚羊挂角,无迹可求"的自然不加雕饰的神韵诗歌风貌,"渔洋揭橥的神韵说,是要求诗歌艺术应以简炼的笔触、含蕴的意境,采取平淡、清远的风格,抒发主观内心的性情"③。含蓄蕴藉是神韵说重要的特征。关于"神韵说",中国文学史上有一段公案,即赵执信在《谈龙录》中记录的同王士禛、洪昇等人谈龙之事。

钱塘洪昉思,久于新城之门矣,与余友。一日,并在司寇宅论诗,昉思嫉时俗之无章也,曰:"诗如龙然,首、尾、爪、角、鳞、鬣一不具,非龙也。"司寇哂之曰:"诗如神龙,见其首不见其尾,或云中露一爪一鳞而已,安得全体!是雕塑绘画者耳。"④

"谈龙"公案成为后人批评渔洋诗中无人、诗歌含蓄不真实的口实。钱锺书对渔洋诗论曾有责难。美学大家王国维亦称:"北宋名家以方回为最次,其词如历下、新城之诗,非不华赡,惜少真味。"⑤在现实生活中,王士禛的言行总的来说确实是十分谨慎的。在他的著作中,很少见到违抗礼

① 〔清〕王士禛著,〔清〕张宗柟纂集,夏闳校点:《带经堂诗话》,人民文学出版社1963年版,第67页。

② 王小舒:《王士禛神韵说的三部曲》,载《南开学报》2004年第4期。

③ 王英志:《清人诗论研究》,江苏古籍出版社1986年版,第72页。

④ 〔清〕赵执信:《谈龙录》,人民文学出版社1981年版,第5页。

⑤ 王国维著,滕咸惠校注:《人间词话新注》,浙江文艺出版社2006年版,第22~23页。

俗、指斥时事的文字。他曾在《香祖笔记》卷一中说：

释氏言羚羊挂角，无迹可求。古言云羚羊无些子气味，虎豹再寻他不着，九渊潜龙，千仞翔凤乎？此是前言注脚，不独喻诗，亦可为士君子居身涉世之法。①

神韵说何以走上含蓄蕴藉之路？家族文化与其诗论又存在什么样的内在联系呢？我们从新城王氏家族的仕宦历程及其仕宦文化中可以找到一些线索。

新城王氏家族在明万历时期多官要职，族籍山东的齐党曾想拉拢新城王氏到其阵营中，遭到了新城王氏的拒绝，因此受到其排挤。在政治混乱的情况下，保持人格独立是不可能的事，王士禛的伯祖王象乾、叔祖王象春及祖父王象晋都受到了宦党和其他党派无情的打击。王士禛对这些事情记忆深刻，他在《池北偶谈》中也多次提到过这些事情。对于官场的复杂而险恶形势，王士禛也是深有所感。一是其兄王西樵被罢官，康熙三年，"三月三日，礼部据摭去年河南乡试试文语句有疵，考官例夺俸三月，而是时功令加峻，遂拘西樵于考功之署"②。"十月三日，西樵事得澄清，出狱，但仍被免官。公有诗招其南下……西樵喜得生还，自号'更生'，略无得丧之意，即日南返。"③这件事情对渔洋的影响极为深刻，在西樵即将出狱时，心里仍然"不御酒肉，忧形于色"。二是自身曾被弹劾。康熙四年十月，以户部郎中某之谤罢官。始至翌年九月方得复官。晚年因"五一案失查"被罢官，失查仅是口实，但王士禛心里仍然倍感幸运："吾年已迟暮，能以微罪回家为民，实在是非常幸运，于愿足矣。"④可见王士禛对政治的险恶有着十分清醒的认识。

"先祖年九十余，读书排纂不辍，虽盛暑衣冠危坐，未尝见其科跣。癸巳岁，作自祭文，有云：'不敢丧心，不求满意。能甘淡泊，能忍闲气。九十年来，于心无愧。可偕众而同游，可含笑而长逝。'"⑤祖父对王士禛的影响是很大的，在家族教育的影响下，王士禛虽有年少轻狂的举止，但性格总体上还是平和、宽厚的。

生于明末长于清初的王渔洋，家族遭受的清兵之乱让他历历在目，他的父亲王与敕曾经以家中父老需要赡养为由拒绝了清政府的征选，表哥兼好友徐夜等人也拒绝与清政府合作。而此时清政府一面疯狂地镇压明朝残存势力，一方面实施经济恢复、文化重建策略。就在这样的环境下，王士禛走上了科举之路，成为了进士。但故国之思、家国之仇以及自身平和的性格，使王士禛面对社会现实无法直接表达自己内心的情感。他便求之于山水，求之于含蕴，以神龙见首不见尾般的表现手法曲折地表达自己的内心情感，让统治者"无迹可求"。

使王士禛在诗坛崭露头角的《秋柳》四首体现出了诗人内心的矛盾。王士禛通过秋天的一组组意象、一个个联想，建构起了一个秋叶摇落的自然世界、一个内心迷惘感伤的心灵世界，其主旨含蕴难以指实。《秋柳》四首可谓神韵诗首获成功且具有较大影响的诗作。后来王士禛官扬州推官，在顺治十八年(1661)因公出游南京时，宿于好友秦淮河畔的布衣丁继之家，在此期间写下了《秦淮杂诗》组诗。他在诗中咏叹明朝之没落。此组诗充满了易代的兴亡之叹。从此王士禛在山水清音中一发不可收拾，在山水清音中含蓄地表达着自己的思想。

从以上我们可以看出家族仕宦的经历，使王士禛形成了自己独特的个性和对事物的独特看

---

① 〔清〕王士禛著，袁世硕主编：《王士禛全集》，齐鲁书社2007年版，第4481页。

② 蒋寅：《王渔洋事迹征略》，人民文学出版社2001年版，第105页。

③ 蒋寅：《王渔洋事迹征略》，人民文学出版社2001年版，第117页。

④ 裴世俊：《王士禛传论》，中国戏剧出版社2001年版，第115页。

⑤ 〔清〕王士禛著，袁世硕主编：《王士禛全集》，齐鲁书社2007年版，第5059页。

法。这些不可能不影响到他的诗论。我们不能割裂现实、家族文化、个人禀赋对神韵说的综合影响。不过在这三者中,家族文化的影响可能更深入而持久。

(二)家族文化对神韵说"缥缈修远"的影响

在王士禛诗歌创作与现实生活的关系上,王小舒先生认为:"通过淡泊自处,他终于为自己保留了一块宁静超然的审美天地,实践了基本的人生原则,使得创作和理论的主张都站在了基本踏实的基础上,没有悬空。"①

可以说王士禛的神韵诗来源于生活,是建立在人诗一致基础上的,神韵说以含蕴、缥缈、清远为主要意旨,反过来从现实来考察神韵说是有积极意义的。

"神韵说所概括的诗歌之美到底是什么呢?如果用一句话来概括的话,就是一种缥缈悠远的情调或境界。"②这缥缈情调或境界形成的现实原因是什么?笔者认为原因一是家族书画文化的影响,二是家族宗教文化的影响。

王士禛家族是一个诗、文、书、画俱优的家族,族人中亦不乏书画名家。"时方伯公以遗老居田间,自号明农隐士,阖门谢客,亲教诸孙,颇及声律之学。尝邀从弟洞庭(象咸)饮。洞庭工草圣,有张颠之风。酒阑,诸孙竞进乞书。方伯公把酒命对句曰:'醉爱羲之迹。'山人在傍应声曰:'狂吟白也诗。'二公皆大喜,赏以名人书画。"③清初新城王氏士字辈中除三王之外,如王渔洋堂兄王士誉,举人出身,通诗文,工书法,山水花鸟皆称优异。新城王氏士字辈中还有许多俊逸之才,可惜多死于家国之难。尽管如此,在王士禛以后,如王启涑、王启沃、王启大等均成为清代山东书、画名家,可见家族书画文化影响之大。

受家族书画文化的影响,王士禛的书法被誉为具有"晋人之韵",加之自身禀赋,他对艺术的感悟力自然十分深厚。艺术是相通的,张少康先生也认为王士禛的神韵说与南宗画派之间有着十分密切的联系,这与南齐谢赫提倡的"神韵气力,不逮前贤,精微谨细,有过往哲"(《古画品录》)是相通的,与唐代张彦远提倡的"至于鬼神人物,有生动之状,须神韵而后全"(《历代名画记·论画六法》)的诗画思想也是相通的。中国书画艺术的特点是写意而非写实,重在写神,这与神韵说的实质是相似的。王士禛的神韵诗象是写意山水,他以恬淡疏阔的笔触、唯美的山水景致,表达出了清远淡泊、缥缈修远的意韵。

缥缈修远的情调或境界本身就是生命状态的一种表达。神韵诗的宗旨是直切人生之本谛。"空凉清静的世界"与"无限接受的心理感受"促进了王士禛神韵诗歌艺术风貌的形成。缥缈修远的情调直接指向了"禅境"。在我们看来,神韵说与佛教特别是与禅宗有着密切的关联,王士禛宁静超然之审美境界的形成离不开家族宗教信仰的影响。

新城王氏家族极为笃信佛教,新城王氏家族由诸城迁至新城初期就充满传说色彩,"先始祖妣初夫人,诸城人,年始笄,一日,忽为大风吹至新城之曹村。时始祖琅琊公,方为某大姓佣作,未婚,遂作合焉"(《池北偶谈》)。《渔洋山人自撰年谱》亦云:"琅琊公五子,善人最少,性醇谨,事父母诸兄皆得其欢心;尤好施予……乡人呼之曰'王菩萨',而称其家曰'大槐王氏'。善人既多隐德,尝梦神人以冠簪笏囊分布槐枝之上,顾曰:'以报汝。'识者以是卜其后之必大也。"④王之垣的母亲刘太

① 王小舒:《神韵诗学》,山东人民出版社2006年版,第318页。
② 张健:《清代诗学研究》,北京大学出版社2002年版,第432页。
③ 〔清〕王士禛著,袁世硕主编:《王士禛全集》,齐鲁书社2007年版,第5055页。
④ 〔清〕王士禛著,袁世硕主编:《王士禛全集》,齐鲁书社2007年版,第5049~5050页。

夫人笃信佛教，刘太夫人寿九十有余，在王氏家族中有着重要的影响。王之垣也笃信佛教，其著作《炳烛编》中有大量的佛教警语。王之垣曾在新城西南修建白衣观，供奉观世音菩萨。王象乾曾修建万佛堂、白衣观，王象春、王象晋也曾出资建寺。王象晋在明万历三十五年，因重建兴福寺，被乡邑士大夫赞为盛举。而诗人王象春更是将禅的理念纳入到诗歌创作中。到王士禛辈更是将佛教深入自我心灵，如王士禄因磨堪下狱后，王士禛到南京燃灯长干寺浮图以求平安，王士禄回归故里，无复有仕进之意，造十笏草堂，闭门读书，彻夜不息，“昔人忍饥诵经，吾辈骨相穷薄，理固应尔。且时于此中得少佳趣耳”①。受深厚的家族宗教传统的影响，王士禛与僧人极为友善，喜游古刹，多结交僧侣。王士禛在京师时，与盘山和尚释智朴关系最为密切，他曾亲自评点释智朴的《青沟偈语》，释智朴也请王士禛为其集作序，“己巳七夕，予赴京师，诸君饯于禅智寺……因刻《禅智录别》一卷，志一时穷交之谊”（《居易录》）。王士禛同族人先辈一样，喜读禅语，并将禅语引入神韵诗论中。因此家族的佛教信仰对王士禛神韵说的形成有重要影响。

“舍筏登岸，禅家以为悟境，诗家以为化境，诗禅一致，等无差别。大复与空同书引此，正自言其所得耳。顾东桥以为英雄欺人，误矣。”②王士禛将禅的世界等同于诗的世界。他认为，诗悟与禅悟的表现方式和体验方式是一致的，“严沧浪以禅喻诗，余深契其说，而五言尤为近之。如王、裴辋川绝句，字字入禅”（《蚕尾续文》）。以上所说正同当代美学大家宗白华先生“禅是动中极静，也是静中的极动，寂而常照，照而常寂，动静不二，直探生命的本原。禅是中国人接触佛教大乘义后体认到自己心灵的深处而灿烂地发挥到哲学境界与艺术境界。静穆的观照和飞跃的生命构成艺术的两元，也是构成‘禅’的心灵状态”③的论述相合。

王士禛在《古欢录》自序中曾云：“山人官御史大夫，世号雄峻，山人居之澹然，其门萧寂如退院僧。”晚年王渔洋罢官回乡，闭门谢客，撰书立作，在编选《唐贤三昧集》时曾言：“《唐贤三昧》之选，所谓乃造平淡也，然而境亦从兹老矣。”王士禛的晚年，故宫禾黍之情与生命的感伤之情不复存在，其内心也渐趋平和宁静，王士禛此时的心灵已历尽繁华，心性更接近于禅境，诗歌展现出古澹、静穆的艺术风貌，这是对缥缈、修远艺术人生风貌的再沉淀。家族的宗教文化，特别是佛教文化在王士禛的心中扎根、生长，在晚年使神韵之树有了淡寂、平实而厚重之果。

结语

诗、人一致是王士禛的重要特点，“羚羊挂角，无迹可求”。王士禛的诗论如同人生哲学一样令人回味，他在《突星阁诗集序》中言“夫诗之道，有根柢焉，有兴会焉，二者率不可得兼。镜中之象，水中之月，相中之色，羚羊挂角，无迹可求，此兴会也。本之风雅以导其源；溯之楚《骚》、汉魏乐府诗以达其流，博之《九经》《三史》、诸子以穷其变，此根柢也。根柢原于学问，兴会发于性情。于斯二者兼之，又斡以风骨，润以丹青，谐以金石，故能衔华佩实，大放厥词，自名一家”④。这与新城王氏家族的文化传统一脉相承，追求的最终境界是“中和”，它体现的是王士禛诗歌理论中的和谐。山东大学教授周来祥先生也曾指出，王士禛神韵说的提出标志着中国传统和谐诗学的产生与结

---

① 〔清〕王士禛著，袁世硕主编：《王士禛全集》，齐鲁书社 2007 年版，第 2509 页。

② 〔清〕王士禛著，袁世硕主编：《王士禛全集》，齐鲁书社 2007 年版，第 4626 页。

③ 宗白华：《美学的散步》（彩图本），上海人民出版社 2015 年版，第 84 页。

④ 〔清〕王士禛著，〔清〕张宗柟纂集，夏闳校点：《带经堂诗话》，人民文学出版社 1963 年版，第 78 页。

束。

"神韵说"与中国传统文化极为一致,体现着人与自然、社会的和谐。"和谐"是诗人王士禛的审美追求,代表着他的审美理想,代表着他的处世哲学,由此构成了诗人人生境界与审美境界的统一,这与新城王氏家族文化精神是一致的,与中国传统文化精神也是一致的,这也凸显了家族文化对王士禛神韵说的影响。

论何焯的王渔洋诗歌研究

宋红霞*

何焯(1661~1722),初字润千,后更字屺瞻,晚号茶仙,世称"义门先生",江苏苏州人。何焯是"有清一代考据学开风气的学者"①,生平笃志于学,蓄书数万卷,多善本,喜校书,校勘古籍极为矜慎,从不轻易落笔,其所考订,咸有义据,平生校勘、考订、评注之书遍及经、史、子、集,其学术成就主要保存在批校本中。钱大昕曾云:"好事者得其手校本,不惜善价购之。"②经眼并收藏何批本最多的傅增湘先生认为何焯"开乾隆以来考订之风"③。王渔洋(1634~1711)比何焯年长二十七岁。王士禛作为清初诗坛圭臬、康熙朝的文坛盟主,其诗歌在中国古代诗歌史上具有集大成意义,其诗歌理论与创作引起了何焯的关注与研究。

现存文献中,虽然没有何焯与王渔洋之间有往来的文字记载,但是可以断定二人是相识的。康熙四十一年(1702)冬,42岁的何焯由李光地举荐召直南书房,时年何焯的老师韩菼(1637~1704)任礼部尚书,69岁的渔洋任刑部尚书。康熙四十一年(1702)到康熙四十四年(1705)渔洋回乡里居的这三年间,王渔洋与晚辈何焯应该有所了解或接触,他在《香祖笔记》中记载了何焯以及自己的门人汪灏等特赐举人、参加殿试以及特赐庶吉士之事。④

从现存文献及著录情况来看,何焯批校过的诗集近乎贯通前代,然而批校的当朝诗人的诗集并不多见,笔者查阅到的与渔洋相关的有《渔洋精华录》及渔洋编选的《古诗选》。本文拟在考察王渔洋与何焯的交游以及现存批评文献的基础上,分析总结何焯对渔洋诗歌理论与创作的研究成果,探究二人诗学思想的共同之处,并分析其背景因素,以就教于方家。

一、何焯批校渔洋诗集文献考略

现存何焯评点的当朝诗人的诗集中,除冯班的《钝吟杂录》外,笔者所经眼者仅王渔洋的《渔洋精华录》,见于著录的还有渔洋编选的《古诗选》,但此本今不知下落。何焯批校《渔洋精华录》和《古诗选》的文献情况如下。

---

* 作者简介:宋红霞,山东财经大学文学与新闻传播学院,副教授。

① 〔清〕何焯著,崔高雄点校:《义门读书记·点校说明》,中华书局1987版,第2页。

② 〔清〕钱大昕:《跋义门读书记》,见〔清〕钱大昕撰,吕友仁校点《潜研堂集》,上海古籍出版社1989年版,第545页。

③ 傅增湘:《藏园群书题记》,上海古籍出版社1989年版,第624页。

④ 〔清〕王士禛著,袁士硕主编:《王士禛全集》,齐鲁书社2007年版,第4479~4494页。

(一)何焯评点本《渔洋山人精华录》

何焯曾经评点过《渔洋山人精华录》,原手批本今已不存,但是批语保存在了郭汝骢刻本《渔洋山人精华录选钞》以及数种过录本中。

《渔洋山人精华录选钞》,道光甲午年(1834)刻本,半页10行,行21字,白口,左右双边,单鱼尾,共2册,不分卷。署"查初白、何义门两先生评本,山右郭汝骢校刊",页眉刻印查慎行、何焯评语,分别以"查""何"二姓字标注。卷首有吴德旋序,卷尾有郭汝骢的老师陈用光的跋。此刻本复旦大学图书馆、国家图书馆均有藏本。复旦大学图书馆藏本钤有"臣谦印""丁氏益甫"印章两枚,可知曾为近代藏书家丁谦(字益甫)收藏。此复旦藏本吴德旋《序》有残,而国家图书馆藏本较完善,并有朱墨笔圈点。

吴德旋《序》云:"山右郭君得查初白、何义门两太史评选王文简《精华录》本,取其有二家评语者校刊之,原本于二家之评用朱、墨书为别异。"陈用光《跋》云:"余门人山右郭小陶汝骢得查、何两家所评《精华录》,喜而梓行之。"可知此郭汝骢刻本《渔洋山人精华录选钞》仅选刻了有查慎行、何焯批语的渔洋诗篇,而且,郭汝骢所据底本是以朱、墨二色过录查、何批语的《渔洋精华录》,此底本当是康熙三十九年林佶写刻本。郭汝骢所据的批校本并非何焯手批本,而是抄录有查慎行、何焯批语的过录本。至于何焯手批本《渔洋山人精华录》,未查得馆藏、著录、私藏或拍卖方面的信息。

现存的何焯批校渔洋诗的过录本主要有:复旦大学藏董讷夫①批点本《渔洋山人精华录笺注》、山东图书馆藏方功惠批点本《渔洋山人精华录笺注》、上海师范大学图书馆藏本《渔洋山人精华录》等,诸本批语之同异待考。②

(二)何焯批校本《古诗选》

《古诗选》三十二卷,王士禛选录汉代至唐代五言诗十七卷、汉代至元代七言诗十五卷,共收作者约百五十家。《四库全书总目》对王士禛编选的《古诗选》的评价颇高,多次言及,如刘因《静修集》提要云:"王士祯作《古诗选》,于诗家流别品录颇严,而七言诗中独录其歌行为一家,可云豪杰之士,非门户所能限制者矣。"③吴莱《渊颖集》提要云:"士禛《论诗绝句》作于任扬州推官时,而《古诗选》一书,则其后来所定,所见尤深也。"④《御选唐宋诗醇》提要云:"考国朝诸家选本,惟王士禛书最为学者所传。其《古诗选》,五言不录杜甫、白居易、韩愈、苏轼、陆游,七言不录白居易,已自为一家之言。"⑤清闻人倓为《古诗选》作笺注,成《古诗笺》一书,即乾隆三十一年(1766)芷兰堂刻本。何焯、董熜(讷夫)、翁方纲、姚鼐、朱琰、徐渭仁、王庆麟都曾评点过《古诗选》,除何焯评本外,其他诸家评点本均为《中国古籍善本书目(集部)》著录。

王欣夫先生《蛾术轩箧存善本书录》著录了何焯手评本《古诗选》,此本今不知下落,可能已于"文革"间散佚,或为私藏,亦未可知。也未查得有过录何焯批语的《古诗选》传世,因此《蛾术轩箧

① 董熜,初名臣燮,字谓瑄、讷夫,号南江,浙江乌程人。雍正间荐博学鸿词。卒年六十八岁,学者私谥瑞文先生。有《南江诗文集》。董讷夫的外祖父是曹溶,何焯年轻时曾向曹溶问学,为其所器重。董讷夫与何焯有书信往来。《义门先生集》卷六《与董讷夫》中有关于王渔洋《古诗选》与《唐贤三昧集》的探讨。

② 周兴陆:《〈渔洋山人精华录〉批点本提要》,见周兴陆编《渔洋精华录汇评》,齐鲁书社2007年版,第585~595页。

③ 〔清〕纪昀等著,四库全书研究所整理:《钦定四库全书总目》(整理本),中华书局1997年版,第2214页。

④ 〔清〕纪昀等著,四库全书研究所整理:《钦定四库全书总目》(整理本),中华书局1997年版,第2231页。

⑤ 〔清〕纪昀等著,四库全书研究所整理:《钦定四库全书总目》(整理本),中华书局1997年版,第2659~2660页。

存善本书录》是我们目前了解何焯批校本《古诗选》的唯一依据。欣夫先生著录甚详，包括何焯的批校情况、书中钤印及递藏，并将《凡例》部分的批语悉录其中。倘若此本已不存人间，欣夫先生著录的这些内容便是保存下来的何焯《古诗选》批语的唯一资料，是研究何焯对渔洋诗歌理论批评的重要文献，弥足珍贵。①

由欣夫先生的著录可知：(1)何焯以朱、墨二色批校，五言诗以朱笔、七言诗以墨笔，批语于眉端行间，粲然几满，批评深细，用功极深，书法遒美。(2)未批陶诗，可能是何焯别有陶集批本的缘故。(3)何焯对此选本不录绝句之祖《子夜》《读曲》，以及刘祯、张来仪的诗深为不满。(4)对此选本多加抨击，《凡例》尤甚，于渔洋诗论多有驳斥，特别是对渔洋以小说语入诗表示不满，如《凡例》第八条："北周寥寥，仅得子渊、子山。二人之才，一时瑜、亮。"义门批云："《三国演义》烂熟，宜乎《精华录》中，复有《落凤陂吊庞士元》绝句。"(5)此书曾经顾楗(字肇声)、屠钟(字伯洪)收藏。

何焯对《古诗选》评价颇低，除《凡例》所批，其书信中亦曾言及，《复董讷夫》云："新城之'三昧集'，乃钟、谭之唾余。五七言'古诗'之选，又道听于牧斋之绪论，而去取失当，至吴立夫早逝，其诗全然生吞活剥，不合古人节度，取为七言诗之殿，可以知其不越耳鉴，茫无心得，又何足置几案间哉?"②何焯认为王士禛《古诗选》的选诗观受钱谦益影响，然选录元代吴莱(字立夫)诗作为七言之殿，最为失当。尽管何焯评《古诗选》未免过激，然以其近乎遍校前人诗集(如《文选》《汉魏六朝百三家集》《唐音丁签》《唐音戊签》《唐人选唐诗八种》《瀛奎律髓》《中州集》以及诸家别集等)的视野与眼光而言，其《古诗选》评语当自有其独到之处。遗憾的是，除《凡例》在选本去取方面的意见为欣夫先生著录之外，其他三十二卷五七言诗的评语无从得见，但愿何焯手批本《古诗选》仍在人间。

二、何焯对渔洋诗歌创作的评价

《渔洋山人精华录》十卷，最早为林佶写刻本，编定于康熙三十九年(1700)，时年渔洋67岁，已至晚年。王渔洋一生创作诗歌4000余首，他亲自参与了《渔洋山人精华录》的修改编定。《渔洋山人精华录》前四卷为古体诗，后六卷为近体诗，共收诗1694首，足以代表渔洋诗歌的精华。道光郭汝骢刻本《渔洋山人精华录》中的何焯批语比较简略，共130余条，其中似有他人评语阑入。总体上看，何焯对渔洋诗的批评持论中正，无意于指摘其弊，这与其对《古诗选》的驳斥乃至讥诮迥异。何焯评点以论渔洋诗的风格及渊源为主，重在分析渔洋诗歌创作中集前人之大成的模范轨迹，追寻渔洋学习前人的轨迹及其成功、超越之处，其次论及章法、句法、体格、诗意。笔者认为，何焯评点渔洋诗的价值在于对其诗风及渊源的把握，这主要表现在对渔洋诗歌创作阶段性的体认与渊源的论断上，这对于深入了解王渔洋一生的诗歌创作走向不无裨益。俞兆晟《渔洋诗话序》曾引王士禛自述少年宗唐、中年越三唐事两宋、晚年归唐造平淡的学诗历程③，何焯批语则清晰地勾勒出了王渔洋一生的诗歌创作走向及其变化轨迹。

(一)何焯细细寻绎影响王渔洋一生诗歌创作的"王孟清音"，尤其是从早年模拟王孟诗风的明显痕迹到晚年渐趋老成、不烦绳削、无迹可求的清远冲淡诗风的变化轨迹。其实，何焯在评点中指

---

① 王欣夫：《蛾术轩箧存善本书录》，上海古籍出版社2002年版，第335～339页。

② 〔清〕何焯：《义门先生集》，《续修四库全书》本，第1420册，第204页。

③ 〔清〕王士禛著，李毓芙、牟通、李茂肃整理：《渔洋精华录集释》，上海古籍出版社1999年版，第1992～1993页。

出，影响王渔洋诗歌创作的除了王维、孟浩然，还应该包括陶渊明、韦应物、刘长卿等诗风同样清远冲淡的诗人，这些诗人对王渔洋的影响同样体现在他的诗歌中。何焯评价渔洋26岁时所作的《夜经古城作》云“此后渐入韦苏州派”①，对于此年之前的诗作，何焯认为多拟李白诗风或杜甫句法，如评《蠡勺亭观海》云“壮浪恣肆”，评《慈仁寺双松歌赠许天玉》云“逸气卷舒”“遒逸”，并认为这两首诗似李白。何焯对渔洋26岁之后的诗作中学习王维、孟浩然、韦应物的痕迹均一一指出。如评《毗陵归舟》云：“是襄阳得意处。”评《江上读韦诗》云：“极写江天清绝之景，句句为韦诗作衬，故一结便醒。”评《望中条山》云：“摹右丞。”评《白沙江山雪却寄家兄扬州》道：“句句有层次，其味在声色之外，最近开元、大历间人。”此诗近似刘长卿、韦应物诗风。王渔洋受其兄长王士禄的影响，自幼年学诗便由王、孟入门，兼之自身天性中对山水自然的热爱以及游历天下的仕途经历，故其诗歌主题多与山水自然有关，这使得王孟清音对渔洋的影响终其一生。可以说，渔洋对王孟诗风从有意识的继承内化为了一种影响终身的审美要求和创作趋向，经历了中年的越三唐事两宋之后，渔洋晚年的诗歌创作重归唐音，终造平淡老境。在渔洋诗歌创作的“三变”历程中，王孟等人的诗风对渔洋诗歌审美标准的影响具有关键性意义。何焯评价渔洋49岁时所作的《幼华给谏招同愚山健庵大可季角集祝氏别墅》云：“炼而无痕，淡而弥旨，王孟家风。”评渔洋52岁时所作的《峡江县》云：“公晚年诗，尤极和平淡雅，有脱落皮毛之妙；但以严沧浪‘不落言筌，不涉理路’为极则，乃其所蔽耳。”渔洋晚年的诗能达到和平淡雅之境是其继承王孟清音的结果，正如郑方坤所云：“（渔洋）尤浸淫于陶、孟、王、韦诸家。独得其象外之旨，弦外之音，不雕饰而工，不锤铸而炼，气超乎鸿濛之先，而味在酸咸之外。”②可以说，王孟清音对王渔洋的诗歌理论与创作成就产生了十分重要的影响。王、孟清幽淡远的诗作不仅是其阐释“神韵说”的依据，还深刻影响到了他一生的创作走向与诗歌境界。

（二）何焯对渔洋受杜诗的影响阐释深细。何焯曾详细批校过杜诗③，因此一一寻绎了《渔洋精华录》中的学杜痕迹。首先，就五言律诗而言，何焯评渔洋《述旧赠刘公勇吏部》“仿杜”、《阆中感兴四首》“似杜”、《武关寄家书》有“少陵胜处”。评渔洋51岁时所作的《将至桐城》云：“以后诗益变熔炼之习，殆所谓‘不烦绳削而自合者’欤！”评渔洋52岁时所作的《攸镇雨泊》云：“气格清老，极类少陵夔州以后诗。”其次，就七律而言，何焯评渔洋七律诗《汉中府》云：“渔洋入蜀，诗弥雄健，似少陵，而情味萧散，仍有冲和尔雅之致。”渔洋入蜀后所作《蜀道集》，最能见出渔洋受杜甫夔州诗雄健萧散格调的影响。何焯评《和徐健庵宫赞喜吴汉槎入关之作》云：“是老杜气脉，句烹字炼，一气浑成，非老杜不能。”《渔洋精华录》中被何焯盛赞为“一气舒卷，缥缈无际，集中绝唱”的《汉武帝通天台址》也是一首七律。再次，就七古而言，何焯评渔洋《摩崖碑》云：“雄健，可匹少陵。”评《黄子久王叔明合作山水图》云：“参差错落，深得少陵三昧，元虞诸家对此应目眙矣，顿挫绝佳。”评《行经鹊华二山间即目》云：“构法最为变化。今人入其中，迷离不测。视少陵《渼陂行》，异曲同工。”王士禛对杜甫的七言诗尤为推崇，主张七言长句“以杜为宗”，认为七古“惟杜甫横绝古今”，崇尚浑厚雄健的气格，而何焯评其七古正如此。王渔洋中年诗风转变的一个重要特征就是多作七古，刻意追求遒逸苍劲的风格。何焯评渔洋七绝《蟂矶灵泽夫人祠二首》云“沉郁顿挫”，此诗最近老杜。

---

① 以下凡《渔洋精华录》何焯批语，均依周兴陆《渔洋精华录汇评》，齐鲁书社2007年版。

② 〔清〕王士禛著，李毓芙、牟通、李茂肃整理：《渔洋精华录集释》，上海古籍出版社1999年版，第1984页。

③ 详见拙作《杜诗何焯评点本的版本情况及文献价值》，载《杜甫研究学刊》2014年第1期。

（三）何焯批语还揭示了渔洋受晚唐诗歌影响的痕迹。渔洋受晚唐诗歌影响的痕迹主要体现在七言律诗方面。何焯评其七律《题秦淮水榭》云："凄然，似唐季人。"评《送郑郎赴粤西幕府》云："气味在唐季。"何焯认为《荥泽渡河二首》堪比杜牧。何焯尤其强调李商隐对渔洋七律创作的影响，如评《姑苏怀古三首》之一道："以议论化故实，格似义山。"评《晚登夔府东城楼望八阵图》云："论既精切，气亦排奡，极似义山《筹笔》《马嵬》诸作。"可见李商隐咏史类七律在善于议论方面对渔洋影响最著。另外，何焯评渔洋39岁时所作的五律《咸阳早发》云："此公初学《才调集》，后变而为苍老，此种乃近许浑、韦庄风致。"可见晚唐人许浑、韦庄在五言律诗方面对渔洋的影响。

（四）何焯在批语中指出了渔洋中年所接受的宋诗的影响。何焯评渔洋26岁时所作的《慈仁寺双松歌赠许天玉》云："逸气卷舒，遒逸似太白，绝不阑入宋调，此新城七古之佳者。"可见渔洋早年宗唐、不涉宋调的创作情形。何焯评渔洋31岁时所作的《陈生行戏送其年归阳羡》云："脱胎宋人，而调自雅正。"何焯肯定了渔洋36岁时所作《冬日读唐宋金元诸家诗偶有所感各题一绝于卷后凡七首》中的拟黄庭坚、拟陆游诗。评价渔洋39岁时所作的《眉州谒三苏公祠》云："气格全学坡公。"他认为渔洋46岁时所作的《其年简讨见和绿雪之作复遗芥茶一器索赋》模仿了陆游的《对酒》诗，而"茶声正瑽琤，竹影交琐碎"句则"清警似坡公"。何焯评渔洋63岁时创作的《郎当驿雨中二首》其一云"善戏谑兮不为虐兮，言语妙天下"，认为渔洋学宋诗之戏谑而不过分；评其二云"即景见寥落之况，山谷妙境"。由此可见渔洋诗歌创作中年入宋诗，尤其善学苏、黄、陆的阶段性特征。

另外，何焯多以"韵""格"之高下、诗中之"画"意等品评渔洋诗，注重区别渔洋诗中的唐音、宋调，强调"得体"，注重分析渔洋诗的对仗技巧与结法等，兹不一一举例。

三、何焯与王渔洋诗学思想的共同倾向

明清之际的文学批评重视文学的时代意义、社会作用，强调诗文经世致用的目的和提倡批判现实的精神，注重诗歌比兴讽谏的价值，黄宗羲、顾炎武、王夫之、钱谦益堪称代表，本质上体现出了明清易代剧变背景之下的经世致用思潮。清初则积极倡导正统规范的儒家伦理道德和价值观，形成了"清醇雅正"的文学批评观念，推崇雅正而有风韵、冲澹而能蕴藉的诗风，并成为一种时代审美风尚，以王士禛、朱彝尊、赵执信、查慎行等为代表，本质上体现了清统治者的文化政策。明清之际遗民文学的变风、变雅之调向清初"治世之音"的演变，表现为诗坛主盟从"在野"向"庙堂"的转移，这符合清朝统治的需要，影响了康熙一代文人的诗学观念。

虽然王渔洋年长何焯27岁，幼年曾经历易代之痛，但他们都主要活动于康熙鼎盛时期，都曾身居政治中心，得到过康熙帝的赏识，这些经历与他们诗学思想的趋同性不无关系。《中国文学批评通史》云："随着清朝统治的稳定，明清易代之际的沧桑之感、家国之痛在文人中渐趋淡薄，随之而起的是追求温柔醇雅、平和恬淡的盛世之音。王士禛的'神韵'说是康熙年间影响最大的诗歌理论，其主张显然不同于明清之际力求反映现实、抒写性情、标榜慷慨激越风格的文学思潮，转而提倡一种清幽淡远、典雅含蓄的诗风，正是所谓盛世之音的体现。"①可以说，王士禛的"神韵"说诗学理论与诗歌创作倾向鲜明地体现了康熙盛世之音的时代精神面貌，王士禛可谓一代诗坛正宗。程哲在《渔洋续集序》中云："予读《渔洋续集》而叹先生之诗每变而弥上，且每变而弥得其正

---

① 王运熙、顾易生主编，邬国平、王镇远著：《中国文学批评通史·清代卷》，上海古籍出版社1996年版，第258页。

也。……综其梗概，则激昂慨慷之中，恒寓温柔敦厚之意；而雍容揄扬之际，仍不失讽喻之遗焉。”①温柔敦厚而不失讽喻是渔洋诗歌的特点，可谓得传统诗教之“正”，体现了康熙盛世之治对文学创作的时代要求。王渔洋生逢治世，一生服官四十五年，官至刑部尚书，诗风温柔敦厚、明丽博雅，世人有讥其尔雅有余而莽苍之气、遒折之力不及古人者，对此沈德潜以时序分析道：“欢娱难工，愁苦易好，安能使处太平之盛者，强作无病呻吟乎？”②

何焯一生与康熙朝相始终，早年以博学闻名，然先后得罪翁叔元、徐乾学，致使其后潦倒场屋，六试六罢，四十岁后因李光地举荐得以入直南书房，先后赐举人、庶吉士等，得遇康熙隆恩，何焯开始走进政治文化的中心，其文学批评思想自然会倾向于当朝的主流倾向。综观何焯现存的著作，他的思想基本上属于儒家系统。全祖望《墓碑铭》评云：“及其晚岁，益有见于儒者之大原。”③储大文《祭何义门文》云何焯“综厥概略，旁暨琐末，胥克祛俗而正雅，裁伪而崇经”④。“祛俗正雅，裁伪崇经”可谓何焯一生的治学目的，体现了对儒家传统思想的回归。何焯早年吸取了顾炎武、王夫之、钱谦益等人的思想，后又自觉地向当朝统治思想靠拢，其思想呈现出一种兼容性与复杂性。这与何焯的人生经历不无关系，他前期（约四十岁前）深受吴中文化尤其是虞山派思想的影响，后期（约四十岁后）则依附李光地，入直南书房，从而进入清朝的政治中心，深受李光地及文坛主流的影响。何焯的诗学思想总体上与康熙诗坛的主流倾向是一致的，即坚持以儒家思想为主导的传统诗学批评观念，既重视比兴讽谏的艺术手法，又规之以温柔敦厚的雅正诗教。无论是思想倾向，还是诗学观念，都鲜明地折射出了明清之际的社会思潮和康熙盛世的时代风尚。

王渔洋之诗学思想、创作倾向与何焯之诗学批评思想的相同之处主要在于，都强调温柔敦厚而不失讽喻比兴之意，推崇味在酸咸之外。康熙帝所作《御选唐诗序》云：“孔子曰：‘温柔敦厚，诗教也。’是编所取，虽风格不一，而皆以温柔敦厚为宗。”⑤温柔敦厚是康熙帝选诗的审美标准，是康熙朝对诗歌创作与批评的总体要求，体现了封建统治阶级的政治需求。早期有毛先舒（1620～1688）的《诗辨坻》、叶燮（1627～1703）的《原诗》（刊于康熙二十五年），均尊崇温柔敦厚诗教；比何焯小十一岁的沈德潜（1673～1769）更是大力提倡温柔敦厚的诗教，其《说诗晬语》《清诗别裁·凡例》等均于此有论。康熙朝后期，清朝统治稳定，许多诗人的创作及诗学批评呈现出温柔和平的盛世气象，当时诗坛上最有影响力的是王士禛及其倡导的“神韵”说，何焯早年师承的徐乾学曾作《渔洋山人续集序》称扬王士禛的“温厚平易”乃“盛世之音”，王士禛的诗集则是何焯所评点过的为数不多的当朝诗人诗集之一。何焯评渔洋诗多以简明扼要之语指出其诗风淡远、含蓄蕴藉之处。与王士禛并称为“南朱北王”的朱彝尊与何焯交往密切，极为何焯推崇，亦以醇雅为诗歌的最高标准。

何焯《郭鲲溟先生诗集序》云：“近体尤和平温厚，得大历贞元韵味为多。同时朝士有诗声者，或未之能先，益信公陶冶性灵，故有和粹之积焉。……诵其诗以知其人，适无改于平日之和平温厚而已。”⑥何焯褒扬明代诗人郭谏臣的近体诗和平温厚，认为此诗风得益于其性灵陶冶。此序写于康熙癸巳（1713）秋日，何焯时年五十三岁，由此可见他晚年的诗学倾向。对诗人人格与创作“和平

① 〔清〕王士禛著，李毓芙、牟通、李茂肃整理：《渔洋精华录集释》，上海古籍出版社1999年版，第1993页。
② 〔清〕沈德潜：《清诗别裁集》，上海古籍出版社2013年版，第125页。
③ 〔清〕何焯：《义门读书记》，中华书局1987版，第1278页。
④ 〔清〕何焯：《义门先生集》，《续修四库全书》本，第1420册，第271页。
⑤ 〔清〕玄烨：《圣祖仁皇帝御制文集》（第四集），影印文渊阁《四库全书》本，第1299册，第538页。
⑥ 〔清〕何焯：《义门先生集》，《续修四库全书》本，第1420册，第149页。

温厚”的要求几乎在何焯所有的诗歌评本中都有所体现，如评杜甫《宗武生日》云：“《文选》篇篇有理，温柔敦厚作诗，故具有深蕴，妄人自不求精也。”①凡诗意或字句符合温柔敦厚诗教的，何焯往往批云“得体”“体要”“蕴藉”“有味”“味在酸咸之外”等。何焯对前代怨刺讽谕之作的评论，鲜明地体现出了他的诗学思想，即以温柔敦厚的诗教观为主导，提倡讽谕寄兴之作，发挥诗歌反映现实的社会价值。由何焯的评语来看，比兴美刺是实现温柔敦厚诗教而又不失其经世意义的主要艺术手法，何焯称此类蕴含讽谕意的诗为“讽刺体”“刺诗”。何焯结合具体历史事件深入文本推求每首诗的兴寄之意与讽谏之旨，如其批杜诗、批陈子昂《感遇》等。

何焯宗主温柔敦厚诗教，这是其评诗的思想基础与出发点。一方面，他自觉站在维护封建统治者的立场，反对诗中过分地抨击时政与过于直露地自抒牢骚，认为对诗歌的抒情言志要有适度的约束；另一方面，他也非常重视诗歌的讽谕美刺作用，强调比兴手法的运用，主张探求一种含蓄蕴藉、曲折委婉、意在言外的表现途径。何焯的诗学观念与清初以来以王渔洋为一代文宗的主流思潮是一致的。何焯对渔洋诗的评价折射出了其诗学倾向以及康熙诗坛的精神面貌，体现了清初尤其是康熙朝盛世文学的思想特点与批评倾向。

① 〔清〕何焯：《义门读书记》，中华书局1987版，第1204页。

《渔洋山人自撰年谱》里的黯淡身影

——以王与敕与王士禧为例

陈鸿麒*

一、前言

我们会看到一株长在峡谷里的松树跟一株长在高山顶上的松树不一样。它们都是同一种树——松树，但是它有两种生活方式。长在高山顶上的方式与长在峡谷里的方式不一样。松树的生活方式是表达它自己，并在一个环境中塑造它自己的个别性。当我们看到它长在一个与我们所期望的不同的环境背景时，我们认出它的方式，因为这样一来，我们体认到每一株树具有一种生活方式，并且不只是对环境的机械式反应。人类的情形亦然。……正如心灵跟着环境的转换而变化一般。只要一个人处于一个有利的情境底下，我们便不能够清楚地看到他的生活方式。然而，在一个新的情境底下，他面对着困难，他的生活方式就显得清清楚楚。①

前辈学者论王士禛，常言及新城王家科甲之盛。② 新城王氏于明中叶极盛时期，父子兄弟数十人同朝为官，时人称“王半朝”，实得自家族卓越的教育传统。③ 党明德在其主编的《中国家族教育》一书中指出新城王家成功的科举教育有四个非常明显的特点：第一，新城王家整个家族的教育战略以科举为中心；第二，教育资源向整个宗族开放并注重家塾的建设；第三，注重对家塾教师的选择和延聘；第四，制定了一套完善的经典教育体系。④ 由此可见，新城王家极重视家族弟子能否借由科举鲤跃龙门，以维护宗族之兴旺。因此，新城王氏子孙自小莫不背负家族的殷殷期盼，承受

* 作者简介：陈鸿麒，台湾高雄中山大学中国文学系，博士生。

① 〔奥〕阿德勒著，叶颂姿、刘乐群译：《心理与生活》，上海三联书店2010年版，第61页。

② 黄景进指出：“渔洋兄弟的背后仍有一个巨大的家族传统，这个传统逼迫着他们必须在举业中讨生活，所谓‘兴趣’，只是课余之暇的调剂，事实上，从祖父、父亲到母亲都在要求他们认真读书。”参阅黄景进《王渔洋诗论之研究》，台北文史哲出版社1980年版，第8页。严志雄的《王士禛秋柳诗四首新探》以皮埃尔·布迪厄（Pierre Bourdieu）理论中的习性（habitus）论及此传统。严志雄指出：“新成王氏一族的生存目的有一内在逻辑（inherent logic），即登第入仕；此一生命实践代代相传，内化成一习性。”参阅严志雄《秋柳的世界——王士禛与清初诗坛侧议》，香港大学出版社2013年版，第17～71页。

③ 党明德等主编：《中国家族教育》，山东教育出版社2005年版，第480页。

④ 党明德等主编：《中国家族教育》，山东教育出版社2005年版，第481～489页。

着极大的心理压力。如王士禛六七岁学诗①,八岁能诗②,自幼虽被视为神童③,但其在学习上,似也承受着极大的精神压力。其在《香祖笔记》卷九中云:

予童子时,常梦人属对,出句云:"君子有酒旨且多。"予应声曰:"诗人之赋丽以则。"觉而不知所谓,后亦卒无验云。④

日有所思,夜有所梦。幼年的王士禛或许亟欲速成,故在睡梦中依然战战兢兢,不停练习吟诗作对。《渔洋山人自撰年谱》记:

顺治六年己丑,十六岁。布政公(王象晋)课诸孙严,山人与诸兄读书家塾。……频梦有小鸟五色如凤皇,百十其群飞绕左右。又屡梦人赠古墨,嗅之有异香,人以为文字之祥。⑤

王士禛十六岁时,因祖父王象晋课孙严厉,少年王士禛又开始频频做梦。此年做梦皆为吉兆,既有犹如凤凰的羽毛五色鸟频频相伴,又梦人屡赠古墨,皆暗示自己将来可能飞黄腾达。祖父的严厉教导,都只是成功需要经历的过程。总之,王士禛压力大时,常浅眠多梦。这都显示出了早慧的王士禛于成长过程里面临的学习压力。至于资质不如王士禛的王氏子弟,恐怕得承受更大的心理压力。总之,追求诗文卓越、考取功名,已然成为新城王氏子孙无法逃避的重担。

然而值得注意的是,何炳棣在《明清社会史论》中指出:新城王家的举业成绩在第六代极盛期后,开始逐渐没落。新城王家在第六代时,可谓达到科举的顶点,培养了九名进士、一名举人、三名贡生。但王氏家族第七代(王士禛父执辈)仅培养出两名进士、两名举人、两名贡生。⑥ 何炳棣引钮琇的言论,说明王家青年子弟在康熙朝仍需经常面对科举的压力。⑦《觚剩续编》云:

新城王氏自参议公(王重光)而后,累世显秩,家法甚严,凡遇吉凶之事,与岁时伏腊寺庙祭墓,各服其应得之服,然后行礼。子弟名入泮宫,其妇始得易银笄练裙,否则终身荆布而已。膺爵者缨绂辉华,伏牖者襜褕偃蹇,贵贱相形,惭惶交至。以是父诫其子,妻勉其夫,人人勤学,以自奋于功名。故新城之文藻贻芳,衣冠接武,号为宇内名家。⑧

由"贵贱相形""惭惶交至""父诫其子""妻勉其夫"诸语可得知:科考的成功与否,影响着家族成员在家族里的地位。举业一事,为增添家庭荣耀、提升家庭地位提供了可能,同时也给家族成员带来了极大的精神压力,甚至关系着家人彼此的心理距离。据此,本文拟以《渔洋山人自撰年谱》为中心,探讨科举成败究竟如何影响着王士禛及其家庭。

---

① "予六七岁始入乡塾受《诗》,诵至《燕燕》《绿衣》等篇,便觉怅触欲涕,亦不自知其所以然。稍长,遂颇悟兴观群怨之旨。"见〔清〕王士禛著、袁世硕主编《王士禛全集》,齐鲁书社2007年版,第3232页。

② 据《渔洋山人自撰年谱》载王士禛八岁能诗。见〔清〕王士禛著、袁世硕主编《王士禛全集》,齐鲁书社2007年版,第5054页。

③ "山人幼有'圣童'之目,肄业之暇,私取《文选》、唐诗洛诵之。久之,学为五七字韵语。"见〔清〕王士禛著、袁世硕主编《王士禛全集》,齐鲁书社2007年版,第3760页。

④ 〔清〕王士禛著,袁世硕主编:《王士禛全集》,齐鲁书社2007年版,第4670页。

⑤ 〔清〕王士禛著,袁世硕主编:《王士禛全集》,齐鲁书社2007年版,第5057页。此梦境《香祖笔记》记之甚详,其事曰:"予十数岁时,屡梦坐园亭,上有五色异禽,小于鸜鹆,羽毛甚丽,群飞亭中,或集于肩,或投于怀,驯扰不去;又两梦有人赠一奁墨,开之有异香。既觉,为诸兄言之,曰:'此文字之祥也。'"见〔清〕王士禛著、袁世硕主编:《王士禛全集》,齐鲁书社2007年版,第4629~4630页。

⑥ 何炳棣著,徐泓译注:《明清社会史论》,台湾联经出版事业股份有限公司2013年版,第161~169页。

⑦ 何炳棣著,徐泓译注:《明清社会史论》,台湾联经出版事业股份有限公司2013年版,第160~161页。

⑧ 〔清〕钮琇:《觚剩八卷续编四卷》,《四库全书存目丛书》本,第250册,第1页。

二、夙慧的预示

依《渔洋山人自撰年谱》(以下称《年谱》)可发现,王士禛对童年及青少年时期生活的回忆,最重要的不是诗文创作而是准备科考的过程。① 在王士禛的幼年至青少年时期,除十三岁避兵长白、十七岁娶妻外,从八岁到十八岁,《年谱》中的重要大事几乎都与早慧、科举有关。其叙述亦涉及兄弟间的学业状况。王士禛每次回忆起自己的夙慧及科举功名,总提及祖父及其他家人的欢喜之情。《年谱》载:

崇祯十四年辛巳,八岁。

山人幼有"圣童"之目,肄业之暇,即私取《文选》、唐诗洛诵之。久之,学为五七字韵语。时西樵为诸生,嗜为诗,见山人诗,甚喜……

崇祯十七年甲申,十一岁。即世祖皇帝顺治元年。时流贼陷京师,王师入关定鼎,国号大清,改元。

时方伯公以遗老居田间,自号明农隐士,阖门谢客,亲教诸孙,颇及声律之学……酒阑,诸孙竞进乞书。方伯公把酒命对句,曰"醉爱羲之迹",山人在傍应声曰:"狂吟白也诗。"二公皆大喜,赏以名人书画,谓匡庐公曰:"此子必蚤成。"

顺治二年乙酉,十二岁。……

《渔洋文略》云:"予髫时,私为《清明》《憎蚊》二赋,傅公彤臣见之激赏,有过情之誉。"……

顺治三年丙戌,十三岁。高苑贼谢迁寇新城,陷之。避兵长白。……

顺治四年丁亥,十四岁。自长白归里。……

顺治五年戊子,十五岁。夏,出应童子试,被落。……秋,伯兄举乡试。

顺治六年己丑,十六岁。布政公课诸孙严,山人与诸兄读书家塾。

山人兄弟每自家塾归,孙夫人从窗闻履声,辄呼而问之:"儿辈今日读何书?为文章当祖父意否?"命列坐于侧,予之酒食。或读书塾中,夜分不归,则遣小婢赐卮酒、饼饵慰劳之,率为常。兄弟四人每会食,辄谈艺以娱母,夫人为之解颜。……

顺治七年庚寅,十七岁。再应童子试,郡邑提学三试皆第一。提学道钟公性朴,大兴人,明崇祯癸未进士,赏其文似《战国策》。……八月,元配张夫人归。夫人邹平人,祖延登,明万历壬辰进士,历官南京都察院右都御史。父万钟,拔贡,南渡官镇江府推官。

是年,读书水月禅寺。寺在大明湖东北。

顺治八年辛卯,十八岁。应乡试举第六名。……

是冬,山人与西樵同上公交车,每停骖辍轭,辄相倡和。书之旗亭驿壁。②

从《年谱》可以看出,王士禛不断地强调其夙慧备受长辈赞赏。从其八岁能诗,到其十一岁被祖父(方伯公)跟父亲(匡庐公)断定必可早成,并赏以名人书画,皆可见出新城王氏十分重视子孙聪慧与否。因为这不仅关系到子弟未来是否科考有望,甚至还关系到登科中举的时日。王家子弟取得科第固然可喜,但若能早日登第,必更能赢得长辈欢欣。《年谱》引《角巾录》云:

先方伯公有知人之鉴,年九十余聪明不衰,尝语祭酒公(王与敕)曰:"汝诸子皆佳,将来成

---

① 关于王渔洋童年的生活记忆,容本文于后述,此处暂且不表。

② 〔清〕王士禛著,袁世硕主编:《王士禛全集》,齐鲁书社2007年版,第5054~5058页。

进士者三人，某某是也，幼者尤早达。”既而先西樵兄以顺治壬辰，某以顺治乙未，先东亭兄以康熙庚戌，相继成进士，而某得隽尤早，异哉！①

显而易见，科举的成功与否，关系着王氏子孙能否受到家人的重视及疼爱。《居易录》云：

余家与临邑邢太仆子愿（侗）为婚姻，故先祖方伯赠侍郎公得其手迹为多，乱后，尽化劫灰矣。惟《兰亭序》《白鹦鹉赋》（王摩诘）二卷仅存。余兄弟幼时，从先祭酒府君侍坐隅，公顾谓曰：“邢书吾所珍爱，今仅存二卷。汝辈先取科第者当得之，勿负期望！”顺治戊子，先吏部西樵兄举乡试，公喜，以《兰亭》卷赐之。辛卯，余未弱冠，继举，公尤喜，又以《白鹦鹉》卷赐之。②

将祖父赏王士禛名人书画及王象晋将其珍视的《兰亭序》《白鹦鹉赋》赠王士禄、王士禛兄弟二事合而观之，可发现，除了辛卯年时，礼物益发贵重。王士禛还提及因自己尚未弱冠，便已中举，更让祖父王象晋欢喜异常。就此而言，科考的胜利与否及其取得的速度，亦影响着王家长辈对子孙的态度。

三、《年谱》中父亲的不言而教与母亲的谆谆教诲

值得注意的是，王士禛接受教育的过程与其科举任官的经历深深影响了其年谱的撰写。王士禛在《自撰年谱》言父亲“不言而教”，母亲贤良淑德。二者在形象上对比显著。《年谱》记录了母亲教诲的举措以及她在孩子们心中的地位及影响力。王士禛之父王与敕在《年谱》里展现的德行，则多半与孝行以及延续家族传统有关。《年谱》记载了顺治六年，王士禛十六岁于家塾读书时，母亲（孙宜人）的关爱疼惜之情③；还记载了顺治十七年，王士禛二十七岁赴扬州就任时，母亲送别时的临别赠言，希望王士禛扬州当官，能顾念前朝旧情。《年谱》载：

顺治十七年庚子，二十七岁。赴扬州，匡庐公就养偕行，三月到官。

山人赴广陵时，孙夫人送之渑上曰：“汝少年为法吏，吾惧之，然扬，故尔祖旧游地也。其务尽职守，以嗣前烈。”山人受教而行。

八月，充江南乡试同考试官。……

九月，病归扬州。

山人在闱中得疾，危甚。东亭闻之，兼程至扬州，为治药裹。三阅月始痊。有《羼提轩病中漫兴》诗。④

从《年谱》来看，父亲在教导王士禛方面，多保持沉默。十六岁时如此，二十七岁王士禛赴扬州就任时，教导王士禛为官之道的还是母亲。当时，父亲王与敕（匡庐公）虽就养偕行，但九月王士禛

---

① 〔清〕王士禛著，袁世硕主编：《王士禛全集》，齐鲁书社2007年版，第5060页。关于渔洋成进士的时间，有两种系年，一者系于顺治十五年戊戌，即渔洋二十五岁通过殿试那年；一者系于顺治十二年乙未，即渔洋二十二岁中会试那年。据刘兆瑸先生云：“（会试通过）只能称贡士，不能称进士，大清会典载明不能紊乱。”则似当以前者为是。不过，如前引文，渔洋是以中会试那年就称进士的，《香祖笔记》亦云：“予以顺治十二年乙未登第。”王掞之《王公神道碑铭》乃应渔洋长子启涑之请撰写的，亦称“乙未成进士”。《年谱》又载，叔兄东亭于康熙九年“举礼部，成进士”，甚至惠栋亦称其祖父惠周惕中会试为“成进士”，可见当时有以中会试成为进士的习惯，因此，今清史列传亦称渔洋于顺治十二年成进士。参阅黄景进《王渔洋诗论之研究》，台湾文史哲出版社1980年版，第12～13页。

② 〔清〕王士禛著，袁世硕主编：《王士禛全集》，齐鲁书社2007年版，第3930～3931页。

③ 前文已引“山人兄弟每自家塾归，孙夫人从窗闻履声，辄呼而问之：‘儿辈今日读何书？为文章当祖父意否？’命列坐于侧，予之酒食。或读书塾中，夜分不归，则遣小婢赐卮酒、饼饵慰劳之，率为常。兄弟四人每会食，辄谈艺以娱母，夫人为之解颜”。〔清〕王士禛著，袁世硕主编：《王士禛全集》，齐鲁书社2007年版，第5057页。

④ 〔清〕王士禛著，袁世硕主编：《王士禛全集》，齐鲁书社2007年版，第5064页。

于闱中病危，是三哥王士祜（东亭）前来照顾，《年谱》中并未得见其父之迹。但有意思的是，在《诰封朝议大夫国子监祭酒先考匡庐府君行述》里，母亲与三哥的角色被父亲取代了。《诰封朝议大夫国子监祭酒先考匡庐府君行述》（以下简称《先考匡庐府君行述》）载：

庚子二月，不孝士禛之官扬州，府君谓曰："汝年少为吏，且李官也。民命系焉，慎之，慎之！吾将视汝。"是岁八月分较南闱，闱中得危疾，已在死法。府君顾复鞠育至废寝食，凡三阅月而有瘳。呜呼，痛哉！欲报之德，昊天罔极，虽废蓼莪，其能须臾忘哉！①

此处，王士禛虽说不敢或忘，但很明显的是，王士禛（或者说连同惠栋等补注者）未将《先考匡庐府君行述》里的内容放入《年谱》之中。《先考匡庐府君行述》又云：

不孝士禛官扬州五载，府君日以钦恤为训，不孝受命唯谨，幸免陨越，皆府君教也。②

按：王士禛自顺治十六年谒选得扬州推官，顺治十七年（庚子）才赴扬州就任。康熙四年内迁，才离开扬州。故《先考匡庐府君行述》言王士禛至扬州为官，受父亲之教，任内幸而无咎，应为顺治十八年事。《年谱》载：

顺治十八年辛丑，二十八岁。在扬州。……是年，户部侍郎叶成格、刑部侍郎尼满驻江宁，谳海寇陷宣城、金坛、仪真诸大案，罗织问官，监司已下死者甚众。山人所谳，皆于良善力为保全，奸宄率置反坐。而独获无咎，有天幸焉。

先是，海寇犯江上宣城、金坛、仪真诸邑，有潜谋通贼者。朝命大臣谳其狱，辞所连及，系者甚众。监司以下承问，稍不称指，皆坐故纵抵罪。山人案狱，乃理其无明验者出之，而坐告讦者。大臣信其诚，不以为忤。全活无算。③

我们于《年谱》所记王士禛十六岁至二十八岁之事中，未见其父教诲。《年谱》仅载，顺治十年，王士禛二十岁时，与父母诸兄日夜侍奉祖父；顺治十七年，王士禛赴扬州之初，父亲就养偕行。有意思的是，相隔两年后，母亲孙宜人至扬州就养，王士禛在《年谱》里却记载了母亲的教导。《年谱》载：

康熙元年壬寅，二十九岁。在扬州。正月，第三子启汸生。……

母孙夫人就养至扬。

山人居官公正严肃，不畏强御，每疑谳重狱，据案立决，牍无留滞。时失出法严一事，被部驳辍，至镌级。孙夫人因谓山人曰："人命至重，汝但存心公恕，升沉非所计也。"山人奉命，多所平反。④

梅尔清曾指出祖父王象晋与母亲孙宜人对王家兄弟教育的影响。⑤ 而从王士禛所作的其他诗文中也可看出，教导王士禛兄弟的重责大任实际上的确是落在了祖父和母亲身上。因此，王家兄弟对祖父和母亲的感情也特别深厚。父亲昔日数困场屋⑥，或许限于学力，或许是因王象晋不放心，总之，王与敕在举业上似乎未能对王家兄弟多加指导。即使不涉举业，如诗歌古文辞，其父亦

---

①② 〔清〕王士禛著，袁世硕主编：《王士禛全集》，齐鲁书社2007年版，第1677页。

③ 〔清〕王士禛著，袁世硕主编：《王士禛全集》，齐鲁书社2007年版，第5065～5066页。

④ 〔清〕王士禛著，袁世硕主编：《王士禛全集》，齐鲁书社2007年版，第5068页。

⑤ 梅尔清也曾观察到此现象。他认为王士禛家中的教育，由祖父支配，并且认为其母受过教育且对王士禛兄弟们的雄心壮志颇为支持。参阅〔美〕梅尔清著、朱修春译《清初扬州文化》，复旦大学出版社2004年版，第40页。

⑥ 事实上，早在明亡前，王与敕即"数困场屋"。王士禛在《渔洋山人自撰年谱》中述之甚详。见〔清〕王士禛著、袁世硕主编：《王士禛全集》，齐鲁书社2007年版，第5052页。

只能笑而不语。《先考匡庐府君行述》云：

府君少工骈丽之文，晚年犹间为之。中岁好为诗，不孝兄弟，间请编录，辄不许，曰："吾偶写怀抱如弦之有音，既弦停音寂，何用留此枝赘为耶！"府君少教不孝兄弟自制举业外，诗歌古文词，纵其涉猎，或以为言，辄笑而不答。然里中称善教者，必推府君。①

表面上《先考匡庐府君行述》解释了王士禛之父（王与敕）独特的不言之教以及其一生为何未能刊刻诗文集传世。然考虑十六世纪以降，中国社会印刷出版市场兴盛的状况及明清两朝稍有名目之人几乎皆有诗文集传世的状况②，此处王士禛言其父不欲留下任何诗文的想法显得十分特异。而王士禛在《先考匡庐府君行述》里的记载，在《年谱》中也未得见一字，此事亦颇值深思。

四、行状非史，年谱多录"出处进退"

"行述"本为旌扬死者而写，体例有褒无贬。"行状"与碑铭一样、碑志一样，目的是替传主歌功颂德。《文章辨体序说》云："按行状者，门生、故旧状死者行业上于史官，或求铭、志于作者之辞也。"③

《文体明辨序说》曰："按刘勰云：'状者，貌也，体貌本原，取其事实。先贤表谥，并有行状，状之大者也。'汉丞相仓曹傅胡干始作《杨元伯行状》，后世因之。盖具死者世系、名字、爵里、行治、寿年之详，或牒考功太常使议谥，或牒史馆请编录，或上作者乞墓志碑表之类皆用之。而其文多出于门生故吏亲旧之手，以谓非此辈不能知也。其逸事状，则但录其逸者，其所已载不必详焉，乃状之变体也。""'述，撰也，纂撰其人之言行以俟考也。'其文与状同，不曰状，而曰述，亦别名也。此体见诸集者不多……"④

据《文章辨体序说》《文体明辨序说》可知，"述"与"状"同，行述为行状之一体，行状为铭志之前身。由于墓志、碑表作者不一定与死者相熟，故死者亲朋、旧友有时会先撰述行状、行述，言其轶事，以供作者参考。就此而言，行状、碑志实与史之要求互有异同。⑤ 宋代曾巩在《寄欧阳舍人书》中即指出：

夫铭志之著于世，义近于史，而亦有与史异者。盖史之于善恶无所不书，而铭者，盖古之人有功德材行志义之美者，惧后世之不知，则必铭而见之。或纳于庙，或存于墓，一也。苟其

---

① 〔清〕王士禛著，袁世硕主编：《王士禛全集》，齐鲁书社2007年版，第1678~1679页。

② "仆居闲，偶想起宇宙间有一二事，人人见惯而绝是可笑者。其屠沽细人有一碗饭吃，其死后则必有一篇墓志；其达官贵人与中科第人，稍有名目在世间者，其死后则必有一部诗文刻集，如生而饭食、死而棺椁之不可缺。此事非特三代以上所无，虽唐汉以前亦绝无此事。幸而所谓墓志与诗文集者，皆不久泯灭，然其往者灭矣，而在者尚满屋也。若皆存在世间，即使以大地为架子，亦安顿不下矣。"见〔明〕唐顺之：《荆川先生文集》卷六，明万历元年纯白斋刻本，第35b~36a页。

③ 《文章辨体序说》，见〔明〕吴纳等著《文体序说三种》，台湾大安出版社1998年版，第62页。

④ 《文体明辨序说》，见〔明〕吴纳等著《文体序说三种》，台湾大安出版社1998年版，第106~107页。"从内容来说，行状文也就是传记文，但由于行状文的用途不同，因而它与一般的传记文比较起来，往往有两个特点，一是它叙述人物的生平事迹，比较详尽，篇幅较长；二是传记文可以有褒有贬。而行状文则有褒无贬。其所以较详，这是因为它本有为写传、写墓志提供原始数据的意思；所以有褒无贬，是因为它本是为旌扬死者而写的。"参阅褚斌杰《中国古代文体概论》，北京大学出版社1990年版，第425页。

⑤ 如果说，重视和阐发《史记》的文学性是宋代传记文学理论及批评研究的一个重要成果的话，那么，对碑铭、行状等散传的写作进行具体而深入的探讨则是宋代传记文学理论及批评的又一重要成果。参见陈兰村主编《中国传记文学发展史》，语文出版社1999年版，第281页。

人之恶,则于铭乎何有?此其所以与史异也。其辞之作,所以使死者无有所憾,生者得致其严。而善人喜于见传,则勇于自立;恶人无有所纪,则以愧而惧。至于通材达识,义烈节士,嘉言善状,皆见于篇,则足为后法。警劝之道,非近乎史,其将安近?及世之衰,为人之子孙者,一欲褒扬其亲而不本乎理。故虽恶人,皆务勒铭以夸后世。立言者既莫之拒而不为,又以其子孙之所请也,书其恶焉,则人情之所不得,于是乎铭始不实。①

历来传状、碑铭、自序等作品,多被视为散传,意同于史。② 但曾巩指出铭志非史。曾巩指出铭志足以供后人效法、警劝,此功能虽颇近于史。然史传善恶皆书,铭志之作则只记功德、材行、志义之美者,目的是让死者无憾、为生者得荣。就此言之,则与史异。又为人子孙只想褒扬先人,即虽恶人亦务求铭志以夸后世。因此,这类文体虽是以史笔为之,但要求执笔者征实无诬,不仅困难,亦与人情不合。台静农指出:

史笔这一渊源,分为两大支流,一是碑传文,一是传奇文:传奇文重创造不重写实,碑传文则重写实不重创造。但事实上并不如此,碑传文除了碑主的郡望官秩生卒尚可征信外,其品德行为没有不被加以藻饰夸张的。蔡邕始以复笔为之,影响所及,延续了六百余年,继之者韩愈以单笔为之,延续以至清一代的桐城派,又有一千多年。这一文体,虚而不实,原是装(妆)点死人的工作,而竟延续了一千六七百年之久,由此又可以看出中国社会的性质和风尚了。③

台静农此说颇有见地。以史笔作文,易使读者误以为其文无诬信实,然作者以史笔为之,仍可能虚妄不实。台静农指出碑传文对传主的涂抹装点与唐传奇的虚构性质,并无二致。李祥年在《传记文学概论》中曾将人物传记依笔法分成:叙述性传记、评述性传记、颂德式传记、谱表式传记、自传五种。④ 李祥年说法之特殊处在于将"颂德性"史传独立出来,将之视成具有独立功能的文体。李祥年指出:

(颂德式传记)这些写作形式虽然被视为"传体",然而其旨归都不在传记人生——展示写作对象的人生面貌与性格形象,而纯粹只是为歌颂褒美已逝者的德行。由于这些文体所称颂的对象往往属于统治者阶层的成员或有一定社会地位的人,且作者大多受命或有偿之作,所以这些写作形式在对传记对象的生平评价与德行表彰中,往往不吝溢美之辞,且不乏违心之言。⑤

大体而言,昔日读者相当理解诔、颂、碑、铭此类文章乃为传主颂德之用,故亦多能了解此类文体的溢美笔法。至于年谱,章学诚说:

年谱之体,仿于宋人,考次前人撰著,因而谱其生平时事与其人之出处进退,而知其所以为言,是亦论世知人之学也。⑥

按章学诚之说,宋人年谱之体可谓与官职相关,年谱不仅载其生平行事亦录其"出处进退"。

---

① 〔北宋〕曾巩:《寄欧阳舍人书》,见《元丰类稿》卷一六,台湾世界书局1963年版,第3~4页。

② "散传,指一人一传,但不单独成书,以单篇流行,或散见于各家文集中的个人传记。此类传记产生于汉代,兴盛于魏晋南北朝时期,唐宋以后历代都有大量创作,成为古代传记文学创作的主要体裁。……散传,包括传状、碑铭、自序等作品。魏晋南北朝时期的散传以'别传'居多。别传,指正史和家谱以外的单篇个人传记。"参见陈兰村主编《中国传记文学发展史·前言》,语文出版社1999年版,第7~8页。

③ 台静农:《论碑传文及传奇文》,见《什么是传记文学》,台湾传记文学出版社1985年版,第227页。

④ 李祥年:《传记文学概论》,安徽文艺出版社1993年版,第41~62页。

⑤ 李祥年:《传记文学概论》,安徽文艺出版社1993年版,第52页。

⑥ 〔清〕章学诚著,仓修良编注:《文史通义新编新注》,浙江古籍出版社2005年版,第557页。

李祥年也指出：

> “年谱”是“谱牒”这一古老的人物生平记事形式在后代的发展。它按照严格的编年顺序逐次条列谱主由生至死这一生命过程中所发生的每件大事及所取得的每项重要成就——包括官职的升迁、著作的发表、环境的变化等等。因此从一开始出现，“年谱”便具备了其传人纪事的传记文学意义。①

据此可知，官职升迁、著作发表、环境变化等都是年谱记录之重要项目。换言之，宋人以降年谱之体，传主应以有功名仕宦者为之，一般人不需特书年谱行世。故年谱在笔法、内容、侧重点上，均与碑传文体略有不同。总之，有官衔、著作流传之人，才有撰述年谱之必要。而“行状”则是人人可有，其写作目的主要是让死者无憾、为生者得荣，故即便曲笔回护，亦在情理之中。

职是之故，王士禛在《先考匡庐府君行述》中将其父塑造为教导、照顾子女的美好形象，与其父在《年谱》中的无足轻重、黯淡存在，便可获得理解。或许，古代年谱的撰写体例，本就要求对求学之路以及其他与科考功名相关的事迹多所着墨。因此王士禛在撰写《年谱》时，对母亲的谆谆教诲、获得功名之事及与士禄、士祜兄弟的情谊详加描述，对科考失利的父亲及仲兄士禧描述较少，或许是受限于文体之故。但王士禛未刊刻父亲诗文一事，或许并非如《先考匡庐府君行述》表面所述“言其父不许”如此简单。

五、家庭风暴

正如前文已言：中国自16世纪以降，明清两朝稍有名目之人几乎皆有诗文集传世。故刊刻诗文集，已成当时流行风气。事实上，因王士禛未整理刊刻二哥王士禧之诗集，还引起过一场家庭风波。

王士禛兄弟中，仅王士禛于晚年自撰年谱。长兄王士禄登科虽早，本欲亲撰年谱，奈何无暇为之，已然仙逝。王士禛《书先考功兄年谱后》云：

> 右先兄《西樵先生年谱》一卷，士禛忍涕叙述，什得五六。盖先生尝欲自为之而未暇，以为谱之作，先生志也。痛念先生生平言行信于家庭，无间于乡党僚友，此谱多未及详。……士禛迷罔之中，略次生平出处如左。世有史笔……或传之《独行》，或录之《文苑》《儒林》，庶几九原可作，死且不朽。②

傅扆云：

> 呜呼，此先长兄《西樵先生年谱》也。向先生与诸弟言，每叹朝露奄忽，拟自叙述纪岁月。祜因谓，先生属词隋宕，刻画之工当不减司马子长，自叙亦相赏在文笔间耳，敢计及桑榆逼人耶？乃未几而先生病，病辄不起。恸哉！恸哉！季弟（王士禛）承先生志，哭泣之余，辄濡泪和墨，凡阅廿余日撰为此谱。于先生处处大节，记之颇详。每与余一灯相对，苦忆先生生平阅历夷险一致之节，而胜情远致，往往想见于挥麈蜡屐之间。虽神理绵绵，而风流顿尽，不禁泣下沾襟也。③

傅扆（1604～1674），山东新城人，山西道监察御史，与新城王家相知相熟。从上述傅扆之言可知，此《王考功年谱》是王士禛撰写二十余日后，再与其一一鉴核而来。傅扆回忆他与王士禛每每

---

① 李祥年：《传记文学概论》，安徽文艺出版社1993年版，第54页。

② 〔清〕王士禛著，袁世硕主编：《王士禛全集》，齐鲁书社2007年版，第2520～2522页。

③ 〔清〕王士禛著，袁世硕主编：《王士禛全集》，齐鲁书社2007年版，第2522～2524页。

一灯相对，苦忆王士禄一生阅历夷险，由此便可看出王士禛于此谱用力颇深。不仅如此，王士禛在兄长王士禄过世后，更编订刊刻《考功诗选》。蒋寅在《王渔洋事迹征略》中指出：王士禛编订《考功诗选》（附年谱）后，屡寄书信托请施润章亲撰墓志铭。① 后王士禛又寄西樵年谱与尤侗，请为撰诔文。② 总之，长兄王士禄过世，王士禛不断为王士禄奔走，刊刻诗文以为不朽。《考功集序》云：

先兄考功平生诗不减二千余篇，已刻者曰《表余堂集》，曰《十笏草堂集》，曰《辛甲集》，曰《上浮集》。海内耆宿论之详矣。杜于皇以为扫绝依傍，期于亲见古人。孙豹人以为取法少陵，稍出入于康乐、东坡之间。……盖诸公之论云然。而先生尝题襄阳诗曰："鱼鸟云沙见楚天，清诗句句果堪传。一从时世矜高唱，谁识襄阳孟浩然！"其微旨所寄如此。

予往撰《感旧集》，既援《箧中》《中州》二集，附录季川、敏之两元之例，以先生诗终卷，今二十五年矣。适刻东痴、萧亭二家诗于京师，乃复择先生诗什之二三，次为四卷，并刻以传。仍取诸公品藻之语，略为序述，以俟论定。或曰："子独无言可乎？"曰："不敢也。"无已，则举坡公所云"出新意于法度之中，寄妙理于豪放之外"以评是诗，其亦无溢美尔矣。③

王士禄平生诗不下二千余篇，其诗文已刊刻甚多，其作品早已名扬四海。但王士禛似仍不满足，如其刊刻《感旧集》，便以长兄之作压卷。此番王士禛再刻《考功集》，乃因适逢其刻东痴、萧亭二家诗，故又趁此良机，复择选长兄诗篇请诸公评点，以利兄长诗作传于后世。此中流露的兄弟之情，溢于言表。《书先考功兄年谱后》曾言："不孝士禛与先生为兄弟四十年矣，抚我则兄，诲我则师，真有如子由所云云者。"④

王士禛《抱山堂诗序》载：

予兄弟少读书东堂，堂之外青桐三，白丁香一，竹十余头而已，他无所有。人迹罕至，苔藓被阶，纸窗竹屋，灯火相映，咿唔之声相闻。如是者盖十年。长兄考功先生嗜为诗，故予兄弟皆好为诗。⑤

对王士禛而言，"抚我则兄，诲我则师"。王士禄在王士禛心中的地位，可谓长兄如父，相较于父亲王与敕的"不言之教"，其距离何止道里？王士禛屡言兄弟嗜诗乃受长兄王士禄之启蒙，即可看出王士禛对长兄教导的感激。而王士禛屡为长兄王士禄刊刻诗文集之举，更看出王士禛对长兄与其他兄弟感情的差异。

王士禄过世后，约莫十年，叔兄王士祜于康熙二十年（1681）因怪疾逝世。然王士禛却于王士祜殁后十二年，才为其诗文集作序。《古钵集序》云：

古钵山人诗一卷，凡为古今体百篇，山人母弟士禛所编录。于是距山人之殁十二年矣。……幼沉默，寡言笑，读书好深湛之思，为文章刻深窈杳，不取悦时目。初与其弟士禛同学诗于兄考功氏，常夜雪集东堂，同和《辋川集》，山人得句云："日落空山中，但闻发樵响。"考功惊叹。游吴兴，与宋荔裳、严武伯、叶元礼诸名胜共赋五言诗成，诸公阁笔，以为孟襄阳"微云淡河汉"之比。吴江计甫草论之曰："三王并著诗名，西樵、阮亭早达，故声誉易起。若东亭之才，讵肯作蜂腰哉！"世以为笃论。

---

① 蒋寅：《王渔洋事迹征略》，人民文学出版社2001年版，第207页。

② 蒋寅：《王渔洋事迹征略》，人民文学出版社2001年版，第206页。

③ 〔清〕王士禛著，袁世硕主编：《王士禛全集》，齐鲁书社2007年版，第2015～2016页。

④ 〔清〕王士禛著，袁世硕主编：《王士禛全集》，齐鲁书社2007年版，齐鲁书社2007年版，第2522页。

⑤ 〔清〕王士禛著，袁世硕主编：《王士禛全集》，齐鲁书社2007年版，第2016页。

山人年二十二贡入太学，逾壮乃得第。中间以帖括废诗，不为者十数年，庚戌后稍复为之，多幽忧傺侘之语，亦削稿不录，故存者什一耳。山人既殁，士禛搜箧中遗文，率取零简败楮书之，丛残黕黦，如数百年故物，手扃鐍之不忍视也。已而，携之东粤，携之京师，历十年，始启箧，稍次第之为一卷。嗟呼！人琴俱亡。昔人所叹以山人之才，而所存于世者，厪如此。悲夫！①

据王士禛《古钵集序》所述，王士祜自小沉默寡言，不喜言笑，于读书写作上较有棱角，故其文不随流俗取悦时目。② 士祜虽说身困场屋十余年，及第之时已年三十二。然王士禛再三强调时人认为“三王并著诗名”。③ 其言下之意是士祜的才气不逊兄弟，亦说明了士禛对叔兄士祜诗文的敬意。只是有意思的是，既然如此，王士禛为何迟至士祜殁后十二年，才编录其诗文集？王士禛的回答是：一方面士祜曾为科考，放弃诗文一事，作品本就稀少。加之科考不顺，即有所作，也多为侘傺失意之语，故被王士禛删削不录，能用者仅为十分之一。加之，士禛整理士祜遗文时，不忍卒视其作，故携之十年才重启箱箧。④

刊刻诗文以垂不朽，在书香世家本为极重要之事。王士禛积极地为伯兄、叔兄刊刻诗集而忽略仲兄士禧诗作的行为，终于引起了士禧儿孙辈的不快与忧虑。《抱山堂诗序》载：

辛巳，予请急归田。一日，坐带经堂，兄子启溶、孙兆郯泣而请曰：“季父刻世父、叔父两公之诗，既卒业矣。吾父有诗数百篇，久沉翳箧中，顷始缮写，可以观览。惟季父图之。”予枨触而悲，暇乃择三之一刻之，与《古钵》同附《考功集》之后以传焉。⑤

王士禛一生为友人刊刻诗文甚多，将仲兄士禧作品付梓绝非难事。然王士禛迟迟未为兄长刊刻诗文，此事颇耐人寻味。辛巳年为康熙四十年（1701），王士禛六十八岁，距离康熙三十二年（1693）王士禛作《古钵集序》已相隔八年。启溶、兆郯的确是经过了漫长的等待，以致满腹委屈。启溶、兆郯之泣诉，绝非无由。然值得注意的是，若无启溶、兆郯之泣，王士禧诗文恐怕亦难有付梓之日。《仲兄礼吉墓志》云：

时长兄以诗倡于家，故兄弟皆嗜诗。兄所刻《抱山诗集》凡二卷。尝和月泉吟社五十余章，多警策，未及锓梓，今其稿不知犹存否？间为小词。尝视不肖于广陵，过露筋祠题壁云：“女郎遗迹秦邮路，晚凉门外青枫树。石竹响空祠，萧萧三两枝。可怜呜咽水，斜日西风里。

---

① 〔清〕王士禛著，袁世硕主编：《王士禛全集》，齐鲁书社2007年版，第2017～2018页。

② 王家兄弟个性各有不同。王士祜性格上沉默寡言，不喜谈笑，长兄王士禄则是早熟，不事嬉戏，举止言行俨然是个小大人。王士禄的性格可参见〔清〕王士禛著、袁世硕主编《王士禛全集》，齐鲁书社2007年版，第2495页。

③ 王士禛言王士祜生平，一再提及三王并著诗名之事。如《赐进士出身先兄东亭行述》载：“乙未长兄与不肖同上公车，兄亦廷试入都，海内名流投纻赠缟，论交甚众，一时有三王之目。……友人计甫草著论云：‘吾友济南三王，西樵、阮亭以早达，故声誉骤起，以叔子之才，岂肯作蜂腰者哉？’”见〔清〕王士禛著、袁世硕主编《王士禛全集》，齐鲁书社2007年版，第1689页。

④ 士祜之死，实为王士禛生命里的一段伤心往事。因为八月廿八是王士禛生辰。当天，王士祜还与王士禛说说笑笑。没想到才隔一天，士祜突然身体不适。原本只是呼吸不顺，横膈疼痛。短短两天间，病情加剧至丧失视力、听力，以至撒手人寰。《赐进士出身先兄东亭行述》云：“自癸丑七月，先长兄西樵死孝，弹指九年，思畴昔家庭风味，渺然不可复得。今年叔兄视不肖京邸，聚首甫半载，示疾二日，遽成永诀，变生仓卒，呼吁莫及。……八月廿八日，不肖生日，兄对客谈笑竟日，廿九日晨会食忽气逆膈痛，目不见物，移晷稍间，而气滞如故。九月朔日延医诊视，谓肝火，投以凉剂。不肖疑不可用，兄不见听，是夜四鼓遂不救。呜呼，痛哉！病二日，无死法，胡为而至此极耶！”见〔清〕王士禛著、袁世硕主编《王士禛全集》，齐鲁书社2007年版，第1686～1689页。

⑤ 〔清〕王士禛著，袁世硕主编：《王士禛全集》，齐鲁书社2007年版，第2017页。

那更感人情，估船吹笛声。”毗陵邹程村爱之，取入《倚声集》。少好金石篆刻，老亦弃去。盖兄平生任达，多漫兴，大抵类此。①

墓志铭体例本为死者旌表，王士禛此处言二哥王士禧和月泉吟社诗，多警策之作，其词曾被收入《倚声集》，当是称赞王士禧诗词颇有佳作。然而由此序可知，王士禛写此铭时，既不清楚王士禧诗稿是否留存，也未询问家人其诗稿存放的状况。但王士禛非常清楚王士禧早年的金石作品于老时已弃，并指出此乃王士禧平生任达、个性漫兴所致。然值得说明的是，王士禧实有诗稿留存。正如本文前述所言，《抱山堂诗序》既未隐讳王士禛本无意为兄刊刻诗集，更揭示了此书乃子侄辈为父祖（王士禧）泣求得来之事。

事实上，王士禛与仲兄的关系较为疏远。从王士禛较少单独寄诗予二哥王士禧也可看出端倪。从王士禛《落笺堂集》《渔洋诗集序》《渔洋集外诗》《渔洋续诗集》《蚕尾诗集》《蚕尾续诗集》等作品中，可发现以王士禧作为主要赠诗对象的作品极少。目前笔者所见仅有《岁暮再赴京仲兄因怀叔兄子侧》《感怀西樵、东亭两兄寄礼吉仲兄》《送家兄礼吉归济南兼寄子侧》三篇。又王士禛写给王士禧的诗，通常是一并赠予其他兄弟。② 据此可知，在王士禛年谱里，王士禧身影黯淡，与王士禛极少单独写诗给王士禧实有共通之处。

六、年谱中王与敕的空白

当然，文本映照出来的，绝非真实的人生。文字书写的，也有可能全为尽幻设语。未写出来的不代表并不存在。王士禛与王士禧兄弟间的感情，虽然不一定非要依靠诗歌赠答表现，但王士禛与王士禧二人诗文往返的情况的确可反映出二人较为疏远的关系。其次，王士禛在《抱山堂诗序》中言其在王士禧数百篇作品中仅选三分之一刻之，亦可见出王士禛对王士禄、王士禧诗文态度的差异。至于王与敕不欲刊刻诗文的想法，若考虑王与敕在诗歌古文辞方面对子女们的“不言之教”，则不欲之说恐为王士禛为父之妆点语。据此可知，王士禛对于“文学”一事有所坚持，即便亲人欲求声名以求不朽（如启溶、兆郯为其父王士禧央求一事），王士禛枨触而悲，但于诗文集刊刻仍不无谨慎。故王渔洋自撰年谱里，王与敕、王士禧身影黯淡，实有其意义。王士禛之子启汧于《渔洋山人自撰年谱跋》云：

右先君年谱一卷，自著于康熙乙酉，未几而忽婴痒症，时作时辍，故丁亥以下乃病中口授，

① 〔清〕王士禛著，袁世硕主编：《王士禛全集》，齐鲁书社2007年版，第2259页。

② 如《落笺堂集》收有《留别家兄礼吉、子侧》《都门感怀寄徐东痴家，子底、礼吉、子侧诸兄》《和子底兄晴雪明湖寓目之作并寄礼吉、子侧两兄济上》《舟中怀家兄子底、子侧京师》；《渔洋诗集》有《夏日同家兄礼吉、子侧过先伯父侍御公东园》《秋暮与家兄礼吉、子侧小饮有怀》《雨夜与礼吉、子侧共宿》《用皇甫司勋九日怀兄弟韵寄家兄礼吉、子侧》《天宁寺夜宿留别家兄并呈礼吉、北山领兄》《渑水上留别家兄太液礼吉、子侧》《珠湖风雨怀家兄西樵、礼吉、子侧》《怀家兄西樵、礼吉、子侧作》《立春日寄司勋兄时兄归自江南兼示仲兄叔兄》。值得注意的是，虽然王士禛极少与仲兄士禧以诗文互赠，但他常写诗给长兄王士禄与三哥王士祜。《渔洋诗集》有《送家兄西樵之莱州》（三首）、《怀家兄西樵海上》、《登瓜洲大观楼见月怀西樵》《九日怀西樵先生》《作家书后戏题纸尾寄吏部西樵给事北山两兄》《白沙江上别家兄西樵赴金陵》《真州有怀家兄西樵》《瓜步道上感成寄西樵先生》《和西樵古风八首》《枕上闻雁怀家兄二首》《舟中即目寄招西樵先生》《奉酬西樵先生阁夜闻鹤垂示之作》《送家兄西樵游黄鹤山》《海陵重赴雉皋武林使行再寄西樵》《立秋后雨中言怀寄家兄西樵于广陵》。又《渔洋诗集》有《山中寄子侧时阻雨浒墅舟次》《送家兄子侧归里同舟至淮阴即次作》（六首）、《清江浦雨子侧别后作》（三首）、《沈家渡晚泊忆子侧已至宿迁》《长至后五日送家兄子侧归里》《京口怀家兄子侧》《喜闻家兄子侧捷报》《白沙江上别家兄西樵赴金陵》（四首）。参阅〔清〕王士禛著、袁世硕主编《王士禛全集》，齐鲁书社2007年版。

不肖辈书之。……痛念先君自婴痒症之后，苦不堪言，不肖辈从旁窃视，精神大减，至庚寅初秋，变为疡症，呻吟床褥，其苦更甚。会歙中程君圣跂（哲）友声（鸣）昆仲，以书来征先君平生诗文，汇为全集，镂板以行。先君呼不肖辈曰："余所著诗文，每欲删繁就简，合为一集付梓，未果。顷门人程氏昆仲之请，甚惬余怀。"因于病次置各集于枕旁，命不肖查检朗诵，详加去留。力疾编次，共九十二卷，颜曰《带经堂集》。①

王士禛于康熙乙酉自撰年谱。康熙乙酉即康熙四十四年（1705），王士禛时年七十二岁。可惜没过多久王士禛即罹痒症，两年不到，至丁亥年（1707）后，撰述年谱的工作只能依靠王士禛口述，由子孙记之来完成。王启汧指出王士禛身体开始发痒后，精神大不如前。庚寅年（1710）王士禛的皮肤开始红肿溃烂，辗转难眠，苦不堪言。② 加之疝气宿疾，二十余年常不定时发作，已然日薄西山之象。③ 即便如此，生命已近终点的王士禛，对文字仍是一丝不苟，坚持致力于年谱与自己诗文集（《带经堂集》）的编纂。或许在人生的最后阶段，说出自己一生印象最深刻的大事，并留下最重要的诗文作品，让声名不朽于天地之间，是王士禛最后的心愿吧！

《渔洋山人自撰年谱》对王与敕的简略记事亦可作如下分析。正如前文已言，此或因文体所囿。宋人以降的年谱撰写着重记录传主一生的德行、科考、功业出处。与科考、功业、德行无关的人事物，自然无足轻重，不必多费笔墨。故对家中教育王士禄、王士禛兄弟最力、影响最为深远的祖父与母亲详而录之。而王士禄、王士禛兄弟彼此相知相惜、相互扶持的情感亦充分体现于年谱中。然更加值得注意的是，父亲王与敕在子女的成长过程中似时常不知所踪。《王考功年谱》载：

崇祯十年丁丑，先生（王士禄）年十二岁。

方伯公致其政归，先生侍行。先生性至孝，自髫稚在父母前不敢作抑搔欠伸状。礼部公（王与敕）④谓太夫人（母，孙宜人）⑤曰："儿何无孺子态？"太夫人曰："吾稔知儿。儿盖泥古者，儿心则孺子矣。"⑥

或许正因王士禛兄弟从小就由祖父及母亲教养，所以王与敕对王士禄颇为生疏。王与敕对十二岁的王士禄竟会如此老成，颇感诧异。因此询问妻子为何孩儿全无孺子之态。知子莫若母，孙宜人说："我深知儿子只是好古泥古，其实内心还是个小孩。"王士禛《诰封宜人先室张氏行述》又云：

己亥予谒选人，得扬州府推官。明年庚子三月之任，先慈以幼妹将婚不果行，惟家严就养官舍。宜人承欢顺旨，虽一衣一食勿弗躬亲者。⑦

《渔洋山人自撰年谱》仅记王士禛于顺治十七年（1661）三月赴扬州，父亲随即就养偕行，并未说明母亲为何在两年后，即康熙元年（1662）五月才与家人同聚。而在《诰封宜人先室张氏行述》一文中，王士禛为了凸显母亲与妻子张氏的美德，反而透露了当年父亲未于家中为幼妹主婚而独留

---

① 〔清〕王启汧：《渔洋山人自撰年谱跋》，见〔清〕王士禛著、袁世硕主编《王士禛全集》，齐鲁书社2007年版，第5107页。

② 王士禛晚年可能罹患糖尿病。糖尿病患者症状常感觉疲劳，皮肤发痒，溃烂，伤口不易愈合。王士禛几乎都有。

③ 〔清〕王士禛著，袁世硕主编：《王士禛全集》，齐鲁书社2007年版，第5016～5017页。

④ 《王考功年谱》载王与敕当时，被敕封礼部仪制清吏司员外郎。见〔清〕王士禛著、袁世硕主编：《王士禛全集》，齐鲁书社2007年版，第2493页。

⑤ 太夫人即孙宜人，王士禛母，康熙刻本作"母太夫人"。见〔清〕王士禛著、袁世硕主编：《王士禛全集》，齐鲁书社2007年版，第2495页。

⑥ 〔清〕王士禛著，袁世硕主编：《王士禛全集》，齐鲁书社2007年版，第2495页。

⑦ 〔清〕王士禛著，袁世硕主编：《王士禛全集》，齐鲁书社2007年版，第1691页。

母亲处理幼妹婚事的内情。王与敕弃幼女大婚不顾，急与王士禛同往扬州，此事实甚为难解。扬州到底有何魔力①，让王士禧、王与敕先后赴之②？《王考功年谱》又载：

顺治十八年辛丑，先生年三十六岁……

十月，过里省觐太夫人。除夕有诗，云："那能不对屠苏喜，客里椒花已六年。"时礼部公在扬州，先生诗又云："南云遥祝意何如？几岁春风问起居。"③

王与敕在扬州期间，似乎乐不思蜀。顺治十八年过年亦未返乡与妻子一家团圆，反而是王士禄回家侍奉母亲，并且写诗一首问候父亲起居。

当然，王与敕还有许多行为也让王家子孙颇为费解。如《王考功年谱》载：

康熙二年癸卯，先生年三十八岁……

是岁，礼部公始为先生及诸弟析匕箸。先是先生兄弟既皆受室，礼部公屡以为言，先生辄曰："兄弟同气，离析易也，合并难也。今幸父母年盛壮，儿辈差不忧饥寒，何忍及此？宋李文正公数世，至二百余口同居共爨，凡田园禄赐所入，悉与共之。寿张张氏以九世，浦江郑氏以十世，彼何人耶？"礼部公、太夫人感其言而止。至是，以诸子宦游南北，遂析箸。④

王士禄三十八岁时，父亲王与敕不知何故，屡屡提出分家之议。王士禄以为此时父母俱在，兄弟亦不忧饥寒，遂加以反对，望父亲收回成命。怎奈，分家之议最终还是在王与敕的主导之下，得以实现。

王与敕此举，颇让人侧目。在中国传统的宗族社会里，多限制分财别居，表彰多代同居。⑤一般而言，家庭是宗族的一部分，维持家庭凝聚一直是中国传统宗族社会追求的目标。亲子分爨别居，多源于家庭成员的矛盾甚至冲突，也多半由子孙主动提及。⑥就此而言，身为家中长辈的王与敕执意为子女分家的举措，实匪夷所思。王士禄劝诫父亲兄弟异爨后，再合实难，询问父亲"何忍及此"。又举宋李文正公、寿张张氏、浦江郑氏诸家提醒父亲，此时分家绝非新城王氏家族之幸。

---

① "根据1675年的《扬州府志》，17世纪晚期的扬州是一个令人感到颇为愉悦的地方，其风景十分适合娱乐休闲。文人菁英在扬州聚会，并对他们的聚会进行描写。他们组织诗社，成员既包括当地居民、官员，也包括到扬州的避难者、云游学者及游宦。""万历期间，扬州模仿苏州发展成为有众多酒肆、茶肆、妓院的奢华市场。事实上，在扬州修建娱乐场所似乎就是从万历初年开始的，这与扬州商业发展及官宦往来及赞助增多有关系。作为清初恢复的一部分，人们开始新一轮的娱乐场所兴建，而且加大了修建的力度。面向全国精英在城市间争夺地位的文化建构，既是清初在地域和制度方面最重要的一个现象，也是决定城市由明代向清代转型中经济因素的表现。"参阅〔美〕梅尔清著、朱修春译《清初扬州文化》，复旦大学出版社2004年版，第6页、第33页。

② 值得一提的是，扬州之行，王士禧比父亲更早出发。顺治十六年十二月他便已抵扬州。《王考功年谱》云："顺治十六年己亥，先生三十四岁。在莱州。秋八月，迁国子助教，便道省觐于家。十一月，同礼吉赴京师。时士禛谒选人，得扬州府推官，共居处者月余，十二月，士禛将之扬州，礼吉复与偕行。"虽然王士禧清至康熙五年丙午（1666）才正式放弃科考。但在顺治十六年这年，士禧十一月先随士禄同赴京师，并在京师西宅与士禛相聚月余，十二月又与士禛同去扬州。见〔清〕王士禛著、袁世硕主编《王士禛全集》，齐鲁书社2007年版，第2500页。

③ 〔清〕王士禛著，袁世硕主编：《王士禛全集》，齐鲁书社2007年版，第2501～2502页。

④ 〔清〕王士禛著，袁世硕主编：《王士禛全集》，齐鲁书社2007年版，第2503～2504页。

⑤ 分互异财多是子孙的愿望或主动行为，因而受惩罚的也多是子孙。按照唐律，子孙分家若是由祖父母、父母主导，则这些尊长也要遭受惩罚。及至明清，法律上仍不鼓励子孙分家，但父母主导或认可的分家，并不受法律追究。《大明律》有"凡祖母、父母在而子孙别立户户籍，分财产者，杖一百"，但"须祖父母、父母亲告，乃坐"的规定。清代律例虽同意父母主动为子女析分财产，但不可别立户籍，否则处以杖刑。《大清律例》载：祖父母、父母在者，子孙不许分财异居。此谓分财异居，尚未别立户籍者，有犯亦坐满杖。其父母许令分析者，听。王跃生：《中国传统家庭合与分制度考察》，载《社会科学》2013年第7期。

⑥ 王跃生：《中国传统家庭合与分制度考察》，载《社会科学》2013年第7期。

七、家族荣光与成员压力

事实上,明清之际新城王氏的奋斗目标,即维持家族荣光。传统上,维持家族兴旺,又系于科举。因此,要成为新城王氏家庭的贤孝子孙并不容易。王氏子孙承受的心理压力应当极大。他们的压力既来自家族平辈间的竞争比较,也源于长辈的关切。而且这种巨大的精神压力还会一代传一代,父执辈无法完成的,子孙还得继续承受下去。新城王氏子孙承受的庞大科举压力,从家族人员的言谈中即可看出。从王士禛的笔记作品里,可常看到家中长辈对儿孙辈的殷切期盼。《池北偶谈》卷五载:

高祖忠勤公,一日拥诸孙膝上。时伯祖太师公象乾、方伯公象坤、光禄公象蒙,皆方七八岁。公戏问太师曰:"汝将来中第几?"应曰:"第二。"问方伯,曰:"第一。"问光禄,亦曰:"第二。"公喜。其后方伯中嘉靖甲子解元,光禄隆庆丁卯、太师隆庆庚午,皆第二人,如其言。四伯祖孝廉公象泰,癸酉亦第二人。其后叔祖户部公象斗,翰林公象节,中丞公象恒皆以戊子。先祖方伯公象晋以甲午、叔祖考功公象春以癸卯,相继乡荐,皆成进士……①

王士禛的记载表明,新城王氏第六代长辈们的成就太过辉煌,使得后来的王氏子孙也被期待走在相同的道路上。② 但从另一方面来看,如果家族成员的表现不符期待,其遭受的心理压力与伤害,恐怕是个人心灵不可承受之重。王士禛《诰封宜人先妣孙太君行述》又云:

甲申以后,方伯公(王象晋)以遗老居田间,伯父侍御百斯公殉甲申三月之难,两伯父曲江公、寿三公又先卒,惟家君朝夕侍子舍。方伯公忧门户中落,常为不孝兄弟言高曾以来,堂构嗣续之难,或至流涕。母谓不孝等曰:"尔祖耋耋,日望汝曹成立。汝曹下愚耶,吾无望焉尔。汝曹幸知读书,不至自暴弃,当及尔祖无恙,各自树立,慰老人暮景。傥无所及,即吾与尔父受万石之养,悔可追耶?"因泣下,呜呼! 痛哉! 此言犹日在不孝等胸臆间也。③

王象晋共生四男,分别是与龄、与胤、与朋、与敕。此文载甲申之变时,王与胤与妻子于氏、其子士和同时殉难。④ 与龄、与朋亡故后,仅余王士禛父(王与敕)随侍王象晋。⑤ 然王与敕明亡前即屡试不第,明亡后虽应诏赴太学,后径归而去,不取功名。故王象晋忧门户中落,绝非无因。在王象晋心中,能否延续家族荣光实关系重大。易言之,新城王家在明清之际,已濒凋零。王与敕既然已选择不仕,王象晋只能把希望寄托在诸孙身上。王象晋常对王士禛兄弟言:"高曾

① 〔清〕王士禛著,袁世硕主编:《王士禛全集》,齐鲁书社2007年版,第2933~2934页。

② 王士禛留予后人藏于家塾的笔记《池北偶谈》,亦常记各家族兴旺事。如《池北偶谈》卷一即录有兄弟九列、父子尚书、父子同时显贵、父子宰相、父子尚书(另一条)、昆山徐氏三及第、全椒吴氏兄弟、父子学士、兄弟学士、长州彭氏二及第。可见,长辈对王家子孙的期待,一直影响着王氏一脉。见〔清〕王士禛著、袁世硕主编《王士禛全集》,齐鲁书社2007年版,第2823~2828页。

③ 〔清〕王士禛著,袁世硕主编:《王士禛全集》,齐鲁书社2007年版,第1681~1682页。

④ 张明主编:《王士禛志》,山东人民出版社2009年版,第58页。

⑤ 崇祯五年壬申(1632),李九成叛明降清,破山东一郡五县,新城被抄劫一空。王氏家族与新城官员300余人或战死,或被戮,此即辛未之难。辛未之难时,王象复、王与夔一同率众守城,城破后,双双被俘,不屈而死。崇祯十五年壬午(1642),王士禛9岁时,清军再犯新城,遭到新城居民的顽强抵抗。王氏家族殉难40余人,此即壬午之难。当时王氏家族如王象随、王象益与妻子孙氏同殉官舍,王与朋与其子王士熊、士雅父子三人,王士璇及其二子、王与纬二夫人(毕氏、李氏)及王与能夫妇等,皆殉难。仅壬午之难中,王氏第七代即有18人死,第八代也有15人死难,第九代王启淳亦是不屈而死。崇祯十七年甲申(1644),王士禛11岁,王与胤与妻(于氏)及其子(士和)同时殉难,此次殉国有5人。见张明主编《王士禛志》,山东人民出版社2009年版,第57~58页。

以来,堂构嗣续之难,或至流涕。"不仅说明了维持家族兴旺的困难,也表现了王象晋对士字辈的殷殷期盼。总之,明清易代之后,新城王氏殉难数十,成员凋零,难以为继。祖父王象晋、母亲孙宜人常为此,深恐家道中落,故频频叮咛。于是,能否科举及第,成为王士禛兄弟共同的压力。

然而,读书、考试成功与否,除努力之外有时亦需依靠禀赋、才性。前文已言,王士禛凭靠自己的夙慧、用功,让自己在家中的地位扶摇直上。王士禛亦备受长辈疼爱、赞赏。至于不善读书者,则会受到长辈的忽视、冷落。王士禛《角巾录》载:

先方伯公有知人之鉴,年九十余聪明不衰。尝语祭酒公曰:汝诸子皆佳,将来成进士者三人,某某是也。幼者尤早达。既而先西樵兄以顺治壬辰,某以顺治乙未,先东亭兄以康熙庚戌,相继成进士,而某得隽尤早。①

王与敕明明有子四人。但祖父王象晋很早就看出将来能成大器者,大概只有三人。所以,二哥王士禧就算在家中再如何地活蹦乱跳、生龙活虎,但若从科举功名的角度望去,长辈眼中永远只有士禄、士祜、士禛三兄弟。以科举及第与否评定个人价值的高低,不仅在家如此,外出亦如是。对王士禧而言,他永远只是一个黯淡、沉默的存在。王士禛《仲兄礼吉墓志》载:

丁亥,学使蠡吾吴先生蕃之较士济南,拔长兄冠军,而兄名第三,其文相颉颃,名益噪。戊子,长兄得隽,兄被放。自时厥后,岁科试,必拔鳌弧先登,而锁院辄报罢。自乙酉迄丙午,凡九踏省门,卒艰一遇,而兄意亦倦矣。是时长兄与不肖士禛皆列仕籍,叔兄东亭有名公车,独兄浮湛诸生间。每学使者按临,稔知兄名字,辄呼问:"西樵无恙乎? 东亭、阮亭无恙乎?"兄出而叹曰:"吾与兄弟少共砚席,名相甲乙。今兄弟皆得稽古力,而吾犹与诸年少东涂西抹,趋走辟咡于使者之前,耻孰甚焉!"丁未,遂弃诸生游太学,不复踏省门矣。②

王家四兄弟中,二哥王士禧仅比长兄王士禄小一岁。王士禄为顺治十二年(1655)年进士,王士禛亦在三年后即顺治十五年(1658)登上进士之阶。两人分别在三十四岁与二十五岁时取得功名。得进士最晚的王士祜,"王士祜三十九岁,康熙九年(1670)才得进士",亦早有文名。顺治十一年(1654)秋,王士祜科试第一,乡试后拔贡入国学。顺治十二年(1655),王士禄应殿试,王士禛应会试,王士祜亦以廷试入都。然而,正因王士禧的兄弟们,个个出类拔萃,考起试来王士禛还如有神助,连做梦都能梦到神仙泄题。③ 屡试不第的王士禧,再也无法承受这般精神压力,终于在丁未年,也就是康熙六年(1667)放弃了科考之路。

其实,王士禧的人生并非一开始即如此不顺。王士禧在清顺治四年丁亥(1647)与长兄王士禄的成绩尚差距不大。考场上,士禄夺冠,士禧得了第三。不料自清顺治五年戊子(1648)开始,仅间隔一年,王士禧的人生从此便走了下坡路。清顺治二年乙酉(1645)迄清康熙五年丙午(1666)九次考试,九次落第,这使得士禧心力交瘁、顿生疲态。故王士禧最终放弃科举,绝非偶然。他对自己

① 〔清〕王士禛著,袁世硕主编:《王士禛全集》,齐鲁书社2007年版,第5060页。

② 〔清〕王士禛著,袁世硕主编:《王士禛全集》,齐鲁书社2007年版,第2257页。

③ 顺治八年辛卯,予年十有八,一日读书倦而假寐,梦神人告曰:"汝知今科闱中题乎? 乃'子曰惟仁者能好人能恶人'也,《诗经》题乃'维清缉熙,文王之典'。叩其余,则不应。"及八月入闱,首题果符所梦,颂题则"圣敬日跻";及八月入闱,首题果符所梦,颂题则"圣敬日跻";及明年壬辰会试,颂题,乃"维清缉熙"二句也。予中是科举乡试第一,旋改第六。壬辰下,第而先兄吏部登进士。神所告乃予兄弟乡会试首尾二题也。见〔清〕王士禛著、袁世硕主编《王士禛全集》,齐鲁书社2007年版,第4629~4630页。

的人生或许早已不抱期待。身于极度重视科举的家庭，士禧放弃科举，无异于放弃了新城王家的整体意志及家族对自身的期待。①

总之，王士禧面临的心理压力极其巨大。心理学家玛丁·塞利格曼(Martin Seligman)曾指出人类在长期挫折、失败之下会习得无助感。而习得无助感者与忧郁症患者有许多接近之处。② 王士禧终其一生不能废杯酌，虽不知是否与之相关。不过，士禧与同样在科举之路屡屡踬仆的父亲王与敕同是酒友，极喜杯中物，倒是颇值得注意。

《仲兄礼吉墓志》载："兄少号名饮，晚岁颇减，然不能废杯杓。"③《仲兄礼吉墓志》云："盖自癸丑迄乙丑，十余年间，兄无一日不侍司徒公侧。每侍饮，司徒公不命退，虽漏尽参横，不敢退也。"④

王士禧好饮酒的习惯，不知是否是借饮酒来舒缓压力？总之，士禧自年少时便颇有酒力，晚年虽饮酒较少，但在生活中仍是无法离开酒。有意思的是，从康熙十二年(1673)至康熙二十四年(1685)十余年间，其父若欲饮酒，士禧必定随侍在侧，虽至漏尽参横，亦不能退席。王与敕相邀共饮的酒伴除了其子王士禧外，族中子侄同样亦未能及第的王士鹄(字志千，别字太液)亦是平时的酒伴。王士禛《文学太液三兄墓志》曰：

> 癸卯予官扬州，兄往省司徒公，居数月渡江至宣城而返。是后司徒公家居，兄间日必一省视，如王父在。司徒公晚年意忽忽不乐，好饮酒，兄不善饮酒，然兄不在坐，司徒公辄不欢，每饮酒必召兄，漏尽烛跋，未尝以疲氦辄退，如是者余十年。⑤

对王与敕而言，心情抑郁时，他需颓然而醉，有酒相陪。佳节时分，他更想痛快畅饮，酒酣为乐。王与敕有时还会呼朋引伴，以与族中亲戚一同共饮为乐。《先考匡庐府君行述》言：

> 府君平生事亲则孝，从兄则敬。先恭人殁后，室绝侍滕者十余载，教子姓严而有恩。每春秋佳日，辄置酒邀邑中耆旧，如傅侍御彤臣，李京兆仲嘿、徐隐君东痴诸公，小集西堂，道旧故为乐。⑥

王与敕晚年忽忽不乐，以致人生最后的十余年几乎都沉浸在饮酒中。而随侍在侧的王士禧，似乎也感觉到平生不得志。一杯接着一杯的酒，终于成为他们父子俩人生的最后出口。

小结

碑志、行状，可谓是对传主一生的盖棺论定。此类文体实具"表演"(performance)的性质。本文所谓的"表演"即作者为传主建构生前完美的形象，以期让"读者"(也可以说是观看这表演行为的观众)在心中留下关于传主的良好印象。而对中国传记文学的传统而言，传主能够扮演好其所肩负的"社会角色"(social roles)无疑是最重要的。

对新城王氏这个科举世家而言，获得功名的情况，影响着王家成员在家族中的声誉和地位。

---

① 晚明归有光(1507～1571)在嘉靖四十四年(1616)才以六十岁的高龄考上进士，其实王士禧也可以继续考下去。大哥王士禄一直考至三十四岁才中进士。而康熙六年，当时三十五岁的王士祜亦未考取进士(王士祜到三十九岁才中进士)。因此四十一岁的王士禧之所以放弃科举，大概是认为自己不适合走这条路。

② Henry Gleitman著，洪兰译：《心理学》下册，台湾远流出版社1997年版，第672～673页。

③ 〔清〕王士禛著，袁世硕主编：《王士禛全集》，齐鲁书社2007年版，第2259页。

④ 〔清〕王士禛著，袁世硕主编：《王士禛全集》，齐鲁书社2007年版，第2258页。

⑤ 〔清〕王士禛著，袁世硕主编：《王士禛全集》，齐鲁书社2007年版，第1891页。

⑥ 〔清〕王士禛著，袁世硕主编：《王士禛全集》，齐鲁书社2007年版，第1678页。

因为，在宋代以降的宗族社会中，与社会阶层相连的最重要的符号装备就是科举功名。① 何况科举功名是新城王家在易代之际，能否继续维持上层社会地位的关键。就此而言，王士禛的二哥王士禧与父亲王与敕处于困窘尴尬的地位是不可避免的。然而由于每个个体的社会角色是多重的，因此，即便其父王与敕、仲兄王士禧在科举上连连失利，不符合家族的期待，王与敕、王士禧在家中仍扮演着王士禛父亲、兄长的角色，故作为作者的王士禛仍为二位传主建构了符合社会期待的形象。

但正如本文前述所言，在文体写作的规定下，行状、墓志铭主要是表彰传主，歌颂其一生的德行功业。因此多数情况下，读者大多只能看到传主光彩耀眼的人生，很少能看到传主人脆弱、阴暗或其他不完美的部分。然正因为了突显传主高贵的德行，作者有时不免会暴露周边人物的真实面貌。如王士禛为颂扬兄长王士禧的孝行、王士鹄的尊敬长上，便泄漏了父亲王与敕晚年贪杯、深陷饮酒之事。又其歌颂母亲孙宜人的美德时，也透露出父亲有时对家庭疏于照顾之事。

本文发现王士禛在《渔洋山人自撰年谱》中详细记载了祖父、母亲对他的深刻影响以及他和士禄、士祜两兄弟相知相惜、相互扶持的生命历程。由于此年谱为王士禛晚年所作，也就是说，王士禛在他人生的最后阶段，通过书写、口述，将自己一生的过往又仔细地回忆了一次。如果《年谱》里有些人身影黯淡，或许这是王士禛刻意为他们遗留的空白。

---

① 每个文化、国家与社会阶层相连的符号装备并不相同，如〔美〕欧文·戈夫曼(Erving Goffman)在《日常生活中的自我呈现》中所言："也许，与社会阶层相连的最重要的那部分符号装备，是由通过物质财富表现出来的身份象征构成的。在这方面，美国社会与其他社会没有什么不同。但是，美国社会似乎标志着一个以财富为标准的阶级结构的极端例子——这可能是因为，在美国，允许使用财富和经济能力作为身份象征的范围分布更为广阔。而作为另一极端，有时也拿印度社会为例，即不仅社会流动是以种性集团而不是以个体方式出现的，而且表演也倾向于确立注重非物质性价值的要求。例如，最近一位印度的学者指出：种性制度远非是一种其各个组成部分永远固定不变的僵硬系统。流动总是可能发生的，尤其是等级体系的中间层。低种性通过素食、戒酒以及庆典活动和祭神仪式中使用梵语，就有可能在一两代人的时间上升到更高一科学方法的等级。简单地说，低种性似乎经常尽可能地采纳婆罗门的风俗、礼仪和信仰，并接受婆罗门的生活方式，虽然这在理论上是被禁止的……低种性仿效高种性的倾向，在传播梵语礼仪、习俗和达到某种程度的文化同一性方面，都有着非常重要的作用，它不仅遍及整个种性等级范围，而且渗透了印度的整个社会生活领域。"〔美〕欧文·戈夫曼著，冯钢译：《日常生活中的自我呈现》，北京大学出版社2008年版，第30～31页。

地域文化视角下文言小说集《皇华纪闻》的解读

辛明玉*

《皇皇者华》为《诗经·小雅》中君教使臣之诗，据此命名的《皇华纪闻》是清初著名文人王渔洋创作的一部记述作者奉命出使南海祭神途中见闻的文言小说集，内容丰富多彩，叙事曲折生动，文笔雅致洗练，是颇具特色的志人、志怪小说作品集。《皇华纪闻》不但栩栩如生地展现了清初我国地域文化异彩纷呈、枝繁叶茂的丰富内容，而且鲜明印证了地域文化与主体文化源远流长、形散神聚的紧密联系，是我国古代地域文化创作领域的佳作之一。本文试图从写作背景、题材选取、思想内容等方面深入剖析作品的地域文化价值。

一、应时运之佳遇，仰折桂之圣手，《皇华纪闻》具有深厚的地域文化背景

（一）“祭岳、镇、海、渎之神”的文化传统

“祭岳、镇、海、渎之神”的文化传统为作者创作提供了可能性，这种传统本身就是地域文化调和的产物。我国古代皇权至高无上，普天之下，莫非王土，率土之滨，莫非王臣。祭祀“五岳五镇、四渎四海”的传统，是统治者为宣示皇权、巩固统治实施的政治举措，也是一种文化象征。岳镇海渎是从四面八方选出来的，是国家社稷在各个地域的代表，他们各自代表着不同地域的文化，与四方中央相配，与阴阳五行相配，共同拱卫着专制皇权的政治权威。宋以后，五岳、五镇、四海、四渎，皆依时遣使前往祭祀，是国家礼制在地方上的实施。清代凡有“登极授受大典，上尊号、徽号，祔庙，郊祀，万寿节，皇太后万寿节，册立皇太子，先期遣官祗告天地、太庙、社稷。致祭岳镇、海渎、帝王陵寝、先师阙里、先师……巡幸所莅，亲祭方岳。其所未莅者，命疆臣选员遍祭岳、镇、海、渎、所过名山大川。其祭文香帛，遣使自京赍送”①。这种祭祀传统，是我国传统文化的独特现象，充分说明我国传统文化历来重视地理区域格局对文化建设的重要意义。这也使文化建设打上了区域文化的烙印，也为区域文化的繁荣提供了文化发生学意义上的茁壮“基因”。正是这种历久弥新的文化传统，不但为作者的创作提供了素材，也使作者的写作活动有了支撑平台。

（二）国内政治统一

国内政治统一为作者顺利出行提供了契机和保障，也为地域文化的繁荣发展提供了稳定的社会环境。渔洋在《粤行三志》中的《南来志》中云：“康熙二十三年十月十九日，辛亥。上东巡狩，祭

---

* 作者简介：辛明玉，济南大学文学院，讲师。

① 赵尔巽等：《清史稿》卷八二，中华书局1976年版，第2500页。

岱宗，谒先师阙里。先期布告中外，遣官祭岳、镇、海、渎之神。……余以詹事府少詹士兼翰林院侍讲学士有事南海。十三日甲戌，集礼部颁领香帛、祭文……十九日，庚辰，发京师。”[①]这一段文字交代了渔洋祭祀南海的原因是康熙帝东巡祭祀泰山和孔子，并且遣官致祭岳、镇、海、渎之神。翻开清史，会发现这一年和发生于这一年的事件均具有不同凡响的历史意义。康熙二十三年(1684)是清代历史上的一个重要年份。许多清史学者将该年作为清朝实现国家统一，乃至进入“康乾盛世”的标志年份。[②] 此前，清朝一直处于与南明政权和农民军作战的状态，直到康熙初年大规模的抗清斗争才结束；康熙十二年到康熙二十年又发生了“三藩之乱”，波及了大半个中国；之后清廷进取台湾，于康熙二十二年收复台湾，基本实现了国家的统一。所以康熙二十三年可以称得上是海内晏清，又恰逢清朝首个甲子年。清廷决定采取巡狩观风问俗的方式致祭泰山与孔子，以达到歌颂康熙之治太平盛世的目的。祭祀泰山象征着天命所归，表明接续了中国的大一统统治；祭祀孔子则表明接续了儒家的道统。出巡的最大意义在于政治上的象征性。康熙二十三年、康熙二十八年圣祖东巡，皆躬祭岱岳，复诏遣官遍祭岳镇海渎之神祇。据《大清会典中祀》载：遇国家大庆典致祭岳镇海渎，以二品至四品京堂官充使，以礼部太常寺笔帖士赍祝文、香帛。导以伞仗龙旗，取日发京师往祭。当时渔洋担任詹事府少詹士。他此行的目的即祭拜地域性神灵——南海神。他肩负着祭祀地方神灵以拱卫国家社稷这一神圣使命。一行人冒着严寒长途跋涉七十日，于次年二月初八抵达广东广州府海神庙。

(三)我国地域文化的发展繁荣

我国地域文化的发展繁荣为作者的创作提供了文化灵感和史料依据。明清以来区域经济的普遍开发，促进了地域文化的多元发展。人们对地域文化差异和地域传统的认识，随着交通和传播的进步发展而加深。[③] 宋代已开地方修史之风气，正如张国淦在《中国古方志考·叙例》中指出的“方志之书，至赵宋而体例始备。举凡舆图、疆域、山川、名胜、建置、职官、赋税、物产、乡里、风俗、人物、方伎、金石、艺文、灾异，无不汇于一编”。明清两朝，是我国古代社会方志编修史最为辉煌的时期。明代“郡邑莫不有志”，270余年间修成各类志书2892种(比宋元方志的总和还多4倍)；清代在方志编修及方志学研究方面均达到了我国古代社会的最高峰，除出现了像章学诚、戴震、洪亮吉等一批方志学大师外，还编修了各类方志6000余种，数量和种类均为历朝之最。

地方志是地域文化的载体，王渔洋一生都在关注、参与、促进地方志的纂修。他每到一地总是设法找到当地的方志来看，钱穆在《读书与游历》中说“然渔洋又有一秘诀……盖渔洋每至一地，必随地浏览其方志小说之属”[④]，以备写作诗歌和小说的素材。王渔洋充分认识到方志的重要性：“志者，志一方、一郡、一邑之故而已，然其体实昉于经史。”《皇华纪闻》即“多采小说地志之文”。徐乾学奉敕修《大清一统志》，纂修阎若璩闻其称引《皇华纪闻》欲观不得，志之不忘。王渔洋创作的杂著的史料价值为当时学者认可，《皇华纪闻》与《古夫于亭杂录》《分甘余话》均被收进《四库全书》清代笔记性史料丛书。[⑤]

随着中华文化的不断发展，中华文化已经形成了大一统文化背景下、以儒释道文化为核心、多

---

① 〔清〕王士禛著，袁世硕主编：《王士禛全集》，齐鲁书社2007年版，第2601页。

② 常建华：《新纪元：康熙帝首次南巡起因泰山巡狩说》，载《文史哲》2010年第2期。

③ 蒋寅：《清代诗学与地域文学传统的建构》，载《中国社会科学》2003年第5期。

④ 钱穆：《读书与游历》，见《中国文学论丛》，生活·读书·新知三联书店2002年版，第242页。

⑤ 尉迟慧丽、于文斌：《论王渔洋的档案史料意识与实践》，载《兰台世界》2008年第5期。

元文化纷至沓来的格局，这既为中国文化的繁荣开辟了前进的路径，同时也为文化主体提供了全新的创新源泉和视野领域。渔洋南行过程中深刻感受到的各地丰富多彩的地域文化与他渊博的学识与阅历碰撞，一部地域文化的佳作便在此背景下应运而生。

（四）作者的地域文化情怀

作者的地域文化情怀激发了其创作的激情和灵感，深厚的语言文化功底为其创作奠定了基础。渔洋在《居易录自序》中自述："余自束发，好读史传，旁及说部。闻有古本为类书家所不及收者，必辗转借录，老而不衰。"可见王氏对小说的喜爱与重视。虽然自幼年起即喜读小说，但他迟迟没有进行小说作品的创作，而是以诗词作品赢得文坛盛誉。王渔洋具有非常高的文学创作能力。《皇华纪闻》是渔洋的第一部小说作品。正是奉使南巡的特殊经历与多地域文化的相互碰撞，促成了这部作品的产生，并对渔洋之后的文学创作产生了深远的影响。渔洋南巡路途遥远，据伊丕聪先生的《王渔洋先生年谱》考证：渔洋南巡主要经过了今北京、河北、山东、江苏、安徽、江西、广东、海南等地，由北至南，行程几乎贯通中国版图。一路历州过县，阅览山河形胜无数，听闻山水传说颇多，得江山之助，各具特色的不同地域的山水风光、人文地理、历史传说极大地触发了渔洋的创作激情，正如《皇华纪闻》序中韩菼所说："古之大夫德音有九，一曰使能造命，而登高能赋，山川能说，盖亦多得之于役之时，是三者皆史职也。……《皇皇者华》，询度诹谋，状征夫靡及之怀，何其曲至也。"正是由于身在旅途这种特殊境遇下油然而生的孤独感、陌生感才为写作提供了最佳的写作状态，作品与旅行既存在着素材情节等方面的境遇性关系，也存在着想象心灵等方面的催生性作用。① 不同的地域文化一方面提供了无穷的写作素材，另一方面也使作者远离尘世的喧嚣，进入相对沉静的理想思考与写作状态，促使渔洋创作出了那些富感兴、涵气韵的小说作品。那些新异的自然景观、广博的历史传说、奇妙的灵异故事，加上他丰富的才情与生动的笔墨点染，便有了一篇篇叙次井然、气韵生动、文情并茂的好文章。从这个角度说，《皇华纪闻》的产生既是中国地域文化发展的重要体现，也是地域文化发展的结果。

二、兴于云烟杳霭，附于谨严尔雅，《皇华纪闻》荟萃了丰富的地域文化内容

渔洋将沿途所见所闻，结合方志、其他笔记文中的记载，将地方风物、人文历史、神话传说、草木虫鱼等内容熔铸一炉，创作出了《皇华纪闻》。此书题材丰富新颖，正如韩菼所说"道间所经都邑、地理、山川、人物，与夫荒墟伏莽之遗迹，鸟兽草木，非常可喜之奇怪，搜讨捃摭，荟萃风别"，在艺术上达到了"简而足信，质而不俚，兴寄于云烟杳霭之间，而托附于谨严尔雅之义，真有叙事之才"的程度。《皇华纪闻》中的地域文化内容主要包括：

（一）绚丽多彩的自然景观

1. 名目繁多的植物图谱

记录草木虫鱼是古代小说的传统内容。渔洋被称为博物君子。《皇华纪闻》中仅以植物为题的小说作品有30多篇。这些作品有的直书即目，介绍了与中原大地截然不同的植物景观，如《茶树》《蝇树》《鬼画符》《贝吉多树》《药树》《菩提树》《榕树》《铁树》《力竹》《扁豆树》等。作品介绍的植物以南方植物为主，特别是岭南植物占了近四分之三，如：鬼画符是广东山中的一种小树，形状与木兰、紫薇相似，叶子底部有白色的篆文，俗名鬼画符。它的花很小，香气却能传很远，它的枝

① 蒋敏：《"旅途状态"与文学创作》，载《贵州民族学院学报》2005年第5期。

干能驱蚊,而且具有治风寒、吐泻、腹痛等的功效。有的作品是关于植物的志怪小说,如《仙枣》《白牡丹》《五祖寺白莲》《饔杖枫》《节妇柘》等,往往表现出灵异的特点,如:萧县天门寺枣树,每年四月十八日即结实,红如火齐,土人谓之仙枣。再如《白牡丹》写意生寺白牡丹为张七道人按观世音现世所嘱寄植五祖大满禅师生处,移他处则萎。他如元阳观牡丹也是如此,移植则不生。

2. 珍稀奇特的动物传说

如《白凤》《罗浮蝶》《玉鱼》《琵琶蝉》《白蚁》《合木蛇》《鹧鸪》《独鹤》《石马果下马》《诺龙》《金鲫》《义犬》《义虎》《苏溪鱼》《鱼化龙》《海猪》《斗鱼》《郭潭鼋》等十几篇除反映了各地独特的动物品种外,也记录了一些神奇的民间传说。例如《郭潭鼋》写滋阳县西边郭家潭中的大鼋原来是道教张天师的守门人。如《苏溪鱼》写苏溪在万安县北十里,相传苏东坡被贬岭南时曾在此洗浴,溪水里生长着一种奇特的鱼,因而命名为苏鱼。再如《金鲫》写太湖北岸的龙山上有钓鱼矶,罗近溪到这儿来的时候有两条金色的鲫鱼从水中跃出,他亲手在鱼身上系了条红线然后将鱼放回水中。此后罗至则鱼出水面,红丝宛然,他离开鱼就不再出现了。如《独鹤》写一只仅为张元隆一人而舞的仙鹤。这些篇目反映了作者万物有灵的思想,把动物传说与名人轶事结合在了一起。

(二)丰富多元的地域生产生活方式

《粤东节气》云:粤东节气与岭北迥异。予以正月廿七日度大庾岭,已见镬麦。然赣吉间镬麦在四月,与江南北不甚相远。一岭之隔而地气判然如此。又广州二月间已食杨梅、枇杷、梅、李、杏子、王瓜、瓠、茄之属,然皆无香味。正二月间时见萤火,亦异事。《竞渡》写广州民俗崇尚竞渡,并且用白鹤毛、孔雀尾、翡翠毛羽等装饰渡船,互相夸尚。每当斜阳照耀,金碧灿然,非常炫目。《香蕉去毒》写广东地气湿热,患麻风病的人住过的地方人们不敢去住,必须把香蕉树种在院子里,等结了香蕉一两年,认为毒气都被香蕉吸收了,才继续住人。《香山奥》一文虽短却创造性地记录了清初澳门地区中西混居的情况,涉及居民婚嫁、信仰等问题。其他如《鹧鸪》篇反映了岭南的饮食文化,《石器》《簟席》《藤蝙》等篇记录了各地物产,《飓风占》记载的是端州四季气象俗谚。《皇华纪闻》还保存了渔洋对民俗承传情况的考证,如:丧俗所用的舂堂是古代击壤习俗的一种体现,宴会舞蹈浑脱是继承乐府浑脱舞而来的。一部《皇华纪闻》堪称清初各地域多风情民俗文化的橱窗。

(三)具有不同地域特色的山水风光

仁者乐山智者乐水,渔洋由衷喜爱各地山水风光,他少年时曾吟咏过家乡长白山、锦秋湖;他曾于大明湖畔写下脍炙人口的秋柳组诗;扬州为官期间他曾夜登燕子矶,抒发豪情;此番南行途中路经蚕尾山,蚕尾雪景更引发了他无限感慨,他为之心醉神迷,从此以蚕尾为文房、诗文集之名,并托友人画师禹之鼎为其图照留念。渔洋之诗多为山水诗,被称为模山范水、批风抹月。南海陇蜀之行两万余里,五岳得其四,渔洋对自己的山水经历是颇为自满的。他将各地风光美景描绘于《南来》《北归》二志,将含蓄蕴藉的风流吟咏谱写成《南海集》,最后他把沿途收集到的那些光怪陆离、荒诞离奇的山水故事记录在了《皇华纪闻》中。诸如《风穴》《冰钱篆》《胭脂井》《淮南诸水》《海潮》《白马营》《唱歌石》《香泉》《对垒石》《明通卓锡泉》《韩泷》《潮泉岩》篇等都是此类。这些篇目以景物为题,与文体相适应,作者选取的角度或写作的内容多与人事相关,内涵丰富,叙事灵动。

(四)底蕴深厚的地域文化主体

江西吉水是一个人杰地灵、人才辈出的地方,是欧阳修、杨万里、文天祥、解缙等人的故乡。小说《皇华纪闻》有十余篇作品叙及了吉水人物故事。《欧阳氏系籍》篇,借古书记载考证了欧阳修的故籍为吉水,并推论历代名贤或称吉州或称庐陵,皆以郡名非以县名也,欧公之称庐陵以此。《潇泷石》篇，写名为潇泷的河口有巨石，每逢乡里有人高中科甲，石色就会变得绚烂如霞。此地接连不断出了多位状元，有五里三状元之称，是一个非常神异的地理传说。《刘龙山》篇，记述探花刘应秋的祖父、状元刘同升的曾祖刘龙山，早年生活很贫困，一天晚上做梦，梦里有人告诉他"这正是做善事的时候"。做了几次同样的梦，不知道是为什么。过了几天，有几百名饥民抢了官府粮仓，刘龙山对他们宽大处理，说"官不赈，民何尤焉"，救了几百人的命。于是梦中神人赠与他两枚玉笋，预示着他的孙子和曾孙将高中。其曾孙刘同升，字晋卿，《刘晋卿》篇写他中状元前久困公车，只携带《宋史》一书入京赶考，已而状元及第，塑造出了一个恃才不羁的人物形象。作者围绕着吉水状元文化主题记录保存下了不少人物及地方风物传说。这样的例子在全书中还有很多，如《升庵夫人》《潘王二女子》《冯银》《刘懒窝》等。各地诸如长寿的老人、富有才情的女子、道术奇异的道士、医术高明的大夫等也多录入笔下，反映了各地的人杰地灵。渔洋崇古博雅，对地方历史古迹、文物等多做考证，如《鲁连村》写茌平鲁连村相传是义不帝秦的鲁仲连的家乡；《衡方碑》写汶上平原村有伊尹使的后代汉卫尉衡方的墓碑；《箭室》《豫章古镜》《金钟》写的是古代文物；《龙眠山庄》《舒台石》《摩围泉》《鲍明远宅》《三台》《曲江公像》《唤渡亭》《岭南碑刻》《羊城韶石》《张睢阳像》等写的是名人遗迹，这些作品都反映了各地域丰富深厚的人文历史。

三、展多元文化之精粹，发地域小说之先声，《皇华纪闻》具有独特的地域文化价值

（一）展现了强烈的地域观照意识

1. 按照不同地域进行编排

它以所过地域为序进行编排，体式严谨。《皇华纪闻》共分四卷，每卷八十篇上下，每一篇都有题名，这在渔洋小说中是不多见的。小说注重故事的发生地。在醒目的位置或开头或结尾标明人物籍贯、故事发生地，地域观念非常鲜明。文中记事的顺序与渔洋行程路线图完全吻合，由北而南，依次记事，注重选取地方最著名的人事，如鲍照、王安石、特产东阿阿胶、沙床等。

2. 注重不同地域文化的比较

《苹婆树》篇云菠萝庙、海幢寺皆有苹婆树，作花红艳，如妇人履綦。近似木棉。一房有四五实，色味如栗。与青州苹婆名同迥异。《罗浮蝶》云罗浮蝶或言鲍姑裙所化，有绝大者。粤中蝶茧即此丝所织。笼其一逾宿，则有一蝶自至，若相匹偶然。儿子启汸言，吾乡椿、椒树，诸蚕茧蛾皆是大蝶。五色甚丽，匹偶相寻亦然。其翅上有圆镜，曰隔山照。故远近所在，皆能见而觅之。齐鲁间习见，亦不之异也。又在平原道中，见蝶翅下有两带，飘摇如曳长裾然。《鲁连村》写茌平鲁连村相传是义不帝秦的鲁仲连的家乡，之后接着写道吾邑之北近古狄城亦有鲁仲连陂、鲁仲连冢。渔洋将南行途中的见闻与家乡山水人文进行对比，展现出了强烈的地域关照意识。

（二）注重展现地域文化的多元化与主导性的有机统一

中国大地纵横几万里，山水纵横、展延八方，自然神功造化了千姿百态的地理区域；中华民族上下五千年，人杰地灵、思接千载，天地万物哺育了多姿多彩的地域文化。不却四面八方之寸壤，方成中国土地之博大；不择地域文化之细流，乃成中国文化之精深。儒释道文化始终是中华文化的核心，是贯穿中华文化发展的精神主线。以儒家为主导的三教合一的文化信仰在整个南行旅程中都有所体现。《皇华纪闻》鲜明体现了中华文化的精神内核。

1. 忠臣义士孝子节妇是恪守儒家伦理道德的典范。小说《皇华纪闻》对各地忠孝节义人物事迹多有记叙。如《九江忠义》篇："明末左良玉兵叛，东下陷九江。推官余士常，麻城人，日讲学阳明

书院。贼至，冒白刃入其营大骂。贼素闻其名，舍之。日夕悲号，卒于庐山。九江卫经历彭永春，武陵人，吏员也，自誓曰：'我虽微职，受国恩不敢从逆。'大书屏风曰：'九江卫经历彭某死节处。'与子女六人俱自焚。一时死节者：九江卫指挥签书徐行可，母汪氏年八十四，投井死。行可视殓毕，与妻邹登望京门城楼，对缢死。九江卫百户董四民，令妻史、妾姚，及二子俱赴池水死。四民登城大呼，射杀贼数人，自刎死。诸生柳清，具衣冠赴府学泮池死。柳鸿负母遇贼死。李全昌赴阳明祠自缢死，妻孙氏，亦投井死。"事迹非常惨烈。还有《潜山忠孝》《太湖忠义》《郭裕》等篇。《太湖忠义》写会稽人金应元被流贼所执，坚决不跪敌人，慷慨陈词："聚六州铁铸一跪字不成。"《节妇柘》篇写黄梅北山有节妇李氏墓，节妇夫死葬此山，植双柘于墓侧，有牛啮左树五寸，节妇抚柘痛哭，一昔而生，与右齐焉，卒合葬；记叙了一个对丈夫忠贞如一的妇女以苦情感动了柘树的故事。小说把记叙各地重大历史事件、风物传说与展现忠孝节义的历史人物结合起来，展现了各地的人文文化。

2. 书院、佛寺、道观是儒释道文化载体，作品重点关注了各地的文化场所。《风旛语》记光孝寺菩提坛。《飞来像》记端州虎山祖台庵有六祖、灵通使者像，祈祷辄应。《喜峰口精舍》《地藏出泪》《阳居寺》《龙泉庵》等记佛教起于东晋的慧永、慧远、达摩多罗，道教源于三国时的董奉、南朝的陆修静，庐山是佛、道两家在南方的中心等。书院是带有一定学术性的高层次的儒家教育场所。《皇华纪闻》记载了庐山的书院文化，如《东林寺古迹》《义门》《王文成纪功碑》《白鹿洞红鹤》《圣像》《庐山古碑》《白鹿洞山长》等篇。其中《白鹿洞山长》记载了历代白鹿洞书院主讲人的沿革情况，具有文献价值。《庐山古碑》《庐山禅僧》《法王子钵》《铁如意》《宋牒》《斗龙》《李逢吉生郑素》《宋白石》《匡山三隐》集中体现了庐山的佛道文化。小说中那些将神仙道士与地方传说相联系、将佛门弟子与地方名胜相联系的篇目体现了佛、道思想对各地文化的影响。

3. 劝善惩恶、有益教化，作品体现了因果报应的思想理念。王渔洋深受儒释道思想影响，相信因果报应，善有善报，他认为积德行善是为后世造福，这是佛家的果报思想，而行善的方式主要是恪守儒家伦理道德，道家的道术又经常是实现这一目标的手段。作品集中体现了明清时期三教合一的思想。如《张尧文再生》篇："张克文、尧文兄弟友爱。隆庆丁卯同计谐至桃源，尧文病革未殓，夜梦有神人语之曰：君弟且不死，关帝以君友爱，特令相报。克文惊且喜，舁弟尸庙中，身诣关公祠拜祝。历十有五日，尸尚不变。克文复祷于神，捧明水一盂，燔祝词水中，归以沃尸……服汤数日而复。……克文戊辰进士，官刑部郎，尧文万历癸未进士，官山东副使。尧文长子叔镗，镗子寿祺，同登天启乙丑进士。寿祺官御史。次子叔鉴、三子叔铣，俱举人。"再如《密都统》《乔仲伦》等篇，他们或孝悌或忠义，恪守儒家伦理道德，后都在道家神仙关公、东岳神等的帮助下得到了延寿、生子、得官甚至成神的善报。这种以儒家伦理道德为核心价值观、儒释道三教合一的思想在整部小说中得到了集中体现。

《渔洋诗话》中咏息夫人诗三首

魏 青*

王士禛晚年归田后作《渔洋诗话》三卷。此书收录了他平生与兄弟朋友论诗及谈谐之语，凡二百二十余条。其中卷下第五十一条载：

> 益都孙文定公(廷铨)咏《息夫人》云："无言空有恨，儿女粲成行。"谐语令人颐解。杜牧之："至竟息亡缘底事？可怜金谷坠楼人。"则正言以大义责之。王摩诘："看花满眼泪，不共楚王言。"更不著判断一语，此盛唐所以为高。①

孙廷铨(1613～1674)，字伯度，号沚亭，益都颜神(今山东淄博博山)人。明崇祯十三年(1640)年进士，任永平府(今河北卢龙)推官。入清，以荐授河间府(今属河北)推官，累擢吏部尚书，再拜内秘书院大学生，卒，谥文定。著有《沚亭文集》《颜山杂记》等。孙廷铨所作《息夫人》，一名《息妫》，是一首咏史诗。其在诗中歌咏的息夫人是历史上一个真实存在的人物，她是春秋前期陈国人，其先祖为虞舜的后裔，居于妫、汭河域，因以为氏，姓妫。后来她嫁给了息国国君，其名息妫，人称"息夫人"。因为她生得艳如桃花，后世又称她为"桃花夫人"。

关于息夫人的事迹，秦汉时的典籍如《左传》《吕氏春秋》《史记》以及《列女传》等书都有记载。其中，《左传》的记载最具体可靠，息夫人的言行分别见于鲁庄公十年至鲁庄公三十年，共有四处。

"庄公十年"载：

> 蔡哀侯娶于陈，息侯亦娶焉。息妫将归，过蔡。蔡侯曰："吾姨也。"止而见之，弗宾。息侯闻之，怒，使谓楚文王曰："伐我，吾求救于蔡而伐之。"楚子从之。秋九月，楚败蔡师于莘，以蔡侯献舞归。②

"庄公十四年"载：

> 蔡哀侯为莘故，绳息妫以语楚子。楚子如息，以食入享，遂灭息，以息妫归，生堵敖及成王焉。未言，楚子问之，对曰："吾一妇人而事二夫，纵弗能死，其又奚言？"楚子以蔡侯灭息，遂伐蔡。秋七月，楚入蔡。③

---

* 作者简介：魏青，山东师范大学文学院，副教授。

① 〔清〕王士祯：《渔洋诗话》，见《清诗话》，上海古籍出版社1978年版，第212页。

② 〔周〕左丘明传，〔晋〕杜预注，〔唐〕孔颖达疏，〔唐〕陆德明音义：《春秋左传注疏》卷七，影印文渊阁《四库全书》本，第143册，第189页。

③ 〔周〕左丘明传，〔晋〕杜预注，〔唐〕孔颖达疏，〔唐〕陆德明音义：《春秋左传注疏》卷八，影印文渊阁《四库全书》本，第143册，第197～198页。

"庄公二十八年"载:

楚令尹子元欲蛊文夫人,为馆于其宫侧而振万焉。夫人闻之,泣曰:"先君以是舞也,习戎备也。今令尹不寻诸仇雠,而于未亡人之侧,不亦异乎!"御人以告子元。子元曰:"妇人不忘袭雠,我反忘之!"秋,子元以车六百乘伐郑。①

"庄公三十年"载:

楚公子元归自伐郑,而处王宫。斗射师谏,则执而梏之。秋,申公斗班杀子元,斗谷于菟为令尹,自毁其家以纾楚国之难。②

这四段文字交代了如下事实:息妫出嫁,路过蔡国,因为她与蔡哀侯之妻为亲姊妹,遭蔡哀侯强留见面,没有受到礼敬。息侯听说后大怒,怂恿楚文王攻打蔡国,并俘虏了蔡哀侯。蔡哀侯故意在楚文王面前赞美息妫,诱使楚文王假借到息国设宴招待息侯之名,消灭了息国。息妫被楚文王带回楚国,生下了堵敖和成王。因为她羞于一女事二夫,三年之中从没有主动与楚文王说过话。楚文王为了取悦息妫,于是发兵进攻蔡国。楚文王死后,楚国令尹子元意欲诱惑息妫,遭到息妫的奚落。子元攻打郑国回来,对息妫不肯死心,竟然住到王宫里面,结果被杀死。

《左传》中对息妫行迹的描写前后不过三百四十余字,却将一个貌美如花而受尽屈辱的女性形象写活了,给人留下了深刻的印象。与《左传》着重描写息妫的言行举止不同,《吕氏春秋》与《史记》只是记载了与息妫相关的一点史实。

《吕氏春秋·长攻》载:

楚王欲取息与蔡,乃先佯善蔡侯,而与之谋曰:"吾欲得息,奈何?"蔡侯曰:"息夫人,吾妻之姨也。吾请为飨息侯与其妻者,而与王俱,因而袭之。"楚王曰:"诺。"于是与蔡侯以飨礼入于息,因与俱,遂取息。旋舍于蔡,又取蔡。③

《史记·管蔡世家》载:

哀侯十一年。初,哀侯娶陈,息侯亦娶陈。息夫人将归,过蔡,蔡侯不敬。息侯怒,请楚文王:"来伐我,我求救于蔡,蔡必来,楚因击之,可以有功。"楚文王从之,虏蔡哀侯以归。哀侯留九岁,死于楚。凡立二十年卒。④

两书涉及息妫的文字,与《左传》大同小异。但是到西汉后期,刘向《列女传》对息夫人的记载与《左传》有较大出入,《列女传》卷四《息君夫人》云:

夫人者,息君之夫人也。楚伐息,破之,虏其君,使守门,将妻其夫人而纳之于宫。楚王出游,夫人遂出见息君,谓之曰:"人生要一死而已,何至自苦?妾无须臾而忘君也,终不以身更贰醮。生离于地上,岂如死归于地下哉?"乃作诗曰:"穀则异室,死则同穴。谓予不信,有如皦日。"息君止之,夫人不听,遂自杀。息君亦自杀,同日俱死。楚王贤其夫人守节有义,乃以诸侯之礼合而葬之。⑤

这段文字说楚国消灭息国后,息君和夫人一起被俘至楚国。楚王责罚息君作守门人,同时要

---

① 〔周〕左丘明传,〔晋〕杜预注,〔唐〕孔颖达疏,〔唐〕陆德明音义:《春秋左传注疏》卷九,影印文渊阁《四库全书》本,第143册,第225页。

② 〔周〕左丘明传,〔晋〕杜预注,〔唐〕孔颖达疏,〔唐〕陆德明音义:《春秋左传注疏》卷九,影印文渊阁《四库全书》本,第143册,第229页。

③ 〔秦〕吕不韦撰,〔汉〕高诱注:《吕氏春秋》卷一四,影印文渊阁《四库全书》本,第848册,第379页。

④ 〔汉〕司马迁:《史记》卷三五,中华书局1959年版,第1566页。

⑤ 〔汉〕刘向:《古列女传》卷四,影印文渊阁《四库全书》本,第448册,第38页。

强占息夫人为妻。息夫人伺机逃出与息君见面，在向息君表白终生不复再嫁后自杀，息君同时自杀。刘向的《列女传》明显夸大了息夫人的言行，意在将她塑造成一个正统礼教下贞女烈妇的形象，乃至不惜违背史书的记载。

由于受《左传》等书关于息夫人史料记载的影响，息夫人其人其事成为后世文人喜爱吟咏的诗歌题材之一。自唐以来，不乏其作。其中多数作品对息夫人饱受屈辱的命运给予同情和怜悯，肯定她念旧重恩的德行。如唐代宋之问《息夫人》："可怜楚破息，肠断息夫人。仍为泉下骨，不作楚王嫔。楚王宠莫盛，息君情更亲。情亲怨生别，一朝俱杀身。"①王维《息夫人》："莫以今时宠，能忘旧日恩。看花满眼泪，不共楚王言。"②刘长卿《过桃花夫人庙》："寂寞应千岁，桃花想一枝。路人看古木，江月向空祠。云雨飞何处，山川是旧时。独怜春草色，犹似忆佳期。"③胡曾《息城》："息亡身入楚王家，回首春风一面花。感旧不言长掩泪，只应翻恨有容华。"④罗隐《息夫人庙》："百雉摧残连野青，庙门犹见昔朝廷。一生虽抱楚王恨，千岁终为息地灵。虫网翠环终缥缈，风吹宝瑟助微冥。玉颜浑似羞来客，依旧无言照画屏。"⑤宋代徐照《题桃花夫人庙》："一树桃花发，桃花即是君。空池临野水，何处觅行云。事迹樵人说，炉香过客焚。雨添碑上藓，难读古诗文。"⑥清代邓汉仪《题息夫人庙》："楚宫慵扫黛眉新，只自无言对暮春。千古艰难惟一死，伤心岂独息夫人！"⑦……

以上宋、刘、胡、罗、徐诸诗纯属咏史，他们或根据《左传》的记载，或依从《列女传》的说法，对息夫人这一历史人物进行歌咏描写。而王、邓之诗，则是借古说今、另有寄托。王维《息夫人》一诗实有本事，据孟棨《本事诗·情感》载："宁王曼贵盛，宠妓数十人，皆绝艺上色。宅左有卖饼者妻，纤白明媚，王一见属目，厚遗其夫取之，宠惜逾等。环岁，因问之：'汝复忆饼师否？'默然不对。王召饼师使见之，其妻注视，双泪垂颊，若不胜情。时王座客十余人，皆当时文士，无不凄异。王命赋诗。王右丞维诗先成……"⑧王维借咏息夫人，实际上概括了古往今来发生在女性身上的类似这样的一些社会悲剧。邓汉仪(1617～1689)，明末清初人，康熙十八年(1679)应博学鸿词科，以年老授官中书舍人，后放归。他的这首咏息夫人诗，应是有感于现实而发，"千古艰难惟一死"一句，道出了明清易代之际无数屈节降清者的心声。

历代咏息夫人的诗歌中，也有少部分作品对息夫人夫死再嫁或质问责难，或调侃取笑。如唐代杜牧《题桃花夫人庙》："细腰宫里露桃新，脉脉无言度几春。至竟息亡缘底事？可怜金谷坠楼人。"⑨汪遵《息国》："家国兴亡身独存，玉容还受楚王恩。衔冤只合甘先死，何待花间不肯言。"⑩清代吴雯《桃花夫人》："桃花夫人好颜色，月中飞出云中得。新感恩仍旧感恩，一倾城矣再倾国。"⑪孙廷铨《息妫》："葛萝相勾带，冉冉乃逾墙。蔡息称姻娅，亦宜礼自将。丈夫多轻薄，女子善

① 〔清〕彭定求等编：御定《全唐诗》卷五一，影印文渊阁《四库全书》本，第1423册，第539页。
② 〔清〕彭定求等编：御定《全唐诗》卷一二八，影印文渊阁《四库全书》本，第1424册，第213页。
③ 〔清〕彭定求等编：御定《全唐诗》卷一四七，影印文渊阁《四库全书》本，第1424册，第352页。
④ 〔清〕彭定求等编：御定《全唐诗》卷六四七，影印文渊阁《四库全书》本，第1429册，第455页。
⑤ 〔清〕彭定求等编：御定《全唐诗》卷六六三，影印文渊阁《四库全书》本，第1429册，第569页。
⑥ 〔南宋〕徐照：《芳兰轩集》，影印文渊阁《四库全书》本，第1171册，第150页。
⑦ 〔清〕沈德潜编，李克和等校点：《清诗别裁集》，岳麓书社1998年版，第366页。
⑧ 〔唐〕孟棨：《本事诗》，影印文渊阁《四库全书》本，第1478册，第232～233页。
⑨ 〔清〕彭定求等编：御定《全唐诗》卷五二三，影印文渊阁《四库全书》本，第1428册，第234页。
⑩ 〔清〕彭定求等编：御定《全唐诗》卷六〇二，影印文渊阁《四库全书》本，第1429册，第122页。
⑪ 〔清〕吴雯：《莲洋诗钞》卷七，影印文渊阁《四库全书》本，第1322册，第354页。

摧藏。无言空有恨,儿女粲成行。"①……

以上所举历代十余首咏息夫人的诗歌,以王维的《息夫人》和杜牧的《题桃花夫人庙》最具代表性。两篇同题咏史之作,由于立意、笔法的不同,可以说是各具面目、自成一格,实无高低优劣之分。王诗富有情韵,"看花满眼泪,不共楚王言"两句,感叹息夫人不忘旧恩,形象含蓄,流露出无限凄婉之意。杜诗以议论翻新见长,"至竟息亡缘底事?可怜金谷坠楼人"两句对息国到底因何而亡发出质问,借用西晋石崇爱妾绿珠坠楼的典故,责备息夫人在国亡夫死的关头不能决绝而去。"金谷坠楼",事见《晋书·石崇传》:"时赵王伦专权,崇甥欧阳建与伦有隙。崇有妓曰绿珠,美而艳,善吹笛。孙秀使人求之。崇时在金谷别馆,方登凉台,临清流,妇人侍侧。使者以告。崇尽出其婢妾数十人以示之,皆蕴兰麝,被罗縠,曰:'在所择。'使者曰:'君侯服御丽则丽矣,然本受命指索绿珠,不识孰是?'崇勃然曰:'绿珠吾所爱,不可得也。'使者曰:'君侯博古通今,察远照迩,愿加三思。'崇曰:'不然。'使者出而又反,崇竟不许。秀怒,乃劝伦诛崇、建。……崇正宴于楼上,介士到门。崇谓绿珠曰:'我今为尔得罪。'绿珠泣曰:'当效死于官前。'因自投于楼下而死。"②杜牧在诗中以绿珠跳楼殉情作反衬,间接婉转地批评息夫人隐忍苟生,别具意味。

然而,前引王士禛《渔洋诗话》卷下第五十一条,渔洋在评论王维、杜牧两首诗时,有扬王抑杜之嫌。渔洋认为杜诗"至竟息亡缘底事?可怜金谷坠楼人"两句,"则正言以大义责之";王诗"看花满眼泪,不共楚王言"两句与之相较,"更不著判断一语,此盛唐所以为高"。王士禛论诗本之于严羽,以盛唐王维、孟浩然为宗,标举"神韵",以含蓄蕴藉、意在言外为最佳境界。所以,他称赞王维《息夫人》诗"不著判断一语","意尚含蓄"③,就是说它不发议论之语,以形象传情达意,含蓄蕴藉,十分符合神韵诗的艺术标准,所以,王士禛将王维此诗在同题咏息夫人诗中标为最高,自然也就顺理成章了。

《渔洋诗话》卷下第五十一条与王维、杜牧两首咏息夫人诗并提的还有孙廷铨的《息夫人》诗,评价其诗"'无言空有恨,儿女粲成行',谐语令人颐解"④。《居易录》《古夫于亭杂录》中也有与之相似的记载,如《居易录》卷二一载:"谢镇西(谢尚)妾阿妃有国色,甚善吹笛。谢亡,阿妃誓不嫁。比中郎将郗昙以计得之,阿妃终身不与昙言。此与息夫人极相似。王右丞《息妫怨》云:'看花满眼泪,不共楚王言。'意尚含蓄。吾乡孙文定公沚亭(廷铨)咏《息夫人》诗云:'无言空有恨,儿女粲成行。'读之辄失笑。以赠阿妃,不知当作何对也。"⑤《古夫于亭杂录》卷四载:"息夫人庙,今曰桃花夫人庙。王摩诘诗云:'莫以今时宠,能忘旧日恩。看花满眼泪,不共楚王言。'杜牧之诗云:'细腰宫里露桃新,脉脉无言度几春。至竟息亡缘底事?可怜金谷坠楼人。'近益都孙相国沚亭(廷铨)诗云:'无言空有恨,儿女粲成行。'则以诙嘲出之,令人绝倒。"⑥可见,王士禛对此三首咏息夫人诗颇为乐道。

孙廷铨是王士禛的同乡前辈,王士禛曾为其撰写《孙文定公传》,称赞说:"公少具夙慧,读书有神解,长而博极群书。"⑦孙廷铨的这首咏息夫人诗称得上"神解"之作,如果说王维的诗对息夫人

---

① 刘聿鑫点校:《清代博山诗抄》,2002年版,第35页。

② 〔唐〕房玄龄等:《晋书》卷三三,中华书局1974年版,第1088页。

③⑤ 〔清〕王士禛:《居易录》卷二一,影印文渊阁《四库全书》本,第869册,第561页。

④ 〔清〕王士禛:《渔洋诗话》,见《清诗话》,上海古籍出版社1978年版,第212页。

⑥ 〔清〕王士禛:《古夫于亭杂录》卷四,影印文渊阁《四库全书》本,第870册,第645页。

⑦ 刘聿鑫点校:《清代博山诗抄》,2002年版,第34页。

抱以谅解之情，杜牧的诗持以责备之意，那么，孙廷铨则完全是从一个历史旁观者的角度，对息夫人进行调侃取笑，以为息夫人表里不一、造作拿捏，不再纠结于她是否守节一类的陈词老调上。王士禛评价孙诗“谐语令人颐解”，或“读之辄失笑”，或“以诙嘲出之，令人绝倒”，这里与其说赞其诗，不如说更赏其人，因为王士禛在诗歌艺术上真正标举的是王维一类自具“神韵”之作。孙廷铨的这首咏《息夫人》诗，不过是戏谑之作，不足为观。孙廷铨此诗曾遭到后人的严厉批评，沈祖棻在《唐人七绝诗浅释》中说：“王摩诘咏息夫人云：‘莫以今时宠，难忘旧日恩。看花满眼泪，不共楚王言。’出语亦忠厚。若清人孙沚亭反王意云：‘无言空有恨，儿女粲成行。’则以刻毒之辞，施之暴力劫持下之弱女，何足言诗，亦自暴其凉薄而已矣。”①

王士禛自己也曾写过一首与息夫人相涉的《瓶中桃花》，诗云：“水晶枕上一枝新，别作嫣红楚岸春。疑是息夫人未起，细腰宫里见横陈。”②这是一首咏物诗，借人喻花，无任何褒贬臧否可言，虽有传神之处，但纯出戏笔，格调不高，所以清人杭世骏评价此诗说：“小儿学语，有此意度。老手为之，不颜赤耶。”③可见，以写神韵诗著称的王士禛也有浅薄之作。

---

① 沈祖棻：《唐人七绝诗浅释》，上海古籍出版社1997年版，第298页。

② 〔清〕王士禛：《精华录》卷九，影印文渊阁《四库全书》本，第1315册，第177页。

③ 周兴陆编：《渔洋精华录汇评》，齐鲁书社2007年版，第513页。

论王象春诗学观的转变及其对七子派的评价

李振松*

王象春(1578～1632),初名象巽,字季木,号文水,别号峀湖居士,济南府新城(今桓台县)人。万历三十八年庚戌(1610),王象春以会试第二名中进士,官至南京吏部考功司郎中。他著有《问山亭集》十八卷、《齐音》《李杜诗评》等。王象春中第之万历三十八年庚戌科,因群英荟萃、名士辈出,故有"龙虎榜"之称。王象春的两个同年兼好友竟陵派领袖钟惺和清初诗坛盟主钱谦益,都是此科进士。另外,王象春与此科未第的公安派后期领袖袁中道亦有交往。王象春生活在明代末期,当时的文坛正值明代中期以李梦阳、李攀龙等为代表的七子派掀起的复古思潮之影响衰退而公安、竟陵派倡导的革新思潮方兴未艾之时。作为后七子领袖李攀龙的老乡,王象春为诗之初,宗法李梦阳和李攀龙,以复古为主。而随着时间的推移,王象春的诗学取向发生了较大的变化,开辟出了一条有别于七子、公安、竟陵的诗路。王象春与公安、竟陵派代表人物交往密切,生长于济南,受乡贤李攀龙等人的影响颇深,论诗之初具有复古倾向。他在面对公安、竟陵派好友们对七子派的攻击时,对当事双方表现出了截然不同的态度。本文旨在深入阐析王象春诗学观的内容与发展轨迹,在总结其文学观转变原因的基础上,分析他对七子派及公安、竟陵派的评价。

一、从师法七子到"自辟门庭"

王象春的诗学取向,经历了由师法七子派力行复古到不囿时俗而"自辟门庭"的过程。在其为诗的初始阶段,王象春主要师法李梦阳、李攀龙。如钱谦益在《王考功象春》中指出:"季木于诗文,傲睨辈流,无所推逊,独心折于文天瑞,两人学问皆以近代为宗。天瑞赠诗曰:'元美吾兼爱,空同尔独师。'其大略也。"①文天瑞是王象春的同年好友,原名文翔凤。钱氏指出王象春与文翔凤学问"皆以近代为宗",即指二者以复古为同调。另外,此处钱氏还借用文翔凤的话,强调了王象春对李梦阳诗法的继承。而对于李攀龙,王象春则用实际行动表达了自己对这位乡贤前辈的推崇与景仰。万历四十四年(1616)王象春定居济南时,高价购得李攀龙的故居白雪楼作为居舍,并在《得于鳞湖边旧舍居之》一诗的题记中记述了他购楼的经过:"于鳞先生城中书楼亦名白雪,在碧霞宫西,百花洲上。蕞然一茅,颓敝不堪,晴则见星,雨则仰漏,五易主而不售矣。余以先贤,故倍直市之,仍其匾额不忍易。南山递翠,进渚飞香,恨无于鳞佳句酬之,恐屋宇羞余,又作北山移也奈何。"②通

---

* 作者简介:李振松,山东师范大学齐鲁文化研究院,讲师。

① 〔清〕钱谦益:《列朝诗集小传》,上海古籍出版社2008年版,第653页。

② 〔明〕王象春著,张昆河、张健之注:《齐音》,济南出版社1993年版,第8页。

过这段文字，我们能够体会到王象春对李攀龙的深深仰慕之情。

李攀龙去世后，王象春还非常关注其身后之事。《白雪楼》题记记载："于鳞身后，不但堂构失守，并禋祀绝续。我朝文人天福之薄，未有甚此者。蔡姬乃其侍儿之最慧者，不减苏老朝云，至癸卯年已七十余，尚存，居西郊卖饼。余闻之，急往视，则颓然老丑耳。因为泣下，周焉。"①面对李攀龙逝世后家道衰零、蔡姬老而贫困的悲惨现实，王象春更是发出了"荒草深埋一代文，蔡姬典尽旧罗裙。可怜天半峨眉雪，空自颓楼冷暮云"②的感叹，其对李攀龙的惋惜与追慕之情溢于言表。

王象春之所以独师李梦阳，除因李氏傲兀雄浑的诗风，以及李氏于体裁上多为乐府、古体，其诗作内容颇具现实意义等与象春相似外，还应与象春欣赏李氏不畏权势、刚正峻切的性格有关。而王象春对于李攀龙的推崇与敬仰，除了因为自己雅负性气、刚肠疾恶的个性与李攀龙十分相似外，还与李攀龙身为"后七子"领袖和"济南诗派"中坚人物对乡邦文学产生的影响有关。关于李攀龙在"后七子"中的地位与影响，因研究已较深入，此处不再赘述。下面仅简要介绍一下李攀龙在"济南诗派"中的地位。

"济南诗派"亦称"历下诗派"，是明中期以来在山东地区兴起的一个地方性诗歌流派。该诗派的主要成员均为济南人，其中包括边贡、李攀龙、刘天民、许邦才、殷士儋等。关于李攀龙在"济南诗派"中的地位，可以从王士禛的言论中窥见一斑。王士禛曾曰："不佞自束发受书，颇留意乡国文献。以为吾'济南诗派'大昌于华泉、沧溟二氏。"后来他又指出："历下诗派，始盛于弘正四杰之边尚书华泉，再盛于嘉隆七子之李观察沧溟。"③

作为一个重要的地域性诗歌流派，"济南诗派"在边贡、李攀龙等人的领导下，自明中期以降，对乡邦诗歌文化的发展产生了重要影响。王象春对于乡邦文化与乡邦诗坛的高度关注，使其沐浴其中、受其泽被。这对王象春学诗之初宗法李攀龙有直接影响。

然而，王象春并没有因为受到乡贤前辈及乡邦文学的影响而走上一味摹古拟古的道路。随着时代的变化以及人生阅历的丰富，王象春的诗学取向发生了新的变化，并最终形成了自己崭新的诗学观。关于此，朱彝尊在《静志居诗话》中指出："万历中年，诗派杂出，季木自辟门庭，不循时习。虽引关中文天瑞为同调，然天瑞太支离，未免邪径害田矣。未若季木之无戾群雅也。"④那么，王象春开辟的门庭是怎样的呢？王象春在明天启五年刊刻的《浮来先生诗集》所收的《公浮来小东园诗序》中，作了详细的论述。该序文是王象春为他的挚友蒙阴人公鼐所作。公鼐，字敬与，号浮来先生，与王象春相交甚契，二者经常以诗文相酬唱。在该序文中，王象春首先对当时的诗坛风气进行了陈述："今之诗，如市肆，杂俎预陈，客到便付。虽不尽恶草，要非思其所嗜。而定诗者亦如八寸三分帽子，人人可移。一人曰：必汉魏，必盛唐，外此则野狐。一人驳之曰：诗人自有真，何必汉魏，何必盛唐。一人又博大其说曰：何必汉魏，何必不汉魏，何必盛唐，何必不盛唐。两袒莫定，五字成文，今天下盖杂处于第三说矣。"⑤这里，王象春所说的"必汉魏，必盛唐"当喻指七子派，而"诗人自有真，何必汉魏，何必盛唐"当喻指公安派。在指出当时诗坛已处于折中七子派和公安派的"第三说"后，王象春并未安于诗坛现状，而是旗帜鲜明地提出了"重开诗世界"的主张。"三说聚讼，权必

① 〔明〕王象春：《齐音》，济南出版社1993年版，第67～68页。
② 〔明〕王象春：《齐音》，济南出版社1993年版，第67页。
③ 〔清〕王士禛著，〔清〕张宗柟纂集，夏闳校点：《带经堂诗话》，人民文学出版社1963年版，第722页。
④ 〔清〕朱彝尊：《静志居诗话》，人民文学出版社1990年版，第504页。
⑤ 〔明〕公鼐：《浮来先生诗集》，《四库禁毁书丛刊》本，集部第160册，第504页。

归一。过瞬成尘，言下便扫，其或继周，宁能无说？浮来请于此再下转语，予尝赠浮来句云：'重开诗世界，一洗俗肝肠。'诗固有世界，其世界中备四大宗：曰禅，曰道，曰儒，而益之曰侠。禅神道趣，儒痴而侠厉。禅为上，侠次之，道又次之，儒反居最下。"①通过其对禅诗、侠诗、道诗和儒诗不同地位的论述，不难看出，王象春心目中理想的诗世界是：倡导创作讲求顿悟、具备悠然神韵的禅诗和善于揭露社会弊端、具备慷慨噍杀特点的侠诗，鄙弃追求适意的道诗与温厚雅正的儒诗。

另外，王象春认为诗歌风格不应随诗坛风气的改变而改变，而应服从情感表达的需要。为此他曾指出："诗之变转不关风气工拙，不关学习。情则有悲愉，声则有韵什。"②这样的观点，相较于中晚明以来有些流派在论诗时或强分伯仲或互相攻击、形同水火的行为，显然要进步得多。

至此，王象春"自辟门庭"的诗歌理论正式形成。但是，从禅诗、侠诗、道诗和儒诗的特点看，王象春要践行他的诗学主张，就必须既要放弃对七子派复古行为的因袭，又要放弃对公安、竟陵派任性自适诗风的盲从才行。而这种做法似乎与上述之"第三说"并无二致。然而要说明的是，因王象春公然提倡禅诗、侠诗，鄙弃道诗、儒诗，这实际上已经为实现他"重开诗世界"的目标找到了解决的方法，只是这样的方法与中国古代诗歌的传统有所违背而已。当然，即便如此，王象春"自辟门庭"的行为还是受到了许多人的肯定。除前文所引朱彝尊之评语外，王象春的同年兼好友钟惺在评价他的诗歌时曾说："吾友王季木，奇情孤诣，所为诗有蹈险经奇，似温、李一派者。乃读其全集，飞翥蕴藉，顿挫沉着，出没幻化，非复一致，要以自成其为季木而已。初不肯如近世效石公一语。使季木舍其为季木者，而以为石公，斯皎然所以初不见许于韦苏州者也，亦乌在其为季木哉？"③在总结王象春诗歌特点的同时，钟惺重点赞扬了王象春为诗"要以自成其为季木"的"独成其是"之行为。另外，袁中道曾曰："（季木）新诗如决河放溜，虽不中宫商，亦一时雄快。"④虽指出王象春诗有未中声律的特点，但是赞扬之情溢于言表。而王象春的另一位同年兼好友钱谦益在《王考功象春》一文中则说："季木则如西域波罗门教邪师外道，自有门庭，终难皈依正法。"⑤这里，钱氏既批评王氏诗歌背离正统，是"邪师外道"，又肯定了他的"自辟门庭"之功。

总之，王象春的诗学主张典型而客观地反映了明末文人渴望追求自由、希望挣脱束缚、热衷关注国事民生的精神，折射出了明末文人丰富多彩的精神世界。

二、王象春诗学观转变的原因分析

王象春诗学观发生变化的原因，主要有以下几点：

首先，受明中期以来诗坛风气尤其是山左诗风转变的影响。

明代中期，七子派在全国范围内掀起了声势浩大的复古浪潮。而当时的山左诗坛，因边贡、谢榛和李攀龙等七子派代表人物的存在，成为了复古的重要阵地。随着七子派复古理论与创作实践弊端的不断显现，文坛上掀起了对复古派的猛烈批判，以公安派和竟陵派为代表。两派提倡抒写性灵、求新求变的诗学主张，必然对王象春的诗学观有所启发。而在山左诗坛内部，以于慎行、冯琦、公鼐为代表，也开始了针对复古派的深刻反思。他们力倡"齐风"，反对复古模拟，主张宏大雅

---

① 〔明〕公鼐：《浮来先生诗集》，影印《四库禁毁书丛刊》本，集部第160册，第504～505页。

② 〔明〕李本纬：《昭代选屑》，明万历间刻本。

③ 〔明〕钟惺著，李先耕、崔重庆标校：《隐秀轩集》，上海古籍出版社1992年版，第255页。

④ 〔明〕袁中道著，钱伯城点校：《珂雪斋集》，上海古籍出版社1989年版，第1094页。

⑤ 〔清〕钱谦益：《列朝诗集小传》，上海古籍出版社2008年版，第654页。

正、以闳音鸣世，从而诱发了后来者王象春对七子派及自身复古倾向更深层的反思。

其次，与王象春所处的时代及其个人经历有关。

王象春生活在明朝末期，明神宗万历皇帝统治下的明王朝已腐败至极。朝廷内部，万历帝因宠幸郑贵妃，久不临朝，致使纲纪废弛、党争激烈；朝廷之外，税监、矿监横行全国，敲诈勒索，致使民怨沸腾。再加上贪官污吏的层层盘剥以及连年的灾荒，广大百姓生活在水深火热之中。而在这种黑暗年代里成长起来的王象春，其人生道路注定会布满荆棘、坎坷不平。

在明万历三十八年庚戌（1610）参加会试之前，王象春的人生道路十分顺利。在会试中，他取得了第二名的好成绩。然而这样的成绩却不能令王象春满意，为此他曾发出“奈何复有人压我”的慨叹。在接下来的殿试中，王象春却是全榜倒数第三名。这样的结果导致王象春未被授职，在京候选。对于“意气太盛、肝肠太热”、遇到不平之事毫不避忌的王象春来讲，这样的打击可想而知。而更严重的打击还在后面。明万历四十年壬子（1612）乡试，王象春被诬陷，历时两年，冤案才得以昭雪。此后，王象春满怀激愤，告病还乡。如果这些经历使王象春认清了朝廷的腐败，那么发生在万历四十三年乙卯至丙辰（1615～1616）的北方大旱，则使王象春深切体会到了天下百姓遭受的苦难以及地方官吏的贪虐。“隘道饥民声似鬼，出门一望哽诗喉”，“数口同飡一掬糟，何人搏虎请开棠？风吹敲朴声如沸，更道齐催隔岁粮”，“二月新丝五月谷，较今真是太平年”，“只见名园花似锦，那知官道树无皮”①……这些带给王象春的是心灵的震撼与愤怒。

可以说，正是因为王象春生在了那样腐败不堪的年代，且遭受了那样偃蹇坎坷的经历，他才有机会切身体会政治的腐败及百姓遭受的苦难。这也促使他走上了大力创作禅诗与侠诗的诗路，并以此来表达他的傲世、愤世之情。

另外，王象春与同年好友们的交游唱和，对其诗学主张的变化也起到了一定的促进作用。

王象春在京应试期间，就与当时在京的诗坛名流们展开了广泛的交流。有些诗坛名流还与王象春建立了良好的诗友关系。例如，王象春与钱谦益、钟惺、袁中道、文翔凤等人的关系，便是如此。他们经常往来，切磋诗艺，探讨诗法。这对王象春诗学思想的转变不无影响。其中，对王象春影响最大的是钱谦益和钟惺。

在《王考功象春》中，钱谦益大略描述了其劝说王象春、文翔凤放弃七子派复古思想的经过：“岁庚申，以哭临集西阙门下。相与抵掌论文，余为极论近代诗文之流弊，因切规之曰：‘二兄读古人之书，而学今人之学，胸中安身立命，毕竟以今人为本根，以古人为枝叶，窠臼一成，藏识日固，并所读古人之书胥化为今人之俗学而已矣。譬之堪舆家，寻龙捉穴，必有发脉处。二兄之论诗文，从古人何者发脉乎？抑亦但从空同、元美发脉乎？’季木挢然不应。天瑞曰：‘善哉斯言，姑舍是，吾不能遽脱屣以从也。’厥后论赋，颇辩驳元美訾謷子云之语，盖亦自余发之。季木退而深惟，未尝不是吾言也。”②由此，我们可大略获知钱谦益对王象春诗学观转变的促进作用。

钟惺对王象春诗学观转变的促进作用，主要表现在他对王象春诗学实践的肯定与赞扬上。关于此，上文已有提及，此再行赘述。如钟氏曰：“吾友王季木，奇情孤诣，所为诗有蹈险经奇，似温、李一派者。乃读其全集，飞翥蕴藉，顿挫沉着，出没幻化，非复一致，要以自成其为季木而已。”③因

① 〔明〕王象春：《问山亭诗》，见《山东文献集成》第二辑，第28册，山东大学出版社2007年版，第639～640页。

② 〔清〕钱谦益：《列朝诗集小传》，上海古籍出版社2008年版，第653～654页。

③ 〔明〕钟惺著，李先耕、崔重庆标校：《隐秀轩集》，上海古籍出版社1992年版，第255页。

钟、王二人交往甚密，且钟氏是晚明诗坛倡导革新的主将，故他对王氏“出没幻化，非复一致”的诗风进行了肯定。而这种对王象春创作实践的肯定与鼓励，必然反过来促进其诗歌理论走向新变。

三、王象春对七子派的评价

虽然王象春的诗学主张经历了由诗法七子派复古到“自辟门庭”的转变，且这种转变受到了公安派、竟陵派反复古的启发，但是他对七子派的态度和对公安派、竟陵派的态度截然不同。

对七子派，王象春主要以赞扬肯定为主，且评价较为客观；而对公安派、竟陵派主要以批评为主，虽然王象春与其代表人物多有交往。

王象春对七子派的肯定，首先表现在对七子派成员边贡、李攀龙等“济南名士”的赞美上。

如王象春在《四灵石》题记中指出：“吾以人为灵，前代无论，于宋取辛稼轩、李易安，于昭代取边华泉、李于鳞。四君子者，一生山辉川媚，其为灵昭昭也。”①将边贡、李攀龙与取得重大文学成就的辛弃疾和李清照相提并论，可见王象春对边、李二人的推崇。另外，在《边华泉》一诗中，王象春云：“七子为诗本四家，太常笔底盛烟霞。华峰一柱夸难尽，群玉嶙峋更满车。”②他还在题记中进一步解释道：“我朝风雅，盛于七子，而七子则李、何、边、徐四家也。济上之诗，以边庭实为鼻祖，其后李于鳞、许殿卿、谷少岱、刘函山不可胜数，‘济南名士多’，从昔然矣。”③在称赞边贡如孤峰柱天的崇高地位的同时，王象春也对李攀龙等乡贤为济南诗歌发展做出的贡献进行了肯定。

如果说以上内容还只是王象春对乡贤前辈的赞美，并不足以概括其对七子派总体态度的话，那么他的如下言论，则表现了其对七子派的明确肯定：“七子以大声壮语笼罩一世，使情人韵士尽作木强，诚诗中五霸。今矫枉太过，相率而靡靡，坐老温柔乡中，岂不令白云笑人？……苏云浦先生书来，云钟伯敬以捣翻于鳞之窠窟归于石公。何其勇于受过、轻于供招？”④这里，王象春首先肯定了七子派掀起的文学复古运动对文坛产生的重大影响，接着笔锋一转，把批判的矛头指向了力矫七子派复古之弊的反复古阵营。从王象春的论述中，不难看出，所谓“矫枉太过，相率而靡，坐老温柔乡中”者，应指主张抒发性灵、放纵自适的公安派诗人。另外，在论及“捣翻于鳞窠窟”的责任人时，王象春对钟惺把责任完全推到袁宏道（石公）身上而自己“轻于供招”的行为，也颇有微词。由此可见，王象春在明确表达对七子派肯定态度的同时，对公安派、竟陵派也给予了间接而隐晦的批评。

再看王象春《李于鳞》题记之内容：“昔人诗禅并称，尚存大雅。以今观之，诗社酷似宦途。端礼门竖党人碑，韩侂胄标伪学之禁。谈诗者拾苏、白余唾，矜握灵蛇，骂于鳞为伧为厉为门外汉。此辈使生于七子登坛时，恐又咋舌而退，且自恨其声喉之不响矣。”⑤因公安派主张抒写性灵，倡导白居易、苏轼之诗风，且该派首领袁宗道书斋及文集名为“白苏斋”，所以我们可以断言，所谓“拾苏、白余唾”者，当指公安派无疑。而王象春褒扬七子派、批判公安派的态度也在此显露无遗。

当然，王象春也有对七子派及其成员的批评之语。这些内容多散见于王象春的《读杜诗》中。如：“诗有读之令人当真泣下者，如‘郑公樗散鬓如丝’一首是也。‘万里百年’四字，为于鳞一生富贵，可笑。”再如：“‘山连越巂蟠三蜀，水散巴渝下五溪’，壮丽语也，在《野望》篇中尚为少劣，而于

---

① 〔明〕王象春：《齐音》，济南出版社1993年版，第106页。

② 〔明〕王象春：《齐音》，济南出版社1993年版，第149页。

③ 〔明〕王象春：《齐音》，济南出版社1993年版，第149～150页。

④ 〔明〕公鼐：《浮来先生诗集》，《四库禁毁书丛刊》本，集部第160册，第506页。

⑤ 〔明〕王象春：《齐音》，济南出版社1993年版，第152页。

鳞苦为效颦。”又如：“杜诗大概沉雄宽肥，惟《见萤火》一首纤瘦可爱。‘重阳独酌杯中酒’视之‘风急天高猿啸哀’并佳，气格稍不甚同：前首情多，后首气胜。‘万里’‘百年’二语则被于鳞嚼烂。”① 在评价杜诗的过程中，王象春还对李攀龙诗歌创作中的模拟之病进行了指摘。另外，从“‘掖垣竹埤梧十寻，洞门对雪常阴阴，落花游丝白日静，鸣鸠乳燕青春深’四语，清映情美，空同与国初诸君子往往有此，到七子一派便绝响矣”和“‘东阁官梅’一首字字清脱，余谓可为七言律之法。国初诸君子每宗之是以可爱，恨七子将此脉铲除净尽”②等言论中可以看出，对于明初诗人为诗重自然情韵的传统，王象春颇为赞赏；对于七子派舍弃该传统而注重学力格调的行为，王象春则颇有微词。

另外，王象春的“若在晚唐人写出俗眼，便以为尖嫩不大家，余甚恶人立初盛中晚”和“余谓诗无唐宋之分，信然”③等言论，也有针对七子派“诗必盛唐”而发之嫌。

最能代表王象春对七子派态度的，当属他在《昭代选屑序》中的如下言论：“愚谓李唐气浑而调不下宋元，情溢而声不上我明，挹情取声，往往兼前哲之盛，以我下驷当李唐上驷，可大得志，何有宋元？今人顾首驳七子而尊苏白，谓七子之罪不甚，则苏白之道不倡。余谓七子不任受首功，亦无甚大过，不过自成其套子，但有害于世之为诗者，而初无害于诗。自人生吞七子，优孟东施展入恶路，遂不直于天下，他又何罪？所微恨者，举趾太高、标榜过情耳。使七子当日错综百代，取大历以下及宋元国初诸君子尽为表章，各悉其才所至，情所之，勿徒以一手愚天下耳目。则诗之取道尚宽，七子之口珠不抉，而天下之攻七子者，亦不至为裂眦之怒。”④从王象春关于上驷、下驷的阐述中，可以看出他对明诗的地位有着客观而清醒的认识，因此他有“我明之有诗，骈技也，虽不能远轶唐人，然亦不少逊抑，盖接宋元有诗而实非宋元之诗”⑤的论断。接着，王象春把论述的重点转向了对七子派的评价上。在他看来，七子派的诗学主张虽然对后来作诗者有消极影响，但其在兴起之初，于明诗并无害处，因此他指出七子在明诗发展史上“不任受首功，亦无甚大过”。而七子派之所以在后来饱受诟病，在王象春看来，这除与七子派高调标榜复古但取径过狭外，主要是由后来作诗者对七子生搬硬套、优孟衣冠及不懂变通所致。

总之，与公安派、竟陵派及钱谦益等后来论诗者对七子派的一味抨击、诋毁相比，王象春对七子派的评价总体上以肯定为主。虽然其中也不乏指瑕与批评，但多能切中要害，且论述客观、言之有据。

结语

晚明时期，在公安派、竟陵派相继兴起于诗坛且反对复古、力倡革新之风盛行海内的情况下，王象春诗学观的转变，体现了革新思潮对其产生的影响。但是他力倡禅诗、侠诗的主张，又与公安派、竟陵派的性灵说不同，这标志着王象春走出了一条不同于公安派和竟陵派的革新之路。而对于受到公安派、竟陵派猛烈攻击的七子派，王象春也给予了客观的评价。所有这些，都凸显了王象春卓越的诗才与诗识。

---

①②③ 〔明〕王象春：《读杜诗》，山东省图书馆藏明万历刻本。

④⑤ 〔明〕李本纬：《昭代选屑》，明万历间刻本。

王渔洋家史撰述初探

谢贵安*

王渔洋(1634～1711),名士禛,以避雍正讳,改士祯,字子真,号渔洋山人,山东桓台新城人。清代初期著名的文学家和学者。目前对他的研究,主要集中在其文学成就上。王顺贵在《王士祯研究述论》一文中指出,学术界对王渔洋的研究主要集中在其"神韵"说与"神韵"诗、词作与词论、交游及对杜甫评价等方面。① 这一局面,迄未改观。关于王渔洋在史学方面的成就,目前尚未见人作过专门系统的探讨,只有尉迟慧丽等人对其档案史料意识和笔记史料作过讨论②。因此本文不揣冒昧,对其史学中的家史撰述作一初探。王渔洋是著名的诗人和文学家,其史学成就主要体现在《池北偶谈》《分甘余话》《居易录》《古夫于亭杂录》《渔洋山人自撰年谱》和《带经堂集》中,本文即以此为史料,对其家史撰述进行分析。

王渔洋详细记叙了家族的历史,这对研究其本人、其家族和社会史,有着重要价值。他生于世宦之家,6岁入塾学诗,15岁时编成《落笺堂初稿》。17岁参加县、府、道童子试,皆名列第一。清顺治八年赴乡试中举,顺治十二年中会士,顺治十五年赴京参加殿试,列名二甲。历任扬州府推官、户部、礼部、刑部、翰林院、国子监官员,入值南书房,官至刑部尚书,同时还是著名诗人和一代文宗。他的成就与其家庭有很大关系。王渔洋对新城王家对他的塑造深有感触并引以为自豪。因此其著作中不断出现其对家族成员如高祖(王重光)、曾祖(王之垣)、祖父(王象晋)、伯祖(王象乾)、二伯祖(王象坤)、父亲(王与敕)、伯父(王与胤)、兄弟(王士禄、王士禧、王士祜)、侄子(王启沆)、叔祖母(毕孺人)、母亲(孙太君)、妻子(张氏)等人的记载和追忆。

一、系统谱写家族男性历史

王渔洋将其家族的历史,称为"家乘"。乘是古代史籍的代称,家乘就是家史。他在叙述其家史时多次使用过"家乘"。在介绍其祖父王象晋的《群芳谱》时,称康熙皇帝对此书也很重视,并下旨开馆修《广群芳谱》,并御制序文冠于编首,他将这些史事记载下来,是为了"彰异数、备家乘"③。

---

* 作者简介:谢贵安,武汉大学历史学院,教授。

① 王顺贵:《王士祯研究述论》,载《齐鲁学刊》2003年第2期。

② 尉迟慧丽、于文斌:《论王渔洋的档案史料意识与实践》,载《兰台世界》2008年第5期;王云庆、尉迟慧丽:《论清代王士祯的档案史料意识与实践——以〈池北偶谈〉为例》,载《档案学通讯》2009年第1期;王斌:《论王士祯与〈分甘余话〉》,载《丝绸之路》2011年第6期。

③ 〔清〕王士禛著,张世林点校:《分甘余话》卷一,中华书局1989年版,第1页。又见〔清〕王士禛《带经堂集》卷七八,清康熙五十年程哲七略书堂刻本。

他在介绍先人的刻书著述活动时，称自己打算将先人的著作录其简要，合为一编，藏之家塾，但因奔走四方，未能如愿，现在"聊志其目，存之家乘"①。他在为伯父王与胤写的行状中指出，要将他的事迹写下来，"载之家乘，谨状如右，秉笔者冀有取焉"②。在为其叔祖母毕孺人写的小传中也表明要"录附家乘"③。可见，王渔洋有明确的"家乘"撰写计划和目的。他虽然没有撰写一部家史，但在他其著作中的很多地方都有意为其家族成员撰写了个人小史。这些个人小史是其"家乘"撰述的组成部分。

王渔洋对家史的记载，全面而系统，形成了家族群像谱。他追溯家族历史，追述至"始祖"王贵，称王氏本居青州的诸城，从王贵开始，迁徙至桓台新城，从此定居下来，成为当地望族。他记述道："（王家）世居青州之诸城，古琅琊地也。始祖琅琊公讳贵，始徙新城，为新城人。再传善人公，讳伍，多隐德，尝植槐于门，梦神人以簪笏累累布其上，顾曰：'以报汝善人。'公生颍川公，讳麟，始以明经起家，仕终颍川王府教授。颍川公生忠勤公，讳重光，登嘉靖辛丑进士，仕至贵州布政使司左参议，以采三殿大木，平黑白羿蛮，劳于王事，殁赠大仆寺少卿。忠勤公生司徒公，讳之垣，登嘉靖壬戌进士，仕至户部左侍郎，赠本部尚书。自颍川公已下三世，皆以太师公象乾贵，累赠少师兼太子太师、兵部尚书。太师公母弟方伯公讳象晋，登万历甲辰进士，仕至浙江右布政使。方伯公四子，府君（王渔洋父亲）季也。初方伯公元配成淑人生先世父茂才公讳与龄，侍御公讳与胤，明经公讳与朋；继配张淑人生府君而早逝。"④除了勾勒群像，王渔洋还一一介绍和描述了其家族的历代成员。

首先，王渔洋介绍了其高祖王重光及其家教的情况。王重光（1502～1558），字廷宣，山东新城人。嘉靖十六年举人，嘉靖二十年进士，任贵州布政使司左参议时，因入山伐木，积劳成疾，病逝山中。王渔洋还介绍了一些国史未载的王重光的事迹，"先高祖泺川公，登嘉靖辛丑进士，为贵州参议，以王事殁于黔，赠太仆寺少卿。子六人：长赠布政使之翰；次户部左侍郎赠尚书讳之垣，即先曾祖也；次户部员外郎之辅；次淮安府同知之城；次浙江按察使之猷；次高阳知县之栋"。并称"公教诸子最严"，所作家训"今刻石忠勤祠中，先祖方伯公督不肖兄弟，恒举此训，厅事屏壁间，亦皆书之"⑤。他还在《忠勤公黔志列传》一篇中云王重光"死事于黔"后，"明世庙谕祭文，有忠勤报国之褒，故称忠勤公"⑥。

王重光下面的一辈，是"之"字辈，如其子王之翰、之垣、之辅、之城、之猷、之栋等。王渔洋主要叙述了其曾祖王之垣的仕宦情况。王渔洋在自撰年谱中对曾祖有介绍，"曾祖讳之垣"，"字尔式，里人称见峰先生，太仆公次子"，嘉靖壬戌进士，历任荆州府推官，刑科、礼科、兵科给事中、礼科都给事中、太仆寺少卿、鸿胪寺卿、顺天府尹、都察院右副都御史巡抚湖广、户部左侍郎，总督仓场。疏乞归省，归二十年而卒。渔洋亦言"公少绩学，攻苦茹澹，穷日夜不辍，及贵犹然。子孙遵用其教，皆以节俭世其家"⑦。王渔洋还为王之垣的《历仕录》作了序，称"先曾祖大司徒公遗书，如《谏议疏稿》若干卷，公常自刻之。《基命录》《惺心楼三编》《念祖约言》三书，则先伯祖大司马、先祖方

---

① 〔清〕王士禛著，张世林点校：《分甘余话》卷三，中华书局1989年版，第55页。

②④ 〔清〕王士禛：《带经堂集》卷四八，清康熙五十年程哲七略书堂刻本。

③ 〔清〕王士禛撰，靳斯仁点校：《池北偶谈》卷七，中华书局1982年版，第144页。

⑤ 〔清〕王士禛撰，靳斯仁点校：《池北偶谈》卷五，中华书局1982年版，第108～109页。

⑥ 〔清〕王士禛撰，靳斯仁点校：《池北偶谈》卷六，中华书局1982年版，第130页。

⑦ 〔清〕王士祯撰，惠栋注补：《渔洋山人自撰年谱注补》卷上，清红豆斋刻本。

伯赠少司徒刻之，皆藏家塾。惟《历仕录》一卷，乃公致政后自述生平服官之梗概及师友交谊，以垂示子孙者，未授剞劂。兵燹之余，副墨仅存。士禛藏诸箧中数十年"，在壬午初冬时"稍加较订，刻诸京师"。①

"之"字辈下，是"象"字辈，如伯祖王象乾、二伯祖王象坤和祖父王象晋。王渔洋叙述最多的是他称之为"先祖""大父""方伯公"的祖父王象晋，王之垣的第三子。王渔洋在自撰年谱中介绍道，"祖讳象晋，万历甲辰进士，历官浙江右布政使"，字子进，别字康宇，中万历甲午举人、甲辰进士。"公为人宽厚，及见义勇决，不择利害为趋避，赴人之难如不及，然终不为崖异激切之行。"年七十致仕。"生平喜澹泊，室无媵侍。盛暑整衣危坐，读书不辍。"特别强调"诫子孙，无矜门第，务力学为善"，认为这样家中才会"代有名人"，"由家法之善，有以维持之"。② 王渔洋对其祖父王象晋撰著《群芳谱》一书获得的声名及因清廷续修《广群芳谱》形成的令誉，多次提及，颇感自豪："《群芳谱》一书，先祖前浙江右布政使、今皇赠经筵讲官、刑部尚书（臣）象晋所著。万历中，先祖官京师，为党人所忌，借丁巳京察谪官，家居十载，甘农圃以没齿，作为此书。"又称康熙帝不仅下旨开馆续修《广群芳谱》，赐名《佩文斋广群芳谱》，还特地"御制序文，冠于编首"。他在"感荷圣恩"的同时，也"谨录御制，并述缘起，以彰异数，备家乘"。③ 所谓"备家乘"，就是为撰写家史准备资料。他还叙述了王象晋与王象乾兄弟俩在对待风水上的不同态度及其引起的不同结果，称："太师（象乾）笃信堪舆家，常有数辈在客舍，方伯（象晋）常非之。"象乾自选墓地"于高祖忠勤公茔之西"，并称"觉足下步步如登高然"，结果"竟无后"，而象晋子孙众多，"愚兄弟同胞四人，三人成进士"。④ 对于其伯祖王象乾，王渔洋称其为"先太师""太师公""大司马"。王渔洋在《先人古镜端研》一篇中，叙述其曾得到王象乾的一个古镜，还记录了镜背后王象乾自制的赞文。⑤ 王渔洋还记述了其二伯祖王象坤的仕宦历程和清廉名声："二伯祖方伯中宇公象坤，年十八领解，为嘉靖甲子。明年乙丑成进士。历仕山西左布政使，卒官，贫至无以殓。抚按以下为醵金治后事，乃得归。清正名臣也。"他还提到过二伯祖预测乡试灵验一事，称万历壬午乡试发榜前，有人问象坤解元会是谁，象坤回答，要么是杞县的周九皋，要么是汝阳的李宗延，"已而周果领解，李次之"⑥。这反映出了渔洋二伯祖王象坤锐眼识才的本领。

"象"字辈下，是"与"字辈，有王与胤、王与敕、王与龄、王与朋等。王渔洋撰述最详、用情最深的，当数其父亲王与敕。王与敕，是王象晋的第三子，王渔洋称其为"先考""府君""家君祭酒公""匡庐公"等。渔洋在自撰年谱中介绍道："父讳与敕，大清顺治元年拔贡，累封国子监祭酒，赠刑部尚书。"又写道："公字钦文，性孝谨，尤警慧，自毁齿就傅，所授经书一过辄晓大义。"但数困场屋，清世祖定天下后，诏令郡邑选真才充贡太学，有司以父名应诏，但父亲因为祖父王象晋年老需要照顾，因此"廷对后不谒选人，径归"。⑦王渔洋还为其父撰写了一篇长达2335字的行述——《诰封朝议大夫国子监祭酒先考匡庐府君行述》，叙述了其父一生的经历，称父亲"别字匡庐"，"生于万历己酉年十月十一日亥时，殁于皇清康熙二十四年乙丑九月二十八日酉时，享年七十七岁"。渔洋还描

---

① 〔清〕王士禛：《带经堂集》卷七五，清康熙五十年程哲七略书堂刻本。

②⑦ 〔清〕王士祯撰，惠栋注补：《渔洋山人自撰年谱注补》卷上，清红豆斋刻本。

③ 〔清〕王士禛著，张世林点校：《分甘余话》卷一，中华书局1989年，第1页。

④ 〔清〕王士禛著，张世林点校：《分甘余话》卷一，中华书局1989年版，第15页。

⑤ 〔清〕王士禛著，张世林点校：《分甘余话》卷二，中华书局1989年版，第47页。

⑥ 〔清〕王士禛撰，靳斯仁点校：《池北偶谈》卷五，中华书局1982年版，第115页。

写了其父的外貌与身体状况:“府君素少疾病,胸次恢廓,音吐如钟,眉长覆目,相者谓寿当复如方伯公。”对其父的性情与学识也有叙述,称“府君至性过人”,“读书具夙慧”,早年曾受到提学项梦源、李乔、汤道衡、汪渐盘、翁鸿业等人的重视,“皆以国士期之”,言其父跟从祖父“游宦京师四方”,声誉日起。“府君少工骈丽之文,晚年犹间为之。中岁好为诗。”王渔洋兄弟请将其诗文编录成册,他不同意,说:“吾偶写怀抱,如弦之有音,既弦停音寂,何用留此枝赘为耶?”王渔洋还叙述了父亲的孝行:“归侍方伯公于舍,柔色下气,虽裙牏必躬浣洒,岁时率子孙奉觞上寿,一堂五世,融融如也。”王渔洋在文中还描写了其父的慈爱和友善,庚子年,王渔洋“分较南闱”时“得危疾”,几乎死去,其父“顾复鞠育,至废寝食,凡三阅月而有瘳”;“群从伯叔晚年,惟天孙先伯独存,时时邀与诸兄弟燕集”。王渔洋还写出了父亲对母亲的深情:“先恭人殁后,室绝侍媵者十余载。”王渔洋还描写了父亲“扁舟东下,寻西泠旧游,访老友吴先生思穆于湖上”以及“每春秋佳日,辄置酒,邀邑中耆旧……小集西堂,道旧故为乐”的雅事和逸趣。王渔洋还详录了其父爱民和尽忠的言论,称自己到扬州赴任时,父亲曾语重心长地教导他:“汝年少为吏,且李官也,民命系焉,慎之!慎之!吾将视汝!”他与兄长王士禄做官京师时,父亲“恒寓书谆谕勉修职业,勿忘国恩”。① 与父亲同一辈的人中,王渔洋写得比较多的是二伯父王与胤(1589~1644),字百斯,号永锡,明崇祯元年进士,官湖广道监察御史,以劾总兵官邓玘,忤阁臣意,谪归。李自成陷京师后,自杀“殉国”。王渔洋重点记述了“侍御公殉节”等事:“甲申,公家食已八年矣。闻三月十九日之变,同妻、子尽节。”“公清介忠信,言笑不苟,须眉若神。葬日,会者万人,莫不流涕。”②清世祖曾令魏裔介为明末北京死节之臣二十二人“予谥”,但王与胤死在家中,“无状公逸事以告史馆者”,王渔洋“恐世父之事遂湮没而无传”,便请人撰成传赞,“载之家乘,谨状如右”,希望“秉笔者冀有取焉”,③也就是想将这段家史升格为国史。

“与”字辈下,是“士”字辈。王与敕有四子,王渔洋是老幺。王渔洋对其本人的活动和经历,记载尤详,自撰过一部《渔洋山人自撰年谱》,足可为正史之补。本文对其本人不拟赘言,仅介绍王渔洋对其三位兄长的撰述情况。王渔洋的长兄王士禄,吏部考功清吏司员外郎,王渔洋称其为“先兄考功”“先兄西樵”;二兄王士禧;三兄王士祜,王渔洋称三兄为“先兄东亭”。对于长兄王士禄,他记述道:“先兄考功平生诗不减二千余篇,已刻者曰《表余堂集》,曰《十笏草堂集》,曰《辛甲集》,曰《上浮集》。海内耆宿论之详矣。”然后叙述自己“择先生诗什之二三,次为四卷,并刻以传。仍取诸公品藻之语,略为序述,以俟论定”④。他还回忆了兄弟少时读书东堂的情景,说“长兄考功先生嗜为诗,故予兄弟皆好为诗”⑤,又记述了严绳孙(字荪友)以布衣游京师时,“见先兄西樵洎余,遂欣然为之写真”⑥。对于二兄王士禧,渔洋所记不多,只说:“康熙丙子,以祭告岳渎之役,归自秦蜀。兄(士禧)送予南村,呜咽挥手。明年春,讣闻京师。”⑦在三位兄长中,王渔洋写得最详的是他的三哥王士祜,曾专门写了一篇长达2250字的《赐进士出身先兄东亭行述》。渔洋在文中先简要介绍了其兄的生平。“兄讳士祜,字叔子,一字子侧,号东亭,先方伯公第十孙,家君祭酒公第三子也。先慈孙恭人以崇祯壬申十二月八日生于常熟官署。时方伯公以参政督苏松四郡粮储,驻节此县,因小字虞山”,卒于康熙二十年辛酉九月初二日寅时,年止五十。中康熙癸卯科举人,庚戌科进士,

①③ 〔清〕王士禛:《带经堂集》卷四八,清康熙五十年程哲七略书堂刻本。

② 〔清〕王士禛撰,靳斯仁点校:《池北偶谈》卷五,中华书局1982年版,第115页。

④⑤⑦ 〔清〕王士禛:《带经堂集》卷七五,清康熙五十年程哲七略书堂刻本。

⑥ 〔清〕王士禛撰,赵伯陶点校:《古夫于亭杂录》卷五,中华书局1988年版,第122页。

候选中行评博。然后他描写了三哥“少凝重,简默言,笑不妄发”的性格特征和“性至孝,在父母侧,怡声下气,进止不失尺寸,与兄弟友爱最深”的品德。对于三哥的诗学才气,王渔洋作了详述:“入家塾,独能强记。年十许岁,时尝雪夜集东堂,长兄偶简辋川绝句,命属和。兄诗先成,有‘日落空山中,但闻发樵响’之句。长兄激赏。”王士祜虽然有才,然而其仕途并不畅顺,王渔洋写道:“屡困场屋,风雨如晦,鸡鸣不已,志良苦矣!”丁酉,“复蹶场屋”,庚子,“兄秋试又不利”,“甲辰会试下第”,丁未会试,“复下第”,终于在“庚戌会试,受知相国魏公、大宗伯龚公、少宰王公、阁学田公、翰林夏公,廷对在高等”,但是“已而馆选不得与”,丁巳,“始以新例援纳中行评博”,但一直未能够实授官职。王渔洋因此感叹道:“年逾三十,始一遇,坎壈十余年,名卒不挂朝籍而死!”①

“士”字辈下,就是“启”字辈了。王渔洋曾为五侄王启沆撰史。他写道:“第五侄启沆,字辰远,先祖考尚书府君之曾孙,世父侍御公之孙,父士和,母张氏。”明崇祯十五年,清军掠山东,新城陷,母张氏“不辱死之”,当时启沆才三岁,甲申年,“侍御公暨孺人于氏同殉国难,士和亦以诸生从死”,当时启沆才五岁,被曾祖父王象晋收养了十年。顺治癸巳,曾祖去世“乃返侍御公故第居之”。侄王启沆“生崇祯庚辰十二月初六日,卒康熙戊寅三月十二日,得年五十有九”。② 王渔洋关于家史的叙述,到此为止。

二、择要撰写家族女眷传记

与系统谱写家族男性成员的历史不同,王渔洋对家族的女性成员的历史则是择要书写。这多少与当时重男轻女的思想有关。他描写的王家女性成员只有三人,一是叔祖王象节的夫人毕孺人,二是其生母孙太君,三是他的结发妻子张氏。后两人是他生命中最重要的两位女性,因此他用了很多篇幅并倾注了大量的心血和情感来叙述她们的历史。

对于叔祖母毕孺人,王渔洋在《池北偶谈》卷七《毕孺人》中介绍说,叔祖王象节(字子度),中万历壬辰进士,选庶吉士第一,病死后,“元配毕孺人,年甚少,于邸中从容立嗣,告于柩前”,然后“自缢死”。皇帝下旨“旌表”其节烈行为。王渔洋是“偶阅此,录附家乘”。看来,他对这位叔祖母并无深厚的感情。为叔祖母撰史是受当时节义观念的影响,对本族中的守节妇女表达敬意而已。然而,他对孙太君和张氏则完全不同,充满了感情。

王渔洋称其母亲为“先妣孙太君”“先慈孙恭人”,还特别为母亲写了长达2867字的《诰封宜人先妣孙太君行述》,是其家族史撰述中最长的传记,字数超过了为父亲所写的行述,叙述了其母一生的事迹和人生经历。他在行述中首先介绍了其母的生平,“母姓孙氏,济之邹平人”,生于万历丁未八月二十四日未时,卒于皇清康熙十一年壬子八月初一日亥时,得年六十有六。母亲的父亲为孙栻,“以太学生仕为宁国府经历,即不孝外祖父也”。外祖母梁生子女十人,“母其第四女”。外祖父孙栻与王渔洋的伯祖王象乾和祖父王象晋相善,将长女嫁给了祖父的长子为媳妇。王渔洋的祖母张淑人一日在外祖父家,“见母,器之”,于是让长媳牵线。孙氏便嫁给了王渔洋的父亲王与敕,时年十七岁。

对于母亲的性格,王渔洋有深刻的印象。“生而凝重,不妄言笑”,年幼时在宛陵官舍居住时,“一日与诸弟妹戏,遗火室中,且燃,诸弟妹惊走,母独从容以絮被濡水,往覆燃处,火立熸。外祖父母以是奇之”。王渔洋对其母亲的远见卓识和独立性格,赞不绝口:“母贤明有远识,知大体,料事

① 〔清〕王士禛:《带经堂集》卷四九,清康熙五十年程哲七略书堂刻本。

② 〔清〕王士禛:《带经堂集》卷八九,清康熙五十年程哲七略书堂刻本。

多奇中,不类巾帼中人。"

王渔洋对母亲的孝道有深切的体认:"母自伤不及事姑张淑人,其事方伯公(象晋)寒燠以时,瀞洒必谨。方伯公游宦淮海、吴门、大梁、武林,必以家君暨吾母自随,朝夕上食,非母视寒暖弗甘也。癸未、甲申间,带甲满天地,时方伯公年八十矣,避兵转徙异县。母以人参纫置衣带中,晨必手煎进之,虽乱离不少倦。"王象晋家教甚严,"闺门之中,俨若朝典。子孙辈稍失意,辄跪之庭"。母亲闻之,"必旁皇立待,方伯公不意解,则不敢食"。母亲的孝,往往以"顺"来表现。母亲行孝的一个目的,就是实现公公王象晋培养子孙成才以支撑门户的愿望。"方伯公忧门户中落,常为不孝兄弟言高、曾以来堂构嗣续之难,或至流涕",这时其母便对王渔洋等人说:"尔祖耄耋,日望汝曹成立。汝曹下愚耶,吾无望焉尔!汝曹幸知读书,不至自暴弃,当及尔祖无恙,各自树立,慰老人暮景。傥无所及,即吾与尔父受万石之养,悔可追耶?"说到这里至于"泣下"。在母亲的激励下,"洎顺治戊子,长兄士禄举省试,辛卯士禛羁贯魁一经,明年壬辰,兄举礼部",当时"方伯公尚无恙",母亲怡然说道:"儿辈皆有成,慰老人意,吾愿毕矣!""癸巳,方伯公年九十三,考终里第,母佐家君视汤药,浃月不归寝,含袭衾襚,必躬必亲,勿之有悔。厥后乙未,士禛举礼部,癸卯、庚戌,士祜春秋两捷。母念及方伯公之教,未尝不喜而继之以悲也。"

王渔洋还描写了母亲善于为人处世的优点:"母处诸姑姒娣间无间言。"对于老而无子的从姑和少失怙恃的从姊,"母遇之恩谊有加,岁时问遗,过于诸女,历三十年如一日"。母亲"性乐施予,甲申以前,家故粗给,庚辛间岁大祲,母躬督臧获,作糜赈饥,制絮衣衣贫者,或夙有逋负,至是悉焚其券"。

王渔洋在写作这篇女性传记时,突出了其母抚养儿女的不易和艰辛:"母举不孝兄弟姊妹八人,自辛巳为长兄娶妇,庚子送季妹于归,先后二十年婚嫁始毕,而母之鞠育顾复,心力竭矣。"他写尽了母亲的慈爱,说他的长兄王士禄在"磨勘"时,"狱兴,兄以无妄颂系者八阅月,母忧甚至,废寝食"。及事白冤洗,王士禄省母于扬州,"母悲喜交集",说:"大患难后,儿乃不瘠,老人瘠矣!"于是,"自是晨夕,必呼兄与士禛对食榻前,视犹孺子",并对他们说:"儿辈立身服官,但求无愧神明,无忝先训,利钝成败有物司之,吾固常以盛满为忧。儿今身名皭然,蒙主上恩放归田里,侍父母余年,吾又何憾!"

王渔洋还详述了其母教育儿女的言行和思想:"平居诸妇女侍,恒取高祖母一品刘太夫人《阃范图说》,指示之曰:'先世以勤俭起家,其不敢暇逸如此。吾之归汝家也,不及见刘太夫人,顾犹及见路太夫人。路太夫人之以勤俭为教,不啻刘太夫人也。汝曹志之!'""《阃范图说》者,曾祖大司徒公记高祖母生平言行,自其佐高祖太仆公于寒素,以至大耋教诸子姓登科第为名公卿,纤悉毕具。"庚子,王渔洋赴扬州任推官,母送之渑水上,对他说:"汝少年为法吏,吾惧之。然扬故尔祖旧游地也,吾与尔父少尝随侍,今三十年风景犹梦寐见之。孺子行矣,惟尔祖是程!俾扬人谓王公有后,是吾志也!"当王渔洋在扬州判案失事被降职时,母亲却对他说:"人命至重,汝但心存公恕,升沉非所计也。""长兄在铨曹数年,士禛历官仪曹、计曹,罔敢陨越,则母暨礼部公教也。"母亲"训诸女、女孙,恪执妇功,动止皆有礼法。乡党之言闺范,必以吾母为称首"。中国传统社会历来不重视记载女性事迹,正史一般只有《后妃传》和《列女传》会记载女性事迹。而王渔洋则试图改变这种情况,详细记叙了母亲的人生经历。

除了母亲外,王渔洋还为发妻写了2509字的《诰封宜人先室张氏行述》,仅次于为期所作行述的字数,字数超过了他给父亲写的行述,叙述了妻子的一生和两人同甘苦共患难的经历。这篇行述表明王渔洋对其妻子的情感是特别深厚的。他先写妻子的生平简历，“宜人姓张氏，邹平人”，“生于崇祯丁巳六月二十九日丑时，卒于康熙十五年丙辰九月初十日午时，得年四十”。父亲张万钟，江南镇江府推官，母亲是李孺人，而生母是景硕人。

王渔洋还记述了妻子的性格，描绘出了一个性格沉稳、喜怒不形于色的女性形象。“宜人十岁，发覆额矣，举止如成人”，“辛卯，予中省试。乙未，成进士。李孺人、景硕人持宜人喜极而悲，内外族党毕贺，宜人顾欿然自下，无几微态色”。在王渔洋的眼中，妻子张宜人很聪明，“宜人生数岁，明慧娴姆教，为镇江所奇爱”。

王渔洋对妻子的品行德操作了重点叙述。十四岁时，张宜人嫁了过来，“敬事舅姑，上逮先祖方伯公，如女子之事父母，处诸姑娣姒曲尽恩礼”。自从王渔洋母亲孙氏去世后：“宜人事家严，澣衣裙洁，瀡瀡罔敢或怠。姊妹归宁，宜人食必与共，纤悉周至。诸姊妹尝叹曰：‘吾辈无母，微弟妇，无归矣！’”王渔洋觉得妻子“夙昔婉淑，无惭妇德”。“五年中为予上事严亲，中恤姊妹，力已殚矣，心良苦矣。予岂木石，忍须臾忘之哉！”“女奴终岁不闻谯诃，虽僮仆之子女，时抱持，啖以饼饵。其慈惠如是！”在张宜人的德行中，王渔洋特别强调了她的孝行，称自己任扬州府推官上任时，父亲随自己赴任，“宜人承欢顺旨，虽一衣一食，勿弗躬亲者”。多年后，当王渔洋的儿子启浑归省时，张宜人“制冠帔寄先慈，手自经营者累日。先慈见之，犹为一解颜也”。“宜人孝敬出于天性，一鲜之微，不进舅姑不敢辄尝。或在远不能致，未尝敢忘也。予三蒙文绮之赐，宜人必手自封识，寄上两大人，未尝自御。从宦将二十年，无私货，无私蓄，尤人所难。”宜人不仅对婆家行孝，对自己娘家也怀有孝心。她“少失怙，两母氏相继弃养，景硕人之殁，宜人在淮南不及见，言辄涕零”。甲寅腊月，王渔洋“始为硕人启窆合葬”，既竣事，张宜人说：“十年来，常惧溘先朝露，无以见吾母地下。君为我了此，无复憾矣！”王渔洋还描述了张宜人的勤俭美德，“宜人性勤俭柔婉，以是尤为先慈所爱”，“凡薄俸所入，日用所出，一禀家严，未尝有纤毫私蓄，为罗绮金翠之饰也”，“宜人生阀阅而綦缟自好，有桓孟之风。一衣虽数浣洒，不忍易也。予性疎散，好读书，不问家人生产，宜人以勤俭佐予，内外秩然”。

让王渔洋萦绕于心的是妻子对丈夫的深情厚谊：“时予方为诸生，与诸兄读书家塾，每至丙夜不归，宜人一灯荧荧，缝纫以待，无倦容。”“与予终身相庄，不闻谇语。”当时王渔洋为官廉洁，“宜人怡然以两家祖训相劝勉，以为君能如此，始不愧清白吏，子孙了无世俗交谪意”。妻子的相夫助人给王渔洋留下了深刻的印象：“丁未、戊申间，予与汪户部苕文、刘吏部公㦸、梁侍御曰缉、李学士湘北、陈阁学子端诸君为文酒之会，四方文士游京师者，时凑邸舍。宜人知予好宾客，肴核酒茗必手治，不以委臧获，或鲑菜不继，辄脱簪珥付质库中。两人更以此相乐也。忆辛丑在广陵，闽中友人许天玉公车北上，以缺资斧来告，会囊无一钱，宜人笑曰：‘君勿忧，我为君筹之。’除腕上跳脱，付予曰：‘此不足为许君行李费耶？’予亦一笑，持遗天玉。天玉作长歌记其事，颇援古贤媛为比。同里徐东痴隐君贫且老，虽冻饿不求人，每严冬风雪，无御寒之计。宜人辄出絮帛属予曰：‘君得勿念徐先生乎？曷以遗之？’其与予同志相助，大抵然也。”当其兄死时，王渔洋“屡绝复苏”，宜人“涕泪之余，凡予饮食起居，调护备至”，让王渔洋感到“予非宜人，其不濒于死者仅矣”！他感叹道：“宜人十四归予，二十年甘苦，两人相与共之。数载以来，牛衣对泣，忧患亦惟两人共之。今死者已矣，生者奈何！”①在宋明理学盛行、妇女地位日益低下的清代初期，王渔洋用自己的史笔，注入深挚真诚的

① 〔清〕王士禛：《带经堂集》卷四九，清康熙五十年程哲七略书堂刻本。

感情，叙述了妻子辛勤的一生，真可谓"借男女之真情，发名教之伪药"；同时也用家史的形式，让妇女的历史留存了下来。

王渔洋对母亲及妻子倾诉的心里话似乎比父亲要多，从三人传记的字数上可以看出。这表明在他的心中、在他的家史里，与其命运攸关的妇女具有特殊的地位。

三、王渔洋所撰家史的特点

王渔洋具有浓厚而宏大的家族意识。其在撰写家史时，上溯下延，内外纵横，从高祖写到五侄，从男性写到女眷，从本家写到旁枝，从父系写到母系，谱写出了比较完整而有体系的家族历史。王渔洋叙述的家史，与一般的国史不同，与道听途说的野史亦有差异，具有独特之处。其所撰家史主要有以下五个特点：

第一，记载的往往是其亲身经历或亲耳听闻的事实，既生动又可信。王渔洋曾记道，自己八九岁时，父亲王与敕召叔祖王象咸饮酒，"叔祖豪于酒，而工草圣，有张颠之风"。祖父王象晋对王渔洋兄弟说："醉爱羲之迹。"王渔洋应声对道："狂吟白也（指李白）诗。"祖父大喜，赏以名人书画扇，并对王与敕说："此子必早成。"后顺治辛卯，王渔洋"幸叨魁荐"，当时祖父年九十一，"犹及见之"。乙未成进士，历官左都御史、刑部尚书，结果"府君（祖父）暨先君（父亲）皆累赠如其官"。① 王渔洋所撰家史往往生动而真切，甚至可正传说之讹。他在介绍其高祖王重光与诸孙的传奇经历时，对猎奇的文人笔记予以驳正。他追忆道："高祖忠勤公，一日拥诸孙膝上。时伯祖太师公象乾、方伯公象坤、光禄公象蒙，皆方七八岁。公戏问太师曰：汝将来中第几？应曰：第二。问方伯，曰：第一。问光禄，亦曰：第二。公喜。其后方伯中嘉靖甲子解元，光禄隆庆丁卯，太师隆庆庚午，皆第二人，如其言。四伯祖孝廉公象泰，癸酉亦第二人。其后叔祖户部公象斗、翰林公象节、中丞公象恒皆以戊子。先祖方伯公象晋以甲午，叔祖考功公象春（初名象巽）以癸卯，相继乡荐，皆成进士。"他特别指出："向见《谈荟》诸书，所载多讹舛，详述之。"②

第二，不独介绍其家族显赫的仕途和宦迹，更注重叙述家族的文化氛围和人文气质。王渔洋记述其兄弟读书东堂的情况，反映出了其家庭"诗书世家"的景象和诗意般的文化氛围："予兄弟少读书东堂，堂之外，青桐三，白丁香一，竹十余头而已，他无所有，人迹罕至，苔藓被阶，纸窗竹屋，灯火相映，咿唔之声相闻，如是者盖十年。长兄考功先生嗜为诗，故予兄弟皆好为诗。尝岁暮大雪，夜集堂中，置酒，酒半，出王裴《辋川集》约共和之，每一诗成，辄互赏激弹射。诗成酒尽，而雪不止。久之，予三人先后成进士去，各以王事驰驱南北，独仲兄家食以老，伯兄、叔兄既早逝，予间一过家省兄，不旬月辄又别去。中间惟宅先司徒忧，共晨夕者五载，然时移势易，乐往悲来，欲问畴昔东堂之迹，而亦不可得矣！"③王渔洋在《先人刻书著述》中，详列了其家人刻印的书籍和自撰的著作。刻印书籍的情况是："先太师大司马公尝刻小本《玉壶冰》，细入毫发，都穆元敬所著也，又《文选删注》及《赵松雪文集》。先方伯赠大司寇公常刻贾侍郎三近《滑耀编》即《文府滑稽》之流，又张南湖綖《诗余图谱》《少游南湖诗余合刻》，二公皆高邮人也。"自撰著作的情况是："先高祖太仆忠勤公遗墨，止有采三殿大木于黔中时所为祝嘏词，及史论数篇。先曾祖大司徒公著述，有《炳烛编》《摄生编》《百警编》，皆门生郭文毅明龙（正域）为序，及谏议疏稿。先伯祖大司马公著述，有《皇祖开

① 〔清〕王士禛撰，赵伯陶点校：《古夫于亭杂录》卷三，中华书局1988年版，第69～70页。

② 〔清〕王士禛撰，靳斯仁点校：《池北偶谈》卷五，中华书局1982年版，第109页。

③ 〔清〕王士禛：《带经堂集》卷七五，清康熙五十年程哲七略书堂刻本。

天玉律》,并进疏经理牂牁奏议、总督宣大奏议,大半载陈大樽(子龙)《经世文编》,而混入太仓王少司马思质(忬)疏数篇,弇州先生父也,舛讹当改正。本兵及署太宰奏议,无专刻,今邑志略载数篇。先祖方伯赠大司寇公著述,《群芳谱》最著。”渔洋还介绍了其伯父王与胤的《陇首集》;长兄王士禄的《然脂集》《十笏草堂集》《西湖竹枝》及二兄王士禧的《抱山堂集》等;并表示“聊志其目,存之家乘”①。所谓“存之家乘”,即打算写入家史。王渔洋在《分甘余话》卷一《录祖辈诗》中,还详录了家族成员三伯祖王象蒙、八叔祖王象艮、十叔祖王象节、十七叔祖王象春、十八叔祖王象明等人的诗词。这些都显现出了其家庭浓郁的文化气息。

第三,具有与明代历史大事相经纬的特点。他在《门户》篇中对新城王氏家族历史的介绍,也反映出了当时的党派门户之争:“吾家自明嘉靖中,先高祖太仆公以甲科起家,至隆万而极盛,代有闻人。当明中叶,门户纷纭之时,无一人濡足者,亦可见家法之恭谨矣。先伯祖太师霁宇公(讳象乾),出入将相六十年,与叶文忠公、沈文端公、郭文毅公辈师友之谊最厚。故小人造《东林同志录》,东林籍贯皆列焉。先祖方伯公(讳象晋),为礼部主事,时乡人亓诗教、韩浚势张甚,以公名阀,素有清望,饵以铨曹,欲引入其党,公力却之,遂触其怒。丁巳,以察典中伤,里居者十余年。此其梗概也。至从叔祖吏部(象春),为东林闻人,而才浮于□实,家法始一变矣。”②王渔洋在介绍曾祖父王之垣时,摘录了王之垣《历仕录》的部分内容。《历仕录》是一份研究传统社会士大夫交际圈和交往史的绝佳史料,讲述了明代官场的世态百相,是家史与国史相结合的表征。《历仕录》还特别讲述了建府于荆州的辽王的骄横,以及王之垣的执法不阿。王之垣最后将杖死库吏的辽王府的犯人做了判决,“凡问军一徒五”,尽管“王怒愈甚,然竟无所施”。王渔洋引用曾祖父《历仕录》的记载,将家史与国史联系了起来。在《历仕录》中,王之垣还叙述了他在废陈皇后问题上起的直谏作用。“穆宗时,陈皇后出中宫,中外人心不安。予具疏请皇后正位中宫,以端治本。奉旨:‘后侍朕久,无子多病,移居别宫,以畅意耳,汝不知内庭事,妄言耶!’再上疏言:‘皇后乃先帝选择以遗陛下,有关雎樛木之德,抑郁成疾,已为不可,乃云别宫畅意,岂有夫妇睽离而畅者哉!’奉旨:‘后疾调理稍愈,即还本宫。’”③王渔洋在撰写家史时,记叙其曾祖父的这一经历,将国史与其家族史融为了一体。

第四,在谱写家族历史时,重点叙述与简要勾勒相结合,主次分明,详略有序。王渔洋在详细追忆和叙述其父亲王与敕的事迹后,又简单勾勒了其后代的情况。如记其儿子:“子四人:士禄,顺治戊子举人,壬辰乙未进士,吏部考功清吏司员外郎卒,娶张氏、王氏。士禧,廪例准贡生,候选州同知,娶赵氏。士祜,康熙癸卯举人,庚戌进士,候选中行评博卒,娶焦氏,继娶张氏。士禛,顺治辛卯经魁,乙未、戊戌进士,詹事府少詹事兼翰林院侍讲学士,娶张氏。”记其女儿:“女四人:一适博兴庠生刘倬,一适邹平乙丑进士张玺,一适淄川庠生毕盛肩,女卒,一适益都监生赵作肃。”渔洋还记叙了启演、启浣、启溶、启涫、启沉、启深、启涫、启潅、启涑、启浑、启汸、启汧十二位孙子和十二位孙女以及曾孙、曾孙女和四世孙的情况。④ 这样既描摹勾勒出了一个庞大的家族,又做到了要言不烦。王渔洋在写其三兄王士祜时,用的也是这种方法,先详述了其兄的事迹,最后以很少的文字介绍其后代的情况:“子男二人:启涫,庠生,娶毕氏。启潅,聘耿氏女。女三人:适李阔、赵执桓、张秉

① 〔清〕王士禛著,张世林点校:《分甘余话》卷三,中华书局1989年版,第55页。

② 〔清〕王士禛撰,靳斯仁点校:《池北偶谈》卷六,中华书局1982年版,第140页。

③ 〔清〕王士禛撰,靳斯仁点校:《池北偶谈》卷五,中华书局1982年版,第111页。

④ 〔清〕王士禛:《带经堂集》卷四八,清康熙五十年程哲七略书堂刻本。

镇。孙女二人。"

王渔洋在介绍其家族的重要成员时,常简要介绍其祖先的情况。如在介绍其母的生平时,除重点叙述母亲的事迹外,还记母亲"始祖进以下,历金及元,世为军民千户。九世(张)祖本当明高帝时,逐寇死金山下,弟雄代之。雄以靖难功,累迁至指挥使"。"本之子孙留为邹平人,世以儒术科名显。自本以下,六世至栻,以太学生仕为宁国府经历,即不孝外祖父也。外祖母梁,举子女十人,母其第四女。"王渔洋在重点叙述妻子的历史时,简要追述了妻子的曾祖张一元(官至巡抚河南都御史)、祖父张延登(官至都察院左都御史)、父亲张万钟(官至江南镇江府推官)及母亲李孺人和生母景硕人的情况,基本上做到了详略得当。

第五,将叙事与抒情交织在了一起。王渔洋在撰述家史时用的叙述方法不同于一般国史和方志"据事直书"的叙述方法。或像德国史学家兰克所说的"消灭自我"那样,渔洋在撰述家史时,充满了感情,做到了事与情的交融。王渔洋在为其父王与敕写的行述中,描写其母去世时,其父其兄相见时的情景,充满了浓烈的感情,"先恭人弃诸孤,惟不孝士禧侍侧。已而士禄、士祜自京师,士禛自蜀奔丧归,府君抚之而泣"。并言这样的场景在后来很难得:"回忆是时,府君在堂,兄弟无故,虽慈闱弃养,而晨夕温凊,依然曩时。抚今追昔,抑何可得哉!"王渔洋记其奉命祭告南海,经过家乡、与父亲告别时:"微窥府君容色肌肤,殊减畴昔,心怦怦然,怀归益切。及使事告竣,便道过里,从容言报命后,当即请假觐省。府君犹不见许,然意殊怆然。不孝士禛俯首饮泣,不能复言。甫旬日,府君力命趣装,遂发。呜呼痛哉!讵谓是日即不孝士禛与我府君永诀之日哉!"他对家族历史的总结,充满伤痛:"不孝士禛壬子奉命使蜀,归而先恭人见背;今奉命使粤,归而府君见背。皆行万里,抱恨终天,尤鲜民之最不幸者!"①

王渔洋为其母亲写的传记充满着无尽的思忆和感情。他描写的母亲在家等他们从学堂回来时的场景温馨且十分感人:"不孝等每自家塾归,母闻履声,辄从窗中呼之,问儿辈今日读何书,为文章当祖父意否?命列坐于侧,予之酒食。或读书塾中,夜分不归,则遣小婢赐卮酒饼饵,慰劳之,率为常。不孝兄弟每会食,辄谈艺以娱母。母则大喜。""不孝兄弟自髫龀肩随,未尝离母膝下,常春夜侍坐,母愀然谓之曰:'儿辈今读书家塾,父母日望攻文章、取科第,异时游宦四方,动弥年载不相见,欲如今日侍父母左右,其可得耶!自非休沐归,或不幸以私艰归,汝兄弟欲如今日聚首一堂,又岂易得耶!'不孝兄弟闻母言,心窃痛之。自乙未后,诸兄弟服官中外,无几相见,回忆母夙昔之语,往往悲怆不能已!"渔洋写出了母亲激励儿子成才,而成才后的儿子又远走高飞、难以与老母团聚的人生无奈。母亲去世后,"长兄奔丧归自京师,又两月,士禛归自巴蜀,不孝兄弟始聚哭吾母殡宫之旁,而母不及见矣。痛哉!痛哉"!其长兄又因过于悲伤去世,临终前嘱渔洋为母亲写篇纪念性文章,王渔洋"既痛吾母,又痛吾兄,甫含毫辄哽咽罢去。如是者又逾一年"②。

王渔洋在描述其兄的事迹时,也饱含真情实感,在《赐进士出身先兄东亭行述》中写道:"呜呼痛哉!不肖同气四人,手足相依倚者四十年。尔时父母俱存,兄弟无故,出入肩随,不自知其乐也。自癸丑七月,先长兄西樵死孝,弹指九年。思畴昔家庭风味,渺然不可复得。今年叔兄视不肖京邸,聚首甫半载,示疾二日,遽成永诀,变生仓卒,呼吁莫及,呜呼痛哉!于是不肖同气四人,逝者半矣。"渔洋在叙述其兄王士祜的历史时,称母亲病死后,"兄徒跣南奔,长兄与不肖先后抵里,倚庐共处,朔风积雪,午夜相对饮泣。视庚戌过家时,哀乐忽如隔世矣"。母亲死后,长兄殉母以死。"不

①② 〔清〕王士禛:《带经堂集》卷四八,清康熙五十年程哲七略书堂刻本。

肖兄弟叠罹大故，痛不欲生，草土之余，相依为命，迄今回忆之，泪犹簌簌下也。”王士祜“兄以辛酉二月至京师，需次之暇，读书赋诗，或弈棊至夜分。近和张文昌《秋怀诗》十章，示不肖，词旨和平，无凄戾之音，窃意其怀抱少舒。又讵谓遂成绝笔乎”！渔洋还称王士祜：“虽生于世族，而穷约连蹇，纡郁结轖，有贫士之所不堪者！”

渔洋在书写其妻时，感情更为深沉：“呜呼！士禛数年来，备遭骨肉之惨，所与同忧患相慰藉者，惟糟糠之妇耳。今又溘焉长往，藐诸孤呱呱无告。士禛孑然一身，羁孤千里，欲归不能，欲留不可，人生至此，天道宁论！念结发以来二十有六载，甘苦患难，无一不与妇共之。”妻子死后，“士禛获罪于天，频遭惨酷。自庚戌后哭母，哭兄，两哭子，一哭侄，一哭子妇。期功之戚，无岁无之。今复哭宜人于千里之外，予何以为情哉！抑人情最不能忘者，所与共忧患之人也”！此后，渔洋一直对亡妻割舍不下：“今年夏，予偶读文选，至潘骑省悼亡诗，辄闭目不欲观。又客秋过河间，和沈启南钩弋夫人歌一篇，语近不祥，辄削稿。他日入室，思人流芳已歇，遗挂在壁，忆骑省之诗，岂非神先告之乎！悲哉！宜人婴生艰之至极，又薄命而早终，病不及知，敛不及见，诀语不及闻，天荒地老，此恨何穷哉！”①这种直抒胸臆、充满情愫的描写，只有在自撰家史中才会出现。这也是家史的重要特点之一。

四、王渔洋所撰家史的价值

王渔洋谱写的家史，系统而完善，具有多方面的价值，如为中国传统家族史的研究，提供了一个范本；为明清社会史的研究，提供了许多珍贵的史料。本文重点探讨它的另一种价值，即在反映明清两代历史上，王渔洋记述的家史可补国史之缺。

王渔洋对家族历史的叙述，基本上是从其高祖王重光开始的。国史中关于王重光的记载很少，仅《明世宗实录》卷五一五有一条史料：嘉靖四十一年十一月辛巳朔，“录采木诸臣功……赠故参议王重光为太仆寺少卿”。而在清修的《明史》中，竟无一处记载。王渔洋则在多处记载了其高祖的情况，称其“先高祖涤川公，登嘉靖辛丑进士，为贵州参议，以王事殁于黔，赠太仆寺少卿”，并介绍了他的六个儿子，称“公教诸子最严”。② 渔洋还特地指出高祖“死事于黔”后，“明世庙谕祭文，有忠勤报国之褒，故称忠勤公”。③ 这些都是国史没有记载的，赖王渔洋的记载，才得以传布于世。

王渔洋的曾祖父王之垣，《明史》中只有两处记载，即卷九七《艺文二》所载的“王之垣《承天大志纪录事实》三十卷”和“王之垣《律解附例》八卷”。《明实录》中，却有大量的记载。如《明穆宗实录》卷四载，隆庆元年二月庚子，“授推官……王之垣……给事中……之垣刑科”。《明神宗实录》卷四三〇载，万历三十五年二月甲午朔，“赠原任户部左侍郎王之垣为户部尚书与祭三坛造坟安葬”。实录中关于王之垣的记载尤多，但王渔洋记载的王之垣与辽王斗法以及力谏穆宗废陈后等事《明实录》却隐讳未记。

王渔洋的祖父王象晋，《明实录》中完全无载，《明史》中也只有一处记载，即卷九八《艺文志三》载的：“王象晋《群芳谱》二十八卷。”王渔洋对祖父的记载，则十分详尽。从祖父被忌而贬居中家，著《群芳谱》；谈到此书被康熙帝看中，康熙帝命人续《群芳谱》为《广群芳谱》，并为之制序；再

---

① 〔清〕王士禛：《带经堂集》卷四九，清康熙五十年程哲七略书堂刻本。

② 〔清〕王士禛撰，靳斯仁点校：《池北偶谈》卷五，中华书局1982年版，第108页。

③ 〔清〕王士禛撰，靳斯仁点校：《池北偶谈》卷六，中华书局1982年版，第130页。

谈到他九十岁时，仍然读书、排纂不辍以及自作祭文、不迷信等事，甚至还写到他的同学，足可补正史之不足。

至于他的二父祖王象乾，由于仕途通达、身居显职，无论是《明实录》还是《明史》都有大量的记载。《明神宗实录》卷七五载，万历六年五月辛亥朔壬戌，"旧例清黄各添差科部一员，至是兵部以请"，上曰"这所拟就着曾省吾督令王象乾悉心经理，不必添差"。这是实录记载王象乾之始。直到《明熹宗实录》卷一二，还有关于他的记载，天启元年七月甲寅，"上谕兵部：蓟辽屏卫京师，尚书王象乾以本兵行边行总督事，责任并重。除该镇额供并新饷督发外，仍给发帑金十万两佐军需，赐大红蟒衣一袭，纻丝四表里，银四十两，赐宴兵部。各部院掌印官陪饯以宠其行"。由于王象乾的事迹正史书写甚多，因此王渔洋着墨较少，可谓与正史互补。

他的伯祖王象坤《明史》中无载，《明实录》中有九条记载，所记均是其官职升迁之事。如《明神宗实录》卷三九载，万历三年六月庚辰，"升礼部郎中王象坤为江西副使"。同书卷一八四载，万历十五年三月乙未，"升浙江右布政王象坤为山西左布政"，基本上是对王象坤仕途履历的介绍。这与王渔洋对其二伯祖的描述大异其趣。王渔洋记其二伯祖王象坤十八岁便考中解元，卒于山西布政使任上，"贫至无以殓。抚按以下为醵金治后事，乃得归"。渔洋还记载了他"藻鉴尤精"的一面，任河南提学时，对乡试的预测十分准确。① 这都是"国史"没有记载的内容。

王渔洋的伯父王与胤，《明史》无载，《崇祯长编》卷四〇记载了他的一个上疏，崇祯三年十一月辛巳，湖广道御史今戴罪王与胤上言"臣叨任河东盐政，陛辞有日，仰见皇上忧民生之未遂，虑边徼之未宁，宵旰孳孳，臣远违阙廷，敢无一言以献"，要求皇帝选拔贤能，人尽其才，"帝是其奏，令所司酌行"。所记仅此而已。王渔洋则用了《侍御公殉节》②和《世父侍御公逸事状》③两个较长的篇幅，介绍了王与胤短促的仕宦经历和为国殉难的落暮辉煌，这对研究晚明政治史、明遗民史有特殊意义。

至于王渔洋的父亲王与敕，因未入仕，自然不在"国史"记载之列。王渔洋则倾注了全部的感情对其父的一生作了详尽生动的描述。这些记载是政治史之外的珍贵社会史史料。

总之，王渔洋一个文学之士，用饱含情感的语言，在深切而宏大的家族意识的驱动下，记录了新城王氏家族的历史，为王氏家族成员塑造出了个性鲜明的形象，撰写了王氏家族的家史谱系。其撰述的家史与国史各异其趣，可补正史之缺。与其名字相似的前辈学者王世贞指出："国史人恣而善蔽真，其叙章典，述文献，不可废也；野史人臆而善失真，其征是非，削讳忌，不可废也；家史人谀而善溢真，其赞宗阀，表官绩，不可废也。吾于三者，豹管耳！"④王世贞论述了国史、野史和家史之间的关系和各自的长短利弊。王渔洋的家史写作，虽然难免会有王世贞提到的弊端，但其在家史中倾注的真情实感，足以感动读者，这正是撰述家史中不可或缺的基本元素。

---

①② 〔清〕王士禛撰，靳斯仁点校：《池北偶谈》卷五，中华书局1982年版，第115页。

③ 〔清〕王士禛：《带经堂集》卷四八，清康熙五十年程哲七略书堂刻本。

④ 〔明〕王世贞撰，魏连科点校：《史乘考误》卷一，见《弇山堂别集》，中华书局1985年版，第361页。

明代新城王氏诗人举要

——以王象春为中心的考察

周 潇*

明中后期山东出现了众多文化族群，堪与南方地区争胜。这不仅是山东文化繁荣的标志，也直接促进了山东文学的兴盛。明后期的“新城王氏”是一大官宦世家，人云：“山东风雅谁第一，新城王家故无匹。”①自嘉靖中期直至清康熙末年的近二百年中，科甲络绎不绝，成为诗书簪缨的名门望族，海内号称“江北第一青箱”，康熙朝的王士禛则作为“国初六家”之一，继钱谦益之后，成为清初文坛宗盟。

从明清诗人的地域分布上来看，新城处于济南文化区域的孝妇河文化带，文化巨族有淄川毕氏、王氏、张氏，博山赵氏、孙氏等。新城王氏的崛起始于明代中后期的王重光。王氏在隆庆、万历年间“科第之盛，甲于海内”，科甲仕宦以外，王氏一门还有颇多饱读诗书的文学之士，以六世为最，其中首推王象春。此外，王象艮、王象明亦为佼佼者。

王象艮，字思止，号定宇，王象春堂兄弟，王士禛叔祖，贡生，以明经官南京国子监典簿，知颍上、雒南二县，迁姚安府同知。有诗名。罢归后，辟“迂园”于南郭，日与诸兄弟唱和其间，有《迂园集》二十四卷。《居易录》云：“（伯石公）诗名远出考功（王象春）下，然谨守唐人矩矱，不失尺寸，如《咏鲁仲连》云：‘孤城一飞矢，六国有心人。’又‘萧条两岸柳，怊怅五更鸡’，‘鱼藏芦底穴，雪压竹间庐’，‘青荧茅舍火，缥缈竹林烟’，‘南雁迎花早，东风带雪多’，‘月明才十日，人病已经旬’，皆五言之选也。后人不振，予购其刻板藏之。”《渔洋诗话》又云：“（伯石公）亦有诗名，五言如……‘龙源花外水，鹿角雨中山’，皆中唐之选也。”②

王象明，原名象履，字用晦，号雨萝，王象艮弟，贡生，官大宁知县，著有《雨萝集》《鹤隐集》《山居集》。王士禛以为“才不逮考功，而欲驰骤从之，故时有衔蹶之患，未能成家”。而其诗“亦有足传”，如：“日日轻雷送雨声，小窗历乱竹枝横。水痕时落还时涨，枕上看山秋欲生。”“细雨新晴百草菲，含桃初染杏初肥。奚童竞扑柳花落，娇鸟时衔榆荚飞。”“水净欲浮蝌蚪字，苔深争迸箨龙衣。阑珊春色归何遽，帘外轻寒蜡屐稀。”又有句云：“老松带露滴巾角，乱石欹风迎马前。”

王士禛曾将叔祖王象明、王象艮、王象春的诗歌辑为《琅琊三公集》，刊刻流传。

---

* 作者简介：周潇，青岛大学师范学院中文系，副教授。

① 〔清〕方文：《嵞山续集》卷二《题王阮亭仪部像》，上海古籍出版社1979年版。

② 〔清〕王士禛著，〔清〕张宗柟纂集，夏闳校点：《带经堂诗话》卷七，人民文学出版社1963年版，第164页。

王象春(1578～1632),初名象巽,字季木,号虞求,浙江按察使王之猷子,王士禛叔祖。明万历三十八年(1610)进士,会试第二名,官至南京吏部考功司郎中。王象春恃才狂放,激论是非,受朋党攻击,辞归,寓居济南大明湖南侧,筑问山亭于百花洲,以诗酒自娱,家居十余年卒。以诗名万历间,有《问山亭诗》五卷、《济南百咏》(又名《齐音》)一卷、《李杜诗评》。世目博洽,曾作《北湖游记》。北湖即锦秋湖,位于博兴与新城分界处。王象春在文中辨析湖名典故及历代传讹,令人折服。清初,王士禛、王士禶、王士骊兄弟从《问山亭诗》中选取"雅驯雄峻"之作182首,成《问山亭主人遗诗》,流传甚广。

王季木学博才高,超轶不群,是一位雄峻强直之士,也因此而卷入党争,颇遭排挤,仕途受厄。王士禛《池北偶谈》云:"从叔祖季木考功跌宕使气,常引镜自照曰:'此人不为名士,必当作贼。'尝奉使长安,饮于曲江,赋诗云:'韦曲杜陵文物尽,眼中多少可儿坟。'其傲兀如此。"①由此可见晚明士人恃才负气、使性任侠的特点。

万历后期,朋党林立,各聚羽翼,互相攻讦,纷争不休,逐渐形成了东林与齐、昆、宣、楚、浙等党派的对立。据《列朝诗集小传》记载,万历三十八年会试,受业于安徽宣城人、宣党头目汤宾尹的浙江归安人韩敬为状元,钱谦益为探花,王象春名列榜眼,亦愤愤不平,每叹诧曰:"奈何复有人压我!"其语为时人广为传播。后韩敬科场舞弊案发,宣党、浙党以为由王象春攻讦所致。王象春因此遭到两党的排挤诬陷,贬谪外放,累迁南吏部考功司郎中,后归田。"季木雅负性气,刚肠疾恶,扼腕抵掌,抗论士大夫邪正,党论异同,虽在郎署,咸指目之,以为能人党魁也。卒用是败。归田久之,遂不起。"②后崇祯帝肃清阉党,曩时被黜大臣纷纷起复,王象春却始终未见召用。③

王象春早年推重李攀龙,师法李空同,好友公鼒曾有诗云:"骚坛世界日争新,格套淫哇莽自陈。……独有可儿王季木,时将诗吊李于鳞。"④王象春《白雪楼》诗云:"荒草深埋一代文,蔡姬典尽旧罗裙。可怜天半峨眉雪,空自颓楼冷暮云。"可谓感慨系之。蔡姬即李攀龙二十八岁时所置之妾。《香祖笔记》载:"李沧溟食馒头,欲有葱味而不见葱,唯蔡姬者所造乃食。其法先用葱不切入馅,而留馒头上一窍,候其熟即拔去葱,而以面塞其窍。此谢在杭(肇淛)《文海披沙》所载,即所谓'蔡姬典尽旧罗裙'者也。"⑤李攀龙殁后,蔡姬在西郊卖胡饼以自给。

万历后期,王象春与公鼒、李若讷等人自立门庭。王象春诗风奇警新异,主张"重开诗世界",推重禅诗、侠诗,故《静志居诗话》云:"万历中年,诗派纷出,季木自辟门庭,不循时习。"⑥他们对风靡天下的公安派多有微词,王象春在《公浮来小东园诗序》中称公安派"矫枉太过,相率而靡,坐老温柔乡中,岂不令白云笑人",鄙视纵情适意的人生态度和轻巧率性的诗风。

在诗文创作上,王象春依然展现了他狂傲自负的个性,独推服同为"北地三子"之一的文翔凤⑦。早年,二人均以七子为宗,钱谦益云:"季木于诗文,傲睨辈流,无所推逊,独心折于文天瑞。

---

① 〔清〕王士禛著,〔清〕张宗柟纂集,夏闳校点:《带经堂诗话》卷七,人民文学出版社1963年版,第164页。

② 〔清〕钱谦益:《列朝诗集小传》,上海古籍出版社2008年版,第653页。

③ 〔清〕钱谦益著,〔清〕钱曾笺注,钱仲联标校:《牧斋初学集》卷六,上海古籍出版社1985年版。

④ 〔明〕公鼒:《浮来先生诗集》卷四,《四库禁毁书丛刊》本,北京出版社1988年版。

⑤ 〔清〕王士禛著,〔清〕张宗柟纂集,夏闳校点:《带经堂诗话》卷二五,人民文学出版社1963年版,第714页。

⑥ 〔清〕朱彝尊:《静志居诗话》卷一七,人民文学出版社1990年版,第504页。

⑦ 文翔凤,字天瑞,号太青,陕西三水人。与王象春同为万历三十八年进士,官至太仆寺少卿。著有《太微经》《东极篇》《太青文集》。

两人学问皆以近代为宗。天瑞赠诗曰:‘元美吾兼爱,空同尔独师。’其大略也。”①

季木中年,从诗法空同到自辟门径,还受到了同年进士钟惺、钱谦益二人的影响。

钟惺为季木诗集作序,勉励他“要以自成其为季木而已”,云:“夫于鳞前无为于鳞者,则人宜步趋之,后于鳞者,人人于鳞也,世岂复有于鳞哉?势有穷而必变,物有孤而为奇。石公(按:袁宏道)恶世之群为于鳞者,使于鳞之精神光焰不复见于世,李氏功臣,孰有如石公者?今之称诗者遍满世界,是岂石公意哉?”②钟惺以李攀龙和袁宏道为例,说明步武他人不但不能成为他人,还会丧失自我的特性。所谓“物有孤而为奇”,即强调诗人要自我树立。

钱谦益更详细地回顾了当时与王象春、文翔凤论诗且恳切规劝二人放弃师法七子的情景,云:“岁庚申,以哭临集西阙门下(注:万历四十八年庚申,1620年,万历帝驾崩),相与抵掌论文,余为极论近代诗文之流弊,因切规之曰:‘二兄读古人之书,而学今人之学,胸中安身立命,毕竟以今人为本根、以古人为枝叶,窠臼一成,藏识日固,并所读古人之书胥化为今人之俗学而已矣。譬之堪(通“勘”)舆家,寻龙捉穴,必有发脉处。二兄之论诗文,从古人何处发脉乎?抑亦但从空同、元美发脉乎?’季木捺然不应。……季木退而深惟,未尝不是吾言也。”③

由此可见,钟惺、钱谦益二人在王象春论诗观念转变上所起的作用。

王象春有《问山亭诗》五卷,诗作千余首。《问山亭诗》得名于其在济南大明湖畔所筑的问山亭,变风变雅,傲兀奔逸,得老杜之骨力;清隽之作,又神韵清圆,开王士禛神韵诗先河。

王士禛颇以叔祖为荣,在《池北偶谈》《居易录》《渔洋诗话》④中,屡屡道及王季木其人其诗。如《渔洋诗话》云其“天才排奡,目空一世”;《居易录》云其“以诗名万历间,与文光禄天瑞翔凤齐名。……今所传《问山亭前后集》,汰其芜杂,撷其菁英,可传者尚可得十之二三也。少时诗,如‘故人江汉绝,疏雨户庭过’之句,不减大复(何景明)、苏门(高叔嗣)”;《池北偶谈》云王象春诗歌为钱谦益评为“其警策处要自不可磨灭。《列朝诗》中仅录三首,又非佳作”。

季木之诗风格奇警。《再书项王庙壁》一篇,颇得古今诗人评家激赏,可谓传世之作。诗云:“三章既沛秦川雨,入关更纵阿房炬,汉王真龙项王虎。玉玦三提王不语,鼎上杯羹弃翁姥,项王真龙汉王鼠。垓下美人泣楚歌,定陶美人泣楚舞,真龙亦鼠虎亦鼠。”

将刘邦与项羽一生的行事大要:入秦约法三章—烧毁阿房宫,鸿门宴光明磊落—战广武言弃老父,虞姬垓下之歌—戚夫人宫中泣舞罗列排比,加以比较,并无一句直接评论,仅用暗喻的形式,以“龙、虎、鼠”三字就将两人的功过是非、得失成败栩栩如生地展现了出来,先褒刘贬项,后褒项贬刘,最后项、刘同贬,不偏不袒,用语佻达,才气奔轶,新人耳目。此诗三句一章、连咏三章的形式更是不拘套格、新异奇警,语句爽如哀梨,脍炙人口,在咏刘、项之作中,确为罕见之佳作。《渔洋诗话》以为“古今判刘项,无此雄快”⑤。《明诗别裁集》所录象春诗仅此一首,云此诗“奇辟可俪谢皋《羽》篇”⑥。唐李贺曾作《公莫舞歌》,咏鸿门宴故事;宋末谢翱曾作《鸿门宴》,高出前作;《静志居诗话》则云此诗:“比于谢参军《鸿门》作,更觉遒炼。亡友颍川刘考功公㦷(颍川人刘体仁,清初诗

---

①③ 〔清〕钱谦益:《列朝诗集小传》,上海古籍出版社2008年版,第653页。

② 〔明〕钟惺:《隐秀轩集》卷一七,上海古籍出版社1992年版。

④ 皆见〔清〕王士禛著,〔清〕张宗柟纂集,夏闳校点《带经堂诗话》卷七,人民文学出版社1963年版,第165页。

⑤ 〔清〕王士禛著,〔清〕张宗柟纂集,夏闳校点:《带经堂诗话》卷七,人民文学出版社1963年版,第165页。

⑥ 〔清〕沈德潜、周准编:《明诗别裁集》卷一〇,上海古籍出版社1979年版,第261页。

人,官吏部)亟赏之,几于唾壶击缺。此非邪师外道之传也?"①《池北偶谈》卷一六亦有相同记载:"此诗刘公献绝爱之。"②

王象春虽反对公安派"淡且适"的适己悦性之诗,但对禅诗并不排斥,他以禅诗为最上乘,置于侠、道、儒诗之上,认为"官不离禅禅更诗"(《问山亭遗诗》之《答苏云浦侍御》)。但季木之"禅",并不同于李贽、陶望龄之"狂禅",并非呵佛骂祖,而是注重"禅神",写虚静自得的生活,如《山居》云:"云与同闲鹤并孤,嗒然隐几得今吾。敲来石火炊先熟,服久山泉体自癯。隔舍有僧同说梦,妙方无计可医迂。晓窗岚翠浓于染,自看长松过雨图。"《赠注历阳》云:"与君当此世,或好是名流。日读离骚醉,时偕野梵游。赋成羞狗监,冻剧却狐裘。春入湖冰绽,有无钱买舟?"一派高洁旷达之风。

季木侠诗,则豪气充盈、放驰自如。如《榛子镇》云:"千帐绝烽火,椎牛射猎迴。风霜秋马健,刁斗夜声催。紫气关前尽,青山塞上来。良家工技击,谁是伏波才?"兀傲雄肆,不拘一格。《赠徐海曙》云:"满室皆风飞雨,飞龙在眼前。闻君谈剑术,中夜不一眠。"《问山亭》更是季木自我形象的写照。问山亭在济南大明湖畔,由季木筑构。《问山亭》诗云:"问山亭子拱如笠,屹立湖中阅古今。箕踞悲骚王季木,时敲石几激清音。"(《济南百咏》)此诗清幽冷隽,瘦硬奇倔。

王象春长于咏古,立议贵新,《谒岳武穆庙》云:"衰草寒烟日暮时,伤心瞻拜岳王祠。君王自得偷安计,臣子应班痛哭师。东海未填精卫死。南风不竞杜鹃知。由来和议非长策,千古英雄恨莫追。"

首联渲染出悲凉景象,颔联君臣对比,深寓痛楚,颈联运用精卫填海和杜鹃啼血的典故,而稍作变化,尾联点出题旨,一针见血。全诗气韵矫健、力透纸背。

钱谦益论诗多贬抑西、北人,对王季木却青睐有加:"季木尤以诗自负,才气奔轶,时有齐气,抑扬坠抗,未中声律。余尝戏论之:天瑞如魔波旬,具诸天相,能与帝释战斗,遇佛出世,不免愁宫殿震坏。季木则如西域波罗门教邪师外道,自有门庭,终难皈依正法。"③王士禛认为"此虽戏论,其言自确"④。

钱牧斋此论,其实未能涵盖王季木诗歌的全部。豪气纵横之作只是王象春诗歌的一个方面,评之为"诗雄骨清瘦"⑤,应更为切当。其不少作品,瘦骨清隽,神韵清圆。《送傅生归金溪》云:"彭蠡无波细雨生,江蓠被岸客舟轻。春风不惮三千里,为及黄梅听鸟声。"有韦应物风致。《昔年》句:"九秋作赋凌三殿,一路看山问六朝。锦树琼花俱寂寞,青鸾黄鹄自扶摇。"怀旧思古,余韵悠然。《晴望》句:"初闻水面燕呢喃,云尽西风龙入潭。睡起推窗延爽气,天边添出几峰岚。"秀润可喜。《山行》其一云:"不为生计即闲身,矮帽无风驴背驯。雪树千寻时度鸟,山行终日不逢人。"寂寂无人的空谷,千尺银装的雪树,展现出空旷、奇美的雪境。其二云:"新云新鸟满春溪,日遍千峰也恨迟。偶遇高僧相对语,一山经月不思移。"诗思新妙,神韵摇曳。《山家》有句:"山家香穄饱椿芽,雨歇篱旁自种花。"恬淡田园风情尽出。上述这些作品皆珠圆玉润,隽秀清灵,意境静美,情致悠远,深造唐人门庭。

① 〔清〕朱彝尊:《静志居诗话》卷一七,人民文学出版社1990年版,第504页。
② 〔清〕王士禛著,〔清〕张宗柟纂集,夏闳校点:《带经堂诗话》卷七,人民文学出版社1963年版,第164页。
③ 〔清〕钱谦益:《列朝诗集小传》丁集,上海古籍出版社2008年版,第654页。
④ 〔清〕王士禛著,〔清〕张宗柟纂集,夏闳校点:《带经堂诗话》卷七,人民文学出版社1963年版,第164页。
⑤ 王象春《问山亭主人遗诗》之《送徐孟明之清源兼讯熙明兄三章》,武进涉园石印本1928年。

七世王与胤(1589～1644),字永锡,一字百斯,王士禛伯父,明崇祯元年(1628)进士,仕至湖广道监察御史,以劾总兵邓玘淫掠忤阁臣,降补光禄寺署正,引疾归乡。八年后国变,北京陷落,崇祯帝自缢,消息传至新城,王与胤涕泣不食,投水、服毒,皆不死,乃自草圹志,再拜诀其父,与妻于氏、子士和阖门自经而死。有《陇首集》一卷附录一卷,由王士禛编次,仅存诗42首及劾邓玘疏一篇、自撰墓志一篇,附录传及墓表、逸事状。《陇首集》乃巡视陕西茶马时所作,故名"陇首"。王士禛《渔洋诗话》云:"南城陈伯玑录其诗,与雁门(孙白谷)、箫曲(黄海岸)、钤冈(袁临侯)合刻之,为《四忠诗》。钱宗伯赞之曰:'遗音危苦,孤桐玉律。吟龙戛石,梵猿嗷月。浩歌悲啸,雷风交加。虫豸不蛰,象华其牙。'云云。"①王与胤《咏梅》诗云:"繁英任似火,冰稜自如石。南枝与北枝,不作春风格。"陈伯玑评之为:"公忠烈之性,已见于此。"②《登南城同范玉坡晤梁如星道长》云:"登城遥望碧烟开,万里千峰扑面来。二雁插天分大小,九龙匝地自潆洄。夕阳终古秦川影,暮雨连宵渭水雷。喜见汲公持节至,清秋陇首待衔杯。"笔下气象万千,诗风凝练浑阔。

子王士和,字允协,新城儒学生,其妻于崇祯十五年城破时先自经,"忠臣孝子烈妇,萃于一门,尤难得也"③。其《绝命词》云:"痛予生之不辰兮,天灭我之立王。我父母一闻兮,涕滂沱以彷徨。以身殉国难兮,维千古之臣纲。嗟反面而事仇兮,方臣妾之未遑。哀世溷浊兮,四维不张。天地无容身之隙兮,愿随我父母兮,归于帝乡。"④呼天吁地,凄恻惨怛,以身殉难的气节昭然天地间。

王与玟(？～1642),字文玉,贡生,王士禛再从伯父。幼依叔父王象春,王与玟之名、字与莱阳著名诗人宋玟同,皆为王象春所命。文玉工诗,尤善行草,尺牍有苏、黄之风,嗜法书名画及古器,崇祯十五年清兵陷城,死难,著有《笼鹅馆集》行齐鲁间。

益都尚书王瀠为其撰墓志云:"性达不羁,为文瀵咏荡融,一往莫穷,不得志于有司,则益购奇书,闭户纵横。其诗喜宗晚唐,间及宋、金。"徐夜序《笼鹅馆集》云:"从舅风流滑稽,当世鲜俦,求之古人,邯郸生叹为天人。……其论诗大抵以凄激为宗,归极流艳,故其自作亦多肖之。"⑤王士禛《居易录》云其"好为艳体,少时有《悼亡诗》句云:'二十五年将就木,一千里路不通书。''欲唤小儿求梦草,定呼妙子到稠桑。''茕茕白兔东西顾,恰恰黄鹂四五声。''通德每宵谈秘事,清娱随处品名山。'皆工"⑥。王与玟《悼亡诗为李姬作》云:"黄泉碧落两茫茫,何处寻伊说断肠。欲倩小儿求梦草,定呼妙子到稠桑。环来再世知何日,褒藉幽冥泪几行。軿軨金钿消息杳,白杨红粉总堪伤。"李姬乃其早年于京城时结识的女子,对于早年的这段感情,文玉耿耿于怀,不能忘却,二十五年后犹作《忆长安李姬》以怀志,死后又为其作悼亡诗,观诗意,情深意切,凄恻伤怀,可见两人相知之深。

---

①② 〔清〕王士禛著,〔清〕张宗柟纂集,夏闳校点:《带经堂诗话》卷七,人民文学出版社1963年版,第165页。

③ 〔清〕朱彝尊:《静志居诗话》卷二〇,人民文学出版社1990年版,第620页。

④ 〔清〕宋弼选《山左明诗钞》所载仅八句,文字略有不同,此从〔清〕陈田辑撰《明诗纪事》,上海古籍出版社1993年版。

⑤ 见〔清〕宋弼选《山左明诗钞》卷三二,《四库全书存目丛书》本,齐鲁书社1997年版,第328～329页。

⑥ 〔清〕王士禛著,〔清〕张宗柟纂集,夏闳校点:《带经堂诗话》卷七,人民文学出版社1963年版,第166页。

王象乾撰明进士顾公暨宋宜人墓碑简考

张基地*

新城王象乾曾为博兴顾连璧暨夫人撰碑文，民国二十五年《博兴县志·艺文志》刊其文名曰：《新城王象乾撰明进士顾公暨宋宜人墓碑》。此碑文未见其他文献有记载。该碑文既记述了博兴顾氏七世族况，可补《博兴顾氏族谱》之不足，还记载了新城王氏与博兴顾氏的姻亲关系，更可补《新城王氏族谱》之遗漏。今试简考如下。

撰文者王象乾(1547～1630)，字子廓，号霁宇，新城(今淄博桓台)人，是新城王氏始祖王贵的第六代孙，王重光长孙，王之垣长子。其父王之垣(1527～1604)，字尔式，号见峰，王士禛曾祖。明嘉靖三十七年(1558)第七名举人，明嘉靖四十一年(1662)进士，官至户部左侍郎。王象乾，明隆庆四年(1571)中举，隆庆五年(1572)进士，历仕五朝，官至兵部尚书。他是王氏家族中官品最高、政治影响最大的人物，其仕履多载典籍，无复赘述。新城王氏多人为官，是地方的名门望族。

碑主顾连璧(1535～1585)，字曰温，号文冈，今博兴县西隅村人。明宣德年间，始祖顾伯顺由直隶枣强徙至博兴，务农为生。三世顾玉，明经起家，官任河南获嘉县丞。五世顾铎，明正德十二年(1517)进士，授浙江山阴县知县，官至陕西太仆寺卿。顾连璧父，五世顾存仁，字守元，号乐山，以拔贡生任河北永平府照磨。顾连璧自幼英敏机智，丰仪俊美，有神童之称。好读书，文章博赡雄浑。明嘉靖三十七年(1558)中举，明万历二年(1574)进士，授盩屋县(今陕西周至)知县。六世顾连璧子二：长子顾颙，字寰海，贡生；次子顾颐(1566～1618)，字寰清，明万历二十六年(1598)二甲第十名进士，曾官江西广信府、河南磁州知府，任辽东布政使司参政时，后金兵围辽阳城，殉难；三子顾颖，字带湖，廪生。顾连璧孪生弟顾合璧，与其同科中举，仕博野县知县，弟顾连珠、顾合珠、顾龙珠均为庠生。顾合璧子顾硕，字绩麓，拔贡，候选州判。顾氏一门三进士，为官者甚多，是博兴的名门望族。

在维护家族在士林中的地位和家族利益时，婚姻关系是除血缘关系外最重要的亲缘关系。望族之间通过联姻建立强大而严密的姻亲集团，通常被视为宗族组织扩大化的一个标志。新城王氏最重要的奠基人王之垣很早就注意到利用联姻来巩固强化宗族组织。他认为婚姻对象的选择对家族的兴衰非常重要。当时，新城王氏与博兴顾氏两家门第相当，因而愿将其女嫁与博兴顾氏为妻。两家是世姻关系。

王象乾为何写此碑文，主要原因有二：一是其父王之垣与顾连璧于明嘉靖三十七年(1558)同科中举，交谊“最契厚”；二是两家世姻，王之垣之女、其季妹、王士禛之老姑，是顾连璧三子顾颖之

---

* 作者简介：张基地，博兴县史志办公室，原副主任。

媳。也就是说,碑文是为其季妹之公婆而写。且其父王之垣与顾连壁“同举于乡,最契厚,又世姻,公之宦迹壶范,所知独详”,因而这篇碑文写得切实有据。

2002年,何成在其博士论文《新城王氏与明清时期山东科举望族的个案研究》中,详尽考察了新城王氏婚姻与婚姻圈的情况,举婚姻嫁出资料63例,记王之垣之女嫁兵部尚书刘继节子,但对王之垣之女嫁与博兴顾颖的情况失记,此碑文可补其所记之缺失。碑文还记顾连壁“同胞弟妹九人”,因女不入族谱,《顾氏族谱》只记其兄弟五人,可知顾连壁还有姊妹四人,实可补族谱之不足。

碑文的撰写时间当在顾连壁夫人宋太宜人卒后。顾连壁卒于明万历十三年(1585),宋太宜人卒于明万历三十五年(1607)三月二十七日。该碑文当是宋太宜人与顾连壁合葬后,王象乾应顾颐所请而撰。这从与新城王氏有世姻、官至福建道监察御史巡按陕西的青城人于永青为顾连壁子顾颐所撰的《明辽东布政布使参政顾公碑》(民国二十五年《博兴县志·艺文志》)中,可以觅出踪迹:“以入觐行,清风两袖,图史一肩,澹如也。事竣过里,与伯季称觞为寿恋恋慈帷弗忍去,未几,太宜人逝,公得视含殓,人以为孝感云。服阕,补河南府,岁在庚戌。”由此可知,顾颐在觐见皇帝后回到家乡,过了不久,其母逝世,顾颐在其身边“得视含殓”。三年服孝毕,顾颐于明万历三十八年(1610)补河南府。王、顾两家是世姻,必互通庆吊,而王之垣卒于明万历三十二年(1604),万历三十四年(1606)王象乾当在新城丁忧。在其服阙起用前,顾颐与王象乾定是会过面。王象乾应是此时应允撰写了碑文。

王象乾所撰明进士顾公暨宋宜人墓碑文,记叙了博兴顾氏家族史,更是一篇不可多得的嘉文。碑文叙事有据,情真意切,读来感人至深,其文学及史料价值自不待言。今不揣谫陋,摘录原文,标点、分段、简注后附下,供感兴趣者参阅,尚望识者不吝赐教。

附:新城王象乾撰明进士顾公暨宋宜人墓碑

公讳连壁,字曰温,文冈其号也。守正不阿,以直道闻于世。太宜人宋姓,妇德母仪媲美,于公事皆可志。

按状,公之先直隶枣强,宣德间,名伯顺者始徙博兴。伯顺生俊,世业皐畴,隐居不仕。三世为获嘉公玉[①],以明经起家,贰获嘉尹,天性慈惠,多德政获嘉,入尸祝之,事载邑乘。居家仁厚,范俗宽鄙,敦薄俗为一变。殁,祀乡贤,即今所称为顾佛者也。玉之仲子讳言,是为公大父。公父乐山公存仁[②],以公贵,敕赠文林郎。乐山公博极群书,少与伯兄太仆公铎,同有声诸生间。公成进士,而乐山公竟艰一第,以成均谒诠照磨永平。虽卑官乎,所条陈悉当上官意,每檄行之,一时记述大篇,多出其手。惜哉,大儒之殁,未令世尽睹之也。有子五人,长即公,公幼读书十行俱下,总角为诸生时,即以气节自负,居平每诵“天理”二字,曰:“知有此耳!”嘉靖戊午与弟合璧同举乡荐,至万历甲戌成进士,令盩屋。会邑豪宦率苍头手杀举人刘某,命公力绳以法。豪固权贵,造蜚语中之,且闻于朝,公毫不为动。朝廷知公直,下其事抚按会勘,豪父子竟伏于理,褫其恩命。至今弁大计册,首直声动三辅。然素与豪比者,多从中龁龁之,以是在任八年,剡荐者卅最考第一,蒙钦宴者再,竟迁嘉兴二守。公怡然曰:“惟天子使媚于庶人,吾事毕矣,宁问宫祟,卑哉!”至嘉兴益饬平明

① 三世顾玉,字廷器,以拔贡生任河南获嘉县丞,因而尊称其获嘉公。顾玉子三:友、言、忠。四世:友子二:铎、澜;言子二:存仁、存礼;忠子二:镗、金。五世:存仁子五:连壁、合璧、合珠、连珠、龙珠。六世连壁子三:颙、颐、颖;合璧子一:硕。

② 顾存仁,字守元,号乐山,以拔贡生任永平府照磨。

之政。渠寇某聚众横行郡邑，公以计擒其渠魁，地方安堵。海水汎溢，圮庐舍，冲禾稼，公缮治海塘，俾水有所归，民免漂泊。他如严军伍，清邮传，随事殚心，节解绪理，一时宿弊豁然尽厘，三载政成，直指王公深加倚重，方提补温处臬签。而公上摄郡事，下兼县篆，积劳成疾，竟而告终，所称鞠躬尽瘁者，非也?！后以子太守颐贵，始晋今阶，位不满德，时论惜之。公临事以正，不能俯仰随俗，见义勇于必为，不顾其害，用是数数困于世，然终不以为悔也。

太宜人，邑世家宋公完之女，生而严重，颦笑不苟，宋公爱重之焉，择嘉偶乃归于公，时公尚食贫。母太孺人李，家政严肃，太宜人事之惟谨，为脱簪珥易甘脆，曲志孝养，而自茹蔬糠不厌。公同胞弟妹九人，太宜人处之各得其欢心。天性勤俭，每早先家人起，躬亲劳作，始终不懈。公常不问家人生产，而公私内外免于匮竭者，太宜人力也。既从公宦游，时相惕曰："居贱易，居贵难，惟廉惟平可以涉世而延后。"公廉勤固天性，而太宜人内襄之力不少矣。始公之疾也，太宜人焚香颂天，请以身代，既殁，昼夜号泣，水浆不入口，频殆者数矣。既旋里，谕诸子曰："未亡人所以不即从而入地下者，以诸孤未成立，惧坠尔父祖事业也。尔不勉旃，未亡人何恃而守?" 严督诸子午夜淬励向学，视古之闭坎和熊何让焉。服甫阕，太守公①还领乡荐，戊戌，册南宫，太宜人且悲且喜曰："克成先志者，子也，汝父为不死矣。" 勉之勿负朝廷坠家声也。太守筮仕磁州，迎养邸中，太宜人性淡泊，食不荤口，衣不华饰，所被服皆旧时布素，或至再浣，曰："吾随汝父历官十余年，未尝一日忘贫，过侈恐损福也。"以故，子若孙莫敢有冶服侈费者。及太守擢南兵曹迁今官，遂不复就养，曰："二子侍吾，且课其业，诸孙绕膝，可喜也。"与邑中姻媪，果茗课净业，怡怡数载，若忘岁月然。太宜人素不善病，岁丁未，太守以觐毕归省，聚首家宴，惟时，诸子女暨诸孙以次奉觞。太宜人忽谓曰："两辈幸俱成立，未亡人有词地下矣！倘一夕奄逝，不用床褥，吾愿也。" 居数日，痰作，竟至不起。前语若先知者? 呜呼！异哉！

公生嘉靖乙未十一月初三日，卒万历乙酉十二月二十八日，得年五十有一。太宜人生嘉靖辛卯六月十一日，卒万历丁未三月二十七日，得年七十有七。男三，长颙，娶太学生新城巴应时女；次颐，江西广信府知府，娶赠南京兵部主事刘梦旐女；次颖，娶先尚书公②女，余季妹也。公弟合璧，孪生也，体貌同，资性同。以至为诸生、受饩、掇乡荐，无不同者。而公独荐南宫，克昌厥后诸子姓，龙变云蒸，振振绳绳，不无稍异。然博野公③有子硕，苦志力学，有声诸生，间行得绪，博野公未竟之业，天佐德门，为积善之报者，盖未艾也。

先尚书公与公同举于乡，最契厚，又世姻，公之宦迹壶范，所知独详，故为次第其语如左。

公卒先太宜人二十余年，葬于城西桃源嘴之祖阡，兹将故圹以太宜人附焉。乃为铭曰：

公之世其发祥也，长矣。公之德其不吐者，刚矣。法在必行，不避豪强矣。今惟半刺古赵张④矣，迁之檇李⑤惜也。中伤矣不于其身，于其后必炽必昌矣。谁谓天道果茫茫矣，厥有懿配维德之行矣，有丘负谷附同藏矣，陈诸贞岷对扬光矣，千秋万岁于恩不忘矣。

---

① 顾颐(1566～1618)，字寰清，生于嘉靖丙寅十月初六日酉时，卒于万历戊午五月初七日子时，庚申年(1620)十二月七日葬于东郊新阡，"从吉埌也"。万历戊戌进士，曾任江西广信府、河南磁州知府，故称其为太守公。

② 王象乾之父王之垣曾赠户部尚书，故尊称其为尚书公。

③ 六世顾合璧，嘉靖戊午举人，仕博野县知县，尊称其博野公。

④ 半刺，指州郡长官下属的官吏，如长史、别驾、通判等。〔清〕梁章钜《称谓录·通判》："国朝之制，自外府正郎至于郡丞半刺，不由会府之所选授者，中外臣僚，岁终得以闻荐。"赵张，汉赵广汉与张敞的并称。二人都曾任京兆尹，治绩卓异。〔宋〕杨简：《寿赵泉使》："诗书博雅今平献，政事精明古赵张。"

⑤ 古地名，在今浙江省嘉兴县一带，代指嘉兴。

略论王士禛的为官之道

孙玉太*

古人有云:“太上有立德,其次有立功,其次有立言,此之谓三不朽。”①一般人如果能达到一不朽,已属不易,而王士禛却在立德、立功、立言三个方面都臻于不朽。立德方面,他洁己爱民,宽政慎刑,举荐贤能,官声清明,被称为“一代廉吏”;立功方面,他谨守法度,认真为官,由扬州推官,一直官至刑部尚书;立言方面,他勤奋著述,留下了卷帙浩繁的诗文,创立了“诗韵”说,主盟诗坛半个世纪之久,被誉为“诗坛圭臬”,在中国文学史上占有重要地位。王小舒先生曾说:“王渔洋一生与仕宦相始终,官一直做到都察院左都御史、刑部尚书,而且颇有政声。有人以为,这是渔洋人生的一个重要亮点,值得大肆张扬之。这实属肤浅的看法。王渔洋受家庭影响,确有勤政尽职的观念,但这仅仅是一种基本素质而已,身处明清鼎革之后、经历家国劫难的渔洋实际上并无在政治上锐进、干一番大事业的雄心……他把自己的主要精力和全部兴趣都投放在了文学活动中,文学成为他人生的真正亮点。”②这一分析固然不无道理,但是,王士禛一生过的是一种如吴伟业所说的“日了公事,夜接词人”③的生活,其主业是从政、处理公务,即立德、立功,副业才是文学活动。其为官“受家庭影响,确有勤政尽职的观念,但这仅仅是一种基本素质而已”,但深究起来,恐怕还是中国士人肩负的“修齐治平”的历史使命使然。应当说,“为官”和“文学活动”同是王士禛一生的重要亮点,学术界对王士禛的诗文及“神韵”说的研究已较深入,而对其为官思想的研究较少,本文拟对王士禛的为官思想、成因及现实意义进行粗浅探讨。

一、王士禛仕宦经历

清顺治五年(1648),王士禛应童子试,未中。顺治七年(1650),王士禛再应童子试,郡、邑、提学皆第一。顺治八年(1651),王士禛应乡试,举第六名。顺治九年(1652),王士禛在京应会试,落第。顺治十二年(1655),王士禛再应会试,中第五十六名,未殿试而归。顺治十五年(1658),王士禛殿试中二甲三十六名。观政兵部,备任。顺治十六年(1659),王士禛26岁,被授扬州府推官(清初在地方设置的勘问刑狱的官职)。第二年春,赴任。母亲孙夫人送行时告诫王士禛:“务尽职守,以嗣前烈。”④

---

* 作者简介:孙玉太,山东财经大学文学与新闻传播学院,教授。

① 杨伯峻:《春秋左传注》,中华书局1981年版,第1088页。

② 王小舒:《评蒋寅的〈王渔洋事迹征略〉与〈王渔洋与康熙诗坛〉》,载《文学评论》2004年第2期。

③ 〔清〕王士禛著,袁世硕主编:《王士禛全集》,齐鲁书社2007年版,第3754页。

④ 〔清〕王士禛著,袁世硕主编:《王士禛全集》,齐鲁书社2007年版,第5064页。

康熙四年(1665)九月,士禛奉命到礼部,任提督两馆主事。十月,因为户部郎中同年生某以恶言告吏部,士禛被罢官,回家。第二年九月,复职返京师。康熙七年(1668),迁礼部仪制司员外郎。康熙十年(1671),迁户部福建司郎中。康熙十七年(1678),被授翰林院侍读,并充《明史》纂修官。康熙十九年(1680),迁国子监祭酒。康熙二十三年(1684),迁詹事府少詹事兼翰林院侍讲学士。康熙二十九年(1690)三月,迁都察院左副都御史、三朝国史副总裁。九月,迁兵部督捕右侍郎。康熙三十一年(1692),调任户部右侍郎。康熙三十六年(1697),迁都察院左都御史。康熙三十八年(1699)十一月,已经六十六岁的王士禛官刑部尚书。刑部尚书是他一生中的最高官职。康熙四十三年(1704)九月,"坐王五、吴谦狱罢。王五故工部匠役,捐纳通判;谦太医院官,坐索债殴毙负债者。下刑部,拟王五流徙,谦免议,士祯谓轻重悬殊,改王五但夺官。复下三法司严鞫,王五及谦并论死,又发谦嘱讬刑部主事马世泰状,士祯以瞻徇夺官"①。康熙四十九年(1710),康熙皇帝眷念诸旧臣,下诏王士禛等复职。但是,王士禛此时疾病缠身,已不能重新履职,遂具疏遣子启汸入京谢恩。康熙五十年(1711),卒于故里,享年78岁。王士禛一生在京师为官四十年,曾四次被任命为会试考官,两次奉命祭告山海之神(南海、西岳)。

王士禛晚年从刑部尚书任上被罢官,是其一生仕宦经历中的大事,也是影响王士禛晚年心境的一件大事。《清实录·圣祖实录》《清史稿·圣祖本纪》及《渔洋山人自撰年谱》均说其被罢官是因王五一案失出,那么这果真是罢官的真实原因吗?后人对此表示怀疑。乔惟德先生在《王渔洋罢官事考》中进行了周密细致的考证。他认为王士禛被罢官另有原因,还从王士禛自己的叙述中搜寻蛛丝马迹。王士禛在《香祖笔记》卷九中说:"郭文答温忠武曰:'人无害兽心,则兽亦不害人。'余佩此语终身。故在仕途官中外者四十五年,而与世澹忘如海鸥鸟。晚岁乃为风马牛不相及之事,为宵人媒蝎中伤……《观音经》云:'咒诅诸毒药,所欲害身者。念彼观音力,还著于本人。'坡翁改之,实获我心。"这里王士禛借《观音经》愤怒诅咒中伤他的"宵人",对"宵人"简直是恨之入骨。王士禛对人一向宽厚,他这种在书中愤怒诅咒"宵人"的情况是极为罕见的。这与他在著述中谈到因王五一案罢官时的平和态度,形成了鲜明对照,可见他被罢官实有深层原因。乔惟德认为应当是"宵人"中伤王士禛与太子胤礽有密切交往,激起了康熙帝的愤怒和疑忌,但由于太子当时还是合法的皇位继承人,与太子交往还不能作为一项罪名来惩治一位大臣,故康熙借王五一案将王士禛罢免;而王士禛是受人诬陷,"宵人"所诬陷之事是不存在的。②

二、王士禛的为官之道

《三国志·魏书·李通传》"以宠异焉",裴松之注引晋王隐《晋书》:"(李秉)尝答司马文王问,因以为《家诫》曰:昔侍坐于先帝,时有三长吏俱见。临辞出,上曰:'为官长当清,当慎,当勤,修此三者,何患不治乎?'"③宋朝吕本中(1084~1145)著《官箴》,提出:"当官之法唯有三事:曰清、曰慎、曰勤。知此三者,可以保禄位,可以远耻辱,可以得上之知,可以得下之援。然世之仕者,临财当事不能自克,常自以为不必败,持不必败之意,则无所不为矣。然事常至于败而不能自已,故设心处事,戒之在初,不可不察。借使役,用权智,百端补治,幸而得免,所损已多,不若初不为之为愈

① 赵尔巽等:《清史稿》卷二六六,中华书局1977年版,第9954页。

② 乔惟德:《王渔洋罢官事考》,载《长江学术》2006年第2期。

③ 〔晋〕陈寿撰,〔宋〕裴松之注:《三国志》,中华书局1959年版,第536页。

也。"①自此以后,清、慎、勤即作为官箴广泛流行,康熙皇帝也曾多次书写此三字勖勉大臣。王士禛曾获康熙帝赐此三字之殊荣。康熙三十六年(1697)七月,王士禛三子王启汸上任唐山县令。当时的唐山土瘠民贫,百废待兴。儿子由一介书生仓促获此任命,王士禛的心情十分忐忑不安。七个月后,即康熙三十七年(1698)二月,在户部左侍郎任上、时年65岁的王士禛,总结了自己几十年为官的成功经验,书写成《手镜》一册交给儿子。《手镜》由50条为政箴言组成,是一个正直、仁慈而不失严厉的父亲对儿子为官准则的有意交待。他在《手镜》中指出:"皇上御书,赐天下督抚,不过'清慎勤'三字。无暮夜枉法之金,清也;事事小心,不敢任性率意,慎也;早作夜思,事事不敢因循怠玩,勤也。"②这段话体现了他对"清、慎、勤"三字的理解。

《手镜》中的内容,既体现了他对儿子的要求,也体现了他终生努力实践的基本准则。王士禛的为官之道应当说是很好地做到了"清、慎、勤"。

（一）清正廉洁

清,即清白、清介、清平、清明、清廉。古人以此字作为官箴,意在强调为官为政须有清白的操守、清介的修养、清平的思路、清明的头脑和清廉的作风。王士禛于扬州推官上任伊始,即展露出清正廉洁的本色。特别值得一提的是罢除迎春琼花观会一事。扬州琼花,独绝天下,相传隋炀帝曾多次乘龙舟沿运河观看琼花。每年四月前后琼花盛开时,观者如潮。当地每年举办"琼花迎春观会",知府等各级官员参加,官员乘轿,仪仗由美女骑马引导,兴师动众,招摇过市,其后大吃大喝,所耗钱财却由百姓均摊。王士禛调查认为,迎春会其实是官僚们借以享乐的"挡箭牌",民怨极大,他上任第二年就建议取消会事,终被采纳,从而革除了这一陈弊陋习,维护了士民的利益,深获扬州士人和百姓的称赞。

福建人许天玉侨居扬州,生活贫困,进京赶考却没有盘缠,万般无奈之下来找王士禛。家无余资的王士禛只好摘下妻子的手镯赠给许天玉助其上路。从此事也可看出王士禛为官之清廉,可谓真正不贪一钱。

扬州历来是江东的繁华富庶之地,王士禛作为刑狱之官,掌生杀大权,如果稍微放松对自己的要求,富裕起来是很容易的。但他从不徇私舞弊。士禛自云:"山人官扬州五年,不名一钱,急装时,惟图书数十箧。尝有诗云'四年只饮邗江水,数卷图书万首诗!'"③确是扬州推官五年为官清廉的生动写照。

廉洁自律,须从小事做起,养成好的习惯。正如他在《手镜》中所言:"日用节俭,可以成廉,而下人衣食,亦须照管,令其无缺。"④不仅要求自己节俭,廉洁自律,还要求自己做到使下人衣食无忧,不致生出事端。他认为"日用米、肉、薪、蔬、草、豆之类,皆当照市价平买,不可有官价名色"⑤,不能因为自己是官员,买东西时就任意压价,损害百姓利益。这些寻常小事,在当时以及其后相当长的时期内,都不是轻易能够做到的。

康熙八年,王士禛奉命"榷清江浦关,专司船厂。造船有陋例,自总督、漕运都御使,下至道、府船政同知,皆以为利薮,而木商汤甲实操纵其间,都御使已下,皆供其颐指不暇。山人至,言于总漕帅颜保,尽革之。凡发银皆足秤足色,毫无扣除,旗丁感悦,船悉修舱坚固,可涉风涛,漕运颇赖以

---

① 〔宋〕吕本中:《官箴》,影印文渊阁《四库全书》本,第602册,第652页。

② 〔清〕王士禛著,袁世硕主编:《王士禛全集》,齐鲁书社2007年版,第3649页。

③ 〔清〕王士禛著,袁世硕主编:《王士禛全集》,齐鲁书社2007年版,第5073页。

④⑤ 〔清〕王士禛著,袁世硕主编:《王士禛全集》,齐鲁书社2007年版,第3647页。

济。而山人终任，不名一钱矣"①。沿袭多年的地方官员与商人勾结渔利的"陋例"，被王士禛一朝革除，其清正廉洁的本色由此可见一斑。

康熙三十一年八月，王士禛任户部右侍郎后，"方以秦中大饥行入粟例，公预诫所司不得以一呈一稿至前。先后七年，始终皭然无所与"②。"举朝皆能谅之，然笑其愚者众矣。"③这表露了王士禛对"捐纳授官"弊端的无奈，更表明了他不与行贿受贿的官员同流合污的决心。宝泉局专门铸造钱币，按惯例，每批新铸钱币发行前，要向主管官员呈送"样钱"。这往往会演变成借机贿赂上司。不在呈送范围的官员，则利用各种关系索要。王士禛上任后，坚决革除这一陋习惯例，杜绝其弊端。他任职期间，未接收过一文"样钱"，也未派任何人到钱局索要过"样钱"。他人蝇营狗苟期待"近水楼台先得月"时，王士禛此举令人刮目相看。

他平生"无声色、博弈之好，唯嗜读书。公余，手不释卷"④。读书之外的最大爱好就是淘书藏书。他官至刑部尚书后，在京城公务之余依然不忘去逛旧书摊，搜集古籍。据说他在京城做刑部尚书公事繁忙，不易见到，很多文人想拜见他，都未见到。当时的大学者徐乾学告诉那些人，每月十五日到慈仁寺书摊去等候，一定能见到王士禛。依照徐氏所说，那些人果然在书摊见到了他。几十年所得俸钱，大都用以购书，以致当他71岁罢官离京时，其全部家当也只有"图书数簏而已"⑤。这在当时实在是难能可贵的。吏部侍郎赵士麟称赞王士禛曰："公真今日之泰山北斗也。""公为户部侍郎七年，屏绝货贿，不名一钱，夫人而知之。至为御史大夫，清风亮节，坐镇雅俗，不立门户，不急弹劾，务以忠厚惇大培养元气，真朝廷大臣也，抑亦今日药石也。"⑥这种称赞对王士禛而言是当之无愧的。

（二）谨慎慎重

慎，即谨慎、慎重，包含慎言、慎行、慎独、慎微、慎始、慎终等含义。此字作为官箴，意在强调为官为政须言行谨慎，在缺乏监督的情况下仍要自警自励，自我约束，在微小的事情上能够做到不随意，并且善始善终。王士禛初入仕，即严格按照这些准则约束自己。他在《手镜》第一条中即说："公子公孙做官，一切倍要谨慎检点……做官自己脚底须正，持门第不得。"⑦在古代社会，特别是官僚家庭出身的人，往往容易依仗优越的身份和权势，瞧不起人，行为霸道，甚至为非作歹。身为朝廷高官的王士禛，对此屡见不鲜，最担心儿子会这样，因此告诫儿子，绝不能以出身高官望族傲慢待人，需要处处谨慎，夹着尾巴做人。

饮酒应酬本是官员生活中的日常小事，但酒多误事，酒后滋事是十分危险的。为此，他不仅自己控制饮酒，而且告诫儿子："午堂亦须饭，然后出，惟不可多用酒。酒后比粮审刑，尤断断不可，慎慎之！"⑧"宴会当早赴早散，不可夜饮。"⑨王士禛认为"坐堂"和"比粮"时，尤其不可饮酒。酒后判案，神志不清，容易出现差错；酒后催交粮食，容易优劣不分。而且，不能"夜饮"，原因有二。一是"夜饮"时间一长，人容易失言。二是"夜饮"让身体疲倦，必然影响第二天的公务。

---

① 〔清〕王士禛著，袁世硕主编：《王士禛全集》，齐鲁书社2007年版，第5078页。
② 〔清〕王掞：《娄水文征》卷五七，清道光刻本。
③ 〔清〕王士禛著，袁世硕主编：《王士禛全集》，齐鲁书社2007年版，第5095页。
④ 〔清〕宋荦：《西陂类稿》卷三二，民国六年刻本。
⑤ 〔清〕王士禛著，袁世硕主编：《王士禛全集》，齐鲁书社2007年版，第5104页。
⑥ 〔清〕王士禛著，袁世硕主编：《王士禛全集》，齐鲁书社2007年版，第4606页。
⑦⑧ 〔清〕王士禛著，袁世硕主编：《王士禛全集》，齐鲁书社2007年版，第3647页。
⑨ 〔清〕王士禛著，袁世硕主编：《王士禛全集》，齐鲁书社2007年版，第3648页。

“有司衙门”乃办理公务之场所，家人不可随意出入，以免出现家人干政和扰乱公务的情况。所以，他强调：“有司衙门严内外之防，是第一要紧之事，家人勿令出外。”①

冒辟疆曾高度评价王士禛在扬州为官期间的“廉”和“慎”：“公素性淡约，事两亲最孝，迎养法曹，聚百顺以事之，临莅之谨，恪守庭训。日食疏菜一二器，不妄费县官一钱。邗沟为南北咽喉，贵人之至者，津吏日以百十告，公河干一谒而已，他无所进。又，公文章结纳遍天下，客之访平山堂、唐昌观者，日以接踵。公诗酒流连，曲尽款洽，客相对永日，亦终不忍干以私。公尝有一莫逆至，临别，公曰：‘媿官贫无以为长者寿，署有十鹤，敬赠其二，志素交也。’客大喜载之而去。可不谓廉而慎乎？”②

王士禛为官四十余年，始终如履薄冰，谨小慎微，严守法度。在他为官的顺治、康熙时期，满汉民族矛盾依然尖锐，满族官员对汉族官员心怀猜忌；朝廷中时时处处都存在着激烈的党争和同僚倾轧；而且“文字狱”也时有发生。这一切，使王士禛深切感受到仕途的艰险。他服膺明朝贤相沈鲤的为官之道，牢记“大抵盛极则衰，月满则亏，日中则昃，一定之理。惟有自处退步，不张气焰，不过享用，不作威福，虽处盛时，可以保守”及“虽做热官，自处常在冷处”③的道理，以求立于不败之地。首先，他对人“一生报德不蓄怨”④，不在官场上树敌。其次，不论是初入仕途，还是身居高位，还是罢官乡居，他始终谨守法度，不敢稍有逾越。他平生“性好客，坐上恒满，谈言娓娓，至夜分不倦。从不于人以私”⑤，好客，善谈，但从不涉及私求。宋荦是他的挚友，两人于康熙六年定交京师。宋荦离京后，二人仍“每岁邮筒往复，商榷诗文，都不及世俗事。相好无间者数十年”⑥。这“世俗事”，除生活琐事之外，当主要指官场、政治之事，两人绝口不谈世俗事，可见其谨慎之一端。

在官场上，他不立门户，不党同伐异，退朝后即读书、吟咏，“退食谢客，焚香扫地，下帘读书，自一二韦布故交之风雅相质外，门雀可罗也”⑦。真可谓是“慎独”的典范。

康熙四十六年，王士禛已罢官还乡，当年济南属邑大旱，巡抚使各县绅士造佃户册领米。他人皆造册领米，只有王士禛不造册。虽然当时他家中已经“瓶无储粟，乡人皆知”，他却因为康熙四十二年山东发生饥荒时，康熙皇帝曾下旨，命官员“各赡养其佃户”，所以再三力辞：“今虽居田里，敢忘前旨？”王士禛坚持不领一粒仓米，足见其谨慎之处。

王渔洋在其仕宦生涯中，真正做到了像他告诫儿子时说的那样：“做有司官须忍耐、耐烦，事至须三思而行，不可急遽，急遽必有错误。”⑧他坚持这些准则，因而避免了很多过失和错误。

向上级禀奏报告，要注意尊重上司，不要犯忌讳。他说：“与上司禀启，当先简点，勿犯讳。其父祖名讳，亦宜话间而避之。”⑨在等级森严的古代社会中，稍有不慎，就会招致不测，轻则受到斥责，重则甚至会招来杀身之祸。这看似小事，实则关系到一个官员的沉浮甚至生死，故不可不慎。

（三）勤政爱民

一般说来，清廉、谨慎，往往是与勤政相矛盾的。有的人保持了清廉、谨慎的品格，但往往缩手

---

① 〔清〕王士禛著，袁世硕主编：《王士禛全集》，齐鲁书社2007年版，第3647页。

② 〔清〕王士禛著，袁世硕主编：《王士禛全集》，齐鲁书社2007年版，第5076～5077页。

③ 〔清〕王士禛著，袁世硕主编：《王士禛全集》，齐鲁书社2007年版，第2977～2978页。

④ 〔清〕王士禛著，袁世硕主编：《王士禛全集》，齐鲁书社2007年版，第4611页。

⑤ 〔清〕王士禛著，袁世硕主编：《王士禛全集》，齐鲁书社2007年版，第5120页。

⑥ 〔清〕王士禛撰，夏承焘主编，李少雍校：《衍波词》，广东人民出版社1986年版，第117页。

⑦ 〔清〕王士禛著，袁世硕主编：《王士禛全集》，齐鲁书社2007年版，第4879页。

⑧ 〔清〕王士禛著，袁世硕主编：《王士禛全集》，齐鲁书社2007年版，第3648页。

⑨ 〔清〕王士禛著，袁世硕主编：《王士禛全集》，齐鲁书社2007年版，第3649页。

缩脚，不敢担当，不能很好地发挥勤政的一面。而王士禛确是封建时代将清廉、谨慎与勤政完美结合的典范。

王士禛为官，起于推官，终于刑部尚书，公正执法是他仕宦生涯的一个重点和亮点。在执法过程中，他是严明的、公正的，他同时也最大限度地贯彻了宽政慎刑的思想。王士禛曾自述："山人居官公正严肃，不畏强御。每疑谳重狱，据案立决，牍无留滞。时失出法严一事，被部驳辍，至镌级。孙夫人因谓山人曰：'人命至重，汝但心存公恕，升沉非所计也。'"①在扬州五年期间，"完钦部大事八十三案"②。

真正考验年轻推官王士禛的是审理"通海大案"。顺治十六年(1659)五月，郑成功率领抗清义士发动了北征战役，一度打到江苏，扬州等地民众予以支援。不久，舰队被清军击败。顺治十八年(1661)，清廷借此事件大兴刑狱，一时冤案四起，株连甚广，监狱人满为患，民心惊慌。王士禛不避风险，秉公执法，坚持为民昭雪冤案。当时朝臣不支持，总督不配合，王士禛陷于孤立无援的境地，他将顶戴和大印交给下属，表示不惜丢弃乌纱帽，也要平反冤案到底。王士禛经过缜密调查，把没有确凿证据的嫌疑犯全部释放，保全了良善者，使很多人免遭杀戮，同时，严厉惩处了那些捕风捉影、诬告陷害的宵小之徒，使告讦者的阴谋未得逞。王士禛有理有据处置此案，得到了清廷特派大臣的认可，也赢得了东南沿海一带明朝遗民和扬州士人的感激和敬重。

他在处理扬州商人积欠税银案时，表现出了超卓的胆识、过人的智慧和处理复杂问题的能力。他在《自撰年谱》中生动、完整地记载了处理积欠税案的全过程，可见他自己对初入仕途不久做的这件事，还是非常自豪的："扬固有积欠，起顺治二年，止十七年，凡二万两有奇，本犯已故，辄禁其孥，甚者株连亲族，囹圄填溢。山人初至，见鸠形鹄面，银铛荷械，大半株连，恻然遣之，曰：'视尔辈皮骨仅存，徒事桁杨，何益？自今与尔辈约，吾为尔募代输，不复逮比公庭，其济，则尔诸人之福也；否则，吾以一官殉之。'皆稽首谢去。于是为手疏，自巡盐御史、转运史、扬州道府以下各县，为佽助，其十属州县以案之有无多寡为差。巡盐胡侍御道南(文学)复集诸商庭谕曰：'曩者，瓜、仪中海寇之后，告讦纷纷，尔曹有覆巢破卵之危，迄今身家获全。全者，系谁之力？非王公乎？'曰：'然。''亦曾刑辱汝乎？曾受汝丝粟之馈乎？曾以汝曹为奇货，媚往来冠盖贵游乎？'曰：'悉无之。''然则保全两淮元气，以还朝廷者，王公力也。汝曹岂遂忘之乎？'皆顿首曰：'是尸祝而社稷之，既数年矣。曷敢忘？''今王公疏募代罪人完十六载之积欠，救株累无辜于汤火之中，一时同官于扬者，皆乐为佽助，汝曹宁无意乎？'又顿首曰：'固所愿也，微公言，且藉是以报王公之德于万分一。'于是旬日之间，代输合计万余金，余三千金有奇，请于巡抚中丞张某，疏请豁免。旨既下，悉召罪人于庭曰：'始吾怜尔曹系累之苦，不忍鞭扑，不获已为募疏代输之举，诚不自意事果济，且如是其速也。今尽释汝。'皆痛哭拜谢而去。于是扬属积欠一清。"③

诚然，王士禛此举的初衷，是为了完成自己的职责，顺利通过上司的任满考核，但其中的风险也是很大的。如果放走了人，又完不成清理积欠税银的任务，其刚刚开始的仕途很可能将搁浅。可见年轻的王士禛拥有仁厚之心，早将仕途的浮沉置之度外。王士禛在处理积欠案的过程中，展现出了高超的政治智慧。

冒辟疆评价王士禛的勤敏云："广陵为江南剧郡，大吏有疑难事，下之藩臬，藩臬复下之李官，黎明坐堂皇，羽书旁午，征檄雨至。公左右裁答，酬应若流，侍吏十余人，手腕告脱。尝以数月完钦

---

① 〔清〕王士禛著，袁世硕主编：《王士禛全集》，齐鲁书社2007年版，第5068页。

② 〔清〕王士禛著，袁世硕主编：《王士禛全集》，齐鲁书社2007年版，第5076页。

③ 〔清〕王士禛著，袁世硕主编：《王士禛全集》，齐鲁书社2007年版，第5075~5076页。

件数千。一时齚指,推为神异。夜分入寝食,燃巨烛剖析案牍不少休。更以其余披览六籍并时辈所著撰。甫辨色,公又出矣。可不谓勤而敏乎?"①虽多少有溢美之词,但大致是符合历史事实的。王士禛离开扬州后,当地百姓兴建"三贤祠",将他与历史上同在扬州做官的欧阳修、苏轼一起塑像纪念,说明王士禛在扬州为官获得了百姓的高度评价。

京师百姓徐起龙被刁妇曹氏诬告,官府草率结案,呈报刑部。时任刑部尚书的王士禛重审此案时,看到本是被害人的徐起龙,却脚镣手铐、银铛拖曳,而真正的案犯却仍逍遥法外。"山人大怒,碎其牍掷地,诘满汉司官:'汝曹畏势乎?徇情乎?抑纳贿乎?如此爰书,乃敢诳我?天地神明其可欺乎?'"②王士禛一针见血地指出了案件存在的问题,最后通过审讯,弄清了原委,将徐起龙无罪释放,将曹氏定罪秋决。京师百姓听到这一结果,都拍手称快。

王士禛深知"人命最重,极当详慎"③,因而断案谨慎,于秋审、朝审时格外精心,尽职尽责,从不随声附和,更不会贪赃枉法,视人命为儿戏。按照清朝惯例,断狱须下九卿平议。王士禛"官副都御史,争杨成狱得减等。官户部侍郎,争太平王训、聊城於相元、齐河房得亮狱皆得减等,而衡阳左道萧儒英,则又争而置之法"。"及长刑部,河南阎焕山、山西郭振羽、广西窦子章皆以救父杀人论重辟,士祯曰:'此当论其救父与否,不当以梃刃定轻重。'改缓决,入奏,报可。"④

他多次上奏朝廷放宽执法的尺度。调兵部督捕右侍郎后不久,他在反复斟酌及借鉴前任经验的基础上,拟定了数则放宽执法尺度的条例,上奏朝廷,并获得批准颁行天下。此后,这方面的法规变得更加宽松、简约。康熙四十二年(1703)三月十九日(前一天即三月十八日,为万寿节,大赦天下),王士禛"赴畅春苑,启奏刑部释放囚犯八百余人,是日请旨,御批又减等二十一人"⑤。

王士禛的爱民,还体现在他"为民请命"。他曾说:"地方万一有水旱之灾,即当极力申诤,为民请命,不可如山左向年以报灾为讳,贻民间之害。"⑥他是这样说的,也是这样做的。例如,康熙四十二年(1703)七月,康熙皇帝召见王士禛等大臣,问及山东水灾情形。王士禛没有报喜不报忧,而是实事求是地汇报了山东水灾的真实情况:"今年之灾非比去年,去年被水不过十余州县,今年则六郡无不被水,加以丹灾,视去年不啻数倍。今旧谷已尽,新谷绝望,民间所苦在于无米。"⑦康熙帝立即命令户部尚书速发通州仓米往赈。

王士禛的妹婿请教他做官之道时,他这样回答:"不负民即不负国,不负国即不负所学。"在当时的历史条件下,王士禛将"民"与统治者心目中的"国"提到了同等高度,且把"民"放在首位,可见"民"在他心中的位置。

三、王士禛为官之道成因探析

王士禛为官四十余年,由基层小吏,一直做到刑部尚书,最后虽因遭"宵小"诬陷,被康熙帝误会而借故免职,令人稍感遗憾,但总算是历经波折,全身而退,这主要得力于他一贯奉行的正确的为官之道。那么,他正确的为官之道是怎样形成的呢?

---

① 〔清〕王士禛著,袁世硕主编:《王士禛全集》,齐鲁书社2007年版,第5076页。
② 〔清〕王士禛著,袁世硕主编:《王士禛全集》,齐鲁书社2007年版,第5100页。
③ 〔清〕王士禛著,袁世硕主编:《王士禛全集》,齐鲁书社2007年版,第3650页。
④ 赵尔巽等:《清史稿》卷二六六,中华书局1977年版,第9953页。
⑤ 〔清〕王士禛著,袁世硕主编:《王士禛全集》,齐鲁书社2007年版,第4493页。
⑥ 〔清〕王士禛著,袁世硕主编:《王士禛全集》,齐鲁书社2007年版,第3649页。
⑦ 〔清〕王士禛著,袁世硕主编:《王士禛全集》,齐鲁书社2007年版,第5103页。

首先，应是传统思想文化的影响。王士禛出生于诗礼传家的世家贵族家庭，自六岁开始入塾读书，接受了系统、完整的传统文化教育。他熟读儒家经典，兼及诸子百家，“肄业之余，即私取《文选》、唐诗洛诵之”①。“自束发，好读史传，旁及说部。”②传统文化的熏陶教育，是其为官之道形成的重要原因。

其次，应是家风、家训及家族传统的影响。高祖王重光，官至贵州按察使参议，因操劳过度病逝于任上，“居乡恂恂退让，君子也。扬历中外，遇事慷慨，不避艰险”③。嘉靖皇帝亲书“忠勤可悯”四字，并降旨礼部尚书吴山书“忠勤报国”四字，以示嘉奖。同时，朝廷颁旨敕建忠勤祠供后人纪念。从此之后，“忠勤报国”即成为王氏家族家风和家族传统的重要组成部分。王重光还亲定家训，要后人“所存者必皆道义之心”，“所行者必皆道义之事”，“所友者必皆读书之人”，“所言者必皆读书之言”。祖父王象晋将家训写在厅事屏壁间，以时时警示家族成员，并教育王士禛兄弟也要“恒举此训”。王士禛曾祖父王之垣，官至户部左侍郎，“少绩学，攻苦茹淡，穷日夜不辍，及贵犹然。子孙遵用其教，皆以节俭世其家”④。伯祖王象乾，一生五戍边关，战功赫赫，官至兵部尚书，以年老乞休数年，竟然在83岁时又被起用为总督，为崇祯皇帝戍守北方。病逝后，朝廷因其功勋卓著，为敕封王象乾及其曾祖、祖、父共四代而特命建造“四世宫保”牌坊以示表彰。祖父王象晋，历官浙江右布政使，“为人宽厚，及见义勇决，不择利害为趋避，赴人之难如不及，然终不为崖异激切之行。……生平喜淡泊，室无媵侍，盛暑整衣冠危坐，读书不辍。常举唐柳玭言，诫子孙无矜门第，务力学为善”⑤。父亲王与敕，清顺治元年拔贡，以侍奉父亲为由拒绝出仕，“性孝谨”⑥。仁、义、忠、孝、礼、智、信、勇、节、俭、清、廉、谦恭、谨慎等几乎所有的优秀传统品德，在王士禛的父、祖身上都有不同程度的体现。他母亲身上，同样也体现出了良好的家风。他初入仕途时，母亲临别赠言“汝少年为法吏，吾惧之，然扬，故尔祖旧游地也。其务尽职守，以嗣前烈”。当他因为失出法严一事，被部驳辍，受到降级处分，心中苦闷时，母亲告诉他：“人命至重，汝但存心公恕，升沉非所计也。”正是这些优良的家风、家训和传统，助其形成了正确的为官之道。

此外，历代清官、廉吏、名臣的言行，历代官箴，同时代朋辈的勖勉，等等，也是其能形成正确为官之道的重要因素。

唐太宗有言：“以铜为镜，可以正衣冠；以古为镜，可以知兴替；以人为镜，可以明得失。”⑦尽管我们今天所处的时代与王士禛生活的时代，已经有了本质的不同，但他依然像一面明镜。其清正廉洁、谨慎慎重、勤政爱民的为官之道，对我们今天的廉政建设及砥砺各级官员奉公守法、清正廉洁、勤政爱民、重视政声都有着积极的教育和借鉴意义。

---

① 〔清〕王士禛著，袁世硕主编：《王士禛全集》，齐鲁书社2007年版，第3760页。

② 〔清〕王士禛著，袁世硕主编：《王士禛全集》，齐鲁书社2007年版，第3673页。

③④ 〔清〕王士禛著，袁世硕主编：《王士禛全集》，齐鲁书社2007年版，第5051页。

⑤⑥ 〔清〕王士禛著，袁世硕主编：《王士禛全集》，齐鲁书社2007年版，第5052页。

⑦ 〔后晋〕刘昫等：《旧唐书》卷七一，中华书局1975年版，第2561页。

浅谈《池北偶谈》与《聊斋志异》

谢超凡*

王士禛，清初台阁重臣，文坛盟主。蒲松龄，虽名显于后世，而在当时实一落拓塾师。王士禛与蒲松龄虽籍里相近，年岁相差不多，但二人只见过一面。不过，因为《聊斋志异》，两人却结下一段文字佳话，从而使不以小说名世的王士禛在古代小说领域常为人提起。①

一

首先是王士禛千金欲购《聊斋志异》书稿的传说。这个传说《桐阴清话》《三借庐笔谈》《新世说》等著作中皆有记载，然正如鲁迅先生在《小说旧闻钞·聊斋志异》条所言："王渔洋欲市《聊斋志异》稿及蒲留仙强执路人使说异闻二事，最为无稽，而世人偏艳传之，可异也。"盛伟、于钦明的《王渔洋千金买〈聊斋〉考辨》已考辨甚明，欲以千金市者是当时的山东布政使喻成龙，并非王渔洋。② 然细察此说法，实可发现其说有借重王士禛之声誉显扬《聊斋志异》之意。一如蒲松龄在得到王士禛的题词和评语后，把王士禛写在另外纸签上的批语亲笔抄录在原稿上面，每则都冠以"阮亭曰"一语，使之成为原稿的组成部分之一。③ 蒲松龄此举，也是希望借重王士禛之名望以显耀《聊斋志异》。蒲松龄曾写信给王士禛：

> 十年前一奉几杖，入耳者宛在胸襟。或云老先生虽有台阁位望，无改名士风流，非亲炙謦欬者，不能为此言也。近于玉斧兄案头，得诗集两种，快读之，自觉得《论衡》而思益进。先生调鼎有日，几务殷繁，未敢遽以相质，而私淑者窃附门墙矣。前拙《志》蒙点志，其目未遑缮写。今老卧蓬窗，因得以暇自逸，遂与同人共录之，辑为二册，因便呈进。犹之《四本论》，遥掷急走，惟先生进而教之。古人文字多以游扬而传，深愧谫陋，不堪受宣城奖进耳。④

从此信中，我们可以领会蒲松龄复杂的心态：自负而孤傲的蒲松龄本不愿借名人以自重，但他曾蒙王士禛赏识，而《聊斋志异》倾注了蒲松龄一生心血，故他未能免俗，委婉地表达了想请王士禛为《聊斋志异》作序以"游扬"之意。就好像清末的《三侠五义》，朴学大师俞樾的修订并以本名作

---

* 作者简介：谢超凡，华中科技大学人文学院，副教授。

① 本文所用《聊斋志异》版本为张友鹤辑校的会校会注会评本，上海古籍出版社1978年版。《池北偶谈》版本为中华书局1982年版。

② 盛伟、于钦明：《王渔洋千金买〈聊斋〉考辨》，载《固原师专学报》1987年第2期。

③ 袁世硕：《蒲松龄事迹著述新考》，齐鲁书社1988年版。

④ 〔清〕蒲松林著，王无咎标点：《聊斋文集》卷中，上海九州书局1935年版，第21页。

序出版使得这部本不入流的平话小说“沪上石印，风行广播”①。也许出于同样的原因，好事者才道听途说，臆想出王士禛欲以千金购《聊斋》书稿的故事，以为《聊斋志异》增加一些传奇色彩。无论如何，《聊斋志异》正是因为得到王士禛的赞赏，才声名鹊起，竞相传抄，成为家喻户晓的著作。

其次，有《池北偶谈》抄袭《聊斋志异》一说。《池北偶谈》中有十多篇与《聊斋志异》取材相同的篇目，且王士禛阅读评点过《聊斋志异》，因此引起了一桩事关原创的文字抄袭公案。在这桩文字抄袭公案上，有两种不同的看法。一种看法认为《池北偶谈》袭用了《聊斋志异》。雍正癸卯(1723)赵起杲青柯亭刻本《〈聊斋志异〉例言》曾云：“编中所载事迹，有不尽无征者，如《姊妹易嫁》《金和尚》诸篇是也。然传闻异辞，难成信史。渔洋《谈异》(按：即《偶谈》二十至二十六卷《谈异》编)多所采摭，亦相径庭。”何满子先生在《蒲松龄与聊斋志异》一书中亦持此说。另一种看法则认为《聊斋志异》取材于《池北偶谈》，杨柳、聂石樵等人持此看法。② 此外，有研究者通过详尽考察，认为王士禛《池北偶谈》中与《聊斋志异》相同取材的篇目，有部分是抄袭，也有部分是原创。③ 但很多研究者回避这桩文字抄袭公案，甚至有研究者断言：“不知这是谁抄的谁。”④

关于这桩文字抄袭公案，笔者认为，在文字并非完全相同的情况下，探讨这个问题的意义不大。因为在古代，就笔记小说的实际创作情况而言，并不存在谁抄袭谁的问题，只能说大家得到了相同的素材而已。《聊斋志异》成书的具体情况是“才非干宝，雅爱搜神；情类黄州，喜人谈鬼。闻则命笔，遂以成编。久之，四方同人又以邮筒相寄，因而物以好聚，所积益夥”(《聊斋志异》自序)。而《池北偶谈》则是渔洋与客人闲坐中“则相与论文章流别，晰经史疑义，至于国家之典故，历代之沿革，名臣大儒之嘉言懿行，时亦及焉……儿辈从旁记录，日月既多，遂成卷轴。因忆二十年来，官京师所闻见于公卿大夫之间者，非甚不暇，未尝不笔之简册，散在箧中，未遑编划。一日，乃出鼠蠹之余，尽付儿辈，总次第为一书”(《池北偶谈序》)。而在《分甘余话自序》中，渔洋亦言“有所闻见，辄复掌录”⑤。我们看一下其他笔记作品的创作，更可以明了这一点。如沈天佑《夷坚志序》言：“公广览博闻，好奇尚异，游宦四方，采摭众事，集成此编。”孙致弥《坚瓠集序》言：“(稼轩)而间以其暇，搜录秦汉以迄故明历代轶事，并访诸故老之旧闻，摘其佳事佳话之尤者，次为一编，命之曰《坚瓠集》。”由此可见，边读书边摘抄并且广记见闻，是笔记小说创作中的一种常见方法。梁启超在《清代学术概论》一书中，回忆他1890年在广东学海堂学习时，也指出：“大抵当时好学之士，每人必置一‘札记册子’，每读书有心得则记焉。”⑥俞樾是清末朴学大师，亦创作有多部笔记，如《右台仙馆笔记》《耳邮》《广杨园近鉴》《荟蕞编》等。这几部文言小说，内容颇有互见之情形。《广杨园近鉴》所收皆见于《耳邮》，《右台仙馆笔记》前四卷乃在《耳邮》基础上增删而成，《五五》中的故事多见于《荟蕞编》。在今日看来，一个硕儒的作品中有如此多之重复，岂非有骗稿费之嫌。造成此种重复的原因正是边读书边作摘录的创作方法。如俞樾在《著书余料》中提道：“余从前读书，每有所得辄书片纸夹书中，以备著书时采取。”(《俞楼杂纂》卷三十四)。其《茶香室丛钞·序》亦云：

---

① 〔清〕平步青：《霞外攟屑》卷九，上海古籍出版社1982年版，第650~651页。

② 见杨柳《聊斋志异研究》，江苏人民出版社1958年版；聂石樵《〈聊斋志异〉本事旁证》，载《蒲松龄研究集刊》第一辑，齐鲁书社1980年版。

③ 于盛庭、李时人：《〈聊斋志异〉与〈池北偶谈〉》，载《明清小说研究》1985年第2期。

④ 李厚基、韩海明：《人鬼狐妖的艺术境界——〈聊斋志异〉散论(附选注百篇)》，天津人民出版社1982年版，第25页。

⑤ 〔清〕王士禛：《分甘余话》，中华书局1997年版。

⑥ 梁启超：《清代学术概论》，东方出版社1996年版，第56页。

“踵夫人故智,遇罕见罕闻之事,亦以小纸录出之。”而《荟蕞编》则是“流览诸家文集,随手摘录”的成果。

《聊斋志异》和《池北偶谈》的编撰,亦是此种情况。王士禛、蒲松龄年纪相差无多,籍里相近,因此听到相同的传闻异辞并非什么奇事。王士禛在《池北偶谈》卷二十六《小猎犬》文末云:“事见蒲秀才松龄《聊斋志异》。”①王士禛的此一交代,是其摘录《聊斋志异》的明证;反之,也能说明《池北偶谈》中其他与《聊斋志异》取材相同的篇目,亦有可能取资《聊斋志异》,而王士禛之所以没有交代,可能是他已经不能确认是否取资《聊斋志异》。《聊斋志异》卷九“张贡士”篇言:“……高西园晤杞园先生,曾细询之,犹述其曲文,惜不能全忆。高西园云:‘向读渔洋先生《池北偶谈》,见有记心头小人者,为安丘张某事。’”蒲松龄此一交代,则可揭示当时给王士禛与蒲松龄讲故事的人有可能向不同的人讲了相同的故事,甚至可能将同时代人所编撰之书中的故事现行贩卖,而故事的编撰者也并不讳饰此种行为。由此可知,在古人看来,阅读过程中见到新奇可异的事随手摘录是正常的行为,即便是全文摘录,只要不是做正统的诗文,也并非我们如今认为的抄袭。如褚人穫的《隋唐演义》,据欧阳健先生《〈隋唐演义〉“缀集成帙”考》统计,《隋唐演义》前六十六回中,有三十五回袭用《隋史遗文》,占总回数的53.03%;有十回袭用《隋炀帝艳史》,占15.15%;另有七回,则由二书的相关内容连缀而成,占10.6%;属于褚人穫新增补的,最多十四回,占21.21%。② 褚人穫在序里也早有自供:“昔箨庵袁先生,曾示予所藏《逸史》,载隋炀帝朱贵儿、唐明皇杨玉环再世因缘事,殊新异可喜,因与商酌,编入本传,以为一部之始终关目。合之《遗文》《艳史》,而始广其事;极之穷幽仙证,而已竟其局。其间阙略者补之,零星者删之,更采当时奇趣雅韵之事点染之,汇成一集,颇改旧观。”因此,笔者认为,我们应该尊重当时人的创作方式,没有必要去探讨谁抄袭了谁或谁袭用了谁的问题。

二

《池北偶谈》与《聊斋志异》二书取材相同的篇目有十多篇之多,通过对相同篇目的分析,我们可以看出王士禛与蒲松龄在小说观上的差异。

笔记小说作为文言小说的一类,由于作者大多是文人兼学者,因此体现的大多是文人的思想情趣③,虽有搜奇猎异之一面,但大体不脱教化之旨。如与王士禛同时代的褚人穫编撰的《坚瓠集》,孙致弥在《坚瓠集序》中指出:“余伏而读之,恍乎见所未见,又别有意教可风,不独以赜隐见奇也。”因此作为清初的文坛领袖,王士禛虽赞赏《聊斋志异》,但他编撰笔记的目的与蒲松龄并不同,其目的在于“示吾子孙,大之可以蓄德,小亦可以多识。”(《池北偶谈序》)。这种现象到乾嘉之际更为明显。虽然乾嘉之前,蒲松龄在《聊斋志异》中使用的传奇笔法盛行一时,笔记小说由汉代定格的“丛残小语”体走向篇幅比较漫长委曲的传奇体,且“摹仿赞颂者众”④。但由于很多笔记编撰者本是学者,因此他们的笔记小说“从内容形式到审美特征上都体现出了鲜明的学者化倾向。”⑤如任《四库全书》总编撰官的纪昀就对《聊斋志异》的“才子之笔”颇有微词,其门生盛时彦在《〈姑妄

① 〔清〕王士禛撰,靳斯仁点校:《池北偶谈》,中华书局1982年版,第625页。

② 欧阳健:《古小说研究论》,巴蜀书社1997年版。

③ 苗壮:《笔记小说史》,浙江古籍出版社1998年版,第301页。

④ 鲁迅:《中国小说史略》,上海古籍出版社2011年版,第150页。

⑤ 宋莉华:《清代笔记小说与乾嘉学派》,载《文学评论》2001年第4期。

听之〉跋》中述纪昀语曰："《聊斋志异》盛行一时，然才子之笔，非著书者之笔也。虞初以下，干宝以上，古书多佚矣。其可见完帙者，刘敬叔《异苑》、陶潜《续搜神记》，小说类也；《飞燕外传》《会真记》，传记类也。《太平广记》，事以类聚，故可并收。今一书而兼二体，所未解也。"①纪昀在此批评了《聊斋志异》中的"有唐人之详，又杂以六朝志怪者之简，既非自叙之文，而尽描写之致"的传奇笔法。作为反拨，纪昀等回归晋宋小说观念，以"著书者之笔"著述了《阅微草堂笔记》。鲁迅总结《阅微草堂笔记》的特质时言："(《阅微草堂笔记》)立法甚严，举其体要，则在尚质黜华，追踪晋宋。"②一直到清末，尚有追随者。如俞鸿渐认为："《聊斋志异》一书脍炙人口，而余所醉心者，尤在《阅微草堂五种》。盖蒲留仙才人也，其书所藻缋未脱唐宋人小说窠臼，若《五种》专为劝惩起见，叙事简，说理透，垂戒切，初不屑于描头画角，而敷宣妙义，舌可粲花，指示群迷，头能点石，非留仙所及也。"(《印雪轩随笔》卷二)而俞樾在《春在堂全书录要·右台仙馆笔记》中亦云："皆杂记所闻所见，其体例颇与纪文达公《阅微草堂笔记》相近。"

因此，王士禛在阅读《聊斋志异》的过程中，选择了一些加以评骘，评语共30余条③，这些评语大多随感而发，非常简洁。其中几条评语赞扬了《聊斋志异》的艺术性，如《张诚》篇评曰："一本绝妙传奇，叙次文笔亦工。"《连琐》篇评曰："结尽而不尽，甚妙。"《青梅》篇评曰："事妙文妙，可以传矣。"《小猎犬》篇评曰："羽猎赋、小言赋合而一之，□奇。"这几则评语对《聊斋志异》的行文笔法给予了高度评价。有几则是对小说中人物的品评，这些人物多是女性，如《侠女》篇评曰："神龙见首不见尾，此侠女其犹龙乎？"《莲香》篇评曰："贤哉莲娘，巾帼中吾见亦罕，况狐耶！"《商三官》篇评曰："庞娥、谢小娥，得此鼎足矣。"……由此可以看出王士禛是较为重视女性的社会地位的。此外，我们还发现有近三分之一的评点是考证史实或补充故事源流的。如《喷水》篇评曰："玉叔襁褓失恃，此事恐属传闻之误。"玉叔即宋琬，为王士禛的诗友，因此渔洋熟知其身世，故发此感慨。《王六郎》篇补充曰："月令，乃东郡耿隐之事。"《张贡士》篇则评曰："岂杞园耶？大奇。"杞园即张贞，王士禛曾作《送张杞园待诏之广陵》二首。王士禛因与蒋太史与邵士梅相熟识，所以在评点《蒋太史》和《邵士梅》两篇时，对蒋太史与邵士梅的生平事迹作了补充。此外，王士禛在《池北偶谈》中亦有对蒋太史和邵士梅的详细记载，远较《聊斋志异》详尽。王士禛评点多从"实录"、纪实的角度出发，因此经常出现"此理不可晓"(《阎罗》)、"此条亦恢诡"(《汪士秀》)、"事亦荒唐"(《丰都御史》)等或质疑或否定的评语。

王士禛不仅在评点上体现出了崇尚"实录"的六朝小说的倾向，在处理《池北偶谈》与《聊斋志异》相同题材的篇目时也体现出了"尚质黜华"的特点。比如《林四娘》一篇，在《聊斋志异》(卷二)中，四娘与陈宝钥两情相悦，作者描述极尽婉转：

青州道陈公宝钥，闽人。夜独坐，有女子搴帏入。视之，不识；而艳绝，长袖宫装。笑云："清夜兀坐，得勿寂耶？"公惊问何人。曰："妾家不远，近在西邻。"公意其鬼，而心好之。捉袂挽坐，谈词风雅，大悦。拥之，不甚抗拒。顾曰："他无人耶？"公急阖户，曰："无。"促其缓裳，意殊羞怯。公代为之殷勤。女曰："妾年二十，犹处子也，狂将不堪。"狎亵既竟，流丹浃席。既而枕边私语，自言"林四娘"。公详诘之，曰："一世坚贞，业为君轻薄殆尽矣。有心爱妾，但图永

---

① 〔清〕纪昀：《阅微草堂笔记》，上海古籍出版社1980年版，第472页。

② 鲁迅：《中国小说史略》，上海古籍出版社2011年版，第151页。

③ 有关王士禛《聊斋志异》的评点，王清平《王士祯评点〈聊斋志异〉条目补正》(载《蒲松龄研究》1999年第4期)一文考辨甚明，本文采用。

好可耳，絮絮何为?”无何，鸡鸣，遂起而去。

……

居三年。一夕忽惨然告别。公惊问之。答云:“冥王以妾生前无罪，死犹不忘经咒，俾生王家。别在今宵，永无见期。”言已，怆然。公亦泪下。乃置酒相与痛饮。女慷慨而歌，为哀曼之音，一字百转;每至悲处，辄便哽咽。数停数起，而后终曲，饮不能畅。乃起，逡巡欲别。公固挽之，又坐少时。鸡声忽唱，乃曰:“必不可以久留矣。然君每怪妾不肯献丑;今将长别，当率成一章。”

而在《池北偶谈》(卷二一、谈异二)中，四娘是一个豪爽的女性，与陈宝钥并不涉及男女私情:

闽陈宝钥，字绿崖，观察青州。一日，燕坐斋中，忽有小鬟，年可十四五，姿首甚美，搴帘入曰:“林四娘见。”陈惊愕，莫知所以。逡巡间，四娘已至前万福，蛮髻朱衣，绣半臂，凤觜靴，腰佩双剑。陈疑其仙侠，不得已，揖就坐。四娘曰:“妾故衡王宫嫔也，生长金陵。衡王昔以千金聘妾，入后宫，宠绝伦辈，不幸早死，殡于宫中。不数年，国破，遂北去。妾魂魄犹恋故墟，今宫殿荒芜，聊欲假君亭馆延客，固无益于君，亦无所损于君，愿无疑焉。”陈唯唯。自是日必一至。每张筵，初不见有宾客，但闻笑语酬酢。久之，设具燕陈，及陈乡人公车者十数辈咸在坐。嘉肴旨酒，不异人世，然亦不知何从至也。酒酣，四娘叙述宫中旧事，悲不自胜，引节而歌，声甚哀怨，举坐沾衣罢酒。如是年余。一日，黯然有离别之色，告陈曰:“妾尘缘已尽，当往终南，以君情谊厚，一来取别耳。”自后遂绝。

再如《王者》(《聊斋志异》卷一一)与《剑侠》(《池北偶谈》卷二三，谈异四)，《剑侠》篇行文简洁、用语雅训，《王者》篇则委曲得多。下为《剑侠》:

初行一日，有人烟村落，次日入深山，行不知几百里，无复村疃。至三日，踰亭午抵一大市镇，叟曰:“至矣。君但入，当自得消息。”不得已，第从其言。比入市，则肩摩毂击，万瓦鳞次。忽一人来讯曰:“君非此间人，奚至此?”告以故，与俱至市口觅瞽叟，已失所在。乃与曲折行数街，抵大宅，如王公之居，历阶及堂，寂无人，戒令少待。顷之，传呼令入，至后堂。堂中惟设一榻，有伟男子科跣坐其上，发长及骭，童子数人执扇拂左右侍。拜跪讫，男子讯来意，具对，男子颐指语童子曰:“可将来!”即有少年数辈扛金至，封识宛然，问曰:“宁欲得金乎?”吏叩头曰:“幸甚，不敢请也。”男子曰:“乍来此，且将息了却去。”……

再如《五羖大夫》(《聊斋志异》卷三)，《聊斋志异》如下:

河津畅体元，字汝玉。为诸生时，梦人呼为“五羖大夫”，喜为佳兆。及遇流寇之乱，尽剥其衣，闭置空室。时冬月，寒甚，暗中摸索，得数羊皮护体，仅不至死。质明，视之，恰符五数。哑然自笑神之戏己也。后以明经授雒南知县。

《池北偶谈》如下:

河津人畅体元者，少时梦神人呼为五羖大夫，颇以自负。及流寇之乱，体元为贼掠，囚絷一室，冬夜寒甚，于壁角得五羊皮覆其身，乃悟神语盖戏之耳。后以明经仕为雒南知县。

有研究者批评《池北偶谈》此篇不真实，“试想，时值夜间，怎能分得出是否为羊皮?再说在那种危难寒冷的夜晚，一般不会去留心羊皮的数量”①。诚然，《聊斋志异》的记叙情节曲折、符合情理，然《池北偶谈》采用的是魏晋小说全知叙事的写法，简明扼要。

① 王丽琴:《〈聊斋志异〉写作艺术分析——与〈池北偶谈〉比较》，载《白城师范学院学报》2004年第1期。

因此作为小说,《聊斋志异》确实更具有可读性。这也反映出了蒲松龄与王士禛小说观念的不同。

我们应该看到,王士禛欣赏《聊斋志异》,既有对文本本身的欣赏,也有对蒲松龄个人身世遭遇的同情与感慨,因此他题词曰:"姑妄言之姑听之,豆棚瓜架雨如丝。料应厌作人间语,爱听秋坟鬼唱时。"他对蒲松龄的心态与处境颇有体悟。因此蒲松龄次韵奉答之曰:"志异书成共笑之,布袍萧索鬓如丝。十年颇得黄州意,冷雨寒灯夜话时。"但是对于王士禛这个台阁重臣、诗坛领袖来说,他虽然不轻视小说,然而碍于小说在当时的地位等,当蒲松龄请他为《聊斋志异》作序"游扬"时,他委婉地拒绝了:"嘱序,固愿附不朽,然向来颇以文字轻诺,府怨取诟,遂欲焚笔砚矣。或破例一为之,未可知耳。"①

但是无论如何,王士禛作为《聊斋志异》的第一个评论者、第一个欣赏者,他的名字已与《聊斋志异》紧紧地联系在了一起,而他与蒲松龄的交往也成了文坛上的一段佳话。

① 中山大学藏《聊斋诗文集》抄本,附录"致聊斋"。转引自袁世硕《蒲松龄事迹著述新考》,齐鲁书社1988年版,第198页。

王士禛和《漱玉词》与清初对李清照词的创作接受

江合友*

王士禛(1634~1711)论婉约词推崇李清照,其《花草蒙拾》云:"仆谓婉约词以易安为宗,豪放惟幼安称首,皆吾济南人,难乎为继矣。"①《漱玉词》是王士禛学词的重要范本,其传世词作中有18首依原韵和李清照词之作。《漱玉词》为他带来了一定的声誉,王晫《今世说》卷四云:"王阮亭和《漱玉词》,有'郎似桐花、妾似桐花凤'语,长安以此遂有'王桐花'之目。"②清初词家对王士禛和《漱玉词》诸作多持肯定态度。和《漱玉词》诸作在扬州词坛尤其受到赞许。王士禛词学密友邹祗谟曾这样点评:"阮亭和清照词,押韵天然,复出自新意,芊绵婉逸,胜方千里之和清真也。"③当代岭南词家朱庸斋则持完全相反的意见,其于《分春馆词话》中云:"其和漱玉词,真不知所云,不惟纤弱,抑且俗矣。"④那么从艺术水准而言,王士禛和《漱玉词》居于何种层次?对清初词坛有何影响?尤其是,作为清初词坛的关键人物,王士禛从创作上积极接受李清照词,其选择的角度和侧重点在多大程度上影响到了李清照词的经典化进程?这些问题迄今尚无专门的论述。而且在清初顺康两朝,出现了为数不少的和李清照词之作,既有直接受王士禛触动而唱和的情况,如彭孙遹、王士禄、陈维崧等人的唱和;也有梁清标、吴绮、仲恒、董元恺等出于爱好而和的情况。凡此种种,汇成了清初文人对李清照词的创作接受,有助于强化李清照词的经典地位。本文拟对王士禛和《漱玉词》进行艺术分析,指出其体认李清照词的侧重点,初步探讨其影响,并对清初和李清照词的情况做整体观照,从而总结在创作接受方面清初词家是如何推动李清照词的经典化进程的。

一

在《阮亭诗余自叙》中,王士禛这样描述其和《漱玉词》的情形:"向十许岁学作长短句,不工,辄弃去。今夏楼居,效比丘休夏自恣。……偶读《啸余谱》,辄拈笔填词,次第得三十首。易安《漱玉》一卷,藏之文笥,珍惜逾恒,乃依原韵尽和之,大抵涪翁所谓'空中语'耳。"⑤据蒋寅考证,王士

---

* 作者简介:江合友,河北师范大学文学院,副教授。

① 〔清〕王士禛:《花草蒙拾》,见唐圭璋编《词话丛编》,中华书局1986年版,第685页。

② 孙克强、杨传庆、裴喆编著:《清人词话》,南开大学出版社2012年版,第434页。

③ 孙克强、杨传庆、裴喆编著:《清人词话》,南开大学出版社2012年版,第432页。

④ 朱庸斋:《分春馆词话》卷一,广东人民出版社1989年版,第2页。

⑤ 夏承焘主编,李少雍校:《衍波词》,广东人民出版社1986年版,第147页。

禛尽和《漱玉词》，在顺治九年（1652）。① 此时他年方十九岁，且初涉填词，艺术上当然称不上成熟。而且和词的创作动机，很大程度上是出于学习和模仿。清初词家多有通过和词练习创作的，如沈谦，他曾言"予少时和唐宋词三百阕"②。王士禛和《漱玉词》同样发生在少时，发于希慕，重在学习。但王士禛属于早慧型的作家，顺治十四年（1657），年仅24岁的他即在济南大明湖举秋柳社，作《秋柳》诗四首，传诵一时，"和者数百家"③。因此王士禛在和《漱玉词》的过程中，理应存在一定的创造性，以求整体或者局部的自有所得。因此我们不能简单否定其艺术价值，要对其深加分析。

王士禛所和的对象，是家藏《漱玉词》一卷，推考其版本，当为明崇祯三年（1630）毛晋汲古阁刊《诗词杂俎》本。该本收词仅17阕，后《四库全书》据以收录，《四库提要》叙《漱玉词》版本源流："陈振孙《书录解题》载清照《漱玉词》一卷，又云'别本作五卷'，黄昇《花庵词选》则称'《漱玉词》三卷'，今皆不传。此本仅词十七阕，附以《金石录序》一篇，盖后人搜集为之，已非其旧。"④毛晋所刻《漱玉词》一卷，是清初词家易得之本，因此是认识李清照词的重要依据。虽然毛晋尚有《汲古阁未刻词》，收有《漱玉词》钞本一卷，收词多达49阕⑤，却因流传的局限，没能成为清初词家探讨李清照词的参照。王士禛《衍波词》所收和《漱玉词》也为17首，与《阮亭诗余自序》"依原韵尽和"之说若合符契，也印证了其依据的版本当是毛晋汲古阁刻本。

据《全清词·顺康卷》可知，王士禛存词134首，和《漱玉词》共18首。其中《浣溪沙·和漱玉词》1首，《衍波词》不收，乃《全清词》从《百名家词钞》中辑得，当为和韵《浣溪沙》"楼上晴天碧四垂"之作。值得注意的是，王士禛和《漱玉词》绝大多数是次韵之作，即和词韵脚的用字和顺序与原作皆同。18首和《漱玉词》中，次韵词16首，和韵词仅2首。和词在题材上与李清照词也有很大的关联性，但抒情方式不同，李词多采用直抒胸臆的方式，和词则多采用代拟女姓口吻的抒情方式。为直观表现和词与李词的关系，列表如下⑥：

序号	词牌	李词首句	和词首句	李词题材	和词题材	和词类型	李词韵脚	和词韵脚
1	如梦令	常记溪亭日暮	送别西楼将暮	闲情	闺情相思	次韵	暮、路、处、渡、鹭	同前
2	如梦令	昨夜雨疏风骤	帘额落花风骤	伤春	闺情相思	次韵	骤、酒、旧、否、瘦	同前
3	点绛唇	蹴罢秋千	水满春塘	少女生活	闺情相思	和韵	手、瘦、透/溜、走、嗅	缕、去、雨/绪、处、路
4	浣溪沙	楼上晴天碧四垂	花影钩帘幂䍥垂	伤春闺情	闺情相思	次韵	垂、涯、梯/泥、啼	同前

① 蒋寅：《王渔洋事迹征略》，人民文学出版社2001年版，第19页。又见蒋寅《王渔洋与清词之发轫》，载《文学遗产》1996年第2期，文中所列渔洋词学活动年表，时间系在顺治十一年（1654）。吴宏一《阮亭诗余和衍波词的著作年代》（见《清代词学四论》，台湾联经出版事业公司1979年版）与李少雍《王士禛和〈衍波词〉》（见《衍波词》，广东人民出版社1986版）都认为在顺治十二年。据王士禛《自叙》"十许岁"之说，以及《王渔洋事迹征略》对其会试落榜时间的考证，系至顺治九年似较妥。

② 〔清〕沈谦：《填词杂说》，见唐圭璋编《词话丛编》，中华书局1986年版，第633页。

③ 蒋寅：《王渔洋事迹征略》，人民文学出版社2001年版，第29页。

④ 〔清〕纪昀等撰，四库全书研究所整理：《钦定四库全书总目》（整理本），中华书局1997年版，第2789页。

⑤ 参徐培均《李清照集笺注自序》，见〔宋〕李清照著、徐培均笺注《李清照集笺注》，上海古籍出版社2002年版。

⑥ 表中所列李清照词据《李清照集笺注》，王士禛词据《全清词·顺康卷》。

（续表）

序号	词牌	李词首句	和词首句	李词题材	和词题材	和词类型	李词韵脚	和词韵脚
5	浣溪沙	髻子伤春慵更梳	佼畔豪犀间玉梳	伤春闺情	闺情	次韵	梳、初、疏/苏、无	同前
6	浣溪沙	绣面芙蓉一笑开	渐次红潮趁靥开	闺情	闺情	次韵	开、腮、猜/怀、来	同前
7	武陵春	风住尘香花已尽	昨日相逢歌扇底	伤春	别情	次韵	头、休、流/舟、舟、愁	同前
8	醉花阴	薄雾浓云愁永昼	香闺小院闲清昼	节令相思	闺情	次韵	昼、兽、透/后、袖、瘦	同前
9	怨王孙	帝里春晚	碧天云晚	伤春别情	别情相思	次韵	晚、院、断、传、绵/惹、舍、也、斜、花	同前
10	怨王孙	梦断漏悄	画阁清悄	伤春别情	悲秋别情	次韵	悄、恼、晓、红、风/处、去、负、云、君	同前
11	浪淘沙	素约小腰身	砚匣日随身	闺情	闺情	次韵	身、春、新、云/唇、嗔、津、轮	同前
12	蝶恋花	暖雨和风初破冻	凉夜沉沉花漏冻	别情相思	别情相思	次韵	冻、动、共、重/缝、凤、梦、弄	同前
13	一剪梅	红藕香残玉簟秋	雁语金塘水渐秋	别情相思	别情相思	次韵	秋、舟、楼/流、愁、头、头	同前
14	渔家傲	天接云涛连晓雾	南湖西塞花如雾	记梦抒怀	隐逸（咏本意）	次韵	雾、舞、语、所、处/暮、句、举、住、去	同前
15	凤凰台上忆吹箫	香冷金猊	镜影圆冰	别情相思	别情相思	次韵	头、钩、休、秋/休、留、楼、眸、愁	仅换头处为“悠悠”，与李词不同
16	声声慢	寻寻觅觅	蛛迷楚馆	孤寂自伤	别情相思	次韵	戚、息、急、识/积、摘、黑、滴、得	同前
17	念奴娇	萧条庭院	疏风嫩雨	伤春别情	伤春相思	次韵	闭、气、味、寄/倚、起、意、未	同前
18	浣溪沙	楼上晴天碧四垂	灯暗银屏误昔期	伤春闺情	闺情	和韵	垂、涯、梯/泥、啼	期、知、时/儿、疑

从上表可见，王士禛次韵《漱玉词》在韵律方面亦步亦趋，仅有《凤凰台上忆吹箫》换头一处通融，和得甚为严谨。需要指出的是，毛晋汲古阁刻《漱玉词》收的17首作品中，有与其他词人互见的情况。其一为《浣溪沙》“楼上晴天碧四垂”，此词又见收于周邦彦《片玉词》，南宋方千里、杨泽民各有和词一首，属于存疑词；其二为《浪淘沙》“素约小腰身”，赵万里《校辑宋金元人词》本《漱玉词》案语以为此词非李所作，《全宋词》据明陈耀文《花草粹编》收为赵子发词，徐培均以为妥当。① 那么王士禛所和《漱玉词》约有三首不确定是否为和李清照词，在下文的分析中，序号为4、11、18的三首词不会被用作例证。

在题材方面，和词明显受到原作的牵制和影响，多相同或相近。其他方面产生参差不同的原

① 〔宋〕李清照著，徐培均笺注：《李清照集笺注》，上海古籍出版社2002年版，第187页。

因在于,李清照词来源于自身的生活体验,感情从胸臆中流出;而王士禛不具备女性的生活体验,采取模式化的写作套路,以须眉作闺音,代言抒情。以女性为抒情主人公,李词和王词是一致的,从抒情传统上来说,都来自花间南唐,不同之处是李清照以女性身份写作,不用代拟的写作套路,属于进步;而王士禛在数百年后仍然采取代拟的写作方式,当然算不得进步。王士禛以晚唐五代词为宗,如严迪昌所论,"未见更辙"①,和《漱玉词》诸作,他自己说是如黄庭坚所谓"空中语",其自娱的性质很明显。李清照鲜活的生命体验是无法模拟的,比如李词《如梦令》"常记溪亭日暮"写少女生活的片段,王士禛的和词则写成一般性的闺情,使用"西楼""王孙""柳丝"等陈旧的意象和语汇。李词《点绛唇》"蹴罢秋千"写少女情怀②,虽借用韩偓《偶见》之语,亦不乏青春活力。王士禛和词仍写成一般性的闺情之作,使用"柳绵""黄金缕""燕儿""梨花雨"等常见意象。另一首《渔家傲》"天接云涛连晓雾",是李清照难得一见的"气象潇洒,尤近苏、辛"(龙榆生《漱玉词叙论》)之作。其中有对"帝所"的想象,"星河欲渡千帆舞",气象宏阔;又有与天帝的对话,自叙"学诗漫有惊人句。九万里风鹏正举",浪漫而超迈。王士禛和词则为一般性的隐逸词,"醉后放舟""凫鸥语""蒲叶藕花"等语词勾画隐者的生活样态,缺少个性和淋漓的生气。由和词与原作的不同,可以看出,当原作的内容和风格充满个性时,和作基本上难以模仿,容易写成普泛性的情境,相形之下会显得平庸。

二

王士禛和《漱玉词》与原作相比虽有平庸的一面,但并非毫无艺术造诣。一般来说,次韵之作因受到原作韵脚牵制,加上其应酬游戏的动机,存在艺术上等而下之的可能性。但是自苏、黄大量创作次韵诗以来,次韵本身具有巨大的超越潜力,即在同原作的比较中凸显自身的独特性,在征服次韵这一写作牵制的同时展现出某种自由灵动的笔力,达成次韵胜(或"似")首唱的效果。在词的次韵写作方面,苏轼《水龙吟·次韵章质夫杨花词》是成功的典范,完全掩盖了原作的光芒。南宋词家将和词与次韵发扬开来,使之成为词创作的常见方式,方千里、杨泽民等甚至以遍和《清真词》的方式从事填词。清初词家正处在一个学习、超越、自成一家的转折点上,王士禛创作的和词占其存世词作相当大的比重。除去遍和《漱玉词》之外,其词题标明为和词的还有13首:《浣溪沙·和张泌韵》《菩萨蛮·和飞卿》《减字木兰花·杨花步弇州韵》《好事近·二月竹亭雪后观梅,和蒋子云韵》《朝中措·和欧公原韵》《虞美人·和李后主》《踏莎行·和云间诸公春闺》《小重山·和湘真词》《蝶恋花·和少游》《婆罗门引·寄袁箨庵用稼轩韵》《蕙兰芳引·春思用清真韵》《塞翁吟·和清真韵》《贺新郎·用蒋竹山韵》。王士禛创作的和词共31首,占全部词作的近1/4。因此和词是王士禛创作的重要组成部分,其中蕴含着结合自身才性和时代环境求新求变的因素,和《漱玉词》就是这样的典型文本。

首先,王士禛在和词时,坚持抒情情境中的女性主体地位,昭示着王士禛对词体的基本观感和

① 严迪昌:《清词史》,江苏古籍出版社1990年版,第52页。

② 赵万里《校辑宋金元人词》将此词列入附录,怀疑非李清照词;唐圭璋《读李清照词札记》(《南京师大学报》社会科学版1984年第2期)更是断定此词非李清照作,认为可能是无名氏演韩偓诗。徐培均认为"此词写少女情怀,当为少年习作,似难与成年后词风相比"。王灼《碧鸡漫志》评李清照词"能曲折尽人意,轻巧尖新,姿态百出",证之此词,如合符契,似应为李清照所作无疑。参〔宋〕李清照著,徐培均笺注《李清照集笺注》,上海古籍出版社2002年版,第1~2页。本文从徐培均之说。

美学理解。《漱玉词》以第一人称的口吻抒情，作者与抒情人大致重叠，女性情感居于主体地位，为婉约词的抒情意境增加了鲜活生动、真实可感的细节，突破了男性词家无法真正进入女性内心的局限。随着词体的发展，在婉约词中树立男性的抒情主体渐成大流，如柳永《雨霖铃》、秦观《满庭芳》等。他们在书写男性柔情的同时，抒发不遇之悲，而非一味地抒发艳情，在趣味上更趋雅正。词以男性为抒情主体的写法，历经两宋的发展演进，已经高度成熟。作为男性作者，王士禛在和《漱玉词》时，完全可以以男性的口吻抒情，但王士禛坚持花间南唐代拟女性口吻的抒情方式，说明在词体的观念上，他沿袭了明清之际云间词派的看法，正如谢章铤所论："昔陈大樽以温、李为宗，自吴梅村以逮王阮亭，翕然从之，当其时无人不晚唐。"①王士禛并不排斥豪放词，曾表示在词家绮丽、豪放两派之间，"当分正变，不当分优劣"②。但实际上他是偏向婉约一派的，如在《花草蒙拾》中评苏轼词，认为其《蝶恋花》"枝上柳绵，恐屯田缘情绮靡，未必能过"；又论苏轼《蝶恋花》"春事阑珊芳草歇"，"凡六十字，字字惊心动魄"③，注意发现豪放词人的婉约之作，由此可见其侧重之意。王士禛和《漱玉词》诸作，除《渔家傲》一首隐逸词可以理解为是男性抒情主体之外，其余皆是以女性口吻抒情。李清照词的女性主体有缠绵柔情，而终归于雅正敦厚，不至于流荡无节制。如《武陵春》"风住尘香花已尽"，伤春之中含有沉痛的悼念，体现出了李清照南渡丧夫之后的中年女子心境。而王士禛和词云："昨日相逢歌扇底，偷赠玉搔头。画阁香浓郎且休。秋水簟纹流。"抒情主体带有风尘气，因而呈现出艳冶风情。所以李清照词的女性主体基本上一以贯之，随着创作时代的变化，抒情主体的心境也在变化。而王士禛和词中的女性主体则呈现无规律变化，雅俗兼有，因代拟女性身份的不同，可以区分雅词和艳词。总的来说，王士禛以婉约词为正宗，坚持词的女性特质，与李清照"词别是一家"之论遥相呼应。或者说正是王士禛在词体观感上与李清照的一致，才导致其对《漱玉词》推崇备至，并遍和之。

同李清照填词一样，王士禛也着力写出"惊人句"，追求语言的创造性，以求有所突破。对于拟和之作的创造性，王士禛也有所怀疑，《花草蒙拾》："绝调不可强拟，近张杞有《和花间词》一卷，虽不无可采，要如妄男子拟遍十九首，与郊祀铙歌耳。"④《漱玉词》十七首，在王士禛看来当然也属于"绝调"，他遍和之举，便有强作的可能，尤其是与原作艺术差距太大，难以并观。因此王士禛和词注重修辞造语，追求新颖，力求新创，如《蝶恋花》：

> 暖雨和风初破冻。柳眼梅梢，已觉春心动。酒意诗情谁与共？泪融残粉花钿重。　乍试夹衫金缕缝。山枕斜欹，枕损钗头凤。独抱浓愁无好梦，夜阑犹剪灯花弄。（李清照原作）
>
> 凉夜沉沉花漏冻。欹枕无眠，渐听荒鸡动。此际闲愁郎不共。月移窗罅春寒重。　忆共锦裯无半缝。郎似桐花，妾似桐花凤。往事迢迢徒入梦，银筝断绝连珠弄。（和《漱玉词》）

原作渲染春暖季节的相思无眠，时间呈线性分布，上片写白天"春心动"而无侣的落寞，下片写长夜无眠的寂寥，春暖与抒情主体内心的孤冷形成反衬。和作则突出春寒，在寒冷的氛围中展开，上片写凉夜无眠直至听到"荒鸡动"，下片写回忆共眠的温馨，旋即回到现实的孤寂，春寒与抒情主体内心的孤苦形成同构的关系。原作"山枕斜欹，枕损钗头凤"两句因"枕"字重复，形成明快的节奏，用生活的细节暗示心情；和作变成"郎似桐花，妾似桐花凤"，"似桐花"三个字重复，更显明白酣

---

① 〔清〕谢章铤：《赌棋山庄词话》续编卷三，见唐圭璋编《词话丛编》，中华书局1986年版，第3530页。

② 〔清〕王士禛：《香祖笔记》，上海古籍出版社1982年版，第169页。

③ 〔清〕王士禛：《花草蒙拾》，见唐圭璋编《词话丛编》，中华书局1986年版，第680页。

④ 〔清〕王士禛：《花草蒙拾》，见唐圭璋编《词话丛编》，中华书局1986年版，第674页。

畅,表面意为在春寒的夜里紧紧依偎。而“桐花”另有一个意思,即清明时节晚春开放的花,此处暗示乍暖还寒,天气变化剧烈,春天即将离去。“桐花风”栖于桐花,美丽而短暂,暗示美好往事一去不复返,故下句“往事迢迢徒入梦”接得顺畅自然。作为次韵之作,能超越韵脚的牵制,写出自然而富于意境的句子,难能可贵。王士禛也因此词赢得“王桐花”的雅称。

王士禛和《漱玉词》在原作有警句处似难进一步发挥,如《如梦令》原作末句“应是绿肥红瘦”,和作为“坐尽宝炉香瘦”;《醉花阴》原作“莫道不销魂,帘卷西风,人比黄花瘦”,和作为“最怕日初长,生受莺花,打叠人消瘦”,和作显得平庸,缺少足够的意趣。也有原作精警,和作亦别有境界的例子,如《一剪梅》原作下片:“花自飘零水自流。一种相思,两处闲愁。此情无计可消除,才下眉头,却上心头。”借花、水起兴之后,直笔抒写相思别愁,写尽了女子心绪细腻而微妙的变化,王士禛指出这几句从范仲淹《御街行·秋日怀旧》“都来此事,眉间心上,无计相回避”语脱胎,“李特工耳”。[①] 和作为:“九曲长江天际流。似写相思,难寄新愁。梦魂几夜可曾闲,鹤子山头。燕子矶头。”借“九曲长江”描写相思心理,又写到“梦魂”在夜里四处寻觅,以此表现女性的别情。或不如原作灵动自然,却也别有滋味。又如《浣溪沙》原作上片:“绣面芙蓉一笑开。斜飞宝鸭衬香腮。眼波才动被人猜。”曲尽女子娇态,沈谦以为“传神阿堵,已无剩美”[②]。和作为:“渐次红潮趁靥开。木瓜香粉印桃腮。为郎瞥见被郎猜。”写女子被情郎瞥见时神色的变化,亦堪称传神,造语也活泼自然。沈谦论填词之法,“常调作者多,宜生新,斯能振动”[③],《漱玉词》所用词调都属常调,李清照在本色语中常有精警之句,王士禛和词在既定的韵律框架内也力求变化,在艺术上多有收获。邹祗谟赞赏其和词“出自新意”,或不免同人之私,但大体上未偏离事实。

《漱玉词》善用白描,写自己的日常生活,意旨和境界常带有一定的明确性。王士禛的和词则回归意象烘托的创作传统,调动常用的意象符号,营造出凄迷朦胧的意境,初步表露出追求神韵词境的倾向。以《凤凰台上忆吹箫》为例,李清照原作写自己“慵自梳头”,“多少事、欲说还休”,又写到“惟有楼前流水,应念我、终日凝眸”,围绕自己的生活场景层层铺写,痴情绵渺,尽付纸端。王士禛和作为:

> 镜影圆冰,钗痕却月,日光又上楼头。正罗帏梦觉,红褪缃钩。睡眼初瞷未起,梦里事、寻忆难休。人不见,便须含泪,强对残秋。　悠悠。断鸿南去,便潇湘千里,好为侬留。又斜阳声远,过尽西楼。颠倒相思难写,空望断、南浦双眸。伤心处,青山红树,万点新愁。

与原作以顺叙展开,情节前后连接,只在情绪上起伏转折不同,和作顺叙中有插叙,情境具有跳跃性,意象组合具有暗示性。“镜影”“钗痕”“残秋”“断鸿”“斜阳”“西楼”“南浦”“青山”等,是唐宋词中的习见意象,以此为骨干结构全篇,难于新创,但也因为这些习见意象本身具有文化蕴涵,既可以让词人省去繁琐的修饰,又能增加词的意蕴。和词用“正”作领字,亦领起时间;两次用“又”,表达时间累加、情绪积累之意,形成跳跃感,章法与原作很不相同。王士禛谈“诗文妙诀”,极力推崇“生香真色人难学”[④]之境界,李词原作以白描为主,真实感人,足可当之。和作则隔着一层说,实际用的南宋词常用的技法,王士禛指出:“宋南渡后,梅溪、白石、竹屋、梦窗诸子,极妍尽态,

---

① 〔清〕王士禛:《花草蒙拾》,见唐圭璋编《词话丛编》,中华书局1986年版,第680页。

② 〔清〕沈谦:《填词杂说》,见唐圭璋编《词话丛编》,中华书局1986年版,第634页。

③ 〔清〕沈谦:《填词杂说》,见唐圭璋编《词话丛编》,中华书局1986年版,第630页。

④ 〔清〕王士禛:《花草蒙拾》,见唐圭璋编《词话丛编》,中华书局1986年版,第676页。

反有秦、李未到者。虽神韵天然处或减，要自令人有观止之叹。"①在和《漱玉词》小令时，王士禛通常退回花间南唐的代拟传统；和慢词长调的时候，则参用南宋词的章法和技巧。以王士禛的通达和渊博，如离开扬州之后继续填词，当会展现出更大的格局气度，不至于如传世词作所示，停留在花间、草堂的范围内。另原作结句"凝眸处，从今又添，一段新愁"，承接上句翻出一意，增加了情意的厚度。而和词的结句"伤心处，青山红树，万点新愁"，以景语暗示愁绪，则有追求文字之外的韵味之意。所谓"不着一字，尽得风流"，追求言外之旨，是王士禛在其神韵诗学成熟后所追求的。他也曾用"神韵"的概念评词，如《花草蒙拾》论卓人月词"去宋人门庑尚远，神韵形象，都未梦见"②。蒋寅认为："神韵事实上已成为构筑渔洋词学理论体系的基本范畴。"③《花草蒙拾》成书时间在康熙初，和《漱玉词》虽在前，但已经透露出对"神韵"的追求。李清照词的意象系统与花间、南唐词相比没有革命性的变化，其新意在于所用的意象多来自日常生活，因而真实可感。王士禛和词的意向系统是陈旧的，因代拟抒情的限制，又回到花间、南唐词的世界里。出于对神韵词境的自觉追求，王士禛和词常展现凄迷朦胧的情景，如《点绛唇》"凝眸处。白苹青草，不见西洲路"，《怨王孙》"红窗刀尺初罢。银汉西斜。卜灯花"，《渔家傲》"醉后放舟忘处所。凫鸥语。觉来已是烟深处"，皆为显例。

毛晋汲古阁刻本《漱玉词》中的十七首词集中写闺情，词风缠绵悱恻，塑造出了李清照的整体形象。清初以王士禛为代表的词家强化了这一形象，以创作接受的方式回应这种词风。从李清照强调"词别是一家"的词体传统来说，李词本身含有向晚唐五代词回归的诸多因素，同时又带有趋向雅正的努力。而王士禛的和词使对李清照词的体认朝着偏狭化的方向发展，即有将李清照词与晚唐五代词等量齐观的趋向，认为这类词作代表着婉约词的最高成就。虽然和《漱玉词》为王士禛少时拟作，对词坛的影响却不小，从创作接受来说，王士禛强化了对李词曲尽人意、轻巧尖新、姿态百出的认识，对李词经典地位的形成有推动之功。

三

王士禛于顺治十七年(1660)赴扬州任推官，康熙四年(1665)离开扬州，这期间其填词创作达到高峰，词学活动甚为活跃，成为扬州词坛的核心人物，极大地推动了清初词学的发展。许多唱和活动围绕他展开，如《清溪遗事画册》唱和、余氏女子绣《洛神图》唱和、余氏女子绣《柳毅传书》唱和、余氏女子绣《浣纱图》唱和，参与者有邹祗谟、彭孙遹、董以宁和陈维崧。影响最大、参与度最高且"最能体现他的群体意识的，还是大名鼎鼎的红桥唱和"④。可见唱和是推动词坛风会的重要方式，这种切磋交流方式有利于推动特定词风的形成。作为扬州词学活动的中心人物，王士禛未专门倡举唱和《漱玉词》，但他将早年编集的《阮亭诗余》携至扬州，其中"尽和"《漱玉词》十余首必定惹人注目。这些唱和《漱玉词》之作被其词友注意到。词友展开后续的唱和活动，共同加入到清初李清照词的创作接受活动中，自然在情理之中。

受到王士禛的直接影响而和《漱玉词》的是彭孙遹(1631～1700)。他创作了7首和词，词题皆有"同阮亭作"的字样，分别为《武陵春·和漱玉词，同阮亭作》《醉花阴·和漱玉词，同阮亭作》《怨

① 〔清〕王士禛：《花草蒙拾》，见唐圭璋编《词话丛编》，中华书局1986年版，第682页。

② 〔清〕王士禛：《花草蒙拾》，见唐圭璋编《词话丛编》，中华书局1986年版，第685页。

③ 蒋寅：《王渔洋与清词之发轫》，载《文学遗产》1996年第2期。

④ 参张宏生《王士禛扬州词事与清初词坛风会》，见《清词探微》，上海古籍出版社2008年版，第197页。

王孙·春暮,和李易安同阮亭》两首、《一剪梅·和漱玉词,同阮亭作》《凤凰台上忆吹箫·和漱玉词,同阮亭作》《念奴娇·和漱玉词,同阮亭作》。彭孙遹和词的创作除了要面对李清照词,还要面对王士禛词,要克服音韵的牵制,然后才能出以己意。王士禛曾戏称彭孙遹是"艳词专家",邹祇谟亦认为其词"一字之工,能生百媚"①。其艳词多创作于扬州,尤侗《延露词序》:"向读彭子羡门与王子阮亭《无题》唱和,叹其淫思古意,两玉一时。阮亭既官扬州,羡门有客信宿。会邹子程村初集《倚声》,于是《延露》之词成焉。"②彭孙遹的和《漱玉词》全是代拟闺音之作,其婉媚缠绵更胜王士禛。如《武陵春》上片:"柳亸莺娇蜂蝶闹,春色满枝头。暮雨朝云不肯休。遮莫太风流。"在抒情意象的选取方面,也同王士禛一样,多使用晚唐五代词常用的意象,如《凤凰台上忆吹箫》下片:"堪忧。个人何处,那衣香手粉,仿佛还留。忆旧年此夜,花压层楼。静对金波似水,桃笙上、隐隐回眸。伤心处,依然花月,添却离愁。"花月、层楼、眼眸、静夜、香粉浸在浓郁的离愁中,一起构成凄婉的意境。彭孙遹和词有时会有意使用典故,如《念奴娇》下片:"朝暮镇是无聊,湘娥泪湿,空向花枝倚。病里腰肢慵似柳,尽日三眠三起。芍药栏前,清和时候,约诉缠绵意。眼看春尽,那人应是归未。"自注:"杜诗:湘娥倚暮花。上林人柳三眠三起。见《西京杂记》。"③这两处使用杜诗和《西京杂记》,不算是熟典,在语言上与李清照词力求清浅很不相同④,与王士禛和词也不相同。这说明彭孙遹和词在风格上不偏离李清照词基调的同时,在创作技法方面,有向词体之外求资源的倾向,这恰是李清照反对的,同时也是苏轼、辛弃疾乃至南宋清雅词派通常使用的做法。

陈维崧(1625~1682)作为清初扬州词坛的积极参与者,也创作了和《漱玉词》,有《蝶恋花·春闺,和漱玉词》《凤凰台上忆吹箫·和漱玉词》。蒋景祁《陈检讨词钞序》:"自济南王阮亭先生官扬州,宣导倚声之学,其上有吴梅村、龚芝麓、曹秋岳诸先生主持之。先生内联同郡邹程村、董文友,始朝夕为填词。"⑤据严迪昌的分期,扬州词坛的唱酬之作属于陈维崧创作中期的作品,仍多"喁喁呢呢,销魂动魄的侧艳篇什"⑥。因受到王士禛的影响,陈维崧和《漱玉词》也采用代拟抒情的方式展开,风格香柔婉媚。如《蝶恋花》下片:"花影看看移半缝。呆觑庭阴,蹴损鞋尖凤。莫怪难凭惟好梦。鹊声也把愁人弄。"闺人相思情态和心理刻画生动。又《凤凰台上忆吹箫》:"蘸水垂杨,漫天丝柳,千条万绪楼头。正圆冰清浅,斜靠帘钩。拟把玉容重整,才匀面、怊怅还休。恹恹甚,今春三月,忒似深秋。堪羞。韶华纵好,奈旧情已换,往事难留。只梁间玉剪,劝我登楼。帘押朦胧未捲,青山外、不忍凝眸。无过是、潇潇春雨,点点离愁。"与王士禛和词保留李清照词所叙女子日高未起的情节不同,陈维崧词以柳丝起兴,写女子暮春登楼所思所想。从情节设置来看,陈词仍未脱俗套,无心化妆,春寒料峭,登楼远眺,点点离愁。与王士禛词一样,陈维崧抛弃了李清照词的顺叙写法,也用意象烘托之法,营造情境,暗示情感的变化。这是和词保留原作类似情境,不得不以男子作闺音所致。王士禛和词的抒情方式和技巧具有某种范式意义。王士禛长兄王士禄(1626~

---

① 〔清〕邹祇谟:《远志斋词衷》,见唐圭璋编《词话丛编》,中华书局1986年版,第659页。

② 冯乾编校:《清词序跋汇编》,凤凰出版社2013年版,第26页。

③ 南京大学中国语言文学系全清词编纂研究室编:《全清词·顺康卷》第10册,中华书局2002年版,第5927页。

④ 彭国忠《试论李清照词中的花草意象——兼论李清照词创作的低俗倾向》(载《中国文学研究》2011年第1期)一文指出,李清照词"或者不用典,或者堆砌典故,而以熟典、俗典为主"。

⑤ 冯乾:《清词序跋汇编》,凤凰出版社2013年版,第94页。

⑥ 严迪昌:《清词史》,江苏古籍出版社1990年版,第187页。

1673）也写有《凤凰台上忆吹箫·和漱玉词》一首，从换头处用“悠悠”，可看出与王士禛和词有直接的关联。此词的抒情方式仍是代拟闺情，以女子的回忆和思绪为主要内容。结句“临风立，斜阳如昔，独照清愁”，余味不尽，颇堪玩味。

清初能做到尽和《漱玉词》一遍的还有陆埜。陆埜，字我谋，号旷庵，浙江平湖人。郡庠生，年六十卒，有《旷庵词》。陆埜共创作和《漱玉词》18首，其中和毛晋汲古阁刻《漱玉词》16首，未和《渔家傲》。另和了《浪淘沙》“帘外五更风”一首和《丑奴儿令》“晚来一阵风兼雨”一首。这两首词王士禛都未曾和过，推其原因，当是陆埜从杨慎《词林万选》中找出。这两首词均存在争议，《浪淘沙》在《续草堂诗余》《古今词统》《古今诗余醉》中题作欧阳修作；《丑奴儿令》在《花草粹编》《全宋词》中题康伯可作，在《古今别肠词选》中题魏大中作。陆埜和词在词调名称上也有不同，如《如梦令》作《忆仙姿》、《蝶恋花》作《凤栖梧》。由此可见，陆埜和词时，应参考过别本。《凤凰台上忆吹箫》换头用“悠悠”，与王士禛和词相同，或存在参考的可能性。与王士禛和词有两首和韵不同，陆埜和词全部是次韵。在抒情模式上，陆埜和词与王士禛是一样的，即以代拟闺音的方式展开抒情。和词的风格依从原作，以缠绵婉媚为主，亦不乏灵动可爱的句子。如《浣溪沙》“漠漠轻花萦舞袂，纤纤澹月映流苏。闲情闲恨几时无”和《一剪梅》“溪水无情日夜流。藕自萦思，花自含愁。此中心事有谁知，郎在堤边，侬在楼头”之类，俱清新可喜。

清初和《漱玉词》的词作甚多，如梁清标《凤凰台上忆吹箫·悼亡用李清照韵》、丁澎《武陵春·闺思，和李清照韵》《声声慢·秋夜，和李清照韵》、钱芳标《醉花阴和漱玉词》《一剪梅·和漱玉词》、郑景会《醉花阴·和漱玉》、潘谦《点绛唇·本意，和漱玉词即次原韵》、王倩《念奴娇·美人睡起，用李清照韵》、仲恒《凤凰台上忆吹箫·春闺，依李清照体》《声声慢·仿李清照用仄韵》、陈玉璂《如梦令·春暮，和李清照韵》、徐吴璋《凤凰台上忆吹箫·离情，用李清照韵》、安致远《念奴娇·和漱玉词》、彭孙贻《凤凰台上忆吹箫·和漱玉词》、黄传祖《声声慢·和漱玉词》、魏学渠《怨王孙·和漱玉词》《一剪梅·和漱玉词》、吴绮《凤凰台上忆吹箫·和漱玉词》等。清初毗陵词人群中的董元恺有6首和《漱玉词》：《点绛唇·闺人语燕，和李清照韵》《醉花阴·九日饮豫章城楼，和李清照重阳韵》《怨王孙·春闺雪夜，和李清照韵二首》《凤凰台上忆吹箫·闺情，和李清照韵》《声声慢·闺忆，和李清照韵》。和《漱玉词》的作者南北皆有，江浙是清初词学的中心，山东人多因崇敬乡贤而作和词，故和《漱玉词》的作者多为江浙和山东籍。这些和词绝大多数是次韵之作，受到李清照词原作的影响，题材集中在闺情相思一类，并保持婉约的风格。但也有人有所突破，如梁清标《凤凰台上忆吹箫》写悼亡，上片“叹镜奁虚掩，風动帘钩。比翼生生世世，灯背处、私语都休”，下片“休休。同林宿鸟，缘底事分飞，一霎难留。剩寒檠独照，露下妆楼”，以男子的口吻抒情，语极沉痛，在意境上已与原作不同。又如董元恺《醉花阴·九日饮豫章城楼》：“城隅渌水明于昼。烟霭笼晴兽。无恙是黄花，不奈西风，吹入征衫透。一樽那管身前后。好挹浮丘袖。莫更去登高，满眼江山，赚得人清瘦。”直抒胸臆，慷慨奇绝，健朗的笔调已完全脱离了女儿情态。

四

王士禛与其他清初词家和《漱玉词》诸作的文学史价值是独特的。借这些词作，我们可以观察后代作家追和经典的不同表现，进而思考以追和次韵的方式接受经典的有效度。我们探讨清初和李清照词的词家词作，可以得出如下结论：

1. 王士禛和《漱玉词》在艺术上有其价值，正如邹祗谟引唐祖命之语："极哀艳之深情，穷倩盼之逸趣。其旖旎而秾丽者，则景、煜、清照之遗也。"①王士禛填词从学李清照入手，遍和《漱玉词》，在追拟的同时注重发挥自身的创造性，能征服原作声韵的牵制，自由抒情，并以代拟闺音的方式展开，保持了词婉约的美感，印证了其对词体的理论认知。在艺术技巧方面，以意象烘托，追求境外之意，不同于李清照原作精于白描的写法；在语言的创造性方面，也做出了许多探索，和词中不乏秀句。凡此种种，令我们不能认可朱庸斋"真不知所云，不惟纤弱，抑且俗矣"的评价。吴梅在《词学通论》中说王士禛词"少沉郁顿挫之致"，"能含蓄，而不能深厚"②，大体得之，但这本是一种词格，以清空绮艳、摇曳多姿见胜，李清照词率多如此。

2. 王士禛和《漱玉词》的个人行为，影响到了身边的人，如彭孙遹、陈维崧、董元恺等，对扬州词坛也产生了重要影响。王士禛康熙四年以后不再作词，而他的扬州词友继续创作，风格多有变化，陈维崧甚至开创了以豪放为宗的阳羡词派。我们可以看出，顺康之交的词坛，虽然酝酿着词坛风会的各种可能，但在这一时间段内，仍存续着受到云间词派影响的词风，晚唐五代词是词家认识词体的基准。和《漱玉词》即是这一风气的产物。词家多将李清照与南唐二主并举，持以婉约为宗的词体观念，在和词中加以实践，故在次韵的同时模仿了原作的题材、情境和风格倾向。

3. 以王士禛为代表的清初和《漱玉词》诸作，是一个时代的词家对李清照词的创作接受，与理论表述的抽象相比，这种接受方式更加直观，对话也深入到创作甘苦的层面，强化了李清照词的经典地位，并因其选择接受的侧面强化了李清照词作为婉约词宗的定论。以具体作品的经典化而论，被反复追和的频率高，其经典的地位就越稳定，如《武陵春》《醉花阴》《念奴娇》《凤凰台上忆吹箫》《点绛唇》等，皆是李清照词脍炙人口之作，清初词家的次韵唱和进一步提高了这些词作的知名度。从某种意义上说，选择追和的对象，也是一种确认经典的过程。

4. 需要指出的是，清初词家对李清照词的创作接受是较为片面的。因为版本的原因，词家追和的对象甚至不到李清照词存世作品的一半，创作接受局限于残缺的毛晋汲古阁刻《漱玉词》，这限制了对李清照词创作接受的全面开展。另外，清初词家对李清照词的意蕴深厚之处，体认得很不够。如《武陵春》不是普通的伤春之作，"物是人非事事休，欲语泪先流"，其中蕴含血泪，清初词家和作则多轻艳；又如《声声慢》呜咽绝望，词情厚重，词格甚高，清初词家和作则多抒发一般性的别情。词境不能深厚，不仅是王士禛词的弊病，也是清初词家普遍存在的不足。清初词家在对李清照词进行经典化时，存在偏狭之失，李清照词不乏深厚之处，却被清初词家忽略了，其绮艳婉媚的一面则得到了充分体认。

---

① 孙克强、杨传庆、裴喆编著：《清人词话》，南开大出版社2012年版，第429页。

② 吴梅：《词学通论》，上海古籍出版社2006年版。

王士禛不为《聊斋志异》作序原因之探析

许　丹*

王士禛与蒲松龄都是清代著名文人。二人同为山东人,一在新城(今桓台),一在淄川,且年纪也相仿,然而际遇却大为不同,王士禛一生仕途较为通达,而蒲松龄的科举之路颇为不顺,王士禛生前即在文坛上负有盛名,而蒲松龄在死后才扬名天下。

蒲松龄平生致力于诗文创作,著述颇丰,其《聊斋志异》最广为人知。在蒲松龄创作《聊斋志异》时,王士禛通过各种方式进行了关注,表达出了对这部小说集的欣赏和认同,最终却没有同意为《聊斋志异》作序,前后似乎表现出了一种矛盾的态度。那么,王士禛既然非常欣赏《聊斋志异》,又乐于奖掖后进,为何不愿意为蒲松龄的《聊斋志异》作序?

一、王士禛与蒲松龄初识

关于王士禛与蒲松龄的交往,我们在王士禛的诗文中没有发现太多的线索,倒是在蒲松龄的诗文中发现了较多线索,于此可见蒲松龄对自己与王士禛交往的珍视。二人初识于康熙二十六年(1687)①,王士禛因公赴淄川,蒲松龄当时恰好在淄川毕际有家坐馆,淄川毕氏与新城王氏有三四世姻亲之好,毕际有是王士禛的从姑父。王士禛与蒲松龄初次会面之后,接连两次主动致函蒲松龄,这两封书函可惜均未收入王士禛的文集。蒲松龄接信后非常激动,回信云:"耳灌芳名,倾风结想。不意得借公事,一快读十年书,甚慰平生。而既见遽违,瞻望增剧。前接手翰,如承音旨……梅屋以索无期,姑缓之,中元之后日无不相寄者。蒙遥致香茗,何以克堪?对使拜嘉,临池愧悚!"②大意是《聊斋志异》手稿暂时不在身边,待中元节后一定寄给王士禛阅览,可见王士禛对《聊斋志异》一书应是非常喜爱,故主动索阅。

王士禛拿到《聊斋志异》的手稿后,对其中多篇文稿如《促织》《狐谐》《辛十四娘》等进行了评点。其评点内容不多,甚至被后人批评为"太略""评语亦只寻常,未甚搔着痛痒处",但王士禛是《聊斋志异》的第一位评点者。另外,王士禛还采录了《聊斋志异》中的多篇文稿,并将这些文稿改动后纳入《池北偶谈》中,如《小猎犬》文末云:"事见蒲秀才松龄《聊斋志异》。"③《池北偶谈》初刊于康熙二十八年(1689),当时王士禛已名扬四海,他在书中引用《聊斋志异》中的文字并标明蒲松龄的名字,对宣传蒲松龄和《聊斋志异》无疑起到了推动作用。

---

* 作者简介:许丹,东南大学人文学院,讲师。

① 参考袁世硕《蒲松龄与王士祯》,载《文史哲》1980年第6期,第23页。

② 转引自张明主编《王士禛志》,山东人民出版社2009年版,第209页。

③ 〔清〕王士禛撰,靳斯仁点校:《池北偶谈》,中华书局1982年版,第626页。

王士禛不仅在自己的书中引用蒲松龄的文字，而且还撰诗《戏书蒲生〈聊斋志异〉卷后》：

姑妄言之妄听之，豆棚瓜架雨如丝。料应厌作人间语，爱听秋坟鬼唱时。①

蒲松龄则以《次韵答王阮亭先生见赠》一诗酬唱答谢。其实，蒲松龄撰写狐鬼之事在当时并不能得到所有人的理解，甚至被挚友张笃庆认为只是谈空而已。而王士禛却能从这些故事中看到蒲松龄以鬼狐托言现实的良苦用心，王士禛的称赞和肯定使蒲松龄获得了巨大的精神安慰。对此，蒲松龄非常感激，特撰七律《偶感》：

潦倒年年愧不才，春风披拂冻云开。穷途已尽行焉往，青眼忽逢涕欲来。

一字褒疑华衮赐，千秋业付后人猜。此生所恨无知己，纵不成名未足哀。②

从此诗的字里行间中可以体会到蒲松龄当时在科场的穷困潦倒和其文学创作的艰难以及不被世人理解的痛苦。在那样的际遇中，蒲松龄忽然得到文坛巨匠王士禛的青眼相待，自然会对王士禛产生知音之感和知遇之恩。

二、蒲松龄请求王士禛为《聊斋志异》作序

康熙四十年(1701)春，蒲松龄将《聊斋志异》寄给王士禛，并致信王士禛，请求他为《聊斋志异》评点作序：

十年前一奉几杖，入耳者宛在胸襟。或云老先生虽有台阁位望，无改名士风流，非亲炙謦欬者，不能为此言也。近于玉斧年兄案头，得诗集两种快读之，自觉得《论衡》而思益进。先生调鼎有日，几务殷烦，未敢遽以相质，而私淑者窃附门墙矣。前拙《志》蒙点志其目，未遑缮写。今老卧蓬窗，因得以暇自逸，遂与同人共录之，辑为二册，因便呈进。犹之《四本论》，遥掷急走，惟先生进而教之。古人文字多以游扬而传，深愧谫陋，不堪受宣城奖进耳。③

蒲松龄在这封信函中对王士禛极为敬重，说自己只是窃附门墙的私淑者，称颂王士禛虽身高位重，却仍保有名士风流。在当时以科举为重的风气下，蒲松龄虽然在科场屡屡失意，却坚持创作与科举无关的《聊斋志异》，这与王士禛的欣赏、鼓励是分不开的。也正因为这个原因，蒲松龄将王士禛看做文学上的知音，希望王士禛能够为《聊斋志异》作序，因为“古人文字多以游扬而传”。蒲松龄当时只是在县内小有名气，而王士禛可以说是主盟诗坛，二人地位悬殊，王士禛如果能为蒲松龄作序，那么对《聊斋志异》在当时的传播一定会起到很大的作用。

按照王士禛之前对蒲松龄和《聊斋志异》的态度，似乎为之作一篇序是水到渠成、情理之中的事情，蒲松龄对此应该也是颇有信心的。然而，王士禛接信后并未立刻回信，其中有其忙于家事的原因，直到当年初秋，王士禛才答复蒲松龄，云：

流金炼石，倍于往年。惟坐卧把寄书，当青松短壑，赤脚踏层冰耳！二册璧返，尚有几卷，统望惠教。圈出三十余则，并希录寄也。嘱序，固愿附不朽，然向来颇以文字轻诺，府怨取诟，遂欲焚笔砚矣。或破例一为之，未可知耳。今春拜手示，兼之上疏请急，未遑裁答。匆匆归里，宿疾未痊，亦当稽尺一申候。雨后新凉，遥承起居清泰。近刻数种，附呈教削。因舍侄行，草草申候不一。④

---

① 〔清〕王士禛著，袁世硕主编：《王士禛全集》，齐鲁书社2007年版，第1072页。

② 转引自张明主编《王士禛志》，山东人民出版社2009年版，第210页。

③ 袁世硕：《蒲松龄事迹著述新考》，齐鲁书社1988年版，第197页。

④ 转引自张明主编《王士禛志》，山东人民出版社2009年版，第212页。

在这封迟到的回信中，王士禛向蒲松龄解释自己已不再为他人作序，委婉拒绝了蒲松龄求序的请求，但似乎又没把话说死，说“或破例一为之，未可知耳”，这看起来是客套话，实际上却道出了王士禛内心深处的矛盾。作序对王士禛来说是一件需要慎重考虑的事情，并非随意为之，王士禛对作序的对象有一套自己的选择标准，虽然没有公开表示过，但可以从他平生做的序中略窥一二。

三、王士禛不为蒲松龄作序的原因

可以为一本书作序，也可以为一篇文章作序，可以为自己的作品作序，也可以为他人的作品作序。王士禛在《志壑堂集序》开篇追溯了“序”这种文体的源流，借他人之语道出了序之功用：

《尔雅》曰：“序，绪也。”文籍之有序，昉于《书》《诗》，《书》不具论。《诗大序》，或谓作于孔子，或谓作于子夏；《小序》，或谓作于子夏，或谓作于卫宏，或谓作于毛公。伊川程氏断以为出于国史之笔。而鄱阳马氏则谓读《国风》诸篇，而后知诗之不可无序，又以为圣人之删诗，其见录者，必其序说之明白，而旨意之可考者也；其轶而不录者，必其序说之无传，旨意之难考，而不欲臆说者也。序之有功于三百五篇如此。晦庵朱子欲以凿空之见废之，终不可得也。后人结集文章，例必有序，盖本于大小《序》之义。而吕伯恭谓：“序文籍者，当序作者之意，夫苟不能通知作者之意，则不如其勿作尔矣。”①

王士禛引用了《尔雅》、二程、马端临、朱熹等人的观点，回顾了“序”这种文体的来历，认为序的对诗集的保存和流传有很大作用。王士禛还引用吕祖谦的一句话表达了自己的观点，吕祖谦提出以序是否“知作者之意”为标准来决定是否应当作序，如果作序能帮助读者知晓作者之意，则应当作序，如果读者通过序不能知晓作者之意，还不如不作序。

请名人作序自古即有，如晋代左思《三都赋》写成后，不为世所重，后来，皇甫谧为之作了一篇序加以褒扬，遂致洛阳纸贵。名人作序对于提携新秀、奖掖后进有重要作用。作为清初诗坛的领袖人物，王士禛在作序一事上的态度及其对作序对象的选择非常值得探究，那么是否真如他在信中给蒲松龄所说“遂欲焚笔砚矣”，不再作序？

这个问题用简单的是或否很难回答。检《王士禛全集》，发现《渔洋文集》中共有38篇序，《蚕尾文集》中共有22篇序，《蚕尾续文集》中共有46篇序，《集外文辑遗》中共有8篇序，如此粗略统计，《王士禛全集》中共有一百余篇序，其中包括王士禛为自己著作写的自序如《池北偶谈自序》《居易录自序》等，也包括王士禛为他人著作作的序，如为徐夜诗集作的《徐诗序》、为朱彝尊《竹垞文类》作的《竹垞文类序》等，为他人作的序占了王士禛所作序的大部分比例。

简单分析一下这一百余篇序，除却王士禛自序外，其他的序或是歌颂皇恩，或是赞扬师友，或是奖掖新秀。从渔洋所作的赞扬师友、奖掖新秀的那些序中可以看出，渔洋多为活跃在诗坛各个层面的文化名流作序，如朱彝尊、唐梦赉、林古度、尤侗、盛符升、李孚青、李基和、冯大木、张贞、徐嘉炎，等等。不过，渔洋也会为科场不如意的后辈作序，如吴雯，他科举不第，生活贫苦，却以其诗才受知于王士禛，吴诗颇有元好问遗风，王士禛为其作《莲洋诗选序》进行褒扬和推荐。这也间接说明科场失意应该不是王士禛婉拒蒲松龄的主要原因。

① 〔清〕王士禛著，袁世硕主编：《王士禛全集》，齐鲁书社2007年版，第1777页。

另外，还可以发现王士禛为他人作的绝大部分序都是诗集序①，如《澹远堂诗集序》《诚斋诗集序》《浮园诗集序》《徐阁学诗集序》《李容斋相国千首诗序》等。由此可见，王士禛对作序对象有自己的选择标准。首先，作品最好是诗集；其次，作者最好是名流。而这两点，蒲松龄和《聊斋志异》都不符合。因此，王士禛才会说"或破例一为之"。其实，王士禛要破的"例"并非他所说的不为人作序，这只是一种安慰蒲松龄的客套话。王渔洋不为《聊斋志异》作序的真正原因是《聊斋志异》的内容、文体以及蒲松龄当时的社会地位不符合王渔洋心中的潜在标准。

首先，《聊斋志异》是谈狐说鬼之书，虽然王士禛在《池北偶谈》中多次采录《聊斋志异》的故事，但他将这些放在了书的最后一目《谈异》，前三目分别是《谈故》，记叙清代的典章、科甲制度，以及衣冠胜事，间及古制；《谈献》，记述明代中叶以后及清初名臣、畸人、列女等事；《谈艺》，专门评论诗文，采撷佳句。由此也可看出王士禛虽然对神怪传闻故事感兴趣，多次向蒲松龄索取《聊斋志异》阅读并进行评点和采录，但仍将这类文字排在诗文之后作为末端。

其次，《聊斋志异》是短篇小说，这在清初不是主流文体。王士禛以诗闻名天下，正如门人程哲所言"新城先生以渔洋著称海内者，凡五十余年，盖皆称其诗也"②。在王士禛所作的序中找不到一篇为小说集作的序，更不用说是为谈狐说鬼的志怪小说作的序了，这应当是王士禛审慎选择的结果。王士禛几乎只为诗集作序，毕竟，这对他宣扬自己的诗学主张、巩固自己的诗坛地位有重要作用。

再次，蒲松龄生前虽然视王士禛为知己，与王士禛有多次诗文书信往来，非常珍惜和王士禛的交往，并将写给王士禛的书信、诗文等收入集中。然而，蒲松龄当时只是一个穷秀才，在社会上没有什么名气，即使王士禛暗中欣赏蒲松龄和他的小说，在自己的书中偶尔提及蒲松龄，但在当时，以蒲松龄的家世背景和社会地位还达不到王渔洋对作序对象设置的潜在标准。即便如上面提到的特例吴雯，虽然吴雯与蒲松龄一样生活贫苦，科举不第，但是他的父亲以举人官蒲州学正，也算是有一定的社会地位。

王士禛所说的"或破例一为之"到最后也没有实现，这对蒲松龄来说是很遗憾的事情，不过这也没有阻碍蒲松龄对王士禛继续感恩。蒲松龄后来还以诗送别。王士禛去世后，蒲松龄更以诗祭奠，称常梦见王士禛，情真意切。

四、结语

王士禛婉拒蒲松龄，不给《聊斋志异》作序是个很有意思的现象，从字面上来看，王士禛似乎真的不会再为他人作序了，但是，他婉拒蒲松龄的当年，不仅作了《五代诗话》自序，还属意张侗代笔为隋坤铁的《琅琊诗人诗选》作了序。结合王士禛作的其他序，可以看出，王士禛并非如他所言就此搁笔，不再作序。

王士禛对《聊斋志异》一方面非常欣赏，百读不厌；一方面又有所忌讳，毕竟《聊斋志异》不是一本诗集，而是一部谈狐说鬼的志怪小说，难登大雅之堂。王士禛对蒲松龄的态度看似矛盾，实则合理，欣赏和认同并不意味着要公开宣传和推荐。其实，就像王士禛对待钱谦益的态度一样③，虽然内心感恩推崇，但有诸多顾忌，这是王士禛身处在那个时代和那个位置不得不做的选择。

---

① 也有个别特例，如王士禛为其门人程哲《蓉槎蠡说》作序，《蓉槎蠡说》不是诗集。程哲为王士禛《渔洋诗集》《渔洋续诗集》《蚕尾诗集》《蚕尾续诗集》《渔洋文集》《蚕尾文集》《蚕尾续文集》等诗文集作过序，从这里可见门人程哲对王士禛的重要性。

② 〔清〕王士禛著，袁世硕主编：《王士禛全集》，齐鲁书社2007年版，第1521页。

③ 可参考蒋寅《王渔洋与康熙诗坛》，凤凰出版社2013年版，第9～22页。

王渔洋与《楝亭图咏》

田晓春*

康熙二十三年(1684)夏,曹玺卒于江宁织造任上,其子曹寅南下奔丧,以织造署中其父手植楝树及楝亭为题,广事征集题咏绘画,大江南北,应者无数,这一场题咏延续了二十余年,堪称康熙朝的文化盛事。今藏于国家图书馆的《楝亭图咏》①四卷便是此番题咏的遗存,收录了55人的题咏及画作。这些人中有杜濬、余怀、邓汉仪、陈恭尹、恽寿平、戴本孝等前朝遗民,有徐乾学、徐秉义、王鸿绪、宋荦、王士禛、杨雍建等新朝显宦,有纳兰性德、张纯修之子张淑、金依尧等满族八旗贵族及汉人包衣的友朋姻亲,而更多的是与徐乾学一样籍隶江南地域的著名文人,如尤侗、唐孙华、顾贞观、顾彩、严绳孙、秦松龄、顾图河、潘江、毛奇龄、吴农祥、徐林鸿、姜宸英等。然而,为楝亭题咏绘画者其实远不止55人,略加浏览清初诗文别集总集及诗话笔记等,可发现未见载于《楝亭图咏》的题咏绘画者即达18人之多,如叶燮、钱澄之、倪灿、高士奇、吴之振、郑簠、屈大均、查士标及桐城一隅包括地方望族方氏群从在内的能文之士等。这一场历时数十年、百余人参与的题咏,歌咏的对象是康熙二年至康熙二十三年(1663~1684)任江宁织造的曹玺,一位卒赠尚书的清廷内务府工部侍郎、皇家的包衣。他的去世引发了一场颇具规模的、广及朝野的题咏,是否和明清时代习见的题咏之事一样,不过是一场"风雅俗事"?在这已知的题咏绘图的73位文人中,便有被称为"一代正宗"的诗坛祭酒王士禛。

一、渔洋题咏诗解析与系年

《楝亭图咏》卷三最末一幅是王渔洋所题五律一首,末署:"《楝亭诗》,子翁老先生属赋,王士禛。"钤"王士禛印""阮亭"印。收入《蚕尾诗集》,诗题作《楝亭诗曹工部索赋》:

孤亭思旧德,岁岁楝花风。浇用千牛乳,来从五柞宫。

甘棠终忆召,大树尚留冯。手泽劳封殖,无忘赋角弓。②

首联以楝亭之孤喻康熙二十三年(1684)曹玺逝后至康熙三十一年(1692)曹寅兼任江宁织造的八年间,此亭不复往日"雅集命俦丝管外,高亭迨暇弈罇中"③之盛况。旧德指德高望重的老臣,

---

* 作者简介:田晓春,国家图书馆古籍馆,副研究馆员。本文为2013年度国家社科基金重大项目"国家图书馆藏未刊稿整理与研究"成果之一,项目批准号:13&ZD107。

① 此卷为张伯驹旧藏,参看启功《记楝亭图咏卷》,载《文物》1963年第6期。周汝昌曾对题咏作初步系年,见《红楼梦新证》第七章《史事稽年》,华艺出版社1998年版,第236~300页。

② 〔清〕王士禛著,袁世硕主编:《王士禛全集》,齐鲁书社2007年版,第1100页。

③ 《楝亭图咏》卷二张芳题咏诗,稿本。

即曹玺。楝花风,江南春季之二十四番花信风,始于梅花,终于楝花。此处以楝花比拟曹玺在江南的影响力,与张芳题咏句“总持二十四春风”意同,首联点题,歌咏楝亭,亭、树、人三者合一,暗喻曹玺的身份与地位。

颔联笔触转而及于曹玺子曹寅,八年后子承父业,曹寅以苏州织造兼任江宁织造,重回旧署,用“千牛乳”浇灌楝树,使之如菩提树一般获取新生。千牛乳,典出《大唐西域记》卷八:“数月后,摩揭陀国补剌拏伐摩王,无忧王之末孙也,闻而叹曰:‘慧日已隐,唯余佛树,今复摧残,生灵何睹?’举身投地,哀感动物,以数千牛构乳而溉,经夜树生,其高丈余。”①“来自五柞宫”,点出曹寅出入禁中、侍从皇帝的不寻常来历。此联颂曹氏父子后先辉映,门庭重光,一如楝树,枝繁叶茂。

颈联以楝树比甘棠,以曹玺比召公,颂扬曹玺任金陵织造廿余年,荫庇江南士民,功绩卓著。值得注意的是,“大树尚留冯”是楝亭题咏中惟一的、以坐树无言的冯异比拟曹玺的文字。冯异,东汉开国功臣,云台二十八将之一,光武帝初起时即投效帐下,平定关中,征战陇右,立下战功无数,后因久镇关中而被流言,惧祸上书。冯异自请还朝时,刘秀温言谕之云:“将军之于国家,义为君臣,恩犹父子。”成就了一番君臣遇合的佳话。冯异最为世人所知所重者,乃其为人谦退不伐,“每所止舍,诸将并坐论功,异常独屏树下,军中号曰‘大树将军’”②。以史上战功赫赫的功臣良将比拟当世的一位内务府包衣奴才,是否有过誉之嫌?曹玺逝后,邑人将其祀于江宁县学名宦祠。熊赐履所撰《曹公崇祀名宦序》中有一段文字:

> 仁心为质,严国体而恤民隐,卓有古大臣之风。廿余年间,昼维夕考,恒欲存撙节爱养之意,于机丝夜月之中;即岁时入觐,诸所面陈,亦惟以浣衣煮幕为法式,以裂帛剪绮为箴规,兢兢焉时致警于古人“衣裳在笥”之义,盖公之志,雅欲以制节谨度,仰裨圣天子之俭德,而下以裕东南之民力于普存也。呜乎!公之用心,亦良苦矣。③

织造一职,承自前明,原是由内廷宦官担任的为皇家搜刮民脂民膏的一个肥缺。入清后,始则由前明宦官留任,顺治三年(1646)一度罢织造太监。关于织造的来龙去脉,姜宸英在《楝亭记》中的叙说最为简要:“余惟织造之职,设自前朝,咸领之中官,穷极纤巧,竭民脂膏,期于取当上旨,东南民力,不免有杼轴其空之叹!及于季世,大珰柄政,中外连结,钩党构衅,于全众止消亡,邦国殄瘁,斯一代得失之由,非细故矣。今天子亲御浣濯,后宫皆衣弋绨,为天下节俭先;两省织造,俱用亲近大臣廉静知大体者为之。”康熙二年(1663)曹玺任江宁织造,开了内务府官员专任久差的先例。在理学名臣熊赐履的笔下,一个内务府的皇家包衣,卓然有古大臣之风,且能在谨守权责与本分的前提下,以仁心为质,严国体而恤民隐。熊氏此时已退居林下,流寓金陵,他在文中还很谨慎地声称与曹玺并无私人交谊,“予穷老于世,匿影长干,频辱公式庐之礼,而牧豕大壑,罕与公接。然侧闻公誉声布溢,无间于童叟”,他还有必要作此类“谀墓”之辞么?反观渔洋的诗句,以冯异的坐树无言比拟曹玺谦退自抑、不与人争功的品性,移与熊赐履的“良苦用心”并观,似别有意旨。然二人皆隐约其辞,与叶燮的《楝亭记》④对读,方能读出一种别样而微妙的意味:

> ……昔人有言:“君子可寓意于物,而不可留意于物。”夫意之所寓,其人之品行、事业、道

---

① 〔唐〕玄奘、辩机著,季羡林等校注:《大唐西域记校注》卷八,中华书局1985年版,第670页。

② 〔南朝宋〕范晔撰,〔唐〕李贤等注:《后汉书》卷一七,中华书局1965年版,第642页。

③ 〔清〕熊赐履:《经义堂集》卷四。转引自周汝昌《红楼梦新证》第七章《史事稽年》,华艺出版社1998年版,第236~237页。

④ 〔清〕叶燮:《已畦集》卷五,清二弃草堂刻本。

德、文章，皆于是乎在。故古之君子，有不敢苟焉于此者也。夫亭以木名，而木维楝，不同于楩、楠、杞、梓之为材，然有华有实，可借以为用，又大异乎樗栎之为散材。其为物盖处乎才与不才之间，不与物竞，殆全其天而保其真者也。人之才不才，相去固不可同日语矣。不才者无论，其以才见者，古今来成事功者固不乏，然或不克成；即成矣，而多鲜克终者，如汉韩、彭，如关、张，如唐李光弼，如李德裕，如宋南渡一二将相，是皆以才见而为后人所叹息者也！若能处乎才不才之间，然后为善用其才，而才始大：古之人，帝王则汉高，人臣则诸葛孔明、郭子仪之类是也。功成而天下晏如，身同于磐石之安，为不可及。今公为天子左右疏附之臣，职在服采承御之事，其所以迪恭俭、谨节文、昭轨物、正经费，凡启佑孚格于无形无声之地者，公岂欲有所见其才哉！而含生托芘，犹广厦万间，重荫无穷，有如此木矣。登斯亭也，廓焉洞达，八方俱瞩。公于此时，所以乐其天而息其真也，宁有既乎？司农公曰："善！此吾先司空之心也。"燮遂拜手而书之。

曹玺的"坐树无言"，仅仅是谦退自抑么？读叶燮的才与不才之论，恍然有所悟。叶燮点出曹玺选择手植楝树而非其他树木的用意是"有华有实，可借以为用，又大异乎樗栎之为散材。其为物盖处乎才与不才之间，不与物竞，殆全其天而保其真者也"。曹玺的身份令其置身于"无形无声之地"，然织造一职，除服采承御外，尚关涉榷关、盐政、铜斤等其他重大经济领域的事务。① 康熙十二年至康熙二十年（1673～1681）三藩之乱的战火燃遍两湖、两广、云贵等半壁江山，江浙一带作为财赋重地成为后方重镇。康熙十四年（1675），叶燮正任扬州府宝应知县，曹玺在江宁织造任上。庞大的军费开支，大抵取诸富庶之东南，身为县令的叶燮，难辞其辛劳甚至煎熬。而曹玺承担的职责也远远逾越于织造一职之上。② 筹措征收，以供军需，必然是备历艰辛的，叶燮对此有切身体验，那么他对曹玺当有理解之同情。而叶燮不久即被诬"贪污"，不止为敌对者不容，亦不见谅于贤者，叶燮心中的郁塞愤懑是难以形诸笔墨的。他在《楝亭记》中的关于才与不才、善用其才而功成之际能"身同于磐石之安"的一段感慨与议论，何尝不是由自身遭遇而生发的呢？从文献中虽未查见叶燮与曹玺的交游记录，然两人之间有一位中间人——吴之振：叶燮与吴之振交好，两人倡和往还，别集中篇什叠见，吴之振又曾与曹玺在胥关两度杯酒畅谈③，或许曹玺与叶燮彼此早有耳闻，并不陌生。而从叶燮的这篇文字看，确乎如曹寅慨叹的，叶燮是深知曹玺之心的。

"乐其天而息其真"的曹玺与终其一生以"醇谨"持身的王渔洋之间又有怎样的交集或相似之处呢？

王渔洋一生功业肇端于司理扬州的五载，曹氏家族三代专职久任织造后又兼巡盐御史的传奇则奠基于曹玺二十二年的江宁织造生涯。王渔洋于顺治十七年（1660）至康熙四年（1665）司理扬州府，曹玺于康熙二年（1663）至康熙二十三年（1684）任江宁织造，排比两人置身的时空间，两人在康熙二年（1663）至康熙四年（1665）或略有交错重叠的可能，更为重要的是两人曾生活在同一背景下。顺治朝十八年至康熙朝前期的三十余年，正是东南形势波诡云谲之时，在顺康之际的"通海"

① 参看祁美琴《清代内务府》第八章《内务府与江南三织造》，中国人民大学出版社1998年，第216～244页。

② 特别需要提及的是三藩之乱最紧要之时，金陵一代的八旗驻防军队调往湖南一带，与吴三桂军对峙，而长江一线因调兵而兵力空虚，岌岌可危。从曹寅《楝亭集》中的《祭郭汝霖先生文》等诗文可知，曹寅曾受命南下，协同其父征调精壮人员甚至组织家奴，以填充兵备之不足，凡此皆已超出一个织造的职分！《祭郭汝霖先生文》，见于〔清〕曹寅著，胡绍棠笺注：《楝亭集笺注》，北京图书馆出版社2007年版，第603页。

③ 〔清〕吴之振《吴之振诗集》卷七《题曹子清工部楝亭图》诗中小注："两晤尊公于胥关，谭饮甚畅。"见〔清〕吴之振撰、徐正点校《吴之振诗集》，浙江古籍出版社2012年版，第195页。

“奏销”“哭庙”三大案之后，在满汉之间，在清廷与江南士绅之间，在效忠朝廷的官员身份与金陵扬州一线遗民的文友知交之间，在这种人事交错纠葛之中，王渔洋应该颇能理解曹玺的处境与心态。“坐树无言”是曹玺的选择，从某种程度言，也是一种必然的姿态，是他的身份与处境决定的。渔洋在诗中以“坐树无言”的冯异比拟曹玺，文辞背后别有一种隐约的微妙。曹玺是曹氏家族走向鼎盛的转折性人物，但传世文献中关于他的记载寥寥①，在楝亭题咏中，他是被颂扬的对象，但他这个主角的光影只能投射在诸人的题咏文字中。称颂他的功绩，不难；理解并懂得曹玺，不易。王渔洋这首短短四十字的诗，似乎在若隐若现之间透露出某种懂得。

曹玺为内务府官员，效命皇家，精明强干，极具经济才能，很得康熙帝信用。他还能清除积弊，东南民力之困，赖之以纾，赢得令名，即纳兰性德题咏的“清操惠政，久著东南”也。他又以自己文章波澜阔之才华②，低调而不张扬地交接东南士人，如倪灿、张芳、吴之振等文士，甚至与金陵扬州的遗民诗人杜濬、邓汉仪等也有不浅的交谊，于有意无意间多少消弭了清廷与东南士人之间的隔阂与敌意。在康熙帝平定三藩之乱后偃武修文，着手实施以首开鸿博科为标志的文治大业之前，曹玺即已在东南开启先风。迨康熙二十九年(1690)四月曹寅出任苏州织造，与东南士人交游网络的日益拓展，应是得益于其父二十余年在江南奠定的根基。从公布的内府档案及他与诸多文士的往还唱和可知，世人对曹寅并不陌生。他的心迹和踪迹，见诸传世的《楝亭集》。而关于曹玺的资料极少，他与东南士人交往的痕迹，几乎已经淡出了历史的视野。如今因为追索楝亭图咏，曹玺的为人风范及其在曹氏家族史中的转捩性地位，才得以一点点地聚合凸显。如果说曹寅是曹氏家族史与东南文化之间关联的一个完整呈现，那么曹玺则已淡化为一个影影绰绰的背景。然而，无论是红学还是曹学，曹玺这个背景的存在都是很重要的，而其种种看似细末之处在很大程度上都被轻忽了。

渔洋题咏的尾联，勉以封殖手泽，无忘《角弓》，典出自《左传·昭公二年》：“二年春，晋侯使韩宣子来聘……韩子赋《角弓》。……既享，宴于季氏。有嘉树焉，宣子誉之。武子曰：宿敢不封殖此树，以无忘《角弓》。遂赋《甘棠》。宣子曰：起不堪也，无以及召公。”③韩宣子所赋《角弓》，乃《诗·小雅》篇名。杜注云：取其“兄弟昏姻，无胥远矣”，言兄弟之国宜相亲。而季武子因韩宣子赞誉庭中嘉树，即欲封殖此树，以无忘《角弓》。渔洋在此联中对小他二十四岁的后辈曹寅，既有慰勉，又有期盼：曹玺手植之楝树，于曹寅而言，是先人手泽，自当护惜；而此楝树一如甘棠，曹玺一如召公，在江南二十余年，惠政卓著，荫庇江东南士众，且与东南诸多士子或主宾相得，甚是融洽，如郭汝霖、马銮等；或彼此往还，结文字交，莫逆于心，如周亮工、杜濬、倪灿等。从倪灿题咏句“匹马衔悲客复来，空余亭畔楝花开”“当年执卷论心在，此日流观满眼伤。炙砚临文报金石，扶疏绿荫忍相忘”④，便可窥得此中情谊之一斑。故渔洋勉其承父遗业，封殖楝亭，不忘兄弟之国相亲之遗意，与江南士子相亲勿远。

因此，若说参与题咏的七十余人中，最理解或懂得曹玺其人其心的首推叶燮与王士禛，实非无

---

① 康熙《江宁府志》《上元县志》均有曹玺传。可参看吴新雷《关于曹雪芹家世的新资料——〈康熙上元县志·曹玺传〉的发现及探究》，见吴新雷、黄进德《曹雪芹江南家世丛考》，黑龙江教育出版社2009年版，第1~8页。

② 曹玺能文，见诸题咏数人文字之中，如吴之振题咏有“深杯絮语蔼春云”、熊赐履《挽曹督造》诗有“云间已应修文召，石上犹传锦字诗”，亦可参看冯经世、秦松龄、姚廷恺等人的题咏文字。

③ 杨伯峻编著：《春秋左传注》，中华书局1981年版，第1226~1228页。

④ 〔清〕朱绪曾：《国朝金陵诗征》卷六，清光绪十三年(1887)刻本。

据。故王渔洋此诗的作年,很有考证的必要,作此诗时,王氏的境遇如何?

渔洋的《蚕尾诗集》大体按照时间排序,但略有前后颠倒处。排比《蚕尾诗集》卷二《楝亭诗曹工部索赋》前后几首诗的作年:前有《太子太傅文华殿大学士刑部尚书谥文毅易斋冯公挽词》《柬门人陈蔼公于昊天寺》《十月朔亲祭太庙是夜雪》三首,后有《送门人陆次公判抚州兼寄牧仲中丞》《退朝雪中怀拙庵禅师》,隔数首后又有《闻滕王阁落成寄宋二牧仲开府》及《题王石谷画送竹垞归禾中二首》。① 各诗系年如下:

《太子太傅文华殿大学士刑部尚书谥文毅易斋冯公挽词》,冯溥卒于康熙三十年(1691)十二月,故此诗当作于冯溥卒后不久。

《柬门人陈蔼公于昊天寺》诗末小注:"昔同愚山侍读奉访于此,已十三年,寺旁多古冢,故戏及。"据作于康熙十七年(1678)戊午的《同施愚山、陈蔼公集山史从兄昊天寺寓,观唐子华水仙图》②中的诗句"残冬气暖似吴越"可知,十三年后即康熙三十年冬末。故此诗当作于康熙三十年(1691)。

《十月朔亲祭太庙是夜雪》③,据《清圣祖仁皇帝实录》"(康熙三十年辛未)冬十月壬午朔,享太庙,上亲诣行礼……"④可知,此诗作于康熙三十年(1691)十月初一日后。

《送门人陆次公判抚州兼寄牧仲中丞》,康熙三十一年(1692)正月二十九日大计,考核全国官员⑤,陆次公当是本年初考核后升任江西抚州府通判,诗中有"高斋逢霁雪,春思入江烟"的句子,故此诗应作于康熙三十一年(1692)初春之后。其后有诗《闻滕王阁落成寄宋二牧仲开府》,因康熙三十一年(1692)六月十七日前宋荦任江西巡抚⑥,则《送门人陆次公判抚州兼寄牧仲中丞》应作于康熙三十一年(1692)六月前。

《退朝雪中怀拙庵禅师》⑦与《答拙老寄盘山图》⑧,所咏为同一事同一人,两诗分别列于挽冯溥诗之前后,故这两首诗当作于康熙三十年(1691)至三十一年(1692)之间。

故渔洋题咏楝亭当作于康熙三十年(1691)冬至康熙三十一年(1692)春之间,又据诗中"手泽劳封殖,无忘赋《角弓》"之句意可知,题咏当作于康熙三十一年(1692)曹寅以苏州织造兼任江宁织造后。之所以不惮烦琐做考证,因为这关乎渔洋与曹寅二人之交谊浅深。

曹玺、曹寅父子,以汉人血统而厕身于满汉两种文化之间。论武,浸染满人风俗,盘马弯弓,无不精熟,相较于汉族士子,极具阳刚尚武之气。论文,曹玺颇具文采,曹寅更是有出蓝之胜,从杜岕、顾景星等人赞叹不置的文字及《楝亭集》中可知。曹氏父子秉文武兼擅之资,以深湛的汉文化素养与皇帝宠臣的身份,与江东南士人杯酒唱酬似非难事,难在如何在顺康之际得到出仕新朝的汉人文士与身在草茅野处的布衣寒士尤其是前明遗民群体的一致认可与接纳,及如何跻身此等文

---

① 〔清〕王士禛著,袁世硕主编:《王士禛全集》,齐鲁书社2007年版,第1099~1102页。

② 〔清〕王士禛著,袁世硕主编:《王士禛全集》,齐鲁书社2007年版,第902页。

③ 蒋寅《王渔洋事迹征略》系年于康熙三十年,正合。详见蒋寅《王渔洋事迹征略》,人民文学出版社2001年版,第375页。

④ 见《清圣祖仁皇帝实录》卷一五三,钞本。

⑤ "(康熙三十一年壬申春正月)己卯,大计天下各官,卓异官八十七员,贪酷官五十一员,不谨官七十九员……升赏处分如例。"见《清圣祖仁皇帝实录》卷一百五十四,钞本。

⑥ "康熙三十一年壬申(1692)六月十七日,接调补江宁巡抚部文,奏谢,请陛见。"见刘万华《宋荦年谱》,广西师范大学2008年硕士学位论文,第69页。

⑦ 〔清〕王士禛著,袁世硕主编:《王士禛全集》,齐鲁书社2007年版,第1100页。

⑧ 〔清〕王士禛著,袁世硕主编:《王士禛全集》,齐鲁书社2007年版,第1098页。

化层面颇高的交游网络中。有论者曾这样评判曹寅与余怀的交游:“二人之交往,体现了曹寅与明遗民之间彼此在身份和传统文化价值上的深切认同。”①此语颇有几分道理。以周汝昌先生提出的“臣汉”之心来解释曹寅诗文中透露的诸多似乎与他的身份不相贴合的、出乎世人意料的情感心绪,愚意颇不以为然。与其释之以臣汉之心,不如从身份与文化的认同及精神依归的角度做这样的认知:遗民群体在现实的政治与文化处境中,是游离的、边缘的。其忠诚的,是转徙流离、风雨飘摇中的残明小朝廷。出仕新朝的汉人文士,被排距于皇帝与满人官员的主奴关系之外,既被利用又被防范,传统政治文化中铸就的君臣关系在入清后已不复存在。曹玺、曹寅父子与遗民及出仕新朝的汉人文士之间的共通之处在于精神无所依归。故他们要考虑的生存之道是:在才与不才之间如何善用其才。与苟全性命于乱世者相类的是,易代之际能善用其才,又能功成而身如磐石之安。王渔洋浮沉于宦海,其内心又是一种怎样的况味?新城王氏家族与前明有着无法割裂的渊源,步入新朝前后家族的惨痛经历,其兄兼师友的王士禄无端被祸的遭际,对渔洋一生“醇谨”心性的养成不无警示之功,对他清远摇曳的“神韵诗”观的形成有推助之力。亦不必详说叶燮的家世,他父兄友朋在明清之际山崩地坼之中无常的命运,他在新朝仕途上的惨淡收场,其内心岂能无所感喟?从政治与文化的处境来看,曹玺、曹寅父子这样的汉人包衣就像是无所依归的“夹心人”,在魏阙与江湖之间,在满汉之间,在显赫与卑微之间,在主奴之间,在现实与理想之间徘徊犹疑,陷入了一种很尴尬的人生处境。然而也正是在与江东南汉族文士的交游中,他们彼此的投契之意、知己之情,润泽了彼此的心灵。文化上的认同、处境的微妙、精神层面的依归、如履薄冰的仕途,当是曹玺、曹寅父子与东南文士往还的深层动因。而渔洋“醇谨”的心性从他的这一首楝亭题咏诗中也可看出。

二、别集中王士禛与曹寅的交游

从王渔洋楝亭题咏诗看,他与曹寅的关系绝非泛泛。检之二人别集,王渔洋文集中关乎曹寅者仅此一篇,而曹寅别集中却有六处提及渔洋。对这六首诗的系年略加考订②,或许有助于我们判断王渔洋与曹寅的关系。

1.《楝亭诗别集》卷二《偶得木瓜二枚送橘圃三首》其一:“清香只合疏梅伴,句爱新城逸兴多。今日南金托相赠,等闲琼报拟如何。”诗末小注云:“‘留伴疏梅小雪前’,王阮亭赠耦长《木瓜》句也。”③

《渔洋续诗集》卷一二有《谢耦长送木瓜》④,当作于康熙十八年己未博学宏词开科时,宣城梅庚以木瓜赠渔洋,渔洋报之以诗。曹寅此诗虽无明确系年,但从前后诗题判断,当作于鸿博开科时或稍后,且或不待结集刊刻,便已拜读,这从侧面反映了康熙十八年前后在京师时曹寅与渔洋往还颇密。而鸿博开科正是曹寅与诸鸿儒结交之时,亦是京师高层文化圈的交游正当极盛之时。

2.《楝亭诗别集》卷二《庭前纳凉读銮江唱和诗有题二首》,其一:“闭门自觅玄真子,何处云山杜德机。一夜凉风吹白苎,几人失却绿蓑衣。”其二:“分明草际孤萤尾,笑指渔灯宿白沙。梦里匡

---

① 朱志远:《〈板桥杂记〉的作者余怀与曹寅交游考》,载《明清小说研究》2008年第3期。

② 参见王富鹏《曹寅与王士禛关系考》,载《红楼梦学刊》2007年第6期。

③ 〔清〕曹寅著,胡绍棠笺注:《楝亭集笺注》,北京图书馆出版社2007年版,第407页。

④ 〔清〕王士禛著,袁世硕主编:《王士禛全集》,齐鲁书社2007年版,第937页。

庐谁着眼，野航天际竟还家。”①

“銮江倡和诗”即《銮江唱和集》，顺治十八年七月渔洋与全椒吴国对、如皋冒襄二子冒谷梁、青若客于扬州仪真时所作，当刊刻于顺治十八年七月之后至康熙初年，“然近世不见著录，大概已无传本”②。曹寅此诗之后有《题锡山蒋氏酒楼》一诗，约作于康熙十三年三藩之乱中曹寅奉命南下之时，或康熙十六年回江宁省亲时。③ 而此诗又在前述《偶得木瓜二枚送橘圃三首》之后，或当作于康熙十八年之后。

3.《楝亭诗别集》卷二《旅壁读阮亭渡易水诗且述牧斋、西樵句感赋》④

以上诗作的具体创作时间虽难以尽考，但作于康熙十八年前后，当无疑义，可视为曹寅与王士禛早岁相识与交游的证据。

下列三组诗，乃曹寅于去世前的三年间所作。这三年亦是渔洋之最后岁月。文字之间，弥漫着一种岁月浸染的沧桑之感与怀旧之情。

4.《楝亭诗抄》卷七《避热》其九：“一句诗成万口吟，秋风才起寂无音。直饶虫鸟能知感，也觉铅华苦累心。湖海又闻收赤帜(竹垞去年下世)，岩廊谁合铸黄金？后生莫更多谣诼，不是娥眉妒不深。”⑤

据诗句“秋风才起”、小注“竹垞去年下世”及朱彝尊卒于康熙四十八年可知，此诗当作于康熙四十九年初秋。

5.《楝亭诗钞》卷七《题彭蠡秋帆图和阮亭》⑥

渔洋《蚕尾续诗》卷一有《题殷彦来二图二首》⑦，二图分别是《彭蠡秋帆图》《纸窗竹屋图》，此诗之前有一首《刘陂千侍御寄御制先臣群芳谱序感赋纪恩(时命翰林官广之，名“佩文斋广群芳谱”，别有纪事)》。《御制佩文斋广群芳谱序》撰于康熙四十七年五月初十日⑧，故渔洋为门人殷彦来题图当作于此年之后。曹寅此诗，乃追和渔洋之作也，胡氏题解云：此诗作于康熙五十年夏，是《楝亭集》中直接标明与王士禛唱和者。未知何据，当亦不远。

6.《楝亭诗抄》卷八《南辕杂诗》二十首，其二：“瓦桥官柳嫩黄生，鱼麦乡关倍引情。惆怅残年王比部，鬓毛憔悴庾兰成。”自注：赵北口忆阮亭句。⑨

胡绍棠解题云：曹寅康熙五十年底进京述职，五十一年(1712)正月二十九日随驾入侍鹿苑，二月初十日陛辞南归。这组诗就是从北京返江宁途中所作。⑩

从上述《楝亭集》中与王渔洋相关的六首诗看，曹寅对这位年长自己二十四岁的渔洋先生，服膺其诗才，喜好研读其诗集，追和其诗，言辞之间透露出的是亲近之意，是发自肺腑的感旧之情。

---

① 〔清〕曹寅著，胡绍棠笺注：《楝亭集笺注》，北京图书馆出版社2007年版，第430页。

② 袁世硕：《王渔洋早年诗集刻本》，载《中国典籍与文化》2002年第1期。

③ 〔清〕曹寅著，胡绍棠笺注《楝亭集笺注》附录《曹寅生平简表》：康熙十六年，曹寅曾回江宁省亲，岁暮返京。

④ 〔清〕曹寅著，胡绍棠笺注：《楝亭集笺注》，北京图书馆出版社2007年版，第435～436页。胡氏此诗题解云：“康熙十八年三月，玄烨曾幸保定行围。此诗盖为曹寅扈从出行过易水时作。”

⑤ 〔清〕曹寅著，胡绍棠笺注：《楝亭集笺注》，北京图书馆出版社2007年版，第302页。

⑥ 〔清〕曹寅著，胡绍棠笺注：《楝亭集笺注》，北京图书馆出版社2007年版，第315页。

⑦ 〔清〕王士禛著，袁世硕主编：《王士禛全集》，齐鲁书社2007年版，第1452页。

⑧ 〔清〕汪灏等：《佩文斋广群芳谱》，上海古籍出版社1991年影印本，第207页。

⑨ 〔清〕曹寅著，胡绍棠笺注：《楝亭集笺注》，北京图书馆出版社2007年版，第345页。

⑩ 〔清〕曹寅著，胡绍棠笺注：《楝亭集笺注》，北京图书馆出版社2007年版，第347页。

"惆怅残年王比部,鬓毛憔悴庾兰成",《哀江南赋》有句云"王子滨洛之岁,兰成射策之年",言庾信十五岁便侍梁东宫讲读。由此可知,康熙十一年(1672)曹寅与王渔洋即已相识,曹寅年方十五,渔洋时年三十九,在户部福建清吏司郎中任。自本年相识,至康熙二十九年曹寅出为苏州织造,二人同在京师任职达十八年之久,其间又以康熙十七、康熙十八年博学鸿儒科期间交游最为频密。可堪注意的是,以上载录二人往还痕迹的诗作,本也在曹寅文集的删削之列。渔洋文集著述中有关曹寅的文字,独有《楝亭诗》一首,是二人本无唱酬,交情淡薄,还是渔洋晚年删削所致?若是后者,为何独留此首楝亭题咏诗?如果说渔洋文集著述中有关曹寅的文字独有《楝亭诗》一首乃删削所致,不足以说明二人关系之深浅,那么考察一下王渔洋在楝亭题咏中所起的作用及曹寅、王渔洋与楝亭题咏诸人之间构成的交游网络或有助益。

康熙二十三年曹玺去世,王士禛与余怀正在京师,从余怀的诗句"司空名德在千秋,画翣传闻出石头"可知,讯息当是从金陵传至京师。渔洋与余怀从而得知。令人奇怪的是,为什么康熙二十三年曹玺去世后,曹寅征集楝亭题咏之初,王士禛很迅疾而热心地代为征集,次年赴广州祭告南海,甫与陈恭尹订交,即向之征题,又向早岁即有文字往还的另一位岭南遗民屈大均征题①,而自己却迟至康熙三十一年,即七年后才为楝亭题诗呢?不妨排比一下康熙二十三至康熙三十一年间王士禛的宦迹:

康熙二十三年(1684),夏,曹玺逝于金陵织造官署。十一月初五,渔洋奉命祭告南海。十九日启程。②

康熙二十四年(1685),冬,渔洋南海祭告回程途次闻讣,徒跣奔丧。十一月初八日抵里,而太公已先十日捐馆。③

康熙二十五年至康熙二十六年(1686-1687),渔洋在城西居庐服丧。④

康熙二十七年(1688),渔洋在南城旧第服丧。正月初二日,闻太皇太后崩,有诏在籍告假丁忧终养等京官四品以上皆赴京叩谒梓宫,乃连夜启程赴京师。⑤

康熙二十八年(1689),正月十六日午前……迎驾于十王店。……上问:"士禛何未入京?"奏:"臣前以丁父忧,在籍服阕,因患怔忡,巡抚咨部,在籍调理。"又问:"今可好些么?"奏:"臣调理已渐好。"又问:"几时入京?"奏:"臣再调理好些,即入京。"又问,奏:"今岁一定到京。"十一月初二日,渔洋将赴京,祭拜亡父新阡,有诗纪事。⑥

康熙二十九年(1690),正月,渔洋任詹事府少詹事,兼翰林院侍讲学士。三月初九日,以内阁学士王泽弘为礼部右侍郎,渔洋为都察院左副都御史。初十日,上在畅春苑,命渔洋迁都察院左副都御史。时汉左都御史为陈廷敬。十月二十八日,迁兵部督捕右侍郎,专理督捕事务。⑦ 本年四月,曹寅自广储司郎中兼佐领,出为苏州织造。

康熙三十一年(1692),曹寅以苏州织造兼任江宁织造。

---

① 屈大均题咏诗未见载于《楝亭图咏》,载录于《屈大均全集》,人民文学出版社1996年版,第1册,第482页。

② 参见蒋寅《王渔洋事迹征略》,人民文学出版社2001年版,第293~295页。

③ 参见蒋寅《王渔洋事迹征略》,人民文学出版社2001年版,第325页。

④ 参见蒋寅《王渔洋事迹征略》,人民文学出版社2001年版,第325~328页。

⑤ 参见蒋寅《王渔洋事迹征略》,人民文学出版社2001年版,第331页。

⑥ 参见蒋寅《王渔洋事迹征略》,人民文学出版社2001年版,第343~349页。

⑦ 蒋寅:《王渔洋事迹征略》,人民文学出版社2001年版,第351~361页。

如此罗列渔洋行迹，是欲探寻渔洋在曹玺卒后七年始为楝亭题诗的缘由。从康熙二十四年十一月至康熙二十七年二月，渔洋丁忧守制27个月，然服阕后以患怔忡之症，居留里中。因康熙二十八年正月迎驾时康熙帝再三动问催促，渔洋岁末即入京，且于次年，补官之后两度升迁，"圣眷"不可谓不隆，恰在本年曹寅出为苏州织造，两年之后兼江宁织造，王渔洋与曹寅几乎在同时开始向人生的顶峰拾级而上。楝亭的征题，在朝野上下，由此也进入一个新的阶段。

三、从《楝亭图咏》看王士禛与曹寅的交游圈

如前所述，为楝亭题咏绘画者73人，若按系年排，楝亭题咏大约可分为三个阶段，第一阶段为康熙二十三年(1684)夏曹玺去世至康熙二十九年(1690)春曹寅出任苏州织造，题咏者18人；第二阶段为康熙二十九年(1690)春至康熙三十一年(1692)，题咏者32人；第三阶段为康熙三十一年(1692)后，题咏者25人。阶段的划分，虽系人为，但从某种程度言，与曹寅官职的迁转、交游圈等有直接的关系。而渔洋对题咏征集的推助之功，主要体现在第一阶段。①

第一阶段的题咏，依照系年的先后，18位题咏者依次是张芳、倪灿、尤侗、纳兰性德、顾贞观、杜濬、邓汉仪、王方岐、张景伸、张淑、宋实颖、梁佩兰、陈恭尹、屈大均、程义、费文伟、禹之鼎、王霭。其中张芳、倪灿、杜濬、邓汉仪、王方岐、禹之鼎等6人是曹玺在江南的旧交，其他则是与曹寅情谊深厚的师友。还有不只本人有题咏且代曹寅征题的，如纳兰性德之请于顾贞观，宋实颖之请于梁佩兰，而张淑、张景伸的题咏则源自曹寅另一好友张纯修的代征。② 亦有或一再题咏的，如尤侗。尤侗与曹寅相识，王渔洋居中为介③。渔洋、尤侗、宋实颖三人之间有着同乡、同学、好友的多重关系：尤侗与宋实颖是同乡同学，明崇祯十三年(1640)，以匡社同人而结金兰之交④；清顺治九年(1652)，宋实颖与渔洋同应会试，相识订交；清康熙四年(1665)，尤侗与王士禛订交于扬州。如前所述，渔洋于康熙二十四年(1685)祭告南海时，为曹寅代请与梁佩兰并称"岭南三大家"的两位遗民诗人屈大均、陈恭尹为楝亭题诗。此阶段，正是曹寅位卑名微未曾显达时。此时为题咏征集出力之人当是与曹寅往还密切之人，据此可以推断王渔洋与曹寅的关系绝非泛泛。渔洋全集中仅存楝亭题咏诗一首，易使后世之人误判王氏与曹寅的交游颇为疏远，这或许与王氏生前对文集著述的删削有关。他借门人盛符升、林佶等人之名，不惮劳烦地对著述亲加勘定，与他一生"醇谨"的心性有关，与渔洋兄弟辈历经顺治康熙朝的宦海浮沉、饱览错综复杂的朝廷政争有关，也与顺治康熙两朝已发生了数起的文字案狱有关。渔洋又因与废太子唱和被罢官。这数重原因自然令渔洋更加谨慎地对待自己传于后世的文字，为自己计，亦为子孙计。

不妨再做一个简单的排比，以参与题咏的73人为对象，以曹寅《楝亭集》和渔洋《感旧集》载录与否及倡和文字为参照，考察题咏诸人与曹玺曹寅父子及王渔洋之间各自构成的交游圈、彼此之间的重合度。虽然渔洋将不可能有交集的程嘉燧列入《感旧集》中，引人猜疑诟病。但《感旧集》为渔洋于康熙十二年至康熙十三年间纂辑，凡交游在此年之后者，或不在收录之列，然确乎有另一种现象：有交游且有文字往来但未被《感旧集》收录者并非个别，如"周逸休可能曾为新城王家西宾。

---

① 题咏三个阶段的划分依据及第二、三阶段的概况，因与本文无大关联，拟另具文论述，此处不再展开。

② 据黄一农《曹寅好友张纯修家世生平考》一文考证，张淑是张纯修独子，载台湾《故宫学术季刊》2012年第3期。

③ 《楝亭图咏》卷三尤侗题咏小序"予在京师，于王阮亭祭酒座中，得识曹子荔轩"。

④ 文志华：《尤侗事迹征略》，广西师范大学2007年硕士学位论文，第10页。

后来渔洋编《感旧集》，却未收周氏兄弟诗，不知什么缘故”①。凡此之类，不免启人疑窦，但逐一检索题咏73人中有哪些人选《感旧集》，或许是个很有意思的角度，能够入选其中的应是交游圈中颇为渔洋认可的人。

以下图表所列楝亭题咏者26人，《感旧集》收录16人：张芳、杜濬、余怀、邓汉仪、查士标、吴之振、宋实颖、尤侗、陈恭尹、梁佩兰、屈大均、严绳孙、秦松龄、顾贞观、戴本孝、毛奇龄。另据《王渔洋诗友录》②及《王士禛全集》等文献可知，确与渔洋有交游而《感旧录》不录者9人：倪灿、顾图河、叶燮、姜宸英、宋荦、徐乾学、韩菼、王丹林、高士奇。除了王鸿绪与渔洋的交游尚存疑义外，表中所列楝亭题咏者26人是曹寅与王渔洋交游圈的重合部分。若将这26位题咏者的身份简单分类，可发现表中从杜濬至陈恭尹等7人，皆是遗民；其他19位皆是出仕新朝者。若以籍贯计，江南③、浙江士人22人，杜濬与余怀原籍虽非江南，然于明清易代之际长期流寓金陵或苏州，是江南文化圈辈分颇高的老遗民。

楝亭征集题咏这一“风雅俗事”，显示出了一种文化态势：曹玺、曹寅父子通过两代人的努力，已经非常成功地架构起了与江东南高层面士绅之间的交游网络。曹氏父子与江东南士绅的连接方式是多样、多渠道的，有直接方式，也有间接方式，后者便是通过若干个中介完成的，王渔洋就是其中一个很重要的中介，为曹寅与江东南士子的交往搭建了重要的桥梁。即便有些士子并非由渔洋居中介绍，他们与曹氏父子的交游与题咏，也足以构成一个可供后人追索的文人交游网络。图咏呈现出了一个清初朝野文士间的文化交游圈，也反映出了他们之间或亲或疏、或远或近、似有若无的关联及其所包含的文化现象。倘若没有图卷这样的实物，有些声名颇著的文士之间，仅从双方的著述中是看不出两人有任何交游痕迹的。但通过图卷可知：他们之间不是没有交集，甚至可能有多个交集点，但出于某些缘由，这层关系被有意无意地掩饰淡化，这是很有趣且耐寻味的现象。王士禛的诗文集是删削过的，清代前中期为数不少的文人别集也是删削过的，有些甚至是大幅度的删改。此中虽有悔其少作的常见动因，但研究者认为主要原因当归咎于文字狱，清朝文人害怕因文字贾祸。《楝亭图咏》一类的实物在文献构成中，是不可或缺的。书画手迹类实物与传世著述类文献互相补充，让数百年后的我们从蛛丝马迹中发现接近于原初状态的存在。

某一时期某一文士群体的交游网络，除了具有今人所谓的“人脉”的功能，有助于知人论世之外，更为重要的是能让我们从中探寻某一特定时空间人们文化的认同、心灵的印迹与精神的归依。考察曹氏父子、王渔洋与江南文士之间结成的文化圈，当作如是观。

---

① 袁世硕：《王渔洋早年诗集刻本》，载《中国典籍与文化》2002年第1期。

② 伊丕聪编著：《王渔洋诗友录》，北京燕山出版社1993年版。

③ 康熙朝江苏与安徽合称江南省。

序号	楝亭题咏者	籍贯	与曹玺是否有交游	《楝亭集》唱和之作	《感旧集》	《王渔洋诗友录》	备注
1	杜濬（1611～1687）	湖北黄冈，流寓金陵	有	《真州寄题朱林修青溪书屋，依茶村格，时林修方葺青溪志》等	卷六	第108页	
2	余怀（1616～1695）	福建莆田，流寓金陵与苏州	无	无唱和诗，但一同参与尤侗召集的唱酬活动	卷七	第179页	
3	查士标（1616～1698）	江南休宁	存疑	无	卷一二	第164页	
4	邓汉仪（1617～1689）	江南泰州	有	无	卷一四	第236页	
5	戴本孝（1621～1693）	江南和州	无	无	卷一三	第270页	
6	屈大均（1629～1696）	广东番禺	无	无	卷一三	第367页	
7	陈恭尹（1631～1700）	广东顺德	无	无	卷一三	第404页	
8	张芳（1612～1695）	江南句容，寄籍江宁	有	无	卷八	第219页	
9	尤侗（1618～1704）	江南苏州	无	《尤悔庵太史招饮揖青亭即席和韵》《菜花歌》	卷四	第208页	
10	宋实颖（1621～1705）	江南苏州	无	无	卷四	第256页	
11	严绳孙（1623～1702）	江南无锡	无	无	卷一三	第294页	
12	倪灿（1626～1687）	江南上元	有	无	无	第347页	确有交游而《感旧集》不录
13	叶燮（1627～1703）	江南苏州	无	《过叶星期二弃草堂留饮，即和见赠原韵》	无	第359页	确有交游而《感旧集》不录
14	徐乾学（1631～1694）	江南苏州	无	无	无	第394页	《王士禛全集》中有多处与徐乾学往还之文字。确有交游而《感旧集》不录
15	韩菼（1637～1704）	江南苏州	无	无	无	第444页	康熙戊午同典顺天武闱。确有交游而《感旧集》不录
16	顾贞观（1637～1714）	江南无锡	无	《楝亭夜话图》顾贞观题诗、《惠山题壁》	卷一六	第446页	
17	秦松龄（1637～1714）	江南无锡	无	无	卷一四	第451页	

（续表）

序号	楝亭题咏者	籍　贯	与曹玺是否有交游	《楝亭集》唱和之作	《感旧集》	《王渔洋诗友录》	备　注
18	王鸿绪（1645～1723）	江南华亭	无	无	无	第514页	二人似无交游
19	顾图河（1655～1706）	江南扬州	存疑	《病目初愈，思与书宣小饮，时轩前玉兰将开》	无	第537页	确有交游而《感旧集》不录
20	毛奇龄（1623～1716）	浙江萧山	无	无	卷一三	第283页	
21	姜宸英（1628～1699）	浙江慈溪	无	撰《楝亭集序》	无	第364页	确有交游而《感旧集》不录
22	吴之振（1640～1717）	浙江石门	有	无	卷一五	第464页	
23	高士奇（1645～1707）	浙江余姚	无	《怀高澹人学士》《移竹东轩和高竹窗学士来韵》《答江村高学士，时方求栎园藏画》等	无	第508页	《王士禛全集》中有多处与高士奇往还之文字。确有交游而《感旧集》不录
24	王丹林（1653前～1702后）	浙江钱塘	无	《汪上若、程劲飞过访，野航自天津初归》	无	第481页	王丹林乃渔洋门人，《渔洋文略》卷一三《北征日记》《分甘余话》卷四皆有载录。确有交游而《感旧集》不录
25	梁佩兰（1632～1708）	广东南海	无	无	卷一三	第360页	
26	宋荦（1634～1713）	河南商丘	无	《题画绣球花》《葺治亭后竹径和牧仲中丞韵》等	无	第426页	确有交游而《感旧集》不录

王士禛、卢见曾扬州时期的文化活动

——乡邦先贤精神与践行的历史唱和

崔秀霞*

王士禛(1634~1711),字子真,一字贻上,号阮亭,别号渔洋山人,山东新城(今桓台)人;卢见曾(1690~1768),字抱孙,号澹园,又号雅雨、雅雨山人,山东德州人。王士禛的"一代诗宗""开国宗臣"地位自不待言,早已有定论,《四库全书总目》评其"当康熙中,其声望奔走天下……故国朝之有士祯,亦如宋有苏轼,元有虞集,明有高启"①。而卢见曾一生勤于吏治,每到一地为官,皆有功绩,是一位循吏,而且爱才好士,擅长诗文,主东南文坛,被称为海内宗匠。其作为校勘家、出版家、文人雅集的主持者,成为扬州文化的中心人物,在当时的文献中频频登场。虽说卢见曾的文学成就与影响不如王士禛,但其对清代中期的文坛起着举足轻重的作用,可以称得上是继王士禛之后扬州文坛的大雅扶轮。

王、卢二人为山东同乡,王士禛曾在扬州做过五年推官,而卢见曾曾两度为两淮都转盐运使,督理扬州关务十余年。卢见曾极其仰慕同是山东人的"一代诗宗"王士禛,极力效仿王渔洋在扬州的文化活动。时人称卢见曾"夙慕其乡王阮亭尚书风流文采"②,"卢雅雨先生转运扬州,以渔洋山人自命"③。作为同乡先贤的王士禛对卢见曾的思想观念、价值取向、审美情趣以及文化活动的践行等都有着极强的影响,由此也可见同乡前贤对同里人的精神与践行起着不可小觑的重要构建作用。下面主要从他们在扬州的修禊活动及卢见曾与王士禛有关的刊刻与编纂活动来论述王对卢影响。

一、王士禛、卢见曾在扬州的修禊活动

王士禛与卢见曾二人在扬州任职期间都曾在相同的地点主持过数次大型文人修禊活动。二人的修禊地点主要集中在红桥与平山堂两处名迹。据《扬州画舫录》记载:"山堂游迹,自王文简始。"④王士禛于康熙元年(1662)的红桥修禊开清代红桥修禊的先河。而卢见曾在赴任扬州伊始,

---

* 作者简介:崔秀霞,德州学院文学院,副教授。

① 〔清〕永瑢等撰:《四库全书总目》卷一七三,中华书局1965年版,第1522页。

② 〔清〕王昶著,周维德校辑:《蒲褐山房诗话新编》卷二,齐鲁书社1988年版,第8页。

③ 〔清〕袁枚:《随园诗话》卷一二,人民文学出版社1982年版,第405页。

④ 〔清〕李斗著,许建中注评:《扬州画舫录》卷一六,凤凰出版社2012年版,第405页。

乾隆元年(1736)即在平山堂举行文人雅集活动,随后又历年多次在平山堂、红桥举行修禊。可以肯定地说,卢氏多次在此地举行修禊活动是受同乡前贤王士禛的影响。卢见曾在《刻渔洋山人感旧集序》中说:"在抑余官扬州日,忆平山、红桥为先生修禊赋冶春之地,亦尝与诸名士觞咏其间,虽文采风流未足后先辉映,然当时高怀逸韵犹仿佛遇之于琴尊林壑之间,乃忽忽十余年,已成往事。此余叙述斯集,亦不觉忽焉感旧,喟然而三叹也。乾隆壬申夏六月。"①文中提及王渔洋在红桥、平山堂修禊赋诗之事,又述及自己往昔亦在此二处修禊,文采风流先后辉映,感慨再三。

红桥(今作"虹桥")位于扬州市瘦西湖南端。据《扬州览胜录》记载:"虹桥为北郊二十四景第一丽观,原名红桥,建于明崇祯间,跨保障湖水口(按:保障湖今称瘦西湖),围以红栏,故名曰红桥。……清乾隆元年,郎中黄履昂改建石桥,十五年以后,巡盐御史吉庆、普福、高恒俱经重建,于桥上建过桥亭,'红'改作'虹'。"②

顺治十七年(1660)暮春,27岁的王渔洋赴任扬州推官。作为诗名早播于大江南北的青年才俊,他在扬州任期的五年中结交了大批江南名士,白日忙于公事,夜晚则接交文人雅士。吴伟业称:"贻上在广陵,昼了公事,夜接词人。"③其兄王士禄称其常在蜀冈、红桥聚集诸名士,饮酒品茗,击钵赋诗,缃素横飞。

王士禛最早的一次红桥修禊活动应是在康熙元年(1662),此年春,他与扬州诸名士雅集于红桥。《扬州画舫录》卷一〇记载:"(王士禛)公以文学、诗歌为当代称,总持风雅数十年。……壬寅春与杜浚、张养重、邱象随、陈允衡、陈维崧修禊虹桥,公作《浣溪纱》三阕,为《虹桥唱和集》。"王士禛忆:"昔袁荆州箨庵自金陵过予广陵,与诸名士泛舟红桥,予首赋三阕,所谓'绿杨城郭是扬州'者。"④此次红桥修禊,参加的人数并不多,但开清代红桥修禊之先河,影响极大。甲辰(康熙三年,1664)春,再次修禊于红桥,参加者规模比前次盛大,主要有林古度、杜浚、张纲孙、孙枝蔚、程邃、孙默、许承宣、许承家等人,雅集中赋《冶春词》。王士禛《香祖笔记》卷七自记其事:

> 余少时官广陵,与诸名胜修禊红桥,即席赋《冶春诗》二十四首。陈其年后至,赠余诗曰:"玉山筵上颓唐甚,意气公然笼罩人。"刘公㦷曰:"采明珠,耀桂旗,丽矣。或率而儿拜,或扬袂从风,如欲仙去。《冶春诗》独步一代,不必如铁崖遁作别调,乃见姿媚也。"⑤

自得之情溢于言表。宗元鼎诗云:"休从白傅歌杨柳,莫遣刘郎唱竹枝。五日东风十日雨,江楼齐唱冶春词。"把《冶春词》与历代传唱的白居易的《杨柳》、王禹锡的《竹枝》相提并论,可见此诗对当时扬州文坛影响之大。其时扬州名士如吴梅村、冒襄、杜浚、张养重、邱象随、朱克生、陈允衡、陈维崧、林古度、张祖望、孙枝蔚、程邃、孙默、许承宣、诏潜、许嗣隆、毛师柱、宋荦、刘体仁、宗元鼎、费密、丁宏海、赵三骐、邹祗谟、顾榷等时与王渔洋相往来。

此后数十年,复又以风雅称者,当属两淮转运使卢见曾。卢见曾在使署修筑苏亭,日日与诗人相互酬咏,一时文宴盛于江南。著名文人学者如戴震、鲍皋、惠栋、汪舟、朱稻孙、汪棣、郑燮、高凤翰、祝应瑞、张铬、吴均、金兆燕、汪履之等皆为卢见曾宾客。卢见曾曾四次主持红桥盛会,分别举行于乾隆二十年(1755)、乾隆二十二年(1757)、乾隆二十三年(1758)、乾隆二十八年(1763)。乾

---

① 〔清〕卢见曾:《雅雨堂文集》卷二,《续修四库全书》本,第1423册,第465页。

② 王振世:《扬州览胜录》,江苏古籍出版社2002年版,第41页。

③ 〔清〕李斗著,许建中注评:《扬州画舫录》卷一〇,凤凰出版社2013年版,第234页。

④ 〔清〕王士禛:《香祖笔记》卷一二,上海古籍出版社1982年版,第235页。

⑤ 〔清〕王士禛:《香祖笔记》卷七,上海古籍出版社1982年版,第142页。

隆二十年三月三日，卢见曾在扬州举行红桥修禊。四月，招集名士二十余人，集红桥观赏芍药，其中有金农、郑板桥、黄慎等人。《随园诗话》记载："卢招人观虹桥芍药，诸名士集二十余人。"①在四次红桥修禊中，以乾隆二十二年的修禊规模最大，和修禊韵者七千余人，编次得三百余卷。卢见曾作七言律诗四首，诗中云："冶春旧调歌残后，独立诗坛试一更。"此次距王士禛赋《冶春诗》已有近百年，可见卢见曾既把王渔洋当作他追求的目标，亦有步其后尘、主持东南文坛之想。三十年后，赵翼吊之，有诗云："红桥修禊客题诗，传是扬州极盛时。胜会不常今视昔，我曹应又有人思。"②其一时风雅可想见。

平山堂为宋欧阳修为官扬州时所修建。《避暑诗话》载："欧阳文忠公在扬州作平山堂，壮丽为淮南第一。堂据蜀冈，下临江南数百里，真、润、金陵三州，隐隐若可见。公每暑时，辄凌晨携客往游，遣人走邵伯，取荷花千余朵，以画盆分插百许盆，与客相间。遇酒行，即遣妓取一花传客，以次摘其叶，尽处则饮酒。往往侵夜，载月而归。"③此后，苏轼又三过平山堂，此处遂成文人雅游之地，历代虽有兴废，但多有文士凭吊。

冒襄称王士禛："文章结纳遍天下，客之访平山堂、唐昌观者，日以接踵。渔洋诗酒流连，曲尽款洽，客相对永日。"④王士禛与诸友人游平山堂，有《九日与方尔止、黄心甫、邹讦士、盛珍示宴集诗》，此诗中云："今我不乐出行迈，西城近对平山堂。欧公风流已黄土，旧游寂寞风烟苍。乔木修竹无复在，荒芜断陇栖牛羊。"⑤可见渔洋游时，平山堂已颓败，但因有欧、苏的存在，仍是多有吟咏。《扬州画舫录》卷一六记载："其时如邓孝威、朱竹垞、龚半千、杜茶村、孙枝蔚、林茂之、张祖望、孙无言、许力臣师六兄弟、袁于令、宗鹤问、吴薗茨、陈其年、宗定九、王西樵、施愚山、汪舟次诸人，皆散见各家诗文集中。"等到平山堂修复时，王士禛曾寄诗孙枝蔚、陈其年、邓孝威诗。

乾隆元年（1736），在首次转运扬州之时，卢见曾在平山堂大会名士。其在《李啸村三体诗序》中说："后五年转运扬州，大会名士于平山堂，时啸村与西园俱在座，赋诗怀古，意气遒上。……甲戌年（乾隆十九年），乃复来兹土，回忆平山之会，首尾逾十八年。"⑥已逾十八年，仍忆念平山之会，感慨之情，不言而喻。

乾隆十九年（1755），卢见曾再次转运两淮，有《修禊山堂诗》。为见当时修禊盛况，不惜烦引如下：

甲戌，转运与嵇拙修漕运璜、钱集斋侍郎陈群有《山堂纪游和韵》诗，集斋手录一卷，泐石平楼。集斋跋云："予病差可，泛舟游邗上，卢同年自长芦移驻于此。锡山嵇司农督修高堰告竣，请假省亲经邗上，邀游山堂，予亦与焉。明日，嵇君扬帆去，邮寄原韵，则予已还。槜李都转以和诗及原唱汇致，促予成诗，属手录一卷。予书不足珍重，而都转风流，真足步渔洋后尘矣。"时李文园编修中简服阕来扬州和韵，柘南居士手录一通，跋云："文园有追和嵇司农之作，雅雨有寿石之举，即请予书付去。欧阳内召后，梅、刘诸君多用其韵邮寄，遂成佳话。文园或有意于此欤？"转运跋云："《山堂纪游》诗既出，海内名公，和者浸众，乃随寄到之先后，勒石于

---

① 〔清〕袁枚：《随园诗话》卷三，人民文学出版社1982年版，第96页。

② 〔清〕赵翼著，李学颖、曹光甫校点：《瓯北集》卷二九，上海古籍出版社1997年版，第635页。

③ 转引自《欧阳修集编年笺注》，巴蜀书社2007年版，第462页。

④ 〔清〕李斗著，许建中注评：《扬州画舫录》卷一〇，凤凰出版社2013年版，第234页。

⑤ 〔清〕王士禛著，惠栋、金荣注：《渔洋山人精华录集注》，齐鲁书社1992年版，第233～234页。

⑥ 〔清〕卢见曾：《雅雨堂文集》卷二，《续修四库全书》本，第1423册，第465页。

平楼，以贻后之览者。楼在堂之西偏，丁巳年光禄卿汪应庚重修，游人宴集，多在斯楼云。"继之……后先追和，涧泉续书泐石。涧泉跋云："雅雨同钱香树、嵇黼庭游山堂，为长歌张壁间，嗣是凡名公卿、朝士道经兹土，往往次韵留题而去，或别后于邮筒却寄，乃镌诸贞珉，以志一时文藻之盛。"①

其时扬州一时名流，和韵赋诗，泐诗石上，风流文采，可见一斑。卢见曾此次修禊赋诗《春日陪嵇尚佐司农、钱香树司寇游平山堂，步司农寄到原韵》中有诗："冶春宴罢流风长，画船系遍平山堂。大雅不作山灵寂，寒号枉自搜枯肠。"②诗中述及"冶春宴"，感念同乡前贤王士禛的流风，又论及王士禛之后大雅久不作之感，并以再振风雅为己任。

如果济南秋柳诗的唱和是王士禛走向文坛的起点，而两次红桥修禊则基本奠定了他在东南文坛的领袖地位，这正是他作为一代宗匠，主持风雅数十年的正式开端。而卢见曾的修禊活动，也为他赢得极大声誉，使他成为清代中期扬州文坛的中心人物，清代中期文坛的重要人物多与他有关联，在他周围聚集了扬州乃至天下名士，如清代的代表性学者、诗人惠栋、戴震、袁枚、郑燮、金农、王昶等。时人沈起元在《运使卢雅雨七十寿序》中评价："公雅好吟咏，盖其才之俊逸，不以政事妨减也。今扬州古称佳丽，欧阳公建平山堂，东坡三过其地，赋诗志怀。而本朝渔洋先生，司李于此，四方名士咸集红桥，冶春唱和之什布海内。近岁翠华再幸，亭榭水木之观，视昔有加。公于是鹾政多暇，凡名公巨卿，骚人词客至于其地者，公必与选佳日，命轻舟，奏丝竹，游于平山堂下，坐客既醉，劈笺分韵，啸傲风月，横览今古，人有欧苏、渔洋复起之恭。"③在这篇序文中，沈起元描述了卢见曾幕府的文宴之盛与一时风雅，文中将卢见曾看作是当代的欧、苏、渔洋。卢氏改建了"三贤祠"，在祠中祀欧阳修、苏轼和王士禛，卢见曾的幕宾郑燮为祠堂撰写了碑文："遗韵满江淮，三家一律；爱才如性命，异世同心。"可见，在当时扬州文坛上，卢见曾凭借自己爱才好士的名声以及雄厚的财力，以文坛主持者自居，时刻以欧、苏、渔洋为模范，通过表达对欧、苏、渔洋的仰慕与追随，同时希望也能得到别人同样的评价。显然，卢见曾在提升同乡先贤在扬州的形象的同时，在思想观念、人生价值取向上，也努力追随着王士禛，不断表现自己对王士禛的认同。

二、卢见曾与王士禛有关的刊刻与编纂

卢见曾在扬州时期刊刻了大量书籍，其所刻书以校准精确、装帧优良见称，主要有《雅雨堂藏书》，以及经学名著《经义考》等。《雅雨堂藏书》（又名《雅雨堂丛书》）校刻于乾隆十九年至二十二年（1754～1757），共一百三十八卷，包括经、史、子、集十三种典籍：汉代郑玄撰《郑氏周易》《郑司农集》，郑玄注《周易乾凿度》《尚书大传》，汉代卢辩注《大戴礼记》，汉代高诱注《高氏战国策》，唐代陆德明撰《易释文》，唐代李鼎祚撰《李氏易传》，唐颜师古撰《匡谬正俗》，唐代封演撰《封氏闻见记》，唐代王定保撰《唐摭言》，五代孙光宪撰《北梦琐言》，宋代庞元英撰《文昌杂录》。另主要刻有清朱彝尊《经义考》三百卷，清惠栋《周易述》二十三卷，清万斯大《经学五书》二十卷，清查慎行《南北史小录》《刻查注苏诗》，清王士禛《感旧集》，清卢见曾编纂《国朝山左诗钞》，清惠栋《渔洋山人精华录训纂》，唐李汉《韩昌黎编年笺注》，宋赵明诚《金石录》等。

在诸多刻书中与王渔洋有直接关系的刻书主要如下：

---

① 〔清〕李斗著，许建中注评：《扬州画舫录》卷一八，凤凰出版社2013年版，第405～406页。

② 〔清〕卢见曾：《雅雨堂诗集》卷下，《续修四库全书》本，第1423册，第19页。

③ 〔清〕沈起元：《敬亭文稿》卷八，《四库未收书辑刊》第8辑26册，第277页。

清王士禛编撰《感旧集》：辛未冬，以公役至京师，谒昆圃黄夫子于家，出所抄渔洋先生《感旧集》见示，拜受而卒读之，其搜剔也广而不滥，其持择也约而不遗，窃谓此书传我朝之诗与人与俱传矣。[乾隆壬申(十七年)，《刻渔洋山人感旧集序》，《雅雨堂文集》卷二]

《金石三例》：苍崖，吾乡济南人，止仲吴中北郭十子之一，梨洲为忠端公，子渔洋重推之三君者。[乾隆乙亥(二十年)，《刻金石三例序》，《雅雨堂文集》卷二]

唐代王定保撰《唐摭言》：吾乡渔洋山人谓(《唐摭言》)与《封氏见闻记》皆秘本可贵重者，特刊布以广其传。[乾隆丙子(二十一年)，卢见曾《刻摭言序》，《雅雨堂文集》卷二]

宋代庞元英撰《文昌杂录》：吾乡渔洋先生最喜说部书……故先生称为说部之佳者，此书刻本无多，为梓以行世。[乾隆丙子(二十一年)，卢见曾《刻文昌杂录序》，《雅雨堂文集》卷二]

唐代封演撰《封氏闻见记》：昔渔洋先生最爱《封氏见闻记》《唐摭言》二书，以为秘本可贵。……乃说部之佳者，宜为渔洋所宝爱云。[乾隆丙子(二十一年)，卢见曾《刻封氏闻见记序》，《雅雨堂文集》卷二]

清惠栋《渔洋山人精华录训纂》：缘渔洋博赡名天下，其为诗渔猎百氏，含咀六经，其引用如钟鼎科斗、山经水注，旁及琳宫梵宇之书，靡不津逮，而又性勤，汲引唱和遍朝野，凡布衣风雅之士，诗中必一见之，昔少陵诗号诗史，而渔洋诗为一代文人总汇。[乾隆丁丑(二十二年)，《渔洋山人精华录训纂序》，《雅雨堂文集》卷二]

清卢见曾编纂《国朝山左诗钞》：渔洋《感旧集》遍及海内之知交故旧，而于山左或缺略未备，先生尝以为憾。今距先生之殁又四十余年矣。[乾隆戊寅(二十三年)，《山左诗钞序》，《雅雨堂文集》卷二]

从以上引文即可看出，上文中所例书籍多是因王士禛最喜、最爱、最为推重等才付梓刊刻的，另如《感旧集》与《渔洋山人精华录训纂》本就是王士禛之诗文集。

卢见曾为清代文坛所做的另一件影响深远的事情，那就是编纂《国朝山左诗钞》一书，此书收录了清初山左诗人们的诗作，“上自名公巨卿，下及隐逸方外，莫不毕载，厘为六十卷。每人各附小传，具例乡里出处，间缀名流评骘，以备一代之诗史”①，清初山左诗人的文献因此诗钞而得以保存。该书可以称得上是清代地方的“一代诗史”，具有历史性价值。卢见曾在《山左诗钞序》中说：

国初诗学之盛莫盛于山左渔洋，以实大声宏之学为海内执骚坛牛耳，垂五十余年。……咸各先登，树帜衣被海内，故山左之诗甲于天下。……渔洋《感旧集》遍及海内之知交故旧，而于山左或缺略未备，先生尝以为憾。今距先生之殁又四十余年矣。……余近刊渔洋《感旧集》为之补传，每叹遗文散失，姓氏无征、吾乡文献及今不为搜辑，再更数十年，零落澌灭尽矣，此后死者所大惧也。窃不自揆，属同里宋蒙泉弼、平原董曲江元度及诸同人，遍搜昭代之诗。[乾隆戊寅(二十三年)，《山左诗钞序》，《雅雨堂文集》卷二]

由上文观之，《国朝山左诗钞》的编纂缘起实与王士禛有关。卢见曾最早所刻之书应是《感旧集》，而卢见曾编纂《山左诗钞》则应是在编辑、刊刻王士禛《感旧集》的过程中萌发的。一是有感于自渔洋而下，“山左之诗甲于天下”，恐时间长久，诗文淹没，故以保存乡邦文献为己任；二是在刊行《感旧集》时，感于《感旧集》中他们同乡的山左诗人极少，王士禛以此为憾事，卢见曾同样以此为

① 〔清〕卢见曾：《山左诗钞序》，见《雅雨堂文集》卷二，《续修四库全书》本，第1423册，第466页。

憾；三是《山左诗钞》编纂体例也是在刊行《感旧集》的过程中形成的，《山左诗钞》的编纂体例虽和《感旧集》不相同，但正是在编纂《感旧集》的过程中意识到此集体例上的一些不足，才得以形成《诗钞》这种编纂模式。

从以上所刊刻书籍中可见，王士禛对卢见曾的思想观念、价值取向等有唤醒与构建的作用。事实上，王、卢二人实是师传有序，一脉相承。《赵饴山先生声调谱序》中说："余少受声调之传于同里田香城先生，香城受之难兄山薑，而山薑则因谢方山以转叩于渔洋，而得其指授。"①卢见曾也可谓是诗学有源。

由上文所论，可见卢见曾对这位同乡前贤的推重与仰慕，可以说同乡前贤王士禛对卢见曾来说，一方面是人文性精神的旗帜，具有一种无形的唤醒与感召的伟大力量，另一方面对卢见曾文化活动的具体操作方式的形成也产生了重要影响。如果说，卢见曾在扬州的文化活动一直贯穿着王渔洋意识，也不为过。同乡前贤对同里人的精神与践行确实起着不可小觑的重要构建作用。从王士禛、卢见曾二位文坛宗匠、历史名臣可见，弘扬乡邦先贤精神对本地的精神文明建设具有极其重要的积极作用，弘扬乡邦先贤文化极具必要性。

① 〔清〕卢见曾：《雅雨堂文集》卷一，《续修四库全书》本，第1423册，第461页。

王渔洋与神韵说

董蕴菡*

在清代的诗歌衍变和词学衍变史上,王渔洋神韵说的出现无疑是一个重要的关键。它意味着清代自甲申、乙酉以来百派争流、千帆竞发的诗歌方向被导入醇雅、正宗的一尊局面。这是新朝从武功方面向文治转向的一个成就。康熙十八年的博学鸿词科,将朱彝尊、陈维崧网罗入朝廷。而王渔洋联合诸位同仁学生,高举神韵的大纛,主盟文坛,"绝世风流润太平",这有利于廓清与建设康熙朝的诗坛词坛。清华门宗的王士禛,在济南以《秋柳》四章名博南北,扬州五载任上"日了政务,夜接词客",结交布衣诗人词人,尤其是杜濬、林古度等布衣诗人。钱谦益的门户衣钵以及对吴梅村的推重使他打好了开宗立派的基础。而老年的文人词客的相继凋零,以及大臣的推荐、康熙帝的赏识,还有诸位同仁弟子的推掖也为他开宗立派提供了条件。王渔洋总结明前后七子的诗文主张,标举四杰(李梦阳、何景明、徐祯卿、边贡),对明朝诗风词风及其理论以及唐宋诗文词及其理论都做了研究和学习。他通过选本来编选唐诗,如《神韵集》《唐诗十种》《唐贤三昧集》,通过以禅喻诗及司空图的"不着一字,尽得风流"、严羽的"羚羊挂角,无迹可求",确立了清远、清圆的诗词神韵,意内言外,有余不尽。神韵说的提出对王渔洋诗词和他的同仁弟子都有很大的影响。

一、清华门宗

王士禛(1631~1711),字子真,一字贻上,号阮亭,别号渔洋山人。雍正时避胤禛名改士正,乾隆时赐改士祯。山东济南府新城(今桓台)人。顺治八年(1651)中举,十二年(1655)会试中式,年仅二十二岁,未殿试而归;十五年(1658)殿试居二甲,次年授江南扬州府推官,在任五年;迁礼部主客司主事,又四年迁仪制司员外郎。康熙八年(1669)榷清江浦关,专司造船;十年(1671)内迁户部福建司郎中;十七年(1678)入翰林院,侍讲,转侍读;十九年(1680)迁国子监祭酒;二十三年(1684)迁少詹事,仍兼侍讲学士,冬奉旨祭告南海;二十九年(1690)迁都察院左副都御使,充经筵讲官《三朝国史》副总裁,九月迁兵部督捕右侍郎;两年后调户部右侍郎;三十五年(1696)奉旨祭告西岳西镇江渎;三十七年(1698)迁右都御使,直南书房,编纂《御集》;次年,迁刑部尚书,直至康熙四十三年(1704)秋罢归;康熙四十九年(1710)诏复原职,因老病未赴,第二年五月即病逝。

新城王氏始迁自元末明初,科举鼎盛,成为仕宦之家则起于士禛的高祖王重光。王重光为明嘉靖二十年(1541)进士,历官贵州按察使、参议,"殁于王事",追赠太仆寺少卿,世称"忠勤公"。曾祖王之垣,嘉靖四十一年(1562)进士,历官户部尚书左侍郎,赠尚书。伯祖王象乾,隆庆五年

* 作者简介:董蕴菡,青岛大学师范学院中文系,讲师。

(1571)进士,官至兵部尚书、太子太师;祖王象晋,万历三十二年(1604)进士,仕至浙江右布政使。此外,三伯祖王象蒙,万历八年(1580)进士,官至光禄寺少卿;伯祖王象坤为嘉靖四十四年(1565)进士;叔祖辈中,王象节为万历二十年(1592)进士、王象春为万历三十八年(1610)进士。王象蒙、王象节、王象艮、王象春、王象明等均有诗名于时,象春名尤著,与文翔凤友善而齐名。

王士禛之父王与敕,清顺治元年(1644)拔贡,声名不甚著,然生四子皆成才,士禛乃季子。

长兄王士禄(1626~1673),字子底,号西樵,著有《表余堂集》《十笏草堂集》等,诗名卓著,尤工倚声,著有《炊闻词》,为清初一名家。士禄为顺治九年进士(1652),官吏部考功司主事,迁员外郎。王士禛在《书〈考功年谱〉后》有"文章经术,兄道兼师"之语,《渔洋文》中也有"与西樵为兄弟四十年,抚我则兄,诲我则师"的话。这位长兄实是士禛学诗的启蒙人之一。士禛八岁读王维、孟浩然、常建、王昌龄、韦应物、柳宗元数家诗。这些诗即抄授于王士禄。

仲兄士禧,字礼吉,著有《抱山堂集》。叔兄士祜,字子侧,号东亭,康熙九年(1670)进士,著有《古钵山人诗集》。

王士禛做官四十五年,深得圣眷。一门人文,清华门宗。从他的高祖王重光开始一门科甲,门第鼎盛。兄弟皆成才,相互扶掖。而青门读书之际"读书东堂,堂之外青桐三、白丁香一、竹十余头而已,灯火相映,咿唔之声相相闻,如是者盖十年"。

二、主盟文坛的缘起

顺治十四年(1657),二十四岁的王士禛在济南作《秋柳》诗,获得了齐鲁诗坛的好评。海岱、青、齐之地有李攀龙"白雪楼"遗风,在齐鲁诗坛得到承认,意味着他的诗名会迅速传播天下。《秋柳》诗有三种解释,一是"吊明亡之作";二是第一首追忆太祖开国时,后三首皆咏福王近事也;三是为福藩故妓郑妥娘作也。据严迪昌先生的意见,应当为郑妥娘故妓作。

王士禛于顺治十六年(1659)谒选得扬州推官。职居"司李"及专管刑法的王士禛却如吴梅村所赞扬的"贻上在广陵,昼了公事,夜接词人",以风流儒雅得到了当江东遗逸的承认、接纳和赞誉,为日后领袖文坛奠定了基础。王士禛在广陵五年期间,于到职的次年冬就赴吴中,先后谒见吴伟业、钱谦益,以诗贽业称弟子。对于钱谦益的嘉许,渔洋是重视的,直到晚年还有"平生知己之感"。《古夫于亭杂录》卷三有一则回忆:

> 予初以诗贽与虞山钱先生,时年二十有八,其诗皆丙申后少作也。先生一见,欣然为序之,又赠长句,有"骐骥奋蹴踏,万马喑不骄。勿以独角麟,俪彼万牛毛"之句,盖用宋文宪公赠方正学语也。又采其诗入所撰《吾炙集》。方盦山自海虞归,为余言之,所以题拂而扬诩之者,无所不至。予尝有诗云:"不薄今人爱古人,龙门登处最嶙峋。山中柯烂蓬莱浅,又见先生制作新。""白首文章老巨公,未遗许友入闽风。如何百代论《骚》《雅》,也许怜才到阿蒙。"今将五十年,回思往事,真平生第一知己也。

牧斋对王士禛有知遇之感,很多年后王士禛依然引为"平生第一知己"。牧斋对于王士禛的奖掖应当从其未来发展看去,将来主盟文坛应非王士禛莫属。所以对于明代的诗史,他从自己的角度将《列朝诗集》的观点复述了一遍。先表示对前后七子和竟陵派的不满,再讲解门户之争。这为王渔洋开宗立派建立门户、高举神韵大纛铺平了道路。他推崇古学,从《诗》《骚》开始,学习古人记国风、表志意的精神,在微言大义的表述中寻其中道。这样既有利于文字表述与理解,又有有余不尽的意味。

康熙十六年(1677),任户部郎中职,得尚书梁清标、侍郎魏象枢推重,次年经大学士李霨及冯溥、陈廷敬、张英等交口推荐,得以召对懋勤殿,康熙帝谕内阁"王士禛诗文兼优,着以翰林官用",遂以侍读直南书房,王士禛开始时来运转。康熙十八年(1679)三月,"鸿博"试于体仁阁,天下才彦云集京师,然而诗文词坛恰值群龙无首,权威空缺。王士禛被任命为国子监祭酒,而且此前一再得御赐"存诚""清慎勤""格物"以及御笔《枫桥》诗幅等,恩宠有加,位渐隆尊。

兹先考察京师及海内诗坛耆旧的凋零情状,康熙十九年时:钱谦益已病故十六年,吴伟业已病故九年,龚鼎孳已病故七年,宋琬已病故六年,曹尔堪卒已二年。

遗民诗老中:方文已病故十一年,冯班已病故九年,计东已病故五年,申涵光卒已三年,阎尔梅卒已一年,黄周星、纪映钟、李邺嗣等皆于此年病故或自尽。

这是一张简要的清单。顺治朝的先明故旧及遗民诗人都相继陨落,康熙朝面临着新旧转换的阶段。遗老中最孚众望的傅山,在峻拒"鸿博"之后转回山西,顾炎武伏处晋北,两年即病逝,再两年,傅青主易亦老逝。与王士禛年辈相同但稍长的如陈维崧、朱彝尊、毛奇龄等诗名虽高,但前一年均应"鸿博"试被录取,刚入翰林院供职为检讨,从科名计算倒全成了后进晚辈,谁也难以有雄心和实力问鼎京华诗坛盟主之位,何况,陈维崧很快也病逝了。如此势态,宗主之位非渔洋莫属。

作为诗界泰斗或一派宗主,需要有群星拱月般的弟子群从,此时王士禛已擢拜"大司成",著籍门下的弟子已数以百计。顺治十七年(1660),充任江南乡试同考官,分校"易二房",得九人称门生,其中有著名诗人、官至御史的昆山盛符升(1615~1700),有以"黄叶声多酒不辞"句著称而得"崔黄叶"之号的崔华(1632~1693)。他迁国子监祭酒时,除后来成为"吴派"经学大师的惠周惕(惠士奇之父、惠栋之祖)以及广陵著名诗人宗元鼎外,汤右曾、查昇、陶元淳、金居敬均在学,肄业于国子监的洪昇,康熙二十三年(1684)游太学的查慎行都可算是其弟子,其声势之壮可以想见。从渔洋著作中可以考见的称"门人"的名士,择其最著于世的有(除前已见):蒋景祁、宋荦之子宋至、周彝、何世璂、汪懋麟、吴雯、查嗣瑮、李鸿、阎若璩之子阎泳、陈奕禧、魏坤、徐兰、顾嗣协、陈僖、朱载震、曹延懿、殷彦来、彭始抟、汪洪度、汪征远、江辰六、朱缃、靳熊封、林麟焻、谢尧仁、吴陈琰、蒋仁锡、陆轸等。

王渔洋的选诗文从《十子诗略》,选定"金台十子"作为自己的羽翼,自此王渔洋的诗坛盟主地位奠定,两庑充实,声势浩大。金台十子分别是宋荦、王又旦、曹贞吉、颜光敏、叶封、田雯、谢重辉、丁炜、曹禾、汪懋麟。

三、神韵说

王渔洋在少年学诗的时候,学的是《唐诗宿》的选本,他是从王维、孟浩然、王昌龄、韦应物等诗人入手的,后来选择明代诗人的时候,他选择了徐祯卿的《迪功集》、高叔嗣的《苏门集》和边贡的《华泉集》,他们都以清远、清圆作为意境和风格的标准。王渔洋神韵说的第一个要义就是"清远""清圆"。

所谓"清远""清圆",即要求诗文形式比较简短,意义和感情比较收敛,但是比较有韵味。"清"是与深刻的社会现实相违的,它与杜甫广阔地展示社会现实和社会风貌的诗歌,及深刻地反映民生疾苦和用描述性的笔法展示社会苦难和不公是相违背的。这种对社会的深刻大面积展示是中国诗歌的重要传统,但是王渔洋的诗歌在描写田园景物的时候,虽然也展现了一定的困苦,但是他的田园没有狼与狗,具有比较清楚和新鲜的情调。王渔洋是"刑部尚书",其司法和检察方面的思想在诗文中也没有反映，他的诗文和他的社会角色和社会工作有一定的脱节，这表现了一种有些聪明或者是巧妙的思维方式，这是他为官圆熟的表现。对于顺治朝的科场案、奏销案、通海案等重要的打击中原士风的重大举措，王渔洋轻描淡写，这是一种官场的习气。不同的上司、不同的皇帝对下属有不同的要求，但是适当的噤声不言和适当的随声应和应该是王士禛的为官风范。当然若说他有的事不明就里也是有可能的，从其诗文来看，他用神韵、醇雅的风范有意回避了重大的政治斗争。他的这种风范与独善其身和逐年任事升级的策略有关。在与布衣诗人的接触中，在诗词的写作与选择中，在为人处世和官场中，“清远”“清圆”是有其意味的。

另外，“远”与“圆”的意思是不同的。远有一种历史感和未来感。圆有外圆内方、绵里藏针的意思，还有圆转如意、如弹走盘的意思。“远”中不仅有中国的朝代兴亡、朝代体制、官场诸位大臣及其品格出处评价、各个职位的职能、社会制度及社会治理的重要方法，还有阐旧邦以辅新命等对当代政治的思考，这样才有诗中的神韵和清远，这样才是“羚羊挂角，无迹可求”，这样才是“不着一字，尽得风流”。“清”不是无知无识的呆白，而是浊以静之徐清、安以动之徐生，是在纷繁事物中的撄宁，这种撄宁是在烦烦绕绕的任事过程中的一种平静心绪。“圆”是一种人格和干事风格的表现。它可使人在官场或者社会中立于中道，所谓“极高明而道中庸”“喜怒哀乐之未发谓之中，发而皆中节谓之庸”。这里的“圆”不是一味的顺从，而是一种有所持守的选择和合作，它有着合作和领导的意味。错误是一种永恒，但是指出错误的位置确实是一种能力，这种“圆”中有一种大音希声和大成若缺。

第二，神韵即意内言外、有余不尽。在内容和形式上，神韵说的体制和内涵都是取其神韵，诗人对风景的勾勒及诗人的片言只语与以禅喻诗有关，但阐释是不立文字、天机清妙的。他在片言只语中展示天机的一闪，如灵光乍现一般。但是这种灵光乍现与诗歌的表现传统是相关的，他是王维、孟浩然、王昌龄、韦应物一派。就像诗歌传统中的李杜诗文，李白的绝句和杜甫的一些小诗，都会表现出这种意蕴。唐代的王维、孟浩然等，宋代的梅尧臣、永嘉四灵，元代的顾瑛，明代的徐祯卿、高叔嗣、边贡……上述这些诗人的诗风都与王渔洋的诗风有关联。这种诗风的形成与诗歌的内容和形式，作者的思想情感、写作构思、用笔习惯，以及他学习的诗人的风格等有关。写这种诗的时候，诗人对社会生活和书本生活的大量积累，对诗文的阅读和练习，自己在社会生活中积累的经验，以及自己对生活和阅读体悟的悟性，就在诗文中展现出来了。就像海明威说的冰山原则，说出来的八分之一就像冰山的一角，水的下面有大的冰山的根，八分之七的未说出的话在水下面。就像阿多诺的沉默的文本，在你写出来的文本下面，有大量的间隙，在这种间隙中，有没有说出的话，这是沉默的文本。

第三，神韵虽然是一种清远、清圆的意味，是一种意内言外、有余不尽，但是神韵也是有目的意义的。在看宋人的骑射画时，人们都认为人物是有神韵的；在看骑射时矫健的身姿和景物的渲染的时候，有的人解释，从其箭的延长线出去，箭矢是正中靶心的。而神韵正在这里，它不是没有目的和没有准确性的，而是正中靶心的。王渔洋做过国子监祭酒和刑部尚书，他的官职和他的诗文是神韵说很好的社会任事和阅历保障，在这种官场和社会经历中，王渔洋的神韵一方面有“绝代风流润太平”的特点，但是太平是这些官员们和康熙帝用兢兢业业换来的，在谈论他们清空醇雅的太平之声时，我们应该看到太平的深广视野。在王渔洋的小诗中，虽然没有“莫自使眼枯，收汝泪纵横。眼枯即见骨，天地终无情”（杜甫《新安吏》），但有“满路槐花过故关”“半江红树卖鲈鱼”，精彩之处还是很明显的。而他的言之内和言之外以及属于诗歌的心意和意象，在鲜活的景物中既自然又醒目,在有余不尽的同时有着一语中的的意义。

所以说王渔洋的神韵说是一种"清远"和"清圆"。这首先是一种经历社会淘洗后的深远现实眼光和一种有历史和未来的时间观,"清"是一种提炼而不是一种简陋。其次是有余不尽和意内言外,这是一种个人写作方法和习惯,以简约的语言表达禅宗的有些神秘意味的情感和社会体悟是这种写作的主要方式。而神韵的第三个意义就是有目的性,有准头,所谓神秘、神韵、体悟,在虚玄中不是没有准头和目的性的,是无用大用而不是漫天刷糨糊、云山雾罩,这一点是要认清楚的。

四、王渔洋的诗文创作

王渔洋的诗文创作是以神韵说为指导的,我们说神韵是清远清圆、意内言外、有余不尽,有其目的性。在王渔洋的诗文创作中,短小的绝句和七言律诗是主体,而且绝句的比例是很大的。如何运用绝句或者律诗、用有限的篇幅写出重要的意义,是中国诗文创作的一个重要问题。就像金庸武侠小说中的《九阴真经》的上半部,他有个心法的问题。九阴真经的上半部是心法,下半部是拳法,梅超风、陈玄风学了下半部,学了拳法结果练了九阴白骨爪,没有炼成真正的九阴真经。苏轼说:"了然于心,了然于口与手。"诗人做诗的心法我们是看不到的,但是可以从他做的诗看见他内心的心思,所以对于王渔洋的诗,我们也就有了新的解读。例如《蟂矶灵泽夫人祠》:

霸气江东久寂寥,永安宫殿莽萧萧。都将家国无穷恨,分付浔阳上下潮。

蟂矶在安徽芜湖以西江上,灵泽夫人是刘备的夫人孙尚香。永安宫是刘备在白帝城亡故的地方。这首诗简单的几句,用刘备的典故和《琵琶行》的典故将其中的寓意表达得非常有张力。"霸气江东久寂寥",这个孙权建都石头城建业(南京)的地方,具有横霸江山之气,英雄乘时务割据,三国之间的争夺,"久寂寥"的是历史的长河,这样的英雄时事,但现在只是一泓春水、淡淡斜阳而已。"永安宫殿莽萧萧",刘备亡故的宫殿现在也是一片荒凉的景象,但是刘备的心愿还在。永安的宫殿与一代枭雄的英雄业绩随着和东吴的争执而灰飞烟灭。而东吴郡主孙尚香的情感和家国的无穷恨,"分付浔阳上下潮",无边的江水逝水汤汤,但是家国的无穷怨恨在潮水中激荡,只留下故事和江水。这首诗用的是七言绝句,语言简短,富有寓意,"久寂寥""莽萧萧"等形容词传达出历史过往之后的寂寞和悲凉,而这种厚重的历史感在简单的句子中表达得强烈而深沉。"官渡之战""赤壁之战""猇亭之战",魏、蜀、吴之间的争夺就这样展现在人们眼前。而白居易《琵琶行》中浔阳江的琵琶女,以及《长恨歌》中的杨玉环以及三国的孙尚香、貂蝉也展示在了我们面前,而言外之意又是那样明显,对孙刘联合的评价及他们的短视也展现了出来。所以短短的"分付浔阳上下潮",有余不尽,意内言外。

《沔县谒诸葛忠武侯祠》则气韵雄阔、笔力湛健。

天汉遥遥指剑关,逢人先问定军山。惠陵草木冰霜里,丞相祠堂桧柏间。八阵风云通指顾,一江波浪急潺湲。遗民衢路还私祭,不独英雄血泪斑。

清代诗评对王渔洋的入蜀诗的评价还是很高的,这首武侯祠与杜甫的"三顾频烦天下计,两朝开济老臣心。出师未捷身先死,长使英雄泪满襟"可以一观。"天汉遥遥指剑关,逢人先问定军山。"定军山是诸葛亮练兵之处,而此地的丞相祠堂正反映出人们对诸葛武侯的敬仰,桧柏间的丞相祠堂,和惠陵的草木在冰霜中一样。八阵图的战争风云,在赤壁之战和六出祁山的武功之中,以及七擒孟获等战事中。丞相的丰功伟绩使英雄感叹、百姓感念。到此时遗民还是在路上祭奠丞相,不仅仅是英雄血泪斑斑地祭奠他。诸葛亮在刘备三顾茅庐出山后,为刘备指出益州的方向,从而天下三分，孙刘联合对抗曹操。为什么诸葛亮看好刘备呢？刘备结交关张赵马黄五虎上将，在武功上刘备是有实力的，但是刘备没有好的文臣，所以诸葛亮出山帮助刘备带兵打仗。后主刘禅对诸葛亮虽有猜忌但是也是信任的，六出祁山应该是诸葛亮与刘禅相处的一种策略。“天汉遥遥指剑关，逢人先问定军山。”“八阵风云通指顾，一江波浪急潺湲。”在对英雄人物的感念中，看见了历史的阴阳两面，从而看通历史，了解世事，参透人情。

五、总结

王渔洋的诗文在康熙时代是文坛盟主，也是一代诗坛领袖。他出身清华门宗，祖父及兄弟都是科第出身，而在济南作《秋柳》诗，任扬州推官、国子监祭酒、刑部尚书，以及他众多的门生们都为他主盟文坛打好了基础。神韵说的清远清圆、意内言外、有余不尽、有目的和准头是他的理论基础，而诸多精妙的诗文充分表现了他的才力和水平，这是对康熙朝文坛的一个交代。

王士禛与博山赵氏文人的交往

王 勇*

以赵平为始祖的博山赵氏家族，在明清两代共孕育了9位进士、8位举人（不含进士及第者），以及若干副贡、拔贡、恩贡、岁贡、例贡等。他们仁孝继世，文艺传家，在山东乃至全国都产生了较大的影响。① 王士禛与赵进美、赵执信、赵执端等先后相识，密切交往，是山东古代作家共同成长的范例。

一

赵进美（1619～1692），字韫叔，一字韫退，号清止，又号鹅岩道人，赵振业四子。他自幼聪敏，被称为“圣童”②。明崇祯九年（1636）省试第一，声名鹊起。十三年（1640）进士及第，授行人司行人。清顺治二年（1645）起历任太常寺博士、顺天乡试同考官、刑户礼三科给事中、湖广乡试副考官、江西按察司副使等，十七年（1660）起又任广东、陕西、河南布政使司参政与福建按察使护理巡抚，诰授中大夫，晋封通议大夫。曾与部焕元、彭而述、宋琬、周体观、申涵光、赵宾并称为“江北七才子”③，著有《清止阁集》。事见王士禛《诰授中大夫福建提刑按察使司按察使清止赵公墓志铭》，田雯《中大夫福建提刑按察使司按察使清止赵公墓碑》，赵执信《代六叔祖祭四叔祖文》《代十八弟执璲祭祖父文》《中大夫福建提刑按察使司按察使先叔祖韫退赵公暨元配张淑人合葬行实》，《博山县志·事功传》等。

赵进美为王士禛的表叔④，又年长其15岁，且先入京成名，对王士禛的启迪与影响是值得注意的。以下各摘赵进美、王士禛一段文字为例：

> 盖予尝取古今论诗之合者，于宋得严沧浪，明得徐昌谷、王元美。⑤
>
> 余于古人论诗，最喜钟嵘《诗品》、严羽《诗话》、徐祯卿《谈艺录》……又云：弇州《艺苑卮言》，品骘极当。⑥

前者明言“尝取”古今论诗之合者，系为“始于庚辰止癸未”诗作所撰之序，落款“戊戌孟夏十日，赵进美韫退题于玉峡舟中”。“庚辰”指明崇祯十三年（1640），“癸未”指崇祯十六年（1643），

* 作者简介：王勇，山东师范大学文学院，副教授。

① 参阅拙著《明清博山赵氏家族文化研究》，中华书局2013年版。

② 〔清〕王士禛著，袁世硕主编：《王士禛全集》，齐鲁书社2007年版，第2191页。

③ 〔清〕陶梁辑：《国朝畿辅诗传》卷五，清道光十九年（1839）刻本。

④ 赵进美长兄赵继美之独子赵作肃，娶王士禛之四妹。参阅《笼水赵氏世谱》卷六，清光绪三年（1877）刻本。

⑤ 〔清〕赵进美：《清止阁集》卷一，见《山东文献集成》第2辑第29册，山东大学出版社2007年版，第490页。

⑥ 〔清〕王士禛著，袁世硕主编：《王士禛全集》，齐鲁书社2007年版，第4757页。

“戊戌”指清顺治十五年(1658)。即以最晚的顺治十五年计,王士禛只25岁,赵进美已40岁。后者初编于清康熙四十四年(1705),续编于四十七年(1708)。虽然编定未必是首倡,但按常理应该是赵进美之说在前,赵进美启迪、影响了王士禛。所以王小舒先生说:“赵进美和王士禛,从创作到理论,就存在着一种前后交接的关系,这种交接是在顺治后至康熙初完成的,正代表了山左诗歌风气的转移。”①此论持之有据,堪称的评。

严羽(生卒年不详),字仪卿、丹丘,号沧浪逋客,邵武(今属福建)人。宋理宗(1224~1264年在位)、度宗(1264~1274年在位)时在世。他是一位诗人,也是一位著名诗论家,著有《沧浪诗集》《沧浪诗话》等。严羽论诗,提倡“别材”“别趣”之说,又喜以禅喻诗。王士禛服膺严氏之说,其《〈唐贤三昧集〉序》重申《沧浪诗话·诗辨》云:“盛唐诸人,惟在兴趣,羚羊挂角,无迹可求,透彻玲珑,不可凑泊。如空中之音,相中之色,水中之月,镜中之象,言有尽而意无穷。”②这是王士禛“神韵说”的重要来源与依据。徐祯卿(1479~1511),字昌谷,一字昌国,吴县(今江苏苏州)人,系明代“前七子”成员,著有《谈艺录》等。王世贞(1526~1590),字元美,号凤洲、弇州山人,太仓(今属江苏)人,系明代“后七子”的领袖之一,著有《艺苑卮言》等。二人论诗主情致、重格调,亦与王士禛“神韵说”相通。

赵进美还有一篇《题阮亭近集》,曾被用为《阮亭诗选》序,也值得注意。文曰:

竹西烟月,江左风流,吾贻上以一奚囊收之。古称吏隐者,优游金马门,从容侍从,讽谏人主之侧;未有束带折磬,日亲爰书,临两造而游戏,办之若此。予不佞,去国万里,踯躅僻壤,闻见孤陋,墨池尘封,虽夙习难除,间一握管,而偃蹇自放,总非故吾。贻上枉亟问讯,揄扬溢实。及反复读近集数过,乃知贻上殆自道也。盎鱼江湖之说,取喻甚快,无已更进言之。

夫人赋形造物,五官四肢,位置皆同,而妍媸各别,性灵各具。今有人于此,欲颠倒五官、四肢之位置,自为新奇,不可也。若谓位置同,而妍媸无异貌,性灵无异用,亦不可也。诗文千秋之事,彼门户相角,议论相胜,徒自苦耳。黠者矜独运,庸者逐余波,其失一也。时名易袭,论定难掩,自明季能成一家言者,推而至于泰始、黄初,离合异同,大概可见。近世公安、竟陵,排击历下、琅琊不遗余力;虞山指摘,并及何、李,几于棘手骂座。然杜少陵诗中大成,而推服六朝、唐初人不容于口。自今视之,六朝、唐初人何如少陵?公安、竟陵、虞山著作具在,又何如比地信阳、历下、琅琊乎?此语独可与吾贻上道,亦愿与贻上共勉之。

婆娑瘴乡,意兴都尽,瑶华在前,不觉见猎心喜,娓娓至此。江岭阻阔,闻问不易,贻上直以尺牍语视之可耳。

在这篇“直以尺牍语视之可耳”的短文中,作者以长者的口气深情地倾诉了对“吾贻上”政事之余不废创作的过人才华的赞赏,形象地阐述了“五官四肢,位置皆同,而妍媸各别,性灵各具”的文学观点,明确地表达了对“近世公安、竟陵,排击历下、琅琊不遗余力;虞山指摘,并及何、李”的门户之见的不满,也鲜活地记录了王士禛“问讯”“揄扬”赵进美与赵进美“反复”阅读王士禛“近集”的生活经历。此外,赵进美还有《寄王贻上》《为王贻上题画二首》《秋日王贻上节推拈游红桥八首》等诗,或抒思念之情,或题绘画之作,或记游览见闻,都满含亲情、真挚动人。

---

① 王小舒:《赵进美的诗歌创作与理论主张》,载《厦门广播电视大学学报》2012年第1期。

② 《沧浪诗话·诗辨》原文:“盛唐诸人惟在兴趣,羚羊挂角,无迹可求。故其妙处透彻玲珑,不可凑泊,如空中之音,相中之色,水中之月,镜中之象,言有尽而意无穷。”见〔南宋〕严羽著,郭绍虞校释《沧浪诗话校释》,人民文学出版社1983年版,第26页。

赵进美与王士禛既是表叔侄，又是好朋友，所以赵执信称“先生（王士禛）与公（赵进美），累世交契，周旋最久，习亦无逾先生者”①。王士禛应赵执信请求所作的《诰授中大夫福建提刑按察使司按察使清止赵公墓志铭》，是记载赵进美生平事迹的重要文献。文章感情饱满，盛赞赵进美“公之早岁，为真名士”“公之中年，为真谏官”“公之出处，如云舒卷”。此外，他还作有《寄赠赵韫退先生典试三楚》《邹能弘还庐陵寄讯韫退》等诗。前者原有2首，今存1首。诗云：

庾亮南楼新月明，玄真西塞水烟横。潇湘木叶寒初下，江汉微波秋欲生。地有曹刘征战迹，人收屈宋古今名。归囊应有吴宫瓦，几处澄江白雪声。

作品写于顺治十一年（1654），王士禛刚刚21岁。通篇情调高昂，境界阔大，对仗工稳，使事自如，已显露出他对前辈赵进美的崇敬与羡慕，以及驾驭律体的杰出诗才。

二

赵执信（1662～1744），字伸符，更字澹修，号秋谷、柴叟、无想道人、知如老人、抱膝居士，晚号饴山、饴山老人，赵作肱长子，赵振业二曾孙。他“九岁捉笔为文，辄以奇语惊其长老”②。清康熙十四年（1675）补博士弟子，十七年（1678）举乡试第二名，十八年（1679）中会试第六名、殿试二甲进士，十九年（1680）选翰林庶吉士，二十年（1681）散馆授编修。“是时方征鸿博之士，绩学雄文者，麇集辇下，执信往来其间，倾倒座人，尤为朱彝尊、陈维崧、毛奇龄所引重，订忘年交。”③二十三年（1684）充山西乡试正考官，二十五年（1686）迁右春坊右赞善兼翰林院检讨，充《明史》纂修官兼预修《大清会典》。二十八年（1689）秋，因“国恤”期间观演《长生殿》剧，削籍罢官，回归故里，人称“演《长生殿》之祸”④。著有《饴山堂集》《海鸥小谱》等。事见汪由敦《文林郎前右春坊右赞善兼翰林院检讨赵先生执信墓志铭》、黄叔琳《赵执信墓表》《清史稿·文苑传》《清史列传》等。

赵执信系赵振业次子赵双美之孙，较赵振业四子赵进美小43岁。王士禛生于祖孙二人生年中间，比赵进美小15岁，比早熟的赵执信长28岁。赵进美、王士禛年过七旬方逝，赵执信则活到83岁。同乡、姻亲的双重关系，进士、官员的相同身份，以及对文学同中有异的执着追求，促进了王士禛与赵进美、赵执信祖孙两人密切而复杂的交往。这在王氏与赵氏家族乃至山东文化发展史上，都是极其罕见的。

跟“守之以谦”⑤的赵进美不同，赵执信是震惊朝野的狂士。他喜“狂歌”⑥，乐“狂饮”⑦，羡“狂

---

① 〔清〕赵执信：《中大夫福建提刑按察使司按察使先叔祖韫退赵公暨元配张淑人合葬行实》，见〔清〕赵执信著，赵蔚芝、刘聿鑫校点《赵执信全集》，齐鲁书社1993年版，第483页。

② 〔清〕汪由敦：《文林郎前右春坊右赞善兼翰林院检讨赵先生执信墓志铭》，见〔清〕赵执信著，赵蔚芝、刘聿鑫校点《赵执信全集》，齐鲁书社1993年版，第655页。

③ 王钟翰点校：《清史列传·赵执信传》，中华书局1987年版，第5796页。

④ 如：叶德均《演长生殿之祸》，见《戏曲论丛》，日知出版社1936年版；章培恒《演长生殿之祸考》，见《洪昇年谱》附录，上海古籍出版社1979年版。或称“《长生殿》案件”，如：人骥《赵执信和〈长生殿〉案件》，载《山东文学》1962年第2期。

⑤ 〔清〕赵执信：《中大夫福建提刑按察使司按察使先叔祖韫退赵公暨元配张淑人合葬行实》，见〔清〕赵执信著，赵蔚芝、刘聿鑫校点《赵执信全集》，第484页。

⑥ 〔清〕赵执信：《贺新郎·寄松风老人》词，见〔清〕赵执信著，赵蔚芝、刘聿鑫校点《赵执信全集》，齐鲁书社1993年版，第346页。

⑦ 〔清〕赵执信：《满江红·题仲翰村〈雪龛图〉》词，见〔清〕赵执信著，赵蔚芝、刘聿鑫校点《赵执信全集》，齐鲁书社1993年版，第353页。

杜牧"①,友"狂贺老"②,青年即"得狂名"③,天下皆"目为狂"④。与此相关,赵进美和王士禛的情谊为人称颂,而赵执信和王士禛的矛盾则为人诟病,甚至还被无限放大。笔者认为,由于政治观点、处世原则、文艺主张、学术见解等的不同,赵执信和王士禛之间确实存在很多矛盾,有时甚至是激烈冲突。双方互有短长,不可一概而论。例如:赵执信"尝问声调于王士祯,士祯靳不肯言"⑤,后"宛转窃得之,司寇知,戒勿泄"⑥,恐系王士禛狭隘;而赵执信指责王士禛受托编选吴雯别集后,"耄而多忘,未几遂亡,未及归诸吴氏"⑦,则属臆测之偏见⑧。

需要注意的是,王士禛与赵执信在"交恶"前是关系密切、唱酬频繁的。赵氏初识王氏,"乃敛衽慑服,于是噤不作诗者四五年。新城知之,特肆筵设席,醉之以酒,请弛其禁。宫赞乃稍稍复作,作则就正新城,以定是非"⑨。可见,他曾经师从王士禛,王士禛也是欣赏这位弟子的。所谓"余独不执弟子之礼"⑩,赵执信"求作《观海集序》,士祯屡失其期,遂渐相诟厉,仇隙终身"⑪,乃是后来的事情。康熙二十七年(1688)元宵,应诏赴京叩谒梓宫的王士禛还留宿于赵执信宅第。王士禛曾称赞赵执信、冯廷櫆的《诸葛铜鼓歌》为"二妙"⑫,又对赵执信的《谈龙录》"心折""首肯"⑬,并写下《题赵伸符编修写真》《甲子暮春邀修来、幼华、升六、千仞、伸符、天章、悔人过圣果寺看桃花二绝句》《赵伸符宫赞书来,云"秋雨沾足,山泉四溢,临流坐石,日诵〈庄〉〈骚〉",赋寄三首》《十一月二十八日雪,怀天章、伸符》《雪中再寄伸符宫赞二绝句》《和赵伸符宫赞寄门人洪昉思绝句》等诗。《赵伸符宫赞书来,云"秋雨沾足,山泉四溢,临流坐石,日诵〈庄〉〈骚〉",赋寄三首》其三云:

林居常晏起,苍翠扑晴窗。自富五千卷,何劳四十双。采芝绮里季,作黍汉阴庞。晚节思

---

① 〔清〕赵执信:《采桑子·虎丘舟中有赠》词,见〔清〕赵执信著,赵蔚芝、刘聿鑫校点《赵执信全集》,齐鲁书社1993年版,第334页。

② 〔清〕赵执信:《读药亭吉士见赠诗,戏答》诗,见〔清〕赵执信著,赵蔚芝、刘聿鑫校点《赵执信全集》,齐鲁书社1993年版,第171页。

③ 〔清〕陈恭尹:《〈观海集〉序》,见〔清〕赵执信著,赵蔚芝、刘聿鑫校点《赵执信全集》,齐鲁书社1993年版,第86页。

④ 〔清〕李因培:《〈秋谷先生遗文〉序》,见〔清〕赵执信《秋谷先生遗文》卷首,清乾隆十六年(1751)赵氏因园刻本。

⑤ 〔清〕纪昀等著,四库全书研究所整理:《钦定四库全书总目·〈声调谱〉提要》,中华书局1997年版,第2759页。

⑥ 〔清〕仲昰保:《〈声调谱〉序》,见〔清〕赵执信著,赵蔚芝、刘聿鑫校点《赵执信全集》,齐鲁书社1993年版,第542页。

⑦ 〔清〕赵执信:《怀旧诗十首,人各以小传,以相识之岁月为先后尔》其七序,见〔清〕赵执信著,赵蔚芝、刘聿鑫校点《赵执信全集》,齐鲁书社1993年版,第322页。

⑧ 〔清〕纪昀等著,《钦定四库全书总目·〈莲洋诗抄〉提要》:"然其集实已归吴氏。乾隆辛未,汾阳刘组曾裒其全稿刻之,又以士祯所评者,别刊一小册并行。"见《钦定四库全书总目》,中华书局1997年版,第2347页。

⑨ 〔清〕王应奎撰,王彬、严英俊点校:《柳南续笔》卷三,中华书局1983年版,第183页。

⑩ 〔清〕赵执信:《〈谈龙录〉序》,见〔清〕赵执信著,赵蔚芝、刘聿鑫校点《赵执信全集》,齐鲁书社1993年版,第532页。

⑪ 〔清〕纪昀等著,四库全书研究所整理:《钦定四库全书总目·〈因园集〉提要》,中华书局1997年版,第2350页。

⑫ 〔清〕黄叔琳:《赵执信墓表》,见〔清〕赵执信著,赵蔚芝、刘聿鑫校点《赵执信全集》,齐鲁书社1993年版,第653页。

⑬ 〔清〕汪由敦:《文林郎前右春坊右赞善兼翰林院检讨赵先生执信墓志铭》,见〔清〕赵执信著,赵蔚芝、刘聿鑫校点《赵执信全集》,齐鲁书社1993年版,第656页。

邻并，还能倒玉缸。

作品抒发了对赵氏乡居环境、自由生活、创作才华的由衷羡慕，表达了与赵氏接邻为伴、诗酒与共、安度晚年的美好愿望。

康熙二十九年(1690)秋，赵执信为奉答王士禛《赵伸符宫赞书来，云“秋雨沾足，山泉四溢，临流坐石，日诵〈庄〉〈骚〉”，赋寄三首》诗，创作了《酬王阮亭先生见寄三首》诗，表达了对王士禛的思念、崇敬与祝愿。次年初夏，他又写下了吟咏西城别墅中石帆亭、樵唱轩、半偈阁、大椿轩、双松书坞、小华子冈、小善卷、春草池、三峰、啸台、石丈、竹径、绿萝书屋十三景的《西城别墅十三咏，为阮亭侍郎作》组诗。它们不仅描绘了十三景观的秀美怡人，而且歌颂了别墅主人的非凡才华。如其八《春草池》：

岸草衣裙色，萋萋媚烟景。池水古镜明，照尽青春影。悬知佳句成，不待清梦醒。

“春草池”取自南朝宋诗人谢灵运代表作《登池上楼》中的千古名句“池塘生春草，园柳变鸣禽”。南朝梁钟嵘《诗品》卷中《宋法曹参军谢惠连》引《谢氏家录》载：“康乐(谢灵运袭爵康乐公)每对惠连(谢灵运从弟谢惠连)，辄得佳语。后在永嘉西堂，思诗竟日不就，寤寐间忽见惠连，即成‘池塘生春草’。故尝云：‘此语有神助，非我语也。’”①本篇在刻画春草池美景的同时，也赞美了王士禛的敏捷诗思：无须梦中神助，佳句即可构成。

即使“交恶”之后，赵执信对王士禛也时有称赞，如：“本朝诗人，山左为盛。先清止公与莱阳宋观察荔裳琬同时；继之者新城王考功西樵士禄及其弟司寇。”“或问于余曰：‘阮翁其大家乎？’曰：‘然。’‘孰匹之？’余曰：‘其朱竹垞乎！王才美于朱，而学足以济之；朱学博于王，而才足以举之：是真敌国矣。他人高自位置，强颜耳。’”“尝与天章、昉思论阮翁，可谓‘言语妙天下’者也。”“次韵诗，以意赴韵，虽有精思，往往不能自由。或长篇中一二险字，势虽强押，不得不于数句前预为之地，纡回迁就，以致文义乖违，虽老手有时不免。阮翁绝意不为，可法也。”以上各条，均见于“攻驳士祯”②的《谈龙录》。王士禛去世后，赵执信更“奔哭之恸，曰：‘典型杳矣！’”③

三

如果说王士禛是以晚辈和后学的态度尊重并借鉴赵进美的文学观点及实践经验，以长辈和同道的身份欣赏并批评赵执信的创作才华及叛逆精神，那么他更多则是以舅父和导师的双重角色启发并鼓励赵执端逐渐成为一名优秀诗人。赵执端(1675～?)④，字好问，号缓庵，赵作肃与王士禛四妹之独子，赵振业十一曾孙。“生有至性，髫年祇事父母，能得其欢心。年十八入邑庠，试辄高等数奇。”⑤但久困科场，复遭外艰，于是循例捐职。得选汶上县教谕，以母亲年迈托疾不就。晚年游于林下，诗酒遣愁。敕赠文林郎、深泽知县。事见《博山县志·文苑传》等。

---

① 〔南朝梁〕钟嵘：《诗品》，见何文焕辑《历代诗话》，中华书局1981年版，第14页。

② 〔清〕纪昀等著，四库全书研究所整理：《钦定四库全书总目·〈谈龙录〉提要》，中华书局1997年版，第2759页。

③ 〔清〕黄叔琳：《赵执信墓表》，见〔清〕赵执信著，赵蔚芝、刘聿鑫校点《赵执信全集》，齐鲁书社1993年版，第653页。

④ 〔清〕赵执端《甲辰除夕》诗：“回头少壮久难追，兀兀平头五十时。”见《四库全书存目丛书》集部第252册，齐鲁书社1997年版，第113页。按：此“甲辰”当指清雍正二年(1724)，古人以虚岁计年齿，上推四十九年为康熙十四年(1675)。又《初春二日送宪、慰赴青州试，次八兄韵》注：“余初八日初度。”此“初八日”当指康熙十四年正月初八日，即1675年2月2日。

⑤ 见《中国地方志集成·山东府县志辑》第7册，凤凰出版社、上海书店、巴蜀书社2004年版，第94页。

赵执端原有《宝菌堂诗集》，已散佚。今存乾隆刻本《宝菌堂遗诗》，由其长子赵宪编辑，黄叔琳作序，部分诗作还有王士禛批点、李尧臣评语，收入《四库全书存目丛书》。李尧臣，字希梅，号约庵，邑诸生。据《博山县志·灾祥》记载："（明崇祯九年）御史赵振业家堂上，亦产芝一本。"①"宝菌堂"缘此得名。既称"遗诗"，当非原作"诗集"全貌。

《宝菌堂遗诗》共存诗337题、474首。其中，上卷142题、186首，包括五言古诗23题、36首，七言古诗22题、23首，五言律诗97题、127首；下卷195题、288首，包括七言律诗97题、102首，五言绝句10题、24首，七言绝句88题、162首。它们涵盖反映社会现实、抒发个人愁绪、表达友情与亲情，以及山水、田园、题画、咏物等多种题材，并有不少佳作。

《宝菌堂遗诗》中王士禛批点者有31题、37首（含组诗子题）。这些批点言简意赅，不乏风趣，涉及五古、五律、七律、五绝等体裁，遍及立意、结构、用典、语言、风格、渊源诸方面。如五古《春草池》批语"孝友之言，风雅根柢也"，五古《雨后过田间作》批语"起佳"，五律《耳病戏作》批语"一结好"，五律《送弁山五兄之池上山庄》批语"一气如话"，七律《闲步戏题》批语"有章法"，五律《雨中同诸兄弟饮白云泉上送秋谷兄之粤》批语"用事入化"，五古《过郡城友人绣佛轩》批语"字字清绮"，七律《过友人斋次》批语"上下对句俱胜"，七律《春晚卧疾》批语"缠绵可感"，五绝《听雨》批语"小诗得唐人三昧"，五古《绿萝书屋》批语"好！正是似舅处"等。又如五古《雨中登清音阁》：

> 抱病久杜门，偃蹇过三伏。朝来中酒卧，松窗风谡谡。飒然魂梦清，风雨洒修竹。顿觉失炎氛，秋光已盈掬。振衣池上楼，聊以爽心目。斜阳间夕霏，白云半山腹。遥见蓑笠人，烟中鞭觳觫。峰岚忽明灭，草树如新沐。凭栏思浩然，清吟慰幽独。

清音阁亦称"北亭"，是赵进美始建园林怡园内的建筑，傍山临水，景色怡人。本篇为雨中登览之作，从立意到修辞，都能见出谢灵运《登池上楼》、谢朓《晚登三山还望京邑》等诗的影响，故被王士禛称为"其源出于二谢"。谢灵运、谢朓均以山水诗见长，主导风格表现为清新流丽。赵执端的山水诗亦多具此种格调，如《春草池》《过郡城友人绣佛轩》《送弁山五兄之池上山庄》等。但是，赵执端学习前贤时又不限一朝，更不主一家。李尧臣称其《奉寄秋谷兄山居》诗之二"有摩诘之韵"，就恰如其分；而《樵唱轩》学孟浩然之风，也是显而易见的。赵执端的山水诗多学二谢与王孟，其田园诗则多效陶渊明与范成大。如抒写隐逸志向的《读仲謟〈东皋集〉诗漫题》、描绘田园生活的《秋日田园杂兴》等，皆以平淡自然见长，表现出所受王士禛的影响。

赵执信后来"越轶山左门庭，弃其家学"②，赵执端则终生以舅父王士禛为师，"平时浸灌，久而熏蒸"③，"句拟字摹，亦颇得其一体"④。他读王士禛刻的书⑤，和王士禛作的诗⑥，用王士禛的

---

① 见《中国地方志集成·山东府县志辑》第7册，凤凰出版社、上海书店、巴蜀书社2004年版，第43页。

② 〔清〕赵执信：《〈冯舍人遗诗〉序》，见〔清〕赵执信著，赵蔚芝、刘聿鑫校点《赵执信全集》，齐鲁书社1993年版，第380页。

③ 〔清〕黄叔琳：《〈宝菌堂遗诗〉序》，见《四库全书存目丛书》集部第252册，第113页。

④ 〔清〕纪昀等著，四库全书研究所整理：《钦定四库全书总目·〈宝菌堂遗诗〉提要》，中华书局1997年版，第2560页。

⑤ 赵执端《读徐东痴集》诗自注："集为家舅渔洋公所刻。"见《四库全书存目丛书》集部第252册，第86页。

⑥ 赵执端有《和十一舅赠幔亭舅登蓬莱阁韵》，"十一舅"指王士禛。见《四库全书存目丛书》集部第252册，第94页。

诗境①,写王士禛的园林②。影响最大的当属《经先舅渔洋公旧邸》诗:

闲行枨触忽生哀,落日楼台首重回。突兀龙门群仰望,飘零宅相独徘徊。依然万壑朝宗在,不禁蜉蚍撼树来。万户千门纷甲第,更谁奖借解怜才。

四库馆臣据以认定"执信、士祯以争名构衅,著书互诋,两家诟争如水火,执端独舍执信而从士祯"③。此说流传既广,影响也大,以致有人片面认为赵执信、赵执端兄弟有不共戴天之仇。其实,事情远没有这么简单。王士禛比赵执信年龄大,辈分高,地位显;赵执信系赵振业次子赵双美之孙,赵执端则系赵振业长子赵继美之孙,两人系同曾祖从兄弟;赵执信岳母为王士禛同高祖从妹,赵执端为王士禛四妹之子,赵执信因此而确立与王士禛的甥婿、内舅及外甥、舅父关系:这些都能促使赵执端在王赵之争中偏于王氏一方。④ 需要留心的是,当时批评王士禛"神韵说"的绝非赵执信一家。如施闰章就抨击其"如华严楼阁,弹指即现;又如仙人五城十二楼,缥缈俱在天际"⑤,汪琬亦讥刺其"西川锦匠"⑥,黄叔琳更坦言"人于吾师,向往固多,反唇者亦间有"⑦。所以,"蜉蚍"云云恐非专指赵执信一人。至少在王赵"交恶"前的一段时间里,兄弟二人的关系还是相当融洽的。赵执信同学、门生中有赵执端的朋友⑧,赵执端还有兄弟情深的记载与卜居为邻的愿望,如《自山中归却寄秋谷兄二首》诗其一:

几日连床宿,心同云水亲。他年山可买,惟愿卜为邻。鸟语朝朝变,岚光处处新。无须挥白羽,不到庾公尘。

连床而宿,两心相印,期盼朝夕共处,着实令人心动。赵执端的《雨中同诸兄弟饮白云泉上,送秋谷兄之粤》《送秋谷兄之登州二首》《奉寄秋谷兄山居》《自山中归,却寄秋谷兄二首》等诗,表达惜别、思念从兄之情,也都真切感人。他如《和秋谷兄〈拯溺蝉〉》《和秋谷兄〈听泉榭〉》《再和〈拯溺蝉〉》《和秋谷兄〈咏蟋蟀〉》等,亦以率真淳厚取胜。

赵执信有《答十一弟缓庵见怀,因寄诸弟四首》《田庄赠十一弟》《循淄东下偕十一弟及栾傻》《郭庄夜坐示七弟,时十九弟自麻庄来,与十一弟先醉卧》等诗,抒发兄弟之情。《田庄赠十一弟》云:

结屋偎青壁,当门界白沙。山云千亩乱,溪月一条斜。饭美蔬厌雨,楼香枣送花。比年康乐思,对尔欲无涯。

本篇见于《红叶山楼集》,该集作于"康熙五十年至五十九年(1711～1720)家居红叶山楼

---

① 赵执端《偶同颖长弟过因园》诗"紫燕呢喃里,辛夷似雪残"后自注:"先舅渔洋公《因园》诗:'几树辛夷花似雪,红襟偏掠雪中飞。'"见《四库全书存目丛书》集部第252册,第98页。

② 如《西城别墅十三咏,为阮亭舅氏作》,见《四库全书存目丛书》集部第252册,第76～77页。

③ 〔清〕纪昀等著,四库全书研究所整理:《钦定四库全书总目·〈宝菌堂遗诗〉提要》,中华书局1997年版,下册,第2560页。

④ 新城王氏与博山赵氏联姻者又如王氏七世与仁、八世士禧娶赵氏女,赵氏十二世执桓、执端娶王氏女等。参阅何成《明清新城王氏家族文化研究》第三章《新城王氏的婚姻与婚姻圈》,中华书局2013年版。

⑤ 〔清〕王士禛著,袁世硕主编:《王士禛全集》,齐鲁书社2007年版,第4794页。

⑥ 〔清〕纪昀等著,四库全书研究所整理:《钦定四库全书总目·〈谈龙录〉提要》,中华书局1997年版,第2759页。

⑦ 〔清〕黄叔琳《〈宝菌堂遗诗〉序》,见《四库全书存目丛书》集部第252册,第73～74页。

⑧ 参阅赵执端《津门张逸峰孝廉过访家二兄,下榻寒舍,濒行索赠》诗并注:"张为家秋谷兄门人。"又《秋九月送仲翰村南归》《怀王六吉广文》诗。

时"①。田庄为赵执端的庄园,在今博山区石马乡。诗篇即地绘景,生动地刻画了田庄的优美环境;又以谢灵运、谢惠连兄弟比拟作者与从弟,热切地赞扬了赵执端的创作才华。可见,王赵"交恶",也难泯灭赵执信与赵执端的兄弟亲情。

此外,王士禛还深情地为博山赵氏文人撰写墓志铭,如为十一世赵作肃②、赵作耳③所作的《太学生斋如赵君墓志铭》《范县儒学教谕候补知县赵君子静墓志铭》,为十二世赵班玺④夫妇所作的《敕授文林郎河南道监察御史赵公暨配房吕二孺人合葬墓志铭》等。又热情地为博山赵氏文人的画作与园林题诗,如《题赵斋如画石》《赵氏涧园二首》⑤、《赵氏因园四时歌》⑥、《赵按察清音阁》《赵氏涧园》等。王士禛与博山赵氏文人的交往,既促进了双方的进步,又推动了山东乃至中国古代文学的发展。

---

① 赵蔚芝、刘聿鑫笺注:《赵执信诗集笺注·前言》,黄河出版社2002年版,第11页。

② 赵作肃(1645~1701),字斋如,一字子雍,赵继美独子。十四岁补博士弟子,后援例入太学。他工画能诗,著有《见山堂诗》(王士禛评点)等。事迹又见赵执信《代十一弟执端祭父文》,蒲松龄《代毕韦仲祭赵斋如》《又代孙子敬祭赵斋如》,《博山县志·孝友传》等。

③ 赵作耳(1665~1708),字子静,号泉山,赵凯美长子,赵振业十四孙。少年即闻名于诸生间,但数赴省试而不遇,遂引例入资任东阿、范县教谕。事迹又见《博山县志·事功传》等。

④ 赵班玺(1618~1687),字受介,号余庵、余庆,赵世熠长子。清顺治二年(1645)举人,顺治三年(1646)进士。敕授文林郎,曾任河南道监察御史,巡按四川、山西,诰授中宪大夫。事迹又见赵进美《族侄赠侍御祇遹行状》等。

⑤ 涧园是赵作肃始建的园林,故址在今博山区良庄。

⑥ 因园是康熙初年赵双美始建的园林,其后赵作肱、赵执信均曾扩建,在今博山区范公祠南邻。

王渔洋文化研究顶层设计浅析

曹瑞刚　包泉敏*

何谓顶层设计？它是指运用系统论的方法，从全局的角度，对某项任务或者某个项目的各方面、各层次、各要素统筹规划，以集中有效资源，高效快捷地实现目标。在我国，“顶层设计”已成为一个被各行各业广泛使用的名词。进行顶层设计必须具备可行性和可操作性。那么，对于王渔洋文化研究，为何要进行顶层设计？进行顶层设计的前提条件有哪些？以及如何使王渔洋文化研究兼顾“高大上”与“接地气”，在保持其应有的高雅风度的同时，为实现传统文化研究服务于地方经济、文化、社会建设而做出更大的贡献呢？笔者试从以下三个方面谈谈自己的看法。

一、进行顶层设计，彰显王渔洋在中国文学史上的重要地位，推动高端研究

（一）王渔洋不仅是桓台的、山东的，也是中国的、世界的历史文化名人

山东大学终身教授、古典文学研究泰斗袁世硕先生认为：“王渔洋是有清一代集名臣、诗人、学者于一身的文化伟人。”的确，在文学方面，王渔洋一生勤于著述，独创“神韵说”，主盟诗坛数十年，门人弟子遍天下，被誉为“一代诗宗”，蜚声海内。他兼善众体，著述多达36种、560多卷，有11种著述被收录到《四库全书》，25种著作被列入《四库全书总目》，王渔洋以其浩瀚的创作、丰富的文学活动和“一代诗宗”的崇高地位，撑起了清朝初年的文学大厦。在政治方面，王渔洋累官至刑部尚书，仕宦45年，始终恪守“清、慎、勤”的为官准则，其洁己爱民、宽政慎行的廉政思想以及王氏家族独有的家学门风，不仅在当时产生了重大影响，而且具有较强的“正能量”，对当今社会仍具有较强的现实价值和指导意义。

王渔洋不仅在清朝文学史上享有崇高声誉，随着时间的推移，他在中国文学史上的地位也日益凸显：2012年，中国作家协会启动了《中国百位文化名人传记》出版工程，确定传主120位，包括从春秋战国到清末在中国文化发展史上产生过重要影响的文化名人，其中王渔洋名列第98位。此套传记丛书是我国的一项国家级重大文学创作出版工程，旨在为一批杰出的文化大家树碑立传，总结他们在思想文化方面的贡献，形象化地诠释和反映中国文化的基本精神，继承发扬中华传统文化精髓，对建设社会主义文化强国具有重要而深远的意义。作为世界文化的重要组成部分，中华文化历史长河中涌现出的这些杰出人物，不仅仅属于中国，也属于世界。王渔洋能够跻身其中，足见其在中国文学史上的地位之高、影响之深远！从这个意义上来说，王渔洋不仅是桓台的、

---

* 作者简介：曹瑞刚，山东省王渔洋研究会副会长，王渔洋文化研究保护中心主任；包泉敏，山东省王渔洋研究会副秘书长、桓台王渔洋学术文化研究中心副主任。

山东的,也是中国的、世界的历史文化名人。

(二)王渔洋文化内涵丰富,博大精深

关于王渔洋文化的研究在学术界从未中止过,特别是1994年至今的二十年,可以说是王渔洋研究历史上最活跃、最富成果的黄金时期。学术界研究成果层出不穷,各种专著、论文相继面世。与此同时,涌现出了一大批学术领军人物。可以说,目前学界对王渔洋的研究,已经从初期的深度不够、范围狭窄,发展到逐渐走向纵深和多元,研究的视野越来越宽。而伴随着研究的不断深入,王渔洋文化已经自成体系。

作为一种文化体系,王渔洋文化是王渔洋及与之有关的历史文化符号承载的优秀传统文化的集合体,内容丰富,涉及面广,它不仅包括王渔洋的文学成就、诗宗流派,为政思想、仕宦经历,家族教育、生活环境,历史背景、社会交往,人生游历、遗迹遗存等,也包括整个王氏家族的家学渊源和明清时期新城乃至山左地区崛起的其他望族事迹,以及桓台悠久的历史文化,涵盖了中国优秀传统文化的价值取向、精神特质和思想内核。作为中华文化的一部分,王渔洋文化蕴含着丰富的智慧、哲理、胸怀和风骨,可谓博大精深。加强王渔洋文化研究,任重道远,意义重大。正如山东大学王小舒教授所说:"王渔洋文化的内核就是中华文化的精髓,它不属于王渔洋本人,而是一种文化的集成,是一个精粹的提炼,这个正是中国所需要的。它的存在不仅对中国文化而且对世界文化都是一个启发,能够起到很好的促进作用,给人类文明带来健康的、有益的而且有所创新的东西,它不仅属于古代,而且属于今天和未来。"①

在厘清王渔洋文化研究范围的同时,我们还面临着一个现实问题,那就是在对王渔洋文化进行深入挖掘和研究时,如何充分调动、更好发挥学术界这支高端研究队伍的优势力量和主导力量以及地方文化研究的补充力量,同时,将研究行为同当地文化事业和文化产业的发展有机结合,深入挖掘王渔洋文化的内核和精髓,更好地传承和弘扬中国优秀传统文化精神,在推动王渔洋文化研究高端化、系统化的同时,有效地将人文历史资源转化为推动现实社会发展的动力。

进行顶层设计,即为顺利实现这些目标提供必要的规划和指导。

二、实施顶层设计,具有现实保障,具备可行性和可操作性

(一)有效整合资源,凝聚整体合力

从2006年至2014年3月,桓台县与王渔洋文化有关的研究机构经历了以下变迁:2006年,成立了桓台王渔洋学术文化研究中心,正科级事业单位;2013年,经山东省政府审批,成立了王渔洋文化研究保护中心,副县级事业单位;2014年3月,原桓台王渔洋学术文化研究中心、王士禛纪念馆和桓台县古县城管理开发办公室一起纳入王渔洋研究保护中心,县内研究资源被整合为一个目标统一、架构较高的统一体。

先后成立的研究机构,充分发挥各自职能,以做强王渔洋文化品牌为核心任务,着力扩大王渔洋文化品牌的影响和辐射范围,组织开展了系列活动:组织力量修订出版了《王士禛志》,使其纳入《齐鲁诸子名家志》;创办了《王渔洋文化》,使其成为展示王渔洋研究成果的平台、联系王渔洋研究学者的纽带、了解王渔洋文化及桓台县文史知识的窗口。该刊物在2013年首届淄博市优秀社会科学普及读物评选中获得二等奖;组织创作出版了小说《王渔洋传奇》;重新整理出版了《手镜》;积极

① 王小舒:《王渔洋研究的重要意义和学术方向》,载《王渔洋文化》2012年第2期。

配合《淄博晚报》开展了"人文淄博·探寻明清之际的名门望族"系列报道，对包括王渔洋在内的桓台历史上的名门望族进行了宣传，进一步扩大了王渔洋文化研究的外延；充分发挥了县内各媒体的重要载体优势，自2012年6月起，开始协助县电视台、县电台联合录制"桓台史话"及"乡土乡音"等地方人文类栏目，《桓台大众》开设"人文桓台"专版。这些栏目在广泛凝聚社会力量、大力开展王渔洋文化及地方人文历史的宣传和普及、不断增强文化品牌的影响力方面，收效明显。另外，作为桓台县古县城保护开发一期工程重点项目的忠勤祠和王渔洋故居，自2013年10月经过修复开放以后，致力于打造文化旅游精品，已获多项殊荣，分别荣膺首届和第二届"山东省十大精品陈列"。目前，王渔洋故里景区申请国家级AAAA景区的工作正在顺利进展中。王渔洋文化也成功入选"文化齐鲁　创意山东　品牌100"文化品牌、淄博市重点文化品牌名单。

2014年3月，桓台县王渔洋文化研究保护中心经过整合后，进一步明确了将桓台县建成王渔洋文化研究"四个中心"的工作目标。"四个中心"：一、联络中心。立足山东，面向全国及海外，将桓台县建成国际、国内王渔洋学术文化研究专家、学者广泛开展学术交流、研讨，深入挖掘王渔洋文化的信息平台和联络枢纽。二、宣传推介中心。加大对王渔洋文化在国内、国际媒体及专门研究机构的宣传力度，提高王渔洋作为历史文化名人的知名度和影响力，真正将其做成一个体现桓台县、山东省悠久历史和文化底蕴的"名片"，展示中国传统文化精髓的文化符号。三、资料中心。依托现有王渔洋研究资源，不断拓宽资料采集渠道，搜集整理与王渔洋有关的资料，包括家族谱系资料、王氏族人著述资料及王氏家族相关研究资料等，建立起一个科学、规范、现代化的资料库。四、开发中心。通过影视、书刊、戏剧、年画、动漫等形式，加大对王渔洋这一历史文化名人的包装、立项，搞好文化产品的开发，将人文历史文化资源与发展文化事业和文化产业结合起来，实现历史文化更好地服务于现实、服务于经济发展的目标。

以"四个中心"为纲，王渔洋文化研究的空间将会越来越大。

（二）凝聚学术力量，搭建更高平台

2014年8月，桓台县将举办纪念王渔洋诞辰380周年全国学术研讨会。会议获得圆满成功，会上成立的山东省王渔洋研究会和中国社科院文学所古代文学研究室在桓台设立的"学术研究基地"，不仅成为此次大会的两大亮点，更重要的是，这两个机构的设立，为推动今后的王渔洋研究搭建起了两个高端平台，初步建立起了立足山东、走向全国、面向世界的王渔洋研究的长效机制和与各级学术研究机构相联系的互动机制，可谓继往开来、意义深远。

王渔洋研究会由山东省古典文学学会、山东大学、山东师范大学、齐鲁书社等高层次的专家学者和桓台县地方文化研究的骨干力量组成，这一构架很高、管理规范的专门机构的成立，在学术研究与地方文化研究之间架起了一座桥梁。可以说，王渔洋研究会的成立为打造一个国际国内王渔洋文化研究专家、学者广泛开展学术交流、研讨，深入挖掘王渔洋文化的信息平台和联络枢纽创造了有利条件，为建立一个指导王渔洋文化研究的中心、确定研究方向、制定研究计划、规范研究行为、开发研究项目等提供了强有力的组织保障。研究会的成立，不仅可以使学术力量凝聚为一个整体，而且也是推动地方政府对王渔洋文化研究进行行政支持的坚强保障。更重要的是，研究会的成立，使王渔洋文化研究在"高大上"与"接地气"二者兼顾方面迈出了可喜的一步，是王渔洋文化研究史上的一座重要里程碑，为未来更好地将学术成果转化为现实资源提供了强大的动力和重要保障。

中国社会科学院是中国哲学社会科学研究的最高学术机构和综合研究中心，其任务是创造性地开展理论探索和政策研究，它肩负着提高中国人文社会科学研究水平和理论创新的使命。在桓台设立学术研究基地的意义非常重大，正如中国社会科学院文学所古代文学研究室研究员郑永晓所说："在桓台设立学术研究基地，有助于进一步推动王渔洋研究的可持续发展……有助于把学术研究建立在对研究对象的调查研究基础之上，这对于推动以王渔洋为个案的地域文化、家族文化研究具有重要意义；有助于促进双方文化与学术交流，培养锻炼年轻学者增强对王渔洋研究的认知和兴趣，共同推动以王渔洋研究为中心的区域文化研究水平的提高。"无疑，学术研究基地的设置，是新形势下弘扬优秀文化传统、促进当代文化建设、增强区域文化软实力的重要举措。

综上所述，桓台县多年来对传统文化保护和传承的高度重视，山东省王渔洋研究会的成立和中国社会科学院文学所古代文学研究室在桓台设立学术研究基地等，都为王渔洋文化研究提供了强大的舆论支持、基本的现实保障和有力的组织保障。这对促进王渔洋文化研究建立一个科学可行的运行机制及推动王渔洋研究活动的常态化、制度化、规范化必将产生积极影响，也使得王渔洋文化研究顶层设计变得更具可行性和操作性。

三、立足现实，完善规划，实现顶层设计的核心理念和目标

王渔洋文化研究，需要进一步深入挖掘王渔洋文化的内涵，不断拓展研究外延，正如山东省古典文学学会会长王志民所说："要充分挖掘这份文化资源，从文学王渔洋拓展到政治王渔洋，拓展到道德王渔洋、人才王渔洋，等等。将王渔洋一生的贡献和做官、做人、做文章的杰出表现转化为发展新时期文化的丰厚文化滋养。"在王渔洋文化研究的顶层设计中，其核心理念与目标都源自顶层，而要实现这一目标，必须要有具体的工作规划，可以考虑从以下两方面着手。

（一）突出山东省王渔洋研究会和中国社会科学院文学所古代文学研究室高端学术平台的作用

其一，发挥好组织领导作用，照章行事，确保各项制度的落实。王渔洋研究会要集中研究力量，依托山东大学、中国社会科学院文学所古代文学研究室、山东师范大学、齐鲁文化研究院等高校及科研院所，加强对王渔洋文化的研究与发掘，规划组织王渔洋文化课题研究工作，开展王渔洋文化的宣传、教育工作。按照研究会章程规定，每五年举行一次全体会员大会，选举理事会成员；每年举办一次学术年会，通过定期召开年会、举办学术活动，不断加强与高校、社会科学研究机构及国内外王渔洋文化研究者、爱好者的联系。在每年正式出版一辑《王渔洋研究论丛》的同时，继续整理、编译、出版王渔洋文化研究书籍，组织、创作、出版王渔洋文化研究音像制品和电子出版物，收集王渔洋研究的最新成果并进行宣传，以引导学术界研究活动的有序开展，提升王渔洋研究的质量和品位，保证王渔洋文化研究与学术交流活动的常态化、制度化和规范化。中国社会科学院文学所古代文学研究室充分发挥学术基地的作用，除开展好科学研究、学术交流等活动外，重点搞好人才培养，积极吸收中青年教师参加有关项目研究，培养高素质的学术带头人和中青年学术骨干；积极吸收研究生参加课题组，促进硕士、博士等高级专门人才的培养；把重大项目研究与新课程开发紧密结合起来，促进最新研究成果向教学层面转化；在有条件的情况下，应尽可能为社会各界提供以知识更新为主要内容的培训。

其二，发挥好学术龙头作用，扩大研究领域，细化研究内容。建议从以下几个方面着手：其一，王渔洋自身方面的研究涉及其文学成就、诗宗流派，为政思想、仕宦经历，家族教育、生活环境，历史背景、社会交往，人生游历、遗迹遗存等，尤其要进一步细化其诗文创作和文化价值研究，关注其在历史学和文献学方面的贡献。其二，王渔洋文学流变和文学理论研究。包括"王家自己的流变，

然后是他对山东地区文学影响的流变,也就是说把王渔洋文学的研究融入到山东文学的研究里,成为齐鲁文化研究的一个重要方面"①。在文学理论研究方面,要搞好文学理论研究与当代现实发展的结合,将王渔洋的诗歌理论、文学理论融入到今天的文化建设中去,充分发挥理论研究在当代文化建设中的意义和潜在价值。其三,王氏家族文化的研究。家族文化包括家族历史、家族传统(家风家训、人格修养、廉政理念)、家族文学创作等各个方面。在研究过程中,亦可将与王氏家族有关的其他家族的研究以及新城在明清之际文人辈出的历史渊源纳入其中。换言之,即在深入挖掘王氏家族的家学渊源、王氏文化产生的历史根源的同时,充分挖掘、传承和弘扬与之一脉相承的中华优秀传统文化的精髓。

(二)充分发挥地方文化研究在弘扬传统文化中的重要推动作用

王渔洋文化研究,既是一项重要的社会科学选题,需要在高层次社科研究领域占有一席之地,也是县域历史文化研究的龙头,需要充分发挥地方文化研究力量的补充作用。要想实现这个目标,需将王渔洋文化研究与桓台县文化事业发展有机结合起来,真正做到文化研究"接地气",将研究行为与地方文化建设相结合,与践行社会主义核心价值观相结合,与挖掘吸取王渔洋与王氏家族文化的当代价值相结合,如此,才能更好地实现传统文化研究为现实经济建设服务的目的。

要做好这项工作,建议从以下两方面实施:

其一,地方文化研究要遵循学术规律,坚持科学方法。地方保留了大量的民间资料,在挖掘传统文化、为学界的研究提供有益的借鉴和补充方面具有得天独厚的有利条件,而且,由于地方文化研究各具特色,最能体现地域文化差异和地方文化特色,乡土气息浓厚,因此也更接地气,作为主流文化的一种有益补充,对弘扬中华优秀传统文化必然会产生巨大的推动作用。需要注意的是,地方文化研究要注重把握研究方向、正确运用研究资料,要注重对当下社会的启示作用等,"切忌坐井观天,一定要放在中华文化发展的历史长河背景下进行,才能把握正确方向,地方文化研究要注意批判继承。同时,要遵循学术原则,坚持科学方法,只有这样,才能让优秀的传统文化更加丰厚,充满生命力地传承下去"(摘自《王志民在纪念王渔洋诞辰380周年全国学术研讨会上的讲话》)。

其二,将王渔洋文化研究同当地文化事业、文化产业的发展有机结合,使优秀的传统文化更好地服务于现实、服务于经济发展。按照发展文化产业的要求,对相关内容进行包装立项、策划成文化产业项目,形成以财政投资为主体,广泛吸纳社会资金,有计划地进行开发,以开发促研究,以研究带动开发的格局,促进经济、文化强县的建设。同时,立足文化事业的发展,进一步加大对王渔洋文化的宣传和普及,一是充分调动社会文化力量的积极性,通过拍摄专题片及微电影,通过网络平台、社区展板、宣传栏、文化广场等,将王渔洋文化融入到文明城市的建设中去,以通俗易懂、百姓喜闻乐见的形式广泛宣传,大力普及;二是组织专门的力量对王氏家族文化进行深入挖掘、归纳总结,提炼出精华内容,编辑出版普及读物等,加大宣传普及力度;三是在学校开设王渔洋文化及传统文化专题讲座,让地方人文历史知识走进课堂,培养学生的地方人文情怀,等等。通过全方位、多层次、立体式的宣传和推广,让桓台的历史文化名人、优秀的文化传统家喻户晓,进一步提高大众的文化自觉意识,共同为优秀传统文化的传承做出贡献。

① 王小舒:《王渔洋研究的重要意义和学术方向》,载《王渔洋文化》2012年第2期。

孟子曰:“天时不如地利,地利不如人和。”对王渔洋文化研究来说,目前已具备了天时、地利、人和诸条件。正如王小舒教授所说,王渔洋文化研究已经达到了一个前所未有的高度。地方政府的强大支持、高端研究平台的成功搭建以及广大专家学者的不懈努力,使我们相信王渔洋文化研究的道路必将越走越宽,王渔洋文化研究事业的前景必定会越来越广阔!

以上所述,即为笔者对王渔洋文化研究顶层设计及相关问题的粗陋之见,所述观点或有值得商榷和不当之处,诚请专家、学者、有识之士批评指教。

王士禛佚文辑存及考释

陈汝洁*

王士禛(1634～1711),字子真,一字贻上,号阮亭,别号渔洋山人,清初山东新城(今桓台县)人。顺治十五年(1658)进士,官至刑部尚书。他以诗名世,主盟诗坛五十余年,其诗作、诗论影响巨大,被奉为"一代正宗"。

2007年6月,齐鲁书社出版了袁世硕先生主编的《王士禛全集》,精装6册,340余万字,收录了王士禛平生创作的诗、文和杂著。"全集"贵全,所以,《王士禛全集》在《诗文集》部分分别设立了《渔洋集外诗》和《集外文辑遗》,对王士禛诗文进行了辑佚。尽管编者在辑佚方面做了大量工作,但尚有未辑入者。今以笔者知见,将13篇王氏佚作辑录、考释于下,以补《王士禛全集》之缺。

一、红桥游记

出镇淮门,循小秦淮折而北,陂岸起伏多态,竹木蓊郁,清流映带。人家多因水为园,亭榭溪塘,幽窈而明瑟,颇尽四时之美。拏小艇,循河西北行,林木尽处,有桥宛然,如垂虹下饮于涧;又如丽人靓妆袨服,流照明镜中,所谓红桥也。游人登平山堂,率至法海寺,舍舟而陆,径必出红桥下。桥四面皆人家荷塘。六七月间,菡萏作花,香闻数里,青帘白舫,络绎如织,良谓胜游矣。予数往来北郭,必过红桥,顾而乐之。登桥四望,忽复裴回感叹。当哀乐之交乘于中,往往不能自喻其故。王、谢冶城之语,景、晏牛山之悲,今之视昔,亦有然邪!壬寅季夏之望,与箨庵、茶村、伯玑诸子,偶然漾舟,酒阑兴极,援笔成小词二章,诸子倚而和之。萚庵继成一章,予亦属和。嗟乎!丝竹陶写,何必中年?山水清音,自成佳话。予与诸子聚散不恒,良会未易遘,而红桥之名,或反因诸子而得传于后世,增怀古凭吊者之裴回感叹,如予今日,未可知也。

按:是篇录自谭献《箧中词》卷一,浙江古籍出版社1988年5月影印《御选历代诗余》附录,第537页。文作于康熙元年(1662),刊于《红桥唱和词》。《丛书集成》本《衍波词》、叶公绰《全清词钞》及龙榆生《近三百年名家词》等均曾刊录。

二、六朝松石记

金陵园林亭榭相望也,六朝园最古。园在瓦官寺东北,其得名以松石。元昭太史屡约同

* 作者简介:陈汝洁,桓台县地税局,科员。

游,不果。廿七日,过万竹园,主人适荷蓑出;使园丁乡导以往,肩舆径造,颇无辟疆之逐。园旧属中山之族,转徙徽贾汪氏,今为龙眠吴中丞家别墅。一堂东向,曰葆光,为胡彭举书榜。松石在其南荣,鬣甲盘拏,方五丈许,质作苍玉色,绀碧相错。予所见密县白松仿佛似之。清风谡谡,令人忽忽有齐、梁间意。燕中慈仁寺十二松,相传金源遗物,方斯邈然。松俯三石:一曰紫烟,突兀孤峙如丈人峰,有白岩乔公正德间题诗;东西两小石拱揖伛偻,虎蹲而鹄举,与金山石簰绝相类。其一题字云:"而刚而柔,无古无今;我心斯石,我石斯心。"相传是涑水公笔,今"马光"字尚了然可辨。一云:"刘季高父徘徊其旁。绍兴丁丑六月乙未。"字皆完好。摩挲之下,因叹人代之迁,邈如转毂。然古者为今,今者复古,即如元祐、绍兴、正德;距今或五六百载,或一二百载,俯仰之间,便为陈迹,又况于六代之久乎!即此百年中,倏而为侯家所有,倏而属之估人,而今复为中丞之所有也。人代无穷,盛衰迭易,松石之阅人多矣。然则吾今兹之游,不亦可慨然于将来乎?园在朝市而幽遐如山坞,古诗云"地远松石古",于斯有焉。

按:是篇录自《渔洋精华录集释》,上海古籍出版社1999年12月版,第421页。文作于康熙三年(1664),收入《金陵游记》一书。因文中记六朝石题字为司马光,实为南宋司马光祖,故《渔洋文略》删去此篇,《王士禛全集》亦失收。王士禛另有《六朝松石歌赠邓检讨》。

三、诰赠朝议大夫、布政司参议搏万于公传

于公,讳振翼,字搏万,郡廪生。生性倜傥,气度豁如。好义乐施,乡党有患难,倾身排解,惟恐弗逮。邑有大利害,慷慨陈诸邑大夫,必求济而后已。戚知以贫乏告,倾囊橐无吝啬。尝售从兄某田,某晚年困顿,不能自存,公还其田而不责值。及殁子幼,含殓祭葬皆身任之,人以为难。以子贵,赠朝议大夫、布政司参议。崇祀乡贤。

户部侍郎王士正

按:是篇录自《于氏世谱》之《于氏前型录》卷上《传志》。《于氏前型录》有同治十年(1871)于在思所撰《前型录序》,故是书编订当在此前后。检《于氏世谱》,于振翼为于维世、于觉世之父。于维世,字回狂,号鹤州,岁进士,候选训导。其弟于觉世,字子先,号铁樵,又号赤山,顺治丙戌举人,乙未进士,官至广东布政使司参议。王士禛与于觉世顺治十二年(乙未,1655)会试同榜,且又有姻亲关系,于觉世之女嫁王士禛之侄王启浣。顺治十七年(1660),王士禛赴任扬州推官,曾作《留别回狂子先兄弟》诗,此诗收入《王士禛全集》,见该书第594页。次年岁暮,王士禛作《岁暮怀人绝句三十二首》,其中最后一首也是写于氏兄弟的,见《王士禛全集》第342页。这首绝句收入《于氏前型录》卷上《录诗》,题目作《怀于回狂赤山兄弟》。于觉世卒后,王士禛为其撰墓志铭,此墓志铭已收入《王士禛全集》,见该书第2186页。《于氏世谱》所录王士禛诗、文均署名为"王士正",系因雍正帝(胤禛)登基后,"禛"字犯御讳,将王士禛更名为"王士正",乾隆三十九年(1774),又诏改为"王士祯"。王士禛自康熙三十一年(1692)八月起任户部右侍郎,康熙三十三年(1694)七月转任户部左侍郎,至康熙三十七年(1698)七月升任都察院左督御使,故此文当撰于康熙三十一年八月至康熙三十七年七月期间。

四、招远训导文澜公纪略

张公辉黄,字文澜,鸿胪燧孙,增生。居蒙第五子。少业儒,未博一衿,遂弃去。年弱冠,复锐志书史,食饩邑庠。以岁贡任招远训导,训迪以法,解经取要义,有安定先生遗范。庠中

有触法令者，谕以是非利害，无不改辙。后解职归，遇疾，以药少闲，越二日，呼衣冠，进子若孙，曰："各勤所业，无忝前人者为肖子，不然是自弃也。"语毕，瞑目而逝。

刑部尚书王士祯

按：是篇录自《楼村披阳张氏宗谱卷后·传》，嘉庆二十四年(1819)刻本。新城王氏(王士禛家族)与楼村、披阳张氏也有姻亲关系。据是书所录高珩所撰《文学文麓公(张应黄)事纪》一文，张居蒙为王士禛伯祖王象乾女婿，张应黄、张辉黄为王象乾外孙，故王士禛与张辉黄为外从兄弟。王士禛自康熙三十八年(1699)十一月至康熙四十三年(1704)八月任刑部尚书，此后罢官家居，至康熙五十年(1711)五月去世。故此文作于康熙三十八年十一月至康熙五十年五月期间。

五、镇西卫经历济然公传

公讳庭楫，字济然，廪生，向亭公第三子。天性纯孝，事继母邓孺人内外无间〔闲〕言。持身端洁，生平未尝与人忤。壬午城破，长子宏烈以身殉难。先时促公逸出，会有两骑追之，仓皇之际，奔入东郊先茔，蹲身树下。俄见一妇缟衣素裳，手曳白练，而两骑却走，妇亦不见。人以为白衣大士之灵，而善人获佑也。以岁贡授夏津训导，迁范县教谕。其在夏津也，值土寇跳梁，公与县令姜念督率士子昼夜守埤，城赖以全。寇平，则与诸生立社会文，比屋弦颂。新令夏人佺尤重之。范被土寇蹂躏甚于鄃城，无居人。公劝督士子复业，文教渐兴。丁忧，服阕补昌乐教谕。迁靖海卫教授。官一载，迁镇西卫经历。致仕后，居乡饮大宾者三次。以子宏启敕封文林郎、广通县知县。夫以公世德孔厚，家学有源。探古人未发之奇，读书能见其大；处万物无营之后，训士不懈于心。五庠桃李生风，鼓吹名理；四壁烟霞添色，领袖人伦。俎豆宫墙，从知稽古之报；峋嶙阀阅，永识贻谋之长。

户部侍郎、邑人王士正撰

按：是篇录自《桓台耿氏世谱》卷二，香港天马图书有限公司2001年12月影印1920年印本。文中所记"壬午城破"，系指崇祯十五年(1642)清兵袭破新城，大肆屠戮民众。以下六、七、八三文均涉及此事件。王士禛另有《五节烈家传》，记载了此事件中死难的王氏本家族女性，见《王士禛全集》第1611页。

六、太学生元锡公传

公讳宏图，字叔永，号元锡。太仆公第三孙玉衡公长子，太学生也。公天性至孝，事继母陈孺人克承厥志。内外无闲言。壬午十二月初二日城陷殉父难，时年二十九岁。

户部左侍郎、邑人王士正撰

按：是篇录自《桓台耿氏世谱》卷二，香港天马图书有限公司2001年12月影印1920年印本。

七、节妇郑孺人传

节妇郑孺人，庠生宏烈妻。壬午，夫殉邑难。孺人十六结褵，十九丧偶。三载相夫，克修妇道；一朝永诀，矢乃冰操。抚襁褓之孤，延师成立；追熊荻之教，步武书香。时值青年，歌比黄鹄，勿谓茕茕嫠妇，非纲常名教之防，即此烈烈孀居，亦世道人心之助。况王言如綍，明纶久勒为令规；苦节堪矜，公道岂泯于当路。自应宠荷旌典，洵堪表式闺门。

户部左侍郎邑人王士正撰

按:是篇录自《桓台耿氏世谱》卷四,香港天马图书有限公司2001年12月影印1920年印本。

八、节妇张孺人传

贞烈张孺人,监生玄锡公妻,元吉公母也。邹平都察院掌院事、左都御使讳延登公孙女,刑部员外郎讳万选公女。恭俭端淑,幼习女史,有桓、孟之风。及夫殉父难,遂自投井中。阅时救出,谓人曰:"夫已死,吾不能独生。夫殉父死,吾殉夫,得死所矣!"乳媪陈抱子元吉慰劝以善抚此子,存耿氏后;况有遗腹,勿效区区小谅。乃从之。越月,育子元拱。元拱补博士弟子,食饩。氏艰苦备尝,抚诸孤守节四十年。葬于古城之东。贞烈载邑志。

户部左侍郎同邑王士正撰

按:是篇录自《桓台耿氏世谱》卷四,香港天马图书有限公司2001年12月影印1920年印本。王士禛元配夫人张氏,亦为张延登孙女,张万钟之女。据此文知王士禛与桓台耿氏有戚谊。

九、皇清文林郎、长洲知县书台孙公暨配李孺人合葬墓志铭

翰林检讨孙君衰绖踵门稽颡而告曰:"勷获罪于天,先大父一旦弃养,勷服官京师,绞衾尊彝,弗及亲也。大父成进士四十有三年,同年之友,晨星落落,非先生之词无以慰大父地下。而勷又忝从游,敢固以请。"吾念今昔之谊,不得辞焉。曰:先生孙氏,讳继,字曰可,书台其别号。幼与群儿嬉戏,辄出羁立约束,群儿畏服之。稍长,入家塾,为文惊其长老。以余力旁及诸经子史。家中无所储书,往往从人家乞借手抄,册仅寸许,细字如蝇脚,幅数千言,皆能掩卷洛诵。久之,遂成名士。顺治甲午,举乡试第八。明年,举礼部,成进士。己亥,谒选人,得吴长洲。吴郡诸邑赋役甲天下,长吏从逋赋罢者相踵也。先生到官未一载,遂以带征税粮不及额免。然清白威惠之名,信于上,孚于下,翕然甚著。有渔户数人,以小忿为盗,连染前政,锻炼成大狱。先生昌言于庭曰:"舍真盗而陷善良于死,吾不能。且吾何爱于一官?"卒白之。有行贿千金甘心其所怨者,峻拒之。呜呼!使先生处得为之地,需以岁月,其所表见,讵止于此?而惜其格于时与地也,其命也夫!先生归里三十年,足不践城市。惟与萧侍读韩、坡,乐数晨夕,率尔休畅,有汉阴沔上之风。令长洲日,识韩宗伯慕庐于俦人中,世服其鉴。检讨君官禁近,不忘教诫。其典闽试也,以公明著闻。先生驰书曰:"吾方病,减食。今为孺子进一餐矣!然士所当为,有大于是者,其勉之勿尽!"检讨君以文行显名于时,实先生教也。生以明万历己未,卒以康熙三十六年丁丑,得年七十有九。配李孺人,前卒。以是年十一月三十日合葬于古沟桥南之新阡。侧室三人,其有子者曰张氏。子男子五人:云锦,增廪生,封翰林院检讨,前卒;云曦、云晅、云晖、云霨。子女子三人:适张绳祖、张源诚、康玮。孙六人:勷,即检讨君,大中表先生以为云锦嗣(下缺五字);曾孙四人:于咸、于宁、添丁、含章。元孙一人:重良。铭曰:刀笔□□,是曰俗吏。太阿而刈韭,曰匪利器。虽命之不犹,而耻为毛挚。昔墓右军,归田征士。典型高风,而君克嗣。我山岗巃,古沟溶潏。乐哉斯丘,以昌厥世。

按:此墓志铭原石今存桓台拿云美术博物馆,漫漶较重,故有缺文。孙继卒于康熙三十六年(1697),同年下葬,故王士禛此文写于是年。孙勷本姓李,其父为李文科。王士禛曾为李文科撰墓志,云:"德州孙公书台,罢长洲令居吴,见勷器之,曰:'是儿不凡。'谓君(李文科)曰:'君多男,吾子逾壮无所出,曷乞是儿为吾嗣孙?君生之,我成之,不亦可乎。'孙公廉吏,有善政于吴,君不忍终拒,遂许之。"见《王士禛全集》第2204页。

十、与汪琬

二年契阔，方喜连床，三日流连，忽惊判袂。接手讯备悉近状，一再往复，泣下沾襟。嗟乎！苕文昔与同人翔翱京雒，入则接席，出则连镳；睥睨时际，上下古今，意气何盛也！自鄢陵读礼，颍川引疾，南海出使，弟既风尘憔悴，凄怆江潭；兄复蹭蹬左迁，退居吴苑，又何衰也！昨者芜城暮雨，官阁孤檠，相见悲欢，宛如梦寐。窃思百年之中，良会有几？毋论旧游云散，不可复得。即如此夕，剪烛听雨，共话长安旧事，虽复百端集臆，万感填膺，由今思之，亦人生之极乐也。卜邻洞庭之约，数载于兹，灵威丈人实闻斯语。比闻议裁去李官，偶惬鹿麋之性。便当一瓢一笠，从吾兄于七十二峰之间。此愿不遂，为当奈何！承教刻《汪王唱和诗》，甚慰。而弟《纪年诗》全本方在，昆山敝门人盛珍示许汇刻，兄当预作一序俟之。《说铃》当即刻成，索者颇夥。昨周栎园以不见全书、《画苑》不得苕文笔墨为憾。辟疆近况殊不佳，有字到，以明春往迎文驾过雉城也。西樵尚在里中，周量入都且久，皆有信至，以苕文无端去国为念。顷讯颍川消息，今年秋尚在雪苑拥伎豪饮，意气如故。人言公猷死，公猷不死也。附闻一慰。地临风南望，潸切如何？

苕兄大人手足

弟渔洋顿首

《过江》《入吴》《唱和诗》各册，为致既庭、甫草、竹隐、畴三、云客。

按：是篇录自吴修辑《昭代名人尺牍》，为王士禛手迹。《王士禛全集》第2378～2379页辑有此信，采自《尺牍新钞》卷一。然与此手迹本相较，文字大异，且有删节。文中“二年契阔……泣下沾襟”“承教刻《汪王唱和诗》”以后部分，《王士禛全集》本均无。

十一、与蒲松龄

流金炼石，倍于往前。惟坐卧把寄书，当青松短壑、赤脚踏层冰耳！二册璧还。尚有几卷，统望惠教。圈出三十余则，并希录寄也。嘱序，因（固）愿附不朽，然向来颇以文字轻诺，府怨取诟，遂欲焚笔砚矣。或破例一为之，未可知耳。今春拜手示，兼之上疏请急，未遑裁答，匆匆归里，宿疾未痊，亦当稽尺一申候。雨后新凉，遥承起居清泰。近刻数种，附呈教削。因舍侄行，草草申候，不一。

按：是篇录自袁世硕《蒲松龄事迹著述新考》，齐鲁书社1988年1月版，第197～198页。此信收于中山大学藏旧抄本《聊斋诗文集·附录》。因信中有“今春拜手示，兼之上疏请急，未遑裁答，匆匆归里”之语，核之《渔洋山人自撰年谱》，康熙四十年（1701）三月，王士禛请急迁葬。故知此信写于是年。

十二、题《聊斋文集》后

八家古文辞，日趋平易，于是沧溟、弇州辈起而变之以古奥；而操觚家论文正宗，谓不若震川之雅且正也。聊斋文不斤斤宗法震川，而古折奥峭，又非拟王、李而得之，卓乎成家，其可传于后无疑也。

渔洋老人王士禛拜题

按：是篇录自路大荒编《蒲松龄集》，上海古籍出版社1986年4月版，第428页。

十三、鲁斋何公暨配李氏墓志并铭

君何氏，讳毓光，字仲弢，别字鲁斋。吾邑多著姓，而家法首称何氏。何之先，枣强人也，有古用者，始著籍新城。数传至永寿。永寿生坤。坤生国鼎，字中含，与弟国桢皆以文行重于乡党。君中含先生次子也，少与兄观光齐名，号“二何”。南游武林，武林老宿皆折节下之。归而以文受知邑令马君孔怀，学使者杨君毓兰，咸期以国士。既数踏省门，不遇。而君有子世璂，幼有圣童之目，以甲子冠其经。人谓君积学力行，坎壈诸生间，不于其身而于其子，造物者岂无意乎？而君志迄不衰，键户佔毕，不改儒素。丙子乡试，临朐令张君曾裕，浙西名士也，得君文击赏，荐解额。因一字之误见摈于主司，张君至为扼腕流涕。于是，距甲子十余年矣，而君志终不衰，然终亦不遇也。岂其命也欤！先是，何族姓繁，中含先生兄弟有忧之，于是有睦族之约，著为《家训》。择族之老成忠信者为之长，挞伐庆赏仿《周礼》族师、党正之法，少长服教，卒为仁里。君兄弟实左右之。县大夫闻而叹曰：“尽如何氏，邑可卧而治也。”至今言家法者宗焉。君事亲从兄，终其身内外无间言。抚孤侄世琳，犹有恩给可书。原配李氏，两浙运副鸿雷女。生于贵介而荆布提汲，有桓少君之风。事父母、君舅、君姑尽孝。姑孙、母叶皆病，往来两母间，视食、尝药不敢言瘁。以劳致疾，先其母数日卒。宗族称孝君。卒于康熙乙酉闰四月初九日，得年五十有九。李夫人卒于康熙辛亥十二月二十五日，得年二十有五。继配王氏。子男子三人：世璂，甲子科举人，署莒州学政；世瓒，庠生；世璿，业儒。子女子二人：适张庆丰、焦汝舟。李夫人以壬子五月既葬孝水南原祖茔之次，而隧道之石尚缺。至是奉君之柩而合葬焉。墓向乾亥之间。实乙酉十二月二十日也。后四载，而世璂登己丑进士第，入翰林为儒臣。铭曰：老骥伏枥，志在千里。志士暮年，壮心不已。无嗟不遇，匪乔伊梓。汜乡之后，将复其始。

赐进士出身、经筵讲官、刑部尚书、同邑王士祯撰

按：是篇录自《何端简公集》附录俞正燮《何端简公年谱》，道光二十四年(1844)刻本。题目为辑者拟。此墓志系为何世璂父母撰。何世璂(1666~1729)，字澹庵，号铁山，山东新城人。康熙四十八年(1709)进士，官至直隶总督，谥端简。著有《何端简公集》。世璂为王士禛乡邦诗弟子，曾记士禛谈诗之语为《然灯记闻》，流传较广。此墓志已记录何世璂中进士、入翰林，故当作于康熙四十八年(1709)或略后，系王士禛晚年之作。

王士禛一生仕宦南北，服官四十余年，主盟诗坛，交遍天下。他在世时友朋之间函件往还、诗文酬答甚多，由于种种原因，一些诗文没有收入全集。我多年来虽留心此类文献，但读书太少，所得不多。今仅将以上13篇王氏佚文整理刊布，以期于王士禛研究略有助益。

张象津与王氏家族的交往及其《渔洋著述版刻考略》

张　迅*

了解桓台的历史,应该了解张象津。桓台县民国以前称新城县,从康熙癸酉(1693)年至民国癸酉(1933)年,240年间没有志书。民国二十二年(1933)所撰《重修新城县志》,被称为桓台县明清时期的一部通史,就是依据康熙癸酉县志和张象津先生自己所撰《新城后志稿》及道光、咸丰以后各次续稿汇集而成的(见《重修新城县志》序言),《新城后志稿》填补了清朝乾隆、嘉庆时期新城县历史的空白。

要想了解王渔洋的著述情况,亦应熟悉张象津关于王渔洋著述研究的文章。他通过各种渠道搜集到王渔洋著述的底本和评批其他人的诗作以及手迹百余种,撰写了《王文简公传》及《渔洋著述版刻考略》等文(见《白云山房集》)。这对后人研究王渔洋诗学思想和著述情况提供了非常重要的史料。

一、一代名儒张象津

张象津(1738~1824),字汉渡,别号雪岚,山东省新城(今桓台)县唐山镇前大王村人。乾隆丁酉(1777)科拔贡,庚子(1780)科举人,官济宁直隶州学正。先生出生在一个书香世家,曾祖朝宗,康熙丙寅(1685)科拔贡,候选教谕,文名震京师。叔曾祖朝宷,康熙壬子(1762)山东乡试第三名,癸丑(1763)成进士,官河南偃师县知县,42岁时卒于任。祖庆甲,雍正癸卯(1723)科岁贡,选授茌平县训导。父希骏,乾隆壬午(1762)科岁贡,赠修职郎,济宁直隶州学正。祖考数代,工于诗文,尤精于经学,多有著述。先生15岁入私塾,初受学于三叔希骞,后受学于父亲希骏。虽家道衰微,却能勤奋自立,数九寒天,将双足置于麦穰筐内御寒,坚持苦读;夜读无烛,便到村后龙王庙之长明灯下,借光勤学。21岁考中秀才,43岁考中举人,铨选知县,晚年改就济宁直隶州学正。

先生学识渊博,通晓《四书》《五经》,尤精于诸子百家及宋明理学之研究,为山左经学大师。成瓘在张象津《白云山房集》序言中写道:"吾济南郡为山东省会,近百年来酣沉古籍以博雅著者,历城林汲山人而后,惟新城张汉渡先生。"张象津一生致力于教学和著述凡五十年,卓有成效,为山左名儒。执经授业弟子遍布齐鲁,远及燕赵。弟子成名者甚多,据不完全统计,弟子中考中进士者9人,3人入翰林;举人33人;各类贡生47人。放官任实职者47人,其中,王钟吉(诸城人)、车可慎(济宁人)官至礼部左侍郎,李璋煜(诸城人)官至江苏、广东布政使,王榕吉(山东长山人)官至山

* 作者简介:张迅,原桓台县县长助理、县政府党组成员,原山东省桓台经济开发区管委会主任。

西巡抚、顺天府尹、大理寺正卿。府同知以上17人。当时,有人送联语赞他“十八学士双力案,七十二贤半在门”。他逝世后,学生为他立“弟子碑”,私谥“文贞”先生。

张象津晚年,集几十年教学之研究,编写了音韵学专著《等韵简明指掌图》,是明清时期山东研究音韵学最好的著作之一,同时也是一部研究地方方言的重要著作,受到专家学者的高度重视。北京大学教授耿振生将其收入《明清等韵学通论》一书,称该著作是明清时期山东等韵著作中最好的一部。中山大学李新魁教授在《汉语等韵学》中对《等韵简明指掌图》给予了高度评价。山东音韵学会副会长兼秘书长,山东大学博士生导师张树铮教授潜心研究《等韵简明指掌图》多年,发表了多篇论文,并于1997年亲赴桓台县前大王庄实地调研,并与笔者交谈,写出了论著《山东桓台180年来语音的变化》,在全国音韵研讨会上交流,在学术界引起了很大反响。国内其他学者及日本学者都有研究文章,并有多篇文章被翻译成日文供学术交流。

张象津为文以程朱理学为主,阐发宏旨,说理明确,文风古朴,字斟句酌。时人赞扬他“以欧苏之笔,阐发程朱之理”,而他总是说“果有程朱之理,必不为欧苏之文”。邑人誉为“学博”。由于先生学识渊博和声望,本县或周围地区多有请他作各种诗书序言、碑记、寿序、墓志铭、人物传记等。王培荀在《乡园忆旧录》中写道:“碑刻之文,多出自他手。”先生诗备诸体,亦重神韵,格律谨严,气度要以性情为主。《晚晴簃诗汇》《济南府志》都选有他的诗文。徐世昌论其诗曰:“治宋学,诗多见道之言,而逋峭清空,不坠理障。其《桔槔叹》云:‘城中达官梦初醒,美人素绠汲银瓶,辘轳转向雕栏听。’非诗人不能道。”张象津与曾任新城知县的刘大绅为文学挚友,四十年间,诗歌唱和、书信往来不断。刘大绅有“诗不如渔洋,文不如汉渡”的赞誉。刘大绅与张象津于乾隆五十三年(1788)组织诗会,两游马踏湖,再游花山,从游者32人,各有诗。陈庄何公组织“文会”,聘张象津主衡。张象津与崔和衷、毕野亭、于汝楚并称为新城“文学四友”。张象津著有《白云山房诗集》三卷,《白云山房文集》六卷,《论著》三卷,合定为《白云山房集》,分别于道光九年和道光十六年刊行。

二、与新城王氏家族的交往密切

新城王氏自明初由诸城迁入新城,至明代后期成为山左一大望族。始祖王贵,三世祖王麟,官颍川府教授,生七子,长子王耿光、次子王重光等。王重光为王士禛高祖,嘉靖朝官至贵州按察使参议,殁于官,谥“忠勤”。王渔洋曾祖王之垣,万历朝累官至户部右侍郎。王渔洋伯祖王象乾,万历间由蓟辽总督进兵部尚书,殁,赠少师兼太子太师,并及以上三代,故董其昌题其家坊曰“四世宫保”。王渔洋嫡祖王象晋,崇祯朝累官浙江右布政使,其祖、父辈以科甲入仕者,还有王象坤、王象春、王象复、王与胤等多人,可谓世代簪缨,“江北青箱”。

王氏不仅科甲连第,官多位显,而且在文学上多有著述,造诣精深,特别在诗歌方面影响远大,其中著名诗人有王象春、王象艮、王象晋、王士禄、王士祜、王祖昌等,最负盛名的当属王士禛,上至康熙皇帝及高官,下至平民布衣,都非常欣赏他的“神韵说”。王士禛被尊为诗坛领袖,备受尊崇。

张象津作为王渔洋故里人,出身于书香世家,在文学方面造诣精深。加之王渔洋对他影响很大,出于对王氏家族及对王渔洋的崇拜,因而他潜心研究王渔洋著述,成为乾嘉时期渔洋故里研究王渔洋学术的著名学者之一,著有《王文简公传》和《渔洋著述版刻考略》等重要文章。除此之外,张象津家族与王氏家族有姻亲关系,其从曾祖张朝宲的女儿嫁给王渔洋的从侄王启睿,启睿高祖是担任陕西米脂县令的王象兑,其四世祖为王麟长子王耿光。《新城琅琊王氏世谱》记载:“王启睿,字智先,行三,庠生。赋性正直,非礼不为,非义不取,矩步规言,教子严而有法,享年六十岁,配张氏，享年九十三岁，七子。”张象津在《荆氏五老人寿序》中曾写道：“吾从曾姑嫁大槐王氏，岁九十三，儿、孙、曾孙、玄孙一百零三人，是为旺族。”张朝宷为康熙癸丑进士，官河南偃师县知县，卒于任，时年42岁。王渔洋与张朝宷论姻亲关系是同辈，因而王渔洋为张朝宷撰《偃师知县敬斋公传》。张象津为王祖肃撰《诰授朝议大夫、贵州镇远府知府、前江西建昌府知府敬亭王公墓志铭》，该墓志铭云：“公讳祖肃，字季龙，别字敬亭，先世自瑯琊公贵，由诸城迁，称大槐王氏，至公十一世，为济南新城人。父讳兆郧，以国子生例得州佐，娶同邑伊大中丞之女孙，生公于先人大司徒见峰公旧第。祖讳启沉，举明经。曾祖讳士禧，海内所称礼吉先生，著《抱山集》者也。礼吉兄曰西樵，季曰司寇阮亭。由考功而上，世为名公卿，著显绩。由礼吉以下，三世不在仕籍。公幼以才著，故早岁家为勖仕需次铨曹，然非所好也。以诸生应乡举，四不遇。久之，乃投牒赴江苏试州倅。乾隆二十二年，年四十一，假常熟丞。明年，改句容假县事。又明年，补华亭。满二载，委令震泽，旋署武进及上海。乙酉，擢徽州司马。丁亥，解芜湖税赴都归，暂假府篆，旋署池州。其年七月，特荐知江西建昌府。在任四年，廉明公正，两袖清风，以病去官，上官深惜之，有‘江西从此少一良二千石’之语。过江，跨一驴行三千里，人不知四品官也。病愈起家，补贵州镇远府知府。”先生为王宸仔撰《王竹坡表弟寿序》。王宸仔，字元弼，号竹坡，乾隆三十六年（1771）顺天举人，大挑知县，历任汝阳、西平、开封知县，中州牧令。归田后，与诸子诸孙讲明家学，门庭奕奕，行文为通邑所矜式。县举乡饮盛礼，特延为乡饮大宾。王氏十一世王祖熙是张象津的老师。《朱畹与山左名人》中有明确记载。《重修新城县志》载：“王祖熙，字纯矣，号余人，乾隆丙子乡魁。风神豪迈，画入云林之室，制艺廉悍峭刻，自成一家，好游览而不苟合。每遇名山古迹，浮白高吟，有遗世独立之概。晚年任滕县教谕，十四日而没，享年六十有九。门人朱宁等为刊遗文行世。”王氏家族的最后两名进士王允楚、王允灌都是张象津的高徒。王允楚（1768～1837），字汉南，祖玺孙，嘉庆十年（1805）进士，官山西泽州令，以护冀宁道，卒于官。著有《慎余堂制艺》传世。王允楚积极参与先生《白云山房集》的编辑出版工作。王允灌（1799～1841），字愚泉，号荔乡，宸俭子。道光十六年（1836）进士，授内阁中书，考取军机章京，42岁卒于官。著有《王氏诗源》二卷、《必恭编》一卷、《王氏世科录》一卷、《王氏合集书目考略》一卷、《双梧轩日札》二卷、《诗集》三卷传世。先生有诗赞王家后代传承神韵诗学，作《王郎鹤溪客淄川久与诸同志酬答汇为卷帙喜题其上二首》诗云：“济青广浸古淄澠，表海文澜远在兹。风雅千秋未寥落，披函又见汉唐诗。”“海内渔洋说大宗，诗名昆季古今同。渊源家学流传远，喜有文孙继考功。”从以上可以看出，张象津与新城王氏渊缘甚深，接触交往的机会很多，从而为他研究王渔洋及其著述情况打下了重要基础。

三、潜心研究王渔洋著述成效显著

张象津非常重视乡邦文化的征集和整理，自己撰写了《新城后志稿》，记载了乾隆、嘉庆年间及以前的主要人物和事件，填补了新城（今桓台县）乾嘉时期历史的空白，对桓台县史志研究做出了不可磨灭的贡献。由于对王渔洋的崇敬，张象津经过多年研究，特别是对王渔洋的著述情况进行了认真的梳理，撰写了《王文简公传》和《渔洋著述版刻考略》。

张象津在《答雨樵第二书》中写道：“吾乡所谓《渔洋全集》者，凡十六函、三十六种、百有二册，要之只是俗目俗呼云，然其实集非全集，亦非有人纂定诠序以成伦次也。渔洋山人平生著作不一，时有雕版者，有未及雕版者。其所雕之版不一地，有归新城者，有未及归新城者。山人殁后，其家取书与版分而储之，未数载散失已多。及北平黄昆圃先生为山东学正，惧其久而益佚，乃即其各家现存之版搜而辑之，贮之学宫，其实适有此数，印书胥役随意部汇，先后有十六函，初无诠次，则三十六种都为一集而传诸后。初非山人之意，并非昆圃先生之意也。在此集者，不必为山人所经意而传，不在此集者，不必为山人所不经意而不传也。即以山人一人之论著言之，诗自《渔洋》《蚕尾》诸集外，若《古夫于亭稿》，若《渔洋山人合集》；若诗余之《衍波词》；杂著自《池北偶谈》《居易录》诸部外，若《古夫于亭杂录》《渔洋诗话》；古选《三昧》十种、《万首》诸选外，若《五七言古诗钞》；选明自华泉及高、徐二家外，若《杨梦山诗选》《新安二布衣诗选》；刻明旧诗自徐东痴、张萧亭外，若《林茂之诗选》《南海诗选》《吴莲洋诗选》；刻家集则自《陇首》《考功》《抱山古钵》外，若《问山思止》二诗选；又若词之选《依声集》此十五种，皆是渔洋手定而版行者。或未归新城，或已归新城而失之，是以不在集中。其当山人在世未及雕版者，则徽州程圣岐所刻《带经堂集》中之续诗续文，南中房刻之《五代诗话》，德州卢雅雨先辈所刻之《感旧集》。至今未刻者，则若《朱鸟逸史》《神韵集》，而《然脂集》亦为山人与西樵同订之书。若某所未见者，犹有《山木集》《唐人近体神韵集论定》《明人七言古诗选》数种。”从以上信中可以看到，张象津对王渔洋的著述版刻情况进行了认真而严密的考证，详细而准确记述了王渔洋的著述版刻情况。

张象津在《答李雨樵第一书》中写道：“某亦尝有意于斯文，而学浅力薄。今有遇如渔樵苟可以稍裨左右，正愿倾笥倒箧，宁复有爱。惟以邑先进如‘池北书库’‘十笏草堂’藏书皆散如烟云，某生以晚，有所收拾皆其余烬，复多残缺，如《朱鸟逸史》只一卷，《神韵集》亦非完书。壬子冬，刘明府寄庵曾假经渔洋朱墨手迹书十余种，内有此二种，朱生（指朱畹，字枚人，济南人，刘大绅和张象津的门生）宁必于其署中见之也，其后诸书见还，《神韵集》竟携一北去。某以出关数千里，既为所爱或借以消遣长途，谊不当索，故弗问。今惟奉上《朱鸟逸史》一帙，刘还书帖并以往可按也。又西樵先生诗一时一地之作，脱稿入梓散本多矣。至《司勋五种集》之刻为其总集，后有《西樵诗选》之刻，最后乃有《考功诗集》之刻，即今载《渔洋全集》者是也。凡此某皆有其书。别有西樵手定《十笏草堂诗略》写本八卷为二帙，《西樵山人诗集》墨刻相间本二十卷为五帙，而缺其第二帙，未审渔樵藏本与此数种有同有异，夫即一人之书而合观名手之去删定甚益人神智。今将西樵手定未刻原本二种六帙缄呈，祈明示同异，广其孤陋为惠多矣。至《围炉诗话》《毛诗稽古编》，某所未见，心切向往。”张象津在《答李雨樵第二书》中写道：“至某家中书本无多，先人用心惟在经史及闽洛之书。‘池北书库’流散时，初不留心收储，某所掇拾特其余烬，前信已备言之矣。然所藏为西樵、渔洋朱墨手迹点定者尚近百余种，其于前辈及同时诸贤之诗，去取改正、点石成金者，足以津逮后学。其书则多是《渔洋全集》中之底本，及《然脂集》《感旧集》之底本，与所自作诸集之底本也。册颇重，来人佻佻，实难奉寄。今聊上数种，其余及‘池北书库’中所藏书有渔洋图印及手迹者，待某稍暇，有要人无妨，尽取以相付。”从以上可以看出张象津是非常注重收藏王渔洋及王氏家族的书籍的。

张象津除了特别注重收集王渔洋及王氏家族的书籍外，对邑中诸贤的书籍亦注重收集，建立了自己的“白云山房书库”。他收藏王家的书籍，主要通过三个途径。一是购买。《桓台县志》云：“张象津注重典籍的收藏，每发现古今秘本，不惜重金购买，故其藏书中多孤本秘籍。”二是门人赠予。张象津门人众多，门人赠书也是一个重要途径。三是王氏后人的赠予。张象津与门人王允楚、王允灌，文友王祖昌关系非常好，他们都赠送给他一些书籍。因而他收集到《渔洋全集》等书籍的底本、手迹达到一百余种，可谓收藏丰富。由此，可以看到张象津对王渔洋及其家族诗文著述方面的研究非常重视，下了很大功夫，做了深入的探讨，因而他才能写出《王文简公传》和《渔洋著述版刻考略》等重要参考文献，对后世研究王渔洋的诗学思想产生了重要作用。

新城王氏谱牒的文献价值和现实意义

王 超*

世谱、宗谱、家谱,总称谱牒,是中华传统文化的重要组成部分,与正史、方志共同构成了民族的历史。记录家族流源演变,追念前贤不凡业绩,激励宗亲敦宗睦族,是谱牒的一般规律和普遍意义。作为明代以来海内闻名的簪缨世家、仕宦大族,新城王氏之谱牒意义却不止于此。

明朝初年,琅琊公王贵自青州府诸城县徙居济南府新城县(今山东省桓台县),成为新城王氏始祖。在科举制度臻于完善的明清时期,农耕起家的新城王氏崛起为一个历跨两朝、兴盛200余年的仕宦望族和文化世家。明嘉靖辛丑至清道光丙申295年间,新城王氏出进士30位、举人52位、诸生逾千位,享功名者1300余位,尚书、御史、侍郎、总督、巡抚等重臣显宦9位,获"半朝王家""科甲之盛,海内新城王氏第一"盛誉。新城王氏族贤为人崇德向善,孝悌仁义;出仕夙夜在公,清正廉明;为文华章迭出,著述等身。其中六世太师公王象乾官至兵部尚书,以总督蓟辽、行边视师之功晋爵太子太保,使新城王氏的政治影响达到巅峰。八世渔洋公王士禛致仕于刑部尚书,独创诗论"神韵说",引领文坛半个世纪,以"一代诗宗"之荣将新城王氏的文学影响推向极致。王重光、王之垣、王象晋、王象春、王士禄等新城王氏族人亦在历史上有着重要影响。

一个家族何以有这样的传奇和荣耀?探询和研究这个问题,需借助大量史料,谱牒是其中非常重要的文献。正因如此,新城王氏谱牒历来为国内外学术界,特别是明清史和明清文学研究领域的专家关注。

一、新城王氏修谱概述

明万历三年(1575),新城王氏立谱。至1994年,这个家族共修谱八次。五世孙王之垣《王氏族谱原序(立谱序)》云:

> 新城之有王氏,系出青州之琅琊。其移居新城,自琅琊公始……予家徙新城仅二百年耳,已不能详。及今不谱,后世何观焉。谨据所知,列之简帙,而断以琅琊公为始祖。

据此可知,新城王氏有谱,已是徙居新城二百年后的事。琅琊公为始祖,因有确凿记载,为本族共识。

明崇祯三年(1630),新城王氏第二次修谱。六世孙王象晋《重修王氏族谱原序》云:

> 王氏之徙新城二百余年矣,琅琊公基之,植德公培之,颍川公始肇文脉。至我祖忠勤公,

* 作者简介:王超,山东省王渔洋研究会副秘书长,桓台县政府办公室副主任、研究室主任。

以匪躬大节，益阐扬而光大之。然而未有谱也……谱之作始于万历三年乙亥之秋。盖我府君司徒公慨系牒之未章，惧伦序之或紊。博延族属，详咨故老，立例析凡，诠论纪系，而谱作焉。

此后，清康熙三十五年(1696)、乾隆二十五年(1760)、嘉庆十三年(1808)、同治三年(1864)、民国四年(1915)、1994年，《新城王氏世谱》分别进行了第三、第四、第五、第六、第七、第八次续修。2009年2月，新城王氏族人对第八次续修的谱牒进行了增补，尽可能登录了新增人丁，订正了原谱错讹，补录了家族史料。此次续修卷帙规模之大、登录族众之多(新城王氏后裔入谱24世、2万余人)、辑录史料之全，为历次之最。

每次续修谱牒，实际上都是对前谱的延续和补充完善。新版谱牒不仅完整留存了历次谱序，而且系统辑录了封赠奏疏、名人传记、世科录、祖训，以及先贤著述书目、画像、手稿等重要资料。这样一来，新城王氏谱牒在具备传统意义的同时，文献价值亦相当突出。

值得关注的是，新城王氏历次续谱，均得到社会贤达的关注，且多有赞誉之辞。明崇祯四年(1631)，礼部左侍郎兼东阁大学士文震孟作《王氏族谱序》云：

> 海内族姓之贵者，莫最于王氏。其望盖二十有二，咸以分封食采，而太原、琅琊尤甚。若新城之王，固琅琊之裔也。自北海徙济南凡十世，跻巍科、登膴仕者代不乏人。身膺宠锡，龙章凤彩，舄奕炳焕于海岱间二百余年，遂极人文之盛。则海内王姓之贵者，又莫最于新城，而不必以琅琊望矣。

同年，南京礼部尚书兼翰林院学士董其昌亦作《王氏族谱序》云：

> 今则新城王氏之望，与岱宗并峙。岂惟百年树木，七叶珥貂。而其祖宗之贻，父兄之教，子弟之率，积功累仁，绳绳继继。故美曰世济，德曰世载，劳曰世选，忠曰世笃。九陛有回鸾之诰，海内有窥豹之文。盟府纪功，河山比誓，平台前席，帷幄运筹，皆大书特书不一书焉。

从以上序言不难看出，历史上的新城王氏的确具有相当重要的社会地位和影响。续修谱牒，不仅是这个家族的盛事，在社会上也是具有影响的大事。

二、新城王氏谱牒的文献价值

谱牒所载，往往为他书所未见，可补正史、地志之缺。新城王氏谱牒不仅是研究家族源流演变的重要资料和联系族亲的情感纽带，还具有重要的文献价值。这至少体现在三个方面。

第一，新城王氏谱牒是了解族内名人的翔实资料。新城王氏谱牒首册传记篇详细记录了本族历史名人的生活年代、生平业绩、文学交游等。所载人物包括琅琊公王贵、植德公王伍、颍川公王麟、让德公王耿光、忠勤公王重光、户部尚书王之垣、户部员外郎王之辅、淮安府同知王之诚、浙江按察使王之猷、开封府正堂王之都、兵部尚书王象乾、山西布政使王象坤、米脂县正堂王象兑、江西道监察御史和应天巡抚王象蒙、姚安府同知王象艮、应天巡抚王象恒、户部主事王象斗、吏部考功王象春、翰林院检讨王象节、监察御史王与胤、明经王与敕、锦衣卫指挥王与籽、吏部考功王士禄、刑部尚书王士禛等。以上历史人物，多数在正史中有记载，也有没有任何记载或所载不详的。谱牒中的资料恰恰弥补了这个不足，甚至可以据此考证有些记载中的错讹。加之以上传记往往为当时的显赫人物所撰，包括礼部尚书于慎行、工部尚书钟羽正、吏部尚书赵焕、史馆纂修姜宸英、礼部尚书钱谦益等，因此更具文献价值。

第二，新城王氏谱牒是研究明清文学的重要参考。新城王氏文人辈出，著述宏富，代有诗文传世，被誉为“江北青箱”。其中，王象春、王士禄、王士祜、王士禛等是这个文学群体的主要代表人物。他们的著述均对后世产生了深远影响,受到学术界广泛关注。新城王氏谱牒艺文篇辑录了历史上本族文人的部分重要诗文。这些资料对研究新城王氏文学群体的形成,尤其是研究"一代诗宗"——王士禛的文学启蒙具有重要参考价值。比如,了解王象春、王士禄对王士禛诗歌创作的影响,谱牒能够提供一些帮助。此外,世谱有助于我们研究历史上一些重要的文学著作。陈汝洁先生在《〈醒世姻缘传〉所记新城王氏事迹考》一文中指出,《醒世姻缘传》第三十七回所说的新城县里的大家就是新城王氏。书云:

即如那新城县里有一个大家,他上世的时候,凡是生下儿女,雇了奶子看养。那大人家深宅大院,如海一般。那奶母抱着娃娃,怎得出到外面?及至娃娃长到五六岁的时候,就送到家塾里边,早晚俱由家中便门出入。直到考童生的时候,方才出到街头,乍然见了驴、马、牛、羊,还不认得是甚么物件。这样的教法,怎得不把那举人、进士科科不四五个与他中去?且是出来的子弟,那市井嚣浮的习气一些也不曾染在身上。所以又都忠厚善良,全不见有甚么贵介凌岸态度。后来人家富贵的久了,大地的淳庞之气都也不肯敛藏,做父兄的便也没有这等的严教,那做子弟的也便不肯遵你这般拘束。如今虽也还不曾断了书香,只是不像先年这样蝉联甲第。到了那大司马手里,一个十一二岁的儿子说他是该袭锦衣的人,便与他做了一顶小暖轿,选了八个小轿夫,做了一把小黄伞,终日叫他抬了街上行走,出拜府县。你道这样童子心肠,当如此的事故,叫他葆摄初心,还要照依他家上世人品,能与不能?①

书中只提及"新城县里有一个大家",没有点明是新城王氏。查阅新城王氏谱牒,答案是肯定的。其一,明清两代,新城王氏族人科甲蝉联,簪缨不绝,成为江北青箱、海内望族。其二,书中提到的大司马,指兵部尚书,明代新城县仅出了一位兵部尚书,就是王象乾。其三,书中提及大司马的儿子"是该袭锦衣的人",王象乾有子名王与籽,"以父荫官锦衣卫指挥佥事"。可见,《醒世姻缘传》中的这段话说的确是新城王氏。《醒世姻缘传》的作者"西周生"究为何人至今为谜,从上述这段话可见,他对新城王氏家族颇有了解,这就能够让我们对"西周生"的生活年代、地域有个大致的猜测。假若没有谱牒佐证,可能难以下这样的结论。其实,运用谱牒研究前人著作,古已有之。南北朝时裴松之注《三国志》、刘孝标注《世说新语》,宋代欧阳修撰《新唐书》,都曾大量使用家谱资料。近代著名史学家顾颉刚则认为,家谱"材料至丰富,且甚翔实"。

第三,新城王氏谱牒可以有效弥补地方文史记载的欠缺。作为历史上有相当社会地位和重要影响的仕宦大族,新城王氏族人在社会活动、文学交游中留下了许多重要的文字和实物资料,其中多数记入谱牒。这些资料可弥补地方志的欠缺。特别是谱牒中关于社会变革、经济活动、民俗风情、自然灾害、区划变更、人口迁徙等的记载,是编史修志的重要参考资料。如明崇祯四年(1631)登州游击孔有德兵变、崇祯十五年(1642)清兵陷新城之难、崇祯十七年(1644)甲申之难,新城王氏谱牒均有较详细记载(三次事件中新城王氏共有50人殉难),这就佐证了相关史料。因经济、社会和自然灾害,新城王氏人口迁徙情况屡有发生,谱牒中亦有记载。如,三世孙王纶因荒年携眷移居潍县(今潍坊市),后代多分布在潍城区军埠口镇,目前超过七百余丁;十一世孙王祖畴早年徙居云南,繁衍后代现散居云南、贵州、四川三省七县(市),目前超过五百余丁。还有部分族裔早年徙居山西、吉林、台湾等地。值得一提的是,明嘉靖年间至民国时期,新城(桓台)县所纂多部志书,浸透着王氏族人的心血。嘉靖三十二年(1553),时任知县胡应鸣主持纂修《新城县志》,王之垣及同族

① 见《醒世姻缘传》,齐鲁书社1994年版,第491~492页。

王之干等人为修志班子成员。胡应鸣在志序中提及:“成化间,邑人同知于利、知县成儒始创志略;嘉靖壬辰岁,经历王耿光、知县宫政绩续编志稿……”天启初年,王象晋被时任新城知县张必大聘为《新城县志》总纂。该志由万历进士、官至吏部考工郎中的王象春润色,王象艮、王象复、王象坤诸族人参编,天启四年(1624)付梓。崇祯八年(1635),王象春任原修,时任知县孙胤奇任续修,重纂《新城县志》十四卷。清康熙三十二年(1693),王士禛为时任知县崔懋纂修的《新城县志》作序,对县志的起源、功用与体例作了精辟阐述。王氏谱牒中的相关记载,对研究桓台修志史不无裨益。

因为具备以上文献价值,新城王氏历次所修谱牒,除本族收藏流传外,还入藏一些图书馆。其中,国家图书馆存明崇祯三年王氏第二次所修族谱卷一、卷十二、卷十三(原谱凡十三卷,明崇祯三年毛氏汲古阁刻印。该馆所藏为民国二十六年传钞本),山东省图书馆存清乾隆二十五年王氏第四次所修族谱(原谱凡八卷,存首卷。该馆所藏辑入《山东文献集成》)。

《新城王氏世谱》第八次续修增补后,入藏国家图书馆、上海图书馆历史文献中心、山东省图书馆、山东大学图书馆、山东师范大学图书馆、淄博市图书馆及部分档案馆、纪念馆,成为研究明清文学及历史的重要参考资料。

正如山东大学袁世硕教授《重修新城王氏世谱序》所言:“谱系之书,其功用虽不复如前,而其历史文献价值,不独可供研究一家一族兴衰,且于研究有关之军政大事,亦可补充史书之所缺略。近世治文史者,多有借助古之世家大族之谱牒,探微索隐,而有所发现。”

当然,由于史料不齐、编校仓促等原因,新城王氏谱牒不可避免地存在一些缺憾。如,明天启《新城县志》纶音志中对王氏先祖的封赠、艺文志中王氏先祖的奏议,明万历皇帝两次册封开封府正堂王之都并夫人李氏功德碑碑文,清翰林院编修黄元治撰王启磊墓表,伦明撰《渔洋山人著书考》(刊于民国《燕京学报》第5期),张汉渡(张象津)撰《渔洋著述版刻考略》(刊于民国《山东省立图书馆季刊》第一集第一期),王允灌撰《新城王氏合集书目考略》(山东省图书馆藏)等重要资料遗漏。已经刊印的包括补遗、勘误在内的《新城王氏世谱谱后》在一定程度上弥补了这些缺憾。目前,新城王氏宗亲理事会(家学研究会)正启动第九次谱牒续修工作。可以肯定,未来的新城王氏谱牒卷帙规模会更大,辑录史料会更全,登录族众会更多,其文献价值也会更加突出。

三、新城王氏谱牒的现实意义

作为传统意义上的谱牒,《新城王氏世谱》在体例、内容、装帧上,都属上乘。客观地说,这与历次修谱人员的努力有关,更与这个家族显赫的仕宦地位和深厚的文化底蕴有关。传承优秀家学文化,使历史文化资源服务于当今经济社会发展,是《新城王氏世谱》续修者的愿望。在新的历史条件下,《新城王氏世谱》具有较强的现实意义。

第一,新城王氏谱牒有助于在新形势下开发地域文化,打造人文品牌。新城王氏这个科举望族和文化世家的出现,无疑演绎了一段历史传奇。王氏家族积淀的丰厚文化是中华传统文化的组成部分,是中华民族的财富。从这个层面讲,《新城王氏世谱》的出版,不单单是一个家族的事情,而是一件事关地域文化资源保护、发掘、利用的大事。它在营造地域文化氛围、增强地区文化软实力方面具有积极意义。从山东和全国范围看,一个地区经济社会发展水平越高,对文化产业发展的重视程度往往越高。有些地区视文化产业为重要的经济形态,将其占地区生产总值比重的高低作为衡量科学发展水平高低的重要标准。新城王氏先贤为家族的昨天书写了辉煌篇章,为家族的今天积淀了精神财富,为家族的明天提供了奋进动力。新城王氏谱牒不仅丰富了一个家族的人文资源,存续了一个家族的历史文脉,而且有助于桓台打造独具地域特色的文化名片。在更大范围、更广领域、更高层面上研究和开发新城王氏家学文化,可以帮助我们更好地了解中华文化、热爱中华文化、弘扬中华文化。

第二,新城王氏谱牒有助于在新形势下传承家学文化,弘扬传统美德。新城王氏的丰厚家学,彰显了中华传统文化精髓;新城王氏的传奇荣耀,受益于中华传统文化的滋养。纵观新城王氏家族史,前贤十分注重对后辈的言传身教。始祖琅琊公王贵(育有五子:权、干、溱、失讳一人、伍)质朴无华,力本重农,积施累行,为家族的发展奠定了基础。二世植德公王伍(育有四子:麟、麒、纶、经)以乐善好施著称乡里。三世颍川公王麟(育有八子:耿光、重光、恩光、文光、化光、国光、近光、观光)14岁入国子监读书,曾任颍川王府教授,新城王氏文脉自他始肇。四世忠勤公王重光(育有八子:之翰、之垣、之辅、之赐、之武、之城、之猷、之栋)为明嘉靖辛丑进士,贵州布政使右参议,卒赠太仆寺少卿。王重光曾制家训:"所存者必皆道义之心,非道义之心,勿汝存也,制之而已矣。所行者必皆道义之事,非道义之事,勿汝行也,慎之而已矣。所友者必皆读书之人,非读书之人,勿汝友也,远之而已矣。所言者必皆读书之言,非读书之言,勿汝言也,诺之而已矣。"教育子孙正心术行迹,慎交友言语。五世司徒公王之垣(育有三子:象乾、象贲、象晋)著有《炳烛编》《摄生编》《历仕录》。其中,《炳烛编》分门别类搜集了一些名人名言,极具教育意义。王之垣课子殊严,王象晋已大耋之年,犹"时时夜梦侍先曾祖司徒府君(王之垣),或跪受扑责,如过庭时云"(王士禛《池北偶谈》)。六世方伯公王象晋(育有四子:与龄、与胤、与朋、与敕)教育后代恪守忠勤公家训,并将其写在厅事屏壁间,时时警示。晚明朝廷党派纷争,国家战乱频仍,退出官场的王象晋在家著书课孙,崇尚宁静淡泊。他特意撰写"绍祖宗一脉真传,克勤克俭;教子孙两行正路,惟读惟耕"一联,以教育子孙后代。七世匡庐公王与敕(育有四子:士禄、士禧、士祜、士禛)教育子辈"为国效力,泽延后嗣",四子有三人中进士(士禄、士祜、士禛),以政绩、诗文闻名于世。王士禛初仕扬州推官,王与敕考虑到其年少为官,而且掌管司法事务,有生杀予夺之权,须慎之又慎,于是随同前往,督责儿子做个好官。康熙元年(1662),王士禛"时失出法严一事,被部驳镊至镌级",时在扬州就养的母亲孙夫人告之:"人命至重,汝但存心公恕,升沉非所计也。"此种风范怎不让人钦佩之至?八世渔洋公王士禛(育有四子:启涑、启浑、启汸、启沂)的教子书——《手镜》是极其宝贵的家箴。《手镜》由50条为政箴言组成,其中心思想是教育儿子审慎行事、洁己爱民。正如王渔洋在册首自序所言:"俾朝夕置座右,披玩而从事焉。汸能守而勿替纵,不敢遽拟古之循良,其亦可无陨越也夫。"王渔洋希望儿子将自己的手迹早晚放置身边,不断披览,照此理事,并相信儿子如果能严格遵守,不放纵妄为,即使不能马上效仿先贤成为奉公守法的好官吏,也可做到为官不失职。其良苦用心,令人感叹,让人敬重。《手镜》中朴实无华、情真意切的50条"教诲",是一个正直、仁慈而不失严厉的父亲要求儿子恪守的为官准则;又何尝不是王渔洋本人为官数十年来立身处世之本的一次不经意总结呢?新城王氏家训代代传承,不断丰富和发展。本文仅以前八世例举。新城王氏诸位先贤为官效忠国家、清正廉洁,为文华章迭出、著述等身,深得家训陶染。第八次续修增补的世谱,特辑录《炳烛编》《摄生编》《历仕录》《手镜》等家箴,旨在勉励族众效法前贤,恪守家训,继承良好门风。道义、读书、报国、为民、友善、勤俭、谦让等新城王氏家训中体现的诸多思想,符合中华民族的传统道德,也符合当今精神文明建设的要求。传承和发扬优秀家学文化,对践行社会主义核心价值观具有积极意义。

第三,新城王氏谱牒有助于在新形势下建设廉政文化,推进反腐倡廉。翻检相关史料,我们发现,新城王氏数量众多的为官先贤,无一受过刑律处分,无一有不洁记载。这是非常值得称道的。新城王氏谱牒比较全面地记录了多位先贤的从政准则和事迹。如,曾任户部员外郎的王重光,主持九江关税,不贪一钱一物。他任贵州左参议时,因劳瘁过度卒于任上,嘉靖皇帝以"忠勤可悯"褒扬。又如,曾任平凉府知府、沔池县令、开封府知府的王之都居官清廉,两袖清风,敢于打击黑恶势力,维护民众利益,"汴人德之,为立祠祀于包孝肃祠之右"。再如,王士禛在长达45年的仕宦生涯中,恪守"清、慎、勤"的为官准则,自觉实践"不负民即不负国,不负国即不负所学"的为官之道。无论是"四年只饮邗江水,数卷图书万首诗"的自我写照,还是对初入仕途的儿子"日用节俭可以成廉""日用米、肉、薪、蔬、草、豆类皆当照市价平买,不可有官价名色"的谆谆教导;无论是革除宝泉局呈送"样钱"陋弊的气魄,还是"屏绝货贿,不名一钱"的持身之洁,无不体现了他始终坚守的清廉品格。在封建社会的历史条件下,这是难能可贵的。积极倡导与中华民族优秀文化相承接、与时代精神相统一的廉政文化,是反腐倡廉教育的重要内容。将王氏家学文化资源转化为现实廉政教育资源,是建设廉政文化的有效方式和途径。弘扬新城王氏先贤仕宦生涯中体现的廉政文化,进一步拓宽反腐倡廉教育覆盖面,有利于营造领导干部廉洁从政的道德环境和社会氛围。新城王氏谱牒的相关记载,是廉政教育的好教材,可以帮助党政干部牢固树立正确的世界观、人生观和价值观,使他们真正做到权为民所用、情为民所系、利为民所谋。

何世璂本事考略

何林贵　陈学荣　陈志刚*

一、远祖东迁，明季易姓；何公翰林，荣耀三世

何世璂（1666～1729），字澹庵，又字坦园，号铁山，别号桐叔。桓台县马桥镇人。康熙己丑年（1709）成进士，入翰林，所以乡人习惯称其为“何翰林”。曾任浙江学政、贵州巡抚、刑部侍郎、户部侍郎、吏部侍郎、署理直隶总督等职。卒后世宗亲谥其号为“端简”，赠礼部尚书。乾隆元年又追赠光禄大夫。

先世本姓陈，始祖讳古用，字淳一，明洪武初年由直隶枣强迁居山左新城。他好善乐施，扶危济困，人称“尚义公”。尚义公传子山，子山传铎，铎传恺，恺传飞，飞传霁，霁传九思。明季有所避，以他支有从舅氏何姓者，九思亦易为何姓。何九思生永寿，永寿生坤，坤生国鼎。何国鼎，字中含，增广生，文行重于乡党，是为公王父。国鼎配孙氏，是为公王母。国鼎生观光、毓光，皆诸生，有名，称“二何”。毓光元配李氏，同邑崇祯壬午举人、两浙运副李鸿雷之女，生世璂。祖、考两世俱以公贵，诰赠礼部尚书，因此有“三世尚书”之谓，乾隆年间又诰赠光禄大夫。祖妣、妣皆诰赠一品夫人。

二、少年圣童，己丑进士；立言不欺，纂修实录

何世璂生于康熙五年丙午岁（1666）二月初九日申时。五岁始就外傅，日诵数千言。七岁工制艺。邑宿儒王士骒，字宛西，见而奇之，曰：“此国器也。”贻以诗曰：“七岁尔能文，应号甘露顶。千古裴敬懿，一时无差等。”自是有“圣童”之誉。康熙二十年辛酉（1681），何世璂十六岁。应督学桑公试，冠其军。次年，岁试，食饩。督学唐公批其卷曰：“诸作一望平芜，独此大有生新之致。”何世璂读书刻苦，焚膏继晷，寒暑不辍。康熙二十三年甲子（1684）十九岁时，以第四人魁礼经，考中举人。辛巳，授莒州学正，严条规，训以正学，士皆有仪法。有《何端简公集 · 莒州月课示》一文可见一斑。时人咸闻而叹曰：“胡安定教湖州，许鲁斋掌太学，不是过也。”

康熙四十八年己丑（1709）春，何世璂京城会试。二月三十日卯刻发榜，中式进士一百七十一名。三月二十日，奉旨于太和殿前殿试。四月十一日召对澹宁居，钦授“翰林院庶吉士”。十二月假旋省亲，以牲醴之仪，告祭于高祖府君之灵，誓墓文有“不欺天地，不欺鬼神，不欺君亲，不欺僚友”之语。初字澹庵，至是更字坦园，号铁山，学者称“铁山先生”。康熙五十一年壬辰（1712），四月散馆，授检讨，充《大清一统志》纂修官。康熙五十九年庚子年（1720）秋乡试，何世璂为山西副考

---

* 作者简介：何林贵、陈学荣、陈志刚：桓台县陈庄陈氏、何氏族人。

官。秉公搜罗，得士六十三人。其中解元王元勋，临县人。舆论悦服。康熙五十三年甲午(1714)，何世璂于四月大考一等。康熙六十一年壬寅(1722)十一月十二日，圣祖仁皇帝升遐。十二月，何公充《圣祖实录》馆纂修官。

三、主考江西，公明兼至；督学两浙，釐剔积弊

世宗在潜邸，素知何世璂其人。雍正元年(1723)正月二十九日，奉旨：何世璂着补授山西道监察御史，协理山东道事。世宗初登大宝，新授御史俱由词臣拔萃，令各具条陈以观所蕴。何世璂二月初五日莅任，奏《除弊便民》一折，深当天心。皇上赐内缎二联，克食一匣。何世璂以职司言路兼有积销之责，时时署押，因著《花押铭》用当书绅。铭曰："正而心，诚而意，注意于清明之天，措心于广大之地，毋涉险侧，毋近倾陂，毋敢颓唐，毋似嬉戏。参前倚衡，须臾弗离。钦哉，钦哉！尚不负于吾身，不负于国家，以辅弼乎圣帝明德、亲民、止于至善之义。"四月，恩诏加乡科，何世璂为江西正考官，破司房借卷之弊，佥称神明。江西人文之薮，得士极一时之胜。榜首周学健、榜尾裘思录，尤为文章名家。何世璂闱中批谓"前茅后劲"，海内传为佳话。前此典试者，例以孝廉坊金贶，何世璂峻辞以拒。曰："此朝廷所以奖励士子者，徇私废公可乎！"谆致承宣布政使司，按名实给，勿克丝毫。七月复命，天颜喜曰："如尔衡文，公明兼至矣。"即授提督浙江学政。

八月，便道旋里省视坟墓，展祭毕。九月二十日至嘉兴视事。十月试严州，一郡告竣，"公明"之誉已达八闽。自莅学政以来，何世璂严除弊窦，屏绝请托，惟端士习为先务。当生童齐集之时，反复讲解，谆谆以诚意毋欺相戒勉。选拔明经务求实学，每试武生童，马步技勇详加阅看。额设学租银两为贫生膏火资者，全数支给，毫不染指。浙之人士咸叹为"廉而干，和而介"。当时有"公明之颂"刊布流传，皆实迹也。何世璂去任两浙，士谭登庸等有公立去思碑："山左何公，崧岳之英。督学两浙，振起斯文。如衡之平，如鉴之明。如春之温，如水之清。用建碑碣，以志公恩。石有时泐，公德永存。"雍正二年甲辰(1724)七月按临宁波，寻奉诏至两淮。闻命之下，生童数千遮拥不得出署。提督王安国者，处州总兵也。服公廉明，闻攀留状驰至，慰之众人曰："君命召，不俟驾，宁得留乎？我当据实奏闻，令公复来耳。"众稍稍解去。何世璂乃返棹，缘江两岸犹有挽缆泣留至数十里者。

四、两淮肃贪，拒金数千；巡抚贵州，推荐良贤

雍正二年(1724)七月，何世璂补两淮都转盐运使。两淮盐政囊坏已久，何世璂八月二十九日下车，悉心查核，特别用心厘剔之，务使商灶有益，课税无亏。地方不留毫发，累积之弊全部清除。先是，湖广总督杨宗仁约定盐价，商纲多逗留不前，因而盐价顿昂，楚地民多食淡。何世璂具详楚省盐价宜随时销售。得旨允行，商民均利。向日运司有商馈盐规五万两。何世璂详请裁减。钦差李周望、塞楞格重其廉，为入减册，进呈御览，深当天心。总商有位名叫何义大的人与诸大吏交往深厚，经常与诸大吏并肩同车出入官署。但是何义大欠课无算，何世璂严饬之。何义大震慑，按限完纳。从此全淮依期备办，无人敢拖延。是岁海潮为灾，宸衷轸念，特发帑金三万两分赈灶商。公奉行得宜，沿海灾黎实沾圣泽。

雍正三年(1725)十一月二十九日，奉旨："何世璂着补授贵州巡抚。"何世璂以转运陟开府，殊恩逾格，千载稀逢。淮商感公清德，呈请情愿馈送盐政银八万两，名曰公务馈送；运司银四万两，名曰薪水。世璂力行批驳，谓："向年运司陋规，原有五万两，经本司再三详裁，今又议馈，岂有辞五万

而受四万者乎？至于议馈盐政之项，尔自向噶大人（噶礼）处具呈可也。"脂膏不润，惬素志焉。

黔省故入滇门户，旧止羊肠一线，纵千有余里，横止数里，或数十里。于官道旁四处观望，岭外尽是苗人居住之窟，盘踞于川、粤、楚、黔之中，据腹心以扰边界，摽掠劫杀，从无虚日，甚为民患。当时西林相国鄂尔泰总制滇黔，绥辑苗疆。何世璂与鄂尔泰协力一心，详悉经画，长寨、乌蒙、镇雄、泗城、谬冲诸苗负固不驯者，次第剿抚。又为化诲生苗法令，一切改妆如制，赏银米衣帽以奖励之，一岁中所化苗寨不下万余人。当时贵州的黎平府、都匀（现为贵州省黔南布依族苗族自治州首府）、镇远古镇间有里外八万古州，土沃人稠，未被声化。乃乘谬冲（指谬冲之役），既靖，群苗震慑。差游击冶大雄（四川成都人）、知府张广泗及副将李金科轻骑迅往，相形势，得其要领。

札致鄂公言："古州一开，附近九股生苗及杂种苗可以次剿抚，东通湖南，南通广西，商旅不致阻扰，实黔省大计。"鄂公首肯。正在料理，忽被召入京都。既至，世宗示以谤书，世璂无所辩。上曰："朕知卿无以也，可荐贤自代。"谢不能知人，不许。移时曰："黔有人可巡抚，嫌资格相悬。"上曰："任官惟贤，何拘资格。"世璂遂奏皇上曰："如此，用人则黎平府知府张广泗可。"上悦，即擢张广泗为贵州巡抚，而授世璂刑部侍郎。寻晋户部右侍郎，转吏部，仍管刑部事。每奏谳，上目送之，曰："何世璂信读书明理人。"

五、总督直隶，鞠躬尽瘁；上嘉理学，谥号"端简"

戊申（雍正六年），畿辅阙人。五月十五日，奉旨："吏部侍郎何世璂着署理直隶总督事务，刘师恕着照前一同协办。钦此。"何世璂以老病惧不胜任，恳辞。上曰："尔云不胜斯任，谁胜斯任者？"遂举张广泗以自代，又荐张坦麟。皆不允，务令勉赴新任。世璂感激世宗知遇之恩，奏言："臣有一分心力尽一分，有十分心力尽十分，至万无心力可尽，自蒙皇上洞鉴。"天心大悦，累日召见，盛暑汗流被体，中使解衣，赐赉甚厚。上索生平得意文字，因奏："臣昔在黔，蒙御书'福'字颁赐到署。臣跪领之下，伏念诗称：'靖共尔位，好是正直。神之听之，介尔景福。'是知臣子迓福有道，必时时不忘靖共，念念期于正直，然后可受皇上宠锡之福而无愧。敬作一箴用自儆惕，曰："上勿负我君恩，下勿欺我本心，前勿忝我祖父，后勿累我子孙。俯仰之间有天地，梦寐之中有鬼神。先民有言'其严乎'。是故君子戒慎乎其所不睹，恐惧乎其所不闻。"上嘉为真理学，惟以直隶地方紧要，使公往为整顿。命将所奏"福箴"缮进。

何世璂二十七日陛辞，六月初二日力疾赴任。先是，协督刘公居止别院，凡画题书行具封送互勘。何世璂以间隔虑有迟延或者滞留，又恐文件经过小吏之手，致有泄漏机密，奏请与刘师恕同住一署，院列东西，昧爽共坐一堂，文移来往，相缓急大小之宜，次第判发。奸书蠹役莫不抱卷慑息，案无留牍。接见属员，体察地方利弊，以及钱粮命盗。何世璂平时丰标挺特，所至望风震肃。及延访事宜，推诚置腹，人无不达之隐。凡遇讯鞫，婉转开导，务得确情。即如热审（明朝延续到清朝的审判制度）一事，率皆视为故套，半日可了。公自贵抚以至畿督，凡遇热审，必将案卷逐细翻阅，临时又将各犯一一详问，率以三日为期，故事多平反。莅事未几，物阜民安。渥荷宸衷眷注，赉予频繁。颁赐《人臣儆心录》一部、《书经传说》一部、《音韵阐微》一部、龙笺"福"字一幅、鲜荔枝一瓶、鲜哈密瓜一圆、风干羊一支、药丸一匣。时海内有四总督之称，而何世璂与西林鄂公相得尤深，于主眷亦为至隆。

雍正七年己酉岁（1729），何世璂六十四岁。正月二十五日午刻，见一百二岁寿民杨懋德，甫毕，陡生呕血，逾时不止。至二十六日午时薨。

世宗派遣巡察南三府御史过保定传谕："何世璂夙著勤劳，今年已高，恐用心太过，宜节养精神，入阁办事，以规远大，毋亲细事。"既至，何世璂已先一日卒。上阅协督刘公奏，知何世璂病剧，遣太医驰往调治。遗疏寻入，恸悼弥日。诏曰："何世璂老成持重，端方廉洁，实心供职。畿辅重地，正资料理。忽闻溘逝，朕心深为悯恻。遣官致祭，赠礼部尚书，给帑千金为归榇资。"上亲谥曰"端简"。何世璂丧还，上命所过地方文武官员亲往奠醊，并遣人护送入城治丧。给与全葬银两，敕建丰碑。颁给御制碑文、谕祭文、诰命三轴。祖考、考诰礼部尚书，赠光禄大夫（乾隆元年赠），祖妣、妣赠一品夫人。

何世璂少有大节，龆龀失恃，事父及继母笃孝。未第时，安贫力学，虽藜藿自给，而读书精舍萧然自得。尝读范文正公传，至先忧后乐之言，慨然慕其为人。起家寒素，位至封疆，表里洞达，不欺所学，一以诚恪。洁清自励，苞苴（这里指贿赂）请谒之事，毫不得干。国政民隐，夙夜访求，熟思审处，一破因循苟且之恶习，故能上结主知，下孚舆望，卓然为一代名臣。时海内有四总督之称，而世璂与鄂尔泰同德同心，相得尤深，于主眷亦为至隆。奏疏多焚草不传，存只数篇。或时如箴铭文集，凡若干卷藏于家。卒后入直隶、江南、浙江名宦祠、本籍乡贤祠。

六、诗承文简，《然灯记闻》；宦署留题，每多格言

何世璂一生喜爱诗词，曾得王渔洋口授。其诗淳古淡泊，著有《澹志堂文集》《澹志堂诗集》《然灯记闻》《渔洋诗法》等。道光年间，纂为《何端简公集》12卷。《然灯记闻》即是何世璂问道于渔洋夫子时的笔记。清代著名学者俞正燮敬慕何世璂的品行，为其纂写《何端简公年谱》。清人王赠芳先生在为《何端简公集》作序时说："盖公之诗文佚者多矣，然当时新城王文简公天下之所称能诗者也，见公诗而奇赏之；安溪李文贞公天下之所称能文者也，得公文而惊异之。余虽不获窥其全，而即二公之所嘉舆，亦足以见公之诗、文力追古作者，而与之上下无疑也。"

何世璂宦署留题，每多格言。前此转运两淮，有"淮海风流，扬州诗兴，众皆悦之姑舍是；江都道谊，文止事功，吾未能也愿学焉"之联。及是有"无害人之心，无穿逾之心，知皆扩而充之矣，方不愧居仁由义获乎上""有道信乎友，有道非义袭而取之也""愿无忘明善诚身，无为其所不为，无欲其所不欲，行有不慊则馁矣""己欲立而立人，己欲达而达人，非曰能之，愿学焉""十目所视，十手所指，其严乎？不愧于天，不怍于人，二乐也""立心必求无愧于天地，行事须留好样于子孙"等联。识者以为，惟何世璂庶几无愧。

七、前清诸贤，击节叹赏；时今贤达，赞公理学

康熙二十三年甲子（1684）八月，何世璂以第四人魁礼经，中本省乡试。闱墨出，江南汪武曹、何屺瞻，德州孙子未，博山赵秋谷诸先生咸击节叹赏，目为真才子。康熙己丑（1709）中进士，安溪李文贞光地得其卷，谓为儒者之文，以理学目之。康熙四十九年庚寅，何世璂家居定省，假满，不忍别。宿迁同年徐用锡擅长先生寓书于公，言"安溪夫子阅兄文，定为理学，每谓吾道东矣。今吾兄宁亲归里，为日已久，望即还都。吾师专待，以授经学"。至冬北上，还庶常馆。时海宁陈文公元龙为掌院学士，阅何世璂馆课诸作，叹曰："真通经学古之士。"

2013年4月5日，陈何族人会集于原陈庄镇政府会议大厅举行家学报告会，特邀山东理工大学中文系巩曰国教授、淄博师专中文系李峰教授作专题报告。

巩曰国在《何世璂论经学》的报告中说：何公是一位诗人，其诗得渔洋山人真传，淳古淡泊。他还是一个很有识见的学问家。《何端简公集》中有《〈尚书〉古文今文辨》《三礼异同辨》《三传得失议》等文章，体现了他在经学方面的造诣。经学是中国传统学术的核心，受到历代读书人的重视。不过，有些人只是埋头于章句训诂之中，斤斤于字义之辨；有的人只是为了科举考试的需要，将其作为获取功名利禄的工具。何公当然也要科举考试，也要研究章句训诂。但他没有受此局限，而是能够对经学的重要学术问题如《尚书》的古文今文、三礼的异同、《春秋》三传的优劣等进行思考，并提出自己的看法，这无疑是非常可贵的。既要对经学相关问题做出客观的判断，指出古文《尚书》为伪作、古人制礼有不同、《左传》优于《公羊传》《谷梁传》，同时又要维护所谓的"道统"，认为今古文《尚书》"行道则同""礼不必尽同而实无不同"，批评《左传》"不明乎名义之所在"。这与他的经历、身份是有密切关系的，在当时也很有代表性。我们通过对何世璂经学主张的分析，可以对这一位历史人物有更深入的了解，也可以丰富学界对清代经学史的认识。

八、端简公祠，藏经集玉；皇恩浩荡，金顶御葬

据民国年间纂修的《陈何世谱》记载：

何承震，字省斋，号惊百，邑庠生，赋性和平，孝友驭下，以宽常体亲心，与弟莅斋以建立"端简祠"为急务，置基于始祖庙前，地势需筑土台方可立祠。自嘉庆二十一年始，筑基址，鸠工庀材，以次修建。迄二十三年告竣。共计支销京钱三千余……

"端简公祠"是陈家庄四大庙宇之一，俗称"影子庙"。该祠位于陈家庄东南隅，笔者曾经多次询问当年"端简公祠"的看守兼管理的老者。他们说，端简公祠占地约1800平方米，分前后院，庙宇式建筑，祠前明堂开阔，约千余平方米。祠内珍藏端简公画像（俗称"影子"）、圣旨、赉予之物、名人书画、名人题词匾额，以及《何端简公集》刻版等，院内有石刻。有专人管理，旧时每逢清明时节即悬挂端简公遗像，举行祭拜大仪，方圆百余里内有人前来瞻仰。

新中国成立以后，祠内文物由何世璂后人保存。但在"破四旧时"，这些文物尽被烧毁！仅有几份圣旨幸存于其嫡系后人家中。"端简公祠"也于20世纪60年代拆除。

何世璂辞世后，世宗皇帝御批给帑千金归葬，御制碑文等，因此其坟墓称"御葬坟"，又称"御葬茔""御茔"等。因坟顶有金饰物，所以又称"金顶御葬"。"御葬茔"位于桓台县原陈庄镇陈一村南首，也就是现在的陈庄公园所在地。茔地面积6000余平方米，仅墓穴就占地约2400平方米，有石制的牌坊立于御茔的前面（南门）。该坊高达13米，壮丽可观，上面雕琢龙盘柱，云版及诸物，工艺精湛，颇为引人注目。坊顶有道钢梁，上书"理学名臣"四个大字。坊前有巨石狮子盘踞于两侧。由此进入茔地，只见苍松翠柏、庄严肃穆，茔地内排列着诸多造型壮美的巨石雕像，如石羊、石马、石狮、石人等，皆比实物要高大得多。再继续往前走，便来到了墓前。墓前的石供案有1米多宽，约8米长，是由整块的青石板精刻而成。供案两侧的墓道旁各矗立着四座刻有满汉文字的龟驮石碑（敕建丰碑），高约6米，依次排列。碑前各有一尊威武雄壮的石人雕像，约4米高。巍然的华表望柱屹立于墓道前面，充分显示着"御葬茔"特有的宏伟气势。墓穴全系三合灰土（石灰、黄香、黏土混合）结构，古朴坚实。墓顶高10米有余，形似山冈。十几里外即可看见，堪称当地一景。

该墓穴建造工艺颇深，历经二百余年，完好无损，没有一处塌陷。1955年开墓挖掘，这座神秘的御葬墓穴内，除棺椁外，四周仅有一墓碑和几堆未燃烧尽的残余木炭。开棺后发现尸骨完整，里

面覆盖的衣物质地如新。可见当时的施工工艺和密封技术之高超。之前曾经有传说,墓穴内有随葬品若干,活丫头、活嫂妮子、碾磨俱全,金银财宝若干等。有人还说曾经听到里面有说话的声音等,这使得御葬茔更加神秘化。但是开墓后没有发现一件值钱的随葬品,这类谣传随之而灭。随行挖掘的文物专家大为吃惊,朝廷如此倚重的从一品大员、直隶总督,居然没有一件值钱的随葬品!"端"正的人品,"简"朴的御葬墓穴,让世人再次亲身领略了这位一品大员的高风亮节、见证了直隶总督何世璂的清正廉洁。何世璂是官之楷模。据参与挖掘的当事人讲,出土墓碑上的日期与挖掘的日期为同一天。如此巧合,在场的人也都为之一惊。

王渔洋文化品牌战略态势分析

陈艳华*

引言

近年来,以文化遗产资源保护开发为重点的文化旅游业异军突起,成为文化产业发展的生力军,优秀文化遗产发挥了文化品牌核心生产力的作用。王渔洋故里保护开发以王渔洋文化为重点,融合文化遗产、优秀传统、民风民俗、特色产品等,凝聚了文化品牌要素,具有很强的发展潜力。

王渔洋是清初文坛领袖、康熙刑部尚书,引领清初诗坛达半个世纪之久,其神韵诗学理论影响至今。王渔洋故里位于桓台县新城镇,是桓台老县治所在地,境内文化遗存众多,是山东省第一个也是目前省内唯一的中国历史文化名镇。2009年,桓台古县城保护开发项目正式启动,引起了社会各界的广泛关注和普遍赞誉,王渔洋文化品牌显露端倪并逐步跻身市、省文化品牌行列,先后入选淄博市重点文化产业项目、地域性重点文化品牌、山东省十佳文化特色镇。

王渔洋文化是桓台历史文化的优秀代表,其文化内涵延伸至桓台地域特色文化的综合体,核心理念是保护文化遗产、传承优秀文化。

王渔洋文化品牌建设具有良好的社会环境和独特的资源优势,近年来取得了重大进展,但目前也面临着进展缓慢、品牌管理和营销不到位等难题。本文采用SWOT分析法,以对王渔洋文化品牌发展的优势、劣势、机会和威胁做一个客观全面的介绍。

一、优势(Strengths)

(一)文化资源优势

1. 文化遗迹遗存众多

桓台自金正大五年(1228)设县,至1950年县城迁至索镇,在此期间经历了元、明、清、民国至新中国成立初期计722年,几经兴废,遗留下了大量的文化遗存。仅新城镇域内已经探明的不可移动的文化遗迹遗存有32处,包括古建筑8处、石造像1处、古墓葬2处、近现代民居4处、古遗址17处。其中全国重点文物保护单位1处、省级文物保护单位4处、市级文物保护单位8处。① 这32处遗迹遗存有17处在古县城保护开发总体规划的68公顷以内,其中又有9处是与王渔洋及其家族直接相关。这些不可移动文物及与之有关的馆藏珍贵文物得天独厚,博大精深,是王渔洋文化

* 作者简介:陈艳华,山东省王渔洋研究会常务理事、桓台县文化局副局长。

① 桓台县第三次全国文物普查资料,2010年4月。

品牌最直接、最有效的载体和文化旅游产业升级的“引擎”。

表1 新城镇域内文化遗迹遗存一览表①

类别	名称	位置	年代	文化渊源	保护级别
古建筑	四世宫保坊	城南村	明代	有“华夏第一砖坊”之誉，其主人王象乾官至兵部尚书兼理吏部尚书，总督蓟辽有功，晋太子太保，并向上追封三代，敕建“四世宫保”坊 《聊斋志异》王司马	全国
	忠勤祠	新立村	明、清	新城王氏四世祖、第一名进士王重光的祠堂。因机智平蛮，勤于督木，嘉靖皇帝亲书“忠勤可悯”以示嘉奖	省级
	王渔洋故居	城南村	清代	清初文坛领袖、刑部尚书王渔洋的故居。王渔洋文政兼从，深得康熙皇帝赏识和文坛追捧	省级
	渔洋祠	城南村	清代	王渔洋的祠堂	省级
	耿家大院	城东村	明、清	新城六大家族之一的耿氏家族在新城的住宅及商铺	市级
	徐夜故居	城北村	明代	明末清初著名诗人徐夜及祖上的居所	县级
	清音堂	城南村	明代	王渔洋读书处	县级
	米脂祠	城北村	明代	明末米脂县令王象兑的祠堂	县级
近现代民居	庞氏住宅	城南村	近现代	名人故居与历史纪念建筑	
	民国楼	城南村	近现代	名人故居与历史纪念建筑	
	周氏民居	城东村	近现代	名人故居与历史纪念建筑	
古遗址	戏马台遗址	城西村	新石器—清代	齐桓公戏马台、古县衙	市级
	城南遗址	城南村	东周—汉代	护城河遗址	市级
	北极庙遗址	城北村	明代	废弃寺庙	县级
	城北遗址	城北村	新石器—元代	护城河遗址	市级
古墓葬	王士禛墓	新立村	清代	王渔洋墓	省级
	王氏族茔	新立村	明、清	新城王氏家族茔地	

近几年随着新城城镇化建设步伐的加快，在建设中不断发现文物遗迹和零星文物，主要是古建筑遗址和构建，因对这部分资料尚未进行系统的研究和分类，故未纳入上述统计表当中。

2. 历史人文资源丰厚

除文物之外，桓台历史上遗留下来的，以人的智慧、精神、行为为核心的非实物形态文化资源更加丰厚。最有代表性的是王渔洋及其家族文化。

王渔洋是清康熙朝刑部尚书、文坛领袖，因“诗文兼优”、宽政慎行而深得康熙皇帝赏识，可以说是一代廉吏、贤吏、能吏。他对后世影响最大的是其文学成就。他一生勤于著述，独创诗论“神韵”说，蜚声海内，被尊为“一代正宗”②、“文坛领袖”。康熙皇帝曾将其诗300首编成《御览集》，放

---

① 桓台县第三次全国文物普查资料，2010年4月。

② 赵尔巽等：《清史稿》，中华书局1977年版。

在身边时时翻阅。王渔洋是清初文化名人、朝廷高官，与之交往的多是文化名流或高官显贵。蒲松龄、陈廷敬、曹寅、孔尚任、赵执信甚至太子胤礽等人与王渔洋之间的传奇与典故都可成为景区文化体验的卖点。

王渔洋是新城王氏第八世，这个家族的祖先元末明初逃难至新城，第三世始肇文脉，至第六世就出了10个进士（包括一名武进士）、三部尚书。明嘉靖至清道光共295年的时间，新城王家出进士30名，举人52名，贡生158名，廪生、监生、庠生以数百计，出仕为官者100余人，有诗集和著述传世者50多人，成为济南府明清第一进士家族、仕宦世家和文学世家，人称“王半朝”“江北青箱”。新城王家如此显赫，与其家族的教育和管理分不开，以此为重点的忠勤祠“齐鲁望族”文化展是山东省内第一个家族文化专题展览。

王渔洋及新城王氏家族文化精妙深邃，具有非常重要的文化价值和发展旅游的现实意义，是王渔洋文化品牌的精华所在，也是社会主义核心价值观的核心所向。

3. 非物质文化遗产独具特色

桓台古县城——新城作为县治的时间只有780多年，但文化非常久远深厚，有8000多年人类居住的历史。当地居民在这个漫长的发展过程中形成了特有的智慧、文明和习俗，这其中有许多优秀的东西身口相传，延续至今。

表2　新城镇域内非物质文化遗产资源普查线索统计表①

类别	非物质文化遗产资源普查线索							合　计
各类	民间文学类	杂技与技艺类	知识实践类	民间美术类	民间手工技艺	传统医药类	民俗类	
数量	43	18	92	1	6	4	32	193

新城镇域内的非物质文化遗产项目有的具有很强的产业开发潜力，比如民间剪纸、新城细毛山药可以直接作为文化旅游产品进行开发，传统婚嫁习俗、特色小吃、民间杂耍等都能增加传统文化的体验。新城镇非物质文化遗产普查资料中有一大批关于镇域内古建筑、古遗址的记忆和描述，笔者将其归为知识实践类，这部分资料对桓台文化遗产研究、文物保护管理、文化旅游开发都具有十分重要的意义。2013年3月，王渔洋故居南面道路维修，根据当地居民回忆和非物质文化遗产调查资料，在310米长的路基下探出了长8米、宽6.5米的城墙遗址，还发现了保存完好的护城河石桥基座一处、牌坊基座一处。这些新发现的文化遗迹遗存为桓台历史文化研究提供了实物证明，同时更有利于展示王渔洋文化旅游景区的整体风貌，增强历史文化体验。

（二）交通区位优势

1. 交通便利

王渔洋文化景区位于新城镇中心城区。新城镇域内目前有2条省道和1条高速公路穿过，分别是寿济路、张田路、滨博高速公路，交通非常方便，高速公路路口距离王渔洋文化景区仅3公里。

2. 区位优势明显

从新城镇向东15公里是桓台县城区驻地，从县城向东再走36公里就到了齐国故都临淄；景区向东北方向18公里是马踏湖湿地保护区；向南偏东方向15公里到达淄博市中心城区，向南偏西方向16公里则到了周村的“旱码头”；从王渔洋文化景区向南到淄川蒲松龄文化旅游区也不足40公

① 《桓台县非物质文化遗产资料汇编》，2009年4月。

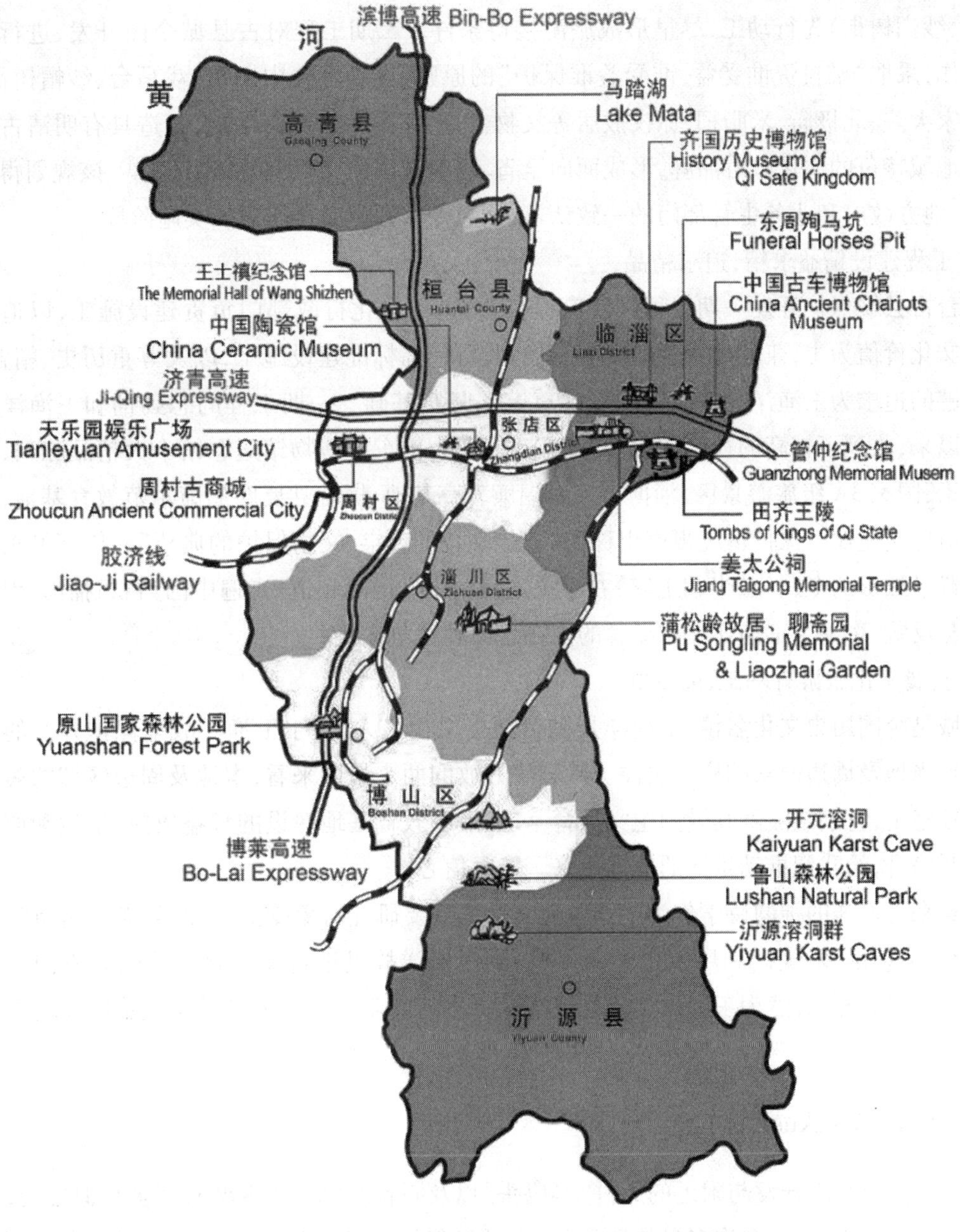

图1　淄博市旅游景区分布图

里。便利的交通和周边旅游环境的烘托为王渔洋文化旅游品牌建设提供了重要保障。

(三)前期规划及建设优势

1. 规划科学,可操作性强

2008 年 7 月,上海同济大学规划设计院在多次现场调查测绘的基础上编制完成《桓台古县城保护研究与旅游规划》,以王渔洋文化为代表的人文资源为核心,将文化遗产保护与文化旅游开发有机结合,综合考虑了旅游资源、投资规模、游线设计、开发时序、产品设计等多方面因素,既宏伟又客观,开发前景和可操作性都很强。

该规划总体开发面积 68 公顷,重点规划 3 条主要街巷和 12 个重点文物景区,其中 5 个为古建筑,7 个为古遗址。根据桓台实际,规划分两步组织实施,一期工程重点选取了文化承载量相对较高的“四点两线”(即四世宫保坊广场、王渔洋故居、忠勤祠、纱帽树文化广场,以及连接四处景点的牌坊街、纱帽树街)先行动工,尽早形成旅游接待条件。二期工程对古县城全面开发,进行整体市场化运作,采取“谁投资谁受益,谁受益谁保护”的原则,逐步完善中山街、戏马台、纱帽树街景点,修复耿家大院、北极庙、米脂祠、徐夜故居等文物古迹,完善各项旅游功能,打造具有明清古城韵味和鲜明地域特色的文化旅游品牌,形成面向全省、辐射全国的文化旅游精品区。① 该规划得到了评审专家、地方政府和业务主管部门的一致认可,通过专家评审后迅速进入实施阶段。

2. 工程建设精益求精,追求精品

桓台古县城保护开发一期工程以政府投资为主,由文化行政部门负责建设施工,以追求社会效益和文化价值为主,兼顾经济效益。高端规划设计、高标准建设施工,以及尊重历史、精益求精、不留遗憾的追求为王渔洋文化品牌的发展奠定了坚实基础。一期工程的忠勤祠和王渔洋故居对外开放以来,收到了较高的社会评价和业内荣誉,成为山东省博物馆纪念馆十大精品陈列、淄博市十大美景、国家3A级旅游景区、淄博市反腐倡廉教育基地、桓台县反腐倡廉示范教育基地,被山东省政协历史文化遗产保护情况视察组称为“家族文化的瑰宝,文物保护的典范”。以新城王氏家族文化为背景拍摄的专题片《半朝王家》在中央电视台中文国际频道《走遍中国》栏目播出,引起了强烈的社会反响,彰显了王渔洋文化品牌的内在潜力和竞争优势。

3. 发展文化旅游有基础,前景好

新城是全国历史文化名镇,王渔洋是桓台历史文化名人,关于王渔洋故里保护开发的一切信息都受到当地及周边群众的广泛关注。从已经开放的两个景区来看,本地及周边区域的客源基础相对比较稳定,特别是随着其爱国主义教育基地、廉政教育基地建设的日益成熟,学生和商务团队数量不断攀升,给我们推动景区的发展带来了极大信心。

近年来王渔洋的神韵诗学作为中国古典文学的重要研究对象受到文学界、尤其是诗学界的热捧,行业内活动增多,规模和层次也不断提升,到王渔洋故里进行文化寻踪也受到重视。与此同时,旅游行业的介入必然为王渔洋文化景区注入更多的商业元素。王渔洋文化景区将有更美好的发展前景。

二、劣势(Weaknesses)

王渔洋文化品牌开发与附近的周村“旱码头”以及同省的台儿庄古城有诸多相似之处,但是与这两个景区比较起来,又有许多劣势和不足,有的已经影响到了品牌竞争力的凝聚和发挥。从目前古县城保护开发现状以及文化产业运行情况来看,问题主要集中在以下几个方面:

(一)品牌形象模糊,竞争力难以有效发挥

王渔洋文化品牌建设基本上还处于战略初级阶段,以理论研究为主,文化品牌缺乏专业人员的策划和管理,品牌形象不突出,营销措施缺乏针对性,效益难以保障。另外,文化景区管理服务人员不足,配套还不够完善,影响到了文化品牌的水平和形象。从品牌战略的角度来看,王渔洋文化品牌战略的整体格局还没有完全搭建起来,还不能与大市场、大旅游产生互动共鸣和有效融合,文化品牌建设的理念、规划、步骤尚未成熟。

随着文化产业的迅猛发展,市场竞争日趋激烈,品牌作为市场竞争力的核心,已成为文化产业

① 上海同济大学:《桓台古县城保护研究与旅游规划》,2008年6月。

发展的关键。王渔洋文化品牌能否通过品牌经营获得一定市场占有率，是实施品牌战略的关键。只有实行大品牌发展战略，对整个景区文化资源和产品进行整合，提升文化旅游环境和管理服务水平，形成统一的文化品牌形象，才能凝聚和扩大王渔洋文化品牌的核心竞争力和市场辐射力。

（二）规模化发展缓慢，“旅游区”格局尚未形成

桓台古县城保护开发一期工程开局顺利，忠勤祠和王渔洋故居先后向公众开放并获得广泛好评。但是由于建设环境、运行机制等，后续工程进展相对缓慢，景区周边环境治理和管理配套尚未完全到位；一期工程的另外两个景区——四世宫保坊广场和纱帽树文化广场至今未能开工建设，按照规划预期完工难度较大；因文化资源的所有权限和开发前景等，城乡居民对参与文化旅游开发的态度冷热不均，对文化资源的管理和文化产品的开发各自为政的现象普遍存在。

这些问题影响了王渔洋文化产业开发整体规划的顺利实施，制约了王渔洋文化产业规模化、集群化发展，也会为王渔洋文化景区的统一管理和品牌战略的实施带来负面效应。

（三）文化产品开发相对滞后，升级换代缓慢

文化产品是能够引起旅游者关注、购买、使用或消费，从而满足某种需求的文化商品。目前王渔洋文化产品主要存在以下几个方面的问题：

1. 产品层次和类型不够丰富。目前景区文化产品层次较多，但作为主要表现形式的有形产品和扩展产品，其吸引力或者说质量层次还不够高，相对于文化品牌的大格局还不够成熟，难以满足多种类型旅游者的文化消费需求。比如，目前景区提供的最主要的文化体验是文物观光，非文物型文化产品不多；从具体文化产品来看，主要有图书、古玩、自主开发产品，整体上种类不多，文化品位和价格层次也不够丰富，可供旅游者尤其是普通游客选择的文化产品消费空间不大。

2. 文化产品趋于老化，创意性不强。景区文化产品以代购代销类产品居多，与王渔洋文化品牌核心价值相关联的产品不多，而且类型单调，更新换代缓慢，有的产品出现老化现象，缺乏吸引力和客源市场，而有消费需求的产品出现了断档。2012 年开发制作的王渔洋文化系列创意产品一上市比较受欢迎，但价格较高，品种相对较少，收益率并不高。同时，任何层次的文化产品都有其生命周期，只有不断地对具有传统特色的文化产品进行深层次的二次开发和创新，才能保持其文化吸引力。

3. 文化品牌市场化程度不高，附带消费不旺。桓台古县城保护开发一期工程以重点文物保护单位的保护修复为基础，文化品牌对市场的辐射力不够强，地方旅游综合收入并不理想。仅就旅游购物和餐饮消费这两个旅游经济最重要的组成部分来讲，旅游商品收入目前仅在忠勤祠和王渔洋故居两个景区内有所体现，而在景区以外，缺乏可供旅游者购买地方文化特色商品的地方，餐饮住宿的地方也不多。这些附带消费和三产服务的缺口是王渔洋文化品牌建设的滞障因素。

4. 王渔洋文化品牌宣传推介力度不大，知名度不高。桓台古县城保护开发建设自 2009 年正式开工以来，见诸当地媒体较多的是关于工程建设的新闻报道，由于此项工程是淄博市近年来投资最大的文物保护修复工程，也是地方群众期盼已久的一件文化大事，受到各界广泛关注。这种关注是人们对熟悉事物的热情和好奇，是文化品牌在人际传播中的有效催化剂，但并不是品牌传播本身。景区对外开放之后，基本沿用了工程建设过程中的新闻媒体传播方式，取得了一定效果，但相对于文化品牌建设的需求和市场营销理论来讲，传播的方式、媒介、速度、广度都显不足，尤其是在文化产业项目谋划、文化产品开发、历史人文素材提炼推广方面还有局限，创意理念缺乏持续性、系统性和科学性。游客当中旅游社团队偏少就是一个很明显的例证。

三、机会(Opportunities)

(一)发展文化产业的政策机遇

党的十七届六中全会通过了《关于深化文化体制改革推动社会主义文化大发展大繁荣若干重大问题的决定》,提出深化文化体制改革,推动社会主义文化大发展大繁荣,进一步兴起社会主义文化建设新高潮。并指出,“推动文化产业与旅游、体育、信息、物流、建筑等产业融合发展,增加相关产业文化含量,延伸文化产业链,提高附加值”,对推动文化资源与旅游产业相结合提出了明确指导意见。党的十八大报告提出,扎实推进社会主义文化强国建设,“建设优秀传统文化传承体系,弘扬中华优秀传统文化”,“要坚持把社会效益放在首位、社会效益和经济效益相统一,推动文化事业全面繁荣、文化产业快速发展”。这一系列政策导向为深化文化体制改革、加快发展文化事业和文化产业带来了良好的机遇。山东省先后出台了《关于推动文化大发展大繁荣的意见》《关于促进文化产业发展的若干政策》《关于进一步促进文化和旅游融合发展的意见》等政策规定。淄博市也从公共文化服务体系建设、文化产业规模化、集群化发展等方面制定了一系列激励推进政策。这些,为王渔洋文化产业发展和品牌建设提供了有利的环境和广阔的平台。

(二)社会大旅游气候的带动

近年来,旅游产业的快速发展已经辐射到工业、农业、城市建设、交通运输、商贸餐饮、文化娱乐等各个方面,大旅游、大市场、大产业的格局已经基本形成。随着人们生活水平的提高,旅游进入了大众化消费的新阶段,旅游支出在社会公众消费支出中所占比例也不断提高,旅游已成为我国居民重要的生活方式之一。各地文化遗产资源的保护开发和文化产品的不断丰富推动了文化旅游产业的不断升温,生活水平的提高和生活节奏的变化鼓动着人们去休闲度假、放松心情、体验不同的地域文化。2013年,第十二届全国人大常委会审议通过了《中华人民共和国旅游法》,国务院办公厅下发《国民旅游休闲纲要》,全国旅游业实现了持续健康较快发展。2014年又提出了“着力深化改革开放,着力转变旅游业发展方式,着力激发市场活力,着力扩大旅游消费,着力加强旅游公共服务体系建设”①,促进旅游业持续健康发展的目标。这些对桓台发挥王渔洋文化优势,开发文化旅游产业具有很强的牵引力。

四、威胁(Threats)

(一)文化旅游的商业化发展对文化遗产安全造成威胁

保护与利用从来就是一对矛盾,对文化遗产的保护研究与开发利用如何达到最佳契合点,说法不一。但可以预见的是,随着王渔洋文化景区的发展和品牌提升,经济利益的趋动不能回避,市场化是必然趋势。在这种情况下,如何控制文化资源过度开发和过度消费?如何有效维持典型性文化遗产资源的完整和风格不变,这些问题都值得我们深思。

(二)区域文化旅游经济已形成合围之势

随着旅游业的发展和文化与旅游有机融合进程的加快,“保护古城,发展旅游”逐步成为人们的共识。就淄博市而言,围绕中心城区,南边有蒲松龄故居、文姜公祠,东边有齐国故都临淄,西边有周村古商城,北边有王渔洋故里,虽然文化内涵和遗产规模有所不同,但都属于古城镇文化旅游

① 国家旅游局信息中心,2014年1月。

范畴,很容易造成旅游内容雷同及同质化竞争的局面,这必然会影响到文化旅游的发展。而相对于其他几个景区来说,王渔洋故里景区因为开发较晚,知名度不高,竞争力相对偏弱。

就全市旅游市场来看,尚未形成区域化组合优势,各个文化旅游景区在文化互通、游线设计、宣传推介等方面联系都不密切,各自为战,内部竞争。这种竞争从长远来讲,利少弊多。

图2 淄博市旅游景区分布图

以上分析表明,王渔洋文化品牌建设优势与困难同在,机遇与风险并存,但这些优势与劣势、机遇与威胁并不是一成不变的,在一定条件下、在一定时期内可以相互转化。

五、王渔洋文化品牌战略选择

对以上调查得出的王渔洋文化品牌发展的优势、劣势、机遇和威胁进行总结和对比分析,便于得出有利于王渔洋文化品牌建设的经营战略和策略。

表3 王渔洋文化品牌发展SWOT矩阵分析表

内部因素 / 外部环境	优势(Strengths)	劣势(Weaknesses)
	1. 文化遗迹遗存众多; 2. 历史人文资源丰厚; 3. 非遗文化独具特色; 4. 交通区位优势明显; 5. 规划科学,建设到位。	1. 品牌形象模糊; 2. 规模化发展缓慢; 3. 文化产品开发滞后; 4. 宣传推介力度不够。
1. 文化产业发展政策机遇; 2. 社会大旅游气候带动; 3. 社会各界支持。	把握王渔洋故里地域特色文化资源优势,利用文化产业发展的良好机遇,明确文化品牌定位,加快文化产业品牌建设。	把握机遇,调整和弥补文化产业发展的劣势,有效恢复优势力量,实现产业快速发展。
威胁(Threats)	ST(防御型战略)	WT(转移型战略)
1. 产业开发与文物保护的矛盾; 2. 文化旅游同质化竞争和区域内部竞争。	利用内部资源优势发挥竞争力,有效防御外部环境威胁。	转化劣势,规避威胁,通过多种经营或多种渠道进行战略转移。

通过以上矩阵分析可以得出,王渔洋文化产业开发面临的外部环境整体上处于一种积极的上升趋势,其产业发展成败的关键还在于对内部因素的掌控,要最大限度地发挥自身优势,合理把握和有效转化自身劣势,最终实现品牌建设和管理目标。由此考虑,王渔洋文化产业发展可以采取SO和WO并举的战略选择。

(一) SO战略(优势机会战略)

在全国各地大力发展文化产业,文化旅游日益火爆的大环境下,王渔洋文化品牌定位要以王渔洋及其家族的历史、文学、教育、廉政、交游等为基础,充分利用其历史性、广泛性、丰富性、增智性的优势特征和文化价值,以丰富独特的文化体验打造爱国主义、国学和廉政教育基地,拓展文化产品的结构和层次,为游客提供更多富有情趣的文化消费空间,提升王渔洋文化旅游产品的美誉,以获得更多的文化旅游市场发展机遇。同时,在前期规划和现有建设成果的基础上,加快工程建设进度,扩大景区规模,有效整合文化旅游景区区域化发展优势,增强竞争合力。

(二)WO战略(劣势机会战略)

王渔洋文化产业的劣势与优势是相对的,如果能有效地把握和发挥其文化资源优势,就比较容易调整和转化自身的劣势,有效恢复优势力量,加快文化产业发展。一方面要加快景区规模化开发建设,以及文化品牌形象、特色文化产品的设计推广,丰富游客文化体验,拉动文化消费,塑造良好的文化品牌形象,另一方面,要加大王渔洋文化品牌的传播力度,通过多种渠道、多种形式、多种手段,对目标游客实行目的性、指向性传播,在较短时间内有效提升品牌知名度,吸引更多的游客参与王渔洋文化体验。

王渔洋文化品牌建设是一个长期的综合性工程,依赖于科学的管理,还有赖于有关方面的共同努力。值得期待的是,王渔洋文化品牌建设必将为地方经济社会的发展带来积极效应。

浅析王渔洋故居保护修复中的意与匠

王心睿*

王渔洋故居位于山东省桓台县新城镇城南村,建于清康熙二十四年(1685),是王渔洋在其曾祖王之垣所建长春园故址上修缮而成,又名“西城别墅”。2009 年 9 月,王渔洋故居保护修复工程正式启动,严格遵循尊重历史、保护地方文化、修旧如故的原则。在古建修复、园林绿化、陈列布展等工程完成后,王渔洋故居于 2013 年 11 月对外开放。

王渔洋是清初诗坛领袖,累官刑部尚书,一生著述 30 余种 560 余卷,创作诗歌 4000 余首,首创诗论“神韵说”,被尊为“一代正宗”,是中国古典诗学的集大成者。其家族自明嘉靖二十年(1541)第一位考取进士者王重光起,至清道光十六年(1836)最后一位进士王允灌,共考中进士 30 名、举人 52 名,出仕为官者 100 多人,有文学著述传世者 50 余人,成为明清时期当之无愧的齐鲁望族、江北青箱。

王渔洋及其家族在中国历史和文学史上的贡献,是桓台优秀地域文化的体现,是一笔宝贵的历史文化财富。作为凝聚与沉淀这一文化的王渔洋故居,则是最直接的历史见证和载体,具有高度的建筑价值、历史价值和人文价值。

1. 建筑价值。王渔洋故居始建于明万历年间,历经 400 余年,虽经多次修葺,仍为保留完好的北方四合院建筑组群,除具有北方官宦住宅的共性特征外,还有其独特性:屋脊处运用花瓦叠砌,使整个建筑显得玲珑精致,较北京官式建筑的沉稳,更多了一份轻松与惬意;木构件在建筑立面上椽头收分的飞椽造型,与北京民居建筑中直方椽头样式形成对比;墀头上身添设了漂亮的装饰,造型别致,曲线优美,带有明显本土化的装饰特征;门、窗、隔断的棂条图案形式各有不同,垂柱、雀替、花板的层层叠放是在其他地域建筑中没有的,体现了桓台当地建筑特色和文化特色。①

2. 历史价值。王渔洋故居以物质载体的形式,见证了王渔洋的成长和成就,留下了他生活的痕迹,凝聚着人们对他的情感关注、文化回忆与想象空间。它承载着丰富的历史积淀和文化内涵,能够在时间与空间两重维度上延伸开去,拓展观者的想象与记忆,沟通过去、现在与未来,使得一段段历史重新焕发光彩。凝望故居的一砖一瓦,仿佛置身于过往的岁月,怀着对历史的敬畏,去解读一代文化伟人的思想和文化。

3. 人文价值。王渔洋与诗歌缠绵了一生,创作诗歌 4000 余首,是我国古代留下作品最多的诗人之一。同时,他标举“神韵”,是当之无愧的诗论家。康熙十二年至康熙十四年(1673 ~ 1675)、康

---

* 作者简介:王心睿,王士禛纪念馆,副馆长。

①北京市古代建筑设计研究所:《王渔洋故居及忠勤祠等重点景区保护修缮设计方案》,第 1 页。

熙二十五年至康熙二十八年(1686～1689),王渔洋分别在这两个时间段服母丧和父丧,度过丁忧生活。在此期间,他仅离开两次,康熙二十七年正月赴京悼太皇太后,康熙二十八年正月赴德州迎驾康熙帝。在此,他编就《唐诗十选》《唐贤三昧集》,并撰写了笔记著作《池北偶谈》。康熙四十三年(1704)至康熙五十年(1711),王渔洋归里著述,完成《自撰年谱》《古夫于亭稿》《蚕尾后集》《唐人绝句选》《带经堂集》等。王渔洋在长达四十五年的仕宦生涯中,恪守"清、慎、勤"的为官准则,自觉实践"不负民即不负国,不负国即不负所学"的为官之道,是清康熙年间的一代廉吏。因此,王渔洋故居不仅积淀着传统观念、生活方式和民间习俗,而且充溢着文化气息和廉政思想。

王渔洋故居的保护修复,通过对有形文化遗产的保护、修缮、复建,再现、还原了历史,使无形文化遗产得到了保护、传承和弘扬,两者相互依存、相得益彰。笔者试从空间、要素和意境三个层面,从建筑、园林和陈列三个角度,去解析其在保护修复过程中的意匠运用。

一、空间布局合理,层次分明,脉络清晰

王渔洋故居现占地15000平方米,建筑面积6000多平方米,遗留明、清、民国建筑108间,其建筑形式协调统一,建筑布局既分区明确又联系紧密。确保修复后的王渔洋故居具有当地建筑的特色,有别于其他的地方,这是非常关键的一点。王渔洋故居通过整体规划设计,可分为生活区、生平区、园林区和祭祀区四大部分。这四部分是展示的主体和核心,下面进行重点阐述。

1. 生活区

生活区由故居东南位置的大门进入,为五进院落,称"东跨院"。因较为完好地保留了清朝时期的建筑风格,故将其作为生活原状区进行展示,复原王渔洋在此居住时的衣、食、住、行、读,用以展示王渔洋淡泊起居和读书著述的生活状态。

大门构建保留完好。进门之后有两条通道,直行是下人出入的便道。往左转经过一个园门,便进入主院中轴线上的第一进院落。最南端是南倒座,通常作客厅或接待之用,在此接待一些不便请入内宅的到访者。除了南倒座和两个耳房,还有一座精致的西花厅,也是故居院落当中保存非常完好的一间房屋。

第一进院往里走要经过垂花门。垂花门位于故居主院的中轴线上,是内宅与外宅的分界线。绕过垂花门,感受到的不是庄重肃穆,而是一份祥和的园林风貌,树木花草,生机勃勃。

穿过过厅来到第三进院落,两边分别是东、西耳房,东侧为客房,西侧为管事房。再往里走是一道屏门。过了屏门,才算真正进到了内宅。

四进院西厢房是王渔洋的书斋,斋号"信古斋"是康熙皇帝赐给王渔洋的匾额,室内陈设处处透露出一代博学鸿儒的文化气息。康熙四十三年(1704),王渔洋回归故里后,在这里著述不辍,完成了自传年谱、《渔洋诗话》等多部著作。

主堂名为"宸翰堂",位于第四进院的中轴线上,体量最大,等级最高。主堂中间为三间,东、西两侧各有一间耳房,为居住之所。主堂正中屏风悬挂着一幅素绢大字中堂,是康熙皇帝临摹米芾的书法作品。上方悬挂的"清慎勤"匾额也是康熙皇帝御书。

穿过主堂是第五进院。三间后罩房处于主院的中轴线上,与南倒座遥相对应,是女眷和未成年子女起居的地方,房内琴棋书画样样俱全。

2. 生平区

故居中跨院部分。清末王氏家族败落后,将此处卖给了盐商冯冠儒。冯氏入住之后按照当时

的风格对院落进行了整修,留下了民国建筑的特色。修缮复建后的建筑目前用于王渔洋的生平主题展示,分为序厅、金榜题名、明清官制、私塾、诗宗神韵和清官廉吏六部分,对王渔洋的一生进行了展示。

序厅:正对入口处呈现王渔洋的神韵诗代表作。两侧列出了王渔洋生平简介和大事年表。结合四周王渔洋生平节点的立体铜浮雕墙,为整个故居的陈列展示埋下伏笔。

金榜题名:科举制度方面分别采用了图文并茂的展示手法,将展示内容形象化。入口处展示了皇榜和王渔洋的科举入仕表,简洁明了。考试程式部分整个画面层次分明,错落有致。

明清官制:将王渔洋的入仕经历有秩序地呈现了出来。官制部分采用对比的形式,不仅将明清中央官制与地方官制以对比的形式展现了出来,而且更能突出重点。对翰林院、南书房、詹士府等王渔洋任职的重要部门做了重点说明。

私塾:东半部分制作了王渔洋与其兄长雪夜对诗的硅胶像场景,立体生动,活灵活现。西半部分为王氏家族的私塾场景,对王氏家族教育进行了概要的阐述。

诗宗神韵:造型墙体采用了大面积的艺术创作画,结合画面的艺术特征对王渔洋诗词做了深刻的视觉语言的传达。王渔洋宦游图是以电子地图配合音响解说的形式展现的,当地标点亮起,旁边会配合出现相应的事迹与作品介绍。红桥唱和的场景利用多角度投影结合波纹,形成动感的地面,多点触控台循环播放红桥诗作。凹凸有致的背景墙体,结合大型艺术绘画,分别利用图文并茂的方式对王渔洋各类诗词作品、著述和藏书等进行详细的展示。整体空间动静结合,将庞杂的内容有序地展现在了观众面前。

清官廉吏:大部分采用了图文并茂的形式,其中据理谏言部分采用了墙体浮雕,既庄重又大气。扬州推官部分还原了王渔洋夜批卷宗的场景。最后一个单元对王渔洋的《手镜录》做了详细的阐述,立体激光字逐渐亮起,与四周图片与文字相结合的展示形成对比,突出了王渔洋的廉政勤政和廉政思想。

3. 园林区

该部分是原有故居中重要的组成部分,这里曾是王渔洋看书、写作、会友之所,是王渔洋文人气质的集中体现场所。园林设计根据现有地形范围,通过古典园林的设计手法,将别墅中的花园和其中的主要经典再现出来,虽然不及原来的规模,但通过精心的设计,也向游人呈现出了一处精美的园林景观。主要景观有双松书坞、石舫、小善卷、半偈阁、樵唱轩、石帆亭等。

双松书坞一层展示皇帝词臣,该单元还原了王渔洋奉召入懋勤殿,与陈廷敬御前对诗的场景。场景旁,大屏幕循环播放皇帝对王渔洋回归故里后眷念的短片。精品陈列柜中,展示了皇帝的圣旨,墙体上图文并茂地展示了皇帝对王渔洋的各种赏赐。整体色调与形式上的控制,使整个空间低调而又庄严。

二层展示文政交游,该部分大胆地做了一个穿越时空的文人集会场景,整体空间以自然平和为大局,让观众在了解故居的历史之后,回味无穷。

4. 祭祀区

位于故居西侧的渔洋祠和牡丹祠是王氏家族两处举足轻重的建筑。入口处的位置是根据现有石狮子和建筑考古结果设定的。渔洋祠曾在民国二十九年(1940)修缮过,后因被粮站使用得以保存下来,但门窗的设置和室内地面都被更改。与渔洋祠相比较,牡丹祠是为了纪念王渔洋的夫人而修建的,建筑结构和装修样式改动都比较少,较好地保存了历史原状,修缮上仅对屋顶瓦面以及部分缺失进行了添配。牡丹祠的主题是通过纪念王渔洋的三位夫人，展示王氏家族优秀女性的形象，再现历史故事，还原灵动的生活情节。

故居将具有不同时期建筑风貌的庭院划分成不同功能的展示区，或展示生活，或展示生平，或展示园林，或用于祭祀，分区明确，主题鲜明，通过路线的变化，一区一景，形成了层次递进、内容丰富的景观。

二、要素表达准确，统一和谐，丰富多义

“在院落体系中，中国传统的建筑单体具有边界性和文本性(装饰性)。”“这种二重性导致在院落群体布局中，建筑的不同立面处理根据不同庭园的空间性格来决定。”①

王渔洋故居作为中国传统建筑面貌的集中表现，包含了古建筑中的大部分建筑要素。壁墙户牖、雕梁画栋、亭台楼阁都透迤其中，垂花门、影壁、厢房等有限要素的组合排列，构成了一幅丰富多彩的精美画卷。众多的要素形式容易使人感到庞杂而难以理清头绪，我们试从面到点来寻找其规律。面包括垂直面和水平面。垂直面要素包括门、墙、堂、厢等点元素，水平面包括地面、水面等点元素。

1. 门、墙

“在中国传统建筑中，门既是墙的一种特殊形态，也是建筑的一种特殊形式(门即是一座建筑)。一道道的门与墙共同形成‘庭院深深深几许’的空间状态。”②

王渔洋故居为五进院落。一进的大门为广亮大门形式，面广一间的房屋，屋顶为五檩四架椽的硬山做法，门扇安在脊檩之下，门板两扇，有较多的装饰处理，对大门装修部分的垂柱、花板、雀替进行了添配。门口上方悬挂“经筵讲官刑部尚书王士禛第”的牌匾，门面油漆采用“黑、红、净”的方式处理。大门右侧为单开间硬山建筑，与大门通道联系起来，作为门房使用。

作为大家族宅院二道门的垂花门及围墙以及三进的过厅，其原有地上部分已经荡然无存，经专家论证和考古勘探，确有地基后复建。垂花门位于故居主院的中轴线上，是内宅与外宅的分界线，采用“麻叶梁头垂莲柱”的工艺。与垂花门正对的是过厅，位于二进院和三进院之间的中轴线上，分为东西两间，是内室入口的必经通道。

四进是一道屏门，正中的两扇木门平时关着，人从两侧出入，只有贵客临门或重大活动时才打开通行。

故居南倒座展示的“砖包坯”结构墙体，是北方民居的典型构造，冬暖夏凉，而且坚固耐用，历经300多年依然完好。宸翰堂廊下左右两侧墙上“文革”时期的标语依然保留着，带着那一段历史的记忆和文物的原真性，这也是文物修复理念之一。

2. 堂、厢、亭

大门左侧的三开间建筑为南倒座，位于故居主路建筑群的中轴线上，在后期使用时，使用者对建筑的地面以及前后檐的装修都做了改动。在对实地勘测结果进行分析后，发现修缮时将现有后檐开窗、开门封堵，前檐装修还原至柱中位置，明间设隔扇门，次间为槛窗装修。

穿过门道左拐，便见装修精致优美的西花厅，玲珑的垂柱、飘洒的挂落都渗透着它曾经的优雅。

---

① 任军:《文化视野下的中国传统庭院》，天津大学出版社2005年版，第92页。

② 任军:《文化视野下的中国传统庭院》，天津大学出版社2005年版，第91页。

由过厅往北，就是故居主人的正房主院，正房为三开间带前廊的建筑，建筑构件保存完好，屋面进行了垂兽、小跑寻等脊兽的添配，去除了民国时期因设置采暖地炉而加建的烟囱，装修用带棂条的隔扇门和槛窗替换现有样式；主院东、西厢房改动较大，整个建筑后檐墙向前推移，并留出了地炉的烧火孔；东、西厢房定经过翻建处理，翻建后与正房风格统一，也为三开间带前廊的建筑，屋面和装修均和正房相同，可使游人真切地感受到原有故居的风貌。

中跨院具有浓郁民国风格，发券的窗洞，欧化的线脚将明清的建筑风格消融殆尽；但作为故居历经时代变迁的佐证，尊重历史又显得尤为重要，因此作为生平展区，不再将建筑风格作为主要的展示内容，而是通过讲述王渔洋文政兼从的一生，增加其文化内涵，使其成为了解人物事迹的主要场所。

园林区根据王渔洋著作《西城别墅记》中的描述，突出了双松书坞。双松书坞是当年藏书量较大的私人书库之一。古人为书库防火，采用“天一生水，地六成之”的寓意，建筑平面呈六间，首层六间带前廊，二层是一个大空间。同时建筑彩画也风格特殊，采用黑色的油饰，彩画内容多采用博古的形式。除此，还设计了樵唱轩、半偈阁和小善卷等景观，并将王渔洋的诗作以石刻的形式展示出来，使游人在游园中受到传统文化的熏陶和感染。

3. 地面、水面

主堂中间为三间，东、西两侧各有一间耳房，为居住之所，明间吊顶和地面铺装以及明、次间的隔断装修都较好地保持了原状，因此未做任何改动。西侧耳房设有“暖地”，相当于现在的地暖装置，修复后的故居尊重原貌，将地炉烟道使用透明玻璃进行展示。

中跨院从南门到影壁墙中间的石砖路很有特色，路面的青砖不是平铺上去的，而是采用了侧面竖直铺设，大大增强了砖体的承重能力。

故居两处水面，一内一外，一动一静，遥相呼应。园林区内的春草池是西城别墅原有景观，是园林区的核心。池面上建有石舫一座，石舫是园林中的画龙点睛之作，主人经常在这里会友论诗。静静的池面，产生了扑朔迷离的倒影美景。空间西侧的小善卷洞，造型奇妙，别有洞天，一股瀑布从洞口上方倾泻而下。这里既有静的含蓄深沉，又有动的流溢飞扬。

走出故居，西南侧有一处葫芦形人工池面，池畔密布错落有致的水生植物，池中斑驳的龟背石将水流拦截，产生忽隐忽现、忽急忽缓的水流声，映衬着周围物象的倒影，给人以幽深宁静之感。

历史是由一个个层面构成的多维体。王渔洋故居从建成到现在历经400多年的时间，随着时间的推移，在每一个重大历史转折点上都留下了时代的特色和信息，成为研究故居变化、研究王渔洋文化的一些重要资料。所以在修复的过程当中，坚持历史可识别性原则，每一个历史节点的重要特色和信息要素都要加以保留和展现。

三、意境凝练深远，神韵灵动，发人深省

中国所有艺术的最高境界都追求意境，而王渔洋的“神韵”诗论更是提炼了中国艺术的精华，其核心内容就是关于诗的意境和意境美。以“妙悟”“神会”，以“不着一字，尽得风流”为诗的最高境界，强调淡远的意境和含蓄的语言。王渔洋诗论中的言外之意、象外之趣正是故居以有尽而寓无穷意境的体现。

王渔洋在《忆西城别墅》中写到：“池北池南半竹枝，疏梅照影恰临池。今年谁作林园主，孤负花明酒酽时。”置身王渔洋故居，你会觉得历史与现实在这一刻邂逅。推开“黑、红、净”油饰的大

门，是一个幽静素雅的五进院落。沿着中轴线缓缓进入，古朴优雅的气息扑面而来。古老的海棠和紫藤，在午后阳光的斜射下，树影婆娑。在饱经沧桑的王渔洋故居，端详着精雕细刻的门窗，凝望着宅院的一砖一瓦，思绪便会穿越几百年时空，与历史对话。远离了城市的繁华与喧嚣，这里祥和而安宁，走进这里就走进了诗的海洋、诗的故乡。置身于此，就不难理解为什么渔洋先生诗文迭出，神韵悠长了。

王渔洋故居木雕大都采用梅兰竹菊的题材。“菊之傲霜、梅之凌雪、竹之劲节、兰之幽香”，通过这种比德，赋予了居住主体的主题意象，成为点睛之笔。其他如花板、雀替、花脊、石雕等，也用民俗的象征手法，表达出了浪漫质朴的主题意象——或连年有鱼，或福禄寿喜，或多子多福，不一而足。

王渔洋在其《蚕尾集·西城别墅记》中描述了西城别墅花园的来历状貌和各种小景观：“山上有亭，曰石帆。其下有洞，曰小善卷。前有池，曰春草池。池南有大石横卧，曰石丈山。北有小阁，曰半偈阁。东北有楼五间，高明洞豁，坐见长白诸峰。前有双松甚古。曰高明楼。楼与亭皆毁于壬午之乱，唯松在焉……”园林区便是依照《西城别墅记》的记载对原有部分古迹进行修复和复建的成果。双松书坞前身就是高明楼，位于园林的西北角，南面临湖，曰春草池，楼前植有两株松树，高十余米，形似毛笔，与池南状似笔架的石丈山遥相呼应，风过树摇，真有饱蘸池水挥毫书写的快意。

在半偈阁的南边有一棵古老的垂柳。欣赏了传唱整个清代并流传至今的《秋柳四章》之后，不妨在这千丝万绦下稍憩，遥想当年此诗一出诗坛震荡、万人争唱的盛景；遥想探花吴国对急切地寻找济南王郎的惺惺相惜之情；遥想乾隆皇帝面对缠绵悱恻的《秋柳》诗出语“语义均无违碍”的怜爱之情。

春草池东南面，一条小路穿过一片葱翠挺拔的竹林向前延伸，小路尽头石刻二字曰“竹径”。“宁可食无肉，不可居无竹。”这是古代文人雅士对气节的追求，王渔洋也非常爱竹，家中遍种竹子，而又以园林区最为茂盛。王渔洋写竹的诗中，不乏脍炙人口之作。如《题王叔楚画竹》中的“一夜春雷动崖谷，四山风雨箨龙惊”，《移竹》中的“一别故园竹，惊心忽七年”等。这些诗句色彩鲜明，富于意境，给人无尽的想象空间与艺术感染力，成为“神韵”诗的典范。

沿着竹径一直往前走，别致的花园可谓移步易景，尽头处与假山谓之“小华子冈”相通，拾级而上，便可到达石帆亭。站在亭中举目四望，整个园林区景观甚至整个王渔洋故居都可尽收眼底。石帆亭背面便是樵唱轩，山下的小善卷亦四通八达，不大的假山下面却暗藏玄机，蜗行于洞中，毫无逼仄感，反倒别有一番情致。穿过小善卷可直达樵唱轩，向北的出口处另有一条曲折的石板桥与春草池北岸相连，可到达石舫、半偈阁和双松书坞，整个花园围绕春草池由竹径和石板桥通达相连，环成一个整体。

王渔洋作为清初诗坛领袖，引领把持了康熙朝的诗风和众诗人的魂灵，他在济南大明湖、扬州虹桥和如皋水绘园组织了多次大型的诗歌唱和活动。拥有诸多景观的西城别墅也成为文人雅士的集会之所，西城别墅诗会自然也是清初一次大型的诗歌会，其主力多是年轻的俊才，由王渔洋作《西城别墅记》发起，统一按景名为题，又命其门人，年轻诗人如吴雯、赵执信、冯廷櫆等应作。如朱彝尊所作《双松书坞》诗“我愿身为鹤，巢君庭际松。清风吹我衣，明月照我容。与君岁寒约，寤语绵春冬”。再如，吴雯所作《春草池》诗“池上茸茸色，一卷《离骚》经。谢客太荒唐，幻梦不可听。爱煞懒公语，春来草自青”。

经过保护修复的王渔洋故居是一个处于历史进程中的故居，而不是作为一个断面的故居；是一个发展中的故居，而不是一个静态的故居；是一个有文化灵魂的故居，而不是一个空洞干瘪的故居；是一个意蕴生动的故居，而不是毫无生机的故居。

院落再多，也有终结；面积再大，也有围合。但这有限空间包含的意味，包含的对历史、人生的思考则是无穷的。一如林语堂描述的"不知建筑在哪里结束，艺术从哪里开始"以及任军在《文化视野下的中国传统庭院》中所言的"在历史的长河中，意境作为审美的终极目标，不断吸引艺术家创造'言有尽而意无穷'的作品"那样，建筑艺术也不例外，通过文化的引入引发人的联想、触动人的心灵，使人驻足、倾听、畅想，成为人与自然、精神与宇宙交汇的场所。

结语

王渔洋故居的保护修复坚持最少干预、修旧如故的理念，坚持原材料、原工艺、原形制，尽可能将"原汁原味"的王渔洋故居呈献给游人，让游人去评说去分析。同时注意周围环境与故居的协调，不使人产生突兀感，让游客到访后产生仿佛置身于王渔洋所处时代的感觉。

王渔洋故居的保护修复主要是挖掘其文化内涵，对整体环境进行独具匠心的精心布置。修复后的王渔洋故居真实再现了王渔洋的生平，充满了浓厚的文化氛围，不仅能让游客在轻松愉悦的过程中受到教育和启发，对王渔洋本身及作品有充分的了解，对王渔洋的思想有深刻的认识，甚至能让游客通过王渔洋透视他所处的时代和文化，这就是王渔洋故居修复保护的最高境界。

试析王渔洋廉政思想及其时代价值

文景刚*

作为清康熙时期的文坛领袖与政坛精英，王渔洋不仅独创诗论神韵说、著述浩繁，被尊为“一代正宗”①，而且洁己爱民、政声清远。自其身后迄今，其诗词、散文、文学理论等一直是学界研究的热点，诸多学者②做了大量系统的研究，成果颇丰。然而，对王渔洋思想尤其是廉政思想的专门研究尤显不足③，实乃王渔洋文化研究之憾事。

王渔洋的《手镜录》浓缩其思想精华于一体且又可以从本质上体现廉政④，虽为家书，旨在治家教子，却可推至治国。这主要表现在进一步拓展传统“民本”思想的内涵并将之具体化，在司法、财经、税收、教育等领域提出科学理念，严格规范官员的工作作风与生活作风等方面。这与党风建设及廉政建设有很多相通之处，具有较高的时代价值。因此，本文拟以《手镜录》所载为主要研究史料，从上述几个方面对王渔洋的廉政思想进行系统分析并弘扬其时代意义，以就教于诸位方家。

一

“民本”一词最早见于《尚书》，“皇祖有训，民可近，不可下。民惟邦本，本固邦宁”。意即民众是国家的根本，统治者要敬民、重民、爱民，认识到民众的力量，自我约束，修善德行，慎重处理民事、国事。受此影响，历代政治家、思想家多有提出“民本”主张者。王渔洋主要是从正己正人、重

---

* 作者简介：文景刚，王士禛纪念馆，馆员。

① 赵尔巽等：《清史稿》，中华书局1977年版，第9948页。

② 当前，王渔洋文学研究成果极为丰富，在论文、专著、资料汇编方面均有高水平作品出现。比如，仅核心A类文章就有《中国社会科学》刊载的《王渔洋“神韵”的审美内涵及艺术精神》，《中国文学研究》刊载的《王士祯“神韵”说时空蕴藉形成的历史脉络》，《文史哲》刊载的《明清主流诗学的转移——论王渔洋对明代七子派的继承》，《山东社会科学》刊载的《从“王渔洋现象”仰视明清山东文学崛起》等数百篇。由此涌现出铃木虎雄、高桥和已、吉川幸次郎等及袁世硕、蒋寅、王小舒、裴世俊、宫晓卫等一大批国内外著名学者，极大地推动着王渔洋文学研究向更高层次不断发展。

③ 以笔者学力所及，与王渔洋廉政思想相关的成果仅见有：(1)齐鲁书社出版的《王士禛全集》，收录了王渔洋《手镜》全文内容，为资料汇编；(2)上海古籍出版社出版的《手镜录》，在汇编史料的基础上增加了译文，缺少学术性研究；(3)延边人民出版社出版的《王渔洋廉政思想研究》，旨在研究王渔洋的廉政思想，却在很大程度上将王渔洋的廉政思想与其文学成就并列阐释，专论性不强。除此之外，未见任何专著与专论。

④ 这里，笔者是从广义上对“廉政”的内涵进行界定的，既包含了对传统狭义廉洁从政的理解，也包含了围绕于此进行的拓展，比如传统的“以民为本”的主张，司法、财经、教育等方面的先进理念，严肃工作作风与生活作风的各项主张等。

视民生、真诚为民、爱民便民、勿扰民害民等方面对传统“民本”思想做了立体式阐释,使之内涵更深、外延更广。他虽然是一名封建官吏,但其所言对于今天仍然大有裨益。

第一,王渔洋深谙“其身正不令而从”①与“己欲立而立人,己欲达而达人”②的道理,认为落实“以民为本”先要正己正人,为官者只有通过修身不断提升自我素质,才能经受住各种诱惑,逐渐获得百姓的认可与信赖。为此,他从清廉、务实、勤政三个层面对官员的政治素质做了明确要求,“无暮夜枉法之金,清也;事事小心,不敢任性率意,慎也;早作夜思,事事不敢因循怠玩,勤也”③,认为官员只有达到这些要求才能成为百姓爱戴的好官,亦即“畿辅之地,果为好官,声誉易起”④。

同时,王渔洋着重指出,为官者不仅必须严格要求自己,还要严格管束家人。他强调,官宦子弟从政为官必须时刻做到堂堂正正、严于律己、平易待人,严禁自恃门第而傲慢无礼,“公子公孙做官,一切倍要谨慎检点。见上司,处同寅,接待绅士皆然;稍有任性,便谓以门第傲人。时时事事须存此意。做官自己脚跟须正,持门第不得”⑤。

第二,利于民生是一切工作的出发点和落脚点。水灾、旱灾、蝗灾是封建王朝经常面临的棘手问题,每当发生这些自然灾害时,地方官员往往为了保住“声誉”和所谓的“政绩”而隐瞒灾情,致使百姓深受其害。王渔洋认为,地方官员在灾害发生后应于第一时间如实奏报朝廷,同时尽己所能,积极为百姓争取诸如税收减免等政策优惠,不应为保“乌纱”而隐瞒不报,置百姓生死于不顾。此点,其在《手镜录》中有详细论述,“地方万一有水旱之灾,即当极力申诤,为民请命;不可如山左向年以报灾为讳,贻民间之害”⑥。

第三,以民为本既要真诚待民,更要注重落实好各项工作。封建官吏为了便于统治百姓,往往实施“愚民”政策,说得多,做得少。王渔洋则主张,为政一方要和当地民众同心同德、休戚与共,对百姓真诚相待,“必实实有真诚与民同休戚之意”⑦,只有如此,民众才会“未有不感动者”⑧。同时,他还强调了官员以身作则与落实工作的重要性,比如“春秋课农,须身亲劝谕鼓舞之”⑨。

第四,为官者要爱惜百姓,严禁骚扰或伤害民众,应当为其生产与生活提供方便。王渔洋深刻认识到执法人员与盗匪勾结的危害之大,主张严格约束捕快,防止其纵容盗匪,危害百姓。对于危害百姓的行为,他主张严惩,以儆效尤,包庇罪犯者罪加一等,“盗有犯者,当执法严惩,则不肖之徒屏迹矣……有窝赌者,犯即枷示重惩,不宜轻纵”⑩。即使执行公务时,渔洋先生也牢记为百姓提供方便,而非一味追求工作结果,指出“催争钱粮各省不同,要以便民为主”⑪。

综上,王渔洋的“民本”思想与当前我们提倡的“以人为本”有很多相通之处,对推动民生建设极有意义。比如,2014年8月4日,云南鲁甸县县长张雁在受灾现场向李克强总理如实反映震灾情况及救灾困难和问题,李总理三次表扬了她敢于直言不讳的精神。虽然张雁此举的初衷在于为受灾群众争取最大的帮助,从本质上来讲,却是对中央一以贯之的“以人为本”理念的自觉践行。

---

① 杨伯峻译注:《论语译注》,中华书局1980年版,第136页。

② 杨伯峻译注:《论语译注》,中华书局1980年版,第65页。

③④ 〔清〕王渔洋撰,桑声明校:《手镜录》,上海古籍出版社2006年版,第7页。

⑤ 〔清〕王渔洋撰,桑声明校:《手镜录》,上海古籍出版社2006年版,第1页。

⑥ 〔清〕王渔洋撰,桑声明校:《手镜录》,上海古籍出版社2006年版,第8页。

⑦⑧ 〔清〕王渔洋撰,桑声明校:《手镜录》,上海古籍出版社2006年版,第20页。

⑨ 〔清〕王渔洋撰,桑声明校:《手镜录》,上海古籍出版社2006年版,第2页。

⑩ 〔清〕王渔洋撰,桑声明校:《手镜录》,上海古籍出版社2006年版,第5页。

⑪ 〔清〕王渔洋撰,桑声明校:《手镜录》,上海古籍出版社2006年版,第17页。

二

王渔洋廉政思想的可贵之处还在于蕴含了诸多先进的理念，至今仍有借鉴意义。其廉政思想主要表现在司法、财经、税收、教育等方面。

第一，司法方面。王渔洋从办案的基本原则、犯人抓捕与审讯、断案及特殊案件处理等方面提出了较为系统的司法理念。

1. 高效办案、随到随办是司法工作的基本原则。王渔洋认为，百姓申冤诉苦，司法官员必须即刻受理，“不可令久候审理”①，而且要在最短的时间内结案，简单案件则力求随到随结，严禁敷衍塞责、相互推诿，致使案件积压如山。

2. 抓捕犯人既要兼顾法理和人情，还要讲究方式、方法。一是要选择恰当的抓捕地点，“或获之道路，或获之空庙，断不可株累窝家”②。二是逮捕犯人之后要及时解送，防止发生变故，“随获随解，不可监禁过三日”③。

3. 不能严刑逼供，更不能随意使用酷刑，以免屈打成招，铸成冤案。王渔洋明确指出官员不能轻易使用的刑罚，言“至于夹棍，尤万万不可轻用”，并告诫官员“盛怒之下，万不可动刑”④，以免受情绪影响下手过重，草菅人命。

4. 秉公办案，公正无私；一切从实际出发，多方取证，不可听信片面之词。王渔洋强调“审事务极虚公”⑤，坚持公平、公正，不能戴着有色眼镜看问题，搜集证据要全面系统“参互原告、被告及干证口供”⑥，这样才能确保得出正确的判断。

5. 大案、要案需特别对待，防止酿成不可挽回的悲剧。王渔洋认为，人命最为重要，审案时必须做到全面查证、谨慎分析，“凡人命，投井、投缳、服毒、自刭等，多是刁徒借命诬赖，居奇诈骗”⑦，一旦查出这些情节，不但要判他们诬告罪，而且要从重处罚，以免助长不正之风、造成冤假错案。

第二，财经税收方面。王渔洋从财务登记与安保、赋税划定与征收、金融风险规避等方面提出了自己的主张。

1. 严格财务制度，做好财务登记；加强安保措施，保障财务安全。王渔洋主张专人专管财务并做好账目明细，防止他人钻财务漏洞，作奸犯科。为此，他强调财务人员必须“自封投柜，不经胥吏之手，流水簿备照分明”⑧，以确保“胥吏不能作奸”，并由此推至各行各业，即“天下所同也”。同时，王渔洋还主张实施系统的安保措施，确保财产安全。比如，他指出“衙门仓库巡逻、监仓防范俱要严紧。宅中上宿巡更，亦当每夜严紧。如有公事赴省、赴府尤要加紧，勿忽”⑨，并一再强调不可有丝毫疏忽。

2. 税收有定额，不可乱加税；照章减免部分赋税，减轻民众负担；征税要讲究方式、方法，不能随意用刑。王渔洋认为，农业、商业、手工业等各行业的税额朝廷都有明文规定，不能随意增加，以免影响朝廷形象，如遇特殊情况，“出于地丁正项之外者，必有院、道、府通行明文”⑩，牢记任何时候

---

① 〔清〕王渔洋撰，桑声明校：《手镜录》，上海古籍出版社2006年版，第14页。

②③⑨ 〔清〕王渔洋撰，桑声明校：《手镜录》，上海古籍出版社2006年版，第16页。

④ 〔清〕王渔洋撰，桑声明校：《手镜录》，上海古籍出版社2006年版，第11页。

⑤⑥ 〔清〕王渔洋撰，桑声明校：《手镜录》，上海古籍出版社2006年版，第12页。

⑦ 〔清〕王渔洋撰，桑声明校：《手镜录》，上海古籍出版社2006年版，第15页。

⑧ 〔清〕王渔洋撰，桑声明校：《手镜录》，上海古籍出版社2006年版，第17页。

⑩ 〔清〕王渔洋撰，桑声明校：《手镜录》，上海古籍出版社2006年版，第18页。

都“不可一毫染指”①;对于征收过度的正规赋税之外的费用,要予以废除,万万“不可戥头加重”②,给百姓增加不必要的负担;征收赋税时要讲究方式和方法,地区不同情况不同,要区别对待,既不能催逼得太紧,更不能使用暴力,指出“催争钱粮各省不同,要以便民为主”③,“比粮不可用刑太重”④,等等。

3. 官员不能介入高利贷。时至今日,世界各国政府也都明令禁止非法集资,将非法吸收公众存款、集资诈骗、欺诈发行股票及债券、擅自发行股票及债券的行为定为犯罪。王渔洋早就敏锐地认识到官员介入非法融资行为的危害之大,认为其不仅影响官声与朝廷形象,甚至会带来巨大的财产损失,高度强调“非万不得已,不可轻易借贷”⑤,以此来规避金融风险。

第三,教育方面,王渔洋主要阐述了其在文化教育、人才培养、打击邪教活动方面的主张。

1. 落实教育为本理念。王渔洋主张尊重地方文化名人,依靠其与学官的共同努力,做好风俗教化普及工作,通过开展定期与不定期的教育活动使不同层次的人都能得到大幅度提高。为此,他说:“风俗教化所关甚钜,每月朔望,会师儒讲上谕法条,须敷陈明白条畅,乡愚人人可解,中才以下之人,皆可勉于为善,而不敢为不善。”⑥

2. 高度重视人才,积极培养和储备各类人才。其一,为政之余,令有关官员从秀才中选拔聪明才俊,进行着力培养,以储备文化人才,即“令广文选生员美秀而文者,为文会作养之”⑦;其二,为优秀人才提供生活保障,使之安心读书或工作,“生员闭户读书、绩学能文者,当爱敬作养之”⑧;其三,贯彻文武兼备的方针,积极储备武科人才,“民壮快手,选少壮恩实者,暇日教之习射,亦有得力处”⑨,与宋代以来重文轻武的观念截然不同。

3. 坚决打击邪教活动,维护社会安定。王渔洋执法向来主张严宽相济,在律法允许范围内最大限度地尊重人权。《王渔洋自撰年谱》中有这样的记载:王渔洋调兵部不久,经反复斟酌,并借鉴前任经验,拟定了若干放宽执法尺度的条例,上奏朝廷,并获得批准颁行天下。⑩ 王渔洋对邪教分子及邪教活动则坚决否定,立场鲜明,主张严惩不贷、寸步不让,从源头杜绝,防止其蔓延。他曾旗帜鲜明地指出,“白莲、龙天等邪教左道惑众者,当于严牌甲时力禁之,早杜其源,勿令滋蔓”⑪。

质言之,王渔洋为我们提出了诸多具有现代文明要素的司法、财经以及教育理念,对推进社会主义精神文明建设具有一定的理论指导与实践意义。

三

考察王渔洋廉政思想可以得知,其最具有文化价值与现实意义之处在于提出了诸多严肃工作作风与生活作风的主张。在该部分,笔者将从这两个层面分别展开论列。

第一,工作作风方面。王渔洋的廉政思想体现在工作态度、工作方式与方法、工作纪律等各个

① 〔清〕王渔洋撰,桑声明校:《手镜录》,上海古籍出版社2006年版,第18页。
②③④ 〔清〕王渔洋撰,桑声明校:《手镜录》,上海古籍出版社2006年版,第17页。
⑤ 〔清〕王渔洋撰,桑声明校:《手镜录》,上海古籍出版社2006年版,第20页。
⑥ 〔清〕王渔洋撰,桑声明校:《手镜录》,上海古籍出版社2006年版,第16页。
⑦ 〔清〕王渔洋撰,桑声明校:《手镜录》,上海古籍出版社2006年版,第8页。
⑧ 〔清〕王渔洋撰,桑声明校:《手镜录》,上海古籍出版社2006年版,第15页。
⑨ 〔清〕王渔洋撰,桑声明校:《手镜录》,上海古籍出版社2006年版,第19页。
⑩ 〔清〕王士禛著,袁世硕主编:《王士禛全集》,齐鲁书社2007年版,第427页。
⑪ 〔清〕王渔洋撰,桑声明校:《手镜录》,上海古籍出版社2006年版,第6页。

方面。

1. 官员在工作中要端正态度，以身作则，谨慎思考。王渔洋认为，官员要认真对待各项工作，不可敷衍了事，并以举办义学为例做了说明，指出“义学多有名无实，宜实实举行之”①，以避免因工作失误而产生教育不公；官员要深入基层，投身一线工作，以鼓舞百姓士气，尤其在农忙时更要如此，指出“春秋课农，须身亲劝谕鼓舞之”②；地方官要耐得住工作的烦琐，受得了闲气，遇事要三思而后行，不可鲁莽，否则定会犯错，一再强调“做有司官须忍耐、耐烦，事至须三思而行，不可急遽，急遽必有错误”③；工作要精益求精，汇报公文要字斟句酌，防止出错。比如，“与上司禀启，当先简点”④。

2. 工作讲究方法，合理选人用人，理顺各方关系，实现工作合力的最大化。王渔洋强调工作艺术，严禁粗暴，其在征收钱粮工作上的认识就能充分证明此点。如其言“催争钱粮各省不同，要以便民为主”⑤，“比粮不可用刑太重”⑥，等等。在安排具体工作时，王渔洋主张选择最适合的人去做，同时辅以配套举措，以便取得事半功倍之效。比如，在布置押解钱粮这项工作时，王渔洋认为“须慎选老成殷实人役。银入鞘必自家经眼，然后贴封，不可粗心”⑦，全面考虑了工作安全与执行力度。尤其值得一提的是，王渔洋还认识到了合作的重要性，主张对下属严宽相济、处理好各方关系，实现工作合力的最大化。因此，他一方面强调“驭胥役辈要严，亦要体恤人情”⑧，一方面又注重“待广文、捕衙、防守将官皆要和睦”⑨。

3. 严肃工作纪律。其一，机密事件要严格执行保密制度，防止泄露消息。王渔洋指出“凡审事及商榷事体，最宜慎秘。虽门役等日在左右者，亦不可令窥探意指，泄露语言”⑩，认为此事无一例外。其二，禁止中午饮酒和酒后办公。王渔洋说：“午堂亦须饭，然后出，惟不可多用酒，酒后比粮审刑，尤断断不可。”⑪其三，自觉遵守各项规章制度。比如，王渔洋对司法官员审案时应当遵守的工作制度做了详细规定，“堂规要严肃……上堂颦笑亦不可轻易”⑫，等等。

第二，生活作风方面。王渔洋在勤俭节约、对待特权的正确态度、如何接受宴请等方面为我们提供了一定的启示。

1. 勤俭节约是中华民族的传统美德，任何时候都不能丢，要将之融入点滴生活中。王渔洋认为，官员“日用节俭，可以成廉”⑬，不仅高度肯定了这种生活作风，而且将其上升到廉政的高度，显示出了敏锐的洞察力。同时，他还对自己与家人的日常生活标准做了严格规定，“日食蔬菜一二器，不枉费公家一文钱”，做到了身体力行。

2. 官员不能自以为高人一等，以权谋私，获取非法的生活便利。王渔洋认为，禁止滥用特权是一条基本原则，任何时候都必须恪守。这里，他主要是从日常物品采购和外出执行公务就餐两个

---

① 〔清〕王渔洋撰，桑声明校：《手镜录》，上海古籍出版社2006年版，第7页。
②⑪ 〔清〕王渔洋撰，桑声明校：《手镜录》，上海古籍出版社2006年版，第2页。
③ 〔清〕王渔洋撰，桑声明校：《手镜录》，上海古籍出版社2006年版，第5页。
④ 〔清〕王渔洋撰，桑声明校：《手镜录》，上海古籍出版社2006年版，第9页。
⑤⑥⑨ 〔清〕王渔洋撰，桑声明校：《手镜录》，上海古籍出版社2006年版，第17页。
⑦ 〔清〕王渔洋撰，桑声明校：《手镜录》，上海古籍出版社2006年版，第6页。
⑧ 〔清〕王渔洋撰，桑声明校：《手镜录》，上海古籍出版社2006年版，第20页。
⑩ 〔清〕王渔洋撰，桑声明校：《手镜录》，上海古籍出版社2006年版，第10页。
⑫ 〔清〕王渔洋撰，桑声明校：《手镜录》，上海古籍出版社2006年版，第11页。
⑬ 〔清〕王渔洋撰，桑声明校：《手镜录》，上海古籍出版社2006年版，第1页。

方面做了规定，一是官员（既特指其三子王启汸，更可指所有官员）外出执行公务时不能扰民，既要轻车简从，又须自带饮食，即“须减驱从，自备饮食，令民间不惊扰”①；二是要求家人严格遵照市场价购买各类生活物品，禁止以权谋取所谓“官价”，即“日用米、肉、薪、蔬、草、豆之类，皆当照市价平买，不可有官价名色”②。

3. 接受宴请要把握好“度”，不可陷入奢靡与享乐的泥潭而无法自拔。王渔洋认为官员与官员之间、百姓与官员之间的正常宴请是无可厚非的，但他坚决反对借“正常”之名行享乐之实，饮酒无度，因此明确指出“宴会当早赴早散，不可夜饮”③。

印度著名学者恰巴底亚那曾在《印度哲学》一书中指出：“历史的比较常常投射出非常有意义的光芒，照亮我们理解中的幽暗角落。”④此言很有道理。因为比较的方法不仅可以提高人的理解力，而且能够转换人认识问题的视角，给人提供看待问题的有利角度，尤其研究思想问题更是如此。运用此种方法将上述主张与古今廉政思想进行比较研究可以得知，王渔洋重视理论指导而又不唯理论，高度强调深入基层和具体操作，非常“接地气”，与党风廉政建设“为民、务实、清廉”的要求有异曲同工之妙。

结语

综上，通过对王渔洋廉政思想的深入剖析可知，其中的为政理念在当时极具科学性，能够顺应康熙皇帝治世安民的需要。因此，“士祯以诗被遇”虽颇有道理，但王渔洋突出的政治素养与深远见地是其获得康熙皇帝认可和倚重的根本原因。

鉴前世之兴衰，考当今之得失。研究历史的根本目的在于，深入挖掘其中智慧以服务于今天。通过文中的论述可以得出，王渔洋的廉政思想已远远超越其所处立场和时代所能达到的高度，具有朴素的以人为本、司法为公、执政为民理念，足可为社会主义政治文明建设提供诸多值得借鉴的经验。

2013年4月19日，习近平总书记在中共中央政治局第五次集体学习会上强调，“要积极借鉴我国历史上优秀廉政文化……提高拒腐防变和抵御风险能力”⑤。广大党员干部要不断进行深刻的历史性思考，积极汲取王渔洋廉政思想精华并体现于实际工作之中，让“为民务实清廉”⑥成为习惯，自觉关注民生，践行科学发展观，共同推进社会主义精神文明建设。

---

① 〔清〕王渔洋撰，桑声明校：《手镜录》，上海古籍出版社2006年版，第2页。

② 〔清〕王渔洋撰，桑声明校：《手镜录》，上海古籍出版社2006年版，第1页。

③ 〔清〕王渔洋撰，桑声明校：《手镜录》，上海古籍出版社2006年版，第4页。

④ 文景刚：《论中西中古君主制的差异》，载《泰山学院学报》2008年第5期。

⑤ 转引自连玉明、石龙学主编《大舆情》第6辑，团结出版社2013年版，第11页。

⑥ 《群众路线教育实践活动党员干部读本》，国家行政学院出版社2014年版，第45页。

《手镜》校译

逯志山[*]

《手镜》是王渔洋写给儿子王启汸的一本小册子，内容多是指导为官从政的谆谆教导之语。据钱塘金守楷在道光十九年（即农历己亥年，1839）写的跋文云，他在丁酉岁（即道光十七年，1837），从真州某氏那里得到这本小册子，遂让人钩摹勒石。可惜原作下落不明，金守楷嘱人钩摹勒石的实物也未能发现。正因为流传不广，原作、原石刻都无从查找，所以《手镜》的校译存在很多困难，目前已经出版的《手镜》存在许多问题，原因之一也在这里。2013年初，受王士禛纪念馆之托，笔者对齐鲁书社出版的《王士禛志》和《王士禛全集》中的相关文字作了校订，并重新翻译了全文及序、跋。笔者手头掌握的相关资料太少，能做的主要是反复观察王士禛纪念馆提供的拓片，力求通过现有的最具价值的文本，还原其本来面目。笔者的工作，既有对不同观点的甄别选择，亦有笔者个人的新发现、新观点。后者如对条目的划分，对"朔望行香及有朝廷大典礼拜牌等事"如何加标点的理解，对"做官自己脚跟须正""催征钱粮各省不同"等文字的校订等。

一、名称问题

齐鲁书社出版的《王士禛志》《王士禛全集》皆作《手镜录》，而原帖作《手镜》。为什么误作《手镜录》？恐怕与王亿年的跋文有关。这篇跋文中有这样一句话：

按全道公之任唐山当在前清康熙三十六年丁丑而文简公手镜之录则在三十七年

"手镜之录"意为"抄录《手镜》"，阅者可能审读粗疏，误《手镜之录》为书名，进一步省去"之"字，遂成《手镜录》之讹。

二、受者问题

《手镜》是写给谁的？《王士禛志》谓是给王士禛四子王启汧的。《王士禛志》云："《手镜录》原稿系王士禛为其四子王启汧所写的信札……是年七月，王启汧任唐山知县候补知州。"①但《王士禛志》介绍王氏第九代时则云："三子王启汸，字思远，一字全道，号昆仑山人，贡生，任唐山知县，候补知州。"②查《手镜》拓片王士禛原序清清楚楚写着"儿子启汸筮仕得顺德之唐山"，则知受此文者为王启汸。

---

* 作者简介：逯志山，桓台一中，教师。

① 《山东省志·诸子名家系列丛书》编纂委员会编：《王士禛志》，齐鲁书社2006年版，第404页。

② 《山东省志·诸子名家系列丛书》编纂委员会编：《王士禛志》，齐鲁书社2006年版，第24页。

据《王士禛志》《新城王氏世系简表》,士禛有启涑、启浑、启汸、启汧四子。蒋寅在《王渔洋事迹征略》①中则列出启涑、启浑、启汸、启沂、启汧五子。其间差异主要在于是否把夭折的启沂算进去。启汸生于康熙元年,启汧生于康熙十一年。

三、分条问题

《手镜》到底分多少条?答案非常明确。就在《手镜》篇末,王士禛写道:"右五十条随忆随书,未有伦次,汝时时玩味遵行,庶几寡过,慎勿忽也。"

但《王士禛全集》与《王士禛志》两书不但分法不同,而且都不是50条:《王士禛志》49条,《王士禛全集》52条。

接下来的问题是,到底分为哪50条?

分条的依据,最可靠的莫过于查看原著。原著无从寻找,退而求其次,以拓片为依据可也。笔者发现,拓片中是分条列述的,每条结束后另起一行书写下一条。凡同在一行中的,自然应视作同一条。据此原则,笔者考查了拓片中另起一行的情况。一行未写到头而另起一行的情况,据笔者统计,全帖共有53处,借用今天编辑电子文档的术语,共用了52个回车键,也就是说共分了53段。

这53段中,并不全是正常的分段,有三个"回车键"是由于当时习以为常的"礼数"而"敲"的,这三处分别是:

第二帖的"朔望行香及有朝廷大典礼、拜牌等事,须早起恭敬侍事"一句中,从"朝廷"开始另起一段。

第五帖的"此少闻于方伯赠司徒公者"一句中,从"方伯"开始另起一段。

第十四帖的"每月朔望,会师儒讲《上谕十六条》"一句中,从"上谕"开始另起一段。

去掉这三个"回车键",原文正好50段。这50段中,有三处容易产生误解,导致分条错误。

第一处:第一帖"有司衙门严内外之防,是第一要紧之事,家人勿令出外"应为另起一段,独立成一条。上一句原到"时时事事须存此意"结束,后面尚有一字的间距,空下没写而另起一行写"有司"。但在"此意"之后,作者又补上了"做官自己脚跟须止,持门第不得"一句,就把原留的间距给挤占了,读者不小心就会误以为"有司"一句是上一条中的内容。

第二处:第十一帖"万万不可轻用"之下空一字接"病人、醉人不宜轻加朴责",虽空一字,但并非另起一行。且据所述内容,此条集中谈用刑时应注意的事项,不当割裂为两条。

第三处:第十七帖"银匠需择人"紧跟上一句"诵声亦易起矣",并在最后一字"人"左下角特意加了"∟"符号以示与下段有区别。

辨析清楚以上问题,50条就可以正确分解出来了,当然也可以指出两书的错误所在了。

第四处:第二十一帖"居官以得民心为主"是一行的开头句,易误解为另起的段落。但细究相近文字的内容与语气,"居官以得民心为主,为民间省一分,则受一分之赐,诵声亦易起矣"显然是对前面提到的如何对待"羡余一项"的叮嘱。"银匠须择人"当是后来想到补加上去的。故从"羡余一项"到"银匠须择人"宜为一条。且从上下文照应来看,下一条即谈"加派一事"就显得非常自然。

《王士禛志》:

---

① 蒋寅:《王渔洋事迹征略》,中国社会科学出版社2014年版。

错误一:把“有司衙门”一条误挤入上条,如此则少了1条。

错误二:把“神会人杂”一条误挤入上条,如此则少了1条。

错误三:把“病人、醉人不宜轻加朴责。盛怒之下,万不可动刑”误单列一条,如此则多了1条。

错误四:把“银匠须择人”误从上一条中抽出并入下一条,如此条目内容出错,但条数未受影响。

综合起来,就成了49条。

《王士禛全集》:

错误:“居官以得民心为主,为民间省一分,则受一分之赐,诵声亦易起矣。银匠需择人”本来皆是第43条中的文字,误拆出来,且又被分为两条:

第44条:居官以得民心为主,为民间省一分,则受一分之赐,诵声亦易起矣。

第45条:银匠需择人。

如此则多出2条,就成了52条。

四、标点问题

标点应用有一定的灵活性,笔者对两书的标点做了较多改动,在此只就几处比较重要的地方略作说明,其他细节限于篇幅,不再一一解释,可参看校好的原文。

1. 第5条(《王士禛志》第4条)

《王士禛志》:朔望行香及有朝廷大典、礼拜牌等事

《王士禛全集》:朔望行香及有朝廷大典礼拜牌等事

《王士禛志》把“礼拜牌”连为一起不通,“礼”字极可能是衍文,若断句,只能与“大典”相连;《王士禛全集》则采取了偷懒的办法,避开这一问题。

正确的标点应为:朔望行香及有朝廷大典礼、拜牌等事

2. 第17条(《王士禛志》第15条)

《王士禛志》:地方如有聚众烧香念佛、白莲、龙天等邪教,左道惑众者

《王士禛全集》:地方如有聚众烧香念佛,白莲、龙天等邪教左道惑众者

《王士禛志》理解混乱,《王士禛全集》理解正确。

3. 第30条(《王士禛志》第28条)

《王士禛志》:所云“君子不重则不威也”。

《王士禛全集》:所云“君子不重则不威”也。

“君子不重则不威”语出《论语》,“也”是渔洋先生的语气,故不能把“也”放在引号之内,《王士禛全集》标点用得对。

4. 第33条(《王士禛志》第32条)

《王士禛志》作:如素无仇怨等语,即系斗殴杀。如夙有仇恨,遂动杀机等语即系谋故杀。

《王士禛全集》作:如素无仇怨等语,即系斗殴杀;如夙有仇恨,遂动杀机等语,即系谋故杀。

“素无仇怨”“夙有仇恨,遂动杀机”皆系引用,须加引号。

正确标点:如“素无仇怨”等语,即系斗殴杀;如“夙有仇恨,遂动杀机”等语即系谋故杀。

5. 第38条(《王士禛志》第37条)

《王士禛志》:须佥有身家不吃酒,的实解役二名

《王士禛全集》:须佥有身家、不吃酒的殷实解役二名

《王士禛志》中逗号无理,《集》中多一“殷”字。《王士禛全集》的标点为妥。

正确的标点应为:须佥有身家、不吃酒的实解役二名

五、字词问题

位　置	逯　校	《王士禛志》	《王士禛全集》	逯校说明
1(指条数,下同)	做官自己脚跟须正	做官自己手脚须正	做官自己脚底须正	原帖形更似“跟”,且于义更妥
2(志1)	家人勿令出外	家人勿令外出	家人勿令出外	原帖为“出外”
6(志5)	早起须用粥	退须用粥	早起须用粥	原帖前面“每日坐堂须早”,紧跟一个“早”,而用重字符号代之。且下文有“午堂亦须饭然后出”,于义更妥
6(志5)	慎之慎之!	慎之慎之!	慎慎之!	原帖同词连用往往把后一个词用符号代替
6(志5)	尤断断不可	尤断不可	尤断断不可	原帖为“断断”
7(志6)	尤须减驺从	赴游须减驺从	尤须减少驺从	考其笔画,“尤须”为妥
9(志8)	鞫得其实	鞫得其质	鞫得其质	原帖更似“实”,且于义更妥
10(志8)	当令捕官弹压之	当令扑官弹压之	当令捕官弹压之	原帖为“捕”
10(志8)	城门亦当令防弁严谨出入	城门亦当令防弁,严谨出入	城门亦当令防守,严谨出入	原帖为“防弁”
10(志8)	面生可疑之人	尚立可疑之人	面生可疑之人	原帖为“面生”
15(志13	事至徐,三思而行	事至须三思而行	事至须三思而行	原帖为“徐”
18(志16)	然后贴封	然后贴封	然后点封	考其笔画,原帖为“贴”
26(志24)	当先简点	当先简点	当先检点	原帖为“简”
26(志24)	亦宜□□而避之	亦宜□□而避之	亦宜话间而避之	原帖二字难以辨出
26(志24)	总兵改巡抚	总兵改巡抚	总兵巡抚	原帖有“改”
27(志25)	有□优伶之类者	有□优伶之类者	有送优伶之类者	原帖难以辨出
28(志26)	亦不可令窥探意指	亦不可令窥探意指	亦不可令窥探意措	原帖更近“指”,且于义更妥
31(志30)	不宜轻加朴责	不宜轻加扑责	不宜轻加扑责	原帖为“朴”
32(志31)	强之与窃	强之舆窃	强之与窃	原帖为“与”
34(志33)	服毒、自经	服毒、自尽	服毒、自尽	原帖为“伏”“尽”,“伏”当为“服”之笔误,“尽”当为“经”之笔误

（续表）

位　置	逯　校	《王士禛志》	《王士禛全集》	逯校说明
35（志34）	亦不敢恐喝诈骗矣	亦不敢恐吓诈骗矣	也不敢恐吓诈骗矣	原帖为“亦”“喝”
35（志34）	止当令其和息、自悔、自艾	此当令其和息、自悔、自艾	止当令其和息、自悔、自艾	原帖为“止”
36（志35）	讲《上谕十六条》	讲《上谕十六条》	讲上谕法条	原帖形似“十六”，又似“法”，《上谕十六条》康熙九年出现，清代文献中多次提及
38（志37）	督捕条例	督扑条例	督捕条例	原帖为“捕”
38（志37）	此事尤可行阴骘也	此事尤可阴骘也	此事尤可行阴骘也	原帖为“行阴骘”
38（志37）	不吃酒的实解役二名	不吃酒的实解役二名	不吃酒的殷实解役二名	原帖无“殷”
42（志41）	催征钱粮各省不同	摧征钱粮各有不同	催征钱粮，各有不同	原帖作“催”。考查笔画，并据上下文推究意思，应是“各省不同”
42（志41）	不经胥吏之手	不以胥吏之手	不经胥吏之手	原帖为“经”
43（志42）	断不可于戗头加重	断不可于戗头加重	断不可于创头加重	原帖为“戗”，当是“戥”之笔误
43（志42）	则受一分之赐	则受一分之赐	则受二分之赐	考其笔画，当为“一”，于义为妥
46（志45，集48）	亦有得力处	亦有得利处	亦有得力处	原帖为“力”

说明：繁体字、异体字径易为简体字，如“鉅”改易为“巨”，“悮”易为“误”，不另加说明。误写字一仍其旧，在译文中注明。

六、校订后原文

序

昔欧阳文忠公以文章名天下，后进谒见者，顾多与谈政事；刘忠宣公愿为有司亲民之官。盖州县令长与民最近，设施当则民食其利，不当则民受其害，捷若影响，居此官者，可勿兢兢慎之与？康熙丁丑，予承乏左司徒且四年余矣，儿子启汸筮仕得顺德之唐山，赋税不过万金，县距驿路又三十里，向称简僻易治。近乃以乏粮逋欠，递马协济为累，拊循调剂，殆未易言。汸以书生骤膺斯任，老夫心殊惴惴，辄就思虑所及，手迹数十条付之，俾朝夕置座右，披玩而从事焉。汸能守而勿替，纵不敢遽拟古之循良，其亦可无损越也夫。二月十二日渔洋老人书于京邸。

1. 公子公孙做官，一切倍要谨慎、检点。见上司，处同寅，接待绅士皆然；稍有任性，便谓以门第傲人。时时事事须存此意。做官自己脚跟须正，持门第不得。

2. 有司衙门严内外之防，是第一要紧之事，家人勿令出外。

3. 日用节俭，可以成廉。而下人衣食，亦须照管，令其无缺。

4. 日用米、肉、薪、蔬、草、豆之类，皆当照市价平买，不可有官价名色。

5. 朔望行香及有朝廷大典礼、拜牌等事，须早起，恭敬侍事。

6. 每日坐堂须早，早起用粥及姜汤御寒气。午堂亦须饭，然后出，惟不可多用酒，酒后比粮审刑，尤断断不可，慎之慎之！

7. 春秋课农，须身亲劝谕鼓舞之。尤须减驺从，自备饮食，令民间不惊扰。

8. 文庙当加意修葺，严其启闭，洁其洒扫，严禁兵丁、衙役、闲杂人等赌博饮酒于其中。时时嘱广文先生查之。

9. 牌甲一事，诘盗弭盗之良法，但要行之极善，勿致骚扰。盗有犯者，鞫得其实，当执法严惩，则不肖之徒屏迹矣。欲清盗源，尤在严禁赌博，有窝赌者，犯即枷示重惩，不宜轻纵。

10. 神会人杂，当令捕官弹压之。严禁赌钱、吃酒、聚众打架。城门亦当令防弁严谨出入，面生可疑之人不放入城。

11. 宴会当早赴早散，不可夜饮。

12. 钱粮不论多寡，批回俱要一一清楚。号件簿最要稽查，每日勾销一次，须无延捱迟误及贿压等弊。

13. 夏天出门，亦要带棉衣、棉被褥之类，以防风雨骤寒。此少闻于方伯赠司徒公者，四五十年守之不敢忘。

14. 捕快多纵盗殃民，当严驾驭之。

15. 做有司官须忍耐、耐烦，事至徐三思而行，不可急遽，急遽必有错误。

16. 火烛门户，时时谨慎。遇年节、灯节，民间烟火、起火等，亦宜禁之；如花炮则不妨。

17. 地方如有聚众烧香念佛，白莲、龙天等邪教左道惑众者，当于严牌甲时力禁之，早杜其源，勿令滋蔓。

18. 解钱粮，须慎选老成殷实人役。银入鞘必自家经眼，然后贴封，不可粗心。

19. 义学多有名无实，宜实实举行之。

20. 皇上御书赐天下督抚，不过"清慎勤"三字。无暮夜枉法之金，清也；事事小心，不敢任性率意，慎也；早作夜思，事事不敢因循怠玩，勤也。畿辅之地，果为好官，声誉易起；如不努力做好官，亦易滋谤。勉之，勉之！

21. 地方万一有水旱之灾，即当极力申诤，为民请命；不可如山左向年以报灾为讳，贻民间之害。

22. 政有闲暇，令广文选生员美秀而文者，为文会作养之。

23. 学院少司马李公，素讲理学，孤峭立崖岸，礼遇或优，断不可有片纸竿牍。

24. 养马一差及协济驿马二事当留心，相机行之，非笔墨可尽。

25. 雾天早起当使饱，若枵腹则恐致疾，行路尤不可也。暑天有汗亦不可在有风处脱衣帽，寒天又不必言。

26. 与上司禀启，当先简点，勿犯讳。其父祖名讳，亦宜□□而避之。如守道于之祖，谥清端公，讳成龙；巡道许之父，讳世昌（福建巡抚）；太守宜之父，讳永贵（总兵改巡抚）；军厅王之父，讳永茂（河间知府）。此其及知者，余可类推也。

27. 上司、同寅有□优伶之类者，量给盘费，不妨从优。不可久留地方滋扰，亦不必多留衙中做戏。

28. 凡审事及商榷事体，最宜慎秘。虽门役等日在左右者，亦不可令窥探意指，泄漏语言。

29. 同寅切戒戏谑，往往有成嫌疑者，不可不慎。

30. 堂规要严肃，此最观瞻所系。上堂颦笑亦不可轻易，所云"君子不重则不威"也。

31. 勿用重刑，勿滥刑；至于夹棍，尤万万不可轻用；病人、醉人不宜轻加朴责；盛怒之下，万不可动刑。

32. 审事务极虚公，须参互原告、被告及干证口供，虚实曲直自见。不可先执成见，致下有不得尽之情，或至枉纵。至于盗案，尤要详慎。强之与窃，相去天渊，一出一入，万万不可轻易。

33. 人命最重，极当详慎，务于初招，确得真情。尸格不可听仵作妄报，（暑月检尸，须先食辟恶之物，）方不致开后来翻案驳窦，亦不致有冤枉。详册中招首数语，谓之"招眼"，更有关系。如"素无仇怨"等语，即系斗殴杀；如"夙有仇恨，遂动杀机"等语，即系谋故杀。斗殴矜释者多，谋故遇赦不赦，轻重判若天渊，故招眼数语最当详慎。

34. 凡人命，投井、投缳、服毒、自经等，多是刁徒借命诬赖，居奇骗诈。如审出此等节情，即当反坐，不惟诬告者少，而轻生者亦少矣。惟真正有威逼实据者，乃当别论。

35. 不可多准词状，不可轻易差人拘提，不可令妇女出官，不可轻易监禁，不可令久候审理。随到随结，则案无留牍，不误农事，而衙役亦不敢恐喝诈骗矣。事体小者或事关骨肉亲戚者，止当令其和息、自悔、自艾，亦教化之一端也。

36. 风俗教化所关甚巨，每月朔望，会师儒讲《上谕十六条》，须敷陈明白条畅，乡愚人人可解，中才以下之人，皆可勉于为善，而不敢为不善，勿视以为具文。

37. 待绅衿须各尽礼貌。生员闭户读书、绩学能文者，当爱敬作养之。惟出入衙门扛帮词讼者，不在此例。（生员不可责，有过语广文可也。）

38. 逃人随获随解，不可监禁过三日。或获之道路，或获之空庙，断不可株累窝家。万一果有窝家，令作自首，则保全者大矣。别有《督捕条例注释》可细看，此事尤可行阴骘也！留心，留心！凡解逃人一名，须佥有身家、不吃酒的实解役二名，方保无虞。此事大有干系。慎之，慎之！

39. 旗下人不可刑责。

40. 衙门仓库巡逻、监仓防范俱要严紧。宅中上宿巡更，亦当每夜严紧。如有公事赴省、赴府尤要加紧，勿忽。

41. 待广文、捕衙、防守将官皆要和睦。

42. 催征钱粮各省不同，要以便民为主。如自封投柜，不经胥吏之手，流水簿备照分明，则胥吏不能作奸，则天下所同也。比粮不可用刑太重，此事最系官声，慎之。

43. 羡余一项，各处相沿有定规，若前人有已甚者，则去之。若无害于民，不妨仍旧。断不可于戗头加重，加重，此敛怨之道也。居官以得民心为主，为民间省一分，则受一分之赐，诵声亦易起矣。银匠需择人。

44. 加派一事最碍官声，最为民害。如地方有大役，必出于地丁正项之外者，必有院、道、府通行明文，看别州县如何行，本县往年遇此等大役如何行，与邻封同寅、本县绅衿详酌尽善，禀命于府，然后行之。断断不可一毫染指，切嘱，切嘱！

45. 常平仓米谷盛贮，须择高燥爽垲之地，以防浥烂。又须峻其墙垣，严其锁钥，以老成殷实人专司其事。此项近往往为有司之累，不可不慎。

46. 民壮快手，选少壮愿实者，暇日教之习射，亦有得力处。

47. 驭胥役辈要严，亦要体恤人情，勿近刻薄。最不可令吏胥等有时道用事之名。

48. 非万不得已，不可轻易借贷，亦系官评也。

49. 必实实有真诚与民同休戚之意，民未有不感动者，不恃智术驾驭。

50. 遇下犯上，贱凌贵，奴欺主之辈，当严正名分，以维风俗。

右五十条随忆随书，未有伦次，汝时时玩味遵行，庶几寡过，慎勿忽也。后有忆及者续寄钞人。

跋

按惠定宇先生《渔洋山人年谱》注，山人仲子启汸官唐山令，唐山下□，□（疑为"地"）瘠民贫，山人训以洁己爱民，书《手□（当为"镜"）》一册付之。仲子之官在康熙三十□□（当为"六年"）丁丑七月，山人于册首《自序》末署"□□（据序补'二月'）十二日书于京邸"，则《手镜》之录，当在□（据序补"三"）十七年矣。山人书世不多觏，得之者不啻隋珠和璧，况此册垂庭训，肃官箴，不尤可宝贵耶？惟山人《全集》均未载此册，曩藏真州某氏家，楷于丁酉岁得之，如获至宝，既而思什重其袭，究难公诸同好，爰嘱甘泉王君临川钩摹勒石，藏之名山，传诸其人，俾与公诗文并传不朽云。

道光十九年己亥九月，钱塘金守楷拜识于邗上嫩云草堂。

七、参考译文

序

以前欧阳文忠公（即欧阳修）凭着文章出众名满天下，与来拜见他的后辈们谈的却多是从政之事；刘忠宣公（即刘大夏，谥号文宣）愿意做能亲近百姓、负责具体工作的官员。州县长官与百姓最为接近，处置适当则百姓得其利，处置不当则百姓受其害，（采取的措施与收到的效果）就像形体与影子、声音与回响一样密切快捷，做这样的官，能不小心谨慎吗？康熙丁丑年（1697），我担任左司徒一职四年多了，儿子王启汸初次为官被任命到顺德的唐山县，唐山县上交的赋税额度不超过万金，县城距离驿路三十里，一向被人说成位置偏僻、易于治理。近来却因为缺乏粮食拖欠赋税、协济驿马而受到拖累。安抚百姓，调剂政策，谈何容易！启汸凭一介书生一下子担当这个职任，我心里很是惴惴不安，于是就自己想到的注意事项，亲手写了几十条交付给他，让他朝夕放置在座右，阅读体会，并照此做事。启汸能遵守这些意见不废弃，即使不能很快就像古代的那些循吏、良吏那样，也可以做到不失职了。

1. 官宦子弟做官，凡事要加倍谨慎、检点。拜见上司，与同僚相处，接待绅士都是这样；稍有率性而为之处，便被说是凭出身的门第傲慢待人。时时事事要留心这一点。做官自己要举止端正，不能拿出身的门第傲慢待人。

2. 官衙必须严格地防范内外不分的错误做法，这是第一要紧的事情，不能让家人随便外出。

3. 日常费用节俭，可以养成廉洁的好品德。对下人的衣食，也要照管好，不使他们出现短缺。

4. 日常消费的米、肉、柴、蔬菜、草、豆等物品，都应按市价正常购买，不能搞什么"官价"名堂。

5. 朔日（农历每月初一）望日（农历每月十五）行香（明、清时，每月朔、望日，外省官员按例至文庙或武庙焚香叩拜，谓之"行香"），或者遇上朝廷举行大典（原文中"礼"疑为衍文）、拜牌（明清 时，外官逢节日或庆典向皇帝龙牌跪拜行礼以示朝贺）等事情，必须早点起床，恭恭敬敬地对待。

6. 每天坐堂必须早一点，早起后应当喝点粥和姜汤来抵御寒气。午堂也应先吃饭，然后再出来上堂，只是不能多喝酒，酒后催交粮款，审理案件，尤其绝对不可，千万要谨慎啊！

7. 春秋时节督促农活，必须亲自鼓励老百姓勤劳耕作。尤其要减少侍从，自备饮食，使老百姓不受惊扰。

8. 文庙应当加心修葺，严格控制大门开闭，洒扫干净，严格禁止兵丁、衙役、闲杂人等在文庙内赌博饮酒。要经常嘱咐儒学教官检查。

9. 牌甲（清世祖入关，有编制户口牌甲之令。其法，州县城乡十户立一牌长，十牌立一甲长，十甲立一保长）一事，是盘查平息盗贼的好方法，但要执行得非常妥善，不能使百姓受到骚扰。有犯盗窃罪的，审问出实情，应当执法严惩，这样，那些不良之徒就会敛迹了。要想清除盗贼源头，尤其要严禁赌博，有窝藏赌徒的人，犯案后就让他带枷示众，严加惩处，不要轻易宽纵。

10. 迎神赛会时人员混杂，应当让捕官控制好局面。严格禁止赌钱、吃酒、聚众打架。也要命令负责防守的下级武官把守好城门，严格控制出入，若有面生的可疑之人不放他进入城内。

11. 有宴会时应早去早回，不能深夜长饮。

12. 钱粮不论多少，批文回执都要一一填写清楚。号件簿尤其要查考，每日注销一次，必须杜绝拖延、迟误以及受贿后故意压搁等弊病。

13. 夏天出门，也要带棉衣、棉被褥之类物品，以防风雨突至，天气骤寒。这是我年少时从方伯赠司徒公（即王渔洋的祖父王象晋）那里听到的做法，四五十年来，严格遵守，不敢忘记。

14. 捕快大多放纵盗贼，损害百姓，应该严格控制他们。

15. 做地方官必须能忍耐，受得了烦心事，事来了要三思而后行（按：原文中“徐”疑为“须”之误写），不可匆忙，匆匆忙忙处理事情，必定会出错。

16. 防止火烛引起火灾，关好门窗避免失窃，这些事要时刻谨慎。每逢年节、灯节时，民间放烟花、起火等，也应当禁止；如果是花炮则无妨。

17. 地方上如有聚集众人烧香念佛，或宣扬白莲、龙天等邪教来迷惑百姓的，就应在清查户口时坚决禁止，及早杜绝祸源，不要让它滋生蔓延。

18. 押解钱粮，应当慎重地选择老成厚道家境殷实的差役。钱银入库时，必须自己过目，然后贴上封条，不可粗心。

19. 义学多是有名无实，应当扎扎实实地举办。

20. 皇上亲笔书写了赏赐天下督抚的，不过是“清、慎、勤”三字。无夜晚收受枉法的钱财之事，就是清；事事小心谨慎，不敢任性而为，就是慎；早起劳作，入夜反思，事事不拖拉怠惰，不玩忽职守，就是勤。在京城附近，确实是好官的话，声誉容易得到播扬；如不努力做好官，也容易滋生怨谤。努力啊！努力啊！

21. 地方上万一有水灾、旱灾，就应当极力向上级申报，为民请命；不能像山东往年那样以报告灾害为忌讳，给老百姓遗留下祸害。

22. 政务之余如有闲暇时间，令儒学教官选聪慧而能写文章的人，举办笔会来培养他们。

23. 学院的少司马李公，一向研习理学，为人性格孤傲清高，对他的礼遇可以从优，但绝不可有书信来往。

24. 养马一差及调济驿站马匹这两件事应当留心一下，相机行事，这其中的道道不是笔墨可以写尽的。

25. 大雾天早起时，应当吃饱饭，若饿着肚子恐怕生病，走路时尤其不可以空腹。暑天有汗时也不可以在有风处脱衣摘帽，寒冷天气当然不用说了。

26. 向上级汇报事情时，要在事先检查一下要说的话，不要触犯上司的名讳。上司的父亲、祖父的名讳也应避开。例如：于守道的爷爷谥号“清端”，名“成龙”；许巡抚的父亲，名“世昌”（福建巡抚）；宜太守的父亲，名“永贵”（总兵改巡抚）；王军厅的父亲，名“永茂”（河间知府）。这是我所知道的，其余可以此类推。

27. 上司或同僚有送戏曲演员之类路过县境的，酌情给予盘缠，不妨多给点。不可长留他们在地方上滋扰百姓，也不必过多地留他们在衙内演戏。

28. 大凡审理事情及商讨问题，最是需要谨慎秘密。即使天天侍侯左右的门役等人，也不能让他们暗中探知意旨，泄漏消息。

29. 同僚之间切忌开玩笑，往往有因开玩笑而引起嫌疑的情况，不可不慎重啊！

30. 升堂审案的态度要严肃，这最关系着一个官员的形象。上堂不可轻易颦笑，这就是孔子所说的“君子不重则不威”啊。

31. 不要用重刑，不要滥用刑罚；至于夹棍，尤其万万不可轻易使用；对病人、醉人不应该轻易地施加扑责；盛怒之下，万万不可动刑。

32. 审理案件务必无私公正，必须比较原告、被告及有关证人的口供，这样虚实曲直会自然显现出来。不可先持成见，使下面的人有不能说尽的实情，甚或导致歪曲事实放纵罪犯。至于偷盗案，尤其要详细慎重，强盗与偷窃相比，有天渊之别，是释放还是收监，万万不可轻举妄动。

33. 人命最重要，审查时极应详尽审慎，务必在犯人初次供认罪行时，确实得到真情。验尸的表单不可只任凭仵作乱填报，（暑天验尸，须先吃些祛邪避灾的东西，）这样才不至于留下以后被人翻案的漏洞，也不至于冤枉人。记录犯人供词的册子开头几句话，称之为“招眼”，更是重要。如“素无仇怨”等语，即是斗殴杀人；如“夙有仇恨，遂动杀机”等语，就是蓄谋杀人。斗殴杀人者从宽处罚的多，而蓄谋杀人者即使遇到大赦也不能赦免，二者轻重有天渊之别，所以“招眼”数语最应当准确慎重。

34. 凡涉及人命，像投井、上吊、服毒、自经等，多是刁徒借人命诬赖他人，牟取暴利，施行诈骗。如果审查出这些情节，就应该判他们诬告罪。这样不但诬告人的少了，轻生的人也少了。只有那些真正有威逼证据的，另当别论。

35. 不能过多应准词状，不可以轻易派人拘留、提审人，不可以叫妇女出来见官，不可以轻易监禁人，不可以叫嫌犯长久等待审理。案子随到随结，那么案头就不会滞留卷宗，也不耽误百姓的农事，衙役也不敢恐吓诈骗当事人了。犯的事较小或者涉及的只是自家人或亲戚的，只需让他们自己和解、自己悔悟、自己改正，这也是实行教化的一种情况啊！

36. 风俗教化关系巨大，每月初一、十五会同县里的教谕讲解《上谕十六条》（按：康熙九年十月，康熙帝在给礼部的一道上谕中，提出“敦孝弟以重人伦，笃宗族以昭雍睦，和乡党以息争讼，重农桑以足衣食，尚节俭以惜财用，隆学校以端士习，黜异端以崇正学，讲法律以儆愚顽，明礼让以厚风俗，务本业以定民志，训子弟以禁非为，息诬告以全良善，诫窝逃以免株连，完钱粮以省催科，联保甲以弭盗贼，解仇忿以重身命”共十六条教化主张），须解说得明明白白、有条有理，乡下的老百姓人人可以听懂，中等才能以下的人，都可以努力去做好事，而不敢去做坏事，不要把这个要求看成是一纸空文。

37. 对待地方上的缙绅，都应当尽到礼数。那些闭门读书、学问渊博能写文章的生员，应当加以爱护尊敬并培养他们。只有那些出入衙门拉帮结派、包揽词讼的生员，不在受爱护尊重之列。（生员不可责罚，有过错告诉儒学教官就可以了。）

38. 逃犯抓住后立即解送，监禁不可超过三日。可以在道路上抓获逃犯，可以在空庙里抓获逃犯，但断断不可在人家里抓获逃犯以致连累到人家。万一真有窝藏之家，就让他们自首，这样一来保全的人就多了。另有《督捕条例注释》可以细看，此事是积阴德的事啊。留心啊！留心啊！凡是押解逃犯一名，须签派有家口、不吃酒、做事稳妥的差役二名，方可保证无意外，此事大有责任，慎重啊！慎重啊！

39. 对旗人不能施用刑罚。

40. 衙门里仓库巡逻、监仓防范都要严格、加强。宅中夜里巡更，也应该每夜严格、加强。如有公事赴省、赴府，尤其要加强，不要忽视。

41. 对待儒学教官、捕衙和防守将官都要和气。

42. 催征钱粮情况各省不一样 ，总之以便民为主。如果能亲自封存投银柜，不使经胥吏之手，流水簿填写得清清楚楚，那么胥吏就不能做手脚，这是天下相同的道理啊。催交钱粮不可用刑太重，此事最关系到为官的声誉，小心啊。

43. 正规赋税以外的费用，各地方都有沿袭的规定，若前人有收过头的，就免去。如果对百姓没有什么危害，不妨仍旧照收。万不能使戥头（按：原文作“戗头”，当是“戥头”之误）加重，若加重戥头，这是招惹怨恨的做法啊。居官要以得民心为主，为百姓节省一分，就能受到一分的恩赐，人家对你的赞扬之声也容易传播了。银匠要选择妥当的人。

44. 加派一事最妨碍当官的声誉，最能成为百姓的祸害。如地方上有大规模的劳役，必须要从地丁正项之外收费，一定要有院、道、府各级的通行明文，同时参看其他州县如何行动、本县往年遇这样的事情如何行动，与邻县的同僚、本县的缙绅详细斟酌到尽善尽美后，向州府报告，然后再实行，不义之财一丝一毫也万万不可染指。这是至关重要的嘱托，至关重要的嘱托！

45. 常平仓贮存粮食，应当选择地势较高而且干燥的地方，以防潮湿腐烂。还必须高筑墙垣，严格管理，要选为人老成、家道殷实的人专管这件事，这一项近来往往成为官吏的拖累，不可不慎重啊。

46. 从民间壮丁和捕快中，选年轻体壮稳妥诚实的人，在闲暇时教他们练习武艺，也会有其效力的地方。

47. 驾驭胥吏、衙役等人要严格，也要体贴人，多考虑人之常情，不要太刻薄。尤其不能使属吏有窥伺时机擅自专权的借口。

48. 不到万不得已，不可轻易借贷，这也关系到为政的考评。

49. 确实真心实意地与民同欢乐共忧愁，百姓没有不受感动的，不能倚仗着权谋治理百姓。

50. 遇到以下犯上，以贱凌贵，以奴欺主的小人，要严格端正名分，来维护风俗。

右列五十条随时想到随时书写，没有条理，你要时时琢磨并遵照执行，这样或许可以少犯错误，一定不要忽视啊。以后有想起的条文再寄给你抄进去。

跋

根据惠定宇先生[惠定宇即惠栋（1697～1758），字定宇，号松]《〈渔洋山人年谱〉注》，渔洋先生次子启汸出任唐山县令。唐山是小县（原文“唐山下□”，疑为“唐山下邑”），土地贫瘠（原文“□

瘠民贫”疑为“地瘠民贫”)，百姓穷困，渔洋先生教导启汸务必廉政爱民，亲自书写《手镜》(原文“手□”疑为“手镜”)一册交给他。启汸赴任在康熙三十六年(1697)(原文‘三十□□’疑为‘三十六年’)丁丑七月，渔洋在册首自序部分结尾处题署“二月十二(原文“□□十二”据序补为“二月十二”)日于京邸”，这说明《手镜》的抄写应当在康熙三十七年(1698)(原文“□十七”据序补为“三十七”)了。渔洋先生的书法作品世人很难见到，得到先生墨宝胜过得到隋侯之珠、和氏之璧，更何况这本小册子传示庭训，整肃官箴，难道不是尤其宝贵吗？只是渔洋先生的《全集》中没有收入这本小册子。这本册子以前收藏于真州的某人家中，我在道光丁酉年(1837)得到了它，如获至宝。后来又想，即便将它层层包裹地珍藏起来，终究难以使像我一样喜欢渔洋墨宝的人欣赏到，于是嘱托甘泉的王临川先生临摹全文，刻之于石碑，藏之名山，流传给喜欢渔洋墨宝的人，让它与渔洋先生的诗文一起流传不朽。

道光十九年己亥九月，钱塘金守楷拜记于邗上嫩云草堂。

试析王士禛诗歌中的神韵意境与人生态度

——主要以《再过露筋祠》为例

孔令涛*

王士禛，字子真，号阮亭，自号渔洋山人，山东新城（今桓台）人，顺治十五年（1658）进士，官至刑部尚书。渔洋先生一生文政兼从，尤其值得一提的是持风雅数十年，被尊为"一代正宗"①。其诗作大多以简练的笔触，含蓄的意境，采取平淡、清远的风格，抒发性情，给人以"言有尽而意无穷"的美感，富有神韵，被学界称为"神韵说"。王士禛的神韵说与沈德潜的格调说、翁方纲的肌理说、袁枚的性灵说并称为清代四大诗歌理论。并且，这种诗歌理论又尤以其五言、七言绝句见长。晚清著名学者朱庭珍在其《筱园诗话》中曾言"七绝阮亭最为擅长，时推绝技，集中多作如林，较各体独多佳制"；现代著名学者赵伯陶先生指出，"王士禛的诗歌创作，以体裁论，自以五、七言绝句最能体现其神韵说的精蕴"②，即是明证。

在本文中，笔者需要着重指出的是，渔洋先生的七言绝句不仅能够充分彰显其"神韵"理论，更能体现其人生态度，比如淡泊处世、忧患意识等。这些，在其《再过露筋祠》等诗中都有充分的体现。本文的志趣即在于，在赏析《再过露筋祠》的基础上分析其"神韵"特色，并着重挖掘其中蕴含的渔洋先生的人生态度，以求教于诸位方家。

一、《再过露筋祠》赏析

该诗作于顺治十七年（1660），内容写的是江苏高邮县郊外的一座祠堂。此诗常为评论家津津乐道，全文如下：

翠羽明珰尚俨然，湖云祠树碧于烟。行人系缆月初堕，门外野风开白莲。③

露筋祠，又名"露筋庙"，故址在今江苏高邮附近。据王象之《舆地纪胜》云："旧传有女子夜过此地，不肯失节住宿人家，天阴蚊盛，宿露在外，遂被蚊咬死，筋露于外，当地人为之建祠，名露筋祠。"以后，人们更将她当作神女来侍奉了。此诗为渔洋山人再过露筋祠所作，诗从祠内的神像说起，渔洋山人是夜晚经过此地的，在他的感觉里，这一带景物于月光下有一种异样的气氛，祠堂中

* 作者简介：孔令涛，山东省王渔洋研究会常务理事、桓台县博物馆馆长。

① 赵尔巽等：《清史稿》，中华书局1977年版，第9948页。

② 〔清〕王士禛著，赵伯陶选注：《王士禛诗选》，人民文学出版社2009年版，第11页。

③ 〔清〕王士禛著，赵伯陶选注：《王士禛诗选》，人民文学出版社2009年版，第43页。

的神女塑像好像是有生命力的。“翠羽明珰尚俨然”，翠羽，翡翠鸟的羽毛，古人多以之为饰物。曹植《洛神赋》：“或采明珠，或拾翠羽。”明珰，珠玉制成的耳饰，曹植《洛神赋》：“无微情以效爱兮，献江南之明珰。”从此句诗可以看出，神女身上的装饰仍然那样整齐、鲜洁，而且面容姣好，一个高洁贞女的完美形象便呈现在读者面前。这样，诗的开篇就有了静穆的意味，加之祠庙本身又有利于营造幽静的境界，所以有了这种情味的渗透；下句“湖云祠树碧于烟”让人感觉周围的湖水、树木被包围在一片神秘的雾气之中，若隐若现，构成了一幅迷蒙深远的意境，具有一种忘我忘物的朦胧美；下句“行人系缆月初堕”似乎让人看到有一个行人在湖畔牵舟系缆，四周却听不到一点声响，这样人物活动的空间又被悠然宕开，又使画面带来生气与亮色。在这宁静的水乡夜晚，在这河湖纵横的湖云祠树环绕的祠庙，在残月欲堕的时刻，诗人充满了无限的遐想，诗人是“温柔敦厚”的儒家诗教信仰者，又曾在扬州做推官时为一烈妇雪冤立传，基于这种思想，诗人一看到神像，就会仰慕追怀，自然而然地给这古色古香的祠庙蒙上了一层由历史传统赋予的灵光。王士禛怀着奇特的心情感受一切，并写入诗篇，从理性上分析，他在这湖畔看到的只能是当时人们为贞女修建的这祠庙，从情感上理解，他好像又看到了当年佩戴饰物、露宿在外的女子，在不尽的情思中，诗人跨越了时空，仿佛置身于一个古今相接的环境中。

月夜的祠庙人迹罕至，诗人心理上更觉这是圣洁的境界，诗的最后一句“门外野风开白莲”，粼粼湖水中，一朵美丽的白莲正于月光下绽开，在野风中向行人摇送着幽香。这是来自偶然的意象，诗人乍出庙门，面对河湖纵横的田野，残月欲堕，野风拂拂，猛然瞥见洁白荷花的景象，这也更是传说中贞女高洁形象的象征，从构思而言，这恰如西方理论家莱辛所说的“选择最富于生发性的顷刻”，从富于民族性格的艺术表现和写意传统而言。这是诗人心境中长期积累的亟待喷薄而出的“顷刻”。《渔洋诗话》云：“余谓陆鲁望（唐宋诗人陆龟蒙）‘无情有恨何人见，月白风清欲堕时’二语恰是咏白莲，移用不得，而俗人议之，以为咏白牡丹、白芍药亦可，此真盲人道黑白。在广陵，有《题露筋祠》绝句云云……正拟其意。”陆龟蒙《白莲》诗写于清淡氛围中，白色与白莲相应而欲调的诗逸超俗而又内涵幽恨之风神，其中亦有诗人的精神在，深得“神韵”，渔洋山人诗“正拟其意”又在生新。此诗写湖云祠树的清丽月色，亦突出“白莲”，“白莲”洁身自好，出污泥而不染，实际是祠中女神之象征，两相呼应，其中亦不无诗人的寄托，古人评此诗：“以神韵制胜，意味深长，含蓄不露，阮亭集中最上乘也。”

二、《再过露筋祠》体现的“神韵”意境

通过上文对《再过露筋祠》的赏析可以得知，该诗既写实景，又怀古。渔洋先生并非一味平铺直叙，局限于突出“伫兴而就”这一点，更在于勾勒出一幅出人意料、扑面而来的画卷：“门外野风开白莲。”展开来说就是似仙如梦的境界，既是仙女圣洁的象征，更是一位恬适诗人营造的意境。在河畔纵横的田野上，猛然看到残月初堕时水乡的宁谧景色，从而对优美大自然发出赞叹之声。尽管诗人在诗中写了祠庙，也写了神像，但全诗最终的归宿，是被诗人激赏并曾为陆龟蒙极意描绘的洁白的莲花，这白莲不是在一般场合出现的，而是出现在月堕之顷、野风吹拂之际及诗人偶然走出庙门的一瞥。由此可见，王士禛诗作的神，其优长仍在于传神，而传神之前提，在于“选择最富于生发性的顷刻”①，即突出那足以扣合情、景的关键之笔。

因此，我们说王士禛神韵说的精妙之处在于以山水画境界为寄托，有其生平夙好。其目的在

① 吴调公：《神韵论》，人民文学出版社1991年版，第6页。

于渲染出如烟如梦的境界，以便咀嚼那模糊的光影，这种主张正同南宗文人画的旨趣相通。南宗文人画的始祖王维认为“水墨最为上”，这就是，淡而能远，饶有余味，南宗画论导致王士禛把诗情和画意融合起来，从而落脚到“神韵”这个基本点上。这首《露筋祠》之所以会出现如此的效果，就是因为王士禛着重描写了自己当时的感觉。夜晚本来就容易让人产生陌生感，再加上作者自己个性化的想象，幽灵化的气氛便出现了。从构思上说是触景生情，从意境上说是以形传神，从艺术上技巧上看是自然含蓄，这就是王士禛诗歌的特色，也是神韵魅力之所在。

不仅如此，渔洋先生的其他诗歌也能充分体现其“神韵”色彩。比如《江上》：“吴头楚尾路如何？烟雨秋深暗白波。晚趁寒潮渡江去，满林黄叶雁声多。”从表面看描写的是舟行江上，暮色苍茫，又值秋日烟雨天气，一片萧疏的景象。黄叶与雁声之意向，更增加了几分凄凉的意绪。但从本质上来说，渔洋先生将古代文人惜春与悲秋的常情翻出新意！以问句起句，富于禅意，虽在接下来的写景中平铺直叙，却将平淡中的无限情感透露无遗，折射出迷人的神韵魅力。

由此可见，渔洋先生的七绝最可体现其“神韵说”。我们知道，王士禛生活在康熙帝励精图治的承平时代，作为一个仕途亨通的官员、一个瘁力于艺术的文人，没有任何时代风涛的激荡，那么，耽爱山水的名士风流思想，使他的心神常常陶醉于山川云物之间，因而纪游、咏物、咏史、怀古等作品占了他诗作的大部。特别是他最擅长的以山水为题材的七绝，往往是在某一个契机上，情景水乳交融。因此，这样的作品，风神最显得淡远，意韵最显得丰富，境界个性最显得分明。

三、《再过露筋祠》等诗中体现的渔洋先生的人生态度

王士禛称赏“诗以言志”，“肖其为人”。在清初的特殊历史背景中，他崇尚儒家文化，性情平和、醇谨、雍容。从王士禛一生的创作分期上看，早年以风华秀隽之才抒盛衰兴亡之感，颖锐之气逼人；中年则以雍容闲雅之度写平和的心境，大有冠带之概；晚年耽于禅寂，遇事短吟，类同偈颂。而他的诗歌创作也实践了他的诗歌理论，神韵之妙，当推七绝，如《真州绝句》《秦淮杂诗》《再过露筋祠》都是玲珑透彻，所谓“天女微妙，偶然动步，皆中奇舞之节”，颇能道其妙谛。其诗歌美学风格的文化内涵是儒家的中庸人格和道家的隐士风度再益以禅宗的空灵趣味。诗境多取“平远”和他“冲淡”的人生态度是相契合的，他诗中的平远之境反映了诗人心灵对超脱解放的追求，正所谓“素处以默，妙机其微。饮之太和，独鹤与飞”①。因此可言，王士禛的诗不仅能将其神韵理论体现得淋漓尽致，更能彰显其积极的人生态度。在该部分，笔者将主要从如下三个方面进行说明。

首先，王士禛淡然面对功名利禄。从《再过露筋祠》“翠羽明珰尚俨然，湖云祠树碧于烟”到《登鸡鸣寺》“古埭尚传齐武帝，风流空忆竟陵王”，都能让读者体会到其淡泊明志、宁静致远的心态。他将眼中之景与历史风云融会贯通，从历史的兴亡盛衰生发幻灭感慨，既是出于对个人生命的忧伤，又是出于对时代沉沦的悲怆。这首诗不仅蕴含着其对人生的感喟与历史的苍凉意绪，也淋漓尽致地刻画出了其超然脱俗、淡泊明志的心灵追求。

其次，《早入瀛台作》亦体现出了渔洋先生高情远志的积极人生态度。

钟残入西苑，稍稍霜侵暑。水风泛丛蒲，山月隐高树。藻密闻鱼跳，沙明见凫聚。讵识华林图，适叶沧洲趣。

这表明，渔洋先生在皇家宫苑同样能领略到山林隐逸的趣味，选择消除愿望和行为矛盾的“朝

---

① 〔唐〕司空图：《二十四诗品》，见〔清〕何文焕辑《历代诗话》，中华书局1981年版，第38页。

隐”的生活方式。这充分说明,此时的诗人已经在践行“不负民即不负国,不负国即不负所学”的人生理念了。

再次,《龙山晚渡》等中后期诗歌作品体现出渔洋先生昂扬奋进、不服输的人生态度。

雪满龙山望五湖,渔舟沙步晚招呼。凭谁唤起维摩诘,重写寒江《雪渡图》。

此时的渔洋先生年过半百,冒雪渡河,触景生情,雅兴吟诗,可见其处世达观的潇洒人生,这与其神韵说内涵不无关联。再如《符离》(作于康熙二十四年):

万里归来两鬓苍,阅他南汉又南唐。短衣射虎心犹壮,重过符离古战场。

渔洋先生使粤,曾经过五代十国时期南汉与南唐等地方割据政权的属地,历史纷纭变幻引来了诗人长途跋涉后的昂扬振奋之情,又激发起了年轻时代为国建功立业的雄心。此诗反映出了诗人年过半百而不服老的争胜心态。

综上,通过对《再过露筋祠》等诗歌的赏析可以得知,在体会其中超然忘我的神韵风采的同时,我们更能读出渔洋先生淡泊处世、修齐治平的人生态度。作为一个诗人及诗学理论的集大成者,王渔洋一生与诗为伴,此既是其精神之寄托,更是其人生态度的体现。

新城县的崇祯辛未之难

魏恒远*

公元1631年，明崇祯四年，岁在辛未。这一年，山东新城（桓台）县发生了一场浩劫。登州游击孔有德率兵攻破新城，官民死伤甚多，著名者如曾官保定府同知的王象复及其子王与夔等。这场浩劫，在民国《重修新城县志》以及桓台县许多家族的族谱上都有记载，史称“辛未之难”。那么，这场给新城（桓台）人带来悲痛记忆的灾难到底是怎么回事呢？

一、从袁崇焕诛杀毛文龙说起

新城县的这场灾难与明朝末年大名鼎鼎的蓟辽督师袁崇焕有关。这源于袁崇焕斩杀毛文龙。毛文龙是明朝后期位于辽东鸭绿江口一带的皮岛（今朝鲜椴岛）守将。皮岛的地理位置十分重要，于后金，则为重要钳制；于朝鲜半岛，则为重要的支撑。毛文龙驻守皮岛，虽然做过一些冒饷侵银的事情，但并不能因此而忽视他驻扎皮岛发挥的重要作用，特别是他同样手持崇祯皇帝所赐的尚方宝剑，即便有罪，绝不致死。但是，袁崇焕出任蓟辽督师后，第二年就做出了斩杀毛文龙的举动。1629年7月24日，袁崇焕为了促成他一厢情愿的议和，悍然借口阅兵，于皮岛约见毛文龙，当众宣布毛文龙十二大罪状，凭借崇祯皇帝赐给的尚方宝剑斩杀了同样持有崇祯皇帝尚方宝剑的毛文龙，从而导致东江军大批倒戈并投往后金，使袁可立等前任登莱巡抚经营数年的登莱防务瓦解殆尽，从而解除了后金大举攻明的后顾之忧。不仅如此，被毛文龙倚为股肱的李九成、孔有德、耿仲明等人，虽然暂时没有倒戈，但毛文龙之死毫无疑问地动摇了他们对大明王朝的忠诚，为他们发动吴桥兵变、投奔清朝、成为大明王朝的掘墓人埋下了伏笔，也为新城辛未之难的发生埋下了伏笔。

二、宁远兵变的连锁反应

宁远兵变是发生在崇祯元年的一次兵变，三年后发生的吴桥兵变，与宁远兵变有何联系呢？吴桥兵变时的吴桥知县与三年前宁远兵变的主人公有关。这个人，就是时任辽东巡抚的毕自肃。关于宁远兵变，阎崇年在《明亡清兴六十年》第28讲有较为详细的讲解：

> 辽东宁远的士兵，过去取得过宁远大捷和宁锦大捷，在袁崇焕的指挥下，有着光荣的历史。但是，他们生计维艰、饱受盘剥又奏告无门，忍无可忍，最终歃血会盟，激愤哗变。宁远军队哗变，首先是由从四川、湖广调来的部队发起，以杨正朝、张思顺等为首。他们先秘密串联，

* 作者简介：魏恒远，山东省王渔洋研究会秘书长、桓台王渔洋学术文化研究中心主任。

再集中到广武营,会盟歃血,率先兵变。接着,事态不断扩大,影响迅速蔓延,其余十三营起而响应。哗变的官兵涌入巡抚衙门,将辽东巡抚毕自肃、总兵官朱梅、通判张世荣、推官苏涵淳等人,从衙门拉出来,加以捆绑,囚于谯楼。谯楼,有两种解释:一说是城门上的瞭望楼(周祈《名义考》),另一说是"世之鼓楼曰谯楼"(曹昭《格古要论》卷五)。就是说可能将辽东巡抚毕自肃、总兵官朱梅等,捆绑在宁远城中心的鼓楼上,逼迫发饷,喊骂乱打。当时巡抚毕自肃银库里没有银子,一时难以筹措。哗变官兵,情绪激烈,局面失控,"捶楚交下",手捶棍打。毕自肃满脸流血,伤势严重。衙署里面的敕书、旗牌、文卷、符验等,散碎狼藉,荡然无存。

这时,兵备副使郭广赶来。他一边用身体护翼巡抚毕自肃,一边同哗变首领谈判——主要是保证尽快发放拖欠的兵饷。郭广先设法筹措了2万两银子发给士兵,哗变兵士不答应,还是平息不下。郭广又向商民借贷3万两银子,凑足5万,分发下去。哗变官兵情绪才稍稍缓和,混乱局面才暂时稳住。趁兵士散去,郭广等救出巡抚毕自肃。但是,哗变的官兵分发完银两后,乱走乱窜,情绪依旧亢奋。这时,十三营的营房,仍然高度警惕,戒备森严,日夜守备。问题没有从根本上得到解决。副将何可纲典领的中军,在平息哗变时发挥了重要作用。

当事主官宁远巡抚毕自肃,在宁锦之战时曾作为副使,协助袁崇焕守卫宁远,督率将士奋力守城,立下战功。崇祯元年即天聪二年(1628年)正月十七日,毕自肃任辽东巡抚。其兄毕自严,时任户部尚书。兵变爆发后,毕自肃上疏引罪,到中左所,自缢而死。此事,《明史·袁崇焕传》中作了记载。特别是《崇祯长编》中载录了袁崇焕关于宁远兵变的奏疏。今天主要靠这两种史料了解当时宁远兵变的情况。

《明史·袁崇焕传》记载文字如下:

> 是月,川、湖兵戍宁远者,以缺饷四月,大噪,余十三营起应之,缚系巡抚毕自肃、总兵官朱梅、通判张世荣、推官苏涵淳于谯楼上。自肃伤重,兵备副使郭广初至,躬翼自肃,括抚赏及朋桩二万金以散,不厌,贷商民足五万,乃解。自肃疏引罪,走中左所,自经死。

这个毕自肃,就是吴桥兵变发生时吴桥知县毕自寅的八弟。而时任户部尚书的毕自严则是毕自寅的四兄。他们都是如今周村区王村镇万家村一带人。

三、从吴桥兵变到辛未之难

吴桥兵变,是崇祯四年发生在吴桥的一次兵变。

崇祯三年(1630)正月,孙元化随孙承宗镇守山海关。三月加山东按察副使,五月升登、莱二州巡抚。袁崇焕诛杀皮岛守将毛文龙,毛文龙旧部哗变,孙元化收留了毛文龙的得力干将孔有德、耿仲明、李九成等人。崇祯四年(1631)八月,皇太极率清兵攻大凌河城,即现在的辽宁省锦县,祖大寿受困城内。孙元化命令孔有德带领本部兵千骑驰援。辽东兵以军纪败坏闻名,来山东后又与登州兵多有摩擦。孔有德等先走海路,据称风大船倾,遂改从陆路。十一月,吴桥人闻听孔有德率兵抵达,皆闭城罢市。天寒地冻,衣食无着。孔部有士卒强取王象春在吴桥庄园的鸡食用。看守庄园的庄仆找孔有德告状,孔有德不得已将这个士兵"插箭游营"。而这些辽东兵又杀掉了这个庄仆。事后,王象春之子王与玟不肯罢休,将孔部兵士横行不法的诸多事实申报省抚按衙门,要求严厉惩处。同时,奉孙元化之命去内蒙古、甘肃一带购马的李九成将购马银两挥霍一空,因担心遭到严厉制裁,也在此时来到吴桥孔有德营中,投奔担任千总的儿子李应元。自知罪责难逃的李九成见此情景,为了逃避处罚,把水搅浑,煽动士卒劫持孔有德,发动了这场改变明清力量对比的吴桥兵变。

关于王象春之子。据《新城琅琊王氏世谱》记载，王象春只有一个儿子王山立，即王与仁，是顺治年间的武进士。他生于明天启初年，崇祯四年时，他不过十来岁。史书所称王象春之子，肯定另有其人，而族谱上只有一个儿子的记载。另据《庚戌科序齿录》记载，王象春的儿子是王与玟。据黄一农先生查证，王与玟是王象艮的儿子，族谱之所以没有记载，极可能是王象春生了王与仁后，王与玟就归宗了。

这段历史，黄一农先生的《吴桥兵变：明清鼎革的一条重要导火线》一文有详细解读，这里不再赘言。

从这个意义上说，发生在新城的辛未之难，则是吴桥兵变的副产品。

孔有德部士卒的亲属多在登州。吴桥兵变爆发后，孔有德部遂倒戈杀回山东半岛，连陷临邑、陵县、商河、新城诸县，率兵直趋登州。崇祯四年新城县的辛未之难即在此时发生。

吴桥兵变的过程，学术界已有大量考证，这里不再细说。而网络上吴桥兵变因王象春家"一只鸡"引起的说法甚嚣尘上。诚然，孔有德所部军纪败坏、声名狼藉，但他们驰赴大凌河之援，是一件极其重要的军情。沿途州县做好后勤保障，也是分内之事。作为进士出身、曾担任过南京吏部考功郎中的王象春，在这个问题上也应该明辨是非，万万不该因为"这只鸡"生事，不仅诱发了带来严重后果的"吴桥兵变"，而且几乎招致"灭门"之祸。从现有资料看，出头处理这件事情的并非王象春本人，而是他的儿子。即便如此，王象春也是脱不了干系的。从这个角度说，王象春是应该受到谴责的。而且，王象春同胞兄弟五人中，王象复、王象丰留下的记载资料内容甚少，不惟譬如县志之类的正史，即使新城王氏世谱上，官至保定府同知的王象复，也仅数百字；担任过临清参将的王象丰，则只有短短数行。据说，由王渔洋岳祖父张延登书丹的王象丰墓志最近在邹平县长山镇出土，这足以证明王象丰离世后曾留下过详细的事迹记载。这与极重人文传承和家学渊源的新城琅琊王氏家族传统不相吻合，不知这个状况是否与这件事情有关。据查，《新城琅琊王氏世谱》自1575年王之垣创立之后，崇祯年间，王之垣季子王象晋曾续修。从王象晋撰写的谱序看，落款时间是崇祯三年仲春。从这个时间看，王氏世谱中王象复、王象丰的记载资料少似乎与其后一年的辛未之难没有必然联系。但是谱同时载有文震孟和董其昌撰写的序言，落款时间则是崇祯四年，具体何月何日，谱上则不明确。那么，这次续修族谱的成书时间讫于辛未之变之前还是之后，则是一个值得考虑的问题了。至少，不能否定王象复、王象丰在谱上留下的记载偏少，与其兄弟王象春诱发辛未之难引起族人不满有一定关联的疑问了。

四、"一只鸡诱发兵变"的分析

但是，如果因此把吴桥兵变的原因单纯归咎于王象春，让王象春承担这个历史责任，同样也是不科学的，至少是不全面、不准确的。综合而言，吴桥兵变的原因至少有三个方面，其中最重要的，就是孔有德、李九成等人的叛变具有必然性。

孔有德、李九成等原是皮岛守将毛文龙的部下。毛文龙在皮岛期间，确曾发挥过巨大作用。随着时间的推移和形势的变化，毛文龙的做派也发生了许多变化。和平的时候，利用皮岛的特殊地理位置经商谋利；战端一起，甚至冒饷侵粮，伪造战功，最终被袁崇焕斩杀。被毛文龙视作股肱的李九成、孔有德、耿仲明等人随后投奔了后来出任登州巡抚当时仍在宁远前线的孙元化。在经历了诸多的变故之后，李九成、孔有德等人的信心发生动摇，特别是李九成挥霍掉孙元化让他去内蒙古、甘肃买马的经费，担心追责而蓄意挑起事端，发动兵变就成为一种必然。所以，如果孔有德等人吃掉的不是王象春家族而是其他家族的鸡，同样也会发生兵变。

其次，是“闭城罢市”的直接后果。在关于吴桥兵变的史料记载中，多有“闭城罢市”一事。这件事情是由时任吴桥知县毕自寅办的。毕自寅是淄西万家庄人，兄弟八人，居第六。其四兄毕自严是户部尚书，八弟毕自肃为都察院右佥都御使兼抚宁，俗称“辽东巡抚”。毕自寅“闭城罢市”，表面上看是辽东兵军纪败坏，为保护民众不受骚扰而采取的防卫措施。但这件事情肯定还受到其“四兄八弟”仕途的影响。毕自寅担任户部尚书的四兄毕自严曾为辽东战事对孙元化“素不快”，而巡抚辽东的八弟毕自肃在崇祯元年发生的宁远兵变中被索饷的乱兵绑缚捶击，血流满面。兵变平息后，毕自肃引咎自经，就是吊死，有的也说是绝食而死。崇祯四年十一月二十八日，毕家方将毕自肃安葬。这个当口，孔有德所部士卒来到吴桥，毕自寅的心情可想而知，采取“闭城罢市”的举措也就不难理解了。岂知这简单的“闭城罢市”，竟然点燃了明清鼎革的导火索。与早已致仕家居的王象春相比，作为在职的大明知县，更有资格承担这个责任。纵然不是罪魁祸首，至少是渎职、失职。

第三才是王象春。明朝后期，新城王氏有“王半朝”之誉。何为“王半朝”？一是这个家族在外做高官的多，二是人才多。众所周知，新城王氏从四世王重光于嘉靖辛丑年(1541)中进士，至崇祯朝，王氏有十四人中进士，仅象字辈就出了九个。明人陈继儒曾称：“今海内推乔木世家，首屈新城王氏，名公卿累累，项背相望。”史料中也有“势凌东省”的说法。更值得注意的是，时任登州巡抚的孙元化于万历四十年(1612)乡试中举时，正好出自王象春之门。孙元化担任登州巡抚，孔有德来自登州，王象春之子在孔有德的兵“攫鸡犬以食”后，坚持严惩肇事的兵卒，这恐怕是一个更直接的因素。老爹的门生当巡抚，巡抚的兵强取老师家的鸡，老师的儿子去老师学生那里告状，老师的学生对老师儿子自然也要礼让三分，何况区区一个游击。难以预料的是，年轻的王象春之子竟因此惹下大祸，兵变后的孔有德部杀到了新城，于是酿成了给桓台带来惨痛记忆的辛未之难。

民国《重修新城县志》卷四《方舆志四・灾祥》：“崇祯辛未，春正月，大风。冬十一月，孔有德、李九成等叛，攻陷县城。知县秦三辅等死之。”后有注释云：“正月二十四日子刻风起；寅刻，月、星、日并见，色赤如血；申刻，傍有似日者十余，变动不居。二十五日，日中有黑子，环晕数重，作背反逆之状。其日日在尾十度，月在尾一度，每夜荒鸡争鸣。又有月下见一城如烟雾状。十二月初七日，叛将李九成、孔有德等自吴桥南下陷新城，知县秦三辅等死之。一时士民死节者甚众。”《人物志三》记载，除王象复、王与夔、张俨然、张蔚然、张爓然、耿弘炜、王好书、贾进忠、张允扬、郝真素、毕问学、王与瓒诸人外，尚有“县役王可泽等二十余人，居民韩福、焦茂材等三百七十二人，仆从侯有功等十七人皆随知县秦三辅死李九成之变。或战或没或受戮，无一降者”，死难者至少达到421人。

曲高和众 学术不朽

——纪念王渔洋诞辰380周年全国学术研讨会追记

魏恒远 包泉敏

初秋时节,万物丰美。在王渔洋诞辰380周年之际,桓台县王渔洋文化保护与传承迎来重要历史时刻。

8月21日至23日,由山东省古典文学学会、中国社会科学院文学所古代文学研究室和桓台县委、县政府联合举办的纪念王渔洋诞辰380周年全国学术研讨会在桓台县盛圆国际酒店隆重召开,来自中国社会科学院、山东大学、复旦大学、北京故宫博物院、国家图书馆等国内知名高校和社科研究机构,以及我国台湾、日本的100多位专家学者齐聚桓台,交流研究成果,为开创王渔洋研究新局面建言献策。

研讨会获得圆满成功,亮点突出,成果丰硕,除收获了数量众多、质量较高的学术论文外,还实现了诸多专家学者的夙愿:成立了山东省王渔洋研究会,中国社会科学院文学所古代文学研究室在桓台设立了"学术研究基地"。

会议的成功举办,意义重大,正如山东大学教授王小舒在学术总结时所说:"这次百余名专家来到桓台,绝不是一个偶然的事件,从这次提供的论文质量来看,所涉及的方面和深度、扎实程度已经达到了前所未有的高度。因此可以说这次会议是王渔洋研究史上的一个里程碑。"

一、提交论文数量多,质量高,内容涵盖面广

参加这次学术研讨会的专家、学者共100余人,提交的论文数量之多、水平之高、涵盖范围之广,前所未有。

与会人员,有来自中国社会科学院、复旦大学、山东大学、北京故宫博物院、国家图书馆等60所高校和社科研究机构的专家学者,也有来自我国台湾以及日本的学界精英。他们当中,年龄最长者是山东大学终身教授、古典文学泰斗、85岁高龄的袁世硕先生,年龄最幼的是来自中国劳动关系学院文化传播学院的"90后"大学生、今年20岁的朱舸,为数众多的则是中青年专家学者。作为高校和科研机构的中坚和骨干力量,这些中青年专家学者的广泛参与,将在王渔洋文化研究中承前启后,继往开来。所有与会人员,无论年龄长幼,无论来自哪里,都为着一个共同的目标相聚在桓台,共同纪念王渔洋,共同为王渔洋文化研究事业建言献策。

这次研讨会共收到90篇论文,近百万字,包括朱则杰、张宇声、王利民等国内王渔洋研究的知

名学者,虽因故未能参会,也及时向大会提交了论文。

会议收到的论文数量之多、质量之高、内容涵盖面之广,得到了与会人员的普遍认同。论文内容包括王渔洋的诗文创作与诗学理论,王渔洋的家世、生平、交游与宦绩,王渔洋与清代诗坛、山左文化,王渔洋与新城王氏文学群体,王氏家族其他成员的文学成就,国内外王渔洋文化研究的现状,以及打造地域文化品牌、王渔洋故居保护开发等各个方面,涉猎广泛,论述角度新颖,撰写水平较高。从20世纪80年代开始参与王渔洋研究活动的袁世硕先生认为:"此次研讨会的论文研究面很广、很深、很细,已经超过了过去。"王小舒教授直言:"此次学术研讨会成果之丰硕令人欣慰。"来自苏州大学文学院的马亚中教授认为:"总体来看,论文普遍比较重视理论与创作的结合。"临沂大学的徐玉如教授认为:北京故宫博物院的汪亓老师"从王渔洋的肖像谈起,角度非常新颖"。来自日本的学者张兵教授对"日本的王渔洋文化研究现状进行了系统、全面的介绍,为我们打开了一扇了解国外王渔洋研究现状的窗户"。德州学院的黄金元教授认为:山东财经大学文学与新闻传播学院的孙玉太教授在文章中将王渔洋成为"一代廉吏"的一个重要原因归结为"新城王氏的家教、母教,这一切都对当代具有极强的教育借鉴意义"。复旦大学邬国平教授则独辟蹊径,从历来被忽视的王渔洋早年创作的数十首香奁体诗展开分析。除对王渔洋在文学领域的贡献进行多角度阐释外,与会学者还注重从文化和社会学角度对王渔洋的文学成就、王渔洋的为官做人等展开探讨,特别是对王渔洋《手镜》的廉政思想和现实指导意义给予了极高评价。

会议期间,笔者多次听到一些学者对此次提交论文的赞誉之声。会后,一些因故未能参加会议的专家、学者还专门索要论文汇编,并对论文汇编给予了高度评价。

二、搭建高端平台,建立长效机制

这次全国学术研讨会除收到数以百计的高质量论文外,还取得了两个丰硕成果,即成立了山东省王渔洋研究会,建立了中国社会科学院文学所古代文学研究室学术研究基地,从而为推进王渔洋研究搭建起了高端平台。

1994年,桓台县举办过一次国际王渔洋学术讨论会,之后,王渔洋研究进入了一个活跃期,学术界研究成果层出不穷,各种专著、论文相继面世,还出现了以袁世硕、蒋寅、王小舒、宫晓卫等为代表的学术领军人物。纵观过去20年的王渔洋研究,尽管取得了前所未有的成就,但仍存在一些值得思考的问题,比如,王渔洋研究的学术活动一直处于自发状态,与之有关的研究行为在很大程度上仍处于松散状态,缺乏一个统一的组织机构等,这些在一定程度上制约着王渔洋研究成果的进一步扩大、学术界集合优势的整体发挥,以及人文资源优势转化为经济发展优势的进程。这次全国学术研讨会的召开,为打造王渔洋研究高端平台创造了契机。

山东省王渔洋研究会的成立和中国社会科学院文学所古代文学研究室学术研究基地的设立,不仅是这此次全国学术研讨会的两大亮点,最重要的是,这两个机构的设立,为推动今后的王渔洋研究搭建起了两个高端平台,正如山东省古典文学学会副会长杜贵晨所说:"这两件事情同时为王渔洋研究提供了一个新的高层次的平台,这使王渔洋研究推到一个新的阶段。"

山东省王渔洋研究会由山东省古典文学学会,中共桓台县委、县政府发起成立,由山东大学、山东师范大学、齐鲁书社、山东理工大学齐文化研究院等专业学术研究机构的学者和桓台县地方文化研究的骨干组成。研究会的成立,初步建立起推进王渔洋研究的长效机制,在专业学术研究与地方文化研究之间架起了一座桥梁。研究会是国际、国内王渔洋文化研究专家、学者广泛开展学术交流、研讨,深入挖掘王渔洋文化内涵的新信息平台和联络枢纽。不仅如此,研究会的成立,使王渔洋文化研究在“高大上”和“接地气”二者兼顾方面迈出了可喜的一步。正如山东省古典文学学会会长王志民所说,为“充分挖掘这份文化资源,从文学王渔洋拓展到政治王渔洋、道德王渔洋、人才王渔洋等,将王渔洋的一生贡献和做官、做人、做文章的杰出表现转化为发展新时期文化的丰厚文化滋养”提供了良好契机。同时,还将有利于更好地发挥地方文化研究在弘扬中华优秀传统文化中的重要推动作用。

中国社会科学院是中国哲学社会科学研究的最高学术机构和综合研究中心,肩负着提高中国人文社会科学研究水平和理论创新的使命。此次会议,中国社会科学院文学所古代文学研究室主任蒋寅及其团队的5名研究员都带来了高水平的论文,除了对会议在学术上、组织上做了重要贡献之外,最令人鼓舞的是在桓台设立了学术研究基地。中国社会科学院文学所古代文学研究室郑永晓教授指出:“在桓台设立王渔洋学术研究基地,有助于进一步推动王渔洋研究的可持续发展;有助于把学术研究建立在对研究对象的调查研究基础之上,尤其对于推动以王渔洋为个案的地域文化、家族文化研究具有重要意义;有助于促进双方文化与学术交流,培养锻炼年轻学者增强对王渔洋研究的认知和兴趣,共同推动以王渔洋研究为中心的区域文化研究水平的提高。”

综上所述,得益于地方政府对王渔洋文化研究的高度重视、国内著名科研院所的大力支持和国内外专家学者的积极参与,此次全国学术研讨会的召开,对回顾总结20年来王渔洋研究的成果,谋划今后一个时期王渔洋研究的走势,建立科学可行的运行机制,促进王渔洋研究活动的常态化、制度化、规范化,以及在新形势下更好地弘扬优秀文化传统,促进当地文化建设,增强区域文化软实力等具有重要的推动作用,必将产生深远影响。

三、宣传方式多元化、角度新,刊发的层次高

这次全国学术研讨会引起了媒体的广泛关注。参与报道的新闻单位一共有31家,包括中央及省、市的主要平面媒体和网络媒体。这些媒体对整个活动情况进行了全面、及时的报道,不仅大大提高了王渔洋的影响力和桓台县的知名度,而且为王渔洋文化品牌建设和桓台县文化强县的建设营造了浓厚的舆论氛围,反响巨大。

据不完全统计,自8月21日至9月20日,针对此次活动,已经在省级以上媒体发布原创稿件60篇,其中传统媒体13篇,包括《人民日报》《光明日报》《中国青年报》《经济日报》《工人日报》《农民日报》《科技日报》《中国文化报》《中国社会科学报》《大众日报》《齐鲁晚报》《支部生活》等国内影响较大的主流媒体及专业媒体,稿件刊发层次高,影响巨大。另外,《淄博日报》等市级媒体也陆续发表大量稿件。网络媒体发稿数量更多,其中,在中新网、中新网山东频道、新华网山东频道、人民网山东频道、光明网、凤凰网山东频道、中工网、齐鲁网、鲁网等发表原创稿件47篇,中国网、中国广播网、搜狐网、网易、新浪网、大众网等转载相关文章43篇。

无论是传统媒体,还是新兴媒体,都充分发挥了影响力大、传播面广、传播速度快等特点和优势,或图文并茂,或短小精悍,或深入报道,或全面阐释,对王渔洋的文学成就、为官理念、王氏家族文化、王渔洋文化研究等各个方面进行报道,篇幅不等,形式不同,内容丰富,确保了宣传报道的高层次、多元化,为公众提供了及时、全面、准确的信息。

综合分析相关报道后发现,此次宣传报道最大特点是结合时代特征,突出了王渔洋“一代廉吏”的为官之道和王氏家学文化的精髓,尤其是王渔洋《手镜》中所体现的廉政思想引起了众多媒

体的关注。“清廉为官”“正能量”“存道义心，行道义事”“家风家训”“不负民即不负国”等字词出现的频率很高，如《经济日报》9 月 14 日 6 版 2 条醒目位置发表了 1300 余字的“清官如何教子”的评述性文章，文章前言开宗明义：王渔洋及其家族的廉政思想，无疑是王渔洋文化当中最具有现实教育意义的“正能量”。并指出：王渔洋的廉政思想“为当今的廉政文化建设提供了有益的思想启示”。《工人日报》以《重温清代廉吏王渔洋》为题，侧重报道了王渔洋廉政文化的价值所在。中国新闻网、凤凰网、中国网、新华网等均发表了题为《学者建议廉政借智古代家风家训：存道义心必行道义事》的文章，强调了加强对王渔洋家族家风家训的研究对继承弘扬优秀传统文化的重要意义。中新网山东频道、《中国青年报》先后发表了《齐鲁望族——恪守家风家训兴盛绵延不绝》《清、慎、勤——王渔洋从政思想传递当下为官“正能量”》《王渔洋：不负民即不负国》等文章，对王渔洋的为官和做人给予了高度关注。这些报道通过全新的视角，使人们对王渔洋这个 300 多年前的“诗坛领袖”“高官”有了新的认识和定位，改变了过去单纯关注其诗坛地位、文学成就而忽视其宦绩、廉政思想的现象。

这些报道使更多的人对王渔洋有了一个全面的了解，使王渔洋这个古代知识分子形象由抽象、单薄变得鲜活、丰满。人们不仅重温了王渔洋的文学成就，而且对其为官之道、廉政思想以及家风家训、家族文化等也有了新的认识和理解。这对传统文化的弘扬和传承必将产生积极而深远的影响。

结语

“桓台出了一位中国历史上一流的大诗人、一位历史文化名人，这是桓台的大幸事，非常值得桓台人骄傲。”袁世硕先生在学术研讨会开幕式上如是说。出了王渔洋这样一位“有清一代集名臣、诗人、学者于一身的文化伟人”，的确是桓台之幸。

同样，作为王渔洋故里的桓台县，能够在王渔洋故去 300 余年后，依然如此重视王渔洋文化研究工作，着力于做强王渔洋文化品牌，并多次提供隆重纪念王渔洋的国际性、全国性重大学术交流活动；而来自全国各地及海外的众多专家学者，依然能够在其诞辰 380 周年之际，心怀崇敬，齐聚桓台，隆重纪念这位古代先贤、这位文化巨人，光大其诗学理论，弘扬其为政理念、廉政思想，又何尝不是渔洋夫子之幸！

不仅如此，此次大会的成功举办，从某种程度上来说，标志着王渔洋——这位昔日的诗坛领袖、“一代诗宗”，已不仅仅是“曲高和寡”“阳春白雪”的代名词，而是一个“有道德，有文章，又有事功”的“一代正宗，文官典型”（杜贵晨语），是一个血肉丰满的人。尤其是他的为官之道和廉政思想，不仅成为此次研讨会专家热议和探讨的内容之一，而且也成为媒体和学者关注的焦点、亮点，引起了社会的高度关注和普遍赞誉，这些都进一步凸显了王渔洋作为一位文政兼优的古代知识分子和高官的人格魅力。

曲高和众，学术不朽。王小舒教授在学术总结时说，“中国走向世界现在正逢其时”，王渔洋文化研究何尝不是如此！这次大会的圆满成功，王渔洋文化研究及保护高端格局、长远规划的确定，意义重大，影响深远，正如杜贵晨所说：“本次会议的推动，各位进一步的努力，必将使王渔洋研究大上台阶，再创辉煌！”

论文集收入论文 84 篇，根据本人意见尚有邬国庆、何宗美、刘硕伟、李兆禄、许志光先生的五篇论文未收入本集，在此谨向所有关注王渔洋文化研究的专家和学者致以崇高的敬意。

图书在版编目(CIP)数据

纪念王渔洋诞辰380周年全国学术研讨会论文集/山东省古典文学学会，王渔洋文化研究保护中心编. —济南：齐鲁书社，2016.12
ISBN 978-7-5333-3663-9

Ⅰ.①纪… Ⅱ.①山… ②王… Ⅲ.①王渔洋(1634—1711)—人物研究—学术会议—文集 Ⅳ.①K825.6-53

中国版本图书馆CIP数据核字(2016)第292599号

纪念王渔洋诞辰380周年全国学术研讨会论文集
山东省古典文学学会 王渔洋文化研究保护中心 编

主管单位 山东出版传媒股份有限公司
出版发行 齊魯書社
社　　址 济南市英雄山路189号
邮　　编 250002
网　　址 www.qlss.com.cn
电子邮箱 qilupress@126.com
营销中心 (0531)82098521 82098519
印　　刷 山东新华印务有限责任公司
开　　本 880mm×1230mm 1/16
印　　张 42
插　　页 5
字　　数 1074千
版　　次 2016年12月第1版
印　　次 2016年12月第1次印刷
印　　数 1—1400
标准书号 ISBN 978-7-5333-3663-9
定　　价 **258.00元**